注释法典丛书

新五版 · 29

中华人民共和国

劳动和社会保障

注释法典

中国法制出版社

CHINA LEGAL PUBLISHING HOUSE

我国的立法体系①

全国人民代表大会	修改宪法，制定和修改刑事、民事、国家机构的和其他的基本法律
全国人民代表大会常务委员会	制定和修改除应当由全国人民代表大会制定的法律以外的其他法律；在全国人民代表大会闭会期间，对全国人民代表大会制定的法律进行部分补充和修改；根据全国人民代表大会授权制定相关法律；解释法律。
国务院	根据宪法、法律和全国人民代表大会及其常务委员会的授权，制定行政法规。
省、自治区、直辖市的人民代表大会及其常务委员会	根据本行政区域的具体情况和实际需要，在不同宪法、法律、行政法规相抵触的前提下，制定地方性法规。
设区的市、自治州的人民代表大会及其常务委员会	在不同上位法相抵触的前提下，可对城乡建设与管理、生态文明建设、历史文化保护、基层治理等事项制定地方性法规。
经济特区所在地的省、市的人民代表大会及其常务委员会	根据全国人民代表大会的授权决定，制定法规，在经济特区范围内实施。
上海市人民代表大会及其常务委员会	根据全国人民代表大会常务委员会的授权决定，制定浦东新区法规，在浦东新区实施。
海南省人民代表大会及其常务委员会	根据法律规定，制定海南自由贸易港法规，在海南自由贸易港范围内实施。
民族自治地方的人民代表大会	依照当地民族的政治、经济和文化的特点，制定自治条例和单行条例。对法律和行政法规的规定作出变通的规定，但不得违背法律或者行政法规的基本原则，不得对宪法和民族区域自治法的规定以及其他有关法律、行政法规专门就民族自治地方所作的规定作出变通规定。
国务院各部、委员会、中国人民银行、审计署及具有行政管理职能的直属机构以及法律规定的机构	根据法律和国务院的行政法规、决定、命令，在本部门的权限范围内，制定规章。
省、自治区、直辖市和设区的市、自治州的人民政府	根据法律、行政法规和本省、自治区、直辖市的地方性法规，制定规章。设区的市、自治州人民政府制定的地方政府规章限于城乡建设与管理、生态文明建设、历史文化保护、基层治理等方面的事项。
中央军事委员会	根据宪法和法律制定军事法规，在武装力量内部实施。
中国人民解放军各战区、军兵种和中国人民武装警察部队	根据法律和中央军事委员会的军事法规、决定、命令，在其权限范围内制定军事规章，在武装力量内部实施。
国家监察委员会	根据宪法和法律、全国人民代表大会常务委员会的有关决定，制定监察法规。
最高人民法院、最高人民检察院	作出属于审判、检察工作中具体应用法律的解释。

---

① 本图表为编者根据《立法法》相关规定编辑整理，供参考。

出 版 说 明

　　"注释法典"丛书是我社集数年法规编撰经验，创新出版的大型实用法律工具书。本套工具书不仅全面反映我国立法成果与现状，全面收录相关领域重要法律文件，而且秉持权威、实用的理念，从条文【注释】、【实务问答】及案例【裁判规则】多角度阐释重要法律规定，相信能够成为广大读者理解、掌握、适用法律的首选工具书。

　　本套工具书以中国特色社会主义法律体系为主线，结合实践确定分册，独家打造七重法律价值：

　　一、内容全面

　　本分册涵盖劳动和社会保障领域重要的法律、法规、部门规章、司法解释等文件，收录的文件均为现行有效文本，方便读者全面、及时掌握相关规定。

　　二、注释精炼

　　在重要法律文件前设【理解与适用】，介绍该法历史沿革、主要内容、适用注意事项；以【注释】形式对重难点条文进行详细阐释。注释内容在吸取全国人大常委会法制工作委员会、最高人民法院等权威解读的基础上，结合最新公布的相关规定及司法实践全新撰写，保证注释内容的准确性与时效性。另外，在重要条文注释中，提炼简明小标题，并予以加粗，帮助读者快速把握条文注释主要内容。

　　三、实务问答

　　在相关法条下设【实务问答】，内容来源于最高人民法院司法观点、相关函复等，解答法律适用中的重点与难点。

　　四、案例指导

　　在相关法条下设【案例】，案件主要来源于最高人民法院、最高人民检察院指导性案例及公报案例，整理案例【裁判规则】，展示解决法律问题的权威实例。

　　五、关联法规链接

　　在相关法条下以【链接】的方式索引关联条文，提供相关且有效的条文援引，全面体现相关法律规定。

　　六、层级清晰　检索便捷

　　（1）目录按照法律文件的效力等级分为法律及文件、行政法规及文件、部门规章及文件、司法解释及文件四个层级。（2）每一层级下法律文件大多按照公布或者最后一次修改时间排列，以方便读者快速定位目标文件，但为了方便读者对某一类问题进行集中查找，本书将一些联系紧密的文件进行了集中排版。

　　七、超值增值服务

　　为了使读者能够全面了解解决法律问题的实例，准确适用法律，同时及时充分了解我国立法的动态信息，凡是购买本书的读者，均可获得以下超值增值服务：（1）扫码添加书后"法规编辑部"公众号→点击菜单栏→进入资料下载栏→选择注释法典资料项→点击网址或扫码下载，即可获取最高人民法院、最高人民检察院指导性案例电子版；（2）通过"法规编辑部"公众号，及时了解最新立法信息，并可线上留言，编辑团队会就图书相关疑问进行动态解答。

　　能够为大家学习法律、解决法律难题提供实实在在的帮助，是我们全心努力的方向，衷心欢迎广大读者朋友反馈意见、建议。

中国法制出版社

2023 年 9 月

目　录[*]

劳动篇

（一）综　合

（二）就　业

---

* 编者按：本目录中的时间为法律文件的公布时间或最后一次修正、修订公布时间。

社会保障篇

(一)社会保险

劳动篇

（一）综　合

中华人民共和国劳动法

· 1994 年 7 月 5 日第八届全国人民代表大会常务委员会第八次会议通过
· 根据 2009 年 8 月 27 日第十一届全国人民代表大会常务委员会第十次会议《关于修改部分法律的决定》第一次修正
· 根据 2018 年 12 月 29 日第十三届全国人民代表大会常务委员会第七次会议《关于修改〈中华人民共和国劳动法〉等七部法律的决定》第二次修正

理 解 与 适 用

《劳动法》①是我国关于劳动制度的基本法律规定,涵盖了劳动法律关系的各个方面,是我国劳动法律体系的基础,劳动方面的其他法律和政策基本上是以《劳动法》为依据的。

一、《劳动法》的核心内容

1. 适用范围。《劳动法》第 2 条规定:"在中华人民共和国境内的企业、个体经济组织(以下统称用人单位)和与之形成劳动关系的劳动者,适用本法。国家机关、事业组织、社会团体和与之建立劳动合同关系的劳动者,依照本法执行。"

2. 劳动合同的解除。劳动合同解除分为劳动合同双方当事人协商一致解除、劳动者单方解除、用人单位单方解除;只有符合法定情形的,才能解除劳动合同,对此,《劳动法》第 24~27、29 条作出了相应规定。注意,《劳动合同法》在《劳动法》的基础上就劳动合同解除作出了进一步的规定:(1)补充规定了劳动者可以立即解除劳动合同的类型;(2)修改了劳动者可以随时通知解除劳动合同的情形;(3)补充规定了用人单位可以随时通知劳动者解除劳动合同的情形;(4)增加了用人单位提前 30 日以书面形式通知劳动者解除劳动合同的替代方式;(5)修改了用人单位裁减人员的规定;(6)增加了用人单位提前 30 日以书面形式通知劳动者解除劳动合同以及裁减人员的限制情形。

3. 劳动报酬。获得劳动报酬是劳动者的一项基本权利,在这一方面最重要的是关于最低工资和加班费的规定。在劳动者提供正常劳动的情况下,用人单位应支付劳动者的工资不能低于当地最低工资标准。关于加班费,《劳动法》第 44 条规定:"有下列情形之一的,用人单位应当按照下列标准支付高于劳动者正常工作时间工资的工资报酬:(一)安排劳动者延长工作时间的,支付不低于工资的百分之一百五十的工资报酬;(二)休息日安排劳动者工作又不能安排补休的,支付不低于工资的百分之二百的工资报酬;(三)法定休假日安排劳动者工作的,支付不低于工资的百分之三百的工资报酬。"

4. 劳动争议处理。《劳动法》第 79 条规定:"劳动争议发生后,当事人可以向本单位劳动争议调解委员会申请调解;调解不成,当事人一方要求仲裁的,可以向劳动争议仲裁委员会申请仲裁。当事人一方也可以直接向劳动争议仲裁委员会申请仲裁。对仲裁裁决不服的,可以向人民法院提起诉讼。"

---

① 为便于阅读,本书中相关法律文件名称中的"中华人民共和国"字样都予以省略。

二、与《劳动法》相关的法律规定

1. 劳动合同是整个劳动关系的核心。《劳动合同法》是调整用人单位和劳动者订立、履行、变更、解除和终止劳动合同行为的基本法律规范。《劳动合同法》在劳动关系的确立、劳务派遣、非全日制用工等方面进一步完善了劳动法律体系。

2. 劳动安全事关职工生命安全和身体健康,《安全生产法》《生产安全事故报告和调查处理条例》等法律法规对生产经营单位的安全生产保障义务、从业人员的权利和义务、安全生产事故的应急救援和调查处理等方面进行了规范。

3. 社会保险是一种保障公民在年老、疾病、工伤、失业、生育等情况下依法从国家和社会获得物质帮助的法律制度。2010 年 10 月 28 日通过、2018 年 12 月 29 日修正的《社会保险法》就基本养老保险、基本医疗保险、工伤保险、失业保险、生育保险等险种进行了明确规定。

4. 在劳动争议处理方面,2007 年 12 月 29 日通过的《劳动争议调解仲裁法》对劳动争议处理的两个程序——调解和仲裁——进行了全新规定。2020 年 12 月 29 日发布的《最高人民法院关于审理劳动争议案件适用法律问题的解释(一)》,对法院审理劳动争议案件起到了重要指导作用。

第一章 总 则

第一条 【立法宗旨】* 为了保护劳动者的合法权益,调整劳动关系,建立和维护适应社会主义市场经济的劳动制度,促进经济发展和社会进步,根据宪法,制定本法。

第二条 【适用范围】 在中华人民共和国境内的企业、个体经济组织(以下统称用人单位)和与之形成劳动关系的劳动者,适用本法。

国家机关、事业组织、社会团体和与之建立劳动合同关系的劳动者,依照本法执行。

注释 在我国法律体系中,有劳动关系和劳务关系这两个概念。劳动关系是指用人单位和劳动者基于雇佣与被雇佣而产生的关系,在法律上属于劳动法的范畴;劳务关系则是平等民事主体间提供方给用工方提供劳务服务,获得劳务报酬的关系,由民事法律规范调整。两者的区别主要有以下四个方面:1. 劳动关系的主体一方是用人单位,另一方必然是劳动者;而劳务关系的主体可能有很多方,可能是公司与公司之间的关系,也可能是个人与个人之间的关系,还可能是公司与个人之间的关系。2. 在劳动关系中,劳动者除提供劳动之外,还要接受用人单位的管理,遵守其规章制度等;而劳务关系中,民事主体只提供劳务服务,用工方支付报酬,彼此之间在法律上不存在身份隶属关系,既没有档案需要放在单位或与单位有关的地方,也不需要员工手册等证明文件。3. 劳动关系中的

劳动者除获得工资报酬外,还有社会保险、住房公积金等;而劳务关系的民事主体一般只获得劳务报酬。4. 劳动关系适用《劳动法》《劳动合同法》等;劳务关系则适用《民法典》等。

案例 李林霞诉重庆漫咖文化传播有限公司劳动合同纠纷案(《最高人民法院公报》2020 年第 10 期)

裁判规则: 网络主播与合作公司签订艺人独家合作协议,通过合作公司包装推荐,自行在第三方直播平台上注册,从事网络直播活动,并按合作协议获取直播收入。因合作公司没有对网络主播实施具有人身隶属性的劳动管理行为,网络主播从事的直播活动并非合作公司的业务组成部分,其基于合作协议获得的直播收入亦不是劳动法意义上的具有经济从属性的劳动报酬。因此,二者不符合劳动关系的法律特征,网络主播基于劳动关系提出的各项诉讼请求,不应予以支持。

链接 《劳动合同法》第 2、96 条;《劳动合同法实施条例》第 3、4 条;《最高人民法院关于审理劳动争议案件适用法律问题的解释(一)》第 1—3 条

第三条 【劳动者的权利和义务】 劳动者享有平等就业和选择职业的权利、取得劳动报酬的权利、休息休假的权利、获得劳动安全卫生保护的权利、接受职业技能培训的权利、享受社会保险和福利的权利、提请劳动争议处理的权利以及法律规定的其他劳动权利。

劳动者应当完成劳动任务,提高职业技能,执

---

* 条文主旨为编者所加,全书同。

行劳动安全卫生规程,遵守劳动纪律和职业道德。

案例 闫佳琳诉浙江喜来登度假村有限公司平等就业权纠纷案(最高人民法院指导案例185号)

裁判规则:用人单位在招用人员时,基于地域、性别等与"工作内在要求"无必然联系的因素,对劳动者进行无正当理由的差别对待的,构成就业歧视,劳动者以平等就业权受到侵害,请求用人单位承担相应法律责任的,人民法院应予支持。

第四条 【用人单位规章制度】用人单位应当依法建立和完善规章制度,保障劳动者享有劳动权利和履行劳动义务。

注释 用人单位应当依法建立和完善劳动规章制度,保障劳动者享有劳动权利、履行劳动义务。用人单位在制定、修改或者决定有关劳动报酬、工作时间、休息休假、劳动安全卫生、保险福利、职工培训、劳动纪律以及劳动定额管理等直接涉及劳动者切身利益的规章制度或者重大事项时,应当经职工代表大会或者全体职工讨论,提出方案和意见,与工会或者职工代表平等协商确定。在规章制度和重大事项决定实施过程中,工会或者职工认为不适当的,有权向用人单位提出,通过协商予以修改完善。用人单位应当将直接涉及劳动者切身利益的规章制度和重大事项决定公示,或者告知劳动者。

案例 1. 彭宇翔诉南京市城市建设开发(集团)有限责任公司追索劳动报酬纠纷案(最高人民法院指导案例182号)

裁判规则:用人单位规定劳动者在完成一定绩效后可以获得奖金,其无正当理由拒绝履行审批义务,符合奖励条件的劳动者主张获奖条件成就,用人单位应当按照规定发放奖金的,人民法院应予支持。

2. 劳动者拒绝违法超时加班安排,用人单位能否解除劳动合同[《人力资源社会保障部、最高人民法院关于联合发布第二批劳动人事争议典型案例的通知》(2021年6月30日　人社部函〔2021〕90号)]

裁判规则:《劳动法》第4条规定:"用人单位应当依法建立和完善规章制度,保障劳动者享有劳动权利和履行劳动义务。"法律在支持用人单位依法行使管理职权的同时,也明确其必须履行保障劳动者权利的义务。用人单位的规章制度以及相应工作安排必须符合法律、行政法规的规定,否

则既要承担违法后果,也不利于构建和谐稳定的劳动关系、促进自身健康发展。

第五条 【国家发展劳动事业】国家采取各种措施,促进劳动就业,发展职业教育,制定劳动标准,调节社会收入,完善社会保险,协调劳动关系,逐步提高劳动者的生活水平。

注释 职业教育,是指为了培养高素质技术技能人才,使受教育者具备从事某种职业或者实现职业发展所需要的职业道德、科学文化与专业知识、技术技能等职业综合素质和行动能力而实施的教育,包括职业学校教育和职业培训。

职业学校教育分为中等职业学校教育、高等职业学校教育。中等职业学校教育由高级中等教育层次的中等职业学校(含技工学校)实施。高等职业学校教育由专科、本科及以上教育层次的高等职业学校和普通高等学校实施。根据高等职业学校设置制度规定,将符合条件的技师学院纳入高等职业学校序列。其他学校、教育机构或者符合条件的企业、行业组织按照教育行政部门的统筹规划,可以实施相应层次的职业学校教育或者提供纳入人才培养方案的学分课程。

职业培训包括就业前培训、在职培训、再就业培训及其他职业性培训,可以根据实际情况分级分类实施。职业培训可以由相应的职业培训机构、职业学校实施。其他学校或者教育机构以及企业、社会组织可以根据办学能力、社会需求,依法开展面向社会的、多种形式的职业培训。

链接《职业教育法》

第六条 【国家的倡导、鼓励和奖励政策】国家提倡劳动者参加社会义务劳动,开展劳动竞赛和合理化建议活动,鼓励和保护劳动者进行科学研究、技术革新和发明创造,表彰和奖励劳动模范和先进工作者。

注释 合理化建议,是指有关改进和完善企业、事业单位生产技术和经营管理方面的办法和措施。技术改进,是指对机器设备、工具、工艺技术等方面所作的改进和革新。

合理化建议和技术改进的内容是:1. 工业产品质量和工程质量的提高,产品结构改进,生物品种的改良和发展,新产品的开发;2. 更有效地利用和节约能源、原材料,以及利用自然条件;3. 生产工艺和试验、检验方法,劳动保护、环境保护、安全技术,医疗、卫生技术,物资运输、储藏、养护技术

以及设计、统计、计算技术等方面的改进;4.工具、设备、仪器、装置的改进;5.科技成果的推广,企业现代化管理方法、手段的创新和应用,引进技术、进口设备的消化吸收和革新。

发明创造是指发明、实用新型和外观设计。发明,是指对产品、方法或者其改进所提出的新的技术方案。实用新型,是指对产品的形状、构造或者其结合所提出的适于实用的新的技术方案。外观设计,是指对产品的整体或者局部的形状、图案或者其结合以及色彩与形状、图案的结合所作出的富有美感并适于工业应用的新设计。

链接《专利法》;《合理化建议和技术改进奖励条例》

第七条 【工会的组织和权利】 劳动者有权依法参加和组织工会。

工会代表和维护劳动者的合法权益,依法独立自主地开展活动。

注释 工会是中国共产党领导的职工自愿结合的工人阶级群众组织,是中国共产党联系职工群众的桥梁和纽带。中华全国总工会及其各工会组织代表职工的利益,依法维护职工的合法权益。

用人单位有会员25人以上的,应当建立基层工会委员会;不足25人的,可以单独建立基层工会委员会,也可以由两个以上单位的会员联合建立基层工会委员会,也可以选举组织员1人,组织会员开展活动。女职工人数较多的,可以建立工会女职工委员会,在同级工会领导下开展工作;女职工人数较少的,可以在工会委员会中设女职工委员。企业职工较多的乡镇、城市街道,可以建立基层工会的联合会。县级以上地方建立地方各级总工会。同一行业或者性质相近的几个行业,可以根据需要建立全国的或者地方的产业工会。全国建立统一的中华全国总工会。

链接《工会法》

第八条 【劳动者参与民主管理和平等协商】 劳动者依照法律规定,通过职工大会、职工代表大会或者其他形式,参与民主管理或者就保护劳动者合法权益与用人单位进行平等协商。

注释 公司职工依照《工会法》组织工会,开展工会活动,维护职工合法权益。公司应当为本公司工会提供必要的活动条件。公司工会代表职工就职工的劳动报酬、工作时间、福利、保险和劳动安全卫生等事项依法与公司签订集体合同。公司依照

宪法和有关法律的规定,通过职工代表大会或者其他形式,实行民主管理。公司研究决定改制以及经营方面的重大问题、制定重要的规章制度时,应当听取公司工会的意见,并通过职工代表大会或者其他形式听取职工的意见和建议。

链接《公司法》第18条;《劳动合同法》第5条

第九条 【劳动行政部门设置】 国务院劳动行政部门主管全国劳动工作。

县级以上地方人民政府劳动行政部门主管本行政区域内的劳动工作。

第二章 促进就业

第十条 【国家促进就业政策】 国家通过促进经济和社会发展,创造就业条件,扩大就业机会。

国家鼓励企业、事业组织、社会团体在法律、行政法规规定的范围内兴办产业或者拓展经营,增加就业。

国家支持劳动者自愿组织起来就业和从事个体经营实现就业。

链接《就业促进法》第二章

第十一条 【地方政府促进就业的措施】 地方各级人民政府应当采取措施,发展多种类型的职业介绍机构,提供就业服务。

注释 根据《就业服务与就业管理规定》,公共就业服务机构应当免费为劳动者提供以下服务:1.就业政策法规咨询;2.职业供求信息、市场工资指导价位信息和职业培训信息发布;3.职业指导和职业介绍;4.对就业困难人员实施就业援助;5.办理就业登记、失业登记等事务;6.其他公共就业服务。

链接《就业服务与就业管理规定》

第十二条 【就业平等原则】 劳动者就业,不因民族、种族、性别、宗教信仰不同而受歧视。

注释 用人单位招用人员、职业中介机构从事职业中介活动,应当向劳动者提供平等的就业机会和公平的就业条件,不得实施就业歧视。

各民族劳动者享有平等的劳动权利。用人单位招用人员,应当依法对少数民族劳动者给予适当照顾。

国家保障妇女享有与男子平等的劳动权利。用人单位招用人员,除国家规定的不适合妇女的工种或者岗位外,不得以性别为由拒绝录用妇女或者提高对妇女的录用标准。用人单位录用女职

工,不得在劳动合同中规定限制女职工结婚、生育的内容。

链接《就业促进法》第3、62条

第十三条 【妇女享有与男子平等的就业权利】妇女享有与男子平等的就业权利。在录用职工时,除国家规定的不适合妇女的工种或者岗位外,不得以性别为由拒绝录用妇女或者提高对妇女的录用标准。

注释 国家保障妇女享有与男子平等的劳动权利和社会保障权利。用人单位在招录(聘)过程中,除国家另有规定外,不得实施下列行为:1. 限定为男性或者规定男性优先;2. 除个人基本信息外,进一步询问或者调查女性求职者的婚育情况;3. 将妊娠测试作为入职体检项目;4. 将限制结婚、生育或者婚姻、生育状况作为录(聘)用条件;5. 其他以性别为由拒绝录(聘)用妇女或者差别化地提高对妇女录(聘)用标准的行为。

链接《妇女权益保障法》第五章

第十四条 【特殊就业群体的就业保护】残疾人、少数民族人员、退出现役的军人的就业,法律、法规有特别规定的,从其规定。

注释 残疾人就业保护

用人单位应当按照一定比例安排残疾人就业,并为其提供适当的工种、岗位。用人单位安排残疾人就业的比例不得低于本单位在职职工总数的1.5%。具体比例由省、自治区、直辖市人民政府根据本地区的实际情况规定。用人单位跨地区招用残疾人的,应当计入所安排的残疾人职工人数之内。

政府和社会依法兴办的残疾人福利企业、盲人按摩机构和其他福利性单位(以下统称集中使用残疾人的用人单位),应当集中安排残疾人就业。集中使用残疾人的用人单位的资格认定,按照国家有关规定执行。

集中使用残疾人的用人单位中从事全日制工作的残疾人职工,应当占本单位在职职工总数的25%以上。

用人单位应当为残疾人职工提供适合其身体状况的劳动条件和劳动保护,不得在晋职、晋级、评定职称、报酬、社会保险、生活福利等方面歧视残疾人职工。

退役军人就业保护

公共人力资源服务机构应当免费为退役军人提供职业介绍、创业指导等服务。国家鼓励经营性人力资源服务机构和社会组织为退役军人就业创业提供免费或者优惠服务。退役军人未能及时就业的,在人力资源和社会保障部门办理求职登记后,可以按照规定享受失业保险待遇。

机关、群团组织、事业单位和国有企业在招录或者招聘人员时,对退役军人的年龄和学历条件可以适当放宽,同等条件下优先招录、招聘退役军人。退役的军士和义务兵服现役经历视为基层工作经历。退役的军士和义务兵入伍前是机关、群团组织、事业单位或者国有企业人员的,退役后可以选择复职复工。

链接《残疾人保障法》第四章;《退役军人保障法》第五章;《残疾人就业条例》;《退役士兵安置条例》

第十五条 【禁止招用未成年工】禁止用人单位招用未满十六周岁的未成年人。

文艺、体育和特种工艺单位招用未满十六周岁的未成年人,必须遵守国家有关规定,并保障其接受义务教育的权利。

注释 国家机关、社会团体、企业事业单位、民办非企业单位或者个体工商户均不得招用不满16周岁的未成年人。禁止任何单位或者个人为不满16周岁的未成年人介绍就业。禁止不满16周岁的未成年人开业从事个体经营活动。

链接《禁止使用童工规定》

第三章 劳动合同和集体合同

第十六条 【劳动合同的概念】劳动合同是劳动者与用人单位确立劳动关系、明确双方权利和义务的协议。

建立劳动关系应当订立劳动合同。

实务问答 1. 如何认定涉外劳动关系?

建立劳动关系,应当订立书面劳动合同。已建立劳动关系,未同时订立书面劳动合同的,应当自用工之日起一个月内订立书面劳动合同。用人单位与劳动者在用工前订立劳动合同的,劳动关系自用工之日起建立。

2. 劳动合同的种类有哪些?

外国人、无国籍人未依法取得就业证件即与中华人民共和国境内的用人单位签订劳动合同,当事人请求确认与用人单位存在劳动关系的,人民法院不予支持。持有《外国专家证》并取得《外国专家来华工作许可证》的外国人,与中华人民共和国境内的用人单位建立用工关系的,可以认定为劳动关系。

3. 劳动合同的种类?

劳动合同分为固定期限劳动合同、无固定期限劳动合同和以完成一定工作任务为期限的劳动合同。

固定期限劳动合同,是指用人单位与劳动者约定合同终止时间的劳动合同。用人单位与劳动者协商一致,可以订立固定期限劳动合同。

无固定期限劳动合同,是指用人单位与劳动者约定无确定终止时间的劳动合同。

以完成一定工作任务为期限的劳动合同,是指用人单位与劳动者约定以某项工作的完成为合同期限的劳动合同。用人单位与劳动者协商一致,可以订立以完成一定工作任务为期限的劳动合同。

案例 1. 聂美兰诉北京林氏兄弟文化有限公司确认劳动关系案（最高人民法院指导案例 179 号）

裁判规则: 劳动关系适格主体以"合作经营"等为名订立协议,但协议约定的双方权利义务内容、实际履行情况等符合劳动关系认定标准,劳动者主张与用人单位存在劳动关系的,人民法院应予支持。

用人单位与劳动者签订的书面协议中包含工作内容、劳动报酬、劳动合同期限等符合《劳动合同法》第 17 条规定的劳动合同条款,劳动者以用人单位未订立书面劳动合同为由要求支付第二倍工资的,人民法院不予支持。

2. 刘丹萍与南京仁创物资有限公司劳动争议纠纷案（《最高人民法院公报》2018 年第 7 期）

裁判规则: 用人单位未与人事主管订立书面劳动合同,人事主管诉请用人单位支付因未订立书面劳动合同的二倍工资赔偿,因订立书面劳动合同系人事主管的工作职责,人事主管有义务提示用人单位与其订立书面劳动合同,人事主管如不能举证证明其曾提示用人单位与其订立书面劳动合同,则不应支持其诉讼请求。

链接《劳动合同法》第 7、10 条;《劳动合同法实施条例》第 4—7 条;《最高人民法院关于审理劳动争议案件适用法律问题的解释(一)》第 33 条

第十七条 【订立和变更劳动合同的原则】订立和变更劳动合同,应当遵循平等自愿、协商一致的原则,不得违反法律、行政法规的规定。

劳动合同依法订立即具有法律约束力,当事人必须履行劳动合同规定的义务。

实务问答 口头变更劳动合同是否有效?

用人单位与劳动者协商一致变更劳动合同,虽未采用书面形式,但已经实际履行了口头变更的劳动合同超过一个月,变更后的劳动合同内容不违反法律、行政法规且不违背公序良俗,当事人以未采用书面形式为由主张劳动合同变更无效的,人民法院不予支持。

案例 1. 用人单位如何行使用工自主权合法调整劳动者的工作岗位和地点[《人力资源社会保障部、最高人民法院关于联合发布第一批劳动人事争议典型案例的通知》(2020 年 7 月 10 日　人社部函〔2020〕62 号)]

裁判规则: 在市场经济条件下,用人单位因生产经营需要而调整变化属正常现象。法律允许用人单位根据自身生产经营需要,合理调整劳动者的工作岗位及工作地点,不仅有利于维护用人单位发展,也有利于劳动关系稳定。需要注意的是,如果支持用人单位对岗位或工作地点进行不合理调整必然侵害劳动者合法权益,劳动者可依法请求继续履行劳动合同或补偿工资差额等。《劳动合同法》第 35 条第 1 款规定:"用人单位与劳动者协商一致,可以变更劳动合同约定的内容。变更劳动合同,应当采用书面形式。"对于用人单位来说,在生产经营或管理调整时,首先应当选择与劳动者充分协商,尽量通过变更或补充签订劳动合同方式完成调整;若未能协商一致,在基于用工自主权调整劳动者工作岗位或地点时,也要充分考虑劳动者的权益保障问题。作为劳动者,也应理解用人单位发展,在发生调整时,充分了解对自己权益的影响,积极与用人单位开展协商,共同寻求调整变化中的和谐。

2. 用人单位未与劳动者协商一致增加工作任务,劳动者是否有权拒绝[《人力资源社会保障部、最高人民法院关于联合发布第二批劳动人事争议典型案例的通知》(2021 年 6 月 30 日　人社部函〔2021〕90 号)]

裁判规则: 允许用人单位与劳动者协商一致变更劳动合同,有利于保障用人单位根据生产经营需要合理调整用工安排的权利。但要注意的是,变更劳动合同要遵循合法、公平、平等自愿、协商一致、诚实信用的原则。工作量、工作时间的变更直

接影响劳动者休息权的实现,用人单位对此进行大幅调整,应与劳动者充分协商,而不应采取强迫或者变相强迫的方式,更不得违反相关法律规定。

链接《最高人民法院关于审理劳动争议案件适用法律问题的解释(一)》第43条

第十八条　【无效劳动合同】下列劳动合同无效:

(一)违反法律、行政法规的劳动合同;

(二)采取欺诈、威胁等手段订立的劳动合同。

无效的劳动合同,从订立的时候起,就没有法律约束力。确认劳动合同部分无效的,如果不影响其余部分的效力,其余部分仍然有效。

劳动合同的无效,由劳动争议仲裁委员会或者人民法院确认。

注释《劳动合同法》第26条第1款规定,下列劳动合同无效或者部分无效:1. 以欺诈、胁迫的手段或者乘人之危,使对方在违背真实意思的情况下订立或者变更劳动合同的;2. 用人单位免除自己的法定责任、排除劳动者权利的;3. 违反法律、行政法规强制性规定的。

注意:欺诈是指当事人一方故意制造假相或隐瞒事实真相,欺骗对方,诱使对方形成错误认识而与之订立劳动合同。胁迫是指当事人以将要发生的损害或者以直接实施损害相威胁,一方迫使另一方处于恐惧或者其他被胁迫的状态而签订劳动合同。胁迫可能涉及生命、身体、财产、名誉、自由、健康等方面。

法律、行政法规包含强制性规定和任意性规定。强制性规定排除了合同当事人的意思自治,即当事人在合同中不得合意排除法律、行政法规强制性规定的适用。这里的法律、行政法规强制性规定主要指国家制定的关于劳动者最基本劳动条件的法律法规,包括最低工资、工作时间、劳动安全与卫生等法律法规。

实务问答 1. 哪些机关可以确认劳动合同无效?

劳动合同是否有效,必须由法律规定的专门机关进行确认,其他组织和个人都无权确认。确认劳动合同无效的专门机关是劳动争议仲裁委员会或者人民法院。

2. 劳动合同被确认无效后,会产生哪些法律后果?

根据《劳动合同法》第28条的规定,劳动合同被确认无效,劳动者已付出劳动的,用人单位应当

向劳动者支付劳动报酬。劳动报酬的数额,参照本单位相同或相似岗位劳动者的劳动报酬确定。

根据《劳动法》第97条的规定,由于用人单位的原因订立的无效合同,对劳动者造成损害的,应当承担赔偿责任。

案例 劳动者提供虚假学历证书是否导致劳动合同无效[《人力资源社会保障部、最高人民法院关于联合发布第一批劳动人事争议典型案例的通知》(2020年7月10日　人社部函〔2020〕62号)]

裁判规则: 2018年6月,某网络公司发布招聘启事,招聘计算机工程专业大学本科以上学历的网络技术人员1名。赵某为销售专业大专学历,但其向该网络公司提交了计算机工程专业大学本科学历的学历证书、个人履历等材料。后赵某与网络公司签订了劳动合同,进入网络公司从事网络技术工作。2018年9月初,网络公司偶然获悉赵某的实际学历为大专,并向赵某询问。赵某承认自己为应聘而提供虚假学历证书、个人履历的事实。

本案中,"计算机工程专业""大学本科学历"等情况与网络公司招聘的网络技术人员岗位职责、工作完成效果有密切关联性,属于"与劳动合同直接相关的基本情况"。赵某在应聘时故意提供虚假学历证书、个人履历,致使网络公司在违背真实意思的情况下与其签订了劳动合同。因此,根据《劳动合同法》第26条第1款的规定,双方签订的劳动合同无效。

《劳动合同法》第3条第1款规定:"订立劳动合同,应当遵循合法、公平、平等自愿、协商一致、诚实信用的原则。"第26条规定以欺诈、胁迫的手段或者乘人之危,使对方在违背真实意思的情况下订立或者变更劳动合同的劳动合同无效或部分无效;第39条有关以欺诈手段订立的劳动合同无效、可以单方解除的规定,进一步体现了诚实信用原则。诚实信用既是《劳动合同法》的基本原则之一,也是社会基本道德之一。用人单位与劳动者订立劳动合同时都必须遵循诚实信用原则,建立合法、诚信、和谐的劳动关系。

第十九条　【劳动合同的形式和内容】劳动合同应当以书面形式订立,并具备以下条款:

(一)劳动合同期限;

(二)工作内容;

(三)劳动保护和劳动条件;

(四)劳动报酬;

（五）劳动纪律；

（六）劳动合同终止的条件；

（七）违反劳动合同的责任。

劳动合同除前款规定的必备条款外，当事人可以协商约定其他内容。

注释 本条是关于劳动合同形式和内容的规定。《劳动合同法》又进一步作出了详细的规定，其第17条第1款规定："劳动合同应当具备以下条款：（一）用人单位的名称、住所和法定代表人或者主要负责人；（二）劳动者的姓名、住址和居民身份证或者其他有效身份证件号码；（三）劳动合同期限；（四）工作内容和工作地点；（五）工作时间和休息休假；（六）劳动报酬；（七）社会保险；（八）劳动保护、劳动条件和职业危害防护；（九）法律、法规规定应当纳入劳动合同的其他事项。"

本条中"协商约定其他内容"是指劳动合同中的约定条款，即劳动合同双方当事人除依据本法就劳动合同的必备条款达成一致外，如果认为某些方面与劳动合同有关的内容仍需协调，便可将协商一致的内容写进合同，这些内容是合同当事人自愿协商确定的，而不是法定的。用人单位与劳动者可以约定的其他内容包括试用期、培训、保守秘密、补充保险和福利待遇等事项。

实务问答 1. 用人单位未与劳动者签订书面劳动合同，应承担何种法律后果？

用人单位与劳动者建立劳动关系，应当订立书面劳动合同。《劳动法》第98条规定，用人单位违反《劳动法》规定的条件解除劳动合同或者故意拖延不订立劳动合同的，由劳动行政部门责令改正；对劳动者造成损害的，应当承担赔偿责任。《劳动合同法》对上述问题作了更明确、严格的规定，该法第82条第1款规定，用人单位自用工之日起超过1个月不满1年未与劳动者订立书面劳动合同的，应当向劳动者每月支付2倍的工资。另外，《劳动合同法》第14条第3款规定，用人单位自用工之日起满1年不与劳动者订立书面劳动合同的，视为用人单位与劳动者已订立无固定期限劳动合同。

实务问答 2. 如何订立电子合同？

电子劳动合同，是指用人单位与劳动者按照《劳动合同法》《民法典》《电子签名法》等法律法规规定，经协商一致，以可视为书面形式的数据电文为载体，使用可靠的电子签名订立的劳动合同。

依法订立的电子劳动合同具有法律效力，用人单位与劳动者应当按照电子劳动合同的约定，全面履行各自的义务。

电子劳动合同订立平台要通过有效的现代信息技术手段提供劳动合同订立、调取、储存、应用等服务，具备身份认证、电子签名、意愿确认、数据安全防护等能力，确保电子劳动合同信息的订立、生成、传递、储存等符合法律法规规定，满足真实、完整、准确、不可篡改和可追溯等要求。

鼓励用人单位和劳动者使用政府发布的劳动合同示范文本订立电子劳动合同。劳动合同未载明《劳动合同法》规定的劳动合同必备条款或内容违反法律法规规定的，用人单位依法承担相应的法律责任。

链接《劳动合同法》第11、16～18、58、59条；《人力资源社会保障部办公厅关于发布〈电子劳动合同订立指引〉的通知》

第二十条 【劳动合同的期限】劳动合同的期限分为有固定期限、无固定期限和以完成一定的工作为期限。

劳动者在同一用人单位连续工作满十年以上，当事人双方同意续延劳动合同的，如果劳动者提出订立无固定期限的劳动合同，应当订立无固定期限的劳动合同。

注释《劳动合同法》第14条规定："无固定期限劳动合同，是指用人单位与劳动者约定无确定终止时间的劳动合同。用人单位与劳动者协商一致，可以订立无固定期限劳动合同。有下列情形之一，劳动者提出或者同意续订、订立劳动合同的，除劳动者提出订立固定期限劳动合同外，应当订立无固定期限劳动合同：（一）劳动者在该用人单位连续工作满十年的；（二）用人单位初次实行劳动合同制度或者国有企业改制重新订立劳动合同时，劳动者在该用人单位连续工作满十年且距法定退休年龄不足十年的；（三）连续订立二次固定期限劳动合同，且劳动者没有本法第三十九条和第四十条第一项、第二项规定的情形，续订劳动合同的。用人单位自用工之日起满一年不与劳动者订立书面劳动合同的，视为用人单位与劳动者已订立无固定期限劳动合同。"

实务问答 如何认定劳动者在同一用人单位连续工作满十年？

劳动者在同一用人单位连续工作满十年，一

是与签订劳动合同的次数和劳动合同的期限都没有关系，这十年中从前到后劳动者可以签订多个劳动合同，每个劳动合同的期限都可以不同。如劳动者的劳动合同一年一签，连续签了十次，属于连续工作满十年的情形。再如，劳动者与用人单位先签订了两年期限的劳动合同，后出于种种原因，接下来一年没有签订书面劳动合同，之后几年又签订了书面劳动合同，只要连续工作满十年，就属于本规定的情形。二是工作必须是连续的，中间不得有间断。如有的劳动者在用人单位工作五年后，离职到别的单位去工作了两年，然后又回到了这个用人单位工作五年。虽然累计时间达到了十年，但是劳动合同期限有所间断，不属于本规定的情形。

案例 视为订立无固定期限劳动合同后用人单位仍未与劳动者签订劳动合同的是否应当支付第二倍工资[《人力资源社会保障部、最高人民法院关于联合发布第一批劳动人事争议典型案例的通知》（2020 年 7 月 10 日 人社部函〔2020〕62 号）]

裁判规则：无固定期限劳动合同是指用人单位与劳动者约定无确定终止时间的劳动合同。为了保障劳动关系稳定性，《劳动合同法》第 14 条规定了"可以""应当""视为"三类订立无固定期限劳动合同的情形，其中"视为"签订无固定期限劳动合同的规定，主要目的是解决一些用人单位不愿与劳动者签订劳动合同，造成劳动者合法权益无法得到保障的问题。未依法签订劳动合同所应承担的第二倍工资责任在法律性质上是惩罚性赔偿，该责任设定与拟制无固定期限劳动合同的签订相结合，既保障了劳动者合法权益，又限制了用人单位赔偿责任的无限扩大，有效地平衡了各方利益。

第二十一条 【试用期条款】劳动合同可以约定试用期。试用期最长不得超过六个月。

注释 试用期，是指用人单位对新招收的职工的思想品德、劳动态度、实际工作能力、身体情况等进行进一步考察的时间期限。试用期是一个约定的条款，如果双方没有事先约定，用人单位就不能以试用期为由解除劳动合同。

劳动合同期限 3 个月以上不满 1 年的，试用期不得超过 1 个月；劳动合同期限 1 年以上不满 3 年的，试用期不得超过 2 个月；3 年以上固定期限和无固定期限的劳动合同，试用期不得超过 6 个月。

同一用人单位与同一劳动者只能约定一次试用期。以完成一定工作任务为期限的劳动合同或者劳动合同期限不满 3 个月的，不得约定试用期。试用期包含在劳动合同期限内。劳动合同仅约定试用期的，试用期不成立，该期限为劳动合同期限。

劳动者在试用期间应当享有全部的劳动权利。这些权利包括取得劳动报酬的权利、休息休假的权利、获得劳动安全卫生保护的权利、接受职业技能培训的权利、享受社会保险和福利的权利、提请劳动争议处理的权利以及法律规定的其他劳动权利，还包括依照法律规定，通过职工大会、职工代表大会或者其他形式，参与民主管理或者就保护劳动者合法权益与用人单位进行平等协商的权利。

第二十二条 【保守商业秘密之约定】劳动合同当事人可以在劳动合同中约定保守用人单位商业秘密的有关事项。

注释 《反不正当竞争法》第 9 条第 4 款规定："本法所称的商业秘密，是指不为公众所知悉、具有商业价值并经权利人采取相应保密措施的技术信息、经营信息等商业信息。"

与技术有关的结构、原料、组分、配方、材料、样品、样式、植物新品种繁殖材料、工艺、方法或其步骤、算法、数据、计算机程序及其有关文档等信息，人民法院可以认定构成《反不正当竞争法》第 9 条第 4 款所称的技术信息。

与经营活动有关的创意、管理、销售、财务、计划、样本、招投标材料、客户信息、数据等信息，人民法院可以认定构成《反不正当竞争法》第 9 条第 4 款所称的经营信息。客户信息，包括客户的名称、地址、联系方式以及交易习惯、意向、内容等信息。

实务问答 用人单位与劳动者如何约定保密义务？

用人单位与劳动者可以在劳动合同中约定保守用人单位的商业秘密和与知识产权相关的保密事项。对负有保密义务的劳动者，用人单位可以在劳动合同或者保密协议中与劳动者约定竞业限制条款，并约定在解除或者终止劳动合同后，在竞业限制期限内按月给予劳动者经济补偿。劳动者违反竞业限制约定的，应当按照约定向用人单位支付违约金。

竞业限制的人员限于用人单位的高级管理人

员、高级技术人员和其他负有保密义务的人员。竞业限制的范围、地域、期限由用人单位与劳动者约定,竞业限制的约定不得违反法律、法规的规定。在解除或者终止劳动合同后,前述规定的人员到与本单位生产或者经营同类产品、从事同类业务的有竞争关系的其他用人单位,或者自己开业生产或者经营同类产品、从事同类业务的竞业限制期限,不得超过2年。

案例 王山诉万得信息技术股份有限公司竞业限制纠纷案(最高人民法院指导案例190号)

裁判规则: 人民法院在审理竞业限制纠纷案件时,审查劳动者自营或者新入职单位与原用人单位是否形成竞争关系,不应仅从依法登记的经营范围是否重合进行认定,还应当结合实际经营内容、服务对象或者产品受众、对应市场等方面是否重合进行综合判断。劳动者提供证据证明自营或者新入职单位与原用人单位的实际经营内容、服务对象或者产品受众、对应市场等不相同,主张不存在竞争关系的,人民法院应予支持。

链接 《劳动合同法》第23、24条;《最高人民法院关于审理侵犯商业秘密民事案件适用法律若干问题的规定》

第二十三条 【劳动合同的终止】劳动合同期满或者当事人约定的劳动合同终止条件出现,劳动合同即行终止。

注释 《劳动合同法》第44条规定:"有下列情形之一的,劳动合同终止:(一)劳动合同期满的;(二)劳动者开始依法享受基本养老保险待遇的;(三)劳动者死亡,或者被人民法院宣告死亡或者宣告失踪的;(四)用人单位依法宣告破产的;(五)用人单位被吊销营业执照、责令关闭、撤销或者用人单位决定提前解散的;(六)法律、行政法规规定的其他情形。"

第二十四条 【劳动合同的合意解除】经劳动合同当事人协商一致,劳动合同可以解除。

第二十五条 【过失性辞退】劳动者有下列情形之一的,用人单位可以解除劳动合同:

(一)在试用期间被证明不符合录用条件的;

(二)严重违反劳动纪律或者用人单位规章制度的;

(三)严重失职,营私舞弊,对用人单位利益造成重大损害的;

(四)被依法追究刑事责任的。

注释 《劳动合同法》第39条规定:"劳动者有下列情形之一的,用人单位可以解除劳动合同:(一)在试用期间被证明不符合录用条件的;(二)严重违反用人单位的规章制度的;(三)严重失职,营私舞弊,给用人单位造成重大损害的;(四)劳动者同时与其他用人单位建立劳动关系,对完成本单位的工作任务造成严重影响,或者经用人单位提出,拒不改正的;(五)因本法第二十六条第一款第一项规定的情形致使劳动合同无效的;(六)被依法追究刑事责任的。"

案例 1. 孙贤锋诉淮安西区人力资源开发有限公司劳动合同纠纷案(最高人民法院指导案例180号)

裁判规则: 人民法院在判断用人单位单方解除劳动合同行为的合法性时,应当以用人单位向劳动者发出的解除通知的内容为认定依据。在案件审理过程中,用人单位超出解除劳动合同通知中载明的依据及事由,另行提出劳动者在履行劳动合同期间存在其他严重违反用人单位规章制度的情形,并据此主张符合解除劳动合同条件的,人民法院不予支持。

2. 郑某诉霍尼韦尔自动化控制(中国)有限公司劳动合同纠纷案(最高人民法院指导案例181号)

裁判规则: 用人单位的管理人员对被性骚扰员工的投诉,应采取合理措施进行处置。管理人员未采取合理措施或者存在纵容性骚扰行为、干扰对性骚扰行为调查等情形,用人单位以管理人员未尽岗位职责,严重违反规章制度为由解除劳动合同,管理人员主张解除劳动合同违法的,人民法院不予支持。

3. 房玥诉中美联泰大都会人寿保险有限公司劳动合同纠纷案(最高人民法院指导案例183号)

裁判规则: 年终奖发放前离职的劳动者主张用人单位支付年终奖的,人民法院应当结合劳动者的离职原因、离职时间、工作表现以及对单位的贡献程度等因素进行综合考量。用人单位的规章制度规定年终奖发放前离职的劳动者不能享有年终奖,但劳动合同的解除非因劳动者单方过失或主动辞职所导致,且劳动者已经完成年度工作任务,用人单位不能证明劳动者的工作业绩及表现不符合年终奖发放标准,年终奖发放前离职的劳动者主张用人单位支付年终奖的,人民法院应予支持。

4. 上海安盛物业有限公司诉王文正劳动合同纠纷案(《最高人民法院公报》2023年第4期)

裁判规则：用人单位行使管理权亦当合理且善意。劳动者因直系亲属病危提交请假手续，在用人单位审批期间，该直系亲属病故，劳动者径行返家处理后事，用人单位因此以旷工为由主张解除劳动合同的，属于违法解除劳动合同，亦不符合社会伦理。劳动者因用人单位违法解除劳动合同要求赔偿的，人民法院应予支持。

链接《劳动合同法实施条例》第19条

第二十六条　【非过失性辞退】有下列情形之一的，用人单位可以解除劳动合同，但是应当提前三十日以书面形式通知劳动者本人：

（一）劳动者患病或者非因工负伤，医疗期满后，不能从事原工作也不能从事由用人单位另行安排的工作的；

（二）劳动者不能胜任工作，经过培训或者调整工作岗位，仍不能胜任工作的；

（三）劳动合同订立时所依据的客观情况发生重大变化，致使原劳动合同无法履行，经当事人协商不能就变更劳动合同达成协议的。

注释 本条第1项的"医疗期"，根据《企业职工患病或非因工负伤医疗期规定》，是指企业职工因患病或非因工负伤停止工作治病休息不得解除劳动合同的时限。

本条第2项中的"不能胜任工作"，是指不能按要求完成劳动合同中约定的任务或者同工种、同岗位人员的工作量。用人单位不得故意提高定额标准，使劳动者无法完成。

本条第3项中的"客观情况"，指发生不可抗力或出现致使劳动合同全部或部分条款无法履行的其他情况，如企业迁移、被兼并、企业资产转移等，并且排除《劳动法》第27条所列的客观情况。

案例 吴继威诉南京博峰电动工具有限公司劳动合同纠纷案(《最高人民法院公报》2020年第9期)

裁判规则：因用人单位整体搬迁导致劳动者工作地点变更、通勤时间延长的，是否属于《劳动合同法》第40条第3项规定的"劳动合同订立时所依据的客观情况发生重大变化，致使劳动合同无法履行"的情形，需要考量搬迁距离远近、通勤便利程度，结合用人单位是否提供交通工具、是否调整出勤时间、是否增加交通补贴等因素，综合评

判工作地点的变更是否给劳动者的工作和生活带来严重不便并足以影响劳动合同的履行。如果用人单位已经采取适当措施降低了搬迁对劳动者的不利影响，搬迁行为不足以导致劳动合同无法履行的，劳动者不得以此为由拒绝提供劳动。

链接《劳动合同法》第40条；《劳动合同法实施条例》第19条；《企业职工患病或非因工负伤医疗期规定》

第二十七条　【用人单位经济性裁员】用人单位濒临破产进行法定整顿期间或者生产经营状况发生严重困难，确需裁减人员的，应当提前三十日向工会或者全体职工说明情况，听取工会或者职工的意见，经向劳动行政部门报告后，可以裁减人员。

用人单位依据本条规定裁减人员，在六个月内录用人员的，应当优先录用被裁减的人员。

注释《劳动合同法》第41条第1款规定："有下列情形之一，需要裁减人员二十人以上或者裁减不足二十人但占企业职工总数百分之十以上的，用人单位提前三十日向工会或者全体职工说明情况，听取工会或者职工的意见后，裁减人员方案经向劳动行政部门报告，可以裁减人员：（一）依照企业破产法规定进行重整的；（二）生产经营发生严重困难的；（三）企业转产、重大技术革新或者经营方式调整，经变更劳动合同后，仍需裁减人员的；（四）其他因劳动合同订立时所依据的客观经济情况发生重大变化，致使劳动合同无法履行的。"

实务问答 裁减人员时应优先留用哪些人员?

《劳动合同法》第41条第2款规定："裁减人员时，应当优先留用下列人员：（一）与本单位订立较长期限的固定期限劳动合同的；（二）与本单位订立无固定期限劳动合同的；（三）家庭无其他就业人员，有需要扶养的老人或者未成年人的。"

链接《劳动合同法》第41条

第二十八条　【用人单位解除劳动合同的经济补偿】用人单位依据本法第二十四条、第二十六条、第二十七条的规定解除劳动合同的，应当依照国家有关规定给予经济补偿。

注释 根据《劳动合同法》的规定，有下列情形之一的，用人单位应当向劳动者支付经济补偿：1. 劳动者依照《劳动合同法》第38条规定解除劳动合同的；2. 用人单位依照《劳动合同法》第36条规定向劳动者提出解除劳动合同并与劳动者协商一致解

除劳动合同的;3. 用人单位依照《劳动合同法》第40条规定解除劳动合同的;4. 用人单位依照《劳动合同法》第41条第1款规定解除劳动合同的;5. 除用人单位维持或者提高劳动合同约定条件续订劳动合同,劳动者不同意续订的情形外,依照《劳动合同法》第44条第1项规定终止固定期限劳动合同的;6. 依照《劳动合同法》第44条第4项、第5项规定终止劳动合同的;7. 法律、行政法规规定的其他情形。

实务问答 裁减人员时应优先留用哪些人员?

经济补偿按劳动者在本单位工作的年限,每满一年支付一个月工资的标准向劳动者支付。六个月以上不满一年的,按一年计算;不满六个月的,向劳动者支付半个月工资的经济补偿。

劳动者月工资高于用人单位所在直辖市、设区的市级人民政府公布的本地区上年度职工月平均工资三倍的,向其支付经济补偿的标准按职工月平均工资三倍的数额支付,向其支付经济补偿的年限最高不超过十二年。

上述所称月工资是指劳动者在劳动合同解除或者终止前十二个月的平均工资。

链接《劳动合同法》第46、47条;《劳动合同法实施条例》第22、23条

第二十九条 【用人单位不得解除劳动合同的情形】劳动者有下列情形之一的,用人单位不得依据本法第二十六条、第二十七条的规定解除劳动合同:

(一)患职业病或者因工负伤并被确认丧失或者部分丧失劳动能力的;

(二)患病或者负伤,在规定的医疗期内的;

(三)女职工在孕期、产期、哺乳期内的;

(四)法律、行政法规规定的其他情形。

注释《劳动合同法》对本条有进一步规定,劳动者有下列情形之一的,用人单位不得依照《劳动合同法》第40条、第41条的规定解除劳动合同:1. 从事接触职业病危害作业的劳动者未进行离岗前职业健康检查,或者疑似职业病病人在诊断或者医学观察期间的;2. 在本单位患职业病或者因工负伤并被确认丧失或者部分丧失劳动能力的;3. 患病或者非因工负伤,在规定的医疗期内的;4. 女职工在孕期、产期、哺乳期内的;5. 在本单位连续工作满15年,且距法定退休年龄不足5年的;6. 法律、行政法规规定的其他情形。

注意,本条并未排除依据《劳动法》第25条、《劳动合同法》第39条的规定解除劳动合同的情形。

案例 张传杰诉上海敬豪劳务服务有限公司等劳动合同纠纷案(《最高人民法院公报》2017年第5期)

裁判规则 从事接触职业病危害作业的劳动者未进行离岗前职业健康检查的,用人单位不得解除或终止与其订立的劳动合同。即使用人单位与劳动者已协商一致解除劳动合同,解除协议也应认定无效。

第三十条 【工会对用人单位解除劳动合同的监督权】用人单位解除劳动合同,工会认为不适当的,有权提出意见。如果用人单位违反法律、法规或者劳动合同,工会有权要求重新处理;劳动者申请仲裁或者提起诉讼的,工会应当依法给予支持和帮助。

第三十一条 【劳动者单方解除劳动合同】劳动者解除劳动合同,应当提前三十日以书面形式通知用人单位。

注释 注意,《劳动合同法》第37条规定,如果劳动者是在试用期内解除劳动合同,提前3日通知用人单位即可且不限书面形式。

第三十二条 【劳动者随时解除劳动合同的情形】有下列情形之一的,劳动者可以随时通知用人单位解除劳动合同:

(一)在试用期内的;

(二)用人单位以暴力、威胁或者非法限制人身自由的手段强迫劳动的;

(三)用人单位未按照劳动合同约定支付劳动报酬或者提供劳动条件的。

注释《劳动合同法》对劳动者单方解除劳动合同也作出规定,第38条规定,用人单位有下列情形之一的,劳动者可以解除劳动合同:1. 未按照劳动合同约定提供劳动保护或者劳动条件的;2. 未及时足额支付劳动报酬的;3. 未依法为劳动者缴纳社会保险费的;4. 用人单位的规章制度违反法律、法规的规定,损害劳动者权益的;5. 因《劳动合同法》第26条第1款规定的情形致使劳动合同无效的;6. 法律、行政法规规定劳动者可以解除劳动合同的其他情形。

用人单位以暴力、威胁或者非法限制人身自由的手段强迫劳动者劳动的,或者用人单位违章

指挥、强令冒险作业危及劳动者人身安全的，劳动者可以立即解除劳动合同，不需事先告知用人单位。

注意，根据《劳动合同法》第37条的规定，"在试用期内的"已不再属于劳动者可以随时解除劳动合同的事由。

本条中的"暴力"是指对劳动者实施捆绑、拉拽、殴打、伤害等行为。"威胁"是指对劳动者施以暴力或者其他强迫手段。"非法限制人身自由"是指采用拘留、禁闭或其他强制方法非法剥夺或限制他人按照自己的意志支配自己的身体活动自由的行为。

链接《劳动合同法》第38条；《刑法》第244条

第三十三条　【集体合同的内容和签订程序】企业职工一方与企业可以就劳动报酬、工作时间、休息休假、劳动安全卫生、保险福利等事项，签订集体合同。集体合同草案应当提交职工代表大会或者全体职工讨论通过。

集体合同由工会代表职工与企业签订；没有建立工会的企业，由职工推举的代表与企业签订。

实务问答 集体合同包括哪些内容？

集体协商双方可以就下列多项或某项内容进行集体协商，签订集体合同或专项集体合同：

（1）劳动报酬。劳动报酬主要包括：用人单位工资水平、工资分配制度、工资标准和工资分配形式；工资支付办法；加班、加点工资及津贴、补贴标准和奖金分配办法；工资调整办法；试用期及病、事假等期间的工资待遇；特殊情况下职工工资（生活费）支付办法；其他劳动报酬分配办法。

（2）工作时间。工作时间主要包括：工时制度；加班加点办法；特殊工种的工作时间；劳动定额标准。

（3）休息休假。休息休假主要包括：日休息时间、周休息日安排、年休假办法；不能实行标准工时职工的休息休假；其他假期。

（4）劳动安全与卫生。劳动安全卫生主要包括：劳动安全卫生责任制；劳动条件和安全技术措施；安全操作规程；劳保用品发放标准；定期健康检查和职业健康体检。

（5）补充保险和福利。补充保险和福利主要包括：补充保险的种类、范围；基本福利制度和福利设施；医疗期延长及其待遇；职工亲属福利制度。

（6）女职工和未成年工特殊保护。女职工和未成年工的特殊保护主要包括：女职工和未成年工禁忌从事的劳动；女职工的经期、孕期、产期和哺乳期的劳动保护；女职工、未成年工定期健康检查；未成年工的使用和登记制度。

（7）职业技能培训。职业技能培训主要包括：职业技能培训项目规划及年度计划；职业技能培训费用的提取和使用；保障和改善职业技能培训的措施。

（8）劳动合同管理。劳动合同管理主要包括：劳动合同签订时间；确定劳动合同期限的条件；劳动合同变更、解除、续订的一般原则及无固定期限劳动合同的终止条件；试用期的条件和期限。

（9）奖惩。奖惩主要包括：劳动纪律；考核奖惩制度；奖惩程序。

（10）裁员。裁员主要包括：裁员的方案；裁员的程序；裁员的实施办法和补偿标准。

（11）集体合同期限。

（12）变更、解除集体合同的程序。

（13）履行集体合同发生争议时的协商处理办法。

（14）违反集体合同的责任。

（15）双方认为应当协商的其他内容。

链接《劳动合同法》第51条；《集体合同规定》

第三十四条　【集体合同的审查】集体合同签订后应当报送劳动行政部门；劳动行政部门自收到集体合同文本之日起十五日内未提出异议的，集体合同即行生效。

注释 集体合同或专项集体合同审查实行属地管辖，具体管辖范围由省级人力资源社会保障行政部门规定。中央管辖的企业以及跨省、自治区、直辖市的用人单位的集体合同应当报送人力资源社会保障部或人力资源社会保障部指定的省级人力资源社会保障行政部门。

人力资源社会保障行政部门应当对报送的集体合同或专项集体合同的下列事项进行合法性审查：1. 集体协商双方的主体资格是否符合法律、法规和规章规定；2. 集体协商程序是否违反法律、法规、规章规定；3. 集体合同或专项集体合同内容是否与国家规定相抵触。

链接《集体合同规定》第43、44条

第三十五条　【集体合同的效力】依法签订的集体合同对企业和企业全体职工具有约束力。职工个人与企业订立的劳动合同中劳动条件和劳动报酬等标准不得低于集体合同的规定。

第四章 工作时间和休息休假

第三十六条 【标准工作时间】国家实行劳动者每日工作时间不超过八小时、平均每周工作时间不超过四十四小时的工时制度。

注释 根据《国务院关于职工工作时间的规定》，1995年5月1日起，职工每日工作8小时，每周工作40小时。

第三十七条 【计件工作时间】对实行计件工作的劳动者，用人单位应当根据本法第三十六条规定的工时制度合理确定其劳动定额和计件报酬标准。

第三十八条 【劳动者的周休日】用人单位应当保证劳动者每周至少休息一日。

第三十九条 【其他工时制度】企业因生产特点不能实行本法第三十六条、第三十八条规定的，经劳动行政部门批准，可以实行其他工作和休息办法。

注释 企业因生产特点不能实行《劳动法》第36条、第38条规定的，可以实行不定时工作制或综合计算工时工作制等其他工作和休息办法。中央直属企业实行不定时工作制和综合计算工时工作制等其他工作和休息办法的，经国务院行业主管部门审核，报国务院劳动行政部门批准。地方企业实行不定时工作制和综合计算工时工作制等其他工作和休息办法的审批办法，由各省、自治区、直辖市人民政府劳动行政部门制定，报国务院劳动行政部门备案。

实务问答 1. 哪些职工可以实行不定时工作制？

企业对符合下列条件之一的职工，可以实行不定时工作制。

（1）企业中的高级管理人员、外勤人员、推销人员、部分值班人员和其他因工作无法按标准工作时间衡量的职工；

（2）企业中的长途运输人员、出租汽车司机和铁路、港口、仓库的部分装卸人员以及因工作性质特殊，需机动作业的职工；

（3）其他因生产特点、工作特殊需要或职责范围的关系，适合实行不定时工作制的职工。

2. 哪些职工可以实行综合计算工时工作制？

企业对符合下列条件之一的职工，可实行综合计算工时工作制，即分别以周、月、季、年等为周期，综合计算工作时间，但其平均日工作时间和平均周工作时间应与法定标准工作时间基本相同。

（1）交通、铁路、邮电、水运、航空、渔业等行业中因工作性质特殊，需连续作业的职工；

（2）地质及资源勘探、建筑、制盐、制糖、旅游等受季节和自然条件限制的行业的部分职工；

（3）其他适合实行综合计算工时工作制的职工。

链接 《关于企业实行不定时工作制和综合计算工时工作制的审批办法》

第四十条 【法定休假节日】用人单位在下列节日期间应当依法安排劳动者休假：

（一）元旦；

（二）春节；

（三）国际劳动节；

（四）国庆节；

（五）法律、法规规定的其他休假节日。

注释 根据《全国年节及纪念日放假办法》的规定，全体公民放假的节日为：新年，放假1天（1月1日）；春节，放假3天（农历正月初一、初二、初三）；清明节，放假1天（农历清明当日）；劳动节，放假1天（5月1日）；端午节，放假1天（农历端午当日）；中秋节，放假1天（农历中秋当日）；国庆节，放假3天（10月1日、2日、3日）。

链接 《全国年节及纪念日放假办法》

第四十一条 【延长工作时间】用人单位由于生产经营需要，经与工会和劳动者协商后可以延长工作时间，一般每日不得超过一小时；因特殊原因需要延长工作时间的，在保障劳动者身体健康的条件下延长工作时间每日不得超过三小时，但是每月不得超过三十六小时。

第四十二条 【特殊情况下的延长工作时间】有下列情形之一的，延长工作时间不受本法第四十一条规定的限制：

（一）发生自然灾害、事故或者因其他原因，威胁劳动者生命健康和财产安全，需要紧急处理的；

（二）生产设备、交通运输线路、公共设施发生故障，影响生产和公众利益，必须及时抢修的；

（三）法律、行政法规规定的其他情形。

第四十三条 【用人单位延长工作时间的禁止】用人单位不得违反本法规定延长劳动者的工作时间。

第四十四条 【延长工作时间的工资支付】有下列情形之一的，用人单位应当按照下列标准支付高于劳动者正常工作时间工资的工资报酬：

（一）安排劳动者延长工作时间的，支付不低于工资的百分之一百五十的工资报酬；

（二）休息日安排劳动者工作又不能安排补休的，支付不低于工资的百分之二百的工资报酬；

（三）法定休假日安排劳动者工作的，支付不低于工资的百分之三百的工资报酬。

注释 劳动者主张加班费的，应当就加班事实的存在承担举证责任。但劳动者有证据证明用人单位掌握加班事实存在的证据，用人单位不提供的，由用人单位承担不利后果。

实务问答 休息日或法定休假日安排劳动者工作，用人单位可否不支付加班费而给予补休？

休息日安排劳动者工作的，应首先安排补休，不能补休时，则应支付不低于工资的200%的工资报酬。补休时间应等同于加班时间。

法定休假日安排劳动者工作的，应支付不低于工资的300%的工资报酬，一般不安排补休。

案例 1. 劳动者与用人单位订立放弃加班费协议，能否主张加班费[《人力资源社会保障部、最高人民法院关于联合发布第二批劳动人事争议典型案例的通知》(2021 年 6 月 30 日　人社部函[2021]90 号)]

裁判规则： 某科技公司利用在订立劳动合同时的主导地位，要求张某在其单方制定的格式条款上签字放弃加班费，既违反法律规定，也违背公平原则，侵害了张某的工资报酬权益。故仲裁委员会依法裁决某科技公司支付张某加班费。

崇尚奋斗无可厚非，但不能成为用人单位规避法定责任的挡箭牌。谋求企业发展、塑造企业文化都必须守住不违反法律规定、不侵害劳动者合法权益的底线，应在坚持按劳分配原则的基础上，通过科学合理的措施激发劳动者的主观能动性和创造性，统筹促进企业发展与维护劳动者权益。

2. 用人单位未按规章制度履行加班审批手续，能否认定劳动者加班事实[《人力资源社会保障部、最高人民法院关于联合发布第二批劳动人事争议典型案例的通知》(2021 年 6 月 30 日　人社部函[2021]90 号)]

裁判规则： 本案中，吴某提交的考勤记录、与部门领导及同事的微信聊天记录、工作会议纪要等证据形成了相对完整的证据链，某医药公司亦认可上述证据的真实性。某医药公司未实际履行加班审批手续，并不影响对"用人单位安排"加班这一事实的认定。故仲裁委员会依法裁决某医药

公司支付吴某加班费。

劳动规章制度对用人单位和劳动者都具有约束力。一方面，用人单位应严格按照规章制度的规定实施管理行为，不得滥用优势地位，侵害劳动者合法权益；另一方面，劳动者在合法权益受到侵害时，要注意保留相关证据，为维权提供依据。仲裁委员会、人民法院应准确把握加班事实认定标准，纠正用人单位规避法定责任、侵害劳动者合法权益的行为。

3. 处理加班费争议，如何分配举证责任[《人力资源社会保障部、最高人民法院关于联合发布第二批劳动人事争议典型案例的通知》(2021 年 6 月 30 日　人社部函[2021]90 号)]

裁判规则： 我国劳动法律将保护劳动者的合法权益作为立法宗旨之一，在实体和程序方面都作出了相应规定。在加班费争议处理中，要充分考虑劳动者举证能力不足的实际情况，根据"谁主张谁举证"原则、证明妨碍规则，结合具体案情合理分配用人单位与劳动者的举证责任。

链接 《最高人民法院关于审理劳动争议案件适用法律问题的解释（一）》第 42 条

第四十五条　【年休假制度】 国家实行带薪年休假制度。

劳动者连续工作一年以上的，享受带薪年休假。具体办法由国务院规定。

注释 职工累计工作已满 1 年不满 10 年的，年休假 5 天；已满 10 年不满 20 年的，年休假 10 天；已满 20 年的，年休假 15 天。国家法定休假日、休息日不计入年休假的假期。年休假天数根据职工累计工作时间确定。职工在同一或者不同用人单位工作期间，以及依照法律、行政法规或者国务院规定视同工作期间，应当计为累计工作时间。

用人单位经职工同意不安排年休假或者安排职工年休假天数少于应休年休假天数，应当在本年度内对职工应休未休年休假天数，按照其日工资收入的300%支付未休年休假工资报酬，其中包含用人单位支付职工正常工作期间的工资收入。用人单位安排职工休年休假，但是职工因本人原因且书面提出不休年休假的，用人单位可以只支付其正常工作期间的工资收入。

链接 《职工带薪年休假条例》；《企业职工带薪年休假实施办法》；《机关事业单位工作人员带薪年休假实施办法》

劳动篇

第五章　工　资

第四十六条　【工资分配基本原则】工资分配应当遵循按劳分配原则,实行同工同酬。

工资水平在经济发展的基础上逐步提高。国家对工资总额实行宏观调控。

注释 **工资**

劳动法中的"工资"是指用人单位依据国家有关规定或劳动合同的约定,以货币形式直接支付给本单位劳动者的劳动报酬,一般包括计时工资、计件工资、奖金、津贴和补贴、加班加点工资以及特殊情况下支付的工资。"工资"是劳动者劳动收入的主要组成部分。

同工同酬

同工同酬是指用人单位对劳动者提供的同等价值的劳动应付给同等的劳动报酬。用人单位不得在工资支付过程中,对于从事相同工作、提供同等价值劳动的劳动者因其性别、民族、年龄等方面的不同而支付不等量的劳动报酬。

链接 《关于工资总额组成的规定》

第四十七条　【用人单位自主确定工资分配】用人单位根据本单位的生产经营特点和经济效益,依法自主确定本单位的工资分配方式和工资水平。

案例 1. 用人单位与劳动者约定实行包薪制,是否需要依法支付加班费[《人力资源社会保障部、最高人民法院关于联合发布第二批劳动人事争议典型案例的通知》(2021 年 6 月 30 日　人社部函〔2021〕90 号)]

裁判规则:包薪制是指在劳动合同中打包约定法定标准工作时间工资和加班费的一种工资分配方式,在部分加班安排较多且时间相对固定的行业中比较普遍。虽然用人单位有依法制定内部薪酬分配制度的自主权,但内部薪酬分配制度的制定和执行须符合相关法律的规定。实践中,部分用人单位存在以实行包薪制规避或者减少承担支付加班费法定责任的情况。实行包薪制的用人单位应严格按照不低于最低工资标准支付劳动者法定标准工作时间的工资,同时按照国家关于加班费的法律规定足额支付加班费。

2. 戴为军诉台玻长江玻璃有限公司追索劳动报酬纠纷案(《最高人民法院公报》2021 年第 2 期)

裁判规则:用人单位依据末位淘汰制对员工实行奖优惩劣,对排名靠后的员工采取调岗调薪

等措施,是企业经营自主权的重要内容,只要该调岗调薪行为是基于企业生产经营管理的合理需要,且不违反法律规定和单位依法制定的规章制度,劳动者主张该调岗调薪行为违法的,人民法院不予支持。

第四十八条　【最低工资保障】国家实行最低工资保障制度。最低工资的具体标准由省、自治区、直辖市人民政府规定,报国务院备案。

用人单位支付劳动者的工资不得低于当地最低工资标准。

注释 最低工资标准,是指劳动者在法定工作时间或依法签订的劳动合同约定的工作时间内提供了正常劳动的前提下,用人单位依法应支付的最低劳动报酬。正常劳动,是指劳动者按依法签订的劳动合同约定,在法定工作时间或劳动合同约定的工作时间内从事的劳动。劳动者依法享受带薪年休假、探亲假、婚丧假、生育(产)假、节育手术假等国家规定的假期期间,以及法定工作时间内依法参加社会活动期间,视为提供了正常劳动。

链接 《劳动合同法》第 85 条;《最低工资规定》

第四十九条　【确定和调整最低工资标准的因素】确定和调整最低工资标准应当综合参考下列因素:

(一)劳动者本人及平均赡养人口的最低生活费用;

(二)社会平均工资水平;

(三)劳动生产率;

(四)就业状况;

(五)地区之间经济发展水平的差异。

实务问答 如何确定和调整最低工资标准?

最低工资标准一般采取月最低工资标准和小时最低工资标准的形式。月最低工资标准适用于全日制就业劳动者,小时最低工资标准适用于非全日制就业劳动者。

确定和调整月最低工资标准,应参考当地就业者及其赡养人口的最低生活费用、城镇居民消费价格指数、职工个人缴纳的社会保险费和住房公积金、职工平均工资、经济发展水平、就业状况等因素。确定和调整小时最低工资标准,应在颁布的月最低工资标准的基础上,考虑单位应缴纳的基本养老保险费和基本医疗保险费因素,同时还应适当考虑非全日制劳动者在工作稳定性、劳动条件和劳动强度、福利等方面与全日制就业人

员之间的差异。省、自治区、直辖市范围内的不同行政区域可以有不同的最低工资标准。

链接 《最低工资规定》

第五十条 【工资支付形式和不得克扣、拖欠工资】工资应当以货币形式按月支付给劳动者本人。不得克扣或者无故拖欠劳动者的工资。

注释 工资应当以货币形式支付

工资应当以法定货币支付。不得以实物及有价证券替代货币支付。用人单位应将工资支付给劳动者本人。劳动者本人因故不能领取工资时，可由其亲属或委托他人代领。用人单位可委托银行代发工资。

工资应当按时支付

工资必须在用人单位与劳动者约定的日期支付。如遇节假日或休息日，则应提前在最近的工作日支付。工资至少每月支付一次，实行周、日、小时工资制的可按周、日、小时支付工资。对完成一次性临时劳动或某项具体工作的劳动者，用人单位应按有关协议或合同规定在其完成劳动任务后即支付工资。

实务问答 1. 劳动者的劳动报酬包括哪些内容？

根据《最高人民法院关于审理拒不支付劳动报酬刑事案件适用法律若干问题的解释》，劳动者依照《劳动法》和《劳动合同法》等法律的规定应得的劳动报酬，包括工资、奖金、津贴、补贴、延长工作时间的工资报酬及特殊情况下支付的工资等，应当认定为《刑法》第 276 条之一第 1 款规定的"劳动者的劳动报酬"。

2. 如何认定以转移财产、逃匿等方法逃避支付劳动者的劳动报酬？

以逃避支付劳动者的劳动报酬为目的，具有下列情形之一的，应当认定为《刑法》第 276 条之一第 1 款规定的"以转移财产、逃匿等方法逃避支付劳动者的劳动报酬"：1. 隐匿财产、恶意清偿、虚构债务、虚假破产、虚假倒闭或者以其他方法转移、处分财产的；2. 逃跑、藏匿的；3. 隐匿、销毁或者篡改账目、职工名册、工资支付记录、考勤记录等与劳动报酬相关的材料的；4. 以其他方法逃避支付劳动报酬的。

案例 1. 沈某某诉胡某、邓某劳动争议案——劳动者有权拒绝用人单位以虚拟货币支付工资（2023年3月1日最高人民法院发布的第三批人民法院大力弘扬社会主义核心价值观典型民事案例）

裁判规则：根据相关规定，工资应当以法定货币支付，以虚拟货币支付劳动报酬明显违反法律规定。本案旗帜鲜明地否定了以虚拟货币支付工资行为的合法性，有利于规范企业用工，维护劳动者合法权益，增强劳动者和用人单位双方的风险防范意识和法律意识，对于构建和谐劳动关系、彰显诚信价值、优化营商环境、维护经济金融秩序和社会稳定具有积极意义，弘扬了法治、诚信的社会主义核心价值观。

2. 徐成海拒不支付劳动报酬案（2015 年 12 月4 日最高人民法院公布拖欠劳动报酬典型案例）

裁判规则：吉林省蛟河市人民法院经审理认为，被告人徐成海采取逃匿的方式拒不支付其实际经营蛟河市盛财煤矿期间拖欠的工人工资和其作为法定代表人的吉林市大德投资有限公司和吉林市金马实业有限责任公司职工工资，数额较大，经劳动监察机关责令支付仍不支付，其行为已构成拒不支付劳动报酬罪。依照《刑法》有关规定，判决被告人徐成海犯拒不支付劳动报酬罪，判处有期徒刑一年，并处罚金人民币七万元。

拖欠农民工工资问题一度成为社会关注的热点，《刑法修正案（八）》将"拒不支付劳动报酬罪"写进《刑法》，经过几年的打击，取得了很大成效，但该类犯罪还有发生。作为企业的经营者应当合法经营、诚信经营，当企业经营出现困难时，要正确面对，妥善解决，而不能采取逃避的方式进行处理。本案被告人由于经营不善导致亏损，却逃之夭夭，导致大批劳动者的劳动报酬无法兑现，数额较大，其行为构成拒不支付劳动报酬罪，但尚未造成严重后果。依据《刑法》第 276 条之一的规定，应当判处三年以下有期徒刑或者拘役，并处或者单处罚金。本案对被告人判处有期徒刑的同时判处罚金，彰显刑法的打击力度。

链接 《劳动合同法》第 30 条；《保障农民工工资支付条例》；《工资支付暂行规定》；《对〈工资支付暂行规定〉有关问题的补充规定》；《最高人民法院关于审理拒不支付劳动报酬刑事案件适用法律若干问题的解释》

第五十一条 【法定休假日等的工资支付】劳动者在法定休假日和婚丧假期间以及依法参加社会活动期间，用人单位应当依法支付工资。

注释 法定休假日

法定休假日，是指法律、法规规定的劳动者休假的时间,包括法定节日(即元旦、春节、国际劳动节、国庆节及其他休假节日)以及法定带薪休假。

婚丧假

婚丧假,是指劳动者本人结婚以及其直系亲属死亡时依法享受的假期。

依法参加社会活动

劳动者在法定工作时间内依法参加社会活动期间,用人单位应视同其提供了正常劳动而支付工资。社会活动包括:依法行使选举权或被选举权;当选代表出席乡(镇)、区以上政府、党派、工会、青年团、妇女联合会等组织召开的会议;出任人民法庭证明人;出席劳动模范、先进工作者大会;《工会法》规定的基层工会的非专职委员占用生产或者工作时间参加会议或者从事工会工作的时间(每月不超过三个工作日);其他依法参加的社会活动。

链接 《工资支付暂行规定》

第六章　劳动安全卫生

第五十二条　【劳动安全卫生制度的建立】用人单位必须建立、健全劳动安全卫生制度,严格执行国家劳动安全卫生规程和标准,对劳动者进行劳动安全卫生教育,防止劳动过程中的事故,减少职业危害。

第五十三条　【劳动安全卫生设施】劳动安全卫生设施必须符合国家规定的标准。

新建、改建、扩建工程的劳动安全卫生设施必须与主体工程同时设计、同时施工、同时投入生产和使用。

第五十四条　【用人单位的劳动保护义务】用人单位必须为劳动者提供符合国家规定的劳动安全卫生条件和必要的劳动防护用品,对从事有职业危害作业的劳动者应当定期进行健康检查。

注释 生产经营单位必须为从业人员提供符合国家标准或者行业标准的劳动防护用品,并监督、教育从业人员按照使用规则佩戴、使用。生产经营单位应当安排用于配备劳动防护用品、进行安全生产培训的经费。从业人员在作业过程中,应当严格落实岗位安全责任,遵守本单位的安全生产规章制度和操作规程,服从管理,正确佩戴和使用劳动防护用品。

实务问答 职业病危害因素有哪些?

职业病危害,是指对从事职业活动的劳动者可能导致职业病的各种危害。

职业病危害因素包括:职业活动中存在的各种有害的化学、物理、生物因素以及在作业过程中产生的其他职业有害因素。对从事接触职业病危害的作业的劳动者,用人单位应当按照国务院卫生行政部门的规定组织上岗前、在岗期间和离岗时的职业健康检查,并将检查结果书面告知劳动者。

职业健康检查费用由用人单位承担。

链接 《安全生产法》第二章;《职业病防治法》第三章;《使用有毒物品作业场所劳动保护条例》

第五十五条　【特种作业的上岗要求】从事特种作业的劳动者必须经过专门培训并取得特种作业资格。

第五十六条　【劳动者在安全生产中的权利和义务】劳动者在劳动过程中必须严格遵守安全操作规程。

劳动者对用人单位管理人员违章指挥、强令冒险作业,有权拒绝执行;对危害生命安全和身体健康的行为,有权提出批评、检举和控告。

注释 从业人员在作业过程中,应当严格落实岗位安全责任,遵守本单位的安全生产规章制度和操作规程,服从管理,正确佩戴和使用劳动防护用品。

生产经营单位的从业人员有权了解其作业场所和工作岗位存在的危险因素、防范措施及事故应急措施,有权对本单位的安全生产工作提出建议。

从业人员有权对本单位安全生产工作中存在的问题提出批评、检举、控告;有权拒绝违章指挥和强令冒险作业。生产经营单位不得因从业人员对本单位安全生产工作提出批评、检举、控告或者拒绝违章指挥、强令冒险作业而降低其工资、福利等待遇或者解除与其订立的劳动合同。

从业人员发现直接危及人身安全的紧急情况时,有权停止作业或者在采取可能的应急措施后撤离作业场所。

链接 《安全生产法》第三章

第五十七条　【伤亡事故和职业病的统计、报告和处理】国家建立伤亡事故和职业病统计报告和处理制度。县级以上各级人民政府劳动行政部门、有关部门和用人单位应当依法对劳动者在劳动过程中发生的伤亡事故和劳动者的职业病状况,进行统计、报告和处理。

第七章　女职工和未成年工特殊保护

第五十八条　【女职工和未成年工的特殊劳动保护】国家对女职工和未成年工实行特殊劳动保护。

未成年工是指年满十六周岁未满十八周岁的劳动者。

实务问答 1. 在哪些方面,女职工享有特殊劳动保护?

依据相关法律规定,女职工享有的特殊劳动保护主要有以下方面:

(1)就业方面:用人单位不得因女职工怀孕、生育、哺乳降低其工资、予以辞退、与其解除劳动或者聘用合同。

(2)劳动时间方面:女职工在孕期不能适应原劳动的,用人单位应当根据医疗机构的证明,予以减轻劳动量或者安排其他能够适应的劳动。

对怀孕7个月以上的女职工,用人单位不得延长劳动时间或者安排夜班劳动,并应当在劳动时间内安排一定的休息时间。怀孕女职工在劳动时间内进行产前检查,所需时间计入劳动时间。

(3)女职工禁忌从事的劳动范围:矿山井下作业;体力劳动强度分级标准中规定的第四级体力劳动强度的作业;每小时负重6次以上、每次负重超过20公斤的作业,或者间断负重、每次负重超过25公斤的作业。

2. 在哪些方面,未成年工受特殊劳动保护?

未成年工在以下方面享受特殊劳动保护:

(1)禁止用人单位招用未满16周岁的未成年人。我国的最低就业年龄是16周岁,如果文艺、体育和特种工艺单位需要招用未满16周岁的未成年人,必须遵守国家有关规定,并保障其接受义务教育的权利。

(2)不得安排未成年工从事法定禁忌从事的劳动。

(3)用人单位应当对未成年工定期进行健康检查。

(4)一般不能安排未成年工夜班工作。

链接《女职工劳动保护特别规定》;《未成年工特殊保护规定》

第五十九条　【女职工禁忌从事的劳动范围】禁止安排女职工从事矿山井下、国家规定的第四级体力劳动强度的劳动和其他禁忌从事的劳动。

注释 矿山井下作业系指常年在矿山井下从事各种劳动。不包括临时性的工作,如医务人员下矿井进行治疗和抢救等。

实务问答 女职工禁忌从事的劳动范围?

用人单位应当遵守女职工禁忌从事的劳动范围的规定。用人单位应当将本单位属于女职工禁忌从事的劳动范围的岗位书面告知女职工。

女职工禁忌从事的劳动范围由《女职工劳动保护特别规定》附录列示。国务院安全生产监督管理部门会同国务院人力资源社会保障行政部门、国务院卫生行政部门根据经济社会发展情况,对女职工禁忌从事的劳动范围进行调整。

链接《女职工劳动保护特别规定》第4条及附录

第六十条　【女职工经期的保护】不得安排女职工在经期从事高处、低温、冷水作业和国家规定的第三级体力劳动强度的劳动。

实务问答 女职工在经期禁忌从事的劳动有哪些?

(1)冷水作业分级标准中规定的第二级、第三级、第四级冷水作业;

(2)低温作业分级标准中规定的第二级、第三级、第四级低温作业;

(3)体力劳动强度分级标准中规定的第三级、第四级体力劳动强度的作业;

(4)高处作业分级标准中规定的第三级、第四级高处作业。

第六十一条　【女职工孕期的保护】不得安排女职工在怀孕期间从事国家规定的第三级体力劳动强度的劳动和孕期禁忌从事的劳动。对怀孕七个月以上的女职工,不得安排其延长工作时间和夜班劳动。

实务问答 女职工在孕期禁忌从事的劳动有哪些?

(1)作业场所空气中铅及其化合物、汞及其化合物、苯、镉、铍、砷、氰化物、氮氧化物、一氧化碳、二硫化碳、氯、己内酰胺、氯丁二烯、氯乙烯、环氧乙烷、苯胺、甲醛等有毒物质浓度超过国家职业卫生标准的作业;

(2)从事抗癌药物、己烯雌酚生产,接触麻醉剂气体等的作业;

(3)非密封源放射性物质的操作,核事故与放射事故的应急处置;

(4)高处作业分级标准中规定的高处作业;

(5)冷水作业分级标准中规定的冷水作业;

(6)低温作业分级标准中规定的低温作业;

(7)高温作业分级标准中规定的第三级、第四级的作业;

(8)噪声作业分级标准中规定的第三级、第四级的作业;

(9)体力劳动强度分级标准中规定的第三级、第四级体力劳动强度的作业;

(10)在密闭空间、高压室作业或者潜水作业,伴有强烈振动的作业,或者需要频繁弯腰、攀高、下蹲的作业。

第六十二条 【女职工产期的保护】女职工生育享受不少于九十天的产假。

注释 女职工生育享受 98 天产假,其中产前可以休假 15 天。

女职工难产的,增加产假 15 天;生育多胞胎的,每多生育 1 个婴儿,增加产假 15 天。

女职工怀孕未满 4 个月流产的,享受 15 天产假;怀孕满 4 个月流产的,享受 42 天产假。

链接《女职工劳动保护特别规定》第 7 条

第六十三条 【女职工哺乳期的保护】不得安排女职工在哺乳未满一周岁的婴儿期间从事国家规定的第三级体力劳动强度的劳动和哺乳期禁忌从事的其他劳动,不得安排其延长工作时间和夜班劳动。

注释 对哺乳未满 1 周岁婴儿的女职工,用人单位不得延长劳动时间或者安排夜班劳动。用人单位应当在每天的劳动时间内为哺乳期女职工安排 1 小时哺乳时间;女职工生育多胞胎的,每多哺乳 1 个婴儿每天增加 1 小时哺乳时间。

链接《女职工劳动保护特别规定》第 9 条及附录第 4 条

第六十四条 【未成年工禁忌从事的劳动范围】不得安排未成年工从事矿山井下、有毒有害、国家规定的第四级体力劳动强度的劳动和其他禁忌从事的劳动。

注释 任何组织或者个人不得招用未满 16 周岁未成年人,国家另有规定的除外。营业性娱乐场所、酒吧、互联网上网服务营业场所等不适宜未成年人活动的场所不得招用已满 16 周岁的未成年人。招用已满 16 周岁未成年人的单位和个人应当执行国家在工种、劳动时间、劳动强度和保护措施方面的规定,不得安排其从事过重、有毒、有害等危害未成年人身心健康的劳动或者危险作业。任何组织或者个人不得组织未成年人进行危害其身

心健康的表演等活动。经未成年人的父母或者其他监护人同意,未成年人参与演出、节目制作等活动,活动组织方应当根据国家有关规定,保障未成年人合法权益。

实务问答 1. 用人单位不得安排未成年工从事的劳动有哪些?

用人单位不得安排未成年工从事以下范围的劳动:

(1)《生产性粉尘作业危害程度分级》国家标准中第一级以上的接尘作业;

(2)《有毒作业分级》国家标准中第一级以上的有毒作业;

(3)《高处作业分级》国家标准中第二级以上的高处作业;

(4)《冷水作业分级》国家标准中第二级以上的冷水作业;

(5)《高温作业分级》国家标准中第三级以上的高温作业;

(6)《低温作业分级》国家标准中第三级以上的低温作业;

(7)《体力劳动强度分级》国家标准中第四级体力劳动强度的作业;

(8)矿山井下及矿山地面采石作业;

(9)森林业中的伐木、流放及守林作业;

(10)工作场所接触放射性物质的作业;

(11)有易燃易爆、化学性烧伤和热烧伤等危险性大的作业;

(12)地质勘探和资源勘探的野外作业;

(13)潜水、涵洞、涵道作业和海拔 3 千米以上的高原作业(不包括世居高原者);

(14)连续负重每小时在 6 次以上并且每次超过 20 公斤,间断负重每次超过 25 公斤的作业;

(15)使用凿岩机、捣固机、气镐、气铲、铆钉机、电锤的作业;

(16)工作中需要长时间保持低头、弯腰、上举、下蹲等强迫体位和动作频率每分钟大于 50 次的流水线作业;

(17)锅炉司炉。

2. 如何安排未成年工的健康检查?

用人单位应按下列要求对未成年工定期进行健康检查:

(1)安排工作岗位之前;

(2)工作满 1 年;

（3）年满18周岁，距前一次的体检时间已超过半年。

用人单位应根据未成年工的健康检查结果安排其从事适合的劳动，对不能胜任原劳动岗位的，应根据医务部门的证明，予以减轻劳动量或安排其他劳动。

链接《未成年人保护法》；《未成年工特殊保护规定》

第六十五条　【未成年工定期健康检查】用人单位应当对未成年工定期进行健康检查。

第八章　职业培训

第六十六条　【国家发展职业培训事业】国家通过各种途径，采取各种措施，发展职业培训事业，开发劳动者的职业技能，提高劳动者素质，增强劳动者的就业能力和工作能力。

第六十七条　【各级政府的职责】各级人民政府应当把发展职业培训纳入社会经济发展的规划，鼓励和支持有条件的企业、事业组织、社会团体和个人进行各种形式的职业培训。

第六十八条　【用人单位建立职业培训制度】用人单位应当建立职业培训制度，按照国家规定提取和使用职业培训经费，根据本单位实际，有计划地对劳动者进行职业培训。

从事技术工种的劳动者，上岗前必须经过培训。

注释 劳动者应当树立正确的择业观念，提高就业能力和创业能力。国家鼓励劳动者在就业前接受必要的职业教育或职业培训，鼓励城镇初高中毕业生在就业前参加劳动预备制培训。国家鼓励劳动者自主创业、自谋职业。各级人力资源社会保障行政部门应当会同有关部门，简化程序，提高效率，为劳动者自主创业、自谋职业提供便利和相应服务。

第六十九条　【职业技能资格】国家确定职业分类，对规定的职业制定职业技能标准，实行职业资格证书制度，由经备案的考核鉴定机构负责对劳动者实施职业技能考核鉴定。

第九章　社会保险和福利

第七十条　【社会保险制度】国家发展社会保险事业，建立社会保险制度，设立社会保险基金，使劳动者在年老、患病、工伤、失业、生育等情况下获得帮助和补偿。

注释《社会保险法》第2条规定，国家建立基本养老保险、基本医疗保险、工伤保险、失业保险、生育保险等社会保险制度，保障公民在年老、疾病、工伤、失业、生育等情况下依法从国家和社会获得物质帮助的权利。

劳动者以用人单位未为其办理社会保险手续，且社会保险经办机构不能补办导致其无法享受社会保险待遇为由，要求用人单位赔偿损失而发生纠纷的，人民法院应予受理。

案例 候宏军诉上海隆茂建筑装潢有限公司劳动合同纠纷案（《最高人民法院公报》2015年第11期）

裁判规则：一次性伤残就业补助金是在终止或解除劳动合同时，工伤职工应当享受的由用人单位支付的费用。在用人单位解除劳动合同的情形下，用人单位仍有义务向工伤职工支付一次性伤残就业补助金。

链接《社会保险法》

第七十一条　【社会保险水平】社会保险水平应当与社会经济发展水平和社会承受能力相适应。

注释《宪法》第14条第4款规定，国家建立健全同经济发展水平相适应的社会保障制度。经济社会发展是社会保险赖以存在的基础，社会保险不可能超越经济社会发展阶段。经济社会发展水平制约着社会保险发展水平。这两者的关系是只有经济社会持续发展，社会保险才会有发展的基础，社会保险水平必须与经济社会发展水平相适应；反之，社会保险能够为经济社会发展创造稳定的环境，减少个人的后顾之忧，提高消费预期，从而扩大内需，促进经济社会发展。

总之，社会保险事业的发展和经济社会发展之间是相互依存、相互协调、相互补充、相互促进的关系。社会保险水平应当与经济社会发展水平相适应。

第七十二条　【社会保险基金】社会保险基金按照保险类型确定资金来源，逐步实行社会统筹。用人单位和劳动者必须依法参加社会保险，缴纳社会保险费。

第七十三条　【享受社会保险待遇的条件和标准】劳动者在下列情形下，依法享受社会保险待遇：

（一）退休；

（二）患病、负伤；

（三）因工伤残或者患职业病；

（四）失业；

（五）生育。

劳动者死亡后，其遗属依法享受遗属津贴。

劳动者享受社会保险待遇的条件和标准由法律、法规规定。

劳动者享受的社会保险金必须按时足额支付。

注释《社会保险法》规定：

（1）参加基本养老保险的个人，达到法定退休年龄时累计缴费满15年的，按月领取基本养老金。

（2）参加职工基本医疗保险的个人，达到法定退休年龄时累计缴费达到国家规定年限的，退休后不再缴纳基本医疗保险费，按照国家规定享受基本医疗保险待遇。

（3）职工因工作原因受到事故伤害或者患职业病，且经工伤认定的，享受工伤保险待遇；其中，经劳动能力鉴定丧失劳动能力的，享受伤残待遇。

（4）失业人员符合下列条件的，从失业保险基金中领取失业保险金：①失业前用人单位和本人已经缴纳失业保险费满1年的；②非因本人意愿中断就业的；③已经进行失业登记，并有求职要求的。

（5）用人单位已经缴纳生育保险费的，其职工享受生育保险待遇；职工未就业配偶按照国家规定享受生育医疗费用待遇。所需资金从生育保险基金中支付。生育保险待遇包括生育医疗费用和生育津贴。

实务问答 企业年金的构成要素有哪些？

企业年金，是指企业及其职工在依法参加基本养老保险的基础上，自主建立的补充养老保险制度。国家鼓励企业建立企业年金。

企业年金基金由企业缴费、职工个人缴费、企业年金基金投资运营收益组成。

企业缴费每年不超过本企业职工工资总额的8%。企业和职工个人缴费合计不超过本企业职工工资总额的12%。具体所需费用，由企业和职工一方协商确定。职工个人缴费由企业从职工个人工资中代扣代缴。

案例 重庆市涪陵志大物业管理有限公司诉重庆市涪陵区人力资源和社会保障局劳动和社会保障行政确认案（最高人民法院指导案例94号）

裁判规则：职工见义勇为，为制止违法犯罪行为而受到伤害的，属于《工伤保险条例》第15条第1款第2项规定的为维护公共利益受到伤害的情形，应当视同工伤。

链接《社会保险法》；《工伤保险条例》；《失业保险条例》；《失业保险金申领发放办法》；《企业年金办法》

第七十四条 【社会保险基金管理】社会保险基金经办机构依照法律规定收支、管理和运营社会保险基金，并负有使社会保险基金保值增值的责任。

社会保险基金监督机构依照法律规定，对社会保险基金的收支、管理和运营实施监督。

社会保险基金经办机构和社会保险基金监督机构的设立和职能由法律规定。

任何组织和个人不得挪用社会保险基金。

第七十五条 【补充保险和个人储蓄性保险】国家鼓励用人单位根据本单位实际情况为劳动者建立补充保险。

国家提倡劳动者个人进行储蓄性保险。

第七十六条 【职工福利】国家发展社会福利事业，兴建公共福利设施，为劳动者休息、休养和疗养提供条件。

用人单位应当创造条件，改善集体福利，提高劳动者的福利待遇。

第十章 劳动争议

第七十七条 【劳动争议的解决途径】用人单位与劳动者发生劳动争议，当事人可以依法申请调解、仲裁、提起诉讼，也可以协商解决。

调解原则适用于仲裁和诉讼程序。

实务问答 1. 劳动者与用人单位之间的哪些纠纷属于劳动争议？

《最高人民法院关于审理劳动争议案件适用法律问题的解释（一）》第1条规定："劳动者与用人单位之间发生的下列纠纷，属于劳动争议，当事人不服劳动争议仲裁机构作出的裁决，依法提起诉讼的，人民法院应予受理：（一）劳动者与用人单位在履行劳动合同过程中发生的纠纷；（二）劳动者与用人单位之间没有订立书面劳动合同，但已形成劳动关系后发生的纠纷；（三）劳动者与用人单位因劳动关系是否已经解除或者终止，以及应否支付解除或者终止劳动关系经济补偿金发生的纠纷;(四)劳动者与用人单位解除或者终止劳动关系后,请求用人单位返还其收取的劳动合同定金、保证金、抵押金、抵押物发生的纠纷,或者办理劳动者的人事档案、社会保险关系等移转手续发生的纠纷;(五)劳动者以用人单位未为其办理社会保险手续,且社会保险经办机构不能补办导致其无法享受社会保险待遇为由,要求用人单位赔偿损失发生的纠纷;(六)劳动者退休后,与尚未参加社会保险统筹的原用人单位因追索养老金、医疗费、工伤保险待遇和其他社会保险待遇而发生的纠纷;(七)劳动者因为工伤、职业病,请求用人单位依法给予工伤保险待遇发生的纠纷;(八)劳动者依据劳动合同法第八十五条规定,要求用人单位支付加付赔偿金发生的纠纷;(九)因企业自主进行改制发生的纠纷。"

《最高人民法院关于审理劳动争议案件适用法律问题的解释(一)》第2条规定:"下列纠纷不属于劳动争议:(一)劳动者请求社会保险经办机构发放社会保险金的纠纷;(二)劳动者与用人单位因住房制度改革产生的公有住房转让纠纷;(三)劳动者对劳动能力鉴定委员会的伤残等级鉴定结论或者对职业病诊断鉴定委员会的职业病诊断鉴定结论的异议纠纷;(四)家庭或者个人与家政服务人员之间的纠纷;(五)个体工匠与帮工、学徒之间的纠纷;(六)农村承包经营户与受雇人之间的纠纷。"

2. 如何确定劳动争议案件的管辖?

《最高人民法院关于审理劳动争议案件适用法律问题的解释(一)》第3条规定:"劳动争议案件由用人单位所在地或者劳动合同履行地的基层人民法院管辖。劳动合同履行地不明确的,由用人单位所在地的基层人民法院管辖。法律另有规定的,依照其规定。"

第七十八条　【劳动争议的处理原则】解决劳动争议,应当根据合法、公正、及时处理的原则,依法维护劳动争议当事人的合法权益。

第七十九条　【劳动争议的调解、仲裁和诉讼的相互关系】劳动争议发生后,当事人可以向本单位劳动争议调解委员会申请调解;调解不成,当事人一方要求仲裁的,可以向劳动争议仲裁委员会申请仲裁。当事人一方也可以直接向劳动争议仲裁委员会申请仲裁。对仲裁裁决不服的,可以向人民法院提起诉讼。

注释《最高人民法院关于审理劳动争议案件适用法律问题的解释(一)》第5条规定:"劳动争议仲裁机构以无管辖权为由对劳动争议案件不予受理,当事人提起诉讼的,人民法院按照以下情形分别处理:(一)经审查认为该劳动争议仲裁机构对案件确无管辖权的,应当告知当事人向有管辖权的劳动争议仲裁机构申请仲裁;(二)经审查认为该劳动争议仲裁机构有管辖权的,应当告知当事人申请仲裁,并将审查意见书面通知该劳动争议仲裁机构;劳动争议仲裁机构仍不受理,当事人就该劳动争议事项提起诉讼的,人民法院应予受理。"

第八十条　【劳动争议的调解】在用人单位内,可以设立劳动争议调解委员会。劳动争议调解委员会由职工代表、用人单位代表和工会代表组成。劳动争议调解委员会主任由工会代表担任。

劳动争议经调解达成协议的,当事人应当履行。

第八十一条　【劳动争议仲裁委员会的组成】劳动争议仲裁委员会由劳动行政部门代表、同级工会代表、用人单位方面的代表组成。劳动争议仲裁委员会主任由劳动行政部门代表担任。

第八十二条　【劳动争议仲裁的程序】提出仲裁要求的一方应当自劳动争议发生之日起六十日内向劳动争议仲裁委员会提出书面申请。仲裁裁决一般应在收到仲裁申请的六十日内作出。对仲裁裁决无异议的,当事人必须履行。

注释注意,《劳动争议调解仲裁法》对仲裁时效的规定。该法第27条规定:"劳动争议申请仲裁的时效期间为一年。仲裁时效期间从当事人知道或者应当知道其权利被侵害之日起计算。前款规定的仲裁时效,因当事人一方向对方当事人主张权利,或者向有关部门请求权利救济,或者对方当事人同意履行义务而中断。从中断时起,仲裁时效期间重新计算。因不可抗力或者有其他正当理由,当事人不能在本条第一款规定的仲裁时效期间申请仲裁的,仲裁时效中止。从中止时效的原因消除之日起,仲裁时效期间继续计算。劳动关系存续期间因拖欠劳动报酬发生争议的,劳动者申请仲裁不受本条第一款规定的仲裁时效期间的限制;但是,劳动关系终止的,应当自劳动关系终止之日起一年内提出。"

链接《劳动争议调解仲裁法》

第八十三条 【仲裁裁决的效力】劳动争议当事人对仲裁裁决不服的,可以自收到仲裁裁决书之日起十五日内向人民法院提起诉讼。一方当事人在法定期限内不起诉又不履行仲裁裁决的,另一方当事人可以申请人民法院强制执行。

注释 仲裁裁决的类型以仲裁裁决书确定为准。仲裁裁决书未载明该裁决为终局裁决或者非终局裁决,用人单位不服该仲裁裁决向基层人民法院提起诉讼的,应当按照以下情形分别处理:1. 经审查认为该仲裁裁决为非终局裁决的,基层人民法院应予受理;2. 经审查认为该仲裁裁决为终局裁决的,基层人民法院不予受理,但应告知用人单位可以自收到不予受理裁定书之日起 30 日内向劳动争议仲裁机构所在地的中级人民法院申请撤销该仲裁裁决;已经受理的,裁定驳回起诉。

链接《最高人民法院关于审理劳动争议案件适用法律问题的解释(一)》第 18 条

第八十四条 【集体合同争议的处理】因签订集体合同发生争议,当事人协商解决不成的,当地人民政府劳动行政部门可以组织有关各方协调处理。

因履行集体合同发生争议,当事人协商解决不成的,可以向劳动争议仲裁委员会申请仲裁;对仲裁裁决不服的,可以自收到仲裁裁决书之日起十五日内向人民法院提起诉讼。

第十一章 监督检查

第八十五条 【劳动行政部门的监督检查】县级以上各级人民政府劳动行政部门依法对用人单位遵守劳动法律、法规的情况进行监督检查,对违反劳动法律、法规的行为有权制止,并责令改正。

实务问答 人力资源社会保障行政部门对哪些事项实施劳动保障监察?

(1)用人单位制定内部劳动保障规章制度的情况;

(2)用人单位与劳动者订立劳动合同的情况;

(3)用人单位遵守禁止使用童工规定的情况;

(4)用人单位遵守女职工和未成年工特殊劳动保护规定的情况;

(5)用人单位遵守工作时间和休息休假规定的情况;

(6)用人单位支付劳动者工资和执行最低工资标准的情况;

(7)用人单位参加各项社会保险和缴纳社会保险费的情况;

(8)职业介绍机构、职业技能培训机构和职业技能考核鉴定机构遵守国家有关职业介绍、职业技能培训和职业技能考核鉴定的规定的情况;

(9)法律、法规规定的其他劳动保障监察事项。

2. 用人单位的哪些重大劳动保障违法行为可以向社会公布?

人力资源社会保障行政部门对下列已经依法查处并作出处理决定的重大劳动保障违法行为,应当向社会公布:

(1)克扣、无故拖欠劳动者劳动报酬,数额较大的;拒不支付劳动报酬,依法移送司法机关追究刑事责任的;

(2)不依法参加社会保险或者不依法缴纳社会保险费,情节严重的;

(3)违反工作时间和休息休假规定,情节严重的;

(4)违反女职工和未成年工特殊劳动保护规定,情节严重的;

(5)违反禁止使用童工规定的;

(6)因劳动保障违法行为造成严重不良社会影响的;

(7)其他重大劳动保障违法行为。

链接《劳动保障监察条例》;《重大劳动保障违法行为社会公布办法》

第八十六条 【劳动监察机构的监察程序】县级以上各级人民政府劳动行政部门监督检查人员执行公务,有权进入用人单位了解执行劳动法律、法规的情况,查阅必要的资料,并对劳动场所进行检查。

县级以上各级人民政府劳动行政部门监督检查人员执行公务,必须出示证件,秉公执法并遵守有关规定。

实务问答 实施劳动保障监察可采取的调查、检查措施?

人力资源社会保障行政部门实施劳动保障监察,有权采取下列调查、检查措施:

(1)进入用人单位的劳动场所进行检查;

(2)就调查、检查事项询问有关人员;

(3)要求用人单位提供与调查、检查事项相关的文件资料,并作出解释和说明,必要时可以发出

调查询问书;

（4）采取记录、录音、录像、照像或者复制等方式收集有关情况和资料;

（5）委托会计师事务所对用人单位工资支付、缴纳社会保险费的情况进行审计;

（6）法律、法规规定可以由人力资源社会保障行政部门采取的其他调查、检查措施。

人力资源社会保障行政部门对事实清楚、证据确凿，可以当场处理的违反劳动保障法律、法规或者规章的行为有权当场予以纠正。

劳动保障监察员进行调查、检查，不得少于2人，并应当佩戴劳动保障监察标志、出示劳动保障监察证件。劳动保障监察员办理的劳动保障监察事项与本人或者其近亲属有直接利害关系的，应当回避。

链接《劳动保障监察条例》

第八十七条 【政府有关部门的监督】县级以上各级人民政府有关部门在各自职责范围内，对用人单位遵守劳动法律、法规的情况进行监督。

第八十八条 【工会监督、社会监督】各级工会依法维护劳动者的合法权益，对用人单位遵守劳动法律、法规的情况进行监督。

任何组织和个人对于违反劳动法律、法规的行为有权检举和控告。

第十二章 法律责任

第八十九条 【劳动规章制度违法的法律责任】用人单位制定的劳动规章制度违反法律、法规规定的，由劳动行政部门给予警告，责令改正;对劳动者造成损害的，应当承担赔偿责任。

第九十条 【违法延长工时的法律责任】用人单位违反本法规定，延长劳动者工作时间的，由劳动行政部门给予警告，责令改正，并可以处以罚款。

第九十一条 【用人单位侵权的民事责任】用人单位有下列侵害劳动者合法权益情形之一的，由劳动行政部门责令支付劳动者的工资报酬、经济补偿，并可以责令支付赔偿金:

（一）克扣或者无故拖欠劳动者工资的;

（二）拒不支付劳动者延长工作时间工资报酬的;

（三）低于当地最低工资标准支付劳动者工资的;

（四）解除劳动合同后，未依照本法规定给予

劳动者经济补偿的。

实务问答 **用人单位应当支付劳动者的劳动报酬和经济补偿并可支付赔偿金的情形?**

《最高人民法院关于审理劳动争议案件适用法律问题的解释（一）》第45条规定:"用人单位有下列情形之一，迫使劳动者提出解除劳动合同的，用人单位应当支付劳动者的劳动报酬和经济补偿，并可支付赔偿金:（一）以暴力、威胁或者非法限制人身自由的手段强迫劳动的;（二）未按照劳动合同约定支付劳动报酬或者提供劳动条件的;（三）克扣或者无故拖欠劳动者工资的;（四）拒不支付劳动者延长工作时间工资报酬的;（五）低于当地最低工资标准支付劳动者工资的。"

链接《拖欠农民工工资失信联合惩戒对象名单管理暂行办法》;《刑法》第276条之一

第九十二条 【用人单位违反劳动安全卫生规定的法律责任】用人单位的劳动安全设施和劳动卫生条件不符合国家规定或者未向劳动者提供必要的劳动防护用品和劳动保护设施的，由劳动行政部门或者有关部门责令改正，可以处以罚款;情节严重的，提请县级以上人民政府决定责令停产整顿;对事故隐患不采取措施，致使发生重大事故，造成劳动者生命和财产损失的，对责任人员依照刑法有关规定追究刑事责任。

第九十三条 【强令劳动者违章冒险作业的法律责任】用人单位强令劳动者违章冒险作业，发生重大伤亡事故，造成严重后果的，对责任人员依法追究刑事责任。

注释《刑法》第134条规定，在生产、作业中违反有关安全管理的规定，因而发生重大伤亡事故或者造成其他严重后果的，处三年以下有期徒刑或者拘役;情节特别恶劣的，处三年以上七年以下有期徒刑。强令他人违章冒险作业，或者明知存在重大事故隐患而不排除，仍冒险组织作业，因而发生重大伤亡事故或者造成其他严重后果的，处五年以下有期徒刑或者拘役;情节特别恶劣的，处五年以上有期徒刑。

另外，根据《劳动合同法》第32条第1款的规定，劳动者拒绝用人单位管理人员违章指挥、强令冒险作业的，不视为违反劳动合同。

第九十四条 【用人单位非法招用未成年工的法律责任】用人单位非法招用未满十六周岁的未成年人的，由劳动行政部门责令改正，处以罚

款;情节严重的,由市场监督管理部门吊销营业执照。

第九十五条 【违反女职工和未成年工保护规定的法律责任】用人单位违反本法对女职工和未成年工的保护规定,侵害其合法权益的,由劳动行政部门责令改正,处以罚款;对女职工或者未成年工造成损害的,应当承担赔偿责任。

第九十六条 【侵犯劳动者人身自由的法律责任】用人单位有下列行为之一,由公安机关对责任人员处以十五日以下拘留、罚款或者警告;构成犯罪的,对责任人员依法追究刑事责任:

(一)以暴力、威胁或者非法限制人身自由的手段强迫劳动的;

(二)侮辱、体罚、殴打、非法搜查和拘禁劳动者的。

第九十七条 【订立无效合同的民事责任】由于用人单位的原因订立的无效合同,对劳动者造成损害的,应当承担赔偿责任。

第九十八条 【违法解除或故意拖延不订立劳动合同的法律责任】用人单位违反本法规定的条件解除劳动合同或者故意拖延不订立劳动合同的,由劳动行政部门责令改正;对劳动者造成损害的,应当承担赔偿责任。

注释 用人单位自用工之日起超过1个月不满1年未与劳动者订立书面劳动合同的,应当向劳动者每月支付2倍的工资。

用人单位违反《劳动合同法》规定不与劳动者订立无固定期限劳动合同的,自应当订立无固定期限劳动合同之日起向劳动者每月支付2倍的工资。

第九十九条 【招用尚未解除劳动合同者的法律责任】用人单位招用尚未解除劳动合同的劳动者,对原用人单位造成经济损失的,该用人单位应当依法承担连带赔偿责任。

链接 《劳动合同法》第91条;《最高人民法院关于审理劳动争议案件适用法律问题的解释(一)》第27条

第一百条 【用人单位不缴纳社会保险费的法律责任】用人单位无故不缴纳社会保险费的,由劳动行政部门责令其限期缴纳;逾期不缴的,可以加收滞纳金。

第一百零一条 【阻挠监督检查、打击报复举报人员的法律责任】用人单位无理阻挠劳动行政部门、有关部门及其工作人员行使监督检查权,打击报复举报人员的,由劳动行政部门或者有关部门处以罚款;构成犯罪的,对责任人员依法追究刑事责任。

第一百零二条 【劳动者的赔偿责任】劳动者违反本法规定的条件解除劳动合同或者违反劳动合同中约定的保密事项,对用人单位造成经济损失的,应当依法承担赔偿责任。

第一百零三条 【渎职的法律责任】劳动行政部门或者有关部门的工作人员滥用职权、玩忽职守、徇私舞弊,构成犯罪的,依法追究刑事责任;不构成犯罪的,给予行政处分。

第一百零四条 【挪用社会保险基金的法律责任】国家工作人员和社会保险基金经办机构的工作人员挪用社会保险基金,构成犯罪的,依法追究刑事责任。

第一百零五条 【其他法律、行政法规的处罚适用】违反本法规定侵害劳动者合法权益,其他法律、行政法规已规定处罚的,依照该法律、行政法规的规定处罚。

案例 王某诉傅某性骚扰损害责任纠纷案——遭受职场性骚扰有权依法请求精神损害赔偿(2023年3月1日最高人民法院发布的第三批人民法院大力弘扬社会主义核心价值观典型民事案例)

裁判规则:傅某通过电话、短信等方式对王某频繁实施性骚扰,侵害了王某的人格权,并对王某造成了极大的精神负担和身体伤害,其行为背离了社会主义核心价值观的基本要求,应当依法承担相应的法律责任。故判令傅某赔偿王某精神损害抚慰金30000元及医疗费等61804.2元,并向王某书面赔礼道歉。

本案明确指出性骚扰行为系对他人人格权的侵犯,严重背离了社会主义核心价值观的要求,侵权人应当依法承担赔礼道歉、赔偿精神损失等民事责任。本案判决不仅保护了受害人的合法权益,而且弘扬了文明、法治的社会主义核心价值观,有利于发挥司法裁判对社会行为的规范、引导作用,营造和谐的社会环境。

链接 《妇女权益保障法》

第十三章 附 则

第一百零六条 【省级人民政府实施步骤的制定和备案】省、自治区、直辖市人民政府根据本法和本地区的实际情况,规定劳动合同制度的实施步骤,报国务院备案。

第一百零七条 【施行时间】本法自 1995 年 1 月 1 日起施行。

中华人民共和国工会法

- 1992 年 4 月 3 日第七届全国人民代表大会第五次会议通过
- 根据 2001 年 10 月 27 日第九届全国人民代表大会常务委员会第二十四次会议《关于修改〈中华人民共和国工会法〉的决定》第一次修正
- 根据 2009 年 8 月 27 日第十一届全国人民代表大会常务委员会第十次会议《关于修改部分法律的决定》第二次修正
- 根据 2021 年 12 月 24 日第十三届全国人民代表大会常务委员会第三十二次会议《关于修改〈中华人民共和国工会法〉的决定》第三次修正

理 解 与 适 用

《中华人民共和国工会法》(以下简称工会法)是明确工会法律地位和工作职责的重要法律,是工会组织依法开展工作的重要制度保障。现行工会法于 1992 年公布施行,并于 2001 年、2009 年、2021 年进行了三次修改。工会法实施以来,为各级工会履行团结引导职工群众听党话跟党走的政治责任提供了有力法治保障,在发挥工会职能作用、维护职工合法权益、构建和谐劳动关系等方面起到了有力的推动作用,总体上适应经济社会发展需要。

2021 年修改的主要内容:

(一)突出坚持党的领导。明确工会是中国共产党领导的职工自愿结合的工人阶级的群众组织,是中国共产党联系职工群众的桥梁和纽带,应当保持和增强政治性、先进性、群众性,建立联系广泛、服务职工的工会工作体系。

(二)落实党中央对工会改革的新要求。明确新就业形态劳动者参加和组织工会的权利,增加规定:工会适应企业组织形式、职工队伍结构、劳动关系、就业形态等方面的发展变化,依法维护劳动者参加和组织工会的权利。

(三)完善工会法和工会工作指导思想。明确将习近平新时代中国特色社会主义思想同马克思列宁主义、毛泽东思想、邓小平理论、"三个代表"重要思想、科学发展观一道,确立为工会法和工会工作的指导思想。

(四)完善工会基本职责。将工会的基本职责由"维护职工合法权益"扩展为"维护职工合法权益、竭诚服务职工群众"。同时,增加工会组织职工参与本单位的民主选举、民主协商,加强对职工的思想政治引领,开展劳动和技能竞赛活动,参加职业教育和文化体育活动,推进职业安全健康教育和劳动保护工作的规定。

(五)体现中央对产业工人队伍建设改革的新要求。增加规定:工会推动产业工人队伍建设改革,提高产业工人队伍整体素质,发挥产业工人骨干作用,维护产业工人合法权益,保障产业工人主人翁地位,造就一支有理想守信念、懂技术会创新、敢担当讲奉献的宏大产业工人队伍。

(六)做好与相关法律的衔接。法律援助法规定,工会等群团组织开展法律援助工作,参照适用其相关规定。据此明确县级以上各级总工会依法为所属工会和职工提供法律援助等法律服务。

(七)扩大基层工会组织覆盖面。明确社会组织中的劳动者有依法参加和组织工会的权利,将工会组织以及工会工作的覆盖面由"企业、事业单位、机关"扩展为"企业、事业单位、机关、社会组织"。

第一章 总 则

第一条 【立法目的】为保障工会在国家政治、经济和社会生活中的地位,确定工会的权利与义务,发挥工会在社会主义现代化建设事业中的作用,根据宪法,制定本法。

第二条 【工会性质及基本职责】工会是中国共产党领导的职工自愿结合的工人阶级群众组织,是中国共产党联系职工群众的桥梁和纽带。

中华全国总工会及其各工会组织代表职工的利益,依法维护职工的合法权益。

第三条 【劳动者有依法参加和组织工会的权利】在中国境内的企业、事业单位、机关、社会组织(以下统称用人单位)中以工资收入为主要生活来源的劳动者,不分民族、种族、性别、职业、宗教信仰、教育程度,都有依法参加和组织工会的权利。任何组织和个人不得阻挠和限制。

工会适应企业组织形式、职工队伍结构、劳动关系、就业形态等方面的发展变化,依法维护劳动者参加和组织工会的权利。

链接《宪法》第 35 条;《劳动法》第 7 条;《劳动合同法》第 64 条;《公司法》第 18 条;《外商投资法》第 8 条;《个人独资企业法》第 6 条;《民办教育促进法》第 27 条

第四条 【工会活动准则】工会必须遵守和维护宪法,以宪法为根本的活动准则,以经济建设为中心,坚持社会主义道路,坚持人民民主专政,坚持中国共产党的领导,坚持马克思列宁主义、毛泽东思想、邓小平理论、"三个代表"重要思想、科学发展观、习近平新时代中国特色社会主义思想,坚持改革开放,保持和增强政治性、先进性、群众性,依照工会章程独立自主地开展工作。

工会会员全国代表大会制定或者修改《中国工会章程》,章程不得与宪法和法律相抵触。

国家保护工会的合法权益不受侵犯。

第五条 【工会职能】工会组织和教育职工依照宪法和法律的规定行使民主权利,发挥国家主人翁的作用,通过各种途径和形式,参与管理国家事务、管理经济和文化事业、管理社会事务;协助人民政府开展工作,维护工人阶级领导的、以工农联盟为基础的人民民主专政的社会主义国家政权。

第六条 【工会具体职责】维护职工合法权益、竭诚服务职工群众是工会的基本职责。工会在维护全国人民总体利益的同时,代表和维护职工的合法权益。

工会通过平等协商和集体合同制度等,推动健全劳动关系协调机制,维护职工劳动权益,构建和谐劳动关系。

工会依照法律规定通过职工代表大会或者其他形式,组织职工参与本单位的民主选举、民主协商、民主决策、民主管理和民主监督。

工会建立联系广泛、服务职工的工会工作体系,密切联系职工,听取和反映职工的意见和要求,关心职工的生活,帮助职工解决困难,全心全意为职工服务。

注释 平等协商

平等协商的内容包括:(1)集体合同和劳动合同的订立、变更、续订、解除,已订立的集体合同和劳动合同的履行监督检查;(2)企业涉及职工利益的规章制度的制定和修改;(3)企业职工的劳动报酬、工作时间和休息休假、保险、福利、劳动安全卫生、女职工和未成年工的特殊保护、职业培训及职工文化体育生活;(4)劳动争议的预防和处理;(5)职工民主管理;(6)双方认为需要协商的其他事项。

集体合同

是指由集体协商双方代表根据法律、法规的规定就劳动报酬、工作时间、休息休假、劳动安全卫生、保险福利等事项在平等自愿、协商一致基础上签订的书面协议。集体合同的特征主要有:(1)集体合同有特定的当事人。集体合同的劳动者一方一般为企业工会,未组建工会的,由职工选举的职工代表充当。(2)集体合同是最低标准合同。企业和职工个人签订的劳动协议中所规定的各种待遇不得低于集体合同的标准。(3)当事人双方的义务性质不同。集体合同中规定的企业所应承担的义务具有强制性,企业若不履行则需承担相应的法律责任;而工会一般不承担法律责任,仅负道义上的责任。(4)集体合同为要式合同。集体合同要以书面形式签订,并经主管机关登记备案,才具有法律效力。

职工民主管理

是职工依照宪法和法律的有关规定,通过一定的组织形式,参加企(事)业管理,行使民主权利的活动。我国职工实现民主管理的形式包括:职工代表大会和职工代表大会以外的其他形式。

链接《劳动法》第 33—35 条;《劳动合同法》第 51—56 条;《乡镇企业法》第 14 条;《就业促进法》第 9 条;《社会保险法》第 9 条;《工会参加平等协商和签订集体合同试行办法》第 7 条

第七条　【工会对企业生产的服务与职工教育】工会动员和组织职工积极参加经济建设,努力完成生产任务和工作任务。教育职工不断提高思想道德、技术业务和科学文化素质,建设有理想、有道德、有文化、有纪律的职工队伍。

链接《消防法》第 6 条;《禁毒法》第 12 条;《科学技术普及法》第 18 条;《人口与计划生育法》第 7 条;《国防教育法》第 8 条;《体育法》第 21 条

第八条　【推动产业工人队伍建设改革】工会推动产业工人队伍建设改革,提高产业工人队伍整体素质,发挥产业工人骨干作用,维护产业工人合法权益,保障产业工人主人翁地位,造就一支有理想守信念、懂技术会创新、敢担当讲奉献的宏大产业工人队伍。

链接《新时期产业工人队伍建设改革方案》

第九条　【总工会对外交往方针和原则】中华全国总工会根据独立、平等、互相尊重、互不干涉内部事务的原则,加强同各国工会组织的友好合作关系。

第二章　工会组织

第十条　【工会组织原则】工会各级组织按照民主集中制原则建立。

各级工会委员会由会员大会或者会员代表大会民主选举产生。企业主要负责人的近亲属不得作为本企业基层工会委员会成员的人选。

各级工会委员会向同级会员大会或者会员代表大会负责并报告工作,接受其监督。

工会会员大会或者会员代表大会有权撤换或者罢免其所选举的代表或者工会委员会组成人员。

上级工会组织领导下级工会组织。

注释工会的组织原则是民主集中制。具体体现在:

1. 各级工会委员会与同级会员大会或会员代表大会的关系。

(1)各级工会委员会由会员大会或者会员代表大会民主选举产生。但是这里有一个限制性规定,即企业主要负责人的近亲属不得作为本企业基层工会委员会成员的人选。这里的"企业主要负责人"包括企业的经理、厂长以及董事会的主要成员等。"近亲属"包括配偶、直系亲属、三代以内旁系血亲等。

(2)各级工会委员会向同级会员大会或者会员代表大会负责并报告工作,接受其监督。会员大会和会员代表大会决定工会委员会的组成和工作任务。各级工会委员会在大会闭会期间主持工会的日常工作,就必须向会员大会或会员代表大会负责,并向其报告大会所决定的工作任务的完成情况、经费的使用情况以及其他大会认为有必要报告的情况,接受全体会员的监督。

(3)工会会员大会或者会员代表大会有权撤换或者罢免其所选举的代表或者工会委员会组成人员。这是工会会员、会员代表实施监督的有效形式。工会会员认为会员代表或者工会委员有违法、违反章程或者失职、不称职以及其他违背工会会员或者会员代表意志的行为,也可以要求撤换或者罢免工会委员。

2. 各级工会组织之间的关系。

上级工会组织领导下级工会组织。中华全国总工会领导全国的工会组织。这里的"领导",主要是指由工会的全国代表大会讨论决定的全国的工作方针和一定时期的全国工会的任务,在代表大会闭会期间由全国总工会执行委员会负责其贯彻执行,领导全国各级工会按代表大会的决议开展工作。地方各级工会的工作方针和一定时期的工作任务,也要在上级工会的领导下,按这个原则确定和实施。另外,根据本法第 12 条的规定,这种领导关系还包括:基层工会、地方各级总工会、全国或者地方产业工会的建立,必须报上一级工会批准。上级工会可以派员帮助和指导企业职工组建工会,任何单位和个人不得阻挠。

链接《工会法》第 12 条;《企业工会工作条例》

第十一条　【各级工会组织的建立】用人单位有会员二十五人以上的,应当建立基层工会委员会;不足二十五人的,可以单独建立基层工会委员会,也可以由两个以上单位的会员联合建立基层工会委员会,也可以选举组织员一人,组织会员开展活动。女职工人数较多的,可以建立工会女职工委员会,在同级工会领导下开展工作;女职工人数较少的,可以在工会委员会中设女职工委员。

企业职工较多的乡镇、城市街道,可以建立基层工会的联合会。

县级以上地方建立地方各级总工会。

同一行业或者性质相近的几个行业,可以根据需要建立全国的或者地方的产业工会。

全国建立统一的中华全国总工会。

注释 工会组织系统

1. 基层工会委员会。具体而言:

(1)工会会员为25人以上的,应当建立;

(2)工会会员不足25人的,可以单独建立,也可以由两个以上单位的会员联合组建;

(3)女职工人数较多的,可以建立工会女职工委员会,在同级工会领导下开展工作;

(4)女职工人数较少的,可以在工会委员会中设女职工委员;

(5)企业职工较多的乡镇、城市街道,可以建立基层工会的联合。

2. 地方各级总工会、产业工会。

(1)县级以上地方按行政区划建立各级地方总工会,作为当地地方工会和产业工会地方组织的领导机关;

(2)按照产业原则,把同一用人单位中的会员组织在一个工会基层组织中,而不是在一个单位中按工种、按职业组成若干个职业工会;

(3)同一行业或者性质相近的几个行业,可以根据需要建立全国的或者地方的产业工会。地方产业工会的建立,应根据其特点报地方同级总工会或者上级产业工会批准。全国产业工会的建立要报全国总工会批准。

3. 中华全国总工会

全国建立统一的中华全国总工会,统一领导依法成立的工会组织。建立统一的工会组织,有利于维护职工群众的合法权益,也有利于维护工人阶级队伍的团结,实现其历史使命。

链接《企业工会工作条例》第7条

第十二条 【工会组织的建立报批及帮助指导】基层工会、地方各级总工会、全国或者地方产业工会组织的建立,必须报上一级工会批准。

上级工会可以派员帮助和指导企业职工组建工会,任何单位和个人不得阻挠。

第十三条 【工会组织的撤销及合并】任何组织和个人不得随意撤销、合并工会组织。

基层工会所在的用人单位终止或者被撤销,该工会组织相应撤销,并报告上一级工会。

依前款规定被撤销的工会,其会籍可以继续保留,具体管理办法由中华全国总工会制定。

链接《企业工会工作条例》第7条;《工会会员会籍管理办法》

第十四条 【工会主席及专职工作人员的确立】职工二百人以上的企业、事业单位、社会组织的工会,可以设专职工会主席。工会专职工作人员的人数由工会与企业、事业单位、社会组织协商确定。

注释 1. 工会专职工作人员。工会工作人员,可以是专职,也可以是兼职。工会专职工作人员的人数由工会与企业、事业单位、社会组织协商确定。

2. 工会主席。职工200人以上的企业、事业单位、社会组织的工会,可以设专职工会主席,但并非必须。工会主席可以是专职,也可以是兼职。

链接《企业工会主席产生办法(试行)》第6条、第21条

第十五条 【法人资格】中华全国总工会、地方总工会、产业工会具有社会团体法人资格。

基层工会组织具备民法典规定的法人条件的,依法取得社会团体法人资格。

注释 工会的法人资格是指工会以法人的名义独立地参加民事活动,享受民事权利、承担民事义务的资格。总的来说,中华全国总工会、地方总工会、产业工会,都具有社会团体法人资格。但基层工会因为不一定具备法人条件,也就不一定具备法人资格。具体来说:

1. 中华全国总工会、地方总工会、产业工会,从成立之日起具有社会团体法人资格,也就是说不需办理法人登记手续即具有社会团体法人资格。

2. 基层工会组织具备民法典规定的法人条件的,依法取得社会团体法人资格。

《民法典》第58条规定,法人应当依法成立。法人应当有自己的名称、组织机构、住所、财产或者经费。法人成立的具体条件和程序,依照法律、行政法规的规定。设立法人,法律、行政法规规定须经有关机关批准的,依照其规定。《民法典》第90条、第91条具体对社会团体法人进行了规定:具备法人条件,基于会员共同意愿,为公益目的或者会员共同利益等非营利目的设立的社会团体,经依法登记成立,取得社会团体法人资格;依法不

需要办理法人登记的,从成立之日起,具有社会团体法人资格。设立社会团体法人应当依法制定法人章程。社会团体法人应当设会员大会或者会员代表大会等权力机构。社会团体法人应当设立理事会等执行机构。理事长或者会长等负责人按照法人章程的规定担任法定代表人。

链接《民法典》第58条、第90条、第91条;《最高人民法院关于在民事审判工作中适用〈中华人民共和国工会法〉若干问题的解释》第1条

第十六条　【工会委员会任期】基层工会委员会每届任期三年或者五年。各级地方总工会委员会和产业工会委员会每届任期五年。

注释 **基层工会委员会任期**

每届任期3年或者5年。当然,如果需要,经工会基层委员会或者1/3以上的工会会员提议,也可以召开会员大会或者会员代表大会,讨论决定工会的任期问题。

各级地方总工会委员会和产业工会委员会任期

每届任期5年。各级地方工会,包括县、市、省、自治区、直辖市的总工会。需要指出的是,该条虽然没有规定中华全国总工会的任期,但根据《中国工会章程》可知,全国委员会每届任期也是5年。

第十七条　【基层工会委员会会议的召开】基层工会委员会定期召开会员大会或者会员代表大会,讨论决定工会工作的重大问题。经基层工会委员会或者三分之一以上的工会会员提议,可以临时召开会员大会或者会员代表大会。

注释 本条是对基层工会委员会召开会议的规定。

1. 应当定期召开会员大会或者会员代表大会。

2. 可以临时召开会员大会或者会员代表大会的情形:

(1)临时出现重要事项,又必须经工会会员大会或者会员代表大会决定;

(2)经基层工会委员会或者1/3以上的工会会员提议。应当指出,一旦1/3以上的工会会员要求召开临时会议,基层工会委员会必须组织召开,不得以任何理由否决1/3以上会员的提议。

第十八条　【工会主席、副主席工作调动限制】工会主席、副主席任期未满时,不得随意调动其工作。因工作需要调动时,应当征得本级工会委员会和上一级工会的同意。

罢免工会主席、副主席必须召开会员大会或者会员代表大会讨论,非经会员大会全体会员或者会员代表大会全体代表过半数通过,不得罢免。

链接《工会法》第52条;《企业工会主席产生办法(试行)》第22条;《企业工会工作条例》第28条

第十九条　【基层工会主席、副主席及委员劳动合同期限的规定】基层工会专职主席、副主席或者委员自任职之日起,其劳动合同期限自动延长,延长期限相当于其任职期间;非专职主席或者委员自任职之日起,其尚未履行的劳动合同期限短于任期的,劳动合同期限自动延长至任期期满。但是,任职期间个人严重过失或者达到法定退休年龄的除外。

注释 1. 基层工会专职工作人员劳动合同期限的延长:自任职之日起,其劳动合同期限自动延长,延长期限相当于其任职期间。基层工会专职工作人员与企业签订的劳动合同有关期限的约定自担任工会职务起中止执行,当工会专职工作人员任期期满后,其原来尚未履行的劳动合同期限再继续履行。工会专职工作人员连选连任后,其劳动合同继续延长。

2. 基层工会非专职工作人员劳动合同期限的延长:自任职之日起,其尚未履行的劳动合同期限短于任期的,劳动合同期限自动延长至任期期满。劳动期限长于任期的,则不存在劳动期限延长的问题。

3. 不予延长劳动合同期限的情形:不论是专职或者非专职工会工作人员,在任职期间个人严重过失的以及达到法定退休年龄的,劳动合同期限不予延长。这里的"个人严重过失"是指具有《劳动合同法》第39条第2-6项规定之一的情形。

案例 **某销售服务公司诉蔡某某劳动争议纠纷案（广东省高级人民法院〔2016〕粤民再120号）**

*裁判规则:*兼任工会委员的劳动者尚未履行的劳动合同期限短于工会委员任期的,劳动合同履行期限应当延至用人单位工会换届选举实际完成之日届满,但劳动合同另有约定的除外。

链接《劳动合同法》第39条;《企业工会主席产生办法(试行)》第22条;《企业工会工作条例》第28条;《最高人民法院关于在民事审判工作中适用〈中华人民共和国工会法〉若干问题的解释》第2条

第三章　工会的权利和义务

第二十条　【工会监督权】企业、事业单位、社会组织违反职工代表大会制度和其他民主管理制度,工会有权要求纠正,保障职工依法行使民主管理的权利。

法律、法规规定应当提交职工大会或者职工代表大会审议、通过、决定的事项,企业、事业单位、社会组织应当依法办理。

链接 《宪法》第16条、第17条;《劳动合同法》第51条;《劳动法》第8条;《全民所有制工业企业法》第10条、第11条、第49—53条;《公司法》第18条;《职业病防治法》第40条;《企业工会工作条例》第36—39条

第二十一条　【劳动合同指导、集体合同代签与争议处理】工会帮助、指导职工与企业、实行企业化管理的事业单位、社会组织签订劳动合同。

工会代表职工与企业、实行企业化管理的事业单位、社会组织进行平等协商,依法签订集体合同。集体合同草案应当提交职工代表大会或者全体职工讨论通过。

工会签订集体合同,上级工会应当给予支持和帮助。

企业、事业单位、社会组织违反集体合同,侵犯职工劳动权益的,工会可以依法要求企业、事业单位、社会组织予以改正并承担责任;因履行集体合同发生争议,经协商解决不成的,工会可以向劳动争议仲裁机构提请仲裁,仲裁机构不予受理或者对仲裁裁决不服的,可以向人民法院提起诉讼。

注释 1. 工会在职工签订劳动合同中的作用:为职工提供帮助、指导,主要是对职工做一些宣传解释工作。

2. 工会代表职工签订集体合同的作用:(1)代表职工与企业、实行企业化管理的事业单位、社会组织进行平等协商,签订集体合同。(2)集体合同草案经当事人双方协商修改后,工会应提交职工大会或职工代表大会审议。没有职工大会或者职工代表大会的单位,应当由全体职工讨论通过。集体合同草案在提交职工代表大会或职工大会讨论通过后,由工会基层委员会主席代表全体职工签署。(3)在签订集体合同时,上级工会可以给予指导和帮助。(4)企业、事业单位、社会组织违反集体合同,侵犯职工劳动权益的,工会可以依法要

求企业、事业单位、社会组织予以改正并承担责任。

3. 发生集体合同争议的解决方式:首先,双方协商解决。在双方协商不能时,工会和企业、事业单位、社会组织中任何一方均可以向劳动争议仲裁机构申请仲裁。双方中的任何一方对仲裁机构不予受理或者对仲裁裁决不服的,可以向人民法院提起诉讼。

链接 《劳动合同法》第4—6条、第51条、第53条、第56条;《集体合同规定》;《企业工会工作条例》第30—32条;《工资集体协商试行办法》;《工会参加平等协商和签订集体合同试行办法》

第二十二条　【对辞退、处分职工的提出意见权】企业、事业单位、社会组织处分职工,工会认为不适当的,有权提出意见。

用人单位单方面解除职工劳动合同时,应当事先将理由通知工会,工会认为用人单位违反法律、法规和有关合同,要求重新研究处理时,用人单位应当研究工会的意见,并将处理结果书面通知工会。

职工认为用人单位侵犯其劳动权益而申请劳动争议仲裁或者向人民法院提起诉讼的,工会应当给予支持和帮助。

注释 本条是对工会监督用人单位有关人事管理权的规定。具体而言,规定了工会在企业辞退、处分职工时所起的作用。包括:

(1)企业、事业单位、社会组织处分职工,工会有权提出意见。它要求企业、事业单位、社会组织对工会提出的意见认真考虑,采纳合理的建议。

(2)用人单位单方面解除职工劳动合同时,应当事先将理由通知工会,工会认为用人单位违反法律、法规和有关合同,可以要求重新研究处理。需要注意的是,工会只能要求用人单位重新处理,是否解除劳动合同的决定权仍在用人单位。但用人单位应当研究工会的意见,并将处理结果书面通知工会。

(3)建立了工会组织的用人单位解除劳动合同符合《劳动合同法》第39条、第40条规定,未按照第43条规定事先通知工会,劳动者以用人单位违法解除劳动合同为由请求用人单位支付赔偿金的,人民法院应予支持,但起诉前用人单位已经补正有关程序的除外。

(4)职工认为用人单位侵犯其劳动权益而申

请劳动争议仲裁或者向人民法院提起诉讼的,工会应当给予支持和帮助。职工的"劳动权益"是指,基于劳动关系的建立而产生的职工应享有的权利,包括劳动合同的履行、劳动合同的解除;劳动报酬;工作、休息时间;劳动安全卫生;职业培训、社会保险与福利待遇;奖励;企业民主管理等方面。根据我国有关法律、法规规定,因用人单位违反劳动法律、法规,使职工上述合法权益受到侵犯并形成争议的,工会应根据不同情况提出解决意见。工会也可以代表职工与用人单位协商,通过调解或者协商不能解决的,职工可向劳动争议仲裁机构申请仲裁。对仲裁裁决仍然不服的,可依法向用人单位所在地人民法院提起诉讼。对于向仲裁机构或者人民法院提起诉讼的职工,工会应当给予支持并为其提供帮助。

"帮助"包括法律上的帮助和经济上的帮助。法律上的帮助包括提供法律咨询、帮助当事人书写法律文书、被委托担任当事人的诉讼代理人等。对经济特别困难的职工,工会也应给予经济上的帮助。根据《民事诉讼法》的有关规定,工会作为同当事人有关的社会团体可以推荐有关人员接受职工委托,作为其诉讼代理人参加诉讼活动,并有权调查收集证据和查阅本案材料,行使诉讼代理人的权利,有效地依法维护职工的合法权益。对工会给予职工帮助的行为,劳动争议仲裁机构和人民法院应当认可其身份,并依法实现其相应权利。

链接《劳动合同法》第43条、第78条;《劳动法》第30条;《最高人民法院关于审理劳动争议案件适用法律问题的解释(一)》第47条

第二十三条　【对职工劳动权益的维护】企业、事业单位、社会组织违反劳动法律法规规定,有下列侵犯职工劳动权益情形,工会应当代表职工与企业、事业单位、社会组织交涉,要求企业、事业单位、社会组织采取措施予以改正;企业、事业单位、社会组织应当予以研究处理,并向工会作出答复;企业、事业单位、社会组织拒不改正的,工会可以提请当地人民政府依法作出处理:

(一)克扣、拖欠职工工资的;

(二)不提供劳动安全卫生条件的;

(三)随意延长劳动时间的;

(四)侵犯女职工和未成年工特殊权益的;

(五)其他严重侵犯职工劳动权益的。

案例中某局及湖北某劳务有限公司欠薪案(中华全国总工会公布2015年上半年10件拖欠劳动报酬典型案件)

裁判规则:2015年2月2日,湖北某劳务有限公司32名农民工投诉被拖欠工资。长春市总工会法律援助中心经调查发现,中某局承建长春市某污水处理厂环保项目,将土建工程分包给某劳务有限公司,32名在该项目务工的农民工工资被拖欠已长达一年,中某局与农民工双方就拖欠数额存在争议,市总法律援助中心于2月5日召集中某局、某劳务有限公司及农民工代表等进行协商处理。经逐笔核实,各方对所拖欠104.49万元工资没有异议,并达成由中某局污水项目部分三笔支付全部欠薪的协议。第一笔574997元和第二笔204068.51元已于2015年2月13日前支付,第三笔265865.5元,将于2015年10月31日保修金到期后进行支付。

链接《劳动合同法》第41条、第43条、第73—79条;《企业破产法》第59条、第67条

第二十四条　【对劳保和安全卫生提出意见权】工会依照国家规定对新建、扩建企业和技术改造工程中的劳动条件和安全卫生设施与主体工程同时设计、同时施工、同时投产使用进行监督。对工会提出的意见,企业或者主管部门应当认真处理,并将处理结果书面通知工会。

第二十五条　【职工生产安全维护】工会发现企业违章指挥、强令工人冒险作业,或者生产过程中发现明显重大事故隐患和职业危害,有权提出解决的建议,企业应当及时研究答复;发现危及职工生命安全的情况时,工会有权向企业建议组织职工撤离危险现场,企业必须及时作出处理决定。

注释本条规定的是工会在安全生产中提出建议的权利,具体包括:

1.工会提出如何解决的建议

(1)适用情形:工会发现企业行政方面违章指挥、强令工人冒险作业,或者生产过程中发现明显重大事故隐患和职业危害的。其中:①"违章指挥"是指企业行政方面在生产过程中,不遵守国家关于安全生产和工业卫生方面的安全规程或规章制度,命令或指挥工人违章操作或冒险作业。②"明显重大事故隐患"是指在生产过程中或作业现场不仅存在着事故苗头,而且这种苗头已非常明显,如果不采取措施,将致人重伤或死亡,或给国

家财产造成重大损失。③"职业危害"是指在生产过程中或作业场所存在着危害职工身体健康的尘毒危害和工业性毒物，如果不采取防治措施，将直接危害职工生命健康，导致职业病。对于工会提出的建议，企业应当及时研究，并将处理结果通知工会。

（2）需要注意的是，工会享有的只是建议如何解决的权利，至于最终如何解决仍由企业决定。

2. 工会建议将职工撤离的权利

工会在生产过程中发现危及职工生命安全的情况时，有权向现场指挥人员建议将职工撤离即将发生重大事故的危险现场。企业或现场指挥人员应及时研究工会的建议，果断地作出处理决定，避免伤亡事故的发生。

链接《职业病防治法》第 39 条；《煤炭法》第 35 条；《矿山安全法》第 23—25 条；《消防法》第 6 条；《使用有毒物品作业场所劳动保护条例》第 38 条；《特种设备作业人员监督管理办法》第 20 条；《建设工程安全生产管理条例》第 23 条、第 32 条

第二十六条 【工会的调查权】工会有权对企业、事业单位、社会组织侵犯职工合法权益的问题进行调查，有关单位应当予以协助。

第二十七条 【工会对工伤的调查处理权】职工因工伤亡事故和其他严重危害职工健康问题的调查处理，必须有工会参加。工会应当向有关部门提出处理意见，并有权要求追究直接负责的主管人员和有关责任人员的责任。对工会提出的意见，应当及时研究，给予答复。

注释 1. 对职工因工伤亡事故和其他严重危害职工健康问题的调查处理，必须有工会参加，也就是说，这既是工会的权利，也是其义务。

2. 事故调查的主要内容有：①查明事故发生的原因、人员伤亡及财产损失情况；②查明事故的性质，确定事故责任者；③提出事故处理意见和防范措施的建议；④写出事故调查报告。

事故调查必须坚持实事求是、尊重科学的原则，不能带有主观色彩；用人单位必须积极支持、配合事故调查工作，不得设置障碍。事故调查组有权向有关单位和个人了解与事故相关的情况和索取与事故有关的材料，任何单位和个人都不得拒绝。

链接《矿山安全法》第 37 条；《职业病防治法》第 40 条；《建设工程安全生产管理条例》第 50 条；

《生产安全事故报告和调查处理条例》；《使用有毒物品作业场所劳动保护条例》第 8 条；《工会劳动法律监督办法》

第二十八条 【对停工、怠工的协调】企业、事业单位、社会组织发生停工、怠工事件，工会应当代表职工同企业、事业单位、社会组织或者有关方面协商，反映职工的意见和要求并提出解决意见。对于职工的合理要求，企业、事业单位、社会组织应当予以解决。工会协助企业、事业单位、社会组织做好工作，尽快恢复生产、工作秩序。

第二十九条 【工会对劳动争议的调解】工会参加企业的劳动争议调解工作。

地方劳动争议仲裁组织应当有同级工会代表参加。

注释 1. 工会参加企业的劳动争议调解工作。企业可以设立劳动争议调解委员会，负责本企业发生的劳动争议。调解委员会的组成人员为职工代表、企业代表和企业工会代表。

2. 县级以上地方劳动争议仲裁委员会应当有同级总工会的代表参加。劳动争议仲裁委员会由劳动行政主管部门、同级工会、用人单位方面三方代表组成。工会代表参加劳动争议仲裁委员会，依法维护职工的合法权益，有利于劳动争议仲裁委员会听取各方面意见，正确行使仲裁权，解决劳动争议。

3. 企业事业单位根据需要设立的人民调解委员会委员由职工大会、职工代表大会或者工会组织推选产生。

链接《劳动争议调解仲裁法》第 4 条、第 8 条、第 10 条、第 19 条；《人民调解法》第 8 条、第 9 条；《企业工会工作条例》第 40 条；《工会参与劳动争议处理试行办法》

第三十条 【县级以上总工会提供法律援助服务】县级以上各级总工会依法为所属工会和职工提供法律援助等法律服务。

案例 泸州太昌建筑安装工程有限公司欠薪案（中华全国总工会公布 2015 年上半年 10 件拖欠劳动报酬典型案件）

裁判规则：2014 年 1 月，史某某等农民工代表来到四川泸州酒业集中发展园区工会联合会求助，反映包括他们在内的 100 余名农民工 2012 年到泸州某建筑安装工程有限公司项目部工地务工，2013 年 9 月工程结束后，该公司仍有 65.8 万

元工资未予结算,农民工索要工资无果。工会迅速开展法律援助,多次找到该公司及其项目部,要求依法支付拖欠的农民工工资,但该公司拒不承认欠薪事实。2014年8月,史某某等以追索劳务报酬为由,将某建筑安装工程有限公司及其项目部全权代理人银某某告上法庭。2015年1月5日,泸州市江阳区法院依法开庭审理了该案。2015年3月23日,泸州市江阳区法院判决某建筑安装工程有限公司支付欠款共计65.78万元。

链接 《法律援助法》;《劳动合同法》第78条

第三十一条　【职工集体福利协助】工会协助用人单位办好职工集体福利事业,做好工资、劳动安全卫生和社会保险工作。

第三十二条　【加强思想政治引领,丰富职工文化生活】工会会同用人单位加强对职工的思想政治引领,教育职工以国家主人翁态度对待劳动,爱护国家和单位的财产;组织职工开展群众性的合理化建议、技术革新、劳动和技能竞赛活动,进行业余文化技术学习和职工培训,参加职业教育和文化体育活动,推进职业安全健康教育和劳动保护工作。

第三十三条　【评优等管理职能】根据政府委托,工会与有关部门共同做好劳动模范和先进生产(工作)者的评选、表彰、培养和管理工作。

第三十四条　【对发展计划的建议权】国家机关在组织起草或者修改直接涉及职工切身利益的法律、法规、规章时,应当听取工会意见。

县级以上各级人民政府制定国民经济和社会发展计划,对涉及职工利益的重大问题,应当听取同级工会的意见。

县级以上各级人民政府及其有关部门研究制定劳动就业、工资、劳动安全卫生、社会保险等涉及职工切身利益的政策、措施时,应当吸收同级工会参加研究,听取工会意见。

注释 国家机关在组织起草或者修改直接涉及职工切身利益的法律、法规、规章时,县级以上各级人民政府制定国民经济和社会发展计划涉及职工利益的重大问题时,县级以上各级人民政府及其有关部门研究制定劳动就业、工资、劳动安全卫生、社会保险等涉及职工切身利益的政策、措施时,应当听取工会的意见。但是要注意的是,并不是政府制定任何法律、法规、规章、政策、措施或制定国民经济和社会发展计划中的任何问题时都应

当听取工会的意见,而仅限于涉及职工利益的重大问题部分。

第三十五条　【政府协商】县级以上地方各级人民政府可以召开会议或者采取适当方式,向同级工会通报政府的重要的工作部署和与工会工作有关的行政措施,研究解决工会反映的职工群众的意见和要求。

各级人民政府劳动行政部门应当会同同级工会和企业方面代表,建立劳动关系三方协商机制,共同研究解决劳动关系方面的重大问题。

注释 政府对工会参与政治的权利的保障,具体体现在:

1. 县级以上政府向工会通报政府工作,而且研究、解决职工群众的问题。这里的"采取适当方式",是指因地、因事制宜地采用相应的形式,形式可以多种多样,例如座谈会、现场会、联席会议等。

2. 建立劳动关系三方协商机制。劳动关系三方协商机制是指由政府(由劳动行政部门代表)、企业(由企业联合会代表)、工会(各级地方总工会代表)三方,就劳动关系的相关问题进行协商的制度。劳动关系三方协商机制在劳动法律、法规和政策的制定过程以及实施过程中发挥重要的作用。三方共同研究解决劳动关系方面的重大问题,形成解决问题的意见和措施,为立法和政策制定提供参考,进而上升为法律、法规、规章和政策。

链接 《劳动合同法》第5条、第73条

第四章　基层工会组织

第三十六条　【企业权力机构及其工作机构】国有企业职工代表大会是企业实行民主管理的基本形式,是职工行使民主管理权力的机构,依照法律规定行使职权。

国有企业的工会委员会是职工代表大会的工作机构,负责职工代表大会的日常工作,检查、督促职工代表大会决议的执行。

第三十七条　【集体企业工会职责】集体企业的工会委员会,应当支持和组织职工参加民主管理和民主监督,维护职工选举和罢免管理人员、决定经营管理的重大问题的权力。

第三十八条　【工会参与民主管理】本法第三十六条、第三十七条规定以外的其他企业、事业单位的工会委员会,依照法律规定组织职工采取与

企业、事业单位相适应的形式,参与企业、事业单位民主管理。

第三十九条 【工会代表对企事业单位、社会组织决策的参与】企业、事业单位、社会组织研究经营管理和发展的重大问题应当听取工会的意见;召开会议讨论有关工资、福利、劳动安全卫生、工作时间、休息休假、女职工保护和社会保险等涉及职工切身利益的问题,必须有工会代表参加。

企业、事业单位、社会组织应当支持工会依法开展工作,工会应当支持企业、事业单位、社会组织依法行使经营管理权。

注释 工会参与企业决策。具体体现在:

(1)必须听取工会意见的情形:关于企业、事业单位、社会组织经营管理和发展的重大问题。

(2)必须有工会代表参加的会议:企业、事业单位、社会组织召开讨论有关工资、福利、劳动安全卫生、工作时间、休息休假、女职工保护和社会保险等涉及职工切身利益问题的会议。

(3)企业、事业单位、社会组织应当支持工会依法开展工作,工会应当支持企业、事业单位、社会组织依法行使经营管理权。企业、事业单位、社会组织要尊重工会的民主权利,工会要尊重企业、事业单位、社会组织的行政管理和生产指挥权利。

第四十条 【职工代表的产生】公司的董事会、监事会中职工代表的产生,依照公司法有关规定执行。

链接《公司法》第 44 条、第 51 条、第 67 条、第 70 条、第 108 条、第 117 条

第四十一条 【工会活动的时间安排】基层工会委员会召开会议或者组织职工活动,应当在生产或者工作时间以外进行,需要占用生产或者工作时间的,应当事先征得企业、事业单位、社会组织的同意。

基层工会的非专职委员占用生产或者工作时间参加会议或者从事工会工作,每月不超过三个工作日,其工资照发,其他待遇不受影响。

注释 1. 基层工会委员会应当在生产或者工作时间以外开展活动

生产或工作时间是指法定的从事生产或工作的时间。为了不影响正常的生产和生活,工会召开会议或组织职工活动一般应当在业余时间进行;需要占用生产或者工作时间的,应当事先征得企业、事业单位、社会组织的同意。

2. 基层工会的非专职委员参加工作活动的时间

作为非专职的工会委员,其从事工会活动大部分是利用业余时间。但是,在某些场合下,当其从事工会活动必须占用生产时间时,应在法律规定的限度内,即每月不得超过 3 个工作日。在此限度内,法律保障其基本的权益,即工资和待遇均不受影响。

第四十二条 【工会工作人员待遇】用人单位工会委员会的专职工作人员的工资、奖励、补贴,由所在单位支付。社会保险和其他福利待遇等,享受本单位职工同等待遇。

链接《企业工会主席合法权益保护暂行办法》

第五章 工会的经费和财产

第四十三条 【工会经费来源及使用】工会经费的来源:

(一)工会会员缴纳的会费;

(二)建立工会组织的用人单位按每月全部职工工资总额的百分之二向工会拨缴的经费;

(三)工会所属的企业、事业单位上缴的收入;

(四)人民政府的补助;

(五)其他收入。

前款第二项规定的企业、事业单位、社会组织拨缴的经费在税前列支。

工会经费主要用于为职工服务和工会活动。经费使用的具体办法由中华全国总工会制定。

注释 本条具体规定了工会经费的来源和工会经费的使用。

1. 工会经费的来源

(1)工会会员缴纳的会费。工会会员缴纳会费是工会经费的重要来源之一,是会员应尽的义务。

(2)建立工会组织的用人单位按每月全部职工工资总额的2%向工会拨缴的经费。企业、事业单位、社会组织拨缴的这部分经费在税前列支,即可以将这一部分费用列入成本,由此减少了相应的税收,体现了国家的支持。

(3)工会所属的企业、事业单位上缴的收入。"上缴的收入"是指工会所属的企业和事业单位以自身的业务收入抵补各项支出后的净收益,按照

规定上缴主管工会的一部分收入。

（4）人民政府的补助。人民政府的补助，是指中央或地方政府财政给工会的补贴、基建费用、活动经费或专项经费。

（5）其他收入。其他收入，包括上级工会的补贴、个人、社团及海外侨胞、友人的捐助，工会变卖财产收入，银行存款利息收入等。

2. 工会经费的使用

工会经费主要用于为职工服务和工会活动。经费使用的具体办法由中华全国总工会制定。中华全国总工会制定工会经费使用的具体办法，必须根据国家的有关法律、法规，并依照国家和地方财政的有关开支标准。

链接《基层工会经费收支管理办法》

第四十四条　【工会经费的保障】企业、事业单位、社会组织无正当理由拖延或者拒不拨缴工会经费，基层工会或者上级工会可以向当地人民法院申请支付令；拒不执行支付令的，工会可以依法申请人民法院强制执行。

链接《企业工会工作条例》第46条、第50条；《最高人民法院关于在民事审判工作中适用〈中华人民共和国工会法〉若干问题的解释》第3—5条

第四十五条　【工会经费管理】工会应当根据经费独立原则，建立预算、决算和经费审查监督制度。

各级工会建立经费审查委员会。

各级工会经费收支情况应当由同级工会经费审查委员会审查，并且定期向会员大会或者会员代表大会报告，接受监督。工会会员大会或者会员代表大会有权对经费使用情况提出意见。

工会经费的使用应当依法接受国家的监督。

注释 工会经费预算制度

工会经费预算是指经过一定程序审核批准的工会年度财务收支计划。工会经费预算由三部分组成，即基层工会经费预算、本级工会经费预算、单位经费预算。本级工会经费预算，是指有经费留成的县、（市）以上各级工会的预算。单位经费预算，是指有经费留成的工会所属的单位的预算和县以上工会机关的经费预算。

工会经费决算制度

工会经费决算是工会经费预算执行的总结，它反映着年度工会经费预算收支的最终结果，也是工会活动在财务上的集中反映。工会经费决算的组成与预算的组成一致。

工会经费审查监督制度

工会经费审查监督制度，是指对工会各项经费收支和财产管理进行审查监督工作的规范和准则，是工会独立管理经费的需要。工会经费审查委员会是工会内部设立的经费审查监督机构，它由同级工会委员（代表）大会选举产生。审查同级工会经费的收支情况，并定期向会员大会或者会员代表大会报告，接受监督。工会会员大会或者会员代表大会有权对经费使用情况提出意见。

工会经费要接受工会外部的监督

工会经费的使用应当依法接受国家的监督。国家监督的形式是多种的，其中对经费最主要的监督形式是国家审计监督。

链接《企业工会工作条例》第49条；《审计法》

第四十六条　【物质条件保障】各级人民政府和用人单位应当为工会办公和开展活动，提供必要的设施和活动场所等物质条件。

第四十七条　【工会财产禁止侵占】工会的财产、经费和国家拨给工会使用的不动产，任何组织和个人不得侵占、挪用和任意调拨。

第四十八条　【工会隶属关系不随意变动原则】工会所属的为职工服务的企业、事业单位，其隶属关系不得随意改变。

第四十九条　【工会离退休人员待遇】县级以上各级工会的离休、退休人员的待遇，与国家机关工作人员同等对待。

注释 县级以上各级工会的离休、退休人员的待遇，与国家机关工作人员同等对待。工会离退休人员的各项费用由离退休人员所在的各级地方财政负担，而不应由工会经费承担。

第六章　法律责任

第五十条　【工会对侵权的维护】工会对违反本法规定侵犯其合法权益的，有权提请人民政府或者有关部门予以处理，或者向人民法院提起诉讼。

注释 1. 工会的合法权益具体体现在三个方面：工会开展活动的权利；工会的合法财产不受侵犯；工会工作者的合法权益不受侵犯。

2. 救济途径：（1）提请人民政府或者有关部门予以处理；（2）向人民法院提起诉讼。主要针对的是侵占、挪用工会经费、财产的行为，以及无正当理由拖延或者拒不拨缴工会经费的违法行为。

链接《最高人民法院关于在民事审判工作中适用〈中华人民共和国工会法〉若干问题的解释》第 7 条、第 8 条

第五十一条 【阻挠工会活动的法律责任】 违反本法第三条、第十二条规定，阻挠职工依法参加和组织工会或者阻挠上级工会帮助、指导职工筹建工会的，由劳动行政部门责令其改正；拒不改正的，由劳动行政部门提请县级以上人民政府处理；以暴力、威胁等手段阻挠造成严重后果，构成犯罪的，依法追究刑事责任。

注释 1. 适用的行为：两种，即阻挠职工依法参加和组织工会的行为以及阻挠上级工会帮助、指导职工筹建工会的行为。

2. 以上两种违法行为所应承担的法律责任：

(1) 由劳动行政部门责令其改正。这里的"劳动行政部门"，是指目前我国的行政机关设置中的人力资源和社会保障部以及各地方的人力资源和社会保障厅、局等。劳动行政部门可以通过宣传法律、批评教育的方法，责令有关当事人改正违法行为。

(2) 对于劳动行政部门责令其改正，却拒不改正的，由劳动行政部门提请县级以上人民政府处理。

(3) 以暴力、威胁等手段阻挠造成严重后果，构成犯罪的，依法追究刑事责任。

链接《工会法》第 3 条、第 12 条

第五十二条 【工会工作人员工作、人身尊严的维护】 违反本法规定，对依法履行职责的工会工作人员无正当理由调动工作岗位，进行打击报复的，由劳动行政部门责令改正、恢复原工作；造成损失的，给予赔偿。

对依法履行职责的工会工作人员进行侮辱、诽谤或者进行人身伤害，构成犯罪的，依法追究刑事责任；尚未构成犯罪的，由公安机关依照治安管理处罚法的规定处罚。

注释 1. 对依法履行职责的工会工作人员无正当理由调动工作岗位，进行打击报复的行为所应承担的法律责任：行政处理，辅之以民事处理。一是由劳动行政部门责令改正、恢复原工作；二是对造成损失的，给予赔偿，赔偿的范围包括受害的工会工作人员的物质损失和精神损失。

2. 对依法履行职责的工会工作人员进行侮辱、诽谤或者进行人身伤害的行为所应承担的法

律责任：对于此类违法行为，构成犯罪的，依法追究刑事责任；尚未构成犯罪的，由公安机关依照治安管理处罚法的规定处罚。

链接《治安管理处罚法》第 40—49 条；《刑法》第 234 条、第 238 条、第 246 条

第五十三条 【对工会工作人员的赔偿】 违反本法规定，有下列情形之一的，由劳动行政部门责令恢复其工作，并补发被解除劳动合同期间应得的报酬，或者责令给予本人年收入二倍的赔偿：

(一) 职工因参加工会活动而被解除劳动合同的；

(二) 工会工作人员因履行本法规定的职责而被解除劳动合同的。

注释《劳动合同法》第 39 条规定："劳动者有下列情形之一的，用人单位可以解除劳动合同：(一) 在试用期间被证明不符合录用条件的；(二) 严重违反用人单位的规章制度的；(三) 严重失职，营私舞弊，给用人单位造成重大损害的；(四) 劳动者同时与其他用人单位建立劳动关系，对完成本单位的工作任务造成严重影响，或者经用人单位提出，拒不改正的；(五) 因本法第二十六条第一款第一项规定的情形致使劳动合同无效的；(六) 被依法追究刑事责任的。"

《劳动合同法》第 48 条规定："用人单位违反本法规定解除或者终止劳动合同，劳动者要求继续履行劳动合同的，用人单位应当继续履行；劳动者不要求继续履行劳动合同或者劳动合同已经不能继续履行的，用人单位应当依照本法第八十七条规定支付赔偿金。"

《劳动合同法》第 87 条规定："用人单位违反本法规定解除或者终止劳动合同的，应当依照本法第四十七条规定的经济补偿标准的二倍向劳动者支付赔偿金。"

链接《劳动合同法》第 46—48 条、第 85—88 条；《最高人民法院关于在民事审判工作中适用〈中华人民共和国工会法〉若干问题的解释》第 6 条

第五十四条 【对工会的违法情形】 违反本法规定，有下列情形之一的，由县级以上人民政府责令改正，依法处理：

(一) 妨碍工会组织职工通过职工代表大会和其他形式依法行使民主权利的；

(二) 非法撤销、合并工会组织的；

(三) 妨碍工会参加职工因工伤亡事故以及其

他侵犯职工合法权益问题的调查处理的；

（四）无正当理由拒绝进行平等协商的。

第五十五条　【工会的起诉权】违反本法第四十七条规定，侵占工会经费和财产拒不返还的，工会可以向人民法院提起诉讼，要求返还，并赔偿损失。

第五十六条　【工作人员的违法处理】工会工作人员违反本法规定，损害职工或者工会权益的，由同级工会或者上级工会责令改正，或者予以处分；情节严重的，依照《中国工会章程》予以罢免；造成损失的，应当承担赔偿责任；构成犯罪的，依法追究刑事责任。

第七章　附　则

第五十七条　【实施办法的制定】中华全国总工会同有关国家机关制定机关工会实施本法的具体办法。

第五十八条　【生效日期】本法自公布之日起施行。1950年6月29日中央人民政府颁布的《中华人民共和国工会法》同时废止。

中华人民共和国刑法（节录）

· 1979年7月1日第五届全国人民代表大会第二次会议通过
· 1997年3月14日第八届全国人民代表大会第五次会议修订
· 根据1998年12月29日第九届全国人民代表大会常务委员会第六次会议通过的《全国人民代表大会常务委员会关于惩治骗购外汇、逃汇和非法买卖外汇犯罪的决定》、1999年12月25日第九届全国人民代表大会常务委员会第十三次会议通过的《中华人民共和国刑法修正案》、2001年8月31日第九届全国人民代表大会常务委员会第二十三次会议通过的《中华人民共和国刑法修正案（二）》、2001年12月29日第九届全国人民代表大会第二十五次会议通过的《中华人民共和国刑法修正案（三）》、2002年12月28日第九届全国人民代表大会常务委员会第三十一次会议通过的《中华人民共

和国刑法修正案（四）》、2005年2月28日第十届全国人民代表大会常务委员会第十四次会议通过的《中华人民共和国刑法修正案（五）》、2006年6月29日第十届全国人民代表大会常务委员会第二十二次会议通过的《中华人民共和国刑法修正案（六）》、2009年2月28日第十一届全国人民代表大会常务委员会第七次会议通过的《中华人民共和国刑法修正案（七）》、2009年8月27日第十一届全国人民代表大会常务委员会第十次会议通过的《全国人民代表大会常务委员会关于修改部分法律的决定》、2011年2月25日第十一届全国人民代表大会常务委员会第十九次会议通过的《中华人民共和国刑法修正案（八）》、2015年8月29日第十二届全国人民代表大会常务委员会第十六次会议通过的《中华人民共和国刑法修正案（九）》、2017年11月4日第十二届全国人民代表大会常务委员会第三十次会议通过的《中华人民共和国刑法修正案（十）》和2020年12月26日第十三届全国人民代表大会常务委员会第二十四次会议通过的《中华人民共和国刑法修正案（十一）》修正*

......

第二百四十四条　【强迫劳动罪】以暴力、威胁或者限制人身自由的方法强迫他人劳动的，处三年以下有期徒刑或者拘役，并处罚金；情节严重的，处三年以上十年以下有期徒刑，并处罚金。

明知他人实施前款行为，为其招募、运送人员或者有其他协助强迫他人劳动行为的，依照前款的规定处罚。

单位犯前两款罪的，对单位判处罚金，并对其直接负责的主管人员和其他直接责任人员，依照第一款的规定处罚。

注释 强迫劳动犯罪，是指以暴力、威胁或者限制人身自由的方法强迫他人劳动的行为。"暴力"是指犯罪分子直接对被害人实施殴打、伤害等危及其人身安全的行为，使其不能反抗、逃跑。"威胁"是指犯罪分子对被害人施以恫吓，进行精神强制，使其不敢反抗、逃跑。"限制人身自由的方法"则

---

* 刑法、历次刑法修正案、涉及修改刑法的决定的施行日期，分别依据各法律所规定的施行日期确定。

另，分则部分条文主旨是根据司法解释确定罪名所加。

是指以限制离厂、不让回家,甚至雇用打手看管等方法非法限制被害人的人身自由,强迫其参加劳动。"他人"既包括与用人单位订有劳动合同的职工,也包括犯罪分子非法招募的工人、智障人等。本罪是故意犯罪。"招募",是指通过"合法"或非法途径,面向特定或者不特定的群体募集人员的行为。实践中犯罪分子往往利用被害人求职心切,以合法就业岗位、优厚待遇等手段诱骗被害人。"运送"是指用各种交通工具运输人员。"其他协助强迫他人劳动行为"是指除招募、运送人员外,为强迫劳动的人转移、窝藏或接收人员等行为。

链接 《联合国打击跨国有组织犯罪公约关于预防、禁止和惩治贩运人口特别是妇女和儿童行为的补充议定书》第3、5条;《最高人民检察院、公安部关于公安机关管辖的刑事案件立案追诉标准的规定(一)》第31条

第二百四十四条之一 【雇用童工从事危重劳动罪】

违反劳动管理法规,雇用未满十六周岁的未成年人从事超强度体力劳动的,或者从事高空、井下作业的,或者在爆炸性、易燃性、放射性、毒害性等危险环境下从事劳动,情节严重的,对直接责任人员,处三年以下有期徒刑或者拘役,并处罚金;情节特别严重的,处三年以上七年以下有期徒刑,并处罚金。

有前款行为,造成事故,又构成其他犯罪的,依照数罪并罚的规定处罚。

链接 《未成年人保护法》第38、60、68条;《劳动法》第58、64条;《最高人民检察院、公安部关于公安机关管辖的刑事案件立案追诉标准的规定(一)》第32条

......

第二百七十六条之一 【拒不支付劳动报酬罪】

以转移财产、逃匿等方法逃避支付劳动者的劳动报酬或者有能力支付而不支付劳动者的劳动报酬,数额较大,经政府有关部门责令支付仍不支付的,处三年以下有期徒刑或者拘役,并处或者单处罚金;造成严重后果的,处三年以上七年以下有期徒刑,并处罚金。

单位犯前款罪的,对单位判处罚金,并对其直接负责的主管人员和其他直接责任人员,依照前款的规定处罚。

有前两款行为,尚未造成严重后果,在提起公诉前支付劳动者的劳动报酬,并依法承担相应赔偿责任的,可以减轻或者免除处罚。

注释 "转移财产",是指行为人为逃避欠薪将所经营的收益转移到他处,以使行政机关、司法机关或被欠薪者无法查找到。"逃匿",是指行为人为逃避行政机关或司法机关的追究而逃离当地或躲藏起来。"劳动报酬",是指劳动者按照劳动法和劳动合同法的规定,通过自己的劳动而应得的报酬,其范围不限于工资。"经政府有关部门责令支付仍不支付的",这里的"政府有关部门",一般是指县级以上政府劳动行政部门,即劳动和社会保障部门。这里的"责令支付仍不支付",是指经政府劳动行政部门责令支付一次仍没有支付的情况。本条所称"造成严重后果的",一般是指以下几种情况:(1)由于不支付或没有及时支付劳动者报酬,以至于影响到劳动者家庭的生活或生存;(2)导致劳动者自伤、精神失常或实施犯罪行为,如偷盗、伤人等;(3)引发群体性事件等严重后果。

链接 《劳动法》第9、91条;《劳动合同法》第47、85、92条;《最高人民法院关于审理拒不支付劳动报酬刑事案件适用法律若干问题的解释》;《最高人民检察院、公安部关于公安机关管辖的刑事案件立案追诉标准的规定(一)的补充规定》七

......

劳动保障监察条例

· 2004年10月26日国务院第68次常务会议通过
· 2004年11月1日中华人民共和国国务院令第423号公布
· 自2004年12月1日起施行

第一章 总 则

第一条 为了贯彻实施劳动和社会保障(以下称劳动保障)法律、法规和规章,规范劳动保障监察工作,维护劳动者的合法权益,根据劳动法和有关法律,制定本条例。

第二条 对企业和个体工商户(以下称用人单位)进行劳动保障监察,适用本条例。

对职业介绍机构、职业技能培训机构和职业技能考核鉴定机构进行劳动保障监察,依照本条

例执行。

第三条　国务院劳动保障行政部门主管全国的劳动保障监察工作。县级以上地方各级人民政府劳动保障行政部门主管本行政区域内的劳动保障监察工作。

县级以上各级人民政府有关部门根据各自职责，支持、协助劳动保障行政部门的劳动保障监察工作。

第四条　县级、设区的市级人民政府劳动保障行政部门可以委托符合监察执法条件的组织实施劳动保障监察。

劳动保障行政部门和受委托实施劳动保障监察的组织中的劳动保障监察员应当经过相应的考核或者考试录用。

劳动保障监察证件由国务院劳动保障行政部门监制。

第五条　县级以上地方各级人民政府应当加强劳动保障监察工作。劳动保障监察所需经费列入本级财政预算。

第六条　用人单位应当遵守劳动保障法律、法规和规章，接受并配合劳动保障监察。

第七条　各级工会依法维护劳动者的合法权益，对用人单位遵守劳动保障法律、法规和规章的情况进行监督。

劳动保障行政部门在劳动保障监察工作中应当注意听取工会组织的意见和建议。

第八条　劳动保障监察遵循公正、公开、高效、便民的原则。

实施劳动保障监察，坚持教育与处罚相结合，接受社会监督。

第九条　任何组织或者个人对违反劳动保障法律、法规或者规章的行为，有权向劳动保障行政部门举报。

劳动者认为用人单位侵犯其劳动保障合法权益的，有权向劳动保障行政部门投诉。

劳动保障行政部门应当为举报人保密；对举报属实，为查处重大违反劳动保障法律、法规或者规章的行为提供主要线索和证据的举报人，给予奖励。

第二章　劳动保障监察职责

第十条　劳动保障行政部门实施劳动保障监察，履行下列职责：

（一）宣传劳动保障法律、法规和规章，督促用人单位贯彻执行；

（二）检查用人单位遵守劳动保障法律、法规和规章的情况；

（三）受理对违反劳动保障法律、法规或者规章的行为的举报、投诉；

（四）依法纠正和查处违反劳动保障法律、法规或者规章的行为。

第十一条　劳动保障行政部门对下列事项实施劳动保障监察：

（一）用人单位制定内部劳动保障规章制度的情况；

（二）用人单位与劳动者订立劳动合同的情况；

（三）用人单位遵守禁止使用童工规定的情况；

（四）用人单位遵守女职工和未成年工特殊劳动保护规定的情况；

（五）用人单位遵守工作时间和休息休假规定的情况；

（六）用人单位支付劳动者工资和执行最低工资标准的情况；

（七）用人单位参加各项社会保险和缴纳社会保险费的情况；

（八）职业介绍机构、职业技能培训机构和职业技能考核鉴定机构遵守国家有关职业介绍、职业技能培训和职业技能考核鉴定的规定的情况；

（九）法律、法规规定的其他劳动保障监察事项。

第十二条　劳动保障监察员依法履行劳动保障监察职责，受法律保护。

劳动保障监察员应当忠于职守，秉公执法，勤政廉洁，保守秘密。

任何组织或者个人对劳动保障监察员的违法违纪行为，有权向劳动保障行政部门或者有关机关检举、控告。

第三章　劳动保障监察的实施

第十三条　对用人单位的劳动保障监察，由用人单位用工所在地的县级或者设区的市级劳动保障行政部门管辖。

上级劳动保障行政部门根据工作需要，可以调查处理下级劳动保障行政部门管辖的案件。劳动保障行政部门对劳动保障监察管辖发生争议的,报请共同的上一级劳动保障行政部门指定管辖。

省、自治区、直辖市人民政府可以对劳动保障监察的管辖制定具体办法。

第十四条 劳动保障监察以日常巡视检查、审查用人单位按照要求报送的书面材料以及接受举报投诉等形式进行。

劳动保障行政部门认为用人单位有违反劳动保障法律、法规或者规章的行为,需要进行调查处理的,应当及时立案。

劳动保障行政部门或者受委托实施劳动保障监察的组织应当设立举报、投诉信箱和电话。

对因违反劳动保障法律、法规或者规章的行为引起的群体性事件,劳动保障行政部门应当根据应急预案,迅速会同有关部门处理。

第十五条 劳动保障行政部门实施劳动保障监察,有权采取下列调查、检查措施:

(一)进入用人单位的劳动场所进行检查;

(二)就调查、检查事项询问有关人员;

(三)要求用人单位提供与调查、检查事项相关的文件资料,并作出解释和说明,必要时可以发出调查询问书;

(四)采取记录、录音、录像、照像或者复制等方式收集有关情况和资料;

(五)委托会计师事务所对用人单位工资支付、缴纳社会保险费的情况进行审计;

(六)法律、法规规定可以由劳动保障行政部门采取的其他调查、检查措施。

劳动保障行政部门对事实清楚、证据确凿、可以当场处理的违反劳动保障法律、法规或者规章的行为有权当场予以纠正。

第十六条 劳动保障监察员进行调查、检查,不得少于2人,并应当佩戴劳动保障监察标志、出示劳动保障监察证件。

劳动保障监察员办理的劳动保障监察事项与本人或者其近亲属有直接利害关系的,应当回避。

第十七条 劳动保障行政部门对违反劳动保障法律、法规或者规章的行为的调查,应当自立案之日起60个工作日内完成;对情况复杂的,经劳动保障行政部门负责人批准,可以延长30个工作日。

第十八条 劳动保障行政部门对违反劳动保

障法律、法规或者规章的行为,根据调查、检查的结果,作出以下处理:

(一)对依法应当受到行政处罚的,依法作出行政处罚决定;

(二)对应当改正未改正的,依法责令改正或者作出相应的行政处理决定;

(三)对情节轻微且已改正的,撤销立案。

发现违法案件不属于劳动保障监察事项的,应当及时移送有关部门处理;涉嫌犯罪的,应当依法移送司法机关。

第十九条 劳动保障行政部门对违反劳动保障法律、法规或者规章的行为作出行政处罚或者行政处理决定前,应当听取用人单位的陈述、申辩;作出行政处罚或者行政处理决定,应当告知用人单位依法享有申请行政复议或者提起行政诉讼的权利。

第二十条 违反劳动保障法律、法规或者规章的行为在2年内未被劳动保障行政部门发现,也未被举报、投诉的,劳动保障行政部门不再查处。

前款规定的期限,自违反劳动保障法律、法规或者规章的行为发生之日起计算;违反劳动保障法律、法规或者规章的行为有连续或者继续状态的,自行为终了之日起计算。

第二十一条 用人单位违反劳动保障法律、法规或者规章,对劳动者造成损害的,依法承担赔偿责任。劳动者与用人单位就赔偿发生争议的,依照国家有关劳动争议处理的规定处理。

对应当通过劳动争议处理程序解决的事项或者已经按照劳动争议处理程序申请调解、仲裁或者已经提起诉讼的事项,劳动保障行政部门应当告知投诉人依照劳动争议处理或者诉讼的程序办理。

第二十二条 劳动保障行政部门应当建立用人单位劳动保障守法诚信档案。用人单位有重大违反劳动保障法律、法规或者规章的行为的,由有关的劳动保障行政部门向社会公布。

第四章 法律责任

第二十三条 用人单位有下列行为之一的,由劳动保障行政部门责令改正,按照受侵害的劳动者每人1000元以上5000元以下的标准计算,处以罚款:

（一）安排女职工从事矿山井下劳动、国家规定的第四级体力劳动强度的劳动或者其他禁忌从事的劳动的；

（二）安排女职工在经期从事高处、低温、冷水作业或者国家规定的第三级体力劳动强度的劳动的；

（三）安排女职工在怀孕期间从事国家规定的第三级体力劳动强度的劳动或者孕期禁忌从事的劳动的；

（四）安排怀孕 7 个月以上的女职工夜班劳动或者延长其工作时间的；

（五）女职工生育享受产假少于 90 天的；

（六）安排女职工在哺乳未满 1 周岁的婴儿期间从事国家规定的第三级体力劳动强度的劳动或者哺乳期禁忌从事的其他劳动，以及延长其工作时间或者安排其夜班劳动的；

（七）安排未成年工从事矿山井下、有毒有害、国家规定的第四级体力劳动强度的劳动或者其他禁忌从事的劳动的；

（八）未对未成年工定期进行健康检查的。

第二十四条　用人单位与劳动者建立劳动关系不依法订立劳动合同的，由劳动保障行政部门责令改正。

第二十五条　用人单位违反劳动保障法律、法规或者规章延长劳动者工作时间的，由劳动保障行政部门给予警告，责令限期改正，并可以按照受侵害的劳动者每人 100 元以上 500 元以下的标准计算，处以罚款。

第二十六条　用人单位有下列行为之一的，由劳动保障行政部门分别责令限期支付劳动者的工资报酬、劳动者工资低于当地最低工资标准的差额或者解除劳动合同的经济补偿；逾期不支付的，责令用人单位按照应付金额 50% 以上 1 倍以下的标准计算，向劳动者加付赔偿金：

（一）克扣或者无故拖欠劳动者工资报酬的；

（二）支付劳动者的工资低于当地最低工资标准的；

（三）解除劳动合同未依法给予劳动者经济补偿的。

第二十七条　用人单位向社会保险经办机构申报应缴纳的社会保险费数额时，瞒报工资总额或者职工人数的，由劳动保障行政部门责令改正，并处瞒报工资数额 1 倍以上 3 倍以下的罚款。

骗取社会保险待遇或者骗取社会保险基金支出的，由劳动保障行政部门责令退还，并处骗取金额 1 倍以上 3 倍以下的罚款；构成犯罪的，依法追究刑事责任。

第二十八条　职业介绍机构、职业技能培训机构或者职业技能考核鉴定机构违反国家有关职业介绍、职业技能培训或者职业技能考核鉴定的规定的，由劳动保障行政部门责令改正，没收违法所得，并处 1 万元以上 5 万元以下的罚款；情节严重的，吊销许可证。

未经劳动保障行政部门许可，从事职业介绍、职业技能培训或者职业技能考核鉴定的组织或者个人，由劳动保障行政部门、工商行政管理部门依照国家有关无照经营查处取缔的规定查处取缔。

第二十九条　用人单位违反《中华人民共和国工会法》，有下列行为之一的，由劳动保障行政部门责令改正：

（一）阻挠劳动者依法参加和组织工会，或者阻挠上级工会帮助、指导劳动者筹建工会的；

（二）无正当理由调动依法履行职责的工会工作人员的工作岗位，进行打击报复的；

（三）劳动者因参加工会活动而被解除劳动合同的；

（四）工会工作人员因依法履行职责被解除劳动合同的。

第三十条　有下列行为之一的，由劳动保障行政部门责令改正；对有第（一）项、第（二）项或者第（三）项规定的行为的，处 2000 元以上 2 万元以下的罚款：

（一）无理抗拒、阻挠劳动保障行政部门依照本条例的规定实施劳动保障监察的；

（二）不按照劳动保障行政部门的要求报送书面材料，隐瞒事实真相，出具伪证或者隐匿、毁灭证据的；

（三）经劳动保障行政部门责令改正拒不改正，或者拒不履行劳动保障行政部门的行政处理决定的；

（四）打击报复举报人、投诉人的。

违反前款规定，构成违反治安管理行为的，由公安机关依法给予治安管理处罚；构成犯罪的，依法追究刑事责任。

第三十一条　劳动保障监察员滥用职权、玩忽职守、徇私舞弊或者泄露在履行职责过程中知悉的商业秘密的，依法给予行政处分；构成犯罪的，依法追究刑事责任。

劳动保障行政部门和劳动保障监察员违法行使职权，侵犯用人单位或者劳动者的合法权益的，依法承担赔偿责任。

第三十二条 属于本条例规定的劳动保障监察事项，法律、其他行政法规对处罚另有规定的，从其规定。

第五章 附 则

第三十三条 对无营业执照或者已被依法吊销营业执照，有劳动用工行为的，由劳动保障行政部门依照本条例实施劳动保障监察，并及时通报工商行政管理部门予以查处取缔。

第三十四条 国家机关、事业单位、社会团体执行劳动保障法律、法规和规章的情况，由劳动保障行政部门根据其职责，依照本条例实施劳动保障监察。

第三十五条 劳动安全卫生的监督检查，由卫生部门、安全生产监督管理部门、特种设备安全监督管理部门等有关部门依照有关法律、行政法规的规定执行。

第三十六条 本条例自 2004 年 12 月 1 日起施行。

劳动行政处罚听证程序规定

· 1996 年 9 月 27 日劳动部令第 2 号发布
· 根据 2022 年 1 月 7 日《人力资源社会保障部关于修改部分规章的决定》修订

第一条 为规范劳动行政处罚听证程序，根据《中华人民共和国行政处罚法》，制定本规定。

第二条 本规定适用于依法享有行政处罚权的县级以上劳动行政部门和依法申请听证的行政处罚当事人。

县级以上劳动行政部门的法制工作机构或承担法制工作的机构负责本部门的听证工作。

劳动行政部门的法制工作机构与劳动行政执法机构为同一机构的，应遵循听证与案件调查取证职责分离的原则。

第三条 劳动行政部门作出下列行政处罚决定，应当告知当事人有要求听证的权利，当事人要求听证的，劳动行政部门应当组织听证：

（一）较大数额罚款；

（二）没收较大数额违法所得、没收较大价值非法财物；

（三）降低资质等级、吊销许可证件；

（四）责令停产停业、责令关闭、限制从业；

（五）其他较重的行政处罚；

（六）法律、法规、规章规定的其他情形。

当事人不承担组织听证的费用。

第四条 听证由听证主持人、听证记录员、案件调查取证人员、当事人及其委托代理人、与案件的处理结果有直接利害关系的第三人参加。

第五条 劳动行政部门应当从本部门的下列人员中指定一名听证主持人、一名听证记录员：

（一）法制工作机构的公务员；

（二）未设法制机构的，承担法制工作的其他机构的公务员；

（三）法制机构与行政执法机构为同一机构的，该机构其他非参与本案调查的公务员。

第六条 听证主持人享有下列权利：

（一）决定举行听证的时间和地点；

（二）就案件的事实或者与之相关的法律进行询问、发问；

（三）维护听证秩序，对违反听证秩序的人员进行警告或者批评；

（四）中止或者终止听证；

（五）就听证案件的处理向劳动行政部门的负责人提出书面建议。

第七条 听证主持人承担下列义务：

（一）将与听证有关的通知及有关材料依法及时送达当事人及其他有关人员；

（二）根据听证认定的证据，依法独立、客观、公正地作出判断并写出书面报告；

（三）保守与案件相关的国家秘密、商业秘密和个人隐私。

听证记录员负责制作听证笔录，并承担前款第（三）项的义务。

第八条 听证案件的当事人依法享有下列权利：

（一）申请回避权。依法申请听证主持人、听证记录员回避；

（二）委托代理权。当事人可以亲自参加听

证,也可以委托一至二人代理参加听证;

(三)质证权。对本案的证据向调查人员及其证人进行质询;

(四)申辩权。就本案的事实与法律问题进行申辩;

(五)最后陈述权。听证结束前有权就本案的事实、法律及处理进行最后陈述。

第九条 听证案件的当事人依法承担下列义务:

(一)按时参加听证;

(二)如实回答听证主持人的询问;

(三)遵守听证秩序。

第十条 与案件的处理结果有直接利害关系的第三人享有与当事人相同的权利并承担相同的义务。

第十一条 劳动行政部门告知当事人有要求举行听证的权利,可以用书面形式告知,也可以用口头形式告知。以口头形式告知应当制作笔录,并经当事人签名。在告知当事人有权要求听证的同时,必须告知当事人要求举行听证的期限,即应在告知后5个工作日内提出。

当事人要求听证的,应当在接受劳动行政部门告知后5个工作日内以书面或者口头形式提出。经口头形式提出的,劳动行政部门应制作笔录,并经当事人签名。逾期不提出者,视为放弃听证权。

第十二条 劳动行政部门负责听证的机构接到当事人要求听证的申请后,应当立即确定听证主持人和听证记录员。由听证主持人在举行听证的7个工作日前送达听证通知书。听证通知书应载明听证主持人和听证记录员姓名、听证时间、听证地点、调查取证人员认定的违法事实、证据及行政处罚建议等内容。

劳动行政部门的有关机构或人员接到当事人要求听证的申请后,应当立即告知本部门负责听证的机构。

除涉及国家秘密、商业秘密或者个人隐私依法予以保密外,听证应当公开进行。对于公开举行的听证,劳动行政部门可以先期公布听证案由、听证时间及地点。

第十三条 听证主持人有下列情况之一的,应当自行回避,当事人也有权申请其回避:

(一)参与本案的调查取证人员;

(二)本案当事人的近亲属或者与当事人有其他利害关系的人员;

(三)与案件的处理结果有利害关系,可能影响听证公正进行的人员。

听证记录员的回避适用前款的规定。

听证主持人和听证记录员的回避,由劳动行政部门负责人决定。

第十四条 听证应当按照下列程序进行:

(一)由听证主持人宣布听证会开始,宣布听证纪律、告知当事人听证中的权利和义务;

(二)由案件调查取证人员宣布案件的事实、证据、适用的法律、法规和规章,以及拟作出的行政处罚决定的理由;

(三)听证主持人询问当事人、案件调查取证人员、证人和其他有关人员并要求出示有关证据材料;

(四)由当事人或者其代理人从事实和法律上进行答辩,并对证据材料进行质证;

(五)当事人或者其代理人和本案调查取证人员就本案相关的事实和法律问题进行辩论;

(六)辩论结束后,当事人作最后陈述;

(七)听证主持人宣布听证会结束。

当事人及其代理人无正当理由拒不出席听证或者未经许可中途退出听证的,视为放弃听证权利,劳动行政部门终止听证。

第十五条 听证应当制作笔录。笔录由听证记录员制作。听证笔录在听证结束后,应当立即交当事人或者其代理人核对无误后签字或者盖章。当事人或者其代理人拒绝签字或者盖章的,由听证主持人在笔录中注明。

第十六条 所有与认定案件主要事实有关的证据都必须在听证中出示,并通过质证和辩论进行认定。劳动行政部门不得以未经听证认定的证据作为行政处罚的依据。

第十七条 听证结束后,听证主持人应当根据听证确定的事实和证据,依据法律、法规和规章,向劳动行政部门负责人提出对听证案件处理的书面建议。劳动行政部门应当根据听证笔录,依据《中华人民共和国行政处罚法》第五十七条的规定作出决定。

第十八条 本规定自1996年10月1日起施行。

关于实施《劳动保障监察条例》若干规定

· 2004 年 12 月 31 日劳动和社会保障部令第 25 号公布

· 根据 2022 年 1 月 7 日《人力资源社会保障部关于修改部分规章的决定》修订

第一章 总 则

第一条 为了实施《劳动保障监察条例》,规范劳动保障监察行为,制定本规定。

第二条 劳动保障行政部门及所属劳动保障监察机构对企业和个体工商户(以下称用人单位)遵守劳动保障法律、法规和规章(以下简称劳动保障法律)的情况进行监察,适用本规定;对职业介绍机构、职业技能培训机构和职业技能考核鉴定机构进行劳动保障监察,依照本规定执行;对国家机关、事业单位、社会团体执行劳动保障法律情况进行劳动保障监察,根据劳动保障行政部门的职责,依照本规定执行。

第三条 劳动保障监察遵循公正、公开、高效、便民的原则。

实施劳动保障行政处罚坚持以事实为依据,以法律为准绳,坚持教育与处罚相结合,接受社会监督。

第四条 劳动保障监察实行回避制度。

第五条 县级以上劳动保障行政部门设立的劳动保障监察行政机构和劳动保障行政部门依法委托实施劳动保障监察的组织(以下统称劳动保障监察机构)具体负责劳动保障监察管理工作。

第二章 一般规定

第六条 劳动保障行政部门对用人单位及其劳动场所的日常巡视检查,应当制定年度计划和中长期规划,确定重点检查范围,并按照现场检查的规定进行。

第七条 劳动保障行政部门对用人单位按照要求报送的有关遵守劳动保障法律情况的书面材料应进行审查,并对审查中发现的问题及时予以纠正和查处。

第八条 劳动保障行政部门可以针对劳动保障法律实施中存在的重点问题集中组织专项检查活动,必要时,可以联合有关部门或组织共同进行。

第九条 劳动保障行政部门应当设立举报、投诉信箱,公开举报、投诉电话,依法查处举报和投诉反映的违反劳动保障法律的行为。

第三章 受理与立案

第十条 任何组织或个人对违反劳动保障法律的行为,有权向劳动保障行政部门举报。

第十一条 劳动保障行政部门对举报人反映的违反劳动保障法律的行为应当依法予以查处,并为举报人保密;对举报属实,为查处重大违反劳动保障法律的行为提供主要线索和证据的举报人,给予奖励。

第十二条 劳动者对用人单位违反劳动保障法律、侵犯其合法权益的行为,有权向劳动保障行政部门投诉。对因同一事由引起的集体投诉,投诉人可推荐代表投诉。

第十三条 投诉应当由投诉人向劳动保障行政部门递交投诉文书。书写投诉文书确有困难的,可以口头投诉,由劳动保障监察机构进行笔录,并由投诉人签字。

第十四条 投诉文书应当载明下列事项:

(一)投诉人的姓名、性别、年龄、职业、工作单位、住所和联系方式,被投诉用人单位的名称、住所、法定代表人或者主要负责人的姓名、职务;

(二)劳动保障合法权益受到侵害的事实和投诉请求事项。

第十五条 有下列情形之一的投诉,劳动保障行政部门应当告知投诉人依照劳动争议处理或者诉讼程序办理:

(一)应当通过劳动争议处理程序解决的;

(二)已经按照劳动争议处理程序申请调解、仲裁的;

(三)已经提起劳动争议诉讼的。

第十六条 下列因用人单位违反劳动保障法律行为对劳动者造成损害,劳动者与用人单位就赔偿发生争议的,依照国家有关劳动争议处理的规定处理:

(一)因用人单位制定的劳动规章制度违反法律、法规规定,对劳动者造成损害的;

(二)因用人单位违反对女职工和未成年工的

保护规定,对女职工和未成年工造成损害的;

(三)因用人单位原因订立无效合同,对劳动者造成损害的;

(四)因用人单位违法解除劳动合同或者故意拖延不订立劳动合同,对劳动者造成损害的;

(五)法律、法规和规章规定的其他因用人单位违反劳动保障法律的行为,对劳动者造成损害的。

第十七条　劳动者或者用人单位与社会保险经办机构发生的社会保险行政争议,按照《社会保险行政争议处理办法》处理。

第十八条　对符合下列条件的投诉,劳动保障行政部门应当在接到投诉之日起 5 个工作日内依法受理,并于受理之日立案查处:

(一)违反劳动保障法律的行为发生在 2 年内的;

(二)有明确的被投诉用人单位,且投诉人的合法权益受到侵害是被投诉用人单位违反劳动保障法律的行为所造成的;

(三)属于劳动保障监察职权范围并由受理投诉的劳动保障行政部门管辖。

对不符合第一款第(一)项规定的投诉,劳动保障行政部门应当在接到投诉之日起 5 个工作日内决定不予受理,并书面通知投诉人。

对不符合第一款第(二)项规定的投诉,劳动保障监察机构应当告知投诉人补正投诉材料。

对不符合第一款第(三)项规定的投诉,即对不属于劳动保障监察职权范围的投诉,劳动保障监察机构应当告诉投诉人;对属于劳动保障监察职权范围但不属于受理投诉的劳动保障行政部门管辖的投诉,应当告知投诉人向有关劳动保障行政部门提出。

第十九条　劳动保障行政部门通过日常巡视检查、书面审查、举报等发现用人单位有违反劳动保障法律的行为,需要进行调查处理的,应当及时立案查处。

立案应当填写立案审批表,报劳动保障监察机构负责人审查批准。劳动保障监察机构负责人批准之日即为立案之日。

第四章　调查与检查

第二十条　劳动保障监察员进行调查、检查不得少于 2 人。

劳动保障监察机构应指定其中 1 名为主办劳动保障监察员。

第二十一条　劳动保障监察员对用人单位遵守劳动保障法律情况进行监察时,应当遵循以下规定:

(一)进入用人单位时,应佩戴劳动保障监察执法标志,出示劳动保障监察证件,并说明身份;

(二)就调查事项制作笔录,应由劳动保障监察员和被调查人(或其委托代理人)签名或盖章。被调查人拒不签名、盖章的,应注明拒签情况。

第二十二条　劳动保障监察员进行调查、检查时,承担下列义务:

(一)依法履行职责,秉公执法;

(二)保守在履行职责过程中获知的商业秘密;

(三)为举报人保密。

第二十三条　劳动保障监察员在实施劳动保障监察时,有下列情形之一的,应当回避:

(一)本人是用人单位法定代表人或主要负责人的近亲属的;

(二)本人或其近亲属与承办查处的案件事项有直接利害关系的;

(三)因其他原因可能影响案件公正处理的。

第二十四条　当事人认为劳动保障监察员符合本规定第二十三条规定应当回避的,有权向劳动保障行政部门申请,要求其回避。当事人申请劳动保障监察员回避,应当采用书面形式。

第二十五条　劳动保障行政部门应当在收到回避申请之日起 3 个工作日内依法审查,并由劳动保障行政部门负责人作出回避决定。决定作出前,不停止实施劳动保障监察。回避决定应当告知申请人。

第二十六条　劳动保障行政部门实施劳动保障监察,有权采取下列措施:

(一)进入用人单位的劳动场所进行检查;

(二)就调查、检查事项询问有关人员;

(三)要求用人单位提供与调查、检查事项相关的文件资料,必要时可以发出调查询问书;

(四)采取记录、录音、录像、照像和复制等方式收集有关的情况和资料;

(五)对事实确凿、可以当场处理的违反劳动保障法律、法规或规章的行为当场予以纠正;

(六)可以委托注册会计师事务所对用人单位

工资支付、缴纳社会保险费的情况进行审计；

（七）法律、法规规定可以由劳动保障行政部门采取的其他调查、检查措施。

第二十七条 劳动保障行政部门调查、检查时，有下列情形之一的可以采取证据登记保存措施：

（一）当事人可能对证据采取伪造、变造、毁灭行为的；

（二）当事人采取措施不当可能导致证据灭失的；

（三）不采取证据登记保存措施以后难以取得的；

（四）其他可能导致证据灭失的情形的。

第二十八条 采取证据登记保存措施应当按照下列程序进行：

（一）劳动保障监察机构根据本规定第二十七条的规定，提出证据登记保存申请，报劳动保障行政部门负责人批准；

（二）劳动保障监察员将证据登记保存通知书及证据登记清单交付当事人，由当事人签收。当事人拒不签名或者盖章的，由劳动保障监察员注明情况；

（三）采取证据登记保存措施后，劳动保障行政部门应当在7日内及时作出处理决定，期限届满后应当解除证据登记保存措施。

在证据登记保存期内，当事人或者有关人员不得销毁或者转移证据；劳动保障监察机构及劳动保障监察员可以随时调取证据。

第二十九条 劳动保障行政部门在实施劳动保障监察中涉及异地调查取证的，可以委托当地劳动保障行政部门协助调查。受委托方的协助调查应在双方商定的时间内完成。

第三十条 劳动保障行政部门对违反劳动保障法律的行为的调查，应当自立案之日起60个工作日内完成；情况复杂的，经劳动保障行政部门负责人批准，可以延长30个工作日。

第五章 案件处理

第三十一条 对用人单位存在的违反劳动保障法律的行为事实确凿并有法定处罚（处理）依据的，可以当场作出限期整改指令或依法当场作出行政处罚决定。

当场作出限期整改指令或行政处罚决定的，劳动保障监察员应当填写预定格式、编有号码的

限期整改指令书或行政处罚决定书，当场交付当事人。

第三十二条 当场处以警告或罚款处罚的，应当按照下列程序进行：

（一）口头告知当事人违法行为的基本事实、拟作出的行政处罚、依据及其依法享有的权利；

（二）听取当事人的陈述和申辩；

（三）填写预定格式的处罚决定书；

（四）当场处罚决定书应当由劳动保障监察员签名或者盖章；

（五）将处罚决定书当场交付当事人，由当事人签收。

劳动保障监察员应当在2日内将当场限期整改指令和行政处罚决定书存档联交所属劳动保障行政部门存档。

第三十三条 对不能当场作出处理的违法案件，劳动保障监察员经调查取证，应当提出初步处理建议，并填写案件处理报批表。

案件处理报批表应填写明被处理单位名称、案由、违反劳动保障法律行为事实、被处理单位的陈述、处理依据、建议处理意见。

第三十四条 对违反劳动保障法律的行为作出行政处罚或者行政处理决定前，应当告知用人单位，听取其陈述和申辩；法律、法规规定应当依法听证的，应当告知用人单位有权依法要求举行听证；用人单位要求听证的，劳动保障行政部门应当组织听证。

第三十五条 劳动保障行政部门对违反劳动保障法律的行为，根据调查、检查的结果，作出以下处理：

（一）对依法应当受到行政处罚的，依法作出行政处罚决定；

（二）对应当改正未改正的，依法责令改正或者作出相应的行政处理决定；

（三）对情节轻微，且已改正的，撤销立案。

经调查、检查，劳动保障行政部门认定违法事实不能成立的，也应当撤销立案。

发现违法案件不属于劳动保障监察事项的，应当及时移送有关部门处理；涉嫌犯罪的，应当依法移送司法机关。

第三十六条 劳动保障监察行政处罚（处理）决定书应载明下列事项：

（一）被处罚（处理）单位名称、法定代表人、单

位地址；

（二）劳动保障行政部门认定的违法事实和主要证据；

（三）劳动保障行政处罚（处理）的种类和依据；

（四）处罚（处理）决定的履行方式和期限；

（五）不服行政处罚（处理）决定，申请行政复议或者提起行政诉讼的途径和期限；

（六）作出处罚（处理）决定的行政机关名称和作出处罚（处理）决定的日期。

劳动保障行政处罚（处理）决定书应当加盖劳动保障行政部门印章。

第三十七条　劳动保障行政部门立案调查完成，应在15个工作日内作出行政处罚（行政处理或者责令改正）或者撤销立案决定；特殊情况，经劳动保障行政部门负责人批准可以延长。

第三十八条　劳动保障监察限期整改指令书、劳动保障行政处理决定书、劳动保障行政处罚决定书应当在宣告后当场交付当事人；当事人不在场的，劳动保障行政部门应当在7日内依照《中华人民共和国民事诉讼法》的有关规定，将劳动保障监察限期整改指令书、劳动保障行政处理决定书、劳动保障行政处罚决定书送达当事人。

第三十九条　作出行政处罚、行政处理决定的劳动保障行政部门发现决定不适当的，应当予以纠正并及时告知当事人。

第四十条　劳动保障监察案件结案后应建立档案。档案资料应当至少保存三年。

第四十一条　劳动保障行政处理或处罚决定依法作出后，当事人应当在决定规定的期限内予以履行。

第四十二条　当事人对劳动保障行政处理或行政处罚决定不服申请行政复议或者提起行政诉讼的，行政处理或行政处罚决定不停止执行。法律另有规定的除外。

第四十三条　当事人确有经济困难，需要延期或者分期缴纳罚款的，经当事人申请和劳动保障行政部门批准，可以暂缓或者分期缴纳。

第四十四条　当事人对劳动保障行政部门作出的行政处罚决定、责令支付劳动者工资报酬、赔偿金或者征缴社会保险费等行政处理决定逾期不履行的，劳动保障行政部门可以申请人民法院强制执行，或者依法强制执行。

第四十五条　除依法当场收缴的罚款外，作出罚款决定的劳动保障行政部门及其劳动保障监察员不得自行收缴罚款。当事人应当自收到行政处罚决定书之日起15日内，到指定银行缴纳罚款。

第四十六条　地方各级劳动保障行政部门应当按照劳动保障部有关规定对承办的案件进行统计并填表上报。

地方各级劳动保障行政部门制作的行政处罚决定书，应当在10个工作日内报送上一级劳动保障行政部门备案。

第六章　附　则

第四十七条　对无营业执照或者已被依法吊销营业执照，有劳动用工行为的，由劳动保障行政部门依照本规定实施劳动保障监察。

第四十八条　本规定自2005年2月1日起施行。原《劳动监察规定》（劳部发〔1993〕167号）、《劳动监察程序规定》（劳部发〔1995〕457号）、《处理举报劳动违法行为规定》（劳动部令第5号，1996年12月17日）同时废止。

重大劳动保障违法行为社会公布办法

· 2016年9月1日人力资源和社会保障部令第29号公布

· 自2017年1月1日起施行

第一条　为加强对重大劳动保障违法行为的惩戒，强化社会舆论监督，促进用人单位遵守劳动保障法律、法规和规章，根据《劳动保障监察条例》《企业信息公示暂行条例》等有关规定，制定本办法。

第二条　人力资源社会保障行政部门依法向社会公布用人单位重大劳动保障违法行为，适用本办法。

第三条　人力资源社会保障行政部门向社会公布重大劳动保障违法行为，应当遵循依法依规、公平公正、客观真实的原则。

第四条　人力资源社会保障部负责指导监督全国重大劳动保障违法行为社会公布工作，并向社会公布在全国有重大影响的劳动保障违法行为。

省、自治区、直辖市人力资源社会保障行政部门负责指导监督本行政区域重大劳动保障违法行为社会公布工作,并向社会公布在本行政区域有重大影响的劳动保障违法行为。

地市级、县级人力资源社会保障行政部门依据行政执法管辖权限,负责本辖区的重大劳动保障违法行为社会公布工作。

第五条 人力资源社会保障行政部门对下列已经依法查处并作出处理决定的重大劳动保障违法行为,应当向社会公布:

(一)克扣、无故拖欠劳动者劳动报酬,数额较大的;拒不支付劳动报酬,依法移送司法机关追究刑事责任的;

(二)不依法参加社会保险或者不依法缴纳社会保险费,情节严重的;

(三)违反工作时间和休息休假规定,情节严重的;

(四)违反女职工和未成年工特殊劳动保护规定,情节严重的;

(五)违反禁止使用童工规定的;

(六)因劳动保障违法行为造成严重不良社会影响的;

(七)其他重大劳动保障违法行为。

第六条 向社会公布重大劳动保障违法行为,应当列明下列事项:

(一)违法主体全称、统一社会信用代码(或者注册号)及地址;

(二)法定代表人或者负责人姓名;

(三)主要违法事实;

(四)相关处理情况。

涉及国家秘密、商业秘密以及个人隐私的信息不得公布。

第七条 重大劳动保障违法行为应当在人力资源社会保障行政部门门户网站公布,并在本行政区域主要报刊、电视等媒体予以公布。

第八条 地市级、县级人力资源社会保障行政部门对本辖区发生的重大劳动保障违法行为每季度向社会公布一次。

人力资源社会保障部和省级人力资源社会保障行政部门每半年向社会公布一次重大劳动保障违法行为。

根据工作需要,对重大劳动保障违法行为可随时公布。

第九条 县级以上地方人力资源社会保障行政部门在向社会公布重大劳动保障违法行为之前,应当将公布的信息报告上一级人力资源社会保障行政部门。

第十条 人力资源社会保障行政部门应当将重大劳动保障违法行为及其社会公布情况记入用人单位劳动保障守法诚信档案,纳入人力资源社会保障信用体系,并与其他部门和社会组织依法依规实施信息共享和联合惩戒。

第十一条 用人单位对社会公布内容有异议的,由负责查处的人力资源社会保障行政部门自收到申请之日起15个工作日内予以复核和处理,并通知用人单位。

重大劳动保障违法行为处理决定被依法变更或者撤销的,负责查处的人力资源社会保障行政部门应当自变更或者撤销之日起10个工作日内,对社会公布内容予以更正。

第十二条 人力资源社会保障行政部门工作人员在重大劳动保障违法行为社会公布中滥用职权、玩忽职守、徇私舞弊的,依法予以处理。

第十三条 本办法自2017年1月1日起施行。

企业劳动保障守法诚信等级评价办法

·2016年7月25日
·人社部规〔2016〕1号

第一条 为增强劳动保障监察的针对性和效率,实行企业分类监管,督促企业遵守劳动保障法律规定,履行守法诚信义务,根据《劳动保障监察条例》有关规定,制定本办法。

第二条 企业劳动保障守法诚信等级评价是根据企业遵守劳动保障法律、法规和规章的情况,对企业进行劳动保障守法诚信等级评价的行为。

第三条 开展企业劳动保障守法诚信等级评价,应当根据事实,遵循依法、公正原则。

第四条 县级以上地方人力资源社会保障行政部门按照劳动保障监察管辖范围负责企业劳动保障守法诚信等级评价工作,由劳动保障监察机构负责组织实施,每年开展一次评价。

第五条 企业劳动保障守法诚信等级评价主要依据日常巡视检查、书面材料审查、举报投诉查处以及专项检查等劳动保障监察和其他有关工作中取得的企业上一年度信用记录进行。

开展企业劳动保障守法诚信等级评价应注意听取当地政府有关部门及工会组织的意见和建议。

第六条 人力资源社会保障行政部门根据下列情况对企业劳动保障守法诚信等级进行评价：

（一）制定内部劳动保障规章制度的情况；

（二）与劳动者订立劳动合同的情况；

（三）遵守劳务派遣规定的情况；

（四）遵守禁止使用童工规定的情况；

（五）遵守女职工和未成年工特殊劳动保护规定的情况；

（六）遵守工作时间和休息休假规定的情况；

（七）支付劳动者工资和执行最低工资标准的情况；

（八）参加各项社会保险和缴纳社会保险费的情况；

（九）其他遵守劳动保障法律、法规和规章的情况。

第七条 企业劳动保障守法诚信等级划分为A、B、C三级：

（一）企业遵守劳动保障法律、法规和规章，未因劳动保障违法行为被查处的，评为A级。

（二）企业因劳动保障违法行为被查处，但不属于C级所列情形的，评为B级。

（三）企业存在下列情形之一的，评为C级。

1. 因劳动保障违法行为被查处三次以上（含三次）的；

2. 因劳动保障违法行为引发群体性事件、极端事件或造成严重不良社会影响的；

3. 因使用童工、强迫劳动等严重劳动保障违法行为被查处的；

4. 拒不履行劳动保障监察限期整改指令、行政处理决定或者行政处罚决定的；

5. 无理抗拒、阻挠人力资源社会保障行政部门实施劳动保障监察的；

6. 因劳动保障违法行为被追究刑事责任的。

第八条 作出劳动保障守法诚信等级评价的人力资源社会保障行政部门可以适当方式将评价结果告知企业。

第九条 劳动保障守法诚信等级评价结果应归入企业劳动保障守法诚信档案，至少保留3年。

第十条 人力资源社会保障行政部门根据企业劳动保障守法诚信等级评价情况，对劳动保障监察管辖范围内的企业实行分类监管。

对于被评为A级的企业，适当减少劳动保障监察日常巡视检查频次。

对于被评为B级的企业，适当增加劳动保障监察日常巡视检查频次。

对于被评为C级的企业，列入劳动保障监察重点对象，强化劳动保障监察日常巡视检查。

第十一条 对于被评为C级的企业，人力资源社会保障行政部门应对其主要负责人、直接责任人进行约谈，敦促其遵守劳动保障法律、法规和规章。

第十二条 企业劳动保障守法诚信等级评价结果确定后，发生劳动保障违法行为需要降级的，作出评价的人力资源社会保障行政部门应当重新评价，及时调整其劳动保障守法诚信等级。

第十三条 人力资源社会保障行政部门应当与工商、金融、住房城乡建设、税务等部门和工会组织建立信用信息交换共享机制，对企业实行守信联合激励和失信联合惩戒。

第十四条 人力资源社会保障行政部门应当加强劳动保障监察管理信息系统建设，充分利用信息技术和手段，整合信息资源，提高企业劳动保障守法诚信等级评价工作效率。

第十五条 人力资源社会保障行政部门工作人员在企业劳动保障守法诚信等级评价工作中滥用职权、玩忽职守、徇私舞弊的，按照有关规定给予处分。

第十六条 对其他劳动保障监察对象开展劳动保障守法诚信等级评价工作，依照本办法执行。

第十七条 省级人力资源社会保障行政部门可根据本办法和本地实际，制定实施办法。

第十八条 本办法自2017年1月1日起施行。

跨地区劳动保障监察案件协查办法

· 2010年12月22日

· 人社部发〔2010〕103号

第一条 为规范跨地区劳动保障监察案件协查工作，提高劳动保障监察案件办理工作质量和效率,根据《关于实施〈劳动保障监察条例〉若干规定》(劳动保障部部令第 25 号),制定本办法。

第二条 跨地区劳动保障监察案件协查,是指各级人力资源社会保障行政部门在实施劳动保障监察过程中,发现劳动保障监察案件需要跨省、自治区、直辖市(以下简称跨地区)调查的,可以委托案件相关地人力资源社会保障行政部门协助调查并反馈协查结果的工作。

第三条 跨地区劳动保障监察案件协查工作应遵循合法、公正、高效的原则。

第四条 本办法适用于地方各级人力资源社会保障行政部门对跨地区劳动保障监察案件的协查。

第五条 人力资源社会保障部负责指导跨地区劳动保障监察案件协查工作。

各省级人力资源社会保障行政部门负责对跨地区劳动保障监察案件协查工作的组织实施。

第六条 跨地区劳动保障监察案件的查处以用人单位用工所在地人力资源社会保障行政部门为主,案件相关地人力资源社会保障行政部门协助调查。

第七条 跨地区劳动保障监察案件协查的具体实施,由用人单位用工所在地省级人力资源社会保障行政部门的劳动保障监察机构(以下简称委托方)向案件相关地有关省级人力资源社会保障行政部门的劳动保障监察机构(以下简称受托方)发出委托协查请求。

各地可根据协查工作需要,与案件相关地省级人力资源社会保障行政部门的劳动保障监察机构协商进一步明确委托和受托主体。

第八条 劳动保障监察案件有下列情形之一且需要相关地区协助的,委托方可以启动委托协查工作:

(一)本地区发生劳动保障监察案件的用人单位注册地、主要营业地或者主要办事机构所在地在其他地区的;

(二)本地区发生劳动保障监察案件的违法行为涉及其他地区的;

(三)本地区在查处劳动保障监察案件过程中需要相关地区协助的。

第九条 委托协查的工作范围包括:

(一)协助调查工作;

(二)协助核实证据材料;

(三)协助送达文书;

(四)协助督促整改;

(五)其他事项。

第十条 委托协查以书面形式进行,由委托方发出委托协查函,同时提供已掌握的违法线索情况。委托协查函的内容包括:涉案单位基本情况、协查范围、涉嫌违法事实、协助调查事项及内容等。

第十一条 委托方应指定专人负责与受托方联系,及时沟通信息,确保协查信息的真实、有效。

第十二条 委托方收到协查回函结果后,如需再次发出委托协查请求,应提供新发现的违法事实及相关证据材料。

第十三条 委托方协查案件的归档资料应包括委托协查函、协查回函(样式附后)(略)及受托方寄送的相关材料等。

第十四条 受托方收到委托协查函后,按照协查请求和本办法规定开展协查工作。受托方应指定专人负责协查工作的组织协调,根据需要可以通过信函、电话、传真、电邮等方式及时沟通情况。

第十五条 受托方按照委托协查相关要求及时发送协查回函。一般情况下,回函时间自收到委托协查函之日起不超过 20 个工作日。对案情特别重大和紧急的委托协查,回函时间自收到委托协查函之日起不超过 10 个工作日。特殊情况不能如期回函的,应及时向委托方说明原因。

第十六条 受托方在协查中发现被调查对象存在管辖范围内的违法行为,应按照有关规定及时立案查处。

第十七条 委托方、受托方如以传真、电邮等形式发送相关函件,应在发送后的 1 个工作日内将委托协查函原件或协查回函原件及相关材料寄送对方。

第十八条 各省级人力资源社会保障行政部门应根据本办法建立本行政区域内跨地区劳动保障监察案件协查工作制度。

第十九条 本办法自发布之日起施行。

附件:跨地区劳动保障监察案件委托协查函(样式)(略)

劳动监察员管理办法

· 1994 年 11 月 14 日劳部发〔1994〕448 号公布
· 根据 2010 年 11 月 12 日《人力资源和社会保障部关于废止和修改部分人力资源和社会保障规章的决定》修正

第一条　为加强劳动监察员管理工作,规范劳动监察行为,提高劳动监察工作质量,保障劳动法律、法规的贯彻实施,根据《中华人民共和国劳动法》有关监督检查人员的规定,制定本办法。

第二条　县级以上各级人民政府劳动行政部门应按照本办法规定对劳动监察员进行管理和监督。

劳动安全卫生监察员管理工作,按照现行规定执行。

第三条　劳动监察员是县级以上各级人民政府劳动行政部门执行劳动监督检查公务的人员。

第四条　劳动监察员必须坚持严肃执法、文明执法原则,做到有法必依、执法必严、违法必究。

第五条　县级以上各级人民政府劳动行政部门根据工作需要配备专职劳动监察员和兼职劳动监察员。专职劳动监察员是劳动行政部门专门从事劳动监察工作的人员,兼职劳动监察员是劳动行政部门非专门从事劳动监察工作的人员。兼职监察员,主要负责与其业务有关的单项监察,须对用人单位处罚时,应会同专职监察员进行。

第六条　劳动监察人员执行公务,有权进入用人单位了解遵守劳动法律、法规的情况,查阅必要的资料,并对劳动场所进行检查。劳动监察人员执行公务,必须出示中华人民共和国劳动监察证件,秉公执法,并遵守有关规定。

第七条　劳动监察员应当具备以下任职条件:

(一)认真贯彻执行国家法律、法规和政策;

(二)熟悉劳动业务,熟练掌握和运用劳动法律、法规知识;

(三)坚持原则,作风正派,勤政廉洁;

(四)在劳动行政部门从事劳动行政业务工作三年以上,并经国务院劳动行政部门或省级劳动行政部门劳动监察专业培训合格。

第八条　劳动监察员培训工作应纳入劳动行政部门公务员培训计划,按照有关公务员培训规定办理。

第九条　劳动监察员的任命程序:

劳动行政部门专职劳动监察员的任命,由劳动监察机构负责提出任命建议并填写中华人民共和国劳动监察员审批表,经同级人事管理机构审核,报劳动行政部门领导批准;兼职劳动监察员的任命,由有关业务工作机构按规定推荐人选,并填写中华人民共和国劳动监察员审批表,经同级劳动监察机构和人事管理机构进行审核,报劳动行政部门领导批准。经批准任命的劳动监察员由劳动监察机构办理颁发中华人民共和国劳动监察证件手续。

劳动监察员任命后,地方各级劳动行政部门按照规定填写《中华人民共和国劳动监察证件统计表》,逐级上报省级劳动行政部门,由省级劳动行政部门汇总并报国务院劳动行政部门备案。

第十条　中华人民共和国劳动监察证件由国务院劳动行政部门统一监制。

第十一条　劳动监察员遗失劳动监察证件应立即向发证单位报告。发证单位应在报上登载启事声明作废。对遗失证件者,经发证机关审核后,予以补发。

劳动监察员调离原工作岗位,或不再直接承担劳动监察任务时,由任命机关免去任职,监察机构负责收回其监察证件,并交回发证机关注销。

第十二条　劳动监察员实行每三年进行一次考核验证制度。对经考核合格的换发新证,并按本办法第九条第二款规定填写报送《中华人民共和国劳动监察证件统计表》。

持证人未按规定考核验证或经考核不能胜任劳动监察工作的,注销其中华人民共和国劳动监察证件。

第十三条　各级劳动行政部门应建立劳动监察员培训制度,制定培训计划,按岗位技能要求,组织进行职业技能、专业理论知识等方面的培训,不断提高监察人员的政治素质和业务素质。

第十四条　劳动行政部门对模范执法、成绩优异的劳动监察员应当按照《中华人民共和国公务员法》给予奖励。

第十五条　应加强对劳动监察员的监督。对越权或非公务场合使用劳动监察证件,或利用职权谋取私利、违法乱纪的劳动监察人员,应给予批评教育;情节严重的,由任命机关撤销任命、收缴其劳动监察证件,并给予处分;触犯刑律的,由司法机关依法追究刑事责任。

第十六条 本办法自1995年1月1日起实行。

人力资源社会保障行政复议办法

·2010年3月16日人力资源和社会保障部令第6号公布
·自公布之日起施行

第一章 总 则

第一条 为了规范人力资源社会保障行政复议工作,根据《中华人民共和国行政复议法》(以下简称行政复议法)和《中华人民共和国行政复议法实施条例》(以下简称行政复议法实施条例),制定本办法。

第二条 公民、法人或者其他组织认为人力资源社会保障部门作出的具体行政行为侵犯其合法权益,向人力资源社会保障行政部门申请行政复议,人力资源社会保障行政部门及其法制工作机构开展行政复议相关工作,适用本办法。

第三条 各级人力资源社会保障行政部门是人力资源社会保障行政复议机关(以下简称行政复议机关),应当认真履行行政复议职责,遵循合法、公正、公开、及时、便民的原则,坚持有错必纠,保障法律、法规和人力资源社会保障规章的正确实施。

行政复议机关应当依照有关规定配备专职行政复议人员,为行政复议工作提供财政保障。

第四条 行政复议机关负责法制工作的机构(以下简称行政复议机构)具体办理行政复议事项,履行下列职责:

(一)处理行政复议申请;

(二)向有关组织和人员调查取证,查阅文件和资料,组织行政复议听证;

(三)依照行政复议法实施条例第九条的规定,办理第三人参加行政复议事项;

(四)依照行政复议法实施条例第四十一条的规定,决定行政复议中止、恢复行政复议审理事项;

(五)依照行政复议法实施条例第四十二条的规定,拟订行政复议终止决定;

(六)审查申请行政复议的具体行政行为是否合法与适当,提出处理建议,拟订行政复议决定,主持行政复议调解,审查和准许行政复议和解协议;

(七)处理或者转送对行政复议法第七条所列有关规定的审查申请;

(八)依照行政复议法第二十九条的规定,办理行政赔偿等事项;

(九)依照行政复议法实施条例第三十七条的规定,办理鉴定事项;

(十)按照职责权限,督促行政复议申请的受理和行政复议决定的履行;

(十一)对人力资源社会保障部门及其工作人员违反行政复议法、行政复议法实施条例和本办法规定的行为依照规定的权限和程序提出处理建议;

(十二)研究行政复议过程中发现的问题,及时向有关机关和部门提出建议,重大问题及时向行政复议机关报告;

(十三)办理因不服行政复议决定提起行政诉讼的行政应诉事项;

(十四)办理或者组织办理未经行政复议直接提起行政诉讼的行政应诉事项;

(十五)办理行政复议、行政应诉案件统计和重大行政复议决定备案事项;

(十六)组织培训;

(十七)法律、法规规定的其他职责。

第五条 专职行政复议人员应当具备与履行行政复议职责相适应的品行、专业知识和业务能力,并取得相应资格。各级人力资源社会保障部门应当保障行政复议人员参加培训的权利,应当为行政复议人员参加法律类资格考试提供必要的帮助。

第六条 行政复议人员享有下列权利:

(一)依法履行行政复议职责的行为受法律保护;

(二)获得履行行政复议职责相应的物质条件;

(三)对行政复议工作提出建议;

(四)参加培训;

(五)法律、法规和规章规定的其他权利。

行政复议人员应当履行下列义务:

(一)严格遵守宪法和法律;

(二)以事实为根据,以法律为准绳审理行政复议案件;

(三)忠于职守,尽职尽责,清正廉洁,秉公执法;

(四)依法保障行政复议参加人的合法权益;

(五)保守国家秘密、商业秘密和个人隐私;

(六)维护国家利益、社会公共利益,维护公民、法人或者其他组织的合法权益;

(七)法律、法规和规章规定的其他义务。

第二章　行政复议范围

第七条　有下列情形之一的,公民、法人或者其他组织可以依法申请行政复议:

(一)对人力资源社会保障部门作出的警告、罚款、没收违法所得、依法予以关闭、吊销许可证等行政处罚决定不服的;

(二)对人力资源社会保障部门作出的行政处理决定不服的;

(三)对人力资源社会保障部门作出的行政许可、行政审批不服的;

(四)对人力资源社会保障部门作出的行政确认不服的;

(五)认为人力资源社会保障部门不履行法定职责的;

(六)认为人力资源社会保障部门违法收费或者违法要求履行义务的;

(七)认为人力资源社会保障部门作出的其他具体行政行为侵犯其合法权益的。

第八条　公民、法人或者其他组织对下列事项,不能申请行政复议:

(一)人力资源社会保障部门作出的行政处分或者其他人事处理决定;

(二)劳动者与用人单位之间发生的劳动人事争议;

(三)劳动能力鉴定委员会的行为;

(四)劳动人事争议仲裁委员会的仲裁、调解等行为;

(五)已就同一事项向其他有权受理的行政机关申请行政复议的;

(六)向人民法院提起行政诉讼,人民法院已经依法受理的;

(七)法律、行政法规规定的其他情形。

第三章　行政复议申请

第一节　申请人

第九条　依照本办法规定申请行政复议的公民、法人或者其他组织为人力资源社会保障行政复议申请人。

第十条　同一行政复议案件申请人超过5人的,推选1至5名代表参加行政复议,并提交全体行政复议申请人签字的授权委托书以及全体行政复议申请人的身份证复印件。

第十一条　依照行政复议法实施条例第九条的规定,公民、法人或者其他组织申请作为第三人参加行政复议,应当提交《第三人参加行政复议申请书》,该申请书应当列明其参加行政复议的事实和理由。

申请作为第三人参加行政复议的,应当对其与被审查的具体行政行为有利害关系负举证责任。

行政复议机构通知或者同意第三人参加行政复议的,应当制作《第三人参加行政复议通知书》,送达第三人,并注明第三人参加行政复议的日期。

第十二条　申请人、第三人可以委托1至2名代理人参加行政复议。

申请人、第三人委托代理人参加行政复议的,应当向行政复议机构提交授权委托书。授权委托书应当载明下列事项:

(一)委托人姓名或者名称,委托人为法人或者其他组织的,还应当载明法定代表人或者主要负责人的姓名、职务;

(二)代理人姓名、性别、职业、住所以及邮政编码;

(三)委托事项、权限和期限;

(四)委托日期以及委托人签字或者盖章。

申请人、第三人解除或者变更委托的,应当书面报告行政复议机构。

第二节　被申请人

第十三条　公民、法人或者其他组织对人力资源社会保障部门作出的具体行政行为不服,依照本办法规定申请行政复议的,作出该具体行政行为的人力资源社会保障部门为被申请人。

第十四条　对县级以上人力资源社会保障行政部门的具体行政行为不服的,可以向上一级人力资源社会保障行政部门申请复议，也可以向该人力资源社会保障行政部门的本级人民政府申请行政复议。

对人力资源社会保障部作出的具体行政行为不服的，向人力资源社会保障部申请行政复议。

第十五条 对人力资源社会保障行政部门按照国务院规定设立的社会保险经办机构（以下简称社会保险经办机构）依照法律、法规规定作出的具体行政行为不服的，可以向直接管理该社会保险经办机构的人力资源社会保障行政部门申请行政复议。

第十六条 对依法受委托的属于事业组织的公共就业服务机构、职业技能考核鉴定机构以及街道、乡镇人力资源社会保障工作机构等作出的具体行政行为不服的，可以向委托其行使行政管理职能的人力资源社会保障行政部门的上一级人力资源社会保障行政部门申请复议，也可以向该人力资源社会保障行政部门的本级人民政府申请行政复议。委托的人力资源社会保障行政部门为被申请人。

第十七条 对人力资源社会保障部门和政府其他部门以共同名义作出的具体行政行为不服的，可以向其共同的上一级行政部门申请复议。共同作出具体行政行为的人力资源社会保障部门为共同被申请人之一。

第十八条 人力资源社会保障部门设立的派出机构、内设机构或者其他组织，未经法律、法规授权，对外以自己名义作出具体行政行为的，该人力资源社会保障部门为被申请人。

第三节 行政复议申请期限

第十九条 公民、法人或者其他组织认为人力资源社会保障部门作出的具体行政行为侵犯其合法权益的，可以自知道该具体行政行为之日起60日内提出行政复议申请。

前款规定的行政复议申请期限依照下列规定计算：

（一）当场作出具体行政行为的，自具体行政行为作出之日起计算；

（二）载明具体行政行为的法律文书直接送达的，自受送人签收之日起计算；

（三）载明具体行政行为的法律文书依法留置送达的，自送达人和见证人在送达回证上签注的

留置送达之日起计算；

（四）载明具体行政行为的法律文书邮寄送达的，自受送达人在邮件签收单上签收之日起计算；没有邮件签收单的，自受送达人在送达回执上签名之日起计算；

（五）具体行政行为依法通过公告形式告知受送达人的，自公告规定的期限届满之日起计算；

（六）被申请人作出具体行政行为时未告知公民、法人或者其他组织，事后补充告知的，自该公民、法人或者其他组织收到补充告知的通知之日起计算；

（七）被申请人有证据材料能够证明公民、法人或者其他组织知道该具体行政行为的，自证据材料证明其知道具体行政行为之日起计算。

人力资源社会保障部门作出具体行政行为，依法应当向有关公民、法人或者其他组织送达法律文书而未送达的，视为该公民、法人或者其他组织不知道该具体行政行为。

申请人因不可抗力或者其他正当理由耽误法定申请期限的，申请期限自原因消除之日起继续计算。

第二十条 人力资源社会保障部门对公民、法人或者其他组织作出具体行政行为，应当告知其申请行政复议的权利、行政复议机关和行政复议申请期限。

第四节 行政复议申请的提出

第二十一条 申请人书面申请行政复议的，可以采取当面递交、邮寄或者传真等方式递交行政复议申请书。

有条件的行政复议机构可以接受以电子邮件形式提出的行政复议申请。

对采取传真、电子邮件方式提出的行政复议申请，行政复议机构应当告知申请人补充提交证明其身份以及确认申请书真实性的相关书面材料。

第二十二条 申请人书面申请行政复议的，应当在行政复议申请书中载明下列事项：

（一）申请人基本情况：申请人是公民的，包括姓名、性别、年龄、身份证号码、工作单位、住所、邮政编码；申请人是法人或者其他组织的，包括名称、住所、邮政编码和法定代表人或者主要负责人的姓名、职务；

（二）被申请人的名称；

（三）申请行政复议的具体行政行为、行政复议请求、申请行政复议的主要事实和理由；

（四）申请人签名或者盖章；

（五）日期。

申请人口头申请行政复议的，行政复议机构应当依照前款规定内容，当场制作行政复议申请笔录交申请人核对或者向申请人宣读，并由申请人签字确认。

第二十三条 有下列情形之一的，申请人应当提供相应的证明材料：

（一）认为被申请人不履行法定职责的，提供曾经申请被申请人履行法定职责的证明材料；

（二）申请行政复议时一并提出行政赔偿申请的，提供受具体行政行为侵害而造成损害的证明材料；

（三）属于本办法第十九条第四款情形的，提供发生不可抗力或者有其他正当理由的证明材料；

（四）需要申请人提供证据材料的其他情形。

第二十四条 申请人提出行政复议申请时错列被申请人的，行政复议机构应当告知申请人变更被申请人。

申请人变更被申请人的期间，不计入行政复议审理期限。

第二十五条 依照行政复议法第七条的规定，申请人认为具体行政行为所依据的规定不合法的，可以在对具体行政行为申请行政复议的同时一并提出对该规定的审查申请；申请人在对具体行政行为提出行政复议申请时尚不知道该具体行政行为所依据的规定的，可以在行政复议机关作出行政复议决定前向行政复议机关提出对该规定的审查申请。

第四章　行政复议受理

第二十六条 行政复议机构收到行政复议申请后，应当在5日内进行审查，按照下列情况分别作出处理：

（一）对符合行政复议法实施条例第二十八条规定条件的，依法予以受理，制作《行政复议受理通知书》和《行政复议提出答复通知书》，送达申请人和被申请人；

（二）对符合本办法第七条规定的行政复议范围，但不属于本机关受理范围的，应当书面告知申请人向有关行政复议机关提出；

（三）对不符合法定受理条件的，应当作出不予受理决定，制作《行政复议不予受理决定书》，送达申请人，该决定书中应当说明不予受理的理由和依据。

对不符合前款规定的行政复议申请，行政复议机构应当将有关处理情况告知申请人。

第二十七条 人力资源社会保障行政部门的其他工作机构收到复议申请的，应当及时转送行政复议机构。

除不符合行政复议法定条件或者不属于本机关受理的行政复议申请外，行政复议申请自行政复议机构收到之日起即为受理。

第二十八条 依照行政复议法实施条例第二十九条的规定，行政复议申请材料不齐全或者表述不清楚的，行政复议机构可以向申请人发出补正通知，一次性告知申请人需要补正的事项。

补正通知应当载明下列事项：

（一）行政复议申请书中需要修改、补充的具体内容；

（二）需要补正的证明材料；

（三）合理的补正期限；

（四）逾期未补正的法律后果。

补正期限从申请人收到补正通知之日起计算。

无正当理由逾期不补正的，视为申请人放弃行政复议申请。

申请人应当在补正期限内向行政复议机构提交需要补正的材料。补正申请材料所用时间不计入行政复议审理期限。

第二十九条 申请人依法提出行政复议申请，行政复议机关无正当理由不予受理的，上一级人力资源社会保障行政部门可以根据申请人的申请或者依职权先行督促其受理；经督促仍不受理的，应当责令其限期受理，并且制作《责令受理行政复议申请通知书》；必要时，上一级人力资源社会保障行政部门也可以直接受理。

上一级人力资源社会保障行政部门经审查认为行政复议申请不符合法定受理条件的，应当告知申请人。

第三十条 劳动者与用人单位因工伤保险待遇发生争议，向劳动人事争议仲裁委员会申请仲裁期间，又对人力资源社会保障行政部门作出的工伤认定结论不服向行政复议机关申请行政复议的，如果符合法定条件，应当予以受理。

第五章　行政复议审理和决定

第三十一条　行政复议原则上采取书面审查的办法,但是申请人提出要求或者行政复议机构认为有必要的,可以向有关组织和人员调查情况,听取申请人、被申请人和第三人的意见。

第三十二条　行政复议机构应当自行政复议申请受理之日起 7 日内,将行政复议申请书副本或者行政复议申请笔录复印件发送被申请人。被申请人应当自收到申请书副本或者申请笔录复印件之日起 10 日内,提交行政复议答复书,并提交当初作出具体行政行为的证据、依据和其他有关材料。

行政复议答复书应当载明下列事项,并加盖被申请人印章:

(一)被申请人的名称、地址、法定代表人的姓名、职务;

(二)作出具体行政行为的事实和有关证据材料;

(三)作出具体行政行为依据的法律、法规、规章和规范性文件的具体条款和内容;

(四)对申请人行政复议请求的意见和理由;

(五)日期。

被申请人应当对其提交的证据材料分类编号,对证据材料的来源、证明对象和内容作简要说明。

因不可抗力或者其他正当理由,被申请人不能在法定期限内提出书面答复、提交当初作出具体行政行为的证据、依据和其他有关材料的,可以向行政复议机关提出延期答复和举证的书面申请。

第三十三条　有下列情形之一的,行政复议机构可以实地调查核实证据:

(一)申请人或者被申请人对于案件事实的陈述有争议的;

(二)被申请人提供的证据材料之间相互矛盾的;

(三)第三人提出新的证据材料,足以推翻被申请人认定的事实的;

(四)行政复议机构认为确有必要的其他情形。

调查取证时,行政复议人员不得少于 2 人,并应当向当事人或者有关人员出示证件。

第三十四条　对重大、复杂的案件,申请人提出要求或者行政复议机构认为必要时,可以采取听证的方式审理。

有下列情形之一的,属于重大、复杂的案件:

(一)涉及人数众多或者群体利益的案件;

(二)具有涉外因素的案件;

(三)社会影响较大的案件;

(四)案件事实和法律关系复杂的案件;

(五)行政复议机构认为其他重大、复杂的案件。

第三十五条　公民、法人或者其他组织对人力资源社会保障部门行使法律、法规规定的自由裁量权作出的具体行政行为不服申请行政复议,在行政复议机关作出行政复议决定之前,申请人和被申请人可以在自愿、合法基础上达成和解。申请人和被申请人达成和解的,应当向行政复议机构提交书面和解协议。

书面和解协议应当载明行政复议请求、事实、理由和达成和解的结果,并且由申请人和被申请人签字或者盖章。

行政复议机构应当对申请人和被申请人提交的和解协议进行审查。和解确属申请人和被申请人的真实意思表示,和解内容不违反法律、法规的强制性规定,不损害国家利益、社会公共利益和他人合法权益的,行政复议机构应当准许和解,并终止行政复议案件的审理。

第三十六条　依照行政复议法实施条例第四十一条的规定,行政复议机构中止、恢复行政复议案件的审理,应当分别制发《行政复议中止通知书》和《行政复议恢复审理通知书》,并通知申请人、被申请人和第三人。

第三十七条　依照行政复议法实施条例第四十二条的规定,行政复议机关终止行政复议的,应当制发《行政复议终止通知书》,并通知申请人、被申请人和第三人。

第三十八条　依照行政复议法第二十八条第一款第一项规定,具体行政行为认定事实清楚,证据确凿,适用依据正确,程序合法,内容适当的,行政复议机关应当决定维持。

第三十九条　依照行政复议法第二十八条第一款第二项规定,被申请人不履行法定职责的,行政复议机关应当决定其在一定期限内履行法定职责。

第四十条　具体行政行为有行政复议法第二

十八条第一款第三项规定情形之一的，行政复议机关应当决定撤销、变更该具体行政行为或者确认该具体行政行为违法；决定撤销该具体行政行为或者确认该具体行政行为违法的，可以责令被申请人在一定期限内重新作出具体行政行为。

第四十一条　被申请人未依照行政复议法第二十三条的规定提出书面答复、提交当初作出具体行政行为的证据、依据和其他有关材料的，视为该具体行政行为没有证据、依据，行政复议机关应当决定撤销该具体行政行为。

第四十二条　具体行政行为有行政复议法实施条例第四十七条规定情形之一的，行政复议机关可以作出变更决定。

第四十三条　依照行政复议法实施条例第四十八条第一款的规定，行政复议机关决定驳回行政复议申请的，应当制发《驳回行政复议申请决定书》，并通知申请人、被申请人和第三人。

第四十四条　行政复议机关依照行政复议法第二十八条的规定责令被申请人重新作出具体行政行为的，被申请人应当在法律、法规、规章规定的期限内重新作出具体行政行为；法律、法规、规章未规定期限的，重新作出具体行政行为的期限为60日。

公民、法人或者其他组织对被申请人重新作出的具体行政行为不服，可以依法申请行政复议或者提起行政诉讼。

第四十五条　有下列情形之一的，行政复议机关可以按照自愿、合法的原则进行调解：

（一）公民、法人或者其他组织对人力资源社会保障部门行使法律、法规规定的自由裁量权作出的具体行政行为不服申请行政复议的；

（二）当事人之间的行政赔偿或者行政补偿纠纷；

（三）其他适于调解的。

第四十六条　行政复议机关进行调解应当符合下列要求：

（一）在查明案件事实的基础上进行；

（二）充分尊重申请人和被申请人的意愿；

（三）遵循公正、合理原则；

（四）调解结果应当符合有关法律、法规的规定；

（五）调解结果不得损害国家利益、社会公共利益或者他人合法权益。

第四十七条　申请人和被申请人经调解达成协议的，行政复议机关应当制作《行政复议调解书》。《行政复议调解书》应当载明下列内容：

（一）申请人姓名、性别、年龄、住所（法人或者其他组织的名称、地址、法定代表人或者主要负责人的姓名、职务）；

（二）被申请人的名称；

（三）申请人申请行政复议的请求、事实和理由；

（四）被申请人答复的事实、理由、证据和依据；

（五）进行调解的基本情况；

（六）调解结果；

（七）日期。

《行政复议调解书》应当加盖行政复议机关印章。《行政复议调解书》经申请人、被申请人签字或者盖章，即具有法律效力。

调解未达成协议或者调解书生效前一方反悔的，行政复议机关应当及时作出行政复议决定。

第四十八条　行政复议机关在审查申请人一并提出的作出具体行政行为所依据的规定的合法性时，应当根据具体情况，分别作出下列处理：

（一）如果该规定是由本行政机关制定的，应当在30日内对该规定依法作出处理结论；

（二）如果该规定是由其他人力资源社会保障行政部门制定的，应当在7日内按照法定程序转送制定该规定的人力资源社会保障行政部门，请其在60日内依法处理；

（三）如果该规定是由人民政府制定的，应当在7日内按照法定程序转送有权处理的国家机关依法处理。

对该规定进行审查期间，中止对具体行政行为的审查；审查结束后，行政复议机关再继续对具体行政行为的审查。

第四十九条　行政复议机关对决定撤销、变更具体行政行为或者确认具体行政行为违法并且申请人提出行政赔偿请求的下列具体行政行为，应当在行政复议决定中同时作出被申请人依法给予赔偿的决定：

（一）被申请人违法实施罚款、没收违法所得、依法予以关闭、吊销许可证等行政处罚的；

（二）被申请人造成申请人财产损失的其他违法行为。

第五十条　行政复议机关作出行政复议决定，应当制作《行政复议决定书》，载明下列事项：

（一）申请人的姓名、性别、年龄、住所（法人或者其他组织的名称、地址、法定代表人或者主要负责人的姓名、职务）；

（二）被申请人的名称、住所；

（三）申请人的行政复议请求和理由；

（四）第三人的意见；

（五）被申请人答复意见；

（六）行政复议机关认定的事实、理由、适用的法律、法规、规章以及其他规范性文件；

（七）复议决定；

（八）申请人不服行政复议决定向人民法院起诉的期限；

（九）日期。

《行政复议决定书》应当加盖行政复议机关印章。

第五十一条 行政复议机关应当根据《中华人民共和国民事诉讼法》的规定，采用直接送达、邮寄送达或者委托送达等方式，将行政复议决定送达申请人、被申请人和第三人。

第五十二条 下级行政复议机关应当及时将重大行政复议决定报上级行政复议机关备案。

第五十三条 案件审查结束后，办案人员应当及时将案卷进行整理归档。案卷保存期不少于10年，国家另有规定的从其规定。保存期满后的案卷，应当按照国家有关档案管理的规定处理。

案卷归档材料应当包括：

（一）行政复议申请的处理

1. 行政复议申请书或者行政复议申请笔录、申请人提交的证据材料；

2. 授权委托书、申请人身份证复印件、法定代表人或者主要负责人身份证明书；

3. 行政复议补正通知书；

4. 行政复议受理通知书和行政复议提出答复通知书；

5. 行政复议不予受理决定书；

6. 行政复议告知书；

7. 行政复议答复书、被申请人提交的证据材料；

8. 第三人参加行政复议申请书、第三人参加行政复议通知书；

9. 责令限期受理行政复议申请通知书。

（二）案件审理

1. 行政复议调查笔录；

2. 行政复议听证记录；

3. 行政复议中止通知书、行政复议恢复审理

通知书；

4. 行政复议和解协议；

5. 行政复议延期处理通知书；

6. 撤回行政复议申请书；

7. 规范性文件转送函。

（三）处理结果

1. 行政复议决定书；

2. 行政复议调解书；

3. 行政复议终止书；

4. 驳回行政复议申请决定书。

（四）其他

1. 行政复议文书送达回证；

2. 行政复议意见书；

3. 行政复议建议书；

4. 其他。

第五十四条 案卷装订、归档应当达到下列要求：

（一）案卷装订整齐；

（二）案卷目录用钢笔或者签字笔填写，字迹工整；

（三）案卷材料不得涂改；

（四）卷内材料每页下方应当居中标注页码。

第六章 附 则

第五十五条 本办法所称人力资源社会保障部门包括人力资源社会保障行政部门、社会保险经办机构、公共就业服务机构等具有行政职能的机构。

第五十六条 人力资源社会保障行政复议活动所需经费、办公用房以及交通、通讯、摄像、录音等设备由各级人力资源社会保障部门予以保障。

第五十七条 行政复议机关可以使用行政复议专用章。在人力资源社会保障行政复议活动中，行政复议专用章和行政复议机关印章具有同等效力。

第五十八条 本办法未规定事项，依照行政复议法、行政复议法实施条例规定执行。

第五十九条 本办法自发布之日起施行。劳动和社会保障部1999年11月23日发布的《劳动和社会保障行政复议办法》（劳动和社会保障部令第5号）同时废止。

最高人民法院关于在民事审判工作中适用《中华人民共和国工会法》若干问题的解释

· 2003 年 1 月 9 日最高人民法院审判委员会第 1263 次会议通过
· 根据 2020 年 12 月 23 日最高人民法院审判委员会第 1823 次会议通过的《最高人民法院关于修改〈最高人民法院关于在民事审判工作中适用《中华人民共和国工会法》若干问题的解释〉等二十七件民事类司法解释的决定》修正
· 2020 年 12 月 29 日最高人民法院公告公布
· 自 2021 年 1 月 1 日起施行
· 法释〔2020〕17 号

为正确审理涉及工会经费和财产、工会工作人员权利的民事案件，维护工会和职工的合法权益，根据《中华人民共和国民法典》《中华人民共和国工会法》和《中华人民共和国民事诉讼法》等法律的规定，现就有关法律的适用问题解释如下：

第一条　人民法院审理涉及工会组织的有关案件时，应当认定依照工会法建立的工会组织的社团法人资格。具有法人资格的工会组织依法独立享有民事权利，承担民事义务。建立工会的企业、事业单位、机关与所建工会以及工会投资兴办的企业，根据法律和司法解释的规定，应当分别承担各自的民事责任。

第二条　根据工会法第十八条规定，人民法院审理劳动争议案件，涉及确定基层工会专职主席、副主席或者委员延长的劳动合同期限的，应当自上述人员工会职务任职期限届满之日起计算，延长的期限等于其工会职务任职的期间。

工会法第十八条规定的"个人严重过失"，是指具有《中华人民共和国劳动法》第二十五条第（二）项、第（三）项或者第（四）项规定的情形。

第三条　基层工会或者上级工会依照工会法第四十三条规定向人民法院申请支付令的，由被申请人所在地的基层人民法院管辖。

第四条　人民法院根据工会法第四十三条的规定受理工会提出的拨缴工会经费的支付令申请后，应当先行征询被申请人的意见。被申请人仅对应拨缴经费数额有异议的，人民法院应当就无异议部分的工会经费数额发出支付令。

人民法院在审理涉及工会经费的案件中，需要按照工会法第四十二条第一款第（二）项规定的"全部职工""工资总额"确定拨缴数额的，"全部职工""工资总额"的计算，应当按照国家有关部门规定的标准执行。

第五条　根据工会法第四十三条和民事诉讼法的有关规定，上级工会向人民法院申请支付令或者提起诉讼，要求企业、事业单位拨缴工会经费的，人民法院应当受理。基层工会要求参加诉讼的，人民法院可以准许其作为共同申请人或者共同原告参加诉讼。

第六条　根据工会法第五十二条规定，人民法院审理涉及职工和工会工作人员因参加工会活动或者履行工会法规定的职责而被解除劳动合同的劳动争议案件，可以根据当事人的请求裁判用人单位恢复其工作，并补发被解除劳动合同期间应得的报酬；或者根据当事人的请求裁判用人单位给予本人年收入二倍的赔偿，并根据劳动合同法第四十六条、第四十七条规定给予解除劳动合同时的经济补偿。

第七条　对于企业、事业单位无正当理由拖延或者拒不拨缴工会经费的，工会组织向人民法院请求保护其权利的诉讼时效期间，适用民法典第一百八十八条的规定。

第八条　工会组织就工会经费的拨缴向人民法院申请支付令的，应当按照《诉讼费用交纳办法》第十四条的规定交纳申请费；督促程序终结后，工会组织另行起诉的，按照《诉讼费用交纳办法》第十三条规定的财产案件受理费标准交纳诉讼费用。

（二）就　业

1. 综　合

中华人民共和国就业促进法

· 2007 年 8 月 30 日第十届全国人民代表大会常务委员会第二十九次会议通过
· 根据 2015 年 4 月 24 日第十二届全国人民代表大会常务委员会第十四次会议《关于修改〈中华人民共和国电力法〉等六部法律的决定》修正

第一章　总　则

第一条　为了促进就业，促进经济发展与扩大就业相协调，促进社会和谐稳定，制定本法。

第二条　国家把扩大就业放在经济社会发展的突出位置，实施积极的就业政策，坚持劳动者自主择业、市场调节就业、政府促进就业的方针，多渠道扩大就业。

第三条　劳动者依法享有平等就业和自主择业的权利。

劳动者就业，不因民族、种族、性别、宗教信仰等不同而受歧视。

第四条　县级以上人民政府把扩大就业作为经济和社会发展的重要目标，纳入国民经济和社会发展规划，并制定促进就业的中长期规划和年度工作计划。

第五条　县级以上人民政府通过发展经济和调整产业结构、规范人力资源市场、完善就业服务、加强职业教育和培训、提供就业援助等措施，创造就业条件，扩大就业。

第六条　国务院建立全国促进就业工作协调机制，研究就业工作中的重大问题，协调推动全国的促进就业工作。国务院劳动行政部门具体负责全国的促进就业工作。

省、自治区、直辖市人民政府根据促进就业工作的需要，建立促进就业工作协调机制，协调解决本行政区域就业工作中的重大问题。

县级以上人民政府有关部门按照各自的职责分工，共同做好促进就业工作。

第七条　国家倡导劳动者树立正确的择业观念，提高就业能力和创业能力；鼓励劳动者自主创业、自谋职业。

各级人民政府和有关部门应当简化程序，提高效率，为劳动者自主创业、自谋职业提供便利。

第八条　用人单位依法享有自主用人的权利。

用人单位应当依照本法以及其他法律、法规的规定，保障劳动者的合法权益。

第九条　工会、共产主义青年团、妇女联合会、残疾人联合会以及其他社会组织，协助人民政府开展促进就业工作，依法维护劳动者的劳动权利。

第十条　各级人民政府和有关部门对在促进就业工作中作出显著成绩的单位和个人，给予表彰和奖励。

第二章　政策支持

第十一条　县级以上人民政府应当把扩大就业作为重要职责，统筹协调产业政策与就业政策。

第十二条　国家鼓励各类企业在法律、法规规定的范围内，通过兴办产业或者拓展经营，增加就业岗位。

国家鼓励发展劳动密集型产业、服务业，扶持中小企业，多渠道、多方式增加就业岗位。

国家鼓励、支持、引导非公有制经济发展，扩大就业，增加就业岗位。

第十三条　国家发展国内外贸易和国际经济合作，拓宽就业渠道。

第十四条　县级以上人民政府在安排政府投资和确定重大建设项目时，应当发挥投资和重大建设项目带动就业的作用，增加就业岗位。

第十五条　国家实行有利于促进就业的财政政策，加大资金投入，改善就业环境，扩大就业。

县级以上人民政府应当根据就业状况和就业工作目标，在财政预算中安排就业专项资金用于促进就业工作。

就业专项资金用于职业介绍、职业培训、公益性岗位、职业技能鉴定、特定就业政策和社会保险等的补贴，小额贷款担保基金和微利项目的小额担保贷款贴息，以及扶持公共就业服务等。就业专项资金的使用管理办法由国务院财政部门和劳动行政部门规定。

第十六条 国家建立健全失业保险制度,依法确保失业人员的基本生活,并促进其实现就业。

第十七条 国家鼓励企业增加就业岗位,扶持失业人员和残疾人就业,对下列企业、人员依法给予税收优惠:

(一)吸纳符合国家规定条件的失业人员达到规定要求的企业;

(二)失业人员创办的中小企业;

(三)安置残疾人员达到规定比例或者集中使用残疾人的企业;

(四)从事个体经营的符合国家规定条件的失业人员;

(五)从事个体经营的残疾人;

(六)国务院规定给予税收优惠的其他企业、人员。

第十八条 对本法第十七条第四项、第五项规定的人员,有关部门应当在经营场地等方面给予照顾,免除行政事业性收费。

第十九条 国家实行有利于促进就业的金融政策,增加中小企业的融资渠道;鼓励金融机构改进金融服务,加大对中小企业的信贷支持,并对自主创业人员在一定期限内给予小额信贷扶持。

第二十条 国家实行城乡统筹的就业政策,建立健全城乡劳动者平等就业的制度,引导农业富余劳动力有序转移就业。

县级以上地方人民政府推进小城镇建设和加快县域经济发展,引导农业富余劳动力就地就近转移就业;在制定小城镇规划时,将本地区农业富余劳动力转移就业作为重要内容。

县级以上地方人民政府引导农业富余劳动力有序向城市异地转移就业;劳动力输出地和输入地人民政府应当互相配合,改善农村劳动者进城就业的环境和条件。

第二十一条 国家支持区域经济发展,鼓励区域协作,统筹协调不同地区就业的均衡增长。

国家支持民族地区发展经济,扩大就业。

第二十二条 各级人民政府统筹做好城镇新增劳动力就业、农业富余劳动力转移就业和失业人员就业工作。

第二十三条 各级人民政府采取措施,逐步完善和实施与非全日制用工等灵活就业相适应的劳动和社会保险政策,为灵活就业人员提供帮助

和服务。

第二十四条 地方各级人民政府和有关部门应当加强对失业人员从事个体经营的指导,提供政策咨询、就业培训和开业指导等服务。

第三章 公平就业

第二十五条 各级人民政府创造公平就业的环境,消除就业歧视,制定政策并采取措施对就业困难人员给予扶持和援助。

第二十六条 用人单位招用人员、职业中介机构从事职业中介活动,应当向劳动者提供平等的就业机会和公平的就业条件,不得实施就业歧视。

第二十七条 国家保障妇女享有与男子平等的劳动权利。

用人单位招用人员,除国家规定的不适合妇女的工种或者岗位外,不得以性别为由拒绝录用妇女或者提高对妇女的录用标准。

用人单位录用女职工,不得在劳动合同中规定限制女职工结婚、生育的内容。

第二十八条 各民族劳动者享有平等的劳动权利。

用人单位招用人员,应当依法对少数民族劳动者给予适当照顾。

第二十九条 国家保障残疾人的劳动权利。

各级人民政府应当对残疾人就业统筹规划,为残疾人创造就业条件。

用人单位招用人员,不得歧视残疾人。

第三十条 用人单位招用人员,不得以是传染病病原携带者为由拒绝录用。但是,经医学鉴定传染病病原携带者在治愈前或者排除传染嫌疑前,不得从事法律、行政法规和国务院卫生行政部门规定禁止从事的易使传染病扩散的工作。

第三十一条 农村劳动者进城就业享有与城镇劳动者平等的劳动权利,不得对农村劳动者进城就业设置歧视性限制。

第四章 就业服务和管理

第三十二条 县级以上人民政府培育和完善统一开放、竞争有序的人力资源市场,为劳动者就业提供服务。

第三十三条 县级以上人民政府鼓励社会各方面依法开展就业服务活动,加强对公共就业服

务和职业中介服务的指导和监督,逐步完善覆盖城乡的就业服务体系。

第三十四条 县级以上人民政府加强人力资源市场信息网络及相关设施建设,建立健全人力资源市场信息服务体系,完善市场信息发布制度。

第三十五条 县级以上人民政府建立健全公共就业服务体系,设立公共就业服务机构,为劳动者免费提供下列服务:

(一)就业政策法规咨询;

(二)职业供求信息、市场工资指导价位信息和职业培训信息发布;

(三)职业指导和职业介绍;

(四)对就业困难人员实施就业援助;

(五)办理就业登记、失业登记等事务;

(六)其他公共就业服务。

公共就业服务机构应当不断提高服务的质量和效率,不得从事经营性活动。

公共就业服务经费纳入同级财政预算。

第三十六条 县级以上地方人民政府对职业中介机构提供公益性就业服务的,按照规定给予补贴。

国家鼓励社会各界为公益性就业服务提供捐赠、资助。

第三十七条 地方各级人民政府和有关部门不得举办或者与他人联合举办经营性的职业中介机构。

地方各级人民政府和有关部门、公共就业服务机构举办的招聘会,不得向劳动者收取费用。

第三十八条 县级以上人民政府和有关部门加强对职业中介机构的管理,鼓励其提高服务质量,发挥其在促进就业中的作用。

第三十九条 从事职业中介活动,应当遵循合法、诚实信用、公平、公开的原则。

用人单位通过职业中介机构招用人员,应当如实向职业中介机构提供岗位需求信息。

禁止任何组织或者个人利用职业中介活动侵害劳动者的合法权益。

第四十条 设立职业中介机构应当具备下列条件:

(一)有明确的章程和管理制度;

(二)有开展业务必备的固定场所、办公设施和一定数额的开办资金;

(三)有一定数量具备相应职业资格的专职工作人员;

(四)法律、法规规定的其他条件。

设立职业中介机构应当在工商行政管理部门办理登记后,向劳动行政部门申请行政许可。

未经依法许可和登记的机构,不得从事职业中介活动。

国家对外商投资职业中介机构和向劳动者提供境外就业服务的职业中介机构另有规定的,依照其规定。

第四十一条 职业中介机构不得有下列行为:

(一)提供虚假就业信息;

(二)为无合法证照的用人单位提供职业中介服务;

(三)伪造、涂改、转让职业中介许可证;

(四)扣押劳动者的居民身份证和其他证件,或者向劳动者收取押金;

(五)其他违反法律、法规规定的行为。

第四十二条 县级以上人民政府建立失业预警制度,对可能出现的较大规模的失业,实施预防、调节和控制。

第四十三条 国家建立劳动力调查统计制度和就业登记、失业登记制度,开展劳动力资源和就业、失业状况调查统计,并公布调查统计结果。

统计部门和劳动行政部门进行劳动力调查统计和就业、失业登记时,用人单位和个人应当如实提供调查统计和登记所需要的情况。

第五章 职业教育和培训

第四十四条 国家依法发展职业教育,鼓励开展职业培训,促进劳动者提高职业技能,增强就业能力和创业能力。

第四十五条 县级以上人民政府根据经济社会发展和市场需求,制定并实施职业能力开发计划。

第四十六条 县级以上人民政府加强统筹协调,鼓励和支持各类职业院校、职业技能培训机构和用人单位依法开展就业前培训、在职培训、再就业培训和创业培训;鼓励劳动者参加各种形式的培训。

第四十七条 县级以上地方人民政府和有关部门根据市场需求和产业发展方向,鼓励、指导企业加强职业教育和培训。

职业院校、职业技能培训机构与企业应当密切联系,实行产教结合,为经济建设服务,培养实用人才和熟练劳动者。

企业应当按照国家有关规定提取职工教育经费,对劳动者进行职业技能培训和继续教育培训。

第四十八条 国家采取措施建立健全劳动预备制度,县级以上地方人民政府对有就业要求的初高中毕业生实行一定期限的职业教育和培训,使其取得相应的职业资格或者掌握一定的职业技能。

第四十九条 地方各级人民政府鼓励和支持开展就业培训,帮助失业人员提高职业技能,增强其就业能力和创业能力。失业人员参加就业培训的,按照有关规定享受政府培训补贴。

第五十条 地方各级人民政府采取有效措施,组织和引导进城就业的农村劳动者参加技能培训,鼓励各类培训机构为进城就业的农村劳动者提供技能培训,增强其就业能力和创业能力。

第五十一条 国家对从事涉及公共安全、人身健康、生命财产安全等特殊工种的劳动者,实行职业资格证书制度,具体办法由国务院规定。

第六章 就业援助

第五十二条 各级人民政府建立健全就业援助制度,采取税费减免、贷款贴息、社会保险补贴、岗位补贴等办法,通过公益性岗位安置等途径,对就业困难人员实行优先扶持和重点帮助。

就业困难人员是指因身体状况、技能水平、家庭因素、失去土地等原因难以实现就业,以及连续失业一定时间仍未能实现就业的人员。就业困难人员的具体范围,由省、自治区、直辖市人民政府根据本行政区域的实际情况规定。

第五十三条 政府投资开发的公益性岗位,应当优先安排符合岗位要求的就业困难人员。被安排在公益性岗位工作的,按照国家规定给予岗位补贴。

第五十四条 地方各级人民政府加强基层就业援助服务工作,对就业困难人员实施重点帮助,提供有针对性的就业服务和公益性岗位援助。

地方各级人民政府鼓励和支持社会各方面为就业困难人员提供技能培训、岗位信息等服务。

第五十五条 各级人民政府采取特别扶助措施,促进残疾人就业。

用人单位应当按照国家规定安排残疾人就业,具体办法由国务院规定。

第五十六条 县级以上地方人民政府采取多种就业形式,拓宽公益性岗位范围,开发就业岗位,确保城市有就业需求的家庭至少有一人实现就业。

法定劳动年龄内的家庭人员均处于失业状况的城市居民家庭,可以向住所地街道、社区公共就业服务机构申请就业援助。街道、社区公共就业服务机构经确认属实的,应当为该家庭中至少一人提供适当的就业岗位。

第五十七条 国家鼓励资源开采型城市和独立工矿区发展与市场需求相适应的产业,引导劳动者转移就业。

对因资源枯竭或者经济结构调整等原因造成就业困难人员集中的地区,上级人民政府应当给予必要的扶持和帮助。

第七章 监督检查

第五十八条 各级人民政府和有关部门应当建立促进就业的目标责任制度。县级以上人民政府按照促进就业目标责任制的要求,对所属的有关部门和下一级人民政府进行考核和监督。

第五十九条 审计机关、财政部门应当依法对就业专项资金的管理和使用情况进行监督检查。

第六十条 劳动行政部门应当对本法实施情况进行监督检查,建立举报制度,受理对违反本法行为的举报,并及时予以核实、处理。

第八章 法律责任

第六十一条 违反本法规定,劳动行政等有关部门及其工作人员滥用职权、玩忽职守、徇私舞弊的,对直接负责的主管人员和其他直接责任人员依法给予处分。

第六十二条 违反本法规定,实施就业歧视的,劳动者可以向人民法院提起诉讼。

第六十三条 违反本法规定,地方各级人民政府和有关部门、公共就业服务机构举办经营性的职业中介机构,从事经营性职业中介活动,向劳动者收取费用的,由上级主管机关责令限期改正,将违法收取的费用退还劳动者,并对直接负责的主管人员和其他直接责任人员依法给予处分。

第六十四条　违反本法规定,未经许可和登记,擅自从事职业中介活动的,由劳动行政部门或者其他主管部门依法予以关闭;有违法所得的,没收违法所得,并处一万元以上五万元以下的罚款。

第六十五条　违反本法规定,职业中介机构提供虚假就业信息,为无合法证照的用人单位提供职业中介服务,伪造、涂改、转让职业中介许可证的,由劳动行政部门或者其他主管部门责令改正;有违法所得的,没收违法所得,并处一万元以上五万元以下的罚款;情节严重的,吊销职业中介许可证。

第六十六条　违反本法规定,职业中介机构扣押劳动者居民身份证等证件的,由劳动行政部门责令限期退还劳动者,并依照有关法律规定给予处罚。

违反本法规定,职业中介机构向劳动者收取押金的,由劳动行政部门责令限期退还劳动者,并以每人五百元以上二千元以下的标准处以罚款。

第六十七条　违反本法规定,企业未按照国家规定提取职工教育经费,或者挪用职工教育经费的,由劳动行政部门责令改正,并依法给予处罚。

第六十八条　违反本法规定,侵害劳动者合法权益,造成财产损失或者其他损害的,依法承担民事责任;构成犯罪的,依法追究刑事责任。

第九章　附　则

第六十九条　本法自 2008 年 1 月 1 日起施行。

"十四五"就业促进规划

· 2021 年 8 月 23 日
· 国发〔2021〕14 号

就业是最大的民生,也是经济发展最基本的支撑。"十四五"时期,实现更加充分更高质量就业,是推动高质量发展、全面建设社会主义现代化国家的内在要求,是践行以人民为中心发展思想、扎实推进共同富裕的重要基础。本规划依据《中华人民共和国国民经济和社会发展第十四个五年规划和2035年远景目标纲要》编制,提出了"十四五"时期促进就业的指导思想、基本原则、主要目标、重点任务和保障措施,是推动就业高质量发展的工作指引。

一、发展环境

"十三五"期间,面对错综复杂的国际形势、艰巨繁重的国内改革发展稳定任务特别是新冠肺炎疫情的严重冲击,党中央、国务院始终坚持以人民为中心,将就业摆在经济社会发展优先位置,创新实施就业优先政策,推动就业工作取得积极进展。全国城镇新增就业 6564 万人,城镇调查失业率均值控制在 5.2%,劳动年龄人口平均受教育年限从 10.2 年提高到 10.8 年,技能劳动者总量由 1.3 亿人增至 2 亿人,就业形势总体稳定,就业结构持续优化,就业质量不断提升。

"十四五"时期是我国全面建成小康社会、实现第一个百年奋斗目标之后,乘势而上开启全面建设社会主义现代化国家新征程、向第二个百年奋斗目标进军的第一个五年。当前和今后一段时期,我国发展仍然处于重要战略机遇期,党中央、国务院高度重视就业问题,实施就业优先战略,为实现更加充分更高质量就业提供了根本保证;我国已转向高质量发展阶段,以国内大循环为主体、国内国际双循环相互促进的新发展格局加快构建,经济稳中向好、长期向好,为就业长期稳定创造了良好条件;新一轮科技革命和产业变革深入发展,新兴就业创业机会日益增多;新型城镇化、乡村振兴孕育巨大发展潜力,新的就业增长点不断涌现;劳动力市场协同性增强,劳动力整体受教育程度上升,社会性流动更加顺畅,为促进就业夯实了人力资源支撑。

但也要看到,"十四五"时期就业领域也出现了许多新变化新趋势。人口结构与经济结构深度调整,劳动力供求两侧均出现较大变化,产业转型升级、技术进步对劳动者技能素质提出了更高要求,人才培养培训不适应市场需求的现象进一步加剧,"就业难"与"招工难"并存,结构性就业矛盾更加突出,将成为就业领域主要矛盾。城镇就业压力依然较大,促进高校毕业生等重点群体就业任务艰巨,在工业化、城镇化进程中,还有大量农村富余劳动力需要转移就业,规模性失业风险不容忽视。同时,就业歧视仍然存在,灵活就业人员和新就业形态劳动者权益保障亟待加强;人工智能等智能化技术加速应用,就业替代效应持续显现;国际环境日趋复杂,不稳定性不确定性明显增加,对就业的潜在冲击需警惕防范。总之,就业形势仍较严峻。必须深刻认识就业领域主要矛盾的变化,深入分析面临的挑战和风险,坚持问题导向,采取务实举措,抓住机遇,调动各种积极因素,不断开创就业工作新局面,努力实现更加充分更高质量就业。

二、总体要求

(一)指导思想。

以习近平新时代中国特色社会主义思想为指导,深入贯彻党的十九大和十九届二中、三中、四中、五中全会精神,统筹推进"五位一体"总体布局,协调推进"四个全面"战略布局,坚持稳中求进工作总基调,立足新发展阶段,完整、准确、全面贯彻新发展理念,构建新发展格局,统筹发展和安全,以实现更加充分更高质量就业为主要目标,深入实施就业优先战略,健全有利于更加充分更高质量就业的促进机制,完善政策体系、强化培训服务、注重权益保障,千方百计扩大就业容量,努力提升就业质量,着力缓解结构性就业矛盾,切实防范和有效化解规模性失业风险,不断增进民生福祉,推动全体人民共同富裕迈出坚实步伐。

(二)基本原则。

——坚持就业导向、政策协同。继续把就业摆在经济社会发展和宏观政策优先位置,作为保障和改善民生头等大事,把稳定和扩大就业作为宏观调控的优先目标和经济运行合理区间的下限,根据就业形势变化,及时调整宏观政策取向、聚力支持就业。

——坚持扩容提质、优化结构。兼顾容量、质量与结构,抓住主要矛盾,在多措并举创造更多高质量就业岗位的同时,更加重视日益凸显的结构性就业矛盾,聚焦劳动者技能素质提升,突出抓好技术技能人才培养培训,推动形成劳动力市场更高水平的供需动态平衡。

——坚持市场主导、政府调控。推动有效市场和有为政府更好结合,既要坚持市场化社会化就业方向,加快破除制约就业的体制机制障碍,充分发挥市场配置劳动力资源的决定性作用,又要强化政府责任,优化整合各类资源,为促进就业提供强有力政策支持和基础性服务保障。

——坚持聚焦重点、守住底线。紧盯就业领域关键环节和突出问题,瞄准重点地区、重点行业和重点群体,制定更加精准有效的举措,因地因企因人强化分类帮扶援助,切实兜牢民生底线。

(三)主要目标。

到 2025 年,要实现以下目标:

——就业形势总体平稳。城镇新增就业 5500 万人以上,努力实现更大规模,城镇调查失业率控制在 5.5% 以内,重点群体就业保持稳定。城乡、区域就业机会差距逐步缩小,劳动力市场供求基本平衡。

——就业质量稳步提升。劳动报酬提高与劳动生产率提高基本同步,覆盖城乡劳动者的社会保障体系更加健全,劳动权益保障进一步加强,劳动关系和谐稳定,更多劳动者实现体面劳动。

——结构性就业矛盾有效缓解。人力资源质量大幅提升,更加匹配产业转型升级和高质量发展的需要。全国高技能人才总量稳步扩大,劳动年龄人口平均受教育年限达到 11.3 年,新增劳动力受过高等教育比例达到 55%。

——创业带动就业动能持续释放。创业引领作用更加凸显,对高质量就业的带动能力不断增强。创业环境更加优化,政策服务体系更加完备,创业机会更多、渠道更广,更多人可以通过创业实现人生价值。

——风险应对能力显著增强。就业领域风险监测预警和应对处置机制不断健全,失业人员保障范围有效扩大、保障水平进一步提高,困难群体得到及时帮扶,就业安全保障更加有力。

专栏 1:"十四五"时期就业主要指标				
指标名称	2020 年	2025 年	年均/累计	属性
城镇新增就业(万人)	1186	——	>〔5500〕	预期性
城镇调查失业率(%)	5.2	——	<5.5	预期性
城镇就业占比(%)	61.6	>65	——	预期性

续表

脱贫人口务工规模（万人）	3243	——	>3000	预期性
全员劳动生产率增长（%）	2.5	——	高于GDP增长	预期性
劳动报酬占比（%）	52.1*	——	稳步提高	预期性
开展补贴性职业技能培训（万人次）	2700	——	〔7500〕	预期性
基本养老保险参保率（%）	91	95	——	预期性
劳动年龄人口平均受教育年限（年）	10.8	11.3	——	约束性
新增劳动力受过高等教育比例（%）	53.5	55	——	预期性

注：①〔　〕内为5年累计数。②带＊号的为2019年数据。③劳动报酬占比是指劳动报酬占GDP的比重。

三、坚持经济发展就业导向，不断扩大就业容量

落实就业优先战略，强化就业优先政策，推动形成高质量发展与就业扩容提质互促共进的良性循环。

（四）全面增强就业吸纳能力。

强化就业优先导向的宏观调控。将就业优先政策置于宏观政策层面并持续强化，完善调控手段，充实政策工具箱，强化财政、货币、投资、消费、产业、区域等政策支持就业的导向，实现与就业政策协同联动。深入实施扩大内需战略，持续促进消费、增加有效投资拉动就业，通过保市场主体保就业。健全就业影响评估机制，制定实施宏观政策时要充分考虑对就业的影响，提升重大政策规划、重大工程项目、重大生产力布局对就业的促进作用。健全就业目标责任考核机制，建立更加充分更高质量就业考核评价体系，探索开展高质量就业地区试点工作。

促进制造业高质量就业。实施制造业降本减负行动，引导金融机构扩大制造业中长期融资，提升制造业盈利能力，提高从业人员收入水平，增强制造业就业吸引力，缓解制造业"招工难"问题。推进制造业高质量发展和职业技能培训深度融合，促进制造业产业链、创新链与培训链有效衔接。支持吸纳就业能力强的劳动密集型行业发展。注重发展技能密集型产业，推动传统制造业转型升级赋能、延伸产业链条，开发更多制造业领域技能型就业岗位。立足我国产业规模优势、配套优势和部分领域先发优势，发展服务型制造新模式，做大做强新兴产业链，推动先进制造业集群发展，打造更多制造业就业增长点。

扩大服务业就业。聚焦产业转型升级和消费升级需要，构建优质高效、结构优化、竞争力强的服务产业新体系，为劳动者就业提供更大空间和更多选择。进一步放宽服务业市场准入，深入推进服务业扩大开放，促进服务业数字化转型、线上线下双向发展，推动现代服务业同先进制造业、现代农业深度融合，支持生产性服务业和服务外包创新发展，加快生活服务业高品质和多样化升级，鼓励商贸流通和消费服务业态与模式创新，引导夜间经济、便民生活圈等健康发展，稳定开发社区超市、便利店、社区服务和社会工作服务岗位，充分释放服务业就业容量大的优势。

拓展农业就业空间。深化农业供给侧结构性改革，加强现代农业产业园和农业现代化示范区建设，打造农业全产业链，提升农业价值链，吸纳带动更多就业。实施农民合作社规范提升行动、家庭农场培育计划和高素质农民培育计划，推动小农户与现代农业发展有机衔接，扶持一批农业产业化龙头企业牵头、家庭农场和农民合作社跟进、广大小农户参与的农业产业化联合体，实现抱团发展，促进农民就业增收。

支持中小微企业和个体工商户持续稳定发展增加就业。完善促进中小微企业和个体工商户发展和用工的制度环境和政策体系，构建常态化援企稳岗帮扶机制，持续减轻中小微企业和个体工商户负担，激发中小微企业和个体工商户活力，增强就业岗位创造能力。优化中小微企业发展生态，取消各类不合理限制和壁垒。支持劳动者创办投资小、见效快、易转型、风险小的小规模经济实体。加大对中小微企业和个体工商户融资支持力度，加强普惠金融服务。

（五）培育接续有力的就业新动能。

促进数字经济领域就业创业。加快发展数字经济，推动数字经济和实体经济深度融合，催生更多新产业新业态新商业模式，培育多元化多层次就业需求。健全数字规则，强化数据有序共享和信息安全保护，加快推动数字产业化，打造具有国际竞争力、就业容量大的数字产业集群。深入实施"上云用数赋智"行动，推进传统线下业态数字化转型赋能，创造更多数字经济领域就业机会。促进平台经济等新产业新业态新商业模式规范健康发展，带动更多劳动者依托平台就业创业。

支持多渠道灵活就业和新就业形态发展。破除各种不合理限制，建立促进多渠道灵活就业机制，支持和规范发展新就业形态。鼓励传统行业跨界融合、业态创新，增加灵活就业和新就业形态就业机会。加快落实《关于维护新就业形态劳动者劳动保障权益的指导意见》，建立完善适应灵活就业和新就业形态的劳动权益保障制度，引导支持灵活就业人员和新就业形态劳动者参加社会保险，提高灵活就业人员和新就业形态劳动者社会保障水平。规范平台企业用工，明确平台企业劳动保护责任。健全职业分类动态调整机制，持续开发新职业，发布新职业标准。

专栏2：实施灵活就业人员和新就业形态劳动者支持保障计划

1. 完善灵活就业人员就业服务制度。以个人经营、非全日制、新就业形态等灵活方式就业的劳动者，可在常住地公共就业服务机构办理就业登记，按规定享受各项政策和服务。建立灵活就业岗位信息发布渠道。

2. 实施新就业形态劳动者技能提升项目。创新适合新就业形态劳动者的培训形式和内容，抢建数字资源线上培训服务平台，支持其根据自身实践和需求参加个性化培训。

3. 健全灵活就业人员社会保障制度。完善灵活就业人员参加基本养老、基本医疗保险相关政策，放开灵活就业人员在就业地参加基本养老、基本医疗保险的户籍限制。推进职业伤害保障试点，探索用工企业购买商业保险、保险公司适当让利的机制，鼓励用工企业以商业保险方式为灵活就业人员和新就业形态劳动者提供多层次保障。

（六）提高区域就业承载力。

推动区域就业协调发展。支持东部地区发挥创新要素集聚优势，率先实现产业升级，开拓高质量就业新领域，培育高质量就业增长极。加快完善中西部和东北地区基础设施，提升产业集聚区公共服务效能，引导产业向中西部和东北地区有序梯度转移，推动就业机会向中西部和东北地区扩散。支持中西部和东北地区根据国家战略导向和发展重点，对接先进生产要素和创新资源，发展特色优势产业，改造提升传统产业，积极布局新兴产业，厚植就业创业沃土。

实施特殊类型地区就业促进行动。健全巩固拓展脱贫攻坚成果长效机制，统筹各类政策资源，强化后续扶持，以脱贫地区为重点，支持欠发达地区因地制宜发展吸纳就业效果好的富民产业。支持革命老区、边境地区等发展本地特色产业，推进资源型地区加快培育发展接续替代产业，完善就地就近就业配套设施，做好边民、少数民族劳动者和失地农民、下岗矿工、停产企业员工等困难群体就业帮扶。对高失业率地区开展专项就业援助，针对性开发和推荐就业岗位，促进失业人员再就业。

壮大县乡村促就业内生动力。深入推进新型城镇化和乡村振兴战略有效衔接，推动县乡村联动发展，促进产镇融合、产村一体，打造"一县一业"、"一乡一特"、"一村一品"经济圈，做好产业和就业帮扶。推进以县城为重要载体的城镇化建设，补短板强弱项，增强综合服务能力，促进绿色低碳发展，吸引各类生产要素向县城流动聚集，做大做强县域经济，扩大县城就业需求。支持乡镇提升服务功能，增加生产生活要素供给，为发展产业、带动就业创造良好条件，把乡镇建设成拉动农村劳动力就业的区域中心。完善农村一二三产业融合发展体系，丰富乡村经济业态，促进乡村产业多模式融合、多类型示范，打造乡村产业链供应链，加快乡村产业振兴步伐，培育乡村就业增长极。

专栏3：提高区域就业承载力重点任务

1. 夯实中西部和东北地区就业基础。鼓励中西部和东北地区与东部沿海地区通过共建跨区域产业合作园区、发展飞地经济等多种方式搭建承接产业转移平台，增强承接产业转移能力，创造更多本地就业岗位。支持中西部和东北地区立足基础优势，加快培育产业链长、带动就业能力强的支柱产业，协同推进产业转型升级和促进就业。

2. 扩大特殊类型地区就业容量。以工代赈项目重点向脱贫地区倾斜。支持革命老区、边境地区培育一批特色产业集群、优势资源基地，推出一批乡村旅游重点村、镇精品线路，为当地居民提供更多就业机会。支持资源枯竭型城市加强接续替代产业平台建设，培育接续替代产业集群，带动当地职工转岗就业。深入实施采煤沉陷区综合治理和独立工矿区改造提升工程，推进老工业基地制造业竞争优势重构，改善生产发展和居民就业条件。

3. 健全县乡村产业提升和就业促进机制。引导劳动密集型产业、县域特色产业在县城集聚发展，在农业产业强镇、商贸集镇、物流节点布局劳动密集型加工业，鼓励大型商贸企业在乡镇布点，增强就业支撑。保障乡村产业发展用地，做强现代种养业，做精乡村特色产业，提升农产品加工流通业，优化乡村休闲旅游业，培育发展乡村新型服务业和信息产业，持续带动农民就业创业。

4. 加强人才扶持。支持中西部和东北地区、特殊类型地区和县乡村基层积极吸引人才流入，加大力度推进职业技术教育和职业技能培训，为产业发展提供技术工人、管理人员和创业人才。

四、强化创业带动作用，放大就业倍增效应

深入实施创新驱动发展战略，营造有利于创新创业创造的良好发展环境，持续推进双创，更大激发市场活力和社会创造力，促进创业带动就业。

（七）不断优化创业环境。

深化创业领域"放管服"改革。全面实行《优化营商环境条例》和政府权责清单制度，分类推进行政审批制度改革，打造市场化法治化国际化营商环境。实施全国统一的市场准入负面清单制度，健全清单动态调整机制，定期评估、排查、清理各类显性和隐性壁垒，最大限度解除对创业的束缚。提升企业开办标准化规范化便利化水平，建立便利、高效、有序的市场主体退出制度。实行以公平为原则的产权保护制度。

加强创业政策支持。加大对初创实体的支持力度，进一步降低创业成本，提升初创企业持续发展能力。落实创业担保贷款及贴息政策，提高贷款便利度和政策获得感。拓展创业企业直接融资渠道，健全投资生态链，更好发挥创业投资引导基金和私募股权基金作用，加大初创期、种子期投入。提升创业板服务成长型创业企业功能，支持符合条件的企业发行企业债券。

实现创业资源开放共享。强化大企业在市场拓展、产业链协调、带动中小企业创业方面的作用，实施大中小企业融通创新专项行动，鼓励大企业向中小企业开放资源、场景、应用、需求，打造基于产业链供应链的创新创业生态。推动国家科研平台、科技报告、科研数据、科研仪器设施、高校实验室进一步向企业、社会组织和个人开放，创造更多创业机会。促进国家级新区、国家自主创新示范区开放企业（项目）资源，

建立项目对接机制，吸纳人才创业。

（八）鼓励引导各类群体投身创业。

激发劳动者创业的积极性主动性。实施农村创业创新带头人培育行动，壮大新一代乡村企业家队伍。实施大学生创业支持计划、留学人员回国创业启动支持计划。鼓励引导有创业意愿和创业能力的农民工、大学生、退役军人等人员返乡入乡创业。建立科研人员入乡兼职兼薪和离岗创业制度，完善科研人员职务发明成果权益分享机制。激发和保护企业家精神，倡导敬业、精益、专注、宽容失败的创新创业文化。

全方位培养引进用好创业人才。大力发展高校创新创业教育，培育一批创业拔尖人才。面向有创业意愿和培训需求的城乡各类劳动者开展创业培训。实施更加积极更加开放更加有效的人才政策，加大创业人才引进力度，为外籍高层次人才来华创业提供便利。健全以创新能力、质量、实效、贡献为导向的创新创业人才评价体系，加强创新创业激励和保障。

（九）全面升级创业服务。

打造全生态、专业化、多层次的创业服务体系。加快完善创业服务网络。加强服务队伍建设，为创业者提供政策咨询、项目推介、开业指导等服务。推广创业导师制，推行科技特派员制度，支持科技领军企业、高技能人才、专业技术人才等到基层开展创业服务。实施创业带动就业示范行动，组织各类创业大赛和创业推进活动，办好全国双创活动周，开展创业型城市示范创建，营造浓厚的创业氛围。

建设特色化、功能化、高质量的创业平台载体。构建众创空间、孵化器、加速器、产业园相互接续的创

业平台支持链条。创新创业孵化载体建设模式,支持大企业与地方政府、高校共建,提高利用率。实施全国创业孵化示范基地改造提升工程,强化服务质量管理,提升孵化服务功能,新认定一批国家级创业孵化示范基地。优化双创示范基地建设布局,充分发挥双创示范基地示范带动作用。鼓励地方开辟退役军人创业专区和退役军人就业创业园地,依托各类产业园区建设一批返乡入乡创业园,加强大学生创业园等孵化载体建设。支持地方进一步加快建设留学人员创业园,持续推动省部共建。

专栏 4:返乡入乡创业园建设

1. 整合建设一批返乡入乡创业园。以县级地区为单位,对现有开发区、产业园区、产业集聚区、创业载体等各类园区平台整合拓展、优化布局,打造功能完备、环境优良的返乡入乡创业园。改造提升返乡入乡创业园配套设施,提高智能化、服务化水平。

2. 培育返乡入乡创业产业集群。依托返乡入乡创业园,探索适合当地的返乡入乡创业发展路径和模式,通过承接产业转移、资源嫁接输入地市场、一二三产业融合发展等方式,培育具有区域特色、大中小企业协同联动、上下游产业全链条一体发展的返乡入乡创业产业集群。

3. 强化资金支持。允许将符合条件的返乡入乡创业园建设项目纳入地方政府专项债券支持范围。统筹利用现有资金渠道,有条件的地方可按规定因地制宜安排资金,支持返乡入乡创业园建设。鼓励金融机构在风险可控、商业可持续的前提下,创新金融产品和业务模式,支持返乡入乡创业园建设和返乡入乡创业企业发展。

五、完善重点群体就业支持体系,增强就业保障能力

聚焦高校毕业生等重点群体,坚持市场化社会化就业与政府帮扶相结合,促进多渠道就业创业。

(十)持续做好高校毕业生就业工作。

拓宽高校毕业生市场化社会化就业渠道。结合国家重大战略布局、现代产业体系建设、中小企业创新发展,创造更多有利于发挥高校毕业生专长和智力优势的知识技术型就业岗位。健全激励保障机制,畅通成长发展通道,引导高校毕业生到中西部、东北、艰苦边远地区和城乡基层就业。围绕乡村振兴战略,服务乡村建设行动和基层治理,扩大基层教育、医疗卫生、社区服务、农业技术等领域就业空间。为有意愿、有能力的高校毕业生创新创业提供资金、场地和技术等多层次支持。

强化高校毕业生就业服务。健全校内校外资源协同共享的高校毕业生就业服务体系,完善多元化服务机制,将留学回国毕业生及时纳入公共就业人才服务范围。加强职业生涯教育和就业创业指导,加大就业实习见习实践组织力度,开展大规模、高质量高校毕业生职业技能培训,提高高校毕业生就业能力。实施常态化高校毕业生就业信息服务,精准组织线上线下就业服务活动,举办行业性、区域性、专业性专场招聘,加强户籍地、求职地、学籍地政策服务协同,提高供需匹配效率。对离校未就业高校毕业生开展实名制帮扶,健全困难高校毕业生就业援助机制。强化择业就业观念引导,推动高校毕业生积极理性就业。开展"最美基层高校毕业生"学习宣传活动。

专栏 5:实施高校毕业生就业创业促进计划

1. 岗位拓展行动。实施高校毕业生中小微企业就业支持计划,指导国有企业健全公开、竞争、择优的市场化招聘制度。实施好"三支一扶"计划、农村教师特岗计划、大学生志愿服务西部计划等高校毕业生基层服务项目。开发一批社区服务、科研助理、社会组织就业岗位。支持大学生参军入伍,提高高校毕业生新兵补充比例。

2. 就业能力提升行动。开展就业育人主题教育活动,积极搭建校企对接平台,广泛组织大学生实习锻炼。实施就业见习计划,建设一批国家级高校毕业生就业见习示范单位。针对高校毕业生,重点加强新兴产业、智能制造、现代服务业等领域岗位培训。

3. 精准服务行动。持续开展大中城市联合招聘、"24365 校园网络招聘"、"千校万岗"、中小微企业专场招聘、中央企业面向西藏青海新疆毕业生专场招聘等系列活动。组建专业化就业创业导师队伍,推出线上直播课,为高校毕业生提供职业规划、职业体验、求职指导等服务。举办全国大学生职业规划大赛。

(十一)高度重视城镇青年就业。

为城镇青年创造多样化就业机会。聚焦城镇青年(主要包括未继续升学初高中毕业生、城镇失业青年、转岗青年职工等,下同),完善就业支持体系。在推动先进制造业、现代服务业和劳动密集型产业发展中,开发更多适合城镇青年的就业岗位,带动更多城镇青年到新产业新业态新商业模式领域就业创业。对接产业优化布局、区域协调发展和重点行业企业人才需求,完善人力资源需求发布、要素配置、协同发展机制,支持城镇青年到人才紧缺领域就业。

增强城镇青年职业发展能力。发挥就业创业服务机构、产业企业园区、青年之家、青年活动中心等各类平台作用,支持城镇青年参加职业指导、职业体验、创业实践、志愿服务等活动。探索组织青年职业训练营、就业训练工场。打造适合城镇青年特点的就业服务模式,畅通信息服务渠道,提高择业精准度。

强化城镇青年就业帮扶。实施青年就业启航计划,对城镇长期失业青年开展实践引导、分类指导和跟踪帮扶,促进其进入市场就业创业。将劳动精神、奋斗精神融入指导和实践,引导城镇青年自强自立。为城镇困难失业青年提供就业援助。

(十二)加强退役军人就业保障。

改革完善退役军人安置制度。科学制定安置计划,改进岗位安置办法,推进落实安置政策,压实属地安置责任,规范接收安置程序,提高安置质量。优化安置方式,探索市场化安置改革,实现多渠道、多元化安置。推广"直通车"式安置,健全"阳光安置"工作机制。鼓励到艰苦边远地区和城乡基层安置。加强各种安置方式统筹协调,强化政策制度衔接。

支持退役军人自主就业。将退役军人按规定纳入现有就业服务、教育培训等政策覆盖范围。探索推开"先入校回炉、再就业创业"的模式,鼓励符合条件的退役军人报考高职学校,落实招收、培养、管理等方面的扶持政策。适时调整退役军人就业岗位目录。协调各方资源,加强行业企业合作,拓展就业供给领域,挖掘更多适合退役军人的就业岗位,促进退役军人到民营企业就业。实施"兵支书"协同培养工程,推动退役军人在乡村就业。设立退役军人就业实名台账,强化退役军人服务中心(站)就业服务功能,及时提供针对性服务。

(十三)推进农村劳动力转移就业。

稳定和扩大农村劳动力外出就业规模。广泛开展区域间劳务协作,健全劳务输入集中区域与劳务输出省份对接协调机制,加强劳动力跨区域精准对接,发展劳务组织和经纪人,有序组织输出地农村劳动力外出务工。培育一批有地域特色、行业特征、技能特点,带动农村劳动力就业效果好的劳务品牌。实施农民工素质提升工程,推进新生代农民工职业技能提升计划。创建一批农村劳动力转移就业示范县。

专栏6:实施劳务品牌促就业计划

1. 劳务品牌发现培育计划。广泛开展摸底调查,发现一批有一定知名度、从业人员规模大、未固定品牌名称的劳务产品,引导形成劳务品牌。深入挖潜细分行业工种的用工需求,打造一批中高端技能型、高品质服务型、文化型、民生保障型劳务品牌。

2. 劳务品牌发展提升计划。加强劳务品牌技能带头人培养,多形式开展劳务品牌从业人员就业推荐活动,加强用工信息对接。健全劳务品牌质量诚信评价体系。

3. 劳务品牌壮大升级计划。依托返乡入乡创业园、创业孵化基地、农村创新创业孵化实训基地等创业载体,支持有条件的地方建设劳务品牌特色创业孵化基地。发挥特色资源、传统技艺和地域文化等优势,培育劳务品牌龙头企业。推动上下游产业链协同发展,打造产业集聚、定位鲜明、配套完善、功能完备的劳务品牌特色产业园。

4. 做好劳务品牌宣传推广。定期开展劳务品牌征集,组织劳务品牌竞赛,选树具有广泛影响力的劳务品牌项目,推出劳务品牌创立人、传承人、领军人以及形象代言人等典型人物。开展劳务品牌展示交流活动,举办劳务品牌专业论坛。

促进农村劳动力就地就近就业。依托县域经济、乡村产业发展，为农村劳动力创造更多就地就近就业岗位。重大投资项目、各类基础设施建设积极吸纳更多当地农村劳动力参与。加大以工代赈实施力度，在农业农村基础设施建设领域积极推广以工代赈方式，广泛组织当地农村劳动力，优先吸纳农村低收入人口参与工程建设以及建成后的维修养护，并及时足额发放以工代赈劳务报酬。

加快农业转移人口市民化。放开放宽除个别超大城市外的落户限制，试行以经常居住地登记户口制度。推动地方逐步探索制定城乡双向流动的户口迁移政策，确保外地和本地农业转移人口进城落户标准一视同仁，推动在城镇稳定就业生活、具有落户意愿的农业转移人口便捷落户。完善财政转移支付与农业转移人口市民化挂钩相关政策。调整城镇建设用地年度指标分配依据，建立同吸纳农业转移人口落户数量和提供保障性住房规模挂

钩机制。依法保障进城落户农民农村土地承包权、宅基地使用权、集体收益分配权，健全农户"三权"市场化退出机制和配套政策。提高基本公共服务均等化水平，推动农业转移人口全面融入城市。

（十四）统筹其他重点群体就业。

稳定脱贫人口就业。健全脱贫人口、农村低收入人口就业帮扶长效机制，保持脱贫人口就业领域的扶持政策、资金支持、帮扶力量总体稳定。健全有组织劳务输出工作机制，将脱贫人口作为优先保障对象，稳定外出务工规模。支持脱贫地区大力发展当地优势特色产业，继续发挥就业帮扶车间、社区工厂、卫星工厂等就业载体作用，为脱贫人口创造就地就近就业机会。聚焦国家乡村振兴重点帮扶县、易地扶贫搬迁安置区，积极引进适合当地群众就业需求的劳动密集型、生态友好型企业（项目），增加本地就业岗位，组织专项就业服务活动实施集中帮扶。

专栏7：实施易地扶贫搬迁群众就业帮扶巩固提升行动

1. 建设一批就业服务站。在万人以上大型安置区，建设就业服务站或专门服务窗口，掌握搬迁群众就业需求、意愿和技能等情况，做到动态精准帮扶。推广"就业帮扶直通车"系统，积极开展线上就业推荐服务，为搬迁群众提供更多岗位选择。开展培训进安置区活动，集中组织技能培训，提升搬迁群众就业能力。

2. 就近就业支持计划。支持安置区充分利用特色资源，对接外部市场，大力发展配套产业，有条件的大型安置区新建、改（扩）建、提升一批配套产业园，吸纳搬迁群众就业。加大安置区以工代赈实施力度。

3. 有组织劳务输出计划。将搬迁群众作为重点输出对象，为有集中外出务工需求的提供便利出行服务。充分发挥东西部协作、对口支援和省域内市际、县际协作等机制作用，拓宽搬迁群众外出就业渠道。

4. 创业支持计划。鼓励安置区内的产业园对搬迁群众创办的企业给予优惠政策。支持有条件的安置区加强创业孵化载体建设，根据入驻实体数量、孵化效果和带动就业成效给予一定奖补。鼓励金融机构针对搬迁群众创业，开发适合的金融产品。

持续开展困难群体就业援助。完善就业困难人员认定办法，建立动态调整机制，对零就业家庭人员、残疾人等困难群体，提供"一人一档"、"一人一策"精细化服务，扩大公益性岗位安置，加强对就业帮扶效果的跟踪与评估，确保零就业家庭动态清零。落实残疾人按比例就业制度。开展就业援助月等各类帮扶活动。及时将符合条件的就业困难人员纳入最低生活保障、临时救助范围，落实乡镇（街道）临时救助备用金制度。

促进其他群体就业。实施积极应对人口老龄化国家战略，强化大龄劳动者就业帮扶和权益保护，制定完善保障措施，及时提供就业创业服务、技能培训等支持，促进人力资源充分利用。持续

做好产业结构调整、长江流域生态环境保护修复工作中的人员转岗再就业。

六、提升劳动者技能素质，缓解结构性就业矛盾

把技术技能人才培养培训放在更加突出的位置，着力改善劳动力要素质量，建设一支符合高质量发展要求、适应现代化经济体系、具备较高职业技能和道德素质、结构比较合理的劳动者队伍。

（十五）大规模多层次开展职业技能培训。

完善职业技能培训政策体系。面向市场需求加强职业技能培训，健全终身职业技能培训制度，制定"十四五"职业技能培训规划，深入实施职业技能提升行动。稳步扩大培训规模，重点加强高校毕业生和城镇青年、退役军人、农村转移就业劳动者、

脱贫人口、失业人员、个体工商户、就业困难人员（含残疾人）等技能培训，支持企业开展职工在岗培训，突出高技能人才培训、急需紧缺人才培训、转岗转业培训、储备技能培训、通用职业素质培训，积极发展养老、托育、家政等生活服务业从业人员技能培训，广泛开展新业态新商业模式从业人员技能培训，确保"十四五"期间开展补贴性职业技能培训7500万人次左右。强化安全生产技能培训，提高劳动者安全生产素质。完善职业技能竞赛体系，推动职业技能竞赛科学化、规范化、专业化发展。

实现培训供给多元化。构建以公共实训基地、职业院校（含技工院校）、职业技能培训机构和行业企业为主的多元培训载体。推动培训市场全面开放，采取优化审批服务、探索实行告知承诺等方式，激发培训主体积极性，有效增加培训供给。充分发挥企业职业技能培训的主体作用和职业院校培训资源优势，政府补贴的职业技能培训项目全部向具备资质的职业院校开放。新建一批公共实训基地，并优化功能布局、提高开放性，完善企业利用公共实训基地开展实训有关制度。实施职业技能培训共建共享行动，健全职业技能培训共建共享机制，开展县域职业技能培训共建共享试点。

专栏8：实施国家乡村振兴重点帮扶地区职业技能提升工程

1. 建设一批技工院校。支持生源数量较充足、具备发展技工教育条件的县级地区，通过新建、改（扩）建等方式，建设一批技工院校和职业培训机构。加大东西部协作、对口支援工作力度，对西藏技师学院和南疆四地州技工院校予以倾斜支持。

2. 建设一批高技能人才培训基地。落实高技能人才培训基地建设支持政策，分层分级建设一批高技能人才培训基地。

3. 建设一批技能大师工作室。根据地区产业发展需要，分层分级建立一批技能大师工作室，发挥带徒传技、技能攻关、技艺传承、技能推广等带动作用。

4. 举办乡村振兴职业技能大赛。引导支持国家乡村振兴重点帮扶县，结合当地特色产业发展状况，举办具有地方特色的职业技能竞赛。

切实提升职业技能培训质量。引导培训资源向市场急需、企业生产必需等领域集中，动态调整政府补贴性培训项目目录。采取政府按规定补贴培训、企业自主培训、市场化培训等多样化的培训方式，广泛开展订单式、套餐制培训，探索"互联网+职业技能培训"。统筹各级各类职业技能培训资金，加强集约化管理和使用，健全分层分类的培训补贴标准体系，畅通培训补贴直达企业和培训者渠道。健全职业技能培训监督评价考核机制。探索建立个人培训账户，形成劳动者职业技能培训电子档案，实现与就业、社会保障等信息联动共享。

提高劳动者职业素养。大力弘扬劳模精神、劳动精神、工匠精神，营造劳动光荣的社会风尚和精益求精的敬业风气。鼓励劳动者通过诚实辛勤劳动、创新创业创造过上幸福美好生活。加强职业道德教育，引导劳动者树立正确的人生观价值观就业观，培养敬业精神和工作责任意识。推进新型产业工人队伍建设，提高产业工人综合素质。

（十六）构建系统完备的技术技能人才培养体系。

推动职业技术教育提质培优。突出职业技术教育类型特色，深入推进改革创新，优化结构与布局。完善职业技术教育国家标准，推行"学历证书+职业技能等级证书"制度，实施现代职业技术教育质量提升计划，建设一批高水平职业技术院校和专业。健全职普融通机制，稳步发展职业本科教育，实现职业技术教育与普通教育学习成果双向互通互认、纵向流动。支持和规范社会力量兴办高质量职业技术教育，增强职业技术教育适应性。大力发展技工教育，建设一批优质技工院校和专业。探索中国特色学徒制，深化产教融合、校企合作。

提高人才培养质量。强化人才培养就业导向，健全人才培养与产业发展联动预警机制，增强人才培养前瞻性。深化教育教学改革，实施教育提质扩容工程，着力培养创新型、应用型、技能型人才。优化高校学科专业布局，推进专业升级和数字化改造，及时减少、撤销不适应市场需求的专业。加快重点领域急需紧缺人才培养，实施专业技术人才知识更新工程。加强重点专业学科建设，研究制订国家重点支持学科专业清单，大力发展新兴专业。加大数字人才培育力度，适应人工智能等技术发展需要，建立多层次、多类型的数字人才培养机制。

完善终身学习体系。建设学习型社会，构建服务全民终身学习的教育体系。推动高水平大学开放教育资源，完善注册学习和弹性学习制度。健全终身教育学习成果转换与认证制度，推进"学分银行"试点，探索学分积累转换制度。促进继续教育高质量发展，建立统一的高等学历继续教育制度，畅通在职人员继续教育与终身学习通道。规范发展非学历继续教育。积极发展在线教育，完善线上、线下课程学分认定和转换机制。创新发展城乡社区教育。

深化技能人才管理制度改革。实施"技能中国行动"，完善技能人才培养、使用、评价、激励机制。推进职业资格制度改革，压减准入类职业资格数量。完善职业技能等级制度，建立职业技能等级认定与相关系列职称评审贯通机制。推行社会化职业技能等级认定，鼓励企业在国家职业技能等级框架范围内增加技能岗位等级层次。加快构建国家资历框架，畅通管理人才、专业技术人才

及技能人才的职业发展通道。

七、推进人力资源市场体系建设，健全公共就业服务体系

持续加强统一规范的人力资源市场体系建设，着力打造覆盖全民、贯穿全程、辐射全域、便捷高效的全方位公共就业服务体系，提升劳动力市场供需匹配效率。

（十七）建设高标准人力资源市场体系。

加快人力资源服务业高质量发展。推动人力资源服务与实体经济融合发展，引导人力资源服务机构围绕产业基础高级化、产业链现代化提供精准专业服务。鼓励人力资源服务业管理创新、技术创新、服务创新和产品创新，大力发展人力资源管理咨询、高级人才寻访、人才测评等高技术、高附加值业态。实施人力资源服务业领军人才培养计划。开展"互联网+人力资源服务"行动。深化人力资源服务领域对外开放，探索建设国家人力资源服务出口基地。

专栏9：实施人力资源服务业高质量发展行动

1. 人力资源服务业骨干企业培育计划。重点培育一批有核心产品、成长性好、具有国际竞争力的综合性人力资源服务企业，加快发展有市场、有特色、有潜力的专业化人力资源服务骨干企业，推动人力资源服务业细化专业分工，向价值链高端延伸。

2. 人力资源服务产业园建设计划。建设一批国家级人力资源服务产业园，开展产业园建设评估工作。鼓励有条件的地区根据本地经济发展和产业转型需要，培育建设一批有特色、有活力、有效益的地方人力资源服务产业园。

3. "一带一路"人力资源服务行动。稳步推进人力资源服务业开放发展，支持人力资源服务企业在共建"一带一路"国家设立分支机构，积极开拓国际市场，构建全球服务网络。加快发展人力资源服务贸易，培育建设一批国家人力资源服务出口基地。

4. 人力资源服务行业促就业行动。持续开展人力资源服务机构联合招聘、重点行业企业用工、重点群体就业、促进灵活就业、劳务协作等服务。

提高人力资源市场规范化水平。深化人力资源市场"放管服"改革，规范实施人力资源服务许可，持续优化人力资源市场环境。加强人力资源市场管理信息化、人力资源服务标准化和人力资源市场信用体系建设，完善人力资源服务机构信用评价标准和制度。组织开展诚信服务活动，选树一批诚信人力资源服务典型。

（十八）健全全方位公共就业服务体系。

完善公共就业服务制度。健全户籍地、常住地、参保地、就业地公共就业服务供给机制，推进就业创业政策咨询、就业失业登记、职业介绍等服务覆盖全体城乡劳动者。支持各类市场主体在注册地、经营地、用工地免费享受劳动用工咨询、招

聘信息发布等服务。推动公共就业服务向农村延伸，实现城乡公共就业服务便利共享。持续改善革命老区、边境地区等公共就业服务水平和质量，缩小区域间差距。

加强公共就业服务机构设置。完善街道（乡镇）、社区（村）服务平台，构建覆盖城乡的公共就业服务网络。合理配置公共就业服务机构人员，加强职业指导、职业信息分析、创业指导等专业化、职业化队伍建设。组织动员各类人民团体、群众团体参与提供公共就业服务，支持社会组织提供公益性就业服务。

增强公共就业服务能力。健全公共就业服务标准体系，完善设施设备配置、人员配置等指导性

标准,统一公共就业服务视觉识别系统,统一核心业务流程和规范。加快公共就业服务智慧化升级,推动公共就业服务向移动终端、自助平台延伸,打造集政策解读、业务办理等于一体的人工智能服务模式,逐步实现服务事项"一网通办"。推

进流动人员人事档案信息化建设。建立综合评价指标体系,开展公共就业服务需求分析、社会满意度调查和第三方评估。创建一批公共就业创业服务示范城市,开展充分就业社区建设。

专栏10:实施提升就业服务质量工程

1. 劳动力市场、人才市场、零工市场建设计划。支持用工密集的中心城市、劳动力密集的欠发达地区建设一批劳动力市场。结合国家重大区域发展战略和地区产业结构,建设一批专业性人才市场。支持零工需求较多地区建设一批零工市场。

2. 就业服务基层基础能力提升计划。在人口密集的村和社区设置就业服务站,健全"15分钟就业服务圈"。支持有条件的高等学校、职业学校(含技工院校)开设就业服务相关学科专业,对公共就业服务人员进行专项培训。组建就业专家服务团,开展服务下乡、巡回指导等活动,引导专业力量下沉。

3. 建立全国统一的公共就业创业服务平台。依托就业监测系统、中国公共招聘网、"就业在线"平台等,建立全国统一的服务平台,实现全国各类就业创业信息的共享和联网发布。推进就业补助资金网上申报、网上审核、联网核查。

4. 健全重点企业用工常态化服务机制。根据各地经济发展实际,确定一批带动就业能力强、用工规模大的重点企业,建立公共就业服务联系制度,设立就业服务专员,实施定点服务,通过专场招聘、劳动协作等多渠道帮助解决用工问题。

5. 开展专项招聘服务系列行动。持续开展春风行动、春潮行动、民营企业招聘月、百日千万网络招聘等招聘活动,创新活动方式,丰富活动内容,促进供需匹配。

八、优化劳动者就业环境,提升劳动者收入和权益保障水平

提高劳动者工作待遇,加强劳动者权益保障,提升劳动者获得感和满意度,让广大劳动者实现体面劳动、全面发展。

(十九)改善劳动者就业条件。

合理增加劳动报酬。坚持按劳分配为主体、多种分配方式并存,提高劳动报酬在初次分配中的比重。健全工资决定、合理增长和支付保障机制,增加劳动者特别是一线劳动者劳动报酬,实现劳动报酬与劳动生产率基本同步提高。完善工资指导线、企业薪酬调查和信息发布制度,健全最低工资标准调整机制,实施企业薪酬指引计划。积极推行工资集体协商制度。健全劳动、知识、技术、管理等生产要素由市场评价贡献、决定报酬的机制。改革完善体现岗位绩效和分级分类管理的事业单位薪酬制度。深化国有企业工资分配制度改革,建立完善国有企业市场化薪酬分配机制。

营造良好劳动环境。实施工伤预防五年行动计划。建立企业全员安全生产责任制度,压实企业安全生产主体责任。深入开展安全生产专项整

治三年行动,持续加强矿山、冶金、化工等重点行业领域尘毒危害专项治理,坚决遏制重特大事故发生。严格执行安全生产法,加强对高危行业建设项目的监管。推动简单重复的工作环节和"危繁脏重"的工作岗位尽快实现自动化智能化,加快重大安全风险领域"机器换人"。

加强劳动者社会保障。健全多层次社会保障体系,持续推进全民参保计划,提高劳动者参保率。加大城镇职工基本养老保险扩面力度,大力发展企业年金、职业年金,规范发展第三支柱养老保险。推进失业保险、工伤保险向职业劳动者广覆盖,实现省级统筹。完善全国统一的社会保险公共服务平台,优化社会保险关系转移接续。

(二十)促进平等就业。

畅通劳动力和人才社会性流动渠道。深化劳动力要素市场化配置改革,同步推进户籍制度、用人制度、档案服务改革,加快破除妨碍劳动力和人才市场化配置和自由流动的障碍,搭建横向流动桥梁、纵向发展阶梯,形成合理、公正、畅通、有序的社会性流动格局。拓展基层人员发展空间,加大对基层一线人员奖励激励力度。

努力消除就业歧视。建立劳动者平等参与市场竞争的就业机制,营造公平的市场环境,逐步消除民族、种族、性别、户籍、身份、残疾、宗教信仰等各类影响平等就业的不合理限制或就业歧视,增强劳动力市场包容性。保障妇女在就业创业、职业发展、技能培训、劳动报酬、职业健康与安全等方面的权益,为因生育中断就业的女性提供再就业培训公共服务。将生育友好作为用人单位承担社会责任的重要方面,鼓励用人单位制定有利于职工平衡工作和家庭关系的措施,依法协商确定有利于照顾婴幼儿的灵活休假和弹性工作方式。建立投诉处理机制和联合约谈机制,及时纠正含有歧视内容和不合理限制的招聘行为。健全司法救济机制,依法受理涉及就业歧视的相关起诉,设置平等就业权纠纷案由。

(二十一)维护劳动者合法权益。

扎实做好劳动权益保障。开展清理整顿人力资源市场秩序专项行动,依法查处招聘过程中的虚假、欺诈现象,强化劳务派遣用工监管。健全劳动合同制度,鼓励企业与劳动者签订长期或无固定期限劳动合同。加强对劳动密集型企业、中小微企业劳动用工指导。督促企业依法落实工时制度,保障劳动者休息休假权益。完善欠薪治理长效机制,持续推进根治拖欠农民工工资工作。推进智慧劳动保障监察系统建设,强化大数据分析能力和监控预警功能,提高执法效能。

构建和谐劳动关系。健全政府、工会、企业代表组织共同参与的协商协调机制。推动企业建立多种形式的民主参与、民主监督、民主决策新机制,提升企业与劳动者沟通协商的制度化程度。完善以职工代表大会为基本形式的企业民主管理制度,引导中小企业依法成立工会组织,在中小企业集中的地方推动建立区域性、行业性职工代表大会。推进集体协商制度建设,巩固提高集体协商覆盖面和实效性。深入实施劳动关系"和谐同行"能力提升三年行动计划,推进构建中国特色和谐劳动关系改革创新。开展和谐劳动关系创建活动。加强劳动关系形势分析和风险监测预警。创新劳动人事争议调解仲裁机制,强化调解仲裁队伍建设,推进"互联网+调解仲裁"。

九、妥善应对潜在影响,防范化解规模性失业风险

加强风险监测预警和应对处置,及时制定完善应对重大公共安全、卫生等事件的稳就业预案,切实做好失业保障。

(二十二)健全监测预警机制。

完善就业失业统计监测调查体系。加快构建系统完备、立体化的就业失业监测网络,实现劳动力市场、企业用工主体和劳动者个体全覆盖,全面反映就业增长、失业水平、市场供求状况。完善就业统计指标体系和调查统计方法,探索进行就业质量、就业稳定性等方面的分析。推进大数据在就业统计监测领域的应用。

专栏11:实施就业失业统计监测调查能力提升计划

1. 升级全国劳动力资源信息库。健全跨地区、跨部门数据共享和业务协同机制,将全国劳动力资源信息采集入库,加强与社会保险、劳动关系、国家人口信息之间的数据比对联动,实现信息动态更新。

2. 构建广覆盖的监测网络。加强移动通信、网络招聘、工业用电、企业征信等大数据应用,健全就业大数据监测系统。选取一批有代表性的城市,建立定点下沉、信息直报的监测点联络制度,跟踪监测经济运行、就业失业、工资收入、劳动力流动等变化趋势。

3. 健全失业动态监测机制。优化监测企业样本结构,细分企业规模、性质等,按月分析岗位变化情况,研判企业减员风险。

4. 完善劳动力调查制度。扩大劳动力调查样本规模,按月做好分省份调查失业率统计工作,加强劳动力调查数据的分析研究。

5. 建立就业岗位调查制度。开展就业岗位调查试点,细分区域、行业等,按月调查各类用工主体岗位空缺和用工需求,逐步建成就业岗位调查制度。

增强风险预警预判能力。健全就业形势科学研判机制,建立"政府+高校+企业"的就业联合实验室,组建专业分析团队,开展就业重大问题研究,提升形势感知、分析研判和科学决策水平。完善企业规模裁减员及突发事件报告制度,加强风险评估,适时发布失业预警信息。推动县级以

上政府进一步完善失业风险预警制度。

（二十三）全面强化风险应对处置。

健全风险应对处置机制。制定分级政策储备和风险应对预案制度。加强规模性失业风险应急处置，有条件的地方可设立就业风险储备金。允许困难企业在与职工协商一致基础上，采取依法调整工作时间安排、薪酬等方式，稳定工作岗位。指导企业依法依规裁员。

完善失业保障体系。稳步推进失业保险扩围，进一步畅通申领渠道，提高政策受益率。用好用活失业保险促进企业稳岗、支持参保职工技能提升等政策，提高失业保险基金使用效率，充分发挥保生活基本功能作用，有效发挥防失业、促就业功能作用。畅通失业人员求助渠道，建立失业人员常态化帮扶机制，实现失业登记、职业指导、职业介绍、职业培训、生活保障联动。

积极应对人工智能等智能化技术应用对就业的影响。建立人工智能等智能化技术应用对就业影响的跟踪研判和协同应对机制，避免其就业替代效应短期内集中释放。构建不同行业、不同业态间的转岗机制，加快劳动者知识和技能更新速度，广泛开展人工智能等智能化技术应用适应性、储备性培训，提升人工智能等智能化技术通用技能，充分放大其就业创造效应。

十、实施更加有力的保障措施，确保规划任务落实落地

（二十四）加强党的领导。

深入学习贯彻习近平新时代中国特色社会主义思想，增强"四个意识"、坚定"四个自信"、做到"两个维护"，把党的领导贯彻到促进就业工作的各领域、各方面、各环节，确保党中央、国务院关于促进就业的各项决策部署落到实处。规划实施中的重大事项和重大调整报党中央、国务院审定。

（二十五）强化资金保障。

对规划确定的重点任务，按照中央与地方财政事权和支出责任划分原则，落实各级政府的投入责任。按规定统筹各类就业资金，提高使用效率。健全就业领域投融资机制，进一步拓宽资金渠道，引导带动金融资本和社会资本在返乡入乡创业、技能培训、职业技术教育、就业服务等方面发挥更大作用。

（二十六）提升政策效果。

实施就业政策快办帮办行动，及时公布政策清单和网上办理渠道，依托大数据比对主动识别政策对象，精准推送信息，扩大政策知晓度。完善政策宣传机制，开展政策推介解读，努力提高政策落实率。加强对就业政策实施效果的跟踪调查评估。

（二十七）鼓励探索创新。

对规划确定的重大举措和创新政策，支持有条件的地方先行先试。推动就业领域相关法律法规修订。鼓励各地各有关部门和单位围绕规划重点任务，创新思路和形式，积极探索多种务实有效的实施方式和有用、管用的落实措施，着力形成一批可复制可推广的经验做法和制度性成果。

（二十八）认真组织实施。

充分发挥国务院就业工作领导小组作用，推动各有关部门和单位履职尽责。创新规划组织实施方式，针对重大任务，专题专项推进。加强对规划实施情况及效果的评估，推进以评估为依据的政策改进，及时总结推广政策实施中的好经验好做法。强化监督检查，层层压实责任，抓好任务落实。

国务院办公厅关于进一步支持大学生创新创业的指导意见

· 2021 年 9 月 22 日
· 国办发〔2021〕35 号

各省、自治区、直辖市人民政府，国务院各部委、各直属机构：

纵深推进大众创业万众创新是深入实施创新驱动发展战略的重要支撑，大学生是大众创业万众创新的生力军，支持大学生创新创业具有重要意义。近年来，越来越多的大学生投身创新创业实践，但也面临融资难、经验少、服务不到位等问题。为提升大学生创新创业能力、增强创新活力，进一步支持大学生创新创业，经国务院同意，现提出以下意见。

一、总体要求

以习近平新时代中国特色社会主义思想为指导，深入贯彻落实党的十九大和十九届二中、三中、四中、五中全会精神，全面贯彻党的教育方针，落实立德树人根本任务，立足新发展阶段、贯彻新发展理念、构建新发展格局，坚持创新引领创业、创业带动就业,支持在校大学生提升创新创业能力,支持高校毕业生创业就业,提升人力资源素质,促进大学生全面发展,实现大学生更加充分更高质量就业。

二、提升大学生创新创业能力

(一)将创新创业教育贯穿人才培养全过程。深化高校创新创业教育改革,健全课堂教学、自主学习、结合实践、指导帮扶、文化引领融为一体的高校创新创业教育体系,增强大学生的创新精神、创业意识和创新创业能力。建立以创新创业为导向的新型人才培养模式,健全校校、校企、校地、校所协同的创新创业人才培养机制,打造一批创新创业教育特色示范课程。(教育部牵头,人力资源社会保障部等按职责分工负责)

(二)提升教师创新创业教育教学能力。强化高校教师创新创业教育教学能力和素养培训,改革教学方法和考核方式,推动教师把国际前沿学术发展、最新研究成果和实践经验融入课堂教学。完善高校双创指导教师到行业企业挂职锻炼的保障激励政策。实施高校双创校外导师专项人才计划,探索实施驻校企业家制度,吸引更多各行各业优秀人才担任双创导师。支持建设一批双创导师培训基地,定期开展培训。(教育部牵头,人力资源社会保障部等按职责分工负责)

(三)加强大学生创新创业培训。打造一批高校创新创业培训活动品牌,创新培训模式,面向大学生开展高质量、有针对性的创新创业培训,提升大学生创新创业能力。组织双创导师深入校园举办创业大讲堂,进行创业政策解读、经验分享、实践指导等。支持各类创新创业大赛对大学生创业者给予倾斜。(人力资源社会保障部、教育部等按职责分工负责)

三、优化大学生创新创业环境

(四)降低大学生创新创业门槛。持续提升企业开办服务能力,为大学生创业提供高效便捷的登记服务。推动众创空间、孵化器、加速器、产业园全链条发展,鼓励各类孵化器面向大学生创新创业团队开放一定比例的免费孵化空间,并将开放情况纳入国家级科技企业孵化器考核评价,降低大学生创新创业团队入驻条件。政府投资开发的孵化器等创业载体应安排30%左右的场地,免费提供给高校毕业生。有条件的地方可对高校毕业生到孵化器创业给予租金补贴。(科技部、教育

部、市场监管总局等和地方各级人民政府按职责分工负责)

(五)便利化服务大学生创新创业。完善科技创新资源开放共享平台,强化对大学生的技术创新服务。各地区、各高校和科研院所的实验室以及科研仪器、设施等科技创新资源可以面向大学生开放共享,提供低价、优质的专业服务,支持大学生创新创业。支持行业企业面向大学生发布企业需求清单,引导大学生精准创新创业。鼓励国有大中型企业面向高校和大学生发布技术创新需求,开展"揭榜挂帅"。(科技部、发展改革委、教育部、国资委等按职责分工负责)

(六)落实大学生创新创业保障政策。落实大学生创业帮扶政策,加大对创业失败大学生的扶持力度,按规定提供就业服务、就业援助和社会救助。加强政府支持引导,发挥市场主渠道作用,鼓励有条件的地方探索建立大学生创业风险救助机制,可采取创业风险补贴、商业险保费补助等方式予以支持,积极研究更加精准、有效的帮扶措施,及时总结经验、适时推广。毕业后创业的大学生可按规定缴纳"五险一金",减少大学生创业的后顾之忧。(人力资源社会保障部、教育部、财政部、民政部、医保局等和地方各级人民政府按职责分工负责)

四、加强大学生创新创业服务平台建设

(七)建强高校创新创业实践平台。充分发挥大学科技园、大学生创业园、大学生创客空间等校内创新创业实践平台作用,面向在校大学生免费开放,开展专业化孵化服务。结合学校学科专业特色优势,联合有关行业企业建设一批校外大学生双创实践教学基地,深入实施大学生创新创业训练计划。(教育部、科技部、人力资源社会保障部等按职责分工负责)

(八)提升大众创业万众创新示范基地带动作用。加强双创示范基地建设,深入实施创业就业"校企行"专项行动,推动企业示范基地和高校示范基地结对共建、建立稳定合作关系。指导高校示范基地所在城市主动规划和布局高校周边产业,积极承接大学生创新成果和人才等要素,打造"城校共生"的创新创业生态。推动中央企业、科研院所和相关公共服务机构利用自身技术、人才、场地、资本等优势,为大学生建设集研发、孵化、投资等于一体的创业创新培育中心、互联网双创平

台、孵化器和科技产业园区。(发展改革委、教育部、科技部、国资委等按职责分工负责)

五、推动落实大学生创新创业财税扶持政策

(九)继续加大对高校创新创业教育的支持力度。在现有基础上,加大教育部中央彩票公益金大学生创新创业教育发展资金支持力度。加大中央高校教育教学改革专项资金支持力度,将创新创业教育和大学生创新创业情况作为资金分配重要因素。(财政部、教育部等按职责分工负责)

(十)落实落细减税降费政策。高校毕业生在毕业年度内从事个体经营,符合规定条件的,在3年内按一定限额依次扣减其当年实际应缴纳的增值税、城市维护建设税、教育费附加、地方教育附加和个人所得税;对月销售额15万元以下的小规模纳税人免征增值税,对小微企业和个体工商户按规定减免所得税。对创业投资企业、天使投资人投资于未上市的中小高新技术企业以及种子期、初创期科技型企业的投资额,按规定抵扣所得税应纳税所得额。对国家级、省级科技企业孵化器和大学科技园以及国家备案众创空间按规定免征增值税、房产税、城镇土地使用税。做好纳税服务,建立对接机制,强化精准支持。(财政部、税务总局等按职责分工负责)

六、加强对大学生创新创业的金融政策支持

(十一)落实普惠金融政策。鼓励金融机构按照市场化、商业可持续原则对大学生创业项目提供金融服务,解决大学生创业融资难题。落实创业担保贷款政策及贴息政策,将高校毕业生个人最高贷款额度提高至20万元,对10万元以下贷款、获得设区的市级以上荣誉的高校毕业生创业者免除反担保要求;对高校毕业生设立的符合条件的小微企业,最高贷款额度提高至300万元;降低贷款利率,简化贷款申报审核流程,提高贷款便利性,支持符合条件的高校毕业生创业就业。鼓励和引导金融机构加快产品和服务创新,为符合条件的大学生创业项目提供金融服务。(财政部、人力资源社会保障部、人民银行、银保监会等按职责分工负责)

(十二)引导社会资本支持大学生创新创业。充分发挥社会资本作用,以市场化机制促进社会资源与大学生创新创业需求更好对接,引导创新创业平台投资基金和社会资本参与大学生创业项目早期投资与投智,助力大学生创新创业项目健

康成长。加快发展天使投资,培育一批天使投资人和创业投资机构。发挥财政政策作用,落实税收政策,支持天使投资、创业投资发展,推动大学生创新创业。(发展改革委、财政部、税务总局、证监会等按职责分工负责)

七、促进大学生创新创业成果转化

(十三)完善成果转化机制。研究设立大学生创新创业成果转化服务机构,建立相关成果与行业产业对接长效机制,促进大学生创新创业成果在有关行业企业推广应用。做好大学生创新项目的知识产权确权、保护等工作,强化激励导向,加快落实以增加知识价值为导向的分配政策,落实成果转化奖励和收益分配办法。加强面向大学生的科技成果转化培训课程建设。(科技部、教育部、知识产权局等按职责分工负责)

(十四)强化成果转化服务。推动地方、企业和大学生创新创业团队加强合作对接,拓宽成果转化渠道,为创新成果转化和创业项目落地提供帮助。鼓励国有大中型企业和产教融合型企业利用孵化器、产业园等平台,支持高校科技成果转化,促进高校科技成果和大学生创新创业项目落地发展。汇集政府、企业、高校及社会资源,加强对中国国际"互联网+"大学生创新创业大赛中涌现的优秀创新创业项目的后续跟踪支持,落实科技成果转化相关税收优惠政策,推动一批大赛优秀项目落地,支持获奖项目成果转化,形成大学生创新创业示范效应。(教育部、科技部、发展改革委、财政部、国资委、税务总局等按职责分工负责)

八、办好中国国际"互联网+"大学生创新创业大赛

(十五)完善大赛可持续发展机制。鼓励省级人民政府积极承办大赛,压实主办职责,进一步加强组织领导和综合协调,落实配套支持政策和条件保障。坚持政府引导、公益支持,支持行业企业深化赛事合作,拓宽办赛资金筹措渠道,适当增加大赛冠名赞助经费额度。充分利用市场化方式,研究推动中央企业、社会资本发起成立中国国际"互联网+"大学生创新创业大赛项目专项发展基金。(教育部、国资委、证监会、建设银行等按职责分工负责)

(十六)打造创新创业大赛品牌。强化大赛创新创业教育实践平台作用,鼓励各学段学生积极参赛。坚持以赛促教、以赛促学、以赛促创,丰富

竞赛形式和内容。建立健全中国国际"互联网+"大学生创新创业大赛与各级各类创新创业比赛联动机制,推进大赛国际化进程,搭建全球性创新创业竞赛平台,深化创新创业教育国际交流合作。(教育部等按职责分工负责)

九、加强大学生创新创业信息服务

(十七)建立大学生创新创业信息服务平台。汇集创新创业帮扶政策、产业激励政策和全国创新创业教育优质资源,加强信息资源整合,做好国家和地方的政策发布、解读等工作。及时收集国家、区域、行业需求,为大学生精准推送行业和市场动向等信息。加强对创新创业大学生和项目的跟踪、服务,畅通供需对接渠道,支持各地积极举办大学生创新创业项目需求与投融资对接会。(教育部、发展改革委、人力资源社会保障部等按职责分工负责)

(十八)加强宣传引导。大力宣传加强高校创新创业教育、促进大学生创新创业的必要性、重要性。及时总结推广各地区、各高校的好经验好做法,选树大学生创新创业成功典型,丰富宣传形式,培育创客文化,营造敢为人先、宽容失败的环境,形成支持大学生创新创业的社会氛围。做好政策宣传宣讲,推动大学生用足用好税费减免、企业登记等支持政策。(教育部、中央宣传部牵头,地方各级人民政府、各有关部门按职责分工负责)

各地区、各有关部门要认真贯彻落实党中央、国务院决策部署,抓好本意见的贯彻落实。教育部要会同有关部门加强协调指导,督促支持大学生创新创业各项政策的落实,加强经验交流和推广。地方各级人民政府要加强组织领导,深入了解情况,优化创新创业环境,积极研究制定和落实支持大学生创新创业的政策措施,及时帮助大学生解决实际问题。

国务院办公厅关于支持多渠道灵活就业的意见

· 2020 年 7 月 28 日
· 国办发〔2020〕27 号

个体经营、非全日制以及新就业形态等灵活多样的就业方式,是劳动者就业增收的重要途径,对拓宽就业新渠道、培育发展新动能具有重要作用。为全面强化稳就业举措,落实保居民就业任务,经国务院同意,现就支持多渠道灵活就业提出以下意见。

一、总体要求

以习近平新时代中国特色社会主义思想为指导,全面贯彻党的十九大和十九届二中、三中、四中全会精神,坚持以人民为中心的发展思想,把支持灵活就业作为稳就业和保居民就业的重要举措,坚持市场引领和政府引导并重、放开搞活和规范有序并举,顺势而为、补齐短板,因地制宜、因城施策,清理取消对灵活就业的不合理限制,强化政策服务供给,创造更多灵活就业机会,激发劳动者创业活力和创新潜能,鼓励自谋职业、自主创业,全力以赴稳定就业大局。

二、拓宽灵活就业发展渠道

(一)鼓励个体经营发展。持续深化商事制度改革,提供便捷高效的咨询、注册服务。引导劳动者以市场为导向,依法自主选择经营范围。鼓励劳动者创办投资小、见效快、易转型、风险小的小规模经济实体。支持发展各类特色小店,完善基础设施,增加商业资源供给。对下岗失业人员、高校毕业生、农民工、就业困难人员等重点群体从事个体经营的,按规定给予创业担保贷款、税收优惠、创业补贴等政策支持。(财政部、人力资源社会保障部、商务部、人民银行、税务总局、市场监管总局等按职责分工负责)

(二)增加非全日制就业机会。落实财政、金融等针对性扶持政策,推动非全日制劳动者较为集中的保洁绿化、批发零售、建筑装修等行业提质扩容。增强养老、托幼、心理疏导和社会工作等社区服务业的吸纳就业能力。加强对非全日制劳动者的政策支持,对就业困难人员、离校 2 年内未就业高校毕业生从事非全日制等工作的,按规定给予社会保险补贴。(民政部、财政部、人力资源社会保障部、住房城乡建设部、商务部、人民银行等按职责分工负责)

(三)支持发展新就业形态。实施包容审慎监管,促进数字经济、平台经济健康发展,加快推动网络零售、移动出行、线上教育培训、互联网医疗、在线娱乐等行业发展,为劳动者居家就业、远程办公、兼职就业创造条件。合理设定互联网平台经济及其他新业态新模式监管规则,鼓励互联网平台企业、中介服务机构等降低服务费、加盟管理费等费用，创造更灵活就业岗位，吸纳更多劳动者就业。（国家发展改革委、教育部、工业和信息化部、人力资源社会保障部、交通运输部、商务部、文化和旅游部、国家卫生健康委、市场监管总局等按职责分工负责）

三、优化自主创业环境

（四）加强审批管理服务。开通行业准入办理绿色通道，对需要办理相关行业准入许可的，实行多部门联合办公、一站式审批。在政府指定的场所和时间内销售农副产品、日常生活用品，或者个人利用自己的技能从事依法无须取得许可的便民劳务活动，无须办理营业执照。加大"放管服"改革力度，引导劳动者规范有序经营。（市场监管总局和地方各级人民政府按职责分工负责）

（五）取消部分收费。取消涉及灵活就业的行政事业性收费，对经批准占道经营的免征城市道路占用费。建立公开投诉举报渠道，依法查处违规收费行为。（财政部、住房城乡建设部、市场监管总局和地方各级人民政府按职责分工负责）

（六）提供低成本场地支持。落实阶段性减免国有房产租金政策，鼓励各类业主减免或缓收房租，帮助个体经营者等灵活就业人员减轻房租负担。有条件的地方可将社区综合服务设施闲置空间、非必要办公空间改造为免费经营场地，优先向下岗失业人员、高校毕业生、农民工、就业困难人员提供。（国家发展改革委、民政部、住房城乡建设部和地方各级人民政府按职责分工负责）

四、加大对灵活就业保障支持

（七）推动新职业发布和应用。密切跟踪经济社会发展、互联网技术应用和职业活动新变化，广泛征求社会各方面对新职业的意见建议，动态发布社会需要的新职业、更新职业分类，引导直播销售、网约配送、社群健康等更多新就业形态发展。及时制定新职业标准，推出新职业培训课程。完善统计监测制度，探索建立新就业形态统计监测指标。（人力资源社会保障部、国家统计局等负责。列第一位者为牵头单位，下同）

（八）开展针对性培训。将有创业意愿的灵活就业人员纳入创业培训范围，组织开展开办店铺、市场分析、经营策略等方面的创业培训，促进提升创业能力和创业成功率。支持各类院校、培训机构、互联网平台企业，更多组织开展养老、托幼、家

政、餐饮、维修、美容美发等技能培训和新兴产业、先进制造业、现代服务业等领域新职业技能培训，推进线上线下结合，灵活安排培训时间和培训方式，按规定落实职业培训补贴和培训期间生活费补贴，增强劳动者就业能力。（人力资源社会保障部、教育部、财政部等负责）

（九）优化人力资源服务。把灵活就业岗位供求信息纳入公共就业服务范围，开设灵活就业专区专栏，免费发布供求信息，按需组织专场招聘，送岗位进基层进社区，提供职业指导等服务。指导企业规范开展用工余缺调剂，帮助有"共享用工"需求的企业精准、高效匹配人力资源。有条件的城市可选择交通便利、人员求职集中的地点设立劳务市场或零工市场，组织劳务对接洽谈，加强疫情防控、秩序维护和安全管理。鼓励各类人力资源服务机构为灵活就业人员提供规范有序的求职招聘、技能培训、人力资源外包等专业化服务，按规定给予就业创业服务补助。（人力资源社会保障部、财政部等负责）

（十）维护劳动保障权益。研究制定平台就业劳动保障政策，明确互联网平台企业在劳动者权益保护方面的责任，引导互联网平台企业、关联企业与劳动者协商确定劳动报酬、休息休假、职业安全保障等事项，引导产业（行业、地方）工会与行业协会或行业企业代表协商制定行业劳动定额标准、工时标准、奖惩办法等行业规范。依法纠正拖欠劳动报酬等违法违规行为。持续深入推进工程建设领域农民工按项目参加工伤保险，有针对性地做好工伤预防工作。（人力资源社会保障部、应急部、全国总工会等按职责分工负责）

（十一）加大对困难灵活就业人员帮扶力度。2020年缴纳基本养老保险费确有困难的灵活就业人员，可按规定自愿暂缓缴费。对符合条件的灵活就业人员，及时按规定纳入最低生活保障、临时救助范围。（民政部、财政部、人力资源社会保障部、税务总局等按职责分工负责）

五、切实加强组织实施

（十二）强化组织领导。地方各级人民政府特别是市、县级人民政府要切实履行稳就业主体责任，把支持多渠道灵活就业作为就业工作重要内容，结合实际创新工作举措，加强规范引导，完善监督管理，促进灵活就业健康发展。各级人民政府要统筹用好就业补助资金和其他稳就业、保就

业的资金,保障灵活就业扶持政策落实。各有关部门要同向发力、分工合作,坚持问题导向,完善政策措施,共同破解工作难题。(各有关部门、单位和地方各级人民政府按职责分工负责)

(十三)加强激励督导。各地区各有关部门要加强督促检查和政策实施情况评估,狠抓政策落实,简化手续,提高效率,确保灵活就业人员便捷享受各项支持政策和就业创业服务。将支持多渠道灵活就业有关工作纳入文明城市创建和测评内容。对灵活就业政策落实好、发展环境优、工作成效显著的城市,优先纳入创业型城市创建范围。(中央文明办、人力资源社会保障部和地方各级人民政府按职责分工负责)

(十四)注重舆论引导。充分利用各种宣传渠道和媒介,大力宣传支持灵活就业的政策措施和典型做法,宣传自主就业创业和灵活就业的典型事迹。建立舆情监测和处置机制,积极主动回应社会关切,营造良好舆论氛围。(各有关部门、单位和地方各级人民政府按职责分工负责)

就业补助资金管理办法

· 2017 年 10 月 13 日
· 财社〔2017〕164 号

第一章 总 则

第一条 为落实好各项就业政策,规范就业补助资金管理,提高资金使用效益,根据《中华人民共和国预算法》《中华人民共和国就业促进法》等相关法律法规,制定本办法。

第二条 本办法所称就业补助资金是由县级以上人民政府设立,由本级财政部门会同人力资源社会保障部门(以下简称人社部门)管理,通过一般公共预算安排用于促进就业创业的专项资金。

第三条 就业补助资金管理应遵循以下原则:

(一)注重普惠,重点倾斜。落实国家普惠性的就业创业政策,重点支持就业困难群体就业创业,适度向中西部地区、就业工作任务重地区倾斜,促进各类劳动者公平就业,推动地区间就业协同发展。

(二)奖补结合,激励相容。优化机制设计,奖补结合,充分发挥各级政策执行部门、政策对象等积极性。

(三)易于操作,精准效能。提高政策可操作性和精准性,加强监督与控制,以绩效导向、结果导向强化就业补助资金管理。

第二章 资金支出范围

第四条 就业补助资金分为对个人和单位的补贴、公共就业服务能力建设补助两类。

对个人和单位的补贴资金用于职业培训补贴、职业技能鉴定补贴、社会保险补贴、公益性岗位补贴、创业补贴、就业见习补贴、求职创业补贴等支出;公共就业服务能力建设补助资金用于就业创业服务补助和高技能人才培养补助等支出。

同一项目就业补助资金补贴与失业保险待遇有重复的,个人和单位不可重复享受。

第五条 享受职业培训补贴的人员范围包括:贫困家庭子女、毕业年度高校毕业生(含技师学院高级工班、预备技师班和特殊教育院校职业教育类毕业生,下同)、城乡未继续升学的应届初高中毕业生、农村转移就业劳动者、城镇登记失业人员(以下简称五类人员),以及符合条件的企业职工。

职业培训补贴用于以下方面:

(一)五类人员就业技能培训和创业培训。对参加就业技能培训和创业培训的五类人员,培训后取得职业资格证书的(或职业技能等级证书、专项职业能力证书、培训合格证书,下同),给予一定标准的职业培训补贴。各地应当精准对接产业发展需求和受教育者需求,定期发布重点产业职业培训需求指导目录,对指导目录内的职业培训,可适当提高补贴标准。对为城乡未继续升学的应届初高中毕业生垫付劳动预备制培训费的培训机构,给予一定标准的职业培训补贴。其中农村学员和城市低保家庭学员参加劳动预备制培训的,同时给予一定标准的生活费补贴。

(二)符合条件的企业职工岗位技能培训。对企业新录用的五类人员,与企业签订 1 年以上期限劳动合同、并于签订劳动合同之日起 1 年内参加由企业依托所属培训机构或政府认定的培训机构开展岗位技能培训的,在取得职业资格证书后给予职工个人或企业一定标准的职业培训补贴。

对按国家有关规定参加企业新型学徒制培训、技师培训的企业在职职工，培训后取得职业资格证书的，给予职工个人或企业一定标准的职业培训补贴。

（三）符合条件人员项目制培训。各地人社、财政部门可通过项目制方式，向政府认定的培训机构整建制购买就业技能培训或创业培训项目，为化解钢铁煤炭煤电行业过剩产能企业失业人员（以下简称去产能失业人员）、建档立卡贫困劳动力免费提供就业技能培训或创业培训。对承担项目制培训任务的培训机构，给予一定标准的职业培训补贴。

第六条 对通过初次职业技能鉴定并取得职业资格证书（不含培训合格证）的五类人员，给予职业技能鉴定补贴。对纳入重点产业职业资格和职业技能等级评定指导目录的，可适当提高补贴标准。

第七条 享受社会保险补贴的人员范围包括：符合《就业促进法》规定的就业困难人员和高校毕业生。

社会保险补贴用于以下方面：

（一）就业困难人员社会保险补贴。对招用就业困难人员并缴纳社会保险费的单位，以及通过公益性岗位安置就业困难人员并缴纳社会保险费的单位，按其为就业困难人员实际缴纳的基本养老保险费、基本医疗保险费和失业保险费给予补贴，不包括就业困难人员个人应缴纳的部分。对就业困难人员灵活就业后缴纳的社会保险费，给予一定数额的社会保险补贴，补贴标准原则上不超过其实际缴费的2/3。就业困难人员社会保险补贴期限，除对距法定退休年龄不足5年的就业困难人员可延长至退休外，其余人员最长不超过3年（以初次核定其享受社会保险补贴时年龄为准）。

（二）高校毕业生社会保险补贴。对招用毕业年度高校毕业生，与之签订1年以上劳动合同并为其缴纳社会保险费的小微企业，给予最长不超过1年的社会保险补贴，不包括高校毕业生个人应缴纳的部分。对离校1年内未就业的高校毕业生灵活就业后缴纳的社会保险费，给予一定数额的社会保险补贴，补贴标准原则上不超过其实际缴费的2/3，补贴期限最长不超过2年。

第八条 享受公益性岗位补贴的人员范围为就业困难人员，重点是大龄失业人员和零就业家庭人员。

对公益性岗位安置的就业困难人员给予岗位补贴，补贴标准参照当地最低工资标准执行。

公益性岗位补贴期限，除对距法定退休年龄不足5年的就业困难人员可延长至退休外，其余人员最长不超过3年（以初次核定其享受公益性岗位补贴时年龄为准）。

第九条 对首次创办小微企业或从事个体经营，且所创办企业或个体工商户自工商登记注册之日起正常运营1年以上的离校2年内高校毕业生、就业困难人员，试点给予一次性创业补贴。具体试点办法由省级财政、人社部门另行制定。

第十条 享受就业见习补贴的人员范围为离校2年内未就业高校毕业生，艰苦边远地区、老工业基地、国家级贫困县可扩大至离校2年内未就业中职毕业生。对吸纳上述人员参加就业见习的单位，给予一定标准的就业见习补贴，用于见习单位支付见习人员见习期间基本生活费、为见习人员办理人身意外伤害保险，以及对见习人员的指导管理费用。对见习人员见习期满留用率达到50%以上的单位，可适当提高见习补贴标准。

第十一条 对在毕业年度有就业创业意愿并积极求职创业的低保家庭、贫困残疾人家庭、建档立卡贫困家庭和特困人员中的高校毕业生，残疾及获得国家助学贷款的高校毕业生，给予一次性求职创业补贴。

第十二条 就业创业服务补助用于加强公共就业创业服务机构服务能力建设，重点支持信息网络系统建设及维护，公共就业创业服务机构及其与高校开展的招聘活动和创业服务，对创业孵化基地给予奖补，以及向社会购买基本就业创业服务成果。

第十三条 高技能人才培养补助重点用于高技能人才培训基地建设和技能大师工作室建设等支出。

第十四条 其他支出是指各地经省级人民政府批准，符合中央专项转移支付相关管理规定，确需新增的项目支出。

第十五条 就业补助资金中对个人和单位的补贴资金的具体标准，在符合以上原则规定的基础上，由省级财政、人社部门结合当地实际确定。各地要严格控制就业创业服务补助的支出比例。

第十六条　就业补助资金不得用于以下支出：

（一）办公用房建设支出。

（二）职工宿舍建设支出。

（三）购置交通工具支出。

（四）发放工作人员津贴补贴等支出。

（五）"三公"经费支出。

（六）普惠金融项下创业担保贷款（原小额担保贷款，下同）贴息及补充创业担保贷款基金相关支出。

（七）部门预算已安排支出。

（八）法律法规禁止的其他支出。

个人、单位按照本办法申领获得的补贴资金，具体用途可由申请人或申请单位确定，不受本条规定限制。

第三章　资金分配与下达

第十七条　中央财政就业补助资金实行因素法分配。

分配因素包括基础因素、投入因素和绩效因素三类。其中：

（一）基础因素主要根据劳动力人口等指标，重点考核就业工作任务量。

（二）投入因素主要根据地方政府就业补助资金的安排使用等指标，重点考核地方投入力度。

（三）绩效因素主要根据各地失业率和新增就业人数等指标，重点考核各地落实各项就业政策的成效。

每年分配资金选择的因素、权重、方式及增减幅上下限，可根据年度就业整体形势和工作任务重点适当调整。

第十八条　地方可对公共就业服务能力建设补助资金中的高技能人才培养补助资金，实行项目管理，各地人社部门应当编制高技能人才培养中长期规划，确定本地区支持的高技能人才重点领域。

各省级人社部门每年需会同财政部门组织专家对拟实施高技能人才培养项目进行评审，省级财政部门会同人社部门根据评审结果给予定额补助，评审结果需报人力资源社会保障部和财政部备案。

第十九条　财政部会同人力资源社会保障部于每年10月31日前将下一年度就业补助资金预计数下达至各省级财政和人社部门；每年在全国

人民代表大会审查批准中央预算后90日内，正式下达中央财政就业补助资金预算。

第二十条　各省级财政、人社部门应在收到中央财政就业补助资金后30日内，正式下达到市、县级财政和人社部门；省、市级财政、人社部门应当将本级政府预算安排给下级政府的就业补助资金在本级人民代表大会批准预算后60日内正式下达到下级财政、人社部门。

地方各级财政、人社部门应对其使用的就业补助资金提出明确的资金管理要求，及时组织实施各项就业创业政策。

第二十一条　就业补助资金应按照财政部关于专项转移支付绩效目标管理的规定，做好绩效目标的设定、审核、下达工作。

第四章　资金申请与使用

第二十二条　职业培训补贴实行"先垫后补"和"信用支付"等办法。有条件的地区应探索为劳动者建立职业培训个人信用账户，鼓励劳动者自主选择培训机构和课程，并通过信用账户支付培训费用。

申请职业培训补贴资金根据资金的具体用途分别遵循以下要求：

（一）五类人员申请就业技能培训和创业培训补贴应向当地人社部门提供以下材料：《就业创业证》（或《就业失业登记证》、《社会保障卡》，下同）复印件、职业资格证书复印件、培训机构开具的行政事业性收费票据（或税务发票，下同）等。

（二）职业培训机构为城乡未继续升学的初高中毕业生、贫困家庭子女、城镇登记失业人员代为申请职业培训补贴的，还应提供以下材料：身份证复印件（城镇登记失业人员凭《就业创业证》复印件）、初高中毕业证书复印件、代为申请协议；城市低保家庭学员的生活费补贴申请材料还应附城市居民最低生活保障证明材料。

（三）符合条件的企业在职职工申请技能培训补贴应向当地人社部门提供以下材料：职业资格证书复印件、培训机构出具的行政事业性收费票据等。企业为在职职工申请新型学徒制培训补贴应提供以下材料：职业资格证书复印件、培训机构出具的行政事业性收费票据等。企业在开展技师培训或新型学徒制培训前，还应将培训计划、培训人员花名册、劳动合同复印件等有关材料报当地人社部门备案。

（四）职业培训机构为去产能失业人员、建档立卡贫困劳动力开展项目制培训的，申请补贴资金应向委托培训的人社部门提供以下材料：身份证复印件、职业资格证书复印件、培训机构开具的行政事业性收费票据、培训计划和大纲、培训内容和教材、授课教师信息、全程授课视频资料等。培训机构在开展项目制培训前，还应将培训计划和大纲、培训人员花名册等有关材料报当地人社部门备案。

上述申请材料经人社部门审核后，对五类人员和企业在职职工个人申请的培训补贴或生活费补贴资金，按规定支付到申请者本人个人银行账户或个人信用账户；对企业和培训机构代为申请或直补培训机构的培训补贴资金，按规定支付到企业和培训机构在银行开立的基本账户。

第二十三条　五类人员申请职业技能鉴定补贴应向当地人社部门提供以下材料：《就业创业证》复印件、职业资格证书复印件、职业技能鉴定机构开具的行政事业性收费票据（或税务发票）等。经人社部门审核后，按规定将补贴资金支付到申请者本人个人银行账户。

第二十四条　社会保险补贴实行"先缴后补"，并根据资金具体用途分别遵循以下要求：

（一）招用就业困难人员的单位和招用毕业年度高校毕业生的小微企业，申请社会保险补贴应向当地人社部门提供以下材料：符合条件人员名单、《就业创业证》复印件或毕业证书复印件、劳动合同复印件、社会保险费征缴机构出具的社会保险缴费明细账（单）等。

（二）灵活就业的就业困难人员和灵活就业的离校1年内高校毕业生，申请社会保险补贴应向当地人社部门提供以下材料：《就业创业证》复印件或毕业证书复印件、灵活就业证明材料、社会保险费征缴机构出具的社会保险缴费明细账（单）等。

（三）通过公益性岗位安置就业困难人员的单位，申请社会保险补贴应向当地人社部门提供以下材料：《就业创业证》复印件、享受社会保险补贴年限证明材料、社会保险费征缴机构出具的社会保险缴费明细账（单）等。

上述资金经人社部门审核后，按规定将补贴资金支付到单位在银行开立的基本账户或申请者本人个人银行账户。

第二十五条　通过公益性岗位安置就业困难人员的单位，申请公益性岗位补贴应向当地人社部门提供以下材料：《就业创业证》复印件、享受公益性岗位补贴年限证明材料、单位发放工资明细账（单）等。经人社部门审核后，按规定将补贴资金支付到单位在银行开立的基本账户或公益性岗位安置人员本人个人银行账户。

第二十六条　吸纳离校2年内未就业高校毕业生参加就业见习的单位，申请就业见习补贴应向当地人社部门提供以下材料：参加就业见习的人员名单、就业见习协议书、《就业创业证》复印件、毕业证书复印件、单位发放基本生活补助明细账（单）、为见习人员办理人身意外伤害保险发票复印件等。经人社部门审核后，按规定将补贴资金支付到单位在银行开立的基本账户。

第二十七条　符合条件的高校毕业生所在高校申请求职创业补贴应向当地人社部门提供以下材料：毕业生获得国家助学贷款（或享受低保、身有残疾、建档立卡贫困家庭、贫困残疾人家庭、特困救助供养）证明材料、毕业证书（或学籍证明）复印件等。申请材料经毕业生所在高校初审报当地人社部门审核后，按规定将补贴资金支付到毕业生本人个人银行账户。

第二十八条　县级以上财政、人社部门可通过就业创业服务补助资金，支持下级公共就业服务机构加强其人力资源市场信息网络系统建设。对于基层公共就业服务机构承担的免费公共就业服务和创业孵化基地开展的创业孵化服务，应根据工作量、专业性和成效等，给予一定的补助。对公共就业创业服务机构及其与高校开展的招聘活动和创业服务，应根据服务人数、成效和成本等，给予一定的补助。

县级以上财政、人社部门可按政府购买服务相关规定，向社会购买基本就业创业服务成果，具体范围和办法由省级财政、人社部门确定。

第二十九条　各地应当结合区域经济发展、产业振兴发展规划和新兴战略性产业发展的需要，依托具备高技能人才培训能力的职业培训机构和城市公共实训基地，建设高技能人才培训基地，重点开展高技能人才研修提升培训、高技能人才评价、职业技能竞赛、高技能人才课程研发、高技能人才成果交流等活动。

各地应当发挥高技能领军人才在带徒传技、技能攻关、技艺传承、技能推广等方面的重要作用,选拔行业、企业生产、服务一线的优秀高技能人才,依托其所在单位建设技能大师工作室,开展培训、研修、攻关、交流等技能传承提升活动。

高技能人才培养补助资金使用具体范围由省级财政、人社部门结合实际情况,按照现行规定确定。

第三十条　地方各级人社、财政部门应当进一步优化业务流程,积极推进网上申报、网上审核、联网核查。对能依托管理信息系统或与相关单位信息共享、业务协同获得的个人及单位信息、资料的,可直接审核拨付补贴资金,不再要求单位及个人报送纸质材料。

第三十一条　就业补助资金的支付,按财政国库管理制度相关规定执行。

第五章　资金管理与监督

第三十二条　地方各级财政、人社部门应当建立健全财务管理规章制度,强化内部财务管理,优化业务流程,加强内部风险防控。

地方各级人社部门应当建立和完善就业补助资金发放台账,做好就业补助资金使用管理的基础工作,有效甄别享受补贴政策人员和单位的真实性,防止出现造假行为。落实好政府采购等法律法规的有关规定,规范采购行为。加强信息化建设,将享受补贴人员、项目补助单位、资金标准、预算安排和执行等情况及时纳入管理信息系统,并实现与财政部门的信息共享。

第三十三条　各地财政、人社部门应当建立完善科学规范的绩效评价指标体系,积极推进就业补助资金的绩效管理。财政部和人力资源社会保障部应当根据各地就业工作情况,定期委托第三方进行就业补助资金绩效评价。地方各级财政、人社部门应当对本地区就业补助资金使用情况进行绩效评价,并将评价结果作为就业补助资金分配的重要依据。

第三十四条　各级财政部门应当加快资金拨付进度,减少结转结余。人社部门要按照本办法规定积极推动落实就业创业扶持政策,确保资金用出成效。

第三十五条　各级财政、人社部门应当将就业补助资金管理使用情况列入重点监督检查范围,有条件的地方,可聘请具备资质的社会中介机构开展第三方监督检查,自觉接受审计等部门的检查和社会监督。

第三十六条　地方各级财政、人社部门应当按照财政预决算管理的总体要求,做好年度预决算工作。

第三十七条　各级人社、财政部门应当做好信息公开工作,通过当地媒体、部门网站等向社会公开年度就业工作总体目标、工作任务完成、各项补贴资金的使用等情况。

各项补贴资金的使用情况公开内容包括:享受各项补贴的单位名称或人员名单(含身份证号码)、补贴标准及具体金额等。其中,职业培训补贴还应公开培训的内容、取得的培训成果等;公益性岗位补贴还应公开公益性岗位名称、设立单位、安置人员名单、享受补贴时间等;求职创业补贴应在各高校初审时先行在校内公示。

第三十八条　各级财政、人社部门应当建立就业补助资金"谁使用、谁负责"的责任追究机制。

各级财政、人社部门及其工作人员在就业补助资金的分配审核、使用管理等工作中,存在违反本办法规定的行为,以及其他滥用职权、玩忽职守、徇私舞弊等违法违纪行为的,依照《中华人民共和国预算法》《中华人民共和国公务员法》《中华人民共和国行政监察法》等国家有关法律法规追究相应责任。涉嫌犯罪的,依法移送司法机关处理。

对疏于管理、违规使用资金的地区,中央财政将相应扣减其下一年度就业补助资金;情节严重的,取消下一年度其获得就业补助资金的资格,并在全国范围内予以通报。

第六章　附　则

第三十九条　省级财政、人社部门可根据各地实际情况,依照本办法制定就业补助资金管理和使用的具体实施办法。

第四十条　本办法自发布之日起施行。《财政部 人力资源社会保障部关于印发〈就业补助资金管理暂行办法〉的通知》(财社〔2015〕290号)同时废止。

关于维护新就业形态劳动者劳动保障权益的指导意见

· 2021 年 7 月 16 日
· 人社部发〔2021〕56 号

各省、自治区、直辖市人民政府、高级人民法院、总工会，新疆生产建设兵团，新疆维吾尔自治区高级人民法院生产建设兵团分院，新疆生产建设兵团总工会：

近年来，平台经济迅速发展，创造了大量就业机会，依托互联网平台就业的网约配送员、网约车驾驶员、货车司机、互联网营销师等新就业形态劳动者数量大幅增加，维护劳动者劳动保障权益面临新情况新问题。为深入贯彻落实党中央、国务院决策部署，支持和规范发展新就业形态，切实维护新就业形态劳动者劳动保障权益，促进平台经济规范健康持续发展，经国务院同意，现提出以下意见：

一、规范用工，明确劳动者权益保障责任

（一）指导和督促企业依法合规用工，积极履行用工责任，稳定劳动者队伍。主动关心关爱劳动者，努力改善劳动条件，拓展职业发展空间，逐步提高劳动者权益保障水平。培育健康向上的企业文化，推动劳动者共享企业发展成果。

（二）符合确立劳动关系情形的，企业应当依法与劳动者订立劳动合同。不完全符合确立劳动关系情形但企业对劳动者进行劳动管理（以下简称不完全符合确立劳动关系情形）的，指导企业与劳动者订立书面协议，合理确定企业与劳动者的权利义务。个人依托平台自主开展经营活动、从事自由职业等，按照民事法律调整双方的权利义务。

（三）平台企业采取劳务派遣等合作用工方式组织劳动者完成平台工作的，应选择具备合法经营资质的企业，并对其保障劳动者权益情况进行监督。平台企业采用劳务派遣方式用工的，依法履行劳务派遣用工单位责任。对采取外包等其他合作用工方式，劳动者权益受到损害的，平台企业依法承担相应责任。

二、健全制度，补齐劳动者权益保障短板

（四）落实公平就业制度，消除就业歧视。企业招用劳动者不得违法设置性别、民族、年龄等歧视性条件，不得以缴纳保证金、押金或者其他名义向劳动者收取财物，不得违法限制劳动者在多平台就业。

（五）健全最低工资和支付保障制度，推动将不完全符合确立劳动关系情形的新就业形态劳动者纳入制度保障范围。督促企业向提供正常劳动的劳动者支付不低于当地最低工资标准的劳动报酬，按时足额支付，不得克扣或者无故拖欠。引导企业建立劳动报酬合理增长机制，逐步提高劳动报酬水平。

（六）完善休息制度，推动行业明确劳动定员定额标准，科学确定劳动者工作量和劳动强度。督促企业按规定合理确定休息办法，在法定节假日支付高于正常工作时间劳动报酬的合理报酬。

（七）健全并落实劳动安全卫生责任制，严格执行国家劳动安全卫生保护标准。企业要牢固树立安全"红线"意识，不得制定损害劳动者安全健康的考核指标。要严格遵守安全生产相关法律法规，落实全员安全生产责任制，建立健全安全生产规章制度和操作规程，配备必要的劳动安全卫生设施和劳动防护用品，及时对劳动工具的安全和合规状态进行检查，加强安全生产和职业卫生教育培训，重视劳动者身心健康，及时开展心理疏导。强化恶劣天气等特殊情形下的劳动保护，最大限度减少安全生产事故和职业病危害。

（八）完善基本养老保险、医疗保险相关政策，各地要放宽灵活就业人员在就业地参加基本养老、基本医疗保险的户籍限制，个别超大型城市难以一步实现的，要结合本地实际，积极创造条件逐步放开。组织未参加职工基本养老、职工基本医疗保险的灵活就业人员，按规定参加城乡居民基本养老、城乡居民基本医疗保险，做到应保尽保。督促企业依法参加社会保险。企业要引导和支持不完全符合确立劳动关系情形的新就业形态劳动者根据自身情况参加相应的社会保险。

（九）强化职业伤害保障，以出行、外卖、即时配送、同城货运等行业的平台企业为重点，组织开展平台灵活就业人员职业伤害保障试点，平台企业应当按规定参加。采取政府主导、信息化引领和社会力量承办相结合的方式，建立健全职业伤害保障管理服务规范和运行机制。鼓励平台企业通过购买人身意外、雇主责任等商业保险，提升平台灵活就业人员保障水平。

（十）督促企业制定修订平台进入退出、订单分配、计件单价、抽成比例、报酬构成及支付、工作时间、奖惩等直接涉及劳动者权益的制度规则和平台算法，充分听取工会或劳动者代表的意见建议，将结果公示并告知劳动者。工会或劳动者代表提出协商要求的，企业应当积极响应，并提供必要的信息和资料。指导企业建立健全劳动者申诉机制，保障劳动者的申诉得到及时回应和客观公正处理。

三、提升效能，优化劳动者权益保障服务

（十一）创新方式方法，积极为各类新就业形态劳动者提供个性化职业介绍、职业指导、创业培训等服务，及时发布职业薪酬和行业人工成本信息等，为企业和劳动者提供便捷化的劳动保障、税收、市场监管等政策咨询服务，便利劳动者求职就业和企业招工用工。

（十二）优化社会保险经办，探索适合新就业形态的社会保险经办服务模式，在参保缴费、权益查询、待遇领取和结算等方面提供更加便捷的服务，做好社会保险关系转移接续工作，提高社会保险经办服务水平，更好保障参保人员公平享受各项社会保险待遇。

（十三）建立适合新就业形态劳动者的职业技能培训模式，保障其平等享有培训的权利。对各类新就业形态劳动者在就业地参加职业技能培训的，优化职业技能培训补贴申领、发放流程，加大培训补贴资金直补企业工作力度，符合条件的按规定给予职业技能培训补贴。健全职业技能等级制度，支持符合条件的企业按规定开展职业技能等级认定。完善职称评审政策，畅通新就业形态劳动者职称申报评价渠道。

（十四）加快城市综合服务网点建设，推动在新就业形态劳动者集中居住区、商业区设置临时休息场所，解决停车、充电、饮水、如厕等难题，为新就业形态劳动者提供工作生活便利。

（十五）保障符合条件的新就业形态劳动者子女在常住地平等接受义务教育的权利。推动公共文体设施向劳动者免费或低收费开放，丰富公共文化产品和服务供给。

四、齐抓共管，完善劳动者权益保障工作机制

（十六）保障新就业形态劳动者权益是稳定就业、改善民生、加强社会治理的重要内容。各地区要加强组织领导，强化责任落实，切实做好新就业形态劳动者权益保障各项工作。人力资源社会保障部、国家发展改革委、交通运输部、应急部、市场监管总局、国家医保局、最高人民法院、全国总工会等部门和单位要认真履行职责，强化工作协同，将保障劳动者权益纳入数字经济协同治理体系，建立平台企业用工情况报告制度，健全劳动者权益保障联合激励惩戒机制，完善相关政策措施和司法解释。

（十七）各级工会组织要加强组织和工作有效覆盖，拓宽维权和服务范围，积极吸纳新就业形态劳动者加入工会。加强对劳动者的思想政治引领，引导劳动者理性合法维权。监督企业履行用工责任，维护好劳动者权益。积极与行业协会、头部企业或企业代表组织开展协商，签订行业集体合同或协议，推动制定行业劳动标准。

（十八）各级法院和劳动争议调解仲裁机构要加强劳动争议办案指导，畅通裁审衔接，根据用工事实认定企业和劳动者的关系，依法依规处理新就业形态劳动者劳动保障权益案件。各类调解组织、法律援助机构及其他专业化社会组织要依法为新就业形态劳动者提供更加便捷、优质高效的纠纷调解、法律咨询、法律援助等服务。

（十九）各级人力资源社会保障行政部门要加大劳动保障监察力度，督促企业落实新就业形态劳动者权益保障责任，加强治理拖欠劳动报酬、违法超时加班等突出问题，依法维护劳动者权益。各级交通运输、应急、市场监管等职能部门和行业主管部门要规范企业经营行为，加大监管力度，及时约谈、警示、查处侵害劳动者权益的企业。

各地区各有关部门要认真落实本意见要求，出台具体实施办法，加强政策宣传，积极引导社会舆论，增强新就业形态劳动者职业荣誉感，努力营造良好环境，确保各项劳动保障权益落到实处。

2. 就业服务与管理

人力资源市场暂行条例

· 2018 年 5 月 2 日国务院第 7 次常务会议通过
· 2018 年 6 月 29 日中华人民共和国国务院令第 700 号公布
· 自 2018 年 10 月 1 日起施行

第一章 总 则

第一条 为了规范人力资源市场活动,促进人力资源合理流动和优化配置,促进就业创业,根据《中华人民共和国就业促进法》和有关法律,制定本条例。

第二条 在中华人民共和国境内通过人力资源市场求职、招聘和开展人力资源服务,适用本条例。

法律、行政法规和国务院规定对求职、招聘和开展人力资源服务另有规定的,从其规定。

第三条 通过人力资源市场求职、招聘和开展人力资源服务,应当遵循合法、公平、诚实信用的原则。

第四条 国务院人力资源社会保障行政部门负责全国人力资源市场的统筹规划和综合管理工作。

县级以上地方人民政府人力资源社会保障行政部门负责本行政区域人力资源市场的管理工作。

县级以上人民政府发展改革、教育、公安、财政、商务、税务、市场监督管理等有关部门在各自职责范围内做好人力资源市场的管理工作。

第五条 国家加强人力资源服务标准化建设,发挥人力资源服务标准在行业引导、服务规范、市场监管等方面的作用。

第六条 人力资源服务行业协会应当依照法律、法规、规章及其章程的规定,制定行业自律规范,推进行业诚信建设,提高服务质量,对会员的人力资源服务活动进行指导、监督,依法维护会员合法权益,反映会员诉求,促进行业公平竞争。

第二章 人力资源市场培育

第七条 国家建立统一开放、竞争有序的人力资源市场体系,发挥市场在人力资源配置中的决定性作用,健全人力资源开发机制,激发人力资源创新创造创业活力,促进人力资源市场繁荣发展。

第八条 国家建立政府宏观调控、市场公平竞争、单位自主用人、个人自主择业、人力资源服务机构诚信服务的人力资源流动配置机制,促进人力资源自由有序流动。

第九条 县级以上人民政府应当将人力资源市场建设纳入国民经济和社会发展规划,运用区域、产业、土地等政策,推进人力资源市场建设,发展专业性、行业性人力资源市场,鼓励并规范高端人力资源服务等业态发展,提高人力资源服务业发展水平。

国家鼓励社会力量参与人力资源市场建设。

第十条 县级以上人民政府建立覆盖城乡和各行业的人力资源市场供求信息系统,完善市场信息发布制度,为求职、招聘提供服务。

第十一条 国家引导和促进人力资源在机关、企业、事业单位、社会组织之间以及不同地区之间合理流动。任何地方和单位不得违反国家规定在户籍、地域、身份等方面设置限制人力资源流动的条件。

第十二条 人力资源社会保障行政部门应当加强人力资源市场监管,维护市场秩序,保障公平竞争。

第十三条 国家鼓励开展平等、互利的人力资源国际合作与交流,充分开发利用国际国内人力资源。

第三章 人力资源服务机构

第十四条 本条例所称人力资源服务机构,包括公共人力资源服务机构和经营性人力资源服务机构。

公共人力资源服务机构,是指县级以上人民政府设立的公共就业和人才服务机构。

经营性人力资源服务机构,是指依法设立的从事人力资源服务经营活动的机构。

第十五条 公共人力资源服务机构提供下列服务,不得收费:

（一）人力资源供求、市场工资指导价位、职业培训等信息发布；

（二）职业介绍、职业指导和创业开业指导；

（三）就业创业和人才政策法规咨询；

（四）对就业困难人员实施就业援助；

（五）办理就业登记、失业登记等事务；

（六）办理高等学校、中等职业学校、技工学校毕业生接收手续；

（七）流动人员人事档案管理；

（八）县级以上人民政府确定的其他服务。

第十六条　公共人力资源服务机构应当加强信息化建设，不断提高服务质量和效率。

公共人力资源服务经费纳入政府预算。人力资源社会保障行政部门应当依法加强公共人力资源服务经费管理。

第十七条　国家通过政府购买服务等方式支持经营性人力资源服务机构提供公益性人力资源服务。

第十八条　经营性人力资源服务机构从事职业中介活动的，应当依法向人力资源社会保障行政部门申请行政许可，取得人力资源服务许可证。

经营性人力资源服务机构开展人力资源供求信息的收集和发布、就业和创业指导、人力资源管理咨询、人力资源测评、人力资源培训、承接人力资源服务外包等人力资源服务业务的，应当自开展业务之日起15日内向人力资源社会保障行政部门备案。

经营性人力资源服务机构从事劳务派遣业务的，执行国家有关劳务派遣的规定。

第十九条　人力资源社会保障行政部门应当自收到经营性人力资源服务机构从事职业中介活动的申请之日起20日内依法作出行政许可决定。符合条件的，颁发人力资源服务许可证；不符合条件的，作出不予批准的书面决定并说明理由。

第二十条　经营性人力资源服务机构设立分支机构的，应当自工商登记办理完毕之日起15日内，书面报告分支机构所在地人力资源社会保障行政部门。

第二十一条　经营性人力资源服务机构变更名称、住所、法定代表人或者终止经营活动的，应当自工商变更登记或者注销登记办理完毕之日起15日内，书面报告人力资源社会保障行政部门。

第二十二条　人力资源社会保障行政部门应

当及时向社会公布取得行政许可或者经过备案的经营性人力资源服务机构名单及其变更、延续等情况。

第四章　人力资源市场活动规范

第二十三条　个人求职，应当如实提供本人基本信息以及与应聘岗位相关的知识、技能、工作经历等情况。

第二十四条　用人单位发布或者向人力资源服务机构提供的单位基本情况、招聘人数、招聘条件、工作内容、工作地点、基本劳动报酬等招聘信息，应当真实、合法，不得含有民族、种族、性别、宗教信仰等方面的歧视性内容。

用人单位自主招用人员，需要建立劳动关系的，应当依法与劳动者订立劳动合同，并按照国家有关规定办理社会保险等相关手续。

第二十五条　人力资源流动，应当遵守法律、法规对服务期、从业限制、保密等方面的规定。

第二十六条　人力资源服务机构接受用人单位委托招聘人员，应当要求用人单位提供招聘简章、营业执照或者有关部门批准设立的文件、经办人的身份证件、用人单位的委托证明，并对所提供材料的真实性、合法性进行审查。

第二十七条　人力资源服务机构接受用人单位委托招聘人员或者开展其他人力资源服务，不得采取欺诈、暴力、胁迫或者其他不正当手段，不得以招聘为名牟取不正当利益，不得介绍单位或者个人从事违法活动。

第二十八条　人力资源服务机构举办现场招聘会，应当制定组织实施办法、应急预案和安全保卫工作方案，核实参加招聘会的招聘单位及其招聘简章的真实性、合法性，提前将招聘会信息向社会公布，并对招聘中的各项活动进行管理。

举办大型现场招聘会，应当符合《大型群众性活动安全管理条例》等法律法规的规定。

第二十九条　人力资源服务机构发布人力资源供求信息，应当建立健全信息发布审查和投诉处理机制，确保发布的信息真实、合法、有效。

人力资源服务机构在业务活动中收集用人单位和个人信息的，不得泄露或者违法使用所知悉的商业秘密和个人信息。

第三十条　经营性人力资源服务机构接受用人单位委托提供人力资源服务外包的，不得改变用人单位与个人的劳动关系,不得与用人单位串通侵害个人的合法权益。

第三十一条 人力资源服务机构通过互联网提供人力资源服务的,应当遵守本条例和国家有关网络安全、互联网信息服务管理的规定。

第三十二条 经营性人力资源服务机构应当在服务场所明示下列事项,并接受人力资源社会保障行政部门和市场监督管理、价格等主管部门的监督检查:

(一)营业执照;

(二)服务项目;

(三)收费标准;

(四)监督机关和监督电话。

从事职业中介活动的,还应当在服务场所明示人力资源服务许可证。

第三十三条 人力资源服务机构应当加强内部制度建设,健全财务管理制度,建立服务台账,如实记录服务对象、服务过程、服务结果等信息。服务台账应当保存2年以上。

第五章 监督管理

第三十四条 人力资源社会保障行政部门对经营性人力资源服务机构实施监督检查,可以采取下列措施:

(一)进入被检查单位进行检查;

(二)询问有关人员,查阅服务台账等服务信息档案;

(三)要求被检查单位提供与检查事项相关的文件资料,并作出解释和说明;

(四)采取记录、录音、录像、照相或者复制等方式收集有关情况和资料;

(五)法律、法规规定的其他措施。

人力资源社会保障行政部门实施监督检查时,监督检查人员不得少于2人,应当出示执法证件,并对被检查单位的商业秘密予以保密。

对人力资源社会保障行政部门依法进行的监督检查,被检查单位应当配合,如实提供相关资料和信息,不得隐瞒、拒绝、阻碍。

第三十五条 人力资源社会保障行政部门采取随机抽取检查对象、随机选派执法人员的方式实施监督检查。

监督检查的情况应当及时向社会公布。其中,行政处罚、监督检查结果可以通过国家企业信用信息公示系统或者其他系统向社会公示。

第三十六条 经营性人力资源服务机构应当在规定期限内,向人力资源社会保障行政部门提交经营情况年度报告。人力资源社会保障行政部门可以依法公示或者引导经营性人力资源服务机构依法公示年度报告的有关内容。

人力资源社会保障行政部门应当加强与市场监督管理等部门的信息共享。通过信息共享可以获取的信息,不得要求经营性人力资源服务机构重复提供。

第三十七条 人力资源社会保障行政部门应当加强人力资源市场诚信建设,把用人单位、个人和经营性人力资源服务机构的信用数据和失信情况等纳入市场诚信建设体系,建立守信激励和失信惩戒机制,实施信用分类监管。

第三十八条 人力资源社会保障行政部门应当按照国家有关规定,对公共人力资源服务机构进行监督管理。

第三十九条 在人力资源服务机构中,根据中国共产党章程及有关规定,建立党的组织并开展活动,加强对流动党员的教育监督和管理服务。人力资源服务机构应当为中国共产党组织的活动提供必要条件。

第四十条 人力资源社会保障行政部门应当畅通对用人单位和人力资源服务机构的举报投诉渠道,依法及时处理有关举报投诉。

第四十一条 公安机关应当依法查处人力资源市场的违法犯罪行为,人力资源社会保障行政部门予以配合。

第六章 法律责任

第四十二条 违反本条例第十八条第一款规定,未经许可擅自从事职业中介活动的,由人力资源社会保障行政部门予以关闭或者责令停止从事职业中介活动;有违法所得的,没收违法所得,并处1万元以上5万元以下的罚款。

违反本条例第十八条第二款规定,开展人力资源服务业务未备案,违反本条例第二十条、第二十一条规定,设立分支机构、办理变更或者注销登记未书面报告的,由人力资源社会保障行政部门责令改正;拒不改正的,处5000元以上1万元以下的罚款。

第四十三条 违反本条例第二十四条、第二十七条、第二十八条、第二十九条、第三十条、第三十一条规定,发布的招聘信息不真实、不合法,未依法开展人力资源服务业务的,由人力资源社会保障行政部门责令改正;有违法所得的,没收违法所得;拒不改正的,处1万元以上5万元以下的罚款;情节严重的,吊销人力资源服务许可证;给个人造成损害的,依法承担民事责任。违反其他法律、行政法规的,由有关主管部门依法给予处罚。

第四十四条 未按照本条例第三十二条规定明示有关事项,未按照本条例第三十三条规定建立健全内部制度或者保存服务台账,未按照本条例第三十六条规定提交经营情况年度报告的,由人力资源社会保障行政部门责令改正;拒不改正的,处5000元以上1万元以下的罚款。违反其他法律、行政法规的,由有关主管部门依法给予处罚。

第四十五条 公共人力资源服务机构违反本条例规定的,由上级主管机关责令改正;拒不改正的,对直接负责的主管人员和其他直接责任人员依法给予处分。

第四十六条 人力资源社会保障行政部门和有关主管部门及其工作人员有下列情形之一的,对直接负责的领导人员和其他直接责任人员依法给予处分:

(一)不依法作出行政许可决定;

(二)在办理行政许可或者备案、实施监督检查中,索取或者收受他人财物,或者谋取其他利益;

(三)不依法履行监督职责或者监督不力,造成严重后果;

(四)其他滥用职权、玩忽职守、徇私舞弊的情形。

第四十七条 违反本条例规定,构成违反治安管理行为的,依法给予治安管理处罚;构成犯罪的,依法追究刑事责任。

第七章 附 则

第四十八条 本条例自2018年10月1日起施行。

网络招聘服务管理规定

· 2020年12月18日人力资源和社会保障部令第44号公布
· 自2021年3月1日起施行

第一章 总 则

第一条 为了规范网络招聘服务,促进网络招聘服务业态健康有序发展,促进就业和人力资源流动配置,根据《中华人民共和国就业促进法》《中华人民共和国网络安全法》《中华人民共和国电子商务法》《人力资源市场暂行条例》《互联网信息服务管理办法》等法律、行政法规,制定本规定。

第二条 本规定所称网络招聘服务,是指人力资源服务机构在中华人民共和国境内通过互联网等信息网络,以网络招聘服务平台、平台内经营、自建网站或者其他网络服务方式,为劳动者求职和用人单位招用人员提供的求职、招聘服务。

人力资源服务机构包括公共人力资源服务机构和经营性人力资源服务机构。

第三条 国务院人力资源社会保障行政部门负责全国网络招聘服务的综合管理。

县级以上地方人民政府人力资源社会保障行政部门负责本行政区域网络招聘服务的管理工作。

县级以上人民政府有关部门在各自职责范围内依法对网络招聘服务实施管理。

第四条 从事网络招聘服务,应当遵循合法、公平、诚实信用的原则,履行网络安全和信息保护等义务,承担服务质量责任,接受政府和社会的监督。

第五条 对从事网络招聘服务的经营性人力资源服务机构提供公益性人力资源服务的,按照规定给予补贴或者通过政府购买服务等方式给予支持。

第六条 人力资源社会保障行政部门加强网络招聘服务标准化建设,支持企业、研究机构、高等学校、行业协会参与网络招聘服务国家标准、行业标准的制定。

第七条 人力资源服务行业协会应当依照法律、行政法规、规章及其章程的规定,加强网络招聘服务行业自律,推进行业诚信建设,促进行业公平竞争。

第二章 网络招聘服务活动准入

第八条 从事网络招聘服务,应当符合就业促进、人力资源市场管理、电信和互联网管理等法律、行政法规规定的条件。

第九条 经营性人力资源服务机构从事网络招聘服务,应当依法取得人力资源服务许可证。涉及经营电信业务的,还应当依法取得电信业务经营许可证。

第十条 对从事网络招聘服务的经营性人力资源服务机构,人力资源社会保障行政部门应当在其服务范围中注明"开展网络招聘服务"。

第十一条 网络招聘服务包括下列业务:

(一)为劳动者介绍用人单位;

(二)为用人单位推荐劳动者;

(三)举办网络招聘会;

(四)开展高级人才寻访服务;

(五)其他网络求职、招聘服务。

第十二条 从事网络招聘服务的经营性人力资源服务机构变更名称、住所、法定代表人或者终止网络招聘服务的,应当自市场主体变更登记或者注销登记办理完毕之日起 15 日内,书面报告人力资源社会保障行政部门,办理人力资源服务许可变更、注销。

第十三条 从事网络招聘服务的经营性人力资源服务机构应当依法在其网站、移动互联网应用程序等首页显著位置,持续公示营业执照、人力资源服务许可证等信息,或者上述信息的链接标识。

前款规定的信息发生变更的,从事网络招聘服务的经营性人力资源服务机构应当及时更新公示信息。

从事网络招聘服务的经营性人力资源服务机构自行终止从事网络招聘服务的,应当提前 30 日在首页显著位置持续公示有关信息。

第十四条 人力资源社会保障行政部门应当及时向社会公布从事网络招聘服务的经营性人力资源服务机构名单及其变更、注销等情况。

第三章 网络招聘服务规范

第十五条 用人单位向人力资源服务机构提供的单位基本情况、招聘人数、招聘条件、用工类型、工作内容、工作条件、工作地点、基本劳动报酬等网络招聘信息,应当合法、真实,不得含有民族、种族、性别、宗教信仰等方面的歧视性内容。

前款网络招聘信息不得违反国家规定在户籍、地域、身份等方面设置限制人力资源流动的条件。

第十六条 劳动者通过人力资源服务机构进行网络求职,应当如实提供本人基本信息以及与应聘岗位相关的知识、技能、工作经历等情况。

第十七条 从事网络招聘服务的人力资源服务机构应当建立完备的网络招聘信息管理制度,依法对用人单位所提供材料的真实性、合法性进行审查。审查内容应当包括以下方面:

(一)用人单位招聘简章;

(二)用人单位营业执照或者有关部门批准设立的文件;

(三)招聘信息发布经办人员的身份证明、用人单位的委托证明。

用人单位拟招聘外国人的,应当符合《外国人在中国就业管理规定》的有关要求。

第十八条 人力资源服务机构对其发布的网络求职招聘信息、用人单位对所提供的网络招聘信息应当及时更新。

第十九条 从事网络招聘服务的人力资源服务机构,不得以欺诈、暴力、胁迫或者其他不正当手段,牟取不正当利益。

从事网络招聘服务的经营性人力资源服务机构,不得向劳动者收取押金,应当明示其服务项目、收费标准等事项。

第二十条 从事网络招聘服务的人力资源服务机构应当按照国家网络安全法律、行政法规和网络安全等级保护制度要求,加强网络安全管理,履行网络安全保护义务,采取技术措施或者其他必要措施,确保招聘服务网络、信息系统和用户信息安全。

第二十一条 人力资源服务机构从事网络招聘服务时收集、使用其用户个人信息,应当遵守法律、行政法规有关个人信息保护的规定。

人力资源服务机构应当建立健全网络招聘服务用户信息保护制度,不得泄露、篡改、毁损或者非法出售、非法向他人提供其收集的个人公民身份号码、年龄、性别、住址、联系方式和用人单位经营状况等信息。

人力资源服务机构应当对网络招聘服务用户信息保护情况每年至少进行一次自查,记录自查情况,及时消除自查中发现的安全隐患。

第二十二条 从事网络招聘服务的人力资源服务机构因业务需要,确需向境外提供在中华人民共和国境内运营中收集和产生的个人信息和重要数据的,应当遵守国家有关法律、行政法规规定。

第二十三条 从事网络招聘服务的人力资源服务机构应当建立网络招聘服务有关投诉、举报制度,健全便捷有效的投诉、举报机制,公开有效的联系方式,及时受理并处理有关投诉、举报。

第二十四条 以网络招聘服务平台方式从事网络招聘服务的人力资源服务机构应当遵循公开、公平、公正的原则,制定平台服务协议和服务规则,明确进入和退出平台、服务质量保障、求职者权益保护、个人信息保护等方面的权利和义务。

鼓励从事网络招聘服务的人力资源服务机构运用大数据、区块链等技术措施,保证其网络招聘服务平台的网络安全、稳定运行,防范网络违法犯罪活动,保障网络招聘服务安全,促进人力资源合理流动和优化配置。

第二十五条 以网络招聘服务平台方式从事网络招聘服务的人力资源服务机构应当要求申请进入平台的人力资源服务机构提交其营业执照、地址、联系方式、人力资源服务许可证等真实信息,进行核验、登记,建立登记档案,并定期核验更新。

第二十六条 以网络招聘服务平台方式从事网络招聘服务的人力资源服务机构应当记录、保存平台上发布的招聘信息、服务信息,并确保信息的完整性、保密性、可用性。招聘信息、服务信息保存时间自服务完成之日起不少于3年。

第四章 监督管理

第二十七条 人力资源社会保障行政部门采取随机抽取检查对象、随机选派执法人员的方式,对经营性人力资源服务机构从事网络招聘服务情况进行监督检查,并及时向社会公布监督检查的情况。

人力资源社会保障行政部门运用大数据等技术,推行远程监管、移动监管、预警防控等非现场

监管,提升网络招聘服务监管精准化、智能化水平。

第二十八条 人力资源社会保障行政部门应当加强网络招聘服务诚信体系建设,健全信用分级分类管理制度,完善守信激励和失信惩戒机制。对性质恶劣、情节严重、社会危害较大的网络招聘服务违法失信行为,按照国家有关规定实施联合惩戒。

第二十九条 从事网络招聘服务的经营性人力资源服务机构应当在规定期限内,向人力资源社会保障行政部门提交经营情况年度报告。人力资源社会保障行政部门可以依法公示或者引导从事网络招聘服务的经营性人力资源服务机构依法通过互联网等方式公示年度报告的有关内容。

第三十条 人力资源社会保障行政部门应当加强与其他部门的信息共享,提高对网络招聘服务的监管时效和能力。

第三十一条 人力资源社会保障行政部门应当畅通对从事网络招聘服务的人力资源服务机构的举报投诉渠道,依法及时处理有关举报投诉。

第五章 法律责任

第三十二条 违反本规定第九条规定,未取得人力资源服务许可证擅自从事网络招聘服务的,由人力资源社会保障行政部门依照《人力资源市场暂行条例》第四十二条第一款的规定予以处罚。

违反本规定第十二条规定,办理变更或者注销登记未书面报告的,由人力资源社会保障行政部门依照《人力资源市场暂行条例》第四十二条第二款的规定予以处罚。

第三十三条 未按照本规定第十三条规定公示人力资源服务许可证等信息,未按照本规定第十九条第二款规定明示有关事项,未按照本规定第二十九条规定提交经营情况年度报告的,由人力资源社会保障行政部门依照《人力资源市场暂行条例》第四十四条的规定予以处罚。

第三十四条 违反本规定第十五条第一款规定,发布的招聘信息不真实、不合法的,由人力资源社会保障行政部门依照《人力资源市场暂行条例》第四十三条的规定予以处罚。

违反本规定第十五条第二款规定,违法设置限制人力资源流动的条件,违反本规定第十七条规定,未依法履行信息审查义务的,由人力资源社

会保障行政部门责令改正;拒不改正,无违法所得的,处1万元以下的罚款;有违法所得的,没收违法所得,并处1万元以上3万元以下的罚款。

第三十五条 违反本规定第十九条第一款规定,牟取不正当利益的,由人力资源社会保障行政部门依照《人力资源市场暂行条例》第四十三条的规定予以处罚。

违反本规定第十九条第二款规定,向劳动者收取押金的,由人力资源社会保障行政部门依照《中华人民共和国就业促进法》第六十六条的规定予以处罚。

第三十六条 违反本规定第二十一条、第二十二条规定,未依法进行信息收集、使用、存储、发布的,由有关主管部门依照《中华人民共和国网络安全法》等法律、行政法规的规定予以处罚。

第三十七条 违反本规定第二十五条规定,不履行核验、登记义务,违反本规定第二十六条规定,不履行招聘信息、服务信息保存义务的,由人力资源社会保障行政部门依照《中华人民共和国电子商务法》第八十条的规定予以处罚。法律、行政法规对违法行为的处罚另有规定的,依照其规定执行。

第三十八条 公共人力资源服务机构违反本规定从事网络招聘服务的,由上级主管机关责令改正;拒不改正的,对直接负责的主管人员和其他直接责任人员依法给予处分。

第三十九条 人力资源社会保障行政部门及其工作人员玩忽职守、滥用职权、徇私舞弊的,对直接负责的领导人员和其他直接责任人员依法给予处分。

第四十条 违反本规定,给他人造成损害的,依法承担民事责任。违反其他法律、行政法规的,由有关主管部门依法给予处罚。

违反本规定,构成违反治安管理行为的,依法给予治安管理处罚;构成犯罪的,依法追究刑事责任。

第六章 附 则

第四十一条 本规定自2021年3月1日起施行。

就业服务与就业管理规定

· 2007年11月5日劳动保障部令第28号公布
· 根据2014年12月23日《人力资源社会保障部关于修改〈就业服务与就业管理规定〉的决定》第一次修订
· 根据2015年4月30日《人力资源和社会保障部关于修改部分规章的决定》第二次修订
· 根据2018年12月14日《人力资源社会保障部关于修改部分规章的决定》第三次修订
· 根据2022年1月7日《人力资源社会保障部关于修改部分规章的决定》第四次修订

第一章 总 则

第一条 为了加强就业服务和就业管理,培育和完善统一开放、竞争有序的人力资源市场,为劳动者就业和用人单位招用人员提供服务,根据就业促进法等法律、行政法规,制定本规定。

第二条 劳动者求职与就业,用人单位招用人员,劳动保障行政部门举办的公共就业服务机构和经劳动保障行政部门审批的职业中介机构从事就业服务活动,适用本规定。

本规定所称用人单位,是指在中华人民共和国境内的企业、个体经济组织、民办非企业单位等组织,以及招用与之建立劳动关系的劳动者的国家机关、事业单位、社会团体。

第三条 县级以上劳动保障行政部门依法开展本行政区域内的就业服务和就业管理工作。

第二章 求职与就业

第四条 劳动者依法享有平等就业的权利。劳动者就业,不因民族、种族、性别、宗教信仰等不同而受歧视。

第五条 农村劳动者进城就业享有与城镇劳动者平等的就业权利,不得对农村劳动者进城就业设置歧视性限制。

第六条 劳动者依法享有自主择业的权利。劳动者年满16周岁,有劳动能力且有就业愿望的,可凭本人身份证件,通过公共就业服务机构、职业中介机构介绍或直接联系用人单位等渠道求职。

第七条 劳动者求职时,应当如实向公共就业服务机构或职业中介机构、用人单位提供个人基本情况以及与应聘岗位直接相关的知识技能、工作经历、就业现状等情况，并出示相关证明。

第八条 劳动者应当树立正确的择业观念，提高就业能力和创业能力。

国家鼓励劳动者在就业前接受必要的职业教育或职业培训，鼓励城镇初高中毕业生在就业前参加劳动预备制培训。

国家鼓励劳动者自主创业、自谋职业。各级劳动保障行政部门应当会同有关部门，简化程序，提高效率，为劳动者自主创业、自谋职业提供便利和相应服务。

第三章　招用人员

第九条 用人单位依法享有自主用人的权利。用人单位招用人员，应当向劳动者提供平等的就业机会和公平的就业条件。

第十条 用人单位可以通过下列途径自主招用人员：

（一）委托公共就业服务机构或职业中介机构；

（二）参加职业招聘洽谈会；

（三）委托报纸、广播、电视、互联网站等大众传播媒介发布招聘信息；

（四）利用本企业场所、企业网站等自有途径发布招聘信息；

（五）其他合法途径。

第十一条 用人单位委托公共就业服务机构或职业中介机构招用人员，或者参加招聘洽谈会时，应当提供招用人员简章，并出示营业执照（副本）或者有关部门批准其设立的文件、经办人的身份证件和受用人单位委托的证明。

招用人员简章应当包括用人单位基本情况、招用人数、工作内容、招录条件、劳动报酬、福利待遇、社会保险等内容，以及法律、法规规定的其他内容。

第十二条 用人单位招用人员时，应当依法如实告知劳动者有关工作内容、工作条件、工作地点、职业危害、安全生产状况、劳动报酬以及劳动者要求了解的其他情况。

用人单位应当根据劳动者的要求，及时向其反馈是否录用的情况。

第十三条 用人单位应当对劳动者的个人资料予以保密。公开劳动者的个人资料信息和使用劳动者的技术、智力成果，须经劳动者本人书面同意。

第十四条 用人单位招用人员不得有下列行为：

（一）提供虚假招聘信息，发布虚假招聘广告；

（二）扣押被录用人员的居民身份证和其他证件；

（三）以担保或者其他名义向劳动者收取财物；

（四）招用未满16周岁的未成年人以及国家法律、行政法规规定不得招用的其他人员；

（五）招用无合法身份证件的人员；

（六）以招用人员为名牟取不正当利益或进行其他违法活动。

第十五条 用人单位不得以诋毁其他用人单位信誉、商业贿赂等不正当手段招聘人员。

第十六条 用人单位在招用人员时，除国家规定的不适合妇女从事的工种或者岗位外，不得以性别为由拒绝录用妇女或者提高对妇女的录用标准。

用人单位录用女职工，不得在劳动合同中规定限制女职工结婚、生育的内容。

第十七条 用人单位招用人员，应当依法对少数民族劳动者给予适当照顾。

第十八条 用人单位招用人员，不得歧视残疾人。

第十九条 用人单位招用人员，不得以是传染病病原携带者为由拒绝录用。但是，经医学鉴定传染病病原携带者在治愈前或者排除传染嫌疑前，不得从事法律、行政法规和国务院卫生行政部门规定禁止从事的易使传染病扩散的工作。

用人单位招用人员，除国家法律、行政法规和国务院卫生行政部门规定禁止乙肝病原携带者从事的工作外，不得强行将乙肝病毒血清学指标作为体检标准。

第二十条 用人单位发布的招用人员简章或招聘广告，不得包含歧视性内容。

第二十一条 用人单位招用从事涉及公共安全、人身健康、生命财产安全等特殊工种的劳动者，应当依法招用持相应工种职业资格证书的人员；招用未持相应工种职业资格证书人员的，须组织其在上岗前参加专门培训，使其取得职业资格证书后方可上岗。

第二十二条 用人单位招用台港澳人员后，应当按有关规定到当地劳动保障行政部门备案，并为其办理《台港澳人员就业证》。

第二十三条 用人单位招用外国人，应当在外国人入境前，按有关规定到当地劳动保障行政部门为其申请就业许可，经批准并获得《中华人民共和国外国人就业许可证书》后方可招用。

用人单位招用外国人的岗位必须是有特殊技能要求、国内暂无适当人选的岗位，并且不违反国家有关规定。

第四章　公共就业服务

第二十四条 县级以上劳动保障行政部门统筹管理本行政区域内的公共就业服务工作，根据政府制定的发展计划，建立健全覆盖城乡的公共就业服务体系。

公共就业服务机构根据政府确定的就业工作目标任务，制定就业服务计划，推动落实就业扶持政策，组织实施就业服务项目，为劳动者和用人单位提供就业服务，开展人力资源市场调查分析，并受劳动保障行政部门委托经办促进就业的相关事务。

第二十五条 公共就业服务机构应当免费为劳动者提供以下服务：

（一）就业政策法规咨询；

（二）职业供求信息、市场工资指导价位信息和职业培训信息发布；

（三）职业指导和职业介绍；

（四）对就业困难人员实施就业援助；

（五）办理就业登记、失业登记等事务；

（六）其他公共就业服务。

第二十六条 公共就业服务机构应当积极拓展服务功能，根据用人单位需求提供以下服务：

（一）招聘用人指导服务；

（二）代理招聘服务；

（三）跨地区人员招聘服务；

（四）企业人力资源管理咨询等专业性服务；

（五）劳动保障事务代理服务；

（六）为满足用人单位需求开发的其他就业服务项目。

第二十七条 公共就业服务机构应当加强职业指导工作，配备专（兼）职职业指导工作人员，向劳动者和用人单位提供职业指导服务。

公共就业服务机构应当为职业指导工作提供相应的设施和条件，推动职业指导工作的开展，加强对职业指导工作的宣传。

第二十八条 职业指导工作包括以下内容：

（一）向劳动者和用人单位提供国家有关劳动保障的法律法规和政策、人力资源市场状况咨询；

（二）帮助劳动者了解职业状况，掌握求职方法，确定择业方向，增强择业能力；

（三）向劳动者提出培训建议，为其提供职业培训相关信息；

（四）开展对劳动者个人职业素质和特点的测试，并对其职业能力进行评价；

（五）对妇女、残疾人、少数民族人员及退出现役的军人等就业群体提供专门的职业指导服务；

（六）对大中专学校、职业院校、技工学校学生的职业指导工作提供咨询和服务；

（七）对准备从事个体劳动或开办私营企业的劳动者提供创业咨询服务；

（八）为用人单位提供选择招聘方法、确定用人条件和标准等方面的招聘用人指导；

（九）为职业培训机构确立培训方向和专业设置等提供咨询参考。

第二十九条 公共就业服务机构在劳动保障行政部门的指导下，组织实施劳动力资源调查和就业、失业状况统计工作。

第三十条 公共就业服务机构应当针对特定就业群体的不同需求，制定并组织实施专项计划。

公共就业服务机构应当根据服务对象的特点，在一定时期内为不同类型的劳动者、就业困难对象或用人单位集中组织活动，开展专项服务。

公共就业服务机构受劳动保障行政部门委托，可以组织开展促进就业的专项工作。

第三十一条 县级以上公共就业服务机构建立综合性服务场所，集中为劳动者和用人单位提供一站式就业服务，并承担劳动保障行政部门安排的其他工作。

街道、乡镇、社区公共就业服务机构建立基层服务窗口，开展以就业援助为重点的公共就业服务，实施劳动力资源调查统计，并承担上级劳动保障行政部门安排的其他就业服务工作。

公共就业服务机构使用全国统一标识。

第三十二条 公共就业服务机构应当不断提

高服务的质量和效率。

公共就业服务机构应当加强内部管理,完善服务功能,统一服务流程,按照国家制定的服务规范和标准,为劳动者和用人单位提供优质高效的就业服务。

公共就业服务机构应当加强工作人员的政策、业务和服务技能培训,组织职业指导人员、职业信息分析人员、劳动保障协理员等专业人员参加相应职业资格培训。

公共就业服务机构应当公开服务制度,主动接受社会监督。

第三十三条 县级以上劳动保障行政部门和公共就业服务机构应当按照劳动保障信息化建设的统一规划、标准和规范,建立完善人力资源市场信息网络及相关设施。

公共就业服务机构应当逐步实行信息化管理与服务,在城市内实现就业服务、失业保险、就业培训信息共享和公共就业服务全程信息化管理,并逐步实现与劳动工资信息、社会保险信息的互联互通和信息共享。

第三十四条 公共就业服务机构应当建立健全人力资源市场信息服务体系,完善职业供求信息、市场工资指导价位信息、职业培训信息、人力资源市场分析信息的发布制度,为劳动者求职择业、用人单位招用人员以及培训机构开展培训提供支持。

第三十五条 县级以上劳动保障行政部门应当按照信息化建设统一要求,逐步实现全国人力资源市场信息联网。其中,城市应当按照劳动保障数据中心建设的要求,实现网络和数据资源的集中和共享;省、自治区应当建立人力资源市场信息网省级监测中心,对辖区内人力资源市场信息进行监测;劳动保障部设立人力资源市场信息网全国监测中心,对全国人力资源市场信息进行监测和分析。

第三十六条 县级以上劳动保障行政部门应当对公共就业服务机构加强管理,定期对其完成各项任务情况进行绩效考核。

第三十七条 公共就业服务经费纳入同级财政预算。各级劳动保障行政部门和公共就业服务机构应当根据财政预算编制的规定,依法编制公共就业服务年度预算,报经同级财政部门审批后执行。

公共就业服务机构可以按照就业专项资金管理相关规定,依法申请公共就业服务专项扶持经费。

公共就业服务机构接受社会各界提供的捐赠和资助,按照国家有关法律法规管理和使用。

公共就业服务机构为用人单位提供的服务,应当规范管理,严格控制服务收费。确需收费的,具体项目由省级劳动保障行政部门会同相关部门规定。

第三十八条 公共就业服务机构不得从事经营性活动。

公共就业服务机构举办的招聘会,不得向劳动者收取费用。

第三十九条 各级残疾人联合会所属的残疾人就业服务机构是公共就业服务机构的组成部分,负责为残疾劳动者提供相关就业服务,并经劳动保障行政部门委托,承担残疾劳动者的就业登记、失业登记工作。

第五章 就业援助

第四十条 公共就业服务机构应当制定专门的就业援助计划,对就业援助对象实施优先扶持和重点帮助。

本规定所称就业援助对象包括就业困难人员和零就业家庭。就业困难对象是指因身体状况、技能水平、家庭因素、失去土地等原因难以实现就业,以及连续失业一定时间仍未能实现就业的人员。零就业家庭是指法定劳动年龄内的家庭人员均处于失业状况的城市居民家庭。

对援助对象的认定办法,由省级劳动保障行政部门依据当地人民政府规定的就业援助对象范围制定。

第四十一条 就业困难人员和零就业家庭可以向所在地街道、社区公共就业服务机构申请就业援助。经街道、社区公共就业服务机构确认属实的,纳入就业援助范围。

第四十二条 公共就业服务机构应当建立就业困难人员帮扶制度,通过落实各项就业扶持政策、提供就业岗位信息、组织技能培训等有针对性的就业服务和公益性岗位援助,对就业困难人员实施优先扶持和重点帮助。

在公益性岗位上安置的就业困难人员,按照国家规定给予岗位补贴。

第四十三条 公共就业服务机构应当建立零就业家庭即时岗位援助制度,通过拓宽公益性岗位范围,开发各类就业岗位等措施,及时向零就业家庭中的失业人员提供适当的就业岗位,确保零就业家庭至少有一人实现就业。

第四十四条 街道、社区公共就业服务机构应当对辖区内就业援助对象进行登记,建立专门台账,实行就业援助对象动态管理和援助责任制度,提供及时、有效的就业援助。

第六章 职业中介服务

第四十五条 县级以上劳动保障行政部门应当加强对职业中介机构的管理,鼓励其提高服务质量,发挥其在促进就业中的作用。

本规定所称职业中介机构,是指由法人、其他组织和公民个人举办,为用人单位招用人员和劳动者求职提供中介服务以及其他相关服务的经营性组织。

政府部门不得举办或者与他人联合举办经营性的职业中介机构。

第四十六条 从事职业中介活动,应当遵循合法、诚实信用、公平、公开的原则。

禁止任何组织或者个人利用职业中介活动侵害劳动者和用人单位的合法权益。

第四十七条 职业中介实行行政许可制度。设立职业中介机构或其他机构开展职业中介活动,须经劳动保障行政部门批准,并获得职业中介许可证。

未经依法许可和登记的机构,不得从事职业中介活动。

职业中介许可证由劳动和社会保障部统一印制并免费发放。

第四十八条 设立职业中介机构应当具备下列条件:

(一)有明确的机构章程和管理制度;

(二)有开展业务必备的固定场所、办公设施和一定数额的开办资金;

(三)有一定数量具备相应职业资格的专职工作人员;

(四)法律、法规规定的其他条件。

第四十九条 设立职业中介机构,应当向当地县级以上劳动保障行政部门提出申请,提交下列文件:

(一)设立申请书;

(二)机构章程和管理制度草案;

(三)场所使用权证明;

(四)拟任负责人的基本情况、身份证明;

(五)具备相应职业资格的专职工作人员的相关证明;

(六)工商营业执照(副本);

(七)法律、法规规定的其他文件。

第五十条 劳动保障行政部门接到设立职业中介机构的申请后,应当自受理申请之日起20日内审理完毕。对符合条件的,应当予以批准;不予批准的,应当说明理由。

劳动保障行政部门对经批准设立的职业中介机构实行年度审验。

职业中介机构的具体设立条件、审批和年度审验程序,由省级劳动保障行政部门统一规定。

第五十一条 职业中介机构变更名称、住所、法定代表人等或者终止的,应当按照设立许可程序办理变更或者注销登记手续。

设立分支机构的,应当在征得原审批机关的书面同意后,由拟设立分支机构所在地县级以上劳动保障行政部门审批。

第五十二条 职业中介机构可以从事下列业务:

(一)为劳动者介绍用人单位;

(二)为用人单位和居民家庭推荐劳动者;

(三)开展职业指导、人力资源管理咨询服务;

(四)收集和发布职业供求信息;

(五)根据国家有关规定从事互联网职业信息服务;

(六)组织职业招聘洽谈会;

(七)经劳动保障行政部门核准的其他服务项目。

第五十三条 职业中介机构应当在服务场所明示营业执照、职业中介许可证、服务项目、收费标准、监督机关名称和监督电话等,并接受劳动保障行政部门及其他有关部门的监督检查。

第五十四条 职业中介机构应当建立服务台账,记录服务对象、服务过程、服务结果和收费情况等,并接受劳动保障行政部门的监督检查。

第五十五条 职业中介机构提供职业中介服务不成功的,应当退还向劳动者收取的中介服务费。

第五十六条 职业中介机构租用场地举办大规模职业招聘洽谈会,应当制定相应的组织实施办法和安全保卫工作方案,并向批准其设立的机关报告。

职业中介机构应当对入场招聘用人单位的主体资格真实性和招用人员简章真实性进行核实。

第五十七条 职业中介机构为特定对象提供公益性就业服务的,可以按照规定给予补贴。可以给予补贴的公益性就业服务的范围、对象、服务效果和补贴办法,由省级劳动保障行政部门会同有关部门制定。

第五十八条 禁止职业中介机构有下列行为:

(一)提供虚假就业信息;

(二)发布的就业信息中包含歧视性内容;

(三)伪造、涂改、转让职业中介许可证;

(四)为无合法证照的用人单位提供职业中介服务;

(五)介绍未满16周岁的未成年人就业;

(六)为无合法身份证件的劳动者提供职业中介服务;

(七)介绍劳动者从事法律、法规禁止从事的职业;

(八)扣押劳动者的居民身份证和其他证件,或者向劳动者收取押金;

(九)以暴力、胁迫、欺诈等方式进行职业中介活动;

(十)超出核准的业务范围经营;

(十一)其他违反法律、法规规定的行为。

第五十九条 县级以上劳动保障行政部门应当依法对经审批设立的职业中介机构开展职业中介活动进行监督指导,定期组织对其服务信用和服务质量进行评估,并将评估结果向社会公布。

县级以上劳动保障行政部门应当指导职业中介机构开展工作人员培训,提高服务质量。

县级以上劳动保障行政部门对在诚信服务、优质服务和公益性服务等方面表现突出的职业中介机构和个人,报经同级人民政府批准后,给予表彰和奖励。

第六十条 设立外商投资职业中介机构以及职业中介机构从事境外就业中介服务的,按照有关规定执行。

第七章 就业与失业管理

第六十一条 劳动保障行政部门应当建立健全就业登记制度和失业登记制度,完善就业管理和失业管理。

公共就业服务机构负责就业登记与失业登记工作,建立专门台账,及时、准确地记录劳动者就业与失业变动情况,并做好相应统计工作。

就业登记和失业登记在各省、自治区、直辖市范围内实行统一的就业失业登记证(以下简称登记证),向劳动者免费发放,并注明可享受的相应扶持政策。

就业登记、失业登记的具体程序和登记证的样式,由省级劳动保障行政部门规定。

第六十二条 劳动者被用人单位招用的,由用人单位为劳动者办理就业登记。用人单位招用劳动者和与劳动者终止或者解除劳动关系,应当到当地公共就业服务机构备案,为劳动者办理就业登记手续。用人单位招用人员后,应当于录用之日起30日内办理登记手续;用人单位与职工终止或者解除劳动关系后,应当于15日内办理登记手续。

劳动者从事个体经营或灵活就业的,由本人在街道、乡镇公共就业服务机构办理就业登记。

就业登记的内容主要包括劳动者个人信息、就业类型、就业时间、就业单位以及订立、终止或者解除劳动合同情况等。就业登记的具体内容和所需材料由省级劳动保障行政部门规定。

公共就业服务机构应当对用人单位办理就业登记及相关手续设立专门服务窗口,简化程序,方便用人单位办理。

第六十三条 在法定劳动年龄内,有劳动能力,有就业要求,处于无业状态的城镇常住人员,可以到常住地的公共就业服务机构进行失业登记。

第六十四条 劳动者进行失业登记时,须持本人身份证件;有单位就业经历的,还须持与原单位终止、解除劳动关系或者解聘的证明。

登记失业人员凭登记证享受公共就业服务和就业扶持政策;其中符合条件的,按规定申领失业保险金。

登记失业人员应当定期向公共就业服务机构报告就业失业状况,积极求职,参加公共就业服务机构安排的就业培训。

第六十五条 失业登记的范围包括下列失业人员：

（一）年满 16 周岁，从各类学校毕业、肄业的；

（二）从企业、机关、事业单位等各类用人单位失业的；

（三）个体工商户业主或私营企业业主停业、破产停止经营的；

（四）承包土地被征用，符合当地规定条件的；

（五）军人退出现役且未纳入国家统一安置的；

（六）刑满释放、假释、监外执行的；

（七）各地确定的其他失业人员。

第六十六条 登记失业人员出现下列情形之一的，由公共就业服务机构注销其失业登记：

（一）被用人单位录用的；

（二）从事个体经营或创办企业，并领取工商营业执照的；

（三）已从事有稳定收入的劳动，并且月收入不低于当地最低工资标准的；

（四）已享受基本养老保险待遇的；

（五）完全丧失劳动能力的；

（六）入学、服兵役、移居境外的；

（七）被判刑收监执行的；

（八）终止就业要求或拒绝接受公共就业服务的；

（九）连续 6 个月未与公共就业服务机构联系的；

（十）已进行就业登记的其他人员或各地规定的其他情形。

第八章 罚 则

第六十七条 用人单位违反本规定第十四条第（二）、（三）项规定的，按照劳动合同法第八十四条的规定予以处罚；用人单位违反第十四条第（四）项规定的，按照国家禁止使用童工和其他有关法律、法规的规定予以处罚。用人单位违反第十四条第（一）、（五）、（六）项规定的，由劳动保障行政部门责令改正，并可处以一千元以下的罚款；对当事人造成损害的，应当承担赔偿责任。

第六十八条 用人单位违反本规定第十九条第二款规定，在国家法律、行政法规和国务院卫生行政部门规定禁止乙肝病原携带者从事的工作岗位以外招用人员时，将乙肝病毒血清学指标作为体检标准的，由劳动保障行政部门责令改正，并可处以一千元以下的罚款；对当事人造成损害的，应当承担赔偿责任。

第六十九条 违反本规定第三十八条规定，公共就业服务机构从事经营性职业中介活动向劳动者收取费用的，由劳动保障行政部门责令限期改正，将违法收取的费用退还劳动者，并对直接负责的主管人员和其他直接责任人员依法给予处分。

第七十条 违反本规定第四十七条规定，未经许可和登记，擅自从事职业中介活动的，由劳动保障行政部门或者其他主管部门按照就业促进法第六十四条规定予以处罚。

第七十一条 职业中介机构违反本规定第五十三条规定，未明示职业中介许可证、监督电话的，由劳动保障行政部门责令改正，并可处以一千元以下的罚款；未明示收费标准的，提请价格主管部门依据国家有关规定处罚；未明示营业执照的，提请工商行政管理部门依据国家有关规定处罚。

第七十二条 职业中介机构违反本规定第五十四条规定，未建立服务台账，或虽建立服务台账但未记录服务对象、服务过程、服务结果和收费情况的，由劳动保障行政部门责令改正，并可处以一千元以下的罚款。

第七十三条 职业中介机构违反本规定第五十五条规定，在职业中介服务不成功后未向劳动者退还所收取的中介服务费的，由劳动保障行政部门责令改正，并可处以一千元以下的罚款。

第七十四条 职业中介机构违反本规定第五十八条第（一）、（三）、（四）、（八）项规定的，按照就业促进法第六十五条、第六十六条规定予以处罚。违反本规定第五十八条第（五）项规定的，按照国家禁止使用童工的规定予以处罚。违反本规定第五十八条其他各项规定的，由劳动保障行政部门责令改正，没有违法所得的，可处以一万元以下的罚款；有违法所得的，可处以不超过违法所得三倍的罚款，但最高不得超过三万元；情节严重的，提请工商部门依法吊销营业执照；对当事人造成损害的，应当承担赔偿责任。

第七十五条 用人单位违反本规定第六十二条规定，未及时为劳动者办理就业登记手续的，由劳动保障行政部门责令改正。

第九章 附 则

第七十六条 本规定自 2008 年 1 月 1 日起施行。劳动部 1994 年 10 月 27 日颁布的《职业指导办法》、劳动和社会保障部 2000 年 12 月 8 日颁布的《劳动力市场管理规定》同时废止。

人才市场管理规定

· 2001 年 9 月 11 日人事部、国家工商行政管理总局令第 1 号公布
· 根据 2005 年 3 月 22 日《人事部、国家工商行政管理总局关于修改〈人才市场管理规定〉的决定》第一次修订
· 根据 2015 年 4 月 30 日《人力资源社会保障部关于修改部分规章的决定》第二次修订
· 根据 2019 年 12 月 9 日《人力资源社会保障部关于修改部分规章的决定》第三次修订
· 根据 2019 年 12 月 31 日《人力资源社会保障部关于修改部分规章的决定》第四次修订

第一章 总 则

第一条 为了建立和完善机制健全、运行规范、服务周到、指导监督有力的人才市场体系,优化人才资源配置,规范人才市场活动,维护人才、用人单位和人才中介服务机构的合法权益,根据有关法律、法规,制定本规定。

第二条 本规定所称的人才市场管理,是指对人才中介服务机构从事人才中介服务、用人单位招聘和个人应聘以及与之相关活动的管理。

人才市场服务的对象是指各类用人单位和具有中专以上学历或取得专业技术资格的人员,以及其他从事专业技术或管理工作的人员。

第三条 人才市场活动应当遵守国家的法律、法规及政策规定,坚持公开、平等、竞争、择优的原则,实行单位自主用人,个人自主择业。

第四条 县级以上政府人事行政部门是人才市场的综合管理部门,县级以上工商行政管理部门在职责范围内依法监督管理人才市场。

第二章 人才中介服务机构

第五条 本规定所称人才中介服务机构是指为用人单位和人才提供中介服务及其他相关服务的专营或兼营的组织。

人才中介服务机构的设置应当符合经济和社会发展的需要,根据人才市场发展的要求,统筹规划,合理布局。

第六条 设立人才中介服务机构应具备下列条件:

(一)有与开展人才中介业务相适应的场所、设施;

(二)有 5 名以上大专以上学历、取得人才中介服务资格证书的专职工作人员;

(三)有健全可行的工作章程和制度;

(四)有独立承担民事责任的能力;

(五)具备相关法律、法规规定的其他条件。

第七条 设立人才中介服务机构,可以通过信函、电报、电传、传真、电子数据交换和电子邮件等方式向政府人事行政部门提出申请,并按本规定第六条的要求提交有关证明材料,但学历证明除外。其中设立固定人才交流场所的,须做专门的说明。

未经政府人事行政部门批准,不得设立人才中介服务机构。

第八条 设立人才中介服务机构应当依据管理权限由县级以上政府人事行政部门(以下简称审批机关)审批。

国务院各部委、直属机构及其直属在京事业单位和在京中央直管企业、全国性社团申请设立人才中介服务机构,由人事部审批。中央在地方所属单位申请设立人才中介服务机构,由所在地的省级政府人事行政部门审批。

人才中介服务机构设立分支机构的,应当在征得原审批机关的书面同意后,由分支机构所在地政府人事行政部门审批。

政府人事行政部门应当建立完善人才中介服务机构许可制度,并在行政机关网站公布审批程序、期限和需要提交的全部材料的目录,以及批准设立的人才中介服务机构的名录等信息。

第九条 审批机关应当在接到设立人才中介服务机构申请报告之日起二十日内审核完毕,二十日内不能作出决定的,经本行政机关负责人批准,可以延长十日,并应当将延长期限的理由告知申请人。

批准同意的,发给《人才中介服务许可证》(以

下简称许可证),并应当在作出决定之日起十日内向申请人颁发、送达许可证,不同意的应当书面通知申请人,并说明理由。

第十条 互联网信息服务提供者专营或兼营人才信息网络中介服务的,必须申领许可证。

第十一条 人才中介服务机构可以从事下列业务:

(一)人才供求信息的收集、整理、储存、发布和咨询服务;

(二)人才信息网络服务;

(三)人才推荐;

(四)人才招聘;

(五)人才培训;

(六)人才测评;

(七)法规、规章规定的其他有关业务。

审批机关可以根据人才中介服务机构所在地区或行业的经济、社会发展需要以及人才中介服务机构自身的设备条件、人员和管理情况等,批准其开展一项或多项业务。

第十二条 人才中介服务机构应当依法开展经营业务活动,不得超越许可证核准的业务范围经营;不得采取不正当竞争手段从事中介活动;不得提供虚假信息或作虚假承诺。

第十三条 人才中介服务机构应当公开服务内容和工作程序,公布收费项目和标准。收费项目和标准,应当符合国家和省、自治区、直辖市的有关规定。

第十四条 审批机关负责对其批准成立的人才中介服务机构依法进行检查或抽查,并可以查阅或者要求其报送有关材料。人才中介服务机构应接受检查,并如实提供有关情况和材料。审批机关应公布检查结果。

第十五条 人才中介服务机构有改变名称、住所、经营范围、法定代表人以及停业、终止等情形的,应当按原审批程序办理变更或者注销登记手续。

第十六条 人才中介服务机构可以建立行业组织,协调行业内部活动,促进公平竞争,提高服务质量,规范职业道德,维护行业成员的合法权益。

第三章 人事代理

第十七条 人才中介服务机构可在规定业务范围内接受用人单位和个人委托,从事各类人事代理服务。

第十八条 开展以下人事代理业务必须经过政府人事行政部门的授权。

(一)流动人员人事档案管理;

(二)因私出国政审;

(三)在规定的范围内申报或组织评审专业技术职务任职资格;

(四)转正定级和工龄核定;

(五)大中专毕业生接收手续;

(六)其他需经授权的人事代理事项。

第十九条 人事代理方式可由单位集体委托代理,也可由个人委托代理;可多项委托代理,也可单项委托代理;可单位全员委托代理,也可部分人员委托代理。

第二十条 单位办理委托人事代理,须向代理机构提交有效证件以及委托书,确定委托代理项目。经代理机构审定后,由代理机构与委托单位签定人事代理合同书,明确双方的权利和义务,确立人事代理关系。

个人委托办理人事代理,根据委托者的不同情况,须向代理机构提交有关证件复印件以及与代理有关的证明材料。经代理机构审定后,由代理机构与个人签订人事代理合同书,确立人事代理关系。

第四章 招聘与应聘

第二十一条 人才中介服务机构举办人才交流会的,应当制定相应的组织实施办法、应急预案和安全保卫工作方案,并对参加人才交流会的招聘单位的主体资格真实性和招用人员简章真实性进行核实,对招聘中的各项活动进行管理。

第二十二条 用人单位可以通过委托人才中介服务机构、参加人才交流会、在公共媒体和互联网发布信息以及其他合法方式招聘人才。

第二十三条 用人单位公开招聘人才,应当出具有关部门批准其设立的文件或营业执照(副本),并如实公布拟招用人员的数量、岗位和条件。

用人单位在招聘人才时,不得以民族、宗教信仰为由拒绝聘用或者提高聘用标准;除国家规定的不适合妇女工作的岗位外,不得以性别为由拒绝招聘妇女或提高对妇女的招聘条件。

第二十四条 用人单位招聘人才,不得以任何名义向应聘者收取费用,不得有欺诈行为或采取其他方式谋取非法利益。

第二十五条 人才中介服务机构通过各种形式、在各种媒体(含互联网)为用人单位发布人才招聘广告,不得超出许可业务范围。广告发布者不得为超出许可业务范围或无许可证的中介服务机构发布人才招聘广告。

第二十六条 用人单位不得招聘下列人员:

(一)正在承担国家、省重点工程、科研项目的技术和管理的主要人员,未经单位或主管部门同意的;

(二)由国家统一派出而又未满轮换年限的赴新疆、西藏工作的人员;

(三)正在从事涉及国家安全或重要机密工作的人员;

(四)有违法违纪嫌疑正在依法接受审查尚未结案的人员;

(五)法律、法规规定暂时不能流动的其他特殊岗位的人员。

第二十七条 人才应聘可以通过人才中介服务机构、人才信息网络、人才交流会或直接与用人单位联系等形式进行。应聘时出具的证件以及履历等相关材料,必须真实、有效。

第二十八条 应聘人才离开原单位,应当按照国家的有关政策规定,遵守与原单位签定的合同或协议,不得擅自离职。

通过辞职或调动方式离开原单位的,应当按照国家的有关辞职、调动的规定办理手续。

第二十九条 对于符合国家人才流动政策规定的应聘人才,所在单位应当及时办理有关手续,按照国家有关规定为应聘人才提供证明文件以及相关材料,不得在国家规定之外另行设置限制条件。

应聘人才凡经单位出资培训的,如个人与单位订有合同,培训费问题按合同规定办理;没有合同的,单位可以适当收取培训费,收取标准按培训后回单位服务的年限,按每年递减20%的比例计算。

第三十条 应聘人才在应聘时和离开原单位后,不得带走原单位的技术资料和设备器材等,不得侵犯原单位的知识产权、商业秘密及其他合法权益。

第三十一条 用人单位与应聘人才确定聘用关系后,应当在平等自愿、协商一致的基础上,依法签定聘用合同或劳动合同。

第五章 罚 则

第三十二条 违反本规定,未经政府人事行政部门批准擅自设立人才中介服务机构或从事人才中介服务活动的,由县级以上政府人事行政部门责令停办,并处10000元以下罚款;有违法所得的,可处以不超过违法所得3倍的罚款,但最高不得超过30000元。

第三十三条 人才中介服务机构违反本规定,擅自扩大许可业务范围、不依法接受检查或提供虚假材料,不按规定办理许可证变更等手续的,由县级以上政府人事行政部门予以警告,可并处10000元以下罚款;情节严重的,责令停业整顿,有违法所得的,没收违法所得,并可处以不超过违法所得3倍的罚款,但最高不得超过30000元。

第三十四条 违反本规定,未经政府人事行政部门授权从事人事代理业务的,由县级以上政府人事行政部门责令立即停办,并处10000元以下罚款;有违法所得的,可处以不超过违法所得3倍的罚款,但最高不得超过30000元;情节严重的,并责令停业整顿。

第三十五条 人才中介服务机构违反本规定,超出许可业务范围接受代理业务的,由县级以上政府人事行政部门予以警告,限期改正,并处10000元以下罚款。

第三十六条 用人单位违反本规定,以民族、性别、宗教信仰为由拒绝聘用或者提高聘用标准的,招聘不得招聘人员的,以及向应聘者收取费用或采取欺诈等手段谋取非法利益的,由县级以上政府人事行政部门责令改正;情节严重的,并处10000元以下罚款。

第三十七条 个人违反本规定给原单位造成损失的,应当承担赔偿责任。

第三十八条 用人单位、人才中介服务机构、广告发布者发布虚假人才招聘广告的,由工商行政管理部门依照《广告法》第三十七条处罚。

人才中介服务机构超出许可业务范围发布广告,广告发布者为超出许可业务范围或无许可证的中介服务机构发布广告的,由工商行政管理部门处以10000元以下罚款;有违法所得的,可处以不超过违法所得3倍的罚款,但最高不得超过

30000 元。

第三十九条 人才中介活动违反工商行政管理规定的,由工商行政管理部门依照有关规定予以查处。

第六章 附 则

第四十条 本规定由人事部、国家工商行政管理总局负责解释。

第四十一条 本规定自 2001 年 10 月 1 日起施行。1996 年 1 月 29 日人事部发布的《人才市场管理暂行规定》(人发〔1996〕11 号)同时废止。

外商投资人才中介机构管理暂行规定

· 2003 年 9 月 4 日人事部、商务部、国家工商行政管理总局令第 2 号公布
· 根据 2005 年 5 月 24 日《人事部、商务部、国家工商行政管理总局关于修改〈中外合资人才中介机构管理暂行规定〉的决定》第一次修订
· 根据 2015 年 4 月 30 日《人力资源社会保障部关于修改部分规章的决定》第二次修订
· 根据 2019 年 12 月 31 日《人力资源社会保障部关于修改部分规章的决定》第三次修订

第一章 总 则

第一条 为了加强对外商投资人才中介机构的管理,维护人才市场秩序,促进人才市场发展,根据有关法律、法规,制定本规定。

第二条 本规定所称外商投资人才中介机构,是指全部或者部分由外国投资者投资,依照中国法律在中国境内经登记、许可设立的人才中介机构。

第三条 外国企业常驻中国代表机构和在中国成立的商会等组织不得在中国境内从事人才中介服务。

第四条 外商投资人才中介机构必须遵守中华人民共和国法律、法规,不得损害中华人民共和国的社会公共利益和国家安全。

外商投资人才中介机构的正当经营活动和合法权益,受中华人民共和国法律保护。

第五条 县级以上人民政府人事行政部门、商务部门和工商行政管理部门依法按照职责分工负责本行政区域内外商投资人才中介机构的审批、登记、管理和监督工作。

第二章 设立与登记

第六条 申请设立外商投资人才中介机构,必须符合下列条件:

(一)有健全的组织机构;有熟悉人力资源管理业务的人员,其中必须有 5 名以上具有大专以上学历并取得人才中介服务资格证书的专职人员;

(二)有与其申请的业务相适应的固定场所、资金和办公设施;

(三)有健全可行的机构章程、管理制度、工作规则,有明确的业务范围;

(四)能够独立享有民事权利,承担民事责任;

(五)法律、法规规定的其他条件。

第七条 申请设立外商投资人才中介机构,应当由拟设立机构所在地的县级以上人民政府人事行政部门审批。

第八条 申请设立外商投资人才中介机构,可以通过信函、电报、电传、传真、电子数据交换和电子邮件等方式向县级以上人民政府人事行政部门提出申请。申请材料应包括以下内容:

(一)书面申请及可行性报告;

(二)管理制度草案与章程;

(三)工商营业执照(副本);

(四)法律、法规和县级以上人民政府人事行政部门要求提供的其他材料。

上述所列的申请材料凡是用外文书写的,应当附有中文译本。

第九条 县级以上人民政府人事行政部门在接到设立外商投资人才中介机构的申请报告之日起 20 日内审核完毕,20 日内不能作出决定的,经本行政机关负责人批准,可以延长 10 日,并应当将延长期限的理由告知申请人。

批准同意的,发给《人才中介服务许可证》(以下简称许可证),并应当在作出决定之日起 10 日内向申请人颁发、送达许可证;不同意的应当书面通知申请人,并说明理由。

审批机关应在行政机关网站上公布审批程序、期限和需要提交的全部材料的目录,以及批准设立的外商投资人才中介机构的名录等信息。

第三章　经营范围与管理

第十条　县级以上人民政府人事行政部门根据外商投资人才中介机构的资金、人员和管理水平情况,在下列业务范围内,核准其开展一项或多项业务:

(一)人才供求信息的收集、整理、储存、发布和咨询服务;

(二)人才推荐;

(三)人才招聘;

(四)人才测评;

(五)人才培训;

(六)人才信息网络服务;

(七)法规、规章规定的其他有关业务。

第十一条　外商投资人才中介机构必须遵循自愿、公平、诚信的原则,遵守行业道德,在核准的业务范围内开展活动,不得采用不正当竞争手段。

第十二条　外商投资人才中介机构招聘人才出境,应当按照中国政府有关规定办理手续。其中,不得招聘下列人才出境:

(一)正在承担国家、省级重点工程、科研项目的技术和管理人员,未经单位或主管部门同意的;

(二)在职国家公务员;

(三)由国家统一派出而又未满轮换年限的支援西部开发的人员;

(四)在岗的涉密人员和离岗脱密期未满的涉密人员;

(五)有违法嫌疑正在依法接受审查尚未结案的人员;

(六)法律、法规规定暂时不能流动的其他特殊岗位的人员或者需经批准方可出境的人员。

第十三条　外商投资人才中介机构设立分支机构、变更机构名称、法定代表人和经营场所,应当自工商登记或者变更登记办理完毕之日起15日内,书面报告人事行政部门。

第十四条　县级以上人民政府人事行政部门依法指导、检查和监督外商投资人才中介机构的日常管理和业务开展情况。

县级以上人民政府人事行政部门对其批准成立的外商投资人才中介机构依法进行检查或抽查,并可以查阅或者要求其报送有关材料。外商投资人才中介机构应接受检查,并如实提供有关情况和材料。县级以上人民政府人事行政部门应将检查结果进行公布。

第四章　罚　则

第十五条　外商投资人才中介机构不依法接受检查,不按规定办理许可证变更等手续,提供虚假信息或者采取其他手段欺骗用人单位和应聘人员的,县级以上人民政府人事行政部门予以警告,并可处以10000元人民币以下罚款;情节严重的,有违法所得的,处以不超过违法所得3倍的罚款,但最高不得超过30000元人民币。

第十六条　违反本规定,未经批准擅自设立外商投资人才中介机构的,超出核准登记的经营范围从事经营活动的,按照《公司登记管理条例》、《无照经营查处取缔办法》和有关规定进行处罚。采用不正当竞争行为的,按照《反不正当竞争法》有关规定进行处罚。

第十七条　政府部门工作人员在审批和管理外商投资人才中介机构工作中,玩忽职守、徇私舞弊,侵犯单位、个人和合资各方合法权益的,按照管理权限,由有关部门给予行政处分;构成犯罪的,依法追究刑事责任。

第五章　附　则

第十八条　香港特别行政区、澳门特别行政区、台湾地区投资者投资设立人才中介机构,参照本规定执行。法律法规另有规定的,依照其规定执行。

第十九条　外商投资人才中介机构在中国境内从事涉及外籍人员业务活动的,按照有关规定执行。

第二十条　本规定由人事部、商务部、国家工商行政管理总局负责解释。

第二十一条　本规定自2003年11月1日起施行。

外商投资职业介绍机构设立管理暂行规定

· 2001 年 10 月 9 日劳动和社会保障部、国家工商行政管理总局令第 14 号公布
· 根据 2015 年 4 月 30 日《人力资源社会保障部关于修改部分规章的决定》第一次修订
· 根据 2019 年 12 月 31 日《人力资源社会保障部关于修改部分规章的决定》第二次修订

第一条 为规范外商投资职业介绍机构的设立,保障求职者和用人单位的合法权益,根据有关法律、法规,制定本规定。

第二条 本规定所称外商投资职业介绍机构,是指全部或者部分由外国投资者投资,依照中国法律在中国境内经登记、许可设立的职业介绍机构。

第三条 劳动保障行政部门、外经贸行政部门和工商行政管理部门在各自职权范围内负责外商投资职业介绍机构的审批、登记、管理和监督检查工作。

设立外商投资职业介绍机构应当到企业住所地国家工商行政管理总局授权的地方工商行政管理局进行登记注册后,由县级以上人民政府劳动保障行政部门(以下简称县级以上劳动保障行政部门)批准。

外国企业常驻中国代表机构和在中国成立的外国商会不得在中国从事职业介绍服务。

第四条 外商投资职业介绍机构应当依法开展经营活动,其依法开展的经营活动受中国法律保护。

第五条 外商投资职业介绍机构可以从事下列业务:

(一)为中外求职者和用人单位、居民家庭提供职业介绍服务;

(二)提供职业指导、咨询服务;

(三)收集和发布劳动力市场信息;

(四)举办职业招聘洽谈会;

(五)根据国家有关规定从事互联网职业信息服务;

(六)经县级以上劳动保障行政部门核准的其他服务项目。

外商投资职业介绍机构介绍中国公民出境就业和外国企业常驻中国代表机构聘用中方雇员按照国家有关规定执行。

第六条 拟设立的外商投资职业介绍机构应当具有一定数量具备职业介绍资格的专职工作人员,有明确的业务范围、机构章程、管理制度,有与开展业务相适应的固定场所、办公设施。

第七条 设立外商投资职业介绍机构,应当依法到拟设立企业住所所在地国家工商行政管理总局授权的地方工商行政管理局申请登记注册,领取营业执照。

第八条 外商投资职业介绍机构应当到县级以上劳动保障行政部门提出申请,并提交下列材料:

(一)设立申请书;

(二)机构章程和管理制度草案;

(三)拟任专职工作人员的简历和职业资格证明;

(四)住所使用证明;

(五)拟任负责人的基本情况、身份证明;

(六)工商营业执照(副本);

(七)法律、法规规定的其他文件。

第九条 县级以上劳动保障行政部门应当在接到申请之日起 20 个工作日内审核完毕。批准同意的,发给职业介绍许可;不予批准的,应当通知申请者。

第十条 外商投资职业介绍机构设立分支机构,应当自工商登记办理完毕之日起 15 日内,书面报告劳动保障行政部门。

第十一条 外商投资职业介绍机构的管理适用《就业服务与就业管理规定》和外商投资企业的有关管理规定。

第十二条 香港特别行政区、澳门特别行政区投资者在内地以及台湾地区投资者在大陆投资设立职业介绍机构,参照本规定执行。法律法规另有规定的,依照其规定执行。

第十三条 本规定自 2001 年 12 月 1 日起施行。

人力资源社会保障部办公厅关于做好共享用工指导和服务的通知

· 2020 年 9 月 30 日

· 人社厅发〔2020〕98 号

各省、自治区、直辖市及新疆生产建设兵团人力资源社会保障厅(局):

企业之间开展共享用工,进行用工余缺调剂合作,对解决用工余缺矛盾、提升人力资源配置效率和稳就业发挥了积极作用。为加强对共享用工的指导和服务,促进共享用工有序开展,进一步发挥共享用工对稳就业的作用,现就有关事项通知如下:

一、支持企业间开展共享用工

各级人力资源社会保障部门要支持企业间开展共享用工,解决稳岗压力大、生产经营用工波动大的问题。重点关注生产经营暂时困难、稳岗意愿强的企业,以及因结构调整、转型升级长期停工停产企业,引导其与符合产业发展方向、短期内用人需求量大的企业开展共享用工。对通过共享用工稳定职工队伍的企业,阶段性减免社保费、稳岗返还等政策可按规定继续实施。

二、加强对共享用工的就业服务

各级人力资源社会保障部门要把企业间共享用工岗位供求信息纳入公共就业服务范围,及时了解企业缺工和劳动者富余信息,免费为有用工余缺的企业发布供求信息,按需组织专场对接活动。鼓励人力资源服务机构搭建共享用工信息对接平台,帮助有需求的企业精准、高效匹配人力资源。加强职业培训服务,对开展共享用工的劳动者需进行岗前培训、转岗培训的,可按规定纳入技能提升培训范围。对开展共享用工的企业和劳动者,免费提供劳动用工法律政策咨询服务,有效防范用工风险。

三、指导开展共享用工的企业及时签订合作协议

各级人力资源社会保障部门要指导开展共享用工的企业签订合作协议,明确双方的权利义务关系,防范开展共享用工中的矛盾风险。合作协议中可约定调剂劳动者的数量、时间、工作地点、工作内容、休息、劳动保护条件、劳动报酬标准和支付时间与方式、食宿安排、可以退回劳动者的情形、劳动者发生工伤后的责任划分和补偿办法以及交通等费用结算等。

四、指导企业充分尊重劳动者的意愿和知情权

各级人力资源社会保障部门要指导员工富余企业(原企业)在将劳动者安排到缺工企业工作前征求劳动者意见,与劳动者协商一致。共享用工期限不应超过劳动者与原企业订立的劳动合同剩余期限。要指导缺工企业如实告知劳动者工作内容、工作条件、工作地点、职业危害、安全生产状况、劳动报酬、企业规章制度以及劳动者需要了解的其他情况。企业不得将在本单位工作的被派遣劳动者以共享用工名义安排到其他单位工作。

五、指导企业依法变更劳动合同

原企业与劳动者协商一致,将劳动者安排到缺工企业工作,不改变原企业与劳动者之间的劳动关系。劳动者非由其用人单位安排而自行到其他单位工作的,不属于本通知所指共享用工情形。各级人力资源社会保障部门要指导原企业与劳动者协商变更劳动合同,明确劳动者新的工作地点、工作岗位、工作时间、休息休假、劳动报酬、劳动条件以及劳动者在缺工企业工作期间应遵守缺工企业依法制定的规章制度等。

六、维护好劳动者在共享用工期间的合法权益

各级人力资源社会保障部门要指导和督促缺工企业合理安排劳动者工作时间和工作任务,保障劳动者休息休假权利,提供符合国家规定的劳动安全卫生条件和必要的劳动防护用品,及时将劳动者的劳动报酬结算给原企业。要指导和督促原企业按时足额支付劳动者劳动报酬和为劳动者缴纳社会保险费,并不得克扣劳动者的劳动报酬和以任何名目从中收取费用。要指导和督促原企业跟踪了解劳动者在缺工企业的工作情况和有关诉求,及时帮助劳动者解决工作中的困难和问题。劳动者在缺工企业工作期间发生工伤事故的,按照《工伤保险条例》第四十三条第三款规定,由原企业承担工伤保险责任,补偿办法可与缺工企业约定。

七、保障企业用工和劳动者工作的自主权

劳动者在缺工企业工作期间,缺工企业未按

照约定履行保护劳动者权益的义务的,劳动者可以回原企业,原企业不得拒绝。劳动者不适应缺工企业工作的,可以与原企业、缺工企业协商回原企业。劳动者严重违反缺工企业规章制度、不能胜任工作以及符合合作协议中约定的可以退回劳动者情形的,缺工企业可以将劳动者退回原企业。共享用工合作期满,劳动者应回原企业,原企业应及时予以接收安排。缺工企业需要、劳动者愿意继续在缺工企业工作且经原企业同意的,应当与原企业依法变更劳动合同,原企业与缺工企业续订合作协议。原企业不同意的,劳动者应回原企业或者依法与原企业解除劳动合同。劳动者不回原企业或者违法解除劳动合同给原企业造成损失的,应当依法承担赔偿责任。缺工企业招用尚未与原企业解除、终止劳动合同的劳动者,给原企业造成损失的,应当承担连带赔偿责任。

八、妥善处理劳动争议和查处违法行为

各级人力资源社会保障部门要指导开展共享用工的企业建立健全内部劳动纠纷协商解决机制,与劳动者依法自主协商化解劳动纠纷。加强对涉共享用工劳动争议的处理,加大调解力度,创新仲裁办案方式,做好调裁审衔接,及时处理因共享用工引发的劳动争议案件。要进一步畅通举报投诉渠道,加大劳动保障监察执法力度,及时查处共享用工中侵害劳动者合法权益的行为。对以共享用工名义违法开展劳务派遣和规避劳务派遣有关规定的,依法追究相应法律责任。

各级人力资源社会保障部门要按照本通知要求,结合当地实际,采取有效措施加强对企业开展共享用工的指导和服务,引导共享用工健康发展。

3. 职业培训与考核

国务院关于推行终身职业技能培训制度的意见

- 2018 年 5 月 3 日
- 国发〔2018〕11 号

职业技能培训是全面提升劳动者就业创业能力、缓解技能人才短缺的结构性矛盾、提高就业质量的根本举措,是适应经济高质量发展、培育经济发展新动能、推进供给侧结构性改革的内在要求,对推动大众创业万众创新、推进制造强国建设、提高全要素生产率、推动经济迈上中高端具有重要意义。为全面提高劳动者素质,促进就业创业和经济社会发展,根据党的十九大精神和“十三五”规划纲要相关要求,现就推行终身职业技能培训制度提出以下意见。

一、总体要求

(一)指导思想。

以习近平新时代中国特色社会主义思想为指导,全面深入贯彻党的十九大和十九届二中、三中全会精神,认真落实党中央、国务院决策部署,统筹推进“五位一体”总体布局和协调推进“四个全面”战略布局,坚持以人民为中心的发展思想,牢固树立新发展理念,深入实施就业优先战略和人才强国战略,适应经济转型升级、制造强国建设和劳动者就业创业需要,深化人力资源供给侧结构性改革,推行终身职业技能培训制度,大规模开展职业技能培训,着力提升培训的针对性和有效性,建设知识型、技能型、创新型劳动者大军,为全面建成社会主义现代化强国、实现中华民族伟大复兴的中国梦提供强大支撑。

(二)基本原则。

促进普惠均等。针对城乡全体劳动者,推进基本职业技能培训服务普惠性、均等化,注重服务终身,保障人人享有基本职业技能培训服务,全面提升培训质量、培训效益和群众满意度。

坚持需求导向。坚持以促进就业创业为目标,瞄准就业创业和经济社会发展需求确定培训内容,加强对就业创业重点群体的培训,提高培训后的就业创业成功率,着力缓解劳动者素质结构与经济社会发展需求不相适应、结构性就业矛盾突出的问题。

创新体制机制。推进职业技能培训市场化、社会化改革,充分发挥企业主体作用,鼓励支持社会力量参与,建立培训资源优化配置、培训载体多元发展、劳动者按需选择、政府加强监管服务的体制机制。

坚持统筹推进。加强职业技能开发和职业素质培养,全面做好技能人才培养、评价、选拔、使用、激励等工作,着力加强高技能人才队伍建设,形成有利于技能人才发展的制度体系和社会环境,促进技能振兴与发展。

(三)目标任务。

建立并推行覆盖城乡全体劳动者、贯穿劳动者学习工作终身、适应就业创业和人才成长需要以及经济社会发展需求的终身职业技能培训制度,实现培训对象普惠化、培训资源市场化、培训载体多元化、培训方式多样化、培训管理规范化,大规模开展高质量的职业技能培训,力争2020年后基本满足劳动者培训需要,努力培养造就规模宏大的高技能人才队伍和数以亿计的高素质劳动者。

二、构建终身职业技能培训体系

(四)完善终身职业技能培训政策和组织实施体系。面向城乡全体劳动者,完善从劳动预备开始,到劳动者实现就业创业并贯穿学习和职业生涯全过程的终身职业技能培训政策。以政府补贴培训、企业自主培训、市场化培训为主要供给,以公共实训机构、职业院校(含技工院校,下同)、职业培训机构和行业企业为主要载体,以就业技能培训、岗位技能提升培训和创业创新培训为主要形式,构建资源充足、布局合理、结构优化、载体多元、方式科学的培训组织实施体系。(人力资源社会保障部、教育部等按职责分工负责。列第一位者为牵头单位,下同)

(五)围绕就业创业重点群体,广泛开展就业技能培训。持续开展高校毕业生技能就业行动,增强高校毕业生适应产业发展、岗位需求和基层就业工作能力。深入实施农民工职业技能提升计划——"春潮行动",将农村转移就业人员和新生代农民工培养成为高素质技能劳动者。配合化解过剩产能职工安置工作,实施失业人员和转岗职工特别职业培训计划。实施新型职业农民培育工程和农村实用人才培训计划,全面建立职业农民制度。对城乡未继续升学的初、高中毕业生开展劳动预备制培训。对即将退役的军人开展退役前技能储备培训和职业指导,对退役军人开展就业技能培训。面向符合条件的建档立卡贫困家庭、农村"低保"家庭、困难职工家庭和残疾人,开展技能脱贫攻坚行动,实施"雨露计划"、技能脱贫千校行动、残疾人职业技能提升计划。对服刑人员、强制隔离戒毒人员,开展以顺利回归社会为目的的就业技能培训。(人力资源社会保障部、教育部、工业和信息化部、民政部、司法部、住房城乡建设部、农业农村部、退役军人事务部、国务院国资委、国务院扶贫办、全国总工会、共青团中央、全国妇联、中国残联等按职责分工负责)

(六)充分发挥企业主体作用,全面加强企业职工岗位技能提升培训。将企业职工培训作为职业技能培训工作的重点,明确企业培训主体地位,完善激励政策,支持企业大规模开展职业技能培训,鼓励规模以上企业建立职业培训机构开展职工培训,并积极面向中小企业和社会承担培训任务,降低企业兴办职业培训机构成本,提高企业积极性。对接国民经济和社会发展中长期规划,适应高质量发展要求,推动企业健全职工培训制度,制定职工培训规划,采取岗前培训、学徒培训、在岗培训、脱产培训、业务研修、岗位练兵、技术比武、技能竞赛等方式,大幅提升职工技能水平。全面推行企业新型学徒制度,对企业新招用和转岗的技能岗位人员,通过校企合作方式,进行系统职业技能培训。发挥失业保险促进就业作用,支持符合条件的参保职工提升职业技能。健全校企合作制度,探索推进产教融合试点。(人力资源社会保障部、教育部、工业和信息化部、住房城乡建设部、国务院国资委、全国总工会等按职责分工负责)

(七)适应产业转型升级需要,着力加强高技能人才培训。面向经济社会发展急需紧缺职业(工种),大力开展高技能人才培训,增加高技能人才供给。深入实施国家高技能人才振兴计划,紧密结合战略性新兴产业、先进制造业、现代服务业等发展需求,开展技师、高级技师培训。对重点关键岗位的高技能人才,通过开展新知识、新技术、新工艺等方面培训以及技术研修攻关等方式,进一步提高他们的专业知识水平、解决实际问题能力和创新创造能力。支持高技能领军人才更多参与国家科研项目。发挥高技能领军人才在带徒传技、技能推广等方面的重要作用。(人力资源社会保障部、教育部、工业和信息化部、住房城乡建设部、国务院国资委、全国总工会等按职责分工负责)

(八)大力推进创业创新培训。组织有创业意愿和培训需求的人员参加创业创新培训。以高等学校和职业院校毕业生、科技人员、留学回国人员、退役军人、农村转移就业和返乡下乡创业人员、失业人员和转岗职工等群体为重点,依托高等学校、职业院校、职业培训机构、创业培训（实训）中心、创业孵化基地、众创空间、网络平台等，开展创业意识教育、创新素质培养、创业项目指导、开业指导、企业经营管理等培训，提升创业创新能力。健全以政策支持、项目评定、孵化实训、科技金融、创业服务为主要内容的创业创新支持体系，将高等学校、职业院校学生在校期间开展的"试创业"实践活动纳入政策支持范围。发挥技能大师工作室、劳模和职工创新工作室作用，开展集智创新、技术攻关、技能研修、技艺传承等群众性技术创新活动，做好创新成果总结命名推广工作，加大对劳动者创业创新的扶持力度。（人力资源社会保障部、教育部、科技部、工业和信息化部、住房城乡建设部、农业农村部、退役军人事务部、国务院国资委、国务院扶贫办、全国总工会、共青团中央、全国妇联、中国残联等按职责分工负责）

（九）强化工匠精神和职业素质培育。大力弘扬和培育工匠精神，坚持工学结合、知行合一、德技并修，完善激励机制，增强劳动者对职业理念、职业责任和职业使命的认识与理解，提高劳动者践行工匠精神的自觉性和主动性。广泛开展"大国工匠进校园"活动。加强职业素质培育，将职业道德、质量意识、法律意识、安全环保和健康卫生等要求贯穿职业培训全过程。（人力资源社会保障部、教育部、科技部、工业和信息化部、住房城乡建设部、国务院国资委、国家市场监督管理总局、全国总工会、共青团中央等按职责分工负责）

三、深化职业技能培训体制机制改革

（十）建立职业技能培训市场化社会化发展机制。加大政府、企业、社会等各类培训资源优化整合力度，提高培训供给能力。广泛发动社会力量，大力发展民办职业技能培训。鼓励企业建设培训中心、职业院校、企业大学，开展职业训练院试点工作，为社会培育更多高技能人才。鼓励支持社会组织积极参与行业人才需求发布、就业状况分析、培训指导等工作。政府补贴的职业技能培训项目全部向具备资质的职业院校和培训机构开放。（人力资源社会保障部、教育部、工业和信息化部、民政部、国家市场监督管理总局、全国总工会等按职责分工负责）

（十一）建立技能人才多元评价机制。健全以职业能力为导向、以工作业绩为重点、注重工匠精神培育和职业道德养成的技能人才评价体系。建立与国家职业资格制度相衔接、与终身职业技能培训制度相适应的职业技能等级制度。完善职业资格评价、职业技能等级认定、专项职业能力考核等多元化评价方式，促进评价结果有机衔接。健全技能人才评价管理服务体系，加强对评价质量的监管。建立以企业岗位练兵和技术比武为基础、以国家和行业竞赛为主体、国内竞赛与国际竞赛相衔接的职业技能竞赛体系，大力组织开展职业技能竞赛活动，积极参与世界技能大赛，拓展技能人才评价选拔渠道。（人力资源社会保障部、教育部、工业和信息化部、住房城乡建设部、国务院国资委、全国总工会、共青团中央、中国残联等按职责分工负责）

（十二）建立职业技能培训质量评估监管机制。对职业技能培训公共服务项目实施目录清单管理，制定政府补贴培训目录、培训机构目录、鉴定评价机构目录、职业资格目录，及时向社会公开并实行动态调整。建立以培训合格率、就业创业成功率为重点的培训绩效评估体系，对培训机构、培训过程进行全方位监管。结合国家"金保工程"二期，建立基于互联网的职业技能培训公共服务平台，提升技能培训和鉴定评价信息化水平。探索建立劳动者职业技能培训电子档案，实现培训信息与就业、社会保障信息联通共享。（人力资源社会保障部、财政部等按职责分工负责）

（十三）建立技能提升多渠道激励机制。支持劳动者凭技能提升待遇，建立健全技能人才培养、评价、使用、待遇相统一的激励机制。指导企业不唯学历和资历，建立基于岗位价值、能力素质、业绩贡献的工资分配机制，强化技能价值激励导向。制定企业技术工人技能要素和创新成果按贡献参与分配的办法，推动技术工人享受促进科技成果转化的有关政策，鼓励企业对高技能人才实行技术创新成果入股、岗位分红和股权期权等激励方式，鼓励凭技能创造财富、增加收入。落实技能人才积分落户、岗位聘任、职务职级晋升、参与职称评审、学习进修等政策。支持用人单位对聘用的高级工、技师、高级技师，比照相应层级工程技术人员确定其待遇。完善以国家奖励为导向、用人单位奖励为主体、社会奖励为补充的技能人才表彰奖励制度。（人力资源社会保障部、教育部、工业和信息化部、公安部、国务院国资委、国家公务员局等按职责分工负责）

四、提升职业技能培训基础能力

(十四)加强职业技能培训服务能力建设。推进职业技能培训公共服务体系建设,为劳动者提供市场供求信息咨询服务,引导培训机构按市场和产业发展需求设立培训项目,引导劳动者按需自主选择培训项目。推进培训内容和方式创新,鼓励开展新产业、新技术、新业态培训,大力推广"互联网+职业培训"模式,推动云计算、大数据、移动智能终端等信息网络技术在职业技能培训领域的应用,提高培训便利度和可及性。(人力资源社会保障部、国家发展改革委等按职责分工负责)

(十五)加强职业技能培训教学资源建设。紧跟新技术、新职业发展变化,建立职业分类动态调整机制,加快职业标准开发工作。建立国家基本职业培训包制度,促进职业技能培训规范化发展。支持弹性学习,建立学习成果积累和转换制度,促进职业技能培训与学历教育沟通衔接。实行专兼职教师制度,完善教师在职培训和企业实践制度,职业院校和培训机构可根据需要和条件自主招用企业技能人才任教。大力开展校长等管理人员培训和师资培训。发挥院校、行业企业作用,加强职业技能培训教材开发,提高教材质量,规范教材使用。(人力资源社会保障部、教育部等按职责分工负责)

(十六)加强职业技能培训基础平台建设。推进高技能人才培训基地、技能大师工作室建设,建成一批高技能人才培养培训、技能交流传承基地。加强公共实训基地、职业农民培育基地和创业孵化基地建设,逐步形成覆盖全国的技能实训和创业实训网络。对接世界技能大赛标准,加强竞赛集训基地建设,提升我国职业技能竞赛整体水平和青年技能人才培养质量。积极参与走出去战略和"一带一路"建设中的技能合作与交流。(人力资源社会保障部、国家发展改革委、教育部、科技部、工业和信息化部、财政部、农业农村部、商务部、国务院国资委、国家国际发展合作署等按职责分工负责)

五、保障措施

(十七)加强组织领导。地方各级人民政府要按照党中央、国务院的总体要求,把推行终身职业技能培训制度作为推进供给侧结构性改革的重要任务,根据经济社会发展、促进就业和人才发展总体规划,制定中长期职业技能培训规划并大力组织实施,推进政策落实。要建立政府统一领导,人力资源社会保障部门统筹协调,相关部门各司其职、密切配合,有关人民团体和社会组织广泛参与的工作机制,不断加大职业技能培训工作力度。(人力资源社会保障部等部门、单位和各省级人民政府按职责分工负责)

(十八)做好公共财政保障。地方各级人民政府要加大投入力度,落实职业技能培训补贴政策,发挥好政府资金的引导和撬动作用。合理调整就业补助资金支出结构,保障培训补贴资金落实到位。加大对用于职业技能培训各项补贴资金的整合力度,提高使用效益。完善经费补贴拨付流程,简化程序,提高效率。要规范财政资金管理,依法加强对培训补贴资金的监督,防止骗取、挪用,保障资金安全和效益。有条件的地区可安排经费,对职业技能培训教材开发、新职业研究、职业技能标准开发、师资培训、职业技能竞赛、评选表彰等基础工作给予支持。(人力资源社会保障部、教育部、财政部、审计署等按职责分工负责)

(十九)多渠道筹集经费。加大职业技能培训经费保障,建立政府、企业、社会多元投入机制,通过就业补助资金、企业职工教育培训经费、社会捐助赞助、劳动者个人缴费等多种渠道筹集培训资金。通过公益性社会团体或者县级以上人民政府及其部门用于职业教育的捐赠,依照税法相关规定在税前扣除。鼓励社会捐助、赞助职业技能竞赛活动。(人力资源社会保障部、教育部、工业和信息化部、民政部、财政部、国务院国资委、税务总局、全国总工会等按职责分工负责)

(二十)进一步优化社会环境。加强职业技能培训政策宣传,创新宣传方式,提升社会影响力和公众知晓度。积极开展技能展示交流,组织开展好职业教育活动周、世界青年技能日、技能中国行等活动,宣传校企合作、技能竞赛、技艺传承等成果,提高职业技能培训吸引力。大力宣传优秀技能人才先进事迹,大力营造劳动光荣的社会风尚和精益求精的敬业风气。(人力资源社会保障部、教育部、全国总工会、共青团中央等按职责分工负责)

关于全面推行中国特色企业新型学徒制　加强技能人才培养的意见

· 2021 年 6 月 8 日
· 人社部发〔2021〕39 号

为贯彻落实党的十九届五中全会精神，加强新时代技能人才培养，现就全面推行中国特色企业新型学徒制提出以下指导意见。

一、指导思想

以习近平新时代中国特色社会主义思想为指导，全面贯彻党的十九大和十九届二中、三中、四中、五中全会精神，深入贯彻落实《新时期产业工人队伍建设改革方案》，以高质量发展为引领，以深化企业改革、加大技能人才培养为宗旨，以满足培育壮大发展新动能、促进产业转型升级和提高企业竞争力为根本，以产教融合、校企合作为重要手段，持续实施职业技能提升行动，面向企业全面推行新型学徒制培训，创新中国特色技能人才培养模式，进一步扩大技能人才培养规模，为实现高质量发展提供有力的人才和技能支撑。

二、基本原则

——坚持需求导向。坚持以满足高质量发展、适应产业变革、技术变革、组织变革和企业技术创新需求为目标，瞄准企业人力资源价值提升需求，面向企业技能岗位员工开展企业新型学徒制培训，满足人岗匹配和技能人才队伍梯次发展需要。

——坚持终身培训。进一步健全终身职业技能培训制度，支持企业职工在职业生涯发展的不同阶段通过多种方式，灵活接受职业技能培训，不断提高职工岗位技能，畅通技能人才职业发展通道。

——坚持校企政联动。在充分发挥企业培训主体作用和院校教育培训优势的基础上，各地人力资源社会保障部门要加强组织管理和协调服务，有序高效开展企业新型学徒制培养工作。

——坚持以用为本。充分利用企业新型学徒制培养成果，积极为企业新型学徒提升技能、干事创业提供机会和条件。鼓励企业新型学徒参与技术革新、技术攻关，在技能岗位发挥关键作用。

三、目标任务

按照政府引导、企业为主、院校参与的原则，在企业全面推行新型学徒制培训，进一步发挥各类企业主体作用，通过企校合作、工学交替方式，组织企业技能岗位新入职、转岗员工参加企业新型学徒制培训，力争使企业技能岗位新入职员工都有机会接受高质量岗前职业技能培训；力争使企业技能岗位转岗员工都有机会接受转岗转业就业储备性技能培训，达到"转岗即能顶岗"。以企业新型学徒制培训为引领，促进企业技能人才培养，不断提升企业技术创新能力和企业竞争力。

四、主要内容

（一）培养对象和培养模式。以至少签订 1 年以上劳动合同的技能岗位新招用和转岗等人员为主要培养对象，企业可结合生产实际自主确定培养对象。发挥企业培养主体作用，培养和评价"双结合"，企业实训基地和院校培训基地"双基地"，企业导师和院校导师"双导师"培养模式，大型企业可依托本企业培训中心等采取"师带徒"的方式，开展企业新型学徒制培养工作。

（二）培养目标和主要方式。学徒培养目标以符合企业岗位需求的中级工、高级工及技师、高级技师为主。培养期限为 1-2 年，特殊情况可延长到 3 年。各类企业特别是规模以上企业可结合实际需求和学徒职业发展、技能提升意愿，采用举办培训班、集训班等形式，采取弹性学制和学分制等管理手段，按照"一班一方案"开展学徒培训。中小微企业培训人员较少的情况，可由地方工商联及所属商会，会同当地人力资源社会保障部门根据培训职业，统一协调和集中多个中小微企业人员开展培训。

（三）培养内容。根据产业转型升级和高质量发展要求，紧扣制造强国、质量强国、数字中国建设之急需和企业未来技能需求，依据国家职业技能标准和行业、企业培训评价规范开展相应职业（工种）培训，积极应用"互联网+"、职业培训包等培训模式。加大企业生产岗位技能、数字技能、绿色技能、安全生产技能和职业道德、职业素养、工匠精神、质量意识、法律常识、创业创新、健康卫生等方面培训力度。

（四）培养主体职责。企业新型学徒培养的主要职责由所在企业承担。企业应与学徒签订培养协议，明确培训目标、培训内容与期限、质量考核标准等内容。同一批次同类职业（工种）可签订集体培养协议。企业委托培训机构承担学徒的部分培训任务，应与培训机构签订合作协议，明确培训的方式、内容、期限、费用、双方责任等具体内容，保证学徒在企业工作的同时，能够到培训机构参加系统的、有针对性的专业知识学习和相关技能训练。

五、激励机制

（一）完善经费补贴政策。对开展学徒培训的企业按规定给予职业培训补贴，补贴资金从职业技能提升行动专账资金或就业补助资金列支。补贴标准由各市（地）以上人力资源社会保障部门会同财政部门确定，学徒每人每年的补贴标准原则上 5000 元以上，补贴期限按照实际培训期限（不超过备案期限）计算，可结合经济发展、培训成本、物价指数等情况定期调整。企业在开展学徒培训前将有关材料报所在地人力资源社会保障部门备案，备案材料应包括培训计划、学徒名册、劳动合同复印件及其他相关材料（具体清单由所在地人力资源社会保障部门自行制定），经审核后列入学徒培训计划，并按规定向企业预支补贴资金。培训任务完成后，应向所在地人力资源社会保障部门及时提交职业资格证书（或职业技能等级证书、培训合格证书、毕业证书）编号或证书复印件、培训视频材料、培训机构出具的行政事业性收费票据（或税务发票）等符合财务管理规定的凭证，由相关部门按照符合补贴申领条件的人员数量，及时拨付其余补贴资金。企业可按照学徒社保缴纳地或就业所在地申领职业培训补贴。

（二）健全企业保障机制。学徒在学习培训期间，企业应当按照劳动合同法的规定支付工资，且工资不得低于企业所在地最低工资标准。企业按照与培训机构签订的合作协议约定，向培训机构支付学徒培训费用，所需资金从企业职工教育经费列支；符合有关政策规定的，由政府提供职业培训和职业技能鉴定补贴。承担带徒任务的企业导师享受导师带徒津贴，津贴标准由企业确定，津贴由企业承担。企业对学徒开展在岗培训、业务研修等企业内部发生的费用，符合有关政策规定的，可从企业职工教育经费中列支。

（三）建立奖励激励机制。充分发挥中华技能大奖获得者、全国技术能手、劳动模范、大国工匠等技能人才传帮带优势，充分利用技能大师（专

家）工作室、劳模和工匠人才创新工作室等技能人才培养阵地，鼓励"名师带高徒""师徒结对子"，激发师徒主动性和积极性。鼓励企业建立学徒奖学金、师带徒津贴（授课费、课时费），制定职业技术技能等级认定优惠政策，畅通企业间流通渠道。

六、保障措施

（一）加强组织领导。各级人力资源社会保障部门、财政部门、国资监管部门、工会以及工商联要进一步提高认识，增强责任感和紧迫感，把全面推行企业新型学徒制培训作为实施职业技能提升行动、加强高技能人才培养的重要内容，认真组织实施。要建立密切配合、协同推进的工作机制，加强组织领导，全面推动实施。国资监管部门、工商联要以重点行业、重要领域和规模以上企业为着力点，大力推行企业新型学徒制培训。

（二）协调推动实施。企业按属地管理原则纳入当地工作范畴，享受当地政策。各级人力资源社会保障部门要建立与企业的联系制度，做好工作指导。要主动对接属地中央企业，做好资金、政策的落实以及服务保障工作。要加大工作力度，加强工作力量，做好对各类企业特别是中小微企业新型学徒培训的管理服务工作。各企业要加强组织实施，建立人事（劳资）部门牵头，生产、安全、财务、工会等有关部门密切配合、协同推进的工作机制，制定工作方案，认真规划、扎实组织、全面推动。各技工院校要积极参加企业新型学徒培养工作，并将其作为校企合作的重要内容。

（三）加强考核评价。鼓励企业职工人人持证，推动企业全面自主开展技能人才评价，并将参加新型学徒制培训的人员纳入其中。指导企业将学徒技能评价融入日常企业生产活动过程中，灵活运用过程化考核、模块化考核和业绩评审、直接认定等多种方式，对学徒进行职业技能等级认定，加大学徒高级工、技师、高级技师评价工作。加大社会培训评价机构和行业组织的征集遴选力度，注重发挥工商联所属商会作用，大力推行社会化职业技能等级认定。

（四）加强宣传动员。广泛动员企业、院校、培训机构和职工积极参与学徒制培训，扩大企业新型学徒制影响力和覆盖面。强化典型示范，突出导向作用，大力宣传推行企业新型学徒制的典型经验和良好成效，努力营造全社会关心尊重技能人才、重视支持企业职工培训工作的良好社会氛围。

技工学校教育督导评估暂行规定

· 1997 年 8 月 8 日劳动部令第 9 号公布
· 自 1997 年 9 月 1 日起施行

第一条 为了规范对技工学校的教育督导评估(以下简称督导评估)工作,促进技工学校教育质量的提高和技工学校的健康发展,根据《教育法》和《职业教育法》的有关规定,制定本规定。

第二条 技工学校教育督导评估工作应按照本规定执行。

第三条 本规定所称督导评估,是指劳动行政部门的督导评估机构对下级劳动行政部门、技工学校和学校主管部门贯彻国家教育方针、政策,执行法律、法规情况进行监督、检查和指导;对技工学校是否达到办学标准给予认定。

第四条 督导评估包括下列内容:

(一)贯彻执行国家教育法律、法规和方针、政策的情况;

(二)执行国家办学标准、工作条例及管理制度情况;

(三)基础设施、办学条件、教学管理和教学质量;

(四)教师上岗资格、职业道德和相关待遇;

(五)学生德、智、体全面发展的情况;

(六)对学生进行职业指导和毕业生就业服务情况;

(七)承担劳动预备制度培训任务和开展其他培训情况。

第五条 督导评估机构分国家级和省级。国家级督导评估委员会由劳动部会同有关行业部门组成,办公室设在劳动部。

国家级督导评估委员会履行下列职责:

(一)制定督导评估实施方案;

(二)对国家重点技工学校、高级技工学校和国务院部委直属学校督导评估;

(三)指导地方督导评估工作;

(四)组织培训督导评估人员;

(五)总结推广督导评估工作经验,开展工作研究。

省级督导评估机构的职责由省级劳动行政部门制定。

第六条 国家级督导评估人员由劳动部聘任并颁发证书;省级督导评估人员由省级劳动行政部门聘任和颁发证书,并报劳动部备案。

第七条 督导评估人员应具备以下条件:

(一)坚持四项基本原则,热爱技工教育事业;

(二)熟悉国家有关职业教育法律、法规和政策;

(三)具有大专以上学历或同等学历;

(四)有五年以上从事职业培训或技工学校管理工作经历;

(五)身体健康。

第八条 督导评估机构可聘请企业的技师、高级技师参与督导评估。

第九条 督导评估分为综合督导评估和专项督导评估,督导评估机构根据劳动行政部门或上级督导机构的决定组织实施督导评估工作。

第十条 督导评估人员具有以下职权;

(一)列席被督导评估单位的有关会议;

(二)要求被督导评估单位提供有关文件并汇报工作;

(三)对被督导评估单位进行现场调查;

(四)到用人单位听取对技工学校毕业生的评价意见。

第十一条 督导评估人员应对被督导评估单位存在的问题提出意见,经督导评估机构确认后,被督导评估单位应采取改进措施。

第十二条 被督导评估单位或有关人员弄虚作假,不报实情的,由其主管部门责令改正;情节严重的,督导评估机构可以建议主管部门对直接责任人员给予行政处分。

第十三条 督导评估人员利用职权谋取私利或滥用职权的,视其情节由督导评估机构建议所在单位给予行政处分。

第十四条 督导评估机构可对督导评估结果进行公布。

第十五条 本规定自 1997 年 9 月 1 日起施行。

中外合作职业技能培训办学管理办法

· 2006 年 7 月 26 日劳动和社会保障部令第 27 号公布

· 根据 2015 年 4 月 30 日《人力资源社会保障部关于修改部分规章的决定》修订

第一章 总 则

第一条 为实施《中华人民共和国中外合作办学条例》(以下简称《中外合作办学条例》),规范中外合作职业技能培训办学活动,制定本办法。

第二条 中国教育机构同外国教育机构(以下简称中外合作办学者,教育机构含职业技能培训机构)合作举办职业技能培训机构和办学项目的设立、活动及管理,适用本办法。

本办法所称中外合作职业技能培训机构,是指中外合作办学者依照《中外合作办学条例》和本办法的规定,在中国境内合作举办的以中国公民为主要招生对象,实施职业技能培训的公益性办学机构。

本办法所称中外合作职业技能培训办学项目,是指中外合作办学者依照《中外合作办学条例》和本办法的规定,不设立新的职业技能培训机构,而是通过与现有中国教育机构合作设置以中国公民为主要招生对象的专业(职业、工种)、课程的方式开展的职业技能培训项目。

第三条 国家鼓励根据经济发展和劳动力市场对技能劳动者的需求及特点,引进体现国外先进技术、先进培训方法的优质职业技能培训资源。

国家鼓励在国内新兴和急需的技能含量高的职业领域开展中外合作办学。

第四条 中外合作职业技能培训机构根据法律法规的规定,享受国家给予民办学校的扶持与奖励政策。

劳动保障行政部门对发展中外合作职业技能培训办学做出突出贡献的社会组织和个人给予奖励和表彰。

第五条 国务院劳动保障行政部门负责全国中外合作职业技能培训办学工作的统筹规划、综合协调和宏观管理。省、自治区、直辖市人民政府劳动保障行政部门负责本行政区域内中外合作职业技能培训办学管理工作。

第二章 中外合作职业技能培训机构的设立

第六条 中外合作办学者应当符合《中外合作办学条例》规定的条件,具备相应的办学资格和较高的办学质量。

第七条 中外合作办学者应当在平等协商的基础上签订合作协议。合作协议应当载明下列内容:

(一)合作各方的名称、住所和法定代表人的姓名、职务、国籍;

(二)拟设立的中外合作职业技能培训机构的名称、住所、培养目标、办学宗旨、合作内容和期限;

(三)合作各方投入资产数额、方式及资金缴纳期限;

(四)解决合作各方争议的方式和程序;

(五)违反合作协议的责任;

(六)合作各方约定的其他事项。

合作协议应当为中文文本。有外文文本的,应当与中文文本的内容一致。

第八条 中外合作办学者投入的办学资金,应当与拟设立的中外合作职业技能培训机构的层次和规模相适应。

中外合作办学者应当按照合作协议按时、足额投入办学资金。中外合作职业技能培训机构存续期间,中外合作办学者不得抽逃办学资金,不得挪用办学经费。

第九条 中外合作办学者为办学投入的实物、土地使用权、知识产权以及其他财产,其作价由中外合作办学者双方按照公平合理的原则协商确定,或者聘请双方同意的社会中介组织依法进行评估,并依法办理财产权转移有关手续。

中国教育机构以国有资产作为办学投入的,应当根据国家有关国有资产监督管理规定,聘请具有评估资格的社会中介组织依法进行评估,根据评估结果合理确定国有资产的数额,并报对该国有资产负有监管职责的机构备案,依法履行国有资产管理义务。

第十条 根据与外国政府部门签订的协议或者应中国教育机构的请求,国务院劳动保障行政部门或者省、自治区、直辖市人民政府可以邀请外国教育机构与中国教育机构合作办学。

被邀请的外国教育机构应当是国际上或者所在国具有一定影响力的教育机构。

第十一条 设立中外合作职业技能培训机构由拟设立机构所在地的省、自治区、直辖市人民政府劳动保障行政部门审批。

第十二条 设立中外合作职业技能培训机构,分为筹备设立和正式设立两个步骤。具备办学条件,达到设置标准的,可以直接申请正式设立。

第十三条 申请筹备设立中外合作职业技能培训机构,应当由中国教育机构提出申请,提交《中外合作办学条例》规定的文件。其中申办报告应当按照国务院劳动保障行政部门根据《中外合作办学条例》第十四条第(一)项制定的《中外合作职业技能培训机构申请表》所规定的内容和格式填写。

申请筹备设立中外合作职业技能培训机构,还应根据《中外合作办学条例》有关条款的规定,提交中外合作办学者的注册登记证明、法定代表人的有效证明文件,其中外国合作办学者的有关证明文件应当经所在国公证机关证明。

第十四条 有下列情形之一的,审批机关不予批准筹备设立中外合作职业技能培训机构,并书面说明理由:

(一)违背社会公共利益、历史文化传统和职业培训的公益性质,不符合国家或者地方职业培训事业发展需要的;

(二)中外合作办学者有一方不符合条件的;

(三)申请文件不符合《中外合作办学条例》和本办法要求,经告知仍不改正的;

(四)申请文件有虚假内容的;

(五)法律、行政法规规定的其他不予批准情形。

第十五条 申请正式设立中外合作职业技能培训机构,应当由中国教育机构申请,提交《中外合作办学条例》规定的文件。其中直接申请正式设立的,正式设立申请书应当按照国务院劳动保障行政部门制定的《中外合作职业技能培训机构申请表》所规定的内容和格式填写,并提交本办法第十三条第二款规定的资格证明。

第十六条 正式设立中外合作职业技能培训机构,应当具备《中外合作办学条例》第十一条规定的条件。

设立中外合作职业技能培训机构,应达到以下设置标准:

(一)具有同时培训不少于 200 人的办学规模;

(二)办学场所应符合环境保护、劳动保护、安全、消防、卫生等有关规定及相关职业(工种)安全规程。建筑面积应与其办学规模相适应,一般不少于 3000 平方米,其中实习、实验场所一般不少于 1000 平方米。租用的场所其租赁期限不少于 3 年;

(三)实习、实验设施和设备应满足教学和技能训练需要,有充足的实习工位,主要设备应达到国际先进水平。具有不少于 5000 册的图书资料和必要的阅览场所,并配备电子阅览设备;

(四)投入的办学资金,应当与办学层次和规模相适应,并具有稳定的经费来源;

(五)校长或主要行政负责人应具有中华人民共和国国籍,在中国境内定居,热爱祖国、品行良好,具备大学本科及以上学历或者高级专业技术职务任职资格、高级以上国家职业资格;

(六)专兼职教师队伍与专业设置、办学规模相适应,专职教师人数一般不少于教师人数的1/3。每个教学班按专业应当分别配备专业理论课教师和生产实习指导教师,其中理论教师应具有与其教学岗位相适应的教师上岗资格条件,实习指导教师应具备高级及以上职业资格或中级及以上相关专业技术职务任职资格,并具有相应的教师上岗资格。但是,聘任的专兼职外籍教师和外籍管理人员,应当具备《中外合作办学条例》第二十七条规定的条件。

设立中外合作技工学校,参照技工学校设置标准执行。

第十七条 设立中外合作职业技能培训机构应当按照《中外合作办学条例》的规定制定机构章程,载明下列事项:

(一)中外合作职业技能培训机构的名称、住所;

(二)办学宗旨、规模、层次、类别等;

(三)资产数额、来源、性质以及财务制度;

(四)中外合作办学者是否要求取得合理回报;

(五)理事会或者董事会的产生方法、人员构成、权限、任期、议事规则等;

（六）法定代表人的产生和罢免程序；

（七）民主管理和监督的形式；

（八）机构终止事由、程序和清算办法；

（九）章程修改程序；

（十）其他需要由章程规定的事项。

第十八条 中外合作职业技能培训机构只能使用一个名称，其外文译名应当与中文名称相符。中外合作职业技能培训机构名称应当按所在行政区划、字号、职业技能培训学校依次确切表示。

名称中不得冠以"中国"、"全国"、"中华"等字样，不得违反国家规定，不得损害社会公共利益。

第十九条 中外合作职业技能培训机构不得设立分支机构，不得举办其他中外合作办学机构。

第二十条 审批机关受理正式设立中外合作技工学校的，应当组织专家委员会评议，由专家委员会提出咨询意见。

专家委员会对申请人申请材料按照分期分类的原则进行评审，所需时间由审批机关书面告知申请人，不计算在审批期限内。

审批机关认为必要时应当指派 2 名以上工作人员，对申请人提交的申请材料主要内容进行核查。

第二十一条 有下列情形之一的，审批机关不予批准正式设立中外合作职业技能培训机构，并书面说明理由：

（一）不具备办学条件、未达到设置标准的；

（二）理事会、董事会的组成人员及其构成不符合法定要求，校长或者主要行政负责人、教师、财会人员不具备法定资格，经告知仍不改正的；

（三）章程不符合《中外合作办学条例》和本办法要求，经告知仍不修改的；

（四）在筹备设立期内有违反法律、法规行为的。

直接申请正式设立中外合作职业技能培训机构的，除前款规定的第（一）、（二）、（三）项外，有本办法第十四条规定情形之一的，审批机关不予批准。

第二十二条 批准正式设立中外合作职业技能培训机构的，由该审批机关颁发国务院劳动保障行政部门统一印制、国务院教育行政部门统一编号的中外合作办学许可证。

第二十三条 中外合作职业技能培训机构遗失中外合作办学许可证的，应立即登报声明，并持声明向审批机关提交补办申请，由审批机关核准后补发。

第三章 中外合作职业技能培训办学项目的举办

第二十四条 举办中外合作职业技能培训办学项目，应当具备下列条件：

（一）中外合作办学者应当具有法人资格；

（二）项目的办学层次和类别与中外合作办学者的办学层次和类别相适应；

（三）中国教育机构应当具备举办所开设专业（职业、工种）培训的师资、设备、设施等条件。

第二十五条 举办中外合作职业技能培训办学项目，中外合作办学者应当签订合作协议，载明下列内容：

（一）合作各方的名称、住所和法定代表人的姓名、职务、国籍；

（二）合作项目名称、合作内容和期限；

（三）合作各方投入资产数额、方式及资金缴纳期限（有资产、资金投入的）；

（四）解决合作各方争议的方式和程序；

（五）违反合作协议的责任；

（六）合作各方约定的其他事项。

合作协议应当为中文文本。有外文文本的，应当与中文文本的内容一致。

第二十六条 申请举办中外合作职业技能培训办学项目，由拟举办项目所在地的省、自治区、直辖市人民政府劳动保障行政部门审批，并报国务院劳动保障行政部门备案。

第二十七条 举办中外合作职业技能培训办学项目，应当由中国教育机构提出申请，提交下列文件：

（一）《中外合作职业技能培训办学项目申请表》；

（二）合作协议；

（三）经公证的中外合作办学者法人资格证明；

（四）捐赠资产协议及相关证明（有捐赠的）。

第二十八条 审批机关受理申请后应当在 30 个工作日内作出是否批准举办中外合作职业技能培训办学项目的决定。有下列情形之一的，审批机关不予批准举办中外合作职业技能培训办学项

目,并书面说明理由:

(一)违背社会公共利益、历史文化传统和职业培训的公益性质,不符合国家或者地方职业培训事业发展需要的;

(二)中外合作办学者有一方不符合条件的;

(三)申请文件不符合本办法要求,经告知仍不改正的;

(四)申请文件有虚假内容的;

(五)法律、行政法规规定的其他不予批准情形。

第二十九条 批准中外合作职业技能培训办学项目的,由审批机关颁发统一格式、统一编号的中外合作办学项目批准书。

中外合作办学项目批准书由国务院劳动保障行政部门制定式样并统一编号。

第四章 中外合作职业技能培训办学的组织与活动

第三十条 中外合作职业技能培训机构应当建立学籍和教学管理、教师管理、学生管理、卫生安全管理、设备管理、财务资产管理等项制度。

第三十一条 中外合作职业技能培训机构应当依照《中外合作办学条例》的规定设立理事会、董事会。国家机关工作人员不得担任中外合作职业技能培训机构的理事会或者董事会成员。

第三十二条 中外合作职业技能培训机构应当聘任专职校长或者主要行政负责人。校长或者主要行政负责人依法独立行使教育教学和行政管理职权。

中外合作职业技能培训机构应当配备具有大学本科及以上学历及一定的外语交流能力,并具有中级及以上相关专业技术职务任职资格的专职教学管理人员。

第三十三条 中外合作职业技能培训办学项目是举办该项目的中国教育机构教育教学活动的组成部分,应当接受举办该项目的中国教育机构的管理。

第三十四条 中外合作职业技能培训机构和办学项目按照办学宗旨、培养目标和批准的专业(职业、工种)设置范围,自行设置专业(职业、工种),开展教育培训活动,但不得开展《中外合作办学条例》禁止的办学活动。

中外合作职业技能培训机构和办学项目可以在中国境内实施职业技能培训活动,也可以在中国境外实施部分职业技能培训活动。

第三十五条 中外合作职业技能培训机构和办学项目依法自主确定招生范围、标准和方式。但实施技工学校教育的,应当按照国家有关规定执行。

第三十六条 中外合作职业技能培训机构和办学项目应当按照招生简章或者与受培训者签订的培训协议,开设相应课程,开展职业技能培训,保证培训质量。

中外合作职业技能培训机构和办学项目应当提供与所设专业(职业、工种)相匹配的教育教学设施、设备和其他必要的办学条件。

第三十七条 中外合作职业技能培训机构和办学项目按照国家有关规定颁发培训证书或者结业证书。接受职业技能培训的学生,经政府批准的职业技能鉴定机构鉴定合格,可以按照国家有关规定获得相应的国家职业资格证书。

第三十八条 中外合作职业技能培训机构依法自主管理和使用本机构的资产,但不得改变按照公益事业获得的土地、校舍等资产的用途。

第三十九条 举办中外合作职业技能培训办学项目的中国教育机构应当依法对中外合作职业技能培训办学项目的财务进行管理,并在学校财务账户内设立中外合作职业技能培训办学项目专项,统一办理收支业务。

第四十条 中外合作职业技能培训机构和办学项目不得从事营利性经营活动。

第四十一条 中外合作办学者要求取得合理回报的,应当按《中华人民共和国民办教育促进法实施条例》的规定执行。

中外合作职业技能培训机构有《中华人民共和国民办教育促进法实施条例》第四十七条列举情形之一的,中外合作办学者不得取得回报。

中外合作职业技能培训机构应当按照《中华人民共和国民办教育促进法实施条例》第三十七条的规定提取、使用发展基金。

第四十二条 中外合作职业技能培训办学项目的收费项目和标准,按照国家有关政府定价的规定确定并公布。

中外合作职业技能培训办学项目的办学结余,应当继续用于项目的教育教学活动和改善办学条件。

第四十三条 有下列情形之一的,中外合作职业技能培训办学项目终止:

(一)根据合作协议要求终止,并经审批机关批准的;

(二)中外合作办学者有一方被依法吊销办学资格的;

(三)被吊销中外合作办学项目批准书的。

中外合作职业技能培训办学项目终止,应当妥善安置在校学生;举办该项目的中国教育机构提出项目终止申请时,应当同时提交妥善安置在校学生的方案。

中外合作职业技能培训办学项目终止的,举办该项目的中国教育机构应当将中外合作办学项目批准书交回审批机关,由审批机关依法注销并向社会公布。

第五章 管理与监督

第四十四条 劳动保障行政部门应当加强对中外合作职业技能培训机构和办学项目的监督,组织或委托社会中介组织对中外合作职业技能培训机构和办学项目的办学水平和教育培训质量,进行定期综合性评估和专项评估,并将评估结果向社会公布。

第四十五条 中外合作职业技能培训机构和举办中外合作职业技能培训办学项目的中国教育机构应当于每年3月31日前向审批机关提交年度办学报告,内容应当包括中外合作职业技能培训机构和办学项目招收学生、培训专业(职业、工种)、培训期限、师资配备、教学质量、证书发放、财务状况等基本情况。

第四十六条 中外合作职业技能培训机构应当依照《中华人民共和国会计法》和国家统一的会计制度进行会计核算,编制财务会计报告,于会计年度结束之日起1个月内向社会公布社会审计机构对其年度财务会计报告的审计结果,并报审批机关备案。

第四十七条 中外合作职业技能培训机构和办学项目应当具有与专业(职业、工种)设置相对应的教学计划、大纲和教材。自编和从境外引进教学计划、大纲和教材应当符合法律法规规定,并报审批机关备案。

第四十八条 中外合作职业技能培训机构和办学项目的招生简章和广告样本应当自发布之日起5日内报审批机关备案。招生简章和广告应当依法如实发布机构和项目的名称、培训目标、培训层次、主要课程、培训条件、培训期限、收费项目、收费标准、证书发放和就业去向等。

第六章 法律责任

第四十九条 中外合作职业技能培训办学项目审批机关及其工作人员,利用职务上的便利收取他人财物或者获取其他利益,滥用职权、玩忽职守,对不符合本办法规定条件者颁发中外合作办学项目批准书的,对直接负责的主管人员和其他直接责任人员依法给予行政处分;构成犯罪的,依法追究刑事责任。

第五十条 违反本办法的规定,超越职权审批中外合作职业技能培训办学项目的,其批准文件无效,对直接负责的主管人员和其他直接责任人员,依法给予行政处分;致使公共财产、国家和人民利益遭受重大损失,构成犯罪的,依法追究刑事责任。

第五十一条 中外合作职业技能培训机构违反本办法有关组织与活动的规定,导致管理混乱、教育教学质量低下,造成恶劣影响的,按照《中外合作办学条例》第五十六条规定追究法律责任。

第五十二条 违反本办法的规定,未经批准擅自举办中外合作职业技能培训办学项目,或者以不正当手段骗取中外合作办学项目批准书的,由劳动保障行政部门责令举办该项目的中国教育机构限期改正、退还向学生收取的费用,并处以1万元以下罚款。

第五十三条 中外合作职业技能培训办学项目未经批准增加收费项目或者提高收费标准的,由劳动保障行政部门责令举办该项目的中国教育机构退还多收的费用,并提请价格主管部门依照有关法律、行政法规的规定予以处罚。

第五十四条 中外合作职业技能培训办学项目发布虚假招生简章或者招生广告,骗取钱财的,由劳动保障行政部门责令举办该项目的中国教育机构退还收取的费用后,没收剩余违法所得,并处以违法所得3倍以下且总额3万元以下的罚款。

第五十五条 中外合作职业技能培训办学项目有下列情形之一的,由劳动保障行政部门责令举办该项目的中国教育机构限期改正:

(一)超出审批范围、层次办学的;

（二）管理混乱,教育教学质量低下的;

（三）未按照国家有关规定进行财务管理的;

（四）违反规定对办学结余进行分配的。

第七章　附　则

第五十六条　香港特别行政区、澳门特别行政区和台湾地区的教育机构与内地教育机构合作举办职业技能培训机构或者办学项目的,参照本办法执行,国家另有规定的除外。

第五十七条　在工商行政管理部门登记注册的经营性的中外合作职业技能培训机构的管理办法,按照国务院规定执行。

第五十八条　外国教育机构、其他组织或者个人不得在中国境内单独设立以中国公民为主要招生对象的职业技能培训机构。

第五十九条　本办法实施前已经批准举办的中外合作职业技能培训办学项目,应当补办本办法规定的中外合作办学项目批准书。其中,不完全具备本办法规定的中外合作职业技能培训办学项目举办条件的,应当在本办法施行之日起 1 年内达到本办法规定的条件。逾期未达到本办法规定条件的,审批机关不予补办中外合作办学项目批准书。

第六十条　本办法自 2006 年 10 月 1 日起施行。

4. 残疾人就业

残疾人就业条例

· 2007 年 2 月 14 日国务院第 169 次常务会议通过

· 2007 年 2 月 25 日中华人民共和国国务院令第 488 号公布

· 自 2007 年 5 月 1 日起施行

第一章　总　则

第一条　为了促进残疾人就业,保障残疾人的劳动权利,根据《中华人民共和国残疾人保障法》和其他有关法律,制定本条例。

第二条　国家对残疾人就业实行集中就业与分散就业相结合的方针,促进残疾人就业。

县级以上人民政府应当将残疾人就业纳入国民经济和社会发展规划,并制定优惠政策和具体扶持保护措施,为残疾人就业创造条件。

第三条　机关、团体、企业、事业单位和民办非企业单位(以下统称用人单位)应当依照有关法律、本条例和其他有关行政法规的规定,履行扶持残疾人就业的责任和义务。

第四条　国家鼓励社会组织和个人通过多种渠道、多种形式,帮助、支持残疾人就业,鼓励残疾人通过应聘等多种形式就业。禁止在就业中歧视残疾人。

残疾人应当提高自身素质,增强就业能力。

第五条　各级人民政府应当加强对残疾人就业工作的统筹规划,综合协调。县级以上人民政府负责残疾人工作的机构,负责组织、协调、指导、督促有关部门做好残疾人就业工作。

县级以上人民政府劳动保障、民政等有关部门在各自的职责范围内,做好残疾人就业工作。

第六条　中国残疾人联合会及其地方组织依照法律、法规或者接受政府委托,负责残疾人就业工作的具体组织实施与监督。

工会、共产主义青年团、妇女联合会,应当在各自的工作范围内,做好残疾人就业工作。

第七条　各级人民政府对在残疾人就业工作中做出显著成绩的单位和个人,给予表彰和奖励。

第二章　用人单位的责任

第八条　用人单位应当按照一定比例安排残疾人就业,并为其提供适当的工种、岗位。

用人单位安排残疾人就业的比例不得低于本单位在职职工总数的 1.5%。具体比例由省、自治区、直辖市人民政府根据本地区的实际情况规定。

用人单位跨地区招用残疾人的,应当计入所安排的残疾人职工人数之内。

第九条　用人单位安排残疾人就业达不到其所在地省、自治区、直辖市人民政府规定比例的,应当缴纳残疾人就业保障金。

第十条　政府和社会依法兴办的残疾人福利企业、盲人按摩机构和其他福利性单位(以下统称集中使用残疾人的用人单位),应当集中安排残疾人就业。

集中使用残疾人的用人单位的资格认定,按

照国家有关规定执行。

第十一条 集中使用残疾人的用人单位中从事全日制工作的残疾人职工,应当占本单位在职职工总数的25%以上。

第十二条 用人单位招用残疾人职工,应当依法与其签订劳动合同或者服务协议。

第十三条 用人单位应当为残疾人职工提供适合其身体状况的劳动条件和劳动保护,不得在晋职、晋级、评定职称、报酬、社会保险、生活福利等方面歧视残疾人职工。

第十四条 用人单位应当根据本单位残疾人职工的实际情况,对残疾人职工进行上岗、在岗、转岗等培训。

第三章　保障措施

第十五条 县级以上人民政府应当采取措施,拓宽残疾人就业渠道,开发适合残疾人就业的公益性岗位,保障残疾人就业。

县级以上地方人民政府发展社区服务事业,应当优先考虑残疾人就业。

第十六条 依法征收的残疾人就业保障金应当纳入财政预算,专项用于残疾人职业培训以及为残疾人提供就业服务和就业援助,任何组织或者个人不得贪污、挪用、截留或者私分。残疾人就业保障金征收、使用、管理的具体办法,由国务院财政部门会同国务院有关部门规定。

财政部门和审计机关应当依法加强对残疾人就业保障金使用情况的监督检查。

第十七条 国家对集中使用残疾人的用人单位依法给予税收优惠,并在生产、经营、技术、资金、物资、场地使用等方面给予扶持。

第十八条 县级以上地方人民政府及其有关部门应当确定适合残疾人生产、经营的产品、项目,优先安排集中使用残疾人的用人单位生产或者经营,并根据集中使用残疾人的用人单位的生产特点确定某些产品由其专产。

政府采购,在同等条件下,应当优先购买集中使用残疾人的用人单位的产品或者服务。

第十九条 国家鼓励扶持残疾人自主择业、自主创业。对残疾人从事个体经营的,应当依法给予税收优惠,有关部门应当在经营场地等方面给予照顾,并按照规定免收管理类、登记类和证照类的行政事业性收费。

国家对自主择业、自主创业的残疾人在一定期限内给予小额信贷等扶持。

第二十条 地方各级人民政府应当多方面筹集资金,组织和扶持农村残疾人从事种植业、养殖业、手工业和其他形式的生产劳动。

有关部门对从事农业生产劳动的农村残疾人,应当在生产服务、技术指导、农用物资供应、农副产品收购和信贷等方面给予帮助。

第四章　就业服务

第二十一条 各级人民政府和有关部门应当为就业困难的残疾人提供有针对性的就业援助服务,鼓励和扶持职业培训机构为残疾人提供职业培训,并组织残疾人定期开展职业技能竞赛。

第二十二条 中国残疾人联合会及其地方组织所属的残疾人就业服务机构应当免费为残疾人就业提供下列服务:

(一)发布残疾人就业信息;

(二)组织开展残疾人职业培训;

(三)为残疾人提供职业心理咨询、职业适应评估、职业康复训练、求职定向指导、职业介绍等服务;

(四)为残疾人自主择业提供必要的帮助;

(五)为用人单位安排残疾人就业提供必要的支持。

国家鼓励其他就业服务机构为残疾人就业提供免费服务。

第二十三条 受劳动保障部门的委托,残疾人就业服务机构可以进行残疾人失业登记、残疾人就业与失业统计;经所在地劳动保障部门批准,残疾人就业服务机构还可以进行残疾人职业技能鉴定。

第二十四条 残疾人职工与用人单位发生争议的,当地法律援助机构应当依法为其提供法律援助,各级残疾人联合会应当给予支持和帮助。

第五章　法律责任

第二十五条 违反本条例规定,有关行政主管部门及其工作人员滥用职权、玩忽职守、徇私舞弊,构成犯罪的,依法追究刑事责任;尚不构成犯罪的,依法给予处分。

第二十六条 违反本条例规定,贪污、挪用、截留、私分残疾人就业保障金,构成犯罪的,依法追究刑事责任;尚不构成犯罪的,对有关责任单位、直接负责的主管人员和其他直接责任人员依法给予处分或者处罚。

第二十七条 违反本条例规定,用人单位未按照规定缴纳残疾人就业保障金的,由财政部门给予警告,责令限期缴纳;逾期仍不缴纳的,除补缴欠缴数额外,还应当自欠缴之日起,按日加收5‰的滞纳金。

第二十八条 违反本条例规定,用人单位弄虚作假,虚报安排残疾人就业人数,骗取集中使用残疾人的用人单位享受的税收优惠待遇的,由税务机关依法处理。

第六章 附 则

第二十九条 本条例所称残疾人就业,是指符合法定就业年龄有就业要求的残疾人从事有报酬的劳动。

第三十条 本条例自 2007 年 5 月 1 日起施行。

(三)劳动合同

1. 综 合

中华人民共和国劳动合同法

· 2007 年 6 月 29 日第十届全国人民代表大会常务委员会第二十八次会议通过
· 根据 2012 年 12 月 28 日第十一届全国人民代表大会常务委员会第三十次会议《关于修改〈中华人民共和国劳动合同法〉的决定》修正

理 解 与 适 用

劳动合同是整个劳动关系的核心。《劳动合同法》是调整用人单位和劳动者订立、履行、变更、解除和终止劳动合同的行为的法律规范。制定《劳动合同法》的宗旨在于完善劳动合同制度,明确劳动合同双方当事人的权利和义务,保护劳动者的合法权益,构建和发展和谐稳定的劳动关系。自 2008 年 1 月 1 日施行以来,《劳动合同法》在规范用人单位用工、维护劳动者合法权益、塑造和谐的劳动关系、创造稳定的社会秩序方面,发挥了重要作用。2012 年 12 月 28 日,第十一届全国人民代表大会常务委员会第三十次会议通过《全国人民代表大会常务委员会关于修改〈中华人民共和国劳动合同法〉的决定》,对劳务派遣用工作出了新的规定。

《劳动合同法》的主要内容包括:

一、调整范围

中华人民共和国境内的企业、个体经济组织、民办非企业单位等组织(以下称用人单位)与劳动者建立劳动关系,订立、履行、变更、解除或者终止劳动合同,适用本法。

国家机关、事业单位、社会团体和与其建立劳动关系的劳动者,订立、履行、变更、解除或者终止劳动合同,依照本法执行。

二、劳动合同关系的建立与书面劳动合同的订立

用人单位自用工之日起即与劳动者建立劳动关系。建立劳动关系,应当订立书面劳动合同。订立劳动合同,应当遵循合法、公平、平等自愿、协商一致、诚实信用的原则。已建立劳动关系,未同时订立书面劳动合同的,应当自用工之日起一个月内订立书面劳动合同。用人单位与劳动者在用工前订立劳动合同的,劳动关系自用工之日起建立。用人单位与劳动者协商一致,可以订立固定期限劳动合同、无固定期限劳动合同和以完成一定工作任务为期限的劳动合同。

劳动合同应当具备以下条款:(一)用人单位的名称、住所和法定代表人或者主要负责人;

(二)劳动者的姓名、住址和居民身份证或者其他有效身份证件号码;(三)劳动合同期限;(四)工作内容和工作地点;(五)工作时间和休息休假;(六)劳动报酬;(七)社会保险;(八)劳动保护、劳动条件和职业危害防护;(九)法律、法规规定应当纳入劳动合同的其他事项。此外,用人单位与劳动者可以约定试用期、培训、保守秘密、补充保险和福利待遇等其他事项。同时,在法律责任中规定:用人单位自用工之日起超过一个月不满一年未与劳动者订立书面劳动合同的,应当向劳动者每月支付二倍的工资。

三、劳动合同的履行

用人单位与劳动者应当按照劳动合同的约定,全面履行各自的义务。用人单位应当按照劳动合同约定和国家规定,向劳动者及时足额支付劳动报酬。用人单位拖欠或者未足额支付劳动报酬的,劳动者可以依法向当地人民法院申请支付令,人民法院应当依法发出支付令。

用人单位应当严格执行劳动定额标准,不得强迫或者变相强迫劳动者加班。用人单位安排加班的,应当按照国家有关规定向劳动者支付加班费。劳动者拒绝用人单位管理人员违章指挥、强令冒险作业的,不视为违反劳动合同。劳动者对危害生命安全和身体健康的劳动条件,有权对用人单位提出批评、检举和控告。

四、劳动合同的解除

用人单位与劳动者协商一致,可以解除劳动合同。劳动者提前三十日以书面形式通知用人单位,可以解除劳动合同。劳动者在试用期内提前三日通知用人单位,可以解除劳动合同。

用人单位有下列情形之一的,劳动者可以解除劳动合同:(一)未按照劳动合同约定提供劳动保护或者劳动条件的;(二)未及时足额支付劳动报酬的;(三)未依法为劳动者缴纳社会保险费的;(四)用人单位的规章制度违反法律、法规的规定,损害劳动者合法权益的;(五)因用人单位过错致使劳动合同无效的;(六)法律、行政法规规定劳动者可以解除劳动合同的其他情形。

用人单位以暴力、威胁或者非法限制人身自由的手段强迫劳动者劳动的,或者用人单位违章指挥、强令冒险作业危及劳动者人身安全的,劳动者可以立即解除劳动合同,不需事先告知用人单位。

劳动者有下列情形之一的,用人单位可以解除劳动合同:(一)在试用期间被证明不符合录用条件的;(二)严重违反用人单位的规章制度的;(三)严重失职,营私舞弊,给用人单位造成重大损害的;(四)劳动者同时与其他用人单位建立劳动关系,对完成本单位的工作任务造成严重影响,或者经用人单位提出,拒不改正的;(五)因劳动者过错致使劳动合同无效的;(六)被依法追究刑事责任的。

有下列情形之一的,用人单位提前三十日以书面形式通知劳动者本人或者额外支付劳动者一个月工资后,可以解除劳动合同:(一)劳动者患病或者非因工负伤,在规定的医疗期满后不能从事原工作,也不能从事用人单位另行安排的工作的;(二)劳动者不能胜任工作,经过培训或者调整工作岗位,仍不能胜任工作的;(三)劳动合同订立时所依据的客观情况发生重大变化,致使劳动合同无法履行,经用人单位与劳动者协商,未能就变更劳动合同内容达成协议的。

五、劳务派遣

劳动合同用工是我国企业的基本用工形式。劳务派遣用工是补充形式,只能在临时性、辅助性或者替代性的工作岗位上实施。

被派遣劳动者享有与用工单位的劳动者同工同酬的权利。用工单位应当按照同工同酬原则,对被派遣劳动者与本单位同类岗位的劳动者实行相同的劳动报酬分配方法。用工单位无同类岗位劳动者的,参照用工单位所在地相同或者相近岗位劳动者的劳动报酬确定。

第一章　总　则

第一条　【立法宗旨】为了完善劳动合同制度,明确劳动合同双方当事人的权利和义务,保护劳动者的合法权益,构建和发展和谐稳定的劳动关系,制定本法。

注释 劳动合同是劳动者与用人单位之间建立劳动合同关系的重要依据,也是双方当事人明确各自权利与义务的基本形式。

实务问答 法律规定的解决劳动争议的途径主要有哪些?

根据《劳动争议调解仲裁法》第4条规定,发生劳动争议,劳动者可以与用人单位协商,也可以请工会或者第三方共同与用人单位协商,达成和解协议。第5条规定,发生劳动争议,当事人不愿协商、协商不成或者达成和解协议后不履行的,可以向调解组织申请调解;不愿调解、调解不成或者达成调解协议后不履行的,可以向劳动争议仲裁委员会申请仲裁;对仲裁裁决不服的,除本法另有规定的外,可以向人民法院提起诉讼。第9条规定,用人单位违反国家规定,拖欠或者未足额支付劳动报酬,或者拖欠工伤医疗费、经济补偿或者赔偿金的,劳动者可以向劳动行政部门投诉,劳动行政部门应当依法处理。

所以,根据《劳动争议调解仲裁法》第4条、第5条、第9条的规定,发生劳动争议后,可以通过协商、调解、仲裁和诉讼四种途径解决劳动争议,除此之外,还可以向有关部门投诉,要求有关部门依法处理。

链接《劳动法》第16条;《劳动争议调解仲裁法》第4、5、9、47、48、49条

第二条　【适用范围】中华人民共和国境内的企业、个体经济组织、民办非企业单位等组织(以下称用人单位)与劳动者建立劳动关系,订立、履行、变更、解除或者终止劳动合同,适用本法。

国家机关、事业单位、社会团体和与其建立劳动关系的劳动者,订立、履行、变更、解除或者终止劳动合同,依照本法执行。

实务问答 用人单位在明知求职者系在校学生的情况下,仍与之订立劳动合同的,该劳动合同是否是合法有效的?

即将毕业的大专院校在校学生以就业为目的与用人单位签订劳动合同,且接受用人单位管理,

按合同约定付出劳动;用人单位在明知求职者系在校学生的情况下,仍与之订立劳动合同并向其发放劳动报酬的,该劳动合同合法有效,应当认定双方之间形成劳动合同关系。(《最高人民法院公报》2010年第6辑:郭懿诉江苏益丰大药房连锁有限公司劳动争议案)

链接《劳动法》第2条;《劳动合同法实施条例》第3、4条;《最高人民法院关于人民法院审理事业单位人事争议案件若干问题的规定》

第三条　【基本原则】订立劳动合同,应当遵循合法、公平、平等自愿、协商一致、诚实信用的原则。

依法订立的劳动合同具有约束力,用人单位与劳动者应当履行劳动合同约定的义务。

实务问答 劳动合同的签订过程一般有哪些步骤?

在日常工作中,劳动合同的订立可以经过以下几个步骤:

提出劳动合同草案。一般情况下,劳动合同文本由用人单位提供,因为用人单位作为一级社会经济组织,较之劳动者个人更有条件了解和掌握国家有关法律法规,并依据自己生产经营的需要和特点提出相关的劳动合同条款。劳动合同也可由被招劳动者与用人单位方面的代表直接协商、共同起草。

劳动合同草案提出后,双方进行协商。根据《劳动合同法》第8条规定:"用人单位招用劳动者时,应当如实告知劳动者工作内容、工作条件、工作地点、职业危害、安全生产状况、劳动报酬,以及劳动者要求了解的其他情况;用人单位有权了解劳动者与劳动合同直接相关的基本情况,劳动者应当如实说明。"劳动者和用人单位双方必须如实地向对方介绍有关情况,提出自己的意见和要求,还可以就双方感兴趣的其他问题进行协商和约定。在双方经过充分协商达成一致意见的基础上,根据《劳动合同法》第16条规定:"劳动合同由用人单位与劳动者协商一致,并经用人单位与劳动者在劳动合同文本上签字或者盖章生效。"

劳动合同文本由用人单位和劳动者各执一份,并经用人单位与劳动者本人在劳动合同文书上签字或者盖章生效,至此完成了劳动合同的签订过程。

链接《劳动法》第17条

第四条　【规章制度】用人单位应当依法建立和完善劳动规章制度,保障劳动者享有劳动权利、

履行劳动义务。

用人单位在制定、修改或者决定有关劳动报酬、工作时间、休息休假、劳动安全卫生、保险福利、职工培训、劳动纪律以及劳动定额管理等直接涉及劳动者切身利益的规章制度或者重大事项时,应当经职工代表大会或者全体职工讨论,提出方案和意见,与工会或者职工代表平等协商确定。

在规章制度和重大事项决定实施过程中,工会或者职工认为不适当的,有权向用人单位提出,通过协商予以修改完善。

用人单位应当将直接涉及劳动者切身利益的规章制度和重大事项决定公示,或者告知劳动者。

注释 用人单位的劳动规章制度是用人单位制定的组织劳动过程和进行劳动管理的规则和制度的总和,也称为企业内部劳动规则。主要包括:劳动合同管理、工资管理、社会保险福利待遇、工时休假、职工奖惩,以及其他劳动管理规定。

用人单位制定规章制度,要严格执行国家法律、法规的规定,保障劳动者的劳动权利,督促劳动者履行劳动义务。制定规章制度应当体现权利与义务一致、奖励与惩罚结合,不得违反法律、法规的规定。否则,就会受到法律的制裁。用人单位直接涉及劳动者切身利益的规章制度违反法律、法规规定的,由劳动行政部门责令改正,给予警告;给劳动者造成损害的,应当承担赔偿责任。

用人单位应当将直接涉及劳动者切身利益的规章制度或重大事项决定公示,或者告知劳动者。关于告知的方式有很多种,实践中,有的用人单位是在企业的告示栏张贴告示,有的用人单位是把规章制度作为劳动合同的附件发给劳动者,有的用人单位是向每个劳动者发放员工手册。无论哪种方式,都应当让劳动者知道,以便遵守执行。

实务问答 企业在制定规章制度过程中应该注意哪些问题?

企业在实际操作过程中,经常会使用规章制度,但往往忽视用规章制度预防劳动争议的重要性,认为规章制度只是引导企业管理员工的手段,而没有进一步发现规章制度合法性及合理性是企业劳动争议处理的关键因素。企业在制定规章制度过程中,应特别注意以下几点:

(1)规章制度的规定要符合法律规定。

规章制度作为企业管理员工的重要规则文件,自然涉及员工的劳动权利义务,所以也必然受

到劳动法律法规的调整。企业在制定规章制度的时候,务必注意相关规定不得与法律法规相抵触,否则不仅不能据此处理员工,员工反而能基于此而解除劳动合同。比如,企业不能规定女职工在职期间不能结婚和怀孕、不能规定员工请产假扣除工资、不能规定上班时间不能上洗手间等,这些违反法律、法规规定的制度不具有适用上的效力。

(2)规章制度的规定要具有公平合理性。

《劳动合同法》规定,劳动者严重违反企业规章制度的,企业可以解除劳动合同。但是对于严重违反规章制度的理解,有两重判断:一是劳动者行为严重违反规章制度;二是规章制度本身应具有合理性。此种合理性应该从每个企业的具体实际、岗位特征、职务因素和劳动者表现等一系列具体情况来作具体分析。比如,对于一般企业而言,规章制度规定抽烟一次属于严重违纪太严苛有失公平,但对于化工企业这样的规定则不能说没有合理性。对于偶尔迟到或擅自离岗不应视为严重违纪,但是长期消极怠工或者屡教不改,则属于严重违纪。

(3)规章制度的规定应符合法定的程序。

与劳动合同生效要件不同的是,规章制度之所以能够适用于劳动者,是因为规章制度通过某种形式公示或直接告知了劳动者本人。同时,《劳动合同法》还规定,涉及员工切身利益的规章制度还应当经过民主程序,所以规章制度在法定程序上需要经历民主程序和公示程序两个步骤。两个步骤中缺少任何一个,规章制度的效力就可能会受到程序法上的制约。

链接 《劳动法》第4、8条;《劳动合同法》第39条;《公司法》第18条;《全民所有制工业企业职工代表大会条例》;《最高人民法院关于审理劳动争议案件适用法律问题的解释(一)》第50条

第五条 【协调劳动关系三方机制】县级以上人民政府劳动行政部门会同工会和企业方面代表,建立健全协调劳动关系三方机制,共同研究解决有关劳动关系的重大问题。

第六条 【集体协商机制】工会应当帮助、指导劳动者与用人单位依法订立和履行劳动合同,并与用人单位建立集体协商机制,维护劳动者的合法权益。

链接 《劳动法》第7、30、88条

第二章　劳动合同的订立

第七条　【劳动关系的建立】用人单位自用工之日起即与劳动者建立劳动关系。用人单位应当建立职工名册备查。

注释《劳动合同法》明确规定建立劳动关系的唯一标准是实际提供劳动。换言之,只要劳动者实际提供劳动,用人单位实际用工,就建立了劳动关系。不论劳动者是否签订了书面劳动合同,都将受到同等的保护。此处分三种情形进行相应的分析:

1. 书面劳动合同签订在前,实际用工在后的,劳动关系自实际提供劳动之日起建立。劳动关系的建立后于书面劳动合同的签订日期,劳动关系建立日期之前的书面劳动合同只具有合同效力,如果合同一方违约,按照民事法律规定追究其违约责任。

2. 实际用工在前,签订书面劳动合同在后的,劳动关系早于书面劳动合同建立,劳动关系的建立不受未签订书面劳动合同的影响。

3. 劳动者在实际提供劳动的同时签订书面劳动合同的,劳动合同签订期、劳动关系建立期和实际提供劳动期三者是一致的。

实务问答 如何认定劳动者与用人单位之间存在劳动关系?

劳动者按用人单位岗位要求提供劳动,受用人单位管理,以自己的劳动获取劳动报酬,符合劳动法律关系的特征,应当认定劳动者与用人单位之间存在劳动关系。即使劳动者与其他单位存在人事关系,但在非因劳动者自身原因导致该人事关系未正常履行且劳动者从其他单位取得的报酬不足以维持基本生活的情况下,用人单位以劳动者与其他单位存在人事关系为由,否认用人单位与劳动者之间存在劳动关系的,人民法院不予支持。(《最高人民法院公报》2019 年第 12 期:江苏澳吉尔生态农业科技股份有限公司与曾广峰确认劳动关系纠纷案)

链接《劳动法》第 16 条

第八条　【用人单位的告知义务和劳动者的说明义务】用人单位招用劳动者时,应当如实告知劳动者工作内容、工作条件、工作地点、职业危害、安全生产状况、劳动报酬,以及劳动者要求了解的其他情况;用人单位有权了解劳动者与劳动合同直接相关的基本情况,劳动者应当如实说明。

链接《劳动法》第 18 条;《就业服务与就业管理规定》第 12 条

第九条　【用人单位不得扣押劳动者证件和要求提供担保】用人单位招用劳动者,不得扣押劳动者的居民身份证和其他证件,不得要求劳动者提供担保或者以其他名义向劳动者收取财物。

注释 不得扣押劳动者的居民身份证和其他证件。对个人证件的合法扣押,只限于法定的有扣押权的特定机关,且扣押必须具备法定的条件,并履行法定的程序。而用人单位对劳动者个人证件的扣押,则属于非法扣押。在这里,居民身份证以外的"其他证件",是指证明个人特定身份、资格或权利的个人证件,实践中有学历证、学位证、从业资格证、暂住证、边防证等。

不得要求劳动者提供担保或者以其他名义向劳动者收取财物。这里的"担保",既包括物的担保,也包括人的担保(如由第三人作保);既包括正规形式的担保,也包括变相形式的担保(如扣发工资)。这里的"以其他名义向劳动者收取财物",是指以担保以外的名义(如风险金、服装费等)出于强迫或诱导劳动者缔结或维持劳动关系的目的向劳动者收取货币或其他财物。

实务问答 用人单位扣押劳动者身份证等证件或者要求提供担保的应该承担什么法律责任?

《劳动合同法》第 84 条规定了用人单位的法律责任,用人单位违反本法规定,扣押劳动者身份证等证件的,由劳动行政部门责令限期退还劳动者本人,并依照有关法律规定给予处罚。用人单位违反本法规定,以担保或者其他名义向劳动者收取财物的,由劳动行政部门责令限期退还劳动者本人,并以每人五百元以上二千元以下的标准处以罚款;给劳动者造成损害的,应当承担赔偿责任。

链接《居民身份证法》第 15、16 条;《就业服务与就业管理规定》第 14 条

第十条　【书面劳动合同】建立劳动关系,应当订立书面劳动合同。

已建立劳动关系,未同时订立书面劳动合同的,应当自用工之日起一个月内订立书面劳动合同。

用人单位与劳动者在用工前订立劳动合同的,劳动关系自用工之日起建立。

实务问答 1. 为解决书面劳动合同签订率偏低的问题,《劳动合同法》规定了哪些措施?

第一,书面劳动合同是劳动合同唯一合法形

式,不承认口头劳动合同,达成口头劳动合同的,视为尚未订立劳动合同。注意,例外的是非全日制用工双方当事人可以订立口头协议。

第二,劳动关系一经建立,应该签订书面劳动合同。已建立劳动关系,未同时订立书面劳动合同的,应当自用工之日起一个月内订立书面劳动合同。

第三,用人单位自用工之日起超过一个月但不满一年未与劳动者订立书面劳动合同的,应当向劳动者每月支付两倍的工资。

第四,用人单位自用工之日起满一年不与劳动者订立书面劳动合同的,视为用人单位与劳动者已订立无固定期限劳动合同。

第五,用人单位违反本法规定不与劳动者订立无固定期限劳动合同的,自应当订立无固定期限劳动合同之日起向劳动者每月支付二倍的工资。

2. 用人单位未与劳动者签订正式书面劳动合同,但签有入职审批表且劳动者实际履行职责的,劳动者能否主张用人单位支付二倍工资?

《劳动合同法》第82条关于用人单位未与劳动者订立书面劳动合同的,应当向劳动者每月支付二倍工资的规定,是对用人单位违反法律规定的惩戒。如用人单位与劳动者未订立书面劳动合同,但双方之间签署的其他有效书面文件的内容已经具备了劳动合同的各项要件,明确了双方的劳动关系和权利义务,具有了书面劳动合同的性质,则该文件应视为双方的书面劳动合同,对于劳动者提出因未订立书面劳动合同而要求二倍工资的诉讼请求不应予以支持。(《最高人民法院公报》2013年第12期:北京泛太物流有限公司诉单晶晶劳动争议纠纷案)

链接《劳动法》第16条;《劳动合同法实施条例》第5条

第十一条 【劳动报酬不明确】用人单位未在用工的同时订立书面劳动合同,与劳动者约定的劳动报酬不明确的,新招用的劳动者的劳动报酬按照集体合同规定的标准执行;没有集体合同或者集体合同未规定的,实行同工同酬。

注释 同工同酬是劳动法确立的一项分配原则,就是指用人单位对于同一工作岗位、付出相同劳动的劳动者,应当支付大体相同的劳动报酬。同工同酬是一个原则,是相对的,不是绝对的,即使是同一工作岗位的劳动者,也有资历、能力、经验等方面的差异,劳动报酬有一些差别,只要大体相同,就不违反同工同酬原则。

链接《劳动合同法》第7、10、18条;《劳动法》第46条

第十二条 【劳动合同的种类】劳动合同分为固定期限劳动合同、无固定期限劳动合同和以完成一定工作任务为期限的劳动合同。

链接《劳动合同法》第13—15条;《劳动法》第20条

第十三条 【固定期限劳动合同】固定期限劳动合同,是指用人单位与劳动者约定合同终止时间的劳动合同。

用人单位与劳动者协商一致,可以订立固定期限劳动合同。

注释 固定期限劳动合同,是指用人单位与劳动者约定合同终止时间的劳动合同。具体是指劳动合同双方当事人在劳动合同中明确规定了合同效力的起始和终止的时间。劳动合同期限届满,劳动关系即告终止。如果双方协商一致,还可以续订劳动合同,延长期限。固定期限劳动合同可以是较短时间的,如一年、二年,也可以是较长时间的,如五年、十年,甚至更长时间。不管时间长短,劳动合同的起始和终止日期都是固定的。具体期限由当事人双方根据工作需要实际情况确定。

实践中,固定期限劳动合同运用得较多,许多劳动合同都是一年一签,造成这种情况的原因,主要是有些劳动者还把无固定期限劳动合同当成"铁饭碗",用人单位解除无固定期限劳动合同比较难,不愿意订立固定期限劳动合同。大量固定期限劳动合同的存在,不利于建立稳定的劳动关系。因此,本法不鼓励用人单位跟劳动者订立固定期限劳动合同。对于那些常年性工作,要求保持连续性、稳定性的工作,技术性强的工作,应当签订较为长期的固定期限劳动合同或者订立无固定期限的劳动合同。

根据本法规定,订立劳动合同应当遵循平等自愿、协商一致的原则。订立哪一种期限的劳动合同,应当由用人单位与劳动者双方共同协商确定。有的用人单位为了保持用工灵活性,愿意与劳动者签订短期的固定期限劳动合同。而有的劳动者为了能有一份稳定的职业和收入,更愿意与用人单位签订无固定期限劳动合同。无论双方的

意愿如何,究竟签订哪一种类型的劳动合同,需要由双方协商一致后,作出一个共同的选择。

链接 《劳动法》第20条

第十四条 【无固定期限劳动合同】无固定期限劳动合同,是指用人单位与劳动者约定无确定终止时间的劳动合同。

用人单位与劳动者协商一致,可以订立无固定期限劳动合同。有下列情形之一,劳动者提出或者同意续订、订立劳动合同的,除劳动者提出订立固定期限劳动合同外,应当订立无固定期限劳动合同:

(一)劳动者在该用人单位连续工作满十年的;

(二)用人单位初次实行劳动合同制度或者国有企业改制重新订立劳动合同时,劳动者在该用人单位连续工作满十年且距法定退休年龄不足十年的;

(三)连续订立二次固定期限劳动合同,且劳动者没有本法第三十九条和第四十条第一项、第二项规定的情形,续订劳动合同的。

用人单位自用工之日起满一年不与劳动者订立书面劳动合同的,视为用人单位与劳动者已订立无固定期限劳动合同。

注释 "无确定终止时间",是指劳动合同没有一个确切的终止时间,劳动合同的期限长短不能确定,但并不是没有终止时间。只要没有出现法定解除情形或者双方没有协商一致解除的,双方当事人就要继续履行劳动合同。一旦出现了法定情形或者双方协商一致解除的,无固定期限劳动合同样也能够解除。

链接 《劳动合同法》第82条;《劳动法》第20条

第十五条 【以完成一定工作任务为期限的劳动合同】以完成一定工作任务为期限的劳动合同,是指用人单位与劳动者约定以某项工作的完成为合同期限的劳动合同。

用人单位与劳动者协商一致,可以订立以完成一定工作任务为期限的劳动合同。

链接 《劳动法》第20条

第十六条 【劳动合同生效】劳动合同由用人单位与劳动者协商一致,并经用人单位与劳动者在劳动合同文本上签字或者盖章生效。

劳动合同文本由用人单位和劳动者各执一份。

注释 劳动合同的生效,是指具备有效要件的劳动合同按其意思表示的内容产生了法律效力,这时劳动合同的内容才对签约双方具有法律约束力。根据本条的规定和合同的一般原理,双方在劳动合同上签字或者盖章,劳动合同即生效。在大多数情况下,劳动合同成立和生效是同时的。但是,在有的情况下,劳动合同成立,但并没有生效。如劳动合同双方在合同中约定合同生效的时间和条件,即订立所谓的附条件或者附期限的劳动合同。在这种情况下,所附条件具备或者所附期限到期,劳动合同生效。本条所规定的是一般情况下劳动合同的生效时间,即"经用人单位与劳动者在劳动合同文本上签字或者盖章生效"。如果双方当事人签字或者盖章时间不一致的,以最后一方签字或者盖章的时间为准。如果有一方没有写签字时间,那么另一方写明的签字时间就是合同的生效时间。

还应当注意的是,劳动合同的生效和劳动关系的建立是两回事,劳动关系的建立是以实际用工为标志,劳动合同生效,如果没有发生实际用工,劳动关系并没有建立。规定劳动合同生效的意义,在于如果用人单位不履行劳动合同,没有给劳动者提供约定的工作,劳动者可以要求用人单位提供,否则用人单位承担违约责任;如果劳动者不履行劳动合同,用人单位也可以要求劳动者提供约定的劳动,否则劳动者也要承担违约责任。如果因对方不履行劳动合同,造成另一方损失的,违约方还要赔偿对方相应的损失。

实务问答 劳动合同生效的条件有哪些?

劳动合同发生法律效力必须具备相应的条件,这些条件包括:

(1)劳动合同的双方当事人必须具备主体资格。作为用人单位一方必须是企业、个体经济组织、民办非企业单位、国家机关、事业单位或者社会团体等组织;作为劳动者一方,根据《劳动法》的规定,必须年满十六周岁、具有劳动能力的公民。

(2)劳动合同的内容和形式必须合法。如根据《劳动法》第64条的规定,年满十六周岁未满十八周岁的未成年工,不得从事矿山井下、有毒有害、国家规定的第四级体力劳动强度的劳动和其他禁忌从事的劳动。如果用人单位与未成年工订立劳动合同的内容是从事上述工作,劳动合同也是无效的。

（3）劳动合同需由用人单位与劳动者协商一致订立。订立劳动合同的双方必须意思表示真实，任何一方采用欺诈、胁迫等手段与另一方签订的劳动合同是无效的。

链接《劳动合同法》第26条；《劳动法》第64条

第十七条　【劳动合同的条款】劳动合同应当具备以下条款：

（一）用人单位的名称、住所和法定代表人或者主要负责人；

（二）劳动者的姓名、住址和居民身份证或者其他有效身份证件号码；

（三）劳动合同期限；

（四）工作内容和工作地点；

（五）工作时间和休息休假；

（六）劳动报酬；

（七）社会保险；

（八）劳动保护、劳动条件和职业危害防护；

（九）法律、法规规定应当纳入劳动合同的其他事项。

劳动合同除前款规定的必备条款外，用人单位与劳动者可以约定试用期、培训、保守秘密、补充保险和福利待遇等其他事项。

注释 劳动合同的内容是劳动者与用人单位通过平等协商所达成的关于劳动关系双方权利义务的具体条款。它是劳动合同的重要部分，一经签订，双方当事人必须严格遵守、全面履行。劳动合同的内容包括法定条款和约定条款。前者即依据法律规定劳动合同必须具备的条款，如本条第1款所规定的条款；后者即依据当事人一方或双方的要求而必须具备的条款，如本条第2款所规定的条款。无论哪种条款，其内容都由双方当事人协商一致确定。本条提供了一个较完备的劳动合同条款体系。

职业危害，是指用人单位的劳动者在职业活动中，因接触职业性有害因素如粉尘、放射性物质和其他有毒、有害物质等而对生命健康所引起的危害。用人单位与劳动者订立劳动合同时，应当将工作过程中可能产生的职业病危害及其后果、职业病防护措施和待遇等如实告知劳动者，并在劳动合同中写明，不得隐瞒或者欺骗。用人单位应当按照有关法律、法规的规定严格履行职业危害防护的义务。

补充保险，是指除了国家基本保险以外，用人单位根据自己的实际情况为劳动者建立的一种保险，它用来满足劳动者高于基本保险需求的愿望，包括补充医疗保险、补充养老保险等。补充保险的建立依用人单位的经济承受能力而定，由用人单位自愿实行，国家不作强制的统一规定。

链接《劳动法》第19条；《职业病防治法》第34条；《保障农民工工资支付条例》；《集体合同规定》第8—18条

第十八条　【劳动合同条款不明确】劳动合同对劳动报酬和劳动条件等标准约定不明确，引发争议的，用人单位与劳动者可以重新协商；协商不成的，适用集体合同规定；没有集体合同或者集体合同未规定劳动报酬的，实行同工同酬；没有集体合同或者集体合同未规定劳动条件等标准的，适用国家有关规定。

注释 本条是关于由于劳动标准约定不明确而发生争议的处理规定。劳动合同是当事人对劳动权利、劳动义务等内容协商一致的结果。劳动合同依法成立后，就对当事人产生了法律约束力，因此，当事人对合同条款的约定应当具体、明确，以利于劳动合同的履行。但是，由于某些当事人知识的欠缺、认识上的错误或者疏忽大意等原因，在劳动合同的订立过程中，对劳动报酬和劳动条件等劳动标准约定不明确而引发争议也成为一种比较常见的现象。

实务问答 如何处理因劳动合同对劳动报酬和劳动条件等标准约定不明确而引发的争议？

本法规定了因劳动合同对劳动报酬和劳动条件等标准约定不明确而引发争议的四种处理方法。

（1）重新协商。

重新协商是指当事人对劳动报酬和劳动条件等标准约定不明确的劳动合同通过再次协商的办法重新达成协议。经过重新协商而达成的协议实际上是对原劳动合同的补充，因而是原劳动合同的组成部分，与原劳动合同一样具有法律效力。

（2）适用集体合同规定。

如果用人单位与劳动者不能就劳动报酬和劳动条件等标准进行协商或者协商不成的，集体合同就成为劳动合同内容的补充，具有替代劳动合同的效力，这样就能够为劳动者提供基本的保护，可以防止用人单位利用合同约定不明而规避本来应该承担的义务。

（3）劳动报酬实行同工同酬。

同工同酬，是指用人单位对所有劳动者同等价值的劳动应该付给相同的报酬。根据同工同酬的原则，因劳动合同对劳动报酬标准约定不明确，引发争议的，在协商不成而又没有集体合同规定作依据的时候，用人单位应当对劳动者实行同工同酬，即在工资支付中对从事相同工作、提供同等价值劳动者应该给付相同的报酬，不得因其性别、民族、年龄等方面的不同而实行不合理的差别待遇。

（4）劳动条件适用国家的有关规定。

根据劳动基准法具有替补性的原理，劳动合同和集体合同如果对劳动条件等标准没有约定或者约定的不明确，劳动者的劳动条件等标准自动适用于劳动基准法即国家立法关于劳动条件的有关规定以能够给劳动者提供最基本的保护。

链接《劳动法》第46条

第十九条　【试用期】劳动合同期限三个月以上不满一年的，试用期不得超过一个月；劳动合同期限一年以上不满三年的，试用期不得超过二个月；三年以上固定期限和无固定期限的劳动合同，试用期不得超过六个月。

同一用人单位与同一劳动者只能约定一次试用期。

以完成一定工作任务为期限的劳动合同或者劳动合同期限不满三个月的，不得约定试用期。

试用期包含在劳动合同期限内。劳动合同仅约定试用期的，试用期不成立，该期限为劳动合同期限。

注释 试用期，是指用人单位对新招收的职工进行思想品德、劳动态度、实际工作能力、身体情况等进行进一步考察的时间期限。试用期是一个约定的条款，如果双方没有事先约定，用人单位就不能以试用期为由解除劳动合同。

链接《劳动法》第21条；《劳动合同法》第83条

第二十条　【试用期工资】劳动者在试用期的工资不得低于本单位相同岗位最低档工资或者劳动合同约定工资的百分之八十，并不得低于用人单位所在地的最低工资标准。

注释 最低工资是一种保障制度。它确保了职工在劳动过程中至少领取最低的劳动报酬，维持劳动者个人及其家庭成员的基本生活。最低工资保障制度还将劳动者因探亲、结婚、直系亲属死亡、

按规定休假以及依法参加国家和社会活动，视为提供了正常劳动，从法律上排除了企业以非劳动者本人原因没有提供正常劳动为由拒付工资的可能性。

链接《劳动法》第48条；《劳动合同法实施条例》第15条；《最低工资规定》

第二十一条　【试用期内解除劳动合同】在试用期中，除劳动者有本法第三十九条和第四十条第一项、第二项规定的情形外，用人单位不得解除劳动合同。用人单位在试用期解除劳动合同的，应当向劳动者说明理由。

注释《劳动合同法》第39条第1项和《劳动法》都规定，劳动者在试用期间被证明不符合录用条件的，用人单位可以解除劳动合同。通常情况下，这是用人单位的权利。试用期是指用人单位对新招用的劳动者思想品德、劳动态度、实际工作能力、身体状况等进行进一步考察的时间期限。根据《劳动法》的规定，劳动合同可以约定试用期，其期限的长短由企业根据劳动合同期限的长短、工种的实际情况确定，但最长不得超过六个月。在试用期内，如果发现职工有不符合录用条件的，如身体条件、受教育程度、实际工作能力不符合录用条件，企业可以解除劳动合同，以保证职工队伍的素质。

链接《劳动法》第25、32条；《劳动合同法》第37、39条

第二十二条　【服务期】用人单位为劳动者提供专项培训费用，对其进行专业技术培训的，可以与该劳动者订立协议，约定服务期。

劳动者违反服务期约定的，应当按照约定向用人单位支付违约金。违约金的数额不得超过用人单位提供的培训费用。用人单位要求劳动者支付的违约金不得超过服务期尚未履行部分所应分摊的培训费用。

用人单位与劳动者约定服务期的，不影响按照正常的工资调整机制提高劳动者在服务期期间的劳动报酬。

注释 劳动关系中的服务期，是指当事人双方约定的、对劳动者有特殊约束力的、劳动者因获得特殊的劳动条件而应当与用人单位持续劳动关系的期限。它属于劳动合同中的约定必备条款。

依设定服务期所依据的前提条件即用人单位给予劳动者的特殊待遇不同，我国实践中的服务期，可分为与出资培训对应的服务期（简称出资培

训服务期)和与特殊物质待遇对应的服务期(简称特殊物质待遇服务期)。本法只规定出资培训服务期,而未规定特殊物质待遇服务期。

实务问答 用人单位与劳动者约定服务期的培训,有哪些条件?

用人单位与劳动者订立协议,约定服务期的培训是有严格条件的:

(1)这笔专项培训费用的数额应当是比较大的,这个数额到底多高,《劳动合同法》没有规定一个具体数额,主要是考虑各地区、各企业之间情况不一样,很难划出一个统一的尺度。由各地方细化本地区的具体数额比较好操作。

(2)对劳动者进行的是专业技术培训,包括专业知识和职业技能培训。

(3)至于培训的形式,可以是脱产、半脱产的,也可以是不脱产的。

本条没有对服务期的年限做出具体规定。应当理解为服务期的长短可以由劳动合同双方当事人协议确定,但是,用人单位在与劳动者协议确定服务期年限时要遵守两点:第一,要体现公平合理的原则,不得滥用权利。第二,用人单位与劳动者约定服务期的,不影响按照正常的工资调整机制提高劳动者在服务期期间的劳动报酬。

第二十三条 【商业秘密及竞业限制】用人单位与劳动者可以在劳动合同中约定保守用人单位的商业秘密和与知识产权相关的保密事项。

对负有保密义务的劳动者,用人单位可以在劳动合同或者保密协议中与劳动者约定竞业限制条款,并约定在解除或者终止劳动合同后,在竞业限制期限内按月给予劳动者经济补偿。劳动者违反竞业限制约定的,应当按照约定向用人单位支付违约金。

实务问答 1. 当事人在劳动合同或者保密协议中约定了竞业限制,但未约定经济补偿,人民法院应如何处理?

当事人在劳动合同或者保密协议中约定了竞业限制,但未约定解除或者终止劳动合同后给予劳动者经济补偿,劳动者履行了竞业限制义务,要求用人单位按照劳动者在劳动合同解除或者终止前十二个月平均工资的30%按月支付经济补偿的,人民法院应予支持。月平均工资的30%低于劳动合同履行地最低工资标准的,按照劳动合同履行地最低工资标准支付。

2. 劳动者与用人单位签订竞业限制协议,但该单位给予劳动者的经济补偿低于法律法规规定的,劳动者是否应履行竞业限制义务?

竞业禁止是指负有特定义务的劳动者从原用人单位离职后,在一定期间内不得自营或为他人经营与原用人单位有直接竞争关系的业务。根据有关法律、行政法规的规定,用人单位与负有保守商业秘密义务的劳动者,可以在劳动合同或者保密协议中约定竞业禁止条款,同时应约定在解除或者终止劳动合同后,给予劳动者一定的竞业禁止经济补偿;未约定给予劳动者竞业禁止经济补偿,或者约定的竞业禁止经济补偿数额过低、不符合相关规定的,该竞业禁止条款对劳动者不具有约束力。(《最高人民法院公报》2009年第11期:王云飞诉施耐德电气(中国)投资有限公司上海分公司劳动争议纠纷案)

链接 《反不正当竞争法》第9、21条;《劳动法》第22、102条;《最高人民法院关于审理劳动争议案件适用法律问题的解释(一)》第36—40条;《最高人民法院关于审理侵犯商业秘密民事案件适用法律若干问题的规定》

第二十四条 【竞业限制适用范围和期限】竞业限制的人员限于用人单位的高级管理人员、高级技术人员和其他负有保密义务的人员。竞业限制的范围、地域、期限由用人单位与劳动者约定,竞业限制的约定不得违反法律、法规的规定。

在解除或者终止劳动合同后,前款规定的人员到与本单位生产或者经营同类产品、从事同类业务的有竞争关系的其他用人单位,或者自己开业生产或者经营同类产品、从事同类业务的竞业限制期限,不得超过二年。

注释 实践中,劳动者泄露用人单位商业秘密的事件时有发生,给用人单位造成了较大的损害。为了保护企业的商业秘密,用人单位可以与劳动者订立竞业限制条款。但是,如果劳动者复制或者故意记录或者以任何其他方式掌握客户名单,是为了将来解除劳动合同后使用,这种行为构成对诚信义务的违反,即便没有竞业限制协议,用人单位也可以依据有关法律规定保护自己的商业秘密。

实务问答 为了保护劳动者的合法权益,应如何规定竞业限制?

竞业限制的实施客观上限制了劳动者的就业权,进而影响了劳动者的生存权,故其存在仅能以协议的方式确立。比如，竞业限制的范围、地域、期限由用人单位与劳动者约定。尽管用人单位因此付出一定的代价，但一般而言，该代价不能完全弥补劳动者因就业限制而遭受的损失。因此，为了保护劳动者的合法权益，在强调约定的同时对竞业限制进行了必要的限制：

（1）竞业限制的人员限于用人单位的高级管理人员、高级技术人员和其他负有保密义务的人员，实际上限于知悉用人单位商业秘密和核心技术的人员，不可能面对每个劳动者，给每人一份经济补偿金企业也无力承受。

（2）竞业限制的范围要界定清楚。由于竞业限制限制了劳动者的劳动权利，竞业限制一旦生效，劳动者要么改行要么赋闲在家，因此不能任意扩大竞业限制的范围。原则上，竞业限制的范围、地域，应当以能够与用人单位形成实际竞争关系的地域为限。

（3）约定竞业限制必须是保护合法权益所必需。自由竞争和贸易自由是市场经济的基本原则，竞业限制本身是对自由竞争的一种限制。因此，竞业限制的实施必须以正当利益的存在为前提，必须是保护合法权益所必需。首先是存在竞争关系，同时不能夸大商业秘密的范围。劳动者承担义务的范围被无限制扩张，势必损害劳动者的合法权益。

（4）在解除或者终止劳动合同后，受竞业限制约束的劳动者到与本单位生产或者经营同类产品、从事同类业务的有竞争关系的其他用人单位，或者自己开业生产或者经营同类产品、从事同类业务的竞业限制期限，不得超过二年。

链接《劳动合同法》第90条

第二十五条　【违约金】除本法第二十二条和第二十三条规定的情形外，用人单位不得与劳动者约定由劳动者承担违约金。

注释违约金，是指合同当事人约定在一方不履行合同时向另一方支付一定数额的货币。在劳动合同中，只允许就劳动者服务期事项和竞业限制事项约定违约金，除此之外，用人单位不得与劳动者约定由劳动者承担的违约金。

第二十六条　【劳动合同无效】下列劳动合同无效或者部分无效：

（一）以欺诈、胁迫的手段或者乘人之危，使对方在违背真实意思的情况下订立或者变更劳动合同的；

（二）用人单位免除自己的法定责任、排除劳动者权利的；

（三）违反法律、行政法规强制性规定的。

对劳动合同的无效或者部分无效有争议的，由劳动争议仲裁机构或者人民法院确认。

注释无效的劳动合同是指由当事人签订成立而国家不予承认其法律效力的劳动合同。

实务问答 **1. 导致劳动合同无效的原因有哪些？**

导致劳动合同无效有以下几方面的原因：

（1）订立或者变更劳动合同因采取欺诈、胁迫等手段而无效。

①欺诈是指当事人一方故意制造假相或隐瞒事实真相，欺骗对方，诱使对方形成错误认识而与之订立劳动合同。欺诈的种类很多，包括：在没有履行能力的情况下，签订合同。如根据《劳动法》的规定，从事特种作业的劳动者必须经过专门培训并取得特种作业资格。但应聘的劳动者并没有这种资格，提供了假的资格证书。行为人负有义务向他方如实告知某种真实情况而故意不告知的。采取欺诈手段订立的劳动合同是无效的。

②胁迫是指当事人以将要发生的损害或者直接实施损害相威胁，一方迫使另一方处于恐怖或者其他被胁迫的状态而签订劳动合同，威胁可能涉及生命、身体、财产、名誉、自由、健康等方面。

（2）用人单位免除自己的法定责任、排除劳动者权利的劳动合同无效。用人单位免除自己的法定责任、排除劳动者权利的情况通常表现为，劳动合同简单化，法定条款缺失，仅规定劳动者的义务，有的甚至规定"生老病死都与企业无关"、"用人单位有权根据生产经营变化以及劳动者的工作情况调整其工作岗位，劳动者必须服从自己单位的安排"等霸王条款。

（3）劳动合同因违反国家法律、行政法规的强制性规定而无效。包括：

①用人单位和劳动者中的一方或者双方不具备订立劳动合同的法定资格的，如签订劳动合同的劳动者一方必须是具有劳动权利能力和劳动行为能力的公民，企业与未满十六周岁的未成年人订立的劳动合同就是无效的劳动合同（国家另有规定的除外）。

②劳动合同的内容直接违反法律、法规的规定，如矿山企业与劳动者在劳动合同中约定的劳

动保护条件不符合《矿山安全法》的有关规定,他们所订立的劳动合同是无效的。

③劳动合同因损害国家利益和社会公共利益而无效。

2. 确认劳动合同无效的途径有哪些?

劳动合同的无效或者部分无效,不能由合同双方当事人决定。根据《劳动法》第18条第3款的规定,劳动合同的无效,由劳动争议仲裁委员会或者人民法院确认。《劳动合同法》本条第2款规定,劳动合同的无效或部分无效有争议的,由劳动争议仲裁机构或者人民法院确认。结合我国劳动争议处理体制,劳动合同是否无效,经劳动争议仲裁委员会仲裁裁决而未提起诉讼的,由劳动争议仲裁委员会认定;如果经劳动争议仲裁委员会仲裁后,当事人不服又提起诉讼的,由人民法院认定。

3. "用人单位免除自己的法定责任、排除劳动者权利"的情形?

用人单位与劳动者在竞业限制条款中约定,因履行竞业限制条款发生争议申请仲裁和提起诉讼的期间不计入竞业限制期限的,属于劳动合同法第26条第1款第2项规定的"用人单位免除自己的法定责任、排除劳动者权利"的情形,应当认定为无效。(最高人民法院指导性案例184号:马筱楠诉北京搜狐新动力信息技术有限公司竞业限制纠纷案)

链接 《劳动法》第18条;《劳动合同法》第86条;《禁止使用童工规定》第2条

第二十七条　【劳动合同部分无效】劳动合同部分无效,不影响其他部分效力的,其他部分仍然有效。

注释 无效的合同可分为部分无效合同和全部无效的合同。部分无效合同是指有些合同条款虽然违反法律规定而无效,但并不影响其他条款效力的合同。有些劳动合同就内容看,不是全部无效,而是部分无效,即劳动合同中的某一部分条款不发生法律效力。在部分无效的劳动合同中,无效条款如果不影响其余部分的效力,其余部分仍然有效,对双方当事人有约束力。

这一规定包含两层意思:

(1)如果认定劳动合同的某些条款无效,该部分内容与劳动合同的其他内容相比较,应当是相对独立的,该部分与劳动合同的其他部分具有可

分性,也就是本条所说的,劳动合同无效部分不影响其他部分的效力。如果部分无效的条款与其他条款具有不可分性,或者当事人约定某劳动合同条款为劳动合同成立生效的必要条款,那么该劳动合同的部分无效就会导致整个劳动合同的无效,而不能确认该部分无效时另一部分劳动合同内容又保持其效力。

(2)如果劳动合同的目的是违法的,或者根据诚实信用和公平原则,剩余部分的劳动合同内容的效力对当事人已经没有任何意义或者不公平合理的,劳动合同应当全部确认为无效。

链接 《劳动法》第18条

第二十八条　【劳动合同无效后的报酬支付】劳动合同被确认无效,劳动者已付出劳动的,用人单位应当向劳动者支付劳动报酬。劳动报酬的数额,参照本单位相同或者相近岗位劳动者的劳动报酬确定。

实务问答 **1. 劳动合同无效后,如何确定劳动报酬?**

劳动合同被确认为无效后,用人单位对劳动者付出的劳动,一般可参照本单位同期、同工种、同岗位的工资标准支付劳动报酬。根据《劳动法》第97条之规定,由于用人单位的原因订立的无效合同,给劳动者造成损害的,应当比照违反和解除劳动合同经济补偿金的支付标准,赔偿劳动者因合同无效所造成的经济损失。

2. 劳动者追索劳动报酬时应该注意哪些问题?

(1)劳动者追索劳动报酬的法律途径有:劳动者依法可以向劳动监察部门、劳动争议仲裁机构、人民法院申请。

(2)劳动者对于劳动报酬标准没有举证责任。本条规定情形下的劳动报酬标准是本单位相同或相类似岗位劳动报酬,对于本单位有相同或相近的工作岗位的,劳动者也许可以知道同岗位的劳动报酬标准,但是实际上更多的情况是虽然有同岗位但劳动者无法获知其劳动报酬标准,用人单位对此负举证责任。劳动者对于同岗位工资标准并不承担举证责任。

(3)如果劳动者的劳动报酬存在被克扣、拖欠情况的,用人单位除按照本条规定支付劳动报酬外,还应当按照相关法律规定承担其他法律责任。本法第85条规定:"用人单位有下列情形之一的,由劳动行政部门责令限期支付劳动报酬、加班费

或者经济补偿;劳动报酬低于当地最低工资标准的,应当支付其差额部分;逾期不支付的,责令用人单位按应付金额百分之五十以上百分之一百以下的标准向劳动者加付赔偿金:①未按照劳动合同的约定或者国家规定及时足额支付劳动者劳动报酬的;②低于当地最低工资标准支付劳动者工资的;③安排加班不支付加班费的;④解除或者终止劳动合同,未依照本法规定向劳动者支付经济补偿的。"

第三章 劳动合同的履行和变更

第二十九条 【全面履行义务】用人单位与劳动者应当按照劳动合同的约定,全面履行各自的义务。

注释 合同履行的原则,是合同当事人在履行合同时所应遵循的基本准则。本条将全面履行规定为劳动合同履行的原则。全面履行原则,又称为正确履行原则或适当履行原则。劳动合同的内容是一个整体,合同条款之间的内在联系不能割裂。全面履行原则要求合同当事人必须适当地履行合同的全部条款和各自承担的全部义务,既要按照合同约定的标的及其种类、数量和质量履行,又要按照合同约定的时间、地点和方式履行。

链接《民法典》第509条

第三十条 【支付令】用人单位应当按照劳动合同约定和国家规定,向劳动者及时足额支付劳动报酬。

用人单位拖欠或者未足额支付劳动报酬的,劳动者可以依法向当地人民法院申请支付令,人民法院应当依法发出支付令。

注释 申请支付令是民事诉讼法上的督促程序,民事诉讼法上的督促程序是指对于债权人提出的以给付一定数量的金钱、有价证券为标的财产上的请求,基层人民法院根据债权人的单方面申请,不经过开庭审理,以他的主张为内容,直接向债务人发出支付命令的非讼程序。用人单位拖欠或者未足额支付劳动报酬,劳动者与用人单位之间没有其他债务纠纷且支付令能够送达用人单位的,劳动者可以向有管辖权的基层人民法院申请支付令。

实务问答 1. 用人单位支付工资的行为应当遵循哪些规则?

(1)货币支付规则。工资应当以法定货币支付,不得以实物和有价证券替代货币支付。

(2)直接支付规则。用人单位应当将工资支付给职工本人,但是,职工本人因故不能领取工资时可由其亲属或委托他人代领,用人单位可委托银行代发工资。

(3)全额支付规则。法定和约定应当支付给职工的工资项目和工资额,必须全部支付,不得克扣。用人单位在支付工资时应当向职工提供一份其个人的工资清单。

(4)定期支付规则。工资必须在用人单位与职工约定的日期支付。如遇节假日或休息日,应提前在最近的工作日支付;工资至少每月支付一次,实行周、日、小时工资制的可按周、日、小时支付工资;对完成一次性临时劳动或某项具体工作的职工,用人单位应按协议在完成劳动任务后即行支付工资;劳动关系依法终止时,用人单位应在终止劳动关系时一次性付清工资。

(5)优先支付规则。企业破产或依法清算时,职工应得工资必须纳入优先受偿的债权范围。

2. 什么情况下劳动者可以持调解书向法院申请支付令? 人民法院应该如何处理?

根据《劳动争议调解仲裁法》第16条规定,因支付拖欠劳动报酬、工伤医疗费、经济补偿或者赔偿金事项达成调解协议,用人单位在协议约定期限内不履行的,劳动者可以持调解协议书依法向人民法院申请支付令。人民法院应当依法发出支付令。

链接《企业破产法》第113条;《工资支付暂行规定》;《最高人民法院关于适用督促程序若干问题的规定》第1—11条;《最高人民法院关于审理劳动争议案件适用法律问题的解释(一)》第13条

第三十一条 【加班】用人单位应当严格执行劳动定额标准,不得强迫或者变相强迫劳动者加班。用人单位安排加班的,应当按照国家有关规定向劳动者支付加班费。

注释 实践中,用人单位变相强迫劳动者加班主要表现为用人单位通过制定不合理、不科学的劳动定额标准,使得该单位大部分劳动者在八小时制的标准工作时间内不可能完成生产任务,而为了完成用人单位规定的工作任务,获得足以维持其基本生活的劳动报酬,劳动者不得不在标准工作时间之外延长工作时间,从而变相迫使劳动者不得不加班。

劳动者主张加班费的,应当就加班事实的存

在承担举证责任。但劳动者有证据证明用人单位掌握加班事实存在的证据，用人单位不提供的，由用人单位承担不利后果。

实务问答 支付加班费的具体标准有哪些？

支付加班费的具体标准是：安排劳动者延长工作时间的，支付不低于工资的150%的工资报酬；休息日安排劳动者工作又不能安排补休的，支付不低于工资的200%的工资报酬；法定休假日安排劳动者工作的，支付不低于工资的300%的工资报酬。

链接《劳动法》第44、90、91条；《劳动合同法》第4、85条；《国务院关于职工工作时间的规定》第2—7条

第三十二条　【拒绝违章劳动】劳动者拒绝用人单位管理人员违章指挥、强令冒险作业的，不视为违反劳动合同。

劳动者对危害生命安全和身体健康的劳动条件，有权对用人单位提出批评、检举和控告。

注释 对于依法行使批评、检举、举报权的劳动者，用人单位不得因劳动者对本单位安全生产工作提出批评、检举、控告或者拒绝违章指挥、强令冒险作业而降低其工资、福利待遇或者解除其劳动合同。

链接《劳动法》第52—57条；《职业病防治法》

第三十三条　【用人单位的主体变更】用人单位变更名称、法定代表人、主要负责人或者投资人等事项，不影响劳动合同的履行。

第三十四条　【用人单位的主体合并和分立】用人单位发生合并或者分立等情况，原劳动合同继续有效，劳动合同由承继其权利和义务的用人单位继续履行。

注释 用人单位的合并一般指两种情况，一是指用人单位与其他法人或者组织联合成立一个新的法人或者其他组织，承担被合并的用人单位的权利和义务。另一种情况是指一个用人单位被撤销后，将其权利和义务一并转给另一个法人或者其他组织。这两种情况下，原用人单位在合并后均不再存在。为了保护原用人单位劳动者的合法权益，合并后的法人或者其他组织作为一个新的用人单位承继了原用人单位所有的权利和义务，包括原用人单位对其劳动者的权利和义务。

用人单位发生分立是指，在订立劳动合同后，用人单位由一个法人或者其他组织分裂为两个或者两个以上的法人或者其他组织，即由一个用人单位分裂为两个或者两个以上用人单位。用人单位的分立分为两种情况：一种情况是，原用人单位只是分出一部分财产设立了新的用人单位，原用人单位不因分出财产而终止；另一种情况是，原用人单位分解为两个以上的用人单位，原用人单位随之解体终止。

链接《民法典》第67条

第三十五条　【协商变更劳动合同】用人单位与劳动者协商一致，可以变更劳动合同约定的内容。变更劳动合同，应当采用书面形式。

变更后的劳动合同文本由用人单位和劳动者各执一份。

注释 劳动合同的变更，是指劳动合同依法订立后，在合同尚未履行或者尚未履行完毕之前，经用人单位和劳动者双方当事人协商同意，对劳动合同内容作部分修改、补充或者删减的法律行为。

实务问答 1. 劳动合同变更时应注意哪些问题？

（1）必须在劳动合同依法订立之后，在合同没有履行或者尚未履行完毕之前的有效时间内进行。

（2）必须坚持平等自愿、协商一致的原则，即劳动合同的变更必须经用人单位和劳动者双方当事人的同意。

（3）必须合法，不得违反法律、法规的强制性规定。劳动合同变更也并非是任意的，用人单位和劳动者约定的变更内容必须符合国家法律、法规的相关规定。

（4）变更劳动合同必须采用书面形式，任何口头形式达成的变更协议都是无效的。

（5）劳动合同的变更也要及时进行。

2. 用人单位能否单方变更劳动者的工作岗位？

岗位变更属于劳动合同变更的内容，故一般情况下的岗位变更应依据《劳动法》第17条和《劳动合同法》第35条的规定进行。某些情形下，用人单位可以不经劳动者同意变更劳动者的工作岗位，具体是：（1）发生事故或灾害，需要及时抢修或救灾；（2）因生产、工作需要，单位内部机构或工种、岗位之间的临时调动；（3）法律、法规和规章规定的其他情况。

司法实践中，在劳动合同明确约定了劳动者工作岗位的情况下，用人单位变更劳动者工作岗

位,除上述情形可以单方变更的情况下,一般应与劳动者协商,用人单位不能单方变更劳动者工作岗位。而在劳动合同未明确约定劳动者工作岗位,且无其他证据证明双方对具体工作岗位有明确约定的情况下,用人单位单方变更劳动者工作岗位应属于用人单位的用人自主权。

3. 如何界定"劳动者非因本人原因从原用人单位被安排到新用人单位工作"?

劳动者仍在原工作场所、工作岗位工作,劳动合同主体由原用人单位变更为新用人单位的,应当认定属于"劳动者非因本人原因从原用人单位被安排到新用人单位工作",工作年限应当连续计算。劳动者用人单位发生变动,对于如何界定是否因劳动者本人原因,不应将举证责任简单地归于新用人单位,而应从该变动的原因着手,查清是哪一方主动引起了此次变动。劳务派遣公司亦不应成为工作年限连续计算的阻却因素。(《最高人民法院公报》2016 年第 12 期:包利英诉上海申美饮料食品有限公司劳动合同纠纷案)

链接 《劳动法》第 17 条;《民法典》第 533 条

第四章 劳动合同的解除和终止

第三十六条 【协商解除劳动合同】用人单位与劳动者协商一致,可以解除劳动合同。

注释 劳动合同的解除,是指劳动合同在订立以后,尚未履行完毕或者未全部履行以前,由于合同双方或者单方的法律行为导致双方当事人提前消灭劳动关系的法律行为。

实务问答 劳动合同的终止与解除有何区别?

劳动合同的终止,是指劳动合同所确立的劳动关系因合同解除以外的法律事实而消灭。根据《劳动法》与《劳动合同法》的相关规定,劳动合同的终止与解除主要有以下几方面的区别:(1)阶段不同。劳动合同终止是劳动合同关系的自然结束,而解除是劳动合同关系的提前结束。(2)结束劳动合同关系的条件不同。劳动合同终止的条件中,用人单位与劳动者不得在《劳动合同法》第 44 条规定的法定终止条件之外约定其他的终止条件;而劳动合同解除的条件中,除法定条件外,双方可协商一致约定合同解除的条件或解除合同。此外,二者法定条件的内容也完全不同。(3)预见性不同。劳动合同终止一般是可以预见的,而劳动合同解除一般不可预见。(4)适用原则不同。

劳动合同终止受法律约束的程度较高,更多地体现社会法的性质和国家公权力的介入,体现对劳动者的倾斜保护;而劳动合同解除受当事人意思自治的程度多一点,一般遵循民法的原则和精神。

链接 《劳动法》第 24 条;《劳动合同法实施条例》第 18 条;《最高人民法院关于审理劳动争议案件适用法律问题的解释(一)》第 35 条

第三十七条 【劳动者单方面提前通知解除劳动合同】劳动者提前三十日以书面形式通知用人单位,可以解除劳动合同。劳动者在试用期内提前三日通知用人单位,可以解除劳动合同。

注释 本条规定劳动者可以提前三十日单方面解除合同。需要注意的是,与《劳动法》相比,本条明确劳动者在试用期内解除合同应当提前三日,而《劳动法》第 32 条将试用期内解除合同规定为"劳动者可以随时通知用人单位解除劳动合同"的情形之一。根据新法优于旧法的原则,这里应该适用《劳动合同法》的规定。

实务问答 用人单位能否通过约定的方式限制劳动者的单方解除劳动合同的解除权? 劳动者行使单方解除权时,造成用人单位损失,应否承担赔偿责任?

劳动者享有选择职业的权利,根据《劳动法》第 31 条和《劳动合同法》第 37 条的规定,劳动者只要提前三十日以书面形式通知用人单位,就有权提出解除劳动合同;另外,劳动者在试用期内提前三日通知用人单位,可以解除劳动合同。上述权利是法定权利,任何单位或个人都不能加以限制或剥夺。用人单位为限制劳动者"跳槽",在与劳动者签订的劳动合同中规定劳动者交纳押金或支付巨额赔偿金,该行为的性质是以特别约定排除或限制劳动者的合同解除权,是不合法的,人民法院可认定该合同条款属无效条款。所以,劳动者只要提前三十天以书面形式通知用人单位,劳动者在试用期内提前三日通知用人单位,就可以解除劳动合同。

但是,如果劳动者行使解除权而违反劳动合同的有关约定,给用人单位造成经济损失的,劳动者应赔偿用人单位因此所造成的损失。

第三十八条 【劳动者单方随时解除劳动合同】用人单位有下列情形之一的,劳动者可以解除劳动合同:

(一)未按照劳动合同约定提供劳动保护或者

劳动条件的；

（二）未及时足额支付劳动报酬的；

（三）未依法为劳动者缴纳社会保险费的；

（四）用人单位的规章制度违反法律、法规的规定，损害劳动者权益的；

（五）因本法第二十六条第一款规定的情形致使劳动合同无效的；

（六）法律、行政法规规定劳动者可以解除劳动合同的其他情形。

用人单位以暴力、威胁或者非法限制人身自由的手段强迫劳动者劳动的，或者用人单位违章指挥、强令冒险作业危及劳动者人身安全的，劳动者可以立即解除劳动合同，不需事先告知用人单位。

注释 根据本条第 1 款解除劳动合同，劳动者无需向用人单位预告就可通知用人单位解除劳动合同。劳动保护即劳动安全卫生；劳动条件主要指生产资料条件，还可包括劳动安全卫生、劳动报酬、社会保险之外的劳动条件。

本条第 2 款规定了劳动者可立即解除劳动合同的情形。即当用人单位存在严重违法行为时，劳动者可以立即解除劳动合同而无需事先告知用人单位。"暴力"是指对劳动者实施捆绑、拉拽、殴打、伤害等行为。"威胁"是指对劳动者施以暴力或者其他强迫手段。"非法限制人身自由"是指采用拘留、禁闭或其他强制方法非法剥夺或限制他人按照自己的意志支配自己的身体活动自由的行为。

实务问答 具备合法用工资格的企业法人未依法为外来从业人员缴纳综合保险费的，劳动保障部门应如何处理？

从事劳务派遣业务的单位应当依法登记设立。用人单位与未经工商注册登记、不具备劳务派遣经营资质的公司签订用工协议，与派遣人员形成事实劳动关系，应由用人单位依法为其缴纳综合保险费；用人单位与不具备缴费资格的主体的协议约定，不能免除其法定缴费义务。（《最高人民法院公报》2013 年第 11 期：上海珂帝纸品包装有限责任公司不服上海市人力资源和社会保障局责令补缴外来从业人员综合保险费案）

链接《宪法》第 42 条；《劳动法》第 32 条、第 52—57 条、第 70—76 条；《社会保险费征缴暂行条例》第 12、13 条

第三十九条　【用人单位单方随时解除劳动合同】劳动者有下列情形之一的，用人单位可以解除劳动合同：

（一）在试用期间被证明不符合录用条件的；

（二）严重违反用人单位的规章制度的；

（三）严重失职，营私舞弊，给用人单位造成重大损害的；

（四）劳动者同时与其他用人单位建立劳动关系，对完成本单位的工作任务造成严重影响，或者经用人单位提出，拒不改正的；

（五）因本法第二十六条第一款第一项规定的情形致使劳动合同无效的；

（六）被依法追究刑事责任的。

注释 1. 试用期间的确定应当以劳动合同的约定为准；若劳动合同约定的试用期超出法定最长时间，则以法定最长时间为准；若试用期满后仍未办理劳动者转正手续，则不能认为还处在试用期间，用人单位不能以试用期不符合录用条件为由与其解除劳动合同。一般情况下应当以法律、法规规定的基本录用条件和用人单位在招聘时规定的知识文化、技术水平、身体状况、思想品质等条件为准。对于劳动者在试用期间不符合录用条件的，用人单位必须提供有效的证明。如果用人单位没有证据证明劳动者在试用期间不符合录用条件，用人单位就不能解除劳动合同，否则，需承担因违法解除劳动合同所带来的一切法律后果。所谓证据，实践中主要看两方面：一是用人单位对某一岗位的工作职能及要求有没有作出描述；二是用人单位对员工在试用期内的表现有没有客观的记录和评价。

2. 劳动者同时与其他用人单位建立劳动关系，即我们通常所说的"兼职"。我国有关劳动方面的法律、法规虽然没有对"兼职"作禁止性的规定，但作为劳动者而言，完成本职工作，是其应尽的义务。从事兼职工作，在时间上、精力上必然会影响到本职工作。作为用人单位来讲，对一个不能全心全意为本单位工作，并严重影响工作任务完成的人员，有权与其解除劳动合同。

实务问答 1. 劳动者严重违反规章制度，用人单位可解除劳动合同？

用人单位的管理人员对被性骚扰员工的投诉，应采取合理措施进行处置。管理人员未采取合理措施或者存在纵容性骚扰行为、干扰对性骚

扰行为调查等情形，用人单位以管理人员未尽岗位职责、严重违反规章制度为由解除劳动合同，管理人员主张解除劳动合同违法的，人民法院不予支持。[最高人民法院指导性案例 181 号：郑某诉霍尼韦尔自动化控制（中国）有限公司劳动合同纠纷案]

2. 如何判断用人单位单方解除劳动合同行为的合法性？

人民法院在判断用人单位单方解除劳动合同行为的合法性时，应当以用人单位向劳动者发出的解除通知的内容为认定依据。在案件审理过程中，用人单位超出解除劳动合同通知中载明的依据及事由，另行提出劳动者在履行劳动合同期间存在其他严重违反用人单位规章制度的情形，并据此主张符合解除劳动合同条件的，人民法院不予支持。（最高人民法院指导性案例 180 号：孙贤锋诉淮安西区人力资源开发有限公司劳动合同纠纷案）

链接《劳动法》第 21、25 条

第四十条　【用人单位单方提前通知解除劳动合同】有下列情形之一的，用人单位提前三十日以书面形式通知劳动者本人或者额外支付劳动者一个月工资后，可以解除劳动合同：

（一）劳动者患病或者非因工负伤，在规定的医疗期满后不能从事原工作，也不能从事由用人单位另行安排的工作的；

（二）劳动者不能胜任工作，经过培训或者调整工作岗位，仍不能胜任工作的；

（三）劳动合同订立时所依据的客观情况发生重大变化，致使劳动合同无法履行，经用人单位与劳动者协商，未能就变更劳动合同内容达成协议的。

注释 这里的"医疗期"，是指劳动者根据其工龄等条件，依法可以享受的停工医疗并发给病假工资的期间，而不是劳动者病伤治愈实际需要的医疗期。如果劳动者由于身体健康原因不能胜任工作，用人单位有义务为其调动岗位，选择他力所能及的岗位工作。如果劳动者对用人单位重新安排的工作也不能完成，说明劳动者履行合同不能，用人单位可以与其解除劳动合同。

这里所谓"不能胜任工作"，是指不能按要求完成劳动合同中约定的任务或者同工种、同岗位人员的工作量。但用人单位不得故意提高定额标

准，使劳动者无法完成。劳动者没有具备从事某项工作的能力，不能完成某一岗位的工作任务，这时用人单位可以对其进行职业培训，提高其职业技能，也可以把其调换到能够胜任的工作岗位上，这是用人单位负有的协助劳动者适应岗位的义务。如果单位尽了这些义务，劳动者仍然不能胜任工作，说明劳动者不具备在该单位工作的职业能力，用人单位可以解除与该劳动者的劳动合同。需要注意的是用人单位不能随意调动劳动者工作岗位或提高工作强度，借口劳动者不能胜任工作而解除劳动合同。

本条第（三）项所说的"客观情况"是指履行原劳动合同所必要的客观条件，因不可抗力或出现致使劳动合同全部或部分条款无法履行的其他情况，如自然条件、企业迁移、被兼并、企业资产转移等，使原劳动合同不能履行或不必要履行的情况。发生上述情况时，为了使劳动合同能够得到继续履行，必须根据变化后的客观情况，由双方当事人对合同进行变更的协商，直到达成一致意见，如果劳动者不同意变更劳动合同，原劳动合同所确立的劳动关系就没有存续的必要，在这种情况下，用人单位也只有解除劳动合同。

实务问答 1. 劳动者患有难以治疗的疾病，用人单位在医疗期内终止劳动合同，劳动者起诉要求继续履行的，法院应如何处理？

患有癌症、精神病等难以治疗的特殊疾病的劳动者，应当享受 24 个月的医疗期。医疗期内劳动合同期满，劳动合同应当延续至医疗期满时终止。用人单位在医疗期内违法解除或者终止劳动合同，劳动者起诉要求继续履行劳动合同的，人民法院应当判决撤销用人单位的解除或者终止通知书。（《最高人民法院公报》2013 年第 6 期：梁介树诉南京乐府餐饮管理有限公司劳动争议案）

2. 因用人单位整体搬迁导致劳动者工作地点变更、通勤时间延长的，是否属于《中华人民共和国劳动合同法》第 40 条第 3 项规定的"劳动合同订立时所依据的客观情况发生重大变化"？

因用人单位整体搬迁导致劳动者工作地点变更、通勤时间延长的，是否属于《中华人民共和国劳动合同法》第 40 条第 3 项规定的"劳动合同订立时所依据的客观情况发生重大变化，致使劳动合同无法履行"的情形，需要考量搬迁距离远近、通勤便利程度，结合用人单位是否提供交通工具、

是否调整出勤时间、是否增加交通补贴等因素,综合评判工作地点的变更是否给劳动者的工作和生活带来严重不便并足以影响劳动合同的履行。如果用人单位已经采取适当措施降低了搬迁对劳动者的不利影响,搬迁行为不足以导致劳动合同无法履行的,劳动者不得以此为由拒绝提供劳动。(《最高人民法院公报》2020 年第 9 期:吴继威诉南京搏峰电动工具有限公司劳动合同纠纷案)

3. 用人单位以客观情况发生重大变化为依据解除劳动合同,导致劳动者不符合员工手册规定的年终奖发放条件时,劳动者是否可以获得相应的年终奖?

年终奖发放前离职的劳动者主张用人单位支付年终奖的,人民法院应当结合劳动者的离职原因、离职时间、工作表现以及对单位的贡献程度等因素进行综合考量。用人单位的规章制度规定年终奖发放前离职的劳动者不能享有年终奖,但劳动合同的解除非因劳动者单方过失或主动辞职所导致,且劳动者已经完成年度工作任务,用人单位不能证明劳动者的工作业绩及表现不符合年终奖发放标准,年终奖发放前离职的劳动者主张用人单位支付年终奖的,人民法院应予支持。(最高人民法院指导性案例 183 号:房玥诉中美联泰大都会人寿保险有限公司劳动合同纠纷案)

链接 《劳动法》第 26 条;《企业职工患病或非因工负伤医疗期规定》第 2、6—8 条

第四十一条 【经济性裁员】有下列情形之一,需要裁减人员二十人以上或者裁减不足二十人但占企业职工总数百分之十以上的,用人单位提前三十日向工会或者全体职工说明情况,听取工会或者职工的意见后,裁减人员方案经向劳动行政部门报告,可以裁减人员:

(一)依照企业破产法规定进行重整的;

(二)生产经营发生严重困难的;

(三)企业转产、重大技术革新或者经营方式调整,经变更劳动合同后,仍需裁减人员的;

(四)其他因劳动合同订立时所依据的客观经济情况发生重大变化,致使劳动合同无法履行的。

裁减人员时,应当优先留用下列人员:

(一)与本单位订立较长期限的固定期限劳动合同的;

(二)与本单位订立无固定期限劳动合同的;

(三)家庭无其他就业人员,有需要扶养的老人或者未成年人的。

用人单位依照本条第一款规定裁减人员,在六个月内重新招用人员的,应当通知被裁减的人员,并在同等条件下优先招用被裁减的人员。

注释 经济性裁员就是指企业由于经营不善等经济性原因,解雇多个劳动者的情形。经济性裁员属于用人单位解除劳动合同的一种情形。经济性裁员只发生在企业中。进行经济性裁员的主要原因是经济性原因,这些经济性原因大致可以分为三大类:一是企业因为经营发生严重困难或者依照《企业破产法》规定进行重整的;二是企业为了寻求生存和更大发展,进行转产、重大技术革新,经营方式调整的;三是兜底条款,即其他因劳动合同订立时所依据的客观经济情况发生重大变化,致使劳动合同无法履行的。

链接 《劳动法》第 27 条;《企业破产法》第 2、70 条;《企业经济性裁减人员规定》第 2—10 条

第四十二条 【用人单位解除劳动合同的限制】劳动者有下列情形之一的,用人单位不得依照本法第四十条、第四十一条的规定解除劳动合同:

(一)从事接触职业病危害作业的劳动者未进行离岗前职业健康检查,或者疑似职业病病人在诊断或者医学观察期间的;

(二)在本单位患职业病或者因工负伤并被确认丧失或者部分丧失劳动能力的;

(三)患病或者非因工负伤,在规定的医疗期内的;

(四)女职工在孕期、产期、哺乳期的;

(五)在本单位连续工作满十五年,且距法定退休年龄不足五年的;

(六)法律、行政法规规定的其他情形。

注释 所谓疑似职业病病人在诊断或者医学观察期间,是指有职业病危害接触史或者健康检查发现异常的劳动者经职业病诊断机构受理正处在诊断期间;或者经诊断而不能确诊的疑似职业病病人正处在必要的医学检查或者住院观察等待再次诊断期间。

所谓孕期,是指妇女怀孕期间。产期,是指妇女生育期间,产假一般为九十八天。哺乳期,是指从婴儿出生到一周岁之间的期间。

链接 《劳动法》第 29 条;《职业病防治法》第 33、55 条;《工伤保险条例》第 35、36 条;《集体合同规定》第 28 条

第四十三条 【工会监督用人单位单方解除劳动合同】用人单位单方解除劳动合同，应当事先将理由通知工会。用人单位违反法律、行政法规规定或者劳动合同约定的，工会有权要求用人单位纠正。用人单位应当研究工会的意见，并将处理结果书面通知工会。

注释 用人单位单方解除劳动合同，对于劳动者的权益影响极大。单个劳动者处于分散、孤立、弱小、无助的地位，无法与用人单位形成抗衡态势，特别是在用人单位对劳动者进行即时辞退、预告辞退或裁员时。因此，本条将工会干预辞退规定为辞退的必要程序，赋予工会对辞退的参与和监督权。

链接《工会法》第 22 条;《劳动法》第 30 条;《最高人民法院关于审理劳动争议案件适用法律问题的解释(一)》第 47 条

第四十四条 【劳动合同终止】有下列情形之一的，劳动合同终止：

（一）劳动合同期满的；

（二）劳动者开始依法享受基本养老保险待遇的；

（三）劳动者死亡，或者被人民法院宣告死亡或者宣告失踪的；

（四）用人单位被依法宣告破产的；

（五）用人单位被吊销营业执照、责令关闭、撤销或者用人单位决定提前解散的；

（六）法律、行政法规规定的其他情形。

注释 劳动合同终止，是指劳动合同的法律效力依法被消灭，即劳动关系由于一定法律事实的出现而终结，劳动者与用人单位之间原有的权利义务不再存在。

劳动合同期满，是指定期劳动合同所约定的期限届满或以完成一定工作任务为期限的劳动合同所约定的工作任务完成。除劳动合同依法续订或依法延期外，劳动合同期满即行终止。

劳动者开始依法享受基本养老保险待遇，是指劳动者因达到退休年龄或丧失劳动能力而办理退休手续，开始依法享受基本养老保险待遇。值得注意的是，劳动者已具备退休条件，但未开始依法享受基本养老保险待遇的，劳动合同可不终止。

自然人下落不明满四年的；因意外事件，下落不明满二年的，利害关系人可以向人民法院申请宣告该自然人死亡。自然人下落不明满二年的，利害关系人可以向人民法院申请宣告该自然人为失踪人。

企业破产，是指企业法人不能清偿到期债务，并且资产不足以清偿全部债务或者明显缺乏清偿能力的，依法经一定程序由法院消灭其主体资格。

链接《劳动法》第 23 条;《民法典》第 40—53 条

第四十五条 【劳动合同的续延】劳动合同期满，有本法第四十二条规定情形之一的，劳动合同应当续延至相应的情形消失时终止。但是，本法第四十二条第二项规定丧失或者部分丧失劳动能力劳动者的劳动合同的终止，按照国家有关工伤保险的规定执行。

注释 按照我国《工伤保险条例》的规定，根据工伤职工评定的伤残等级，劳动合同终止的标准各有不同，具体有如下规定：

第一，职工因工致残被鉴定为一级至四级伤残的，保留劳动关系，退出工作岗位。

第二，职工因工致残被鉴定为五级、六级伤残的，经工伤职工本人提出，该职工可以与用人单位解除或者终止劳动关系。

第三，职工因工致残被鉴定为七级至十级伤残的，劳动合同期满终止。

链接《工伤保险条例》第 35—37 条

第四十六条 【支付经济补偿】有下列情形之一的，用人单位应当向劳动者支付经济补偿：

（一）劳动者依照本法第三十八条规定解除劳动合同的；

（二）用人单位依照本法第三十六条规定向劳动者提出解除劳动合同并与劳动者协商一致解除劳动合同的；

（三）用人单位依照本法第四十条规定解除劳动合同的；

（四）用人单位依照本法第四十一条第一款规定解除劳动合同的；

（五）除用人单位维持或者提高劳动合同约定条件续订劳动合同，劳动者不同意续订的情形外，依照本法第四十四条第一项规定终止固定期限劳动合同的；

（六）依照本法第四十四条第四项、第五项规定终止劳动合同的；

（七）法律、行政法规规定的其他情形。

链接《劳动法》第 28 条;《劳动合同法实施条例》第 23、31 条;《工伤保险条例》第 36 条第 2 款;《最高人民法院关于审理劳动争议案件适用法律问题的解释(一)》第 41 条

第四十七条　【经济补偿支付标准】经济补偿按劳动者在本单位工作的年限,每满一年支付一个月工资的标准向劳动者支付。六个月以上不满一年的,按一年计算;不满六个月的,向劳动者支付半个月工资的经济补偿。

劳动者月工资高于用人单位所在直辖市、设区的市级人民政府公布的本地区上年度职工月平均工资三倍的,向其支付经济补偿的标准按职工月平均工资三倍的数额支付,向其支付经济补偿的年限最高不超过十二年。

本条所称月工资是指劳动者在劳动合同解除或者终止前十二个月的平均工资。

注释　劳动者在单位工作的年限,应从劳动者向该用人单位提供劳动之日起计算。如果由于各种原因,用人单位与劳动者未及时签订劳动合同的,不影响工作年限的计算。如果劳动者连续为同一用人单位提供劳动,但先后签订了几份劳动合同的,工作年限应从劳动者提供劳动之日起连续计算。

链接《劳动法》第 28 条

第四十八条　【继续履行劳动合同】用人单位违反本法规定解除或者终止劳动合同,劳动者要求继续履行劳动合同的,用人单位应当继续履行;劳动者不要求继续履行劳动合同或者劳动合同已经不能继续履行的,用人单位应当依照本法第八十七条规定支付赔偿金。

注释　关于赔偿金标准,《劳动合同法》第 87 条规定为经济补偿标准的二倍。经济补偿与经济赔偿是两个性质不同的概念,用人单位违反本法的规定解除或者终止劳动合同,依照本法第 87 条的规定支付了赔偿金的,不再支付经济补偿。

第四十九条　【社会保险跨地区转移】国家采取措施,建立健全劳动者社会保险关系跨地区转移接续制度。

链接《劳动法》第 70、73 条

第五十条　【关系转移和工作交接】用人单位应当在解除或者终止劳动合同时出具解除或者终止劳动合同的证明,并在十五日内为劳动者办理档案和社会保险关系转移手续。

劳动者应当按照双方约定,办理工作交接。用人单位依照本法有关规定应当向劳动者支付经济补偿的,在办结工作交接时支付。

用人单位对已经解除或者终止的劳动合同的文本,至少保存二年备查。

注释　劳动合同解除或终止之后,当事人也负有善后阶段所承担的义务,即"后合同义务"。所谓后合同义务,是指合同关系消灭后,基于诚实信用原则的要求,缔约双方当事人依法应负有某种作为或不作为义务,以维护给付效果,或协助对方处理合同终了的善后事务的合同附随义务。这是《劳动合同法》中诚实信用原则的要求。在劳动合同解除或终止后,虽然合同约定的权利义务关系已经消灭,但因为过去合同关系的存在,会对当事人双方产生一定的影响,如果一方当事人不顾另一方当事人的利益,滥用权利,就很可能对另一方当事人造成损害。因此,本法规定,在劳动合同解除或终止的善后阶段中,当事人还须履行通知、协助、保密等多项义务。

实务问答　解除或终止劳动合同时,用人单位的后合同义务?

用人单位应依据劳动合同法的规定,在解除或终止劳动合同时出具解除或终止劳动合同的证明,并在十五日内为劳动者办理档案和社会保险关系转移手续,并且在合理期限内为劳动者办理专业证件的转移手续。用人单位不及时办理上述事项,致使劳动者在再次就业时无法办理相关入职手续,或者无法出示相关证件,严重影响新用人单位对劳动者工作态度和职业能力的判断,从而导致劳动者不能顺利就业,损害劳动者再就业权益的,应对劳动者的未就业损失进行赔偿。(《最高人民法院公报》2020 年第 4 期:蔡玉龙诉南京金中建幕墙装饰有限公司劳动合同纠纷案)

第五章　特别规定

第一节　集体合同

第五十一条　【集体合同签订的程序】企业职工一方与用人单位通过平等协商,可以就劳动报酬、工作时间、休息休假、劳动安全卫生、保险福利等事项订立集体合同。集体合同草案应当提交职工代表大会或者全体职工讨论通过。

集体合同由工会代表企业职工一方与用人单位订立;尚未建立工会的用人单位,由上级工会指导劳动者推举的代表与用人单位订立。

注释　集体合同,是双方代表根据法律、法规的规定就劳动报酬、工作时间、休息休假、劳动安全卫生、保险福利等事项在平等协商一致基础上签订

的书面协议。

链接《劳动法》第33条

第五十二条 【专项集体合同】企业职工一方与用人单位可以订立劳动安全卫生、女职工权益保护、工资调整机制等专项集体合同。

第五十三条 【行业性和区域性集体合同】在县级以下区域内,建筑业、采矿业、餐饮服务业等行业可以由工会与企业方面代表订立行业性集体合同,或者订立区域性集体合同。

注释 考虑到建筑业、采矿业、餐饮服务业这三个行业在用工上问题比较多,通过单个劳动合同、企业集体合同很难解决问题。因此本条规定,建筑业、采矿业、餐饮服务业可以订立行业性集体合同。例如,在制定建筑业行业性集体合同时,针对建筑业是高危行业,可以把职工保险等难点问题纳入集体合同文本中。

第五十四条 【集体合同的报送和生效】集体合同订立后,应当报送劳动行政部门;劳动行政部门自收到集体合同文本之日起十五日内未提出异议的,集体合同即行生效。

依法订立的集体合同对用人单位和劳动者具有约束力。行业性、区域性集体合同对当地本行业、本区域的用人单位和劳动者具有约束力。

注释 集体合同订立后应当报送劳动行政部门,这是法定程序,也是集体合同生效条件。劳动行政部门有审查集体合同内容是否合法的责任,如果发现集体合同内容有违法、失实等情况,不予登记或暂缓登记,发回企业对集体合同进行修正。经劳动行政部门确认生效或依法自行生效的集体合同,签约双方应及时以适当方式向各自代表的全体成员公布。

实务问答 集体合同的审查?

集体合同签订后,应当自双方首席代表签字之日起10日内,由用人单位一方将文本一式三份报送劳动行政部门审查。劳动行政部门自收到集体合同文本之日起15日内未提出异议的,集体合同即行生效。

劳动行政部门应当对报送的集体合同的下列事项进行合法性审查:(1)集体协商双方的主体资格是否符合法律、法规和规章规定;(2)集体协商程序是否违反法律、法规、规章规定;(3)集体合同或专项集体合同内容是否与国家规定相抵触。

链接《劳动法》第34、35条

第五十五条 【集体合同的劳动标准】集体合同中劳动报酬和劳动条件等标准不得低于当地人民政府规定的最低标准;用人单位与劳动者订立的劳动合同中劳动报酬和劳动条件等标准不得低于集体合同规定的标准。

注释 先于集体合同订立的劳动合同,其约定的劳动者利益若低于集体合同规定的标准,应当根据集体合同作出相应调整,否则以集体合同的规定为准。

实务问答 当劳动合同约定的劳动条件或劳动报酬等标准低于集体合同的约定时,劳动者是否需要向人民法院提出请求适用集体合同的约定?

根据《劳动法》第35条、《劳动合同法》第55条的规定,职工个人与用人单位订立的劳动合同中劳动报酬和劳动条件等标准不得低于集体合同规定的标准。该规定属于法律中的强制性规定,如果出现上述情形,劳动合同中的相关条款归于无效,不能作为人民法院审理劳动争议案件认定劳动者劳动报酬的依据。此时并不存在"优先适用劳动合同"的问题,不以劳动者"提出请求"为前提。即使劳动者未提出请求适用集体合同的约定,人民法院也应当以集体合同约定的劳动报酬为依据。

在审判实践中,如果遇到劳动者不知该条款无效,仍基于劳动合同约定的标准主张劳动报酬或劳动条件的情形,可根据最高人民法院《关于民事诉讼证据若干规定》的规定,即诉讼过程中,当事人主张的法律关系性质或者民事行为效力与人民法院根据案件事实作出的认定不一致的,人民法院应当将法律关系性质或者民事行为效力作为焦点问题进行审理。但法律关系性质对裁判理由及结果没有影响,或者有关问题已经当事人充分辩论的除外。

链接《劳动法》第35条

第五十六条 【集体合同纠纷和法律救济】用人单位违反集体合同,侵犯职工劳动权益的,工会可以依法要求用人单位承担责任;因履行集体合同发生争议,经协商解决不成的,工会可以依法申请仲裁、提起诉讼。

链接《工会法》第21条

第二节 劳务派遣

第五十七条 【劳务派遣单位设立条件】经营

劳务派遣业务应当具备下列条件:

(一)注册资本不得少于人民币二百万元;

(二)有与开展业务相适应的固定的经营场所和设施;

(三)有符合法律、行政法规规定的劳务派遣管理制度;

(四)法律、行政法规规定的其他条件。

经营劳务派遣业务,应当向劳动行政部门依法申请行政许可;经许可的,依法办理相应的公司登记。未经许可,任何单位和个人不得经营劳务派遣业务。

注释 劳务派遣是指劳务派遣单位根据用工单位的实际用工需要,招聘合格人员,并将所聘人员派遣到用工单位工作的一种用工方式,其特点就是"招人不用人"、"用人不招人"的招聘与用人相分离的用工模式。

链接《劳务派遣暂行规定》

第五十八条 【劳务派遣单位与劳动者的关系】劳务派遣单位是本法所称用人单位,应当履行用人单位对劳动者的义务。劳务派遣单位与被派遣劳动者订立的劳动合同,除应当载明本法第十七条规定的事项外,还应当载明被派遣劳动者的用工单位以及派遣期限、工作岗位等情况。

劳务派遣单位应当与被派遣劳动者订立二年以上的固定期限劳动合同,按月支付劳动报酬;被派遣劳动者在无工作期间,劳务派遣单位应当按照所在地人民政府规定的最低工资标准,向其按月支付报酬。

实务问答 劳务派遣单位应当对被派遣劳动者履行的义务?

(1)如实告知被派遣劳动者《劳动合同法》第8条规定的事项、应遵守的规章制度以及劳务派遣协议的内容;(2)建立培训制度,对被派遣劳动者进行上岗知识、安全教育培训;(3)按照国家规定和劳务派遣协议约定,依法支付被派遣劳动者的劳动报酬和相关待遇;(4)按照国家规定和劳务派遣协议约定,依法为被派遣劳动者缴纳社会保险费,并办理社会保险相关手续;(5)督促用工单位依法为被派遣劳动者提供劳动保护和劳动安全卫生条件;(6)依法出具解除或者终止劳动合同的证明;(7)协助处理被派遣劳动者与用工单位的纠纷;(8)法律、法规和规章规定的其他事项。

链接《劳动合同法实施条例》第30条

第五十九条 【劳务派遣协议】劳务派遣单位派遣劳动者应当与接受以劳务派遣形式用工的单位(以下称用工单位)订立劳务派遣协议。劳务派遣协议应当约定派遣岗位和人员数量、派遣期限、劳动报酬和社会保险费的数额与支付方式以及违反协议的责任。

用工单位应当根据工作岗位的实际需要与劳务派遣单位确定派遣期限,不得将连续用工期限分割订立数个短期劳务派遣协议。

注释 派遣协议的签订、变更、解除、终止均不得损害被派遣员工的合法权益。派遣期限、工作岗位必须明确约定,它将影响派遣单位与劳动者订立的劳动合同的内容。用工单位应当按照派遣协议,及时足额将被派遣劳动者的劳动报酬、社会保险费等费用支付给劳务派遣单位,确保劳动者工资报酬和社会保险待遇的落实。实践中,劳务派遣期限往往与劳动合同期限一致,即劳务派遣协议期限届满终止的,劳动合同亦终止。本条突出强调不得将连续用工期限分割而签订数个短期劳务派遣协议。

实务问答 劳务派遣协议应当包含哪些内容?

劳务派遣协议应当载明下列内容:(1)派遣的工作岗位名称和岗位性质;(2)工作地点;(3)派遣人员数量和派遣期限;(4)按照同工同酬原则确定的劳动报酬数额和支付方式;(5)社会保险费的数额和支付方式;(6)工作时间和休息休假事项;(7)被派遣劳动者工伤、生育或者患病期间的相关待遇;(8)劳动安全卫生以及培训事项;(9)经济补偿等费用;(10)劳务派遣协议期限;(11)劳务派遣服务费的支付方式和标准;(12)违反劳务派遣协议的责任;(13)法律、法规、规章规定应当纳入劳务派遣协议的其他事项。

链接《劳务派遣行政许可实施办法》第8、22条;《劳务派遣暂行规定》第5—7条

第六十条 【劳务派遣协议签订的限制事项】劳务派遣单位应当将劳务派遣协议的内容告知被派遣劳动者。

劳务派遣单位不得克扣用工单位按照劳务派遣协议支付给被派遣劳动者的劳动报酬。

劳务派遣单位和用工单位不得向被派遣劳动者收取费用。

注释 被派遣劳动者的劳动报酬的支付方式在实践中存在两种,一是由用工单位直接支付;二是由

派遣单位支付,即用工单位按约定将包括工资在内的所有费用支付给派遣单位,再由派遣单位将劳动报酬支付给劳动者。第一种方式较为普遍,且不存在派遣单位克扣问题。出现派遣单位克扣劳动报酬的情况往往是第二种方式,而且多数情况下是用工单位拖欠派遣单位费用所致。

第六十一条 【跨地区派遣劳动者的报酬支付】劳务派遣单位跨地区派遣劳动者的,被派遣劳动者享有的劳动报酬和劳动条件,按照用工单位所在地的标准执行。

第六十二条 【劳务派遣用工单位的义务】用工单位应当履行下列义务:

(一)执行国家劳动标准,提供相应的劳动条件和劳动保护;

(二)告知被派遣劳动者的工作要求和劳动报酬;

(三)支付加班费、绩效奖金,提供与工作岗位相关的福利待遇;

(四)对在岗被派遣劳动者进行工作岗位所必需的培训;

(五)连续用工的,实行正常的工资调整机制。

用工单位不得将被派遣劳动者再派遣到其他用人单位。

链接《劳动合同法实施条例》第 29 条

第六十三条 【被派遣劳动者同工同酬】被派遣劳动者享有与用工单位的劳动者同工同酬的权利。用工单位应当按照同工同酬原则,对被派遣劳动者与本单位同类岗位的劳动者实行相同的劳动报酬分配办法。用工单位无同类岗位劳动者的,参照用工单位所在地相同或者相近岗位劳动者的劳动报酬确定。

劳务派遣单位与被派遣劳动者订立的劳动合同和与用工单位订立的劳务派遣协议,载明或者约定的向被派遣劳动者支付的劳动报酬应当符合前款规定。

注释 同工同酬是指用人单位对于从事相同工作,付出等量劳动且取得相同劳绩的劳动者,应支付同等的劳动报酬。这里的"劳动报酬"即劳动者从用人单位得到的全部工资收入。作为劳动平等尺度的劳动标准,有法定劳动基准和本单位劳动标准之区分,而有的法定劳动基准在我国现阶段存在地区差异,所以,劳动平等主要是本单位范围内的平等和本地区范围内的平等。由于在劳务派遣

的情况下,劳动者是在用工单位而非用人单位的岗位上劳动,所以本条规定的同工同酬是针对用工单位说的。

链接《劳务派遣暂行规定》第 7 条

第六十四条 【被派遣劳动者参加或组织工会】被派遣劳动者有权在劳务派遣单位或者用工单位依法参加或者组织工会,维护自身的合法权益。

第六十五条 【劳务派遣用工中劳动合同的解除】被派遣劳动者可以依照本法第三十六条、第三十八条的规定与劳务派遣单位解除劳动合同。

被派遣劳动者有本法第三十九条和第四十条第一项、第二项规定情形的,用工单位可以将劳动者退回劳务派遣单位,劳务派遣单位依照本法有关规定,可以与劳动者解除劳动合同。

注释 适用本条时应当注意:第一,被派遣劳动者解除劳动合同要依据本法有关解除劳动合同的规定。比如单方解除劳动合同要履行提前三十日通知的义务,要做好交接工作;负有保密义务的劳动者要注意不得损害用工单位的利益。第二,用人单位与被派遣劳动者解除劳动合同,也要履行相关义务,并应当依法给予劳动者经济补偿。第三,劳动者有《劳动合同法》第 39 条情形的,用工单位将被派遣劳动者退回劳务派遣单位的,要将相关的证据准备充足、确凿。

第六十六条 【劳动派遣的工作岗位与数量限制】劳动合同用工是我国的企业基本用工形式。劳务派遣用工是补充形式,只能在临时性、辅助性或者替代性的工作岗位上实施。

前款规定的临时性工作岗位是指存续时间不超过六个月的岗位;辅助性工作岗位是指为主营业务岗位提供服务的非主营业务岗位;替代性工作岗位是指用工单位的劳动者因脱产学习、休假等原因无法工作的一定期间内,可以由其他劳动者替代工作的岗位。

用工单位应当严格控制劳务派遣用工数量,不得超过其用工总量的一定比例,具体比例由国务院劳动行政部门规定。

第六十七条 【劳务派遣的限制规定】用人单位不得设立劳务派遣单位向本单位或者所属单位派遣劳动者。

第三节 非全日制用工

第六十八条 【非全日制用工】非全日制用

工,是指以小时计酬为主,劳动者在同一用人单位一般平均每日工作时间不超过四小时,每周工作时间累计不超过二十四小时的用工形式。

第六十九条　【非全日制用工协议】非全日制用工双方当事人可以订立口头协议。

从事非全日制用工的劳动者可以与一个或者一个以上用人单位订立劳动合同;但是,后订立的劳动合同不得影响先订立的劳动合同的履行。

注释 非全日制用工中可以有双重或者多重劳动关系,即从事非全日制用工的劳动者可以兼职。这是非全日制用工不同于全日制用工的显著区别之一。由于《劳动合同法》明确规定非全日制用工可以有双重或者多重劳动关系,因此,非全日制用工不适用《劳动合同法》第91条的规定,也不适用《劳动法》第99条的规定。

需要注意两点:一是允许非全日制用工中存在双重或者多重劳动关系,这里的劳动关系都是非全日制劳动关系,劳动者不能从事一项非全日制工作,同时兼另一项全日制工作。二是允许非全日制用工中存在双重或者多重劳动关系不是毫无约束的,必须满足"后订立的劳动合同不得影响先订立的劳动合同的履行"的前提。

链接《劳动法》第99条

第七十条　【非全日制用工试用期禁止】非全日制用工双方当事人不得约定试用期。

第七十一条　【非全日制劳动关系终止】非全日制用工双方当事人任何一方都可以随时通知对方终止用工。终止用工,用人单位不向劳动者支付经济补偿。

注释 由于非全日制劳动合同可以由任何一方当事人随时通知终止,故无需适用劳动合同解除制度。在非全日制用工中,所有解除劳动合同行为,不管是出于什么原因,不管用人单位或者劳动者是否有过错,用人单位都不支付经济补偿。

第七十二条　【非全日制用工劳动报酬】非全日制用工小时计酬标准不得低于用人单位所在地人民政府规定的最低小时工资标准。

非全日制用工劳动报酬结算支付周期最长不得超过十五日。

第六章　监督检查

第七十三条　【劳动合同监督管理】国务院劳动行政部门负责全国劳动合同制度实施的监督管理。

县级以上地方人民政府劳动行政部门负责本行政区域内劳动合同制度实施的监督管理。

县级以上各级人民政府劳动行政部门在劳动合同制度实施的监督管理工作中,应当听取工会、企业方面代表以及有关行业主管部门的意见。

链接《劳动保障监察条例》第2—7条

第七十四条　【劳动合同监督检查范围】县级以上地方人民政府劳动行政部门依法对下列实施劳动合同制度的情况进行监督检查:

(一)用人单位制定直接涉及劳动者切身利益的规章制度及其执行的情况;

(二)用人单位与劳动者订立和解除劳动合同的情况;

(三)劳务派遣单位和用工单位遵守劳务派遣有关规定的情况;

(四)用人单位遵守国家关于劳动者工作时间和休息休假规定的情况;

(五)用人单位支付劳动合同约定的劳动报酬和执行最低工资标准的情况;

(六)用人单位参加各项社会保险和缴纳社会保险费的情况;

(七)法律、法规规定的其他劳动监察事项。

链接《劳动保障监察条例》第10—12条

第七十五条　【监督检查的内容和工作人员的义务】县级以上地方人民政府劳动行政部门实施监督检查时,有权查阅与劳动合同、集体合同有关的材料,有权对劳动场所进行实地检查,用人单位和劳动者都应当如实提供有关情况和材料。

劳动行政部门的工作人员进行监督检查,应当出示证件,依法行使职权,文明执法。

链接《劳动保障监察条例》第13—22条

第七十六条　【其他主管部门的监督管理责任】县级以上人民政府建设、卫生、安全生产监督管理等有关主管部门在各自职责范围内,对用人单位执行劳动合同制度的情况进行监督管理。

第七十七条　【劳动者权利救济途径】劳动者合法权益受到侵害的,有权要求有关部门依法处理,或者依法申请仲裁、提起诉讼。

注释 这里所说的仲裁机构,是指依法设立的,经国家授权依法独立仲裁处理劳动争议案件的专门机构,一般是指劳动争议仲裁委员会。各级劳动争议仲裁委员会相互间不存在行政隶属关系,各自独立仲裁本行政区域内发生的劳动争议案件。

在法律救济方式中,自行协商解决和申请企业内或社区劳动争议调解机构调解,属于自力救济,其他方式为公力救济,其中,行政部门处理和行政复议为行政救济,行政诉讼和民事诉讼为司法救济,劳动仲裁为准司法救济;劳动仲裁和劳动诉讼是与劳动合同、集体合同对应的劳动争议处理方式,行政救济和行政诉讼是与劳动基准对应的行政监督方式。

实务问答 劳动人事争议仲裁委员会以无管辖权为由对劳动争议案件不予受理,当事人提起诉讼的,应当如何处理?

(1)经审查认为该劳动人事争议仲裁委员会对案件确无管辖权的,人民法院应当告知当事人向有管辖权的劳动人事争议仲裁委员会申请仲裁;(2)经审查认为该劳动人事争议仲裁委员会有管辖权的,人民法院应当告知当事人申请仲裁,并将审查意见书面通知该劳动人事争议仲裁委员会,劳动人事争议仲裁委员会仍不受理,当事人就该劳动争议事项提起诉讼的,人民法院应予受理。

链接《劳动法》第 77—84 条;《劳动争议调解仲裁法》;《最高人民法院关于审理劳动争议案件适用法律问题的解释(一)》第 1 条

第七十八条　【工会监督检查的权利】工会依法维护劳动者的合法权益,对用人单位履行劳动合同、集体合同的情况进行监督。用人单位违反劳动法律、法规和劳动合同、集体合同的,工会有权提出意见或者要求纠正;劳动者申请仲裁、提起诉讼的,工会依法给予支持和帮助。

注释 需要注意的是工会维护劳动者的合法权益的具体方式,包括监督、提出意见或要求、支持和帮助。对于用人单位履行集体合同的情况,工会本身就是劳动者一方的法定代表。发生集体合同争议时,若工会的意见和要求得不到采纳,工会有权申请仲裁或提起诉讼。但是,对于劳动者个人的争议,若用人单位拒绝采纳工会的意见,则要靠劳动者利用仲裁或诉讼程序解决。而对于劳动者申请仲裁或者提起诉讼的,无论是否明显占理,工会都应当依法支持该行为并在法律允许的范围内给予帮助。实践中,工会对劳动者的帮助,除提供咨询、居间调解、进行指导、在经济上给予支持外,很重要的一点,是向劳动者提供相关证明。包括用人单位的内部规章制度和操作规程及其制定程

序、双方交涉过程等劳动者不易取得的证据材料。

链接《劳动法》第 88 条

第七十九条　【对违法行为的举报】任何组织或者个人对违反本法的行为都有权举报,县级以上人民政府劳动行政部门应当及时核实、处理,并对举报有功人员给予奖励。

注释 举报为专门机关监督提供了有效的渠道和有用的线索。举报既方便了组织和个人行使监督权利,又方便了专门机关履行职能,实行专门监督,实现了群众监督和专门机关监督的有效结合。组织或者个人行使监督权利的方式有很多,如提出建议、当面批评,或者进行工作检查等等,举报只是其中的一种。举报可以通过电话举报、信函举报、传真举报、网上举报,也可以当面举报、预约举报或者认为方便的其他形式进行举报。

链接《宪法》第 41 条;《劳动法》第 88 条;《劳动和社会保障部关于实施〈劳动保障监察条例〉若干规定》

第七章　法律责任

第八十条　【规章制度违法的责任】用人单位直接涉及劳动者切身利益的规章制度违反法律、法规规定的,由劳动行政部门责令改正,给予警告;给劳动者造成损害的,应当承担赔偿责任。

注释 如果用人单位制定的规章制度给劳动者造成损失,用人单位要承担民事赔偿责任。例如,用人单位制定的劳动安全卫生方面的规章制度不符合《劳动法》和《职业病防治法》的规定,因此给劳动者造成损失的,包括人身伤害和财产损失的,要给予劳动者赔偿。

链接《劳动法》第 89 条;《职业病防治法》第 58 条

第八十一条　【劳动合同缺少法定条款的责任】用人单位提供的劳动合同文本未载明本法规定的劳动合同必备条款或者用人单位未将劳动合同文本交付劳动者的,由劳动行政部门责令改正;给劳动者造成损害的,应当承担赔偿责任。

第八十二条　【不按规定订立书面劳动合同的责任】用人单位自用工之日起超过一个月不满一年未与劳动者订立书面劳动合同的,应当向劳动者每月支付二倍的工资。

用人单位违反本法规定不与劳动者订立无固定期限劳动合同的,自应当订立无固定期限劳动合同之日起向劳动者每月支付二倍的工资。

第八十三条 【违反劳动合同试用期规定的责任】用人单位违反本法规定与劳动者约定试用期的,由劳动行政部门责令改正;违法约定的试用期已经履行的,由用人单位以劳动者试用期满月工资为标准,按已经履行的超过法定试用期的期间向劳动者支付赔偿金。

注释 第一,对于违法约定的试用期,只要劳动者已经实际履行,用人单位要按照已经履行的超过法定试用期的期间向劳动者支付赔偿金,对于劳动者尚未履行的期间,则用人单位不需要支付赔偿金。第二,支付赔偿金不能代替正常的劳动报酬。如果劳动者实际履行的试用期超过了法定的最高时限,则用人单位除了向劳动者支付赔偿金外,还要向劳动者支付劳动合同约定的试用期满后的月工资,实际上等同于在劳动者已经实际履行的超过法定最高时限的期间内,用人单位需要向劳动者支付双倍的月工资,以惩罚用人单位违法约定试用期的行为。第三,用人单位应当向劳动者支付赔偿金的期间为超过法定试用期的期间。

第八十四条 【违法扣押和要求提供担保的责任】用人单位违反本法规定,扣押劳动者居民身份证等证件的,由劳动行政部门责令限期退还劳动者本人,并依照有关法律规定给予处罚。

用人单位违反本法规定,以担保或者其他名义向劳动者收取财物的,由劳动行政部门责令限期退还劳动者本人,并以每人五百元以上二千元以下的标准处以罚款;给劳动者造成损害的,应当承担赔偿责任。

劳动者依法解除或者终止劳动合同,用人单位扣押劳动者档案或者其他物品的,依照前款规定处罚。

链接《居民身份证法》第15、16条

第八十五条 【限期支付劳动报酬、加班费或者经济补偿】用人单位有下列情形之一的,由劳动行政部门责令限期支付劳动报酬、加班费或者经济补偿;劳动报酬低于当地最低工资标准的,应当支付其差额部分;逾期不支付的,责令用人单位按应付金额百分之五十以上百分之一百以下的标准向劳动者加付赔偿金:

(一)未按照劳动合同的约定或者国家规定及时足额支付劳动者劳动报酬的;

(二)低于当地最低工资标准支付劳动者工资的;

(三)安排加班不支付加班费的;

(四)解除或者终止劳动合同,未依照本法规定向劳动者支付经济补偿的。

注释 责令用人单位加付赔偿金的前提,是用人单位没有按照劳动行政部门规定的履行期限履行其向劳动者支付相关费用的法定义务,如果用人单位发生本条规定的违法行为,在劳动行政部门发出限期支付劳动报酬、加班费或者解除以及终止劳动合同的经济补偿等费用的责令后,该用人单位即在劳动行政部门规定的期限内履行了其支付义务,则不必再按应付金额50%以上100%以下的标准向劳动者加付赔偿金。

针对恶意欠薪的社会问题,《刑法修正案(八)》增加了对恶意拖欠劳动报酬行为进行刑事处罚的规定:以转移财产、逃匿等方法逃避支付劳动者的劳动报酬或者有能力支付而不支付劳动者的劳动报酬,数额较大,经政府有关部门责令支付仍不支付的,处三年以下有期徒刑或者拘役,并处或者单处罚金;造成严重后果的,处三年以上七年以下有期徒刑,并处罚金。单位犯前款罪的,对单位判处罚金,并对其直接负责的主管人员和其他直接责任人员,依照前款的规定处罚。有前两款行为,尚未造成严重后果,在提起公诉前支付劳动者的劳动报酬,并依法承担相应赔偿责任的,可以减轻或者免除处罚。

实务问答 不具备用工主体资格的行为人违法用工且拒不支付劳动者报酬,数额较大,经有关部门责令其支付后逃匿的,是否构成拒不支付劳动报酬罪?

不具备用工主体资格的单位或者个人(包工头),违法用工且拒不支付劳动者报酬,数额较大,经政府有关部门责令支付仍不支付的,应当以拒不支付劳动报酬罪追究刑事责任。不具备用工主体资格的单位或者个人(包工头)拒不支付劳动报酬,即使其他单位或者个人在刑事立案前为其垫付了劳动报酬的,也不影响追究该用工单位或者个人(包工头)拒不支付劳动报酬罪的刑事责任。(最高人民法院指导案例28号:胡克金拒不支付劳动报酬案)

链接《劳动法》第44、48条;《刑法》第276条之一

第八十六条 【劳动合同被确认无效的责任】劳动合同依照本法第二十六条规定被确认无效,给对方造成损害的,有过错的一方应当承担赔偿责任。

注释 1. 劳动合同依照《劳动合同法》第26条的规定被确认为无效。《劳动合同法》第26条规定："下列劳动合同无效或者部分无效：（一）以欺诈、胁迫的手段或者乘人之危，使对方在违背真实意思的情况下订立或者变更劳动合同的；（二）用人单位免除自己的法定责任、排除劳动者权利的；（三）违反法律、行政法规强制性规定的。""对劳动合同的无效或者部分无效有争议的，由劳动争议仲裁机构或者人民法院确认。"根据这一规定，如果劳动合同属于上述三种情形之一，属于无效或者部分无效的劳动合同。

2. 无效劳动合同的法律后果。《劳动法》第18条明确规定：无效的劳动合同，从订立的时候起，就没有法律约束力。因而，无效的劳动合同不受国家法律的承认和保护。对于劳动合同被确认无效的，其法律后果是：第一，根据《劳动合同法》的规定，劳动合同被确认无效，劳动者已付出劳动的，用人单位应当向劳动者支付劳动报酬。劳动报酬的数额，参考本单位相同或者相近岗位劳动者的劳动报酬确定。第二，无效劳动合同是由劳动合同当事人一方或者双方的过错造成的。法律上的过错，是指法律关系主体在主观上有违法错误，包括故意违法和过失违法。过错可能是一方的，也可能是双方的，它是由当事人的主观原因造成的后果，因此，对于无效的劳动合同，在确认其无效的同时，如给对方造成损害的，有过错的一方应当承担赔偿责任。

链接《劳动法》第18条；《劳动合同法》第26—28条

第八十七条 【用人单位违法解除或者终止劳动合同的责任】用人单位违反本法规定解除或者终止劳动合同的，应当依照本法第四十七条规定的经济补偿标准的二倍向劳动者支付赔偿金。

注释 用人单位违反本法规定解除或者终止劳动合同的行为主要包括以下两种：

一、用人单位违反本法第42条的规定，在法律明确规定不得解除劳动合同的情形下解除劳动合同，即（1）从事接触职业病危害作业的劳动者未进行离岗前职业健康检查，或者疑似职业病病人在诊断或者医学观察期间的；（2）在本单位患职业病或者因工负伤并被确认丧失或者部分丧失劳动能力的；（3）患病或者非因工负伤，在规定的医疗期内的；（4）女职工在孕期、产期、哺乳期的；（5）在

本单位连续工作满十五年，且距法定退休年龄不足五年的；（6）法律、行政法规规定的其他情形。为了保障处于特定情形下劳动者的权益，本法规定用人单位在上述情形下，不得以《劳动合同法》第40条、第41条为由解除劳动合同，否则就应当按照本条的规定承担相应的法律责任。

二、用人单位在解除劳动合同时，没有遵守法定的程序。《劳动合同法》第40条规定：有下列情形之一的，用人单位提前三十日以书面形式通知劳动者本人或者额外支付劳动者一个月工资后，可以解除劳动合同：（1）劳动者患病或者非因工负伤，在规定的医疗期满后不能从事原工作，也不能从事由用人单位另行安排的工作的；（2）劳动者不能胜任工作，经过培训或者调整工作岗位，仍不能胜任工作的；（3）劳动合同订立时所依据的客观情况发生重大变化，致使劳动合同无法履行，经用人单位与劳动者协商，未能就变更劳动合同内容达成协议的。在出现上述三种情形时，用人单位虽有权解除劳动合同，但应提前三十日以书面形式通知劳动者本人或者额外支付劳动者一个月工资。如用人单位解除劳动合同时没有遵守法定程序，未提前三十日以书面形式通知劳动者本人或者额外支付劳动者一个月工资的，仍属于本条规定的"用人单位违反本法规定解除或者终止劳动合同的"情况，应当按照本条的规定承担相应的法律责任。

用人单位违反《劳动合同法》的规定解除或者终止劳动合同的，应当承担的法律责任是，依照《劳动合同法》第47条规定的经济补偿标准的二倍向劳动者支付赔偿金，即用人单位应当按照劳动者在该单位工作的年限，每满一年支付两个月工资的标准向劳动者支付。

链接《劳动法》第98条；《劳动合同法实施条例》第25条

第八十八条 【用人单位的刑事、行政和民事赔偿责任】用人单位有下列情形之一的，依法给予行政处罚；构成犯罪的，依法追究刑事责任；给劳动者造成损害的，应当承担赔偿责任：

（一）以暴力、威胁或者非法限制人身自由的手段强迫劳动的；

（二）违章指挥或者强令冒险作业危及劳动者人身安全的；

（三）侮辱、体罚、殴打、非法搜查或者拘禁劳动者的；

（四）劳动条件恶劣、环境污染严重，给劳动者身心健康造成严重损害的。

注释 根据本条的规定，用人单位侵害劳动者人身权益的违法行为主要包括四种。用人单位的上述违法行为应当承担的法律责任主要包括行政责任、刑事责任和民事责任。

（1）行政责任。本条所指的行政责任是指用人单位侵犯劳动者人身权益的行政违法行为，应当依法给予的行政处罚。本条中的行政违法行为主要包括违反治安管理的行为以及违反行政管理规定的行为。

（2）刑事责任。刑事责任是指犯罪人实施刑法所禁止的行为（作为或不作为）后向国家担负的刑事法律后果。根据本条的规定，用人单位可能因违反刑法的条款构成犯罪，被依法追究相应的刑事责任。

（3）民事责任。用人单位的行为对劳动者造成损害的，应当承担赔偿责任。这里的赔偿是对劳动者因用人单位违法行为而造成的实际损害的赔偿。

链接《刑法》第 134、135、232—235、238、244、244 之一条;《治安管理处罚法》第 40、42、43 条

第八十九条 【用人单位未出具解除或者终止劳动合同书面证明的责任】用人单位违反本法规定未向劳动者出具解除或者终止劳动合同的书面证明，由劳动行政部门责令改正;给劳动者造成损害的，应当承担赔偿责任。

注释 先合同义务、后合同义务是合同法上的一个概念。先合同义务，是指当事人为缔约而接触时，基于诚实信用原则而发生的各种说明、告知、注意及保护等义务。合同关系终止后，当事人依诚实信用原则应负有某种作为或不作为义务，以维护给付效果，或协助对方处理合同终了善后事务，称为后合同义务。

对于用人单位不履行后劳动合同义务的法律责任，本法根据对劳动者是否造成损害予以了区别规定。首先，用人单位违反本法规定未向劳动者出具解除或者终止劳动合同的书面证明，未对劳动者造成损害的，应当由劳动行政部门责令改正。其次，用人单位违反本法规定未向劳动者出具解除或者终止劳动合同的书面证明的违法行为对劳动者造成损害的，应当承担赔偿责任。

第九十条 【劳动者的责任】劳动者违反本法规定解除劳动合同，或者违反劳动合同中约定的保密义务或者竞业限制，给用人单位造成损失的，应当承担赔偿责任。

链接《劳动法》第 102 条

第九十一条 【用人单位招用尚未解除劳动合同的劳动者的责任】用人单位招用与其他用人单位尚未解除或者终止劳动合同的劳动者，给其他用人单位造成损失的，应当承担连带赔偿责任。

实务问答 新的用人单位客观上确实招用了尚未解除劳动合同的劳动者，但强调在招用时并不知道劳动者尚未解除劳动合同的事实，主观上并无过错，人民法院应如何处理?

最高人民法院颁布的司法解释的精神已经明确了原用人单位以新的用人单位为被告或者以新的用人单位和劳动者为共同被告提起的诉讼不属于劳动争议案件而是一般民事案件中的侵权损害赔偿案件，所以，审理这类案件就应当适用有关侵权的民事责任的规定，以有损害后果存在、行为与损害后果之间有因果关系、行为人主观上存在主观过错等为一般侵权责任不可缺少的构成要件。如果该应聘者自称与其他单位不存在尚未解除的劳动关系或称自己处于失业状态，而其人事档案也恰好寄存在人才交流中心，用人单位很难知道其与原用人单位尚未解除劳动关系的情况下，用人单位已经尽到注意义务，主观上不存在过错，因此，不应当要求这样的用人单位承担民事责任。但是，对那些明知劳动者与其他单位尚未解除劳动合同，仍然出于某种目的，如挖人才、抢客户资源、同业竞争等，聘用其他单位的员工以及招聘时对应聘者的情况不做任何审查，放任招用其他单位在岗员工的用人单位的行为，应判令其承担民事责任。

链接《劳动法》第 99 条

第九十二条 【劳务派遣单位的责任】违反本法规定，未经许可，擅自经营劳务派遣业务的，由劳动行政部门责令停止违法行为，没收违法所得，并处违法所得一倍以上五倍以下的罚款;没有违法所得的，可以处五万元以下的罚款。

劳务派遣单位、用工单位违反本法有关劳务派遣规定的，由劳动行政部门责令限期改正;逾期不改正的，以每人五千元以上一万元以下的标准处以罚款，对劳务派遣单位，吊销其劳务派遣业务经营许可证。用工单位给被派遣劳动者造成损害的，劳务派遣单位与用工单位承担连带赔偿责任。

链接《劳动合同法实施条例》第 35 条

第九十三条 【无营业执照经营的单位的责任】对不具备合法经营资格的用人单位的违法犯罪行为，依法追究法律责任；劳动者已经付出劳动的，该单位或者其出资人应当依照本法有关规定向劳动者支付劳动报酬、经济补偿、赔偿金；给劳动者造成损害的，应当承担赔偿责任。

链接 《无证无照经营查处办法》第2、13条

第九十四条 【发包组织与个人承包经营者的责任】个人承包经营违反本法规定招用劳动者，给劳动者造成损害的，发包的组织与个人承包经营者承担连带赔偿责任。

注释 个人承包经营是指企业与个人承包经营者通过订立承包经营合同，将企业的全部或者部分经营管理权在一定期限内交给个人承包者，由个人承包者对企业进行经营管理。这里的个人承包经营也包括转包。诉讼中，劳动者既可以单独起诉发包组织或者个人承包经营者，也可将发包组织或者个人承包经营者列为共同被告。

第九十五条 【主管部门及工作人员的责任】劳动行政部门和其他有关主管部门及其工作人员玩忽职守、不履行法定职责，或者违法行使职权，给劳动者或者用人单位造成损害的，应当承担赔偿责任；对直接负责的主管人员和其他直接责任人员，依法给予行政处分；构成犯罪的，依法追究刑事责任。

链接 《劳动法》第103条；《劳动保障监察条例》第31条

第八章 附 则

第九十六条 【事业单位实行劳动合同制度的规定】事业单位与实行聘用制的工作人员订立、履行、变更、解除或者终止劳动合同，法律、行政法规或者国务院另有规定的，依照其规定；未作规定的，依照本法有关规定执行。

第九十七条 【劳动合同法的溯及力】本法施行前已依法订立且在本法施行之日存续的劳动合同，继续履行；本法第十四条第二款第三项规定连续订立固定期限劳动合同的次数，自本法施行后续订固定期限劳动合同时开始计算。

本法施行前已建立劳动关系，尚未订立书面劳动合同的，应当自本法施行之日起一个月内订立。

本法施行之日存续的劳动合同在本法施行后解除或者终止，依照本法第四十六条规定应当支付经济补偿的，经济补偿年限自本法施行之日起计算；本法施行前按照当时有关规定，用人单位应当向劳动者支付经济补偿的，按照当时有关规定执行。

链接 《劳动法》第28条

第九十八条 【施行日期】本法自2008年1月1日起施行。

中华人民共和国
劳动合同法实施条例

· 2008年9月3日国务院第25次常务会议通过
· 2008年9月18日中华人民共和国国务院令第535号公布
· 自公布之日起施行

第一章 总 则

第一条 为了贯彻实施《中华人民共和国劳动合同法》（以下简称劳动合同法），制定本条例。

第二条 各级人民政府和县级以上人民政府劳动行政等有关部门以及工会等组织，应当采取措施，推动劳动合同法的贯彻实施，促进劳动关系的和谐。

第三条 依法成立的会计师事务所、律师事务所等合伙组织和基金会，属于劳动合同法规定的用人单位。

第二章 劳动合同的订立

第四条 劳动合同法规定的用人单位设立的分支机构，依法取得营业执照或者登记证书的，可以作为用人单位与劳动者订立劳动合同；未依法取得营业执照或者登记证书的，受用人单位委托可以与劳动者订立劳动合同。

第五条 自用工之日起一个月内，经用人单位书面通知后，劳动者不与用人单位订立书面劳动合同的，用人单位应当书面通知劳动者终止劳动关系，无需向劳动者支付经济补偿，但是应当依法向劳动者支付其实际工作时间的劳动报酬。

第六条 用人单位自用工之日起超过一个月不满一年未与劳动者订立书面劳动合同的，应当依照劳动合同法第八十二条的规定向劳动者每月支付两倍的工资，并与劳动者补订书面劳动合同；

劳动者不与用人单位订立书面劳动合同的,用人单位应当书面通知劳动者终止劳动关系,并依照劳动合同法第四十七条的规定支付经济补偿。

前款规定的用人单位向劳动者每月支付两倍工资的起算时间为用工之日起满一个月的次日,截止时间为补订书面劳动合同的前一日。

第七条　用人单位自用工之日起满一年未与劳动者订立书面劳动合同的,自用工之日起满一个月的次日至满一年的前一日应当依照劳动合同法第八十二条的规定向劳动者每月支付两倍的工资,并视为自用工之日起满一年的当日已经与劳动者订立无固定期限劳动合同,应当立即与劳动者补订书面劳动合同。

第八条　劳动合同法第七条规定的职工名册,应当包括劳动者姓名、性别、公民身份号码、户籍地址及现住址、联系方式、用工形式、用工起始时间、劳动合同期限等内容。

第九条　劳动合同法第十四条第二款规定的连续工作满10年的起始时间,应当自用人单位用工之日起计算,包括劳动合同法施行前的工作年限。

第十条　劳动者非因本人原因从原用人单位被安排到新用人单位工作的,劳动者在原用人单位的工作年限合并计算为新用人单位的工作年限。原用人单位已经向劳动者支付经济补偿的,新用人单位在依法解除、终止劳动合同计算支付经济补偿的工作年限时,不再计算劳动者在原用人单位的工作年限。

第十一条　除劳动者与用人单位协商一致的情形外,劳动者依照劳动合同法第十四条第二款的规定,提出订立无固定期限劳动合同的,用人单位应当与其订立无固定期限劳动合同。对劳动合同的内容,双方应当按照合法、公平、平等自愿、协商一致、诚实信用的原则协商确定;对协商不一致的内容,依照劳动合同法第十八条的规定执行。

第十二条　地方各级人民政府及县级以上地方人民政府有关部门为安置就业困难人员提供的给予岗位补贴和社会保险补贴的公益性岗位,其劳动合同不适用劳动合同法有关无固定期限劳动合同的规定以及支付经济补偿的规定。

第十三条　用人单位与劳动者不得在劳动合同法第四十四条规定的劳动合同终止情形之外约定其他的劳动合同终止条件。

第十四条　劳动合同履行地与用人单位注册地不一致的,有关劳动者的最低工资标准、劳动保护、劳动条件、职业危害防护和本地区上年度职工月平均工资标准等事项,按照劳动合同履行地的有关规定执行;用人单位注册地的有关标准高于劳动合同履行地的有关标准,且用人单位与劳动者约定按照用人单位注册地的有关规定执行的,从其约定。

第十五条　劳动者在试用期的工资不得低于本单位相同岗位最低档工资的80%或者不得低于劳动合同约定工资的80%,并不得低于用人单位所在地的最低工资标准。

第十六条　劳动合同法第二十二条第二款规定的培训费用,包括用人单位为了对劳动者进行专业技术培训而支付的有凭证的培训费用、培训期间的差旅费用以及因培训产生的用于该劳动者的其他直接费用。

第十七条　劳动合同期满,但是用人单位与劳动者依照劳动合同法第二十二条的规定约定的服务期尚未到期的,劳动合同应当续延至服务期满;双方另有约定的,从其约定。

第三章　劳动合同的解除和终止

第十八条　有下列情形之一的,依照劳动合同法规定的条件、程序,劳动者可以与用人单位解除固定期限劳动合同、无固定期限劳动合同或者以完成一定工作任务为期限的劳动合同:

(一)劳动者与用人单位协商一致的;

(二)劳动者提前30日以书面形式通知用人单位的;

(三)劳动者在试用期内提前3日通知用人单位的;

(四)用人单位未按照劳动合同约定提供劳动保护或者劳动条件的;

(五)用人单位未及时足额支付劳动报酬的;

(六)用人单位未依法为劳动者缴纳社会保险费的;

(七)用人单位的规章制度违反法律、法规的规定,损害劳动者权益的;

(八)用人单位以欺诈、胁迫的手段或者乘人之危,使劳动者在违背真实意思的情况下订立或者变更劳动合同的;

(九)用人单位在劳动合同中免除自己的法定责任、排除劳动者权利的;

（十）用人单位违反法律、行政法规强制性规定的；

（十一）用人单位以暴力、威胁或者非法限制人身自由的手段强迫劳动者劳动的；

（十二）用人单位违章指挥、强令冒险作业危及劳动者人身安全的；

（十三）法律、行政法规规定劳动者可以解除劳动合同的其他情形。

第十九条 有下列情形之一的，依照劳动合同法规定的条件、程序，用人单位可以与劳动者解除固定期限劳动合同、无固定期限劳动合同或者以完成一定工作任务为期限的劳动合同：

（一）用人单位与劳动者协商一致的；

（二）劳动者在试用期间被证明不符合录用条件的；

（三）劳动者严重违反用人单位的规章制度的；

（四）劳动者严重失职，营私舞弊，给用人单位造成重大损害的；

（五）劳动者同时与其他用人单位建立劳动关系，对完成本单位的工作任务造成严重影响，或者经用人单位提出，拒不改正的；

（六）劳动者以欺诈、胁迫的手段或者乘人之危，使用人单位在违背真实意思的情况下订立或者变更劳动合同的；

（七）劳动者被依法追究刑事责任的；

（八）劳动者患病或者非因工负伤，在规定的医疗期满后不能从事原工作，也不能从事由用人单位另行安排的工作的；

（九）劳动者不能胜任工作，经过培训或者调整工作岗位，仍不能胜任工作的；

（十）劳动合同订立时所依据的客观情况发生重大变化，致使劳动合同无法履行，经用人单位与劳动者协商，未能就变更劳动合同内容达成协议的；

（十一）用人单位依照企业破产法规定进行重整的；

（十二）用人单位生产经营发生严重困难的；

（十三）企业转产、重大技术革新或者经营方式调整，经变更劳动合同后，仍需裁减人员的；

（十四）其他因劳动合同订立时所依据的客观经济情况发生重大变化，致使劳动合同无法履行的。

第二十条 用人单位依照劳动合同法第四十条的规定，选择额外支付劳动者一个月工资解除劳动合同的，其额外支付的工资应当按照该劳动者上一个月的工资标准确定。

第二十一条 劳动者达到法定退休年龄的，劳动合同终止。

第二十二条 以完成一定工作任务为期限的劳动合同因任务完成而终止的，用人单位应当依照劳动合同法第四十七条的规定向劳动者支付经济补偿。

第二十三条 用人单位依法终止工伤职工的劳动合同的，除依照劳动合同法第四十七条的规定支付经济补偿外，还应当依照国家有关工伤保险的规定支付一次性工伤医疗补助金和伤残就业补助金。

第二十四条 用人单位出具的解除、终止劳动合同的证明，应当写明劳动合同期限、解除或者终止劳动合同的日期、工作岗位、在本单位的工作年限。

第二十五条 用人单位违反劳动合同法的规定解除或者终止劳动合同，依照劳动合同法第八十七条的规定支付了赔偿金的，不再支付经济补偿。赔偿金的计算年限自用工之日起计算。

第二十六条 用人单位与劳动者约定了服务期，劳动者依照劳动合同法第三十八条的规定解除劳动合同的，不属于违反服务期的约定，用人单位不得要求劳动者支付违约金。

有下列情形之一，用人单位与劳动者解除约定服务期的劳动合同的，劳动者应当按照劳动合同的约定向用人单位支付违约金：

（一）劳动者严重违反用人单位的规章制度的；

（二）劳动者严重失职，营私舞弊，给用人单位造成重大损害的；

（三）劳动者同时与其他用人单位建立劳动关系，对完成本单位的工作任务造成严重影响，或者经用人单位提出，拒不改正的；

（四）劳动者以欺诈、胁迫的手段或者乘人之危，使用人单位在违背真实意思的情况下订立或者变更劳动合同的；

（五）劳动者被依法追究刑事责任的。

第二十七条 劳动合同法第四十七条规定的经济补偿的月工资按照劳动者应得工资计算，包括计时工资或者计件工资以及奖金、津贴和补贴等货币性收入。劳动者在劳动合同解除或者终止前12个月的平均工资低于当地最低工资标准的，按照当地最低工资标准计算。劳动者工作不满12个月的，按照实际工作的月数计算平均工资。

第四章　劳务派遣特别规定

第二十八条　用人单位或者其所属单位出资或者合伙设立的劳务派遣单位，向本单位或者所属单位派遣劳动者的，属于劳动合同法第六十七条规定的不得设立的劳务派遣单位。

第二十九条　用工单位应当履行劳动合同法第六十二条规定的义务，维护被派遣劳动者的合法权益。

第三十条　劳务派遣单位不得以非全日制用工形式招用被派遣劳动者。

第三十一条　劳务派遣单位或者被派遣劳动者依法解除、终止劳动合同的经济补偿，依照劳动合同法第四十六条、第四十七条的规定执行。

第三十二条　劳务派遣单位违法解除或者终止被派遣劳动者的劳动合同的，依照劳动合同法第四十八条的规定执行。

第五章　法律责任

第三十三条　用人单位违反劳动合同法有关建立职工名册规定的，由劳动行政部门责令限期改正；逾期不改正的，由劳动行政部门处2000元以上2万元以下的罚款。

第三十四条　用人单位依照劳动合同法的规定应当向劳动者每月支付两倍的工资或者应当向劳动者支付赔偿金而未支付的，劳动行政部门应当责令用人单位支付。

第三十五条　用工单位违反劳动合同法和本条例有关劳务派遣规定的，由劳动行政部门和其他有关主管部门责令改正；情节严重的，以每位被派遣劳动者1000元以上5000元以下的标准处以罚款；给被派遣劳动者造成损害的，劳务派遣单位和用工单位承担连带赔偿责任。

第六章　附　则

第三十六条　对违反劳动合同法和本条例的行为的投诉、举报，县级以上地方人民政府劳动行政部门依照《劳动保障监察条例》的规定处理。

第三十七条　劳动者与用人单位因订立、履行、变更、解除或者终止劳动合同发生争议的，依照《中华人民共和国劳动争议调解仲裁法》的规定处理。

第三十八条　本条例自公布之日起施行。

劳务派遣暂行规定

· 2014年1月24日人力资源和社会保障部令第22号公布
· 自2014年3月1日起施行

第一章　总　则

第一条　为规范劳务派遣，维护劳动者的合法权益，促进劳动关系和谐稳定，依据《中华人民共和国劳动合同法》（以下简称劳动合同法）和《中华人民共和国劳动合同法实施条例》（以下简称劳动合同法实施条例）等法律、行政法规，制定本规定。

第二条　劳务派遣单位经营劳务派遣业务，企业（以下称用工单位）使用被派遣劳动者，适用本规定。

依法成立的会计师事务所、律师事务所等合伙组织和基金会以及民办非企业单位等组织使用被派遣劳动者，依照本规定执行。

第二章　用工范围和用工比例

第三条　用工单位只能在临时性、辅助性或者替代性的工作岗位上使用被派遣劳动者。

前款规定的临时性工作岗位是指存续时间不超过6个月的岗位；辅助性工作岗位是指为主营业务岗位提供服务的非主营业务岗位；替代性工作岗位是指用工单位的劳动者因脱产学习、休假等原因无法工作的一定期间内，可以由其他劳动者替代工作的岗位。

用工单位决定使用被派遣劳动者的辅助性岗位，应当经职工代表大会或者全体职工讨论，提出方案和意见，与工会或者职工代表平等协商确定，并在用工单位内公示。

第四条　用工单位应当严格控制劳务派遣用工数量，使用的被派遣劳动者数量不得超过其用工总量的10%。

前款所称用工总量是指用工单位订立劳动合同人数与使用的被派遣劳动者人数之和。

计算劳务派遣用工比例的用工单位是指依照劳动合同法和劳动合同法实施条例可以与劳动者订立劳动合同的用人单位。

第三章 劳动合同、劳务派遣协议的订立和履行

第五条 劳务派遣单位应当依法与被派遣劳动者订立2年以上的固定期限书面劳动合同。

第六条 劳务派遣单位可以依法与被派遣劳动者约定试用期。劳务派遣单位与同一被派遣劳动者只能约定一次试用期。

第七条 劳务派遣协议应当载明下列内容：

（一）派遣的工作岗位名称和岗位性质；

（二）工作地点；

（三）派遣人员数量和派遣期限；

（四）按照同工同酬原则确定的劳动报酬数额和支付方式；

（五）社会保险费的数额和支付方式；

（六）工作时间和休息休假事项；

（七）被派遣劳动者工伤、生育或者患病期间的相关待遇；

（八）劳动安全卫生以及培训事项；

（九）经济补偿等费用；

（十）劳务派遣协议期限；

（十一）劳务派遣服务费的支付方式和标准；

（十二）违反劳务派遣协议的责任；

（十三）法律、法规、规章规定应当纳入劳务派遣协议的其他事项。

第八条 劳务派遣单位应当对被派遣劳动者履行下列义务：

（一）如实告知被派遣劳动者劳动合同法第八条规定的事项、应遵守的规章制度以及劳务派遣协议的内容；

（二）建立培训制度，对被派遣劳动者进行上岗知识、安全教育培训；

（三）按照国家规定和劳务派遣协议约定，依法支付被派遣劳动者的劳动报酬和相关待遇；

（四）按照国家规定和劳务派遣协议约定，依法为被派遣劳动者缴纳社会保险费，并办理社会保险相关手续；

（五）督促用工单位依法为被派遣劳动者提供劳动保护和劳动安全卫生条件；

（六）依法出具解除或者终止劳动合同的证明；

（七）协助处理被派遣劳动者与用工单位的纠纷；

（八）法律、法规和规章规定的其他事项。

第九条 用工单位应当按照劳动合同法第六十二条规定，向被派遣劳动者提供与工作岗位相关的福利待遇，不得歧视被派遣劳动者。

第十条 被派遣劳动者在用工单位因工作遭受事故伤害的，劳务派遣单位应当依法申请工伤认定，用工单位应当协助工伤认定的调查核实工作。劳务派遣单位承担工伤保险责任，但可以与用工单位约定补偿办法。

被派遣劳动者在申请进行职业病诊断、鉴定时，用工单位应当负责处理职业病诊断、鉴定事宜，并如实提供职业病诊断、鉴定所需的劳动者职业史和职业危害接触史、工作场所职业病危害因素检测结果等资料，劳务派遣单位应当提供被派遣劳动者职业病诊断、鉴定所需的其他材料。

第十一条 劳务派遣单位行政许可有效期未延续或者《劳务派遣经营许可证》被撤销、吊销的，已经与被派遣劳动者依法订立的劳动合同应当履行至期限届满。双方经协商一致，可以解除劳动合同。

第十二条 有下列情形之一的，用工单位可以将被派遣劳动者退回劳务派遣单位：

（一）用工单位有劳动合同法第四十条第三项、第四十一条规定情形的；

（二）用工单位被依法宣告破产、吊销营业执照、责令关闭、撤销、决定提前解散或者经营期限届满不再继续经营的；

（三）劳务派遣协议期满终止的。

被派遣劳动者退回后在无工作期间，劳务派遣单位应当按照不低于所在地人民政府规定的最低工资标准，向其按月支付报酬。

第十三条 被派遣劳动者有劳动合同法第四十二条规定情形的，在派遣期限届满前，用工单位不得依据本规定第十二条第一款第一项规定将被派遣劳动者退回劳务派遣单位；派遣期限届满的，应当延续至相应情形消失时方可退回。

第四章 劳动合同的解除和终止

第十四条 被派遣劳动者提前30日以书面形

式通知劳务派遣单位,可以解除劳动合同。被派遣劳动者在试用期内提前 3 日通知劳务派遣单位,可以解除劳动合同。劳务派遣单位应当将被派遣劳动者通知解除劳动合同的情况及时告知用工单位。

第十五条 被派遣劳动者因本规定第十二条规定被用工单位退回,劳务派遣单位重新派遣时维持或者提高劳动合同约定条件,被派遣劳动者不同意的,劳务派遣单位可以解除劳动合同。

被派遣劳动者因本规定第十二条规定被用工单位退回,劳务派遣单位重新派遣时降低劳动合同约定条件,被派遣劳动者不同意的,劳务派遣单位不得解除劳动合同。但被派遣劳动者提出解除劳动合同的除外。

第十六条 劳务派遣单位被依法宣告破产、吊销营业执照、责令关闭、撤销、决定提前解散或者经营期限届满不再继续经营的,劳动合同终止。用工单位应当与劳务派遣单位协商妥善安置被派遣劳动者。

第十七条 劳务派遣单位因劳动合同法第四十六条或者本规定第十五条、第十六条规定的情形,与被派遣劳动者解除或者终止劳动合同的,应当依法向被派遣劳动者支付经济补偿。

第五章　跨地区劳务派遣的社会保险

第十八条 劳务派遣单位跨地区派遣劳动者的,应当在用工单位所在地为被派遣劳动者参加社会保险,按照用工单位所在地的规定缴纳社会保险费,被派遣劳动者按照国家规定享受社会保险待遇。

第十九条 劳务派遣单位在用工单位所在地设立分支机构的,由分支机构为被派遣劳动者办理参保手续,缴纳社会保险费。

劳务派遣单位未在用工单位所在地设立分支机构的,由用工单位代劳务派遣单位为被派遣劳动者办理参保手续,缴纳社会保险费。

第六章　法律责任

第二十条 劳务派遣单位、用工单位违反劳动合同法和劳动合同法实施条例有关劳务派遣规定的,按照劳动合同法第九十二条规定执行。

第二十一条 劳务派遣单位违反本规定解除或者终止被派遣劳动者劳动合同的,按照劳动合同法第四十八条、第八十七条规定执行。

第二十二条 用工单位违反本规定第三条第三款规定的,由人力资源社会保障行政部门责令改正,给予警告;给被派遣劳动者造成损害的,依法承担赔偿责任。

第二十三条 劳务派遣单位违反本规定第六条规定的,按照劳动合同法第八十三条规定执行。

第二十四条 用工单位违反本规定退回被派遣劳动者的,按照劳动合同法第九十二条第二款规定执行。

第七章　附　则

第二十五条 外国企业常驻代表机构和外国金融机构驻华代表机构等使用被派遣劳动者的,以及船员用人单位以劳务派遣形式使用国际远洋海员的,不受临时性、辅助性、替代性岗位和劳务派遣用工比例的限制。

第二十六条 用人单位将本单位劳动者派往境外工作或者派往家庭、自然人处提供劳动的,不属于本规定所称劳务派遣。

第二十七条 用人单位以承揽、外包等名义,按劳务派遣用工形式使用劳动者的,按照本规定处理。

第二十八条 用工单位在本规定施行前使用被派遣劳动者数量超过其用工总量 10% 的,应当制定调整用工方案,于本规定施行之日起 2 年内降至规定比例。但是,《全国人民代表大会常务委员会关于修改〈中华人民共和国劳动合同法〉的决定》公布前已依法订立的劳动合同和劳务派遣协议期限届满日期在本规定施行之日起 2 年后的,可以依法继续履行至期限届满。

用工单位应当将制定的调整用工方案报当地人力资源社会保障行政部门备案。

用工单位未将本规定施行前使用的被派遣劳动者数量降至符合规定比例之前,不得新用被派遣劳动者。

第二十九条 本规定自 2014 年 3 月 1 日起施行。

2. 劳动合同的签订与履行

电子劳动合同订立指引

· 2021 年 7 月 1 日
· 人社厅发〔2021〕54 号

第一章 总 则

第一条 本指引所指电子劳动合同，是指用人单位与劳动者按照《中华人民共和国劳动合同法》《中华人民共和国民法典》《中华人民共和国电子签名法》等法律法规规定，经协商一致，以可视为书面形式的数据电文为载体，使用可靠的电子签名订立的劳动合同。

第二条 依法订立的电子劳动合同具有法律效力，用人单位与劳动者应当按照电子劳动合同的约定，全面履行各自的义务。

第二章 电子劳动合同的订立

第三条 用人单位与劳动者订立电子劳动合同的，要通过电子劳动合同订立平台订立。

第四条 电子劳动合同订立平台要通过有效的现代信息技术手段提供劳动合同订立、调取、储存、应用等服务，具备身份认证、电子签名、意愿确认、数据安全防护等能力，确保电子劳动合同信息的订立、生成、传递、储存等符合法律法规规定，满足真实、完整、准确、不可篡改和可追溯等要求。

第五条 鼓励用人单位和劳动者使用政府发布的劳动合同示范文本订立电子劳动合同。劳动合同未载明《中华人民共和国劳动合同法》规定的劳动合同必备条款或内容违反法律法规规定的，用人单位依法承担相应的法律责任。

第六条 双方同意订立电子劳动合同的，用人单位要在订立电子劳动合同前，明确告知劳动者订立电子劳动合同的流程、操作方法、注意事项和查看、下载完整的劳动合同文本的途径，并不得向劳动者收取费用。

第七条 用人单位和劳动者要确保向电子劳动合同订立平台提交的身份信息真实、完整、准确。电子劳动合同订立平台要通过数字证书、联网信息核验、生物特征识别验证、手机短信息验证码等技术手段，真实反映订立人身份和签署意愿，并记录和保存验证确认过程。具备条件的，可使用电子社保卡开展实人实名认证。

第八条 用人单位和劳动者要使用符合《中华人民共和国电子签名法》要求、依法设立的电子认证服务机构颁发的数字证书和密钥，进行电子签名。

第九条 电子劳动合同经用人单位和劳动者签署可靠的电子签名后生效，并应附带可信时间戳。

第十条 电子劳动合同订立后，用人单位要以手机短信、微信、电子邮件或者 APP 信息提示等方式通知劳动者电子劳动合同已订立完成。

第三章 电子劳动合同的调取、储存、应用

第十一条 用人单位要提示劳动者及时下载和保存电子劳动合同文本，告知劳动者查看、下载电子劳动合同的方法，并提供必要的指导和帮助。

第十二条 用人单位要确保劳动者可以使用常用设备随时查看、下载、打印电子劳动合同的完整内容，不得向劳动者收取费用。

第十三条 劳动者需要电子劳动合同纸质文本的，用人单位要至少免费提供一份，并通过盖章等方式证明与数据电文原件一致。

第十四条 电子劳动合同的储存期限要符合《中华人民共和国劳动合同法》关于劳动合同保存期限的规定。

第十五条 鼓励用人单位和劳动者优先选用人力资源社会保障部门等政府部门建设的电子劳动合同订立平台（以下简称政府平台）。用人单位和劳动者未通过政府平台订立电子劳动合同的，要按照当地人力资源社会保障部门公布的数据格式和标准，提交满足电子政务要求的电子劳动合同数据，便捷办理就业创业、劳动用工备案、社会保险、人事人才、职业培训等业务。非政府平台的电子劳动合同订立平台要支持用人单位和劳动者及时提交相关数据。

第十六条 电子劳动合同订立平台要留存订立和管理电子劳动合同全过程证据，包括身份认证、签署意愿、电子签名等，保证电子证据链的完整性，确保相关信息可查询、可调用，为用人单位、劳动者以及法律法规授权机构查询和提取电子数据提供便利。

第四章　信息保护和安全

第十七条　电子劳动合同信息的管理、调取和应用要符合《中华人民共和国网络安全法》《互联网信息服务管理办法》等法律法规，不得侵害信息主体合法权益。

第十八条　电子劳动合同订立平台及其所依赖的服务环境，要按照《信息安全等级保护管理办法》第三级的相关要求实施网络安全等级保护，确保平台稳定运行，提供连续服务，防止所收集或使用的身份信息、合同内容信息、日志信息泄漏、篡改、丢失。

第十九条　电子劳动合同订立平台要建立健全电子劳动合同信息保护制度，不得非法收集、使用、加工、传输、提供、公开电子劳动合同信息。未经信息主体同意或者法律法规授权，电子劳动合同订立平台不得向他人非法提供电子劳动合同查阅、调取等服务。

第五章　附　则

第二十条　本指引中主要用语的含义：

（一）数据电文，是指以电子、光学、磁或者类似手段生成、发送、接收或者储存的信息。

（二）可视为书面形式的数据电文，是指能够有形地表现所载内容，并可以随时调取查用的数据电文。

（三）电子签名，是指数据电文中以电子形式所含、所附用于识别签名人身份并表明签名人认可其中内容的数据。

（四）可靠的电子签名，是指同时符合下列条件的电子签名：

1. 电子签名制作数据用于电子签名时，属于电子签名人专有；

2. 签署时电子签名制作数据仅由电子签名人控制；

3. 签署后对电子签名的任何改动能够被发现；

4. 签署后对数据电文内容和形式的任何改动能够被发现。

（五）可信时间戳，是指权威机构使用数字签名技术产生的能够证明所签名的原始文件在签名时间之前已经存在的数据。

第二十一条　本指引未尽事宜，按照有关法律法规和政策规定执行。

3. 集体合同、非全日制用工

集体合同规定

· 2004 年 1 月 20 日劳动和社会保障部令第 22 号公布
· 自 2004 年 5 月 1 日起施行

第一章　总　则

第一条　为规范集体协商和签订集体合同行为，依法维护劳动者和用人单位的合法权益，根据《中华人民共和国劳动法》和《中华人民共和国工会法》，制定本规定。

第二条　中华人民共和国境内的企业和实行企业化管理的事业单位（以下统称用人单位）与本单位职工之间进行集体协商，签订集体合同，适用本规定。

第三条　本规定所称集体合同，是指用人单位与本单位职工根据法律、法规、规章的规定，就劳动报酬、工作时间、休息休假、劳动安全卫生、职业培训、保险福利等事项，通过集体协商签订的书面协议；所称专项集体合同，是指用人单位与本单位职工根据法律、法规、规章的规定，就集体协商的某项内容签订的专项书面协议。

第四条　用人单位与本单位职工签订集体合同或专项集体合同，以及确定相关事宜，应当采取集体协商的方式。集体协商主要采取协商会议的形式。

第五条　进行集体协商，签订集体合同或专项集体合同，应当遵循下列原则：

（一）遵守法律、法规、规章及国家有关规定；

（二）相互尊重，平等协商；

（三）诚实守信，公平合作；

（四）兼顾双方合法权益；

（五）不得采取过激行为。

第六条　符合本规定的集体合同或专项集体合同，对用人单位和本单位的全体职工具有法律约束力。

用人单位与职工个人签订的劳动合同约定的劳动条件和劳动报酬等标准，不得低于集体合同或专项集体合同的规定。

第七条　县级以上劳动保障行政部门对本行政区域内用人单位与本单位职工开展集体协商、签订、履行集体合同的情况进行监督,并负责审查集体合同或专项集体合同。

第二章　集体协商内容

第八条　集体协商双方可以就下列多项或某项内容进行集体协商,签订集体合同或专项集体合同:

(一)劳动报酬;

(二)工作时间;

(三)休息休假;

(四)劳动安全与卫生;

(五)补充保险和福利;

(六)女职工和未成年工特殊保护;

(七)职业技能培训;

(八)劳动合同管理;

(九)奖惩;

(十)裁员;

(十一)集体合同期限;

(十二)变更、解除集体合同的程序;

(十三)履行集体合同发生争议时的协商处理办法;

(十四)违反集体合同的责任;

(十五)双方认为应当协商的其他内容。

第九条　劳动报酬主要包括:

(一)用人单位工资水平、工资分配制度、工资标准和工资分配形式;

(二)工资支付办法;

(三)加班、加点工资及津贴、补贴标准和奖金分配办法;

(四)工资调整办法;

(五)试用期及病、事假等期间的工资待遇;

(六)特殊情况下职工工资(生活费)支付办法;

(七)其他劳动报酬分配办法。

第十条　工作时间主要包括:

(一)工时制度;

(二)加班加点办法;

(三)特殊工种的工作时间;

(四)劳动定额标准。

第十一条　休息休假主要包括:

(一)日休息时间、周休息日安排、年休假办法;

(二)不能实行标准工时职工的休息休假;

(三)其他假期。

第十二条　劳动安全卫生主要包括:

(一)劳动安全卫生责任制;

(二)劳动条件和安全技术措施;

(三)安全操作规程;

(四)劳保用品发放标准;

(五)定期健康检查和职业健康体检。

第十三条　补充保险和福利主要包括:

(一)补充保险的种类、范围;

(二)基本福利制度和福利设施;

(三)医疗期延长及其待遇;

(四)职工亲属福利制度。

第十四条　女职工和未成年工的特殊保护主要包括:

(一)女职工和未成年工禁忌从事的劳动;

(二)女职工的经期、孕期、产期和哺乳期的劳动保护;

(三)女职工、未成年工定期健康检查;

(四)未成年工的使用和登记制度。

第十五条　职业技能培训主要包括:

(一)职业技能培训项目规划及年度计划;

(二)职业技能培训费用的提取和使用;

(三)保障和改善职业技能培训的措施。

第十六条　劳动合同管理主要包括:

(一)劳动合同签订时间;

(二)确定劳动合同期限的条件;

(三)劳动合同变更、解除、续订的一般原则及无固定期限劳动合同的终止条件;

(四)试用期的条件和期限。

第十七条　奖惩主要包括:

(一)劳动纪律;

(二)考核奖惩制度;

(三)奖惩程序。

第十八条　裁员主要包括:

(一)裁员的方案;

(二)裁员的程序;

(三)裁员的实施办法和补偿标准。

第三章　集体协商代表

第十九条　本规定所称集体协商代表(以下统称协商代表),是指按照法定程序产生并有权代表本方利益进行集体协商的人员。

集体协商双方的代表人数应当对等,每方至少3人,并各确定1名首席代表。

第二十条　职工一方的协商代表由本单位工会选派。未建立工会的,由本单位职工民主推荐,并经本单位半数以上职工同意。

职工一方的首席代表由本单位工会主席担任。工会主席可以书面委托其他协商代表代理首席代表。工会主席空缺的,首席代表由工会主要负责人担任。未建立工会的,职工一方的首席代表从协商代表中民主推举产生。

第二十一条　用人单位一方的协商代表,由用人单位法定代表人指派,首席代表由单位法定代表人担任或由其书面委托的其他管理人员担任。

第二十二条　协商代表履行职责的期限由被代表方确定。

第二十三条　集体协商双方首席代表可以书面委托本单位以外的专业人员作为本方协商代表。委托人数不得超过本方代表的三分之一。

首席代表不得由非本单位人员代理。

第二十四条　用人单位协商代表与职工协商代表不得相互兼任。

第二十五条　协商代表应履行下列职责:

(一)参加集体协商;

(二)接受本方人员质询,及时向本方人员公布协商情况并征求意见;

(三)提供与集体协商有关的情况和资料;

(四)代表本方参加集体协商争议的处理;

(五)监督集体合同或专项集体合同的履行;

(六)法律、法规和规章规定的其他职责。

第二十六条　协商代表应当维护本单位正常的生产、工作秩序,不得采取威胁、收买、欺骗等行为。

协商代表应当保守在集体协商过程中知悉的用人单位的商业秘密。

第二十七条　企业内部的协商代表参加集体协商视为提供了正常劳动。

第二十八条　职工一方协商代表在其履行协商代表职责期间劳动合同期满的,劳动合同期限自动延长至完成履行协商代表职责之时,除出现下列情形之一的,用人单位不得与其解除劳动合同:

(一)严重违反劳动纪律或用人单位依法制定的规章制度的;

(二)严重失职、营私舞弊,对用人单位利益造成重大损害的;

(三)被依法追究刑事责任的。

职工一方协商代表履行协商代表职责期间,用人单位无正当理由不得调整其工作岗位。

第二十九条　职工一方协商代表就本规定第二十七条、第二十八条的规定与用人单位发生争议的,可以向当地劳动争议仲裁委员会申请仲裁。

第三十条　工会可以更换职工一方协商代表;未建立工会的,经本单位半数以上职工同意可以更换职工一方协商代表。

用人单位法定代表人可以更换用人单位一方协商代表。

第三十一条　协商代表因更换、辞任或遇有不可抗力等情形造成空缺的,应在空缺之日起15日内按照本规定产生新的代表。

第四章　集体协商程序

第三十二条　集体协商任何一方均可就签订集体合同或专项集体合同以及相关事宜,以书面形式向对方提出进行集体协商的要求。

一方提出进行集体协商要求的,另一方应当在收到集体协商要求之日起20日内以书面形式给以回应,无正当理由不得拒绝进行集体协商。

第三十三条　协商代表在协商前应进行下列准备工作:

(一)熟悉与集体协商内容有关的法律、法规、规章和制度;

(二)了解与集体协商内容有关的情况和资料,收集用人单位和职工对协商意向所持的意见;

(三)拟定集体协商议题,集体协商议题可由提出协商一方起草,也可由双方指派代表共同起草;

(四)确定集体协商的时间、地点等事项;

(五)共同确定一名非协商代表担任集体协商记录员。记录员应保持中立、公正,并为集体协商双方保密。

第三十四条　集体协商会议由双方首席代表轮流主持,并按下列程序进行:

(一)宣布议程和会议纪律;

(二)一方首席代表提出协商的具体内容和要求,另一方首席代表就对方的要求作出回应;

（三）协商双方就商谈事项发表各自意见，开展充分讨论；

（四）双方首席代表归纳意见。达成一致的，应当形成集体合同草案或专项集体合同草案，由双方首席代表签字。

第三十五条 集体协商未达成一致意见或出现事先未预料的问题时，经双方协商，可以中止协商。中止期限及下次协商时间、地点、内容由双方商定。

第五章 集体合同的订立、变更、解除和终止

第三十六条 经双方协商代表协商一致的集体合同草案或专项集体合同草案应当提交职工代表大会或者全体职工讨论。

职工代表大会或者全体职工讨论集体合同草案或专项集体合同草案，应当有三分之二以上职工代表或者职工出席，且须经全体职工代表半数以上或者全体职工半数以上同意，集体合同草案或专项集体合同草案方获通过。

第三十七条 集体合同草案或专项集体合同草案经职工代表大会或者职工大会通过后，由集体协商双方首席代表签字。

第三十八条 集体合同或专项集体合同期限一般为1至3年，期满或双方约定的终止条件出现，即行终止。

集体合同或专项集体合同期满前3个月内，任何一方均可向对方提出重新签订或续订的要求。

第三十九条 双方协商代表协商一致，可以变更或解除集体合同或专项集体合同。

第四十条 有下列情形之一的，可以变更或解除集体合同或专项集体合同：

（一）用人单位因被兼并、解散、破产等原因，致使集体合同或专项集体合同无法履行的；

（二）因不可抗力等原因致使集体合同或专项集体合同无法履行或部分无法履行的；

（三）集体合同或专项集体合同约定的变更或解除条件出现的；

（四）法律、法规、规章规定的其他情形。

第四十一条 变更或解除集体合同或专项集体合同适用本规定的集体协商程序。

第六章 集体合同审查

第四十二条 集体合同或专项集体合同签订或变更后，应当自双方首席代表签字之日起10日内，由用人单位一方将文本一式三份报送劳动保障行政部门审查。

劳动保障行政部门对报送的集体合同或专项集体合同应当办理登记手续。

第四十三条 集体合同或专项集体合同审查实行属地管辖，具体管辖范围由省级劳动保障行政部门规定。

中央管辖的企业以及跨省、自治区、直辖市的用人单位的集体合同应当报送劳动保障部或劳动保障部指定的省级劳动保障行政部门。

第四十四条 劳动保障行政部门应当对报送的集体合同或专项集体合同的下列事项进行合法性审查：

（一）集体协商双方的主体资格是否符合法律、法规和规章规定；

（二）集体协商程序是否违反法律、法规、规章规定；

（三）集体合同或专项集体合同内容是否与国家规定相抵触。

第四十五条 劳动保障行政部门对集体合同或专项集体合同有异议的，应当自收到文本之日起15日内将《审查意见书》送达双方协商代表。《审查意见书》应当载明以下内容：

（一）集体合同或专项集体合同当事人双方的名称、地址；

（二）劳动保障行政部门收到集体合同或专项集体合同的时间；

（三）审查意见；

（四）作出审查意见的时间。

《审查意见书》应当加盖劳动保障行政部门印章。

第四十六条 用人单位与本单位职工就劳动保障行政部门提出异议的事项经集体协商重新签订集体合同或专项集体合同的，用人单位一方应当根据本规定第四十二条的规定将文本报送劳动保障行政部门审查。

第四十七条 劳动保障行政部门自收到文本之日起15日内未提出异议的，集体合同或专项集体合同即行生效。

第四十八条 生效的集体合同或专项集体合同，应当自其生效之日起由协商代表及时以适当的形式向本方全体人员公布。

第七章　集体协商争议的协调处理

第四十九条　集体协商过程中发生争议,双方当事人不能协商解决的,当事人一方或双方可以书面向劳动保障行政部门提出协调处理申请;未提出申请的,劳动保障行政部门认为必要时也可以进行协调处理。

第五十条　劳动保障行政部门应当组织同级工会和企业组织等三方面的人员,共同协调处理集体协商争议。

第五十一条　集体协商争议处理实行属地管辖,具体管辖范围由省级劳动保障行政部门规定。

中央管辖的企业以及跨省、自治区、直辖市用人单位因集体协商发生的争议,由劳动保障部指定的省级劳动保障行政部门组织同级工会和企业组织等三方面的人员协调处理,必要时,劳动保障部也可以组织有关方面协调处理。

第五十二条　协调处理集体协商争议,应当自受理协调处理申请之日起 30 日内结束协调处理工作。期满未结束的,可以适当延长协调期限,但延长期限不得超过 15 日。

第五十三条　协调处理集体协商争议应当按照以下程序进行:

(一)受理协调处理申请;

(二)调查了解争议的情况;

(三)研究制定协调处理争议的方案;

(四)对争议进行协调处理;

(五)制作《协调处理协议书》。

第五十四条　《协调处理协议书》应当载明协调处理申请、争议的事实和协调结果,双方当事人就某些协商事项不能达成一致的,应将继续协商的有关事项予以载明。《协调处理协议书》由集体协商争议协调处理人员和争议双方首席代表签字盖章后生效。争议双方均应遵守生效后的《协调处理协议书》。

第八章　附　则

第五十五条　因履行集体合同发生的争议,当事人协商解决不成的,可以依法向劳动争议仲裁委员会申请仲裁。

第五十六条　用人单位无正当理由拒绝工会或职工代表提出的集体协商要求的,按照《工会法》及有关法律、法规的规定处理。

第五十七条　本规定于 2004 年 5 月 1 日起实施。原劳动部 1994 年 12 月 5 日颁布的《集体合同规定》同时废止。

4. 劳动合同的解除与终止

企业经济性裁减人员规定

· 1994 年 11 月 14 日
· 劳部发〔1994〕447 号

第一条　为指导用人单位依法正确行使裁减人员权利,根据《中华人民共和国劳动法》的有关规定,制定本规定。

第二条　用人单位濒临破产,被人民法院宣告进入法定整顿期间或生产经营发生严重困难,达到当地政府规定的严重困难企业标准,确需裁减人员的,可以裁员。

第三条　用人单位有条件的,应为被裁减的人员提供培训或就业帮助。

第四条　用人单位确需裁减人员,应按下列程序进行:

(一)提前 30 日向工会或者全体职工说明情况,并提供有关生产经营状况的资料;

(二)提出裁减人员方案,内容包括:被裁减人员名单,裁减时间及实施步骤,符合法律、法规规定和集体合同约定的被裁减人员经济补偿办法;

(三)将裁减人员方案征求工会或者全体职工的意见,并对方案进行修改和完善;

(四)向当地劳动行政部门报告裁减人员方案以及工会或者全体职工的意见,并听取劳动行政部门的意见;

(五)由用人单位正式公布裁减人员方案,与被裁减人员办理解除劳动合同手续,按照有关规定向被裁减人员本人支付经济补偿金,出具裁减人员证明书。

第五条　用人单位不得裁减下列人员:

(一)患职业病或者因工负伤并被确认丧失或者部分丧失劳动能力的;

(二)患病或者负伤,在规定的医疗期内的;

（三）女职工在孕期、产期、哺乳期内的；

（四）法律、行政法规规定的其他情形。

第六条 对于被裁减而失业的人员，参加失业保险的，可到当地劳动就业服务机构登记，申领失业救济金。

第七条 用人单位从裁减人员之日起，6 个月内需要新招人员的，必须优先从本单位裁减的人员中录用，并向当地劳动行政部门报告录用人员的数量、时间、条件以及优先录用人员的情况。

第八条 劳动行政部门对用人单位违反法律、法规和有关规定裁减人员的，应依法制止和纠正。

第九条 工会或职工对裁员提出的合理意见，用人单位应认真听取。

用人单位违反法律、法规规定和集体合同约定裁减人员的，工会有权要求重新处理。

第十条 因裁减人员发生的劳动争议，当事人双方应按照劳动争议处理的有关规定执行。

第十一条 各省、自治区、直辖市劳动行政部门可根据本规定和本地区实际情况制定实施办法。

第十二条 本规定自 1995 年 1 月 1 日起施行。

违反《劳动法》有关劳动合同规定的赔偿办法

· 1995 年 5 月 10 日
· 劳部发〔1995〕223 号

第一条 为明确违反劳动法有关劳动合同规定的赔偿责任，维护劳动合同双方当事人的合法权益，根据《中华人民共和国劳动法》的有关规定，制定本办法。

第二条 用人单位有下列情形之一，对劳动者造成损害的，应赔偿劳动者损失：

（一）用人单位故意拖延不订立劳动合同，即招用后故意不按规定订立劳动合同以及劳动合同到期后故意不及时续订劳动合同的；

（二）由于用人单位的原因订立无效劳动合同，或订立部分无效劳动合同的；

（三）用人单位违反规定或劳动合同的约定侵害女职工或未成年工合法权益的；

（四）用人单位违反规定或劳动合同的约定解除劳动合同的。

第三条 本办法第二条规定的赔偿，按下列规定执行：

（一）造成劳动者工资收入损失的，按劳动者本人应得工资收入支付给劳动者，并加付应得工资收入 25% 的赔偿费用；

（二）造成劳动者劳动保护待遇损失的，应按国家规定补足劳动者的劳动保护津贴和用品；

（三）造成劳动者工伤、医疗待遇损失的，除按国家规定为劳动者提供工伤、医疗待遇外，还应支付劳动者相当于医疗费用 25% 的赔偿费用；

（四）造成女职工和未成年工身体健康损害的，除按国家规定提供治疗期间的医疗待遇外，还应支付相当于其医疗费用 25% 的赔偿费用；

（五）劳动合同约定的其他赔偿费用。

第四条 劳动者违反规定或劳动合同的约定解除劳动合同，对用人单位造成损失的，劳动者应赔偿用人单位下列损失：

（一）用人单位招收录用其所支付的费用；

（二）用人单位为其支付的培训费用，双方另有约定的按约定办理；

（三）对生产、经营和工作造成的直接经济损失；

（四）劳动合同约定的其他赔偿费用。

第五条 劳动者违反劳动合同中约定的保密事项，对用人单位造成经济损失的，按《反不正当竞争法》第二十条的规定支付用人单位赔偿费用。

第六条 用人单位招用尚未解除劳动合同的劳动者，对原用人单位造成经济损失的，除该劳动者承担直接赔偿责任外，该用人单位应当承担连带赔偿责任。其连带赔偿的份额应不低于对原用人单位造成经济损失总额的 70%。向原用人单位赔偿下列损失：

（一）对生产、经营和工作造成的直接经济损失；

（二）因获取商业秘密给原用人单位造成的经济损失。

赔偿本条第（二）项规定的损失，按《反不正当竞争法》第二十条的规定执行。

第七条 因赔偿引起争议的，按照国家有关劳动争议处理的规定办理。

第八条 本办法自发布之日起施行。

（四）劳动报酬

关于工资总额组成的规定

·1989 年 9 月 30 日国务院批准
·1990 年 1 月 1 日国家统计局发布

第一章　总　则

第一条　为了统一工资总额的计算范围,保证国家对工资进行统一的统计核算和会计核算,有利于编制、检查计划和进行工资管理以及正确地反映职工的工资收入,制定本规定。

第二条　全民所有制和集体所有制企业、事业单位,各种合营单位,各级国家机关、政党机关和社会团体,在计划、统计、会计上有关工资总额范围的计算,均应遵守本规定。

第三条　工资总额是指各单位在一定时期内直接支付给本单位全部职工的劳动报酬总额。

工资总额的计算应以直接支付给职工的全部劳动报酬为根据。

第二章　工资总额的组成

第四条　工资总额由下列 6 个部分组成:

（一）计时工资;

（二）计件工资;

（三）奖金;

（四）津贴和补贴;

（五）加班加点工资;

（六）特殊情况下支付的工资。

第五条　计时工资是指按计时工资标准(包括地区生活费补贴)和工作时间支付给个人的劳动报酬。包括:

（一）对已做工作按计时工资标准支付的工资;

（二）实行结构工资制的单位支付给职工的基础工资和职务(岗位)工资;

（三）新参加工作职工的见习工资(学徒的生活费);

（四）运动员体育津贴。

第六条　计件工资是指对已做工作按计件单价支付的劳动报酬。包括:

（一）实行超额累进计件、直接无限计件、限额计件、超定额计件等工资制,按劳动部门或主管部门批准的定额和计件单价支付给个人的工资;

（二）按工作任务包干方法支付给个人的工资;

（三）按营业额提成或利润提成办法支付给个人的工资。

第七条　奖金是指支付给职工的超额劳动报酬和增收节支的劳动报酬。包括:

（一）生产奖;

（二）节约奖;

（三）劳动竞赛奖;

（四）机关、事业单位的奖励工资;

（五）其他奖金。

第八条　津贴和补贴是指为了补偿职工特殊或额外的劳动消耗和因其他特殊原因支付给职工的津贴,以及为了保证职工工资水平不受物价影响支付给职工的物价补贴。

（一）津贴。包括:补偿职工特殊或额外劳动消耗的津贴,保健性津贴,技术性津贴,年功性津贴及其他津贴。

（二）物价补贴。包括:为保证职工工资水平不受物价上涨或变动影响而支付的各种补贴。

第九条　加班加点工资是指按规定支付的加班工资和加点工资。

第十条　特殊情况下支付的工资。包括:

（一）根据国家法律、法规和政策规定,因病、工伤、产假、计划生育假、婚丧假、事假、探亲假、定期休假、停工学习、执行国家或社会义务等原因按计时工资标准或计时工资标准的一定比例支付的工资;

（二）附加工资、保留工资。

第三章　工资总额不包括的项目

第十一条　下列各项不列入工资总额的范围:

（一）根据国务院发布的有关规定颁发的创造发明奖、自然科学奖、科学技术进步奖和支付的合理化建议和技术改进奖以及支付给运动员、教练员的奖金;

（二）有关劳动保险和职工福利方面的各项费用;

（三）有关离休、退休、退职人员待遇的各项支出;

（四）劳动保护的各项支出;

（五）稿费、讲课费及其他专门工作报酬；

（六）出差伙食补助费、误餐补助、调动工作的旅费和安家费；

（七）对自带工具、牲畜来企业工作职工所支付的工具、牲畜等的补偿费用；

（八）实行租赁经营单位的承租人的风险性补偿收入；

（九）对购买本企业股票和债券的职工所支付的股息（包括股金分红）和利息；

（十）劳动合同制职工解除劳动合同时由企业支付的医疗补助费、生活补助费等；

（十一）因录用临时工而在工资以外向提供劳动力单位支付的手续费或管理费；

（十二）支付给家庭工人的加工费和按加工订货办法支付给承包单位的发包费用；

（十三）支付给参加企业劳动的在校学生的补贴；

（十四）计划生育独生子女补贴。

第十二条 前条所列各项按照国家规定另行统计。

第四章 附 则

第十三条 中华人民共和国境内的私营单位、华侨及港、澳、台工商业者经营单位和外商经营单位有关工资总额范围的计算，参照本规定执行。

第十四条 本规定由国家统计局负责解释。

第十五条 各地区、各部门可依据本规定制定有关工资总额组成的具体范围的规定。

第十六条 本规定自发布之日起施行。国务院 1955 年 5 月 21 日批准颁发的《关于工资总额组成的暂行规定》同时废止。

保障农民工工资支付条例

· 2019 年 12 月 4 日国务院第 73 次常务会议通过
· 2019 年 12 月 30 日中华人民共和国国务院令第 724 号公布
· 自 2020 年 5 月 1 日起施行

第一章 总 则

第一条 为了规范农民工工资支付行为，保障农民工按时足额获得工资，根据《中华人民共和

国劳动法》及有关法律规定，制定本条例。

第二条 保障农民工工资支付，适用本条例。

本条例所称农民工，是指为用人单位提供劳动的农村居民。

本条例所称工资，是指农民工为用人单位提供劳动后应当获得的劳动报酬。

第三条 农民工有按时足额获得工资的权利。任何单位和个人不得拖欠农民工工资。

农民工应当遵守劳动纪律和职业道德，执行劳动安全卫生规程，完成劳动任务。

第四条 县级以上地方人民政府对本行政区域内保障农民工工资支付工作负责，建立保障农民工工资支付工作协调机制，加强监管能力建设，健全保障农民工工资支付工作目标责任制，并纳入对本级人民政府有关部门和下级人民政府进行考核和监督的内容。

乡镇人民政府、街道办事处应当加强对拖欠农民工工资矛盾的排查和调处工作，防范和化解矛盾，及时调解纠纷。

第五条 保障农民工工资支付，应当坚持市场主体负责、政府依法监管、社会协同监督，按照源头治理、预防为主、防治结合、标本兼治的要求，依法根治拖欠农民工工资问题。

第六条 用人单位实行农民工劳动用工实名制管理，与招用的农民工书面约定或者通过依法制定的规章制度规定工资支付标准、支付时间、支付方式等内容。

第七条 人力资源社会保障行政部门负责保障农民工工资支付工作的组织协调、管理指导和农民工工资支付情况的监督检查，查处有关拖欠农民工工资案件。

住房城乡建设、交通运输、水利等相关行业工程建设主管部门按照职责履行行业监管责任，督办因违法发包、转包、违法分包、挂靠、拖欠工程款等导致的拖欠农民工工资案件。

发展改革等部门按照职责负责政府投资项目的审批管理，依法审查政府投资项目的资金来源和筹措方式，按规定及时安排政府投资，加强社会信用体系建设，组织对拖欠农民工工资失信联合惩戒对象依法依规予以限制和惩戒。

财政部门负责政府投资资金的预算管理，根据经批准的预算按规定及时足额拨付政府投资资金。

公安机关负责及时受理、侦办涉嫌拒不支付劳动报酬刑事案件，依法处置因农民工工资拖欠引发的社会治安案件。

司法行政、自然资源、人民银行、审计、国有资产管理、税务、市场监管、金融监管等部门，按照职责做好与保障农民工工资支付相关的工作。

第八条　工会、共产主义青年团、妇女联合会、残疾人联合会等组织按照职责依法维护农民工获得工资的权利。

第九条　新闻媒体应当开展保障农民工工资支付法律法规政策的公益宣传和先进典型的报道，依法加强对拖欠农民工工资违法行为的舆论监督，引导用人单位增强依法用工、按时足额支付工资的法律意识，引导农民工依法维权。

第十条　被拖欠工资的农民工有权依法投诉，或者申请劳动争议调解仲裁和提起诉讼。

任何单位和个人对拖欠农民工工资的行为，有权向人力资源社会保障行政部门或者其他有关部门举报。

人力资源社会保障行政部门和其他有关部门应当公开举报投诉电话、网站等渠道，依法接受对拖欠农民工工资行为的举报、投诉。对于举报、投诉的处理实行首问负责制，属于本部门受理的，应当依法及时处理；不属于本部门受理的，应当及时转送相关部门，相关部门应当依法及时处理，并将处理结果告知举报、投诉人。

第二章　工资支付形式与周期

第十一条　农民工工资应当以货币形式，通过银行转账或者现金支付给农民工本人，不得以实物或者有价证券等其他形式替代。

第十二条　用人单位应当按照与农民工书面约定或者依法制定的规章制度规定的工资支付周期和具体支付日期足额支付工资。

第十三条　实行月、周、日、小时工资制的，按照月、周、日、小时为周期支付工资；实行计件工资制的，工资支付周期由双方依法约定。

第十四条　用人单位与农民工书面约定或者依法制定的规章制度规定的具体支付日期，可以在农民工提供劳动的当期或者次期。具体支付日期遇法定节假日或者休息日的，应当在法定节假日或者休息日前支付。

用人单位因不可抗力未能在支付日期支付工资的，应当在不可抗力消除后及时支付。

第十五条　用人单位应当按照工资支付周期编制书面工资支付台账，并至少保存3年。

书面工资支付台账应当包括用人单位名称，支付周期，支付日期，支付对象姓名、身份证号码、联系方式，工作时间，应发工资项目及数额，代扣、代缴、扣除项目和数额，实发工资数额，银行代发工资凭证或者农民工签字等内容。

用人单位向农民工支付工资时，应当提供农民工本人的工资清单。

第三章　工资清偿

第十六条　用人单位拖欠农民工工资的，应当依法予以清偿。

第十七条　不具备合法经营资格的单位招用农民工，农民工已经付出劳动而未获得工资的，依照有关法律规定执行。

第十八条　用工单位使用个人、不具备合法经营资格的单位或者未依法取得劳务派遣许可证的单位派遣的农民工，拖欠农民工工资的，由用工单位清偿，并可以依法进行追偿。

第十九条　用人单位将工作任务发包给个人或者不具备合法经营资格的单位，导致拖欠所招用农民工工资的，依照有关法律规定执行。

用人单位允许个人、不具备合法经营资格或者未取得相应资质的单位以用人单位的名义对外经营，导致拖欠所招用农民工工资的，由用人单位清偿，并可以依法进行追偿。

第二十条　合伙企业、个人独资企业、个体经济组织等用人单位拖欠农民工工资的，应当依法予以清偿；不清偿的，由出资人依法清偿。

第二十一条　用人单位合并或者分立时，应当在实施合并或者分立前依法清偿拖欠的农民工工资；经与农民工书面协商一致的，可以由合并或者分立后承继其权利和义务的用人单位清偿。

第二十二条　用人单位被依法吊销营业执照或者登记证书、被责令关闭、被撤销或者依法解散的，应当在申请注销登记前依法清偿拖欠的农民工工资。

未依照前款规定清偿农民工工资的用人单位主要出资人，应当在注册新用人单位前清偿拖欠的农民工工资。

第四章 工程建设领域特别规定

第二十三条 建设单位应当有满足施工所需要的资金安排。没有满足施工所需要的资金安排的,工程建设项目不得开工建设;依法需要办理施工许可证的,相关行业工程建设主管部门不予颁发施工许可证。

政府投资项目所需资金,应当按照国家有关规定落实到位,不得由施工单位垫资建设。

第二十四条 建设单位应当向施工单位提供工程款支付担保。

建设单位与施工总承包单位依法订立书面工程施工合同,应当约定工程款计量周期、工程款进度结算办法以及人工费用拨付周期,并按照保障农民工工资按时足额支付的要求约定人工费用。人工费用拨付周期不得超过1个月。

建设单位与施工总承包单位应当将工程施工合同保存备查。

第二十五条 施工总承包单位与分包单位依法订立书面分包合同,应当约定工程款计量周期、工程款进度结算办法。

第二十六条 施工总承包单位应当按照有关规定开设农民工工资专用账户,专项用于支付该工程建设项目农民工工资。

开设、使用农民工工资专用账户有关资料应当由施工总承包单位妥善保存备查。

第二十七条 金融机构应当优化农民工工资专用账户开设服务流程,做好农民工工资专用账户的日常管理工作;发现资金未按约定拨付等情况的,及时通知施工总承包单位,由施工总承包单位报告人力资源社会保障行政部门和相关行业工程建设主管部门,并纳入欠薪预警系统。

工程完工且未拖欠农民工工资的,施工总承包单位公示30日后,可以申请注销农民工工资专用账户,账户内余额归施工总承包单位所有。

第二十八条 施工总承包单位或者分包单位应当依法与所招用的农民工订立劳动合同并进行用工实名登记,具备条件的行业应当通过相应的管理服务信息平台进行用工实名登记、管理。未与施工总承包单位或者分包单位订立劳动合同并进行用工实名登记的人员,不得进入项目现场施工。

施工总承包单位应当在工程项目部配备劳资专管员,对分包单位劳动用工实施监督管理,掌握施工现场用工、考勤、工资支付等情况,审核分包单位编制的农民工工资支付表,分包单位应当予以配合。

施工总承包单位、分包单位应当建立用工管理台账,并保存至工程完工且工资全部结清后至少3年。

第二十九条 建设单位应当按照合同约定及时拨付工程款,并将人工费用及时足额拨付至农民工工资专用账户,加强对施工总承包单位按时足额支付农民工工资的监督。

因建设单位未按照合同约定及时拨付工程款导致农民工工资拖欠的,建设单位应当以未结清的工程款为限先行垫付被拖欠的农民工工资。

建设单位应当以项目为单位建立保障农民工工资支付协调机制和工资拖欠预防机制,督促施工总承包单位加强劳动用工管理,妥善处理与农民工工资支付相关的矛盾纠纷。发生农民工集体讨薪事件的,建设单位应当会同施工总承包单位及时处理,并向项目所在地人力资源社会保障行政部门和相关行业工程建设主管部门报告有关情况。

第三十条 分包单位对所招用农民工的实名制管理和工资支付负直接责任。

施工总承包单位对分包单位劳动用工和工资发放等情况进行监督。

分包单位拖欠农民工工资的,由施工总承包单位先行清偿,再依法进行追偿。

工程建设项目转包,拖欠农民工工资的,由施工总承包单位先行清偿,再依法进行追偿。

第三十一条 工程建设领域推行分包单位农民工工资委托施工总承包单位代发制度。

分包单位应当按月考核农民工工作量并编制工资支付表,经农民工本人签字确认后,与当月工程进度等情况一并交施工总承包单位。

施工总承包单位根据分包单位编制的工资支付表,通过农民工工资专用账户直接将工资支付到农民工本人的银行账户,并向分包单位提供代发工资凭证。

用于支付农民工工资的银行账户所绑定的农民工本人社会保障卡或者银行卡,用人单位或者其他人员不得以任何理由扣押或者变相扣押。

第三十二条 施工总承包单位应当按照有关

规定存储工资保证金,专项用于支付为所承包工程提供劳动的农民工被拖欠的工资。

工资保证金实行差异化存储办法,对一定时期内未发生工资拖欠的单位实行减免措施,对发生工资拖欠的单位适当提高存储比例。工资保证金可以用金融机构保函替代。

工资保证金的存储比例、存储形式、减免措施等具体办法,由国务院人力资源社会保障行政部门会同有关部门制定。

第三十三条　除法律另有规定外,农民工工资专用账户资金和工资保证金不得因支付为本项目提供劳动的农民工工资之外的原因被查封、冻结或者划拨。

第三十四条　施工总承包单位应当在施工现场醒目位置设立维权信息告示牌,明示下列事项:

(一)建设单位、施工总承包单位及所在项目部、分包单位、相关行业工程建设主管部门、劳资专管员等基本信息;

(二)当地最低工资标准、工资支付日期等基本信息;

(三)相关行业工程建设主管部门和劳动保障监察投诉举报电话、劳动争议调解仲裁申请渠道、法律援助申请渠道、公共法律服务热线等信息。

第三十五条　建设单位与施工总承包单位或者承包单位与分包单位因工程数量、质量、造价等产生争议的,建设单位不得因争议不按照本条例第二十四条的规定拨付工程款中的人工费用,施工总承包单位也不得因争议不按照规定代发工资。

第三十六条　建设单位或者施工总承包单位将建设工程发包或者分包给个人或者不具备合法经营资格的单位,导致拖欠农民工工资的,由建设单位或者施工总承包单位清偿。

施工单位允许其他单位和个人以施工单位的名义对外承揽建设工程,导致拖欠农民工工资的,由施工单位清偿。

第三十七条　工程建设项目违反国土空间规划、工程建设等法律法规,导致拖欠农民工工资的,由建设单位清偿。

第五章　监督检查

第三十八条　县级以上地方人民政府应当建立农民工工资支付监控预警平台,实现人力资源社会保障、发展改革、司法行政、财政、住房城乡建设、交通运输、水利等部门的工程项目审批、资金落实、施工许可、劳动用工、工资支付等信息及时共享。

人力资源社会保障行政部门根据水电燃气供应、物业管理、信贷、税收等反映企业生产经营相关指标的变化情况,及时监控和预警工资支付隐患并做好防范工作,市场监管、金融监管、税务等部门应当予以配合。

第三十九条　人力资源社会保障行政部门、相关行业工程建设主管部门和其他有关部门应当按照职责,加强对用人单位与农民工签订劳动合同、工资支付以及工程建设项目实行农民工实名制管理、农民工工资专用账户管理、施工总承包单位代发工资、工资保证金存储、维权信息公示等情况的监督检查,预防和减少拖欠农民工工资行为的发生。

第四十条　人力资源社会保障行政部门在查处拖欠农民工工资案件时,需要依法查询相关单位金融账户和相关当事人拥有房产、车辆等情况的,应当经设区的市级以上地方人民政府人力资源社会保障行政部门负责人批准,有关金融机构和登记部门应当予以配合。

第四十一条　人力资源社会保障行政部门在查处拖欠农民工工资案件时,发生用人单位拒不配合调查、清偿责任主体及相关当事人无法联系等情形的,可以请求公安机关和其他有关部门协助处理。

人力资源社会保障行政部门发现拖欠农民工工资的违法行为涉嫌构成拒不支付劳动报酬罪的,应当按照有关规定及时移送公安机关审查并作出决定。

第四十二条　人力资源社会保障行政部门作出责令支付被拖欠的农民工工资的决定,相关单位不支付的,可以依法申请人民法院强制执行。

第四十三条　相关行业工程建设主管部门应当依法规范本领域建设市场秩序,对违法发包、转包、违法分包、挂靠等行为进行查处,并对导致拖欠农民工工资的违法行为及时予以制止、纠正。

第四十四条　财政部门、审计机关和相关行业工程建设主管部门按照职责,依法对政府投资项目建设单位按照工程施工合同约定向农民工工资专用账户拨付资金情况进行监督。

第四十五条 司法行政部门和法律援助机构应当将农民工列为法律援助的重点对象,并依法为请求支付工资的农民工提供便捷的法律援助。

公共法律服务相关机构应当积极参与相关诉讼、咨询、调解等活动,帮助解决拖欠农民工工资问题。

第四十六条 人力资源社会保障行政部门、相关行业工程建设主管部门和其他有关部门应当按照"谁执法谁普法"普法责任制的要求,通过以案释法等多种形式,加大对保障农民工工资支付相关法律法规的普及宣传。

第四十七条 人力资源社会保障行政部门应当建立用人单位及相关责任人劳动保障守法诚信档案,对用人单位开展守法诚信等级评价。

用人单位有严重拖欠农民工工资违法行为的,由人力资源社会保障行政部门向社会公布,必要时可以通过召开新闻发布会等形式向媒体公开曝光。

第四十八条 用人单位拖欠农民工工资,情节严重或者造成严重不良社会影响的,有关部门应当将该用人单位及其法定代表人或者主要负责人、直接负责的主管人员和其他直接责任人员列入拖欠农民工工资失信联合惩戒对象名单,在政府资金支持、政府采购、招投标、融资贷款、市场准入、税收优惠、评优评先、交通出行等方面依法依规予以限制。

拖欠农民工工资需要列入失信联合惩戒名单的具体情形,由国务院人力资源社会保障行政部门规定。

第四十九条 建设单位未依法提供工程款支付担保或者政府投资项目拖欠工程款,导致拖欠农民工工资的,县级以上地方人民政府应当限制其新建项目,并记入信用记录,纳入国家信用信息系统进行公示。

第五十条 农民工与用人单位就拖欠工资存在争议,用人单位应当提供依法由其保存的劳动合同、职工名册、工资支付台账和清单等材料;不提供的,依法承担不利后果。

第五十一条 工会依法维护农民工工资权益,对用人单位工资支付情况进行监督;发现拖欠农民工工资的,可以要求用人单位改正,拒不改正的,可以请求人力资源社会保障行政部门和其他有关部门依法处理。

第五十二条 单位或者个人编造虚假事实或者采取非法手段讨要农民工工资,或者以拖欠农民工工资为名讨要工程款的,依法予以处理。

第六章 法律责任

第五十三条 违反本条例规定拖欠农民工工资的,依照有关法律规定执行。

第五十四条 有下列情形之一的,由人力资源社会保障行政部门责令限期改正;逾期不改正的,对单位处 2 万元以上 5 万元以下的罚款,对法定代表人或者主要负责人、直接负责的主管人员和其他直接责任人员处 1 万元以上 3 万元以下的罚款:

(一)以实物、有价证券等形式代替货币支付农民工工资;

(二)未编制工资支付台账并依法保存,或者未向农民工提供工资清单;

(三)扣押或者变相扣押用于支付农民工工资的银行账户所绑定的农民工本人社会保障卡或者银行卡。

第五十五条 有下列情形之一的,由人力资源社会保障行政部门、相关行业工程建设主管部门按照职责责令限期改正;逾期不改正的,责令项目停工,并处 5 万元以上 10 万元以下的罚款;情节严重的,给予施工单位限制承接新工程、降低资质等级、吊销资质证书等处罚:

(一)施工总承包单位未按规定开设或者使用农民工工资专用账户;

(二)施工总承包单位未按规定存储工资保证金或者未提供金融机构保函;

(三)施工总承包单位、分包单位未实行劳动用工实名制管理。

第五十六条 有下列情形之一的,由人力资源社会保障行政部门、相关行业工程建设主管部门按照职责责令限期改正;逾期不改正的,处 5 万元以上 10 万元以下的罚款:

(一)分包单位未按月考核农民工工作量、编制工资支付表并经农民工本人签字确认;

(二)施工总承包单位未对分包单位劳动用工实施监督管理;

(三)分包单位未配合施工总承包单位对其劳动用工进行监督管理;

(四)施工总承包单位未实行施工现场维权信

息公示制度。

第五十七条 有下列情形之一的,由人力资源社会保障行政部门、相关行业工程建设主管部门按照职责责令限期改正;逾期不改正的,责令项目停工,并处 5 万元以上 10 万元以下的罚款:

(一)建设单位未依法提供工程款支付担保;

(二)建设单位未按约定及时足额向农民工工资专用账户拨付工程款中的人工费用;

(三)建设单位或者施工总承包单位拒不提供或者无法提供工程施工合同、农民工工资专用账户有关资料。

第五十八条 不依法配合人力资源社会保障行政部门查询相关单位金融账户的,由金融监管部门责令改正;拒不改正的,处 2 万元以上 5 万元以下的罚款。

第五十九条 政府投资项目政府投资资金不到位拖欠农民工工资的,由人力资源社会保障行政部门报本级人民政府批准,责令限期足额拨付所拖欠的资金;逾期不拨付的,由上一级人民政府人力资源社会保障行政部门约谈直接责任部门和相关监管部门负责人,必要时进行通报,约谈地方人民政府负责人。情节严重的,对地方人民政府及其有关部门负责人、直接负责的主管人员和其他直接责任人员依法依规给予处分。

第六十条 政府投资项目建设单位未经批准立项建设、擅自扩大建设规模、擅自增加投资概算、未及时拨付工程款等导致拖欠农民工工资的,除依法承担责任外,由人力资源社会保障行政部门、其他有关部门按照职责约谈建设单位负责人,并作为其业绩考核、薪酬分配、评优评先、职务晋升等的重要依据。

第六十一条 对于建设资金不到位、违法违规开工建设的社会投资工程建设项目拖欠农民工工资的,由人力资源社会保障行政部门、其他有关部门按照职责依法对建设单位进行处罚;对建设单位负责人依法依规给予处分。相关部门工作人员未依法履行职责的,由有关机关依法依规给予处分。

第六十二条 县级以上地方人民政府人力资源社会保障、发展改革、财政、公安等部门和相关行业工程建设主管部门工作人员,在履行农民工工资支付监督管理职责过程中滥用职权、玩忽职守、徇私舞弊的,依法依规给予处分;构成犯罪的,依法追究刑事责任。

第七章 附 则

第六十三条 用人单位一时难以支付拖欠的农民工工资或者拖欠农民工工资逃匿的,县级以上地方人民政府可以动用应急周转金,先行垫付用人单位拖欠的农民工部分工资或者基本生活费。对已经垫付的应急周转金,应当依法向拖欠农民工工资的用人单位进行追偿。

第六十四条 本条例自 2020 年 5 月 1 日起施行。

保障农民工工资支付工作考核办法

· 2017 年 12 月 6 日
· 国办发〔2017〕96 号

第一条 为落实保障农民工工资支付工作的属地监管责任,有效预防和解决拖欠农民工工资问题,切实保障农民工劳动报酬权益,维护社会公平正义,促进社会和谐稳定,根据有关规定,制定本办法。

第二条 本办法适用于对各省(区、市)人民政府及新疆生产建设兵团(以下统称各省级政府)保障农民工工资支付工作的年度考核。

第三条 考核工作在国务院领导下,由解决企业工资拖欠问题部际联席会议(以下简称部际联席会议)负责实施,部际联席会议办公室具体组织落实。考核工作从 2017 年到 2020 年,每年开展一次。

第四条 考核工作坚持目标导向、问题导向和结果导向,遵循客观公正原则,突出重点,注重实效。

第五条 考核内容主要包括加强对保障农民工工资支付工作的组织领导、建立健全工资支付保障制度、治理欠薪特别是工程建设领域欠薪工作成效等情况。

第六条 部际联席会议办公室组织部际联席会议各成员单位制定年度考核方案及细则,明确具体考核指标和分值。

第七条 考核工作于考核年度次年年初开始,4 月底前完成。按照以下步骤进行:

(一)省级自查。各省级政府对照考核方案及细则,对考核年度保障农民工工资支付工作进展情况和成效进行自查,填报自查考核表,形成自查报告,于 2 月底前报送部际联席会议办公室。各省级政府对自查报告真实性、准确性负责。

(二)实地核查。3 月底前,由部际联席会议办公室组织部际联席会议各成员单位组成考核组,采取抽查等方式,对省级政府考核年度保障农民工工资支付工作进展情况和成效进行实地核查,对相关考核指标进行评估。实地核查采取听取汇报、抽样调查、核验资料、明察暗访等方式进行。

(三)综合评议。部际联席会议办公室组织部际联席会议各成员单位根据各地自查情况,结合实地核查和社会治安综合治理、公安、信访等部门掌握的情况,进行考核评议,形成考核报告,报部际联席会议审议。

第八条 考核采取分级评分法,基准分为 100 分,考核结果分为 A、B、C 三个等级。

(一)符合下列条件的,考核等级为 A 级:

1. 领导重视、工作机制健全,各项工资支付保障制度完备、落实得力,工作成效明显;

2. 考核得分排在全国前十名。

(二)有下列情形之一的,考核等级为 C 级:

1. 保障农民工工资支付工作不力、成效不明显、欠薪问题突出,考核得分排在全国后三名的;

2. 发生 5 起及以上因拖欠农民工工资引发 50 人以上群体性事件,或发生 2 起及以上因政府投资工程项目拖欠农民工工资引发 50 人以上群体性事件的;

3. 发生 1 起及以上因拖欠农民工工资引发极端事件并造成严重后果的。

(三)考核等级在 A、C 级以外的为 B 级。

第九条 考核结果报经国务院同意后,由部际联席会议向各省级政府通报,并抄送中央组织部,作为对各省级政府领导班子和有关领导干部进行综合考核评价的参考。考核过程中发现需要问责的问题线索,移交纪检监察机关。

第十条 对考核等级为 A 级的,由部际联席会议予以通报表扬;对考核等级为 C 级的,由部际联席会议对该省级政府有关负责人进行约谈,提出限期整改要求。被约谈省级政府应当制定整改措施,并在被约谈后 2 周内提交书面报告,由部际联席会议办公室负责督促落实。

第十一条 对在考核工作中弄虚作假、瞒报谎报造成考核结果失实的,予以通报批评;情节严重的,依纪依法追究相关人员责任。

第十二条 各省级政府可参照本办法,结合本地区实际制定相关办法,加强对本地区各级政府保障农民工工资支付工作的考核。

第十三条 本办法由部际联席会议办公室负责解释,自印发之日起施行。

工资支付暂行规定

·1994 年 12 月 6 日
·劳部发〔1994〕489 号

第一条 为维护劳动者通过劳动获得劳动报酬的权利,规范用人单位的工资支付行为,根据《中华人民共和国劳动法》有关规定,制定本规定。

第二条 本规定适用于在中华人民共和国境内的企业、个体经济组织(以下统称用人单位)和与之形成劳动关系的劳动者。

国家机关、事业组织、社会团体和与之建立劳动合同关系的劳动者,依照本规定执行。

第三条 本规定所称工资是指用人单位依据劳动合同的规定,以各种形式支付给劳动者的工资报酬。

第四条 工资支付主要包括:工资支付项目、工资支付水平、工资支付形式、工资支付对象、工资支付时间以及特殊情况下的工资支付。

第五条 工资应当以法定货币支付。不得以实物及有价证券替代货币支付。

第六条 用人单位应将工资支付给劳动者本人。劳动者本人因故不能领取工资时,可由其亲属或委托他人代领。

用人单位可委托银行代发工资。

用人单位必须书面记录支付劳动者工资的数额、时间、领取者的姓名以及签字,并保存两年以上备查。用人单位在支付工资时应向劳动者提供一份其个人的工资清单。

第七条 工资必须在用人单位与劳动者约定的日期支付。如遇节假日或休息日,则应提前在最近的工作日支付。工资至少每月支付一次,实行周、日、小时工资制的可按周、日、小时支付工资。

第八条 对完成一次性临时劳动或某项具体工作的劳动者,用人单位应按有关协议或合同规定在其完成劳动任务后即支付工资。

第九条 劳动关系双方依法解除或终止劳动合同时,用人单位应在解除或终止劳动合同时一次付清劳动者工资。

第十条 劳动者在法定工作时间内依法参加社会活动期间,用人单位应视同其提供了正常劳动而支付工资。社会活动包括:依法行使选举权或被选举权;当选代表出席乡(镇)、区以上政府、党派、工会、青年团、妇女联合会等组织召开的会议;出任人民法院证明人;出席劳动模范、先进工作者大会;《工会法》规定的不脱产工会基层委员会委员因工会活动占用的生产或工作时间;其他依法参加的社会活动。

第十一条 劳动者依法享受年休假、探亲假、婚假、丧假期间,用人单位应按劳动合同规定的标准支付劳动者工资。

第十二条 非因劳动者原因造成单位停工、停产在一个工资支付周期内的,用人单位应按劳动合同规定的标准支付劳动者工资。超过一个工资支付周期的,若劳动者提供了正常劳动,则支付给劳动者的劳动报酬不得低于当地的最低工资标准;若劳动者没有提供正常劳动,应按国家有关规定办理。

第十三条 用人单位在劳动者完成劳动定额或规定的工作任务后,根据实际需要安排劳动者在法定标准工作时间以外工作的,应按以下标准支付工资:

(一)用人单位依法安排劳动者在日法定标准工作时间以外延长工作时间的,按照不低于劳动合同规定的劳动者本人小时工资标准的150%支付劳动者工资;

(二)用人单位依法安排劳动者在休息日工作,而又不能安排补休的,按照不低于劳动合同规定的劳动者本人日或小时工资标准的200%支付劳动者工资;

(三)用人单位依法安排劳动者在法定休假节日工作的,按照不低于劳动合同规定的劳动者本人日或小时工资标准的300%支付劳动者工资。

实行计件工资的劳动者,在完成计件定额任务后,由用人单位安排延长工作时间的,应根据上述规定的原则,分别按照不低于其本人法定工作时间计件单价的150%、200%、300%支付其工资。

经劳动行政部门批准实行综合计算工时工作制的,其综合计算工作时间超过法定标准工作时间的部分,应视为延长工作时间,并应按本规定支付劳动者延长工作时间的工资。

实行不定时工时制度的劳动者,不执行上述规定。

第十四条 用人单位依法破产时,劳动者有权获得其工资。在破产清偿中用人单位应按《中华人民共和国企业破产法》规定的清偿顺序,首先支付欠付本单位劳动者的工资。

第十五条 用人单位不得克扣劳动者工资。有下列情况之一的,用人单位可以代扣劳动者工资:

(一)用人单位代扣代缴的个人所得税;

(二)用人单位代扣代缴的应由劳动者个人负担的各项社会保险费用;

(三)法院判决、裁定中要求代扣的抚养费、赡养费;

(四)法律、法规规定可以从劳动者工资中扣除的其他费用。

第十六条 因劳动者本人原因给用人单位造成经济损失的,用人单位可按照劳动合同的约定要求其赔偿经济损失。经济损失的赔偿,可从劳动者本人的工资中扣除。但每月扣除的部分不得超过劳动者当月工资的20%。若扣除后的剩余工资部分低于当地月最低工资标准,则按最低工资标准支付。

第十七条 用人单位应根据本规定,通过与职工大会、职工代表大会或者其他形式协商制定内部的工资支付制度,并告知本单位全体劳动者,同时抄报当地劳动行政部门备案。

第十八条 各级劳动行政部门有权监察用人单位工资支付的情况。用人单位有下列侵害劳动者合法权益行为的,由劳动行政部门责令其支付劳动者工资和经济补偿,并可责令其支付赔偿金:

(一)克扣或者无故拖欠劳动者工资的;

(二)拒不支付劳动者延长工作时间工资的;

(三)低于当地最低工资标准支付劳动者工资的。

经济补偿和赔偿金的标准,按国家有关规定执行。

第十九条 劳动者与用人单位因工资支付发

生劳动争议的,当事人可依法向劳动争议仲裁机关申请仲裁。对仲裁裁决不服的,可以向人民法院提起诉讼。

第二十条 本规定自 1995 年 1 月 1 日起执行。

对《工资支付暂行规定》
有关问题的补充规定

· 1995 年 5 月 12 日
· 劳部发〔1995〕226 号

根据《工资支付暂行规定》(劳部发〔1994〕489号,以下简称《规定》)确定的原则,现就有关问题作出如下补充规定:

一、《规定》第十一条、第十二条、第十三条所称"按劳动合同规定的标准",系指劳动合同规定的劳动者本人所在的岗位(职位)相对应的工资标准。

因劳动合同制度尚处于推进的过程中,按上述条款规定执行确有困难,地方或行业劳动行政部门可在不违反《规定》所确定的总的原则基础上,制定过渡措施。

二、关于加班加点的工资支付问题

1.《规定》第十三条第(一)(二)(三)款规定的在符合法定标准工作时间的制度工时以外延长工作时间及安排休息日和法定休假节日工作应支付的工资,是根据加班加点的多少,以劳动合同确定的正常工作时间工资标准的一定倍数所支付的劳动报酬,即凡是安排劳动者在法定工作日延长工作时间或安排在休息日工作而又不能补休的,均应支付给劳动者不低于劳动合同规定的劳动者本人小时或日工资标准 150%、200%的工资;安排在法定休假节日工作的,应另外支付给劳动者不低于劳动合同规定的劳动者本人小时或日工资标准 300%的工资。

2. 关于劳动者日工资的折算。由于劳动定额等劳动标准都与制度工时相联系,因此,劳动者日工资可统一按劳动者本人的月工资标准除以每月制度工作天数进行折算。

根据国家关于职工每日工作 8 小时,每周工作时间 40 小时的规定,每月制度工时天数为 21.5天①。考虑到国家允许施行每周 40 小时工时制度有困难的企业最迟可以延期到 1997 年 5 月 1 日施行,因此,在过渡期内,实行每周 44 小时工时制度的企业,其日工资折算可仍按每月制度工作天数23.5 天执行。

三、《规定》第十五条中所称"克扣"系指用人单位无正当理由扣减劳动者应得工资(即在劳动者已提供正常劳动的前提下用人单位按劳动合同规定的标准应当支付给劳动者的全部劳动报酬)。不包括以下减发工资的情况:(1)国家的法律、法规中有明确规定的;(2)依法签订的劳动合同中有明确规定的;(3)用人单位依法制定并经职代会批准的厂规、厂纪中有明确规定的;(4)企业工资总额与经济效益相联系,经济效益下浮时,工资必须下浮的(但支付给劳动者工资不得低于当地的最低工资标准);(5)因劳动者请事假等相应减发工资等。

四、《规定》第十八条所称"无故拖欠"系指用人单位无正当理由超过规定付薪时间未支付劳动者工资。不包括:(1)用人单位遇到非人力所能抗拒的自然灾害、战争等原因,无法按时支付工资;(2)用人单位确因生产经营困难、资金周转受到影响,在征得本单位工会同意后,可暂时延期支付劳动者工资,延期时间的最长限制可由各省、自治区、直辖市劳动行政部门根据各地情况确定。其他情况下拖欠工资均属无故拖欠。

五、关于特殊人员的工资支付问题

1. 劳动者受处分后的工资支付:(1)劳动者受行政处分后仍在原单位工作(如留用察看、降级等)或受刑事处分后重新就业的,应主要由用人单位根据具体情况自主确定其工资报酬;(2)劳动者受刑事处分期间,如收容审查、拘留(羁押)、缓刑、监外执行或劳动教养期间,其待遇按国家有关规定执行。

2. 学徒工、熟练工、大中专毕业生在学徒期、熟练期、见习期、试用期及转正定级后的工资待遇由用人单位自主确定。

3. 新就业复员军人的工资待遇由用人单位自主确定;分配到企业的军队转业干部的工资待遇,按国家有关规定执行。

---

① 由于法定节假日变化,月工作日及计薪天数也发生相应变化,具体参见《关于职工全年月平均工作时间和工资折算问题的通知》(2008 年 1 月 3 日劳社部发〔2008〕3 号)。

最低工资规定

· 2004 年 1 月 20 日劳动和社会保障部令第 21 号公布
· 自 2004 年 3 月 1 日起施行

第一条　为了维护劳动者取得劳动报酬的合法权益，保障劳动者个人及其家庭成员的基本生活，根据劳动法和国务院有关规定，制定本规定。

第二条　本规定适用于在中华人民共和国境内的企业、民办非企业单位、有雇工的个体工商户（以下统称用人单位）和与之形成劳动关系的劳动者。

国家机关、事业单位、社会团体和与之建立劳动合同关系的劳动者，依照本规定执行。

第三条　本规定所称最低工资标准，是指劳动者在法定工作时间或依法签订的劳动合同约定的工作时间内提供了正常劳动的前提下，用人单位依法应支付的最低劳动报酬。

本规定所称正常劳动，是指劳动者按依法签订的劳动合同约定，在法定工作时间或劳动合同约定的工作时间内从事的劳动。劳动者依法享受带薪年休假、探亲假、婚丧假、生育（产）假、节育手术假等国家规定的假期间，以及法定工作时间内依法参加社会活动期间，视为提供了正常劳动。

第四条　县级以上地方人民政府劳动保障行政部门负责对本行政区域内用人单位执行本规定情况进行监督检查。

各级工会组织依法对本规定执行情况进行监督，发现用人单位支付劳动者工资违反本规定的，有权要求当地劳动保障行政部门处理。

第五条　最低工资标准一般采取月最低工资标准和小时最低工资标准的形式。月最低工资标准适用于全日制就业劳动者，小时最低工资标准适用于非全日制就业劳动者。

第六条　确定和调整月最低工资标准，应参考当地就业者及其赡养人口的最低生活费用、城镇居民消费价格指数、职工个人缴纳的社会保险费和住房公积金、职工平均工资、经济发展水平、就业状况等因素。

确定和调整小时最低工资标准，应在颁布的月最低工资标准的基础上，考虑单位应缴纳的基本养老保险费和基本医疗保险费因素，同时还应适当考虑非全日制劳动者在工作稳定性、劳动条件和劳动强度、福利等方面与全日制就业人员之间的差异。

月最低工资标准和小时最低工资标准具体测算方法见附件。

第七条　省、自治区、直辖市范围内的不同行政区域可以有不同的最低工资标准。

第八条　最低工资标准的确定和调整方案，由省、自治区、直辖市人民政府劳动保障行政部门会同同级工会、企业联合会/企业家协会研究拟订，并将拟订的方案报送劳动保障部。方案内容包括最低工资确定和调整的依据、适用范围、拟订标准和说明。劳动保障部在收到拟订方案后，应征求全国总工会、中国企业联合会/企业家协会的意见。

劳动保障部对方案可以提出修订意见，若在方案收到后 14 日内未提出修订意见的，视为同意。

第九条　省、自治区、直辖市劳动保障行政部门应将本地区最低工资标准方案报省、自治区、直辖市人民政府批准，并在批准后 7 日内在当地政府公报上和至少一种全地区性报纸上发布。省、自治区、直辖市劳动保障行政部门应在发布后 10 日内将最低工资标准报劳动保障部。

第十条　最低工资标准发布实施后，如本规定第六条所规定的相关因素发生变化，应当适时调整。最低工资标准每两年至少调整一次。

第十一条　用人单位应在最低工资标准发布后 10 日内将该标准向本单位全体劳动者公示。

第十二条　在劳动者提供正常劳动的情况下，用人单位应支付给劳动者的工资在剔除下列各项以后，不得低于当地最低工资标准：

（一）延长工作时间工资；

（二）中班、夜班、高温、低温、井下、有毒有害等特殊工作环境、条件下的津贴；

（三）法律、法规和国家规定的劳动者福利待遇等。

实行计件工资或提成工资等工资形式的用人单位，在科学合理的劳动定额基础上，其支付劳动者的工资不得低于相应的最低工资标准。

劳动者由于本人原因造成在法定工作时间内或依法签订的劳动合同约定的工作时间内未提供

正常劳动的,不适用于本条规定。

第十三条 用人单位违反本规定第十一条规定的,由劳动保障行政部门责令其限期改正;违反本规定第十二条规定的,由劳动保障行政部门责令其限期补发所欠劳动者工资,并可责令其按所欠工资的1至5倍支付劳动者赔偿金。

第十四条 劳动者与用人单位之间就执行最低工资标准发生争议,按劳动争议处理有关规定处理。

第十五条 本规定自2004年3月1日起实施。1993年11月24日原劳动部发布的《企业最低工资规定》同时废止。

附件:

最低工资标准测算方法

一、确定最低工资标准应考虑的因素

确定最低工资标准一般考虑城镇居民生活费用支出、职工个人缴纳社会保险费、住房公积金、职工平均工资、失业率、经济发展水平等因素。可用公式表示为:

$M=f(C、S、A、U、E、a)$

M 最低工资标准;

C 城镇居民人均生活费用;

S 职工个人缴纳社会保险费、住房公积金;

A 职工平均工资;

U 失业率;

E 经济发展水平;

a 调整因素。

二、确定最低工资标准的通用方法

1. 比重法即根据城镇居民家计调查资料,确定一定比例的最低人均收入户为贫困户,统计出贫困户的人均生活费用支出水平,乘以每一就业者的赡养系数,再加上一个调整数。

2. 恩格尔系数法即根据国家营养学会提供的年度标准食物谱及标准食物摄取量,结合标准食物的市场价格,计算出最低食物支出标准,除以恩格尔系数,得出最低生活费用标准,再乘以每一就业者的赡养系数,再加上一个调整数。

以上方法计算出月最低工资标准后,再考虑职工个人缴纳社会保险费、住房公积金、职工平均

工资水平、社会救济金和失业保险金标准、就业状况、经济发展水平等进行必要的修正。

举例:某地区最低收入组人均每月生活费支出为210元,每一就业者赡养系数为1.87,最低食物费用为127元,恩格尔系数为0.604,平均工资为900元。

1. 按比重法计算得出该地区月最低工资标准为:

月最低工资标准 $=210×1.87+a=393+a(元)$ (1)

2. 按恩格尔系数法计算得出该地区月最低工资标准为:

月最低工资标准 $=127÷0.604×1.87+a=393+a(元)$ (2)

公式(1)与(2)中a的调整因素主要考虑当地个人缴纳养老、失业、医疗保险费和住房公积金等费用。

另,按照国际上一般月最低工资标准相当于月平均工资的40—60%,则该地区月最低工资标准范围应在360元—540元之间。

小时最低工资标准 $=〔($月最低工资标准 $÷20.92÷8)×(1+$单位应当缴纳的基本养老保险费、基本医疗保险费比例之和$)〕×(1+$浮动系数$)$①

浮动系数的确定主要考虑非全日制就业劳动者工作稳定性、劳动条件和劳动强度、福利等方面与全日制就业人员之间的差异。

各地可参照以上测算办法,根据当地实际情况合理确定月、小时最低工资标准。

工资集体协商试行办法

· 2000 年 11 月 8 日劳动和社会保障部令第 9 号发布

· 自发布之日起施行

第一章 总 则

第一条 为规范工资集体协商和签订工资集体协议(以下简称工资协议)的行为,保障劳动关

---

① 由于法定节假日的变化(见《全国年节及纪念日放假办法》,国务院令第513号),法定月平均工作日也发生相应变化,因而影响到月平均工资与日平均工资的计算。具体方法见《关于职工全年月平均工作时间和工资折算问题的通知》(2008年1月3日劳社部发〔2008〕3号)。

系双方的合法权益,促进劳动关系的和谐稳定,依据《中华人民共和国劳动法》和国家有关规定,制定本办法。

第二条　中华人民共和国境内的企业依法开展工资集体协商,签订工资协议,适用本办法。

第三条　本办法所称工资集体协商,是指职工代表与企业代表依法就企业内部工资分配制度、工资分配形式、工资收入水平等事项进行平等协商,在协商一致的基础上签订工资协议的行为。

本办法所称工资协议,是指专门就工资事项签订的专项集体合同。已订立集体合同的,工资协议作为集体合同的附件,并与集体合同具有同等效力。

第四条　依法订立的工资协议对企业和职工双方具有同等约束力。双方必须全面履行工资协议规定的义务,任何一方不得擅自变更或解除工资协议。

第五条　职工个人与企业订立的劳动合同中关于工资报酬的标准,不得低于工资协议规定的最低标准。

第六条　县级以上劳动保障行政部门依法对工资协议进行审查,对协议的履行情况进行监督检查。

第二章　工资集体协商内容

第七条　工资集体协商一般包括以下内容:

（一）工资协议的期限;

（二）工资分配制度、工资标准和工资分配形式;

（三）职工年度平均工资水平及其调整幅度;

（四）奖金、津贴、补贴等分配办法;

（五）工资支付办法;

（六）变更、解除工资协议的程序;

（七）工资协议的终止条件;

（八）工资协议的违约责任;

（九）双方认为应当协商约定的其他事项。

第八条　协商确定职工年度工资水平应符合国家有关工资分配的宏观调控政策,并综合参考下列因素:

（一）地区、行业、企业的人工成本水平;

（二）地区、行业的职工平均工资水平;

（三）当地政府发布的工资指导线、劳动力市场工资指导价位;

（四）本地区城镇居民消费价格指数;

（五）企业劳动生产率和经济效益;

（六）国有资产保值增值;

（七）上年度企业职工工资总额和职工平均工资水平;

（八）其他与工资集体协商有关的情况。

第三章　工资集体协商代表

第九条　工资集体协商代表应依照法定程序产生。职工一方由工会代表。未建工会的企业由职工民主推举代表,并得到半数以上职工的同意。企业代表由法定代表人和法定代表人指定的其他人员担任。

第十条　协商双方各确定一名首席代表。职工首席代表应当由工会主席担任,工会主席可以书面委托其他人员作为自己的代理人;未成立工会的,由职工集体协商代表推举。企业首席代表应当由法定代表人担任,法定代表人可以书面委托其他管理人员作为自己的代理人。

第十一条　协商双方的首席代表在工资集体协商期间轮流担任协商会议执行主席。协商会议执行主席的主要职责是负责工资集体协商有关组织协调工作,并对协商过程中发生的问题提出处理建议。

第十二条　协商双方可书面委托本企业以外的专业人士作为本方协商代表。委托人数不得超过本方代表的1/3。

第十三条　协商双方享有平等的建议权、否决权和陈述权。

第十四条　由企业内部产生的协商代表参加工资集体协商的活动应视为提供正常劳动,享受的工资、奖金、津贴、补贴、保险福利待遇不变。其中,职工协商代表的合法权益受法律保护。企业不得对职工协商代表采取歧视性行为,不得违法解除或变更其劳动合同。

第十五条　协商代表应遵守双方确定的协商规则,履行代表职责,并负有保守企业商业秘密的责任。协商代表任何一方不得采取过激、威胁、收买、欺骗等行为。

第十六条　协商代表应了解和掌握工资分配的有关情况,广泛征求各方面的意见,接受本方人员对工资集体协商有关问题的质询。

第四章 工资集体协商程序

第十七条 职工和企业任何一方均可提出进行工资集体协商的要求。工资集体协商的提出方应向另一方提出书面的协商意向书,明确协商的时间、地点、内容等。另一方接到协商意向书后,应于 20 日内予以书面答复,并与提出方共同进行工资集体协商。

第十八条 在不违反有关法律、法规的前提下,协商双方有义务按照对方要求,在协商开始前 5 日内,提供与工资集体协商有关的真实情况和资料。

第十九条 工资协议草案应提交职工代表大会或职工大会讨论审议。

第二十条 工资集体协商双方达成一致意见后,由企业行政方制作工资协议文本。工资协议经双方首席代表签字盖章后成立。

第五章 工资协议审查

第二十一条 工资协议签订后,应于 7 日内由企业将工资协议一式三份及说明,报送劳动保障行政部门审查。

第二十二条 劳动保障行政部门应在收到工资协议 15 日内,对工资集体协商双方代表资格、工资协议的条款内容和签订程序等进行审查。劳动保障行政部门经审查对工资协议无异议,应及时向协商双方送达《工资协议审查意见书》,工资协议即行生效。

劳动保障行政部门对工资协议有修改意见,应将修改意见在《工资协议审查意见书》中通知协商双方。双方应就修改意见及时协商,修改工资协议,并重新报送劳动保障行政部门。

工资协议向劳动保障行政部门报送经过 15 日后,协议双方未收到劳动保障行政部门的《工资协议审查意见书》,视为已经劳动保障行政部门同意,该工资协议即行生效。

第二十三条 协商双方应于 5 日内将已经生效的工资协议以适当形式向本方全体人员公布。

第二十四条 工资集体协商一般情况下一年进行一次。职工和企业双方均可在原工资协议期满前 60 日内,向对方书面提出协商意向书,进行下一轮的工资集体协商,做好新旧工资协议的相互衔接。

第六章 附 则

第二十五条 本办法对工资集体协商和工资协议的有关内容未做规定的,按《集体合同规定》的有关规定执行。

第二十六条 本办法自发布之日起施行。

国有企业工资内外收入监督管理规定

· 2022 年 8 月 30 日

· 人社部发〔2022〕57 号

第一章 总 则

第一条 为加强对国有企业工资内外收入的监督管理,规范国有企业工资分配秩序,根据党中央、国务院关于国有企业负责人薪酬制度和工资决定机制改革要求以及有关法律法规规定,制定本规定。

第二条 对国家出资的国有独资和国有控股企业工资内外收入的监督管理,适用本规定。

对中央和地方有关部门或机构作为实际控制人的企业工资内外收入的监督管理,参照本规定执行。

第三条 国有企业工资内外收入监督管理工作应坚持依法依规、客观公正、高效廉洁和分级监管的原则。

第四条 各级人力资源社会保障部门会同财政、国资监管等部门负责对国有企业工资内外收入情况实施监督检查等监督管理工作,及时查处工资分配违规行为。

各级履行出资人职责机构(或其他企业主管部门,下同)依据监管职责负责对所监管企业工资分配执行情况加强监督,对违规问题督促整改。

第二章 监督管理内容

第五条 国有企业工资内外收入监督管理是对国有企业执行国家关于企业工资收入分配政策情况的监督检查,重点检查国有企业负责人薪酬制度和工资决定机制改革政策执行情况。

工资内外收入具体包括工资、奖金、津贴、补贴、加班加点工资、特殊情况下支付的工资以及其他工资性收入、福利等。

第六条 国有企业负责人薪酬分配监督管理事项包括：

（一）企业负责人纳入国有企业负责人薪酬制度改革范围情况；

（二）企业负责人薪酬管理制度制定情况；

（三）企业负责人薪酬结构、水平和发放情况；

（四）企业负责人的年度和任期考核评价情况及考核结果与薪酬分配挂钩情况；

（五）企业负责人领取津补贴、奖励、福利性待遇和以现金形式发放的履职待遇等情况；

（六）离任企业负责人领取薪酬情况；

（七）企业负责人薪酬列支情况；

（八）企业负责人薪酬信息披露情况；

（九）企业负责人薪金所得税代扣代缴情况；

（十）其他应纳入监督管理的事项。

对组织任命管理企业负责人和非组织任命管理企业负责人，薪酬分配的监督管理按照相应适用的政策开展。

第七条 国有企业职工工资福利待遇监督管理事项包括：

（一）企业纳入国有企业工资决定机制改革范围情况；

（二）国家工资分配宏观指导调控政策和要求执行情况；

（三）企业内部工资分配、福利管理等制度制定情况；

（四）工资总额预算编制、清算、计提和发放等情况；

（五）津补贴、奖金、福利等管理情况；

（六）工资总额信息披露情况；

（七）工资内外收入列支情况；

（八）工资薪金所得税代扣代缴情况；

（九）其他应纳入监督管理的事项。

第三章 监督管理实施

第八条 监督管理工作采取企业自查、综合检查、重点核查等方式进行。

第九条 人力资源社会保障部门会同财政、国资监管等部门根据工作需要，定期或不定期组织履行出资人职责机构对所监管国有企业开展工资内外收入情况自查。自查工作结束后，企业应形成自查报告报送履行出资人职责机构，履行出

资人职责机构汇总报送人力资源社会保障部门。

第十条 人力资源社会保障部门会同财政、国资监管等部门原则上每年应选取一定数量国有企业对其工资内外收入情况进行综合检查。履行出资人职责机构和企业应配合做好监督检查工作，按要求提供企业名单及相关信息。

人力资源社会保障部门会同财政、国资监管部门确定被检查企业时，应加强与巡视巡察、审计等部门和机构的沟通，原则上同一对象在同一年度内已接受巡视巡察、审计的，不再确定为被检查对象。

第十一条 人力资源社会保障部门应会同财政、国资监管等部门对以下情形开展重点核查：

（一）企业自查报告、备案报告、信息披露等中发现可能存在违规问题或存在虚假记载、误导性陈述或重大遗漏的；

（二）纪检监察、巡视巡察、审计或其他部门和机构移送或反映企业存在工资分配违规问题的；

（三）企业职工、社会公众和媒体举报或反映企业工资分配存在重大违规问题的；

（四）监督管理中查处的违规问题未整改到位的；

（五）其他需要核查的情形。

第十二条 人力资源社会保障部门应提前书面通知被确定为综合检查和重点核查对象的企业做好准备工作，组织被检查企业召开会议，安排部署有关监督检查工作。

人力资源社会保障部门应当在被检查企业以适当方式公布检查项目名称、检查纪律要求和举报信箱、举报电话等。

被检查企业应当按照要求提供监督检查必要的工作条件，组织专门力量配合做好监督检查工作。

第十三条 综合检查、重点核查根据工作需要可采取下列措施：

（一）到被检查企业开展现场检查；

（二）向有关人员调查，了解情况，要求其对被检查事项作出解释、说明；

（三）查阅、复制与被检查事项有关的制度、工资统计报表、财务报表、工资福利台账、会计凭证等相关材料和数据；

（四）对所属或相关企业开展必要的延伸检查或调查；

（五）其他必要的方式。

综合检查、重点核查根据工作需要可通过政府购买服务委托第三方专业机构承担现场检查工作。所需经费由各级财政部门按照规定根据工作需要统筹安排。

第十四条 被检查企业应按要求及时、准确、完整提交与监督检查内容相关的材料，主要包括：

（一）企业工资内外收入情况报告；

（二）履行出资人职责机构审核（核准）或备案的企业负责人薪酬、工资总额确定和清算方案及相关文件材料；

（三）工资内外收入的财务凭证和台账；

（四）劳动工资统计报表；

（五）财务决算报表和审计报告；

（六）巡视巡察、审计或监督检查发现问题整改情况报告及相关文件材料；

（七）企业工资福利管理相关制度文件；

（八）社会保险、住房公积金和个人所得税缴纳相关材料；

（九）其他需要提供的材料。

企业应当对所提供材料的真实性、完整性负责，不得有虚假记载、误导性陈述或者重大遗漏，并作出书面承诺。

第十五条 综合检查和重点核查过程中，应当就检查过程中发现的有关问题事实与被检查企业沟通听取意见，确认有关事实。被检查企业对监督检查中发现的违规问题，应及时主动进行整改。

第十六条 综合检查和重点核查结束后，人力资源社会保障部门应商财政、国资监管等部门根据监督检查认定的事实和问题，向被检查企业下达处理意见书，明确违规问题的处理措施、依据、整改时限和相关要求，并抄送其履行出资人职责机构。

第十七条 被检查企业应在收到处理意见书15个工作日内，就处理意见书指出的违规问题及提出的整改意见制定整改方案，2个月内完成违规问题整改，并及时向人力资源社会保障部门报送整改情况报告。确因特殊情况需要延长整改时限的，经人力资源社会保障部门同意后可以适当延长。

第四章 违规处理

第十八条 对国有企业工资内外收入违规问题的处理措施包括：

（一）责令改正；

（二）追回违规所得；

（三）经济处罚；

（四）约谈；

（五）通报；

（六）移送有关部门处理。

对同一违规问题的处理，可以并用多种处理措施。对同一次监督检查中同一责任人出现多个违规问题给予经济处罚的，按照处罚的最高标准执行；对纪检监察、履行出资人职责机构等部门或机构已就工资内外收入违规问题按照国家或部门有关规定的处罚标准给予了经济处罚且企业已按要求整改到位的，就同一违规问题不再给予经济处罚。

第十九条 国有企业负责人薪酬管理出现下列违规情形的，应责令企业改正，违规或超标准领取部分应予以追回。

（一）企业负责人未按照党中央、国务院关于国有企业负责人薪酬制度改革要求纳入实施范围的；

（二）企业负责人包括离任、退休企业负责人违规领取薪酬以及津补贴、奖励、福利性待遇和以现金形式发放的履职待遇的；

（三）违规实行职业经理人薪酬制度的。

前款第二项违规情形除责令改正和追回违规所得外，应同时按照违规所得等量给予经济处罚，但最高不超过违规问题发生当年的本人绩效年薪。企业负责人在处理意见书下达前主动退回违规所得的，可视情不再予以经济处罚。

第二十条 国有企业工资总额管理出现下列情形的，应责令企业改正，违规核定或超发部分不计入工资总额预算基数，违规超发部分在下一年度工资总额中予以扣回。对违规超发金额过大，难以一次性扣回的，经同意可在3年内逐年扣回。

（一）企业未按照国务院关于国有企业工资决定机制改革要求纳入实施范围的；

（二）违反工资效益联动机制有关规定计提、发放工资总额的；

（三）集团总部职工平均工资增长幅度超过本企业全部职工平均工资增长幅度的；

（四）超履行出资人职责机构核准或备案工资总额计提、发放工资总额的；

（五）其他超提、超发工资总额的。

前款违规情形，除责令改正并予以扣回外，应视情给予相关企业负责人经济处罚。对违规核定或超发部分超过应发工资总额 5% 但未超过 10% 的,对企业主要负责人、分管负责人按不超过本人当年绩效年薪的 10% 给予经济处罚;违规核定或超发部分超过当年应发工资总额 10% 以上的,对企业主要负责人、分管负责人按违规核定或超发占应发工资总额比例的绩效年薪给予经济处罚。

第二十一条　国有企业工资分配管理存在下列情形的,应责令企业改正,建立完善有关工资内外收入管理制度,规范工资内外收入管理。

(一)企业负责人薪酬、工资总额管理和考核制度,以及内部分配和福利管理制度不健全或内容违规的;

(二)违规向企业负责人提前发放薪酬的;

(三)违规发放福利待遇或承担应由职工个人支付费用的;

(四)企业负责人薪酬、工资总额信息未按规定披露和落实厂务公开要求的;

(五)违规实行周期制工资总额管理的;

(六)工资总额预算编制、调整、清算等程序和时间等不合规的;

(七)工资性支出未纳入工资总额管理、按照企业会计准则规定应当通过应付职工薪酬核算的工资福利项目未通过应付职工薪酬核算、企业负责人薪酬未单独核算并设置明细账目的;

(八)未按规定报送企业负责人薪酬和工资总额实施情况的;

(九)企业负责人及职工工资福利收入未依法缴纳个人所得税的;

(十)其他违反工资分配法律法规和政策的。

前款第七项工资性支出未纳入工资总额管理,按规定纳入后工资总额超提超发的,按照第二十条规定处理。

第二十二条　被监督检查企业拒不配合甚至阻扰监督管理工作、拒不整改违规问题或违规情节严重的,应约谈企业负责人,并视情在一定范围内予以通报。

被监督检查企业违规行为依规依纪依法应给予相关责任人纪律处分、组织调整或组织处理、处分的,应移交有关部门进行处理;构成犯罪的,依法追究刑事责任。

第二十三条　国有企业负责人授意、指使、纵容、强令、包庇下属人员实施违规行为的,对有关企业负责人应按照第十八条有关处理措施从重或加重处理。

第二十四条　履行国有企业工资内外收入监督管理职责部门或机构、履行出资人职责机构的工作人员应当依法依规、客观公正开展工作,严格遵守廉洁自律和保密有关规定。对于未依法依规履行职责、玩忽职守、徇私枉法或者泄露检查中知晓的国家秘密和商业秘密、个人信息的,依规依纪依法追究责任。

第五章　检查结果运用

第二十五条　监督检查工作结束后,人力资源社会保障部门应视情向同级财政、国资监管以及相关部门、有关国有企业通报监督检查情况,并报送上一级人力资源社会保障部门。

对国有企业工资分配违规问题的处理意见书,人力资源社会保障部门应抄送组织、纪检监察、巡视巡察、审计、国资监管、税务等部门和机构。

对企业连续三次在监督检查过程中未发现任何违规问题的,在一定时期内可免于综合检查。

第二十六条　履行出资人职责机构应根据监督检查处理意见,督促违规企业进行整改。对存在严重违规情形的国有企业,履行出资人职责机构对其至少三年内不得实行工资总额备案制管理。

第二十七条　国有企业对违规情形中的相关责任人,除按照第二十二条第二款依规依纪依法追究责任外,还应视情节轻重按照管理权限和企业规章制度给予批评教育、内部通报、扣减薪酬等处理。

第二十八条　人力资源社会保障部门应会同组织、纪检监察、巡视巡察、财政、审计、国资监管、税务等部门和机构建立信息沟通、线索移交、成果共享机制,推动建设信息化工作平台,提高监督效能,形成监督合力。

纪检监察、巡视巡察、审计等部门和机构移送或反映国有企业工资分配违规问题相关线索的,人力资源社会保障部门应会同财政、国资监管等部门及时予以核查处理,并按规定将调查处理结果反馈给相关部门。

第六章　附　　则

第二十九条　各省、自治区、直辖市及新疆生产建设兵团人力资源社会保障厅（局）应会同财政厅（局）、国资委等部门按照本规定做好国有企业工资内外收入监督管理工作。各地区可结合本地实际,依据本规定制定具体实施办法。

第三十条 本规定自印发之日起施行。《劳动部、财政部、审计署关于颁发〈国有企业工资内外收入监督检查实施办法〉的通知》(劳部发〔1995〕218号)同时废止。

拖欠农民工工资失信联合惩戒
对象名单管理暂行办法

· 2021年11月10日人力资源社会保障部令第45号公布

· 自2022年1月1日起施行

第一条 为了维护劳动者合法权益,完善失信约束机制,加强信用监管,规范拖欠农民工工资失信联合惩戒对象名单(以下简称失信联合惩戒名单)管理工作,根据《保障农民工工资支付条例》等有关规定,制定本办法。

第二条 人力资源社会保障行政部门实施列入失信联合惩戒名单、公开信息、信用修复等管理活动,适用本办法。

第三条 人力资源社会保障部负责组织、指导全国失信联合惩戒名单管理工作。

县级以上地方人力资源社会保障行政部门依据行政执法管辖权限,负责失信联合惩戒名单管理的具体实施工作。

第四条 失信联合惩戒名单管理实行"谁执法、谁认定、谁负责",遵循依法依规、客观公正、公开透明、动态管理的原则。

实施失信联合惩戒名单管理,应当依法依规加强信用信息安全和个人信息保护。人力资源社会保障行政部门及其工作人员对实施失信联合惩戒名单管理过程中知悉的国家秘密、商业秘密、个人隐私,应当依法依规予以保密。

第五条 用人单位拖欠农民工工资,具有下列情形之一,经人力资源社会保障行政部门依法责令限期支付工资,逾期未支付的,人力资源社会保障行政部门应当作出列入决定,将该用人单位及其法定代表人或者主要负责人、直接负责的主管人员和其他直接责任人员(以下简称当事人)列入失信联合惩戒名单:

(一)克扣、无故拖欠农民工工资达到认定拒不支付劳动报酬罪数额标准的;

(二)因拖欠农民工工资违法行为引发群体性事件、极端事件造成严重不良社会影响的。

第六条 人力资源社会保障行政部门在作出列入决定前,应当告知当事人拟列入失信联合惩戒名单的事由、依据、提出异议等依法享有的权利和本办法第七条可以不予列入失信联合惩戒名单的规定。

当事人自收到告知之日起5个工作日内,可以向人力资源社会保障行政部门提出异议。对异议期内提出的异议,人力资源社会保障行政部门应当自收到异议之日起5个工作日内予以核实,并将结果告知当事人。

第七条 用人单位在人力资源社会保障行政部门作出列入决定前,已经改正拖欠农民工工资违法行为,且作出不再拖欠农民工工资书面信用承诺的,可以不予列入失信联合惩戒名单。

第八条 人力资源社会保障行政部门应当自责令限期支付工资文书指定期限届满之日起20个工作日内作出列入决定。情况复杂的,经人力资源社会保障行政部门负责人批准,可以延长20个工作日。

人力资源社会保障行政部门作出列入决定,应当制作列入决定书。列入决定书应当载明列入事由、列入依据、联合惩戒措施提示、提前移出条件和程序、救济措施等,并按照有关规定交付或者送达当事人。

第九条 作出列入决定的人力资源社会保障行政部门应当按照政府信息公开等有关规定,通过本部门门户网站和其他指定的网站公开失信联合惩戒名单。

第十条 作出列入决定的人力资源社会保障行政部门应当按照有关规定,将失信联合惩戒名单信息共享至同级信用信息共享平台,供相关部门作为在各自职责范围内按照《保障农民工工资支付条例》等有关规定,对被列入失信联合惩戒名单的当事人实施联合惩戒的依据。

对被列入失信联合惩戒名单的当事人,由相关部门在政府资金支持、政府采购、招投标、融资贷款、市场准入、税收优惠、评优评先、交通出行等方面依法依规予以限制。

第十一条 当事人被列入失信联合惩戒名单的期限为 3 年,自人力资源社会保障行政部门作出列入决定之日起计算。

第十二条 用人单位同时符合下列条件的,可以向作出列入决定的人力资源社会保障行政部门申请提前移出失信联合惩戒名单:

(一)已经改正拖欠农民工工资违法行为的;

(二)自改正之日起被列入失信联合惩戒名单满 6 个月的;

(三)作出不再拖欠农民工工资书面信用承诺的。

第十三条 用人单位符合本办法第十二条规定条件,但是具有下列情形之一的,不得提前移出失信联合惩戒名单:

(一)列入失信联合惩戒名单期限内再次发生拖欠农民工工资违法行为的;

(二)因涉嫌拒不支付劳动报酬犯罪正在刑事诉讼期间或者已经被追究刑事责任的;

(三)法律、法规和党中央、国务院政策文件规定的其他情形。

第十四条 用人单位申请提前移出失信联合惩戒名单,应当提交书面申请、已经改正拖欠农民工工资违法行为的证据和不再拖欠农民工工资书面信用承诺。

人力资源社会保障行政部门应当自收到用人单位提前移出失信联合惩戒名单申请之日起 15 个工作日内予以核实,决定是否准予提前移出,制作决定书并按照有关规定交付或者送达用人单位。不予提前移出的,应当说明理由。

人力资源社会保障行政部门准予用人单位提前移出失信联合惩戒名单的,应当将该用人单位的其他当事人一并提前移出失信联合惩戒名单。

第十五条 申请提前移出的用人单位故意隐瞒真实情况、提供虚假资料,情节严重的,由作出提前移出决定的人力资源社会保障行政部门撤销提前移出决定,恢复列入状态。列入的起止时间重新计算。

第十六条 列入决定所依据的责令限期支付工资文书被依法撤销的,作出列入决定的人力资源社会保障行政部门应当撤销列入决定。

第十七条 有下列情形之一的,作出列入决定的人力资源社会保障行政部门应当于 10 个工作日内将当事人移出失信联合惩戒名单,在本部门门户网站停止公开相关信息,并告知第九条规定的有关网站:

(一)当事人被列入失信联合惩戒名单期限届满的;

(二)人力资源社会保障行政部门决定提前移出失信联合惩戒名单的;

(三)列入决定被依法撤销的。

当事人被移出失信联合惩戒名单的,人力资源社会保障行政部门应当及时将移出信息共享至同级信用信息共享平台,相关部门联合惩戒措施按照规定终止。

第十八条 当事人对列入失信联合惩戒名单决定或者不予提前移出失信联合惩戒名单决定不服的,可以依法申请行政复议或者提起行政诉讼。

第十九条 人力资源社会保障行政部门工作人员在实施失信联合惩戒名单管理过程中,滥用职权、玩忽职守、徇私舞弊的,依法依规给予处分;构成犯罪的,依法追究刑事责任。

第二十条 本办法自 2022 年 1 月 1 日起施行。

拖欠农民工工资"黑名单"管理暂行办法

· 2017 年 9 月 25 日
· 人社部规〔2017〕16 号

第一条 为规范拖欠农民工工资"黑名单"管理工作,加强对拖欠工资违法失信用人单位的惩戒,维护劳动者合法权益,根据《企业信息公示暂行条例》《国务院关于建立完善守信联合激励和失信联合惩戒制度加快推进社会诚信建设的指导意见》(国发〔2016〕33 号)《国务院办公厅关于全面治理拖欠农民工工资问题的意见》(国办发〔2016〕1 号),制定本办法。

第二条 本办法所称拖欠农民工工资"黑名单"(以下简称拖欠工资"黑名单"),是指违反国家工资支付法律法规规章规定,存在本办法第五条所列拖欠工资情形的用人单位及其法定代表人、其他责任人。

第三条 人力资源社会保障部负责指导监督全国拖欠工资"黑名单"管理工作。

省、自治区、直辖市人力资源社会保障行政部门负责指导监督本行政区域拖欠工资"黑名单"管理工作,每半年向人力资源社会保障部报送本行政区域的拖欠工资"黑名单"。

地方人力资源社会保障行政部门依据行政执法管辖权限,负责拖欠工资"黑名单"管理的具体实施工作。

第四条 拖欠工资"黑名单"管理实行"谁执法,谁认定,谁负责",遵循依法依规、公平公正、客观真实的原则。

第五条 用人单位存在下列情形之一的,人力资源社会保障行政部门应当自查处违法行为并作出行政处理或处罚决定之日起 20 个工作日内,按照管辖权限将其列入拖欠工资"黑名单"。

(一)克扣、无故拖欠农民工工资报酬,数额达到认定拒不支付劳动报酬罪数额标准的;

(二)因拖欠农民工工资违法行为引发群体性事件、极端事件造成严重不良社会影响的。

将劳务违法分包、转包给不具备用工主体资格的组织和个人造成拖欠农民工工资且符合前款规定情形的,应将违法分包、转包单位及不具备用工主体资格的组织和个人一并列入拖欠工资"黑名单"。

第六条 人力资源社会保障行政部门将用人单位列入拖欠工资"黑名单"的,应当提前书面告知,听取其陈述和申辩意见。核准无误的,应当作出列入决定。

列入决定应当列明用人单位名称及其法定代表人、其他责任人姓名、统一社会信用代码、列入日期、列入事由、权利救济期限和途径、作出决定机关等。

第七条 人力资源社会保障行政部门应当按照有关规定,将拖欠工资"黑名单"信息通过部门门户网站、"信用中国"网站、国家企业信用信息公示系统等予以公示。

第八条 人力资源社会保障行政部门应当按照有关规定,将拖欠工资"黑名单"信息纳入当地和全国信用信息共享平台,由相关部门在各自职责范围内依法依规实施联合惩戒,在政府资金支持、政府采购、招投标、生产许可、资质审核、融资贷款、市场准入、税收优惠、评优评先等方面予以限制。

第九条 拖欠工资"黑名单"实行动态管理。

用人单位首次被列入拖欠工资"黑名单"的期限为 1 年,自作出列入决定之日起计算。

列入拖欠工资"黑名单"的用人单位改正违法行为且自列入之日起 1 年内未再发生第五条规定情形的,由作出列入决定的人力资源社会保障行政部门于期满后 20 个工作日内决定将其移出拖欠工资"黑名单";用人单位未改正违法行为或者列入期间再次发生第五条规定情形的,期满不予移出并自动续期 2 年。

已移出拖欠工资"黑名单"的用人单位再次发生第五条规定情形,再次列入拖欠工资"黑名单",期限为 2 年。

第十条 人力资源社会保障行政部门决定将用人单位移出拖欠工资"黑名单"的,应当通过部门门户网站、"信用中国"网站、国家企业信用信息公示系统等予以公示。

第十一条 用人单位被列入拖欠工资"黑名单"所依据的行政处理或处罚决定被依法变更或者撤销的,作出列入决定的人力资源社会保障行政部门应当及时更正拖欠工资"黑名单"。

第十二条 用人单位被移出拖欠工资"黑名单"管理的,相关部门联合惩戒措施即行终止。

第十三条 人力资源社会保障等行政部门工作人员在实施拖欠工资"黑名单"管理过程中,滥用职权、玩忽职守、徇私舞弊的,依法予以处理。

第十四条 各省级人力资源社会保障行政部门可根据本办法制定实施细则。

第十五条 本办法自 2018 年 1 月 1 日起施行。

(五)工时与休假

国务院关于职工探亲待遇的规定

· 1981 年 3 月 6 日第五届全国人民代表大会常务委员会第十七次会议批准
· 1981 年 3 月 14 日国务院公布

第一条 为了适当地解决职工同亲属长期远居两地的探亲问题,特制定本规定。

第二条 凡在国家机关、人民团体和全民所有制企业、事业单位工作满一年的固定职工，与配偶不住在一起，又不能在公休假日团聚的，可以享受本规定探望配偶的待遇；与父亲、母亲都不住在一起，又不能在公休假日团聚的，可以享受本规定探望父母的待遇。但是，职工与父亲或与母亲一方能够在公休假日团聚的，不能享受本规定探望父母的待遇。

第三条 职工探亲假期：

（一）职工探望配偶的，每年给予一方探亲假一次，假期为 30 天。

（二）未婚职工探望父母，原则上每年给假一次，假期为 20 天。如果因为工作需要，本单位当年不能给予假期，或者职工自愿两年探亲一次的，可以两年给假一次，假期为 45 天。

（三）已婚职工探望父母的，每四年给假一次，假期为 20 天。

探亲假期是指职工与配偶、父、母团聚的时间，另外，根据实际需要给予路程假。上述假期均包括公休假日和法定节日在内。

第四条 凡实行休假制度的职工（例如学校的教职工），应该在休假期间探亲；如果休假期较短，可由本单位适当安排，补足其探亲假的天数。

第五条 职工在规定的探亲假期和路程假期内，按照本人的标准工资发给工资。

第六条 职工探望配偶和未婚职工探望父母的往返路费，由所在单位负担。已婚职工探望父母的往返路费，在本人月标准工资 30% 以内的，由本人自理，超过部分由所在单位负担。

第七条 各省、直辖市人民政府可以根据本规定制定实施细则，并抄送国家劳动总局备案。

自治区可以根据本规定的精神制定探亲规定；报国务院批准执行。

第八条 集体所有制企业、事业单位职工的探亲待遇，由各省、自治区、直辖市人民政府根据本地区的实际情况自行规定。

第九条 本规定自发布之日起施行。1958 年 2 月 9 日《国务院关于工人、职员回家探亲的假期和工资待遇的暂行规定》同时废止。

职工带薪年休假条例

· 2007 年 12 月 7 日国务院第 198 次常务会议通过
· 2007 年 12 月 14 日中华人民共和国国务院令第 514 号公布
· 自 2008 年 1 月 1 日起施行

第一条 为了维护职工休息休假权利，调动职工工作积极性，根据劳动法和公务员法，制定本条例。

第二条 机关、团体、企业、事业单位、民办非企业单位、有雇工的个体工商户等单位的职工连续工作 1 年以上的，享受带薪年休假（以下简称年休假）。单位应当保证职工享受年休假。

职工在年休假期间享受与正常工作期间相同的工资收入。

第三条 职工累计工作已满 1 年不满 10 年的，年休假 5 天；已满 10 年不满 20 年的，年休假 10 天；已满 20 年的，年休假 15 天。

国家法定休假日、休息日不计入年休假的假期。

第四条 职工有下列情形之一的，不享受当年的年休假：

（一）职工依法享受寒暑假，其休假天数多于年休假天数的；

（二）职工请事假累计 20 天以上且单位按照规定不扣工资的；

（三）累计工作满 1 年不满 10 年的职工，请病假累计 2 个月以上的；

（四）累计工作满 10 年不满 20 年的职工，请病假累计 3 个月以上的；

（五）累计工作满 20 年以上的职工，请病假累计 4 个月以上的。

第五条 单位根据生产、工作的具体情况，并考虑职工本人意愿，统筹安排职工年休假。

年休假在 1 个年度内可以集中安排，也可以分段安排，一般不跨年度安排。单位因生产、工作特点确有必要跨年度安排职工年休假的，可以跨 1 个年度安排。

单位确因工作需要不能安排职工休年休假的，经职工本人同意，可以不安排职工休年休假。对职工应休未休的年休假天数，单位应当按照该职工日工资收入的300%支付年休假工资报酬。

第六条 县级以上地方人民政府人事部门、劳动保障部门应当依据职权对单位执行本条例的情况主动进行监督检查。

工会组织依法维护职工的年休假权利。

第七条 单位不安排职工休年休假又不依照本条例规定给予年休假工资报酬的,由县级以上地方人民政府人事部门或者劳动保障部门依据职权责令限期改正;对逾期不改正的,除责令该单位支付年休假工资报酬外,单位还应当按照年休假工资报酬的数额向职工加付赔偿金;对拒不支付年休假工资报酬、赔偿金的,属于公务员和参照公务员法管理的人员所在单位的,对直接负责的主管人员以及其他直接责任人员依法给予处分;属于其他单位的,由劳动保障部门、人事部门或者职工申请人民法院强制执行。

第八条 职工与单位因年休假发生的争议,依照国家有关法律、行政法规的规定处理。

第九条 国务院人事部门、国务院劳动保障部门依据职权,分别制定本条例的实施办法。

第十条 本条例自2008年1月1日起施行。

全国年节及纪念日放假办法

- 1949年12月23日政务院发布
- 根据1999年9月18日《国务院关于修改〈全国年节及纪念日放假办法〉的决定》第一次修订
- 根据2007年12月14日《国务院关于修改〈全国年节及纪念日放假办法〉的决定》第二次修订
- 根据2013年12月11日《国务院关于修改〈全国年节及纪念日放假办法〉的决定》第三次修订

第一条 为统一全国年节及纪念日的假期,制定本办法。

第二条 全体公民放假的节日:

(一)新年,放假1天(1月1日);

(二)春节,放假3天(农历正月初一、初二、初三);

(三)清明节,放假1天(农历清明当日);

(四)劳动节,放假1天(5月1日);

(五)端午节,放假1天(农历端午当日);

(六)中秋节,放假1天(农历中秋当日);

(七)国庆节,放假3天(10月1日、2日、3日)。

第三条 部分公民放假的节日及纪念日:

(一)妇女节(3月8日),妇女放假半天;

(二)青年节(5月4日),14周岁以上的青年放假半天;

(三)儿童节(6月1日),不满14周岁的少年儿童放假1天;

(四)中国人民解放军建军纪念日(8月1日),现役军人放假半天。

第四条 少数民族习惯的节日,由各少数民族聚居地区的地方人民政府,按照各该民族习惯,规定放假日期。

第五条 二七纪念日、五卅纪念日、七七抗战纪念日、九三抗战胜利纪念日、九一八纪念日、教师节、护士节、记者节、植树节等其他节日、纪念日,均不放假。

第六条 全体公民放假的假日,如果适逢星期六、星期日,应当在工作日补假。部分公民放假的假日,如果适逢星期六、星期日,则不补假。

第七条 本办法自公布之日起施行。

国务院关于职工工作时间的规定

- 1994年2月3日中华人民共和国国务院令第146号发布
- 根据1995年3月25日《国务院关于修改〈国务院关于职工工作时间的规定〉的决定》修订

第一条 为了合理安排职工的工作和休息时间,维护职工的休息权利,调动职工的积极性,促进社会主义现代化建设事业的发展,根据宪法有关规定,制定本规定。

第二条 本规定适用于在中华人民共和国境内的国家机关、社会团体、企业事业单位以及其他组织的职工。

第三条 职工每日工作8小时,每周工作40小时。

第四条 在特殊条件下从事劳动和有特殊情况,需要适当缩短工作时间的,按照国家有关规定执行。

第五条 因工作性质或者生产特点的限制,不能实行每日工作8小时、每周工作40小时标准工时制度的,按照国家有关规定,可以实行其他工作和休息办法。

第六条　任何单位和个人不得擅自延长职工工作时间。因特殊情况和紧急任务确需延长工作时间的,按照国家有关规定执行。

第七条　国家机关、事业单位实行统一的工作时间,星期六和星期日为周休息日。

企业和不能实行前款规定的统一工作时间的事业单位,可以根据实际情况灵活安排周休息日。

第八条　本规定由劳动部、人事部负责解释;实施办法由劳动部、人事部制定。

第九条　本规定自 1995 年 5 月 1 日起施行。1995 年 5 月 1 日施行有困难的企业、事业单位,可以适当延期;但是,事业单位最迟应当自 1996 年 1 月 1 日起施行,企业最迟应当自 1997 年 5 月 1 日起施行。

企业职工带薪年休假实施办法

·2008 年 9 月 18 日人力资源和社会保障部令第 1 号公布
·自公布之日起施行

第一条　为了实施《职工带薪年休假条例》(以下简称条例),制定本实施办法。

第二条　中华人民共和国境内的企业、民办非企业单位、有雇工的个体工商户等单位(以下统称用人单位)与其建立劳动关系的职工,适用本办法。

第三条　职工连续工作满 12 个月以上的,享受带薪年休假(以下简称年休假)。

第四条　年休假天数根据职工累计工作时间确定。职工在同一或者不同用人单位工作期间,以及依照法律、行政法规或者国务院规定视同工作期间,应当计为累计工作时间。

第五条　职工新进用人单位且符合本办法第三条规定的,当年度年休假天数,按照在本单位剩余日历天数折算确定,折算后不足 1 整天的部分不享受年休假。

前款规定的折算方法为:(当年度在本单位剩余日历天数÷365 天)×职工本人全年应当享受的年休假天数。

第六条　职工依法享受的探亲假、婚丧假、产假等国家规定的假期以及因工伤停工留薪期间不计入年休假假期。

第七条　职工享受寒暑假天数多于其年休假天数的,不享受当年的年休假。确因工作需要,职工享受的寒暑假天数少于其年休假天数的,用人单位应当安排补足年休假天数。

第八条　职工已享受当年的年休假,年度内又出现条例第四条第(二)、(三)、(四)、(五)项规定情形之一的,不享受下一年度的年休假。

第九条　用人单位根据生产、工作的具体情况,并考虑职工本人意愿,统筹安排年休假。用人单位确因工作需要不能安排职工年休假或者跨 1 个年度安排年休假的,应征得职工本人同意。

第十条　用人单位经职工同意不安排年休假或者安排职工休假天数少于应休年休假天数的,应当在本年度内对职工应休未休年休假天数,按照其日工资收入的 300% 支付未休年休假工资报酬,其中包含用人单位支付职工正常工作期间的工资收入。

用人单位安排职工年休假,但是职工因本人原因且书面提出不休年休假的,用人单位可以只支付其正常工作期间的工资收入。

第十一条　计算未休年休假工资报酬的日工资收入按照职工本人的月工资除以月计薪天数(21.75 天)进行折算。

前款所称月工资是指职工在用人单位支付其未休年休假工资报酬前 12 个月剔除加班工资后的月平均工资。在本用人单位工作时间不满 12 个月的,按实际月份计算月平均工资。

职工在年休假期间享受与正常工作期间相同的工资收入。实行计件工资、提成工资或者其他绩效工资制的职工,日工资收入的计发办法按照本条第一款、第二款的规定执行。

第十二条　用人单位与职工解除或者终止劳动合同时,当年度未安排职工休满应休年休假天数的,应当按照职工当年已工作时间折算应休未休年休假天数并支付未休年休假工资报酬,但折算后不足 1 整天的部分不支付未休年休假工资报酬。

前款规定的折算方法为:(当年度在本单位已过日历天数÷365 天)×职工本人全年应当享受的年休假天数-当年度已安排年休假天数。

用人单位当年已安排职工年休假的,多于折算应休年休假的天数不再扣回。

第十三条　劳动合同、集体合同约定的或者用人单位规章制度规定的年休假天数、未休年休假工资报酬高于法定标准的，用人单位应当按照有关约定或者规定执行。

第十四条　劳务派遣单位的职工符合本办法第三条规定条件的，享受年休假。

被派遣职工在劳动合同期限内无工作期间由劳务派遣单位依法支付劳动报酬的天数多于其全年应当享受的年休假天数的，不享受当年的年休假；少于其全年应当享受的年休假天数的，劳务派遣单位、用工单位应当协商安排补足被派遣职工年休假天数。

第十五条　县级以上地方人民政府劳动行政部门应当依法监督检查用人单位执行条例及本办法的情况。

用人单位不安排职工休年休假又不依照条例及本办法规定支付未休年休假工资报酬的，由县级以上地方人民政府劳动行政部门依据职权责令限期改正；对逾期不改正的，除责令该用人单位支付未休年休假工资报酬外，用人单位还应当按照未休年休假工资报酬的数额向职工加付赔偿金；对拒不执行支付未休年休假工资报酬、赔偿金行政处理决定的，由劳动行政部门申请人民法院强制执行。

第十六条　职工与用人单位因年休假发生劳动争议的，依照劳动争议处理的规定处理。

第十七条　除法律、行政法规或者国务院另有规定外，机关、事业单位、社会团体与其建立劳动关系的职工，依照本办法执行。

船员的年休假按《中华人民共和国船员条例》执行。

第十八条　本办法中的"年度"是指公历年度。

第十九条　本办法自发布之日起施行。

企业职工患病或非因工负伤医疗期规定

· 1994 年 12 月 1 日
· 劳部发〔1994〕479 号

第一条　为了保障企业职工在患病或非因工负伤期间的合法权益，根据《中华人民共和国劳动法》第二十六、二十九条规定，制定本规定。

第二条　医疗期是指企业职工因患病或非因工负伤停止工作治病休息不得解除劳动合同的时限。

第三条　企业职工因患病或非因工负伤，需要停止工作医疗时，根据本人实际参加工作年限和在本单位工作年限，给予 3 个月到 24 个月的医疗期：

（一）实际工作年限 10 年以下的，在本单位工作年限 5 年以下的为 3 个月；5 年以上的为 6 个月。

（二）实际工作年限 10 年以上的，在本单位工作年限 5 年以下的为 6 个月；5 年以上 10 年以下的为 9 个月；10 年以上 15 年以下的为 12 个月；15 年以上 20 年以下的为 18 个月；20 年以上的为 24 个月。

第四条　医疗期 3 个月的按 6 个月内累计病休时间计算；6 个月的按 12 个月内累计病休时间计算；9 个月的按 15 个月内累计病休时间计算；12 个月的按 18 个月内累计病休时间计算；18 个月的按 24 个月内累计病休时间计算；24 个月的按 30 个月内累计病休时间计算。

第五条　企业职工在医疗期内，其病假工资、疾病救济费和医疗待遇按照有关规定执行。

第六条　企业职工非因工致残和经医生或医疗机构认定患有难以治疗的疾病，在医疗期内医疗终结，不能从事原工作，也不能从事用人单位另行安排的工作的，应当由劳动鉴定委员会参照工伤与职业病致残程度鉴定标准进行劳动能力的鉴定。被鉴定为一至四级的，应当退出劳动岗位，终止劳动关系，办理退休、退职手续，享受退休、退职待遇；被鉴定为五至十级的，医疗期内不得解除劳动合同。

第七条　企业职工非因工致残和经医生或医疗机构认定患有难以治疗的疾病，医疗期满，应当由劳动鉴定委员会参照工伤与职业病致残程度鉴定标准进行劳动能力的鉴定。被鉴定为一至四级的，应当退出劳动岗位，解除劳动关系，并办理退休、退职手续，享受退休、退职待遇。

第八条　医疗期满尚未痊愈者，被解除劳动合同的经济补偿问题按照有关规定执行。

第九条　本规定自 1995 年 1 月 1 日起施行。

（六）劳动安全

1. 综 合

中华人民共和国安全生产法

- 2002 年 6 月 29 日第九届全国人民代表大会常务委员会第二十八次会议通过
- 根据 2009 年 8 月 27 日第十一届全国人民代表大会常务委员会第十次会议《关于修改部分法律的决定》第一次修正
- 根据 2014 年 8 月 31 日第十二届全国人民代表大会常务委员会第十次会议《关于修改〈中华人民共和国安全生产法〉的决定》第二次修正
- 根据 2021 年 6 月 10 日第十三届全国人民代表大会常务委员会第二十九次会议《关于修改〈中华人民共和国安全生产法〉的决定》第三次修正

理解与适用

安全生产事关人民群众生命财产安全,事关改革开放、经济发展和社会稳定的大局,其重要性毋庸置疑。《中华人民共和国安全生产法》由第九届全国人民代表大会常务委员会第二十八次会议于 2002 年 6 月 29 日通过,自 2002 年 11 月 1 日起施行。2009 年 8 月 27 日第十一届全国人民代表大会常务委员会第十次会议通过的《关于修改部分法律的决定》对该法进行了第一次修正。2014 年 8 月 31 日第十二届全国人民代表大会常务委员会第十次会议通过的《关于修改〈中华人民共和国安全生产法〉的决定》对该法进行了第二次修正。2021 年 6 月 10 日第十三届全国人民代表大会常务委员会第二十九次会议通过的《关于修改〈中华人民共和国安全生产法〉的决定》对该法进行了第三次修正。现行《安全生产法》共七章,119 条。

2021 年安全生产法修改,主要包括以下内容:

(一)完善工作原则要求

一是明确规定安全生产工作坚持中国共产党的领导,在法律上贯彻落实坚持党的全面领导的要求,加强党对安全生产工作的领导作用。二是进一步强调以人为本,坚持人民至上、生命至上,把保护人民生命安全摆在首位,树牢安全发展理念,坚持安全第一、预防为主、综合治理的方针,从源头上防范化解重大安全风险。三是增加规定实行管行业必须管安全、管业务必须管安全、管生产经营必须管安全,厘清安全生产综合监管与行业监管的关系,明确应急管理部门、负有安全生产监督管理职责的有关部门、其他行业主管部门、党委和政府其他有关部门的责任。

(二)强化企业主体责任

一是进一步落实安全生产责任制。要求生产经营单位应当建立健全全员安全生产责任制和安全生产规章制度,加大对安全生产资金、物资、技术、人员的投入保障力度,改善安全生产条件,加强安全生产标准化、信息化建设,构建安全风险分级管控和隐患排查治理双重预防体系,健全风险防范化解机制。二是强化有关负责人的法律责任。明确生产经营单位的主要负责人是本单位安全生产第一责任人,对本单位的安全生产工作全面负责,其他负责人对职责范围内的安全生产工作负责;完善生产经营单位的主要负责人、安全生产管理机构以及安全生产管理人员的安全生产职责范围。三是强化安全生产预防措施。规定生产经营单位应当建立安全风险分级管控制度,按照安全风险分级采取相应的管控措施。四是加大对从业人员关怀。生产经营单位应当关注从业人员的身体、心理状况和行为习惯,加强对从业人员的心理疏导、精神慰藉,严格落实岗位安全生产责任,防范从业人员行为异常导致事故发生。五是完善安全生产责任保险制度。明确规定属于国家规定的高危行业、领域的生产经营单位应当投保安全生产责任保险。六是明确新业态生产经营单位的安全生产责任。要求平台经济等新兴行业、领域的生产经营单位应当根据本行业、领域的特点,建立健全并落实全员安全生产责任制,加强从业人员安全生产教育和培训,履行有关安全生产义务。此外,针对餐饮等行业生产经营单位使用燃气存在的安全隐患,以及矿山、金属冶炼、危险物品有关建设项目施工单位非法转让施工资质、违法分包转包等突出问题,作出专门规定。

(三)加强监督管理力度

一是完善政府监督管理职责。规定各级人民政府应当加强安全生产基础设施和监管能力建设,所需经费列入本级预算。国务院交通运输、住房和城乡建设、水利、民航等有关部门在各自的职责范围内,对有关行业、领域的安全生产工作实施监督管理;县级以上地方各级人民政府应当组织有关部门建立完善安全风险评估与论证机制,对相关生产经营单位实施重大安全风险联防联控。乡镇人民政府和街道办事处,以及开发区、工业园区、港区、风景区等,应当明确负责安全生产监督管理的有关工作机构及其职责,加强安全生产监管力量建设,依法履行生产安全事故应急救援工作职责。县级以上各级人民政府应当组织负有安全生产监督管理职责的部门依法编制安全生产权力和责任清单,公开并接受社会监督。二是加强监督管理信息化建设。规定国务院应急管理部门牵头建立全国统一的生产安全事故应急救援信息系统,国务院交通运输、住房和城乡建设、水利、民航等有关部门和县级以上地方人民政府建立健全相关行业、领域、地区的生产安全事故应急救援信息系统,实现互联互通、信息共享,通过推行网上安全信息采集、安全监管和监测预警,提升监管的精准化、智能化水平。有关地方人民政府应急管理部门和有关部门应当通过相关信息系统实现信息共享。三是完善事故调查后的评估制度。要求负责事故调查处理的国务院有关部门和地方人民政府应当在批复事故调查报告后一年内,组织有关部门对事故整改和防范措施落实情况进行评估,并及时向社会公开评估结果;对不履行职责导致事故整改和防范措施没有落实的有关单位和人员,按照有关规定追究责任。四是增加安全生产公益诉讼制度。规定因安全生产违法行为造成重大事故隐患或者导致重大事故,致使国家利益或者社会公共利益受到侵害的,人民检察院可以根据《民事诉讼法》、《行政诉讼法》的相关规定提起公益诉讼。

(四)加大对违法行为的处罚力度

一是提高罚款额度。在已有罚款规定的基础上,提高了对各类违法行为的罚款数额。二是新设按日连续处罚制度。生产经营单位违反《安全生产法》有关规定,被责令改正且受到罚款处罚,拒不改正的,负有安全生产监督管理职责的部门可以自作出责令改正之日的次日起,按照原处罚数额按日连续处罚。三是加大对严重违法生产经营单位的关闭力度,依法吊销有关证照,对有关负责人实施职业禁入。生产经营单位存在严重违法情形的,负有安全生产监督管理职责的部门应当提请地方人民政府予以关闭,有关部门应当依法吊销其有关证照,生产经营单位主要负责人五年内不得担任任何生产经营单位的主要负责人;情节严重的,终身不得担任本行业生产经营单位的主要负责人。对承担安全评价、认证、检测、检验职责的机构租借资质、挂靠、出具虚假报告的机构及其直接责任人员,吊销其相应资质和资格,五年内不得从事安全评价、认证、检测、检验等工作;情节严重的,实行终身行业和职业禁入。四是加大对违法失信行为的联合惩戒力度。规定有关部门和机构应当对存在失信行为的生产经营单位及其有关从业人员采取加大执法检查频次、暂停项目审批、上调有关保险费率、行业或者职业禁入等联合惩戒措施,并向社会公示。五是加大社会监督力度。负有安全生产监督管理职责的部门应当加强对生产经营单位行政处罚信息的及时归集、共享、应用和公开,对生产经营单位作出处罚决定后七个工作日内在监督管理部门公示系统予以公开曝光,强化对违法失信生产经营单位及其有关从业人员的社会监督,提高全社会安全生产诚信水平。

《安全生产法》适用广泛。在中华人民共和国领域内从事生产经营的单位都要遵守《安全生产法》及其相关规定,相关单位的从业人员也要依据其生产作业并保护自己的合法权益。安全生产法也是一个广义的概念。《矿山安全法》《建筑法》《煤炭法》《职业病防治法》《劳动法》《劳动合同法》《工会法》《刑法》等有关生产安全及劳动保护的规定,也是安全生产法律规定的一部分。

此外,我国还就安全生产条件的保障、安全生产监督管理、安全事故救援与调查处理、安全生产法律责任等方面出台了一系列的法律、法规、规范性文件,例如《国家安全生产事故灾难应急预案》《生产安全事故应急预案管理办法》等,对于保障安全生产条件、及时消除安全隐患、处理安全事故,都起到了重要的作用。

第一章 总 则

第一条 【立法目的】为了加强安全生产工作,防止和减少生产安全事故,保障人民群众生命和财产安全,促进经济社会持续健康发展,制定本法。

注释 立法目的

本法的立法目的,主要包括四个方面,即加强安全生产工作、防止和减少生产安全事故、保障人民群众生命和财产安全、促进经济社会持续健康发展。这四个方面共同构成了安全生产法律制度的价值目标,也是制定其他与生产安全有关的法律和相关配套法规、政策的基本遵循。

安全生产

安全生产,是指在生产经营活动中,为避免发生造成人员伤害和财产损失的事故,有效消除或控制危险和有害因素而采取一系列措施,使生产过程在符合规定的条件下进行,以保证从业人员的人身安全与健康,设备和设施免受损坏,环境免遭破坏,保证生产经营活动得以顺利进行的相关活动。

生产安全事故

生产安全事故,是指生产经营单位在生产经营活动(包括与生产经营有关的活动)中突然发生的,伤害人身安全和健康、损坏设备设施或者造成直接经济损失,导致生产经营活动(包括与生产经营有关的活动)暂时中止或永远终止的意外事件。

第二条 【适用范围】在中华人民共和国领域内从事生产经营活动的单位(以下统称生产经营单位)的安全生产,适用本法;有关法律、行政法规对消防安全和道路交通安全、铁路交通安全、水上交通安全、民用航空安全以及核与辐射安全、特种设备安全另有规定的,适用其规定。

注释 主体范围

本法适用的主体范围,是在中华人民共和国领域内从事生产经营活动的单位。是指一切合法或者非法从事生产经营活动的企业、事业单位和个体经济组织以及其他组织。包括国有企业事业单位、集体所有制的企业事业单位、股份制企业、外商投资企业、合伙企业、个人独资企业等,不论其性质如何、规模大小,只要是从事生产经营活动,都应遵守本法的各项规定。

调整事项

调整的事项,是生产经营活动中的安全问题。因此,其适用的范围只限定在生产经营领域。不属于生产经营活动中的安全问题,如公共场所集会活动中的安全问题等,就不属于本法的调整范围。这里讲的"生产经营活动",既包括资源的开采活动,各种产品的加工、制作活动,也包括各类工程建设和商业、娱乐业以及其他服务业的经营活动。

本法与某些对安全事项有特殊性规定的法律之间的关系

本法作为安全生产领域的基础性、综合性法律,适用于我国范围内所有从事生产经营的单位的安全生产。

考虑到有一部分从事生产经营活动的单位或者某些安全事项具有特殊性,需要进行单独立法,目前,这些领域的立法包括《消防法》《道路交通安全法》《铁路法》《海上交通安全法》《民用航空法》《核安全法》《放射性污染防治法》《特种设备安全法》,以及相关的行政法规。按照特别法优于一般法的法律适用规则,这些法律、行政法规对特定行业、领域的安全生产另有规定的,适用其规定。这些除外规定并不是完全排除《安全生产法》的适用,《安全生产法》的通用、一般的制度规则,对这些特殊行业、领域仍然是适用的。

第三条 【工作方针】安全生产工作坚持中国共产党的领导。

安全生产工作应当以人为本，坚持人民至上、生命至上，把保护人民生命安全摆在首位，树牢安全发展理念，坚持安全第一、预防为主、综合治理的方针，从源头上防范化解重大安全风险。

安全生产工作实行管行业必须管安全、管业务必须管安全、管生产经营必须管安全，强化和落实生产经营单位主体责任与政府监管责任，建立生产经营单位负责、职工参与、政府监管、行业自律和社会监督的机制。

注释 安全生产工作坚持党的领导，是安全生产工作的基本原则，这一修改是贯彻落实党的十九届五中全会精神的重要体现。坚持人民至上、生命至上，把保护人民生命安全摆在首位，"三管三必须"原则，是习近平总书记有关安全生产的重要论述，是党的十八大以来安全生产领域改革发展的重要成果，是引领安全生产制度建设的工作开展的指导思想。

案例 余某某等人重大劳动安全事故重大责任事故案（检例第 94 号）

裁判规则：办理危害生产安全刑事案件，要根据案发原因及涉案人员的职责和行为，准确适用重大责任事故罪和重大劳动安全事故罪。要全面审查案件事实证据，依法追诉漏罪漏犯，准确认定责任主体和相关人员责任，并及时移交职务违法犯罪线索。针对事故中暴露出的相关单位安全管理漏洞和监管问题，要及时制发检察建议，督促落实整改。

第四条 【生产经营单位基本义务】生产经营单位必须遵守本法和其他有关安全生产的法律、法规，加强安全生产管理，建立健全全员安全生产责任制和安全生产规章制度，加大对安全生产资金、物资、技术、人员的投入保障力度，改善安全生产条件，加强安全生产标准化、信息化建设，构建安全风险分级管控和隐患排查治理双重预防机制，健全风险防范化解机制，提高安全生产水平，确保安全生产。

平台经济等新兴行业、领域的生产经营单位应当根据本行业、领域的特点，建立健全并落实全员安全生产责任制，加强从业人员安全生产教育和培训，履行本法和其他法律、法规规定的有关安全生产义务。

注释 全员安全生产责任制

全员安全生产责任制，是根据我国的安全生产方针，即"以人为本，坚持人民至上、生命至上，把保护人民生命安全摆在首位，树牢安全发展理念，坚持安全第一、预防为主、综合治理的方针"和安全生产法规建立的各级领导、职能部门、工程技术人员、岗位操作人员在劳动生产过程中对安全生产层层负责的制度。

企业实行全员安全生产责任制度，法定代表人和实际控制人同为安全生产第一责任人，主要技术负责人负有安全生产技术决策和指挥权，强化部门安全生产职责，落实一岗双责。完善落实混合所有制企业以及跨地区、多层级和境外中资企业投资主体的安全生产责任。建立企业全过程安全生产和职业健康管理制度，做到安全责任、管理、投入、培训和应急救援"五到位"。国有企业要发挥安全生产工作示范带头作用，自觉接受属地监管。构建风险分级管控和隐患排查治理双重预防工作机制，严防风险演变、隐患升级导致生产安全事故发生。

平台经济等新兴行业、领域建立健全并落实全员安全生产责任制

近年来，平台经济等新兴行业、领域快速发展，一些电商外卖平台、快递配送等经营主体因为考核评价制度不科学，从业人员盲目追求经济利益，造成交通等事故频发，引起社会广泛关注。增加建立健全并落实全员安全生产责任制、明确履行安全生产义务，保障从业人员人身安全和身心健康的规定，有利于督促引导平台经济经营主体更加重视安全。

链接 《劳动法》第 52 条；《矿山安全法》第 3 条；《建筑法》第 3 条；《煤炭法》第 7、8 条；《危险化学品安全管理条例》第 4 条；《中共中央、国务院关于推进安全生产领域改革发展的意见》

第五条 【单位主要负责人主体责任】生产经营单位的主要负责人是本单位安全生产第一责任人，对本单位的安全生产工作全面负责。其他负责人对职责范围内的安全生产工作负责。

注释 根据《中共中央、国务院关于推进安全生产领域改革发展的意见》要求，企业实行全员安全生产责任制度，法定代表人和实际控制人同为安全生产第一责任人。修改后的本法强化主要负责人的安全生产责任。

主要技术负责人负有安全生产技术决策和指挥权,强化部门安全生产职责,落实一岗双责。

链接 《建筑法》第44条;《煤炭法》第32条;《矿山安全法》第20条;《中共中央、国务院关于推进安全生产领域改革发展的意见》

第六条　【从业人员安全生产权利义务】生产经营单位的从业人员有依法获得安全生产保障的权利,并应当依法履行安全生产方面的义务。

注释 从业人员享有的安全生产保障权利

从业人员享有的安全生产保障权利主要包括:(1)有关安全生产的知情权。包括获得安全生产教育和技能培训的权利,被如实告知作业场所和工作岗位存在的危险因素、防范措施及事故应急措施的权利。(2)有获得符合国家标准的劳动防护用品的权利。(3)有对安全生产问题提出批评、建议的权利。从业人员有权对本单位安全生产管理工作存在问题提出建议、批评、检举、控告,生产单位不得因此作出对从业人员不利的处分。(4)有对违章指挥的拒绝权。从业人员对管理者作出的可能危及安全的违章指挥,有权拒绝执行,并不得因此受到对自己不利的处分。(5)有采取紧急避险措施的权利。从业人员发现直接危及人身安全的紧急情况时,有权停止作业或者在采取紧急措施后撤离作业场所,并不得因此受到对自己不利的处分。(6)在发生生产安全事故后,有获得及时抢救和医疗救治并获得工伤保险赔付的权利等。

从业人员保证安全生产的义务

从业人员在享有获得安全生产保障权利的同时,也负有以自己的行为保证安全生产的义务。主要包括:(1)在作业过程中必须遵守本单位的安全生产规章制度和操作规程,服从管理,不得违章作业。(2)接受安全生产教育和培训,掌握本职工作所需要的安全生产知识。(3)发现事故隐患应当及时向本单位安全生产管理人员或主要负责人报告。(4)正确佩戴和使用劳动防护用品。只有每个从业人员都认真履行自己在安全生产方面的法定义务,生产经营单位的安全生产工作才能有保证。

案例 何文良诉成都市武侯区劳动局工伤认定行政行为案(《中华人民共和国最高人民法院公报》2004年第9期)

裁判规则:劳动者享有获得劳动安全卫生保护的权利,是劳动法规定的基本原则,任何用工单位或个人都应当为劳动者提供必要的劳动卫生条件,维护劳动者的基本权利。劳动者在日常工作中使用卫生设施是其必要的、合理的生理需求,与劳动者的正常工作密不可分,应当受到法律的保护。

链接 《矿山安全法》第22、26、27条;《建筑法》第47条;《煤炭法》第36、37条;《危险化学品安全管理条例》第4条

第七条　【工会职责】工会依法对安全生产工作进行监督。

生产经营单位的工会依法组织职工参加本单位安全生产工作的民主管理和民主监督,维护职工在安全生产方面的合法权益。生产经营单位制定或者修改有关安全生产的规章制度,应当听取工会的意见。

链接 《矿山安全法》第23—25、37条;《煤炭法》第37条;《最高人民法院关于在民事审判工作中适用〈中华人民共和国工会法〉若干问题的解释》

第八条　【各级人民政府安全生产职责】国务院和县级以上地方各级人民政府应当根据国民经济和社会发展规划制定安全生产规划,并组织实施。安全生产规划应当与国土空间规划等相关规划相衔接。

各级人民政府应当加强安全生产基础设施建设和安全生产监管能力建设,所需经费列入本级预算。

县级以上地方各级人民政府应当组织有关部门建立完善安全风险评估与论证机制,按照安全风险管控要求,进行产业规划和空间布局,并对位置相邻、行业相近、业态相似的生产经营单位实施重大安全风险联防联控。

注释 安全生产规划与国土空间规划等相关规划相衔接

安全生产规划,是各级人民政府制定的比较全面长远的安全生产发展计划,是对未来整体性、长期性、基本性问题的考量,设计未来整套行动的方案。具有综合性、系统性、时间性、强制性等特点。

按照《中共中央、国务院关于建立国土空间规划体系并监督实施的若干意见》的要求,建立国土空间规划体系并监督实施,将主体功能区规划、土地利用规划、城乡规划等空间规划融合为统一的国土空间规划,实现"多规合一"。

要求安全生产规划与国土空间规划等相关规

划相衔接,主要是指安全生产规划中涉及国土空间规划等相关规划的内容应当与国土空间规划等相关规划相衔接,如安全生产规划中有关危险化学品的化工园区建设,涉及化工产业布局等,就应当与国土空间规划相衔接。这是针对实践中出现的新情况而提出的新要求。同时,也要求编制国土空间规划等相关规划时,应当考虑安全生产因素。

安全风险评估与论证机制

县级以上地方各级政府要建立完善安全风险评估与论证机制,科学合理确定企业选址和基础设施建设、居民生活区空间布局。要对位置相邻、行业相近、业态相似的生产经营单位实施重大安全风险联防联控。

链接 《矿山安全法》第4、33、34条;《煤炭法》第30条;《煤矿安全监察条例》第2、4、7、49条;《建设工程安全生产管理条例》第39、40、43、46条;《危险化学品安全管理条例》第8条

第九条 【安全生产监督管理职责】国务院和县级以上地方各级人民政府应当加强对安全生产工作的领导,建立健全安全生产工作协调机制,支持、督促各有关部门依法履行安全生产监督管理职责,及时协调、解决安全生产监督管理中存在的重大问题。

乡镇人民政府和街道办事处,以及开发区、工业园区、港区、风景区等应当明确负责安全生产监督管理的有关工作机构及其职责,加强安全生产监管力量建设,按照职责对本行政区域或者管理区域内生产经营单位安全生产状况进行监督检查,协助人民政府有关部门或者按照授权依法履行安全生产监督管理职责。

注释 国务院和县级以上地方各级人民政府主要承担安全生产工作的领导职责,发挥建立健全安全生产工作协调机制和支持、督促各有关部门依法履行安全生产监督管理职责,协调、解决重大问题的作用。

本法2021年修改贯彻落实改革发展要求,完善各类开发区、工业园区、港区、风景区等功能区安全生产监管体制,明确负责安全生产监督管理的机构。授权依法履行安全生产监管管理职责,是为了赋予乡镇街办及开发区等依照地方立法开展相应的监管职责。

第十条 【安全生产监督管理体制】国务院应急管理部门依照本法,对全国安全生产工作实施综合监督管理;县级以上地方各级人民政府应急管理部门依照本法,对本行政区域内安全生产工作实施综合监督管理。

国务院交通运输、住房和城乡建设、水利、民航等有关部门依照本法和其他有关法律、行政法规的规定,在各自的职责范围内对有关行业、领域的安全生产工作实施监督管理;县级以上地方各级人民政府有关部门依照本法和其他有关法律、法规的规定,在各自的职责范围内对有关行业、领域的安全生产工作实施监督管理。对新兴行业、领域的安全生产监督管理职责不明确的,由县级以上地方各级人民政府按照业务相近的原则确定监督管理部门。

应急管理部门和对有关行业、领域的安全生产工作实施监督管理的部门,统称负有安全生产监督管理职责的部门。负有安全生产监督管理职责的部门应当相互配合、齐抓共管、信息共享、资源共用,依法加强安全生产监督管理工作。

注释 按照"三管三必须"原则,应急管理部门履行综合监管职责,有关部门履行对本行业、领域的安全监管职责。明确负有安全生产监督管理职责的部门应当相互配合、齐抓共管、信息共享、资源共用,既有利于各部门各司其职,又有利于发挥监管合力。

通常情况下,每个行业、领域都应当归入相应的监管部门,但一些新出现的行业、领域可能因为各种原因暂时没有确定监管部门,为了避免监管真空,需要按照业务相近的原则确定一个对应的监管部门。各级政府针对这一情况,应当及时对有关部门的职责进行调整,将新兴行业、领域纳入法定监管范围。

第十一条 【安全生产有关标准】国务院有关部门应当按照保障安全生产的要求,依法及时制定有关的国家标准或者行业标准,并根据科技进步和经济发展适时修订。

生产经营单位必须执行依法制定的保障安全生产的国家标准或者行业标准。

注释 制定并适时修订安全生产的国家标准或者行业标准,是国务院有关部门履行安全生产工作职责的重要方面,在生产经营活动中应严格执行。这些标准包括生产作业场所的安全标准,生产作业、施工的工艺安全标准,安全设备、设施、器材和安全防护用品的产品安全标准等。

国家标准、行业标准

根据《标准化法》的规定,标准包括国家标准、行业标准、地方标准和团体标准、企业标准。国家标准分为强制性标准、推荐性标准,行业标准、地方标准是推荐性标准。强制性标准必须执行。国家鼓励采用推荐性标准。

对保障人身健康和生命财产安全、国家安全、生态环境安全以及满足经济社会管理基本需要的技术要求,应当制定强制性国家标准。对需要在全国范围内统一的保障人体健康和人身、财产安全的技术要求,应当制定国家标准(含标准样品的制作)。

对满足基础通用、与强制性国家标准配套、对各有关行业起引领作用等需要的技术要求,可以制定推荐性国家标准。

链接《标准化法》第2条;《标准化法实施条例》第11条;《矿山安全法》第9条;《职业病防治法》第12、14、15、18条;《危险化学品安全管理条例》第4、17、24、26、28条;《22项安全生产行业标准目录》

第十二条 【安全生产强制性国家标准的制定】国务院有关部门按照职责分工负责安全生产强制性国家标准的项目提出、组织起草、征求意见、技术审查。国务院应急管理部门统筹提出安全生产强制性国家标准的立项计划。国务院标准化行政主管部门负责安全生产强制性国家标准的立项、编号、对外通报和授权批准发布工作。国务院标准化行政主管部门、有关部门依据法定职责对安全生产强制性国家标准的实施进行监督检查。

注释 本条为新增条文。《中共中央、国务院关于推进安全生产领域改革发展的意见》对安全生产强制性国家标准的制定程序改革提出明确要求,目前的工作体制分工已经国务院确定,此次修改在法律中予以明确。国务院应急管理部门统筹提出立项计划、标准化行政主管部门和有关部门进行监督检查有利于各项标准之间相互衔接和协调。

第十三条 【安全生产宣传教育】各级人民政府及其有关部门应当采取多种形式,加强对有关安全生产的法律、法规和安全生产知识的宣传,增强全社会的安全生产意识。

注释 本条的义务主体是各级人民政府及其有关部门,采取的形式多种多样,可以通过电视、报刊、广播和互联网等媒体。宣传的目的,是充分发挥社会监督、舆论监督和群众监督的作用,对政府及其有关部门在安全生产工作方面依法行政的情况,对生产经营单位贯彻执行安全生产法律、法规的情况进行监督,保证安全生产的法律、法规落到实处。

第十四条 【协会组织职责】有关协会组织依照法律、行政法规和章程,为生产经营单位提供安全生产方面的信息、培训等服务,发挥自律作用,促进生产经营单位加强安全生产管理。

注释 本条主要目的是明确行业协会、商会等有关协会组织在安全生产方面的作用。

协会组织是依法成立的社团法人,依据其成员共同制定的章程体现其组织职能,维护本行业企业的权益,规范市场行为,增强抵御市场风险的能力。协会组织主要应当通过发挥协调职能、服务职能、监管职能,立足"提供服务、反映诉求、规范行为"的职责定位,促进生产经营单位加强安全生产管理,在促进我国安全生产状况的根本好转方面发挥更大的作用。

中国安全生产协会

中国安全生产协会(英文名称为:CHINA AS-SOCIATION OF WORK SAFETY,英文缩写 CAWS)是面向全国安全生产领域,由各相关企业、事业单位、社会团体、科研机构、大专院校以及专家、学者自愿组成的,并依法经民政部批准登记成立的全国性、非营利性的社会团体法人。中国安全生产协会现有13个分支机构,包括6个工作委员会和6个专业委员会及1个分会,分别是:教育培训、安全评价、班组安全建设、信息化、中小学安全教育、中小企业工作委员会和危险化学品、劳动防护、冶金安全、安全生产检测检验、矿用产品、轨道交通建设安全专业委员会及航天分会。该协会贯彻"安全第一、预防为主、综合治理"的安全生产方针,总结、交流和推广安全生产先进管理经验,组织实施安全生产标准化工作,提高企业安全管理水平;开展安全生产宣传和教育、培训活动,增强全民安全意识,提高安全文化素质。

第十五条 【安全生产技术、管理服务中介机构】依法设立的为安全生产提供技术、管理服务的机构,依照法律、行政法规和执业准则,接受生产经营单位的委托为其安全生产工作提供技术、管理服务。

生产经营单位委托前款规定的机构提供安全生产技术、管理服务的,保证安全生产的责任仍由本单位负责。

注释 专业安全生产服务机构可以申请专业技术服务资质证书，并在许可的范围内开展活动。安全生产服务机构开展安全生产技术、管理服务，应当遵守公开、公正、诚信和自愿的原则，按照政府指导价或者行业自律价，与委托方签订委托协议，明确双方的权利和义务。

生产经营单位委托相关机构为其安全生产提供技术、管理服务，属于单位内部安全生产管理的一种方式，对生产经营单位的安全生产责任本身没有任何影响，其安全生产责任并不因为委托相关机构就减轻或者免除。

第十六条 【事故责任追究制度】国家实行生产安全事故责任追究制度，依照本法和有关法律、法规的规定，追究生产安全事故责任单位和责任人员的法律责任。

注释 本条确立了事故责任追究制度。考虑到责任单位和责任人员均应承担安全生产事故责任，因此，在责任人员的基础上，增加了责任单位。责任单位和责任人员主要承担的责任包括行政责任、民事责任和刑事责任，具体的责任形式在本法法律责任一章中有明确规定。

链接 《民法典》第176—187条；《刑法》第30—31、131—137条；《行政处罚法》第9—16条

第十七条 【安全生产权力和责任清单】县级以上各级人民政府应当组织负有安全生产监督管理职责的部门依法编制安全生产权力和责任清单，公开并接受社会监督。

注释 本条是此次修改新增的内容，主要是贯彻落实《中共中央、国务院关于推进安全生产领域改革发展的意见》要求：依法依规制定各有关部门安全生产权力和责任清单。权力和责任清单的重要功能是明确各部门权力边界，防止权力滥用，压实责任环节。通过公开清单，方便社会了解和掌握政府部门责任，以便加强监督，促进安全监管水平持续提高。

第十八条 【安全生产科学技术研究】国家鼓励和支持安全生产科学技术研究和安全生产先进技术的推广应用，提高安全生产水平。

注释 针对各行业生产经营活动的特点，国家加强对安全高效的设备、工具、工艺方法和有效的安全防护用品的研究开发，加快安全生产关键技术装备的换代升级。

第十九条 【奖励】国家对在改善安全生产条件、防止生产安全事故、参加抢险救护等方面取得显著成绩的单位和个人，给予奖励。

注释 奖励的情形

奖励的情形主要包括三个情形：一是改善安全生产条件，比如发明安全高效的机器、设备、工具；二是防止生产安全事故，比如及时发现、消除了安全事故隐患；三是参加抢险救护，比如为抢救国家和人民的生命财产作出重要贡献。

第二章　生产经营单位的安全生产保障

第二十条 【安全生产条件】生产经营单位应当具备本法和有关法律、行政法规和国家标准或者行业标准规定的安全生产条件；不具备安全生产条件的，不得从事生产经营活动。

注释 安全生产条件在本法和相关法律中均有明确规定，比如本法规定的安全设施的"三同时"要求，设置安全生产管理机构和配备安全生产管理人员的要求等。此外，《建筑法》《危险化学品安全管理条例》等其他法律法规以及相关的国家标准和行业标准，也对安全生产条件作出了相应的规定。对不具备安全生产条件从事生产经营活动的，由监管部门根据违法情况责令限期改正、责令停产停业、罚款或者责令关闭。

安全生产条件

根据《安全生产许可证条例》的规定，国家对矿山企业、建筑施工企业和危险化学品、烟花爆竹、民用爆炸物品生产企业（以下统称企业）实行安全生产许可制度。企业未取得安全生产许可证的，不得从事生产活动。企业取得安全生产许可证，应当具备下列安全生产条件：（1）建立、健全安全生产责任制，制定完备的安全生产规章制度和操作规程；（2）安全投入符合安全生产要求；（3）设置安全生产管理机构，配备专职安全生产管理人员；（4）主要负责人和安全生产管理人员经考核合格；（5）特种作业人员经有关业务主管部门考核合格，取得特种作业操作资格证书；（6）从业人员经安全生产教育和培训合格；（7）依法参加工伤保险，为从业人员缴纳保险费；（8）厂房、作业场所和安全设施、设备、工艺符合有关安全生产法律、法规、标准和规程的要求；（9）有职业危害防治措施，并为从业人员配备符合国家标准或者行业标准的劳动防护用品；（10）依法进行安全评价；（11）有重大

危险源检测、评估、监控措施和应急预案；(12)有生产安全事故应急救援预案、应急救援组织或者应急救援人员，配备必要的应急救援器材、设备；(13)法律、法规规定的其他条件。

链接《安全生产许可证条例》第2、6条；《危险化学品生产企业安全生产许可证实施办法》；《烟花爆竹生产企业安全生产许可证实施办法》；《煤矿企业安全生产许可证实施办法》

第二十一条 【单位主要负责人安全生产职责】生产经营单位的主要负责人对本单位安全生产工作负有下列职责：

（一）建立健全并落实本单位全员安全生产责任制，加强安全生产标准化建设；

（二）组织制定并实施本单位安全生产规章制度和操作规程；

（三）组织制定并实施本单位安全生产教育和培训计划；

（四）保证本单位安全生产投入的有效实施；

（五）组织建立并落实安全风险分级管控和隐患排查治理双重预防工作机制，督促、检查本单位的安全生产工作，及时消除生产安全事故隐患；

（六）组织制定并实施本单位的生产安全事故应急救援预案；

（七）及时、如实报告生产安全事故。

注释 生产经营单位的主要负责人是本单位安全生产的第一责任人，有责任、有义务在搞好单位生产经营活动的同时，搞好单位的安全生产工作。此次修改增加的内容，主要是考虑到标准化建设、双控机制等属于企业安全生产基础性保障性工作，明确为主要负责人的法定职责，有利于相关工作更好地落实。

安全生产教育和培训计划

生产经营单位的安全生产教育和培训计划是根据本单位安全生产状况、岗位特点、人员结构组成，有针对性地规定单位负责人、职能部门负责人、车间主任、班组长、安全生产管理人员、特种作业人员以及其他从业人员的安全生产教育和培训的统筹安排，包括经费保障、教育培训内容以及组织实施措施等内容。

案例 刘明诉铁道部第二十工程局二处第八工程公司、罗友敏工伤赔偿案（《中华人民共和国最高人民法院公报》1999年第5期）

裁判规则：工程承包人和雇主，依法对民工的劳动保护承担责任。采用人工安装桥梁行车道板本身具有较高的危险性，对此工程承包人和雇主应采取相应的安全措施，并临场加以监督指导，而被告仅在作业前口头强调，疏于注意，以致发生安全事故。尽管原告在施工中也有违反安全规则操作的过失，但原告并非铁道建设专业人员，且违章情节较轻，故不能免除被告应负的民事责任。

链接《矿山安全法》第26条；《煤炭法》第33—35条

第二十二条 【全员安全生产责任制】生产经营单位的全员安全生产责任制应当明确各岗位的责任人员、责任范围和考核标准等内容。

生产经营单位应当建立相应的机制，加强对全员安全生产责任制落实情况的监督考核，保证全员安全生产责任制的落实。

注释 全员安全生产责任制应当做到定岗位、定人员、定安全责任，根据岗位的实际工作情况，确定相应的人员，明确岗位职责和相应的安全生产职责，并明确相应的考核标准。生产经营单位应当根据本单位实际，建立由本单位主要负责人牵头、相关负责人、安全生产管理机构负责人以及人事、财务等相关职能部门人员组成的安全生产责任制监督考核领导机构，协调处理全员安全生产责任制执行中的问题。

第二十三条 【保证安全生产资金投入】生产经营单位应当具备的安全生产条件所必需的资金投入，由生产经营单位的决策机构、主要负责人或者个人经营的投资人予以保证，并对由于安全生产所必需的资金投入不足导致的后果承担责任。

有关生产经营单位应当按照规定提取和使用安全生产费用，专门用于改善安全生产条件。安全生产费用在成本中据实列支。安全生产费用提取、使用和监督管理的具体办法由国务院财政部门会同国务院应急管理部门征求国务院有关部门意见后制定。

注释 生产经营单位要达到保证安全生产的条件，就需要一定的资金保证，用于安全设施的建设、安全设备的购置、为从业人员配备劳动防护用品、对安全设备进行检测、维护、保养等。保障资金投入需要强化有关人员的保证责任。按照现行规定，直接从事煤炭生产、非煤矿山开采、建设工程施工、危险品生产与储存、交通运输、烟花爆竹生产、冶金、机械制造、武器装备研制生产与试验（含民用航空及核燃料)的企业,以及其他经济组织必须按照规定的标准提取安全生产费用,并专项用于规定的范围。

链接《矿山安全法》第32条;《建设工程安全生产管理条例》第22条;《煤矿安全监察条例》第27条

第二十四条 【安全生产管理机构及人员】矿山、金属冶炼、建筑施工、运输单位和危险物品的生产、经营、储存、装卸单位,应当设置安全生产管理机构或者配备专职安全生产管理人员。

前款规定以外的其他生产经营单位,从业人员超过一百人的,应当设置安全生产管理机构或者配备专职安全生产管理人员;从业人员在一百人以下的,应当配备专职或者兼职的安全生产管理人员。

注释"安全生产管理机构"是指生产经营单位内部设立的专门负责安全生产管理事务的独立的部门。"专职安全生产管理人员",是指在生产经营单位中专门负责安全生产管理,不再兼作其他工作的人员。

矿山、金属冶炼、建筑施工、运输单位和危险物品生产、经营、储存、装卸单位从事的生产经营活动危险性比较大,必须成立专门从事安全生产管理工作的机构,或者配备专职安全生产管理人员。具体是设机构还是配备专职人员,根据企业规模决定。

矿山、金属冶炼、建筑施工、运输单位和危险物品的生产、经营、储存、装卸单位外的其他生产经营单位,分两种情况:一是从业人员在100人以上的,规模较大,通常是人员密集,应当设置安全生产管理机构或者配备专职安全生产管理人员。二是从业人员在100人以下的,生产经营规模较小,生产经营活动风险较小,不要求必须设置安全生产管理机构,可以配备专职的安全生产管理人员,也可以配备兼职的安全生产管理人员。

链接《安全生产许可证条例》第6条;《烟花爆竹安全管理条例》第8条;《建设工程安全生产管理条例》第23条;《建筑施工企业主要负责人、项目负责人和专职安全生产管理人员安全生产管理规定》第2—3、19—22条;《国务院关于进一步加强安全生产工作的决定》第10条

第二十五条 【安全生产管理机构及人员的职责】生产经营单位的安全生产管理机构以及安全生产管理人员履行下列职责:

(一)组织或者参与拟订本单位安全生产规章制度、操作规程和生产安全事故应急救援预案;

(二)组织或者参与本单位安全生产教育和培训,如实记录安全生产教育和培训情况;

(三)组织开展危险源辨识和评估,督促落实本单位重大危险源的安全管理措施;

(四)组织或者参与本单位应急救援演练;

(五)检查本单位的安全生产状况,及时排查生产安全事故隐患,提出改进安全生产管理的建议;

(六)制止和纠正违章指挥、强令冒险作业、违反操作规程的行为;

(七)督促落实本单位安全生产整改措施。

生产经营单位可以设置专职安全生产分管负责人,协助本单位主要负责人履行安全生产管理职责。

注释 安全生产管理机构和安全生产管理人员根据生产经营单位主要负责人的安排和担负的职责义务,承担组织制定安全生产规章制度、安全生产教育和培训、危险源辨识评估和安全管理、应急救援演练、排查生产安全事故隐患、制止和纠正违章指挥、督促整改等方面的职责。

生产经营单位可以根据实际情况,设置专职安全生产分管负责人,一些地方已经规定高危企业应当设置安全生产总监,协助主要负责人履行本单位安全生产管理职责。

链接《建筑施工企业主要负责人、项目负责人和专职安全生产管理人员安全生产管理规定》第19—22条

第二十六条 【履职要求与履职保障】生产经营单位的安全生产管理机构以及安全生产管理人员应当恪尽职守,依法履行职责。

生产经营单位作出涉及安全生产的经营决策,应当听取安全生产管理机构以及安全生产管理人员的意见。

生产经营单位不得因安全生产管理人员依法履行职责而降低其工资、福利等待遇或者解除与其订立的劳动合同。

危险物品的生产、储存单位以及矿山、金属冶炼单位的安全生产管理人员的任免,应当告知主管的负有安全生产监督管理职责的部门。

注释 本条规定的职责和义务,安全生产管理机构及安全生产管理人员都应当履行。

本条第2款、第3款、第4款主要规定安全生产管理机构及人员的履职保障，一是对安全生产有关的经营决策提出意见，二是劳动关系和工资福利保障，三是部分高危行业安全生产管理人员的备案管理。规定这些措施，主要目的是防止安全生产管理人员被打击报复，保障他们放心开展安全生产管理工作。

第二十七条 【安全生产知识与管理能力】生产经营单位的主要负责人和安全生产管理人员必须具备与本单位所从事的生产经营活动相应的安全生产知识和管理能力。

危险物品的生产、经营、储存、装卸单位以及矿山、金属冶炼、建筑施工、运输单位的主要负责人和安全生产管理人员，应当由主管的负有安全生产监督管理职责的部门对其安全生产知识和管理能力考核合格。考核不得收费。

危险物品的生产、储存、装卸单位以及矿山、金属冶炼单位应当有注册安全工程师从事安全生产管理工作。鼓励其他生产经营单位聘用注册安全工程师从事安全生产管理工作。注册安全工程师按专业分类管理，具体办法由国务院人力资源和社会保障部门、国务院应急管理部门会同国务院有关部门制定。

注释 生产经营单位的主要负责人要组织、领导本单位的安全生产管理工作，并承担保证安全生产的责任；安全生产管理人员是直接、具体承担本单位日常的安全生产管理工作的人员。这两类人员都应当具备相应的知识和能力。

危险物品的生产、经营、储存、装卸单位以及矿山、金属冶炼、建筑施工、运输单位专业性强、危险性大，属于事故多发的领域，对这类生产经营单位的主要负责人和安全生产管理人员，应当通过考核等手段，确保安全生产知识和能力符合要求。为防止主管部门借考核营利，增加企业负担，法律规定了考核不得收费。

注册安全工程师

注册安全工程师，是指经全国统一考试合格，取得中华人民共和国注册安全工程师执业资格证书和执业证，在生产经营单位从事安全生产管理、技术工作或者在安全生产中介机构从事有关安全生产技术服务工作的人员。危险物品的生产、储存、装卸单位以及矿山、金属冶炼单位应当配备注册安全工程师从事安全生产管理工作。

链接《注册安全工程师管理规定》第3—6条；《建筑施工企业主要负责人、项目负责人和专职安全生产管理人员安全生产管理规定》第5—13条

第二十八条 【安全生产教育和培训】生产经营单位应当对从业人员进行安全生产教育和培训，保证从业人员具备必要的安全生产知识，熟悉有关的安全生产规章制度和安全操作规程，掌握本岗位的安全操作技能，了解事故应急处理措施，知悉自身在安全生产方面的权利和义务。未经安全生产教育和培训合格的从业人员，不得上岗作业。

生产经营单位使用被派遣劳动者的，应当将被派遣劳动者纳入本单位从业人员统一管理，对被派遣劳动者进行岗位安全操作规程和安全操作技能的教育和培训。劳务派遣单位应当对被派遣劳动者进行必要的安全生产教育和培训。

生产经营单位接收中等职业学校、高等学校学生实习的，应当对实习学生进行相应的安全生产教育和培训，提供必要的劳动防护用品。学校应当协助生产经营单位对实习学生进行安全生产教育和培训。

生产经营单位应当建立安全生产教育和培训档案，如实记录安全生产教育和培训的时间、内容、参加人员以及考核结果等情况。

注释 安全生产教育和培训

生产经营单位应当按照本单位安全生产教育和培训计划的总体要求，结合各个工作岗位的特点，科学、合理安排教育和培训工作。采取多种形式开展教育培训，包括组织专门的安全教育培训班、作业现场模拟操作培训、召开事故现场分析会等，确保取得实效。

统一管理被派遣劳动者与本单位从业人员

生产经营单位应当打破被派遣劳动者与本单位从业人员的区别，严格按照岗位特点、人员结构、新员工或者调换工种人员等情况，统一组织安全生产教育和培训，包括对被派遣劳动者进行岗位安全操作规程和安全操作技能的教育和培训，保证相同岗位，相同人员（被派遣劳动者和从业人员）达到同等的水平。

生产经营单位对中等职业学校、高等学校学生的安全生产教育和培训

生产经营单位接收中等职业学校、高等学校学生实习的，应当根据本单位生产经营的特点、各种危险性的状况，对实习学生进行相应的安全生

产教育和培训,并提供必要的劳动防护用品。学校作为实习学生的管理方,应当协助和配合生产经营单位对实习学生进行安全生产教育和培训。

安全生产教育和培训档案

安全生产教育和培训档案应当详细记录每位从业人员参加安全生产教育培训的时间、内容、考核结果以及复训情况等,包括按照规定参加政府组织的安全培训的主要负责人、安全生产管理人员和特种作业人员的情况。

案例 淮安市人民检察院诉康兆永、王刚危险物品肇事案(《最高人民法院公报》2006年第8期)

裁判规则:从事剧毒化学品运输工作的专业人员,在发生交通事故致使剧毒化学品泄漏后,有义务利用随车配备的应急处理器材和防护用品抢救对方车辆上的受伤人员,有义务在现场附近设置警戒区域,有义务及时报警并在报警时主动说明危险物品的特征、可能发生的危害,以及需要采取何种救助工具与救助方式才能防止、减轻以至消除危害,有义务在现场等待抢险人员的到来,利用自己对剧毒危险化学品的专业知识以及对运输车辆构造的了解,协助抢险人员处置突发事故。从事剧毒化学品运输工作的专业人员不履行这些义务,应当对由此造成的特别严重后果承担责任。

链接《矿山安全法》第26条;《建筑法》第46条;《煤炭法》第33条;《建设工程安全生产管理条例》第25、37条;《危险化学品安全管理条例》第4条;《安全生产培训管理办法》;《生产经营单位安全培训规定》

第二十九条 【技术更新的教育和培训】生产经营单位采用新工艺、新技术、新材料或者使用新设备,必须了解、掌握其安全技术特性,采取有效的安全防护措施,并对从业人员进行专门的安全生产教育和培训。

注释 生产经营单位采用新工艺、新技术、新材料或者使用新设备时,应当对有关从业人员重新进行有针对性的安全培训。生产经营单位对采用的新工艺、新技术、新材料或者使用的新设备在生产经营过程中可能产生的危险因素的性质、可能产生的危害后果、如何预防这种危险因素造成事故的措施以及一旦发生事故时如何妥善处理等事项,都要了解和掌握。

链接《安全生产培训管理办法》;《生产经营单位安全培训规定》

第三十条 【特种作业人员从业资格】生产经营单位的特种作业人员必须按照国家有关规定经专门的安全作业培训,取得相应资格,方可上岗作业。

特种作业人员的范围由国务院应急管理部门会同国务院有关部门确定。

注释 特种作业,是指容易发生事故,对操作者本人、他人的安全健康及设备、设施的安全可能造成重大危害的作业。特种作业人员的资格是安全准入类,属于行政许可范畴,由主管的负有安全生产监督管理职责的部门实施特种作业人员的考核发证工作,未经培训和考核合格,不得上岗作业。

根据《特种作业人员安全技术培训考核管理规定》,特种作业人员实行目录管理,具体范围由国务院应急管理部门会同国务院有关部门确定。有关部门应当相互协作,科学、合理、及时确定特种作业人员的范围,以满足实际工作的需要。

根据现行特种作业目录,特种作业大致包括:(1)电工作业。指对电气设备进行运行、维护、安装、检修、改造、施工、调试等作业(不含电力系统进网作业)。(2)焊接与热切割作业。指运用焊接或者热切割方法对材料进行加工的作业(不含《特种设备安全监察条例》规定的有关作业)。(3)高处作业。指专门或经常在坠落高度基准面2米及以上有可能坠落的高处进行的作业。(4)制冷与空调作业。指对大中型制冷与空调设备运行操作、安装与修理的作业。(5)煤矿安全作业。(6)金属非金属矿山安全作业。(7)石油天然气安全作业。(8)冶金(有色)生产安全作业。(9)危险化学品安全作业。指从事危险化工工艺过程操作及化工自动化控制仪表安装、维修、维护的作业。(10)烟花爆竹安全作业。指从事烟花爆竹生产、储存中的药物混合、造粒、筛选、装药、筑药、压药、搬运等危险工序的作业。(11)原安全监管总局认定的其他作业。直接从事以上特种作业的从业人员,就是特种作业人员。

链接《矿山安全法》第26条;《建设工程安全生产管理条例》第25条;《特种作业人员安全技术培训考核管理规定》第3、4条

第三十一条 【建设项目安全设施"三同时"】生产经营单位新建、改建、扩建工程项目(以下统称建设项目)的安全设施,必须与主体工程同时设计、同时施工、同时投入生产和使用。安全设施投资应当纳入建设项目概算。

注释 新建、扩建、改建

"新建"，是指从基础开始建造的建设项目；"扩建"，是指在原有基础上加以扩充的建设项目；"改建"，是指不增加建筑物或建设项目体量，在原有基础上，为提高生产效率，改进产品质量，改变产品方向，或改善建筑物使用功能、改变使用目的，对原有工程进行改造的建设项目。

"三同时"原则的要求

同时设计、同时施工、同时投入生产和使用，称为"三同时"原则。生产经营单位违反"三同时"原则，应当承担相应的法律责任。

建设项目安全设施的"三同时"应当达到以下要求：

（1）建设项目的设计单位在编制建设项目投资计划文件时，应同时按照有关法律、法规、国家标准或者行业标准以及设计规范，编制安全设施的设计文件。安全设施的设计不得随意降低安全设施的标准。

（2）生产经营单位在编制建设项目投资计划和财务计划时，应将安全设施所需投资一并纳入计划，同时编报。

（3）对于按照有关规定项目设计需报经主管部门批准的建设项目，在报批时，应当同时报送安全设施设计文件；按照规定，安全设施设计需报主管的负有安全生产监督管理职责的部门审批的，应报主管的负有安全生产监督管理职责的部门批准。

（4）生产经营单位应当要求具体从事建设项目施工的单位严格按照安全设施的施工图纸和设计要求施工。安全设施与主体工程应同时进行施工，安全设施的施工不得偷工减料，降低建设质量。

（5）在生产设备调试阶段，应同时对安全设施进行调试和考核，并对其效果进行评价。

（6）建设项目验收时，应同时对安全设施进行验收。

（7）安全设施应当与主体工程同时投入生产和使用，不得只将主体工程投入使用，而将安全设施摆样子，不予使用。

链接 《劳动法》第 53 条；《矿山安全法》第 7 条；《建筑法》第 38 条

第三十二条　【特殊建设项目安全评价】 矿山、金属冶炼建设项目和用于生产、储存、装卸危险物品的建设项目，应当按照国家有关规定进行安全评价。

注释 建设项目的安全评价，主要是指在建设项目的可行性研究阶段的安全预评价，即根据建设项目可行性研究阶段报告的内容，运用科学的评价方法，分析和预测该建设项目存在的危险、危害因素的种类和危险、危害程度，提出合理可行的安全技术和管理对策，作为该建设项目初步设计中安全设计和建设项目安全管理、监察的重要依据。

链接 《矿山安全法实施条例》第 6 条

第三十三条　【特殊建设项目安全设计审查】 建设项目安全设施的设计人、设计单位应当对安全设施设计负责。

矿山、金属冶炼建设项目和用于生产、储存、装卸危险物品的建设项目的安全设施设计应当按照国家有关规定报经有关部门审查，审查部门及其负责审查的人员对审查结果负责。

注释 建设项目安全设施的设计人、设计单位的责任

建设项目安全设施的设计人、设计单位对安全设施设计负责，应当达到下列要求：一是设计人、设计单位必须按照资质等级承担相应的安全设施设计任务。二是应当保证安全设施的设计质量。三是对因安全设施问题造成的后果负责。

矿山、金属冶炼建设项目和用于生产、储存、装卸危险物品的建设项目的安全设施设计的审查

审查部门及其负责审查的人员，应当坚持原则，认真履行各自审查职责，对符合要求的安全设施设计，予以批准；对于不符合要求的安全设施设计，有权责令有关设计人、设计单位重新设计或进行修改，经重新设计或修改后仍不符合安全要求的，不予批准。审查部门和负责审查的人员对其审查结果负责。

链接 《矿山安全法》第 8—12 条

第三十四条　【特殊建设项目安全设施验收】 矿山、金属冶炼建设项目和用于生产、储存、装卸危险物品的建设项目的施工单位必须按照批准的安全设施设计施工，并对安全设施的工程质量负责。

矿山、金属冶炼建设项目和用于生产、储存、装卸危险物品的建设项目竣工投入生产或者使用前，应当由建设单位负责组织对安全设施进行验收；验收合格后，方可投入生产和使用。负有安全

生产监督管理职责的部门应当加强对建设单位验收活动和验收结果的监督核查。

注释 矿山、金属冶炼建设项目和用于生产、储存、装卸危险物品的建设项目的施工

矿山、金属冶炼建设项目和用于生产、储存、装卸危险物品的建设项目的施工单位必须按照批准的安全设施设计施工，任何单位和个人不得擅自决定不按照批准的安全设施设计施工或者擅自更改设计文件。

矿山、金属冶炼建设项目和用于生产、储存、装卸危险物品的建设项目的验收

建设单位必须认真负责，严格按照有关规定对其安全设施进行验收。对于未经验收或者经验收但不合格的安全设施，建设单位不得将其投入生产和使用。否则，建设单位将依法承担相应的法律责任。

为促使建设单位按标准认真做好验收工作，负有安全生产监督管理职责的部门应当加强对验收活动和验收结果的监督核查，包括可以对有关重要项目或重要部位进行现场检查，或者对验收结果进行核实。

链接《矿山安全法》第 12 条；《矿山安全法实施条例》第 7—10 条；《危险化学品安全管理条例》第 20 条

第三十五条 【安全警示标志】生产经营单位应当在有较大危险因素的生产经营场所和有关设施、设备上，设置明显的安全警示标志。

注释 危险因素

这里的"危险因素"主要指能对人造成伤亡或者对物造成突发性损害的各种因素。

安全警示标志

安全警示标志应当设置在作业场所或者有关设施、设备的醒目位置，一目了然，让每一个在该场所从事生产经营活动的从业人员或者该设施、设备的使用者，都能够清楚地看到，不能设置在让从业人员很难找到的地方。

安全警示标志，一般由安全色、几何图形和图形符号构成。根据现行有关规定，我国目前使用的安全色主要有四种：(1)红色，表示禁止、停止，也代表防火；(2)蓝色，表示指令或必须遵守的规定；(3)黄色，表示警告、注意；(4)绿色，表示安全状态、提示或通行。而我国目前常用的安全警示标志，根据其含义，也可分为四大类：(1)禁止标志，即圆形内划一斜杠，并用红色描划成较粗的圆

环和斜杠，表示"禁止"或"不允许"的含义；(2)警告标志，即"△"，三角的背景用黄色，三角图形和三角内的图像均用黑色描绘，警告人们注意可能发生的各种危险；(3)指令标志，即"○"，在圆形内配上指令含义的颜色——蓝色，并用白色绘画必须履行的图形符号，构成"指令标志"，要求到这个地方的人必须遵守；(4)提示标志，以绿色为背景的长方几何图形，配以白色的文字和图形符号，并标明目标的方向，即构成提示标志，如消防设备提示标志等。生产经营单位应当按照这些规定设置安全警示标志。

链接《职业病防治法》第 24、28、29 条；《建设工程安全生产管理条例》第 28 条；《危险化学品安全管理条例》第 20 条

第三十六条 【安全设备管理】安全设备的设计、制造、安装、使用、检测、维修、改造和报废，应当符合国家标准或者行业标准。

生产经营单位必须对安全设备进行经常性维护、保养，并定期检测，保证正常运转。维护、保养、检测应当作好记录，并由有关人员签字。

生产经营单位不得关闭、破坏直接关系生产安全的监控、报警、防护、救生设备、设施，或者篡改、隐瞒、销毁其相关数据、信息。

餐饮等行业的生产经营单位使用燃气的，应当安装可燃气体报警装置，并保障其正常使用。

注释 安全设备

安全设备，主要是指为了保护从业人员等生产经营活动参与者的安全，防止生产安全事故发生以及在发生生产安全事故时用于救援而安装使用的机械设备和器械，如矿山使用的自救器、灭火设备以及各种安全检测仪器。安全设备从设计到报废各个环节符合国家标准或者行业标准的要求，进行经常性维护、保养，并定期检测。

关闭、破坏直接关系生产安全的监控、报警、防护、救生设备、设施，或者篡改、隐瞒、销毁其相关数据、信息的行为

《刑法修正案(十一)》增加规定了危险作业罪，对关闭、破坏直接关系生产安全的监控、报警、防护、救生设备、设施，或者篡改、隐瞒、销毁其相关数据、信息的行为，具有发生重大伤亡事故或者其他严重后果的现实危险的，处一年以下有期徒刑、拘役或者管制。为与刑法的规定相衔接，此次修改在本条第 3 款对以上行为做出禁止性规定，

并相应增加了行政处罚。

关闭、破坏直接关系生产安全的监控、报警、防护、救生设备、设施，或者篡改、隐瞒、销毁其相关数据、信息的行为，针对的是生产、作业中已经发现危险，如瓦斯超标，但故意关闭、破坏报警、监控设备，或者修改设备阈值，破坏检测设备正常工作条件，使有关监控、监测设备不能正常工作，而继续冒险作业，逃避监管。如2009年河南平顶山新华四矿瓦斯爆炸事故，故意将瓦斯监测仪探头放到窗户通风处，将报警仪电线剪断。"关闭、破坏设备、设施或者篡改、隐瞒、销毁相关数据、信息"的行为是"故意"的，但对结果不是希望或者追求结果，否则可能构成其他犯罪如以危险方法危害公共安全罪等。关闭、破坏的"设备、设施"属于"直接关系生产安全的"设备、设施，这是限定条件。直接关系生产安全是指设备、设施的功能直接检测安全环境数据，关闭、破坏后可能直接导致事故发生，具有重大危险。关闭、破坏与安全生产事故发生不具有直接性因果关系的设备、设施的，不能认定为本罪。

安装报警装置的安全保障措施

近年来餐饮行业燃气爆炸事故频发，对人民群众生命财产安全造成极大威胁，安装使用可燃气体报警装置成本较低，不会显著增加生产经营单位负担，且能够第一时间发现燃气泄漏等情况，有效避免事故发生。此次修改在本条第4款增加了安装报警装置的安全保障措施。

链接《矿山安全法》第15、16条；《煤炭法》第38条；《建设工程安全生产管理条例》第34、35条；《危险化学品安全管理条例》第26条

第三十七条 【特殊特种设备的管理】生产经营单位使用的危险物品的容器、运输工具，以及涉及人身安全、危险性较大的海洋石油开采特种设备和矿山井下特种设备，必须按照国家有关规定，由专业生产单位生产，并经具有专业资质的检测、检验机构检测、检验合格，取得安全使用证或者安全标志，方可投入使用。检测、检验机构对检测、检验结果负责。

注释 必须检测、检验合格的设备

本条规定需要进行特殊管理、必须检测、检验合格的设备分为两类：一是危险物品的容器、运输工具；二是涉及人身安全、危险性较大的海洋石油开采特种设备和矿山井下特种设备。

对检测、检验机构的要求

检测、检验机构应当按照规定的技术标准和要求进行检测、检验，提出科学、客观的结论；出具专业检测、检验证明或报告。检测、检验合格的，发给安全使用证或者安全标志，不合格的，不得发给安全使用证或者安全标志。因检测、检验机构的原因，致使不合格的危险物品的容器、运输工具和特种设备投入使用，并造成后果的，检测、检验机构及其有关人员应当承担相应的法律责任。

链接《特种设备安全法》第2、18—25条；《建设工程安全生产管理条例》第35条；《危险化学品安全管理条例》第20、21条

第三十八条 【淘汰制度】国家对严重危及生产安全的工艺、设备实行淘汰制度，具体目录由国务院应急管理部门会同国务院有关部门制定并公布。法律、行政法规对目录的制定另有规定的，适用其规定。

省、自治区、直辖市人民政府可以根据本地区实际情况制定并公布具体目录，对前款规定以外的危及生产安全的工艺、设备予以淘汰。

生产经营单位不得使用应当淘汰的危及生产安全的工艺、设备。

注释 危及生产安全的工艺、设备分两个等级，一是严重危及生产安全的工艺、设备，二是其他危及生产安全的工艺、设备。

严重危及生产安全的工艺、设备是指不符合生产安全要求，极有可能导致生产安全事故发生，致使人民群众生命和财产遭受重大损失的工艺、设备。此类工艺、设备淘汰目录由国务院应急管理部门会同有关部门制定并公布。

其他危及生产安全的工艺、设备，与严重危及生产安全的工艺、设备相比，危险性较低，有的工艺、设备在生产经营单位及其从业人员履行了适当的注意义务或者附加了必要的防护条件后，可以尽量避免事故的发生。此类工艺、设备的淘汰目录由省级人民政府制定。

生产经营单位不得使用应当淘汰的危及生产安全的工艺、设备，是禁止性规定，生产经营单位必须执行，不得继续使用此类工艺和设备，也不得转让他人使用，否则，应当承担相应的法律责任。

链接《煤炭法》第29条；《建设工程安全生产管理条例》第45条

第三十九条　【危险物品的监管】 生产、经营、运输、储存、使用危险物品或者处置废弃危险物品的，由有关主管部门依照有关法律、法规的规定和国家标准或者行业标准审批并实施监督管理。

生产经营单位生产、经营、运输、储存、使用危险物品或者处置废弃危险物品，必须执行有关法律、法规和国家标准或者行业标准，建立专门的安全管理制度，采取可靠的安全措施，接受有关主管部门依法实施的监督管理。

注释 危险物品主管部门的审批和监督管理

危险物品，是指易燃易爆物品、危险化学品、放射性物品等能够危及人身安全和财产安全的物品。由于危险物品涉及的行业、领域较多，许多法律、法规和标准对危险物品相关活动的监管均有规定，按照这些规定，除应急管理部门外，对应的主管部门要根据危险物品相关的活动特点，进行审批并实施监督管理。

危险物品的生产、经营、储存、使用、运输以及处置废弃危险物品

危险物品的生产、经营、储存、使用、运输以及处置废弃危险物品等活动具有较大的危险性，一旦发生事故，将会对国家和广大人民群众的生命财产安全造成重大损害，因而需要生产经营单位采取安全、可靠的安全防护和应急处置措施。比如，《危险化学品安全管理条例》的规定，生产、储存、使用、经营、运输危险化学品的单位（以下统称危险化学品单位）的主要负责人对本单位的危险化学品安全管理工作全面负责。危险化学品单位应当具备法律、行政法规规定和国家标准、行业标准要求的安全条件，建立、健全安全管理规章制度和岗位安全责任制度，对从业人员进行安全教育、法制教育和岗位技术培训。从业人员应当接受教育和培训，考核合格后上岗作业；对有资格要求的岗位，应当配备依法取得相应资格的人员。再如，《放射性污染防治法》的规定，放射性物质和射线装置应当设置明显的放射性标识和中文警示说明。生产、销售、使用、贮存、处置放射性物质和射线装置的场所，以及运输放射性物质和含放射源的射线装置的工具，应当设置明显的放射性标志。

案例 王召成等非法买卖、储存危险物质案（最高人民法院指导案例13号）

裁判规则：（1）国家严格监督管理的氰化钠等剧毒化学品，易致人中毒或者死亡，对人体、环境具有极大的毒害性和危险性，属于《刑法》第125条第2款规定的"毒害性"物质。（2）"非法买卖"毒害性物质，是指违反法律和国家主管部门规定，未经有关主管部门批准许可，擅自购买或者出售毒害性物质的行为，并不需要兼有买进和卖出的行为。

链接 《安全生产法》第117条；《放射性污染防治法》第9、17条；《危险化学品安全管理条例》第4—6、24、25条；《烟花爆竹安全管理条例》第22—27条

第四十条　【重大危险源的管理和备案】 生产经营单位对重大危险源应当登记建档，进行定期检测、评估、监控，并制定应急预案，告知从业人员和相关人员在紧急情况下应当采取的应急措施。

生产经营单位应当按照国家有关规定将本单位重大危险源及有关安全措施、应急措施报有关地方人民政府应急管理部门和有关部门备案。有关地方人民政府应急管理部门和有关部门应当通过相关信息系统实现信息共享。

注释 重大危险源

根据本法第117条，重大危险源，是指长期地或者临时地生产、搬运、使用或者储存危险物品，且危险物品的数量等于或者超过临界量的单元（包括场所和设施）。

重大危险源的安全管理措施包括：一是登记建档；二是进行定期检测、评估、监控；三是制定应急预案；四是告知从业人员和相关人员在紧急情况下应当采取的应急措施。重大危险源及安全措施、应急措施备案的目的，主要是便于安全生产监督管理部门和有关部门及时、全面地掌握生产经营单位重大危险源的分布以及具体危害情况，可以有针对性地采取措施，加强监督管理，经常性进行检查，防止生产安全事故的发生。贯彻落实《中共中央、国务院关于推进安全生产领域改革发展的意见》关于构建国家、省、市、县四级重大危险源信息管理体系的要求，此次修改增加了有关地方人民政府应急管理部门和有关部门对重大危险源的信息共享。

危险化学品企业重大危险源主要负责人的安全包保责任

安全包保，是指危险化学品企业按照要求，专门为重大危险源指定主要负责人、技术负责人和操作负责人，并由其包联保证重大危险源安全管理措施落实到位的一种安全生产责任制。

重大危险源的主要负责人,对所包保的重大危险源负有下列安全职责:(1)组织建立重大危险源安全包保责任制并指定对重大危险源负有安全包保责任的技术负责人、操作负责人;(2)组织制定重大危险源安全生产规章制度和操作规程,并采取有效措施保证其得到执行;(3)组织对重大危险源的管理和操作岗位人员进行安全技能培训;(4)保证重大危险源安全生产所必需的安全投入;(5)督促、检查重大危险源安全生产工作;(6)组织制定并实施重大危险源生产安全事故应急救援预案;(7)组织通过危险化学品登记信息管理系统填报重大危险源有关信息,保证重大危险源安全监测监控有关数据接入危险化学品安全生产风险监测预警系统。

重大危险源档案

重大危险源档案应当包括的文件、资料有:辨识、分级记录;重大危险源基本特征表;涉及的所有化学品安全技术说明书;区域位置图、平面布置图、工艺流程图和主要设备一览表;重大危险源安全管理规章制度及安全操作规程;安全监测监控系统、措施说明、检测、检验结果;重大危险源事故应急预案、评审意见、演练计划和评估报告;安全评估报告或者安全评价报告;重大危险源关键装置、重点部位的责任人、责任机构名称;重大危险源场所安全警示标志的设置情况;其他文件、资料。

链接《安全生产法》第 117 条;《危险化学品安全管理条例》第 19 条

第四十一条 【安全风险管控制度和事故隐患治理制度】生产经营单位应当建立安全风险分级管控制度,按照安全风险分级采取相应的管控措施。

生产经营单位应当建立健全并落实生产安全事故隐患排查治理制度,采取技术、管理措施,及时发现并消除事故隐患。事故隐患排查治理情况应当如实记录,并通过职工大会或者职工代表大会、信息公示栏等方式向从业人员通报。其中,重大事故隐患排查治理情况应当及时向负有安全生产监督管理职责的部门和职工大会或者职工代表大会报告。

县级以上地方各级人民政府负有安全生产监督管理职责的部门应当将重大事故隐患纳入相关信息系统,建立健全重大事故隐患治理督办制度,督促生产经营单位消除重大事故隐患。

注释 生产安全事故隐患

生产安全事故隐患(以下简称事故隐患),是指生产经营单位违反安全生产法律、法规、规章、标准、规程和安全生产管理制度的规定,或者因其他因素在生产经营活动中存在可能导致事故发生的物的危险状态、人的不安全行为和管理上的缺陷。事故隐患是导致事故发生的主要根源之一。根据现行标准的规定,隐患主要有三个方面:人的不安全行为、物的不安全状态和管理上的缺陷。生产经营单位的事故隐患分为一般事故隐患和重大事故隐患,一般事故隐患,是指危害和整改难度较小,发现后能够立即整改排除的隐患。重大事故隐患,是指危害和整改难度较大,应当全部或者局部停产停业,并经过一定时间整改治理方能排除的隐患,或者因外部因素影响致使生产经营单位自身难以排除的隐患。

安全风险分级管控制度和重大事故隐患排查治理情况双报告制度

《中共中央、国务院关于推进安全生产领域改革发展的意见》要求,企业要定期开展风险评估和危害辨识。针对高危工艺、设备、物品、场所和岗位,建立分级管控制度,制定落实安全操作规程。树立隐患就是事故的观念,建立健全隐患排查治理制度,重大隐患治理情况向负有安全生产监督管理职责的部门和企业职代会会双报告制度。为贯彻落实上述要求,此次修改增加了安全风险分级管控制度和重大事故隐患排查治理情况双报告制度。

负有安全生产监督管理职责的部门要建立与企业隐患排查治理系统联网的信息平台,完善线上线下配套监管制度。将事故隐患纳入相关信息系统,有利于建立健全重大事故隐患治理督办制度,督促生产经营单位消除重大事故隐患。

第四十二条 【生产经营场所和员工宿舍安全要求】生产、经营、储存、使用危险物品的车间、商店、仓库不得与员工宿舍在同一座建筑物内,并应当与员工宿舍保持安全距离。

生产经营场所和员工宿舍应当设有符合紧急疏散要求、标志明显、保持畅通的出口、疏散通道。禁止占用、锁闭、封堵生产经营场所或者员工宿舍的出口、疏散通道。

注释 生产经营单位不得以任何理由违反员工宿舍设置和安全距离的要求,员工也应当提高自我保护意识,拒绝使用生产经营单位提供的违反安全要求的宿舍,并有权向有关部门检举和控告。

保证生产经营场所和员工宿舍出口、疏散通道的畅通十分重要,一方面有利于发生生产安全事故时从业人员的撤离,减少人员的伤亡;同时也有利于救援队伍及时进入事故现场,开展抢救工作,防止事故扩大,尽量减少事故造成的损失。此次修改增加了"疏散通道",并增加了禁止"占用"的规定。

链接《危险化学品安全管理条例》第19条;《建设工程安全生产管理条例》第29、30条

第四十三条 【危险作业的现场安全管理】生产经营单位进行爆破、吊装、动火、临时用电以及国务院应急管理部门会同国务院有关部门规定的其他危险作业,应当安排专门人员进行现场安全管理,确保操作规程的遵守和安全措施的落实。

注释 通过对危险作业进行现场安全管理,一方面可以检查作业场所的各项安全措施是否得到落实,另一方面可以监督从事危险作业的人员是否严格按有关操作规程进行操作。同时,还可以对作业场所的各种情况进行及时协调,发现事故隐患及时采取措施进行紧急排除。

链接《建设工程安全生产管理条例》第17条

第四十四条 【从业人员的安全管理】生产经营单位应当教育和督促从业人员严格执行本单位的安全生产规章制度和安全操作规程;并向从业人员如实告知作业场所和工作岗位存在的危险因素、防范措施以及事故应急措施。

生产经营单位应当关注从业人员的身体、心理状况和行为习惯,加强对从业人员的心理疏导、精神慰藉,严格落实岗位安全生产责任,防范从业人员行为异常导致事故发生。

注释 安全生产规章制度和安全操作规程

生产经营单位的安全生产规章制度主要包括两个方面的内容,一是安全生产管理方面的规章制度;二是安全技术方面的规章制度。规程是对工艺、操作、安装、检定、安全、管理等具体技术要求和实施程序所作的统一规定,安全操作规程是指在生产活动中,为消除导致人身伤亡或者造成设备、财产破坏以及危害环境的因素而制定的具体技术要求和实施程序的统一规定。安全生产规章制度和安全操作规程,是保证生产经营活动安全进行的重要制度保障,从业人员在进行作业时必须严格执行。

关注从业人员身体、心理状况和行为习惯

此次修改增加第2款,主要针对近年来因从业人员行为异常引发生产安全事故的情况时有发生,如公交车司机驾车坠湖等事故。要求生产经营单位关注从业人员身体、心理状况和行为习惯,就是为了确保从业人员的生理、心理状况和行为习惯符合岗位的安全生产要求,避免事故发生。

第四十五条 【劳动防护用品】生产经营单位必须为从业人员提供符合国家标准或者行业标准的劳动防护用品,并监督、教育从业人员按照使用规则佩戴、使用。

注释 生产经营单位为劳动者提供的劳动防护用品,应该是符合国家标准或者行业标准的、合格的劳动防护用品,并必须把劳动防护用品发放到从业人员手中,不得以货币或其他物品替代应当配备的劳动防护用品。

生产经营单位应当采取措施,使劳动者掌握劳动防护用品的使用规则,并在实践中监督、指导劳动者按照使用规则佩戴、使用劳动防护用品,使其真正发挥作用。

第四十六条 【安全检查和报告义务】生产经营单位的安全生产管理人员应当根据本单位的生产经营特点,对安全生产状况进行经常性检查;对检查中发现的安全问题,应当立即处理;不能处理的,应当及时报告本单位有关负责人,有关负责人应当及时处理。检查及处理情况应当如实记录在案。

生产经营单位的安全生产管理人员在检查中发现重大事故隐患,依照前款规定向本单位有关负责人报告,有关负责人不及时处理的,安全管理人员可以向主管的负有安全生产监督管理职责的部门报告,接到报告的部门应当依法及时处理。

注释 安全检查主要涉及安全生产规章制度是否健全、完善,安全设备、设施是否处于正常的运行状态,从业人员是否具备应有的安全知识和操作技能,从业人员在工作中是否严格遵守安全生产规章制度和操作规程,从业人员的劳动防护用品是否符合标准以及是否有其他事故隐患等。

第四十七条 【安全生产经费保障】生产经营单位应当安排用于配备劳动防护用品、进行安全生产培训的经费。

第四十八条 【安全生产协作】两个以上生产

经营单位在同一作业区域内进行生产经营活动，可能危及对方生产安全的，应当签订安全生产管理协议，明确各自的安全生产管理职责和应当采取的安全措施，并指定专职安全生产管理人员进行安全检查与协调。

第四十九条 【生产经营项目、施工项目的安全管理】生产经营单位不得将生产经营项目、场所、设备发包或者出租给不具备安全生产条件或者相应资质的单位或者个人。

生产经营项目、场所发包或者出租给其他单位的，生产经营单位应当与承包单位、承租单位签订专门的安全生产管理协议，或者在承包合同、租赁合同中约定各自的安全生产管理职责；生产经营单位对承包单位、承租单位的安全生产工作统一协调、管理，定期进行安全检查，发现安全问题的，应当及时督促整改。

矿山、金属冶炼建设项目和用于生产、储存、装卸危险物品的建设项目的施工单位应当加强对施工项目的安全管理，不得倒卖、出租、出借、挂靠或者以其他形式非法转让施工资质，不得将其承包的全部建设工程转包给第三人或者将其承包的全部建设工程支解以后以分包的名义分别转包给第三人，不得将工程分包给不具备相应资质条件的单位。

注释 此次修改增加的第 3 款，主要是针对矿山、金属冶炼、危险物品等建设项目，因其专业性强，建设管理不规范极易导致重特大事故发生。特别是山东栖霞笏山金矿"1·10"重大爆炸事故、招远曹家洼金矿"2·17"较大火灾事故等，暴露出企业项目管理混乱，倒卖、出租、出借、挂靠或者以其他形式非法转让施工资质，非法转包分包等问题。结合《民法典》《建筑法》的有关要求，在本法中对禁止有关行为作出规定。

第五十条 【单位主要负责人组织事故抢救职责】生产经营单位发生生产安全事故时，单位的主要负责人应当立即组织抢救，并不得在事故调查处理期间擅离职守。

第五十一条 【工伤保险和安全生产责任保险】生产经营单位必须依法参加工伤保险，为从业人员缴纳保险费。

国家鼓励生产经营单位投保安全生产责任保险；属于国家规定的高危行业、领域的生产经营单位，应当投保安全生产责任保险。具体范围和实施办法由国务院应急管理部门会同国务院财政部门、国务院保险监督管理机构和相关行业主管部门制定。

注释 工伤保险

工伤保险是指职工在劳动过程中发生生产安全事故以及职业病，暂时或者永久地丧失劳动能力时，在医疗和生活上获得物质帮助的一种社会保险制度。工伤保险由单位缴费，个人不缴费。

安全生产责任保险

安全生产责任保险是以生产经营过程中因发生意外事故，造成人身伤亡或财产损失，依法应由生产经营单位承担的经济赔偿责任为保险标的（是指作为保险对象的财产用其有关利益，或者是人的寿命和身体，它是保险利益的载体），保险公司按相关保险条款的约定对保险人以外的第三者进行赔偿的责任保险。

此次修改根据《中共中央、国务院关于推进安全生产领域改革发展的意见》要求和近年来各地推行安全生产责任保险的情况，在法律中规定矿山、危险化学品、烟花爆竹、交通运输、建筑施工、民用爆炸物品、金属冶炼、渔业生产等高危行业领域强制实施，有利于切实发挥保险机构参与风险评估管控和事故预防功能。

案例 1. 孙立兴诉天津新技术产业园区劳动人事局工伤认定案（最高人民法院指导案例 40 号）

裁判规则：（1）《工伤保险条例》第十四条第一项规定的"因工作原因"，是指职工受伤与其从事本职工作之间存在关联关系。

（2）《工伤保险条例》第十四条第一项规定的"工作场所"，是指与职工工作职责相关的场所，有多个工作场所的，还包括工作时间内职工来往于多个工作场所之间的合理区域。

（3）职工在从事本职工作中存在过失，不属于《工伤保险条例》第十六条规定的故意犯罪、醉酒或者吸毒、自残或者自杀情形，不影响工伤的认定。

2. 上海温和足部保健服务部诉上海市普陀区人力资源和社会保障局工伤认定案（《中华人民共和国最高人民法院公报》2017 年第 4 期）

*裁判规则：*职工在工作时间和工作岗位上突发疾病，经抢救后医生虽然明确告知家属无法挽救生命，在救护车运送回家途中职工死亡的，仍应认定其未脱离治疗抢救状态。若职工自发病至死亡期间未超过 48 小时，应视为"48 小时之内经抢

救无效死亡",视同工伤。

3. **韩某与河南省某市人力资源和社会保障局工伤认定行政抗诉案**（《最高人民检察院发布12件"加强行政检察监督促进行政争议实质性化解"典型案例》）

裁判规则：工伤保险作为一种社会保障制度，旨在最大限度地保障劳动者受到职业伤害后获得救济的权利。本案中，检察机关准确把握工伤保险制度的立法目的和宗旨，厘清"工作岗位"等法律概念，通过依法提出抗诉，监督法院纠正错误行政判决。同时，对于用人单位否认工伤而又不能提供相关证据的，依法监督法院正确适用举证责任分配，充分保障劳动者因工作原因遭受事故伤害或突发疾病时能够获得相应医疗救济、经济补偿。

链接《国务院关于保险业改革发展的若干意见》；《工伤保险条例》

第三章　从业人员的安全生产权利义务

第五十二条　【劳动合同的安全条款】生产经营单位与从业人员订立的劳动合同，应当载明有关保障从业人员劳动安全、防止职业危害的事项，以及依法为从业人员办理工伤保险的事项。

生产经营单位不得以任何形式与从业人员订立协议，免除或者减轻其对从业人员因生产安全事故伤亡依法应承担的责任。

注释 劳动合同是劳动者与用人单位确立劳动关系，明确双方权利和义务的协议。根据《劳动合同法》第4条的规定，用人单位在制定、修改或者决定有关劳动报酬、工作时间、休息休假、劳动安全卫生、保险福利、职工培训、劳动纪律以及劳动定额管理等直接涉及劳动者切身利益的规章制度或者重大事项时，应当经职工代表大会或者全体职工讨论，提出方案和意见，与工会或者职工代表平等协商确定。

劳动合同应当包含安全生产有关的事项：一是保障从业人员劳动安全，防止职业危害的事项；二是办理工伤保险的事项。

不能订立免责协议：一是禁止订立违反法律规定的协议；二是任何形式的这种协议都在禁止之列，比如一度猖獗的"生死合同"以及其他种种形式的非法协议，都在禁止范围内；三是订立了这种协议的并不能免除或者减轻生产安全事故的责任，即从法律上不承认这种合同是合法的、有效的。

案例 **张连起、张国莉诉张学珍损害赔偿纠纷案**（《中华人民共和国最高人民法院公报》1989年第1期）

裁判规则：被告作为雇主，在招工登记表中注明"工伤概不负责"，违反了宪法和有关劳动法规的规定，也严重违反社会主义公德，属于无效民事行为。其由于过错侵害了原告的人身安全，应当承担民事责任。

链接《劳动合同法》第17、26—28条

第五十三条　【知情权和建议权】生产经营单位的从业人员有权了解其作业场所和工作岗位存在的危险因素、防范措施及事故应急措施，有权对本单位的安全生产工作提出建议。

注释　知情权

生产经营单位的从业人员对于劳动安全的知情权，与从业人员的生命安全和健康关系密切，是保护劳动者生命健康权的重要前提。作业场所和工作岗位存在的危险因素、防范措施及事故应急措施是从业人员知情权的三项作用内容。

《劳动合同法》规定：用人单位应当将直接涉及劳动者切身利益的规章制度和重大事项决定公示，或者告知劳动者；用人单位招用劳动者时，应当如实告知劳动者工作内容、工作条件、工作地点、职业危害、安全生产状况、劳动报酬，以及劳动者要求了解的其他情况等。《职业病防治法》中规定：劳动者享有了解工作场所产生或者可能产生的职业病危害因素、危害后果和应当采取的职业病防护措施的权利。用人单位与劳动者订立劳动合同（含聘用合同，下同）时，应当将工作过程中可能产生的职业病危害及其后果、职业病防护措施和待遇等如实告知劳动者，并在劳动合同中写明，不得隐瞒或者欺骗。劳动者在已订立劳动合同期间因工作岗位或者工作内容变更，从事与所订立劳动合同中未告知的存在职业病危害的作业时，用人单位应当依照规定，向劳动者履行如实告知的义务，并协商变更原劳动合同相关条款。

建议权

从业人员有权利参与用人单位的民主管理。从业人员通过参与生产经营的民主管理，可以充分调动其积极性与主动性，可以充分发挥其聪明才智,为本单位献计献策,对安全生产工作提出意见与建议,共同做好生产经营单位的安全生产工作。

第五十四条 【批评、检举、控告、拒绝权】从业人员有权对本单位安全生产工作中存在的问题提出批评、检举、控告;有权拒绝违章指挥和强令冒险作业。

生产经营单位不得因从业人员对本单位安全生产工作提出批评、检举、控告或者拒绝违章指挥、强令冒险作业而降低其工资、福利等待遇或者解除与其订立的劳动合同。

注释 从业人员对安全生产工作的监督权

从业人员对安全生产工作的监督权,包括两个方面:一是对安全生产工作中存在的问题提出批评、检举、控告。检举可以署名,也可以不署名;可以用书面形式,也可以用口头形式。二是拒绝违章指挥、强令冒险作业

对从业人员行使监督权的保护措施,主要包括两个方面:一是不得降低其工资、福利等待遇;二是不得解除与其订立的劳动合同。对生产经营单位违章指挥、强令冒险作业危及从业人员人身安全的,从业人员可以立即解除劳动合同,不需事先告知用人单位,这是劳动者的一项重要权利。

第五十五条 【紧急处置权】从业人员发现直接危及人身安全的紧急情况时,有权停止作业或者在采取可能的应急措施后撤离作业场所。

生产经营单位不得因从业人员在前款紧急情况下停止作业或者采取紧急撤离措施而降低其工资、福利等待遇或者解除与其订立的劳动合同。

注释 从业人员紧急情况下的处置权及保护措施

从业人员行使紧急撤离权的前提条件是,发现直接危及人身安全的紧急情况,如果不撤离会对其生命安全和健康造成直接的威胁。行使权利的选择权在从业人员,不要求从业人员应当在采取可能的应急措施后或者在征得有关负责人员同意后撤离作业场所。

链接《煤炭法》第 34 条;《矿山安全法实施条例》第 44 条;《建设工程安全生产管理条例》第 32 条

第五十六条 【事故后的人员救治和赔偿】生产经营单位发生生产安全事故后,应当及时采取措施救治有关人员。

因生产安全事故受到损害的从业人员,除依法享有工伤保险外,依照有关民事法律尚有获得赔偿的权利的,有权提出赔偿要求。

注释 此次修改增加第 1 款规定,要求生产经营单位发生生产安全事故后,应当及时采取措施救治有关人员,既包括本单位从业人员,也包括遭到事故伤害的其他人员。生产安全事故责任主体有可能是本单位,也有可能是其他单位,受到事故损害的从业人员有权依据《民法典》等法律法规提出赔偿要求。

链接《职业病防治法》第 58 条;《工伤保险条例》第 33—41 条

第五十七条 【落实岗位安全责任和服从安全管理】从业人员在作业过程中,应当严格落实岗位安全责任,遵守本单位的安全生产规章制度和操作规程,服从管理,正确佩戴和使用劳动防护用品。

第五十八条 【接受安全生产教育和培训义务】从业人员应当接受安全生产教育和培训,掌握本职工作所需的安全生产知识,提高安全生产技能,增强事故预防和应急处理能力。

第五十九条 【事故隐患和不安全因素的报告义务】从业人员发现事故隐患或者其他不安全因素,应当立即向现场安全生产管理人员或者本单位负责人报告;接到报告的人员应当及时予以处理。

注释 从业人员的报告义务

本条对从业人员发现事故隐患或者其他不安全因素规定了报告义务,符合职工参与安全生产工作的机制要求。其报告义务有两点要求:一是在发现事故隐患或者其他不安全因素后,应当立即报告,因为安全生产事故的特点之一是突发性,如果拖延报告,则使事故发生的可能性加大,发生了事故则更是悔之晚矣。二是接受报告的主体是现场安全生产管理人员或者本单位的负责人,以便于对事故隐患或者其他不安全因素及时作出处理,避免事故的发生。接到报告的人员须及时进行处理,以防止有关人员延误消除事故隐患的时机。

第六十条 【工会监督】工会有权对建设项目的安全设施与主体工程同时设计、同时施工、同时投入生产和使用进行监督,提出意见。

工会对生产经营单位违反安全生产法律、法规,侵犯从业人员合法权益的行为,有权要求纠正;发现生产经营单位违章指挥、强令冒险作业或

者发现事故隐患时,有权提出解决的建议,生产经营单位应当及时研究答复;发现危及从业人员生命安全的情况时,有权向生产经营单位建议组织从业人员撤离危险场所,生产经营单位必须立即作出处理。

工会有权依法参加事故调查,向有关部门提出处理意见,并要求追究有关人员的责任。

第六十一条　【被派遣劳动者的权利义务】生产经营单位使用被派遣劳动者的,被派遣劳动者享有本法规定的从业人员的权利,并应当履行本法规定的从业人员的义务。

注释　被派遣劳动者是生产经营单位从业人员的重要组成部分。被派遣劳动者有权依法受到安全生产保障,享有从业人员相应的权利。被派遣劳动者应当履行安全生产职责,尽到安全生产防护、遵守安全规章制度等义务。

用工单位的义务

用工单位应当履行下列义务:(1)执行国家劳动标准,提供相应的劳动条件和劳动保护;(2)告知被派遣劳动者的工作要求和劳动报酬;(3)支付加班费、绩效奖金,提供与工作岗位相关的福利待遇;(4)对在岗被派遣劳动者进行工作岗位所必需的培训;(5)连续用工的,实行正常的工资调整机制。

用工单位不得将被派遣劳动者再派遣到其他用人单位。

案例　上海珂帝纸品包装有限责任公司不服上海市人力资源和社会保障局责令补缴外来从业人员综合保险费案(《最高人民法院公报》2013年第11期)

裁判规则:从事劳务派遣业务的单位应当依法登记设立。用人单位与未经工商注册登记、不具备劳务派遣经营资质的公司签订用工协议,与派遣人员形成事实劳动关系,应由用人单位依法为其缴纳综合保险费;用人单位与不具备缴费资格的主体的协议约定,不能免除其法定缴费义务。

链接　《劳动合同法》第62—64条;《劳动合同法实施条例》第29条;《劳务派遣暂行规定》第8—10条

第四章　安全生产的监督管理

第六十二条　【安全生产监督检查】县级以上地方各级人民政府应当根据本行政区域内的安全生产状况,组织有关部门按照职责分工,对本行政区域内容易发生重大生产安全事故的生产经营单位进行严格检查。

应急管理部门应当按照分类分级监督管理的要求,制定安全生产年度监督检查计划,并按照年度监督检查计划进行监督检查,发现事故隐患,应当及时处理。

第六十三条　【安全生产事项的审批、验收】负有安全生产监督管理职责的部门依照有关法律、法规的规定,对涉及安全生产的事项需要审查批准(包括批准、核准、许可、注册、认证、颁发证照等,下同)或者验收的,必须严格依照有关法律、法规和国家标准或者行业标准规定的安全生产条件和程序进行审查;不符合有关法律、法规和国家标准或者行业标准规定的安全生产条件的,不得批准或者验收通过。对未依法取得批准或者验收合格的单位擅自从事有关活动的,负责行政审批的部门发现或者接到举报后应当立即予以取缔,并依法予以处理。对已经依法取得批准的单位,负责行政审批的部门发现其不再具备安全生产条件的,应当撤销原批准。

第六十四条　【审批、验收的禁止性规定】负有安全生产监督管理职责的部门对涉及安全生产的事项进行审查、验收,不得收取费用;不得要求接受审查、验收的单位购买其指定品牌或者指定生产、销售单位的安全设备、器材或者其他产品。

链接　《煤矿安全监察条例》第19条;《建设工程安全生产管理条例》第42条

第六十五条　【监督检查的职权范围】应急管理部门和其他负有安全生产监督管理职责的部门依法开展安全生产行政执法工作,对生产经营单位执行有关安全生产的法律、法规和国家标准或者行业标准的情况进行监督检查,行使以下职权:

(一)进入生产经营单位进行检查,调阅有关资料,向有关单位和人员了解情况;

(二)对检查中发现的安全生产违法行为,当场予以纠正或者要求限期改正;对依法应当给予行政处罚的行为,依照本法和其他有关法律、行政法规的规定作出行政处罚决定;

(三)对检查中发现的事故隐患,应当责令立即排除;重大事故隐患排除前或者排除过程中无法保证安全的,应当责令从危险区域内撤出作业人员,责令暂时停产停业或者停止使用相关设施、

设备;重大事故隐患排除后,经审查同意,方可恢复生产经营和使用;

(四)对有根据认为不符合保障安全生产的国家标准或者行业标准的设施、设备、器材以及违法生产、储存、使用、经营、运输的危险物品予以查封或者扣押,对违法生产、储存、使用、经营危险物品的作业场所予以查封,并依法作出处理决定。

监督检查不得影响被检查单位的正常生产经营活动。

注释 本条规定了应急管理部门和其他负有安全生产监督管理职责的部门开展安全生产行政执法的具体职权。应急管理部门等开展安全生产监督检查时,不得影响被检查单位的正常生产经营活动。

监督检查权

本条规定,在安全生产监督检查中,应急管理部门和其他负有安全生产监督管理职责的部门有以下权力:

1. 现场调查取证权。包括:(1)应急管理部门和其他负有安全生产监督管理职责的部门有权进入生产经营单位进行现场检查,被检查单位不得拒绝。(2)有权向被检查单位调阅与监督检查有关的资料。(3)向有关人员,包括被检查单位的负责人、有关的管理人员、技术人员和作业人员等了解相关的情况。

2. 现场处理权。包括:(1)应急管理部门和其他负有安全生产监督管理职责的部门,对监督检查中发现的安全生产违法行为,有权当场予以纠正或者要求限期改正。(2)责令排除事故隐患。(3)责令采取紧急避险措施权。(4)对检查中发现的违法行为,依照有关法律、法规的规定应当由应急管理部门和其他负有安全生产监督管理职责的部门予以处罚的,依法作出行政处罚的决定。

3. 采取查封或扣押行政强制措施权。负有安全生产监督管理职责的部门对有根据认为不符合保障安全生产的国家标准或者行业标准的设施、设备、器材以及违法生产、储存、使用、经营、运输的危险物品,有予以查封或者扣押的权力,对违法生产、储存、使用、经营危险物品的作业场所,有权予以查封。

案例 1. 刘卫平、刘胜杰、楚湘葵重大劳动安全事故、非法采矿、单位行贿案(最高人民法院发布3起危害生产安全犯罪典型案例)

裁判规则:安全生产许可证过期后从事生产经营活动,或者采用封闭矿井口、临时遣散工人等弄虚作假手段和行贿方法故意逃避、阻挠负有安全监督管理职责的部门实施监督检查的,均应当从重处罚。

2. 泸县桃子沟煤业公司、罗剑、李贞元、胡德友、徐英成非法储存爆炸物,罗剑、李贞元、胡德友、徐英成、谢胜良、姜大伦、陈天才、杨万平、卢德全、张长勇、陈远华、周明重大责任事故案(最高人民法院发布3起危害生产安全犯罪典型案例)

裁判规则:被告人李贞元作为桃子沟煤业公司隐名股东和实际控制人之一,负责煤矿安全生产管理,应认定为重大责任事故罪的犯罪主体。被告人在煤矿技改扩建期间违规组织生产,不安装瓦斯监控系统及传感器等必要的安全监控和报警设备,采取不发放作业人员定位识别卡、检查前封闭巷道等弄虚作假手段故意逃避、阻挠负有安全监督管理职责的部门实施监督检查,应当从重处罚。

第六十六条 【生产经营单位的配合义务】生产经营单位对负有安全生产监督管理职责的部门的监督检查人员(以下统称安全生产监督检查人员)依法履行监督检查职责,应当予以配合,不得拒绝、阻挠。

注释 本条规定生产经营单位负有配合监督检查的义务,不得以任何形式拒绝或者阻挠安全生产监督检查人员依法履行监督检查职责。

根据本法第108条的规定,违反本法规定,生产经营单位拒绝、阻碍负有安全生产监督管理职责的部门依法实施监督检查的,责令改正;拒不改正的,处二万元以上二十万元以下的罚款;对其直接负责的主管人员和其他直接责任人员处一万元以上二万元以下的罚款;构成犯罪的,依照刑法有关规定追究刑事责任。

《刑法》第277条第1款规定,以暴力、威胁方法阻碍国家机关工作人员依法执行职务的,处三年以下有期徒刑、拘役、管制或者罚金。同时,对于阻碍国家机关工作人员依法执行职务的行为,可以按照《治安管理处罚法》第50条的有关规定给予治安管理处罚,即:处警告或者二百元以下罚款;情节严重的,处五日以上十日以下拘留,可以并处五百元以下罚款。

链接《刑法》第277条;《治安管理处罚法》第50条

第六十七条 【监督检查的要求】安全生产监督检查人员应当忠于职守,坚持原则,秉公执法。

安全生产监督检查人员执行监督检查任务时,必须出示有效的行政执法证件;对涉及被检查单位的技术秘密和业务秘密,应当为其保密。

注释 本条对安全生产监督检查人员提出原则性要求。即应当忠于职守,坚持原则和秉公执法,这是安全生产监督检查人员必须时刻牢记的工作原则。安全生产监督检查人员执法时必须出示有效行政执法证件,这是监督检查时的法定程序要求。安全生产监督检查人员负有保密义务。

链接 《劳动法》第 86 条;《劳动合同法》第 75 条;《刑法》第 219 条

第六十八条 【监督检查的记录与报告】安全生产监督检查人员应当将检查的时间、地点、内容、发现的问题及其处理情况,作出书面记录,并由检查人员和被检查单位的负责人签字;被检查单位的负责人拒绝签字的,检查人员应当将情况记录在案,并向负有安全生产监督管理职责的部门报告。

注释 本条对安全生产监督检查人员进行检查时的记录作了规定。要求书面记录应当包括检查内容、发现的问题及处理情况等重要信息。

本条对被检查单位的负责人拒绝签字的情形作了特别规定。要求检查人员应当将情况记录在案,并向有关部门报告。

第六十九条 【监督检查的配合】负有安全生产监督管理职责的部门在监督检查中,应当互相配合,实行联合检查;确需分别进行检查的,应当互通情况,发现存在的安全问题应当由其他有关部门进行处理的,应当及时移送其他有关部门并形成记录备查,接受移送的部门应当及时进行处理。

第七十条 【强制停止生产经营活动】负有安全生产监督管理职责的部门依法对存在重大事故隐患的生产经营单位作出停产停业、停止施工、停止使用相关设施或者设备的决定,生产经营单位应当依法执行,及时消除事故隐患。生产经营单位拒不执行,有发生生产安全事故的现实危险的,在保证安全的前提下,经本部门主要负责人批准,负有安全生产监督管理职责的部门可以采取通知有关单位停止供电、停止供应民用爆炸物品等措施,强制生产经营单位履行决定。通知应当采用书面形式,有关单位应当予以配合。

负有安全生产监督管理职责的部门依照前款规定采取停止供电措施,除有危及生产安全的紧急情形外,应当提前二十四小时通知生产经营单位。生产经营单位依法履行行政决定、采取相应措施消除事故隐患的,负有安全生产监督管理职责的部门应当及时解除前款规定的措施。

注释 负有安全生产监督管理职责的部门在具体实施强制措施时的注意事项

1. 严格实施条件

一是保证安全。负有安全生产监督管理职责的部门实施行政强制措施的过程中更要以保证安全,特别是从业人员的生命安全为前提。要充分考虑生产经营单位的生产特点和特殊要求,不能因突然采取停电等措施发生其他事故。在实施停止供应民用爆炸物品,特别是停止供电的强制措施的情况下,要严格遵守安全断电程序,以保障实现行政强制目的。

二是负有安全生产监督管理职责的部门依法对存在重大事故隐患的生产经营单位作出停产停业、停止施工、停止使用相关设施或者设备的决定。这里所称的决定,既包括依照本法第 65 条或者其他法律法规规定作出的责令暂时停产停业、停止使用相关设施设备的现场处理决定,也包括依照本法法律责任一章作出的责令停产停业整顿的行政决定。

三是生产经营单位拒不执行上述决定。

四是存在重大事故隐患,有发生生产安全事故的现实危险。这里所称的重大事故隐患,通常是指危害和整改难度较大,应当全部或者局部停产停业,并经过一定时间整改治理方能排除的隐患,或者因外部因素影响致使生产经营单位自身难以排除的隐患。这里所称的有发生生产安全事故的现实危险,是指现实存在的、紧迫的危险,如果这种危险持续存在,生产经营单位就可能随时发生事故。

2. 严格按照程序

一是经本部门主要负责人批准。本部分属于内部程序的限定,实施前必须要经过本部门主要负责人批准。这里所称的本部门主要负责人,一般是指负有安全生产监督管理职责的部门的正职负责人,也可以是主持工作的其他负责人。

二是通知要采用书面形式,这是本条实施的形式要件。为保证实施过程的公开、公正、可追溯,书面形式应为相应的行政执法文书。

三是采取停止供电的强制措施,应当提前二十四小时书面通知生产经营单位。这是对本条第1款的补充规定。如果遇有紧急情形的,负有安全生产监督管理职责的部门可以不提前二十四小时,甚至在不通知生产经营单位的情况下,直接依照本条第1款的规定要求供电企业停止供电。

3. 严格解除条件

一是生产经营单位依法履行行政决定。即生产经营单位已经按照负有安全生产监督管理职责的部门行政决定的要求,正确履行了停产停业、停止施工、停止使用相关设施设备的义务。

二是采取相应措施消除事故隐患。除了履行行政决定外,生产经营单位还必须采取措施消除事故隐患后,负有安全生产监督管理职责的部门才能解除行政强制措施。判断事故隐患是否已经被消除,依照本法第65条的规定,必须经负有安全生产监督管理职责的部门审查同意后,生产经营单位方可恢复生产经营或使用相关设施设备。

案例 印华四、印华二、陆铭、张小学、孔维能、封正华重大责任事故案(最高人民法院发布3起危害生产安全犯罪典型案例)

裁判规则: 被告人明知金银煤矿已被当地政府作出严禁开展生产的行政决定,且矿井口已被依法查封的情况下,拒不执行停产监管决定,擅自组织生产,对事故隐患未采取任何措施,导致发生特大责任事故,应当从重处罚。被告人印华四、印华二作为金银煤矿投资人,虽然已将煤矿承包给他人,但二人仍负有管理职责,且安排人员担任煤矿安全管理人和技术人员,依法应当认定为重大责任事故罪的犯罪主体。

第七十一条 【安全生产监察】监察机关依照监察法的规定,对负有安全生产监督管理职责的部门及其工作人员履行安全生产监督管理职责实施监察。

注释 《监察法》第3条规定,各级监察委员会是行使国家监察职能的专责机关,依照本法对所有行使公权力的公职人员进行监察,调查职务违法和职务犯罪,开展廉政建设和反腐败工作。负有安全生产监督管理职责部门工作人员作为公职人员,理应尽职尽责地开展安全生产检查等,如果存在失职渎职等违法犯罪行为的,监察机关将依法行使监察职权。

第七十二条 【中介机构的条件和责任】承担安全评价、认证、检测、检验职责的机构应当具备国家规定的资质条件,并对其作出的安全评价、认证、检测、检验结果的合法性、真实性负责。资质条件由国务院应急管理部门会同国务院有关部门制定。

承担安全评价、认证、检测、检验职责的机构应当建立并实施服务公开和报告公开制度,不得租借资质、挂靠、出具虚假报告。

注释 本条对承担安全评价、认证、检测、检验职责机构的法律义务作了规定。要求有关机构应当对所作结果的合法性、真实性负责。

本条明确承担安全评价、认证、检测、检验职责的机构的资质条件,由国务院应急管理部门会同国务院有关部门制定。

承担安全评价、认证、检测、检验职责的机构应当建立并实施服务公开和报告公开制度,增加以上机构服务透明度、报告公开度,便于加强监督管理。以上机构不将其资质租出或者借入,不得允许他人挂靠或者挂靠他人,更不得出具虚假报告。

第七十三条 【安全生产举报制度】负有安全生产监督管理职责的部门应当建立举报制度,公开举报电话、信箱或者电子邮件地址等网络举报平台,受理有关安全生产的举报;受理的举报事项经调查核实后,应当形成书面材料;需要落实整改措施的,报经有关负责人签字并督促落实。对不属于本部门职责,需要由其他有关部门进行调查处理的,转交其他有关部门处理。

涉及人员死亡的举报事项,应当由县级以上人民政府组织核查处理。

注释 本条对举报制度作了规定。要求负有安全生产监督管理职责的部门建立举报制度,通过多种方式受理有关安全生产的举报,并调查核实和督促整改。有关部门发现安全生产举报应由其他部门调查处理的,须转交其他有关部门处理,不得置之不理。

涉及人员死亡的安全生产举报事项,通常较为严重,法律规定由县级以上人民政府核查处理。

第七十四条 【违法举报和公益诉讼】任何单位或者个人对事故隐患或者安全生产违法行为,均有权向负有安全生产监督管理职责的部门报告或者举报。

因安全生产违法行为造成重大事故隐患或者导致重大事故，致使国家利益或者社会公共利益受到侵害的，人民检察院可以根据民事诉讼法、行政诉讼法的相关规定提起公益诉讼。

注释 根据《生产经营单位从业人员安全生产举报处理规定》，生产经营单位从业人员举报其所在单位的重大事故隐患、安全生产违法行为时，应当提供真实姓名以及真实有效的联系方式；否则，应急管理部门可以不予受理。

应急管理部门对受理的生产经营单位从业人员安全生产举报，以及信息员提供的线索，按照安全生产领域举报奖励有关规定核查属实的，应当给予举报人或者信息员现金奖励，奖励标准在安全生产领域举报奖励有关规定的基础上按照一定比例上浮，具体标准由各省级应急管理部门、财政部门根据本地实际情况确定。

因生产经营单位从业人员安全生产举报，或者信息员提供的线索直接避免了伤亡事故发生或者重大财产损失的，应急管理部门可以给予举报人或者信息员特殊奖励。

案例 1. 陕西省略阳县人民检察院督促整治尾矿库安全隐患行政公益诉讼案（最高人民检察院、应急管理部联合发布9件安全生产领域公益诉讼典型案例）

裁判规则：检察机关针对高风险尾矿库未依法及时闭库，存在尾矿泄露、溃坝等重大安全隐患的问题，向行政机关发出诉前检察建议后，行政机关整改不到位，导致国家利益和社会公共利益仍处于受侵害状态的，检察机关可以依法提起行政公益诉讼，以刚性手段督促行政机关履职尽责、整改落实。

2. 江苏省泰州市人民检察院督促整治违法建设安全隐患行政公益诉讼案（最高人民检察院、应急管理部联合发布9件安全生产领域公益诉讼典型案例）

裁判规则：检察机关针对大型商住楼楼顶存在大面积的违法建设带来的安全隐患问题，委托专业机构出具安全隐患检查报告，通过制发诉前检察建议，督促相关行政机关依法积极履职，形成监管合力，并全程监督、协同行政机关拆除全部违法建设，切实维护人民群众生命财产安全。

3. 安徽省蚌埠市禹会区人民检察院诉安徽省裕翔矿业商贸有限责任公司违规采矿民事公益诉讼案（最高人民检察院、应急管理部联合发布9件安全生产领域公益诉讼典型案例）

裁判规则：检察机关针对违规采矿破坏生态环境资源并具有严重安全隐患等问题，发挥一体化办案优势，推动行政机关加强安全生产监管执法，及时介入事故调查处理，聘请专家勘查评估，并依法提起民事公益诉讼，推动涉案企业接受调解，并自愿开展治理修复工作，消除地质灾害隐患。

链接 《民事诉讼法》第58条；《最高人民法院关于适用〈中华人民共和国民事诉讼法〉的解释》第282—289条；《生产经营单位从业人员安全生产举报处理规定》；《安全生产领域举报奖励办法》

第七十五条 【居委会、村委会的监督】居民委员会、村民委员会发现其所在区域内的生产经营单位存在事故隐患或者安全生产违法行为时，应当向当地人民政府或者有关部门报告。

第七十六条 【举报奖励】县级以上各级人民政府及其有关部门对报告重大事故隐患或者举报安全生产违法行为的有功人员，给予奖励。具体奖励办法由国务院应急管理部门会同国务院财政部门制定。

实务问答 如何对重大事故隐患和安全生产违法行为的举报进行奖励？

任何单位、组织和个人（以下统称举报人）有权向县级以上人民政府应急管理部门、其他负有安全生产监督管理职责的部门和各级煤矿安全监察机构（以下统称负有安全监管职责的部门）举报重大事故隐患和安全生产违法行为。负有安全监管职责的部门开展举报奖励工作，应当遵循"合法举报、适当奖励、属地管理、分级负责"和"谁受理、谁奖励"的原则。

举报人举报的重大事故隐患和安全生产违法行为，属于生产经营单位和负有安全监管职责的部门没有发现，或者虽然发现但未按有关规定依法处理，经核查属实的，给予举报人现金奖励。具有安全生产管理、监管、监察职责的工作人员及其近亲属或其授意他人的举报不在奖励之列。

多人多次举报同一事项的，由最先受理举报的负有安全监管职责的部门给予有功的实名举报人一次性奖励。多人联名举报同一事项的，由实名举报的第一署名人或者第一署名人书面委托的其他署名人领取奖金。

举报人接到领奖通知后,应当在 60 日内凭举报人有效证件到指定地点领取奖金;无法通知举报人的,受理举报的负有安全监管职责的部门可以在一定范围内进行公告。逾期未领取奖金者,视为放弃领奖权利;能够说明理由的,可以适当延长领取时间。奖金的具体数额由负责核查处理举报事项的负有安全监管职责的部门根据具体情况确定,并报上一级负有安全监管职责的部门备案。

链接《安全生产领域举报奖励办法》

第七十七条 【舆论监督】新闻、出版、广播、电影、电视等单位有进行安全生产公益宣传教育的义务,有对违反安全生产法律、法规的行为进行舆论监督的权利。

第七十八条 【安全生产违法行为信息库】负有安全生产监督管理职责的部门应当建立安全生产违法行为信息库,如实记录生产经营单位及其有关从业人员的安全生产违法行为信息;对违法行为情节严重的生产经营单位及其有关从业人员,应当及时向社会公告,并通报行业主管部门、投资主管部门、自然资源主管部门、生态环境主管部门、证券监督管理机构以及有关金融机构。有关部门和机构应当对存在失信行为的生产经营单位及其有关从业人员采取加大执法检查频次、暂停项目审批、上调有关保险费率、行业或者职业禁入等联合惩戒措施,并向社会公示。

负有安全生产监督管理职责的部门应当加强对生产经营单位行政处罚信息的及时归集、共享、应用和公开,对生产经营单位作出处罚决定后七个工作日内在监督管理部门公示系统予以公开曝光,强化对违法失信生产经营单位及其有关从业人员的社会监督,提高全社会安全生产诚信水平。

注释 联合惩戒对象

生产经营单位及其有关人员存在下列失信行为之一的,纳入联合惩戒对象:(1)发生较大及以上生产安全责任事故,或 1 年内累计发生 3 起及以上造成人员死亡的一般生产安全责任事故的;(2)未按规定取得安全生产许可,擅自开展生产经营建设活动的;(3)发现重大生产安全事故隐患,或职业病危害严重超标,不及时整改,仍组织从业人员冒险作业的;(4)采取隐蔽、欺骗或阻碍等方式逃避、对抗安全监管监察的;(5)被责令停产停业整顿,仍然从事生产经营建设活动的;(6)瞒报、谎报、迟报生产安全事故的;(7)矿山、危险化品、

金属冶炼等高危行业建设项目安全设施未经验收合格即投入生产和使用的;(8)矿山生产经营单位存在超层越界开采、以探代采行为的;(9)发生事故后,故意破坏事故现场,伪造有关证据资料,妨碍、对抗事故调查,或主要负责人逃逸的;(10)安全生产和职业健康技术服务机构出具虚假报告或证明,违规转让或出借资质的。

向社会公示

联合惩戒信息,通过全国信用信息共享平台和全国企业信用信息公示系统向各有关部门通报,并在应急管理部的政府网站和《中国安全生产报》向社会公布。联合惩戒的期限为 1 年,自公布之日起计算。

第五章　生产安全事故的应急救援与调查处理

第七十九条 【事故应急救援队伍与信息系统】国家加强生产安全事故应急能力建设,在重点行业、领域建立应急救援基地和应急救援队伍,并由国家安全生产应急救援机构统一协调指挥;鼓励生产经营单位和其他社会力量建立应急救援队伍,配备相应的应急救援装备和物资,提高应急救援的专业化水平。

国务院应急管理部门牵头建立全国统一的生产安全事故应急救援信息系统,国务院交通运输、住房和城乡建设、水利、民航等有关部门和县级以上地方人民政府建立健全相关行业、领域、地区的生产安全事故应急救援信息系统,实现互联互通、信息共享,通过推行网上安全信息采集、安全监管和监测预警,提升监管的精准化、智能化水平。

注释 本条对应急能力建设作了专门规定。国家加强生产安全事故应急能力建设,相关救援力量由国家安全生产应急救援机构统一协调指挥;生产经营单位和其他社会力量也可以建立应急救援队伍,提高应急救援的专业化水平。

国务院应急管理部门牵头建立全国统一的生产安全事故应急救援信息系统,其他部门和县级以上地方人民政府建立健全相关救援信息系统,实现互联互通、信息共享,提升网上监督管理能力。

链接《生产安全事故应急条例》

第八十条 【事故应急救援预案与体系】县级以上地方各级人民政府应当组织有关部门制定本行政区域内生产安全事故应急救援预案,建立应

急救援体系。

乡镇人民政府和街道办事处,以及开发区、工业园区、港区、风景区等应当制定相应的生产安全事故应急救援预案,协助人民政府有关部门或者按照授权依法履行生产安全事故应急救援工作职责。

注释 应急预案的管理

应急预案的管理实行属地为主、分级负责、分类指导、综合协调、动态管理的原则。应急管理部负责全国应急预案的综合协调管理工作。国务院其他负有安全生产监督管理职责的部门在各自职责范围内,负责相关行业、领域应急预案的管理工作。

县级以上地方各级人民政府应急管理部门负责本行政区域内应急预案的综合协调管理工作。县级以上地方各级人民政府其他负有安全生产监督管理职责的部门按照各自的职责负有关行业、领域应急预案的管理工作。

此次《安全生产法》修改,增加规定了本条第2款的内容,对乡镇人民政府和街道办事处,以及开发区、工业园区、港区、风景区等制定相关应急救援预案,履行应急救援职责提出了明确要求。

链接《生产安全事故应急预案管理办法》

第八十一条 【事故应急救援预案的制定与演练】生产经营单位应当制定本单位生产安全事故应急救援预案,与所在地县级以上地方人民政府组织制定的生产安全事故应急救援预案相衔接,并定期组织演练。

实务问答 生产经营单位如何制定生产安全事故应急救援预案?

生产经营单位主要负责人负责组织编制和实施本单位的应急预案,并对应急预案的真实性和实用性负责;各分管负责人应当按照职责分工落实应急预案规定的职责。

生产经营单位应急预案分为综合应急预案、专项应急预案和现场处置方案。综合应急预案,是指生产经营单位为应对各种生产安全事故而制定的综合性工作方案,是本单位应对生产安全事故的总体工作程序、措施和应急预案体系的总纲。专项应急预案,是指生产经营单位为应对某一种或者多种类型生产安全事故,或者针对重要生产设施、重大危险源、重大活动防止生产安全事故而制定的专项性工作方案。现场处置方案,是指生产经营单位根据不同生产安全事故类型,针对具

体场所、装置或者设施所制定的应急处置措施。

链接《生产安全事故应急预案管理办法》

第八十二条 【高危行业的应急救援要求】危险物品的生产、经营、储存单位以及矿山、金属冶炼、城市轨道交通运营、建筑施工单位应当建立应急救援组织;生产经营规模较小的,可以不建立应急救援组织,但应当指定兼职的应急救援人员。

危险物品的生产、经营、储存、运输单位以及矿山、金属冶炼、城市轨道交通运营、建筑施工单位应当配备必要的应急救援器材、设备和物资,并进行经常性维护、保养,保证正常运转。

注释 本条对高危行业、领域建立应急救援组织作了规定,包括危险物品的生产、经营、储存单位以及矿山、金属冶炼、城市轨道交通运营、建筑施工单位。这些单位还应配备必要的应急救援器材、设备和物资,并做好维护、保养。

链接《国务院办公厅关于印发国家城市轨道交通运营突发事件应急预案的通知》;《国务院关于预防煤矿生产安全事故的特别规定》;《矿山救援工作指导意见》

第八十三条 【单位报告和组织抢救义务】生产经营单位发生生产安全事故后,事故现场有关人员应当立即报告本单位负责人。

单位负责人接到事故报告后,应当迅速采取有效措施,组织抢救,防止事故扩大,减少人员伤亡和财产损失,并按照国家有关规定立即如实报告当地负有安全生产监督管理职责的部门,不得隐瞒不报、谎报或者迟报,不得故意破坏事故现场、毁灭有关证据。

注释 本条对生产经营单位发生事故的应急处置作了规定。要求事故现场人员立即报告本单位负责人,单位负责人应当迅速采取有效措施,开展组织抢救工作,并负有立即、如实报告义务,不得隐瞒不报、谎报或者迟报;并明确要求不得故意破坏事故现场、毁灭有关证据,掩盖事故情况。

实务问答 1. 如何确定生产安全事故的等级?

根据生产安全事故(以下简称事故)造成的人员伤亡或者直接经济损失,事故一般分为以下等级:(1)特别重大事故,是指造成30人以上死亡,或者100人以上重伤(包括急性工业中毒,下同),或者1亿元以上直接经济损失的事故;(2)重大事故,是指造成10人以上30人以下死亡,或者50人以上100人以下重伤,或者5000万元以上1亿元

以下直接经济损失的事故；（3）较大事故，是指造成 3 人以上 10 人以下死亡，或者 10 人以上 50 人以下重伤，或者 1000 万元以上 5000 万元以下直接经济损失的事故；（4）一般事故，是指造成 3 人以下死亡，或者 10 人以下重伤，或者 1000 万元以下直接经济损失的事故。

2. 如何报告生产安全事故？

事故发生后，事故现场有关人员应当立即向本单位负责人报告；单位负责人接到报告后，应当于 1 小时内向事故发生地县级以上人民政府应急管理部门和负有安全生产监督管理职责的有关部门报告。情况紧急时，事故现场有关人员可以直接向事故发生地县级以上人民政府应急管理部门和负有安全生产监督管理职责的有关部门报告。

报告事故应当包括下列内容：（1）事故发生单位概况；（2）事故发生的时间、地点以及事故现场情况；（3）事故的简要经过；（4）事故已经造成或者可能造成的伤亡人数（包括下落不明的人数）和初步估计的直接经济损失；（5）已经采取的措施；（6）其他应当报告的情况。

案例 李发奎、李成奎、李向奎、苏正喜、苏强全、邓开兴非法买卖、储存爆炸物，非法采矿，重大劳动安全事故，不报安全事故，行贿案（《中华人民共和国最高人民法院公报》2012 年第 3 期）

裁判规则： 被告等人在安全责任事故发生后，未向有关部门上报，自行组织人员盲目施救，造成次生矿难事故。为隐瞒事故，又安排将死亡人员的尸体转移火化，并封闭事故井口，拆毁、转移井架等设备，破坏井下及地面事故现场，销毁新立井账本和技术资料等，构成不报安全事故罪。

链接《生产安全事故报告和调查处理条例》第 9、12、13、14、16 条；《国务院关于特大安全事故行政责任追究的规定》第 16 条

第八十四条　【安全监管部门的事故报告】 负有安全生产监督管理职责的部门接到事故报告后，应当立即按照国家有关规定上报事故情况。负有安全生产监督管理职责的部门和有关地方人民政府对事故情况不得隐瞒不报、谎报或者迟报。

注释 应急管理部门和负有安全生产监督管理职责的有关部门接到事故报告后，应当依照下列规定上报事故情况，并通知公安机关、劳动保障行政部门、工会和人民检察院：（1）特别重大事故、重大事故逐级上报至国务院应急管理部门和负有安全生产监督管理职责的有关部门；（2）较大事故逐级上报至省、自治区、直辖市人民政府应急管理部门和负有安全生产监督管理职责的有关部门；（3）一般事故上报至设区的市级人民政府应急管理部门和负有安全生产监督管理职责的有关部门。

应急管理部门和负有安全生产监督管理职责的有关部门依照上述规定上报事故情况，应当同时报告本级人民政府。国务院应急管理部门和负有安全生产监督管理职责的有关部门以及省级人民政府接到发生特别重大事故、重大事故的报告后，应当立即报告国务院。必要时，应急管理部门和负有安全生产监督管理职责的有关部门可以越级上报事故情况。

应急管理部门和负有安全生产监督管理职责的有关部门逐级上报事故情况，每级上报的时间不得超过 2 小时。

链接《生产安全事故报告和调查处理条例》

第八十五条　【事故抢救】 有关地方人民政府和负有安全生产监督管理职责的部门的负责人接到生产安全事故报告后，应当按照生产安全事故应急救援预案的要求立即赶到事故现场，组织事故抢救。

参与事故抢救的部门和单位应当服从统一指挥，加强协同联动，采取有效的应急救援措施，并根据事故救援的需要采取警戒、疏散等措施，防止事故扩大和次生灾害的发生，减少人员伤亡和财产损失。

事故抢救过程中应当采取必要措施，避免或者减少对环境造成的危害。

任何单位和个人都应当支持、配合事故抢救，并提供一切便利条件。

第八十六条　【事故调查处理】 事故调查处理应当按照科学严谨、依法依规、实事求是、注重实效的原则，及时、准确地查清事故原因，查明事故性质和责任，评估应急处置工作，总结事故教训，提出整改措施，并对事故责任单位和人员提出处理建议。事故调查报告应当依法及时向社会公布。事故调查和处理的具体办法由国务院制定。

事故发生单位应当及时全面落实整改措施，负有安全生产监督管理职责的部门应当加强监督检查。

负责事故调查处理的国务院有关部门和地方人民政府应当在批复事故调查报告后一年内，组织有关部门对事故整改和防范措施落实情况进行评估，并及时向社会公开评估结果；对不履行职责导致事故整改和防范措施没有落实的有关单位和人员，应当按照有关规定追究责任。

注释 生产安全事故调查

（1）事故调查原则。事故调查关系事故原因的查明，也关系后续相关责任的追究。事故调查需以事实为依据，按照科学严谨、依法依规、实事求是、注重实效的原则，及时、准确地查清事故原因，查明事故性质和责任。

（2）事故调查处理。事故调查时，应注重总结事故教训，提出整改措施，避免类似事故的发生；同时，对事故责任单位和人员提出处理建议。

（3）事后调查公布。事故调查后，应当依法及时向社会公布，保障社会公众的知情权和监督权，接受社会监督。

（4）事故整改措施的落实。这次安全生产法修改，增加规定负责事故调查处理的国务院有关部门和地方人民政府应当在批复事故调查报告后一年内，组织有关部门对事故整改和防范措施落实情况进行评估，并及时向社会公开评估结果，更加注重事后整改措施的落实。

链接《生产安全事故报告和事故处理条例》第19—34条

第八十七条 【责任追究】生产经营单位发生生产安全事故，经调查确定为责任事故的，除了应当查明事故单位的责任并依法予以追究外，还应当查明对安全生产的有关事项负有审查批准和监督职责的行政部门的责任，对有失职、渎职行为的，依照本法第九十条的规定追究法律责任。

第八十八条 【事故调查处理不得干涉】任何单位和个人不得阻挠和干涉对事故的依法调查处理。

第八十九条 【事故定期统计分析和定期公布制度】县级以上地方各级人民政府应急管理部门应当定期统计分析本行政区域内发生生产安全事故的情况，并定期向社会公布。

第六章 法律责任

第九十条 【监管部门工作人员违法责任】负有安全生产监督管理职责的部门的工作人员，有下列行为之一的，给予降级或者撤职的处分；构成

犯罪的，依照刑法有关规定追究刑事责任：

（一）对不符合法定安全生产条件的涉及安全生产的事项予以批准或者验收通过的；

（二）发现未依法取得批准、验收的单位擅自从事有关活动或者接到举报后不予取缔或者不依法予以处理的；

（三）对已经依法取得批准的单位不履行监督管理职责，发现其不再具备安全生产条件而不撤销原批准或者发现安全生产违法行为不予查处的；

（四）在监督检查中发现重大事故隐患，不依法及时处理的。

负有安全生产监督管理职责的部门的工作人员有前款规定以外的滥用职权、玩忽职守、徇私舞弊行为的，依法给予处分；构成犯罪的，依照刑法有关规定追究刑事责任。

注释 第1款规定负有安全生产监督管理职责的部门工作人员的法律责任，列举了给予降级或者撤职处分、追究刑事责任的具体情形。

第2款规定有关人员存在其他滥用职权、玩忽职守、徇私舞弊行为的，依法给予处分，追究刑事责任。"滥用职权罪"，是指国家机关工作人员超越职权，违法决定、处理其无权决定、处理的事项，或者违反规定处理公务，致使公共财产、国家和人民利益遭受重大损失的犯罪。"玩忽职守罪"，是指国家机关工作人员严重不负责任，不履行或者不认真履行其职责，致使公共财产、国家和人民利益遭受重大损失的犯罪。

链接《刑法》第397条

第九十一条 【监管部门违法责任】负有安全生产监督管理职责的部门，要求被审查、验收的单位购买其指定的安全设备、器材或者其他产品的，在对安全生产事项的审查、验收中收取费用的，由其上级机关或者监察机关责令改正，责令退还收取的费用；情节严重的，对直接负责的主管人员和其他直接责任人员依法给予处分。

第九十二条 【中介机构违法责任】承担安全评价、认证、检测、检验职责的机构出具失实报告的，责令停业整顿，并处三万元以上十万元以下的罚款；给他人造成损害的，依法承担赔偿责任。

承担安全评价、认证、检测、检验职责的机构租借资质、挂靠、出具虚假报告的，没收违法所得；违法所得在十万元以上的，并处违法所得二倍以

上五倍以下的罚款,没有违法所得或者违法所得不足十万元的,单处或者并处十万元以上二十万元以下的罚款;对其直接负责的主管人员和其他直接责任人员处五万元以上十万元以下的罚款;给他人造成损害的,与生产经营单位承担连带赔偿责任;构成犯罪的,依照刑法有关规定追究刑事责任。

对有前款违法行为的机构及其直接责任人员,吊销其相应资质和资格,五年内不得从事安全评价、认证、检测、检验等工作;情节严重的,实行终身行业和职业禁入。

注释 本法第 72 条规定了承担安全评价、认证、检测、检验职责的机构的法律义务,本条规定了相应的法律责任。

承担安全评价、认证、检测、检验职责的机构出具失实报告的,责令停业整顿,并处罚款;给他人造成损害的,依法承担赔偿责任。

承担安全评价、认证、检测、检验职责的机构租借资质、挂靠、出具虚假报告的,没收违法所得;给他人造成损害的,与生产经营单位承担连带赔偿责任;构成犯罪的,依照刑法有关规定追究刑事责任。

承担安全评价、认证、检测、检验职责的机构租借资质、挂靠、出具虚假报告的,对机构及其直接责任人员,吊销其相应资质和资格,五年内不得从事安全评价、认证、检测、检验等工作;情节严重的,实行终身行业和职业禁入。

链接《安全评价检测检验机构管理办法》

第九十三条 【资金投入违法责任】生产经营单位的决策机构、主要负责人或者个人经营的投资人不依照本法规定保证安全生产所必需的资金投入,致使生产经营单位不具备安全生产条件的,责令限期改正,提供必需的资金;逾期未改正的,责令生产经营单位停产停业整顿。

有前款违法行为,导致发生生产安全事故的,对生产经营单位的主要负责人给予撤职处分,对个人经营的投资人处二万元以上二十万元以下的罚款;构成犯罪的,依照刑法有关规定追究刑事责任。

注释 本法第 23 条对生产经营单位应当具备的安全生产条件所必需的资金投入作了规定,要求由生产经营单位的决策机构、主要负责人或者个人经营的投资人予以保证,并对由于安全生产所必需的资金投入不足导致的后果承担责任。本条规定了相应法律责任。

第九十四条 【单位主要负责人违法责任】生产经营单位的主要负责人未履行本法规定的安全生产管理职责的,责令限期改正,处二万元以上五万元以下的罚款;逾期未改正的,处五万元以上十万元以下的罚款,责令生产经营单位停产停业整顿。

生产经营单位的主要负责人有前款违法行为,导致发生生产安全事故的,给予撤职处分;构成犯罪的,依照刑法有关规定追究刑事责任。

生产经营单位的主要负责人依照前款规定受刑事处罚或者撤职处分的,自刑罚执行完毕或者受处分之日起,五年内不得担任任何生产经营单位的主要负责人;对重大、特别重大生产安全事故负有责任的,终身不得担任本行业生产经营单位的主要负责人。

注释 本法第 21 条规定了生产经营单位的主要负责人职责。生产经营单位的主要负责人是否履行职责,对本单位的安全生产至关重要,本条规定了相应的法律责任。

生产经营单位的主要负责人未履行本法规定的安全生产管理职责,责令限期改正,并处罚款;逾期未改正的,并处罚款,责令生产经营单位停产停业整顿。

生产经营单位的主要负责人因未履行职责导致生产安全事故发生的,给予撤职处分;构成犯罪的,依照刑法有关规定追究刑事责任。

生产经营单位的主要负责人因未履行职责导致生产安全事故发生,受刑事处罚或者撤职处分的,还将受相应职业禁止处罚。

案例 邵仲国诉黄浦区安监局安全生产行政处罚决定案(《中华人民共和国最高人民法院公报》2006 年第 8 期)

裁判规则:《安全生产法》第 81 条①第 2 款所说的"违法行为",是指第 1 款中"未履行本法规定的安全生产管理职责"行为。安全生产监管部门的职责,是对辖区内各生产经营单位的安全生产工作进行监督管理,以落实《安全生产法》的规定。

---

① 参见第 94 条。

《安全生产法》颁布施行后，每一个生产经营单位都有自觉遵守执行的义务，并非只有在安全生产监管部门的监督管理下，生产经营单位才有执行《安全生产法》的义务；安全生产监管部门的监督管理不及时或者不到位，也不能因此免除生产经营单位的这种义务。原告认为，对其"未履行本法规定的安全生产管理职责"的违法行为，黄浦区安监局只有先行责令限期改正后才能再对其实施处罚，是对《安全生产法》第81条的误解。

链接《刑法》第134条

第九十五条 【对单位主要负责人罚款】生产经营单位的主要负责人未履行本法规定的安全生产管理职责，导致发生生产安全事故的，由应急管理部门依照下列规定处以罚款：

（一）发生一般事故的，处上一年年收入百分之四十的罚款；

（二）发生较大事故的，处上一年年收入百分之六十的罚款；

（三）发生重大事故的，处上一年年收入百分之八十的罚款；

（四）发生特别重大事故的，处上一年年收入百分之一百的罚款。

第九十六条 【单位安全生产管理人员违法责任】生产经营单位的其他负责人和安全生产管理人员未履行本法规定的安全生产管理职责的，责令限期改正，处一万元以上三万元以下的罚款；导致发生生产安全事故的，暂停或者吊销其与安全生产有关的资格，并处上一年年收入百分之二十以上百分之五十以下的罚款；构成犯罪的，依照刑法有关规定追究刑事责任。

注释 本法第25条规定了生产经营单位的安全生产管理机构以及安全生产管理人员的职责。除生产经营单位主要负责人外，生产经营单位的其他负责人和安全生产管理人员未履行本法规定的安全生产管理职责，责令限期改正，并处罚款。如果导致发生生产安全事故的，还将暂停或者吊销其与安全生产有关的资格，并处上一年年收入百分之二十以上百分之五十以下的罚款；构成犯罪的，依照刑法有关规定追究刑事责任。

案例 1.岳超胜、谢荣仁重大责任事故案（《最高人民法院公报》2012年第3期）

裁判规则：被告人岳超胜作为矿长，多次拒不执行煤矿监察部门停产整改指令，组织违法生产，

对违章作业监管不力，在发生煤与瓦斯突出事故后，现场指挥中未下令切断瓦斯突出波及的二水平区域电源，造成特别重大事故，后果特别严重；被告人谢荣仁作为主管"一通三防"副矿长，拒不执行煤矿监察部门停产整改指令而违法生产，在违法生产中，多次不履行打超前钻探、排除安全隐患职责，发生煤与瓦斯突出事故后，现场指挥中未下令切断瓦斯突出波及的二水平区域电源，造成特别重大事故，后果特别严重。二人均构成重大责任事故罪，且依法应从重处罚。

2.程国义、王金元、谷晋生、王恒茂玩忽职守案（《中华人民共和国最高人民法院公报》1986年第4期）

裁判规则：被告人程国义身为副矿长、机组验收投产领导组成员、机组项目负责人，在接到"建议矿领导研究对已到矿机组采取必要的防范措施"的书面建议后未引起重视，亦未采取安全防范措施。被告人王金元，身为矿党总支书记，主持全矿工作，既不召开会议研究安全防范措施，也不对职工进行安全防范教育。被告人谷晋生，身为分管生产技术的副局长，对机组存放的安全防范工作，不督促，不检查，也未到现场察看。被告人王恒茂，身为区政府主管工业的副区长，从机组到矿直至被烧，没有提过任何具体安全防范要求，更没有到现场检查。四被告人身为国家工作人员，对用巨资引进的采煤机组的存放、保管、安全防范工作，采取极不负责的态度，以致酿成机组大部分设备被烧毁的特大火灾事故，致使公共财产遭受重大损失，构成《刑法》规定的玩忽职守罪。

链接《刑法》第134条

第九十七条 【生产经营单位安全管理违法责任（一）】生产经营单位有下列行为之一的，责令限期改正，处十万元以下的罚款；逾期未改正的，责令停产停业整顿，并处十万元以上二十万元以下的罚款，对其直接负责的主管人员和其他直接责任人员处二万元以上五万元以下的罚款：

（一）未按照规定设置安全生产管理机构或者配备安全生产管理人员、注册安全工程师的；

（二）危险物品的生产、经营、储存、装卸单位以及矿山、金属冶炼、建筑施工、运输单位的主要负责人和安全生产管理人员未按照规定经考核合格的；

（三）未按照规定对从业人员、被派遣劳动者、实习学生进行安全生产教育和培训，或者未按照规定如实告知有关的安全生产事项的；

（四）未如实记录安全生产教育和培训情况的；

（五）未将事故隐患排查治理情况如实记录或者未向从业人员通报的；

（六）未按照规定制定生产安全事故应急救援预案或者未定期组织演练的；

（七）特种作业人员未按照规定经专门的安全作业培训并取得相应资格，上岗作业的。

注释 生产经营单位是生产安全责任的承担主体，本法第25条、第27条、第41条、第44条、第81条对生产经营单位的生产安全职责作了详细规定。本条对生产经营单位存在相关行为之一的，规定责令限期改正，纠正生产经营单位违法违规行为；逾期未改正的，将责令停产停业整顿，对单位及其直接负责的主管人员和其他直接责任人员处以罚款。

第九十八条 【建设项目违法责任】生产经营单位有下列行为之一的，责令停止建设或者停产停业整顿，限期改正，并处十万元以上五十万元以下的罚款，对其直接负责的主管人员和其他直接责任人员处二万元以上五万元以下的罚款；逾期未改正的，处五十万元以上一百万元以下的罚款，对其直接负责的主管人员和其他直接责任人员处五万元以上十万元以下的罚款；构成犯罪的，依照刑法有关规定追究刑事责任：

（一）未按照规定对矿山、金属冶炼建设项目或者用于生产、储存、装卸危险物品的建设项目进行安全评价的；

（二）矿山、金属冶炼建设项目或者用于生产、储存、装卸危险物品的建设项目没有安全设施设计或者安全设施设计未按照规定报经有关部门审查同意的；

（三）矿山、金属冶炼建设项目或者用于生产、储存、装卸危险物品的建设项目的施工单位未按照批准的安全设施设计施工的；

（四）矿山、金属冶炼建设项目或者用于生产、储存、装卸危险物品的建设项目竣工投入生产或者使用前，安全设施未经验收合格的。

第九十九条 【生产经营单位安全管理违法责任(二)】生产经营单位有下列行为之一的，责令

限期改正，处五万元以下的罚款；逾期未改正的，处五万元以上二十万元以下的罚款，对其直接负责的主管人员和其他直接责任人员处一万元以上二万元以下的罚款；情节严重的，责令停产停业整顿；构成犯罪的，依照刑法有关规定追究刑事责任：

（一）未在有较大危险因素的生产经营场所和有关设施、设备上设置明显的安全警示标志的；

（二）安全设备的安装、使用、检测、改造和报废不符合国家标准或者行业标准的；

（三）未对安全设备进行经常性维护、保养和定期检测的；

（四）关闭、破坏直接关系生产安全的监控、报警、防护、救生设备、设施，或者篡改、隐瞒、销毁其相关数据、信息的；

（五）未为从业人员提供符合国家标准或者行业标准的劳动防护用品的；

（六）危险物品的容器、运输工具，以及涉及人身安全、危险性较大的海洋石油开采特种设备和矿山井下特种设备未经具有专业资质的机构检测、检验合格，取得安全使用证或者安全标志，投入使用的；

（七）使用应当淘汰的危及生产安全的工艺、设备的；

（八）餐饮等行业的生产经营单位使用燃气未安装可燃气体报警装置的。

注释 本法第35条至38条和第48条，规定了生产经营单位的法定责任和义务，本条相应规定了法律责任。为在监督管理上做好《安全生产法》与《刑法修正案（十一）》关于危险作业罪规定的衔接，增加规定了"关闭、破坏直接关系生产安全的监控、报警、防护、救生设备、设施，或者篡改、隐瞒、销毁其相关数据、信息"行为的处罚责任；针对餐饮等行业的生产经营单位使用燃气隐患突出问题，增加规定餐饮等行业的生产经营单位使用燃气未安装可燃气体报警装置的法律责任。

根据《应急管理部关于加强安全生产执法工作的意见》的规定，要密切行刑衔接。严格贯彻实施《刑法修正案（十一）》，加大危险作业行为刑事责任追究力度。发现在生产、作业中有关闭、破坏直接关系生产安全的设备设施，或篡改、隐瞒、销毁其相关数据信息，或未经依法批准或许可擅自从事高度危险的生产作业活动等违反有关安全管

理规定的情形,具有导致重大伤亡事故或者其他严重后果的现实危险行为,各级应急管理部门及消防救援机构要按照《安全生产行政执法与刑事司法衔接工作办法》(应急〔2019〕54 号〕,及时移送司法机关,依法追究刑事责任,不得以行政处罚代替移送,坚决纠正有案不送、以罚代刑等问题。对其他涉及刑事责任的违法行为,按照有关法律法规和程序,及时移交查办。

链接《刑法》第 134 条之一

第一百条 【违法经营危险物品】未经依法批准,擅自生产、经营、运输、储存、使用危险物品或者处置废弃危险物品的,依照有关危险物品安全管理的法律、行政法规的规定予以处罚;构成犯罪的,依照刑法有关规定追究刑事责任。

第一百零一条 【生产经营单位安全管理违法责任(三)】生产经营单位有下列行为之一的,责令限期改正,处十万元以下的罚款;逾期未改正的,责令停产停业整顿,并处十万元以上二十万元以下的罚款,对其直接负责的主管人员和其他直接责任人员处二万元以上五万元以下的罚款;构成犯罪的,依照刑法有关规定追究刑事责任:

(一)生产、经营、运输、储存、使用危险物品或者处置废弃危险物品,未建立专门安全管理制度、未采取可靠的安全措施的;

(二)对重大危险源未登记建档,未进行定期检测、评估、监控,未制定应急预案,或者未告知应急措施的;

(三)进行爆破、吊装、动火、临时用电以及国务院应急管理部门会同国务院有关部门规定的其他危险作业,未安排专门人员进行现场安全管理的;

(四)未建立安全风险分级管控制度或者未按照安全风险分级采取相应管控措施的;

(五)未建立事故隐患排查治理制度,或者重大事故隐患排查治理情况未按照规定报告的。

第一百零二条 【未采取措施消除事故隐患违法责任】生产经营单位未采取措施消除事故隐患的,责令立即消除或者限期消除,处五万元以下的罚款;生产经营单位拒不执行的,责令停产停业整顿,对其直接负责的主管人员和其他直接责任人员处五万元以上十万元以下的罚款;构成犯罪的,依照刑法有关规定追究刑事责任。

注释生产经营单位应当建立安全风险分级管控制度,按照安全风险分级采取相应的管控措施,及时发现并消除事故隐患。生产经营单位未采取措施消除事故隐患的,将承担相应的法律责任。

《刑法》第 134 条之一规定了危险作业罪。该条第 2 项"因存在重大事故隐患被依法责令停产停业、停止施工、停止使用有关设备、设施、场所或者立即采取排除危险的整改措施,而拒不执行的"。这是本条危险作业犯罪的核心条款。本项规定可以涵盖安全生产领域各类违反规定的行为,同时本条在标准条件上又是极为严格的:第一,存在重大事故隐患;第二,经监管部门责令整改;第三,拒不整改。这一构成犯罪的条件是递进的。本项规定实际上要求附加行政部门前置处罚的规定,给予监管部门强有力刑法手段的同时,促使监管部门履职到位。这样既控制了处罚范围,又适应了实践情况和加强安全生产监管的实际需要。

第一百零三条 【违法发包、出租和违反项目安全管理的法律责任】生产经营单位将生产经营项目、场所、设备发包或者出租给不具备安全生产条件或者相应资质的单位或者个人的,责令限期改正,没收违法所得;违法所得十万元以上的,并处违法所得二倍以上五倍以下的罚款;没有违法所得或者违法所得不足十万元的,单处或者并处十万元以上二十万元以下的罚款;对其直接负责的主管人员和其他直接责任人员处一万元以上二万元以下的罚款;导致发生生产安全事故给他人造成损害的,与承包方、承租方承担连带赔偿责任。

生产经营单位未与承包单位、承租单位签订专门的安全生产管理协议或者未在承包合同、租赁合同中明确各自的安全生产管理职责,或者未对承包单位、承租单位的安全生产统一协调、管理的,责令限期改正,处五万元以下的罚款,对其直接负责的主管人员和其他直接责任人员处一万元以下的罚款;逾期未改正的,责令停产停业整顿。

矿山、金属冶炼建设项目和用于生产、储存、装卸危险物品的建设项目的施工单位未按照规定对施工项目进行安全管理,责令限期改正,处十万元以下的罚款,对其直接负责的主管人员和其他直接责任人员处二万元以下的罚款;逾期未改正的，责令停产停业整顿。以上施工单位倒卖、出租、出借、挂靠或者以其他形式非法转让施工资质的，责令停产停业整顿，吊销资质证书，没收违法所得；违法所得十万元以上的，并处违法所得二倍以上五倍以下的罚款，没有违法所得或者违法所得不足十万元的，单处或者并处十万元以上二十万元以下的罚款；对其直接负责的主管人员和其他直接责任人员处五万元以上十万元以下的罚款；构成犯罪的，依照刑法有关规定追究刑事责任。

案例 张成兵与上海市松江区人力资源和社会保障局工伤认定行政上诉案（2014 年 8 月 21 日《最高人民法院发布的四起工伤保险行政纠纷典型案例》）

裁判规则：根据劳社部发〔2005〕12 号《劳动和社会保障部关于确立劳动关系有关事项的通知》第四条规定，建筑施工、矿山企业等用人单位将工程（业务）或经营权发包给不具备用工主体资格的组织或自然人，对该组织或自然人招用的劳动者，由具备用工主体资格的发包方承担用工主体责任。

链接《建筑法》第 65、67 条

第一百零四条　【同一作业区域安全管理违法责任】两个以上生产经营单位在同一作业区域内进行可能危及对方安全生产的生产经营活动，未签订安全生产管理协议或者未指定专职安全生产管理人员进行安全检查与协调的，责令限期改正，处五万元以下的罚款，对其直接负责的主管人员和其他直接责任人员处一万元以下的罚款；逾期未改正的，责令停产停业。

第一百零五条　【生产经营场所和员工宿舍违法责任】生产经营单位有下列行为之一的，责令限期改正，处五万元以下的罚款，对其直接负责的主管人员和其他直接责任人员处一万元以下的罚款；逾期未改正的，责令停产停业整顿；构成犯罪的，依照刑法有关规定追究刑事责任：

（一）生产、经营、储存、使用危险物品的车间、商店、仓库与员工宿舍在同一座建筑内，或者与员工宿舍的距离不符合安全要求的；

（二）生产经营场所和员工宿舍未设有符合紧急疏散需要、标志明显、保持畅通的出口、疏散通道，或者占用、锁闭、封堵生产经营场所或者员工宿舍出口、疏散通道的。

第一百零六条　【免责协议违法责任】生产经营单位与从业人员订立协议，免除或者减轻其对从业人员因生产安全事故伤亡依法应承担的责任的，该协议无效；对生产经营单位的主要负责人、个人经营的投资人处二万元以上十万元以下的罚款。

第一百零七条　【从业人员违章操作的法律责任】生产经营单位的从业人员不落实岗位安全责任，不服从管理，违反安全生产规章制度或者操作规程的，由生产经营单位给予批评教育，依照有关规章制度给予处分；构成犯罪的，依照刑法有关规定追究刑事责任。

第一百零八条　【生产经营单位不服从监督检查违法责任】违反本法规定，生产经营单位拒绝、阻碍负有安全生产监督管理职责的部门依法实施监督检查的，责令改正；拒不改正的，处二万元以上二十万元以下的罚款；对其直接负责的主管人员和其他直接责任人员处一万元以上二万元以下的罚款；构成犯罪的，依照刑法有关规定追究刑事责任。

第一百零九条　【未投保安全生产责任保险的违法责任】高危行业、领域的生产经营单位未按照国家规定投保安全生产责任保险的，责令限期改正，处五万元以上十万元以下的罚款；逾期未改正的，处十万元以上二十万元以下的罚款。

第一百一十条　【单位主要负责人事故处理违法责任】生产经营单位的主要负责人在本单位发生生产安全事故时，不立即组织抢救或者在事故调查处理期间擅离职守或者逃匿的，给予降级、撤职的处分，并由应急管理部门处上一年年收入百分之六十至百分之一百的罚款；对逃匿的处十五日以下拘留；构成犯罪的，依照刑法有关规定追究刑事责任。

生产经营单位的主要负责人对生产安全事故隐瞒不报、谎报或者迟报的，依照前款规定处罚。

案例 黄某某等人重大责任事故、谎报安全事故案（检例第 96 号）

裁判规则：检察机关要充分运用行政执法和刑事司法衔接工作机制，通过积极履职，加强对线索移送和立案的法律监督。认定谎报安全事故罪，要重点审查谎报行为与贻误事故抢救结果之间的因果关系。对同时构成重大责任事故罪和谎报安全事故罪的，应当数罪并罚。应注重督促涉事单位或有关部门及时赔偿被害人损失，有效化

解社会矛盾。安全生产事故涉及生态环境污染等公益损害的,刑事检察部门要和公益诉讼检察部门加强协作配合,督促协同行政监管部门,统筹运用法律、行政、经济等手段严格落实企业主体责任,修复受损公益,防控安全风险。

第一百一十一条 【政府部门未按规定报告事故违法责任】有关地方人民政府、负有安全生产监督管理职责的部门,对生产安全事故隐瞒不报、谎报或者迟报的,对直接负责的主管人员和其他直接责任人员依法给予处分;构成犯罪的,依照刑法有关规定追究刑事责任。

第一百一十二条 【按日连续处罚】生产经营单位违反本法规定,被责令改正且受到罚款处罚,拒不改正的,负有安全生产监督管理职责的部门可以自作出责令改正之日的次日起,按照原处罚数额按日连续处罚。

注释 针对"屡禁不止、屡罚不改"的现象,本次安全生产法修改规定了按日连续处罚制度。适用该制度的法定条件是:(1)违反本法规定;(2)被责令改正且受到罚款处罚;(3)拒不改正。连续处罚的起算日期可以是负有安全生产监督管理职责的部门自作出责令改正之日的次日。

第一百一十三条 【生产经营单位安全管理违法责任(四)】生产经营单位存在下列情形之一的,负有安全生产监督管理职责的部门应当提请地方人民政府予以关闭,有关部门应当依法吊销其有关证照。生产经营单位主要负责人五年内不得担任任何生产经营单位的主要负责人;情节严重的,终身不得担任本行业生产经营单位的主要负责人:

(一)存在重大事故隐患,一百八十日内三次或者一年内四次受到本法规定的行政处罚的;

(二)经停产停业整顿,仍不具备法律、行政法规和国家标准或者行业标准规定的安全生产条件的;

(三)不具备法律、行政法规和国家标准或者行业标准规定的安全生产条件,导致发生重大、特别重大生产安全事故的;

(四)拒不执行负有安全生产监督管理职责的部门作出的停产停业整顿决定的。

第一百一十四条 【对事故责任单位罚款】发生生产安全事故,对负有责任的生产经营单位除要求其依法承担相应的赔偿等责任外,由应急管理部门依照下列规定处以罚款:

(一)发生一般事故的,处三十万元以上一百万元以下的罚款;

(二)发生较大事故的,处一百万元以上二百万元以下的罚款;

(三)发生重大事故的,处二百万元以上一千万元以下的罚款;

(四)发生特别重大事故的,处一千万元以上二千万元以下的罚款。

发生生产安全事故,情节特别严重、影响特别恶劣的,应急管理部门可以按照前款罚款数额的二倍以上五倍以下对负有责任的生产经营单位处以罚款。

第一百一十五条 【行政处罚决定机关】本法规定的行政处罚,由应急管理部门和其他负有安全生产监督管理职责的部门按照职责分工决定;其中,根据本法第九十五条、第一百一十条、第一百一十四条的规定应当给予民航、铁路、电力行业的生产经营单位及其主要负责人行政处罚的,也可以由主管的负有安全生产监督管理职责的部门进行处罚。予以关闭的行政处罚,由负有安全生产监督管理职责的部门报请县级以上人民政府按照国务院规定的权限决定;给予拘留的行政处罚,由公安机关依照治安管理处罚的规定决定。

注释 本条规定了行政处罚决定的作出主体。即由应急管理部门和其他负有安全生产监督管理职责的部门按照职责分工决定;给予民航、铁路、电力行业的生产经营单位及其主要负责人行政处罚的,也可以由主管的负有安全生产监督管理职责的部门进行处罚。

关于关闭的行政处罚。由负有安全生产监督管理职责的部门报请县级以上人民政府按照国务院规定的权限决定。

关于拘留的行政处罚。由公安机关依照治安管理处罚的规定决定。

第一百一十六条 【生产经营单位赔偿责任】生产经营单位发生生产安全事故造成人员伤亡、他人财产损失的,应当依法承担赔偿责任;拒不承担或者其负责人逃匿的,由人民法院依法强制执行。

生产安全事故的责任人未依法承担赔偿责任,经人民法院依法采取执行措施后,仍不能对受害人给予足额赔偿的,应当继续履行赔偿义务;受害人发现责任人有其他财产的,可以随时请求人民法院执行。

注释 发生法律效力的民事判决、裁定,以及刑事判决、裁定中的财产部分,由第一审人民法院或者与第一审人民法院同级的被执行的财产所在地人民法院执行。法律规定由人民法院执行的其他法律文书,由被执行人住所地或者被执行的财产所在地人民法院执行。

执行工作由执行员进行。采取强制执行措施时,执行员应当出示证件。执行完毕后,应当将执行情况制作笔录,由在场的有关人员签名或者盖章。

链接《民事诉讼法》第231—262条

第七章 附 则

第一百一十七条 【用语解释】本法下列用语的含义:

危险物品,是指易燃易爆物品、危险化学品、放射性物品等能够危及人身安全和财产安全的物品。

重大危险源,是指长期地或者临时地生产、搬运、使用或者储存危险物品,且危险物品的数量等于或者超过临界量的单元(包括场所和设施)。

第一百一十八条 【事故、隐患分类判定标准的制定】本法规定的生产安全一般事故、较大事故、重大事故、特别重大事故的划分标准由国务院规定。

国务院应急管理部门和其他负有安全生产监督管理职责的部门应当根据各自的职责分工,制定相关行业、领域重大危险源的辨识标准和重大事故隐患的判定标准。

第一百一十九条 【生效日期】本法自2002年11月1日起施行。

注释 本条规定了安全生产法的实施日期。安全生产法历经三次修改,修改时间分别为2009年、2014年和2021年,修改决定的施行日期与本法的实施日期不同。

中华人民共和国职业病防治法

· 2001年10月27日第九届全国人民代表大会常务委员会第二十四次会议通过
· 根据2011年12月31日第十一届全国人民代表大会常务委员会第二十四次会议《关于修改〈中华人民共和国职业病防治法〉的决定》第一次修正
· 根据2016年7月2日第十二届全国人民代表大会常务委员会第二十一次会议《关于修改〈中华人民共和国节约能源法〉等六部法律的决定》第二次修正
· 根据2017年11月4日第十二届全国人民代表大会常务委员会第三十次会议《关于修改〈中华人民共和国会计法〉等十一部法律的决定》第三次修正
· 根据2018年12月29日第十三届全国人民代表大会常务委员会第七次会议《关于修改〈中华人民共和国劳动法〉等七部法律的决定》第四次修正

第一章 总 则

第一条 为了预防、控制和消除职业病危害,防治职业病,保护劳动者健康及其相关权益,促进经济社会发展,根据宪法,制定本法。

第二条 本法适用于中华人民共和国领域内的职业病防治活动。

本法所称职业病,是指企业、事业单位和个体经济组织等用人单位的劳动者在职业活动中,因接触粉尘、放射性物质和其他有毒、有害因素而引起的疾病。

职业病的分类和目录由国务院卫生行政部门会同国务院劳动保障行政部门制定、调整并公布。

第三条 职业病防治工作坚持预防为主、防治结合的方针,建立用人单位负责、行政机关监管、行业自律、职工参与和社会监督的机制,实行分类管理、综合治理。

第四条 劳动者依法享有职业卫生保护的权利。

用人单位应当为劳动者创造符合国家职业卫生标准和卫生要求的工作环境和条件,并采取措施保障劳动者获得职业卫生保护。

工会组织依法对职业病防治工作进行监督,维护劳动者的合法权益。用人单位制定或者修改有关职业病防治的规章制度,应当听取工会组织的意见。

第五条 用人单位应当建立、健全职业病防治责任制,加强对职业病防治的管理,提高职业病防治水平,对本单位产生的职业病危害承担责任。

第六条 用人单位的主要负责人对本单位的职业病防治工作全面负责。

第七条 用人单位必须依法参加工伤保险。

国务院和县级以上地方人民政府劳动保障行政部门应当加强对工伤保险的监督管理,确保劳动者依法享受工伤保险待遇。

第八条 国家鼓励和支持研制、开发、推广、应用有利于职业病防治和保护劳动者健康的新技术、新工艺、新设备、新材料,加强对职业病的机理和发生规律的基础研究,提高职业病防治科学技术水平;积极采用有效的职业病防治技术、工艺、设备、材料;限制使用或者淘汰职业病危害严重的技术、工艺、设备、材料。

国家鼓励和支持职业病医疗康复机构的建设。

第九条 国家实行职业卫生监督制度。

国务院卫生行政部门、劳动保障行政部门依照本法和国务院确定的职责,负责全国职业病防治的监督管理工作。国务院有关部门在各自的职责范围内负责职业病防治的有关监督管理工作。

县级以上地方人民政府卫生行政部门、劳动保障行政部门依据各自职责,负责本行政区域内职业病防治的监督管理工作。县级以上地方人民政府有关部门在各自的职责范围内负责职业病防治的有关监督管理工作。

县级以上人民政府卫生行政部门、劳动保障行政部门(以下统称职业卫生监督管理部门)应当加强沟通,密切配合,按照各自职责分工,依法行使职权,承担责任。

第十条 国务院和县级以上地方人民政府应当制定职业病防治规划,将其纳入国民经济和社会发展计划,并组织实施。

县级以上地方人民政府统一负责、领导、组织、协调本行政区域的职业病防治工作,建立健全职业病防治工作体制、机制,统一领导、指挥职业卫生突发事件应对工作;加强职业病防治能力建设和服务体系建设,完善、落实职业病防治工作责任制。

乡、民族乡、镇的人民政府应当认真执行本法,支持职业卫生监督管理部门依法履行职责。

第十一条 县级以上人民政府职业卫生监督管理部门应当加强对职业病防治的宣传教育,普及职业病防治的知识,增强用人单位的职业病防治观念,提高劳动者的职业健康意识、自我保护意识和行使职业卫生保护权利的能力。

第十二条 有关防治职业病的国家职业卫生标准,由国务院卫生行政部门组织制定并公布。

国务院卫生行政部门应当组织开展重点职业病监测和专项调查,对职业健康风险进行评估,为制定职业卫生标准和职业病防治政策提供科学依据。

县级以上地方人民政府卫生行政部门应当定期对本行政区域的职业病防治情况进行统计和调查分析。

第十三条 任何单位和个人有权对违反本法的行为进行检举和控告。有关部门收到相关的检举和控告后,应当及时处理。

对防治职业病成绩显著的单位和个人,给予奖励。

第二章 前期预防

第十四条 用人单位应当依照法律、法规要求,严格遵守国家职业卫生标准,落实职业病预防措施,从源头上控制和消除职业病危害。

第十五条 产生职业病危害的用人单位的设立除应当符合法律、行政法规规定的设立条件外,其工作场所还应当符合下列职业卫生要求:

(一)职业病危害因素的强度或者浓度符合国家职业卫生标准;

(二)有与职业病危害防护相适应的设施;

(三)生产布局合理,符合有害与无害作业分开的原则;

(四)有配套的更衣间、洗浴间、孕妇休息间等卫生设施;

(五)设备、工具、用具等设施符合保护劳动者生理、心理健康的要求;

(六)法律、行政法规和国务院卫生行政部门关于保护劳动者健康的其他要求。

第十六条　国家建立职业病危害项目申报制度。

用人单位工作场所存在职业病目录所列职业病的危害因素的,应当及时、如实向所在地卫生行政部门申报危害项目,接受监督。

职业病危害因素分类目录由国务院卫生行政部门制定、调整并公布。职业病危害项目申报的具体办法由国务院卫生行政部门制定。

第十七条　新建、扩建、改建建设项目和技术改造、技术引进项目(以下统称建设项目)可能产生职业病危害的,建设单位在可行性论证阶段应当进行职业病危害预评价。

医疗机构建设项目可能产生放射性职业病危害的,建设单位应当向卫生行政部门提交放射性职业病危害预评价报告。卫生行政部门应当自收到预评价报告之日起三十日内,作出审核决定并书面通知建设单位。未提交预评价报告或者预评价报告未经卫生行政部门审核同意的,不得开工建设。

职业病危害预评价报告应当对建设项目可能产生的职业病危害因素及其对工作场所和劳动者健康的影响作出评价,确定危害类别和职业病防护措施。

建设项目职业病危害分类管理办法由国务院卫生行政部门制定。

第十八条　建设项目的职业病防护设施所需费用应当纳入建设项目工程预算,并与主体工程同时设计,同时施工,同时投入生产和使用。

建设项目的职业病防护设施设计应当符合国家职业卫生标准和卫生要求;其中,医疗机构放射性职业病危害严重的建设项目的防护设施设计,应当经卫生行政部门审查同意后,方可施工。

建设项目在竣工验收前,建设单位应当进行职业病危害控制效果评价。

医疗机构可能产生放射性职业病危害的建设项目竣工验收时,其放射性职业病防护设施经卫生行政部门验收合格后,方可投入使用;其他建设项目的职业病防护设施应当由建设单位负责依法组织验收,验收合格后,方可投入生产和使用。卫生行政部门应当加强对建设单位组织的验收活动和验收结果的监督核查。

第十九条　国家对从事放射性、高毒、高危粉尘等作业实行特殊管理。具体管理办法由国务院制定。

第三章　劳动过程中的防护与管理

第二十条　用人单位应当采取下列职业病防治管理措施:

(一)设置或者指定职业卫生管理机构或者组织,配备专职或者兼职的职业卫生管理人员,负责本单位的职业病防治工作;

(二)制定职业病防治计划和实施方案;

(三)建立、健全职业卫生管理制度和操作规程;

(四)建立、健全职业卫生档案和劳动者健康监护档案;

(五)建立、健全工作场所职业病危害因素监测及评价制度;

(六)建立、健全职业病危害事故应急救援预案。

第二十一条　用人单位应当保障职业病防治所需的资金投入,不得挤占、挪用,并对因资金投入不足导致的后果承担责任。

第二十二条　用人单位必须采用有效的职业病防护设施,并为劳动者提供个人使用的职业病防护用品。

用人单位为劳动者个人提供的职业病防护用品必须符合防治职业病的要求;不符合要求的,不得使用。

第二十三条　用人单位应当优先采用有利于防治职业病和保护劳动者健康的新技术、新工艺、新设备、新材料,逐步替代职业病危害严重的技术、工艺、设备、材料。

第二十四条　产生职业病危害的用人单位,应当在醒目位置设置公告栏,公布有关职业病防治的规章制度、操作规程、职业病危害事故应急救援措施和工作场所职业病危害因素检测结果。

对产生严重职业病危害的作业岗位,应当在其醒目位置,设置警示标识和中文警示说明。警示说明应当载明产生职业病危害的种类、后果、预防以及应急救治措施等内容。

第二十五条　对可能发生急性职业损伤的有毒、有害工作场所,用人单位应当设置报警装置,配置现场急救用品、冲洗设备、应急撤离通道和必要的泄险区。

对放射工作场所和放射性同位素的运输、贮存,用人单位必须配置防护设备和报警装置,保证接触放射线的工作人员佩戴个人剂量计。

对职业病防护设备、应急救援设施和个人使用的职业病防护用品,用人单位应当进行经常性的维护、检修,定期检测其性能和效果,确保其处于正常状态,不得擅自拆除或者停止使用。

第二十六条 用人单位应当实施由专人负责的职业病危害因素日常监测,并确保监测系统处于正常运行状态。

用人单位应当按照国务院卫生行政部门的规定,定期对工作场所进行职业病危害因素检测、评价。检测、评价结果存入用人单位职业卫生档案,定期向所在地卫生行政部门报告并向劳动者公布。

职业病危害因素检测、评价由依法设立的取得国务院卫生行政部门或者设区的市级以上地方人民政府卫生行政部门按照职责分工给予资质认可的职业卫生技术服务机构进行。职业卫生技术服务机构所作检测、评价应当客观、真实。

发现工作场所职业病危害因素不符合国家职业卫生标准和卫生要求时,用人单位应当立即采取相应治理措施,仍然达不到国家职业卫生标准和卫生要求的,必须停止存在职业病危害因素的作业;职业病危害因素经治理后,符合国家职业卫生标准和卫生要求的,方可重新作业。

第二十七条 职业卫生技术服务机构依法从事职业病危害因素检测、评价工作,接受卫生行政部门的监督检查。卫生行政部门应当依法履行监督职责。

第二十八条 向用人单位提供可能产生职业病危害的设备的,应当提供中文说明书,并在设备的醒目位置设置警示标识和中文警示说明。警示说明应当载明设备性能、可能产生的职业病危害、安全操作和维护注意事项、职业病防护以及应急救治措施等内容。

第二十九条 向用人单位提供可能产生职业病危害的化学品、放射性同位素和含有放射性物质的材料的,应当提供中文说明书。说明书应当载明产品特性、主要成份、存在的有害因素、可能产生的危害后果、安全使用注意事项、职业病防护以及应急救治措施等内容。产品包装应当有醒目的警示标识和中文警示说明。贮存上述材料的场所应当在规定的部位设置危险物品标识或者放射性警示标识。

国内首次使用或者首次进口与职业病危害有关的化学材料,使用单位或者进口单位按照国家规定经国务院有关部门批准后,应当向国务院卫生行政部门报送该化学材料的毒性鉴定以及经有关部门登记注册或者批准进口的文件等资料。

进口放射性同位素、射线装置和含有放射性物质的物品的,按照国家有关规定办理。

第三十条 任何单位和个人不得生产、经营、进口和使用国家明令禁止使用的可能产生职业病危害的设备或者材料。

第三十一条 任何单位和个人不得将产生职业病危害的作业转移给不具备职业病防护条件的单位和个人。不具备职业病防护条件的单位和个人不得接受产生职业病危害的作业。

第三十二条 用人单位对采用的技术、工艺、设备、材料,应当知悉其产生的职业病危害,对有职业病危害的技术、工艺、设备、材料隐瞒其危害而采用的,对所造成的职业病危害后果承担责任。

第三十三条 用人单位与劳动者订立劳动合同(含聘用合同,下同)时,应当将工作过程中可能产生的职业病危害及其后果、职业病防护措施和待遇等如实告知劳动者,并在劳动合同中写明,不得隐瞒或者欺骗。

劳动者在已订立劳动合同期间因工作岗位或者工作内容变更,从事与所订立劳动合同中未告知的存在职业病危害的作业时,用人单位应当依照前款规定,向劳动者履行如实告知的义务,并协商变更原劳动合同相关条款。

用人单位违反前两款规定的,劳动者有权拒绝从事存在职业病危害的作业,用人单位不得因此解除与劳动者所订立的劳动合同。

第三十四条 用人单位的主要负责人和职业卫生管理人员应当接受职业卫生培训,遵守职业病防治法律、法规,依法组织本单位的职业病防治工作。

用人单位应当对劳动者进行上岗前的职业卫生培训和在岗期间的定期职业卫生培训,普及职业卫生知识,督促劳动者遵守职业病防治法律、法规、规章和操作规程,指导劳动者正确使用职业病防护设备和个人使用的职业病防护用品。

劳动者应当学习和掌握相关的职业卫生知识,增强职业病防范意识,遵守职业病防治法律、法规、规章和操作规程,正确使用、维护职业病防护设备和个人使用的职业病防护用品,发现职业病危害事故隐患应当及时报告。

劳动者不履行前款规定义务的,用人单位应当对其进行教育。

第三十五条 对从事接触职业病危害的作业的劳动者,用人单位应当按照国务院卫生行政部门的规定组织上岗前、在岗期间和离岗时的职业健康检查,并将检查结果书面告知劳动者。职业健康检查费用由用人单位承担。

用人单位不得安排未经上岗前职业健康检查的劳动者从事接触职业病危害的作业;不得安排有职业禁忌的劳动者从事其所禁忌的作业;对在职业健康检查中发现有与所从事的职业相关的健康损害的劳动者,应当调离原工作岗位,并妥善安置;对未进行离岗前职业健康检查的劳动者不得解除或者终止与其订立的劳动合同。

职业健康检查应当由取得《医疗机构执业许可证》的医疗卫生机构承担。卫生行政部门应当加强对职业健康检查工作的规范管理,具体管理办法由国务院卫生行政部门制定。

第三十六条 用人单位应当为劳动者建立职业健康监护档案,并按照规定的期限妥善保存。

职业健康监护档案应当包括劳动者的职业史、职业病危害接触史、职业健康检查结果和职业病诊疗等有关个人健康资料。

劳动者离开用人单位时,有权索取本人职业健康监护档案复印件,用人单位应当如实、无偿提供,并在所提供的复印件上签章。

第三十七条 发生或者可能发生急性职业病危害事故时,用人单位应当立即采取应急救援和控制措施,并及时报告所在地卫生行政部门和有关部门。卫生行政部门接到报告后,应当及时会同有关部门组织调查处理;必要时,可以采取临时控制措施。卫生行政部门应当组织做好医疗救治工作。

对遭受或者可能遭受急性职业病危害的劳动者,用人单位应当及时组织救治、进行健康检查和医学观察,所需费用由用人单位承担。

第三十八条 用人单位不得安排未成年工从事接触职业病危害的作业;不得安排孕期、哺乳期的女职工从事对本人和胎儿、婴儿有危害的作业。

第三十九条 劳动者享有下列职业卫生保护权利:

(一)获得职业卫生教育、培训;

(二)获得职业健康检查、职业病诊疗、康复等职业病防治服务;

(三)了解工作场所产生或者可能产生的职业病危害因素、危害后果和应当采取的职业病防护措施;

(四)要求用人单位提供符合防治职业病要求的职业病防护设施和个人使用的职业病防护用品,改善工作条件;

(五)对违反职业病防治法律、法规以及危及生命健康的行为提出批评、检举和控告;

(六)拒绝违章指挥和强令进行没有职业病防护措施的作业;

(七)参与用人单位职业卫生工作的民主管理,对职业病防治工作提出意见和建议。

用人单位应当保障劳动者行使前款所列权利。因劳动者依法行使正当权利而降低其工资、福利等待遇或者解除、终止与其订立的劳动合同的,其行为无效。

第四十条 工会组织应当督促并协助用人单位开展职业卫生宣传教育和培训,有权对用人单位的职业病防治工作提出意见和建议,依法代表劳动者与用人单位签订劳动安全卫生专项集体合同,与用人单位就劳动者反映的有关职业病防治的问题进行协调并督促解决。

工会组织对用人单位违反职业病防治法律、法规,侵犯劳动者合法权益的行为,有权要求纠正;产生严重职业病危害时,有权要求采取防护措施,或者向政府有关部门建议采取强制性措施;发生职业病危害事故时,有权参与事故调查处理;发现危及劳动者生命健康的情形时,有权向用人单位建议组织劳动者撤离危险现场,用人单位应当立即作出处理。

第四十一条 用人单位按照职业病防治要求,用于预防和治理职业病危害、工作场所卫生检测、健康监护和职业卫生培训等费用,按照国家有关规定,在生产成本中据实列支。

第四十二条 职业卫生监督管理部门应当按照职责分工,加强对用人单位落实职业病防护管理措施情况的监督检查,依法行使职权,承担责任。

第四章 职业病诊断与职业病病人保障

第四十三条 职业病诊断应当由取得《医疗

机构执业许可证》的医疗卫生机构承担。卫生行政部门应当加强对职业病诊断工作的规范管理，具体管理办法由国务院卫生行政部门制定。

承担职业病诊断的医疗卫生机构还应当具备下列条件：

（一）具有与开展职业病诊断相适应的医疗卫生技术人员；

（二）具有与开展职业病诊断相适应的仪器、设备；

（三）具有健全的职业病诊断质量管理制度。

承担职业病诊断的医疗卫生机构不得拒绝劳动者进行职业病诊断的要求。

第四十四条　劳动者可以在用人单位所在地、本人户籍所在地或者经常居住地依法承担职业病诊断的医疗卫生机构进行职业病诊断。

第四十五条　职业病诊断标准和职业病诊断、鉴定办法由国务院卫生行政部门制定。职业病伤残等级的鉴定办法由国务院劳动保障行政部门会同国务院卫生行政部门制定。

第四十六条　职业病诊断，应当综合分析下列因素：

（一）病人的职业史；

（二）职业病危害接触史和工作场所职业病危害因素情况；

（三）临床表现以及辅助检查结果等。

没有证据否定职业病危害因素与病人临床表现之间的必然联系的，应当诊断为职业病。

职业病诊断证明书应当由参与诊断的取得职业病诊断资格的执业医师签署，并经承担职业病诊断的医疗卫生机构审核盖章。

第四十七条　用人单位应当如实提供职业病诊断、鉴定所需的劳动者职业史和职业病危害接触史、工作场所职业病危害因素检测结果等资料；卫生行政部门应当监督检查和督促用人单位提供上述资料；劳动者和有关机构也应当提供与职业病诊断、鉴定有关的资料。

职业病诊断、鉴定机构需要了解工作场所职业病危害因素情况时，可以对工作场所进行现场调查，也可以向卫生行政部门提出，卫生行政部门应当在十日内组织现场调查。用人单位不得拒绝、阻挠。

第四十八条　职业病诊断、鉴定过程中，用人单位不提供工作场所职业病危害因素检测结果等资料的，诊断、鉴定机构应当结合劳动者的临床表现、辅助检查结果和劳动者的职业史、职业病危害接触史，并参考劳动者的自述、卫生行政部门提供的日常监督检查信息等，作出职业病诊断、鉴定结论。

劳动者对用人单位提供的工作场所职业病危害因素检测结果等资料有异议，或者因劳动者的用人单位解散、破产，无用人单位提供上述资料的，诊断、鉴定机构应当提请卫生行政部门进行调查，卫生行政部门应当自接到申请之日起三十日内对存在异议的资料或者工作场所职业病危害因素情况作出判定；有关部门应当配合。

第四十九条　职业病诊断、鉴定过程中，在确认劳动者职业史、职业病危害接触史时，当事人对劳动关系、工种、工作岗位或者在岗时间有争议的，可以向当地的劳动人事争议仲裁委员会申请仲裁；接到申请的劳动人事争议仲裁委员会应当受理，并在三十日内作出裁决。

当事人在仲裁过程中对自己提出的主张，有责任提供证据。劳动者无法提供由用人单位掌握管理的与仲裁主张有关的证据的，仲裁庭应当要求用人单位在指定期限内提供；用人单位在指定期限内不提供的，应当承担不利后果。

劳动者对仲裁裁决不服的，可以依法向人民法院提起诉讼。

用人单位对仲裁裁决不服的，可以在职业病诊断、鉴定程序结束之日起十五日内依法向人民法院提起诉讼；诉讼期间，劳动者的治疗费用按照职业病待遇规定的途径支付。

第五十条　用人单位和医疗卫生机构发现职业病病人或者疑似职业病病人时，应当及时向所在地卫生行政部门报告。确诊为职业病的，用人单位还应当向所在地劳动保障行政部门报告。接到报告的部门应当依法作出处理。

第五十一条　县级以上地方人民政府卫生行政部门负责本行政区域内的职业病统计报告的管理工作，并按照规定上报。

第五十二条　当事人对职业病诊断有异议的，可以向作出诊断的医疗卫生机构所在地地方人民政府卫生行政部门申请鉴定。

职业病诊断争议由设区的市级以上地方人民政府卫生行政部门根据当事人的申请，组织职业病诊断鉴定委员会进行鉴定。

当事人对设区的市级职业病诊断鉴定委员会的鉴定结论不服的，可以向省、自治区、直辖市人民政府卫生行政部门申请再鉴定。

第五十三条　职业病诊断鉴定委员会由相关专业的专家组成。

省、自治区、直辖市人民政府卫生行政部门应当设立相关的专家库，需要对职业病争议作出诊断鉴定时，由当事人或者当事人委托有关卫生行政部门从专家库中以随机抽取的方式确定参加诊断鉴定委员会的专家。

职业病诊断鉴定委员会应当按照国务院卫生行政部门颁布的职业病诊断标准和职业病诊断、鉴定办法进行职业病诊断鉴定，向当事人出具职业病诊断鉴定书。职业病诊断、鉴定费用由用人单位承担。

第五十四条　职业病诊断鉴定委员会组成人员应当遵守职业道德，客观、公正地进行诊断鉴定，并承担相应的责任。职业病诊断鉴定委员会组成人员不得私下接触当事人，不得收受当事人的财物或者其他好处，与当事人有利害关系的，应当回避。

人民法院受理有关案件需要进行职业病鉴定时，应当从省、自治区、直辖市人民政府卫生行政部门依法设立的相关的专家库中选取参加鉴定的专家。

第五十五条　医疗卫生机构发现疑似职业病病人时，应当告知劳动者本人并及时通知用人单位。

用人单位应当及时安排对疑似职业病病人进行诊断；在疑似职业病病人诊断或者医学观察期间，不得解除或者终止与其订立的劳动合同。

疑似职业病病人在诊断、医学观察期间的费用，由用人单位承担。

第五十六条　用人单位应当保障职业病病人依法享受国家规定的职业病待遇。

用人单位应当按照国家有关规定，安排职业病病人进行治疗、康复和定期检查。

用人单位对不适宜继续从事原工作的职业病人，应当调离原岗位，并妥善安置。

用人单位对从事接触职业病危害的作业的劳动者，应当给予适当岗位津贴。

第五十七条　职业病病人的诊疗、康复费用，伤残以及丧失劳动能力的职业病病人的社会保障，按照国家有关工伤保险的规定执行。

第五十八条　职业病病人除依法享有工伤保险外，依照有关民事法律，尚有获得赔偿的权利的，有权向用人单位提出赔偿要求。

第五十九条　劳动者被诊断患有职业病，但用人单位没有依法参加工伤保险的，其医疗和生活保障由该用人单位承担。

第六十条　职业病病人变动工作单位，其依法享有的待遇不变。

用人单位在发生分立、合并、解散、破产等情形时，应当对从事接触职业病危害的作业的劳动者进行健康检查，并按照国家有关规定妥善安置职业病病人。

第六十一条　用人单位已经不存在或者无法确认劳动关系的职业病病人，可以向地方人民政府医疗保障、民政部门申请医疗救助和生活等方面的救助。

地方各级人民政府应当根据本地区的实际情况，采取其他措施，使前款规定的职业病病人获得医疗救治。

第五章　监督检查

第六十二条　县级以上人民政府职业卫生监督管理部门依照职业病防治法律、法规、国家职业卫生标准和卫生要求，依据职责划分，对职业病防治工作进行监督检查。

第六十三条　卫生行政部门履行监督检查职责时，有权采取下列措施：

（一）进入被检查单位和职业病危害现场，了解情况，调查取证；

（二）查阅或者复制与违反职业病防治法律、法规的行为有关的资料和采集样品；

（三）责令违反职业病防治法律、法规的单位和个人停止违法行为。

第六十四条　发生职业病危害事故或者有证据证明危害状态可能导致职业病危害事故发生时，卫生行政部门可以采取下列临时控制措施：

（一）责令暂停导致职业病危害事故的作业；

（二）封存造成职业病危害事故或者可能导致职业病危害事故发生的材料和设备；

（三）组织控制职业病危害事故现场。

在职业病危害事故或者危害状态得到有效控制后，卫生行政部门应当及时解除控制措施。

第六十五条 职业卫生监督执法人员依法执行职务时,应当出示监督执法证件。

职业卫生监督执法人员应当忠于职守,秉公执法,严格遵守执法规范;涉及用人单位的秘密的,应当为其保密。

第六十六条 职业卫生监督执法人员依法执行职务时,被检查单位应当接受检查并予以支持配合,不得拒绝和阻碍。

第六十七条 卫生行政部门及其职业卫生监督执法人员履行职责时,不得有下列行为:

(一)对不符合法定条件的,发给建设项目有关证明文件、资质证明文件或者予以批准;

(二)对已经取得有关证明文件的,不履行监督检查职责;

(三)发现用人单位存在职业病危害的,可能造成职业病危害事故,不及时依法采取控制措施;

(四)其他违反本法的行为。

第六十八条 职业卫生监督执法人员应当依法经过资格认定。

职业卫生监督管理部门应当加强队伍建设,提高职业卫生监督执法人员的政治、业务素质,依照本法和其他有关法律、法规的规定,建立、健全内部监督制度,对其工作人员执行法律、法规和遵守纪律的情况,进行监督检查。

第六章 法律责任

第六十九条 建设单位违反本法规定,有下列行为之一的,由卫生行政部门给予警告,责令限期改正;逾期不改正的,处十万元以上五十万元以下的罚款;情节严重的,责令停止产生职业病危害的作业,或者提请有关人民政府按照国务院规定的权限责令停建、关闭:

(一)未按照规定进行职业病危害预评价的;

(二)医疗机构可能产生放射性职业病危害的建设项目未按照规定提交放射性职业病危害预评价报告,或者放射性职业病危害预评价报告未经卫生行政部门审核同意,开工建设的;

(三)建设项目的职业病防护设施未按照规定与主体工程同时设计、同时施工、同时投入生产和使用的;

(四)建设项目的职业病防护设施设计不符合国家职业卫生标准和卫生要求,或者医疗机构放射性职业病危害严重的建设项目的防护设施设计

未经卫生行政部门审查同意擅自施工的;

(五)未按照规定对职业病防护设施进行职业病危害控制效果评价的;

(六)建设项目竣工投入生产和使用前,职业病防护设施未按照规定验收合格的。

第七十条 违反本法规定,有下列行为之一的,由卫生行政部门给予警告,责令限期改正;逾期不改正的,处十万元以下的罚款:

(一)工作场所职业病危害因素检测、评价结果没有存档、上报、公布的;

(二)未采取本法第二十条规定的职业病防治管理措施的;

(三)未按照规定公布有关职业病防治的规章制度、操作规程、职业危害事故应急救援措施的;

(四)未按照规定组织劳动者进行职业卫生培训,或者未对劳动者个人职业病防护采取指导、督促措施的;

(五)国内首次使用或者首次进口与职业病危害有关的化学材料,未按照规定报送毒性鉴定资料以及经有关部门登记注册或者批准进口的文件的。

第七十一条 用人单位违反本法规定,有下列行为之一的,由卫生行政部门责令限期改正,给予警告,可以并处五万元以上十万元以下的罚款:

(一)未按照规定及时、如实向卫生行政部门申报产生职业病危害的项目的;

(二)未实施由专人负责的职业病危害因素日常监测,或者监测系统不能正常监测的;

(三)订立或者变更劳动合同时,未告知劳动者职业病危害真实情况的;

(四)未按照规定组织职业健康检查、建立职业健康监护档案或者未将检查结果书面告知劳动者的;

(五)未依照本法规定在劳动者离开用人单位时提供职业健康监护档案复印件的。

第七十二条 用人单位违反本法规定,有下列行为之一的,由卫生行政部门给予警告,责令限期改正,逾期不改正的,处五万元以上二十万元以下的罚款;情节严重的,责令停止产生职业病危害的作业,或者提请有关人民政府按照国务院规定的权限责令关闭:

(一)工作场所职业病危害因素的强度或者浓

度超过国家职业卫生标准的;

（二）未提供职业病防护设施和个人使用的职业病防护用品,或者提供的职业病防护设施和个人使用的职业病防护用品不符合国家职业卫生标准和卫生要求的;

（三）对职业病防护设备、应急救援设施和个人使用的职业病防护用品未按照规定进行维护、检修、检测,或者不能保持正常运行、使用状态的;

（四）未按照规定对工作场所职业病危害因素进行检测、评价的;

（五）工作场所职业病危害因素经治理仍然达不到国家职业卫生标准和卫生要求时,未停止存在职业病危害因素的作业的;

（六）未按照规定安排职业病病人、疑似职业病病人进行诊治的;

（七）发生或者可能发生急性职业病危害事故时,未立即采取应急救援和控制措施或者未按照规定及时报告的;

（八）未按照规定在产生严重职业病危害的作业岗位醒目位置设置警示标识和中文警示说明的;

（九）拒绝职业卫生监督管理部门监督检查的;

（十）隐瞒、伪造、篡改、毁损职业健康监护档案、工作场所职业病危害因素检测评价结果等相关资料,或者拒不提供职业病诊断、鉴定所需资料的;

（十一）未按照规定承担职业病诊断、鉴定费用和职业病病人的医疗、生活保障费用的。

第七十三条　向用人单位提供可能产生职业病危害的设备、材料,未按照规定提供中文说明书或者设置警示标识和中文警示说明的,由卫生行政部门责令限期改正,给予警告,并处五万元以上二十万元以下的罚款。

第七十四条　用人单位和医疗卫生机构未按照规定报告职业病、疑似职业病的,由有关主管部门依据职责分工责令限期改正,给予警告,可以并处一万元以下的罚款;弄虚作假的,并处二万元以上五万元以下的罚款;对直接负责的主管人员和其他直接责任人员,可以依法给予降级或者撤职的处分。

第七十五条　违反本法规定,有下列情形之一的,由卫生行政部门责令限期治理,并处五万元以上三十万元以下的罚款;情节严重的,责令停止产生职业病危害的作业,或者提请有关人民政府按照国务院规定的权限责令关闭:

（一）隐瞒技术、工艺、设备、材料所产生的职业病危害而采用的;

（二）隐瞒本单位职业卫生真实情况的;

（三）可能发生急性职业损伤的有毒、有害工作场所、放射工作场所或者放射性同位素的运输、贮存不符合本法第二十五条规定的;

（四）使用国家明令禁止使用的可能产生职业病危害的设备或者材料的;

（五）将产生职业病危害的作业转移给没有职业病防护条件的单位和个人,或者没有职业病防护条件的单位和个人接受产生职业病危害的作业的;

（六）擅自拆除、停止使用职业病防护设备或者应急救援设施的;

（七）安排未经职业健康检查的劳动者、有职业禁忌的劳动者、未成年工或者孕期、哺乳期女职工从事接触职业病危害的作业或者禁忌作业的;

（八）违章指挥和强令劳动者进行没有职业病防护措施的作业的。

第七十六条　生产、经营或者进口国家明令禁止使用的可能产生职业病危害的设备或者材料的,依照有关法律、行政法规的规定给予处罚。

第七十七条　用人单位违反本法规定,已经对劳动者生命健康造成严重损害的,由卫生行政部门责令停止产生职业病危害的作业,或者提请有关人民政府按照国务院规定的权限责令关闭,并处十万元以上五十万元以下的罚款。

第七十八条　用人单位违反本法规定,造成重大职业病危害事故或者其他严重后果,构成犯罪的,对直接负责的主管人员和其他直接责任人员,依法追究刑事责任。

第七十九条　未取得职业卫生技术服务资质认可擅自从事职业卫生技术服务的,由卫生行政部门责令立即停止违法行为,没收违法所得;违法所得五千元以上的,并处违法所得二倍以上十倍以下的罚款;没有违法所得或者违法所得不足五千元的,并处五千元以上五万元以下的罚款;情节严重的,对直接负责的主管人员和其他直接责任人员,依法给予降级、撤职或者开除的处分。

第八十条　从事职业卫生技术服务的机构和

承担职业病诊断的医疗卫生机构违反本法规定，有下列行为之一的，由卫生行政部门责令立即停止违法行为，给予警告，没收违法所得；违法所得五千元以上的，并处违法所得二倍以上五倍以下的罚款；没有违法所得或者违法所得不足五千元的，并处五千元以上二万元以下的罚款；情节严重的，由原认可或者登记机关取消其相应的资格；对直接负责的主管人员和其他直接责任人员，依法给予降级、撤职或者开除的处分；构成犯罪的，依法追究刑事责任：

（一）超出资质认可或者诊疗项目登记范围从事职业卫生技术服务或者职业病诊断的；

（二）不按照本法规定履行法定职责的；

（三）出具虚假证明文件的。

第八十一条 职业病诊断鉴定委员会组成人员收受职业病诊断争议当事人的财物或者其他好处的，给予警告，没收收受的财物，可以并处三千元以上五万元以下的罚款，取消其担任职业病诊断鉴定委员会组成人员的资格，并从省、自治区、直辖市人民政府卫生行政部门设立的专家库中予以除名。

第八十二条 卫生行政部门不按照规定报告职业病和职业病危害事故的，由上一级行政部门责令改正，通报批评，给予警告；虚报、瞒报的，对单位负责人、直接负责的主管人员和其他直接责任人员依法给予降级、撤职或者开除的处分。

第八十三条 县级以上地方人民政府在职业病防治工作中未依照本法履行职责，本行政区域出现重大职业病危害事故、造成严重社会影响的，依法对直接负责的主管人员和其他直接责任人员给予记大过直至开除的处分。

县级以上人民政府职业卫生监督管理部门不履行本法规定的职责，滥用职权、玩忽职守、徇私舞弊，依法对直接负责的主管人员和其他直接责任人员给予记大过或者降级的处分；造成职业病危害事故或者其他严重后果的，依法给予撤职或者开除的处分。

第八十四条 违反本法规定，构成犯罪的，依法追究刑事责任。

第七章 附 则

第八十五条 本法下列用语的含义：

职业病危害，是指对从事职业活动的劳动者可能导致职业病的各种危害。职业病危害因素包括：职业活动中存在的各种有害的化学、物理、生物因素以及在作业过程中产生的其他职业有害因素。

职业禁忌，是指劳动者从事特定职业或者接触特定职业病危害因素时，比一般职业人群更易于遭受职业病危害和罹患职业病或者可能导致原有自身疾病病情加重，或者在从事作业过程中诱发可能导致对他人生命健康构成危险的疾病的个人特殊生理或者病理状态。

第八十六条 本法第二条规定的用人单位以外的单位，产生职业病危害的，其职业病防治活动可以参照本法执行。

劳务派遣用工单位应当履行本法规定的用人单位的义务。

中国人民解放军参照执行本法的办法，由国务院、中央军事委员会制定。

第八十七条 对医疗机构放射性职业病危害控制的监督管理，由卫生行政部门依照本法的规定实施。

第八十八条 本法自 2002 年 5 月 1 日起施行。

国务院关于预防煤矿生产安全事故的特别规定

· 2005 年 9 月 3 日中华人民共和国国务院令第 446 号公布

· 根据 2013 年 7 月 18 日《国务院关于废止和修改部分行政法规的决定》修订

第一条 为了及时发现并排除煤矿安全生产隐患，落实煤矿安全生产责任，预防煤矿生产安全事故发生，保障职工的生命安全和煤矿安全生产，制定本规定。

第二条 煤矿企业是预防煤矿生产安全事故的责任主体。煤矿企业负责人（包括一些煤矿企业的实际控制人，下同）对预防煤矿生产安全事故负主要责任。

第三条 国务院有关部门和地方各级人民政府应当建立并落实预防煤矿生产安全事故的责任制，监督检查煤矿企业预防煤矿生产安全事故的情况,及时解决煤矿生产安全事故预防工作中的重大问题。

第四条 县级以上地方人民政府负责煤矿安全生产监督管理的部门、国家煤矿安全监察机构设在省、自治区、直辖市的煤矿安全监察机构(以下简称煤矿安全监察机构),对所辖区域的煤矿重大安全生产隐患和违法行为负有检查和依法查处的职责。

县级以上地方人民政府负责煤矿安全生产监督管理的部门、煤矿安全监察机构不依法履行职责,不及时查处所辖区域的煤矿重大安全生产隐患和违法行为的,对直接责任人和主要负责人,根据情节轻重,给予记过、记大过、降级、撤职或者开除的行政处分;构成犯罪的,依法追究刑事责任。

第五条 煤矿未依法取得采矿许可证、安全生产许可证、营业执照和矿长未依法取得矿长资格证、矿长安全资格证的,煤矿不得从事生产。擅自从事生产的,属非法煤矿。

负责颁发前款规定证照的部门,一经发现煤矿无证照或者证照不全从事生产的,应当责令该煤矿立即停止生产,没收违法所得和开采出的煤炭以及采掘设备,并处违法所得1倍以上5倍以下的罚款;构成犯罪的,依法追究刑事责任;同时于2日内提请当地县级以上地方人民政府予以关闭,并可以向上一级地方人民政府报告。

第六条 负责颁发采矿许可证、安全生产许可证、营业执照和矿长资格证、矿长安全资格证的部门,向不符合法定条件的煤矿或者矿长颁发有关证照的,对直接责任人,根据情节轻重,给予降级、撤职或者开除的行政处分;对主要负责人,根据情节轻重,给予记大过、降级、撤职或者开除的行政处分;构成犯罪的,依法追究刑事责任。

前款规定颁发证照的部门,应当加强对取得证照煤矿的日常监督管理,促使煤矿持续符合取得证照应当具备的条件。不依法履行日常监督管理职责的,对主要负责人,根据情节轻重,给予记过、记大过、降级、撤职或者开除的行政处分;构成犯罪的,依法追究刑事责任。

第七条 在乡、镇人民政府所辖区域内发现有非法煤矿并且没有采取有效制止措施的,对乡、镇人民政府的主要负责人以及负有责任的相关负责人,根据情节轻重,给予降级、撤职或者开除的行政处分;在县级人民政府所辖区域内1个月内发现有2处或者2处以上非法煤矿并且没有采取有效制止措施的,对县级人民政府的主要负责人以及负有责任的相关负责人,根据情节轻重,给予降级、撤职或者开除的行政处分;构成犯罪的,依法追究刑事责任。

其他有关机关和部门对存在非法煤矿负有责任的,对主要负责人,属于行政机关工作人员的,根据情节轻重,给予记过、记大过、降级或者撤职的行政处分;不属于行政机关工作人员的,建议有关机关和部门给予相应的处分。

第八条 煤矿的通风、防瓦斯、防水、防火、防煤尘、防冒顶等安全设备、设施和条件应当符合国家标准、行业标准,并有防范生产安全事故发生的措施和完善的应急处理预案。

煤矿有下列重大安全生产隐患和行为的,应当立即停止生产,排除隐患:

(一)超能力、超强度或者超定员组织生产的;

(二)瓦斯超限作业的;

(三)煤与瓦斯突出矿井,未依照规定实施防突措施的;

(四)高瓦斯矿井未建立瓦斯抽放系统和监控系统,或者瓦斯监控系统不能正常运行的;

(五)通风系统不完善、不可靠的;

(六)有严重水患,未采取有效措施的;

(七)超层越界开采的;

(八)有冲击地压危险,未采取有效措施的;

(九)自然发火严重,未采取有效措施的;

(十)使用明令禁止使用或者淘汰的设备、工艺的;

(十一)年产6万吨以上的煤矿没有双回路供电系统的;

(十二)新建煤矿边建设边生产,煤矿改扩建期间,在改扩建的区域生产,或者在其他区域的生产超出安全设计规定的范围和规模的;

(十三)煤矿实行整体承包生产经营后,未重新取得安全生产许可证,从事生产的,或者承包方再次转包的,以及煤矿将井下采掘工作面和井巷维修作业进行劳务承包的;

(十四)煤矿改制期间,未明确安全生产责任人和安全管理机构的,或者在完成改制后,未重新取得或者变更采矿许可证、安全生产许可证和营业执照的;

(十五)有其他重大安全生产隐患的。

第九条 煤矿企业应当建立健全安全生产隐患排查、治理和报告制度。煤矿企业应当对本规定第八条第二款所列情形定期组织排查，并将排查情况每季度向县级以上地方人民政府负责煤矿安全生产监督管理的部门、煤矿安全监察机构写出书面报告。报告应当经煤矿企业负责人签字。

煤矿企业未依照前款规定排查和报告的，由县级以上地方人民政府负责煤矿安全生产监督管理的部门或者煤矿安全监察机构责令限期改正；逾期未改正的，责令停产整顿，并对煤矿企业负责人处3万元以上15万元以下的罚款。

第十条 煤矿有本规定第八条第二款所列情形之一，仍然进行生产的，由县级以上地方人民政府负责煤矿安全生产监督管理的部门或者煤矿安全监察机构责令停产整顿，提出整顿的内容、时间等具体要求，处50万元以上200万元以下的罚款；对煤矿企业负责人处3万元以上15万元以下的罚款。

对3个月内2次或者2次以上发现有重大安全生产隐患，仍然进行生产的煤矿，县级以上地方人民政府负责煤矿安全生产监督管理的部门、煤矿安全监察机构应当提请有关地方人民政府关闭该煤矿，并由颁发证照的部门立即吊销矿长资格证和矿长安全资格证，该煤矿的法定代表人和矿长5年内不得再担任任何煤矿的法定代表人或者矿长。

第十一条 对被责令停产整顿的煤矿，颁发证照的部门应当暂扣采矿许可证、安全生产许可证、营业执照和矿长资格证、矿长安全资格证。

被责令停产整顿的煤矿应当制定整改方案，落实整改措施和安全技术规定；整改结束后要求恢复生产的，应当由县级以上地方人民政府负责煤矿安全生产监督管理的部门自收到恢复生产申请之日起60日内组织验收完毕；验收合格的，经组织验收的地方人民政府负责煤矿安全生产监督管理的部门的主要负责人签字，并经有关煤矿安全监察机构审核同意，报请有关地方人民政府主要负责人签字批准，颁发证照的部门发还证照，煤矿方可恢复生产；验收不合格的，由有关地方人民政府予以关闭。

被责令停产整顿的煤矿擅自从事生产的，县级以上地方人民政府负责煤矿安全生产监督管理的部门、煤矿安全监察机构应当提请有关地方人

民政府予以关闭，没收违法所得，并处违法所得1倍以上5倍以下的罚款；构成犯罪的，依法追究刑事责任。

第十二条 对被责令停产整顿的煤矿，在停产整顿期间，由有关地方人民政府采取有效措施进行监督检查。因监督检查不力，煤矿在停产整顿期间继续生产的，对直接责任人，根据情节轻重，给予降级、撤职或者开除的行政处分；对有关负责人，根据情节轻重，给予记大过、降级、撤职或者开除的行政处分；构成犯罪的，依法追究刑事责任。

第十三条 对提请关闭的煤矿，县级以上地方人民政府负责煤矿安全生产监督管理的部门或者煤矿安全监察机构应当责令立即停止生产；有关地方人民政府应当在7日内作出关闭或者不予关闭的决定，并由其主要负责人签字存档。对决定关闭的，有关地方人民政府应当立即组织实施。

关闭煤矿应当达到下列要求：

（一）吊销相关证照；

（二）停止供应并处理火工用品；

（三）停止供电，拆除矿井生产设备、供电、通信线路；

（四）封闭、填实矿井井筒，平整井口场地，恢复地貌；

（五）妥善遣散从业人员。

关闭煤矿未达到前款规定要求的，对组织实施关闭的地方人民政府及其有关部门的负责人和直接责任人给予记过、记大过、降级、撤职或者开除的行政处分；构成犯罪的，依法追究刑事责任。

依照本条第一款规定决定关闭的煤矿，仍有开采价值的，经依法批准可以进行拍卖。

关闭的煤矿擅自恢复生产的，依照本规定第五条第二款规定予以处罚；构成犯罪的，依法追究刑事责任。

第十四条 县级以上地方人民政府负责煤矿安全生产监督管理的部门或者煤矿安全监察机构，发现煤矿有本规定第八条第二款所列情形之一的，应当将情况报送有关地方人民政府。

第十五条 煤矿存在瓦斯突出、自然发火、冲击地压、水害威胁等重大安全生产隐患，该煤矿在现有技术条件下难以有效防治的，县级以上地方人民政府负责煤矿安全生产监督管理的部门、煤矿安全监察机构应当责令其立即停止生产，并提

请有关地方人民政府组织专家进行论证。专家论证应当客观、公正、科学。有关地方人民政府应当根据论证结论,作出是否关闭煤矿的决定,并组织实施。

第十六条 煤矿企业应当依照国家有关规定对井下作业人员进行安全生产教育和培训,保证井下作业人员具有必要的安全生产知识,熟悉有关安全生产规章制度和安全操作规程,掌握本岗位的安全操作技能,并建立培训档案。未进行安全生产教育和培训或者经教育和培训不合格的人员不得下井作业。

县级以上地方人民政府负责煤矿安全生产监督管理的部门应当对煤矿井下作业人员的安全生产教育和培训情况进行监督检查;煤矿安全监察机构应当对煤矿特种作业人员持证上岗情况进行监督检查。发现煤矿企业未依照国家有关规定对井下作业人员进行安全生产教育和培训或者特种作业人员无证上岗的,应当责令限期改正,处 10 万元以上 50 万元以下的罚款;逾期未改正的,责令停产整顿。

县级以上地方人民政府负责煤矿安全生产监督管理的部门、煤矿安全监察机构未履行前款规定的监督检查职责的,对主要负责人,根据情节轻重,给予警告、记过或者记大过的行政处分。

第十七条 县级以上地方人民政府负责煤矿安全生产监督管理的部门、煤矿安全监察机构在监督检查中,1 个月内 3 次或者 3 次以上发现煤矿企业未依照国家有关规定对井下作业人员进行安全生产教育和培训或者特种作业人员无证上岗的,应当提请有关地方人民政府对该煤矿予以关闭。

第十八条 煤矿拒不执行县级以上地方人民政府负责煤矿安全生产监督管理的部门或者煤矿安全监察机构依法下达的执法指令的,由颁发证照的部门吊销矿长资格证和矿长安全资格证;构成违反治安管理行为的,由公安机关依照治安管理的法律、行政法规的规定处罚;构成犯罪的,依法追究刑事责任。

第十九条 县级以上地方人民政府负责煤矿安全生产监督管理的部门、煤矿安全监察机构对被责令停产整顿或者关闭的煤矿,应当自煤矿被责令停产整顿或者关闭之日起 3 日内在当地主要媒体公告。

被责令停产整顿的煤矿经验收合格恢复生产的,县级以上地方人民政府负责煤矿安全生产监督管理的部门、煤矿安全监察机构应当自煤矿验收合格恢复生产之日起 3 日内在同一媒体公告。

县级以上地方人民政府负责煤矿安全生产监督管理的部门、煤矿安全监察机构未依照本条第一款、第二款规定进行公告的,对有关负责人,根据情节轻重,给予警告、记过、记大过或者降级的行政处分。

公告所需费用由同级财政列支。

第二十条 国家机关工作人员和国有企业负责人不得违反国家规定投资入股煤矿(依法取得上市公司股票的除外),不得对煤矿的违法行为予以纵容、包庇。

国家行政机关工作人员和国有企业负责人违反前款规定的,根据情节轻重,给予降级、撤职或者开除的处分;构成犯罪的,依法追究刑事责任。

第二十一条 煤矿企业负责人和生产经营管理人员应当按照国家规定轮流带班下井,并建立下井登记档案。

县级以上地方人民政府负责煤矿安全生产监督管理的部门或者煤矿安全监察机构发现煤矿企业在生产过程中,1 周内其负责人或者生产经营管理人员没有按照国家规定带班下井,或者下井登记档案虚假的,责令改正,并对该煤矿企业处 3 万元以上 15 万元以下的罚款。

第二十二条 煤矿企业应当免费为每位职工发放煤矿职工安全手册。

煤矿职工安全手册应当载明职工的权利、义务,煤矿重大安全生产隐患的情形和应急保护措施、方法以及安全生产隐患和违法行为的举报电话、受理部门。

煤矿企业没有为每位职工发放符合要求的职工安全手册的,由县级以上地方人民政府负责煤矿安全生产监督管理的部门或者煤矿安全监察机构责令限期改正;逾期未改正的,处 5 万元以下的罚款。

第二十三条 任何单位和个人发现煤矿有本规定第五条第一款和第八条第二款所列情形之一的,都有权向县级以上地方人民政府负责煤矿安全生产监督管理的部门或者煤矿安全监察机构举报。

受理的举报经调查属实的,受理举报的部门或者机构应当给予最先举报人 1000 元至 1 万元的奖励,所需费用由同级财政列支。

县级以上地方人民政府负责煤矿安全生产监督管理的部门或者煤矿安全监察机构接到举报后,应当及时调查处理;不及时调查处理的,对有关责任人,根据情节轻重,给予警告、记过、记大过或者降级的行政处分。

第二十四条 煤矿有违反本规定的违法行为,法律规定由有关部门查处的,有关部门应当依法进行查处。但是,对同一违法行为不得给予两次以上罚款的行政处罚。

第二十五条 国家行政机关工作人员、国有企业负责人有违反本规定的行为,依照本规定应当给予处分的,由监察机关或者任免机关依法作出处分决定。

国家行政机关工作人员、国有企业负责人对处分决定不服的,可以依法提出申诉。

第二十六条 当事人对行政处罚决定不服的,可以依法申请行政复议,或者依法直接向人民法院提起行政诉讼。

第二十七条 省、自治区、直辖市人民政府可以依据本规定制定具体实施办法。

第二十八条 本规定自公布之日起施行。

使用有毒物品作业场所劳动保护条例

· 2002 年 4 月 30 日国务院第 57 次常务会议通过
· 2002 年 5 月 12 日中华人民共和国国务院令第 352 号公布
· 自公布之日起施行

第一章 总 则

第一条 为了保证作业场所安全使用有毒物品,预防、控制和消除职业中毒危害,保护劳动者的生命安全、身体健康及其相关权益,根据职业病防治法和其他有关法律、行政法规的规定,制定本条例。

第二条 作业场所使用有毒物品可能产生职业中毒危害的劳动保护,适用本条例。

第三条 按照有毒物品产生的职业中毒危害程度,有毒物品分为一般有毒物品和高毒物品。国家对作业场所使用高毒物品实行特殊管理。

一般有毒物品目录、高毒物品目录由国务院卫生行政部门会同有关部门依据国家标准制定、调整并公布。

第四条 从事使用有毒物品作业的用人单位(以下简称用人单位)应当使用符合国家标准的有毒物品,不得在作业场所使用国家明令禁止使用的有毒物品或者使用不符合国家标准的有毒物品。

用人单位应当尽可能使用无毒物品;需要使用有毒物品的,应当优先选择使用低毒物品。

第五条 用人单位应当依照本条例和其他有关法律、行政法规的规定,采取有效的防护措施,预防职业中毒事故的发生,依法参加工伤保险,保障劳动者的生命安全和身体健康。

第六条 国家鼓励研制、开发、推广、应用有利于预防、控制、消除职业中毒危害和保护劳动者健康的新技术、新工艺、新材料;限制使用或者淘汰有关职业中毒危害严重的技术、工艺、材料;加强对有关职业病的机理和发生规律的基础研究,提高有关职业病防治科学技术水平。

第七条 禁止使用童工。

用人单位不得安排未成年人和孕期、哺乳期的女职工从事使用有毒物品的作业。

第八条 工会组织应当督促并协助用人单位开展职业卫生宣传教育和培训,对用人单位的职业卫生工作提出意见和建议,与用人单位就劳动者反映的职业病防治问题进行协调并督促解决。

工会组织对用人单位违反法律、法规,侵犯劳动者合法权益的行为,有权要求纠正;产生严重职业中毒危害时,有权要求用人单位采取防护措施,或者向政府有关部门建议采取强制性措施;发生职业中毒事故时,有权参与事故调查处理;发现危及劳动者生命、健康的情形时,有权建议用人单位组织劳动者撤离危险现场,用人单位应当立即作出处理。

第九条 县级以上人民政府卫生行政部门及其他有关行政部门应当依据各自的职责,监督用人单位严格遵守本条例和其他有关法律、法规的规定,加强作业场所使用有毒物品的劳动保护,防止职业中毒事故发生,确保劳动者依法享有的权利。

第十条 各级人民政府应当加强对使用有毒物品作业场所职业卫生安全及相关劳动保护工作的领导,督促、支持卫生行政部门及其他有关行政部门依法履行监督检查职责，及时协调、解决有关重大问题；在发生职业中毒事故时，应当采取有效措施，控制事故危害的蔓延并消除事故危害，并妥善处理有关善后工作。

第二章　作业场所的预防措施

第十一条　用人单位的设立，应当符合有关法律、行政法规规定的设立条件，并依法办理有关手续，取得营业执照。

用人单位的使用有毒物品作业场所，除应当符合职业病防治法规定的职业卫生要求外，还必须符合下列要求：

（一）作业场所与生活场所分开，作业场所不得住人；

（二）有害作业与无害作业分开，高毒作业场所与其他作业场所隔离；

（三）设置有效的通风装置；可能突然泄漏大量有毒物品或者易造成急性中毒的作业场所，设置自动报警装置和事故通风设施；

（四）高毒作业场所设置应急撤离通道和必要的泄险区。

用人单位及其作业场所符合前两款规定的，由卫生行政部门发给职业卫生安全许可证，方可从事使用有毒物品的作业。

第十二条　使用有毒物品作业场所应当设置黄色区域警示线、警示标识和中文警示说明。警示说明应当载明产生职业中毒危害的种类、后果、预防以及应急救治措施等内容。

高毒作业场所应当设置红色区域警示线、警示标识和中文警示说明，并设置通讯报警设备。

第十三条　新建、扩建、改建的建设项目和技术改造、技术引进项目（以下统称建设项目）可能产生职业中毒危害的，应当依照职业病防治法的规定进行职业中毒危害预评价，并经卫生行政部门审核同意；可能产生职业中毒危害的建设项目的职业中毒危害防护设施应当与主体工程同时设计，同时施工，同时投入生产和使用；建设项目竣工，应当进行职业中毒危害控制效果评价，并经卫生行政部门验收合格。

存在高毒作业的建设项目的职业中毒危害防护设施设计，应当经卫生行政部门进行卫生审查；经审查，符合国家职业卫生标准和卫生要求的，方可施工。

第十四条　用人单位应当按照国务院卫生行政部门的规定，向卫生行政部门及时、如实申报存在职业中毒危害项目。

从事使用高毒物品作业的用人单位，在申报使用高毒物品作业项目时，应当向卫生行政部门提交下列有关资料：

（一）职业中毒危害控制效果评价报告；

（二）职业卫生管理制度和操作规程等材料；

（三）职业中毒事故应急救援预案。

从事使用高毒物品作业的用人单位变更所使用的高毒物品品种的，应当依照前款规定向原受理申报的卫生行政部门重新申报。

第十五条　用人单位变更名称、法定代表人或者负责人的，应当向原受理申报的卫生行政部门备案。

第十六条　从事使用高毒物品作业的用人单位，应当配备应急救援人员和必要的应急救援器材、设备，制定事故应急救援预案，并根据实际情况变化对应急救援预案适时进行修订，定期组织演练。事故应急救援预案和演练记录应当报当地卫生行政部门、安全生产监督管理部门和公安部门备案。

第三章　劳动过程的防护

第十七条　用人单位应当依照职业病防治法的有关规定，采取有效的职业卫生防护管理措施，加强劳动过程中的防护与管理。

从事使用高毒物品作业的用人单位，应当配备专职的或者兼职的职业卫生医师和护士；不具备配备专职的或者兼职的职业卫生医师和护士条件的，应当与依法取得资质认证的职业卫生技术服务机构签订合同，由其提供职业卫生服务。

第十八条　用人单位应当与劳动者订立劳动合同，将工作过程中可能产生的职业中毒危害及其后果、职业中毒危害防护措施和待遇等如实告知劳动者，并在劳动合同中写明，不得隐瞒或者欺骗。

劳动者在已订立劳动合同期间因工作岗位或者工作内容变更，从事劳动合同中未告知的存在职业中毒危害的作业时，用人单位应当依照前款规定，如实告知劳动者，并协商变更原劳动合同有关条款。

用人单位违反前两款规定的，劳动者有权拒

绝从事存在职业中毒危害的作业,用人单位不得因此单方面解除或者终止与劳动者所订立的劳动合同。

第十九条 用人单位有关管理人员应当熟悉有关职业病防治的法律、法规以及确保劳动者安全使用有毒物品作业的知识。

用人单位应当对劳动者进行上岗前的职业卫生培训和在岗期间的定期职业卫生培训,普及有关职业卫生知识,督促劳动者遵守有关法律、法规和操作规程,指导劳动者正确使用职业中毒危害防护设备和个人使用的职业中毒危害防护用品。

劳动者经培训考核合格,方可上岗作业。

第二十条 用人单位应当确保职业中毒危害防护设备、应急救援设施、通讯报警装置处于正常适用状态,不得擅自拆除或者停止运行。

用人单位应当对前款所列设施进行经常性的维护、检修,定期检测其性能和效果,确保其处于良好运行状态。

职业中毒危害防护设备、应急救援设施和通讯报警装置处于不正常状态时,用人单位应当立即停止使用有毒物品作业;恢复正常状态后,方可重新作业。

第二十一条 用人单位应当为从事使用有毒物品作业的劳动者提供符合国家职业卫生标准的防护用品,并确保劳动者正确使用。

第二十二条 有毒物品必须附具说明书,如实载明产品特性、主要成分、存在的职业中毒危害因素、可能产生的危害后果、安全使用注意事项、职业中毒危害防护以及应急救治措施等内容;没有说明书或者说明书不符合要求的,不得向用人单位销售。

用人单位有权向生产、经营有毒物品的单位索取说明书。

第二十三条 有毒物品的包装应当符合国家标准,并以易于劳动者理解的方式加贴或者拴挂有毒物品安全标签。有毒物品的包装必须有醒目的警示标识和中文警示说明。

经营、使用有毒物品的单位,不得经营、使用没有安全标签、警示标识和中文警示说明的有毒物品。

第二十四条 用人单位维护、检修存在高毒物品的生产装置,必须事先制订维护、检修方案,明确职业中毒危害防护措施,确保维护、检修人员的生命安全和身体健康。

维护、检修存在高毒物品的生产装置,必须严格按照维护、检修方案和操作规程进行。维护、检修现场应当有专人监护,并设置警示标志。

第二十五条 需要进入存在高毒物品的设备、容器或者狭窄封闭场所作业时,用人单位应当事先采取下列措施:

(一)保持作业场所良好的通风状态,确保作业场所职业中毒危害因素浓度符合国家职业卫生标准;

(二)为劳动者配备符合国家职业卫生标准的防护用品;

(三)设置现场监护人员和现场救援设备。

未采取前款规定措施或者采取的措施不符合要求的,用人单位不得安排劳动者进入存在高毒物品的设备、容器或者狭窄封闭场所作业。

第二十六条 用人单位应当按照国务院卫生行政部门的规定,定期对使用有毒物品作业场所职业中毒危害因素进行检测、评价。检测、评价结果存入用人单位职业卫生档案,定期向所在地卫生行政部门报告并向劳动者公布。

从事使用高毒物品作业的用人单位应当至少每一个月对高毒作业场所进行一次职业中毒危害因素检测;至少每半年进行一次职业中毒危害控制效果评价。

高毒作业场所职业中毒危害因素不符合国家职业卫生标准和卫生要求时,用人单位必须立即停止高毒作业,并采取相应的治理措施;经治理,职业中毒危害因素符合国家职业卫生标准和卫生要求的,方可重新作业。

第二十七条 从事使用高毒物品作业的用人单位应当设置淋浴间和更衣室,并设置清洗、存放或者处理从事使用高毒物品作业劳动者的工作服、工作鞋帽等物品的专用间。

劳动者结束作业时,其使用的工作服、工作鞋帽等物品必须存放在高毒作业区域内,不得穿戴到非高毒作业区域。

第二十八条 用人单位应当按照规定对从事使用高毒物品作业的劳动者进行岗位轮换。

用人单位应当为从事使用高毒物品作业的劳动者提供岗位津贴。

第二十九条 用人单位转产、停产、停业或者解散、破产的,应当采取有效措施,妥善处理留存或者残留有毒物品的设备、包装物和容器。

第三十条 用人单位应当对本单位执行本条例规定的情况进行经常性的监督检查;发现问题,应当及时依照本条例规定的要求进行处理。

第四章 职业健康监护

第三十一条 用人单位应当组织从事使用有毒物品作业的劳动者进行上岗前职业健康检查。

用人单位不得安排未经上岗前职业健康检查的劳动者从事使用有毒物品的作业,不得安排有职业禁忌的劳动者从事其所禁忌的作业。

第三十二条 用人单位应当对从事使用有毒物品作业的劳动者进行定期职业健康检查。

用人单位发现有职业禁忌或者有与所从事职业相关的健康损害的劳动者,应当将其及时调离原工作岗位,并妥善安置。

用人单位对需要复查和医学观察的劳动者,应当按照体检机构的要求安排其复查和医学观察。

第三十三条 用人单位应当对从事使用有毒物品作业的劳动者进行离岗时的职业健康检查;对离岗时未进行职业健康检查的劳动者,不得解除或者终止与其订立的劳动合同。

用人单位发生分立、合并、解散、破产等情形的,应当对从事使用有毒物品作业的劳动者进行健康检查,并按照国家有关规定妥善安置职业病病人。

第三十四条 用人单位对受到或者可能受到急性职业中毒危害的劳动者,应当及时组织进行健康检查和医学观察。

第三十五条 劳动者职业健康检查和医学观察的费用,由用人单位承担。

第三十六条 用人单位应当建立职业健康监护档案。

职业健康监护档案应当包括下列内容:

(一)劳动者的职业史和职业中毒危害接触史;

(二)相应作业场所职业中毒危害因素监测结果;

(三)职业健康检查结果及处理情况;

(四)职业病诊疗等劳动者健康资料。

第五章 劳动者的权利与义务

第三十七条 从事使用有毒物品作业的劳动者在存在威胁生命安全或者身体健康危险的情况下,有权通知用人单位并从使用有毒物品造成的危险现场撤离。

用人单位不得因劳动者依据前款规定行使权利,而取消或者减少劳动者在正常工作时享有的工资、福利待遇。

第三十八条 劳动者享有下列职业卫生保护权利:

(一)获得职业卫生教育、培训;

(二)获得职业健康检查、职业病诊疗、康复等职业病防治服务;

(三)了解工作场所产生或者可能产生的职业中毒危害因素、危害后果和应当采取的职业中毒危害防护措施;

(四)要求用人单位提供符合防治职业病要求的职业中毒危害防护设施和个人使用的职业中毒危害防护用品,改善工作条件;

(五)对违反职业病防治法律、法规,危及生命、健康的行为提出批评、检举和控告;

(六)拒绝违章指挥和强令进行没有职业中毒危害防护措施的作业;

(七)参与用人单位职业卫生工作的民主管理,对职业病防治工作提出意见和建议。

用人单位应当保障劳动者行使前款所列权利。禁止因劳动者依法行使正当权利而降低其工资、福利等待遇或者解除、终止与其订立的劳动合同。

第三十九条 劳动者有权在正式上岗前从用人单位获得下列资料:

(一)作业场所使用的有毒物品的特性、有害成分、预防措施、教育和培训资料;

(二)有毒物品的标签、标识及有关资料;

(三)有毒物品安全使用说明书;

(四)可能影响安全使用有毒物品的其他有关资料。

第四十条 劳动者有权查阅、复印其本人职业健康监护档案。

劳动者离开用人单位时,有权索取本人健康监护档案复印件;用人单位应当如实、无偿提供,并在所提供的复印件上签章。

第四十一条 用人单位按照国家规定参加工伤保险的,患职业病的劳动者有权按照国家有关工伤保险的规定,享受下列工伤保险待遇:

（一）医疗费：因患职业病进行诊疗所需费用，由工伤保险基金按照规定标准支付；

（二）住院伙食补助费：由用人单位按照当地因公出差伙食标准的一定比例支付；

（三）康复费：由工伤保险基金按照规定标准支付；

（四）残疾用具费：因残疾需要配置辅助器具的，所需费用由工伤保险基金按照普及型辅助器具标准支付；

（五）停工留薪期待遇：原工资、福利待遇不变，由用人单位支付；

（六）生活护理补助费：经评残并确认需要生活护理的，生活护理补助费由工伤保险基金按照规定标准支付；

（七）一次性伤残补助金：经鉴定为十级至一级伤残的，按照伤残等级享受相当于6个月至24个月的本人工资的一次性伤残补助金，由工伤保险基金支付；

（八）伤残津贴：经鉴定为四级至一级伤残的，按照规定享受相当于本人工资75%至90%的伤残津贴，由工伤保险基金支付；

（九）死亡补助金：因职业中毒死亡的，由工伤保险基金按照不低于48个月的统筹地区上年度职工月平均工资的标准一次支付；

（十）丧葬补助金：因职业中毒死亡的，由工伤保险基金按照6个月的统筹地区上年度职工月平均工资的标准一次支付；

（十一）供养亲属抚恤金：因职业中毒死亡的，对由死者生前提供主要生活来源的亲属由工伤保险基金支付抚恤金；对其配偶每月按照统筹地区上年度职工月平均工资的40%发给，对其生前供养的直系亲属每人每月按照统筹地区职工月平均工资的30%发给；

（十二）国家规定的其他工伤保险待遇。

本条施行后，国家对工伤保险待遇的项目和标准作出调整时，从其规定。

第四十二条 用人单位未参加工伤保险的，其劳动者从事有毒物品作业患职业病的，用人单位应当按照国家有关工伤保险规定的项目和标准，保证劳动者享受工伤待遇。

第四十三条 用人单位无营业执照以及被依法吊销营业执照，其劳动者从事使用有毒物品作业患职业病的，应当按照国家有关工伤保险规定

的项目和标准，给予劳动者一次性赔偿。

第四十四条 用人单位分立、合并的，承继单位应当承担由原用人单位对患职业病的劳动者承担的补偿责任。

用人单位解散、破产的，应当依法从其清算财产中优先支付患职业病的劳动者的补偿费用。

第四十五条 劳动者除依法享有工伤保险外，依照有关民事法律的规定，尚有获得赔偿的权利的，有权向用人单位提出赔偿要求。

第四十六条 劳动者应当学习和掌握相关职业卫生知识，遵守有关劳动保护的法律、法规和操作规程，正确使用和维护职业中毒危害防护设施及其用品；发现职业中毒事故隐患时，应当及时报告。

作业场所出现使用有毒物品产生的危险时，劳动者应当采取必要措施，按照规定正确使用防护设施，将危险加以消除或者减少到最低限度。

第六章 监督管理

第四十七条 县级以上人民政府卫生行政部门应当依照本条例的规定和国家有关职业卫生要求，依据职责划分，对作业场所使用有毒物品作业及职业中毒危害检测、评价活动进行监督检查。

卫生行政部门实施监督检查，不得收取费用，不得接受用人单位的财物或者其他利益。

第四十八条 卫生行政部门应当建立、健全监督制度，核查反映用人单位有关劳动保护的材料，履行监督责任。

用人单位应当向卫生行政部门如实、具体提供反映有关劳动保护的材料；必要时，卫生行政部门可以查阅或者要求用人单位报送有关材料。

第四十九条 卫生行政部门应当监督用人单位严格执行有关职业卫生规范。

卫生行政部门应当依照本条例的规定对使用有毒物品作业场所的职业卫生防护设备、设施的防护性能进行定期检验和不定期的抽查；发现职业卫生防护设备、设施存在隐患时，应当责令用人单位立即消除隐患；消除隐患期间，应当责令其停止作业。

第五十条 卫生行政部门应当采取措施，鼓励对用人单位的违法行为进行举报、投诉、检举和控告。

卫生行政部门对举报、投诉、检举和控告应当

及时核实,依法作出处理,并将处理结果予以公布。

卫生行政部门对举报人、投诉人、检举人和控告人负有保密的义务。

第五十一条　卫生行政部门执法人员依法执行职务时,应当出示执法证件。

卫生行政部门执法人员应当忠于职守,秉公执法;涉及用人单位秘密的,应当为其保密。

第五十二条　卫生行政部门依法实施罚款的行政处罚,应当依照有关法律、行政法规的规定,实施罚款决定与罚款收缴分离;收缴的罚款以及依法没收的经营所得,必须全部上缴国库。

第五十三条　卫生行政部门履行监督检查职责时,有权采取下列措施:

(一)进入用人单位和使用有毒物品作业场所现场,了解情况,调查取证,进行抽样检查、检测、检验,进行实地检查;

(二)查阅或者复制与违反本条例行为有关的资料,采集样品;

(三)责令违反本条例规定的单位和个人停止违法行为。

第五十四条　发生职业中毒事故或者有证据证明职业中毒危害状态可能导致事故发生时,卫生行政部门有权采取下列临时控制措施:

(一)责令暂停导致职业中毒事故的作业;

(二)封存造成职业中毒事故或者可能导致事故发生的物品;

(三)组织控制职业中毒事故现场。

在职业中毒事故或者危害状态得到有效控制后,卫生行政部门应当及时解除控制措施。

第五十五条　卫生行政部门执法人员依法执行职务时,被检查单位应当接受检查并予以支持、配合,不得拒绝和阻碍。

第五十六条　卫生行政部门应当加强队伍建设,提高执法人员的政治、业务素质,依照本条例的规定,建立、健全内部监督制度,对执法人员执行法律、法规和遵守纪律的情况进行监督检查。

第七章　罚　则

第五十七条　卫生行政部门的工作人员有下列行为之一,导致职业中毒事故发生的,依照刑法关于滥用职权罪、玩忽职守罪或者其他罪的规定,依法追究刑事责任;造成职业中毒危害但尚未导致职业中毒事故发生,不够刑事处罚的,根据不同情节,依法给予降级、撤职或者开除的行政处分:

(一)对不符合本条例规定条件的涉及使用有毒物品作业事项,予以批准的;

(二)发现用人单位擅自从事使用有毒物品作业,不予取缔的;

(三)对依法取得批准的用人单位不履行监督检查职责,发现其不再具备本条例规定的条件而不撤销原批准或者发现违反本条例的其他行为不予查处的;

(四)发现用人单位存在职业中毒危害,可能造成职业中毒事故,不及时依法采取控制措施的。

第五十八条　用人单位违反本条例的规定,有下列情形之一的,由卫生行政部门给予警告,责令限期改正,处10万元以上50万元以下的罚款;逾期不改正的,提请有关人民政府按照国务院规定的权限责令停建、予以关闭;造成严重职业中毒危害或者导致职业中毒事故发生的,对负有责任的主管人员和其他直接责任人员依照刑法关于重大劳动安全事故罪或者其他罪的规定,依法追究刑事责任:

(一)可能产生职业中毒危害的建设项目,未依照职业病防治法的规定进行职业中毒危害预评价,或者预评价未经卫生行政部门审核同意,擅自开工的;

(二)职业卫生防护设施未与主体工程同时设计,同时施工,同时投入生产和使用的;

(三)建设项目竣工,未进行职业中毒危害控制效果评价,或者未经卫生行政部门验收或者验收不合格,擅自投入使用的;

(四)存在高毒作业的建设项目的防护设施设计未经卫生行政部门审查同意,擅自施工的。

第五十九条　用人单位违反本条例的规定,有下列情形之一的,由卫生行政部门给予警告,责令限期改正,处5万元以上20万元以下的罚款;逾期不改正的,提请有关人民政府按照国务院规定的权限予以关闭;造成严重职业中毒危害或者导致职业中毒事故发生的,对负有责任的主管人员和其他直接责任人员依照刑法关于重大劳动安全事故罪或者其他罪的规定,依法追究刑事责任:

(一)使用有毒物品作业场所未按照规定设置警示标识和中文警示说明的;

(二)未对职业卫生防护设备、应急救援设施、通讯报警装置进行维护、检修和定期检测，导致上述设施处于不正常状态的；

（三）未依照本条例的规定进行职业中毒危害因素检测和职业中毒危害控制效果评价的；

（四）高毒作业场所未按照规定设置撤离通道和泄险区的；

（五）高毒作业场所未按照规定设置警示线的；

（六）未向从事使用有毒物品作业的劳动者提供符合国家职业卫生标准的防护用品，或者未保证劳动者正确使用的。

第六十条 用人单位违反本条例的规定，有下列情形之一的，由卫生行政部门给予警告，责令限期改正，处 5 万元以上 30 万元以下的罚款；逾期不改正的，提请有关人民政府按照国务院规定的权限予以关闭；造成严重职业中毒危害或者导致职业中毒事故发生的，对负有责任的主管人员和其他直接责任人员依照刑法关于重大责任事故罪、重大劳动安全事故罪或者其他罪的规定，依法追究刑事责任：

（一）使用有毒物品作业场所未设置有效通风装置的，或者可能突然泄漏大量有毒物品或者易造成急性中毒的作业场所未设置自动报警装置或者事故通风设施的；

（二）职业卫生防护设备、应急救援设施、通讯报警装置处于不正常状态而不停止作业，或者擅自拆除或者停止运行职业卫生防护设备、应急救援设施、通讯报警装置的。

第六十一条 从事使用高毒物品作业的用人单位违反本条例的规定，有下列行为之一的，由卫生行政部门给予警告，责令限期改正，处 5 万元以上 20 万元以下的罚款；逾期不改正的，提请有关人民政府按照国务院规定的权限予以关闭；造成严重职业中毒危害或者导致职业中毒事故发生的，对负有责任的主管人员和其他直接责任人员依照刑法关于重大责任事故罪或者其他罪的规定，依法追究刑事责任：

（一）作业场所职业中毒危害因素不符合国家职业卫生标准和卫生要求而不立即停止高毒作业并采取相应的治理措施的，或者职业中毒危害因素治理不符合国家职业卫生标准和卫生要求重新作业的；

（二）未依照本条例的规定维护、检修存在高毒品的生产装置的；

（三）未采取本条例规定的措施，安排劳动者进入存在高毒物品的设备、容器或者狭窄封闭场所作业的。

第六十二条 在作业场所使用国家明令禁止使用的有毒物品或者使用不符合国家标准的有毒物品的，由卫生行政部门责令立即停止使用，处 5 万元以上 30 万元以下的罚款；情节严重的，责令停止使用有毒物品作业，或者提请有关人民政府按照国务院规定的权限予以关闭；造成严重职业中毒危害或者导致职业中毒事故发生的，对负有责任的主管人员和其他直接责任人员依照刑法关于危险物品肇事罪、重大责任事故罪或者其他罪的规定，依法追究刑事责任。

第六十三条 用人单位违反本条例的规定，有下列行为之一的，由卫生行政部门给予警告，责令限期改正，逾期不改正的，处 5 万元以上 30 万元以下的罚款；造成严重职业中毒危害或者导致职业中毒事故发生的，对负有责任的主管人员和其他直接责任人员依照刑法关于重大责任事故罪或者其他罪的规定，依法追究刑事责任：

（一）使用未经培训考核合格的劳动者从事高毒作业的；

（二）安排有职业禁忌的劳动者从事所禁忌的作业的；

（三）发现有职业禁忌或者有与所从事职业相关的健康损害的劳动者，未及时调离原工作岗位，并妥善安置的；

（四）安排未成年人或者孕期、哺乳期的女职工从事使用有毒物品作业的；

（五）使用童工的。

第六十四条 违反本条例的规定，未经许可，擅自从事使用有毒物品作业的，由工商行政管理部门、卫生行政部门依据各自职权予以取缔；造成职业中毒事故的，依照刑法关于危险物品肇事罪或者其他罪的规定，依法追究刑事责任；尚不够刑事处罚的，由卫生行政部门没收经营所得，并处经营所得 3 倍以上 5 倍以下的罚款；对劳动者造成人身伤害的，依法承担赔偿责任。

第六十五条 从事使用有毒物品作业的用人单位违反本条例的规定，在转产、停产、停业或者解散、破产时未采取有效措施，妥善处理留存或者残留高毒物品的设备、包装物和容器的，由卫生行政部门责令改正,处 2 万元以上 10 万元以下的罚款;触犯刑律的,对负有责任的主管人员和其他直接责任人员依照刑法关于重大环境污染事故罪、危险物品肇事罪或者其他罪的规定,依法追究刑事责任。

第六十六条 用人单位违反本条例的规定,有下列情形之一的,由卫生行政部门给予警告,责令限期改正,处 5000 元以上 2 万元以下的罚款;逾期不改正的,责令停止使用有毒物品作业,或者提请有关人民政府按照国务院规定的权限予以关闭;造成严重职业中毒危害或者导致职业中毒事故发生的,对负有责任的主管人员和其他直接责任人员依照刑法关于重大劳动安全事故罪、危险物品肇事罪或者其他罪的规定,依法追究刑事责任:

(一)使用有毒物品作业场所未与生活场所分开或者在作业场所住人的;

(二)未将有害作业与无害作业分开的;

(三)高毒作业场所未与其他作业场所有效隔离的;

(四)从事高毒作业未按照规定配备应急救援设施或者制定事故应急救援预案的。

第六十七条 用人单位违反本条例的规定,有下列情形之一的,由卫生行政部门给予警告,责令限期改正,处 2 万元以上 5 万元以下的罚款;逾期不改正的,提请有关人民政府按照国务院规定的权限予以关闭:

(一)未按照规定向卫生行政部门申报高毒作业项目的;

(二)变更使用高毒物品品种,未按照规定向原受理申报的卫生行政部门重新申报,或者申报不及时、有虚假的。

第六十八条 用人单位违反本条例的规定,有下列行为之一的,由卫生行政部门给予警告,责令限期改正,处 2 万元以上 5 万元以下的罚款;逾期不改正的,责令停止使用有毒物品作业,或者提请有关人民政府按照国务院规定的权限予以关闭:

(一)未组织从事使用有毒物品作业的劳动者进行上岗前职业健康检查,安排未经上岗前职业健康检查的劳动者从事使用有毒物品作业的;

(二)未组织从事使用有毒物品作业的劳动者进行定期职业健康检查的;

(三)未组织从事使用有毒物品作业的劳动者进行离岗职业健康检查的;

(四)对未进行离岗职业健康检查的劳动者,解除或者终止与其订立的劳动合同的;

(五)发生分立、合并、解散、破产情形,未对从事使用有毒物品作业的劳动者进行健康检查,并按照国家有关规定妥善安置职业病病人的;

(六)对受到或者可能受到急性职业中毒危害的劳动者,未及时组织进行健康检查和医学观察的;

(七)未建立职业健康监护档案的;

(八)劳动者离开用人单位时,用人单位未如实、无偿提供职业健康监护档案的;

(九)未依照职业病防治法和本条例的规定将工作过程中可能产生的职业中毒危害及其后果、有关职业卫生防护措施和待遇等如实告知劳动者并在劳动合同中写明的;

(十)劳动者在存在威胁生命、健康危险的情况下,从危险现场中撤离,而被取消或者减少应当享有的待遇的。

第六十九条 用人单位违反本条例的规定,有下列行为之一的,由卫生行政部门给予警告,责令限期改正,处 5000 元以上 2 万元以下的罚款;逾期不改正的,责令停止使用有毒物品作业,或者提请有关人民政府按照国务院规定的权限予以关闭:

(一)未按照规定配备或者聘请职业卫生医师和护士的;

(二)未为从事使用高毒物品作业的劳动者设置淋浴间、更衣室或者未设置清洗、存放和处理工作服、工作鞋帽等物品的专用间,或者不能正常使用的;

(三)未安排从事使用高毒物品作业一定年限的劳动者进行岗位轮换的。

第八章 附 则

第七十条 涉及作业场所使用有毒物品可能产生职业中毒危害的劳动保护的有关事项,本条例未作规定的,依照职业病防治法和其他有关法律、行政法规的规定执行。

有毒物品的生产、经营、储存、运输、使用和废弃处置的安全管理,依照危险化学品安全管理条例执行。

第七十一条 本条例自公布之日起施行。

中华人民共和国尘肺病防治条例

· 1987 年 12 月 3 日国务院发布

第一章 总 则

第一条 为保护职工健康,消除粉尘危害,防止发生尘肺病,促进生产发展,制定本条例。

第二条 本条例适用于所有有粉尘作业的企业、事业单位。

第三条 尘肺病系指在生产活动中吸入粉尘而发生的肺组织纤维化为主的疾病。

第四条 地方各级人民政府要加强对尘肺病防治工作的领导。在制定本地区国民经济和社会发展计划时,要统筹安排尘肺病防治工作。

第五条 企业、事业单位的主管部门应当根据国家卫生等有关标准,结合实际情况,制定所属企业的尘肺病防治规划,并督促其施行。

乡镇企业主管部门,必须指定专人负责乡镇企业尘肺病的防治工作,建立监督检查制度,并指导乡镇企业对尘肺病的防治工作。

第六条 企业、事业单位的负责人,对本单位的尘肺病防治工作负有直接责任,应采取有效措施使本单位的粉尘作业场所达到国家卫生标准。

第二章 防 尘

第七条 凡有粉尘作业的企业、事业单位应采取综合防尘措施和无尘或低尘的新技术、新工艺、新设备,使作业场所的粉尘浓度不超过国家卫生标准。

第八条 尘肺病诊断标准由卫生行政部门制定,粉尘浓度卫生标准由卫生行政部门会同劳动等有关部门联合制定。

第九条 防尘设施的鉴定和定型制度,由劳动部门会同卫生行政部门制定。任何企业、事业单位除特殊情况外,未经上级主管部门批准,不得停止运行或者拆除防尘设施。

第十条 防尘经费应当纳入基本建设和技术改造经费计划,专款专用,不得挪用。

第十一条 严禁任何企业、事业单位将粉尘作业转嫁、外包或以联营的形式给没有防尘设施的乡镇、街道企业或个体工商户。

中、小学校各类校办的实习工厂或车间,禁止从事有粉尘的作业。

第十二条 职工使用的防止粉尘危害的防护用品,必须符合国家的有关标准。企业、事业单位应当建立严格的管理制度,并教育职工按规定和要求使用。

对初次从事粉尘作业的职工,由其所在单位进行防尘知识教育和考核,考试合格后方可从事粉尘作业。

不满十八周岁的未成年人,禁止从事粉尘作业。

第十三条 新建、改建、扩建、续建有粉尘作业的工程项目,防尘设施必须与主体工程同时设计、同时施工、同时投产。设计任务书,必须经当地卫生行政部门、劳动部门和工会组织审查同意后,方可施工。竣工验收,应由当地卫生行政部门、劳动部门和工会组织参加,凡不符合要求的,不得投产。

第十四条 作业场所的粉尘浓度超过国家卫生标准,又未积极治理,严重影响职工安全健康时,职工有权拒绝操作。

第三章 监督和监测

第十五条 卫生行政部门、劳动部门和工会组织分工协作,互相配合,对企业、事业单位的尘肺病防治工作进行监督。

第十六条 卫生行政部门负责卫生标准的监测;劳动部门负责劳动卫生工程技术标准的监测。

工会组织负责组织职工群众对本单位的尘肺病防治工作进行监督,并教育职工遵守操作规程与防尘制度。

第十七条 凡有粉尘作业的企业、事业单位,必须定期测定作业场所的粉尘浓度。测尘结果必须向主管部门和当地卫生行政部门、劳动部门和工会组织报告,并定期向职工公布。

从事粉尘作业的单位必须建立测尘资料档案。

第十八条 卫生行政部门和劳动部门,要对从事粉尘作业的企业、事业单位的测尘机构加强业务指导,并对测尘人员加强业务指导和技术培训。

第四章 健康管理

第十九条 各企业、事业单位对新从事粉尘作业的职工,必须进行健康检查。对在职和离职的从事粉尘作业的职工,必须定期进行健康检查。检查的内容、期限和尘肺病诊断标准,按卫生行政部门有关职业病管理的规定执行。

第二十条　各企业、事业单位必须贯彻执行职业病报告制度,按期向当地卫生行政部门、劳动部门、工会组织和本单位的主管部门报告职工尘肺病发生和死亡情况。

第二十一条　各企业、事业单位对已确诊为尘肺病的职工,必须调离粉尘作业岗位,并给予治疗或疗养。尘肺病患者的社会保险待遇,按国家有关规定办理。

第五章　奖励和处罚

第二十二条　对在尘肺病防治工作中做出显著成绩的单位和个人,由其上级主管部门给予奖励。

第二十三条　凡违反本条例规定,有下列行为之一的,卫生行政部门和劳动部门,可视其情节轻重,给予警告、限期治理、罚款和停业整顿的处罚。但停业整顿的处罚,需经当地人民政府同意。

(一)作业场所粉尘浓度超过国家卫生标准,逾期不采取措施的;

(二)任意拆除防尘设施,致使粉尘危害严重的;

(三)挪用防尘措施经费的;

(四)工程设计和竣工验收未经卫生行政部门、劳动部门和工会组织审查同意,擅自施工、投产的;

(五)将粉尘作业转嫁、外包或以联营的形式给没有防尘设施的乡镇、街道企业或个体工商户的;

(六)不执行健康检查制度和测尘制度的;

(七)强令尘肺病患者继续从事粉尘作业的;

(八)假报测尘结果或尘肺病诊断结果的;

(九)安排未成年人从事粉尘作业。

第二十四条　当事人对处罚不服的,可在接到处罚通知之日起15日内,向作出处理的部门的上级机关申请复议。但是,对停业整顿的决定应当立即执行。上级机关应当在接到申请之日起30日内作出答复。对答复不服的,可以在接到答复之日起15日内,向人民法院起诉。

第二十五条　企业、事业单位负责人和监督、监测人员玩忽职守,致使公共财产、国家和人民利益遭受损失,情节轻微的,由其主管部门给予行政处分;造成重大损失,构成犯罪的,由司法机关依法追究直接责任人员的刑事责任。

第六章　附　则

第二十六条　本条例由国务院卫生行政部门和劳动部门联合进行解释。

第二十七条　各省、自治区、直辖市人民政府应当结合当地实际情况,制定本条例的实施办法。

第二十八条　本条例自发布之日起施行。

安全生产非法违法行为查处办法

· 2011 年 10 月 14 日
· 安监总政法〔2011〕158 号

第一条　为了严厉打击安全生产非法违法行为,维护安全生产法治秩序,根据《中华人民共和国安全生产法》《国务院关于进一步加强企业安全生产工作的通知》(国发〔2010〕23 号)等法律、行政法规和规定,制定本办法。

第二条　安全生产监督管理部门和煤矿安全监察机构(以下统称安全监管监察部门)依法查处安全生产非法违法行为,适用本办法。

本办法所称安全生产非法行为,是指公民、法人或者其他组织未依法取得安全监管监察部门负责的行政许可,擅自从事生产经营建设活动的行为,或者行政许可已经失效,继续从事生产经营建设活动的行为。

本办法所称安全生产违法行为,是指生产经营单位及其从业人员违反安全生产法律、法规、规章、强制性国家标准或者行业标准的规定,从事生产经营建设活动的行为。

第三条　安全监管监察部门依法查处安全生产非法违法行为,实行查处与引导相结合、处罚与教育相结合的原则,督促引导生产经营单位依法办理相应行政许可手续,合法从事生产经营建设活动。

第四条　任何单位和个人从事生产经营活动,不得违反安全生产法律、法规、规章和强制性标准的规定。

生产经营单位主要负责人对本单位安全生产工作全面负责,并对本单位安全生产非法违法行为承担法律责任;公民个人对自己的安全生产非法违法行为承担法律责任。

第五条 安全监管监察部门应当制订并实施年度安全监管监察执法工作计划,依照法律、法规和规章规定的职责、程序和要求,对发现和被举报的安全生产非法违法行为予以查处。

第六条 任何单位和个人均有权向安全监管监察部门举报安全生产非法违法行为。举报人故意捏造或者歪曲事实、诬告或者陷害他人的,应当承担相应的法律责任。

第七条 安全监管监察部门应当建立健全举报制度,对举报人的有关情况予以保密,不得泄露举报人身份或者将举报材料、举报人情况透露给被举报单位、被举报人;对举报有功人员,应当按照有关规定给予奖励。

第八条 安全监管监察部门接到举报后,能够当场答复是否受理的,应当当场答复;不能当场答复的,应当自收到举报之日起15个工作日内书面告知举报人是否受理。但举报人的姓名(名称)、住址或者其他联系方式不清的除外。

对于不属于本部门受理范围的举报,安全监管监察部门应当告知举报人向有处理权的单位反映,或者将举报材料移送有处理权的单位,并书面告知实名举报人。

第九条 对已经受理的举报,安全监管监察部门应当依照下列规定处理:

(一)对实名举报的,立即组织核查。安全监管监察部门认为举报内容不清的,可以请举报人补充情况;

(二)对匿名举报的,根据举报具体情况决定是否进行核查。有具体的单位、安全生产非法违法事实、联系方式等线索的,立即组织核实;

(三)举报事项经核查属查的,依法予以处理;

(四)举报事项经核查不属实的,以适当方式在一定范围内予以澄清,并依法保护被举报人的合法权益。

安全监管监察部门核查安全生产非法违法行为确有困难的,可以提请本级人民政府组织有关部门共同核查。

安全监管监察部门对举报的处理情况,应当在办结的同时书面答复实名举报人,但举报人的姓名(名称)、住址或者其他联系方式不清的除外。

第十条 对安全生产非法违法行为造成的一般、较大、重大生产安全事故,设区的市级以上人民政府安委会应当按照规定对事故查处情况实施挂牌督办,有关人民政府安委会办公室(安全生产监督管理部门)具体承担督办事项。

负责督办的人民政府安委会办公室应当在当地主要新闻媒体或者本单位网站上公开督办信息,接受社会监督。

负责督办的人民政府安委会办公室应当加强对督办事项的指导、协调和监督,及时掌握安全生产非法违法事故查处的进展情况;必要时,应当派出工作组进行现场督办,并对安全生产非法违法行为查处中存在的问题责令有关单位予以纠正。

第十一条 安全监管监察部门查处安全生产非法违法行为,有权依法采取下列行政强制措施:

(一)对有根据认为不符合安全生产的国家标准或者行业标准的在用设施、设备、器材,予以查封或者扣押,并应当在作出查封、扣押决定之日起15日内依法作出处理决定;

(二)查封违法生产、储存、使用、经营危险化学品的场所,扣押违法生产、储存、使用、经营、运输的危险化学品以及用于违法生产、使用、运输危险化学品的原材料、设备;

(三)法律、法规规定的其他行政强制措施。

安全监管监察部门查处安全生产非法违法行为时,可以会同有关部门实施联合执法,必要时可以提请本级人民政府组织有关部门共同查处。

第十二条 安全监管监察部门查处安全生产非法行为,对有关单位和责任人,应当依照相关法律、法规、规章规定的上限予以处罚。

安全监管监察部门查处其他安全生产违法行为,对有关单位和责任人,应当依照《安全生产行政处罚自由裁量适用规则》、《安全生产行政处罚自由裁量标准》或者《煤矿安全监察行政处罚自由裁量实施标准》确定的处罚种类和幅度进行处罚。

第十三条 当事人逾期不履行行政处罚决定的,安全监管监察部门可以采取下列措施:

(一)到期不缴纳罚款的,每日按罚款数额的3%加处罚款;

(二)根据法律规定,将查封、扣押的设施、设备、器材拍卖所得价款抵缴罚款;

(三)申请人民法院强制执行。

第十四条 对跨区域从事生产经营建设活动的生产经营单位及其相关人员的安全生产非法违法行为，应当依法给予重大行政处罚的，安全生产非法违法行为发生地负责查处的安全监管监察部门应当书面邀请生产经营单位注册地有关安全监管监察部门参与查处。

第十五条 对跨区域从事生产经营建设活动的生产经营单位不履行负责查处的安全监管监察部门作出的行政处罚决定的，生产经营单位注册地有关安全监管监察部门应当配合负责查处的安全监管监察部门采取本办法第十三条规定的措施。

对跨区域从事生产经营建设活动的生产经营单位及其相关人员的安全生产非法违法行为，应当给予暂扣或者吊销安全生产许可证、安全资格证处罚的，安全生产非法违法行为发生地负责查处的安全监管监察部门应当提出暂扣或者吊销安全生产许可证、安全资格证的建议，并移送负责安全生产许可证、安全资格证颁发管理的安全监管监察部门调查处理，接受移送的安全监管监察部门应当依法予以处理；接受移送的安全监管监察部门对前述行政处罚建议有异议的，应当报请共同的上级安全监管监察部门作出裁决。

第十六条 安全监管监察部门在安全生产监管监察中，发现不属于职责范围的下列非法违法行为的，应当移送工商行政管理部门、其他负责相关许可证或者批准文件的颁发管理部门处理：

（一）未依法取得营业执照、其他相关许可证或者批准文件，擅自从事生产经营建设活动的行为；

（二）已经办理注销登记或者被吊销营业执照，以及营业执照有效期届满后未按照规定重新办理登记手续，擅自继续从事生产经营建设活动的行为；

（三）其他相关许可证或者批准文件有效期届满后，擅自继续从事生产经营建设活动的行为；

（四）超出核准登记经营范围、其他相关许可证或者批准文件核准范围的违法生产经营建设行为。

第十七条 拒绝、阻碍安全监管监察部门依法查处安全生产非法违法行为，构成违反治安管理行为的，安全监管监察部门应当移送公安机关依照《中华人民共和国治安管理处罚法》的规定予

以处罚；涉嫌犯罪的，依法追究刑事责任。

第十八条 安全监管监察部门应当将安全生产非法行为的查处情况，自查处结案之日起15个工作日内在当地有关媒体或者安全监管监察部门网站上予以公开，接受社会监督。

对安全生产非法违法事故查处情况实施挂牌督办的有关人民政府安委会办公室，应当在督办有关措施和处罚事项全部落实后解除督办，并在解除督办之日起10个工作日内在当地主要媒体和本单位网站上予以公告，接受社会监督。

第十九条 安全监管监察部门应当建立完善安全生产非法违法行为记录和查询系统，记载安全生产非法违法行为及其处理结果。

生产经营单位因非法违法行为造成重大、特别重大生产安全事故或者一年内发生2次以上较大生产安全责任事故并负主要责任，以及存在重大隐患整改不力的，省级安全监管监察部门应当会同有关行业主管部门向社会公告，并向投资、国土资源、建设、银行、证券等主管部门通报，作为一年内严格限制其新增的项目核准、用地审批、证券融资、银行贷款等的重要参考依据。

第二十条 安全监管监察部门查处安全生产非法行为，应当在作出行政处罚决定之日起10个工作日内，将行政处罚决定书及相关证据材料报上一级安全监管监察部门备案。

安全生产监察部门查处其他安全生产违法行为，应当依照《安全生产违法行为行政处罚办法》第六十二条、第六十三条、第六十四条的规定，将行政处罚决定书报上一级安全监管监察部门备案。

第二十一条 县（市、区）、乡（镇）人民政府对群众举报、上级督办、日常检查发现的所辖区域的非法生产企业（单位）没有采取有效措施予以查处，致使非法生产企业（单位）存在的，对县（市、区）、乡（镇）人民政府主要领导以及相关责任人，依照国家有关规定予以纪律处分；涉嫌犯罪的，依法追究刑事责任。

县（市、区）、乡（镇）人民政府所辖区域存在非法煤矿的，依据《国务院关于预防煤矿生产安全事故的特别规定》的有关规定予以处理。

第二十二条 国家机关工作人员参与安全生产非法违法行为的，依照有关法律、行政法规和纪律处分规定由监察机关或者任免机关按照干部管

理权限予以处理;涉嫌犯罪的,依法追究刑事责任。

第二十三条 安全监管监察部门工作人员对发现或者接到举报的安全生产非法违法行为,未依照有关法律、法规、规章和本办法规定予以查处的,由任免机关按照干部管理权限予以处理;涉嫌犯罪的,依法追究刑事责任。

第二十四条 本办法自 2011 年 12 月 1 日起施行。

对安全生产领域失信行为开展联合惩戒的实施办法

· 2017 年 5 月 9 日
· 安监总办〔2017〕49 号

第一条 为认真贯彻落实《中共中央 国务院关于推进安全生产领域改革发展的意见》和国家发改委等 18 部门联合印发的《关于对安全生产领域失信生产经营单位及其有关人员开展联合惩戒的合作备忘录》(发改财金〔2016〕1001 号,以下简称《备忘录》),对失信生产经营单位及其有关人员实施有效惩戒,督促生产经营单位严格履行安全生产主体责任、依法依规开展生产经营活动,制定本办法。

第二条 生产经营单位及其有关人员存在下列失信行为之一的,纳入联合惩戒对象:

(一)发生较大及以上生产安全责任事故,或 1 年内累计发生 3 起及以上造成人员死亡的一般生产安全责任事故的;

(二)未按规定取得安全生产许可,擅自开展生产经营建设活动的;

(三)发现重大生产安全事故隐患,或职业病危害严重超标,不及时整改,仍组织从业人员冒险作业的;

(四)采取隐蔽、欺骗或阻碍等方式逃避、对抗安全监管监察的;

(五)被责令停产停业整顿,仍然从事生产经营建设活动的;

(六)瞒报、谎报、迟报生产安全事故的;

(七)矿山、危险化学品、金属冶炼等高危行业建设项目安全设施未经验收合格即投入生产和使用的;

(八)矿山生产经营单位存在超层越界开采、以探代采行为的;

(九)发生事故后,故意破坏事故现场,伪造有关证据资料,妨碍、对抗事故调查,或主要负责人逃逸的;

(十)安全生产和职业健康技术服务机构出具虚假报告或证明,违规转让或出借资质的。

第三条 存在严重违法违规行为,发生重特大生产安全责任事故,或 1 年内累计发生 2 起较大生产安全责任事故,或发生性质恶劣、危害性严重、社会影响大的典型较大生产安全责任事故的联合惩戒对象,纳入安全生产不良记录"黑名单"管理。

第四条 各省级安全监管监察部门要落实主要负责人责任制,建立联合惩戒信息管理制度,严格规范信息的采集、审核、报送和异议处理等相关工作,经主要负责人审签后,于每月 10 日前将本地区上月拟纳入联合惩戒对象和"黑名单"管理的信息及开展联合惩戒情况报送国家安全监管总局。

第五条 国家安全监管总局办公厅对各地区报送的信息进行分类,会同有关业务司局审核后,报请总局局长办公会审议。审议通过后,通过全国信用信息共享平台和全国企业信用信息公示系统向各有关部门通报,并在国家安全监管总局政府网站和《中国安全生产报》向社会公布。

国家安全监管总局办公厅和有关司局也可通过事故接报系统,以及安全生产巡查、督查、检查等渠道获取有关信息,经严格会审后,报请总局局长办公会审议。审议通过后,直接纳入联合惩戒对象和"黑名单"管理。

第六条 联合惩戒和"黑名单"管理的期限为 1 年,自公布之日起计算。有关法律法规对管理期限另有规定的,依照其规定执行。

第七条 联合惩戒和"黑名单"管理期满,被惩戒对象须在期满前 30 个工作日内向所在地县级(含县级)以上安全监管监察部门提出移出申请,经省级安全监管监察部门审核验收,报国家安全监管总局。国家安全监管总局办公厅会同有关司局严格审核,报总局领导审定后予以移出,同时通报相关部门和单位,向社会公布。

第八条 各级安全监管监察部门要会同有关部门对纳入联合惩戒对象和"黑名单"管理的生产

经营单位及其有关人员,按照《备忘录》和国务院关于社会信用体系建设的有关规定,依法依规严格落实各项惩戒措施。

第九条　国家安全监管总局建立联合惩戒的跟踪、监测、统计、评估、问责和公开机制,把各地区开展联合惩戒工作情况纳入对各地区年度安全生产工作考核的重要内容。

第十条　各级安全监管监察部门要加强对安全生产领域失信联合惩戒工作的组织领导,严格落实责任,依法依规开展工作。对弄虚作假、隐瞒不报或迟报的,要严肃问责。

第十一条　本办法由国家安全监管总局办公厅负责解释。

第十二条　本办法自印发之日起执行。

1. 安全生产领域联合惩戒对象信息汇总表(略)

2. 关于对安全生产领域失信生产经营单位及其有关人员开展联合惩戒的合作备忘录(略)

生产经营单位从业人员
安全生产举报处理规定

· 2020 年 9 月 16 日
· 应急〔2020〕69 号

第一条　为了强化和落实生产经营单位安全生产主体责任,鼓励和支持生产经营单位从业人员对本单位安全生产工作中存在的问题进行举报和监督,严格保护其合法权益,根据《中华人民共和国安全生产法》和《国务院关于加强和规范事中事后监管的指导意见》(国发〔2019〕18 号)等有关法律法规和规范性文件,制定本规定。

第二条　本规定适用于生产经营单位从业人员对其所在单位的重大事故隐患、安全生产违法行为的举报以及处理。

前款所称重大事故隐患、安全生产违法行为,依照安全生产领域举报奖励有关规定进行认定。

第三条　应急管理部门(含煤矿安全监察机构,下同)应当明确负责处理生产经营单位从业人员安全生产举报事项的机构,并在官方网站公布处理举报事项机构的办公电话、微信公众号、电子邮件等联系方式,方便举报人及时掌握举报处理进度。

第四条　生产经营单位从业人员举报其所在单位的重大事故隐患、安全生产违法行为时,应当提供真实姓名以及真实有效的联系方式;否则,应急管理部门可以不予受理。

第五条　应急管理部门受理生产经营单位从业人员安全生产举报后,应当及时核查;对核查属实的,应当依法依规进行处理,并向举报人反馈核查、处理结果。

举报事项不属于本单位受理范围的,接到举报的应急管理部门应当告知举报人向有处理权的单位举报,或者将举报材料移送有处理权的单位,并采取适当方式告知举报人。

第六条　应急管理部门可以在危险化学品、矿山、烟花爆竹、金属冶炼、涉爆粉尘等重点行业、领域生产经营单位从业人员中选取信息员,建立专门联络机制,定期或者不定期与其联系,及时获取生产经营单位重大事故隐患、安全生产违法行为线索。

第七条　应急管理部门对受理的生产经营单位从业人员安全生产举报,以及信息员提供的线索,按照安全生产领域举报奖励有关规定核查属实的,应当给予举报人或者信息员现金奖励,奖励标准在安全生产领域举报奖励有关规定的基础上按照一定比例上浮,具体标准由各省级应急管理部门、财政部门根据本地实际情况确定。

因生产经营单位从业人员安全生产举报,或者信息员提供的线索直接避免了伤亡事故发生或者重大财产损失的,应急管理部门可以给予举报人或者信息员特殊奖励。

举报人领取现金奖励时,应当提供身份证件复印件以及签订的有效劳动合同等可以证明其生产经营单位从业人员身份的材料。

第八条　给予举报人和信息员的奖金列入本级预算,通过现有资金渠道安排,并接受审计和纪检监察机关的监督。

第九条　应急管理部门参与举报处理工作的人员应当严格遵守保密纪律,妥善保管和使用举报材料,严格控制有关举报信息的知悉范围,依法保护举报人和信息员的合法权益,未经其同意,不得以任何方式泄露其姓名、身份、联系方式、举报内容、奖励等信息,违者视情节轻重依法给予处分;构成犯罪的,依法追究刑事责任。

第十条　生产经营单位应当保护举报人和信息员的合法权益,不得对举报人和信息员实施打击报复行为。

生产经营单位对举报人或者信息员实施打击报复行为的,除依法予以严肃处理外,应急管理部门还可以按规定对生产经营单位及其有关人员实施联合惩戒。

第十一条　应急管理部门应当定期对举报人和信息员进行回访,了解其奖励、合法权益保护等有关情况,听取其意见建议;对回访中发现的奖励不落实、奖励低于有关标准、打击报复举报人或者信息员等情况,应当及时依法依规进行处理。

第十二条　应急管理部门鼓励生产经营单位建立健全本单位的举报奖励机制,在有关场所醒目位置公示本单位法定代表人或者安全生产管理机构以及安全生产管理人员的电话、微信、电子邮件、微博等联系方式,受理本单位从业人员举报的安全生产问题。对查证属实的,生产经营单位应当进行自我纠正整改,同时可以对举报人给予相应奖励。

第十三条　举报人和信息员应当对其举报内容的真实性负责,不得捏造、歪曲事实,不得诬告、陷害他人和生产经营单位,不得故意诱导生产经营单位实施安全生产违法行为;否则,一经查实,依法追究法律责任。

第十四条　本规定自公布之日起施行。

生产经营单位安全培训规定

· 2006 年 1 月 17 日国家安全监管总局令第 3 号公布
· 根据 2013 年 8 月 29 日国家安全监管总局令第 63 号第一次修正
· 根据 2015 年 5 月 29 日国家安全生产监管总局令第 80 号第二次修正

第一章　总　则

第一条　为加强和规范生产经营单位安全培训工作,提高从业人员安全素质,防范伤亡事故,减轻职业危害,根据安全生产法和有关法律、行政法规,制定本规定。

第二条　工矿商贸生产经营单位(以下简称生产经营单位)从业人员的安全培训,适用本规定。

第三条　生产经营单位负责本单位从业人员安全培训工作。

生产经营单位应当按照安全生产法和有关法律、行政法规和本规定,建立健全安全培训工作制度。

第四条　生产经营单位应当进行安全培训的从业人员包括主要负责人、安全生产管理人员、特种作业人员和其他从业人员。

生产经营单位使用被派遣劳动者的,应当将被派遣劳动者纳入本单位从业人员统一管理,对被派遣劳动者进行岗位安全操作规程和安全操作技能的教育和培训。劳务派遣单位应当对被派遣劳动者进行必要的安全生产教育和培训。

生产经营单位接收中等职业学校、高等学校学生实习的,应当对实习学生进行相应的安全生产教育和培训,提供必要的劳动防护用品。学校应当协助生产经营单位对实习学生进行安全生产教育和培训。

生产经营单位从业人员应当接受安全培训,熟悉有关安全生产规章制度和安全操作规程,具备必要的安全生产知识,掌握本岗位的安全操作技能,了解事故应急处理措施,知悉自身在安全生产方面的权利和义务。

未经安全培训合格的从业人员,不得上岗作业。

第五条　国家安全生产监督管理总局指导全国安全培训工作,依法对全国的安全培训工作实施监督管理。

国务院有关主管部门按照各自职责指导监督本行业安全培训工作,并按照本规定制定实施办法。

国家煤矿安全监察局指导监督检查全国煤矿安全培训工作。

各级安全生产监督管理部门和煤矿安全监察机构(以下简称安全生产监督监察部门)按照各自的职责,依法对生产经营单位的安全培训工作实施监督管理。

第二章　主要负责人、安全生产管理人员的安全培训

第六条　生产经营单位主要负责人和安全生产管理人员应当接受安全培训,具备与所从事的生产经营活动相适应的安全生产知识和管理能力。

第七条　生产经营单位主要负责人安全培训应当包括下列内容：

（一）国家安全生产方针、政策和有关安全生产的法律、法规、规章及标准；

（二）安全生产管理基本知识、安全生产技术、安全生产专业知识；

（三）重大危险源管理、重大事故防范、应急管理和救援组织以及事故调查处理的有关规定；

（四）职业危害及其预防措施；

（五）国内外先进的安全生产管理经验；

（六）典型事故和应急救援案例分析；

（七）其他需要培训的内容。

第八条　生产经营单位安全生产管理人员安全培训应当包括下列内容：

（一）国家安全生产方针、政策和有关安全生产的法律、法规、规章及标准；

（二）安全生产管理、安全生产技术、职业卫生等知识；

（三）伤亡事故统计、报告及职业危害的调查处理方法；

（四）应急管理、应急预案编制以及应急处置的内容和要求；

（五）国内外先进的安全生产管理经验；

（六）典型事故和应急救援案例分析；

（七）其他需要培训的内容。

第九条　生产经营单位主要负责人和安全生产管理人员初次安全培训时间不得少于32学时。每年再培训时间不得少于12学时。

煤矿、非煤矿山、危险化学品、烟花爆竹、金属冶炼等生产经营单位主要负责人和安全生产管理人员初次安全培训时间不得少于48学时，每年再培训时间不得少于16学时。

第十条　生产经营单位主要负责人和安全生产管理人员的安全培训必须依照安全生产监管监察部门制定的安全培训大纲实施。

非煤矿山、危险化学品、烟花爆竹、金属冶炼等生产经营单位主要负责人和安全生产管理人员的安全培训大纲及考核标准由国家安全生产监督管理总局统一制定。

煤矿主要负责人和安全生产管理人员的安全培训大纲及考核标准由国家煤矿安全监察局制定。

煤矿、非煤矿山、危险化学品、烟花爆竹、金属冶炼以外的其他生产经营单位主要负责人和安全管理人员的安全培训大纲及考核标准，由省、自治区、直辖市安全生产监督管理部门制定。

第三章　其他从业人员的安全培训

第十一条　煤矿、非煤矿山、危险化学品、烟花爆竹、金属冶炼等生产经营单位必须对新上岗的临时工、合同工、劳务工、轮换工、协议工等进行强制性安全培训，保证其具备本岗位安全操作、自救互救以及应急处置所需的知识和技能后，方能安排上岗作业。

第十二条　加工、制造业等生产单位的其他从业人员，在上岗前必须经过厂（矿）、车间（工段、区、队）、班组三级安全培训教育。

生产经营单位应当根据工作性质对其他从业人员进行安全培训，保证其具备本岗位安全操作、应急处置等知识和技能。

第十三条　生产经营单位新上岗的从业人员，岗前安全培训时间不得少于24学时。

煤矿、非煤矿山、危险化学品、烟花爆竹、金属冶炼等生产经营单位新上岗的从业人员安全培训时间不得少于72学时，每年再培训的时间不得少于20学时。

第十四条　厂（矿）级岗前安全培训内容应当包括：

（一）本单位安全生产情况及安全生产基本知识；

（二）本单位安全生产规章制度和劳动纪律；

（三）从业人员安全生产权利和义务；

（四）有关事故案例等。

煤矿、非煤矿山、危险化学品、烟花爆竹、金属冶炼等生产经营单位厂（矿）级安全培训除包括上述内容外，应当增加事故应急救援、事故应急预案演练及防范措施等内容。

第十五条　车间（工段、区、队）级岗前安全培训内容应当包括：

（一）工作环境及危险因素；

（二）所从事工种可能遭受的职业伤害和伤亡事故；

（三）所从事工种的安全职责、操作技能及强制性标准；

（四）自救互救、急救方法、疏散和现场紧急情况的处理；

（五）安全设备设施、个人防护用品的使用和

维护;

（六）本车间（工段、区、队）安全生产状况及规章制度;

（七）预防事故和职业危害的措施及应注意的安全事项;

（八）有关事故案例;

（九）其他需要培训的内容。

第十六条 班组级岗前安全培训内容应当包括:

（一）岗位安全操作规程;

（二）岗位之间工作衔接配合的安全与职业卫生事项;

（三）有关事故案例;

（四）其他需要培训的内容。

第十七条 从业人员在本生产经营单位内调整工作岗位或离岗一年以上重新上岗时,应当重新接受车间（工段、区、队）和班组级的安全培训。

生产经营单位采用新工艺、新技术、新材料或者使用新设备时,应当对有关从业人员重新进行有针对性的安全培训。

第十八条 生产经营单位的特种作业人员,必须按照国家有关法律、法规的规定接受专门的安全培训,经考核合格,取得特种作业操作资格证书后,方可上岗作业。

特种作业人员的范围和培训考核管理办法,另行规定。

第四章　安全培训的组织实施

第十九条 生产经营单位从业人员的安全培训工作,由生产经营单位组织实施。

生产经营单位应当坚持以考促学、以讲促学,确保全体从业人员熟练掌握岗位安全生产知识和技能;煤矿、非煤矿山、危险化学品、烟花爆竹、金属冶炼等生产经营单位还应当完善和落实师傅带徒弟制度。

第二十条 具备安全培训条件的生产经营单位,应当以自主培训为主;可以委托具备安全培训条件的机构,对从业人员进行安全培训。

不具备安全培训条件的生产经营单位,应当委托具备安全培训条件的机构,对从业人员进行安全培训。

生产经营单位委托其他机构进行安全培训的,保证安全培训的责任仍由本单位负责。

第二十一条 生产经营单位应当将安全培训工作纳入本单位年度工作计划。保证本单位安全培训工作所需资金。

生产经营单位的主要负责人负责组织制定并实施本单位安全培训计划。

第二十二条 生产经营单位应当建立健全从业人员安全生产教育和培训档案,由生产经营单位的安全生产管理机构以及安全生产管理人员详细、准确记录培训的时间、内容、参加人员以及考核结果等情况。

第二十三条 生产经营单位安排从业人员进行安全培训期间,应当支付工资和必要的费用。

第五章　监督管理

第二十四条 煤矿、非煤矿山、危险化学品、烟花爆竹、金属冶炼等生产经营单位主要负责人和安全生产管理人员,自任职之日起6个月内,必须经安全生产监管监察部门对其安全生产知识和管理能力考核合格。

第二十五条 安全生产监管监察部门依法对生产经营单位安全培训情况进行监督检查,督促生产经营单位按国家有关法律法规和本规定开展安全培训工作。

县级以上地方人民政府负责煤矿安全生产监督管理的部门对煤矿井下作业人员的安全培训情况进行监督检查。煤矿安全监察机构对煤矿特种作业人员安全培训及其持证上岗的情况进行监督检查。

第二十六条 各级安全生产监管监察部门对生产经营单位安全培训及其持证上岗的情况进行监督检查,主要包括以下内容:

（一）安全培训制度、计划的制定及其实施的情况;

（二）煤矿、非煤矿山、危险化学品、烟花爆竹、金属冶炼等生产经营单位主要负责人和安全生产管理人员安全培训以及安全生产知识和管理能力考核的情况;其他生产经营单位主要负责人和安全生产管理人员培训的情况;

（三）特种作业人员操作资格证持证上岗的情况;

（四）建立安全生产教育和培训档案,并如实记录的情况;

（五）对从业人员现场抽考本职工作的安全生产知识;

（六）其他需要检查的内容。

第二十七条 安全生产监管监察部门对煤矿、非煤矿山、危险化学品、烟花爆竹、金属冶炼等生产经营单位的主要负责人、安全管理人员应当按照本规定严格考核。考核不得收费。

安全生产监管监察部门负责考核的有关人员不得玩忽职守和滥用职权。

第二十八条 安全生产监管监察部门检查中发现安全生产教育和培训责任落实不到位、有关从业人员未经培训合格的，应当视为生产安全事故隐患，责令生产经营单位立即停止违法行为，限期整改，并依法予以处罚。

第六章 罚 则

第二十九条 生产经营单位有下列行为之一的，由安全生产监管监察部门责令其限期改正，可以处1万元以上3万元以下的罚款：

（一）未将安全培训工作纳入本单位工作计划并保证安全培训工作所需资金的；

（二）从业人员进行安全培训期间未支付工资并承担安全培训费用的。

第三十条 生产经营单位有下列行为之一的，由安全生产监管监察部门责令其限期改正，可以处5万元以下的罚款；逾期未改正的，责令停产停业整顿，并处5万元以上10万元以下的罚款，对其直接负责的主管人员和其他直接责任人员处1万元以上2万元以下的罚款：

（一）煤矿、非煤矿山、危险化学品、烟花爆竹、金属冶炼等生产经营单位主要负责人和安全管理人员未按照规定经考核合格的；

（二）未按照规定对从业人员、被派遣劳动者、实习学生进行安全生产教育和培训或者未如实告知其有关安全生产事项的；

（三）未如实记录安全生产教育和培训情况的；

（四）特种作业人员未按照规定经专门的安全技术培训并取得特种作业人员操作资格证书，上岗作业的。

县级以上地方人民政府负责煤矿安全生产监督管理的部门发现煤矿未按照本规定对井下作业人员进行安全培训的，责令限期改正，处10万元以上50万元以下的罚款；逾期未改正的，责令停产停业整顿。

煤矿安全监察机构发现煤矿特种作业人员无证上岗作业的，责令限期改正，处10万元以上50万元以下的罚款；逾期未改正的，责令停产停业整顿。

第三十一条 安全生产监管监察部门有关人员在考核、发证工作中玩忽职守、滥用职权的，由上级安全生产监管监察部门或者行政监察部门给予记过、记大过的行政处分。

第七章 附 则

第三十二条 生产经营单位主要负责人是指有限责任公司或者股份有限公司的董事长、总经理，其他生产经营单位的厂长、经理、(矿务局)局长、矿长(含实际控制人)等。

生产经营单位安全生产管理人员是指生产经营单位分管安全生产的负责人、安全生产管理机构负责人及其管理人员，以及未设安全生产管理机构的生产经营单位专、兼职安全生产管理人员等。

生产经营单位其他从业人员是指除主要负责人、安全生产管理人员和特种作业人员以外，该单位从事生产经营活动的所有人员，包括其他负责人、其他管理人员、技术人员和各岗位的工人以及临时聘用的人员。

第三十三条 省、自治区、直辖市安全生产监督管理部门和省级煤矿安全监察机构可以根据本规定制定实施细则，报国家安全生产监督管理总局和国家煤矿安全监察局备案。

第三十四条 本规定自2006年3月1日起施行。

安全生产行政复议规定

· 2007年10月8日国家安全生产监督管理总局令第14号公布
· 自2007年11月1日起施行

第一章 总 则

第一条 为了规范安全生产行政复议工作，解决行政争议，根据《中华人民共和国行政复议法》和《中华人民共和国行政复议法实施条例》，制定本规定。

第二条 公民、法人或者其他组织认为安全生产监督管理部门、煤矿安全监察机构(以下统称安全监管监察部门)的具体行政行为侵犯其合法权益,向安全生产行政复议机关申请行政复议,安全生产行政复议机关受理行政复议申请,作出行政复议决定,适用本规定。

第三条 依法履行行政复议职责的安全监管监察部门是安全生产行政复议机关。安全生产行政复议机关负责法制工作的机构是本机关的行政复议机构(以下简称安全生产行政复议机构)。

安全生产行政复议机关应当领导、支持本机关行政复议机构依法办理行政复议事项,并依照有关规定充实、配备专职行政复议人员,保证行政复议机构的办案能力与工作任务相适应。

第四条 国家安全生产监督管理总局办理行政复议案件按照下列程序,统一受理,分工负责:

(一)政策法规司按照本规定规定的期限,对行政复议申请进行初步审查,做出受理或者不予受理的决定。对决定受理的,将案卷材料转送相关业务司局分口承办;

(二)相关业务司局收到案卷材料后,应当在30日内了解核实有关情况,提出处理意见;

(三)政策法规司根据处理意见,在20日内拟定行政复议决定书,提交本局负责人集体讨论或者主管负责人审定;

(四)本局负责人集体讨论通过或者主管负责人同意后,政策法规司制作行政复议决定书,并送达申请人、被申请人和第三人。

国家煤矿安全监察局和省级及省级以下安全监管监察部门办理行政复议案件参照上述程序执行。

第二章 行政复议范围与管辖

第五条 公民、法人或者其他组织对安全监管监察部门作出的下列具体行政行为不服,可以申请行政复议:

(一)行政处罚决定;

(二)行政强制措施;

(三)行政许可的变更、中止、撤销、撤回等决定;

(四)认为符合法定条件,申请安全监管监察部门办理许可证、资格证等行政许可手续,安全监管监察部门没有依法办理的;

(五)认为安全监管监察部门违法收费或者违法要求履行义务的;

(六)认为安全监管监察部门其他具体行政行为侵犯其合法权益的。

第六条 公民、法人或者其他组织认为安全监管监察部门的具体行政行为所依据的规定不合法,在对具体行政行为申请行政复议时,可以依据行政复议法第七条的规定一并提出审查申请。

第七条 安全监管监察部门作出的下列行政行为,不属于安全生产行政复议范围:

(一)生产安全事故调查报告;

(二)不具有强制力的行政指导行为和信访答复行为;

(三)生产安全事故隐患认定;

(四)公告信息发布;

(五)法律、行政法规规定的非具体行政行为。

第八条 对县级以上地方人民政府安全生产监督管理部门作出的具体行政行为不服的,可以向上一级安全生产监督管理部门申请行政复议,也可以向同级人民政府申请行政复议。已向同级人民政府提出行政复议申请,且同级人民政府已经受理的,上一级安全生产监督管理部门不再受理。

对国家安全生产监督管理总局作出的具体行政行为不服的,向国家安全生产监督管理总局申请行政复议。

第九条 对煤矿安全监察分局作出的具体行政行为不服的,向该分局所隶属的省级煤矿安全监察局申请行政复议。

对省级煤矿安全监察机构作出的具体行政行为不服的,向国家安全生产监督管理总局申请行政复议。

对国家煤矿安全监察局作出的具体行政行为不服的,向国家煤矿安全监察局申请行政复议。

第十条 安全监管监察部门设立的派出机构、内设机构或者其他组织,未经法律、行政法规授权,对外以自己名义作出具体行政行为的,该安全监管监察部门为被申请人。

第十一条 对安全监管监察部门依法委托的机构,以委托的安全监管监察部门名义作出的具体行政行为不服的,依照本规定第八条和第九条的规定申请行政复议。

第十二条 对安全监管监察部门与有关部门共同作出的具体行政行为不服的,可以向其共同的上一级行政机关申请行政复议。共同作出具体行政行为的安全监管监察部门与有关部门为共同被申请人。

对国家安全生产监督管理总局与国务院其他部门共同作出的具体行政行为不服的,可以向国家安全生产监督管理总局或者共同作出具体行政行为的其他任何一个部门提起行政复议申请,由作出具体行政行为的部门共同作出行政复议决定。

第十三条 下级安全监管监察部门依照法律、行政法规、规章规定,经上级安全监管监察部门批准作出具体行政行为的,批准机关为被申请人。

第三章 行政复议的申请与受理

第十四条 安全监管监察部门作出具体行政行为,依法应当向有关公民、法人或者其他组织送达法律文书而未送达的,视为该公民、法人或者其他组织不知道该具体行政行为。

安全监管监察部门作出的具体行政行为对公民、法人或者其他组织的权利、义务可能产生不利影响的,应当告知其申请行政复议的权利、行政复议机关和行政复议申请期限。

第十五条 行政复议可以书面申请,也可以当场口头申请。书面申请可以采取当面递交、邮寄或者传真等方式提出,并在行政复议申请书中载明《行政复议法实施条例》第十九条规定的事项。

当场口头申请的,安全生产行政复议机构应当按照第一款规定的事项,当场制作行政复议申请笔录交申请人核对或者向申请人宣读,并由申请人签字确认。

第十六条 安全生产行政复议机构应当自收到行政复议申请之日起 3 日内对复议申请是否符合下列条件进行初步审查:

(一)有明确的申请人和被申请人;

(二)申请人与具体行政行为有利害关系;

(三)有具体的行政复议请求和事实依据;

(四)在法定申请期限内提出;

(五)属于本规定第五条规定的行政复议范围;

(六)属于收到行政复议申请的行政复议机关的职责范围;

(七)其他行政复议机关尚未受理同一行政复议申请,人民法院尚未受理同一主体就同一事实提起的行政诉讼。

第十七条 行政复议申请错列被申请人的,安全生产行政复议机构应当告知申请人变更被申请人。

第十八条 行政复议申请材料不齐全或者表述不清楚的,安全生产行政复议机构可以自收到该行政复议申请之日起 5 日内书面通知申请人补正。补正通知应当载明需要补正的事项和合理的补正期限。无正当理由逾期不补正的,视为申请人放弃行政复议申请。补正申请材料所用时间不计入行政复议审理期限。

第十九条 经初步审查后,安全生产行政复议机构应当自收到行政复议申请之日起 5 日内按下列规定作出处理:

(一)符合本规定第十六条规定的,予以受理,并制发行政复议受理决定书;

(二)不符合本规定第十六条规定的,决定不予受理,并制发行政复议申请不予受理决定书;

(三)不属于本机关职责范围的,应当告知申请人向有权受理的行政复议机关提出。

第二十条 行政复议期间,安全生产行政复议机构认为申请人以外的公民、法人或者其他组织与被审查的具体行政行为有利害关系的,可以通知其作为第三人参加行政复议。

行政复议期间,申请人以外的公民、法人或者其他组织与被审查的具体行政行为有利害关系的,可以向安全生产行政复议机构申请作为第三人参加行政复议。

第四章 行政复议的审理和决定

第二十一条 安全生产行政复议机构审理行政复议案件,应当由 2 名以上行政复议人员参加。

第二十二条 安全生产行政复议机构应当自行政复议申请受理之日起 7 日内,将行政复议申请书副本或者行政复议申请笔录复印件发送被申请人。

被申请人应当自收到申请书副本或行政复议申请笔录复印件之日起 10 日内,按照复议机构要求的份数提出书面答复,并提交当初作出具体行政行为的证据、依据和其他有关材料。

被申请人书面答复应当载明下列事项,并加盖单位公章:

(一)作出具体行政行为的基本过程和情况;

（二）作出具体行政行为的事实依据和有关证据材料；

（三）作出具体行政行为所依据的法律、行政法规、规章和规范性文件的文号、具体条款和内容；

（四）对申请人复议请求的意见和理由；

（五）答复的年月日。

第二十三条 有下列情形之一的，被申请人经安全生产行政复议机构允许可以补充相关证据：

（一）在作出具体行政行为时已经收集证据，但因不可抗力等正当理由不能提供的；

（二）申请人或者第三人在行政复议过程中，提出了其在安全监管监察部门实施具体行政行为过程中没有提出的申辩理由或者证据的。

第二十四条 有下列情形之一的，申请人应当提供证明材料：

（一）认为被申请人不履行法定职责的，提供曾经要求被申请人履行法定职责而被申请人未履行的证明材料，但被申请人依法应当主动履行的除外；

（二）申请行政复议时一并提出行政赔偿请求的，提供受具体行政行为侵害而造成损害的证明材料；

（三）申请人自己主张的事实；

（四）法律、行政法规规定由申请人提供证据材料的其他情形。

第二十五条 申请人、被申请人、第三人应当对其提交的证据材料分类编号，对证据材料的来源、证明对象和内容作简要说明，并在证据材料上签字或者盖章，注明提交日期。

证据材料是复印件的，应当经复议机构核对无误，并注明原件存放的单位和处所。

第二十六条 行政复议原则上采取书面审理的方式，但对重大、复杂的案件，申请人提出要求或者安全生产行政复议机构认为必要时，可以采取听证的方式审理。

听证应当保障当事人平等的陈述、质证和辩论的权利。

第二十七条 安全生产行政复议机构采取听证的方式审理复议案件，应当制作听证笔录并载明下列事项：

（一）案由，听证的时间、地点；

（二）申请人、被申请人、第三人及其代理人的基本情况；

（三）听证主持人、听证员、书记员的姓名、职务等；

（四）申请人、被申请人、第三人争议的焦点问题，有关事实、证据和依据；

（五）其他应当记载的事项。

申请人、被申请人、第三人应当核对听证笔录并签字或者盖章。

第二十八条 安全生产行政复议机构认为必要时，可以实地调查核实证据。调查核实时，行政复议人员不得少于2人，并应当向当事人或者有关人员出示证件。

需要现场勘验的，现场勘验所用时间不计入行政复议审理期限。

第二十九条 安全生产行政复议期间涉及专门事项需要鉴定的，当事人可以自行委托鉴定机构进行鉴定，也可以申请行政复议机构委托鉴定机构进行鉴定。鉴定费用由当事人承担。鉴定所用时间不计入行政复议审理期限。

第三十条 申请人在行政复议决定作出前自愿撤回行政复议申请的，经行政复议机构同意，可以撤回。

申请人撤回行政复议申请的，不得以同一事实和理由再次提出行政复议申请。但是，申请人能够证明撤回行政复议申请违背其真实意思表示的除外。

第三十一条 行政复议申请由两个以上申请人共同提出，在行政复议决定作出前，部分申请人撤回行政复议申请的，安全生产行政复议机关应当就其他申请人未撤回的行政复议申请作出行政复议决定。

第三十二条 被申请人在复议期间改变原具体行政行为的，应当书面告知复议机构。

被申请人改变原具体行政行为，申请人撤回复议申请的，行政复议终止；申请人不撤回复议申请的，安全生产行政复议机关经审查认为原具体行政行为违法的，应当作出确认其违法的复议决定；认为原具体行政行为合法的，应当作出维持的复议决定。

第三十三条 公民、法人或者其他组织对安全监管监察部门行使法律、行政法规规定的自由裁量权作出的具体行政行为不服申请行政复议，申请人与被申请人在行政复议决定作出前自愿达成和解的，应当向安全生产行政复议机构提交书面和解协议;和解内容不损害社会公共利益和他人合法权益的,安全生产行政复议机构应当准许。

第三十四条 有下列情形之一的,安全生产行政复议机构可以按照自愿、合法的原则进行调解:

(一)公民、法人或者其他组织对安全监管监察部门行使法律、行政法规规定的自由裁量权作出的具体行政行为不服申请行政复议的;

(二)当事人之间的行政赔偿或者行政补偿的纠纷。

当事人经调解达成协议的,安全生产行政复议机关应当制作行政复议调解书。调解书应当载明行政复议请求、事实、理由和调解结果,并加盖安全生产行政复议机关印章。行政复议调解书经双方当事人签字,即具有法律效力。

调解未达成协议或者调解书生效前一方反悔的,安全生产行政复议机关应当及时作出行政复议决定。

第三十五条 安全生产行政复议机构应当对被申请人作出的具体行政行为进行审查,提出意见,经安全生产行政复议机关集体讨论通过或者负责人同意后,依法作出行政复议决定。

第三十六条 被申请人被责令重新作出具体行政行为的,应当在法律、行政法规、规章规定的期限内重新作出具体行政行为;法律、行政法规、规章未规定期限的,重新作出具体行政行为的期限为60日。

被申请人不得以同一事实和理由作出与原具体行政行为相同或者基本相同的具体行政行为。但因违反法定程序被责令重新作出具体行政行为的除外。

第三十七条 申请人在申请行政复议时一并提出行政赔偿请求,安全生产行政复议机关对符合国家赔偿法有关规定应当给予赔偿的,在决定撤销、变更具体行政行为或者确认具体行政行为违法时,应当同时决定被申请人依法给予赔偿。

申请人在申请行政复议时没有提出行政赔偿请求的,安全生产行政复议机关在依法决定撤销或者变更原具体行政行为确定的罚款以及对设备、设施、器材的扣押、查封等强制措施时,应当同时责令被申请人返还罚款,解除对设备、设施、器材的扣押、查封等强制措施。

第三十八条 安全生产行政复议机关在申请

人的行政复议请求范围内,不得作出对申请人更为不利的行政复议决定。

第五章 附 则

第三十九条 安全生产行政复议机关及其工作人员和被申请人在安全生产行政复议工作中违反本规定的,依照行政复议法及其实施条例的规定,追究法律责任。

第四十条 行政复议期间的计算和行政复议文书的送达,依照民事诉讼法关于期间、送达的规定执行。

本规定关于行政复议期间有关"3日""5日"、"7日"的规定是指工作日,不含节假日。

第四十一条 安全生产行政复议案件审理完毕,案件承办人应当将案件材料在10日内立卷、归档。

下一级安全生产行政复议机关应当在作出行政复议决定之日起15日内将行政复议决定书报上一级安全生产行政复议机构备案。

第四十二条 安全监管行政复议机关办理行政复议案件,使用国家安全生产监督管理总局统一制定的文书式样。

煤矿安全监察行政复议机关办理行政复议案件,使用国家煤矿安全监察局统一制定的文书式样。

第四十三条 本规定自2007年11月1日起施行。原国家经济贸易委员会2003年2月18日公布的《安全生产行政复议暂行办法》和原国家安全生产监督管理局(国家煤矿安全监察局)2003年6月20日公布的《煤矿安全监察行政复议规定》同时废止。

用人单位劳动防护用品管理规范

· 2015年12月29日安监总厅安健〔2015〕124号公布

· 根据2018年1月15日《国家安全监管总局办公厅关于修改用人单位劳动防护用品管理规范的通知》修订

第一章 总 则

第一条 为规范用人单位劳动防护用品的使用和管理,保障劳动者安全健康及相关权益,根据

《中华人民共和国安全生产法》《中华人民共和国职业病防治法》等法律、行政法规和规章,制定本规范。

第二条 本规范适用于中华人民共和国境内企业、事业单位和个体经济组织等用人单位的劳动防护用品管理工作。

第三条 本规范所称的劳动防护用品,是指由用人单位为劳动者配备的,使其在劳动过程中免遭或者减轻事故伤害及职业病危害的个体防护装备。

第四条 劳动防护用品是由用人单位提供的,保障劳动者安全与健康的辅助性、预防性措施,不得以劳动防护用品替代工程防护设施和其他技术、管理措施。

第五条 用人单位应当健全管理制度,加强劳动防护用品配备、发放、使用等管理工作。

第六条 用人单位应当安排专项经费用于配备劳动防护用品,不得以货币或者其他物品替代。该项经费计入生产成本,据实列支。

第七条 用人单位应当为劳动者提供符合国家标准或者行业标准的劳动防护用品。使用进口的劳动防护用品,其防护性能不得低于我国相关标准。

第八条 劳动者在作业过程中,应当按照规章制度和劳动防护用品使用规则,正确佩戴和使用劳动防护用品。

第九条 用人单位使用的劳务派遣工、接纳的实习学生应当纳入本单位人员统一管理,并配备相应的劳动防护用品。对处于作业地点的其他外来人员,必须按照与进行作业的劳动者相同的标准,正确佩戴和使用劳动防护用品。

第二章 劳动防护用品选择

第十条 劳动防护用品分为以下十大类:

(一)防御物理、化学和生物危险、有害因素对头部伤害的头部防护用品。

(二)防御缺氧空气和空气污染物进入呼吸道的呼吸防护用品。

(三)防御物理和化学危险、有害因素对眼面部伤害的眼面部防护用品。

(四)防噪声危害及防水、防寒等的听力防护用品。

(五)防御物理、化学和生物危险、有害因素对手部伤害的手部防护用品。

(六)防御物理和化学危险、有害因素对足部伤害的足部防护用品。

(七)防御物理、化学和生物危险、有害因素对躯干伤害的躯干防护用品。

(八)防御物理、化学和生物危险、有害因素损伤皮肤或引起皮肤疾病的护肤用品。

(九)防止高处作业劳动者坠落或者高处落物伤害的坠落防护用品。

(十)其他防御危险、有害因素的劳动防护用品。

第十一条 用人单位应按照识别、评价、选择的程序(见附件1),结合劳动者作业方式和工作条件,并考虑其个人特点及劳动强度,选择防护功能和效果适用的劳动防护用品。

(一)接触粉尘、有毒、有害物质的劳动者应当根据不同粉尘种类、粉尘浓度及游离二氧化硅含量和毒物的种类及浓度配备相应的呼吸器(见附件2)、防护服、防护手套和防护鞋等。具体可参照《呼吸防护用品自吸过滤式防颗粒物呼吸器》(GB2626)、《呼吸防护用品的选择、使用及维护》(GB/T18664)、《防护服装化学防护服的选择、使用和维护》(GB/T24536)、《手部防护防护手套的选择、使用和维护指南》(GB/T29512)和《个体防护装备足部防护鞋(靴)的选择、使用和维护指南》(GB/T28409)等标准。

(二)接触噪声的劳动者,当暴露于80dB≤LEX,8h<85dB的工作场所时,用人单位应当根据劳动者需求为其配备适用的护听器;当暴露于LEX,8h≥85dB的工作场所时,用人单位必须为劳动者配备适用的护听器,并指导劳动者正确佩戴和使用(见附件2)。具体可参照《护听器的选择指南》(GB/T23466)。

(三)工作场所中存在电离辐射危害的,经危害评价确认劳动者需佩戴劳动防护用品的,用人单位可参照电离辐射的相关标准及《个体防护装备配备基本要求》(GB/T29510)为劳动者配备劳动防护用品,并指导劳动者正确佩戴和使用。

(四)从事存在物体坠落、碎屑飞溅、转动机械和锋利器具等作业的劳动者,用人单位还可参照《个体防护装备选用规范》(GB/T11651)、《头部防护安全帽选用规范》(GB/T30041)和《坠落防护装备安全使用规范》(GB/T23468)等标准,为劳动者配备适用的劳动防护用品。

第十二条　同一工作地点存在不同种类的危险、有害因素的,应当为劳动者同时提供防御各类危害的劳动防护用品。需要同时配备的劳动防护用品,还应考虑其可兼容性。

劳动者在不同地点工作,并接触不同的危险、有害因素,或接触不同的危害程度的有害因素的,为其选配的劳动防护用品应满足不同工作地点的防护需求。

第十三条　劳动防护用品的选择还应当考虑其佩戴的合适性和基本舒适性,根据个人特点和需求选择适合号型、式样。

第十四条　用人单位应当在可能发生急性职业损伤的有毒、有害工作场所配备应急劳动防护用品,放置于现场临近位置并有醒目标识。

用人单位应当为巡检等流动性作业的劳动者配备随身携带的个人应急防护用品。

第三章　劳动防护用品采购、发放、培训及使用

第十五条　用人单位应当根据劳动者工作场所中存在的危险、有害因素种类及危害程度、劳动环境条件、劳动防护用品有效使用时间制定适合本单位的劳动防护用品配备标准(见附件3)。

第十六条　用人单位应当根据劳动防护用品配备标准制定采购计划,购买符合标准的合格产品。

第十七条　用人单位应当查验并保存劳动防护用品检验报告等质量证明文件的原件或复印件。

第十八条　用人单位应当按照本单位制定的配备标准发放劳动防护用品,并作好登记(见附件4)。

第十九条　用人单位应当对劳动者进行劳动防护用品的使用、维护等专业知识的培训。

第二十条　用人单位应当督促劳动者在使用劳动防护用品前,对劳动防护用品进行检查,确保外观完好、部件齐全、功能正常。

第二十一条　用人单位应当定期对劳动防护用品的使用情况进行检查,确保劳动者正确使用。

第四章　劳动防护用品维护、更换及报废

第二十二条　劳动防护用品应当按照要求妥善保存,及时更换,保证其在有效期内。

公用的劳动防护用品应当由车间或班组统一保管,定期维护。

第二十三条　用人单位应当对应急劳动防护用品进行经常性的维护、检修,定期检测劳动防护用品的性能和效果,保证其完好有效。

第二十四条　用人单位应当按照劳动防护用品发放周期定期发放,对工作过程中损坏的,用人单位应及时更换。

第二十五条　安全帽、呼吸器、绝缘手套等安全性能要求高、易损耗的劳动防护用品,应当按照有效防护功能最低指标和有效使用期,到期强制报废。

第五章　附　则

第二十六条　本规范所称的工作地点,是指劳动者从事职业活动或进行生产管理而经常或定时停留的岗位和作业地点。

第二十七条　煤矿劳动防护用品的管理,按照《煤矿职业安全卫生个体防护用品配备标准》(AQ1051)规定执行。

附件1:劳动防护用品选择程序(略)

附件2:呼吸器和护听器的选用(略)

附件3:用人单位劳动防护用品配备标准(略)

附件4:劳动防护用品发放登记表(略)

2. 职业健康管理

用人单位职业卫生监督执法工作规范

· 2020 年 8 月 31 日
· 国卫监督发〔2020〕17 号

第一章　总　则

第一条　为规范用人单位职业卫生监督执法工作,保护劳动者健康及其相关权益,根据《职业病防治法》等相关法律、法规、规章,制定本规范。

第二条　本规范所称用人单位职业卫生监督执法,是指县级以上地方卫生健康行政部门及其委托的卫生健康监督机构依据职业卫生相关法律、法规、规章及其确定的监管事项清单,对用人

单位职业卫生工作进行监督执法的活动。

第三条 职业卫生监督执法工作以"双随机、一公开"监管为基本手段、以重点监管为补充、以信用监管为基础,落实行政执法公示制度、执法全过程记录制度、重大执法决定法制审核制度,推行基于风险的分类分级监督执法模式。

第四条 县级以上卫生健康行政部门负责职业卫生监督执法能力建设,建立健全职业卫生监督执法体系和机制。地方卫生健康行政部门及其委托的卫生健康监督机构应当明确具体处(科)室负责职业卫生监督执法工作,并配备相应的监督执法人员,保障执法经费,合理配置执法装备。

第五条 县级以上卫生健康行政部门及其委托的卫生健康监督机构应当加强职业卫生监督执法信息化建设,开展与相关部门间的数据共享和大数据应用,及时采集、统计分析和上报本辖区内职业卫生监督执法相关信息,推进互联网+监督执法。

第六条 县级以上地方卫生健康行政部门及其委托的卫生健康监督机构在开展用人单位职业卫生监督执法时,适用本规范。

第二章 监督执法职责及要求

第七条 省级卫生健康行政部门及其委托的卫生健康监督机构职责:

(一)制定本辖区职业卫生监督执法工作制度、规划及年度工作计划,确定年度重点监督执法工作。

(二)组织实施辖区内职业卫生监督执法工作及相关培训。对下级职业卫生监督执法工作进行指导检查。

(三)组织开展职业卫生随机监督抽查工作。

(四)组织协调、督办、查办辖区内职业卫生重大违法案件。

(五)负责辖区内职业卫生监督执法信息的汇总、分析、报告。

(六)承担上级部门指定或交办的其他职业卫生监督执法任务。

第八条 设区的市级和县级卫生健康行政部门及其委托的卫生健康监督机构职责:

(一)根据本省(区、市)职业卫生监督执法工作制度、规划及年度工作计划,结合实际制定本辖区职业卫生监督执法计划,明确重点监督执法内

容并组织落实。

(二)组织开展辖区内职业卫生监督执法培训工作。

(三)根据职责分工开展辖区内职业卫生监督执法工作。

(四)开展职业卫生随机监督抽查工作。

(五)查处职业卫生违法案件。

(六)负责职业卫生监督执法信息的汇总、分析、报告。

(七)对下级职业卫生监督执法工作进行指导、督查。

(八)承担上级部门指定或交办的其他职业卫生监督执法任务。

第九条 实施职业卫生现场监督执法前,监督执法人员应当明确职业卫生监督执法任务、方法和要求,并准备必要的个人防护装备。

第十条 县级以上卫生健康行政部门或其委托的卫生健康监督机构应当建立职业卫生监督执法文书档案。

第三章 监督执法内容及方法

第十一条 监督执法内容:

(一)职业病防治管理措施建立、健全情况。

(二)建设项目职业病危害评价、职业病防护设施设计及竣工验收情况。

(三)工作场所职业病危害项目申报情况。

(四)工作场所职业病危害因素日常监测和定期检测、评价情况。

(五)职业病危害告知和警示情况。

(六)职业病防护设施和个人使用的职业病防护用品配备、使用、管理情况。

(七)职业卫生培训情况。

(八)劳动者职业健康监护情况。

(九)职业病病人、疑似职业病病人的报告及处置情况。

(十)产生职业病危害作业的转移(外包)情况。

(十一)急性职业病危害事故处置、报告情况。

(十二)涉及放射性职业病危害作业的情况。

第十二条 监督执法检查时,可采取以下方法:

(一)检查用人单位设置或者指定职业卫生管理机构或者组织、配备专职或者兼职职业卫生管理人员情况,查阅职业病防治计划和实施方案、职业卫生管理制度和操作规程、职业卫生档案、劳动

者健康监护档案、工作场所职业病危害因素监测及评价制度、职业病危害事故应急救援预案。

（二）查阅建设项目职业病危害预评价报告、职业病防护设施设计、职业病危害控制效果评价报告及评审意见，职业病防护设施竣工验收意见等资料。

（三）查阅《职业病危害项目申报表》《职业病危害项目申报回执》，检查及时、如实申报职业病危害项目情况，检查有关事项发生重大变化时申报变更职业病危害项目内容情况。

（四）查阅职业病危害因素日常监测记录，检查专人负责制度落实和监测系统运行情况；查阅职业病危害因素定期检测、评价报告，检查检测、评价结果存档、上报、整改落实、公布情况。对于工作场所职业病危害因素经治理仍然达不到国家职业卫生标准和卫生要求的，查阅停止存在职业病危害因素作业的记录并现场查看。必要时对提供技术服务的职业卫生、放射卫生技术服务机构进行延伸执法检查。

（五）查看公告栏，检查公布有关职业病防治的规章制度、操作规程、职业病危害事故应急救援措施和工作场所职业病危害因素检测结果情况；查看在产生严重职业病危害的作业岗位醒目位置设置的警示标识和中文警示说明，警示说明应当载明产生职业病危害种类、后果、预防及应急救治措施等内容；抽查劳动合同，查看告知劳动者职业病危害真实情况的相关内容。

（六）抽查职业病防护设施、卫生设施、应急救援设施和个人使用的职业病防护用品的配备、使用情况，查阅相关维护、检修、定期检测记录，检查其运行、使用情况。对可能发生急性职业损伤的有毒、有害工作场所，查看设置的报警装置以及配置的现场急救用品、冲洗设备、应急撤离通道和必要的泄险区。

（七）查阅用人单位主要负责人和职业卫生管理人员接受职业卫生培训的记录，查阅用人单位对劳动者进行上岗前的职业卫生培训和在岗期间的定期职业卫生培训记录。

（八）抽查劳动者的职业健康监护档案，检查档案建立、健全情况；根据用人单位提供的从事接触职业病危害作业的劳动者名单，现场抽查劳动者，核查其上岗前、在岗期间的职业健康检查报告和结果的书面告知记录，查阅根据职业健康检查报告采取的复查、调离等相应措施的记录，检查用

人单位对未成年工及孕期、哺乳期女职工的保护措施实施情况；查阅劳动者离岗名单，抽查离岗时的职业健康检查报告和结果书面告知记录及按规定向劳动者提供本人职业健康监护档案复印件情况；必要时对开展职业健康检查的医疗卫生机构进行延伸执法检查。

（九）查阅向所在地卫生健康行政部门报告职业病病人、疑似职业病病人的记录，查阅提供职业病诊断、鉴定相关资料的记录，查阅安排职业病病人、疑似职业病病人进行诊治以及承担职业病诊断、鉴定费用和职业病病人的医疗、生活保障费用的相关资料、记录。

（十）查询用人单位是否存在转移（外包）产生职业病危害作业的情况，抽查职业病危害作业场所，对存在转移产生职业病危害作业的，检查接受作业的单位和个人具备的职业病防护条件。

（十一）查阅用人单位制定的职业病危害事故应急救援、控制措施以及相关报告制度，并检查相关制度的落实情况。

（十二）涉及放射性职业病危害作业的，还应检查生产、贮存、使用放射性同位素和射线装置的工作场所的防护设施和报警装置的配置情况。抽查放射工作人员进入强辐射工作场所时，佩戴常规个人剂量计、携带报警式剂量计的情况。查阅放射工作人员个人剂量监测档案，核实个人剂量监测周期和异常数据处理等情况。

第十三条 用人单位涉及劳务派遣用工的，按照上述监督执法内容和方法进行检查。

第四章 监督执法情况的处理

第十四条 县级以上地方卫生健康行政部门及其委托的卫生健康监督机构开展职业卫生监督执法时，对发现问题的，应当依法出具卫生监督意见书；对存在违法行为的，应当依法查处，涉嫌犯罪的及时移送司法机关。

第十五条 对重大职业卫生违法案件，县级以上地方卫生健康行政部门应当及时向上级卫生健康行政部门报告。

第十六条 县级以上地方卫生健康行政部门应当依法依规对监督执法信息进行公示并纳入信用信息管理。

第五章 附 则

第十七条 重大职业卫生违法案件是指用人

单位违反《职业病防治法》等相关法律、法规、规章,对劳动者健康造成或可能造成严重损害,产生社会重大影响的职业卫生案件。包括但不限于:涉及2个以上地区或者案情复杂需要上级协调、督办的;引起社会高度关注或者可能引发群体性事件的;其他涉及公共卫生安全和社会经济发展等重大公共利益的。

第十八条 检查中发现的其他违法行为按照《职业病防治法》等相关法律、法规、规章执行。

第十九条 设区的市、县、乡镇综合行政执法机构开展职业卫生监督执法时,参照本规范执行。

第二十条 本规范由国家卫生健康委负责解释,自发布之日起施行。

职业健康检查管理办法

· 2015年3月26日原国家卫生和计划生育委员会令第5号公布
· 根据2019年2月28日《国家卫生健康委关于修改〈职业健康检查管理办法〉等4件部门规章的决定》修正

第一章 总 则

第一条 为加强职业健康检查工作,规范职业健康检查机构管理,保护劳动者健康权益,根据《中华人民共和国职业病防治法》(以下简称《职业病防治法》),制定本办法。

第二条 本办法所称职业健康检查是指医疗卫生机构按照国家有关规定,对从事接触职业病危害作业的劳动者进行的上岗前、在岗期间、离岗时的健康检查。

第三条 国家卫生健康委负责全国范围内职业健康检查工作的监督管理。

县级以上地方卫生健康主管部门负责本辖区职业健康检查工作的监督管理;结合职业病防治工作实际需要,充分利用现有资源,统一规划、合理布局;加强职业健康检查机构能力建设,并提供必要的保障条件。

第二章 职业健康检查机构

第四条 医疗卫生机构开展职业健康检查,应当在开展之日起15个工作日内向省级卫生健康主管部门备案。备案的具体办法由省级卫生健康主管部门依据本办法制定,并向社会公布。

省级卫生健康主管部门应当及时向社会公布备案的医疗卫生机构名单、地址、检查类别和项目等相关信息,并告知核发其《医疗机构执业许可证》的卫生健康主管部门。核发其《医疗机构执业许可证》的卫生健康主管部门应当在该机构的《医疗机构执业许可证》副本备注栏注明检查类别和项目等信息。

第五条 承担职业健康检查的医疗卫生机构(以下简称职业健康检查机构)应当具备以下条件:

(一)持有《医疗机构执业许可证》,涉及放射检查项目的还应当持有《放射诊疗许可证》;

(二)具有相应的职业健康检查场所、候检场所和检验室,建筑总面积不少于400平方米,每个独立的检查室使用面积不少于6平方米;

(三)具有与备案开展的职业健康检查类别和项目相适应的执业医师、护士等医疗卫生技术人员;

(四)至少具有1名取得职业病诊断资格的执业医师;

(五)具有与备案开展的职业健康检查类别和项目相适应的仪器、设备,具有相应职业卫生生物监测能力;开展外出职业健康检查,应当具有相应的职业健康检查仪器、设备、专用车辆等条件;

(六)建立职业健康检查质量管理制度;

(七)具有与职业健康检查信息报告相应的条件。

医疗卫生机构进行职业健康检查备案时,应当提交证明其符合以上条件的有关资料。

第六条 开展职业健康检查工作的医疗卫生机构对备案的职业健康检查信息的真实性、准确性、合法性承担全部法律责任。

当备案信息发生变化时,职业健康检查机构应当自信息发生变化之日起10个工作日内提交变更信息。

第七条 职业健康检查机构具有以下职责:

(一)在备案开展的职业健康检查类别和项目范围内,依法开展职业健康检查工作,并出具职业健康检查报告;

(二)履行疑似职业病的告知和报告义务;

(三)报告职业健康检查信息;

（四）定期向卫生健康主管部门报告职业健康检查工作情况，包括外出职业健康检查工作情况；

（五）开展职业病防治知识宣传教育；

（六）承担卫生健康主管部门交办的其他工作。

第八条　职业健康检查机构应当指定主检医师。主检医师应当具备以下条件：

（一）具有执业医师证书；

（二）具有中级以上专业技术职务任职资格；

（三）具有职业病诊断资格；

（四）从事职业健康检查相关工作三年以上，熟悉职业卫生和职业病诊断相关标准。

主检医师负责确定职业健康检查项目和周期，对职业健康检查过程进行质量控制，审核职业健康检查报告。

第九条　职业健康检查机构及其工作人员应当关心、爱护劳动者，尊重和保护劳动者的知情权及个人隐私。

第十条　省级卫生健康主管部门应当指定机构负责本辖区内职业健康检查机构的质量控制管理工作，组织开展实验室间比对和职业健康检查质量考核。

职业健康检查质量控制规范由中国疾病预防控制中心制定。

第三章　职业健康检查规范

第十一条　按照劳动者接触的职业病危害因素，职业健康检查分为以下六类：

（一）接触粉尘类；

（二）接触化学因素类；

（三）接触物理因素类；

（四）接触生物因素类；

（五）接触放射因素类；

（六）其他类（特殊作业等）。

以上每类中包含不同检查项目。职业健康检查机构应当在备案的检查类别和项目范围内开展相应的职业健康检查。

第十二条　职业健康检查机构开展职业健康检查应当与用人单位签订委托协议书，由用人单位统一组织劳动者进行职业健康检查；也可以由劳动者持单位介绍信进行职业健康检查。

第十三条　职业健康检查机构应当依据相关技术规范，结合用人单位提交的资料，明确用人单位应当检查的项目和周期。

第十四条　在职业健康检查中，用人单位应当如实提供以下职业健康检查所需的相关资料，并承担检查费用：

（一）用人单位的基本情况；

（二）工作场所职业病危害因素种类及其接触人员名册、岗位（或工种）、接触时间；

（三）工作场所职业病危害因素定期检测等相关资料。

第十五条　职业健康检查的项目、周期按照《职业健康监护技术规范》（GBZ？188）执行，放射工作人员职业健康检查按照《放射工作人员职业健康监护技术规范》（GBZ？235）等规定执行。

第十六条　职业健康检查机构可以在执业登记机关管辖区域内或者省级卫生健康主管部门指定区域内开展外出职业健康检查。外出职业健康检查进行医学影像学检查和实验室检测，必须保证检查质量并满足放射防护和生物安全的管理要求。

第十七条　职业健康检查机构应当在职业健康检查结束之日起30个工作日内将职业健康检查结果，包括劳动者个人职业健康检查报告和用人单位职业健康检查总结报告，书面告知用人单位，用人单位应当将劳动者个人职业健康检查结果及职业健康检查机构的建议等情况书面告知劳动者。

第十八条　职业健康检查机构发现疑似职业病病人时，应当告知劳动者本人并及时通知用人单位，同时向所在地卫生健康主管部门报告。发现职业禁忌的，应当及时告知用人单位和劳动者。

第十九条　职业健康检查机构要依托现有的信息平台，加强职业健康检查的统计报告工作，逐步实现信息的互联互通和共享。

第二十条　职业健康检查机构应当建立职业健康检查档案。职业健康检查档案保存时间应当自劳动者最后一次职业健康检查结束之日起不少于15年。

职业健康检查档案应当包括下列材料：

（一）职业健康检查委托协议书；

（二）用人单位提供的相关资料；

（三）出具的职业健康检查结果总结报告和告知材料；

（四）其他有关材料。

第四章 监督管理

第二十一条 县级以上地方卫生健康主管部门应当加强对本辖区职业健康检查机构的监督管理。按照属地化管理原则,制定年度监督检查计划,做好职业健康检查机构的监督检查工作。监督检查主要内容包括:

(一)相关法律法规、标准的执行情况;

(二)按照备案的类别和项目开展职业健康检查工作的情况;

(三)外出职业健康检查工作情况;

(四)职业健康检查质量控制情况;

(五)职业健康检查结果、疑似职业病的报告与告知以及职业健康检查信息报告情况;

(六)职业健康检查档案管理情况等。

第二十二条 省级卫生健康主管部门应当对本辖区内的职业健康检查机构进行定期或者不定期抽查;设区的市级卫生健康主管部门每年应当至少组织一次对本辖区内职业健康检查机构的监督检查;县级卫生健康主管部门负责日常监督检查。

第二十三条 县级以上地方卫生健康主管部门监督检查时,有权查阅或者复制有关资料,职业健康检查机构应当予以配合。

第五章 法律责任

第二十四条 无《医疗机构执业许可证》擅自开展职业健康检查的,由县级以上地方卫生健康主管部门依据《医疗机构管理条例》第四十四条的规定进行处理。

第二十五条 职业健康检查机构有下列行为之一的,由县级以上地方卫生健康主管部门责令改正,给予警告,可以并处3万元以下罚款:

(一)未按规定备案开展职业健康检查的;

(二)未按规定告知疑似职业病的;

(三)出具虚假证明文件的。

第二十六条 职业健康检查机构未按照规定报告疑似职业病的,由县级以上地方卫生健康主管部门依据《职业病防治法》第七十四条的规定进行处理。

第二十七条 职业健康检查机构有下列行为之一的,由县级以上地方卫生健康主管部门给予警告,责令限期改正;逾期不改的,处以三万元以下罚款:

(一)未指定主检医师或者指定的主检医师未取得职业病诊断资格的;

(二)未按要求建立职业健康检查档案的;

(三)未履行职业健康检查信息报告义务的;

(四)未按照相关职业健康监护技术规范规定开展工作的;

(五)违反本办法其他有关规定的。

第二十八条 职业健康检查机构未按规定参加实验室比对或者职业健康检查质量考核工作,或者参加质量考核不合格未按要求整改仍开展职业健康检查工作的,由县级以上地方卫生健康主管部门给予警告,责令限期改正;逾期不改的,处以三万元以下罚款。

第六章 附 则

第二十九条 本办法自2015年5月1日起施行。2002年3月28日原卫生部公布的《职业健康监护管理办法》同时废止。

用人单位职业健康监护监督管理办法

·2012年4月27日国家安全生产监督管理总局令第49号公布

·自2012年6月1日起施行

第一章 总 则

第一条 为了规范用人单位职业健康监护工作,加强职业健康监护的监督管理,保护劳动者健康及其相关权益,根据《中华人民共和国职业病防治法》,制定本办法。

第二条 用人单位从事接触职业病危害作业的劳动者(以下简称劳动者)的职业健康监护和安全生产监督管理部门对其实施监督管理,适用本办法。

第三条 本办法所称职业健康监护,是指劳动者上岗前、在岗期间、离岗时、应急的职业健康检查和职业健康监护档案管理。

第四条 用人单位应当建立、健全劳动者职业健康监护制度,依法落实职业健康监护工作。

第五条 用人单位应当接受安全生产监督管

理部门依法对其职业健康监护工作的监督检查，并提供有关文件和资料。

第六条　对用人单位违反本办法的行为，任何单位和个人均有权向安全生产监督管理部门举报或者报告。

第二章　用人单位的职责

第七条　用人单位是职业健康监护工作的责任主体，其主要负责人对本单位职业健康监护工作全面负责。

用人单位应当依照本办法以及《职业健康监护技术规范》（GBZ188）、《放射工作人员职业健康监护技术规范》（GBZ235）等国家职业卫生标准的要求，制定、落实本单位职业健康检查年度计划，并保证所需要的专项经费。

第八条　用人单位应当组织劳动者进行职业健康检查，并承担职业健康检查费用。

劳动者接受职业健康检查应当视同正常出勤。

第九条　用人单位应当选择由省级以上人民政府卫生行政部门批准的医疗卫生机构承担职业健康检查工作，并确保参加职业健康检查的劳动者身份的真实性。

第十条　用人单位在委托职业健康检查机构对从事接触职业病危害作业的劳动者进行职业健康检查时，应当如实提供下列文件、资料：

（一）用人单位的基本情况；

（二）工作场所职业病危害因素种类及其接触人员名册；

（三）职业病危害因素定期检测、评价结果。

第十一条　用人单位应当对下列劳动者进行上岗前的职业健康检查：

（一）拟从事接触职业病危害作业的新录用劳动者，包括转岗到该作业岗位的劳动者；

（二）拟从事有特殊健康要求作业的劳动者。

第十二条　用人单位不得安排未经上岗前职业健康检查的劳动者从事接触职业病危害的作业，不得安排有职业禁忌的劳动者从事其所禁忌的作业。

用人单位不得安排未成年工从事接触职业病危害的作业，不得安排孕期、哺乳期的女职工从事对本人和胎儿、婴儿有危害的作业。

第十三条　用人单位应当根据劳动者所接触的职业病危害因素，定期安排劳动者进行在岗期间的职业健康检查。

对在岗期间的职业健康检查，用人单位应当按照《职业健康监护技术规范》（GBZ188）等国家职业卫生标准的规定和要求，确定接触职业病危害的劳动者的检查项目和检查周期。需要复查的，应当根据复查要求增加相应的检查项目。

第十四条　出现下列情况之一的，用人单位应当立即组织有关劳动者进行应急职业健康检查：

（一）接触职业病危害因素的劳动者在作业过程中出现与所接触职业病危害因素相关的不适症状的；

（二）劳动者受到急性职业中毒危害或者出现职业中毒症状的。

第十五条　对准备脱离所从事的职业病危害作业或者岗位的劳动者，用人单位应当在劳动者离岗前30日内组织劳动者进行离岗时的职业健康检查。劳动者离岗前90日内的在岗期间的职业健康检查可以视为离岗时的职业健康检查。

用人单位对未进行离岗时职业健康检查的劳动者，不得解除或者终止与其订立的劳动合同。

第十六条　用人单位应当及时将职业健康检查结果及职业健康检查机构的建议以书面形式如实告知劳动者。

第十七条　用人单位应当根据职业健康检查报告，采取下列措施：

（一）对有职业禁忌的劳动者，调离或者暂时脱离原工作岗位；

（二）对健康损害可能与所从事的职业相关的劳动者，进行妥善安置；

（三）对需要复查的劳动者，按照职业健康检查机构要求的时间安排复查和医学观察；

（四）对疑似职业病病人，按照职业健康检查机构的建议安排其进行医学观察或者职业病诊断；

（五）对存在职业病危害的岗位，立即改善劳动条件、完善职业病防护设施，为劳动者配备符合国家标准的职业病危害防护用品。

第十八条　职业健康监护中出现新发生职业病（职业中毒）或者两例以上疑似职业病（职业中毒）的，用人单位应当及时向所在地安全生产监督管理部门报告。

第十九条　用人单位应当为劳动者个人建立

职业健康监护档案,并按照有关规定妥善保存。职业健康监护档案包括下列内容:

(一)劳动者姓名、性别、年龄、籍贯、婚姻、文化程度、嗜好等情况;

(二)劳动者职业史、既往病史和职业病危害接触史;

(三)历次职业健康检查结果及处理情况;

(四)职业病诊疗资料;

(五)需要存入职业健康监护档案的其他有关资料。

第二十条 安全生产行政执法人员、劳动者或者其近亲属、劳动者委托的代理人有权查阅、复印劳动者的职业健康监护档案。

劳动者离开用人单位时,有权索取本人职业健康监护档案复印件,用人单位应当如实、无偿提供,并在所提供的复印件上签章。

第二十一条 用人单位发生分立、合并、解散、破产等情形时,应当对劳动者进行职业健康检查,并依照国家有关规定妥善安置职业病病人;其职业健康监护档案应当依照国家有关规定实施移交保管。

第三章 监督管理

第二十二条 安全生产监督管理部门应当依法对用人单位落实有关职业健康监护的法律、法规、规章和标准的情况进行监督检查,重点监督检查下列内容:

(一)职业健康监护制度建立情况;

(二)职业健康监护计划制定和专项经费落实情况;

(三)如实提供职业健康检查所需资料情况;

(四)劳动者上岗前、在岗期间、离岗时、应急职业健康检查情况;

(五)对职业健康检查结果及建议,向劳动者履行告知义务情况;

(六)针对职业健康检查报告采取措施情况;

(七)报告职业病、疑似职业病情况;

(八)劳动者职业健康监护档案建立及管理情况;

(九)为离开用人单位的劳动者如实、无偿提供本人职业健康监护档案复印件情况;

(十)依法应当监督检查的其他情况。

第二十三条 安全生产监督管理部门应当加强行政执法人员职业健康知识培训,提高行政执法人员的业务素质。

第二十四条 安全生产行政执法人员依法履行监督检查职责时,应当出示有效的执法证件。

安全生产行政执法人员应当忠于职守,秉公执法,严格遵守执法规范,涉及被检查单位技术秘密、业务秘密以及个人隐私的,应当为其保密。

第二十五条 安全生产监督管理部门履行监督检查职责时,有权进入被检查单位,查阅、复制被检查单位有关职业健康监护的文件、资料。

第四章 法律责任

第二十六条 用人单位有下列行为之一的,给予警告,责令限期改正,可以并处3万元以下的罚款:

(一)未建立或者落实职业健康监护制度的;

(二)未按照规定制定职业健康监护计划和落实专项经费的;

(三)弄虚作假,指使他人冒名顶替参加职业健康检查的;

(四)未如实提供职业健康检查所需的文件、资料的;

(五)未根据职业健康检查情况采取相应措施的;

(六)不承担职业健康检查费用的。

第二十七条 用人单位有下列行为之一的,责令限期改正,给予警告,可以并处5万元以上10万元以下的罚款:

(一)未按照规定组织职业健康检查、建立职业健康监护档案或者未将检查结果如实告知劳动者的;

(二)未按照规定在劳动者离开用人单位时提供职业健康监护档案复印件的。

第二十八条 用人单位有下列情形之一的,给予警告,责令限期改正,逾期不改正的,处5万元以上20万元以下的罚款;情节严重的,责令停止产生职业病危害的作业,或者提请有关人民政府按照国务院规定的权限责令关闭:

(一)未按照规定安排职业病病人、疑似职业病病人进行诊治的;

(二)隐瞒、伪造、篡改、损毁职业健康监护档案等相关资料,或者拒不提供职业病诊断、鉴定所需资料的。

第二十九条 用人单位有下列情形之一的，责令限期治理，并处 5 万元以上 30 万元以下的罚款；情节严重的，责令停止产生职业病危害的作业，或者提请有关人民政府按照国务院规定的权限责令关闭：

（一）安排未经职业健康检查的劳动者从事接触职业病危害的作业的；

（二）安排未成年工从事接触职业病危害的作业的；

（三）安排孕期、哺乳期女职工从事对本人和胎儿、婴儿有危害的作业的；

（四）安排有职业禁忌的劳动者从事所禁忌的作业的。

第三十条 用人单位违反本办法规定，未报告职业病、疑似职业病的，由安全生产监督管理部门责令限期改正，给予警告，可以并处 1 万元以下的罚款；弄虚作假的，并处 2 万元以上 5 万元以下的罚款。

第五章 附 则

第三十一条 煤矿安全监察机构依照本办法负责煤矿劳动者职业健康监护的监察工作。

第三十二条 本办法自 2012 年 6 月 1 日起施行。

工作场所职业卫生管理规定

·2020 年 12 月 31 日国家卫生健康委员会令第 5 号公布

·自 2021 年 2 月 1 日起施行

第一章 总 则

第一条 为了加强职业卫生管理工作，强化用人单位职业病防治的主体责任，预防、控制职业病危害，保障劳动者健康和相关权益，根据《中华人民共和国职业病防治法》等法律、行政法规，制定本规定。

第二条 用人单位的职业病防治和卫生健康主管部门对其实施监督管理，适用本规定。

第三条 用人单位应当加强职业病防治工作，为劳动者提供符合法律、法规、规章、国家职业卫生标准和卫生要求的工作环境和条件，并采取有效措施保障劳动者的职业健康。

第四条 用人单位是职业病防治的责任主体，并对本单位产生的职业病危害承担责任。

用人单位的主要负责人对本单位的职业病防治工作全面负责。

第五条 国家卫生健康委依照《中华人民共和国职业病防治法》和国务院规定的职责，负责全国用人单位职业卫生的监督管理工作。

县级以上地方卫生健康主管部门依照《中华人民共和国职业病防治法》和本级人民政府规定的职责，负责本行政区域内用人单位职业卫生的监督管理工作。

第六条 为职业病防治提供技术服务的职业卫生技术服务机构，应当依照国家有关职业卫生技术服务机构管理的相关法律法规及标准、规范的要求，为用人单位提供技术服务。

第七条 任何单位和个人均有权向卫生健康主管部门举报用人单位违反本规定的行为和职业病危害事故。

第二章 用人单位的职责

第八条 职业病危害严重的用人单位，应当设置或者指定职业卫生管理机构或者组织，配备专职职业卫生管理人员。

其他存在职业病危害的用人单位，劳动者超过一百人的，应当设置或者指定职业卫生管理机构或者组织，配备专职职业卫生管理人员；劳动者在一百人以下的，应当配备专职或者兼职的职业卫生管理人员，负责本单位的职业病防治工作。

第九条 用人单位的主要负责人和职业卫生管理人员应当具备与本单位所从事的生产经营活动相适应的职业卫生知识和管理能力，并接受职业卫生培训。

对用人单位主要负责人、职业卫生管理人员的职业卫生培训，应当包括下列主要内容：

（一）职业卫生相关法律、法规、规章和国家职业卫生标准；

（二）职业病危害预防和控制的基本知识；

（三）职业卫生管理相关知识；

（四）国家卫生健康委规定的其他内容。

第十条 用人单位应当对劳动者进行上岗前的职业卫生培训和在岗期间的定期职业卫生培训，普及职业卫生知识，督促劳动者遵守职业病防治的法律、法规、规章、国家职业卫生标准和操作规程。

用人单位应当对职业病危害严重的岗位的劳动者,进行专门的职业卫生培训,经培训合格后方可上岗作业。

因变更工艺、技术、设备、材料,或者岗位调整导致劳动者接触的职业病危害因素发生变化的,用人单位应当重新对劳动者进行上岗前的职业卫生培训。

第十一条 存在职业病危害的用人单位应当制定职业病危害防治计划和实施方案,建立、健全下列职业卫生管理制度和操作规程:

(一)职业病危害防治责任制度;

(二)职业病危害警示与告知制度;

(三)职业病危害项目申报制度;

(四)职业病防治宣传教育培训制度;

(五)职业病防护设施维护检修制度;

(六)职业病防护用品管理制度;

(七)职业病危害监测及评价管理制度;

(八)建设项目职业病防护设施"三同时"管理制度;

(九)劳动者职业健康监护及其档案管理制度;

(十)职业病危害事故处置与报告制度;

(十一)职业病危害应急救援与管理制度;

(十二)岗位职业卫生操作规程;

(十三)法律、法规、规章规定的其他职业病防治制度。

第十二条 产生职业病危害的用人单位的工作场所应当符合下列基本要求:

(一)生产布局合理,有害作业与无害作业分开;

(二)工作场所与生活场所分开,工作场所不得住人;

(三)有与职业病防治工作相适应的有效防护设施;

(四)职业病危害因素的强度或者浓度符合国家职业卫生标准;

(五)有配套的更衣间、洗浴间、孕妇休息间等卫生设施;

(六)设备、工具、用具等设施符合保护劳动者生理、心理健康的要求;

(七)法律、法规、规章和国家职业卫生标准的其他规定。

第十三条 用人单位工作场所存在职业病目录所列职业病的危害因素的,应当按照《职业病危害项目申报办法》的规定,及时、如实向所在地卫生健康主管部门申报职业病危害项目,并接受卫生健康主管部门的监督检查。

第十四条 新建、改建、扩建的工程建设项目和技术改造、技术引进项目(以下统称建设项目)可能产生职业病危害的,建设单位应当按照国家有关建设项目职业病防护设施"三同时"监督管理的规定,进行职业病危害预评价、职业病防护设施设计、职业病危害控制效果评价及相应的评审,组织职业病防护设施验收。

第十五条 产生职业病危害的用人单位,应当在醒目位置设置公告栏,公布有关职业病防治的规章制度、操作规程、职业病危害事故应急救援措施和工作场所职业病危害因素检测结果。

存在或者产生职业病危害的工作场所、作业岗位、设备、设施,应当按照《工作场所职业病危害警示标识》(GBZ158)的规定,在醒目位置设置图形、警示线、警示语句等警示标识和中文警示说明。警示说明应当载明产生职业病危害的种类、后果、预防和应急处置措施等内容。

存在或者产生高毒物品的作业岗位,应当按照《高毒物品作业岗位职业病危害告知规范》(GBZ/T203)的规定,在醒目位置设置高毒物品告知卡,告知卡应当载明高毒物品的名称、理化特性、健康危害、防护措施及应急处理等告知内容与警示标识。

第十六条 用人单位应当为劳动者提供符合国家职业卫生标准的职业病防护用品,并督促、指导劳动者按照使用规则正确佩戴、使用,不得发放钱物替代发放职业病防护用品。

用人单位应当对职业病防护用品进行经常性的维护、保养,确保防护用品有效,不得使用不符合国家职业卫生标准或者已经失效的职业病防护用品。

第十七条 在可能发生急性职业损伤的有毒、有害工作场所,用人单位应当设置报警装置,配置现场急救用品、冲洗设备、应急撤离通道和必要的泄险区。

现场急救用品、冲洗设备等应当设在可能发生急性职业损伤的工作场所或者临近地点,并在醒目位置设置清晰的标识。

在可能突然泄漏或者逸出大量有害物质的密闭或者半密闭工作场所，除遵守本条第一款、第二款规定外，用人单位还应当安装事故通风装置以及与事故排风系统相连锁的泄漏报警装置。

生产、销售、使用、贮存放射性同位素和射线装置的场所，应当按照国家有关规定设置明显的放射性标志，其入口处应当按照国家有关安全和防护标准的要求，设置安全和防护设施以及必要的防护安全联锁、报警装置或者工作信号。放射性装置的生产调试和使用场所，应当具有防止误操作、防止工作人员受到意外照射的安全措施。用人单位必须配备与辐射类型和辐射水平相适应的防护用品和监测仪器，包括个人剂量测量报警、固定式和便携式辐射监测、表面污染监测、流出物监测等设备，并保证可能接触放射线的工作人员佩戴个人剂量计。

第十八条 用人单位应当对职业病防护设备、应急救援设施进行经常性的维护、检修和保养，定期检测其性能和效果，确保其处于正常状态，不得擅自拆除或者停止使用。

第十九条 存在职业病危害的用人单位，应当实施由专人负责的工作场所职业病危害因素日常监测，确保监测系统处于正常工作状态。

第二十条 职业病危害严重的用人单位，应当委托具有相应资质的职业卫生技术服务机构，每年至少进行一次职业病危害因素检测，每三年至少进行一次职业病危害现状评价。

职业病危害一般的用人单位，应当委托具有相应资质的职业卫生技术服务机构，每三年至少进行一次职业病危害因素检测。

检测、评价结果应当存入本单位职业卫生档案，并向卫生健康主管部门报告和劳动者公布。

第二十一条 存在职业病危害的用人单位发生职业病危害事故或者国家卫生健康委规定的其他情形的，应当及时委托具有相应资质的职业卫生技术服务机构进行职业病危害现状评价。

用人单位应当落实职业病危害现状评价报告中提出的建议和措施，并将职业病危害现状评价结果及整改情况存入本单位职业卫生档案。

第二十二条 用人单位在日常的职业病危害监测或者定期检测、现状评价过程中，发现工作场所职业病危害因素不符合国家职业卫生标准和卫生要求时，应当立即采取相应治理措施，确保其符合职业卫生环境和条件的要求；仍然达不到国家职业卫生标准和卫生要求的，必须停止存在职业病危害因素的作业；职业病危害因素经治理后，符合国家职业卫生标准和卫生要求的，方可重新作业。

第二十三条 向用人单位提供可能产生职业病危害的设备的，应当提供中文说明书，并在设备的醒目位置设置警示标识和中文警示说明。警示说明应当载明设备性能、可能产生的职业病危害、安全操作和维护注意事项、职业病防护措施等内容。

用人单位应当检查前款规定的事项，不得使用不符合要求的设备。

第二十四条 向用人单位提供可能产生职业病危害的化学品、放射性同位素和含有放射性物质的材料的，应当提供中文说明书。说明书应当载明产品特性、主要成份、存在的有害因素、可能产生的危害后果、安全使用注意事项、职业病防护和应急救治措施等内容。产品包装应当有醒目的警示标识和中文警示说明。贮存上述材料的场所应当在规定的部位设置危险物品标识或者放射性警示标识。

用人单位应当检查前款规定的事项，不得使用不符合要求的材料。

第二十五条 任何用人单位不得使用国家明令禁止使用的可能产生职业病危害的设备或者材料。

第二十六条 任何单位和个人不得将产生职业病危害的作业转移给不具备职业病防护条件的单位和个人。不具备职业病防护条件的单位和个人不得接受产生职业病危害的作业。

第二十七条 用人单位应当优先采用有利于防治职业病危害和保护劳动者健康的新技术、新工艺、新材料、新设备，逐步替代产生职业病危害的技术、工艺、材料、设备。

第二十八条 用人单位对采用的技术、工艺、材料、设备，应当知悉其可能产生的职业病危害，并采取相应的防护措施。对有职业病危害的技术、工艺、设备、材料，故意隐瞒其危害而采用的，用人单位对其所造成的职业病危害后果承担责任。

第二十九条 用人单位与劳动者订立劳动合同时，应当将工作过程中可能产生的职业病危害及其后果、职业病防护措施和待遇等如实告知劳动者，并在劳动合同中写明，不得隐瞒或者欺骗。

劳动者在履行劳动合同期间因工作岗位或者工作内容变更，从事与所订立劳动合同中未告知的存在职业病危害的作业时，用人单位应当依照前款规定，向劳动者履行如实告知的义务，并协商变更原劳动合同相关条款。

用人单位违反本条规定的，劳动者有权拒绝从事存在职业病危害的作业，用人单位不得因此解除与劳动者所订立的劳动合同。

第三十条 对从事接触职业病危害因素作业的劳动者，用人单位应当按照《用人单位职业健康监护监督管理办法》、《放射工作人员职业健康管理办法》、《职业健康监护技术规范》（GBZ188）、《放射工作人员职业健康监护技术规范》（GBZ235）等有关规定组织上岗前、在岗期间、离岗时的职业健康检查，并将检查结果书面如实告知劳动者。

职业健康检查费用由用人单位承担。

第三十一条 用人单位应当按照《用人单位职业健康监护监督管理办法》的规定，为劳动者建立职业健康监护档案，并按照规定的期限妥善保存。

职业健康监护档案应当包括劳动者的职业史、职业病危害接触史、职业健康检查结果、处理结果和职业病诊疗等有关个人健康资料。

劳动者离开用人单位时，有权索取本人职业健康监护档案复印件，用人单位应当如实、无偿提供，并在所提供的复印件上签章。

第三十二条 劳动者健康出现损害需要进行职业病诊断、鉴定的，用人单位应当如实提供职业病诊断、鉴定所需的劳动者职业史和职业病危害接触史、工作场所职业病危害因素检测结果和放射工作人员个人剂量监测结果等资料。

第三十三条 用人单位不得安排未成年工从事接触职业病危害的作业，不得安排有职业禁忌的劳动者从事其所禁忌的作业，不得安排孕期、哺乳期女职工从事对本人和胎儿、婴儿有危害的作业。

第三十四条 用人单位应当建立健全下列职业卫生档案资料：

（一）职业病防治责任制文件；

（二）职业卫生管理规章制度、操作规程；

（三）工作场所职业病危害因素种类清单、岗位分布以及作业人员接触情况等资料；

（四）职业病防护设施、应急救援设施基本信息，以及其配置、使用、维护、检修与更换等记录；

（五）工作场所职业病危害因素检测、评价报告与记录；

（六）职业病防护用品配备、发放、维护与更换等记录；

（七）主要负责人、职业卫生管理人员和职业病危害严重工作岗位的劳动者等相关人员职业卫生培训资料；

（八）职业病危害事故报告与应急处置记录；

（九）劳动者职业健康检查结果汇总资料，存在职业禁忌证、职业健康损害或者职业病的劳动者处理和安置情况记录；

（十）建设项目职业病防护设施"三同时"有关资料；

（十一）职业病危害项目申报等有关回执或者批复文件；

（十二）其他有关职业卫生管理的资料或者文件。

第三十五条 用人单位发生职业病危害事故，应当及时向所在地卫生健康主管部门和有关部门报告，并采取有效措施，减少或者消除职业病危害因素，防止事故扩大。对遭受或者可能遭受急性职业病危害的劳动者，用人单位应当及时组织救治、进行健康检查和医学观察，并承担所需费用。

用人单位不得故意破坏事故现场、毁灭有关证据，不得迟报、漏报、谎报或者瞒报职业病危害事故。

第三十六条 用人单位发现职业病病人或者疑似职业病病人时，应当按照国家规定及时向所在地卫生健康主管部门和有关部门报告。

第三十七条 用人单位在卫生健康主管部门行政执法人员依法履行监督检查职责时，应当予以配合，不得拒绝、阻挠。

第三章 监督管理

第三十八条 卫生健康主管部门应当依法对用人单位执行有关职业病防治的法律、法规、规章和国家职业卫生标准的情况进行监督检查，重点监督检查下列内容：

（一）设置或者指定职业卫生管理机构或者组织，配备专职或者兼职的职业卫生管理人员情况；

（二）职业卫生管理制度和操作规程的建立、

落实及公布情况;

(三)主要负责人、职业卫生管理人员和职业病危害严重的工作岗位的劳动者职业卫生培训情况;

(四)建设项目职业病防护设施"三同时"制度落实情况;

(五)工作场所职业病危害项目申报情况;

(六)工作场所职业病危害因素监测、检测、评价及结果报告和公布情况;

(七)职业病防护设施、应急救援设施的配置、维护、保养情况,以及职业病防护用品的发放、管理及劳动者佩戴使用情况;

(八)职业病危害因素及危害后果警示、告知情况;

(九)劳动者职业健康监护、放射工作人员个人剂量监测情况;

(十)职业病危害事故报告情况;

(十一)提供劳动者健康损害与职业史、职业病危害接触关系等相关资料的情况;

(十二)依法应当监督检查的其他情况。

第三十九条 卫生健康主管部门应当建立健全职业卫生监督检查制度,加强行政执法人员职业卫生知识的培训,提高行政执法人员的业务素质。

第四十条 卫生健康主管部门应当加强建设项目职业病防护设施"三同时"的监督管理,建立健全相关资料的档案管理制度。

第四十一条 卫生健康主管部门应当加强职业卫生技术服务机构的资质认可管理和技术服务工作的监督检查,督促职业卫生技术服务机构公平、公正、客观、科学地开展职业卫生技术服务。

第四十二条 卫生健康主管部门应当建立健全职业病危害防治信息统计分析制度,加强对用人单位职业病危害因素检测、评价结果、劳动者职业健康监护信息以及职业卫生监督检查信息等资料的统计、汇总和分析。

第四十三条 卫生健康主管部门应当按照有关规定,支持、配合有关部门和机构开展职业病的诊断、鉴定工作。

第四十四条 卫生健康主管部门行政执法人员依法履行监督检查职责时,应当出示有效的执法证件。

行政执法人员应当忠于职守,秉公执法,严格遵守执法规范;涉及被检查单位的技术秘密、业务秘密以及个人隐私的,应当为其保密。

第四十五条 卫生健康主管部门履行监督检查职责时,有权采取下列措施:

(一)进入被检查单位及工作场所,进行职业病危害检测,了解情况,调查取证;

(二)查阅、复制被检查单位有关职业病危害防治的文件、资料,采集有关样品;

(三)责令违反职业病防治法律、法规的单位和个人停止违法行为;

(四)责令暂停导致职业病危害事故的作业,封存造成职业病危害事故或者可能导致职业病危害事故发生的材料和设备;

(五)组织控制职业病危害事故现场。

在职业病危害事故或者危害状态得到有效控制后,卫生健康主管部门应当及时解除前款第四项、第五项规定的控制措施。

第四十六条 发生职业病危害事故,卫生健康主管部门应当依照国家有关规定报告事故和组织事故的调查处理。

第四章 法律责任

第四十七条 用人单位有下列情形之一的,责令限期改正,给予警告,可以并处五千元以上二万元以下的罚款:

(一)未按照规定实行有害作业与无害作业分开、工作场所与生活场所分开的;

(二)用人单位的主要负责人、职业卫生管理人员未接受职业卫生培训的;

(三)其他违反本规定的行为。

第四十八条 用人单位有下列情形之一的,责令限期改正,给予警告;逾期未改正的,处十万元以下的罚款:

(一)未按照规定制定职业病防治计划和实施方案的;

(二)未按照规定设置或者指定职业卫生管理机构或者组织,或者未配备专职或者兼职的职业卫生管理人员的;

(三)未按照规定建立、健全职业卫生管理制度和操作规程的;

(四)未按照规定建立、健全职业卫生档案和劳动者健康监护档案的;

(五)未建立、健全工作场所职业病危害因素监测及评价制度的；

（六）未按照规定公布有关职业病防治的规章制度、操作规程、职业病危害事故应急救援措施的；

（七）未按照规定组织劳动者进行职业卫生培训，或者未对劳动者个体防护采取有效的指导、督促措施的；

（八）工作场所职业病危害因素检测、评价结果未按照规定存档、上报和公布的。

第四十九条　用人单位有下列情形之一的，责令限期改正，给予警告，可以并处五万元以上十万元以下的罚款：

（一）未按照规定及时、如实申报产生职业病危害的项目的；

（二）未实施由专人负责职业病危害因素日常监测，或者监测系统不能正常监测的；

（三）订立或者变更劳动合同时，未告知劳动者职业病危害真实情况的；

（四）未按照规定组织劳动者进行职业健康检查、建立职业健康监护档案或者未将检查结果书面告知劳动者的；

（五）未按照规定在劳动者离开用人单位时提供职业健康监护档案复印件的。

第五十条　用人单位有下列情形之一的，责令限期改正，给予警告；逾期未改正的，处五万元以上二十万元以下的罚款；情节严重的，责令停止产生职业病危害的作业，或者提请有关人民政府按照国务院规定的权限责令关闭：

（一）工作场所职业病危害因素的强度或者浓度超过国家职业卫生标准的；

（二）未提供职业病防护设施和劳动者使用的职业病防护用品，或者提供的职业病防护设施和劳动者使用的职业病防护用品不符合国家职业卫生标准和卫生要求的；

（三）未按照规定对职业病防护设备、应急救援设施和劳动者职业病防护用品进行维护、检修、检测，或者不能保持正常运行、使用状态的；

（四）未按照规定对工作场所职业病危害因素进行检测、现状评价的；

（五）工作场所职业病危害因素经治理仍然达不到国家职业卫生标准和卫生要求时，未停止存在职业病危害因素的作业的；

（六）发生或者可能发生急性职业病危害事故，未立即采取应急救援和控制措施或者未按照规定及时报告的；

（七）未按照规定在产生严重职业病危害的作业岗位醒目位置设置警示标识和中文警示说明的；

（八）拒绝卫生健康主管部门监督检查的；

（九）隐瞒、伪造、篡改、毁损职业健康监护档案、工作场所职业病危害因素检测评价结果等相关资料，或者不提供职业病诊断、鉴定所需要资料的；

（十）未按照规定承担职业病诊断、鉴定费用和职业病病人的医疗、生活保障费用的。

第五十一条　用人单位有下列情形之一的，依法责令限期改正，并处五万元以上三十万元以下的罚款；情节严重的，责令停止产生职业病危害的作业，或者提请有关人民政府按照国务院规定的权限责令关闭：

（一）隐瞒技术、工艺、设备、材料所产生的职业病危害而采用的；

（二）隐瞒本单位职业卫生真实情况的；

（三）可能发生急性职业损伤的有毒、有害工作场所或者放射工作场所不符合法律有关规定的；

（四）使用国家明令禁止使用的可能产生职业病危害的设备或者材料的；

（五）将产生职业病危害的作业转移给没有职业病防护条件的单位和个人，或者没有职业病防护条件的单位和个人接受产生职业病危害的作业的；

（六）擅自拆除、停止使用职业病防护设备或者应急救援设施的；

（七）安排未经职业健康检查的劳动者、有职业禁忌的劳动者、未成年工或者孕期、哺乳期女职工从事接触产生职业病危害的作业或者禁忌作业的；

（八）违章指挥和强令劳动者进行没有职业病防护措施的作业的。

第五十二条　用人单位违反《中华人民共和国职业病防治法》的规定，已经对劳动者生命健康造成严重损害的，责令停止产生职业病危害的作业，或者提请有关人民政府按照国务院规定的权限责令关闭，并处十万元以上五十万元以下的罚款。

造成重大职业病危害事故或者其他严重后果，构成犯罪的，对直接负责的主管人员和其他直接责任人员，依法追究刑事责任。

第五十三条　向用人单位提供可能产生职业

病危害的设备或者材料,未按照规定提供中文说明书或者设置警示标识和中文警示说明的,责令限期改正,给予警告,并处五万元以上二十万元以下的罚款。

第五十四条 用人单位未按照规定报告职业病、疑似职业病的,责令限期改正,给予警告,可以并处一万元以下的罚款;弄虚作假的,并处二万元以上五万元以下的罚款。

第五十五条 卫生健康主管部门及其行政执法人员未按照规定报告职业病危害事故的,依照有关规定给予处理;构成犯罪的,依法追究刑事责任。

第五十六条 本规定所规定的行政处罚,由县级以上地方卫生健康主管部门决定。法律、行政法规和国务院有关规定对行政处罚决定机关另有规定的,依照其规定。

第五章　附　则

第五十七条 本规定下列用语的含义:

工作场所,是指劳动者进行职业活动的所有地点,包括建设单位施工场所。

职业病危害严重的用人单位,是指建设项目职业病危害风险分类管理目录中所列职业病危害严重行业的用人单位。建设项目职业病危害风险分类管理目录由国家卫生健康委公布。各省级卫生健康主管部门可以根据本地区实际情况,对分类管理目录作出补充规定。

建设项目职业病防护设施"三同时",是指建设项目的职业病防护设施与主体工程同时设计、同时施工、同时投入生产和使用。

第五十八条 本规定未规定的其他有关职业病防治事项,依照《中华人民共和国职业病防治法》和其他有关法律、法规、规章的规定执行。

第五十九条 医疗机构放射卫生管理按照放射诊疗管理相关规定执行。

第六十条 本规定自 2021 年 2 月 1 日起施行。原国家安全生产监督管理总局 2012 年 4 月 27 日公布的《工作场所职业卫生监督管理规定》同时废止。

3. 事故处理

生产安全事故报告和调查处理条例

· 2007 年 3 月 28 日国务院第 172 次常务会议通过

· 2007 年 4 月 9 日中华人民共和国国务院令第 493 号公布

· 自 2007 年 6 月 1 日起施行

第一章　总　则

第一条 为了规范生产安全事故的报告和调查处理,落实生产安全事故责任追究制度,防止和减少生产安全事故,根据《中华人民共和国安全生产法》和有关法律,制定本条例。

第二条 生产经营活动中发生的造成人身伤亡或者直接经济损失的生产安全事故的报告和调查处理,适用本条例;环境污染事故、核设施事故、国防科研生产事故的报告和调查处理不适用本条例。

第三条 根据生产安全事故(以下简称事故)造成的人员伤亡或者直接经济损失,事故一般分为以下等级:

(一)特别重大事故,是指造成 30 人以上死亡,或者 100 人以上重伤(包括急性工业中毒,下同),或者 1 亿元以上直接经济损失的事故;

(二)重大事故,是指造成 10 人以上 30 人以下死亡,或者 50 人以上 100 人以下重伤,或者 5000 万元以上 1 亿元以下直接经济损失的事故;

(三)较大事故,是指造成 3 人以上 10 人以下死亡,或者 10 人以上 50 人以下重伤,或者 1000 万元以上 5000 万元以下直接经济损失的事故;

(四)一般事故,是指造成 3 人以下死亡,或者 10 人以下重伤,或者 1000 万元以下直接经济损失的事故。

国务院安全生产监督管理部门可以会同国务院有关部门,制定事故等级划分的补充性规定。

本条第一款所称的"以上"包括本数,所称的"以下"不包括本数。

第四条 事故报告应当及时、准确、完整,任何单位和个人对事故不得迟报、漏报、谎报或者瞒报。

事故调查处理应当坚持实事求是、尊重科学的原则，及时、准确地查清事故经过、事故原因和事故损失，查明事故性质，认定事故责任，总结事故教训，提出整改措施，并对事故责任者依法追究责任。

第五条 县级以上人民政府应当依照本条例的规定，严格履行职责，及时、准确地完成事故调查处理工作。

事故发生地有关地方人民政府应当支持、配合上级人民政府或者有关部门的事故调查处理工作，并提供必要的便利条件。

参加事故调查处理的部门和单位应当互相配合，提高事故调查处理工作的效率。

第六条 工会依法参加事故调查处理，有权向有关部门提出处理意见。

第七条 任何单位和个人不得阻挠和干涉对事故的报告和依法调查处理。

第八条 对事故报告和调查处理中的违法行为，任何单位和个人有权向安全生产监督管理部门、监察机关或者其他有关部门举报，接到举报的部门应当依法及时处理。

第二章 事故报告

第九条 事故发生后，事故现场有关人员应当立即向本单位负责人报告；单位负责人接到报告后，应当于1小时内向事故发生地县级以上人民政府安全生产监督管理部门和负有安全生产监督管理职责的有关部门报告。

情况紧急时，事故现场有关人员可以直接向事故发生地县级以上人民政府安全生产监督管理部门和负有安全生产监督管理职责的有关部门报告。

第十条 安全生产监督管理部门和负有安全生产监督管理职责的有关部门接到事故报告后，应当依照下列规定上报事故情况，并通知公安机关、劳动保障行政部门、工会和人民检察院：

（一）特别重大事故、重大事故逐级上报至国务院安全生产监督管理部门和负有安全生产监督管理职责的有关部门；

（二）较大事故逐级上报至省、自治区、直辖市人民政府安全生产监督管理部门和负有安全生产监督管理职责的有关部门；

（三）一般事故上报至设区的市级人民政府安全生产监督管理部门和负有安全生产监督管理职责的有关部门。

安全生产监督管理部门和负有安全生产监督管理职责的有关部门依照前款规定上报事故情况，应当同时报告本级人民政府。国务院安全生产监督管理部门和负有安全生产监督管理职责的有关部门以及省级人民政府接到发生特别重大事故、重大事故的报告后，应当立即报告国务院。

必要时，安全生产监督管理部门和负有安全生产监督管理职责的有关部门可以越级上报事故情况。

第十一条 安全生产监督管理部门和负有安全生产监督管理职责的有关部门逐级上报事故情况，每级上报的时间不得超过2小时。

第十二条 报告事故应当包括下列内容：

（一）事故发生单位概况；

（二）事故发生的时间、地点以及事故现场情况；

（三）事故的简要经过；

（四）事故已经造成或者可能造成的伤亡人数（包括下落不明的人数）和初步估计的直接经济损失；

（五）已经采取的措施；

（六）其他应当报告的情况。

第十三条 事故报告后出现新情况的，应当及时补报。

自事故发生之日起30日内，事故造成的伤亡人数发生变化的，应当及时补报。道路交通事故、火灾事故自发生之日起7日内，事故造成的伤亡人数发生变化的，应当及时补报。

第十四条 事故发生单位负责人接到事故报告后，应当立即启动事故相应应急预案，或者采取有效措施，组织抢救，防止事故扩大，减少人员伤亡和财产损失。

第十五条 事故发生地有关地方人民政府、安全生产监督管理部门和负有安全生产监督管理职责的有关部门接到事故报告后，其负责人应当立即赶赴事故现场，组织事故救援。

第十六条 事故发生后，有关单位和人员应当妥善保护事故现场以及相关证据，任何单位和个人不得破坏事故现场、毁灭相关证据。

因抢救人员、防止事故扩大以及疏通交通等原因,需要移动事故现场物件的,应当做出标志,绘制现场简图并做出书面记录,妥善保存现场重要痕迹、物证。

第十七条　事故发生地公安机关根据事故的情况,对涉嫌犯罪的,应当依法立案侦查,采取强制措施和侦查措施。犯罪嫌疑人逃匿的,公安机关应当迅速追捕归案。

第十八条　安全生产监督管理部门和负有安全生产监督管理职责的有关部门应当建立值班制度,并向社会公布值班电话,受理事故报告和举报。

第三章　事故调查

第十九条　特别重大事故由国务院或者国务院授权有关部门组织事故调查组进行调查。

重大事故、较大事故、一般事故分别由事故发生地省级人民政府、设区的市级人民政府、县级人民政府负责调查。省级人民政府、设区的市级人民政府、县级人民政府可以直接组织事故调查组进行调查,也可以授权或者委托有关部门组织事故调查组进行调查。

未造成人员伤亡的一般事故,县级人民政府也可以委托事故发生单位组织事故调查组进行调查。

第二十条　上级人民政府认为必要时,可以调查由下级人民政府负责调查的事故。

自事故发生之日起30日内(道路交通事故、火灾事故自发生之日起7日内),因事故伤亡人数变化导致事故等级发生变化,依照本条例规定应当由上级人民政府负责调查的,上级人民政府可以另行组织事故调查组进行调查。

第二十一条　特别重大事故以下等级事故,事故发生地与事故发生单位不在同一个县级以上行政区域的,由事故发生地人民政府负责调查,事故发生单位所在地人民政府应当派人参加。

第二十二条　事故调查组的组成应当遵循精简、效能的原则。

根据事故的具体情况,事故调查组由有关人民政府、安全生产监督管理部门、负有安全生产监督管理职责的有关部门、监察机关、公安机关以及工会派人组成,并应当邀请人民检察院派人参加。

事故调查组可以聘请有关专家参与调查。

第二十三条　事故调查组成员应当具有事故调查所需要的知识和专长,并与所调查的事故没

有直接利害关系。

第二十四条　事故调查组组长由负责事故调查的人民政府指定。事故调查组组长主持事故调查组的工作。

第二十五条　事故调查组履行下列职责:

(一)查明事故发生的经过、原因、人员伤亡情况及直接经济损失;

(二)认定事故的性质和事故责任;

(三)提出对事故责任者的处理建议;

(四)总结事故教训,提出防范和整改措施;

(五)提交事故调查报告。

第二十六条　事故调查组有权向有关单位和个人了解与事故有关的情况,并要求其提供相关文件、资料,有关单位和个人不得拒绝。

事故发生单位的负责人和有关人员在事故调查期间不得擅离职守,并应当随时接受事故调查组的询问,如实提供有关情况。

事故调查中发现涉嫌犯罪的,事故调查组应当及时将有关材料或者其复印件移交司法机关处理。

第二十七条　事故调查中需要进行技术鉴定的,事故调查组应当委托具有国家规定资质的单位进行技术鉴定。必要时,事故调查组可以直接组织专家进行技术鉴定。技术鉴定所需时间不计入事故调查期限。

第二十八条　事故调查组成员在事故调查工作中应当诚信公正、恪尽职守,遵守事故调查组的纪律,保守事故调查的秘密。

未经事故调查组组长允许,事故调查组成员不得擅自发布有关事故的信息。

第二十九条　事故调查组应当自事故发生之日起60日内提交事故调查报告;特殊情况下,经负责事故调查的人民政府批准,提交事故调查报告的期限可以适当延长,但延长的期限最长不超过60日。

第三十条　事故调查报告应当包括下列内容:

(一)事故发生单位概况;

(二)事故发生经过和事故救援情况;

(三)事故造成的人员伤亡和直接经济损失;

(四)事故发生的原因和事故性质;

(五)事故责任的认定以及对事故责任者的处理建议;

（六）事故防范和整改措施。

事故调查报告应当附具有关证据材料。事故调查组成员应当在事故调查报告上签名。

第三十一条 事故调查报告报送负责事故调查的人民政府后，事故调查工作即告结束。事故调查的有关资料应当归档保存。

第四章 事故处理

第三十二条 重大事故、较大事故、一般事故，负责事故调查的人民政府应当自收到事故调查报告之日起 15 日内做出批复；特别重大事故，30 日内做出批复，特殊情况下，批复时间可以适当延长，但延长的时间最长不超过 30 日。

有关机关应当按照人民政府的批复，依照法律、行政法规规定的权限和程序，对事故发生单位和有关人员进行行政处罚，对负有事故责任的国家工作人员进行处分。

事故发生单位应当按照负责事故调查的人民政府的批复，对本单位负有事故责任的人员进行处理。

负有事故责任的人员涉嫌犯罪的，依法追究刑事责任。

第三十三条 事故发生单位应当认真吸取事故教训，落实防范和整改措施，防止事故再次发生。防范和整改措施的落实情况应当接受工会和职工的监督。

安全生产监督管理部门和负有安全生产监督管理职责的有关部门应当对事故发生单位落实防范和整改措施的情况进行监督检查。

第三十四条 事故处理的情况由负责事故调查的人民政府或者其授权的有关部门、机构向社会公布，依法应当保密的除外。

第五章 法律责任

第三十五条 事故发生单位主要负责人有下列行为之一的，处上一年年收入 40% 至 80% 的罚款；属于国家工作人员的，并依法给予处分；构成犯罪的，依法追究刑事责任：

（一）不立即组织事故抢救的；

（二）迟报或者漏报事故的；

（三）在事故调查处理期间擅离职守的。

第三十六条 事故发生单位及其有关人员有下列行为之一的，对事故发生单位处 100 万元以上

500 万元以下的罚款；对主要负责人、直接负责的主管人员和其他直接责任人员处上一年年收入 60% 至 100% 的罚款；属于国家工作人员的，并依法给予处分；构成违反治安管理行为的，由公安机关依法给予治安管理处罚；构成犯罪的，依法追究刑事责任：

（一）谎报或者瞒报事故的；

（二）伪造或者故意破坏事故现场的；

（三）转移、隐匿资金、财产，或者销毁有关证据、资料的；

（四）拒绝接受调查或者拒绝提供有关情况和资料的；

（五）在事故调查中作伪证或者指使他人作伪证的；

（六）事故发生后逃匿的。

第三十七条 事故发生单位对事故发生负有责任的，依照下列规定处以罚款：

（一）发生一般事故的，处 10 万元以上 20 万元以下的罚款；

（二）发生较大事故的，处 20 万元以上 50 万元以下的罚款；

（三）发生重大事故的，处 50 万元以上 200 万元以下的罚款；

（四）发生特别重大事故的，处 200 万元以上 500 万元以下的罚款。

第三十八条 事故发生单位主要负责人未依法履行安全生产管理职责，导致事故发生的，依照下列规定处以罚款；属于国家工作人员的，并依法给予处分；构成犯罪的，依法追究刑事责任：

（一）发生一般事故的，处上一年年收入 30% 的罚款；

（二）发生较大事故的，处上一年年收入 40% 的罚款；

（三）发生重大事故的，处上一年年收入 60% 的罚款；

（四）发生特别重大事故的，处上一年年收入 80% 的罚款。

第三十九条 有关地方人民政府、安全生产监督管理部门和负有安全生产监督管理职责的有关部门有下列行为之一的，对直接负责的主管人员和其他直接责任人员依法给予处分；构成犯罪的，依法追究刑事责任：

（一）不立即组织事故抢救的；

（二）迟报、漏报、谎报或者瞒报事故的；

（三）阻碍、干涉事故调查工作的；

（四）在事故调查中作伪证或者指使他人作伪证的。

第四十条 事故发生单位对事故发生负有责任的，由有关部门依法暂扣或者吊销其有关证照；对事故发生单位负有事故责任的有关人员，依法暂停或者撤销其与安全生产有关的执业资格、岗位证书；事故发生单位主要负责人受到刑事处罚或者撤职处分的，自刑罚执行完毕或者受处分之日起，5 年内不得担任任何生产经营单位的主要负责人。

为发生事故的单位提供虚假证明的中介机构，由有关部门依法暂扣或者吊销其有关证照及其相关人员的执业资格；构成犯罪的，依法追究刑事责任。

第四十一条 参与事故调查的人员在事故调查中有下列行为之一的，依法给予处分；构成犯罪的，依法追究刑事责任：

（一）对事故调查工作不负责任，致使事故调查工作有重大疏漏的；

（二）包庇、袒护负有事故责任的人员或者借机打击报复的。

第四十二条 违反本条例规定，有关地方人民政府或者有关部门故意拖延或者拒绝落实经批复的对事故责任人的处理意见的，由监察机关对有关责任人员依法给予处分。

第四十三条 本条例规定的罚款的行政处罚，由安全生产监督管理部门决定。

法律、行政法规对行政处罚的种类、幅度和决定机关另有规定的，依照其规定。

第六章 附 则

第四十四条 没有造成人员伤亡，但是社会影响恶劣的事故，国务院或者有关地方人民政府认为需要调查处理的，依照本条例的有关规定执行。

国家机关、事业单位、人民团体发生的事故的报告和调查处理，参照本条例的规定执行。

第四十五条 特别重大事故以下等级事故的报告和调查处理，有关法律、行政法规或者国务院另有规定的，依照其规定。

第四十六条 本条例自 2007 年 6 月 1 日起施行。国务院 1989 年 3 月 29 日公布的《特别重大事故调查程序暂行规定》和 1991 年 2 月 22 日公布的《企业职工伤亡事故报告和处理规定》同时废止。

生产安全事故应急条例

· 2018 年 12 月 5 日国务院第 33 次常务会议通过
· 2019 年 2 月 17 日中华人民共和国国务院令第 708 号公布
· 自 2019 年 4 月 1 日起施行

第一章 总 则

第一条 为了规范生产安全事故应急工作，保障人民群众生命和财产安全，根据《中华人民共和国安全生产法》和《中华人民共和国突发事件应对法》，制定本条例。

第二条 本条例适用于生产安全事故应急工作；法律、行政法规另有规定的，适用其规定。

第三条 国务院统一领导全国的生产安全事故应急工作，县级以上地方人民政府统一领导本行政区域内的生产安全事故应急工作。生产安全事故应急工作涉及两个以上行政区域的，由有关行政区域共同的上一级人民政府负责，或者由各有关行政区域的上一级人民政府共同负责。

县级以上人民政府应急管理部门和其他对有关行业、领域的安全生产工作实施监督管理的部门（以下统称负有安全生产监督管理职责的部门）在各自职责范围内，做好有关行业、领域的生产安全事故应急工作。

县级以上人民政府应急管理部门指导、协调本级人民政府其他负有安全生产监督管理职责的部门和下级人民政府的生产安全事故应急工作。

乡、镇人民政府以及街道办事处等地方人民政府派出机关应当协助上级人民政府有关部门依法履行生产安全事故应急工作职责。

第四条 生产经营单位应当加强生产安全事故应急工作，建立、健全生产安全事故应急工作责任制，其主要负责人对本单位的生产安全事故应急工作全面负责。

第二章 应急准备

第五条 县级以上人民政府及其负有安全生

产监督管理职责的部门和乡、镇人民政府以及街道办事处等地方人民政府派出机关,应当针对可能发生的生产安全事故的特点和危害,进行风险辨识和评估,制定相应的生产安全事故应急救援预案,并依法向社会公布。

生产经营单位应当针对本单位可能发生的生产安全事故的特点和危害,进行风险辨识和评估,制定相应的生产安全事故应急救援预案,并向本单位从业人员公布。

第六条 生产安全事故应急救援预案应当符合有关法律、法规、规章和标准的规定,具有科学性、针对性和可操作性,明确规定应急组织体系、职责分工以及应急救援程序和措施。

有下列情形之一的,生产安全事故应急救援预案制定单位应当及时修订相关预案:

(一)制定预案所依据的法律、法规、规章、标准发生重大变化;

(二)应急指挥机构及其职责发生调整;

(三)安全生产面临的风险发生重大变化;

(四)重要应急资源发生重大变化;

(五)在预案演练或者应急救援中发现需要修订预案的重大问题;

(六)其他应当修订的情形。

第七条 县级以上人民政府负有安全生产监督管理职责的部门应当将其制定的生产安全事故应急救援预案报送本级人民政府备案;易燃易爆物品、危险化学品等危险物品的生产、经营、储存、运输单位,矿山、金属冶炼、城市轨道交通运营、建筑施工单位,以及宾馆、商场、娱乐场所、旅游景区等人员密集场所经营单位,应当将其制定的生产安全事故应急救援预案按照国家有关规定报送县级以上人民政府负有安全生产监督管理职责的部门备案,并依法向社会公布。

第八条 县级以上地方人民政府以及县级以上人民政府负有安全生产监督管理职责的部门,乡、镇人民政府以及街道办事处等地方人民政府派出机关,应当至少每2年组织1次生产安全事故应急救援预案演练。

易燃易爆物品、危险化学品等危险物品的生产、经营、储存、运输单位,矿山、金属冶炼、城市轨道交通运营、建筑施工单位,以及宾馆、商场、娱乐场所、旅游景区等人员密集场所经营单位,应当至少每半年组织1次生产安全事故应急救援预案演练,并将演练情况报送所在地县级以上地方人民政府负有安全生产监督管理职责的部门。

县级以上地方人民政府负有安全生产监督管理职责的部门应当对本行政区域内前款规定的重点生产经营单位的生产安全事故应急救援预案演练进行抽查;发现演练不符合要求的,应当责令限期改正。

第九条 县级以上人民政府应当加强对生产安全事故应急救援队伍建设的统一规划、组织和指导。

县级以上人民政府负有安全生产监督管理职责的部门根据生产安全事故应急工作的实际需要,在重点行业、领域单独建立或者依托有条件的生产经营单位、社会组织共同建立应急救援队伍。

国家鼓励和支持生产经营单位和其他社会力量建立提供社会化应急救援服务的应急救援队伍。

第十条 易燃易爆物品、危险化学品等危险物品的生产、经营、储存、运输单位,矿山、金属冶炼、城市轨道交通运营、建筑施工单位,以及宾馆、商场、娱乐场所、旅游景区等人员密集场所经营单位,应当建立应急救援队伍;其中,小型企业或者微型企业等规模较小的生产经营单位,可以不建立应急救援队伍,但应当指定兼职的应急救援人员,并且可以与邻近的应急救援队伍签订应急救援协议。

工业园区、开发区等产业聚集区域内的生产经营单位,可以联合建立应急救援队伍。

第十一条 应急救援队伍的应急救援人员应当具备必要的专业知识、技能、身体素质和心理素质。

应急救援队伍建立单位或者兼职应急救援人员所在单位应当按照国家有关规定对应急救援人员进行培训;应急救援人员经培训合格后,方可参加应急救援工作。

应急救援队伍应当配备必要的应急救援装备和物资,并定期组织训练。

第十二条 生产经营单位应当及时将本单位应急救援队伍建立情况按照国家有关规定报送县级以上人民政府负有安全生产监督管理职责的部门,并依法向社会公布。

县级以上人民政府负有安全生产监督管理职责的部门应当定期将本行业、本领域的应急救援队伍建立情况报送本级人民政府,并依法向社会公布。

第十三条 县级以上地方人民政府应当根据本行政区域内可能发生的生产安全事故的特点和危害,储备必要的应急救援装备和物资,并及时更新和补充。

易燃易爆物品、危险化学品等危险物品的生产、经营、储存、运输单位,矿山、金属冶炼、城市轨道交通运营、建筑施工单位,以及宾馆、商场、娱乐场所、旅游景区等人员密集场所经营单位,应当根据本单位可能发生的生产安全事故的特点和危害,配备必要的灭火、排水、通风以及危险物品稀释、掩埋、收集等应急救援器材、设备和物资,并进行经常性维护、保养,保证正常运转。

第十四条 下列单位应当建立应急值班制度,配备应急值班人员:

(一)县级以上人民政府及其负有安全生产监督管理职责的部门;

(二)危险物品的生产、经营、储存、运输单位以及矿山、金属冶炼、城市轨道交通运营、建筑施工单位;

(三)应急救援队伍。

规模较大、危险性较高的易燃易爆物品、危险化学品等危险物品的生产、经营、储存、运输单位应当成立应急处置技术组,实行 24 小时应急值班。

第十五条 生产经营单位应当对从业人员进行应急教育和培训,保证从业人员具备必要的应急知识,掌握风险防范技能和事故应急措施。

第十六条 国务院负有安全生产监督管理职责的部门应当按照国家有关规定建立生产安全事故应急救援信息系统,并采取有效措施,实现数据互联互通、信息共享。

生产经营单位可以通过生产安全事故应急救援信息系统办理生产安全事故应急救援预案备案手续,报送应急救援预案演练情况和应急救援队伍建设情况;但依法需要保密的除外。

第三章 应急救援

第十七条 发生生产安全事故后,生产经营单位应当立即启动生产安全事故应急救援预案,采取下列一项或者多项应急救援措施,并按照国家有关规定报告事故情况:

(一)迅速控制危险源,组织抢救遇险人员;

(二)根据事故危害程度,组织现场人员撤离或者采取可能的应急措施后撤离;

(三)及时通知可能受到事故影响的单位和人员;

(四)采取必要措施,防止事故危害扩大和次生、衍生灾害发生;

(五)根据需要请求邻近的应急救援队伍参加救援,并向参加救援的应急救援队伍提供相关技术资料、信息和处置方法;

(六)维护事故现场秩序,保护事故现场和相关证据;

(七)法律、法规规定的其他应急救援措施。

第十八条 有关地方人民政府及其部门接到生产安全事故报告后,应当按照国家有关规定上报事故情况,启动相应的生产安全事故应急救援预案,并按照应急救援预案的规定采取下列一项或者多项应急救援措施:

(一)组织抢救遇险人员,救治受伤人员,研判事故发展趋势以及可能造成的危害;

(二)通知可能受到事故影响的单位和人员,隔离事故现场,划定警戒区域,疏散受到威胁的人员,实施交通管制;

(三)采取必要措施,防止事故危害扩大和次生、衍生灾害发生,避免或者减少事故对环境造成的危害;

(四)依法发布调用和征用应急资源的决定;

(五)依法向应急救援队伍下达救援命令;

(六)维护事故现场秩序,组织安抚遇险人员和遇险遇难人员亲属;

(七)依法发布有关事故情况和应急救援工作的信息;

(八)法律、法规规定的其他应急救援措施。

有关地方人民政府不能有效控制生产安全事故的,应当及时向上级人民政府报告。上级人民政府应当及时采取措施,统一指挥应急救援。

第十九条 应急救援队伍接到有关人民政府及其部门的救援命令或者签有应急救援协议的生产经营单位的救援请求后,应当立即参加生产安全事故应急救援。

应急救援队伍根据救援命令参加生产安全事故应急救援所耗费用,由事故责任单位承担;事故责任单位无力承担的,由有关人民政府协调解决。

第二十条 发生生产安全事故后,有关人民政府认为有必要的,可以设立由本级人民政府及其有关部门负责人、应急救援专家、应急救援队伍负责人、事故发生单位负责人等人员组成的应急救援现场指挥部,并指定现场指挥部总指挥。

第二十一条 现场指挥部实行总指挥负责制,按照本级人民政府的授权组织制定并实施生产安全事故现场应急救援方案,协调、指挥有关单位和个人参加现场应急救援。

参加生产安全事故现场应急救援的单位和个人应当服从现场指挥部的统一指挥。

第二十二条 在生产安全事故应急救援过程中,发现可能直接危及应急救援人员生命安全的紧急情况时,现场指挥部或者统一指挥应急救援的人民政府应当立即采取相应措施消除隐患,降低或者化解风险,必要时可以暂时撤离应急救援人员。

第二十三条 生产安全事故发生地人民政府应当为应急救援人员提供必需的后勤保障,并组织通信、交通运输、医疗卫生、气象、水文、地质、电力、供水等单位协助应急救援。

第二十四条 现场指挥部或者统一指挥生产安全事故应急救援的人民政府及其有关部门应当完整、准确地记录应急救援的重要事项,妥善保存相关原始资料和证据。

第二十五条 生产安全事故的威胁和危害得到控制或者消除后,有关人民政府应当决定停止执行依照本条例和有关法律、法规采取的全部或者部分应急救援措施。

第二十六条 有关人民政府及其部门根据生产安全事故应急救援需要依法调用和征用的财产,在使用完毕或者应急救援结束后,应当及时归还。财产被调用、征用或者调用、征用后毁损、灭失的,有关人民政府及其部门应当按照国家有关规定给予补偿。

第二十七条 按照国家有关规定成立的生产安全事故调查组应当对应急救援工作进行评估,并在事故调查报告中作出评估结论。

第二十八条 县级以上地方人民政府应当按照国家有关规定,对在生产安全事故应急救援中伤亡的人员及时给予救治和抚恤;符合烈士评定条件的,按国家有关规定评定为烈士。

第四章 法律责任

第二十九条 地方各级人民政府和街道办事处等地方人民政府派出机关以及县级以上人民政府有关部门违反本条例规定的,由其上级行政机关责令改正;情节严重的,对直接负责的主管人员和其他直接责任人员依法给予处分。

第三十条 生产经营单位未制定生产安全事故应急救援预案、未定期组织应急救援预案演练、未对从业人员进行应急教育和培训,生产经营单位的主要负责人在本单位发生生产安全事故时不立即组织抢救的,由县级以上人民政府负有安全生产监督管理职责的部门依照《中华人民共和国安全生产法》有关规定追究法律责任。

第三十一条 生产经营单位未对应急救援器材、设备和物资进行经常性维护、保养,导致发生严重生产安全事故或者生产安全事故危害扩大,或者在本单位发生生产安全事故后未立即采取相应的应急救援措施,造成严重后果的,由县级以上人民政府负有安全生产监督管理职责的部门依照《中华人民共和国突发事件应对法》有关规定追究法律责任。

第三十二条 生产经营单位未将生产安全事故应急救援预案报送备案、未建立应急值班制度或者配备应急值班人员的,由县级以上人民政府负有安全生产监督管理职责的部门责令限期改正;逾期未改正的,处3万元以上5万元以下的罚款,对直接负责的主管人员和其他直接责任人员处1万元以上2万元以下的罚款。

第三十三条 违反本条例规定,构成违反治安管理行为的,由公安机关依法给予处罚;构成犯罪的,依法追究刑事责任。

第五章 附 则

第三十四条 储存、使用易燃易爆物品、危险化学品等危险物品的科研机构、学校、医院等单位的安全事故应急工作,参照本条例有关规定执行。

第三十五条 本条例自2019年4月1日起施行。

生产安全事故信息报告和处置办法

· 2009 年 6 月 16 日国家安全生产监督管理总局令第 21 号公布
· 自 2009 年 7 月 1 日起施行

第一章　总　则

第一条　为了规范生产安全事故信息的报告和处置工作,根据《安全生产法》《生产安全事故报告和调查处理条例》等有关法律、行政法规,制定本办法。

第二条　生产经营单位报告生产安全事故信息和安全生产监督管理部门、煤矿安全监察机构对生产安全事故信息的报告和处置工作,适用本办法。

第三条　本办法规定的应当报告和处置的生产安全事故信息(以下简称事故信息),是指已经发生的生产安全事故和较大涉险事故的信息。

第四条　事故信息的报告应当及时、准确和完整,信息的处置应当遵循快速高效、协同配合、分级负责的原则。

安全生产监督管理部门负责各类生产经营单位的事故信息报告和处置工作。煤矿安全监察机构负责煤矿的事故信息报告和处置工作。

第五条　安全生产监督管理部门、煤矿安全监察机构应当建立事故信息报告和处置制度,设立事故信息调度机构,实行 24 小时不间断调度值班,并向社会公布值班电话,受理事故信息报告和举报。

第二章　事故信息的报告

第六条　生产经营单位发生生产安全事故或者较大涉险事故,其单位负责人接到事故信息报告后应当于 1 小时内报告事故发生地县级安全生产监督管理部门、煤矿安全监察分局。

发生较大以上生产安全事故的,事故发生单位在依照第一款规定报告的同时,应当在 1 小时内报告省级安全生产监督管理部门、省级煤矿安全监察机构。

发生重大、特别重大生产安全事故的,事故发生单位在依照本条第一款、第二款规定报告的同时,可以立即报告国家安全生产监督管理总局、国家煤矿安全监察局。

第七条　安全生产监督管理部门、煤矿安全监察机构接到事故发生单位的事故信息报告后,应当按照下列规定上报事故情况,同时书面通知同级公安机关、劳动保障部门、工会、人民检察院和有关部门:

(一)一般事故和较大涉险事故逐级上报至设区的市级安全生产监督管理部门、省级煤矿安全监察机构;

(二)较大事故逐级上报至省级安全生产监督管理部门、省级煤矿安全监察机构;

(三)重大事故、特别重大事故逐级上报至国家安全生产监督管理总局、国家煤矿安全监察局。

前款规定的逐级上报,每一级上报时间不得超过 2 小时。安全生产监督管理部门依照前款规定上报事故情况时,应当同时报告本级人民政府。

第八条　发生较大生产安全事故或者社会影响重大的事故的,县级、市级安全生产监督管理部门或者煤矿安全监察分局接到事故报告后,在依照本办法第七条规定逐级上报的同时,应当在 1 小时内先用电话快报省级安全生产监督管理部门、省级煤矿安全监察机构,随后补报文字报告;乡镇安监站(办)可以根据事故情况越级直接报告省级安全生产监督管理部门、省级煤矿安全监察机构。

第九条　发生重大、特别重大生产安全事故或者社会影响恶劣的事故的,县级、市级安全生产监督管理部门或者煤矿安全监察分局接到事故报告后,在依照本办法第七条规定逐级上报的同时,应当在 1 小时内先用电话快报省级安全生产监督管理部门、省级煤矿安全监察机构,随后补报文字报告;必要时,可以直接用电话报告国家安全生产监督管理总局、国家煤矿安全监察局。

省级安全生产监督管理部门、省级煤矿安全监察机构接到事故报告后,应当在 1 小时内先用电话快报国家安全生产监督管理总局、国家煤矿安全监察局,随后补报文字报告。

国家安全生产监督管理总局、国家煤矿安全监察局接到事故报告后,应当在 1 小时内先用电话快报国务院总值班室,随后补报文字报告。

第十条　报告事故信息,应当包括下列内容:

（一）事故发生单位的名称、地址、性质、产能等基本情况；

（二）事故发生的时间、地点以及事故现场情况；

（三）事故的简要经过（包括应急救援情况）；

（四）事故已经造成或者可能造成的伤亡人数（包括下落不明、涉险的人数）和初步估计的直接经济损失；

（五）已经采取的措施；

（六）其他应当报告的情况。

使用电话快报，应当包括下列内容：

（一）事故发生单位的名称、地址、性质；

（二）事故发生的时间、地点；

（三）事故已经造成或者可能造成的伤亡人数（包括下落不明、涉险的人数）。

第十一条 事故具体情况暂时不清楚的，负责事故报告的单位可以先报事故概况，随后补报事故全面情况。

事故信息报告后出现新情况的，负责事故报告的单位应当依照本办法第六条、第七条、第八条、第九条的规定及时续报。较大涉险事故、一般事故、较大事故每日至少续报1次；重大事故、特别重大事故每日至少续报2次。

自事故发生之日起30日内（道路交通、火灾事故自发生之日起7日内），事故造成的伤亡人数发生变化的，应于当日续报。

第十二条 安全生产监督管理部门、煤矿安全监察机构接到任何单位或者个人的事故信息举报后，应当立即与事故单位或者下一级安全生产监督管理部门、煤矿安全监察机构联系，并进行调查核实。

下一级安全生产监督管理部门、煤矿安全监察机构接到上级安全生产监督管理部门、煤矿安全监察机构的事故信息举报核查通知后，应当立即组织查证核实，并在2个月内向上一级安全生产监督管理部门、煤矿安全监察机构报告核实结果。

对发生较大涉险事故的，安全生产监督管理部门、煤矿安全监察机构依照本条第二款规定向上一级安全生产监督管理部门、煤矿安全监察机构报告核实结果；对发生生产安全事故的，安全生产监督管理部门、煤矿安全监察机构应当在5日内对事故情况进行初步查证，并将事故初步查证的简要情况

报告上一级安全生产监督管理部门、煤矿安全监察机构，详细核实结果在2个月内报告。

第十三条 事故信息经初步查证后，负责查证的安全生产监督管理部门、煤矿安全监察机构应当立即报告本级人民政府和上一级安全生产监督管理部门、煤矿安全监察机构，并书面通知公安机关、劳动保障部门、工会、人民检察院和有关部门。

第十四条 安全生产监督管理部门与煤矿安全监察机构之间，安全生产监督管理部门、煤矿安全监察机构与其他负有安全生产监督管理职责的部门之间，应当建立有关事故信息的通报制度，及时沟通事故信息。

第十五条 对于事故信息的每周、每月、每年的统计报告，按照有关规定执行。

第三章 事故信息的处置

第十六条 安全生产监督管理部门、煤矿安全监察机构应当建立事故信息处置责任制，做好事故信息的核实、跟踪、分析、统计工作。

第十七条 发生生产安全事故或者较大涉险事故后，安全生产监督管理部门、煤矿安全监察机构应当立即研究、确定并组织实施相关处置措施。安全生产监督管理部门、煤矿安全监察机构负责人按照职责分工负责相关工作。

第十八条 安全生产监督管理部门、煤矿安全监察机构接到生产安全事故报告后，应当按照下列规定派员立即赶赴事故现场：

（一）发生一般事故的，县级安全生产监督管理部门、煤矿安全监察分局负责人立即赶赴事故现场；

（二）发生较大事故的，设区的市级安全生产监督管理部门、省级煤矿安全监察局负责人应当立即赶赴事故现场；

（三）发生重大事故的，省级安全生产监督管理部门、省级煤矿安全监察局负责人立即赶赴事故现场；

（四）发生特别重大事故的，国家安全生产监督管理总局、国家煤矿安全监察局负责人立即赶赴事故现场。

上级安全生产监督管理部门、煤矿安全监察机构认为必要的，可以派员赶赴事故现场。

第十九条 安全生产监督管理部门、煤矿安

全监察机构负责人及其有关人员赶赴事故现场后,应当随时保持与本单位的联系。有关事故信息发生重大变化的,应当依照本办法有关规定及时向本单位或者上级安全生产监督管理部门、煤矿安全监察机构报告。

第二十条　安全生产监督管理部门、煤矿安全监察机构应当依照有关规定定期向社会公布事故信息。

任何单位和个人不得擅自发布事故信息。

第二十一条　安全生产监督管理部门、煤矿安全监察机构应当根据事故信息报告的情况,启动相应的应急救援预案,或者组织有关应急救援队伍协助地方人民政府开展应急救援工作。

第二十二条　安全生产监督管理部门、煤矿安全监察机构按照有关规定组织或者参加事故调查处理工作。

第四章　罚　则

第二十三条　安全生产监督管理部门、煤矿安全监察机构及其工作人员未依法履行事故信息报告和处置职责的,依照有关规定予以处理。

第二十四条　生产经营单位及其有关人员对生产安全事故迟报、漏报、谎报或者瞒报的,依照有关规定予以处罚。

第二十五条　生产经营单位对较大涉险事故迟报、漏报、谎报或者瞒报的,给予警告,并处3万元以下的罚款。

第五章　附　则

第二十六条　本办法所称的较大涉险事故是指:

(一)涉险10人以上的事故;

(二)造成3人以上被困或者下落不明的事故;

(三)紧急疏散人员500人以上的事故;

(四)因生产安全事故对环境造成严重污染(人员密集场所、生活水源、农田、河流、水库、湖泊等)的事故;

(五)危及重要场所和设施安全(电站、重要水利设施、危化品库、油气站和车站、码头、港口、机场及其他人员密集场所等)的事故;

(六)其他较大涉险事故。

第二十七条　省级安全生产监督管理部门、省级煤矿安全监察机构可以根据本办法的规定,制定具体的实施办法。

第二十八条　本办法自2009年7月1日起施行。

生产安全事故应急预案管理办法

· 2016年6月3日国家安全生产监督管理总局令第88号公布

· 根据2019年7月11日《应急管理部关于修改〈生产安全事故应急预案管理办法〉的决定》修订

第一章　总　则

第一条　为规范生产安全事故应急预案管理工作,迅速有效处置生产安全事故,依据《中华人民共和国突发事件应对法》《中华人民共和国安全生产法》《生产安全事故应急条例》等法律、行政法规和《突发事件应急预案管理办法》(国办发〔2013〕101号),制定本办法。

第二条　生产安全事故应急预案(以下简称应急预案)的编制、评审、公布、备案、实施及监督管理工作,适用本办法。

第三条　应急预案的管理实行属地为主、分级负责、分类指导、综合协调、动态管理的原则。

第四条　应急管理部负责全国应急预案的综合协调管理工作。国务院其他负有安全生产监督管理职责的部门在各自职责范围内,负责相关行业、领域应急预案的管理工作。

县级以上地方各级人民政府应急管理部门负责本行政区域内应急预案的综合协调管理工作。县级以上地方各级人民政府其他负有安全生产监督管理职责的部门按照各自的职责负责有关行业、领域应急预案的管理工作。

第五条　生产经营单位主要负责人负责组织编制和实施本单位的应急预案,并对应急预案的真实性和实用性负责;各分管负责人应当按照职责分工落实应急预案规定的职责。

第六条　生产经营单位应急预案分为综合应急预案、专项应急预案和现场处置方案。

综合应急预案,是指生产经营单位为应对各种生产安全事故而制定的综合性工作方案,是本单位应对生产安全事故的总体工作程序、措施和应急预案体系的总纲。

专项应急预案,是指生产经营单位为应对某一种或者多种类型生产安全事故,或者针对重要生产设施、重大危险源、重大活动防止生产安全事故而制定的专项性工作方案。

现场处置方案,是指生产经营单位根据不同生产安全事故类型,针对具体场所、装置或者设施所制定的应急处置措施。

第二章 应急预案的编制

第七条 应急预案的编制应当遵循以人为本、依法依规、符合实际、注重实效的原则,以应急处置为核心,明确应急职责、规范应急程序、细化保障措施。

第八条 应急预案的编制应当符合下列基本要求:

(一)有关法律、法规、规章和标准的规定;

(二)本地区、本部门、本单位的安全生产实际情况;

(三)本地区、本部门、本单位的危险性分析情况;

(四)应急组织和人员的职责分工明确,并有具体的落实措施;

(五)有明确、具体的应急程序和处置措施,并与其应急能力相适应;

(六)有明确的应急保障措施,满足本地区、本部门、本单位的应急工作需要;

(七)应急预案基本要素齐全、完整,应急预案附件提供的信息准确;

(八)应急预案内容与相关应急预案相互衔接。

第九条 编制应急预案应当成立编制工作小组,由本单位有关负责人任组长,吸收与应急预案有关的职能部门和单位的人员,以及有现场处置经验的人员参加。

第十条 编制应急预案前,编制单位应当进行事故风险辨识、评估和应急资源调查。

事故风险辨识、评估,是指针对不同事故种类及特点,识别存在的危险危害因素,分析事故可能产生的直接后果以及次生、衍生后果,评估各种后果的危害程度和影响范围,提出防范和控制事故风险措施的过程。

应急资源调查,是指全面调查本地区、本单位第一时间可以调用的应急资源状况和合作区域内可以请求援助的应急资源状况,并结合事故风险辨识评估结论制定应急措施的过程。

第十一条 地方各级人民政府应急管理部门和其他负有安全生产监督管理职责的部门应当根据法律、法规、规章和同级人民政府以及上一级人民政府应急管理部门和其他负有安全生产监督管理职责的部门的应急预案,结合工作实际,组织编制相应的部门应急预案。

部门应急预案应当根据本地区、本部门的实际情况,明确信息报告、响应分级、指挥权移交、警戒疏散等内容。

第十二条 生产经营单位应当根据有关法律、法规、规章和相关标准,结合本单位组织管理体系、生产规模和可能发生的事故特点,与相关预案保持衔接,确立本单位的应急预案体系,编制相应的应急预案,并体现自救互救和先期处置等特点。

第十三条 生产经营单位风险种类多、可能发生多种类型事故的,应当组织编制综合应急预案。

综合应急预案应当规定应急组织机构及其职责、应急预案体系、事故风险描述、预警及信息报告、应急响应、保障措施、应急预案管理等内容。

第十四条 对于某一种或者多种类型的事故风险,生产经营单位可以编制相应的专项应急预案,或将专项应急预案并入综合应急预案。

专项应急预案应当规定应急指挥机构与职责、处置程序和措施等内容。

第十五条 对于危险性较大的场所、装置或者设施,生产经营单位应当编制现场处置方案。

现场处置方案应当规定应急工作职责、应急处置措施和注意事项等内容。

事故风险单一、危险性小的生产经营单位,可以只编制现场处置方案。

第十六条 生产经营单位应急预案应当包括向上级应急管理机构报告的内容、应急组织机构和人员的联系方式、应急物资储备清单等附件信息。附件信息发生变化时,应当及时更新,确保准确有效。

第十七条 生产经营单位组织应急预案编制过程中,应当根据法律、法规、规章的规定或者实际需要,征求相关应急救援队伍、公民、法人或者其他组织的意见。

第十八条 生产经营单位编制的各类应急预案之间应当相互衔接,并与相关人民政府及其部门、应急救援队伍和涉及的其他单位的应急预案相衔接。

第十九条 生产经营单位应当在编制应急预案的基础上,针对工作场所、岗位的特点,编制简明、实用、有效的应急处置卡。

应急处置卡应当规定重点岗位、人员的应急处置程序和措施,以及相关联络人员和联系方式,便于从业人员携带。

第三章 应急预案的评审、公布和备案

第二十条 地方各级人民政府应急管理部门应当组织有关专家对本部门编制的部门应急预案进行审定;必要时,可以召开听证会,听取社会有关方面的意见。

第二十一条 矿山、金属冶炼企业和易燃易爆物品、危险化学品的生产、经营(带储存设施的,下同)、储存、运输企业,以及使用危险化学品达到国家规定数量的化工企业、烟花爆竹生产、批发经营企业和中型规模以上的其他生产经营单位,应当对本单位编制的应急预案进行评审,并形成书面评审纪要。

前款规定以外的其他生产经营单位可以根据自身需要,对本单位编制的应急预案进行论证。

第二十二条 参加应急预案评审的人员应当包括有关安全生产及应急管理方面的专家。

评审人员与所评审应急预案的生产经营单位有利害关系的,应当回避。

第二十三条 应急预案的评审或者论证应当注重基本要素的完整性、组织体系的合理性、应急处置程序和措施的针对性、应急保障措施的可行性、应急预案的衔接性等内容。

第二十四条 生产经营单位的应急预案经评审或者论证后,由本单位主要负责人签署,向本单位从业人员公布,并及时发放到本单位有关部门、岗位和相关应急救援队伍。

事故风险可能影响周边其他单位、人员的,生产经营单位应当将有关事故风险的性质、影响范围和应急防范措施告知周边的其他单位和人员。

第二十五条 地方各级人民政府应急管理部门的应急预案,应当报同级人民政府备案,同时抄送上一级人民政府应急管理部门,并依法向社会公布。

地方各级人民政府其他负有安全生产监督管理职责的部门的应急预案,应当抄送同级人民政府应急管理部门。

第二十六条 易燃易爆物品、危险化学品等危险物品的生产、经营、储存、运输单位,矿山、金属冶炼、城市轨道交通运营、建筑施工单位,以及宾馆、商场、娱乐场所、旅游景区等人员密集场所经营单位,应当在应急预案公布之日起 20 个工作日内,按照分级属地原则,向县级以上人民政府应急管理部门和其他负有安全生产监督管理职责的部门进行备案,并依法向社会公布。

前款所列单位属于中央企业的,其总部(上市公司)的应急预案,报国务院主管的负有安全生产监督管理职责的部门备案,并抄送应急管理部;其所属单位的应急预案报所在地的省、自治区、直辖市或者设区的市级人民政府主管的负有安全生产监督管理职责的部门备案,并抄送同级人民政府应急管理部门。

本条第一款所列单位不属于中央企业的,其中非煤矿山、金属冶炼和危险化学品生产、经营、储存、运输企业,以及使用危险化学品达到国家规定数量的化工企业、烟花爆竹生产、批发经营企业的应急预案,按照隶属关系报所在地县级以上地方人民政府应急管理部门备案;本款前述单位以外的其他生产经营单位应急预案的备案,由省、自治区、直辖市人民政府负有安全生产监督管理职责的部门确定。

油气输送管道运营单位的应急预案,除按照本条第一款、第二款的规定备案外,还应当抄送所经行政区域的县级人民政府应急管理部门。

海洋石油开采企业的应急预案,除按照本条第一款、第二款的规定备案外,还应当抄送所经行政区域的县级人民政府应急管理部门和海洋石油安全监管机构。

煤矿企业的应急预案除按照本条第一款、第二款的规定备案外,还应当抄送所在地的煤矿安全监察机构。

第二十七条 生产经营单位申报应急预案备案,应当提交下列材料:

(一)应急预案备案申报表;

(二)本办法第二十一条所列单位,应当提供应急预案评审意见;

(三)应急预案电子文档;

(四)风险评估结果和应急资源调查清单。

第二十八条 受理备案登记的负有安全生产监督管理职责的部门应当在 5 个工作日内对应急预案材料进行核对,材料齐全的,应当予以备案并

出具应急预案备案登记表;材料不齐全的,不予备案并一次性告知需要补齐的材料。逾期不予备案又不说明理由的,视为已经备案。

对于实行安全生产许可的生产经营单位,已经进行应急预案备案的,在申请安全生产许可证时,可以不提供相应的应急预案,仅提供应急预案备案登记表。

第二十九条 各级人民政府负有安全生产监督管理职责的部门应当建立应急预案备案登记建档制度,指导、督促生产经营单位做好应急预案的备案登记工作。

第四章 应急预案的实施

第三十条 各级人民政府应急管理部门、各类生产经营单位应当采取多种形式开展应急预案的宣传教育,普及生产安全事故避险、自救和互救知识,提高从业人员和社会公众的安全意识与应急处置技能。

第三十一条 各级人民政府应急管理部门应当将本部门应急预案的培训纳入安全生产培训工作计划,并组织实施本行政区域内重点生产经营单位的应急预案培训工作。

生产经营单位应当组织开展本单位的应急预案、应急知识、自救互救和避险逃生技能的培训活动,使有关人员了解应急预案内容,熟悉应急职责、应急处置程序和措施。

应急培训的时间、地点、内容、师资、参加人员和考核结果等情况应当如实记入本单位的安全生产教育和培训档案。

第三十二条 各级人民政府应急管理部门应当至少每两年组织一次应急预案演练,提高本部门、本地区生产安全事故应急处置能力。

第三十三条 生产经营单位应当制定本单位的应急预案演练计划,根据本单位的事故风险特点,每年至少组织一次综合应急预案演练或者专项应急预案演练,每半年至少组织一次现场处置方案演练。

易燃易爆物品、危险化学品等危险物品的生产、经营、储存、运输单位,矿山、金属冶炼、城市轨道交通运营、建筑施工单位,以及宾馆、商场、娱乐场所、旅游景区等人员密集场所经营单位,应当至少每半年组织一次生产安全事故应急预案演练,并将演练情况报送所在地县级以上地方人民政府

负有安全生产监督管理职责的部门。

县级以上地方人民政府负有安全生产监督管理职责的部门应当对本行政区域内前款规定的重点生产经营单位的生产安全事故应急救援预案演练进行抽查;发现演练不符合要求的,应当责令限期改正。

第三十四条 应急预案演练结束后,应急预案演练组织单位应当对应急预案演练效果进行评估,撰写应急预案演练评估报告,分析存在的问题,并对应急预案提出修订意见。

第三十五条 应急预案编制单位应当建立应急预案定期评估制度,对预案内容的针对性和实用性进行分析,并对应急预案是否需要修订作出结论。

矿山、金属冶炼、建筑施工企业和易燃易爆物品、危险化学品等危险物品的生产、经营、储存、运输企业、使用危险化学品达到国家规定数量的化工企业、烟花爆竹生产、批发经营企业和中型规模以上的其他生产经营单位,应当每三年进行一次应急预案评估。

应急预案评估可以邀请相关专业机构或者有关专家、有实际应急救援工作经验的人员参加,必要时可以委托安全生产技术服务机构实施。

第三十六条 有下列情形之一的,应急预案应当及时修订并归档:

(一)依据的法律、法规、规章、标准及上位预案中的有关规定发生重大变化的;

(二)应急指挥机构及其职责发生调整的;

(三)安全生产面临的风险发生重大变化的;

(四)重要应急资源发生重大变化的;

(五)在应急演练和事故应急救援中发现需要修订预案的重大问题的;

(六)编制单位认为应当修订的其他情况。

第三十七条 应急预案修订涉及组织指挥体系与职责、应急处置程序、主要处置措施、应急响应分级等内容变更的,修订工作应当参照本办法规定的应急预案编制程序进行,并按照有关应急预案报备程序重新备案。

第三十八条 生产经营单位应当按照应急预案的规定,落实应急指挥体系、应急救援队伍、应急物资及装备,建立应急物资、装备配备及其使用档案,并对应急物资、装备进行定期检测和维护,使其处于适用状态。

第三十九条 生产经营单位发生事故时,应

当第一时间启动应急响应,组织有关力量进行救援,并按照规定将事故信息及应急响应启动情况报告事故发生地县级以上人民政府应急管理部门和其他负有安全生产监督管理职责的部门。

第四十条 生产安全事故应急处置和应急救援结束后,事故发生单位应当对应急预案实施情况进行总结评估。

第五章 监督管理

第四十一条 各级人民政府应急管理部门和煤矿安全监察机构应当将生产经营单位应急预案工作纳入年度监督检查计划,明确检查的重点内容和标准,并严格按照计划开展执法检查。

第四十二条 地方各级人民政府应急管理部门应当每年对应急预案的监督管理工作情况进行总结,并报上一级人民政府应急管理部门。

第四十三条 对于在应急预案管理工作中做出显著成绩的单位和人员,各级人民政府应急管理部门、生产经营单位可以给予表彰和奖励。

第六章 法律责任

第四十四条 生产经营单位有下列情形之一的,由县级以上人民政府应急管理等部门依照《中华人民共和国安全生产法》第九十四条的规定,责令限期改正,可以处5万元以下罚款;逾期未改正的,责令停产停业整顿,并处5万元以上10万元以下的罚款,对直接负责的主管人员和其他直接责任人员处1万元以上2万元以下的罚款:

(一)未按照规定编制应急预案的;

(二)未按照规定定期组织应急预案演练的。

第四十五条 生产经营单位有下列情形之一的,由县级以上人民政府应急管理部门责令限期改正,可以处1万元以上3万元以下的罚款:

(一)在应急预案编制前未按照规定开展风险辨识、评估和应急资源调查的;

(二)未按照规定开展应急预案评审的;

(三)事故风险可能影响周边单位、人员的,未将事故风险的性质、影响范围和应急防范措施告知周边单位和人员的;

(四)未按照规定开展应急预案评估的;

(五)未按照规定进行应急预案修订的;

(六)未落实应急预案规定的应急物资及装备的。

生产经营单位未按照规定进行应急预案备案的,由县级以上人民政府应急管理等部门依照职责责令限期改正;逾期未改正的,处3万元以上5万元以下的罚款,对直接负责的主管人员和其他直接责任人员处1万元以上2万元以下的罚款。

第七章 附 则

第四十六条 《生产经营单位生产安全事故应急预案备案申报表》和《生产经营单位生产安全事故应急预案备案登记表》由应急管理部统一制定。

第四十七条 各省、自治区、直辖市应急管理部门可以依据本办法的规定,结合本地区实际制定实施细则。

第四十八条 对储存、使用易燃易爆物品、危险化学品等危险物品的科研机构、学校、医院等单位的安全事故应急预案的管理,参照本办法的有关规定执行。

第四十九条 本办法自2016年7月1日起施行。

生产安全事故罚款处罚规定(试行)

· 2007年7月12日国家安全生产监管总局令第13号公布
· 根据2011年9月1日《国家安全监管总局关于修改〈《生产安全事故报告和调查处理条例》罚款处罚暂行规定〉部分条款的决定》第一次修订
· 根据2015年4月2日《国家安全监管总局关于修改〈《生产安全事故报告和调查处理条例》罚款处罚暂行规定〉等四部规章的决定》第二次修订

第一条 为防止和减少生产安全事故,严格追究生产安全事故发生单位及其有关责任人员的法律责任,正确适用事故罚款的行政处罚,依照《安全生产法》、《生产安全事故报告和调查处理条例》(以下简称《条例》)的规定,制定本规定。

第二条 安全生产监督管理部门和煤矿安全监察机构对生产安全事故发生单位(以下简称事故发生单位)及其主要负责人、直接负责的主管人员和其他责任人员等有关责任人员依照《安全生产法》和《条例》实施罚款的行政处罚,适用本规定。

第三条 本规定所称事故发生单位是指对事

故发生负有责任的生产经营单位。

本规定所称主要负责人是指有限责任公司、股份有限公司的董事长或者总经理或者个人经营的投资人,其他生产经营单位的厂长、经理、局长、矿长(含实际控制人)等人员。

第四条 本规定所称事故发生单位主要负责人、直接负责的主管人员和其他直接责任人员的上一年收入,属于国有生产经营单位的,是指该单位上级主管部门所确定的上一年年收入总额;属于非国有生产经营单位的,是指经财务、税务部门核定的上一年年收入总额。

生产经营单位提供虚假资料或者由于财务、税务部门无法核定等原因致使有关人员的上一年年收入难以确定的,按照下列办法确定:

(一)主要负责人的上一年年收入,按照本省、自治区、直辖市上一年度职工平均工资的5倍以上10倍以下计算;

(二)直接负责的主管人员和其他直接责任人员的上一年年收入,按照本省、自治区、直辖市上一年度职工平均工资的1倍以上5倍以下计算。

第五条 《条例》所称的迟报、漏报、谎报和瞒报,依照下列情形认定:

(一)报告事故的时间超过规定时限的,属于迟报;

(二)因过失对应当上报的事故或者事故发生的时间、地点、类别、伤亡人数、直接经济损失等内容遗漏未报的,属于漏报;

(三)故意不如实报告事故发生的时间、地点、初步原因、性质、伤亡人数和涉险人数、直接经济损失等有关内容的,属于谎报;

(四)隐瞒已经发生的事故,超过规定时限未向安全监管监察部门和有关部门报告,经查证属实的,属于瞒报。

第六条 对事故发生单位及其有关责任人员处以罚款的行政处罚,依照下列规定决定:

(一)对发生特别重大事故的单位及其有关责任人员罚款的行政处罚,由国家安全生产监督管理总局决定;

(二)对发生重大事故的单位及其有关责任人员罚款的行政处罚,由省级人民政府安全生产监督管理部门决定;

(三)对发生较大事故的单位及其有关责任人员罚款的行政处罚,由设区的市级人民政府安全

生产监督管理部门决定;

(四)对发生一般事故的单位及其有关责任人员罚款的行政处罚,由县级人民政府安全生产监督管理部门决定。

上级安全生产监督管理部门可以指定下一级安全生产监督管理部门对事故发生单位及其有关责任人员实施行政处罚。

第七条 对煤矿事故发生单位及其有关责任人员处以罚款的行政处罚,依照下列规定执行:

(一)对发生特别重大事故的煤矿及其有关责任人员罚款的行政处罚,由国家煤矿安全监察局决定;

(二)对发生重大事故和较大事故的煤矿及其有关责任人员罚款的行政处罚,由省级煤矿安全监察机构决定;

(三)对发生一般事故的煤矿及其有关责任人员罚款的行政处罚,由省级煤矿安全监察机构所属分局决定。

上级煤矿安全监察机构可以指定下一级煤矿安全监察机构对事故发生单位及其有关责任人员实施行政处罚。

第八条 特别重大事故以下等级事故,事故发生地与事故发生单位所在地不在同一个县级以上行政区域的,由事故发生地的安全生产监督管理部门或者煤矿安全监察机构依照本规定第六条或者第七条规定的权限实施行政处罚。

第九条 安全生产监督管理部门和煤矿安全监察机构对事故发生单位及其有关责任人员实施罚款的行政处罚,依照《安全生产违法行为行政处罚办法》规定的程序执行。

第十条 事故发生单位及其有关责任人员对安全生产监督管理部门和煤矿安全监察机构给予的行政处罚,享有陈述、申辩的权利;对行政处罚不服的,有权依法申请行政复议或者提起行政诉讼。

第十一条 事故发生单位主要负责人有《安全生产法》第一百零六条、《条例》第三十五条规定的下列行为之一的,依照下列规定处以罚款:

(一)事故发生单位主要负责人在事故发生后不立即组织事故抢救的,处上一年年收入100%的罚款;

(二)事故发生单位主要负责人迟报事故的,处上一年年收入60%至80%的罚款;漏报事故的,处上一年年收入40%至60%的罚款;

（三）事故发生单位主要负责人在事故调查处理期间擅离职守的，处上一年年收入80%至100%的罚款。

第十二条 事故发生单位有《条例》第三十六条规定行为之一的，依照《国家安全监管总局关于印发〈安全生产行政处罚自由裁量标准〉的通知》（安监总政法〔2010〕137号）等规定给予罚款。

第十三条 事故发生单位的主要负责人、直接负责的主管人员和其他直接责任人员有《安全生产法》第一百零六条、《条例》第三十六条规定的下列行为之一的，依照下列规定处以罚款：

（一）伪造、故意破坏事故现场，或者转移、隐匿资金、财产、销毁有关证据、资料，或者拒绝接受调查，或者拒绝提供有关情况和资料，或者在事故调查中作伪证，或者指使他人作伪证的，处上一年年收入80%至90%的罚款；

（二）谎报、瞒报事故或者事故发生后逃匿的，处上一年年收入100%的罚款。

第十四条 事故发生单位对造成3人以下死亡，或者3人以上10人以下重伤（包括急性工业中毒，下同），或者300万元以上1000万元以下直接经济损失的一般事故负有责任的，处20万元以上50万元以下的罚款。

事故发生单位有本条第一款规定的行为且有谎报或者瞒报事故情节的，处50万元的罚款。

第十五条 事故发生单位对较大事故发生负有责任的，依照下列规定处以罚款：

（一）造成3人以上6人以下死亡，或者10人以上30人以下重伤，或者1000万元以上3000万元以下直接经济损失的，处50万元以上70万元以下的罚款；

（二）造成6人以上10人以下死亡，或者30人以上50人以下重伤，或者3000万元以上5000万元以下直接经济损失的，处70万元以上100万元以下的罚款。

事故发生单位对较大事故发生负有责任且有谎报或者瞒报情节的，处100万元的罚款。

第十六条 事故发生单位对重大事故发生负有责任的，依照下列规定处以罚款：

（一）造成10人以上15人以下死亡，或者50人以上70人以下重伤，或者5000万元以上7000万元以下直接经济损失的，处100万元以上300万元以下的罚款；

（二）造成15人以上30人以下死亡，或者70人以上100人以下重伤，或者7000万元以上1亿元以下直接经济损失的，处300万元以上500万元以下的罚款。

事故发生单位对重大事故发生负有责任且有谎报或者瞒报情节的，处500万元的罚款。

第十七条 事故发生单位对特别重大事故发生负有责任的，依照下列规定处以罚款：

（一）造成30人以上40人以下死亡，或者100人以上120人以下重伤，或者1亿元以上1.2亿元以下直接经济损失的，处500万元以上1000万元以下的罚款；

（二）造成40人以上50人以下死亡，或者120人以上150人以下重伤，或者1.2亿元以上1.5亿元以下直接经济损失的，处1000万元以上1500万元以下的罚款；

（三）造成50人以上死亡，或者150人以上重伤，或者1.5亿元以上直接经济损失的，处1500万元以上2000万元以下的罚款。

事故发生单位对特别重大事故发生负有责任且有下列情形之一的，处2000万元的罚款：

（一）谎报特别重大事故的；

（二）瞒报特别重大事故的；

（三）未依法取得有关行政审批或者证照擅自从事生产经营活动的；

（四）拒绝、阻碍行政执法的；

（五）拒不执行有关停产停业、停止施工、停止使用相关设备或者设施的行政执法指令的；

（六）明知存在事故隐患，仍然进行生产经营活动的；

（七）一年内已经发生2起以上较大事故，或者1起重大以上事故，再次发生特别重大事故的；

（八）地下矿山负责人未按照规定带班下井的。

第十八条 事故发生单位主要负责人未依法履行安全生产管理职责，导致事故发生的，依照下列规定处以罚款：

（一）发生一般事故的，处上一年收入30%的罚款；

（二）发生较大事故的，处上一年收入40%的罚款；

（三）发生重大事故的，处上一年收入60%的罚款；

（四）发生特别重大事故的，处上一年收入

80%的罚款。

第十九条 个人经营的投资人未依照《安全生产法》的规定保证安全生产所必需的资金投入，致使生产经营单位不具备安全生产条件，导致发生生产安全事故的，依照下列规定对个人经营的投资人处以罚款：

（一）发生一般事故的，处2万元以上5万元以下的罚款；

（二）发生较大事故的，处5万元以上10万元以下的罚款；

（三）发生重大事故的，处10万元以上15万元以下的罚款；

（四）发生特别重大事故的，处15万元以上20万元以下的罚款。

第二十条 违反《条例》和本规定，事故发生单位及其有关责任人员有两种以上应当处以罚款的行为的，安全生产监督管理部门或者煤矿安全监察机构应当分别裁量，合并作出处罚决定。

第二十一条 对事故发生负有责任的其他单位及其有关责任人员处以罚款的行政处罚，依照相关法律、法规和规章的规定实施。

第二十二条 本规定自公布之日起施行。

安全生产事故隐患排查治理
暂行规定

· 2007年12月28日国家安全生产监督管理总局令第16号公布
· 自2008年2月1日起施行

第一章 总 则

第一条 为了建立安全生产事故隐患排查治理长效机制，强化安全生产主体责任，加强事故隐患监督管理，防止和减少事故，保障人民群众生命财产安全，根据安全生产法等法律、行政法规，制定本规定。

第二条 生产经营单位安全生产事故隐患排查治理和安全生产监督管理部门、煤矿安全监察机构（以下统称安全监管监察部门）实施监管监察，适用本规定。

有关法律、行政法规对安全生产事故隐患排查治理另有规定的，依照其规定。

第三条 本规定所称安全生产事故隐患（以下简称事故隐患），是指生产经营单位违反安全生产法律、法规、规章、标准、规程和安全生产管理制度的规定，或者因其他因素在生产经营活动中存在可能导致事故发生的物的危险状态、人的不安全行为和管理上的缺陷。

事故隐患分为一般事故隐患和重大事故隐患。一般事故隐患，是指危害和整改难度较小，发现后能够立即整改排除的隐患。重大事故隐患，是指危害和整改难度较大，应当全部或者局部停产停业，并经过一定时间整改治理方能排除的隐患，或者因外部因素影响致使生产经营单位自身难以排除的隐患。

第四条 生产经营单位应当建立健全事故隐患排查治理制度。

生产经营单位主要负责人对本单位事故隐患排查治理工作全面负责。

第五条 各级安全监管监察部门按照职责对所辖区域内生产经营单位排查治理事故隐患工作依法实施综合监督管理；各级人民政府有关部门在各自职责范围内对生产经营单位排查治理事故隐患工作依法实施监督管理。

第六条 任何单位和个人发现事故隐患，均有权向安全监管监察部门和有关部门报告。

安全监管监察部门接到事故隐患报告后，应当按照职责分工立即组织核实并予以查处；发现所报告事故隐患应当由其他有关部门处理的，应当立即移送有关部门并记录备查。

第二章 生产经营单位的职责

第七条 生产经营单位应当依照法律、法规、规章、标准和规程的要求从事生产经营活动。严禁非法从事生产经营活动。

第八条 生产经营单位是事故隐患排查、治理和防控的责任主体。

生产经营单位应当建立健全事故隐患排查治理和建档监控等制度，逐级建立并落实从主要负责人到每个从业人员的隐患排查治理和监控责任制。

第九条 生产经营单位应当保证事故隐患排查治理所需的资金，建立资金使用专项制度。

第十条 生产经营单位应当定期组织安全生产管理人员、工程技术人员和其他相关人员排查本单位的事故隐患。对排查出的事故隐患，应当按照事故隐患的等级进行登记,建立事故隐患信息档案,并按照职责分工实施监控治理。

第十一条　生产经营单位应当建立事故隐患报告和举报奖励制度,鼓励、发动职工发现和排除事故隐患,鼓励社会公众举报。对发现、排除和举报事故隐患的有功人员,应当给予物质奖励和表彰。

第十二条　生产经营单位将生产经营项目、场所、设备发包、出租的,应当与承包、承租单位签订安全生产管理协议,并在协议中明确各方对事故隐患排查、治理和防控的管理职责。生产经营单位对承包、承租单位的事故隐患排查治理负有统一协调和监督管理的职责。

第十三条　安全监管监察部门和有关部门的监督检查人员依法履行事故隐患监督检查职责时,生产经营单位应当积极配合,不得拒绝和阻挠。

第十四条　生产经营单位应当每季、每年对本单位事故隐患排查治理情况进行统计分析,并分别于下一季度15日前和下一年1月31日前向安全监管监察部门和有关部门报送书面统计分析表。统计分析表应当由生产经营单位主要负责人签字。

对于重大事故隐患,生产经营单位除依照前款规定报送外,应当及时向安全监管监察部门和有关部门报告。重大事故隐患报告内容应当包括:

(一)隐患的现状及其产生原因;

(二)隐患的危害程度和整改难易程度分析;

(三)隐患的治理方案。

第十五条　对于一般事故隐患,由生产经营单位(车间、分厂、区队等)负责人或者有关人员立即组织整改。

对于重大事故隐患,由生产经营单位主要负责人组织制定并实施事故隐患治理方案。重大事故隐患治理方案应当包括以下内容:

(一)治理的目标和任务;

(二)采取的方法和措施;

(三)经费和物资的落实;

(四)负责治理的机构和人员;

(五)治理的时限和要求;

(六)安全措施和应急预案。

第十六条　生产经营单位在事故隐患治理过程中,应当采取相应的安全防范措施,防止事故发生。事故隐患排除前或者排除过程中无法保证安全的,应当从危险区域内撤出作业人员,并疏散可能危及的其他人员,设置警戒标志,暂时停产停业

或者停止使用;对暂时难以停产或者停止使用的相关生产储存装置、设施、设备,应当加强维护和保养,防止事故发生。

第十七条　生产经营单位应当加强对自然灾害的预防。对于因自然灾害可能导致事故灾难的隐患,应当按照有关法律、法规、标准和本规定的要求排查治理,采取可靠的预防措施,制定应急预案。在接到有关自然灾害预报时,应当及时向下属单位发出预警通知;发生自然灾害可能危及生产经营单位和人员安全的情况时,应当采取撤离人员、停止作业、加强监测等安全措施,并及时向当地人民政府及其有关部门报告。

第十八条　地方人民政府或者安全监管监察部门及有关部门挂牌督办并责令全部或者局部停产停业治理的重大事故隐患,治理工作结束后,有条件的生产经营单位应当组织本单位的技术人员和专家对重大事故隐患的治理情况进行评估;其他生产经营单位应当委托具备相应资质的安全评价机构对重大事故隐患的治理情况进行评估。

经治理后符合安全生产条件的,生产经营单位应当向安全监管监察部门和有关部门提出恢复生产的书面申请,经安全监管监察部门和有关部门审查同意后,方可恢复生产经营。申请报告应当包括治理方案的内容、项目和安全评价机构出具的评价报告等。

第三章　监督管理

第十九条　安全监管监察部门应当指导、监督生产经营单位按照有关法律、法规、规章、标准和规程的要求,建立健全事故隐患排查治理等各项制度。

第二十条　安全监管监察部门应当建立事故隐患排查治理监督检查制度,定期组织对生产经营单位事故隐患排查治理情况开展监督检查;应当加强对重点单位的事故隐患排查治理情况的监督检查。对检查过程中发现的重大事故隐患,应当下达整改指令书,并建立信息管理台账。必要时,报告同级人民政府并对重大事故隐患实行挂牌督办。

安全监管监察部门应当配合有关部门做好对生产经营单位事故隐患排查治理情况开展的监督检查,依法查处事故隐患排查治理的非法和违法行为及其责任者。

安全监管监察部门发现属于其他有关部门职

责范围内的重大事故隐患的,应该及时将有关资料移送有管辖权的有关部门,并记录备查。

第二十一条 已经取得安全生产许可证的生产经营单位,在其被挂牌督办的重大事故隐患治理结束前,安全监管监察部门应当加强监督检查。必要时,可以提请原许可证颁发机关依法暂扣其安全生产许可证。

第二十二条 安全监管监察部门应当会同有关部门把重大事故隐患整改纳入重点行业领域的安全专项整治中加以治理,落实相应责任。

第二十三条 对挂牌督办并采取全部或者局部停产停业治理的重大事故隐患,安全监管监察部门收到生产经营单位恢复生产的申请报告后,应当在 10 日内进行现场审查。审查合格的,对事故隐患进行核销,同意恢复生产经营;审查不合格的,依法责令改正或者下达停产整改指令。对整改无望或者生产经营单位拒不执行整改指令的,依法实施行政处罚;不具备安全生产条件的,依法提请县级以上人民政府按照国务院规定的权限予以关闭。

第二十四条 安全监管监察部门应当每季将本行政区域重大事故隐患的排查治理情况和统计分析表逐级报至省级安全监管监察部门备案。

省级安全监管监察部门应当每半年将本行政区域重大事故隐患的排查治理情况和统计分析表报国家安全生产监督管理总局备案。

第四章 罚 则

第二十五条 生产经营单位及其主要负责人未履行事故隐患排查治理职责,导致发生生产安全事故的,依法给予行政处罚。

第二十六条 生产经营单位违反本规定,有下列行为之一的,由安全监管监察部门给予警告,并处三万元以下的罚款:

(一)未建立安全生产事故隐患排查治理等各项制度的;

(二)未按规定上报事故隐患排查治理统计分析表的;

(三)未制定事故隐患治理方案的;

(四)重大事故隐患不报或者未及时报告的;

(五)未对事故隐患进行排查治理擅自生产经营的;

(六)整改不合格或者未经安全监管监察部门审查同意擅自恢复生产经营的。

第二十七条 承担检测检验、安全评价的中介机构,出具虚假评价证明,尚不够刑事处罚的,没收违法所得,违法所得在五千元以上的,并处违法所得二倍以上五倍以下的罚款,没有违法所得或者违法所得不足五千元的,单处或者并处五千元以上二万元以下的罚款,同时可对其直接负责的主管人员和其他直接责任人员处五千元以上五万元以下的罚款;给他人造成损害的,与生产经营单位承担连带赔偿责任。

对有前款违法行为的机构,撤销其相应的资质。

第二十八条 生产经营单位事故隐患排查治理过程中违反有关安全生产法律、法规、规章、标准和规程规定的,依法给予行政处罚。

第二十九条 安全监管监察部门的工作人员未依法履行职责的,按照有关规定处理。

第五章 附 则

第三十条 省级安全监管监察部门可以根据本规定,制定事故隐患排查治理和监督管理实施细则。

第三十一条 事业单位、人民团体以及其他经济组织的事故隐患排查治理,参照本规定执行。

第三十二条 本规定自 2008 年 2 月 1 日起施行。

最高人民法院、最高人民检察院关于办理危害生产安全刑事案件适用法律若干问题的解释

· 2015 年 11 月 9 日最高人民法院审判委员会第 1665 次会议、2015 年 12 月 9 日最高人民检察院第十二届检察委员会第 44 次会议通过
· 2015 年 12 月 14 日最高人民法院、最高人民检察院公告公布
· 自 2015 年 12 月 16 日起施行
· 法释〔2015〕22 号

为依法惩治危害生产安全犯罪,根据刑法有关规定,现就办理此类刑事案件适用法律的若干问题解释如下:

第一条 刑法第一百三十四条第一款规定的犯罪主体,包括对生产、作业负有组织、指挥或者管理职责的负责人、管理人员、实际控制人、投资

人等人员,以及直接从事生产、作业的人员。

第二条　刑法第一百三十四条第二款规定的犯罪主体,包括对生产、作业负有组织、指挥或者管理职责的负责人、管理人员、实际控制人、投资人等人员。

第三条　刑法第一百三十五条规定的"直接负责的主管人员和其他直接责任人员",是指对安全生产设施或者安全生产条件不符合国家规定负有直接责任的生产经营单位负责人、管理人员、实际控制人、投资人,以及其他对安全生产设施或者安全生产条件负有管理、维护职责的人员。

第四条　刑法第一百三十九条之一规定的"负有报告职责的人员",是指负有组织、指挥或者管理职责的负责人、管理人员、实际控制人、投资人,以及其他负有报告职责的人员。

第五条　明知存在事故隐患、继续作业存在危险,仍然违反有关安全管理的规定,实施下列行为之一的,应当认定为刑法第一百三十四条第二款规定的"强令他人违章冒险作业":

(一)利用组织、指挥、管理职权,强制他人违章作业的;

(二)采取威逼、胁迫、恐吓等手段,强制他人违章作业的;

(三)故意掩盖事故隐患,组织他人违章作业的;

(四)其他强令他人违章作业的行为。

第六条　实施刑法第一百三十二条、第一百三十四条第一款、第一百三十五条、第一百三十五条之一、第一百三十六条、第一百三十九条规定的行为,因而发生安全事故,具有下列情形之一的,应当认定为"造成严重后果"或者"发生重大伤亡事故或者造成其他严重后果",对相关责任人员,处三年以下有期徒刑或者拘役:

(一)造成死亡一人以上,或者重伤三人以上的;

(二)造成直接经济损失一百万元以上的;

(三)其他造成严重后果或者重大安全事故的情形。

实施刑法第一百三十四条第二款规定的行为,因而发生安全事故,具有本条第一款规定情形的,应当认定为"发生重大伤亡事故或者造成其他严重后果",对相关责任人员,处五年以下有期徒刑或者拘役。

实施刑法第一百三十七条规定的行为,因而发生安全事故,具有本条第一款规定情形的,应当

认定为"造成重大安全事故",对直接责任人员,处五年以下有期徒刑或者拘役,并处罚金。

实施刑法第一百三十八条规定的行为,因而发生安全事故,具有本条第一款第一项规定情形的,应当认定为"发生重大伤亡事故",对直接责任人员,处三年以下有期徒刑或者拘役。

第七条　实施刑法第一百三十二条、第一百三十四条第一款、第一百三十五条、第一百三十五条之一、第一百三十六条、第一百三十九条规定的行为,因而发生安全事故,具有下列情形之一的,对相关责任人员,处三年以上七年以下有期徒刑:

(一)造成死亡三人以上或者重伤十人以上,负事故主要责任的;

(二)造成直接经济损失五百万元以上,负事故主要责任的;

(三)其他造成特别严重后果、情节特别恶劣或者后果特别严重的情形。

实施刑法第一百三十四条第二款规定的行为,因而发生安全事故,具有本条第一款规定情形的,对相关责任人员,处五年以上有期徒刑。

实施刑法第一百三十七条规定的行为,因而发生安全事故,具有本条第一款规定情形的,对直接责任人员,处五年以上十年以下有期徒刑,并处罚金。

实施刑法第一百三十八条规定的行为,因而发生安全事故,具有下列情形之一的,对直接责任人员,处三年以上七年以下有期徒刑:

(一)造成死亡三人以上或者重伤十人以上,负事故主要责任的;

(二)具有本解释第六条第一款第一项规定情形,同时造成直接经济损失五百万元以上并负事故主要责任的,或者同时造成恶劣社会影响的。

第八条　在安全事故发生后,负有报告职责的人员不报或者谎报事故情况,贻误事故抢救,具有下列情形之一的,应当认定为刑法第一百三十九条之一规定的"情节严重":

(一)导致事故后果扩大,增加死亡一人以上,或者增加重伤三人以上,或者增加直接经济损失一百万元以上的;

(二)实施下列行为之一,致使不能及时有效开展事故抢救的:

1. 决定不报、迟报、谎报事故情况或者指使、串通有关人员不报、迟报、谎报事故情况的;

2. 在事故抢救期间擅离职守或者逃匿的;

3. 伪造、破坏事故现场，或者转移、藏匿、毁灭遇难人员尸体，或者转移、藏匿受伤人员的；

4. 毁灭、伪造、隐匿与事故有关的图纸、记录、计算机数据等资料以及其他证据的；

（三）其他情节严重的情形。

具有下列情形之一的，应当认定为刑法第一百三十九条之一规定的"情节特别严重"：

（一）导致事故后果扩大，增加死亡三人以上，或者增加重伤十人以上，或者增加直接经济损失五百万元以上的；

（二）采用暴力、胁迫、命令等方式阻止他人报告事故情况，导致事故后果扩大的；

（三）其他情节特别严重的情形。

第九条 在安全事故发生后，与负有报告职责的人员串通，不报或者谎报事故情况，贻误事故抢救，情节严重的，依照刑法第一百三十九条之一的规定，以共犯论处。

第十条 在安全事故发生后，直接负责的主管人员和其他直接责任人员故意阻挠开展抢救，导致人员死亡或者重伤，或者为了逃避法律追究，对被害人进行隐藏、遗弃，致使被害人因无法得到救助而死亡或者重度残疾的，分别依照刑法第二百三十二条、第二百三十四条的规定，以故意杀人罪或者故意伤害罪定罪处罚。

第十一条 生产不符合保障人身、财产安全的国家标准、行业标准的安全设备，或者明知安全设备不符合保障人身、财产安全的国家标准、行业标准而进行销售，致使发生安全事故，造成严重后果的，依照刑法第一百四十六条的规定，以生产、销售不符合安全标准的产品罪定罪处罚。

第十二条 实施刑法第一百三十二条、第一百三十四条至第一百三十九条之一规定的犯罪行为，具有下列情形之一的，从重处罚：

（一）未依法取得安全许可证件或者安全许可证件过期、被暂扣、吊销、注销后从事生产经营活动的；

（二）关闭、破坏必要的安全监控和报警设备的；

（三）已经发现事故隐患，经有关部门或者个人提出后，仍不采取措施的；

（四）一年内曾因危害生产安全违法犯罪活动受过行政处罚或者刑事处罚的；

（五）采取弄虚作假、行贿等手段，故意逃避、阻挠负有安全监督管理职责的部门实施监督检查的；

（六）安全事故发生后转移财产意图逃避承担责任的；

（七）其他从重处罚的情形。

实施前款第五项规定的行为，同时构成刑法第三百八十九条规定的犯罪的，依照数罪并罚的规定处罚。

第十三条 实施刑法第一百三十二条、第一百三十四条至第一百三十九条之一规定的犯罪行为，在安全事故发生后积极组织、参与事故抢救，或者积极配合调查、主动赔偿损失的，可以酌情从轻处罚。

第十四条 国家工作人员违反规定投资入股生产经营，构成本解释规定的有关犯罪的，或者国家工作人员的贪污、受贿犯罪行为与安全事故发生存在关联性的，从重处罚；同时构成贪污、受贿犯罪和危害生产安全犯罪的，依照数罪并罚的规定处罚。

第十五条 国家机关工作人员在履行安全监督管理职责时滥用职权、玩忽职守，致使公共财产、国家和人民利益遭受重大损失的，或者徇私舞弊，对发现的刑事案件依法应当移交司法机关追究刑事责任而不移交，情节严重的，分别依照刑法第三百九十七条、第四百零二条的规定，以滥用职权罪、玩忽职守罪或者徇私舞弊不移交刑事案件罪定罪处罚。

公司、企业、事业单位的工作人员在依法或者受委托行使安全监督管理职责时滥用职权或者玩忽职守，构成犯罪的，应当依照《全国人民代表大会常务委员会关于〈中华人民共和国刑法〉第九章渎职罪主体适用问题的解释》的规定，适用渎职罪的规定追究刑事责任。

第十六条 对于实施危害生产安全犯罪适用缓刑的犯罪分子，可以根据犯罪情况，禁止其在缓刑考验期限内从事与安全生产相关联的特定活动；对于被判处刑罚的犯罪分子，可以根据犯罪情况和预防再犯罪的需要，禁止其自刑罚执行完毕之日或者假释之日起三年至五年内从事与安全生产相关的职业。

第十七条 本解释自 2015 年 12 月 16 日起施行。本解释施行后，《最高人民法院、最高人民检察院关于办理危害矿山生产安全刑事案件具体应用法律若干问题的解释》（法释〔2007〕5 号）同时废止。最高人民法院、最高人民检察院此前发布的司法解释和规范性文件与本解释不一致的，以本解释为准。

最高人民法院、最高人民检察院关于办理危害生产安全刑事案件适用法律若干问题的解释(二)

- 2022 年 9 月 19 日最高人民法院审判委员会第 1875 次会议、2022 年 10 月 25 日最高人民检察院第十三届检察委员会第一百零六次会议通过
- 2022 年 12 月 15 日最高人民法院、最高人民检察院公告公布
- 自 2022 年 12 月 19 日起施行
- 法释〔2022〕19 号

为依法惩治危害生产安全犯罪,维护公共安全,保护人民群众生命安全和公私财产安全,根据《中华人民共和国刑法》《中华人民共和国刑事诉讼法》和《中华人民共和国安全生产法》等规定,现就办理危害生产安全刑事案件适用法律的若干问题解释如下:

第一条 明知存在事故隐患,继续作业存在危险,仍然违反有关安全管理的规定,有下列情形之一的,属于刑法第一百三十四条第二款规定的"强令他人违章冒险作业":

(一)以威逼、胁迫、恐吓等手段,强制他人违章作业的;

(二)利用组织、指挥、管理职权,强制他人违章作业的;

(三)其他强令他人违章冒险作业的情形。

明知存在重大事故隐患,仍然违反有关安全管理的规定,不排除或者故意掩盖重大事故隐患,组织他人作业的,属于刑法第一百三十四条第二款规定的"冒险组织作业"。

第二条 刑法第一百三十四条之一规定的犯罪主体,包括对生产、作业负有组织、指挥或者管理职责的负责人、管理人员、实际控制人、投资人等人员,以及直接从事生产、作业的人员。

第三条 因存在重大事故隐患被依法责令停产停业、停止施工、停止使用有关设备、设施、场所或者立即采取排除危险的整改措施,有下列情形之一的,属于刑法第一百三十四条之一第二项规定的"拒不执行":

(一)无正当理由故意不执行各级人民政府或者负有安全生产监督管理职责的部门依法作出的

上述行政决定、命令的;

(二)虚构重大事故隐患已经排除的事实,规避、干扰执行各级人民政府或者负有安全生产监督管理职责的部门依法作出的上述行政决定、命令的;

(三)以行贿等不正当手段,规避、干扰执行各级人民政府或者负有安全生产监督管理职责的部门依法作出的上述行政决定、命令的。

有前款第三项行为,同时构成刑法第三百八十九条行贿罪、第三百九十三条单位行贿罪等犯罪,依照数罪并罚的规定处罚。

认定是否属于"拒不执行",应当综合考虑行政决定、命令是否具有法律、行政法规等依据,行政决定、命令的内容和期限要求是否明确、合理,行为人是否具有按照要求执行的能力等因素进行判断。

第四条 刑法第一百三十四条第二款和第一百三十四条之一第二项规定的"重大事故隐患",依照法律、行政法规、部门规章、强制性标准以及有关行政规范性文件进行认定。

刑法第一百三十四条之一第三项规定的"危险物品",依照安全生产法第一百一十七条的规定确定。

对于是否属于"重大事故隐患"或者"危险物品"难以确定的,可以依据司法鉴定机构出具的鉴定意见,地市级以上负有安全生产监督管理职责的部门或者其指定的机构出具的意见,结合其他证据综合审查,依法作出认定。

第五条 在生产、作业中违反有关安全管理的规定,有刑法第一百三十四条之一规定情形之一,因而发生重大伤亡事故或者造成其他严重后果,构成刑法第一百三十四条、第一百三十五条至第一百三十九条等规定的重大责任事故罪、重大劳动安全事故罪、危险物品肇事罪、工程重大安全事故罪等犯罪的,依照该规定定罪处罚。

第六条 承担安全评价职责的中介组织的人员提供的证明文件有下列情形之一的,属于刑法第二百二十九条第一款规定的"虚假证明文件":

(一)故意伪造的;

(二)在周边环境、主要建(构)筑物、工艺、装置、设备设施等重要内容上弄虚作假,导致与评价期间实际情况不符,影响评价结论的;

(三)隐瞒生产经营单位重大事故隐患及整改落实情况、主要灾害等级等情况,影响评价结论的;

(四)伪造、篡改生产经营单位相关信息、数据、技术报告或者结论等内容,影响评价结论的;

（五）故意采用存疑的第三方证明材料、监测检验报告，影响评价结论的；

（六）有其他弄虚作假行为，影响评价结论的情形。

生产经营单位提供虚假材料、影响评价结论，承担安全评价职责的中介组织的人员对评价结论与实际情况不符无主观故意的，不属于刑法第二百二十九条第一款规定的"故意提供虚假证明文件"。

有本条第二款情形，承担安全评价职责的中介组织的人员严重不负责任，导致出具的证明文件有重大失实，造成严重后果的，依照刑法第二百二十九条第三款的规定追究刑事责任。

第七条 承担安全评价职责的中介组织的人员故意提供虚假证明文件，有下列情形之一的，属于刑法第二百二十九条第一款规定的"情节严重"：

（一）造成死亡一人以上或者重伤三人以上安全事故的；

（二）造成直接经济损失五十万元以上安全事故的；

（三）违法所得数额十万元以上的；

（四）两年内因故意提供虚假证明文件受过两次以上行政处罚，又故意提供虚假证明文件的；

（五）其他情节严重的情形。

在涉及公共安全的重大工程、项目中提供虚假的安全评价文件，有下列情形之一的，属于刑法第二百二十九条第一款第三项规定的"致使公共财产、国家和人民利益遭受特别重大损失"：

（一）造成死亡三人以上或者重伤十人以上安全事故的；

（二）造成直接经济损失五百万元以上安全事故的；

（三）其他致使公共财产、国家和人民利益遭受特别重大损失的情形。

承担安全评价职责的中介组织的人员有刑法第二百二十九条第一款行为，在裁量刑罚时，应当考虑其行为手段、主观过错程度、对安全事故的发生所起作用大小及其获利情况、一贯表现等因素，综合评估社会危害性，依法裁量刑罚，确保罪责刑相适应。

第八条 承担安全评价职责的中介组织的人员，严重不负责任，出具的证明文件有重大失实，有下列情形之一的，属于刑法第二百二十九条第三款规定的"造成严重后果"：

（一）造成死亡一人以上或者重伤三人以上安

全事故的；

（二）造成直接经济损失一百万元以上安全事故的；

（三）其他造成严重后果的情形。

第九条 承担安全评价职责的中介组织犯刑法第二百二十九条规定之罪的，对该中介组织判处罚金，并对其直接负责的主管人员和其他直接责任人员，依照本解释第七条、第八条的规定处罚。

第十条 有刑法第一百三十四条之一行为，积极配合公安机关或者负有安全生产监督管理职责的部门采取措施排除事故隐患，确有悔改表现，认罪认罚的，可以依法从宽处罚；犯罪情节轻微不需要判处刑罚的，可以不起诉或者免予刑事处罚；情节显著轻微危害不大的，不作为犯罪处理。

第十一条 有本解释规定的行为，被不起诉或者免予刑事处罚，需要给予行政处罚、政务处分或者其他处分的，依法移送有关主管机关处理。

第十二条 本解释自 2022 年 12 月 19 日起施行。最高人民法院、最高人民检察院此前发布的司法解释与本解释不一致的，以本解释为准。

（七）女职工和未成年工特殊保护

中华人民共和国未成年人保护法（节录）

· 1991 年 9 月 4 日第七届全国人民代表大会常务委员会第二十一次会议通过

· 2006 年 12 月 29 日第十届全国人民代表大会常务委员会第二十五次会议第一次修订

· 根据 2012 年 10 月 26 日第十一届全国人民代表大会常务委员会第二十九次会议《关于修改〈中华人民共和国未成年人保护法〉的决定》修正

· 2020 年 10 月 17 日第十三届全国人民代表大会常务委员会第二十二次会议第二次修订

· 2020 年 10 月 17 日中华人民共和国主席令第 57 号公布

· 自 2021 年 6 月 1 日起施行

......

第六十一条 【劳动保护】任何组织或者个人

不得招用未满十六周岁未成年人,国家另有规定的除外。

营业性娱乐场所、酒吧、互联网上网服务营业场所等不适宜未成年人活动的场所不得招用已满十六周岁的未成年人。

招用已满十六周岁未成年人的单位和个人应当执行国家在工种、劳动时间、劳动强度和保护措施等方面的规定,不得安排其从事过重、有毒、有害等危害未成年人身心健康的劳动或者危险作业。

任何组织或者个人不得组织未成年人进行危害其身心健康的表演等活动。经未成年人的父母或者其他监护人同意,未成年人参与演出、节目制作等活动,活动组织方应当根据国家有关规定,保障未成年人合法权益。

注释　本条第一款从保护未成年人身心健康的角度出发,再次明确规定任何组织或者个人不得招用未满十六周岁的未成年人。考虑到文艺、体育等特殊行业,需要从小培养专业的人才,《劳动法》对招用十六周岁以下的未成年人作出了例外规定,明确文艺、体育和特种工艺单位可以招用未满十六周岁的未成年人,但必须依照国家有关规定,履行审批手续,并保障其接受义务教育的权利。《禁止使用童工规定》进一步细化了招用特殊未成年人的规定,明确文艺、体育和特种工艺单位确需招用未满十六周岁的文艺工作者、运动员和艺徒时,须报经县级以上含县级劳动保障部门批准。其中文艺工作者,是指专门从事表演艺术工作的人员;运动员,是指专门从事某项体育运动训练和参加比赛的人员;艺徒,是指在杂技、戏曲以及工艺美术等领域中从师学艺的人员。除了以上三类人员外,用人单位招用未满十六周岁的未成年人均属于违法行为。本条第一款中"国家另有规定的除外"的规定,就是表明招用未满十六周岁的未成年人必须严格按照法律、行政法规和规章等国家层面的规定执行,不允许地方作出例外的规定。

根据《劳动法》的规定,未成年工,是指年满十六周岁未满十八周岁的劳动者。根据本条第二款的规定,营业性娱乐场所、酒吧、互联网上网服务营业场所等不适宜未成年人活动的场所不得招用已满十六周岁的未成年人。根据本法第五十八条的规定,学校周边不得设置营业性歌舞娱乐场所、酒吧、互联网上网服务营业场所等不适宜未成年人活动的场所。营业性歌舞娱乐场所、酒吧、互联网上网服务营业场所等不适宜未成年人活动场所的经营者,不得允许未成年人进入。游艺娱乐场所设置的电子游戏设备,除国家法定节假日外,不得向未成年人提供。对于未成年人禁止进入或者限制进入的场所,当然不能招用未成年人在这些场所工作。

本条第四款明确规定,任何组织或者个人不得组织未成年人进行危害其身心健康的表演等活动。经未成年人的父母或者其他监护人同意,未成年人参与演出、节目制作等活动,活动组织方应当根据国家有关规定,保障未成年人的合法权益。为了加强未成年人参加影视节目制作方面的管理,2019 年 3 月,国家广播电视总局出台了《未成年人节目管理规定》对未成年人参与广播电视节目和网络视听节目制作进行了细化的规定,明确不得以恐吓、诱骗或者收买等方式迫使、引诱未成年人参与节目制作。不得制作、传播利用未成年人或者未成年人角色进行商业宣传的非广告类节目。制作未成年人节目应当保障参与制作的未成年人人身和财产安全以及充足的学习和休息时间。邀请未成年人参与节目制作,其服饰、表演应当符合未成年人年龄特征和时代特点,不得诱导未成年人谈论名利、情爱等话题。未成年人节目不得宣扬明星效应或者包装、炒作明星子女。未成年人节目制作过程中,不得泄露或者质问、引诱未成年人泄露个人及其近亲属的隐私信息,不得要求未成年人表达超过其判断能力的观点。

链接　《劳动法》第 15、58、64、65 条;《禁止使用童工规定》;《未成年工特殊保护规定》;《未成年人节目管理规定》

……

中华人民共和国
妇女权益保障法（节录）

- 1992年4月3日第七届全国人民代表大会第五次会议通过
- 根据2005年8月28日第十届全国人民代表大会常务委员会第十七次会议《关于修改〈中华人民共和国妇女权益保障法〉的决定》第一次修正
- 根据2018年10月26日第十三届全国人民代表大会常务委员会第六次会议《关于修改〈中华人民共和国野生动物保护法〉等十五部法律的决定》第二次修正
- 2022年10月30日第十三届全国人民代表大会常务委员会第三十七次会议修订
- 2022年10月30日中华人民共和国主席令第122号公布
- 自2023年1月1日起施行

……

第五章　劳动和社会保障权益

第四十一条　【劳动权利和社会保障权利男女平等】国家保障妇女享有与男子平等的劳动权利和社会保障权利。

注释 妇女平等享有劳动权利

妇女平等享有劳动权利的具体内容包括：一是平等就业和选择职业的权利；二是获取劳动报酬的权利；三是休息休假的权利；四是获得劳动安全卫生保障的权利；五是接受职业技术培训的权利；六是享受社会保险和福利的权利；七是依法参加工会、组建工会、民主管理企业等权利；八是提请劳动争议处理以及寻求司法救济的权利；九是法律法规规定的其他劳动权利。

妇女平等享有社会保障权利

妇女平等享有社会保障权利的具体内容包括：一是社会保险体系，主要有生育保险、养老保险、医疗保险、失业保险、工伤保险等内容；二是社会救济和社会福利体系，主要有对无劳动能力又无生活来源的妇女发放最低生活标准费、对患病妇女提供基本医疗保障、对女童提供义务教育、对无劳动能力又无生活来源的残疾妇女提供救济和帮助等内容；三是社会优抚安置，如对服现役军人家属提供一定的基本生活物质保障。

链接《宪法》第14、42、43、45条

第四十二条　【就业保障措施】各级人民政府和有关部门应当完善就业保障政策措施，防止和纠正就业性别歧视，为妇女创造公平的就业创业环境，为就业困难的妇女提供必要的扶持和援助。

注释 消除就业性别歧视的机制

国家有关部门建立多种机制，持续探索促进性别平等、消除性别歧视的机制和措施，如人力资源和社会保障部等九部门于2019年2月印发了《关于进一步规范招聘行为促进妇女就业的通知》，最高人民法院于2018年底增加了"平等就业权纠纷"案由，最高人民检察院探索针对就业性别歧视提起检察公益诉讼等。全国总工会和全国妇联通过编制《促进工作场所性别平等指导手册》《消除工作场所性骚扰指导手册》《创建家庭友好型工作场所指导手册》《防治职场性骚扰指导手册》等积极宣传倡导监督工作中的性别平等。

第四十三条　【招录（聘）中禁止性别歧视】用人单位在招录（聘）过程中，除国家另有规定外，不得实施下列行为：

（一）限定为男性或者规定男性优先；

（二）除个人基本信息外，进一步询问或者调查女性求职者的婚育情况；

（三）将妊娠测试作为入职体检项目；

（四）将限制结婚、生育或者婚姻、生育状况作为录（聘）用条件；

（五）其他以性别为由拒绝录（聘）用妇女或者差别化地提高对妇女录（聘）用标准的行为。

注释 除国家另有规定外

这里的"国家另有规定"主要包括劳动法和国务院于2012年公布的《女职工劳动保护特别规定》等法律、行政法规中有关对女性在怀孕、生育和哺乳期间的特殊劳动保护的规定。主要包括：

1.《劳动法》。第五十九条规定："禁止安排女职工从事矿山井下、国家规定的第四级体力劳动强度的劳动和其他禁忌从事的劳动。"第六十条规定："不得安排女职工在经期从事高处、低温、冷水作业和国家规定的第三级体力劳动强度的劳动。"第六十一条规定："不得安排女职工在怀孕期间从事国家规定的第三级体力劳动强度的劳动和孕期禁忌从事的劳动。对怀孕七个月以上的女职工，

不得安排其延长工作时间和夜班劳动。"第六十三条规定："不得安排女职工在哺乳未满一周岁的婴儿期间从事国家规定的第三级体力劳动强度的劳动和哺乳期禁忌从事的其他劳动，不得安排其延长工作时间和夜班劳动。"

2.《女职工劳动保护特别规定》。（1）规定为孕期或者哺乳期女职工安排适当的劳动。女职工在孕期不能适应原劳动的，用人单位应当根据医疗机构的证明，予以减轻劳动量或者安排其他能够适应的劳动。对怀孕7个月以上的女职工，用人单位不得延长劳动时间或者安排夜班劳动，并应当在劳动时间内安排一定的休息时间。对哺乳未满1周岁婴儿的女职工，用人单位不得延长劳动时间或者安排夜班劳动。（2）规定用人单位应当遵守女职工禁忌从事的劳动范围的规定。用人单位应当将本单位属于女职工禁忌从事的劳动范围的岗位书面告知女职工。（3）明确列举女职工禁忌从事的劳动范围，女职工在经期、孕期、哺乳期禁忌从事的劳动范围。

第四十四条　【劳动合同和集体合同女职工特殊保护】 用人单位在录（聘）用女职工时，应当依法与其签订劳动（聘用）合同或者服务协议，劳动（聘用）合同或者服务协议中应当具备女职工特殊保护条款，并不得规定限制女职工结婚、生育等内容。

职工一方与用人单位订立的集体合同中应当包含男女平等和女职工权益保护相关内容，也可以就相关内容制定专章、附件或者单独订立女职工权益保护专项集体合同。

注释　女职工权益保护专项集体合同

《劳动合同法》第五十二条规定，"企业职工一方与用人单位可以订立劳动安全卫生、女职工权益保护、工资调整机制等专项集体合同"。其中，女职工权益保护专项集体合同，是用人单位与本单位女职工根据法律法规的规定，就女职工合法权益和特殊利益方面的内容通过集体协商签订的专项协议，对用人单位和本单位的全体女职工具有法律约束力。

女职工权益保护专项集体合同的主要内容应包括：一是女职工的劳动权利。包括劳动就业、同工同酬、休息休假、保险福利待遇等。二是女职工的特殊利益。包括女职工禁忌劳动保护、"四期"保护、妇科疾病普查、生育待遇。三是女职工的政治、文化、教育、发展权利。包括职业教育、技术培训、晋职晋级、参与企业民主管理等。四是双方认为应当协商的其他内容。例如，女职工权益保护专项集体合同中可以规定进修、培训、出国考察、挂职锻炼时企业必须安排一定比例的女职工参加等，切实维护和保障女职工的合法权益。

链接《劳动法》第16条；《劳动合同法》第10、52条；《就业促进法》第27条

第四十五条　【男女同工同酬】 实行男女同工同酬。妇女在享受福利待遇方面享有与男子平等的权利。

注释　贯彻男女同工同酬原则的要求

贯彻男女同工同酬原则具体有以下三个方面的要求：第一，任何企事业单位、国家机关、社会组织等的任何工作岗位，不论男女，只要付出了同等价值的劳动，就应当领取同等的报酬。第二，不得因女职工怀孕、生育、哺乳等而降低其工资待遇，也不得因为妇女提供特殊的劳动保护而降低工资标准或减少其劳动报酬。第三，按照男女同工同酬的原则，妇女在享受福利待遇等方面也应当与男子享有平等的权利。

链接《宪法》第48条；《劳动法》第46条

第四十六条　【晋升和培训方面男女平等】 在晋职、晋级、评聘专业技术职称和职务、培训等方面，应当坚持男女平等的原则，不得歧视妇女。

注释　在晋职、晋级、评聘专业技术职称和职务等具体方面，应当坚持同一标准，杜绝性别歧视，平等地晋升男女职工的职务和级别，不因性别差异而排斥女职工的晋升，在女性相对集中的用人单位，应当与性别结构比例相适应地晋升女职工的职务；凡达到一定专业技术水平的女职工都应享有与男职工平等的获得相应专业技术职称和职务机会的权利，不得因名额限制等原因减少符合条件的女职工评聘专业技术职称和职务的比例。

第四十七条　【妇女特殊劳动保护】 用人单位应当根据妇女的特点，依法保护妇女在工作和劳动时的安全、健康以及休息的权利。

妇女在经期、孕期、产期、哺乳期受特殊保护。

链接《劳动合同法》第42条；《女职工劳动保护特别规定》

第四十八条　【怀孕、产假、哺乳期及退休时对女职工的保护规定】 用人单位不得因结婚、怀孕、产假、哺乳等情形，降低女职工的工资和福利待遇，限制女职工晋职、晋级、评聘专业技术职称

和职务,辞退女职工,单方解除劳动(聘用)合同或者服务协议。

女职工在怀孕以及依法享受产假期间,劳动(聘用)合同或者服务协议期满的,劳动(聘用)合同或者服务协议期限自动延续至产假结束。但是,用人单位依法解除、终止劳动(聘用)合同、服务协议,或者女职工依法要求解除、终止劳动(聘用)合同、服务协议的除外。

用人单位在执行国家退休制度时,不得以性别为由歧视妇女。

链接 《劳动法》第 29 条;《劳动合同法》第 42 条

第四十九条 【把就业性别歧视纳入劳动保障监察范围】人力资源和社会保障部门应当将招聘、录取、晋职、晋级、评聘专业技术职称和职务、培训、辞退等过程中的性别歧视行为纳入劳动保障监察范围。

注释 任何组织或者个人对违反劳动保障法律、法规或者规章的行为,有权向劳动保障行政部门举报。女职工认为用人单位对其实施就业性别歧视的,有权向劳动保障行政部门投诉。

劳动保障行政部门应当依据《劳动保障监察条例》规定的监察期限和程序实施劳动保障监察,对违反本法和其他劳动保障法律、法规或者规章的行为,根据调查、检查的结果,依法作出处理:(1)对依法应当受到行政处罚的,依法作出行政处罚决定;(2)对应当改正未改正的,依法责令改正或者作出相应的行政处理决定;(3)对情节轻微且已改正的,撤销立案。发现违法案件不属于劳动保障监察事项的,应当及时移送有关部门处理;涉嫌犯罪的,应当依法移送司法机关。

劳动保障行政部门对违反劳动保障法律、法规或者规章的行为作出行政处罚或者行政处理决定前,应当听取用人单位的陈述、申辩;作出行政处罚或者行政处理决定,应当告知用人单位依法享有申请行政复议或者提起行政诉讼的权利。

链接 《劳动保障监察条例》

第五十条 【妇女的社会保障权益】国家发展社会保障事业,保障妇女享有社会保险、社会救助和社会福利等权益。

国家提倡和鼓励为帮助妇女而开展的社会公益活动。

第五十一条 【生育保险、生育休假、生育救助制度】国家实行生育保险制度,建立健全婴幼儿托育服务等与生育相关的其他保障制度。

国家建立健全职工生育休假制度,保障孕产期女职工依法享有休息休假权益。

地方各级人民政府和有关部门应当按照国家有关规定,为符合条件的困难妇女提供必要的生育救助。

链接 《女职工劳动保护特别规定》

第五十二条 【加强困难妇女权益保障】各级人民政府和有关部门应当采取必要措施,加强贫困妇女、老龄妇女、残疾妇女等困难妇女的权益保障,按照有关规定为其提供生活帮扶、就业创业支持等关爱服务。

链接 《社会救助暂行办法》;《城市居民最低生活保障条例》;《国务院关于在全国建立农村最低生活保障制度的通知》

……

禁止使用童工规定

· 2002 年 9 月 18 日国务院第 63 次常务会议通过
· 2002 年 10 月 1 日中华人民共和国国务院令第 364 号公布
· 自 2002 年 12 月 1 日起施行

第一条 为保护未成年人的身心健康,促进义务教育制度的实施,维护未成年人的合法权益,根据宪法和劳动法、未成年人保护法,制定本规定。

第二条 国家机关、社会团体、企业事业单位、民办非企业单位或者个体工商户(以下统称用人单位)均不得招用不满 16 周岁的未成年人(招用不满 16 周岁的未成年人,以下统称使用童工)。

禁止任何单位或者个人为不满 16 周岁的未成年人介绍就业。

禁止不满 16 周岁的未成年人开业从事个体经营活动。

第三条 不满 16 周岁的未成年人的父母或者其他监护人应当保护其身心健康,保障其接受义务教育的权利,不得允许其被用人单位非法招用。

不满 16 周岁的未成年人的父母或者其他监护人允许其被用人单位非法招用的,所在地的乡(镇)人民政府、城市街道办事处以及村民委员会、居民委员会应当给予批评教育。

第四条 用人单位招用人员时,必须核查被招用人员的身份证;对不满 16 周岁的未成年人,一律不得录用。用人单位录用人员的录用登记、核查材料应当妥善保管。

第五条　县级以上各级人民政府劳动保障行政部门负责本规定执行情况的监督检查。

县级以上各级人民政府公安、工商行政管理、教育、卫生等行政部门在各自职责范围内对本规定的执行情况进行监督检查,并对劳动保障行政部门的监督检查给予配合。

工会、共青团、妇联等群众组织应当依法维护未成年人的合法权益。

任何单位或者个人发现使用童工的,均有权向县级以上人民政府劳动保障行政部门举报。

第六条　用人单位使用童工的,由劳动保障行政部门按照每使用一名童工每月处 5000 元罚款的标准给予处罚;在使用有毒物品的作业场所使用童工的,按照《使用有毒物品作业场所劳动保护条例》规定的罚款幅度,或者按照每使用一名童工每月处 5000 元罚款的标准,从重处罚。劳动保障行政部门并应当责令用人单位限期将童工送回原居住地交其父母或者其他监护人,所需交通和食宿费用全部由用人单位承担。

用人单位经劳动保障行政部门依照前款规定责令限期改正,逾期仍不将童工送交其父母或者其他监护人的,从责令限期改正之日起,由劳动保障行政部门按照每使用一名童工每月处 1 万元罚款的标准处罚,并由工商行政管理部门吊销其营业执照或者由民政部门撤销民办非企业单位登记;用人单位是国家机关、事业单位的,由有关单位依法对直接负责的主管人员和其他直接责任人员给予降级或者撤职的行政处分或者纪律处分。

第七条　单位或者个人为不满 16 周岁的未成年人介绍就业的,由劳动保障行政部门按照每介绍一人处 5000 元罚款的标准给予处罚;职业中介机构为不满 16 周岁的未成年人介绍就业的,并由劳动保障行政部门吊销其职业介绍许可证。

第八条　用人单位未按照本规定第四条的规定保存录用登记材料,或者伪造录用登记材料的,由劳动保障行政部门处 1 万元的罚款。

第九条　无营业执照、被依法吊销营业执照的单位以及未依法登记、备案的单位使用童工或者介绍童工就业的,依照本规定第六条、第七条、第八条规定的标准加一倍罚款,该非法单位由有关的行政主管部门予以取缔。

第十条　童工患病或者受伤的,用人单位应当负责送到医疗机构治疗,并负担治疗期间的全部医疗和生活费用。

童工伤残或者死亡的,用人单位由工商行政管理部门吊销营业执照或者由民政部门撤销民办非企业单位登记;用人单位是国家机关、事业单位的,由有关单位依法对直接负责的主管人员和其他直接责任人员给予降级或者撤职的行政处分或者纪律处分;用人单位还应当一次性地对伤残的童工、死亡童工的直系亲属给予赔偿,赔偿金额按照国家工伤保险的有关规定计算。

第十一条　拐骗童工,强迫童工劳动,使用童工从事高空、井下、放射性、高毒、易燃易爆以及国家规定的第四级体力劳动强度的劳动,使用不满 14 周岁的童工,或者造成童工死亡或者严重伤残的,依照刑法关于拐卖儿童罪、强迫劳动罪或者其他罪的规定,依法追究刑事责任。

第十二条　国家行政机关工作人员有下列行为之一的,依法给予记大过或者降级的行政处分;情节严重的,依法给予撤职或者开除的行政处分;构成犯罪的,依照刑法关于滥用职权罪、玩忽职守罪或者其他罪的规定,依法追究刑事责任:

(一)劳动保障等有关部门工作人员在禁止使用童工的监督检查工作中发现使用童工的情况,不予制止、纠正、查处的;

(二)公安机关的人民警察违反规定发放身份证或者在身份证上登录虚假出生年月的;

(三)工商行政管理部门工作人员发现申请人是不满 16 周岁的未成年人,仍然为其从事个体经营发放营业执照的。

第十三条　文艺、体育单位经未成年人的父母或者其他监护人同意,可以招用不满 16 周岁的专业文艺工作者、运动员。用人单位应当保障被招用的不满 16 周岁的未成年人的身心健康,保障其接受义务教育的权利。文艺、体育单位招用不满 16 周岁的专业文艺工作者、运动员的办法,由国务院劳动保障行政部门会同国务院文化、体育行政部门制定。

学校、其他教育机构以及职业培训机构按照国家有关规定组织不满 16 周岁的未成年人进行不影响其人身安全和身心健康的教育实践劳动、职业技能培训劳动,不属于使用童工。

第十四条 本规定自 2002 年 12 月 1 日起施行。1991 年 4 月 15 日国务院发布的《禁止使用童工规定》同时废止。

女职工劳动保护特别规定

· 2012 年 4 月 18 日国务院第 200 次常务会议通过
· 2012 年 4 月 28 日中华人民共和国国务院令第 619 号公布
· 自公布之日起施行

第一条 为了减少和解决女职工在劳动中因生理特点造成的特殊困难，保护女职工健康，制定本规定。

第二条 中华人民共和国境内的国家机关、企业、事业单位、社会团体、个体经济组织以及其他社会组织等用人单位及其女职工，适用本规定。

第三条 用人单位应当加强女职工劳动保护，采取措施改善女职工劳动安全卫生条件，对女职工进行劳动安全卫生知识培训。

第四条 用人单位应当遵守女职工禁忌从事的劳动范围的规定。用人单位应当将本单位属于女职工禁忌从事的劳动范围的岗位书面告知女职工。

女职工禁忌从事的劳动范围由本规定附录列示。国务院安全生产监督管理部门会同国务院人力资源社会保障行政部门、国务院卫生行政部门根据经济社会发展情况，对女职工禁忌从事的劳动范围进行调整。

第五条 用人单位不得因女职工怀孕、生育、哺乳降低其工资、予以辞退、与其解除劳动或者聘用合同。

第六条 女职工在孕期不能适应原劳动的，用人单位应当根据医疗机构的证明，予以减轻劳动量或者安排其他能够适应的劳动。

对怀孕 7 个月以上的女职工，用人单位不得延长劳动时间或者安排夜班劳动，并应当在劳动时间内安排一定的休息时间。

怀孕女职工在劳动时间内进行产前检查，所需时间计入劳动时间。

第七条 女职工生育享受 98 天产假，其中产前可以休假 15 天；难产的，增加产假 15 天；生育多

胞胎的，每多生育 1 个婴儿，增加产假 15 天。

女职工怀孕未满 4 个月流产的，享受 15 天产假；怀孕满 4 个月流产的，享受 42 天产假。

第八条 女职工产假期间的生育津贴，对已经参加生育保险的，按照用人单位上年度职工月平均工资的标准由生育保险基金支付；对未参加生育保险的，按照女职工产假前工资的标准由用人单位支付。

女职工生育或者流产的医疗费用，按照生育保险规定的项目和标准，对已经参加生育保险的，由生育保险基金支付；对未参加生育保险的，由用人单位支付。

第九条 对哺乳未满 1 周岁婴儿的女职工，用人单位不得延长劳动时间或者安排夜班劳动。

用人单位应当在每天的劳动时间内为哺乳期女职工安排 1 小时哺乳时间；女职工生育多胞胎的，每多哺乳 1 个婴儿每天增加 1 小时哺乳时间。

第十条 女职工比较多的用人单位应当根据女职工的需要，建立女职工卫生室、孕妇休息室、哺乳室等设施，妥善解决女职工在生理卫生、哺乳方面的困难。

第十一条 在劳动场所，用人单位应当预防和制止对女职工的性骚扰。

第十二条 县级以上人民政府人力资源社会保障行政部门、安全生产监督管理部门按照各自职责负责对用人单位遵守本规定的情况进行监督检查。

工会、妇女组织依法对用人单位遵守本规定的情况进行监督。

第十三条 用人单位违反本规定第六条第二款、第七条、第九条第一款规定的，由县级以上人民政府人力资源社会保障行政部门责令限期改正，按照受侵害女职工每人 1000 元以上 5000 元以下的标准计算，处以罚款。

用人单位违反本规定附录第一条、第二条规定的，由县级以上人民政府安全生产监督管理部门责令限期改正，按照受侵害女职工每人 1000 元以上 5000 元以下的标准计算，处以罚款。用人单位违反本规定附录第三条、第四条规定的，由县级以上人民政府安全生产监督管理部门责令限期治理，处 5 万元以上 30 万元以下的罚款；情节严重的，责令停止有关作业，或者提请有关人民政府按照国务院规定的权限责令关闭。

第十四条 用人单位违反本规定，侵害女职工

合法权益的,女职工可以依法投诉、举报、申诉,依法向劳动人事争议调解仲裁机构申请调解仲裁,对仲裁裁决不服的,依法向人民法院提起诉讼。

第十五条　用人单位违反本规定,侵害女职工合法权益,造成女职工损害的,依法给予赔偿;用人单位及其直接负责的主管人员和其他直接责任人员构成犯罪的,依法追究刑事责任。

第十六条　本规定自公布之日起施行。1988年7月21日国务院发布的《女职工劳动保护规定》同时废止。

附录:

女职工禁忌从事的劳动范围

一、女职工禁忌从事的劳动范围:

(一)矿山井下作业;

(二)体力劳动强度分级标准中规定的第四级体力劳动强度的作业;

(三)每小时负重6次以上、每次负重超过20公斤的作业,或者间断负重、每次负重超过25公斤的作业。

二、女职工在经期禁忌从事的劳动范围:

(一)冷水作业分级标准中规定的第二级、三级、第四级冷水作业;

(二)低温作业分级标准中规定的第二级、第三级、第四级低温作业;

(三)体力劳动强度分级标准中规定的第三级、第四级体力劳动强度的作业;

(四)高处作业分级标准中规定的第三级、第四级高处作业。

三、女职工在孕期禁忌从事的劳动范围:

(一)作业场所空气中铅及其化合物、汞及其化合物、苯、镉、铍、砷、氰化物、氮氧化物、一氧化碳、二硫化碳、氯、己内酰胺、氯丁二烯、氯乙烯、环氧乙烷、苯胺、甲醛等有毒物质浓度超过国家职业卫生标准的作业;

(二)从事抗癌药物、己烯雌酚生产,接触麻醉剂气体等的作业;

(三)非密封源放射性物质的操作,核事故与放射事故的应急处置;

(四)高处作业分级标准中规定的高处作业;

(五)冷水作业分级标准中规定的冷水作业;

(六)低温作业分级标准中规定的低温作业;

(七)高温作业分级标准中规定的第三级、第四级的作业;

(八)噪声作业分级标准中规定的第三级、第四级的作业;

(九)体力劳动强度分级标准中规定的第三级、第四级体力劳动强度的作业;

(十)在密闭空间、高压室作业或者潜水作业,伴有强烈振动的作业,或者需要频繁弯腰、攀高、下蹲的作业。

四、女职工在哺乳期禁忌从事的劳动范围:

(一)孕期禁忌从事的劳动范围的第一项、第三项、第九项;

(二)作业场所空气中锰、氟、溴、甲醇、有机磷化合物、有机氯化合物等有毒物质浓度超过国家职业卫生标准的作业。

未成年工特殊保护规定

· 1994年12月9日
· 劳部发〔1994〕498号

第一条　为维护未成年工的合法权益,保护其在生产劳动中的健康,根据《中华人民共和国劳动法》的有关规定,制定本规定。

第二条　未成年工是指年满16周岁,未满18周岁的劳动者。

未成年工的特殊保护是针对未成年工处于生长发育期的特点,以及接受义务教育的需要,采取的特殊劳动保护措施。

第三条　用人单位不得安排未成年工从事以下范围的劳动:

(一)《生产性粉尘作业危害程度分级》国家标准中第一级以上的接尘作业;

(二)《有毒作业分级》国家标准中第一级以上的有毒作业;

(三)《高处作业分级》国家标准中第二级以上的高处作业;

(四)《冷水作业分级》国家标准中第二级以上的冷水作业;

(五)《高温作业分级》国家标准中第三级以上的高温作业;

(六)《低温作业分级》国家标准中第三级以上

的低温作业；

（七）《体力劳动强度分级》国家标准中第四级体力劳动强度的作业；

（八）矿山井下及矿山地面采石作业；

（九）森林业中的伐木、流放及守林作业；

（十）工作场所接触放射性物质的作业；

（十一）有易燃易爆、化学性烧伤和热烧伤等危险性大的作业；

（十二）地质勘探和资源勘探的野外作业；

（十三）潜水、涵洞、涵道作业和海拔 3000 米以上的高原作业（不包括世居高原者）；

（十四）连续负重每小时在 6 次以上并每次超过 20 公斤，间断负重每次超过 25 公斤的作业；

（十五）使用凿岩机、捣固机、气镐、气铲、铆钉机、电锤的作业；

（十六）工作中需要长时间保持低头、弯腰、上举、下蹲等强迫体位和动作频率每分钟大于 50 次的流水线作业；

（十七）锅炉司炉。

第四条 未成年工患有某种疾病或具有某些生理缺陷（非残疾型）时，用人单位不得安排其从事以下范围的劳动：

（一）《高处作业分级》国家标准中第一级以上的高处作业；

（二）《低温作业分级》国家标准中第二级以上的低温作业；

（三）《高温作业分级》国家标准中第二级以上的高温作业；

（四）《体力劳动强度分级》国家标准中第三级以上体力劳动强度的作业；

（五）接触铅、苯、汞、甲醛、二硫化碳等易引起过敏反应的作业。

第五条 患有某种疾病或具有某些生理缺陷（非残疾型）的未成年工，是指有以下一种或一种以上情况者：

（一）心血管系统

1. 先天性心脏病；

2. 克山病；

3. 收缩期或舒张期二级以上心脏杂音。

（二）呼吸系统

1. 中度以上气管炎或支气管哮喘；

2. 呼吸音明显减弱；

3. 各类结核病；

4. 体弱儿，呼吸道反复感染者。

（三）消化系统

1. 各类肝炎；

2. 肝、脾肿大；

3. 胃、十二指肠溃疡；

4. 各种消化道疝。

（四）泌尿系统

1. 急、慢性肾炎；

2. 泌尿系感染。

（五）内分泌系统

1. 甲状腺机能亢进；

2. 中度以上糖尿病。

（六）精神神经系统

1. 智力明显低下；

2. 精神忧郁或狂暴。

（七）肌肉、骨骼运动系统

1. 身高和体重低于同龄人标准；

2. 一个及一个以上肢体存在明显功能障碍；

3. 躯干 1/4 以上部位活动受限，包括僵直或不能旋转。

（八）其他

1. 结核性胸膜炎；

2. 各类重度关节炎；

3. 血吸虫病；

4. 严重贫血，其血色素每升低于 95 克（< 9.5g/dl）。

第六条 用人单位应按下列要求对未成年工定期进行健康检查：

（一）安排工作岗位之前；

（二）工作满 1 年；

（三）年满 18 周岁，距前一次的体检时间已超过半年。

第七条 未成年工的健康检查，应按本规定所附《未成年工健康检查表》列出的项目进行。

第八条 用人单位应根据未成年工的健康检查结果安排其从事适合的劳动，对不能胜任原劳动岗位的，应根据医务部门的证明，予以减轻劳动量或安排其他劳动。

第九条 对未成年工的使用和特殊保护实行登记制度。

（一）用人单位招收使用未成年工，除符合一般用工要求外，还须向所在地的县级以上劳动行政部门办理登记。劳动行政部门根据《未成年工健康检查表》、《未成年工登记表》,核发《未成年工登记证》。

（二）各级劳动行政部门须按本规定第三、四、五、七条的有关规定,审核体检情况和拟安排的劳动范围。

（三）未成年工须持《未成年工登记证》上岗。

（四）《未成年工登记证》由国务院劳动行政部门统一印制。

第十条 未成年工上岗前用人单位应对其进行有关的职业安全卫生教育、培训;未成年工体检

和登记,由用人单位统一办理和承担费用。

第十一条 县级以上劳动行政部门对用人单位执行本规定的情况进行监督检查,对违犯本规定的行为依照有关法规进行处罚。

各级工会组织对本规定的执行情况进行监督。

第十二条 省、自治区、直辖市劳动行政部门可以根据本规定制定实施办法。

第十三条 本规定自1995年1月1日起施行。

（八）劳动争议处理

中华人民共和国劳动争议调解仲裁法

·2007年12月29日第十届全国人民代表大会常务委员会第三十一次会议通过
·2007年12月29日中华人民共和国主席令第80号公布
·自2008年5月1日起施行

理 解 与 适 用

劳动争议调解仲裁是解决劳动争议的程序制度。我国于1987年恢复了劳动争议仲裁制度,2007年12月29日,《中华人民共和国劳动争议调解仲裁法》由中华人民共和国第十届全国人民代表大会常务委员会第三十一次会议通过,自2008年5月1日起施行。

劳动争议调解仲裁法的指导思想是,尽最大可能将劳动争议案件解决在基层,强化调解、完善仲裁、司法救济。其主要内容表现在:

第一,体现把劳动争议案件解决在基层,强化调解的精神,劳动争议调解仲裁法规定,发生劳动争议,当事人可以到企业劳动争议调解委员会,依法设立的基层人民调解组织,在乡镇、街道设立的具有劳动争议调解职能的组织申请调解。

第二,针对劳动仲裁机构体系不完善,劳动仲裁人员专业化程度低,不能适应解决劳动争议需要的现状,劳动争议调解仲裁法规定劳动争议仲裁委员会按照统筹规划、合理布局和适应实际需要的原则设立;规定了仲裁员的资格条件;规定劳动争议仲裁委员会由劳动行政部门代表、工会代表和企业方面代表组成,依法履行聘任、解聘专职或者兼职仲裁员,受理劳动争议案件,讨论重大或者疑难的劳动争议案件,对仲裁活动进行监督等职责。

第三,为了解决劳动争议处理周期长,劳动者维权成本高的问题,劳动争议调解仲裁法规定了一裁终局的案件,即追索劳动报酬、工伤医疗费、经济补偿或者赔偿金,不超过当地月最低工资标准12个月金额的争议;因执行国家的劳动标准在工作时间、休息休假、社会保险等方面发生的争议。为了保障当事人的救济权,同时规定劳动者对前述仲裁裁决不服的,可以自收到仲裁裁决书之日起15日内向人民法院提起诉讼;用人单位有证据证明前述仲裁有符合撤销裁决的法定情形的,可以申请撤销裁决。

第四,延长了时效。劳动法中规定,劳动争议发生之日起60日内要申请仲裁。当初立法的目的是为了尽快解决劳动争议。结果在实践中,发现时效太短不利于保护劳动者权益。本法把时效延长为当事人知道或者应当知道自己权利被损害时起1年内可以提起仲裁申请。仲裁时效

延长为1年,并且规定了时效的中断和中止制度。特别是对劳动者追索劳动报酬的争议时效作了特别规定。在存在劳动关系期间,追讨拖欠的工资不受仲裁时效的限制。当劳动者要解除或者终止劳动合同,应该在1年内提出申请仲裁。

　　第五,更加合理地分配举证责任。劳动争议调解仲裁法规定,当事人对自己提出的主张,有责任提供证据。考虑到用人单位掌握和管理着劳动者的档案等材料,又特别规定:与争议事项有关的证据属用人单位掌握管理的,用人单位应当提供,不提供的应承担不利后果。

　　最后,明确规定劳动争议仲裁不收费,劳动争议仲裁委员会的经费由财政保证,这样可以大大降低劳动者的维权成本。

第一章　总　则

第一条　【立法目的】为了公正及时解决劳动争议,保护当事人合法权益,促进劳动关系和谐稳定,制定本法。

注释 劳动争议,也称"劳动纠纷"、"劳资争议",是指劳动关系当事人之间在执行劳动方面的法律法规和劳动合同、集体合同的过程中,就劳动权利义务发生分歧而引起的争议。劳动争议不同于一般的民事争议,用人单位和劳动者之间在一定程度上存在管理和被管理的关系,而且劳动关系还涉及执行劳动法规等多方面的关系,如各种社会保险、劳动保护等,而不限于单纯的民事关系。

劳动争议的特点是:第一,劳动争议的主体是劳动关系双方,即发生在用人单位和劳动者之间,二者之间形成了劳动关系,因而所发生的争议称为劳动争议;第二,劳动争议必须是因为执行劳动法律、法规或者订立、履行、变更、解除和终止劳动合同而引起的争议。有的争议虽然发生在用人单位和劳动者之间,但也可能不属于劳动争议。如劳动者一方因为与用人单位发生买卖合同方面的纠纷,其争议的内容不涉及劳动合同和其他执行劳动法规方面的问题,因而属于民事纠纷,不是劳动争议。

第二条　【适用范围】中华人民共和国境内的用人单位与劳动者发生的下列劳动争议,适用本法:

　　(一)因确认劳动关系发生的争议;

　　(二)因订立、履行、变更、解除和终止劳动合同发生的争议;

　　(三)因除名、辞退和辞职、离职发生的争议;

　　(四)因工作时间、休息休假、社会保险、福利、培训以及劳动保护发生的争议;

　　(五)因劳动报酬、工伤医疗费、经济补偿或者赔偿金等发生的争议;

　　(六)法律、法规规定的其他劳动争议。

注释 本法适用于下列劳动争议事项的处理:

　　(一)因确认劳动关系发生的争议。

劳动关系是指用人单位招用劳动者为其成员,劳动者在用人单位的管理下提供有报酬的劳动而产生的权利义务关系。因确认劳动关系是否存在而产生的争议属于劳动争议,适用劳动争议调解仲裁法。在实践中,一些用人单位不与劳动者签订劳动合同,一旦发生纠纷,劳动者往往因为拿不出劳动合同这一确定劳动关系存在的凭证而难以维权。为了更好地维护劳动者的合法权益,劳动争议调解仲裁法将因确认劳动关系发生的争议纳入了劳动争议处理范围,劳动者可以就确认劳动关系是否存在这一事由,依法向劳动争议调解仲裁机构申请权利救济。

　　(二)因订立、履行、变更、解除和终止劳动合同发生的争议。

劳动合同,是指劳动者与用人单位确立劳动关系、明确双方权利和义务的协议。用人单位与劳动者的劳动关系,涉及订立、履行、变更、解除和终止劳动合同的全过程。对于在这一过程中任何一个环节发生的争议,都可以适用劳动争议调解仲裁法来解决。

　　(三)因除名、辞退和辞职、离职发生的争议。

《劳动合同法》第39条、第40条规定了过失性辞退和无过失性辞退的情形。劳动者有下列情形之一的,用人单位可以解除劳动合同:1. 在试用期间被证明不符合录用条件的;2. 严重违反用人单位的规章制度的;3. 严重失职,营私舞弊,给用人单位造成重大损害的;4. 劳动者同时与其他用人单位建立劳动关系,对完成本单位的工作任务造成严重影响,或者经用人单位提出,拒不改正的;5. 因以欺诈、胁迫的手段或者乘人之危,使对方在违背真实意思的情况下订立或者变更劳动合同致使劳动合同无效的;6. 被依法追究刑事责任的。

有下列情形之一的,用人单位提前 30 日以书面形式通知劳动者本人或者额外支付劳动者一个月工资后,可以解除劳动合同:1. 劳动者患病或者非因工负伤,在规定的医疗期满后不能从事原工作,也不能从事由用人单位另行安排的工作的;2. 劳动者不能胜任工作,经过培训或者调整工作岗位,仍不能胜任工作的;3. 劳动合同订立时所依据的客观情况发生重大变化,致使劳动合同无法履行,经用人单位与劳动者协商,未能就变更劳动合同内容达成协议的。

(四)因工作时间、休息休假、社会保险、福利、培训以及劳动保护发生的争议。

因工作时间、休息休假发生的争议,主要涉及用人单位规定的工作时间是否符合有关法律的规定,劳动者是否能够享受到国家的法定节假日和带薪休假的权利等而引起的争议。因社会保险发生的劳动争议,主要涉及用人单位是否依照有关法律、法规的规定为劳动者缴纳养老、工伤、医疗、失业、生育等社会保险费用而引起的争议。因福利、培训发生的劳动争议,主要涉及用人单位与劳动者在订立的劳动合同中规定的有关福利待遇、培训等约定事项的履行而产生的争议。因劳动保护发生的劳动争议,主要涉及用人单位是否为劳动者提供符合法律规定的劳动安全卫生条件等标准而产生的争议。

(五)因劳动报酬、工伤医疗费、经济补偿或者赔偿金等发生的争议。

经济补偿,是指根据劳动合同法的规定,用人单位解除和终止劳动合同时,应给予劳动者的补偿。根据劳动合同法的规定,劳动者因用人单位的过错而单方提出与用人单位解除劳动合同的;或者用人单位因为劳动者存在过错之外的原因而单方决定与劳动者解除劳动合同的;或者用人单位提出动议,与劳动者协商一致解除劳动合同的,应当向劳动者支付经济补偿等。同时,在用人单位与劳动者终止固定期限合同或者企业破产、被责令关闭、吊销执照、提前解散等情形时,也应当向劳动者支付经济补偿。

赔偿金,是指根据劳动法律法规的规定,用人单位应当向劳动者支付的赔偿金和劳动者应当向用人单位支付的赔偿金。

(六)法律、法规规定的其他劳动争议。

这是一项兜底的规定。除了上述劳动争议事项外,法律、行政法规或者地方性法规规定的其他劳动争议,也要纳入劳动争议调解仲裁法的调整范围。

劳动者与用人单位之间发生的下列纠纷,属于劳动争议,当事人不服劳动争议仲裁机构作出的裁决,依法提起诉讼的,人民法院应予受理:

(一)劳动者与用人单位在履行劳动合同过程中发生的纠纷;

(二)劳动者与用人单位之间没有订立书面劳动合同,但已形成劳动关系后发生的纠纷;

(三)劳动者与用人单位因劳动关系是否已经解除或者终止,以及应否支付解除或者终止劳动关系经济补偿金发生的纠纷;

(四)劳动者与用人单位解除或者终止劳动关系后,请求用人单位返还其收取的劳动合同定金、保证金、抵押金、抵押物发生的纠纷,或者办理劳动者的人事档案、社会保险关系等移转手续发生的纠纷;

(五)劳动者以用人单位未为其办理社会保险手续,且社会保险经办机构不能补办导致其无法享受社会保险待遇为由,要求用人单位赔偿损失发生的纠纷;

(六)劳动者退休后,与尚未参加社会保险统筹的原用人单位因追索养老金、医疗费、工伤保险待遇和其他社会保险待遇而发生的纠纷;

(七)劳动者因为工伤、职业病,请求用人单位依法给予工伤保险待遇发生的纠纷;

(八)劳动者依据劳动合同法第八十五条规定,要求用人单位支付加付赔偿金发生的纠纷;

(九)因企业自主进行改制发生的纠纷。

链接《最高人民法院关于审理劳动争议案件适用法律问题的解释(一)》第 1 条

第三条　【基本原则】解决劳动争议,应当根据事实,遵循合法、公正、及时、着重调解的原则,依法保护当事人的合法权益。

注释着重调解原则包含两方面的内容:一是调解作为解决劳动争议的基本手段贯穿于劳动争议处理的全过程。即使进入仲裁和诉讼程序后,劳动争议仲裁委员会和人民法院在处理劳动争议时,仍要进行调解,调解不成的,再作出裁决和判决;二是调解必须遵循自愿原则,在双方当事人自愿的基础上进行,不能勉强和强制,否则即使达成协议或者作出调解书也不能发生法律效力。

第四条 【协商】发生劳动争议,劳动者可以与用人单位协商,也可以请工会或者第三方共同与用人单位协商,达成和解协议。

注释 劳动争议的协商是指发生争议的劳动者与用人单位通过自行协商,或者劳动者请工会或者其他第三方共同与用人单位进行协商,从而使当事人的矛盾得以化解,自愿就争议事项达成协议,使劳动争议及时得到解决的一种活动。

根据本条的规定,这里的"第三方"可以是本单位的人员,也可以是本单位以外的、双方都信任的人员。

协商和解成功后,当事人双方应当签订和解协议。这里应当指出的是,和解这一程序,完全是建立在双方自愿的基础上,任何一方,或者第三方都不得强迫另一方当事人进行协商。如果当事人不愿协商、协商不成或者达成和解协议后不履行的,另一方当事人仍然可以向劳动争议调解组织申请调解,或者向劳动争议仲裁机构申请仲裁。

第五条 【调解、仲裁、诉讼】发生劳动争议,当事人不愿协商、协商不成或者达成和解协议后不履行的,可以向调解组织申请调解;不愿调解、调解不成或者达成调解协议后不履行的,可以向劳动争议仲裁委员会申请仲裁;对仲裁裁决不服的,除本法另有规定的外,可以向人民法院提起诉讼。

注释 劳动争议的调解是指在劳动争议调解组织的主持下,在双方当事人自愿的基础上,通过宣传法律、法规、规章和政策,劝导当事人化解矛盾,自愿就争议事项达成协议,使劳动争议及时得到解决的一种活动。

劳动仲裁是指劳动争议仲裁机构对劳动争议当事人争议的事项,根据劳动方面的法律、法规、规章和政策等的规定,依法作出裁决,从而解决劳动争议的一项劳动法律制度。劳动争议诉讼,是处理劳动争议的最终程序,它通过司法程序保证了劳动争议的最终彻底解决。由人民法院参与处理劳动争议,有利于保障当事人的诉讼权,有利于生效的调解协议、仲裁裁决和法院判决的执行。

《劳动法》第83条规定,劳动争议当事人对仲裁裁决不服的,可以自收到仲裁裁决书之日起十

五日内向人民法院提起诉讼。

《最高人民法院关于审理劳动争议案件适用法律问题的解释(一)》第4条规定:"劳动者与用人单位均不服劳动争议仲裁机构的同一裁决,向同一人民法院起诉的,人民法院应当并案审理,双方当事人互为原告和被告,对双方的诉讼请求,人民法院应当一并作出裁决。在诉讼过程中,一方当事人撤诉的,人民法院应当根据另一方当事人的诉讼请求继续审理。双方当事人就同一仲裁裁决分别向有管辖权的人民法院起诉的,后受理的人民法院应当将案件移送给先受理的人民法院。"

链接 《最高人民法院关于审理劳动争议案件适用法律问题的解释(一)》第4条

第六条 【举证责任】发生劳动争议,当事人对自己提出的主张,有责任提供证据。与争议事项有关的证据属于用人单位掌握管理的,用人单位应当提供;用人单位不提供的,应当承担不利后果。

注释 举证责任,又称证明责任,是指当事人对自己提出的主张,有提出证据并加以证明的责任。如果当事人未能尽到上述责任,则有可能承担对其不利的法律后果。举证责任的基本含意包括以下三层:第一,当事人对自己提出的主张,应当提出证据;第二,当事人对自己提供的证据,应当予以证明,以表明自己所提供的证据能够证明其主张;第三,若当事人对自己的主张不能提供证据或提供证据后不能证明自己的主张,将可能导致对自己不利的法律后果。

案例 用人单位与劳动者虽订立承包合同但符合劳动关系特征的应认定为劳动关系[北京市第二中级人民法院劳动争议典型案例(2008-2017)]

裁判规则:倾斜保护原则作为劳动法的一项基本原则,彰显了劳动法的价值取向。劳动合同在形式上是平等主体之间的合同关系,但双方在实质上是处于不平等地位。因为劳动者受雇于用人单位提供劳动力,处于弱势地位,而用人单位占有生产资料,拥有强大的资本,处于强势地位。倾斜保护原则实际上是保护弱者原则,通过对劳动者的弱者地位予以补救,对用人单位规定一些更严格的实体程序义务,从而达到新的利益平衡关系。劳动争议纠纷中的举证责任倒置规则是劳动者倾斜保护原则的典型体现,考虑到用人单位与劳动者举证能力的差异,劳动争议诉讼突破了民事诉讼"谁主张谁举证"的一般原则,《最高人民法

院关于审理劳动争议案件适用法律若干问题的解释》第13条、《最高人民法院关于审理劳动争议案件适用法律若干问题的解释(三)》第9条、《劳动争议调解仲裁法》第6条、《工伤保险条例》等关于举证责任的特殊规定旨在减轻劳动者的举证负担以实现对劳动者的倾斜保护,实现实质公平。

链接《最高人民法院关于审理劳动争议案件适用法律问题的解释(一)》第42条

第七条　【推举代表参加调解、仲裁或诉讼】发生劳动争议的劳动者一方在十人以上,并有共同请求的,可以推举代表参加调解、仲裁或者诉讼活动。

注释关于代表人的推选,本条规定10名以上的劳动者可以推举代表参加调解、仲裁或者诉讼活动。当事人必须推举他们之中的人作代表,而不能选当事人之外的人。需要注意的是,关于劳动者推举出的代表人行为的效力,劳动争议调解仲裁法没有明确规定。根据民事诉讼法原理,推举代表人是当事人的意思表示,因此代表人一旦产生,其参加调解、仲裁、诉讼的行为对其所代表的当事人发生效力。但是在某些方面,代表人的行为对其所代表的当事人是无效的,可以参照《民事诉讼法》第56条、第57条的规定执行。

第八条　【三方机制】县级以上人民政府劳动行政部门会同工会和企业方面代表建立协调劳动关系三方机制,共同研究解决劳动争议的重大问题。

注释处理劳动争议的三方协商机制中的"三方"是指以下三方:

1. 政府代表。我国工会法和劳动法中都明确规定三方协商机制中的政府代表是劳动行政部门。因此,处理劳动争议的三方协商机制中的政府代表理应由政府劳动行政部门担任。

2. 职工代表。由于三方机制协商劳动关系方面的重大问题,往往超出了具体企业的范围。在这种情况下,代表职工参加三方协商机制的通常是全国总工会和各级地方总工会。

3. 企业组织代表。目前,在中央层面,主要是由中国企业联合会或者全国工商业联合会作为企业方代表。

第九条　【拖欠劳动报酬等争议的行政救济】用人单位违反国家规定,拖欠或者未足额支付劳动报酬,或者拖欠工伤医疗费、经济补偿或者赔偿

金的,劳动者可以向劳动行政部门投诉,劳动行政部门应当依法处理。

注释这里应当指出的是,劳动争议调解组织、劳动争议仲裁委员会在受理劳动争议案件时,如果发现案件属于上述用人单位违反国家规定,拖欠或者未足额支付劳动报酬,拖欠工伤医疗费、经济补偿或者赔偿金的,可以建议劳动者直接向劳动行政部门进行投诉,由劳动行政部门进行处理,以节省劳动者维权的时间和成本,使劳动者能在一个相对短的时间内拿到被拖欠的劳动报酬、工伤医疗费、经济补偿或者赔偿金,从而解决其个人和家庭的生计等问题,但是如果劳动者对上述案件不愿意向劳动行政部门进行投诉,仍坚持走调解、仲裁等劳动争议处理程序的,劳动争议调解组织、劳动争议仲裁委员会应当依法予以受理,不能推诿。

链接《劳动合同法》第73、74条;《保障农民工工资支付条例》

第二章　调　解

第十条　【调解组织】发生劳动争议,当事人可以到下列调解组织申请调解:

(一)企业劳动争议调解委员会;

(二)依法设立的基层人民调解组织;

(三)在乡镇、街道设立的具有劳动争议调解职能的组织。

企业劳动争议调解委员会由职工代表和企业代表组成。职工代表由工会成员担任或者由全体职工推举产生,企业代表由企业负责人指定。企业劳动争议调解委员会主任由工会成员或者双方推举的人员担任。

注释人民调解委员会是依法设立的调解民间纠纷的群众性组织。

村民委员会、居民委员会设立人民调解委员会。企业事业单位根据需要设立人民调解委员会。

人民调解委员会由委员三至九人组成,设主任一人,必要时,可以设副主任若干人。

人民调解委员会应当有妇女成员,多民族居住的地区应当有人数较少民族的成员。

村民委员会、居民委员会的人民调解委员会委员由村民会议或者村民代表会议、居民会议推选产生;企业事业单位设立的人民调解委员会委员由职工大会、职工代表大会或者工会组织推选产生。

第十一条 【调解员】劳动争议调解组织的调解员应当由公道正派、联系群众、热心调解工作，并具有一定法律知识、政策水平和文化水平的成年公民担任。

注释 公民担任调解员，首先自己应当是成年人，具有完全的民事行为能力。根据我国《民法典》的规定，十八周岁以上的自然人为成年人，成年人为完全民事行为能力人。一般情况下，调解员都是年龄较长、社会阅历丰富的公民。

第十二条 【申请调解的形式】当事人申请劳动争议调解可以书面申请，也可以口头申请。口头申请的，调解组织应当当场记录申请人基本情况、申请调解的争议事项、理由和时间。

注释 书面申请就是采取书写调解申请书的方式，提出调解申请。本法对调解申请书的内容没有作明确规定，实践中，调解申请书一般包括：（1）申请人、被申请人的姓名、住址和身份证号或者其他身份证件号码以及联系方式，企业名称、住所以及法定代表人或者主要负责人的姓名、职务等；（2）发生争议的事实、申请人的主张和理由等。

调解是一种比较灵活的处理劳动争议的形式，法律不要求有严格的形式，因此，申请调解，也可以口头申请。

第十三条 【调解的基本原则】调解劳动争议，应当充分听取双方当事人对事实和理由的陈述，耐心疏导，帮助其达成协议。

注释 调解劳动争议，就是要做劳资双方的思想工作，以事实为依据，根据法律、法规和政策，陈述利害，晓之以理，动之以情，帮助双方解决分歧，就争议事项达成共识。

第十四条 【调解协议书】经调解达成协议的，应当制作调解协议书。

调解协议书由双方当事人签名或者盖章，经调解员签名并加盖调解组织印章后生效，对双方当事人具有约束力，当事人应当履行。

自劳动争议调解组织收到调解申请之日起十五日内未达成调解协议的，当事人可以依法申请仲裁。

注释 从实践中看，调解协议主要应当载明争议双方达成的权利和义务的内容、履行协议的期限等。

调解不是解决劳动争议的必经程序，调解的期限是15天，在15天内未达成协议的视为调解不

成，当事人任何一方都可以向劳动争议仲裁委员会申请仲裁。

链接《人民调解法》第31条

第十五条 【不履行调解协议可申请仲裁】达成调解协议后，一方当事人在协议约定期限内不履行调解协议的，另一方当事人可以依法申请仲裁。

注释 达成调解协议后，一方当事人在协议约定期限内不履行调解协议的，当事人既可以以原劳动争议申请仲裁，也可以以调解协议申请仲裁。当事人一方以原劳动争议申请仲裁，对方当事人以调解协议抗辩的，应当提供调解协议书；当事人一方申请仲裁委员会裁决对方当事人履行调解协议，对方当事人反驳的，有责任对反驳所依据的事实提供证据予以证明。当事人一方请求仲裁变更或者撤销调解协议，或者请求确认调解协议无效的，有责任对自己的请求所依据的事实提供证据予以证明。

第十六条 【劳动者可以调解协议书申请支付令的情形】因支付拖欠劳动报酬、工伤医疗费、经济补偿或者赔偿金事项达成调解协议，用人单位在协议约定期限内不履行的，劳动者可以持调解协议书依法向人民法院申请支付令。人民法院应当依法发出支付令。

注释 支付令是人民法院根据债权人的申请，督促债务人履行债务的程序，是民事诉讼法规定的一种法律制度。

根据民事诉讼法的规定，申请支付令的程序是：

（一）向人民法院提交申请书。劳动者向人民法院提交的申请书应当写明请求给付劳动报酬、工伤医疗费、经济补偿或者赔偿金的数额和所根据的事实、证据。由于劳动者申请支付令的前提是达成了调解协议，因此，劳动者一般只需要提供调解协议书就可以。

（二）向有管辖权的基层人民法院申请。《民事诉讼法》第24条规定："因合同纠纷提起的诉讼，由被告住所地或者合同履行地人民法院管辖。"调解协议具有合同的性质，因此，劳动者可以按照这一条确定申请支付令的管辖法院，选择用人单位所在地或者合同履行地基层人民法院管辖。

（三）受理。一般来说，申请支付令属于本法

列举的因支付拖欠劳动报酬、工伤医疗费、经济补偿或者赔偿金事项达成调解协议范围的,法院都应当受理。

(四)审查和决定。劳动者申请支付令的依据是其与用人单位达成的调解协议,双方权利义务关系比较明确,因此,法院只要审查调解协议是否合法就可以了。如果人民法院经过审查,认为调解协议合法的,应当在 15 日内向用人单位发出支付令;如果调解协议不合法的,就裁定予以驳回。比如调解协议违反国家法律、法规的强制性规定,属于无效的,就不能发出支付令,应当驳回。

(五)清偿或者提出书面异议。支付令发出后,用人单位要么按照支付令的要求向劳动者支付拖欠的劳动报酬、工伤医疗费、经济补偿或者赔偿金,要么提出书面异议。如果异议成立,法院就会裁定终结督促程序,支付令自行失效。

(六)申请执行。如果用人单位既不提出异议,又不履行支付令,劳动者可以向人民法院申请执行,人民法院应当按照民事诉讼法规定的执行程序强制执行。

链接《最高人民法院关于审理劳动争议案件适用法律问题的解释(一)》第 13 条

第三章 仲 裁

第一节 一般规定

第十七条 【劳动争议仲裁委员会的设立】劳动争议仲裁委员会按照统筹规划、合理布局和适应实际需要的原则设立。省、自治区人民政府可以决定在市、县设立;直辖市人民政府可以决定在区、县设立。直辖市、设区的市也可以设立一个或者若干个劳动争议仲裁委员会。劳动争议仲裁委员会不按行政区划层层设立。

注释 劳动争议仲裁委员会是指依法设立,由法律授权依法独立对劳动争议案件进行仲裁的专门机构。劳动争议仲裁委员会的设立和组成决定了其是由法律授权、代表国家行使仲裁权的国家仲裁机构的性质。

链接《劳动人事争议仲裁组织规则》第 2 条

第十八条 【政府的职责】国务院劳动行政部门依照本法有关规定制定仲裁规则。省、自治区、直辖市人民政府劳动行政部门对本行政区域的劳动争议仲裁工作进行指导。

注释 劳动争议仲裁的仲裁规则不同于民商事仲裁的仲裁规则,劳动争议仲裁的仲裁规则的制定也不同于一般民商事仲裁的仲裁规则的制定。

劳动争议仲裁的仲裁规则,是指劳动争议仲裁进行的具体程序及此程序中相应的劳动争议仲裁法律关系的规则。劳动争议仲裁的仲裁规则不是由劳动争议仲裁委员会自行制定或者当事人另外选定,而是由本法直接授权国务院劳动行政部门依照本法的有关规定制定,并且不得违反法律中对劳动争议仲裁程序方面的强制性规定。劳动争议仲裁的仲裁规则为具体的劳动争议仲裁活动提供了行为规则,直接影响着劳动争议仲裁活动的顺利进行,任何不遵守仲裁规则的情势,均会影响仲裁裁决的效力。

劳动争议仲裁的仲裁规则的基本内容是规定当事人和劳动争议仲裁委员会在仲裁程序进行过程中的权利义务,以及行使和履行这些权利义务的方式。主要内容一般包括:仲裁管辖、仲裁组织、仲裁申请和答辩、仲裁庭组成程序、审理程序、裁决程序,以及在相应程序中劳动争议仲裁委员会、仲裁员、当事人和其他劳动争议仲裁参加人的相关权利义务等。

链接《劳动人事争议仲裁组织规则》第 3 条

第十九条 【劳动争议仲裁委员会的组成与职责】劳动争议仲裁委员会由劳动行政部门代表、工会代表和企业方面代表组成。劳动争议仲裁委员会组成人员应当是单数。

劳动争议仲裁委员会依法履行下列职责:

(一)聘任、解聘专职或者兼职仲裁员;

(二)受理劳动争议案件;

(三)讨论重大或者疑难的劳动争议案件;

(四)对仲裁活动进行监督。

劳动争议仲裁委员会下设办事机构,负责办理劳动争议仲裁委员会的日常工作。

注释 从劳动法到本法,都规定了劳动争议仲裁委员会由三方组成。

1. 劳动行政部门代表。在我国,劳动行政部门代表政府主管劳动和社会保障事务。

2. 工会代表。工会的性质和任务决定了它更了解企业、职工的情况,熟悉劳动法律、法规、规章、政策,能够代表全体职工的根本利益。

3. 企业方面代表。即雇主代表组织,在我国主要是指各种形式的企业联合组织,其中主要有中国企业联合会,但在有些地方则可能是各种形式的商会或者其他企业联合组织等。

所谓重大案件,是指案情复杂、涉及范围广、争议标的金额较大,案发后案件处理结果的影响较大。所谓疑难案件,是指案件的处理依据不明确,法律适用问题存在争议的案件。这一类案件由劳动争议仲裁委员会讨论比较适宜。

链接 《劳动人事争议仲裁组织规则》第7条

第二十条 【仲裁员】劳动争议仲裁委员会应当设仲裁员名册。

仲裁员应当公道正派并符合下列条件之一:

(一)曾任审判员的;

(二)从事法律研究、教学工作并具有中级以上职称的;

(三)具有法律知识、从事人力资源管理或者工会等专业工作满五年的;

(四)律师执业满三年的。

注释 仲裁员是由仲裁委员会聘任、依法调解和仲裁争议案件的专业工作人员。仲裁员分为专职仲裁员和兼职仲裁员。专职仲裁员和兼职仲裁员在调解仲裁活动中享有同等权利,履行同等义务。兼职仲裁员进行仲裁活动,所在单位应当予以支持。

仲裁员享有以下权利:(1)履行职责应当具有的职权和工作条件;(2)处理争议案件不受干涉;(3)人身、财产安全受到保护;(4)参加聘前培训和在职培训;(5)法律、法规规定的其他权利。

仲裁员应当履行以下义务:(1)依法处理争议案件;(2)维护国家利益和公共利益,保护当事人合法权益;(3)严格执行廉政规定,恪守职业道德;(4)自觉接受监督;(5)法律、法规规定的其他义务。

链接 《劳动人事争议仲裁组织规则》第四章

第二十一条 【劳动争议仲裁案件的管辖】劳动争议仲裁委员会负责管辖本区域内发生的劳动争议。

劳动争议由劳动合同履行地或者用人单位所在地的劳动争议仲裁委员会管辖。双方当事人分别向劳动合同履行地和用人单位所在地的劳动争议仲裁委员会申请仲裁的,由劳动合同履行地的劳动争议仲裁委员会管辖。

注释 劳动争议仲裁管辖,是指确定各个劳动争议仲裁委员会审理劳动争议案件的分工和权限,明确当事人应当到哪一个劳动争议仲裁委员会申请

劳动争议仲裁,由哪一个劳动争议仲裁委员会受理的法律制度。

我国的劳动争议仲裁实行的是特殊地域管辖,不实行级别管辖或者协定管辖。特殊地域管辖是指依照当事人之间的某一个特殊的联结点确定的管辖。本法以劳动合同履行地和用人单位所在地作为联结点确定劳动争议仲裁管辖,因此是特殊地域管辖。同时本法不允许双方当事人协议选择劳动合同履行地或者用人单位所在地以外的其他劳动争议仲裁委员会进行管辖。

劳动争议的管辖还存在移送管辖情形。移送管辖即劳动争议仲裁委员会将已经受理的无管辖权的劳动争议案件移送给有管辖权的劳动争议仲裁委员会。劳动争议仲裁委员会发现受理的劳动争议案件不属于本仲裁委员会管辖时,应当移送有管辖权的劳动争议仲裁委员会。

链接 《最高人民法院关于审理劳动争议案件适用法律问题的解释(一)》第5条

第二十二条 【劳动争议仲裁案件的当事人】发生劳动争议的劳动者和用人单位为劳动争议仲裁案件的双方当事人。

劳务派遣单位或者用工单位与劳动者发生劳动争议的,劳务派遣单位和用工单位为共同当事人。

注释 劳动争议仲裁当事人是指因劳动权益纠纷,以自己的名义参加劳动争议仲裁活动,请求保护自己的合法权益,并受劳动争议仲裁委员会仲裁裁决约束的直接利害关系人。劳动争议仲裁当事人具有以下特点:(1)为劳动争议的一方。(2)以自己的名义参加劳动争议仲裁活动,如果不是以自己的名义而是以他人的名义参加到仲裁程序中的,如仲裁代理人等都不是劳动争议仲裁的当事人。(3)与案件有直接利害关系,即指劳动争议仲裁当事人是劳动权益纠纷的法律关系的主体,是权利享有者和义务承担者。与案件没有直接利害关系的人,如支持劳动者仲裁的工会等,不是劳动争议仲裁的当事人。(4)受劳动争议仲裁委员会裁决的约束。劳动争议仲裁委员会作出的裁决,对当事人具有法律上的约束力。虽以自己的名义参加劳动争议仲裁,但不受劳动争议仲裁委员会的仲裁裁决直接约束的人,如证人、鉴定人,不是劳动争议仲裁的当事人。

在认定被申请人资格时应注意以下几个问题:

第一，用人单位发生变更的，应以变更后的用人单位作为被申请人。用人单位与其他用人单位合并的，合并前发生的劳动争议，由合并后的用人单位作为当事人；用人单位分立为若干用人单位的，其分立前发生的劳动争议，由分立后承受其劳动权利和义务的实际用人单位为当事人。用人单位分立为若干单位后，对承受劳动权利义务的单位不明确的，分立后的单位均为当事人。

第二，用人单位终止的，应区分情况以用人单位的主管部门、开办单位或者依法成立的清算组等作为被申请人。

第三，劳动者在其用人单位与其他平等主体之间的承包经营期间，与发包方和承包方双方或者一方发生劳动争议，发包方和承包方为劳动争议的共同当事人。

本条第 2 款明确规定了劳务派遣单位或者用工单位与劳动者发生劳动争议的，劳务派遣单位和用工单位为共同当事人。劳务派遣的最大特点是劳动力雇佣与劳动力使用相分离，被派遣劳动者不与被派遣的单位（即真正的用工单位）签订劳动合同，发生劳动关系，而是与派遣机构（即劳务派遣单位）签订劳动合同，存在劳动关系，但却要被派遣到用工单位并在用工单位的监督管理下劳动，形成"有关系没劳动，有劳动没关系"的特殊用工形态。

链接《劳动合同法》第 92 条；《劳动人事争议仲裁办案规则》第 6 条、第 7 条；《最高人民法院关于审理劳动争议案件适用法律问题的解释（一）》第 26—31 条

第二十三条 【有利害关系的第三人】与劳动争议案件的处理结果有利害关系的第三人，可以申请参加仲裁活动或者由劳动争议仲裁委员会通知其参加仲裁活动。

注释 一般来说，劳动争议必须有两方当事人，申请人和被申请人，但在个别情况下，也可能出现第三人参加劳动争议仲裁活动。如劳动者在执行职务过程中受到第三方的侵害致伤或者死亡，侵权第三方与其案件的处理具有法律上的利害关系，涉及如何区分劳动者所在单位与侵权第三方的法律责任承担问题。再如，借用职工在借用单位发生工伤事故致残或者死亡，涉及原工作单位和借用单位对职工工伤待遇给付问题，以及工伤争议中涉及未成年子女抚养问题等。上述情况中的侵权第三方、借用单位、未成年子女与案件的处理结果具有法律上的利害关系，应作为第三人参加仲裁活动。第三人参加仲裁活动对查明事实，及时公正处理案件有利。

在第三人参加仲裁活动中应注意以下几个方面的问题：

第一，第三人与案件处理结果有法律上的利害关系是指实体权利义务上的关系。

第二，第三人参加仲裁活动有两种方式：第三人申请参加仲裁，或者由劳动争议仲裁委员会通知第三人参加仲裁。

第三，第三人参加仲裁的时间应是在劳动争议仲裁程序开始后且尚未作出仲裁裁决之前。

第四，凡是涉及第三人利益的劳动争议案件，第三人未参加仲裁的，仲裁裁决对其不发生法律效力。

第五，参加仲裁活动的第三人，如对仲裁裁决要求其承担责任不服，可以依法向人民法院提起诉讼。

第六，在仲裁中，第三人的具体权利义务主要表现为：有权了解申请人申诉、被申请人答辩的事实和理由；有权要求查阅和复制案卷的有关材料，了解仲裁的进展情况；有权陈述自己的意见，并向劳动争议仲裁委员会递交自己对该争议的意见书；无权对案件的管辖权提出异议；无权放弃或者变更申请人或者被申请人的仲裁请求；不得撤回仲裁申请等。

第二十四条 【委托代理人参加仲裁活动】当事人可以委托代理人参加仲裁活动。委托他人参加仲裁活动，应当向劳动争议仲裁委员会提交有委托人签名或者盖章的委托书，委托书应当载明委托事项和权限。

注释 代理是代理人在代理权的范围内，以被代理人的名义或者自己的名义独立与第三人为民事行为，由此产生的法律效果直接或者间接归属于被代理人的法律制度。仲裁代理是指根据法律规定或者当事人的委托，代理人以被代理人的名义代为参加仲裁活动。

仲裁代理可以分为委托仲裁代理、法定仲裁代理和指定仲裁代理。本条是关于委托仲裁代理制度的规定。委托仲裁代理是指受当事人的委托，代理人以被代理人的名义代为参加仲裁活动的制度。

根据授权范围的不同，可以把委托代理分为

一般委托代理和特别委托代理。一般委托代理是指代理人只能代理被代理人为一般仲裁行为的代理。特别委托代理是指代理人不仅可以为被代理人代理一般仲裁行为,而且还可以根据被代理人的特别授权,代为承认、放弃、变更仲裁请求,进行和解、调解等仲裁行为的代理。通常,我们所说的委托代理都是指一般委托代理,如果是对代理人进行特别授权,应当对此作出特别且明确的说明。授权委托书无明确授权的,只写"委托某某代理仲裁"的,视为代理人无权代为承认、放弃、变更仲裁请求,进行和解,请求和接受调解,但可以进行除上述涉及实体权利处分以外的其他一切仲裁行为。

关于委托代理的终止,本法没有作出明确规定,一般认为,委托代理产生后,出现下列情形之一的,委托代理权即归于消灭:(1)仲裁程序终结。(2)委托代理人死亡或者丧失行为能力。(3)委托人解除委托或者代理人辞去委托。

链接《民法典》第161—175条

第二十五条 【法定代理人、指定代理人或近亲属参加仲裁的情形】丧失或者部分丧失民事行为能力的劳动者,由其法定代理人代为参加仲裁活动;无法定代理人的,由劳动争议仲裁委员会为其指定代理人。劳动者死亡的,由其近亲属或者代理人参加仲裁活动。

注释 由于劳动者一般为成年人,用人单位一方多为法人或其他组织,所以本条对法定代理的规定主要目的是保护丧失或者部分丧失民事行为能力的劳动者的利益。因此,本条所指的法定代理人是根据法律的规定行使代理权,代理当事人参加仲裁活动的人,适用于被代理人虽为成年人但因疾病、伤病等情况丧失或者部分丧失民事行为能力的人。一般认为,在劳动争议仲裁中,丧失或者部分丧失民事行为能力的劳动者的监护人是他的法定代理人。实践中,最常见的法定仲裁代理人主要有父母、配偶、成年的兄、姐等。

法定代理是法律为保护被代理人合法权益而设立的一项法律制度。法定代理人没有充分理由,不得拒绝代理。有下列情形之一的,法定代理终止:(1)被代理人取得或者恢复完全民事行为能力;(2)代理人丧失民事行为能力;(3)代理人或者被代理人死亡;(4)法律规定的其他情形。

链接《民法典》第175条

第二十六条 【仲裁公开原则及例外】劳动争议仲裁公开进行,但当事人协议不公开进行或者涉及国家秘密、商业秘密和个人隐私的除外。

注释 劳动争议仲裁公开进行,是指劳动争议仲裁庭公开开庭审理。并不是所有的劳动争议仲裁案件都公开进行,一些特殊案件如公开进行,反而可能会不利于对当事人权益的保护,带来消极的社会影响,甚至给国家利益、社会利益造成巨大损失。因此,本条规定双方当事人协议不公开,或者劳动争议涉及国家秘密、商业秘密和个人隐私的,不进行公开仲裁。

我国《保守国家秘密法》中规定,国家秘密是关系国家的安全和利益,依照法定程序确定,在一定时间内只限一定范围的人员知悉的事项。国家秘密主要包括:(一)国家事务的重大决策中的秘密事项;(二)国防建设和武装力量活动中的秘密事项;(三)外交和外事活动中的秘密事项以及对外承担保密义务的秘密事项;(四)国民经济和社会发展中的秘密事项;(五)科学技术中的秘密事项;(六)维护国家安全活动和追查刑事犯罪中的秘密事项;(七)经国家保密行政管理部门确定的其他秘密事项。

商业秘密,是指不为公众所知悉、具有商业价值并经权利人采取相应保密措施的技术信息、经营信息等商业信息。

隐私是自然人的私人生活安宁和不愿为他人知晓的私密空间、私密活动、私密信息。规定涉及个人隐私的案件不进行公开裁决,有利于对当事人合法权益的保护,是对个人隐私权的尊重。

第二节 申请和受理

第二十七条 【仲裁时效】劳动争议申请仲裁的时效期间为一年。仲裁时效期间从当事人知道或者应当知道其权利被侵害之日起计算。

前款规定的仲裁时效,因当事人一方向对方当事人主张权利,或者向有关部门请求权利救济,或者对方当事人同意履行义务而中断。从中断时起,仲裁时效期间重新计算。

因不可抗力或者有其他正当理由,当事人不能在本条第一款规定的仲裁时效期间申请仲裁的,仲裁时效中止。从中止时效的原因消除之日起,仲裁时效期间继续计算。

劳动关系存续期间因拖欠劳动报酬发生争议

的,劳动者申请仲裁不受本条第一款规定的仲裁时效期间的限制;但是,劳动关系终止的,应当自劳动关系终止之日起一年内提出。

注释 劳动仲裁时效是指权利人在一定期间内不行使请求劳动争议仲裁机构保护其权利的请求权,就丧失该请求权的法律制度。

仲裁时效期间从当事人知道或者应当知道其权利被侵害之日起计算。权利人知道自己的权利遭到了侵害,这是其请求劳动争议仲裁机构保护其权利的基础。知道权利遭受了侵害,指权利人主观上已了解自己权利被侵害事实的发生;应当知道权利遭受了侵害,指权利人尽管主观上不了解其权利已被侵害的事实,但根据他所处的环境,有理由认为他了解权利已被侵害的事实,规定在这种情况下起算时效,是为防止权利人因对自己的权利未尽必要的注意义务而怠于履行权利,但却借口其不知权利受侵害而推延仲裁时效起算点的情况发生。

注意,权利人主观上认为自己的权利受到了侵害,而事实上其权利并未受到侵害的,不能使仲裁时效期间开始计算。

仲裁时效的中断,是指在仲裁时效进行期间,因发生法定事由致使已经经过的仲裁时效期间统归无效,待时效中断事由消除后,重新开始计算仲裁时效期间。仲裁时效中断的法定事由有三种情形:(1)向对方当事人主张权利。如劳动者向用人单位讨要被拖欠的工资或者经济补偿。(2)向有关部门请求权利救济。如劳动者向劳动监察部门或者工会反映用人单位违法要求加班,请求保护休息权利;也可以是向劳动争议调解组织申请调解。(3)对方当事人同意履行义务。如劳动者向用人单位讨要被拖欠的工资,用人单位答应支付。需要注意,认定时效是否中断,需要由请求确认仲裁时效中断的一方当事人提供有上述三种情形之一的证据。

本条第2款规定"从中断时起,仲裁时效期间重新计算"。这里的"中断时起"应理解为中断事由消除时起。如权利人申请调解的,经调解达不成协议的,应自调解不成之日起重新计算;如达成调解协议,自义务人应当履行义务的期限届满之日起计算等。

仲裁时效的中止,是指在仲裁时效进行中的某一阶段,因发生法定事由致使权利人不能行使请求权,暂停计算仲裁时效,待阻碍时效进行的事由消除后,继续进行仲裁时效期间的计算。仲裁时效中止的事由:(1)"不可抗力",是指不能预见、不能避免并且不能克服的客观情况。如发生特大自然灾害、地震等。(2)"其他正当理由",是指除不可抗力外阻碍权利人行使请求权的客观事实。如:权利人为无民事行为能力人或限制民事行为能力人而无法定代理人,或其法定代理人死亡或丧失民事行为能力等。注意,在发生仲裁时效中止时,已经进行的仲裁时效仍然有效,而仅是将时效中止的时间不计入仲裁时效期间,也就是将时效中止前后时效进行的时间合并计算仲裁时效期间。

案例 郝某与河南省建材厂劳动争议纠纷上诉案 [河南省郑州市中级人民法院(2013)郑民一终字第 1678 号]

裁判规则: 根据《中华人民共和国劳动争议调解仲裁法》第 27 条的规定,劳动争议申请仲裁的时效期间为 1 年,从当事人知道或应当知道其权利被侵害之日起计算。上诉人于 2011 年 4 月被上诉人对外公示企业改制补偿名单时,即知道其被除名,权利被侵害。而上诉人时隔近两年,于 2013 年 3 月 5 日申请劳动争议仲裁,确已超过仲裁时效,一审判决驳回其诉讼请求,合法有据,并无不当。

链接《最高人民法院关于人事争议申请仲裁的时效期间如何计算的批复》

第二十八条 【申请仲裁的形式】申请人申请仲裁应当提交书面仲裁申请,并按照被申请人人数提交副本。

仲裁申请书应当载明下列事项:

(一)劳动者的姓名、性别、年龄、职业、工作单位和住所,用人单位的名称、住所和法定代表人或者主要负责人的姓名、职务;

(二)仲裁请求和所根据的事实、理由;

(三)证据和证据来源、证人姓名和住所。

书写仲裁申请确有困难的,可以口头申请,由劳动争议仲裁委员会记入笔录,并告知对方当事人。

注释 申请仲裁一般以书面申请为原则,申请人提交书面仲裁申请,应按照被申请人人数递交相应份数的仲裁申请书副本,即与仲裁申请书内容相同的文本,是相对于递交劳动争议仲裁委员会的那份仲裁申请书而言的。劳动争议仲裁委员会保留一份为正本,送达被申请人的各份为副本。

本条所说的"书写仲裁申请确有困难",一般是指申请人本人因文化水平低或法律知识欠缺而造成的自行书写仲裁申请确有困难的情形,在这两种情形下,都可以进行口头申请。以口头的方式提起仲裁申请,由劳动争议仲裁委员会记入笔录,笔录应由申请人签名或盖章,与书面仲裁申请具有同等效力。

第二十九条 【仲裁的受理】劳动争议仲裁委员会收到仲裁申请之日起五日内,认为符合受理条件的,应当受理,并通知申请人;认为不符合受理条件的,应当书面通知申请人不予受理,并说明理由。对劳动争议仲裁委员会不予受理或者逾期未作出决定的,申请人可以就该劳动争议事项向人民法院提起诉讼。

注释 这里规定的"五日"的劳动争议仲裁受理的期限较短,如果这些期间内还包含双休日或者法定节假日,除去双休日或者法定节假日占用的时间,则劳动争议仲裁机构很难在一两天时间内完成劳动争议案件仲裁受理所必需的一些前期准备工作,这将给劳动争议处理工作造成被动局面。因此,本条"五日"应指工作日,不含法定节假日。

链接《最高人民法院关于审理劳动争议案件适用法律问题的解释(一)》第5—12条

第三十条 【被申请人答辩书】劳动争议仲裁委员会受理仲裁申请后,应当在五日内将仲裁申请书副本送达被申请人。

被申请人收到仲裁申请书副本后,应当在十日内向劳动争议仲裁委员会提交答辩书。劳动争议仲裁委员会收到答辩书后,应当在五日内将答辩书副本送达申请人。被申请人未提交答辩书的,不影响仲裁程序的进行。

注释 仲裁答辩是仲裁案件的被申请人为维护自己的权益,就申请人在仲裁申请书中提出的仲裁请求及所依据的事实、理由所作出的答复与反驳。

第三节 开庭和裁决

第三十一条 【仲裁庭】劳动争议仲裁委员会裁决劳动争议案件实行仲裁庭制。仲裁庭由三名仲裁员组成,设首席仲裁员。简单劳动争议案件可以由一名仲裁员独任仲裁。

注释 简单劳动争议案件可以理解为事实清楚,权利义务关系明确,争议不大,适用法律法规明确的

劳动争议案件。事实清楚,是指当事人双方对争议的事实陈述基本一致,并能提供相应的证据,仲裁委员会即可判明事实、分清是非。权利义务关系明确,是指谁是责任的承担者,谁是权利的享有者,关系明确。争议不大,是指当事人对案件的是非、责任以及争议标的无原则分歧。

链接《劳动人事争议仲裁组织规则》第三章

第三十二条 【通知仲裁庭的组成情况】劳动争议仲裁委员会应当在受理仲裁申请之日起五日内将仲裁庭的组成情况书面通知当事人。

注释 这里的"书面"通知包括以电报、电传、传真、信件或任何其他以文字表述的通知形式。以这种书面形式通知当事人,可以避免因通知方式的问题造成当事人对通知内容不清楚,或者出现通知错误的情况,影响其仲裁权利的行使。而且,在劳动争议仲裁委员会与被通知人就通知内容、时间、方式出现争议时,便于双方举证,明确责任。

第三十三条 【回避】仲裁员有下列情形之一,应当回避,当事人也有权以口头或者书面方式提出回避申请:

(一)是本案当事人或者当事人、代理人的近亲属的;

(二)与本案有利害关系的;

(三)与本案当事人、代理人有其他关系,可能影响公正裁决的;

(四)私自会见当事人、代理人,或者接受当事人、代理人的请客送礼的。

劳动争议仲裁委员会对回避申请应当及时作出决定,并以口头或者书面方式通知当事人。

注释 仲裁员回避是指仲裁委员会在仲裁劳动争议案件时,仲裁庭成员认为自己不适宜参加本案审理的,依照法律的规定,自行申请退出仲裁,或者当事人认为由于某种原因仲裁庭成员可能存在裁决不公的情形,申请要求其退出仲裁活动。方式主要有两种:一是"自行回避",二是"当事人提出回避"。

本条规定回避的情形主要包括以下几个方面:

1. 是本案的当事人或者当事人、代理人的近亲属。这种情形主要指仲裁员本人是本案的当事人一方或当事人一方的代理人或者是他们的近亲属。近亲属主要是指当事人的配偶、父母、子女、兄弟姐妹、祖父母、外祖父母、孙子女、外孙子女。

2. 与本案有利害关系。这是指审理本案的仲裁员或者其近亲属与本案有某种利害关系，处理结果会涉及他们在法律上的利益。例如：王某为仲裁员，李某为申请人，张某为被申请人，李某要求张某支付工伤医疗费，而李某又与承办此案的王某发生过矛盾，若此案由王某审理，王某就有可能不顾事实和法律，作出对李某不利的裁决，从而达到个人的目的。为了仲裁活动的公正进行，与本案有利害关系的王某就应当回避，而李某也有权要求其回避。

3. 与本案当事人、代理人有其他关系，可能影响公正仲裁的。"其他关系"主要指以下几种情况：是当事人的朋友、亲戚、同学、同事等，或者曾经与当事人有过恩怨、与当事人有借贷关系。"可能影响公正仲裁的"是"与本案当事人、代理人有其他关系"而应当回避的必要条件，即只有在可能影响公正处理案件的情况下，才适用回避。如仲裁员是当事人的朋友，则要看这种关系是否影响案件的公正审理，来决定是否回避。

4. 私自会见当事人、代理人，或者接受当事人、代理人的请客送礼。案件当事人及其代理人有证据证明办理此案的人员有上述行为，就有权要求他们回避，维护自己的合法权益。

链接《劳动人事争议仲裁办案规则》第 12 条

第三十四条 【仲裁员承担责任的情形】仲裁员有本法第三十三条第四项规定情形，或者有索贿受贿、徇私舞弊、枉法裁决行为的，应当依法承担法律责任。劳动争议仲裁委员会应当将其解聘。

注释 法律责任分为民事责任、刑事责任、行政责任和违宪责任。目前，我国劳动争议案件仲裁员承担的法律责任主要是刑事责任。

依据我国《刑法》第 399 条之一的规定，依法承担仲裁职责的人员，在仲裁活动中故意违背事实和法律作枉法裁决，情节严重的，处 3 年以下有期徒刑或者拘役；情节特别严重的，处 3 年以上 7 年以下有期徒刑。

链接《劳动人事争议仲裁组织规则》第 33 条

第三十五条 【开庭通知及延期】仲裁庭应当在开庭五日前，将开庭日期、地点书面通知双方当事人。当事人有正当理由的，可以在开庭三日前请求延期开庭。是否延期，由劳动争议仲裁委员会决定。

注释 延期开庭，是指当事人在仲裁庭通知其开庭审理日期后且开庭 3 日前，由于出现法定事由，导致仲裁审理程序无法按期进行的，提出延期审理的请求，经仲裁委员会同意，将仲裁审理推延到另一日期进行的行为。

参照《民事诉讼法》相关规定，一般认为，申请延期开庭的正当理由主要包括以下几种情形：（1）当事人由于不可抗力的事由或其他特殊情况不能到庭的，例如当事人患重大疾病或遭受其他身体伤害影响其行使权利的；劳动者身边的条件存在紧急情形，如重大自然灾害、战争等对当事人出庭行使权利形成障碍的。（2）当事人在仲裁审理中临时提出回避申请的。申请回避是当事人的一项重要权利，一般来说，当事人应当在知道仲裁庭成员名单后，开庭前提出回避，但有时，可能当事人当时并不知道仲裁员存在应当回避的情形或者当事人可以申请回避的情形。（3）需要通知新的证人到庭，调取新的证据，重新鉴定、勘验或需要补充调查的。实践中，劳动争议仲裁委员会应当参照有关法律法规的规定，结合实际情况，判断当事人的申请是否有正当理由。

第三十六条 【申请人、被申请人无故不到庭或中途退庭】申请人收到书面通知，无正当理由拒不到庭或者未经仲裁庭同意中途退庭的，可以视为撤回仲裁申请。

被申请人收到书面通知，无正当理由拒不到庭或者未经仲裁庭同意中途退庭的，可以缺席裁决。

注释 视为撤回仲裁申请，是指劳动争议仲裁的申请人虽然未主动提出撤回仲裁的申请，但是，申请人出现法律规定的情形且其行为已经表明其不愿意继续进行仲裁的，可以按照申请人撤回仲裁申请处理，从而终结劳动争议案件仲裁。

缺席裁决，是指只有一方当事人到庭参与仲裁审理时，仲裁庭仅就到庭的一方当事人进行调查、审查核实证据，听取意见，并对未到庭一方当事人提供的书面资料进行审查后，即作出仲裁裁决的仲裁活动。

链接《劳动人事争议仲裁办案规则》第 39 条

第三十七条 【鉴定】仲裁庭对专门性问题认为需要鉴定的，可以交由当事人约定的鉴定机构鉴定；当事人没有约定或者无法达成约定的，由仲裁庭指定的鉴定机构鉴定。

根据当事人的请求或者仲裁庭的要求，鉴定机构应当派鉴定人参加开庭。当事人经仲裁庭许可，可以向鉴定人提问。

注释 在诉讼及仲裁过程中，经常会遇到与案件有关的专门性问题，如文书的真伪、签名的真假、物品的价值、产品的质量、伤残等级等，这些问题法官或者仲裁员无法运用自己的知识和经验来作出判断，必须由专业机构、专业人员运用专门知识、专业技能和职业经验进行鉴定。鉴定就是指鉴定主体根据司法机关、仲裁机构或者当事人的申请，通过对鉴定材料的观察、比较、检验、鉴别等专业性、技术性活动，对案件涉及的专门性问题进行分析、判断，作出鉴定意见的活动。常见的鉴定包括医学鉴定、痕迹鉴定、文书鉴定、会计鉴定、产品质量鉴定、伤残鉴定等。劳动争议仲裁案件经常涉及的鉴定包括劳动能力鉴定、职业病鉴定等。

第三十八条 【质证和辩论】当事人在仲裁过程中有权进行质证和辩论。质证和辩论终结时，首席仲裁员或者独任仲裁员应当征询当事人的最后意见。

注释 质证是指当事人在仲裁庭的主持下，对对方当事人提供的证据的真实性、关联性和合法性提出质疑，否定其证明力的活动。质证通常按下列顺序进行：（一）申请人出示证据，被申请人、第三人与申请人进行质证；（二）被申请人出示证据，申请人、第三人与被申请人进行质证；（三）第三人出示证据，申请人、被申请人与第三人进行质证。案件有两个以上独立的请求的，当事人可以逐个出示证据进行质证。仲裁庭应当将当事人的质证情况记入笔录，并由当事人核对后签名或者盖章。

这里的辩论是指在仲裁庭的主持下，双方当事人就争议的事实认定问题和法律适用问题，各自陈述己方的主张和根据，挑战对方的主张和根据，对对方的挑战进行反驳，以维护己方的合法权益的活动。通过双方当事人的辩论，仲裁庭可以进一步查清事实，确定定案的根据，正确适用法律，最终作出公正的裁决。

第三十九条 【举证】当事人提供的证据经查证属实的，仲裁庭应当将其作为认定事实的根据。

劳动者无法提供由用人单位掌握管理的与仲裁请求有关的证据，仲裁庭可以要求用人单位在指定期限内提供。用人单位在指定期限内不提供的，应当承担不利后果。

注释 证据是指证明主体提供的用来证明案件事实的材料。证据经查证属实的，才能作为仲裁庭认定事实的根据。所谓查证属实是指证据在仲裁庭的主持下，经当事人出示、对方质证和仲裁庭认证，认为证据具有真实性、关联性和合法性。

下列证据不能单独作为认定案件事实的根据：（1）当事人的陈述；（2）无民事行为能力人或者限制民事行为能力人所作的与其年龄、智力状况或者精神健康状况不相当的证言；（3）与一方当事人或者其代理人有利害关系的证人陈述的证言；（4）存有疑点的视听资料、电子数据；（5）无法与原件、原物核对的复制件、复制品。

证据包括：当事人的陈述；书证；物证；视听资料；电子数据；证人证言；鉴定意见；勘验笔录。

链接 《最高人民法院关于审理劳动争议案件适用法律问题的解释（一）》第42条

第四十条 【开庭笔录】仲裁庭应当将开庭情况记入笔录。当事人和其他仲裁参加人认为对自己陈述的记录有遗漏或者差错的，有权申请补正。如果不予补正，应当记录该申请。

笔录由仲裁员、记录人员、当事人和其他仲裁参加人签名或者盖章。

注释 开庭笔录是仲裁庭记录人员制作的，如实反映仲裁庭开庭审理劳动争议案件过程中仲裁员、当事人以及其他仲裁参加人陈述意见、互相质证、进行辩论、变更请求、庭前调解等活动的书面记录。

第四十一条 【申请仲裁后自行和解】当事人申请劳动争议仲裁后，可以自行和解。达成和解协议的，可以撤回仲裁申请。

注释 劳动争议仲裁当事人自行和解，是指在劳动争议案件中，一方当事人申请劳动争议仲裁后，当事人之间通过协商就已经提交仲裁的劳动争议自行达成解决方案的行为。

和解和调解都是当事人在自愿和享有处分权的前提下，通过平等协商、互相妥协达成的，但二者又有一些区别：

1. 是否由仲裁庭主持不同。和解是当事人自行通过协商达成解决方案的活动，而调解是当事人在仲裁庭的主持下达成解决方案的活动。

2. 发生的阶段不同。和解可以发生在当事人申请仲裁后到裁决作出前的任一阶段，可以在开庭时，也可以在开庭前或开庭后；而调解只能发生在仲裁庭作出裁决前的阶段。

3. 达成协议后结案的方式不同。和解达成和解协议后当事人撤回仲裁申请的，劳动争议仲裁即结案；而调解达成调解协议后仲裁庭制作调解书的，劳动争议仲裁即结案。

当事人撤回仲裁申请后，如果一方当事人逾期不履行和解协议，另一方当事人可以向劳动争议仲裁机构重新申请仲裁。由于和解协议不具有强制执行力，因此当事人不能直接向人民法院申请强制执行。但是，仲裁庭根据当事人的申请，对和解协议进行审查确认后制作的调解书，具有强制执行力，一方当事人逾期不履行的，另一方当事人可以依照民事诉讼法的有关规定直接向人民法院申请强制执行。

第四十二条 【先行调解】仲裁庭在作出裁决前，应当先行调解。

调解达成协议的，仲裁庭应当制作调解书。

调解书应当写明仲裁请求和当事人协议的结果。调解书由仲裁员签名，加盖劳动争议仲裁委员会印章，送达双方当事人。调解书经双方当事人签收后，发生法律效力。

调解不成或者调解书送达前，一方当事人反悔的，仲裁庭应当及时作出裁决。

注释 调解书是指仲裁庭制作的记载对当事人劳动争议进行调解的过程和结果的具有约束力的法律文书。调解书应当载明仲裁请求和当事人协议的结果。调解书并非作出后马上生效，而是要等到当事人签收后才生效，而且要求双方当事人签收，也就是说，既不是一方当事人签收就对该方生效，也不是一方签收就对双方生效，而是只要一方未签收就对双方都无效，只有双方都签收，才对双方都有效。

调解书的法律效力主要表现在：(1)使仲裁程序终结。调解书一经生效，仲裁程序即告结束，仲裁机构便不再对该案进行审理。这是调解书在程序上的法律后果。(2)纠纷当事人的权利义务关系被确定。这是调解书在实体上的法律后果。(3)任何机关或组织都要在重新处理该案方面受调解书约束。也就是说，对于仲裁机构已出具调解书的争议，任何机关或组织一般都不得再做处理。

链接 《最高人民法院关于审理劳动争议案件适用法律问题的解释(一)》第11条；《劳动人事争议仲裁办案规则》第四章第一节

第四十三条 【仲裁案件审理期限】仲裁庭裁决劳动争议案件，应当自劳动争议仲裁委员会受理仲裁申请之日起四十五日内结束。案情复杂需要延期的，经劳动争议仲裁委员会主任批准，可以延期并书面通知当事人，但是延长期限不得超过十五日。逾期未作出仲裁裁决的，当事人可以就该劳动争议事项向人民法院提起诉讼。

仲裁庭裁决劳动争议案件时，其中一部分事实已经清楚，可以就该部分先行裁决。

注释 本条中的先行裁决是通过行使部分裁决权作出的裁决，从性质上来说与最终裁决的效力是一样的，具有同样的法律效力。因此，仲裁庭在仲裁程序中已经作出的部分裁决即约束其在以后的终局裁决中不得对该已作出的裁决部分的结果进行变更。先行裁决是在仲裁权行使过程中先行作出的，因此，在对争议事项作终局裁决时，也不得对部分裁决中的事项再进行裁决。另外，先行裁决与最终裁决的内容不能相互矛盾，而应保持一致。

根据《劳动人事争议仲裁办案规则》第47条的规定：有下列情形的，仲裁期限按照下列规定计算：

(一)仲裁庭追加当事人或者第三人的，仲裁期限从决定追加之日起重新计算；

(二)申请人需要补正材料的，仲裁委员会收到仲裁申请的时间从材料补正之日起重新计算；

(三)增加、变更仲裁请求的，仲裁期限从受理增加、变更仲裁请求之日起重新计算；

(四)仲裁申请和反申请合并处理的，仲裁期限从受理反申请之日起重新计算；

(五)案件移送管辖的，仲裁期限从接受移送之日起重新计算；

(六)中止审理期间、公告送达期间不计入仲裁期限内；

(七)法律、法规规定应当另行计算的其他情形。

链接 《最高人民法院关于审理劳动争议案件适用法律问题的解释(一)》第12条

第四十四条 【可以裁决先予执行的案件】仲裁庭对追索劳动报酬、工伤医疗费、经济补偿或者赔偿金的案件，根据当事人的申请，可以裁决先予执行，移送人民法院执行。

仲裁庭裁决先予执行的，应当符合下列条件：

(一)当事人之间权利义务关系明确；

（二）不先予执行将严重影响申请人的生活。

劳动者申请先予执行的，可以不提供担保。

注释 先予执行的着眼点是满足申请人的迫切需要。执行本应在仲裁裁决发生法律效力之后，先予执行是为了解决一部分当事人由于生活或生产的迫切需要，在裁决之前采取措施以解燃眉之急。例如，申请人因高度危险作业遭受工伤，造成严重的身体伤害，急需住院治疗，申请人无力负担医疗费用，而与负有承担医疗费用义务的被申诉人不能协商解决，申请人向劳动争议仲裁委员会申请劳动争议仲裁。仲裁庭裁决劳动争议案件，应当自劳动争议仲裁委员会收到仲裁申请之日起45日内结束，这段时间，如果不先予执行，必然使申请人的治疗耽误时间，或者造成严重后果。在这样的案件中，如果不先予执行，等仲裁庭作出生效裁决后再由义务人履行义务，就会使权利人不能得到及时治疗。仲裁庭裁决先予执行就可以解决这个问题。

本法所规定的先予执行，有以下几点需要注意：（1）仅对特定类型案件可以申请先予执行。这些特定类型案件是指追索劳动报酬、工伤医疗费、经济补偿或者赔偿金的案件。其他类型的案件不适用先予执行。（2）必须根据当事人的申请。只有当事人申请，仲裁庭才能作出先予执行的裁定。如果当事人不申请，仲裁庭不能主动作出先予执行的裁决。

链接《劳动人事争议仲裁办案规则》第51条；《最高人民法院关于审理劳动争议案件适用法律问题的解释（一）》第10条

第四十五条 【作出裁决意见】裁决应当按照多数仲裁员的意见作出，少数仲裁员的不同意见应当记入笔录。仲裁庭不能形成多数意见时，裁决应当按照首席仲裁员的意见作出。

注释 首席仲裁员是合议庭的主持者，要负责整个仲裁庭的审理工作，但对于仲裁裁决的表决权，他与其他仲裁员是平等的，只有投票的权力，没有特权。在实践中，当无法形成多数意见时，首席仲裁员首先应当组织仲裁员重新对案件进行评议，以形成多数意见。当无法形成多数意见时，可按法律规定由首席仲裁员决定。另外，如果形成的多数意见是两名仲裁员的一致意见，首席仲裁员也应服从多数意见，不同意见应当记入笔录。

第四十六条 【裁决书】裁决书应当载明仲裁请求、争议事实、裁决理由、裁决结果和裁决日期。裁决书由仲裁员签名，加盖劳动争议仲裁委员会印章。对裁决持不同意见的仲裁员，可以签名，也可以不签名。

注释 仲裁裁决书由仲裁员签名，加盖劳动争议仲裁委员会的印章，这就意味着仲裁庭虽然是案件的具体审理者，但裁决却不能以仲裁庭的名义作出，而是统一以劳动争议仲裁委员会的名义作出。

链接《劳动人事争议仲裁办案规则》第53条

第四十七条 【一裁终局的案件】下列劳动争议，除本法另有规定的外，仲裁裁决为终局裁决，裁决书自作出之日起发生法律效力：

（一）追索劳动报酬、工伤医疗费、经济补偿或者赔偿金，不超过当地月最低工资标准十二个月金额的争议；

（二）因执行国家的劳动标准在工作时间、休息休假、社会保险等方面发生的争议。

注释 根据《人力资源社会保障部、最高人民法院关于劳动人事争议仲裁与诉讼衔接有关问题的意见（一）》第10条，仲裁裁决涉及下列事项，对单项裁决金额不超过当地月最低工资标准十二个月金额的，劳动人事争议仲裁委员会应当适用终局裁决：（1）劳动者在法定标准工作时间内提供正常劳动的工资；（2）停工留薪期工资或者病假工资；（3）用人单位未提前通知劳动者解除劳动合同的一个月工资；（4）工伤医疗费；（5）竞业限制的经济补偿；（6）解除或者终止劳动合同的经济补偿；（7）《中华人民共和国劳动合同法》第八十二条规定的第二倍工资；（8）违法约定试用期的赔偿金；（9）违法解除或者终止劳动合同的赔偿金；（10）其他劳动报酬、经济补偿或者赔偿金。

根据《人力资源社会保障部、最高人民法院关于劳动人事争议仲裁与诉讼衔接有关问题的意见（一）》第11条，裁决事项涉及确认劳动关系的，劳动人事争议仲裁委员会就同一案件应当作出非终局裁决。

根据《人力资源社会保障部、最高人民法院关于劳动人事争议仲裁与诉讼衔接有关问题的意见（一）》第12条，劳动人事争议仲裁委员会按照《劳动人事争议仲裁办案规则》第五十条第四款规定对不涉及确认劳动关系的案件分别作出终局裁决和非终局裁决，劳动者对终局裁决向基层人民法院提起诉讼、用人单位向中级人民法院申请撤销终局裁决、劳动者或者用人单位对非终局裁决向基层人民法院提起诉讼的，有管辖权的人民法院应当依法受理。审理申请撤销终局裁决案件的中级人民法院认为该案件必须以非终局裁决案件的审理结果为依据，另案尚未审结的，可以中止诉讼。

链接《最高人民法院关于审理劳动争议案件适用法律问题的解释（一）》第 18 条

第四十八条　【劳动者不服一裁终局案件的裁决提起诉讼的期限】劳动者对本法第四十七条规定的仲裁裁决不服的，可以自收到仲裁裁决书之日起十五日内向人民法院提起诉讼。

注释 对于一裁终局的劳动争议案件，本法对用人单位和劳动者规定了不同的救济途径：（1）关于用人单位，本法第 49 条规定了用人单位可以申请撤销仲裁裁决；（2）关于劳动者，对本法第 47 条规定的仲裁裁决不服的，可以向法院提起诉讼。

本条关于劳动者诉权的规定应注意以下几个方面：（1）诉讼申请人只能是劳动者，用人单位不能直接提起诉讼。（2）本条对劳动者提起诉讼没有法定条件的限制，只规定了劳动者对本法第 47 条规定的仲裁裁决不服的，就可以提起诉讼。劳动者对诉与不诉有选择权。劳动者认为仲裁裁决对其有利，可以选择仲裁生效；劳动者认为仲裁裁决对其不利，可以继续提起诉讼。（3）本条规定的诉讼期间是自收到仲裁裁决书之日起 15 日内。（4）劳动者期满不起诉的，视为放弃诉权，裁决书对劳动者发生法律效力。

案例 上海市嘉定区江桥镇某饭店与冯某劳动争议仲裁申请案［上海市第二中级人民法院（2014）沪二中民三（民）撤字第 29 号］

裁判规则：最高人民法院相关司法解释明确规定，劳动者依据《中华人民共和国劳动争议调解仲裁法》第 48 条规定向基层人民法院提起诉讼，用人单位依据《中华人民共和国劳动争议调解仲裁法》第 49 条规定向劳动人事争议仲裁委员会所在地的中级人民法院申请撤销仲裁裁决的，中级人民法院应不予受理；已经受理的，应当裁定驳回申请。

链接《最高人民法院关于审理劳动争议案件适用法律问题的解释（一）》第 21 条

第四十九条　【用人单位不服一裁终局案件的裁决可诉请撤销的条件】用人单位有证据证明本法第四十七条规定的仲裁裁决有下列情形之一，可以自收到仲裁裁决书之日起三十日内向劳动争议仲裁委员会所在地的中级人民法院申请撤销裁决：

（一）适用法律、法规确有错误的；

（二）劳动争议仲裁委员会无管辖权的；

（三）违反法定程序的；

（四）裁决所根据的证据是伪造的；

（五）对方当事人隐瞒了足以影响公正裁决的证据的；

（六）仲裁员在仲裁该案时有索贿受贿、徇私舞弊、枉法裁决行为的。

人民法院经组成合议庭审查核实裁决有前款规定情形之一的，应当裁定撤销。

仲裁裁决被人民法院裁定撤销的，当事人可以自收到裁定书之日起十五日内就该劳动争议事项向人民法院提起诉讼。

注释 一裁终局的裁决发生法律效力后，用人单位不得就同一争议事项再向仲裁委员会申请仲裁或向法院起诉。为了保护用人单位的救济权利，本条规定了用人单位可以向法院申请撤销仲裁裁决。

申请撤销仲裁裁决的情形：

1. 适用法律、法规确有错误的。主要是指：（1）适用已失效或尚未生效的法律法规的；（2）援引法条错误的；（3）违反法律关于溯及力规定的。

2. 劳动争议仲裁委员会无管辖权的。本法第 21 条规定，劳动争议仲裁委员会负责管辖本区域内发生的劳动争议。劳动争议由劳动合同履行地或者用人单位所在地的劳动争议仲裁委员会管辖。

3. 违反法定程序的。主要是指：（1）仲裁组织的组成不合法的；（2）违反了有关回避规定的；（3）违反了有关期间规定的；（4）审理程序违法等。

4. 裁决所根据的证据是伪造的。伪造证据是指制造虚假的证据，对证据内容进行篡改，使其与真实不符。如：制造虚假的书证、物证、鉴定意见等。

5. 对方当事人隐瞒了足以影响公正裁决的证据的。足以影响公正裁决的证据包括证明案件基本事实的证据、证明主体之间权利义务关系的证据等。

6. 仲裁员在仲裁该案时有索贿受贿、徇私舞弊、枉法裁决行为的。受贿是指仲裁员利用职务上的便利,收受他人财物并为他人谋取利益的行为。索贿是受贿人以公开或暗示的方法,主动向行贿人索取贿赂,有的甚至是公然以要挟的方式,迫使当事人行贿。徇私舞弊是指仲裁员利用职务上的便利,为他人谋利。枉法裁决是指依法承担仲裁职责的人员,在仲裁活动中故意违背事实和法律作枉法裁决。

链接《最高人民法院关于审理劳动争议案件适用法律问题的解释(一)》第22条

第五十条 【其他不服仲裁裁决提起诉讼的期限】当事人对本法第四十七条规定以外的其他劳动争议案件的仲裁裁决不服的,可以自收到仲裁裁决书之日起十五日内向人民法院提起诉讼;期满不起诉的,裁决书发生法律效力。

注释 除一裁终局的情况以外,"一调一裁两审"是劳动争议处理的一般模式。仲裁裁决作出后,并不立即发生法律效力;当事人对仲裁裁决不服的,可以自收到裁决书之日起15日内向人民法院提起诉讼;期满不起诉的,裁决书发生法律效力。

裁决书发生法律效力后的法律后果表现在两个方面:1. 裁决书具有既判力。当事人不能就同一争议事项再向人民法院起诉,也不能再申请仲裁机构仲裁。2. 裁决书具有执行力。当事人对发生法律效力的裁决书,应当依照规定的期限履行。一方当事人逾期不履行的,另一方当事人可以依照民事诉讼法的有关规定向法院申请执行。

案例 王某与陕西某建筑工程有限公司劳动争议纠纷上诉案[陕西省西安市中级人民法院(2014)西中民二终字第00048号]

裁判规则: 王某仲裁申请的事项属于劳动争议范畴,其于2013年8月9日收到《不予受理案件通知书》,直至2013年8月30日才起诉至西安市未央区人民法院,已超过法律规定的15日起诉期限,依法应予驳回。

第五十一条 【生效调解书、裁决书的执行】当事人对发生法律效力的调解书、裁决书,应当依照规定的期限履行。一方当事人逾期不履行的,另一方当事人可以依照民事诉讼法的有关规定向人民法院申请执行。受理申请的人民法院应当依法执行。

注释《最高人民法院关于审理劳动争议案件适用法律问题的解释(一)》第24条第1款规定:"当事人申请人民法院执行劳动争议仲裁机构作出的发生法律效力的裁决书、调解书,被申请人提出证据证明劳动争议仲裁裁决书、调解书有下列情形之一,并经审查核实的,人民法院可以根据民事诉讼法第二百三十七条①规定,裁定不予执行:(一)裁决的事项不属于劳动争议仲裁范围,或者劳动争议仲裁机构无权仲裁的;(二)适用法律、法规确有错误的;(三)违反法定程序的;(四)裁决所根据的证据是伪造的;(五)对方当事人隐瞒了足以影响公正裁决的证据的;(六)仲裁员在仲裁该案时有索贿受贿、徇私舞弊、枉法裁决行为的;(七)人民法院认定执行该劳动争议仲裁裁决违背社会公共利益的。"

链接《最高人民法院关于审理劳动争议案件适用法律问题的解释(一)》第24条

第四章　附　则

第五十二条 【人事争议处理的法律适用】事业单位实行聘用制的工作人员与本单位发生劳动争议的,依照本法执行;法律、行政法规或者国务院另有规定的,依照其规定。

注释 事业单位是指为了社会公益目的,由国家机关举办或者其他组织利用国有资产举办的,从事教育、科技、文化、卫生等活动的社会服务组织。

案例 沈某与苏州市某教育局等合同纠纷上诉案[江苏省苏州市中级人民法院(2013)苏中民终字第3153号]

裁判规则: 依据《中华人民共和国劳动争议调解仲裁法》第52条及最高人民法院《关于人民法院审理事业单位人事争议案件若干问题的规定》第1条之规定,沈某与某教育局及某中学之间的争议不属于事业单位与其工作人员因辞职、辞退及履行聘用合同所发生的争议,不属于人民法院管辖的受案范围。

链接《劳动法》第2条;《劳动合同法》第96条;《最高人民法院关于人民法院审理事业单位人事争议案件若干问题的规定》第1、3条;《人力资源和社会保障部办公厅关于人事争议仲裁适用有关法律问题的答复意见的函》

---

① 2023年9月1日,民事诉讼法修改后,该条改为第二百四十八条。

第五十三条 【劳动争议仲裁不收费】劳动争议仲裁不收费。劳动争议仲裁委员会的经费由财政予以保障。

注释 为了维护弱势群体合法权益,本条明确规定劳动争议仲裁免费,但实行仲裁免费后,劳动争议仲裁机构的办案和日常经费应当由财政保障。

链接《人力资源和社会保障部办公厅关于转发湖南省劳动保障厅、财政厅关于保障劳动争议仲裁经费的通知的通知》

第五十四条 【实施日期】本法自 2008 年 5 月 1 日起施行。

企业劳动争议协商调解规定

- 2011 年 11 月 30 日人力资源和社会保障部令第 17 号公布
- 自 2012 年 1 月 1 日起施行

第一章 总 则

第一条 为规范企业劳动争议协商、调解行为,促进劳动关系和谐稳定,根据《中华人民共和国劳动争议调解仲裁法》,制定本规定。

第二条 企业劳动争议协商、调解,适用本规定。

第三条 企业应当依法执行职工大会、职工代表大会、厂务公开等民主管理制度,建立集体协商、集体合同制度,维护劳动关系和谐稳定。

第四条 企业应当建立劳资双方沟通对话机制,畅通劳动者利益诉求表达渠道。

劳动者认为企业在履行劳动合同、集体合同,执行劳动保障法律、法规和企业劳动规章制度等方面存在问题的,可以向企业劳动争议调解委员会(以下简称调解委员会)提出。调解委员会应当及时核实情况,协调企业进行整改或者向劳动者做出说明。

劳动者也可以通过调解委员会向企业提出其他合理诉求。调解委员会应当及时向企业转达,并向劳动者反馈情况。

第五条 企业应当加强对劳动者的人文关怀,关心劳动者的诉求,关注劳动者的心理健康,引导劳动者理性维权,预防劳动争议发生。

第六条 协商、调解劳动争议,应当根据事实和有关法律法规的规定,遵循平等、自愿、合法、公正、及时的原则。

第七条 人力资源和社会保障行政部门应当指导企业开展劳动争议预防调解工作,具体履行下列职责:

(一)指导企业遵守劳动保障法律、法规和政策;

(二)督促企业建立劳动争议预防预警机制;

(三)协调工会、企业代表组织建立企业重大集体性劳动争议应急调解协调机制,共同推动企业劳动争议预防调解工作;

(四)检查辖区内调解委员会的组织建设、制度建设和队伍建设情况。

第二章 协 商

第八条 发生劳动争议,一方当事人可以通过与另一方当事人约见、面谈等方式协商解决。

第九条 劳动者可以要求所在企业工会参与或者协助其与企业进行协商。工会也可以主动参与劳动争议的协商处理,维护劳动者合法权益。

劳动者可以委托其他组织或者个人作为其代表进行协商。

第十条 一方当事人提出协商要求后,另一方当事人应当积极做出口头或者书面回应。5 日内不做出回应的,视为不愿协商。

协商的期限由当事人书面约定,在约定的期限内没有达成一致的,视为协商不成。当事人可以书面约定延长期限。

第十一条 协商达成一致,应当签订书面和解协议。和解协议对双方当事人具有约束力,当事人应当履行。

经仲裁庭审查,和解协议程序和内容合法有效的,仲裁庭可以将其作为证据使用。但是,当事人为达成和解的目的作出妥协所涉及的对争议事实的认可,不得在其后的仲裁中作为对其不利的证据。

第十二条 发生劳动争议,当事人不愿协商、协商不成或者达成和解协议后,一方当事人在约定的期限内不履行和解协议的,可以依法向调解委员会或者乡镇、街道劳动就业社会保障服务所(中心)等其他依法设立的调解组织申请调解,也可以依法向劳动人事争议仲裁委员会(以下简称仲裁委员会)申请仲裁。

第三章 调 解

第十三条 大中型企业应当依法设立调解委员会,并配备专职或者兼职工作人员。

有分公司、分店、分厂的企业,可以根据需要在分支机构设立调解委员会。总部调解委员会指导分支机构调解委员会开展劳动争议预防调解工作。

调解委员会可以根据需要在车间、工段、班组设立调解小组。

第十四条 小微型企业可以设立调解委员会,也可以由劳动者和企业共同推举人员,开展调解工作。

第十五条 调解委员会由劳动者代表和企业代表组成,人数由双方协商确定,双方人数应当对等。劳动者代表由工会委员会成员担任或者由全体劳动者推举产生,企业代表由企业负责人指定。调解委员会主任由工会委员会成员或者双方推举的人员担任。

第十六条 调解委员会履行下列职责:

(一)宣传劳动保障法律、法规和政策;

(二)对本企业发生的劳动争议进行调解;

(三)监督和解协议、调解协议的履行;

(四)聘任、解聘和管理调解员;

(五)参与协调履行劳动合同、集体合同、执行企业劳动规章制度等方面出现的问题;

(六)参与研究涉及劳动者切身利益的重大方案;

(七)协助企业建立劳动争议预防预警机制。

第十七条 调解员履行下列职责:

(一)关注本企业劳动关系状况,及时向调解委员会报告;

(二)接受调解委员会指派,调解劳动争议案件;

(三)监督和解协议、调解协议的履行;

(四)完成调解委员会交办的其他工作。

第十八条 调解员应当公道正派、联系群众、热心调解工作,具有一定劳动保障法律政策知识和沟通协调能力。调解员由调解委员会聘任的本企业工作人员担任,调解委员会成员均为调解员。

第十九条 调解员的聘期至少为1年,可以续聘。调解员不能履行调解职责时,调解委员会应当及时调整。

第二十条 调解员依法履行调解职责,需要占用生产或者工作时间的,企业应当予以支持,并按照正常出勤对待。

第二十一条 发生劳动争议,当事人可以口头或者书面形式向调解委员会提出调解申请。

申请内容应当包括申请人基本情况、调解请求、事实与理由。

口头申请的,调解委员会应当场记录。

第二十二条 调解委员会接到调解申请后,对属于劳动争议受理范围且双方当事人同意调解的,应当在3个工作日内受理。对不属于劳动争议受理范围或者一方当事人不同意调解的,应当做好记录,并书面通知申请人。

第二十三条 发生劳动争议,当事人没有提出调解申请,调解委员会可以在征得双方当事人同意后主动调解。

第二十四条 调解委员会调解劳动争议一般不公开进行。但是,双方当事人要求公开调解的除外。

第二十五条 调解委员会根据案件情况指定调解员或者调解小组进行调解,在征得当事人同意后,也可以邀请有关单位和个人协助调解。

调解员应当全面听取双方当事人的陈述,采取灵活多样的方式方法,开展耐心、细致的说服疏导工作,帮助当事人自愿达成调解协议。

第二十六条 经调解达成调解协议的,由调解委员会制作调解协议书。调解协议书应当写明双方当事人基本情况、调解请求事项、调解的结果和协议履行期限、履行方式等。

调解协议书由双方当事人签名或者盖章,经调解员签名并加盖调解委员会印章后生效。

调解协议书一式三份,双方当事人和调解委员会各执一份。

第二十七条 生效的调解协议对双方当事人具有约束力,当事人应当履行。

双方当事人可以自调解协议生效之日起15日内共同向仲裁委员会提出仲裁审查申请。仲裁委员会受理后,应当对调解协议进行审查,并根据《劳动人事争议仲裁办案规则》第五十四条规定,对程序和内容合法有效的调解协议,出具调解书。

第二十八条 双方当事人未按前条规定提出仲裁审查申请,一方当事人在约定的期限内不履行调解协议的,另一方当事人可以依法申请仲裁。

仲裁委员会受理仲裁申请后,应当对调解协议进行审查,调解协议合法有效且不损害公共利益或者第三人合法利益的,在没有新证据出现的情况下,仲裁委员会可以依据调解协议作出仲裁裁决。

第二十九条 调解委员会调解劳动争议,应当自受理调解申请之日起 15 日内结束。但是,双方当事人同意延期的可以延长。

在前款规定期限内未达成调解协议的,视为调解不成。

第三十条 当事人不愿调解、调解不成或者达成调解协议后,一方当事人在约定的期限内不履行调解协议的,调解委员会应当做好记录,由双方当事人签名或者盖章,并书面告知当事人可以向仲裁委员会申请仲裁。

第三十一条 有下列情形之一的,按照《劳动人事争议仲裁办案规则》第十条的规定属于仲裁时效中断,从中断时起,仲裁时效期间重新计算:

(一)一方当事人提出协商要求后,另一方当事人不同意协商或者在 5 日内不做出回应的;

(二)在约定的协商期限内,一方或者双方当事人不同意继续协商的;

(三)在约定的协商期限内未达成一致的;

(四)达成和解协议后,一方或者双方当事人在约定的期限内不履行和解协议的;

(五)一方当事人提出调解申请后,另一方当事人不同意调解的;

(六)调解委员会受理调解申请后,在第二十九条规定的期限内一方或者双方当事人不同意调解的;

(七)在第二十九条规定的期限内未达成调解协议的;

(八)达成调解协议后,一方当事人在约定期限内不履行调解协议的。

第三十二条 调解委员会应当建立健全调解登记、调解记录、督促履行、档案管理、业务培训、统计报告、工作考评等制度。

第三十三条 企业应当支持调解委员会开展调解工作,提供办公场所,保障工作经费。

第三十四条 企业未按照本规定成立调解委员会,劳动争议或者群体性事件频发,影响劳动关系和谐,造成重大社会影响的,由县级以上人力资源和社会保障行政部门予以通报;违反法律法规规定的,依法予以处理。

第三十五条 调解员在调解过程中存在严重失职或者违法违纪行为,侵害当事人合法权益的,调解委员会应当予以解聘。

第四章 附 则

第三十六条 民办非企业单位、社会团体开展劳动争议协商、调解工作参照本规定执行。

第三十七条 本规定自 2012 年 1 月 1 日起施行。

劳动人事争议仲裁组织规则

· 2017 年 5 月 8 日人力资源和社会保障部令第 34 号公布
· 自 2017 年 7 月 1 日起施行

第一章 总 则

第一条 为公正及时处理劳动人事争议(以下简称争议),根据《中华人民共和国劳动争议调解仲裁法》(以下简称调解仲裁法)和《中华人民共和国公务员法》、《事业单位人事管理条例》、《中国人民解放军文职人员条例》等有关法律、法规,制定本规则。

第二条 劳动人事争议仲裁委员会(以下简称仲裁委员会)由人民政府依法设立,专门处理争议案件。

第三条 人力资源社会保障行政部门负责指导本行政区域的争议调解仲裁工作,组织协调处理跨地区、有影响的重大争议,负责仲裁员的管理、培训等工作。

第二章 仲裁委员会及其办事机构

第四条 仲裁委员会按照统筹规划、合理布局和适应实际需要的原则设立,由省、自治区、直辖市人民政府依法决定。

第五条 仲裁委员会由干部主管部门代表、人力资源社会保障等相关行政部门代表、军队文职人员工作管理部门代表、工会代表和用人单位方面代表等组成。

仲裁委员会组成人员应当是单数。

第六条 仲裁委员会设主任一名,副主任和委员若干名。

仲裁委员会主任由政府负责人或者人力资源社会保障行政部门主要负责人担任。

第七条 仲裁委员会依法履行下列职责:

(一)聘任、解聘专职或者兼职仲裁员;

(二)受理争议案件;

(三)讨论重大或者疑难的争议案件;

(四)监督本仲裁委员会的仲裁活动;

(五)制定本仲裁委员会的工作规则;

(六)其他依法应当履行的职责。

第八条 仲裁委员会应当每年至少召开两次全体会议,研究本仲裁委员会职责履行情况和重要工作事项。

仲裁委员会主任或者三分之一以上的仲裁委员会组成人员提议召开仲裁委员会会议的,应当召开。

仲裁委员会的决定实行少数服从多数原则。

第九条 仲裁委员会下设实体化的办事机构,具体承担争议调解仲裁等日常工作。办事机构称为劳动人事争议仲裁院(以下简称仲裁院),设在人力资源社会保障行政部门。

仲裁院对仲裁委员会负责并报告工作。

第十条 仲裁委员会的经费依法由财政予以保障。仲裁经费包括人员经费、公用经费、仲裁专项经费等。

仲裁院可以通过政府购买服务等方式聘用记录人员、安保人员等办案辅助人员。

第十一条 仲裁委员会组成单位可以派兼职仲裁员常驻仲裁院,参与争议调解仲裁活动。

第三章 仲裁庭

第十二条 仲裁委员会处理争议案件实行仲裁庭制度,实行一案一庭制。

仲裁委员会可以根据案件处理实际需要设立派驻仲裁庭、巡回仲裁庭、流动仲裁庭,就近就地处理争议案件。

第十三条 处理下列争议案件应当由三名仲裁员组成仲裁庭,设首席仲裁员:

(一)十人以上并有共同请求的争议案件;

(二)履行集体合同发生的争议案件;

(三)有重大影响或者疑难复杂的争议案件;

(四)仲裁委员会认为应当由三名仲裁员组庭处理的其他争议案件。

简单争议案件可以由一名仲裁员独任仲裁。

第十四条 记录人员负责案件庭审记录等相关工作。

记录人员不得由本庭仲裁员兼任。

第十五条 仲裁庭组成不符合规定的,仲裁委员会应当予以撤销并重新组庭。

第十六条 仲裁委员会应当有专门的仲裁场所。仲裁场所应当悬挂仲裁徽章,张贴仲裁庭纪律及注意事项等,并配备仲裁庭专业设备、档案储存设备、安全监控设备和安检设施等。

第十七条 仲裁工作人员在仲裁活动中应当统一着装,佩戴仲裁徽章。

第四章 仲裁员

第十八条 仲裁员是由仲裁委员会聘任、依法调解和仲裁争议案件的专业工作人员。

仲裁员分为专职仲裁员和兼职仲裁员。专职仲裁员和兼职仲裁员在调解仲裁活动中享有同等权利,履行同等义务。

兼职仲裁员进行仲裁活动,所在单位应当予以支持。

第十九条 仲裁委员会应当依法聘任一定数量的专职仲裁员,也可以根据办案工作需要,依法从干部主管部门、人力资源社会保障行政部门、军队文职人员工作管理部门、工会、企业组织等相关机构的人员以及专家学者、律师中聘任兼职仲裁员。

第二十条 仲裁员享有以下权利:

(一)履行职责应当具有的职权和工作条件;

(二)处理争议案件不受干涉;

(三)人身、财产安全受到保护;

(四)参加聘前培训和在职培训;

(五)法律、法规规定的其他权利。

第二十一条 仲裁员应当履行以下义务:

(一)依法处理争议案件;

(二)维护国家利益和公共利益,保护当事人合法权益;

(三)严格执行廉政规定,恪守职业道德;

(四)自觉接受监督;

(五)法律、法规规定的其他义务。

第二十二条 仲裁委员会聘任仲裁员时,应当从符合调解仲裁法第二十条规定的仲裁员条件的人员中选聘。

仲裁委员会应当根据工作需要,合理配备专

职仲裁员和办案辅助人员。专职仲裁员数量不得少于三名,办案辅助人员不得少于一名。

第二十三条　仲裁委员会应当设仲裁员名册,并予以公告。

省、自治区、直辖市人力资源社会保障行政部门应当将本行政区域内仲裁委员会聘任的仲裁员名单报送人力资源社会保障部备案。

第二十四条　仲裁员聘期一般为五年。仲裁委员会负责仲裁员考核,考核结果作为解聘和续聘仲裁员的依据。

第二十五条　仲裁委员会应当制定仲裁员工作绩效考核标准,重点考核办案质量和效率、工作作风、遵纪守法情况等。考核结果分为优秀、合格、不合格。

第二十六条　仲裁员有下列情形之一的,仲裁委员会应当予以解聘:

(一)聘期届满不再续聘的;

(二)在聘期内因工作岗位变动或者其他原因不再履行仲裁员职责的;

(三)年度考核不合格的;

(四)因违纪、违法犯罪不能继续履行仲裁员职责的;

(五)其他应当解聘的情形。

第二十七条　人力资源社会保障行政部门负责对拟聘任的仲裁员进行聘前培训。

拟聘为省、自治区、直辖市仲裁委员会仲裁员及副省级市仲裁委员会仲裁员的,参加人力资源社会保障部组织的聘前培训;拟聘为地(市)、县(区)仲裁委员会仲裁员的,参加省、自治区、直辖市人力资源社会保障行政部门组织的仲裁员聘前培训。

第二十八条　人力资源社会保障行政部门负责每年对本行政区域内的仲裁员进行政治思想、职业道德、业务能力和作风建设培训。

仲裁员每年脱产培训的时间累计不少于四十学时。

第二十九条　仲裁委员会应当加强仲裁员作风建设,培育和弘扬具有行业特色的仲裁文化。

第三十条　人力资源社会保障部负责组织制定仲裁员培训大纲,开发培训教材,建立师资库和考试题库。

第三十一条　建立仲裁员职业保障机制,拓展仲裁员职业发展空间。

第五章　仲裁监督

第三十二条　仲裁委员会应当建立仲裁监督制度,对申请受理、办案程序、处理结果、仲裁工作人员行为等进行监督。

第三十三条　仲裁员不得有下列行为:

(一)徇私枉法,偏袒一方当事人;

(二)滥用职权,侵犯当事人合法权益;

(三)利用职权为自己或者他人谋取私利;

(四)隐瞒证据或者伪造证据;

(五)私自会见当事人及其代理人,接受当事人及其代理人的请客送礼;

(六)故意拖延办案、玩忽职守;

(七)泄露案件涉及的国家秘密、商业秘密和个人隐私或者擅自透露案件处理情况;

(八)在受聘期间担任所在仲裁委员会受理案件的代理人;

(九)其他违法违纪的行为。

第三十四条　仲裁员有本规则第三十三条规定情形的,仲裁委员会视情节轻重,给予批评教育、解聘等处理;被解聘的,五年内不得再次被聘为仲裁员。仲裁员所在单位根据国家有关规定对其给予处分;构成犯罪的,依法追究刑事责任。

第三十五条　记录人员等办案辅助人员应当认真履行职责,严守工作纪律,不得有玩忽职守、偏袒一方当事人、泄露案件涉及的国家秘密、商业秘密和个人隐私或者擅自透露案件处理情况等行为。

办案辅助人员违反前款规定的,应当按照有关法律法规和本规则第三十四条的规定处理。

第六章　附　则

第三十六条　被聘任为仲裁员的,由人力资源社会保障部统一免费发放仲裁员证和仲裁徽章。

第三十七条　仲裁委员会对被解聘、辞职以及其他原因不再聘任的仲裁员,应当及时收回仲裁员证和仲裁徽章,并予以公告。

第三十八条　本规则自 2017 年 7 月 1 日起施行。2010 年 1 月 20 日人力资源社会保障部公布的《劳动人事争议仲裁组织规则》(人力资源和社会保障部令第 5 号)同时废止。

劳动人事争议仲裁办案规则

· 2017 年 5 月 8 日人力资源和社会保障部令第 33 号公布
· 自 2017 年 7 月 1 日起施行

第一章 总 则

第一条 为公正及时处理劳动人事争议(以下简称争议),规范仲裁办案程序,根据《中华人民共和国劳动争议调解仲裁法》(以下简称调解仲裁法)以及《中华人民共和国公务员法》(以下简称公务员法)、《事业单位人事管理条例》、《中国人民解放军文职人员条例》和有关法律、法规、国务院有关规定,制定本规则。

第二条 本规则适用下列争议的仲裁:

(一)企业、个体经济组织、民办非企业单位等组织与劳动者之间,以及机关、事业单位、社会团体与其建立劳动关系的劳动者之间,因确认劳动关系,订立、履行、变更、解除和终止劳动合同,工作时间、休息休假、社会保险、福利、培训以及劳动保护,劳动报酬、工伤医疗费、经济补偿或者赔偿金等发生的争议;

(二)实施公务员法的机关与聘任制公务员之间、参照公务员法管理的机关(单位)与聘任工作人员之间因履行聘任合同发生的争议;

(三)事业单位与其建立人事关系的工作人员之间因终止人事关系以及履行聘用合同发生的争议;

(四)社会团体与其建立人事关系的工作人员之间因终止人事关系以及履行聘用合同发生的争议;

(五)军队文职人员用人单位与聘用制文职人员之间因履行聘用合同发生的争议;

(六)法律、法规规定由劳动人事争议仲裁委员会(以下简称仲裁委员会)处理的其他争议。

第三条 仲裁委员会处理争议案件,应当遵循合法、公正的原则,先行调解,及时裁决。

第四条 仲裁委员会下设实体化的办事机构,称为劳动人事争议仲裁院(以下简称仲裁院)。

第五条 劳动者一方在十人以上并有共同请求的争议,或者因履行集体合同发生的劳动争议,仲裁委员会应当优先立案,优先审理。

第二章 一般规定

第六条 发生争议的用人单位未办理营业执照、被吊销营业执照、营业执照到期继续经营、被责令关闭、被撤销以及用人单位解散、歇业,不能承担相关责任的,应当将用人单位和其出资人、开办单位或者主管部门作为共同当事人。

第七条 劳动者与个人承包经营者发生争议,依法向仲裁委员会申请仲裁的,应当将发包的组织和个人承包经营者作为共同当事人。

第八条 劳动合同履行地为劳动者实际工作场所地,用人单位所在地为用人单位注册、登记地或者主要办事机构所在地。用人单位未经注册、登记的,其出资人、开办单位或者主管部门所在地为用人单位所在地。

双方当事人分别向劳动合同履行地和用人单位所在地的仲裁委员会申请仲裁的,由劳动合同履行地的仲裁委员会管辖。有多个劳动合同履行地的,由最先受理的仲裁委员会管辖。劳动合同履行地不明确的,由用人单位所在地的仲裁委员会管辖。

案件受理后,劳动合同履行地或者用人单位所在地发生变化的,不改变争议仲裁的管辖。

第九条 仲裁委员会发现已受理案件不属于其管辖范围的,应当移送至有管辖权的仲裁委员会,并书面通知当事人。

对上述移送案件,受移送的仲裁委员会应当依法受理。受移送的仲裁委员会认为移送的案件按照规定不属于其管辖,或者仲裁委员会之间因管辖争议协商不成的,应当报请共同的上一级仲裁委员会主管部门指定管辖。

第十条 当事人提出管辖异议的,应当在答辩期满前书面提出。仲裁委员会应当审查当事人提出的管辖异议,异议成立的,将案件移送至有管辖权的仲裁委员会并书面通知当事人;异议不成立的,应当书面决定驳回。

当事人逾期提出的,不影响仲裁程序的进行。

第十一条 当事人申请回避,应当在案件开庭审理前提出,并说明理由。回避事由在案件开庭审理后知晓的,也可以在庭审辩论终结前提出。

当事人在庭审辩论终结后提出回避申请的,不影响仲裁程序的进行。

仲裁委员会应当在回避申请提出的三日内,

以口头或者书面形式作出决定。以口头形式作出的，应当记入笔录。

第十二条　仲裁员、记录人员是否回避，由仲裁委员会主任或者其委托的仲裁院负责人决定。仲裁委员会主任担任案件仲裁员是否回避，由仲裁委员会决定。

在回避决定作出前，被申请回避的人员应当暂停参与该案处理，但因案件需要采取紧急措施的除外。

第十三条　当事人对自己提出的主张有责任提供证据。与争议事项有关的证据属于用人单位掌握管理的，用人单位应当提供；用人单位不提供的，应当承担不利后果。

第十四条　法律没有具体规定、按照本规则第十三条规定无法确定举证责任承担的，仲裁庭可以根据公平原则和诚实信用原则，综合当事人举证能力等因素确定举证责任的承担。

第十五条　承担举证责任的当事人应当在仲裁委员会指定的期限内提供有关证据。当事人在该期限内提供证据确有困难的，可以向仲裁委员会申请延长期限，仲裁委员会根据当事人的申请适当延长。当事人逾期提供证据的，仲裁委员会应当责令其说明理由；拒不说明理由或者理由不成立，仲裁委员会可以根据不同情形不予采纳该证据，或者采纳该证据但予以训诫。

第十六条　当事人因客观原因不能自行收集的证据，仲裁委员会可以根据当事人的申请，参照民事诉讼有关规定予以收集；仲裁委员会认为有必要的，也可以决定参照民事诉讼有关规定予以收集。

第十七条　仲裁委员会依法调查取证时，有关单位和个人应当协助配合。

仲裁委员会调查取证时，不得少于两人，并应当向被调查对象出示工作证件和仲裁委员会出具的介绍信。

第十八条　争议处理中涉及证据形式、证据提交、证据交换、证据质证、证据认定等事项，本规则未规定的，可以参照民事诉讼证据规则的有关规定执行。

第十九条　仲裁期间包括法定期间和仲裁委员会指定期间。

仲裁期间的计算，本规则未规定的，仲裁委员会可以参照民事诉讼关于期间计算的有关规定执行。

第二十条　仲裁委员会送达仲裁文书必须有送达回证，由受送达人在送达回证上记明收到日期，并签名或者盖章。受送达人在送达回证上的签收日期为送达日期。

因企业停业等原因导致无法送达且劳动者一方在十人以上的，或者受送达人拒绝签收仲裁文书的，通过在受送达人住所留置、张贴仲裁文书，并采用拍照、录像等方式记录的，自留置、张贴之日起经过三日即视为送达，不受本条第一款的限制。

仲裁文书的送达方式，本规则未规定的，仲裁委员会可以参照民事诉讼关于送达方式的有关规定执行。

第二十一条　案件处理终结后，仲裁委员会应当将处理过程中形成的全部材料立卷归档。

第二十二条　仲裁案卷分正卷和副卷装订。

正卷包括：仲裁申请书、受理（不予受理）通知书、答辩书、当事人及其他仲裁参加人的身份证明材料、授权委托书、调查证据、勘验笔录、当事人提供的证据材料、委托鉴定材料、开庭通知、庭审笔录、延期通知书、撤回仲裁申请书、调解书、裁决书、决定书、案件移送函、送达回证等。

副卷包括：立案审批表、延期审理审批表、中止审理审批表、调查提纲、阅卷笔录、会议笔录、评议记录、结案审批表等。

第二十三条　仲裁委员会应当建立案卷查阅制度。对案卷正卷材料，应当允许当事人及其代理人依法查阅、复制。

第二十四条　仲裁裁决结案的案卷，保存期不少于十年；仲裁调解和其他方式结案的案卷，保存期不少于五年；国家另有规定的，从其规定。

保存期满后的案卷，应当按照国家有关档案管理的规定处理。

第二十五条　在仲裁活动中涉及国家秘密或者军事秘密的，按照国家或者军队有关保密规定执行。

当事人协议不公开或者涉及商业秘密和个人隐私的，经相关当事人书面申请，仲裁委员会应当不公开审理。

第三章　仲裁程序

第一节　申请和受理

第二十六条　本规则第二条第（一）、（三）、

(四)、(五)项规定的争议,申请仲裁的时效期间为一年。仲裁时效期间从当事人知道或者应当知道其权利被侵害之日起计算。

本规则第二条第(二)项规定的争议,申请仲裁的时效期间适用公务员法有关规定。

劳动人事关系存续期间因拖欠劳动报酬发生争议的,劳动者申请仲裁不受本条第一款规定的仲裁时效期间的限制;但是,劳动人事关系终止的,应当自劳动人事关系终止之日起一年内提出。

第二十七条 在申请仲裁的时效期间内,有下列情形之一的,仲裁时效中断:

(一)一方当事人通过协商、申请调解等方式向对方当事人主张权利的;

(二)一方当事人通过向有关部门投诉,向仲裁委员会申请仲裁,向人民法院起诉或者申请支付令等方式请求权利救济的;

(三)对方当事人同意履行义务的。

从中断时起,仲裁时效期间重新计算。

第二十八条 因不可抗力,或者有无民事行为能力或者限制民事行为能力劳动者的法定代理人未确定等其他正当理由,当事人不能在规定的仲裁时效期间申请仲裁的,仲裁时效中止。从中止时效的原因消除之日起,仲裁时效期间继续计算。

第二十九条 申请人申请仲裁应当提交书面仲裁申请,并按照被申请人人数提交副本。

仲裁申请书应当载明下列事项:

(一)劳动者的姓名、性别、出生日期、身份证件号码、住所、通讯地址和联系电话,用人单位的名称、住所、通讯地址、联系电话和法定代表人或者主要负责人的姓名、职务;

(二)仲裁请求和所根据的事实、理由;

(三)证据和证据来源,证人姓名和住所。

书写仲裁申请确有困难的,可以口头申请,由仲裁委员会记入笔录,经申请人签名、盖章或者捺印确认。

对于仲裁申请书不规范或者材料不齐备的,仲裁委员会应当当场或者在五日内一次性告知申请人需要补正的全部材料。

仲裁委员会收取当事人提交的材料应当出具收件回执。

第三十条 仲裁委员会对符合下列条件的仲裁申请应当予以受理,并在收到仲裁申请之日起五日内向申请人出具受理通知书:

(一)属于本规则第二条规定的争议范围;

(二)有明确的仲裁请求和事实理由;

(三)申请人是与本案有直接利害关系的自然人、法人或者其他组织,有明确的被申请人;

(四)属于本仲裁委员会管辖范围。

第三十一条 对不符合本规则第三十条第(一)、(二)、(三)项规定之一的仲裁申请,仲裁委员会不予受理,并在收到仲裁申请之日起五日内向申请人出具不予受理通知书;对不符合本规则第三十条第(四)项规定的仲裁申请,仲裁委员会应当在收到仲裁申请之日起五日内,向申请人作出书面说明并告知申请人向有管辖权的仲裁委员会申请仲裁。

对仲裁委员会逾期未作出决定或者决定不予受理的,申请人可以就该争议事项向人民法院提起诉讼。

第三十二条 仲裁委员会受理案件后,发现不应当受理的,除本规则第九条规定外,应当撤销案件,并决定撤销案件后五日内,以决定书的形式通知当事人。

第三十三条 仲裁委员会受理仲裁申请后,应当在五日内将仲裁申请书副本送达被申请人。

被申请人收到仲裁申请书副本后,应当在十日内向仲裁委员会提交答辩书。仲裁委员会收到答辩书后,应当在五日内将答辩书副本送达申请人。被申请人逾期未提交答辩书的,不影响仲裁程序的进行。

第三十四条 符合下列情形之一,申请人基于同一事实、理由和仲裁请求又申请仲裁的,仲裁委员会不予受理:

(一)仲裁委员会已经依法出具不予受理通知书的;

(二)案件已在仲裁、诉讼过程中或者调解书、裁决书、判决书已经发生法律效力的。

第三十五条 仲裁处理结果作出前,申请人可以自行撤回仲裁申请。申请人再次申请仲裁的,仲裁委员会应当受理。

第三十六条 被申请人可以在答辩期间提出反申请,仲裁委员会应当自收到被申请人反申请之日起五日内决定是否受理并通知被申请人。

决定受理的,仲裁委员会可以将反申请和申请合并处理。

反申请应当另行申请仲裁的,仲裁委员会应当书面告知被申请人另行申请仲裁;反申请不属于本规则规定应当受理的,仲裁委员会应当向被申请人出具不予受理通知书。

被申请人答辩期满后对申请人提出反申请的,应当另行申请仲裁。

第二节　开庭和裁决

第三十七条　仲裁委员会应当在受理仲裁申请之日起五日内组成仲裁庭并将仲裁庭的组成情况书面通知当事人。

第三十八条　仲裁庭应当在开庭五日前,将开庭日期、地点书面通知双方当事人。当事人有正当理由的,可以在开庭三日前请求延期开庭。是否延期,由仲裁委员会根据实际情况决定。

第三十九条　申请人收到书面开庭通知,无正当理由拒不到庭或者未经仲裁庭同意中途退庭的,可以按撤回仲裁申请处理;申请人重新申请仲裁的,仲裁委员会不予受理。被申请人收到书面开庭通知,无正当理由拒不到庭或者未经仲裁庭同意中途退庭的,仲裁庭可以继续开庭审理,并缺席裁决。

第四十条　当事人申请鉴定的,鉴定费由申请鉴定方先行垫付,案件处理终结后,由鉴定结果对其不利方负担。鉴定结果不明确的,由申请鉴定方负担。

第四十一条　开庭审理前,记录人员应当查明当事人和其他仲裁参与人是否到庭,宣布仲裁庭纪律。

开庭审理时,由仲裁员宣布开庭、案由和仲裁员、记录人员名单,核对当事人,告知当事人有关的权利义务,询问当事人是否提出回避申请。

开庭审理中,仲裁员应当听取申请人的陈述和被申请人的答辩,主持庭审调查、质证和辩论、征询当事人最后意见,并进行调解。

第四十二条　仲裁庭应当将开庭情况记入笔录。当事人或者其他仲裁参与人认为对自己陈述的记录有遗漏或者差错的,有权当庭申请补正。仲裁庭认为申请无理由或者无必要的,可以不予补正,但是应当记录该申请。

仲裁员、记录人员、当事人和其他仲裁参与人应当在庭审笔录上签名或者盖章。当事人或者其他仲裁参与人拒绝在庭审笔录上签名或者盖章

的,仲裁庭应当记明情况附卷。

第四十三条　仲裁参与人和其他人应当遵守仲裁庭纪律,不得有下列行为:

(一)未经准许进行录音、录像、摄影;

(二)未经准许以移动通信等方式现场传播庭审活动;

(三)其他扰乱仲裁庭秩序、妨害审理活动进行的行为。

仲裁参与人或者其他人有前款规定的情形之一的,仲裁庭可以训诫、责令退出仲裁庭,也可以暂扣进行录音、录像、摄影、传播庭审活动的器材,并责令其删除有关内容。拒不删除的,可以采取必要手段强制删除,并将上述事实记入庭审笔录。

第四十四条　申请人在举证期限届满前可以提出增加或者变更仲裁请求;仲裁庭对申请人增加或者变更的仲裁请求审查后认为应当受理的,应当通知被申请人并给予答辩期,被申请人明确表示放弃答辩期的除外。

申请人在举证期限届满后提出增加或者变更仲裁请求的,应当另行申请仲裁。

第四十五条　仲裁庭裁决案件,应当自仲裁委员会受理仲裁申请之日起四十五日内结束。案情复杂需要延期的,经仲裁委员会主任或者其委托的仲裁院负责人书面批准,可以延期并书面通知当事人,但延长期限不得超过十五日。

第四十六条　有下列情形,仲裁期限按照下列规定计算:

(一)仲裁庭追加当事人或者第三人的,仲裁期限从决定追加之日起重新计算;

(二)申请人需要补正材料的,仲裁委员会收到仲裁申请的时间从材料补正之日起重新计算;

(三)增加、变更仲裁请求的,仲裁期限从受理增加、变更仲裁请求之日起重新计算;

(四)仲裁申请和反申请合并处理的,仲裁期限从受理反申请之日起重新计算;

(五)案件移送管辖的,仲裁期限从接受移送之日起重新计算;

(六)中止审理期间、公告送达期间不计入仲裁期限内;

(七)法律、法规规定应当另行计算的其他情形。

第四十七条　有下列情形之一的,经仲裁委员会主任或者其委托的仲裁院负责人批准,可以

中止案件审理,并书面通知当事人:

（一）劳动者一方当事人死亡,需要等待继承人表明是否参加仲裁的;

（二）劳动者一方当事人丧失民事行为能力,尚未确定法定代理人参加仲裁的;

（三）用人单位终止,尚未确定权利义务承继者的;

（四）一方当事人因不可抗拒的事由,不能参加仲裁的;

（五）案件审理需要以其他案件的审理结果为依据,且其他案件尚未审结的;

（六）案件处理需要等待工伤认定、伤残等级鉴定以及其他鉴定结论的;

（七）其他应当中止仲裁审理的情形。

中止审理的情形消除后,仲裁庭应当恢复审理。

第四十八条 当事人因仲裁庭逾期未作出仲裁裁决而向人民法院提起诉讼并立案受理的,仲裁委员会应当决定该案件终止审理;当事人未就该争议事项向人民法院提起诉讼的,仲裁委员会应当继续处理。

第四十九条 仲裁庭裁决案件时,其中一部分事实已经清楚的,可以就该部分先行裁决。当事人对先行裁决不服的,可以按照调解仲裁法有关规定处理。

第五十条 仲裁庭裁决案件时,申请人根据调解仲裁法第四十七条第（一）项规定,追索劳动报酬、工伤医疗费、经济补偿或者赔偿金,如果仲裁裁决涉及数项,对单项裁决数额不超过当地月最低工资标准十二个月金额的事项,应当适用终局裁决。

前款经济补偿包括《中华人民共和国劳动合同法》（以下简称劳动合同法）规定的竞业限制期限内给予的经济补偿、解除或者终止劳动合同的经济补偿等;赔偿金包括劳动合同法规定的未签订书面劳动合同第二倍工资、违法约定试用期的赔偿金、违法解除或者终止劳动合同的赔偿金等。

根据调解仲裁法第四十七条第（二）项的规定,因执行国家的劳动标准在工作时间、休息休假、社会保险等方面发生的争议,应当适用终局裁决。

仲裁庭裁决案件时,裁决内容同时涉及终局裁决和非终局裁决的,应当分别制作裁决书,并告

知当事人相应的救济权利。

第五十一条 仲裁庭对追索劳动报酬、工伤医疗费、经济补偿或者赔偿金的案件,根据当事人的申请,可以裁决先予执行,移送人民法院执行。

仲裁庭裁决先予执行的,应当符合下列条件:

（一）当事人之间权利义务关系明确;

（二）不先予执行将严重影响申请人的生活。

劳动者申请先予执行的,可以不提供担保。

第五十二条 裁决应当按照多数仲裁员的意见作出,少数仲裁员的不同意见应当记入笔录。仲裁庭不能形成多数意见时,裁决应当按照首席仲裁员的意见作出。

第五十三条 裁决书应当载明仲裁请求、争议事实、裁决理由、裁决结果、当事人权利和裁决日期。裁决书由仲裁员签名,加盖仲裁委员会印章。对裁决持不同意见的仲裁员,可以签名,也可以不签名。

第五十四条 对裁决书中的文字、计算错误或者仲裁庭已经裁决但在裁决书中遗漏的事项,仲裁庭应当及时制作决定书予以补正并送达当事人。

第五十五条 当事人对裁决不服向人民法院提起诉讼的,按照调解仲裁法有关规定处理。

第三节 简易处理

第五十六条 争议案件符合下列情形之一的,可以简易处理:

（一）事实清楚、权利义务关系明确、争议不大的;

（二）标的额不超过本省、自治区、直辖市上年度职工年平均工资的;

（三）双方当事人同意简易处理的。

仲裁委员会决定简易处理的,可以指定一名仲裁员独任仲裁,并应当告知当事人。

第五十七条 争议案件有下列情形之一的,不得简易处理:

（一）涉及国家利益、社会公共利益的;

（二）有重大社会影响的;

（三）被申请人下落不明的;

（四）仲裁委员会认为不宜简易处理的。

第五十八条 简易处理的案件,经与被申请人协商同意,仲裁庭可以缩短或者取消答辩期。

第五十九条 简易处理的案件,仲裁庭可以

用电话、短信、传真、电子邮件等简便方式送达仲裁文书,但送达调解书、裁决书除外。

以简便方式送达的开庭通知,未经当事人确认或者没有其他证据证明当事人已经收到的,仲裁庭不得按撤回仲裁申请处理或者缺席裁决。

第六十条 简易处理的案件,仲裁庭可以根据案件情况确定举证期限、开庭日期、审理程序、文书制作等事项,但应当保障当事人陈述意见的权利。

第六十一条 仲裁庭在审理过程中,发现案件不宜简易处理的,应当在仲裁期限届满前决定转为按照一般程序处理,并告知当事人。

案件转为按照一般程序处理的,仲裁期限自仲裁委员会受理仲裁申请之日起计算,双方当事人已经确认的事实,可以不再进行举证、质证。

第四节　集体劳动人事争议处理

第六十二条 处理劳动者一方在十人以上并有共同请求的争议案件,或者因履行集体合同发生的劳动争议案件,适用本节规定。

符合本规则第五十六条第一款规定情形之一的集体劳动人事争议案件,可以简易处理,不受本节规定的限制。

第六十三条 发生劳动者一方在十人以上并有共同请求的争议的,劳动者可以推举三至五名代表参加仲裁活动。代表人参加仲裁的行为对其所代表的当事人发生效力,但代表人变更、放弃仲裁请求或者承认对方当事人的仲裁请求,进行和解,必须经被代表的当事人同意。

因履行集体合同发生的劳动争议,经协商解决不成的,工会可以依法申请仲裁;尚未建立工会的,由上级工会指导劳动者推举产生的代表依法申请仲裁。

第六十四条 仲裁委员会应当自收到当事人集体劳动人事争议仲裁申请之日起五日内作出受理或者不予受理的决定。决定受理的,应当自受理之日起五日内将仲裁庭组成人员、答辩期限、举证期限、开庭日期和地点等事项一次性通知当事人。

第六十五条 仲裁委员会处理集体劳动人事争议案件,应当由三名仲裁员组成仲裁庭,设首席仲裁员。

仲裁委员会处理因履行集体合同发生的劳动争议,应当按照三方原则组成仲裁庭处理。

第六十六条 仲裁庭处理集体劳动人事争议,开庭前应当引导当事人自行协商,或者先行调解。

仲裁庭处理集体劳动人事争议案件,可以邀请法律工作者、律师、专家学者等第三方共同参与调解。

协商或者调解未能达成协议的,仲裁庭应当及时裁决。

第六十七条 仲裁庭开庭场所可以设在发生争议的用人单位或者其他便于及时处理争议的地点。

第四章　调解程序

第一节　仲裁调解

第六十八条 仲裁委员会处理争议案件,应当坚持调解优先,引导当事人通过协商、调解方式解决争议,给予必要的法律释明以及风险提示。

第六十九条 对未经调解、当事人直接申请仲裁的争议,仲裁委员会可以向当事人发出调解建议书,引导其到调解组织进行调解。当事人同意先行调解的,应当暂缓受理;当事人不同意先行调解的,应当依法受理。

第七十条 开庭之前,经双方当事人同意,仲裁庭可以委托调解组织或者其他具有调解能力的组织、个人进行调解。

自当事人同意之日起十日内未达成调解协议的,应当开庭审理。

第七十一条 仲裁庭审理争议案件时,应当进行调解。必要时可以邀请有关单位、组织或者个人参与调解。

第七十二条 仲裁调解达成协议的,仲裁庭应当制作调解书。

调解书应当写明仲裁请求和当事人协议的结果。调解书由仲裁员签名,加盖仲裁委员会印章,送达双方当事人。调解书经双方当事人签收后,发生法律效力。

调解不成或者调解书送达前,一方当事人反悔的,仲裁庭应当及时作出裁决。

第七十三条 当事人就部分仲裁请求达成调解协议的,仲裁庭可以就该部分先行出具调解书。

第二节　调解协议的仲裁审查

第七十四条 经调解组织调解达成调解协议

的,双方当事人可以自调解协议生效之日起十五日内,共同向有管辖权的仲裁委员会提出仲裁审查申请。

当事人申请审查调解协议,应当向仲裁委员会提交仲裁审查申请书、调解协议和身份证明、资格证明以及其他与调解协议相关的证明材料,并提供双方当事人的送达地址、电话号码等联系方式。

第七十五条 仲裁委员会收到当事人仲裁审查申请,应当及时决定是否受理。决定受理的,应当出具受理通知书。

有下列情形之一的,仲裁委员会不予受理:

(一)不属于仲裁委员会受理争议范围的;

(二)不属于本仲裁委员会管辖的;

(三)超出规定的仲裁审查申请期间的;

(四)确认劳动关系的;

(五)调解协议已经人民法院司法确认的。

第七十六条 仲裁委员会审查调解协议,应当自受理仲裁审查申请之日起五日内结束。因特殊情况需要延期的,经仲裁委员会主任或者其委托的仲裁院负责人批准,可以延长五日。

调解书送达前,一方或者双方当事人撤回仲裁审查申请的,仲裁委员会应当准许。

第七十七条 仲裁委员会受理仲裁审查申请后,应当指定仲裁员对调解协议进行审查。

仲裁委员会经审查认为调解协议的形式和内容合法有效的,应当制作调解书。调解书的内容应当与调解协议的内容相一致。调解书经双方当事人签收后,发生法律效力。

第七十八条 调解协议具有下列情形之一的,仲裁委员会不予制作调解书:

(一)违反法律、行政法规强制性规定的;

(二)损害国家利益、社会公共利益或者公民、法人、其他组织合法权益的;

(三)当事人提供证据材料有弄虚作假嫌疑的;

(四)违反自愿原则的;

(五)内容不明确的;

(六)其他不能制作调解书的情形。

仲裁委员会决定不予制作调解书的,应当书面通知当事人。

第七十九条 当事人撤回仲裁审查申请或者仲裁委员会决定不予制作调解书的,应当终止仲裁审查。

第五章 附　则

第八十条 本规则规定的"三日"、"五日"、"十日"指工作日,"十五日"、"四十五日"指自然日。

第八十一条 本规则自 2017 年 7 月 1 日起施行。2009 年 1 月 1 日人力资源社会保障部公布的《劳动人事争议仲裁办案规则》(人力资源和社会保障部令第 2 号)同时废止。

人力资源社会保障部、最高人民法院关于加强劳动人事争议仲裁与诉讼衔接机制建设的意见

·2017 年 11 月 8 日
·人社部发〔2017〕70 号

各省、自治区、直辖市人力资源社会保障厅(局)、高级人民法院,解放军军事法院,新疆生产建设兵团人力资源社会保障局、新疆维吾尔自治区高级人民法院生产建设兵团分院:

加强劳动人事争议仲裁与诉讼衔接(以下简称裁审衔接)机制建设,是健全劳动人事争议处理制度、完善矛盾纠纷多元化解机制的重要举措。近年来,一些地区积极探索加强裁审衔接工作,促进了劳动人事争议合法公正及时解决,收到了良好的法律效果和社会效果。但是,从全国来看,劳动人事争议裁审衔接机制还没有在各地区普遍建立,已建立的也还不够完善,裁审工作中仍然存在争议受理范围不够一致、法律适用标准不够统一、程序衔接不够规范等问题,影响了争议处理质量和效率,降低了仲裁和司法的公信力。为进一步加强劳动人事争议裁审衔接机制建设,现提出如下意见。

一、明确加强裁审衔接机制建设的总体要求

做好裁审衔接工作,要全面贯彻党的十九大和十九届一中全会精神,以习近平新时代中国特色社会主义思想为指导,坚持以人民为中心的发展思想,切实落实深化依法治国实践以及提高保障和改善民生水平、加强和创新社会治理的决策部署,按照《中共中央 国务院关于构建和谐劳动关系的意见》(中发〔2015〕10 号)、《中共中央办公厅

国务院办公厅关于完善矛盾纠纷多元化解机制的意见》(中办发〔2015〕60号)有关要求,积极探究和把握裁审衔接工作规律,逐步建立健全裁审受理范围一致、裁审标准统一、裁审程序有效衔接的新规则新制度,实现裁审衔接工作机制完善、运转顺畅,充分发挥劳动人事争议处理中仲裁的独特优势和司法的引领、推动、保障作用,合力化解矛盾纠纷,切实维护当事人合法权益,促进劳动人事关系和谐与社会稳定。

二、统一裁审受理范围和法律适用标准

(一)逐步统一裁审受理范围。各地劳动人事争议仲裁委员会(以下简称仲裁委员会)和人民法院要按照《中华人民共和国劳动争议调解仲裁法》等法律规定,逐步统一社会保险争议、人事争议等争议的受理范围。仲裁委员会要改进完善劳动人事争议受理立案制度,依法做到有案必立,有条件的可探索实行立案登记制,切实发挥仲裁前置的功能作用。

(二)逐步统一裁审法律适用标准。各地仲裁委员会和人民法院要严格按照法律规定处理劳动人事争议。对于法律规定不明确等原因造成裁审法律适用标准不一致的突出问题,由人力资源社会保障部与最高人民法院按照《中华人民共和国立法法》有关规定,通过制定司法解释或指导意见等形式明确统一的法律适用标准。省、自治区、直辖市人力资源社会保障部门与高级人民法院要结合裁审工作实际,加强对法律适用问题的调查研究,及时提出意见建议。

三、规范裁审程序衔接

(一)规范受理程序衔接。对未经仲裁程序直接起诉到人民法院的劳动人事争议案件,人民法院应裁定不予受理;对已受理的,应驳回起诉,并告知当事人向有管辖权的仲裁委员会申请仲裁。当事人因仲裁委员会逾期未作出仲裁裁决而向人民法院提起诉讼且人民法院立案受理的,人民法院应及时将该案的受理情况告知仲裁委员会,仲裁委员会应及时决定该案件终止审理。

(二)规范保全程序衔接。仲裁委员会对在仲裁阶段可能因用人单位转移、藏匿财产等行为致使裁决难以执行的,应告知劳动者通过仲裁机构向人民法院申请保全。劳动者申请保全的,仲裁委员会应及时向人民法院转交申请书及仲裁案件受理通知书等相关材料。人民法院裁定采取保全措施或者裁定驳回申请的,应将裁定书送达申请人,并通知仲裁委员会。

(三)规范执行程序衔接。仲裁委员会依法裁决先予执行的,应向有执行权的人民法院移送先予执行裁决书、裁决书的送达回证或其他送达证明材料;接受移送的人民法院应按照《中华人民共和国民事诉讼法》和《中华人民共和国劳动争议调解仲裁法》相关规定执行。人民法院要加强对仲裁委员会裁决书、调解书的执行工作,加大对涉及劳动报酬、工伤保险待遇争议特别是集体劳动人事争议等案件的执行力度。

四、完善裁审衔接工作机制

(一)建立联席会议制度。各地人力资源社会保障部门和人民法院要定期或不定期召开联席会议,共同研究分析劳动人事争议处理形势,互相通报工作情况,沟通协调争议仲裁与诉讼中的受理范围、程序衔接、法律适用标准等问题,推进裁审工作有效衔接。

(二)建立信息共享制度。各地人力资源社会保障部门和人民法院要加强劳动人事争议处理工作信息和统计数据的交流,实现信息互通和数据共享。人力资源社会保障部门要加强争议案件处理情况追踪,做好裁审对比情况统计分析,不断改进争议仲裁工作,人民法院要积极支持和配合。要建立健全案卷借阅制度,做好案卷借阅管理工作。有条件的地区,可以实行电子案卷借阅或通过信息平台共享电子案卷,并做好信息安全和保密工作。

(三)建立疑难复杂案件办案指导制度。各地仲裁委员会和人民法院要加强对疑难复杂、重大劳动人事争议案件的研讨和交流,开展类案分析,联合筛选并发布典型案例,充分发挥典型案例在统一裁审法律适用标准、规范裁审自由裁量尺度、服务争议当事人等方面的指导作用。

(四)建立联合培训制度。各地人力资源社会保障部门和人民法院要通过举办师资培训、远程在线培训、庭审观摩等方式,联合开展业务培训,增强办案人员的素质和能力,促进提高裁审衔接水平。

五、加强组织领导

各地人力资源社会保障部门和人民法院要高度重视加强劳动人事争议裁审衔接机制建设工作,将其作为推进建立中国特色劳动人事争议处理制度的重要措施,纳入劳动人事关系领域矛盾纠纷多元处理工作布局,加强领导,统筹谋划,结合当地实际联合制定实施意见,切实抓好贯彻落实。人力资源社会保障部门要积极主动加强与人民法院的沟通协调。人民法院要明确由一个庭室统一负责裁审衔接工作,各有关庭室要积极参与配合。省、自治区、直辖市人力资源社会保障部门、高级人民法院要加强对市、县裁审衔接工作的指导和督促检查,推动裁审衔接工作顺利开展。要加大政策引导和宣传力度,增进劳动人事争议当事人和社会公众对裁审衔接工作的了解,引导当事人依法理性维权,为合法公正及时处理争议营造良好氛围。

人力资源社会保障部、最高人民法院关于劳动人事争议仲裁与诉讼衔接有关问题的意见(一)

· 2022 年 2 月 21 日
· 人社部发〔2022〕9 号

各省、自治区、直辖市人力资源社会保障厅(局)、高级人民法院,解放军军事法院,新疆生产建设兵团人力资源社会保障局、新疆维吾尔自治区高级人民法院生产建设兵团分院:

为贯彻党中央关于健全社会矛盾纠纷多元预防调处化解综合机制的要求,落实《人力资源社会保障部最高人民法院关于加强劳动人事争议仲裁与诉讼衔接机制建设的意见》(人社部发〔2017〕70号),根据相关法律规定,结合工作实践,现就完善劳动人事争议仲裁与诉讼衔接有关问题,提出如下意见。

一、劳动人事争议仲裁委员会对调解协议仲裁审查申请不予受理或者经仲裁审查决定不予制作调解书的,当事人可依法就协议内容中属于劳动人事争议仲裁受理范围的事项申请仲裁。当事人直接向人民法院提起诉讼的,人民法院不予受理,但下列情形除外:

(一)依据《中华人民共和国劳动争议调解仲裁法》第十六条规定申请支付令被人民法院裁定终结督促程序后,劳动者依据调解协议直接提起诉讼的;

(二)当事人在《中华人民共和国劳动争议调解仲裁法》第十条规定的调解组织主持下仅就劳

动报酬争议达成调解协议,用人单位不履行调解协议约定的给付义务,劳动者直接提起诉讼的;

(三)当事人在经依法设立的调解组织主持下就支付拖欠劳动报酬、工伤医疗费、经济补偿或者赔偿金事项达成调解协议,双方当事人依据《中华人民共和国民事诉讼法》第二百零一条的规定共同向人民法院申请司法确认,人民法院不予确认,劳动者依据调解协议直接提起诉讼的。

二、经依法设立的调解组织调解达成的调解协议生效后,当事人可以共同向有管辖权的人民法院申请确认调解协议效力。

三、用人单位依据《中华人民共和国劳动合同法》第九十条规定,要求劳动者承担赔偿责任的,劳动人事争议仲裁委员会应当依法受理。

四、申请人撤回仲裁申请后向人民法院起诉的,人民法院应当裁定不予受理;已经受理的,应当裁定驳回起诉。

申请人再次申请仲裁的,劳动人事争议仲裁委员会应当受理。

五、劳动者请求用人单位支付违法解除或者终止劳动合同赔偿金,劳动人事争议仲裁委员会、人民法院经审查认为用人单位系合法解除劳动合同应当支付经济补偿的,可以依法裁决或者判决用人单位支付经济补偿。

劳动者基于同一事实在仲裁辩论终结前或者人民法院一审辩论终结前将仲裁请求、诉讼请求由要求用人单位支付经济补偿变更为支付赔偿金的,劳动人事争议仲裁委员会、人民法院应予准许。

六、当事人在仲裁程序中认可的证据,经审判人员在庭审中说明后,视为质证过的证据。

七、依法负有举证责任的当事人,在诉讼期间提交仲裁中未提交的证据的,人民法院应当要求其说明理由。

八、在仲裁或者诉讼程序中,一方当事人陈述的于己不利的事实,或者对于己不利的事实明确表示承认的,另一方当事人无需举证证明,但下列情形不适用有关自认的规定:

(一)涉及可能损害国家利益、社会公共利益的;

(二)涉及身份关系的;

(三)当事人有恶意串通损害他人合法权益可能的;

(四)涉及依职权追加当事人、中止仲裁或者诉讼、终结仲裁或者诉讼、回避等程序性事项的。

当事人自认的事实与已经查明的事实不符的,劳动人事争议仲裁委员会、人民法院不予确认。

九、当事人在诉讼程序中否认在仲裁程序中自认事实的,人民法院不予支持,但下列情形除外:

(一)经对方当事人同意的;

(二)自认是在受胁迫或者重大误解情况下作出的。

十、仲裁裁决涉及下列事项,对单项裁决金额不超过当地月最低工资标准十二个月金额的,劳动人事争议仲裁委员会应当适用终局裁决:

(一)劳动者在法定标准工作时间内提供正常劳动的工资;

(二)停工留薪期工资或者病假工资;

(三)用人单位未提前通知劳动者解除劳动合同的一个月工资;

(四)工伤医疗费;

(五)竞业限制的经济补偿;

(六)解除或者终止劳动合同的经济补偿;

(七)《中华人民共和国劳动合同法》第八十二条规定的第二倍工资;

(八)违法约定试用期的赔偿金;

(九)违法解除或者终止劳动合同的赔偿金;

(十)其他劳动报酬、经济补偿或者赔偿金。

十一、裁决事项涉及确认劳动关系的,劳动人事争议仲裁委员会就同一案件应当作出非终局裁决。

十二、劳动人事争议仲裁委员会按照《劳动人事争议仲裁办案规则》第五十条第四款规定对不涉及确认劳动关系的案件分别作出终局裁决和非终局裁决,劳动者对终局裁决向基层人民法院提起诉讼、用人单位向中级人民法院申请撤销终局裁决、劳动者或者用人单位对非终局裁决向基层人民法院提起诉讼的,有管辖权的人民法院应当依法受理。

审理申请撤销终局裁决案件的中级人民法院认为该案件必须以非终局裁决案件的审理结果为依据,另案尚未审结的,可以中止诉讼。

十三、劳动者不服终局裁决向基层人民法院提起诉讼,中级人民法院对用人单位撤销终局裁决的申请不予受理或者裁定驳回申请,用人单位主张终局裁决存在《中华人民共和国劳动争议调解仲裁法》第四十九条第一款规定情形的,基层人民法院应当一并审理。

十四、用人单位申请撤销终局裁决,当事人对部分终局裁决事项达成调解协议的,中级人民法院可以对达成调解协议的事项出具调解书;对未达成调解协议的事项进行审理,作出驳回申请或者撤销仲裁裁决的裁定。

十五、当事人就部分裁决事项向人民法院提起诉讼的,仲裁裁决不发生法律效力。当事人提起诉讼的裁决事项属于人民法院受理的案件范围的,人民法院应当进行审理。当事人未提起诉讼的裁决事项属于人民法院受理的案件范围的,人民法院应当在判决主文中予以确认。

十六、人民法院根据案件事实对劳动关系是否存在及相关合同效力的认定与当事人主张、劳动人事争议仲裁委员会裁决不一致的,人民法院应当将法律关系性质或者民事行为效力作为焦点问题进行审理,但法律关系性质对裁判理由及结果没有影响,或者有关问题已经当事人充分辩论的除外。

当事人根据法庭审理情况变更诉讼请求的,人民法院应当准许并可以根据案件的具体情况重新指定举证期限。

不存在劳动关系且当事人未变更诉讼请求的,人民法院应当判决驳回诉讼请求。

十七、对符合简易处理情形的案件,劳动人事争议仲裁委员会按照《劳动人事争议仲裁办案规则》第六十条规定,已经保障当事人陈述意见的权利,根据案件情况确定举证期限、开庭日期、审理程序、文书制作等事项,作出终局裁决,用人单位以违反法定程序为由申请撤销终局裁决的,人民法院不予支持。

十八、劳动人事争议仲裁委员会认为已经生效的仲裁处理结果确有错误,可以依法启动仲裁监督程序,但当事人提起诉讼,人民法院已经受理的除外。

劳动人事争议仲裁委员会重新作出处理结果后,当事人依法提起诉讼的,人民法院应当受理。

十九、用人单位因劳动者违反诚信原则,提供虚假学历证书、个人履历等与订立劳动合同直接相关的基本情况构成欺诈解除劳动合同,劳动者主张解除劳动合同经济补偿或者赔偿金的,劳动人事争议仲裁委员会、人民法院不予支持。

二十、用人单位自用工之日起满一年未与劳动者订立书面劳动合同，视为自用工之日起满一年的当日已经与劳动者订立无固定期限劳动合同。

存在前款情形，劳动者以用人单位未订立书面劳动合同为由要求用人单位支付自用工之日起满一年之后的第二倍工资的，劳动人事争议仲裁委员会、人民法院不予支持。

二十一、当事人在劳动合同或者保密协议中约定了竞业限制和经济补偿，劳动合同解除或者终止后，因用人单位的原因导致三个月未支付经济补偿，劳动者请求解除竞业限制约定的，劳动人事争议仲裁委员会、人民法院应予支持。

最高人民法院关于审理劳动争议案件适用法律问题的解释（一）

· 2020 年 12 月 25 日最高人民法院审判委员会第 1825 次会议通过
· 2020 年 12 月 29 日最高人民法院公告公布
· 自 2021 年 1 月 1 日起施行
· 法释〔2020〕26 号

为正确审理劳动争议案件，根据《中华人民共和国民法典》《中华人民共和国劳动法》《中华人民共和国劳动合同法》《中华人民共和国劳动争议调解仲裁法》《中华人民共和国民事诉讼法》等相关法律规定，结合审判实践，制定本解释。

第一条 劳动者与用人单位之间发生的下列纠纷，属于劳动争议，当事人不服劳动争议仲裁机构作出的裁决，依法提起诉讼的，人民法院应予受理：

（一）劳动者与用人单位在履行劳动合同过程中发生的纠纷；

（二）劳动者与用人单位之间没有订立书面劳动合同，但已形成劳动关系后发生的纠纷；

（三）劳动者与用人单位因劳动关系是否已经解除或者终止，以及应否支付解除或者终止劳动关系经济补偿金发生的纠纷；

（四）劳动者与用人单位解除或者终止劳动关系后，请求用人单位返还其收取的劳动合同定金、保证金、抵押金、抵押物发生的纠纷，或者办理劳动者的人事档案、社会保险关系等移转手续发生的纠纷；

（五）劳动者以用人单位未为其办理社会保险手续，且社会保险经办机构不能补办导致其无法享受社会保险待遇为由，要求用人单位赔偿损失发生的纠纷；

（六）劳动者退休后，与尚未参加社会保险统筹的原用人单位因追索养老金、医疗费、工伤保险待遇和其他社会保险待遇而发生的纠纷；

（七）劳动者因为工伤、职业病，请求用人单位依法给予工伤保险待遇发生的纠纷；

（八）劳动者依据劳动合同法第八十五条规定，要求用人单位支付加付赔偿金发生的纠纷；

（九）因企业自主进行改制发生的纠纷。

第二条 下列纠纷不属于劳动争议：

（一）劳动者请求社会保险经办机构发放社会保险金的纠纷；

（二）劳动者与用人单位因住房制度改革产生的公有住房转让纠纷；

（三）劳动者对劳动能力鉴定委员会的伤残等级鉴定结论或者对职业病诊断鉴定委员会的职业病诊断鉴定结论的异议纠纷；

（四）家庭或者个人与家政服务人员之间的纠纷；

（五）个体工匠与帮工、学徒之间的纠纷；

（六）农村承包经营户与受雇人之间的纠纷。

第三条 劳动争议案件由用人单位所在地或者劳动合同履行地的基层人民法院管辖。

劳动合同履行地不明确的，由用人单位所在地的基层人民法院管辖。

法律另有规定的，依照其规定。

第四条 劳动者与用人单位均不服劳动争议仲裁机构的同一裁决，向同一人民法院起诉的，人民法院应当并案审理，双方当事人互为原告和被告，对双方的诉讼请求，人民法院应当一并作出裁决。在诉讼过程中，一方当事人撤诉的，人民法院应当根据另一方当事人的诉讼请求继续审理。双方当事人就同一仲裁裁决分别向有管辖权的人民法院起诉的，后受理的人民法院应当将案件移送给先受理的人民法院。

第五条 劳动争议仲裁机构以无管辖权为由对劳动争议案件不予受理，当事人提起诉讼的，人民法院按照以下情形分别处理：

（一）经审查认为该劳动争议仲裁机构对案件确无管辖权的，应当告知当事人向有管辖权的劳动争议仲裁机构申请仲裁；

（二）经审查认为该劳动争议仲裁机构有管辖权的，应当告知当事人申请仲裁，并将审查意见书面通知该劳动争议仲裁机构；劳动争议仲裁机构仍不受理，当事人就该劳动争议事项提起诉讼的，人民法院应予受理。

第六条 劳动争议仲裁机构以当事人申请仲裁的事项不属于劳动争议为由，作出不予受理的书面裁决、决定或者通知，当事人不服依法提起诉讼的，人民法院应当分别情况予以处理：

（一）属于劳动争议案件的，应当受理；

（二）虽不属于劳动争议案件，但属于人民法院主管的其他案件，应当依法受理。

第七条 劳动争议仲裁机构以申请仲裁的主体不适格为由，作出不予受理的书面裁决、决定或者通知，当事人不服依法提起诉讼，经审查确属主体不适格的，人民法院不予受理；已经受理的，裁定驳回起诉。

第八条 劳动争议仲裁机构为纠正原仲裁裁决错误重新作出裁决，当事人不服依法提起诉讼的，人民法院应当受理。

第九条 劳动争议仲裁机构仲裁的事项不属于人民法院受理的案件范围，当事人不服依法提起诉讼的，人民法院不予受理；已经受理的，裁定驳回起诉。

第十条 当事人不服劳动争议仲裁机构作出的预先支付劳动者劳动报酬、工伤医疗费、经济补偿或者赔偿金的裁决，依法提起诉讼的，人民法院不予受理。

用人单位不履行上述裁决中的给付义务，劳动者依法申请强制执行的，人民法院应予受理。

第十一条 劳动争议仲裁机构作出的调解书已经发生法律效力，一方当事人反悔提起诉讼的，人民法院不予受理；已经受理的，裁定驳回起诉。

第十二条 劳动争议仲裁机构逾期未作出受理决定或仲裁裁决，当事人直接提起诉讼的，人民法院应予受理，但申请仲裁的案件存在下列事由的除外：

（一）移送管辖的；

（二）正在送达或者送达延误的；

（三）等待另案诉讼结果、评残结论的；

（四）正在等待劳动争议仲裁机构开庭的；

（五）启动鉴定程序或者委托其他部门调查取证的；

（六）其他正当事由。

当事人以劳动争议仲裁机构逾期未作出仲裁裁决为由提起诉讼的，应当提交该仲裁机构出具的受理通知书或者其他已接受仲裁申请的凭证、证明。

第十三条 劳动者依据劳动合同法第三十条第二款和调解仲裁法第十六条规定向人民法院申请支付令，符合民事诉讼法第十七章督促程序规定的，人民法院应予受理。

依据劳动合同法第三十条第二款规定申请支付令被人民法院裁定终结督促程序后，劳动者就劳动争议事项直接提起诉讼的，人民法院应当告知其先向劳动争议仲裁机构申请仲裁。

依据调解仲裁法第十六条规定申请支付令被人民法院裁定终结督促程序后，劳动者依据调解协议直接提起诉讼的，人民法院应予受理。

第十四条 人民法院受理劳动争议案件后，当事人增加诉讼请求的，如该诉讼请求与讼争的劳动争议具有不可分性，应当合并审理；如属独立的劳动争议，应当告知当事人向劳动争议仲裁机构申请仲裁。

第十五条 劳动者以用人单位的工资欠条为证据直接提起诉讼，诉讼请求不涉及劳动关系其他争议的，视为拖欠劳动报酬争议，人民法院按照普通民事纠纷受理。

第十六条 劳动争议仲裁机构作出仲裁裁决后，当事人对裁决中的部分事项不服，依法提起诉讼的，劳动争议仲裁裁决不发生法律效力。

第十七条 劳动争议仲裁机构对多个劳动者的劳动争议作出仲裁裁决后，部分劳动者对仲裁裁决不服，依法提起诉讼的，仲裁裁决对提起诉讼的劳动者不发生法律效力；对未提起诉讼的部分劳动者，发生法律效力，如其申请执行的，人民法院应当受理。

第十八条 仲裁裁决的类型以仲裁裁决书确定为准。仲裁裁决书未载明该裁决为终局裁决或者非终局裁决，用人单位不服该仲裁裁决向基层人民法院提起诉讼的，应当按照以下情形分别处理：

（一）经审查认为该仲裁裁决为非终局裁决

的,基层人民法院应予受理;

(二)经审查认为该仲裁裁决为终局裁决的,基层人民法院不予受理,但应告知用人单位可以自收到不予受理裁定书之日起三十日内向劳动争议仲裁机构所在地的中级人民法院申请撤销该仲裁裁决;已经受理的,裁定驳回起诉。

第十九条 仲裁裁决书未载明该裁决为终局裁决或者非终局裁决,劳动者依据调解仲裁法第四十七条第一项规定,追索劳动报酬、工伤医疗费、经济补偿或者赔偿金,如果仲裁裁决涉及数项,每项确定的数额均不超过当地月最低工资标准十二个月金额的,应当按照终局裁决处理。

第二十条 劳动争议仲裁机构作出的同一仲裁裁决同时包含终局裁决事项和非终局裁决事项,当事人不服该仲裁裁决向人民法院提起诉讼的,应当按照非终局裁决处理。

第二十一条 劳动者依据调解仲裁法第四十八条规定向基层人民法院提起诉讼,用人单位依据调解仲裁法第四十九条规定向劳动争议仲裁机构所在地的中级人民法院申请撤销仲裁裁决的,中级人民法院应当不予受理;已经受理的,应当裁定驳回申请。

被人民法院驳回起诉或者劳动者撤诉的,用人单位可以自收到裁定书之日起三十日内,向劳动争议仲裁机构所在地的中级人民法院申请撤销仲裁裁决。

第二十二条 用人单位依据调解仲裁法第四十九条规定向中级人民法院申请撤销仲裁裁决,中级人民法院作出的驳回申请或者撤销仲裁裁决的裁定为终审裁定。

第二十三条 中级人民法院审理用人单位申请撤销终局裁决的案件,应当组成合议庭开庭审理。经过阅卷、调查和询问当事人,对没有新的事实、证据或者理由,合议庭认为不需要开庭审理的,可以不开庭审理。

中级人民法院可以组织双方当事人调解。达成调解协议的,可以制作调解书。一方当事人逾期不履行调解协议的,另一方可以申请人民法院强制执行。

第二十四条 当事人申请人民法院执行劳动争议仲裁机构作出的发生法律效力的裁决书、调解书,被申请人提出证据证明劳动争议仲裁裁决书、调解书有下列情形之一,并经审查核实的,人

民法院可以根据民事诉讼法第二百三十七条规定,裁定不予执行:

(一)裁决的事项不属于劳动争议仲裁范围,或者劳动争议仲裁机构无权仲裁的;

(二)适用法律、法规确有错误的;

(三)违反法定程序的;

(四)裁决所根据的证据是伪造的;

(五)对方当事人隐瞒了足以影响公正裁决的证据的;

(六)仲裁员在仲裁该案时有索贿受贿、徇私舞弊、枉法裁决行为的;

(七)人民法院认定执行该劳动争议仲裁裁决违背社会公共利益的。

人民法院在不予执行的裁定书中,应当告知当事人在收到裁定书之次日起三十日内,可以就该劳动争议事项向人民法院提起诉讼。

第二十五条 劳动争议仲裁机构作出终局裁决,劳动者向人民法院申请执行,用人单位向劳动争议仲裁机构所在地的中级人民法院申请撤销的,人民法院应当裁定中止执行。

用人单位撤回撤销终局裁决申请或者其申请被驳回的,人民法院应当裁定恢复执行。仲裁裁决被撤销的,人民法院应当裁定终结执行。

用人单位向人民法院申请撤销仲裁裁决被驳回后,又在执行程序中以相同理由提出不予执行抗辩的,人民法院不予支持。

第二十六条 用人单位与其他单位合并的,合并前发生的劳动争议,由合并后的单位为当事人;用人单位分立为若干单位的,其分立前发生的劳动争议,由分立后的实际用人单位为当事人。

用人单位分立为若干单位后,具体承受劳动权利义务的单位不明确的,分立后的单位均为当事人。

第二十七条 用人单位招用尚未解除劳动合同的劳动者,原用人单位与劳动者发生的劳动争议,可以列新的用人单位为第三人。

原用人单位以新的用人单位侵权为由提起诉讼的,可以列劳动者为第三人。

原用人单位以新的用人单位和劳动者共同侵权为由提起诉讼的,新的用人单位和劳动者列为共同被告。

第二十八条 劳动者在用人单位与其他平等主体之间的承包经营期间,与发包方和承包方双

方或者一方发生劳动争议,依法提起诉讼的,应当将承包方和发包方作为当事人。

第二十九条 劳动者与未办理营业执照、营业执照被吊销或者营业期限届满仍继续经营的用人单位发生争议的,应当将用人单位或者其出资人列为当事人。

第三十条 未办理营业执照、营业执照被吊销或者营业期限届满仍继续经营的用人单位,以挂靠等方式借用他人营业执照经营的,应当将用人单位和营业执照出借方列为当事人。

第三十一条 当事人不服劳动争议仲裁机构作出的仲裁裁决,依法提起诉讼,人民法院审查认为仲裁裁决遗漏了必须共同参加仲裁的当事人的,应当依法追加遗漏的人为诉讼当事人。

被追加的当事人应当承担责任的,人民法院应当一并处理。

第三十二条 用人单位与其招用的已经依法享受养老保险待遇或者领取退休金的人员发生用工争议而提起诉讼的,人民法院应当按劳务关系处理。

企业停薪留职人员、未达到法定退休年龄的内退人员、下岗待岗人员以及企业经营性停产放长假人员,因与新的用人单位发生用工争议而提起诉讼的,人民法院应当按劳动关系处理。

第三十三条 外国人、无国籍人未依法取得就业证件即与中华人民共和国境内的用人单位签订劳动合同,当事人请求确认与用人单位存在劳动关系的,人民法院不予支持。

持有《外国专家证》并取得《外国人来华工作许可证》的外国人,与中华人民共和国境内的用人单位建立用工关系的,可以认定为劳动关系。

第三十四条 劳动合同期满后,劳动者仍在原用人单位工作,原用人单位未表示异议的,视为双方同意以原条件继续履行劳动合同。一方提出终止劳动关系的,人民法院应予支持。

根据劳动合同法第十四条规定,用人单位应当与劳动者签订无固定期限劳动合同而未签订的,人民法院可以视为双方之间存在无固定期限劳动合同关系,并以原劳动合同确定双方的权利义务关系。

第三十五条 劳动者与用人单位就解除或者终止劳动合同办理相关手续、支付工资报酬、加班费、经济补偿或者赔偿金等达成的协议,不违反法律、行政法规的强制性规定,且不存在欺诈、胁迫或者乘人之危情形的,应当认定有效。

前款协议存在重大误解或者显失公平情形,当事人请求撤销的,人民法院应予支持。

第三十六条 当事人在劳动合同或者保密协议中约定了竞业限制,但未约定解除或者终止劳动合同后给予劳动者经济补偿,劳动者履行了竞业限制义务,要求用人单位按照劳动者在劳动合同解除或者终止前十二个月平均工资的30%按月支付经济补偿的,人民法院应予支持。

前款规定的月平均工资的30%低于劳动合同履行地最低工资标准的,按照劳动合同履行地最低工资标准支付。

第三十七条 当事人在劳动合同或者保密协议中约定了竞业限制和经济补偿,当事人解除劳动合同时,除另有约定外,用人单位要求劳动者履行竞业限制义务,或者劳动者履行了竞业限制义务后要求用人单位支付经济补偿的,人民法院应予支持。

第三十八条 当事人在劳动合同或者保密协议中约定了竞业限制和经济补偿,劳动合同解除或者终止后,因用人单位的原因导致三个月未支付经济补偿,劳动者请求解除竞业限制约定的,人民法院应予支持。

第三十九条 在竞业限制期限内,用人单位请求解除竞业限制协议的,人民法院应予支持。

在解除竞业限制协议时,劳动者请求用人单位额外支付劳动者三个月的竞业限制经济补偿的,人民法院应予支持。

第四十条 劳动者违反竞业限制约定,向用人单位支付违约金后,用人单位要求劳动者按照约定继续履行竞业限制义务的,人民法院应予支持。

第四十一条 劳动合同被确认为无效,劳动者已付出劳动的,用人单位应当按照劳动合同法第二十八条、第四十六条、第四十七条的规定向劳动者支付劳动报酬和经济补偿。

由于用人单位原因订立无效劳动合同,给劳动者造成损害的,用人单位应当赔偿劳动者因合同无效所造成的经济损失。

第四十二条 劳动者主张加班费的,应当就加班事实的存在承担举证责任。但劳动者有证据证明用人单位掌握加班事实存在的证据,用人单位不提供的,由用人单位承担不利后果。

第四十三条 用人单位与劳动者协商一致变更劳动合同,虽未采用书面形式,但已经实际履行了口头变更的劳动合同超过一个月,变更后的劳动合同内容不违反法律、行政法规且不违背公序良俗,当事人以未采用书面形式为由主张劳动合同变更无效的,人民法院不予支持。

第四十四条 因用人单位作出的开除、除名、辞退、解除劳动合同、减少劳动报酬、计算劳动者工作年限等决定而发生的劳动争议,用人单位负举证责任。

第四十五条 用人单位有下列情形之一,迫使劳动者提出解除劳动合同的,用人单位应当支付劳动者的劳动报酬和经济补偿,并可支付赔偿金:

(一)以暴力、威胁或者非法限制人身自由的手段强迫劳动的;

(二)未按照劳动合同约定支付劳动报酬或者提供劳动条件的;

(三)克扣或者无故拖欠劳动者工资的;

(四)拒不支付劳动者延长工作时间工资报酬的;

(五)低于当地最低工资标准支付劳动者工资的。

第四十六条 劳动者非因本人原因从原用人单位被安排到新用人单位工作,原用人单位未支付经济补偿,劳动者依据劳动合同法第三十八条规定与新用人单位解除劳动合同,或者新用人单位向劳动者提出解除、终止劳动合同,在计算支付经济补偿或赔偿金的工作年限时,劳动者请求把在原用人单位的工作年限合并计算为新用人单位工作年限的,人民法院应予支持。

用人单位符合下列情形之一的,应当认定属于"劳动者非因本人原因从原用人单位被安排到新用人单位工作":

(一)劳动者仍在原工作场所、工作岗位工作,劳动合同主体由原用人单位变更为新用人单位;

(二)用人单位以组织委派或任命形式对劳动者进行工作调动;

(三)因用人单位合并、分立等原因导致劳动者工作调动;

(四)用人单位及其关联企业与劳动者轮流订立劳动合同;

(五)其他合理情形。

第四十七条 建立了工会组织的用人单位解除劳动合同符合劳动合同法第三十九条、第四十条规定,但未按照劳动合同法第四十三条规定事先通知工会,劳动者以用人单位违法解除劳动合同为由请求用人单位支付赔偿金的,人民法院应予支持,但起诉前用人单位已经补正有关程序的除外。

第四十八条 劳动合同法施行后,因用人单位经营期限届满不再继续经营导致劳动合同不能继续履行,劳动者请求用人单位支付经济补偿的,人民法院应予支持。

第四十九条 在诉讼过程中,劳动者向人民法院申请采取财产保全措施,人民法院经审查认为申请人经济确有困难,或者有证据证明用人单位存在欠薪逃匿可能的,应当减轻或者免除劳动者提供担保的义务,及时采取保全措施。

人民法院作出的财产保全裁定中,应当告知当事人在劳动争议仲裁机构的裁决书或者在人民法院的裁判文书生效后三个月内申请强制执行。逾期不申请的,人民法院应当裁定解除保全措施。

第五十条 用人单位根据劳动合同法第四条规定,通过民主程序制定的规章制度,不违反国家法律、行政法规及政策规定,并已向劳动者公示的,可以作为确定双方权利义务的依据。

用人单位制定的内部规章制度与集体合同或者劳动合同约定的内容不一致,劳动者请求优先适用合同约定的,人民法院应予支持。

第五十一条 当事人在调解仲裁法第十条规定的调解组织主持下达成的具有劳动权利义务内容的调解协议,具有劳动合同的约束力,可以作为人民法院裁判的根据。

当事人在调解仲裁法第十条规定的调解组织主持下仅就劳动报酬争议达成调解协议,用人单位不履行调解协议确定的给付义务,劳动者直接提起诉讼的,人民法院可以按照普通民事纠纷受理。

第五十二条 当事人在人民调解委员会主持下仅就给付义务达成的调解协议,双方认为有必要的,可以共同向人民调解委员会所在地的基层人民法院申请司法确认。

第五十三条 用人单位对劳动者作出的开除、除名、辞退等处理,或者因其他原因解除劳动合同确有错误的,人民法院可以依法判决予以撤销。

对于追索劳动报酬、养老金、医疗费以及工伤保险待遇、经济补偿金、培训费及其他相关费用等案件,给付数额不当的,人民法院可以予以变更。

第五十四条　本解释自2021年1月1日起施行。

最高人民法院关于审理
拒不支付劳动报酬刑事案件
适用法律若干问题的解释

· 2013年1月14日最高人民法院审判委员会第1567次会议通过
· 2013年1月16日最高人民法院公告公布
· 自2013年1月23日起施行
· 法释〔2013〕3号

为依法惩治拒不支付劳动报酬犯罪,维护劳动者的合法权益,根据《中华人民共和国刑法》有关规定,现就办理此类刑事案件适用法律的若干问题解释如下:

第一条　劳动者依照《中华人民共和国劳动法》和《中华人民共和国劳动合同法》等法律的规定应得的劳动报酬,包括工资、奖金、津贴、补贴、延长工作时间的工资报酬及特殊情况下支付的工资等,应当认定为刑法第二百七十六条之一第一款规定的"劳动者的劳动报酬"。

第二条　以逃避支付劳动者的劳动报酬为目的,具有下列情形之一的,应当认定为刑法第二百七十六条之一第一款规定的"以转移财产、逃匿等方法逃避支付劳动者的劳动报酬":

(一)隐匿财产、恶意清偿、虚构债务、虚假破产、虚假倒闭或者以其他方法转移、处分财产的;

(二)逃跑、藏匿的;

(三)隐匿、销毁或者篡改账目、职工名册、工资支付记录、考勤记录等与劳动报酬相关的材料的;

(四)以其他方法逃避支付劳动报酬的。

第三条　具有下列情形之一的,应当认定为刑法第二百七十六条之一第一款规定的"数额较大":

(一)拒不支付一名劳动者三个月以上的劳动报酬且数额在五千元至二万元以上的;

(二)拒不支付十名以上劳动者的劳动报酬且数额累计在三万元至十万元以上的。

各省、自治区、直辖市高级人民法院可以根据本地区经济社会发展状况,在前款规定的数额幅度内,研究确定本地区执行的具体数额标准,报最高人民法院备案。

第四条　经人力资源社会保障部门或者政府其他有关部门依法以限期整改指令书、行政处理决定书等文书责令支付劳动者的劳动报酬后,在指定的期限内仍不支付的,应当认定为刑法第二百七十六条之一第一款规定的"经政府有关部门责令支付仍不支付",但有证据证明行为人有正当理由未知悉责令支付或者未及时支付劳动报酬的除外。

行为人逃匿,无法将责令支付文书送交其本人、同住成年家属或者所在单位负责收件的人的,如果有关部门已通过在行为人的住所地、生产经营场所等地张贴责令支付文书等方式责令支付,并采用拍照、录像等方式记录的,应当视为"经政府有关部门责令支付"。

第五条　拒不支付劳动者的劳动报酬,符合本解释第三条的规定,并具有下列情形之一的,应当认定为刑法第二百七十六条之一第一款规定的"造成严重后果":

(一)造成劳动者或者其被赡养人、被扶养人、被抚养人的基本生活受到严重影响、重大疾病无法及时医治或者失学的;

(二)对要求支付劳动报酬的劳动者使用暴力或者进行暴力威胁的;

(三)造成其他严重后果的。

第六条　拒不支付劳动者的劳动报酬,尚未造成严重后果,在刑事立案前支付劳动者的劳动报酬,并依法承担相应赔偿责任的,可以认定为情节显著轻微危害不大,不认为是犯罪;在提起公诉前支付劳动者的劳动报酬,并依法承担相应赔偿责任的,可以减轻或者免除刑事处罚;在一审宣判前支付劳动者的劳动报酬,并依法承担相应赔偿责任的,可以从轻处罚。

对于免除刑事处罚的,可以根据案件的不同情况,予以训诫、责令具结悔过或者赔礼道歉。

拒不支付劳动者的劳动报酬,造成严重后果,但在宣判前支付劳动者的劳动报酬,并依法承担相应赔偿责任的,可以酌情从宽处罚。

第七条 不具备用工主体资格的单位或者个人,违法用工且拒不支付劳动者的劳动报酬,数额较大,经政府有关部门责令支付仍不支付的,应当依照刑法第二百七十六条之一的规定,以拒不支付劳动报酬罪追究刑事责任。

第八条 用人单位的实际控制人实施拒不支付劳动报酬行为,构成犯罪的,应当依照刑法第二百七十六条之一的规定追究刑事责任。

第九条 单位拒不支付劳动报酬,构成犯罪的,依照本解释规定的相应个人犯罪的定罪量刑标准,对直接负责的主管人员和其他直接责任人员定罪处罚,并对单位判处罚金。

社会保障篇

（一）社会保险

中华人民共和国社会保险法

· 2010 年 10 月 28 日第十一届全国人民代表大会常务委员会第十七次会议通过
· 根据 2018 年 12 月 29 日第十三届全国人民代表大会常务委员会第七次会议《关于修改〈中华人民共和国社会保险法〉的决定》修正

理 解 与 适 用

社会保险是一种为丧失劳动能力、暂时失去劳动岗位或因健康原因造成损失的人员提供收入或补偿的一种制度。我国《宪法》规定，公民在年老、疾病或者丧失劳动能力的情况下，有从国家和社会获得物质帮助的权利。国家发展为公民享受这些权利所需要的社会保险、社会救济和医疗卫生事业。社会保险是社会保障体系的重要组成部分，在整个社会保障体系中居于核心地位。制定《社会保险法》，对于规范社会保险关系，促进社会保险事业的发展，保障公民共享发展成果，维护社会和谐稳定，具有十分重要的意义。

一、《社会保险法》的适用范围

为了建立覆盖城乡的社会保障体系，《社会保险法》规定："社会保险制度坚持广覆盖、保基本、多层次、可持续的方针，社会保险水平应当与经济社会发展水平相适应。"（第 3 条）"国家建立基本养老保险、基本医疗保险、工伤保险、失业保险、生育保险等社会保险制度，保障公民在年老、疾病、工伤、失业、生育等情况下依法从国家和社会获得物质帮助的权利。"（第 2 条）同时，考虑到城镇居民、农村居民的社会保险正处于试点阶段的实际情况，《社会保险法》规定："国家建立和完善新型农村社会养老保险制度"；"国家建立和完善新型农村合作医疗制度。"（第 20、24 条）

此外，还对进城务工的农村居民、被征地农民以及在中国境内就业的外国人的社会保险制度适用作了规定。（第 95、96、97 条）

二、社会保险费的缴纳

《社会保险法》对基本养老保险、基本医疗保险、工伤保险、失业保险、生育保险等险种的缴费对象作了明确规定：

1. 职工应当参加基本养老保险，由用人单位和职工共同缴纳基本养老保险费。

2. 职工应当参加职工基本医疗保险，由用人单位和职工按照国家规定共同缴纳基本医疗保险费。

3. 职工应当参加工伤保险，由用人单位缴纳工伤保险费，职工不缴纳工伤保险费。

4. 职工应当参加失业保险，由用人单位和职工按照国家规定共同缴纳失业保险费。

5. 职工应当参加生育保险，由用人单位按照国家规定缴纳生育保险费，职工不缴纳生育保险费。

三、关于社会保险待遇

为了保障参加社会保险的个人及时足额领取社会保险待遇，《社会保险法》主要作了以下规定：

1. 规定了参加基本养老保险、基本医疗保险、工伤保险、失业保险、生育保险的个人享受各项社会保险待遇的基本条件、待遇内容。

社会保障篇

2. 规定个人死亡同时符合领取基本养老保险丧葬补助金、工伤保险丧葬补助金和失业保险丧葬补助金条件的，其遗属只能选择领取其中的一项。

3. 对个人跨地区流动或者发生职业转换需要转移接续社会保险关系的事项作出相应规定。比如《社会保险法》第32条，个人跨统筹地区就业的，其基本医疗保险关系随本人转移，缴费年限累计计算。

四、关于社会保险争议的解决

主要规定在《社会保险法》第83条，用人单位或者个人认为社会保险费征收机构的行为侵害自己合法权益的，可以依法申请行政复议或者提起行政诉讼。

用人单位或者个人对社会保险经办机构不依法办理社会保险登记、核定社会保险费、支付社会保险待遇、办理社会保险转移接续手续或者侵害其他社会保险权益的行为，可以依法申请行政复议或者提起行政诉讼。

个人与所在用人单位发生社会保险争议的，可以依法申请调解、仲裁、提起诉讼。用人单位侵害个人社会保险权益的，个人也可以要求社会保险行政部门或者社会保险费征收机构依法处理。

第一章 总 则

第一条 【立法宗旨】 为了规范社会保险关系，维护公民参加社会保险和享受社会保险待遇的合法权益，使公民共享发展成果，促进社会和谐稳定，根据宪法，制定本法。

注释 制定和实施社会保险法的作用

1. 规范社会保险关系。社会保险关系是指社会保险主体在社会保险活动中所形成的权利义务关系。社会保险关系比较复杂，包括政府与公民之间、社会保险费征收机构与用人单位和个人之间、用人单位与职工之间、社会保险经办机构与参保人员之间等多重关系。《社会保险法》的立法目的之一，就是要规范它们之间的关系，明确相互的权利和义务。

2. 维护公民参加社会保险和享受社会保险待遇的合法权益。公民参加社会保险，主要权利就是享受社会保险待遇，此外还有参与社会保险监督。《社会保险法》主要是一部权利法，确定参保人员应当有哪些权利、享受什么待遇，这些权利和待遇如何保障、如何救济，这是社会保险立法的主要目的。公民依法参加社会保险并享受社会保险待遇，是宪法规定的获得物质帮助权利的具体体现。本法分别对公民参加基本养老保险、基本医疗保险、工伤保险、失业保险和生育保险作了规定，并对享受社会保险待遇作了原则性规定。

3. 使公民共享发展成果，促进社会和谐稳定。社会保险具有社会财富再次分配的功能，包括年轻人向年老人、收入高的人向收入低的人、健康的

人向患有疾病的人的再分配，体现了发展成果共享的价值观。建立强制性的社会保险制度，使所有人老有所养、病有所医，实现社会再次分配的公平性，为社会提供"安全网"，解决人们的后顾之忧，有利于实现社会和谐稳定。

第二条 【建立社会保险制度】 国家建立基本养老保险、基本医疗保险、工伤保险、失业保险、生育保险等社会保险制度，保障公民在年老、疾病、工伤、失业、生育等情况下依法从国家和社会获得物质帮助的权利。

注释 社会保险的功能

1. 防范风险功能。风险主要分为两大类：人身风险与工作风险。人身风险包括：年老、疾病、工伤、生育风险。工作风险包括失业风险。这些风险具有不可避免的特性，当风险来临时，个人往往难以凭自力救济的方式应对，以致对生活造成重大损失。社会保险制度的最基本作用，是在风险发生时对个人提供收入损失补偿，保证个人在暂时或者永久失去劳动能力以及暂时失去工作岗位从而造成收入中断或者减少时，仍然能够继续享有基本生活保障，将个人风险转化为社会风险。

2. 社会稳定功能。社会保险是社会稳定的"调节器"。一方面，能使社会成员产生安全感，对未来生活有良好的心理预期，安居乐业；另一方面，能缓解社会矛盾，构建和谐的社会环境来实现整个社会的稳定。

3. 有利于实现社会公平。人们在文化水平、劳动能力、资本积累等方面的差异，导致收入上的差距，差距加大，就会造成贫富悬殊的社会问题。

社会保险可以通过强制征收保险费，聚集成保险基金，对收入较低或失去收入来源的个人给予补助，提高其生活水平，在一定程度上实现社会的公平分配。

4. 有利于保证社会劳动力再生产顺利进行。市场经济需要劳动力的正常再生产，而市场竞争所形成的优胜劣汰，必然造成部分劳动者暂时退出劳动岗位，这就使部分劳动者及其家庭失去收入而陷入生存危机。社会保险确保了这部分成员的基本生活需要，使劳动力的供给和正常再生产成为可能，为维持市场经济正常运行提供劳动力后备军。

5. 实行收入再分配，适当调节劳动分配，保障低收入者的基本生活。

企业年金

根据《企业年金办法》，企业年金，是指企业及其职工在依法参加基本养老保险的基础上，自主建立的补充养老保险制度。企业年金所需费用由企业和职工个人共同缴纳。企业年金基金实行完全积累，为每个参加企业年金的职工建立个人账户，按照国家有关规定投资运营。企业年金基金投资运营收益并入企业年金基金。

个人养老金

根据《个人养老金实施办法》，个人养老金是指政府政策支持、个人自愿参加、市场化运营、实现养老保险补充功能的制度。个人养老金实行个人账户制，缴费完全由参加人个人承担，自主选择购买符合规定的储蓄存款、理财产品、商业养老保险、公募基金等金融产品，实行完全积累，按照国家有关规定享受税收优惠政策。个人养老金的参加人应当是在中国境内参加城镇职工基本养老保险或者城乡居民基本养老保险的劳动者。

链接《企业年金办法》;《个人养老金实施办法》;《劳动法》第70条

第三条 【社会保险制度的方针和社会保险水平】社会保险制度坚持广覆盖、保基本、多层次、可持续的方针，社会保险水平应当与经济社会发展水平相适应。

注释 社会保险制度的方针

社会保险制度必须坚持"广覆盖、保基本、多层次、可持续"的十二字方针。

1. 广覆盖。就是要扩大社会保险的覆盖面，将尽可能多的人纳入社会保险制度中来。公民在年老、疾病、失业、生育等情形下，享有从国家和社会获得物质帮助的权利，这是宪法赋予公民的权利。社会保险是社会保障的重要组成部分，坚持广覆盖的方针，是为了维护公民参加社会保险和享受社会保险待遇的合法权益，也是构建社会主义和谐社会的内在要求。从我国保险制度的建立和发展看，社会保险范围是逐渐扩大的：从城镇人口到农村人口，从国有单位到非国有单位，从就业相关人员到非从业人员。基本养老保险和基本医疗保险的覆盖范围最广，其目标是做到"老有所养，病有所医"。工伤保险、失业保险、生育保险是与就业相关的保险制度，其覆盖范围限于职工和与职工相关的其他人员。

2. 保基本。我国社会保险待遇以保障公民基本生活和需要为主。"保基本"的两个功能：一方面可以防止高标准的社会保险造成国家财政、用人单位和个人的负担过重；另一方面就某些保险而言，如失业保险，可以避免有劳动能力的人过分依赖社会保险，而放弃以劳动为本的生存方式。

3. 多层次。社会保险的多层次表现在除基本养老保险、基本医疗保险外，还有补充养老保险、补充医疗保险，以及补充性的商业保险。

4. 可持续。就是建立社会保险可持续发展的长效机制，实现社会保险制度稳定运行。主要是实现社会保险基金收支能够平衡，自身能够良性运行。在人口老龄化来临时基本养老保险制度能够不给财政造成过大的压力，也不给企业和个人造成太大缴费压力。

实务问答 社会保险水平该如何确定?

社会保险水平应当与经济社会发展水平相适应。《宪法》第14条第4款规定，国家建立健全同经济发展水平相适应的社会保障制度。经济社会发展是社会保险赖以存在的基础，社会保险不可能超越经济社会发展阶段。经济社会发展水平制约着社会保险发展水平。这两者的关系是只有经济社会持续发展，社会保险才能有发展的基础，社会保险水平必须与经济社会发展水平相适应；反之，社会保险能够为经济社会发展创造稳定的环境，减少个人的后顾之忧，提高消费预期，从而扩大内需，促进经济社会发展。

必须把握适当的社会保险发展水平。一方面有利于劳动保护并推进经济社会持续发展；另一方面如果保障水平超过适度上限，就会导致政府、用人单位负担加重,制约经济社会健康发展。就目前来看,我国社会保险水平还比较低,社会保险事业滞后于经济社会发展水平,并成为制约经济发展的瓶颈。要真正建立和谐社会,必须在发展经济的同时,不断促进社会保险事业的发展。

总之,社会保险事业的发展和经济社会发展之间是相互依存、相互协调、相互补充、相互促进的关系。社会保险水平应当与经济社会发展水平相适应。

链接《劳动法》第71条

第四条 【用人单位和个人的权利义务】中华人民共和国境内的用人单位和个人依法缴纳社会保险费,有权查询缴费记录、个人权益记录,要求社会保险经办机构提供社会保险咨询等相关服务。

个人依法享受社会保险待遇,有权监督本单位为其缴费情况。

实务问答 1. 社会保险关系中用人单位如何行使权利和义务?

(1)用人单位的权利。用人单位可以向社会保险经办机构查询、核对其缴费记录,要求社会保险经办机构提供社会保险咨询等相关服务。

(2)用人单位主要有以下义务:一是缴费义务。职工基本养老保险、职工基本医疗保险、失业保险的缴费义务由用人单位与职工共同承担;工伤保险、生育保险的缴费义务全部由用人单位承担。二是登记义务。用人单位应当自成立之日起30日内凭营业执照、登记证书或者单位印章,向当地社会保险经办机构申请办理社会保险登记;用人单位应当自用工之日起30日内为其职工向社会保险经办机构申请办理社会保险登记。三是申报和代扣代缴义务。用人单位应当自行申报、按时足额缴纳社会保险费,非因不可抗力等法定事由不得缓缴、减免。职工应当缴纳的社会保险费由用人单位代扣代缴,用人单位应当按月将缴纳社会保险费的明细情况告知本人。

2. 社会保险关系中个人享有哪些权利和义务?

(1)个人主要有以下权利:一是依法享受社会保险待遇。二是有权监督本单位为其缴费情况。三是个人可以向社会保险经办机构查询、核对其缴费和享受社会保险待遇记录,要求社会保险经办机构提供社会保险咨询等相关服务。

(2)个人主要有以下义务:一是缴费义务。职工要承担职工基本养老保险、职工基本医疗保险、失业保险的缴费义务;无雇工的个体工商户、未在用人单位参加基本养老保险(基本医疗保险)的非全日制从业人员以及其他灵活就业人员可以参加基本养老保险、职工基本医疗保险,由个人缴纳基本养老保险和基本医疗保险费;农村居民参加新型农村社会养老保险、新型农村合作医疗,要承担缴费义务;城镇居民参加城镇居民社会养老保险、城镇居民基本医疗保险,要承担缴费义务。二是登记义务。自愿参加社会保险的无雇工的个体工商户、未在用人单位参加社会保险的非全日制从业人员以及其他灵活就业人员,应当向社会保险经办机构申请办理社会保险登记;失业人员应当持本单位为其出具的终止或者解除劳动关系的证明,及时到指定的公共就业服务机构办理失业登记。

3. 参保人员如何查询个人权益记录?

社会保险经办机构网点应当设立专门窗口向参保人员及其用人单位提供免费查询服务。参保人员向社会保险经办机构查询本人社会保险个人权益记录的,需持本人有效身份证件;参保人员委托他人向社会保险经办机构查询本人社会保险个人权益记录的,被委托人需持书面委托材料和本人有效身份证件。需要书面查询结果或者出具本人参保缴费、待遇享受等书面证明的,社会保险经办机构应当按照规定提供。

链接《社会保险个人权益记录管理办法》

第五条 【社会保险财政保障】县级以上人民政府将社会保险事业纳入国民经济和社会发展规划。

国家多渠道筹集社会保险资金。县级以上人民政府对社会保险事业给予必要的经费支持。

国家通过税收优惠政策支持社会保险事业。

第六条 【社会保险基金监督】国家对社会保险基金实行严格监管。

国务院和省、自治区、直辖市人民政府建立健全社会保险基金监督管理制度,保障社会保险基金安全、有效运行。

县级以上人民政府采取措施,鼓励和支持社会各方面参与社会保险基金的监督。

第七条 【社会保险行政管理职责分工】国务院社会保险行政部门负责全国的社会保险管理工

作,国务院其他有关部门在各自的职责范围内负责有关的社会保险工作。

县级以上地方人民政府社会保险行政部门负责本行政区域的社会保险管理工作,县级以上地方人民政府其他有关部门在各自的职责范围内负责有关的社会保险工作。

第八条　【社会保险经办机构职责】社会保险经办机构提供社会保险服务,负责社会保险登记、个人权益记录、社会保险待遇支付等工作。

第九条　【工会的职责】工会依法维护职工的合法权益,有权参与社会保险重大事项的研究,参加社会保险监督委员会,对与职工社会保险权益有关的事项进行监督。

注释　工会协助用人单位办好职工集体福利事业,做好工资、劳动安全卫生和社会保险工作。县级以上各级人民政府及其有关部门研究制定劳动就业、工资、劳动安全卫生、社会保险等涉及职工切身利益的政策、措施时,应当吸收同级工会参加研究,听取工会意见。企业、事业单位、社会组织研究经营管理和发展的重大问题应当听取工会的意见;召开会议讨论有关工资、福利、劳动安全卫生、工作时间、休息休假、女职工保护和社会保险等涉及职工切身利益的问题,必须有工会代表参加。

链接《工会法》

第二章　基本养老保险

第十条　【覆盖范围】职工应当参加基本养老保险,由用人单位和职工共同缴纳基本养老保险费。

无雇工的个体工商户、未在用人单位参加基本养老保险的非全日制从业人员以及其他灵活就业人员可以参加基本养老保险,由个人缴纳基本养老保险费。

公务员和参照公务员法管理的工作人员养老保险的办法由国务院规定。

第十一条　【制度模式和基金筹资方式】基本养老保险实行社会统筹与个人账户相结合。

基本养老保险基金由用人单位和个人缴费以及政府补贴等组成。

第十二条　【缴费基数和缴费比例】用人单位应当按照国家规定的本单位职工工资总额的比例缴纳基本养老保险费,记入基本养老保险统筹基金。

职工应当按照国家规定的本人工资的比例缴纳基本养老保险费,记入个人账户。

无雇工的个体工商户、未在用人单位参加基本养老保险的非全日制从业人员以及其他灵活就业人员参加基本养老保险的,应当按照国家规定缴纳基本养老保险费,分别记入基本养老保险统筹基金和个人账户。

链接《国务院关于建立统一的企业职工基本养老保险制度的决定》

第十三条　【政府财政补贴】国有企业、事业单位职工参加基本养老保险前,视同缴费年限期间应当缴纳的基本养老保险费由政府承担。

基本养老保险基金出现支付不足时,政府给予补贴。

第十四条　【个人账户养老金】个人账户不得提前支取,记账利率不得低于银行定期存款利率,免征利息税。个人死亡的,个人账户余额可以继承。

实务问答 1. 个人账户养老金是否可以提前支取?

个人账户养老金不得提前支取。根据国家规定,目前职工按照工资收入的8%缴纳养老保险费,记入个人账户。个人账户养老金是个人工作期间为退休后养老积蓄的资金,是基本养老保险待遇的重要组成部分,是国家强制提取的,退休前个人不得提前支取,尤其在目前名义账户下,这部分资金实际上用于支付当期退休人员的基本养老待遇,如果提前支取,养老保险基金会有很大的资金缺口,基金支出会出现困难。

2. 个人账户养老金余额是否可以继承?

个人账户养老金虽具有强制储蓄性质,但属于个人所有,个人死亡的(包括退休前和退休后),个人账户养老金余额可以继承。需要说明的是,2006年1月1日后个人账户资金全部由个人缴纳形成,在此以前,个人账户中一部分资金是个人缴纳,一部分是从单位缴费中划入的。根据国家规定,个人死亡的,其个人账户余额中的个人缴费部分可以继承,单位缴费部分不能继承,应当并入统筹基金。

第十五条　【基本养老金构成】基本养老金由统筹养老金和个人账户养老金组成。

基本养老金根据个人累计缴费年限、缴费工资、当地职工平均工资、个人账户金额、城镇人口平均预期寿命等因素确定。

社会保障篇

注释 统筹养老金来自由用人单位缴费和财政补贴等构成的社会统筹基金，根据个人累计缴费年限、缴费工资、当地职工平均工资等因素确定。

个人账户养老金是基本养老金的重要组成部分，是个人为自己养老储蓄的资金，体现养老保险中的个人责任。按照现行的制度规定，个人账户养老金月标准为个人账户储存额除以计发月数，计发月数根据职工退休时个人账户金额、城镇人口平均预期寿命和本人退休年龄等因素确定。

第十六条 【享受基本养老保险待遇的条件】

参加基本养老保险的个人，达到法定退休年龄时累计缴费满十五年的，按月领取基本养老金。

参加基本养老保险的个人，达到法定退休年龄时累计缴费不足十五年的，可以缴费至满十五年，按月领取基本养老金；也可以转入新型农村社会养老保险或者城镇居民社会养老保险，按照国务院规定享受相应的养老保险待遇。

注释 本条是关于基本养老保险待遇的条件的规定。参加基本养老保险的个人，履行了缴费义务，就应当享受相应的养老保险待遇。我国养老保险制度实行的是缴费模式，享受基本养老待遇与缴费年限挂钩。在我国享受养老保险待遇必须符合两个条件：一是必须达到法定退休年龄；二是累计最低缴费满15年。达到退休年龄是享受基本养老保险待遇的基本条件之一。退休年龄根据劳动力资源的状况、人口平均预期寿命、劳动人口的抚养比以及养老保险的承担能力等多重因素确定。

实务问答 享受基本养老保险待遇的缴费年限是多少年？

缴费满15年是享受基本养老保险待遇的基本条件之一。注意，规定最低缴费年限为15年，并不是缴费15年就可以不缴费。对职工来说，缴费是法律规定的强制性义务，只要与用人单位建立劳动关系，就应当按照国家规定缴费。同时，个人享受基本养老保险待遇与个人缴费年限直接相关，缴费年限越长、缴费基数越大，退休后领取的养老金就越多。

第十七条 【参保个人因病或非因工致残、死亡待遇】

参加基本养老保险的个人，因病或者非因工死亡的，其遗属可以领取丧葬补助金和抚恤金；在未达到法定退休年龄时因病或者非因工致残完全丧失劳动能力的，可以领取病残津贴。所需资金从基本养老保险基金中支付。

注释 丧葬补助金是职工死亡后安葬和处理后事的补助费用。抚恤金是职工死亡后给予其家属的经济补偿和精神安慰。个人参加基本养老保险，单位和自己缴纳基本养老保险费，主要是为了其退休后能够享受基本养老待遇。个人退休前和退休后因病或者非因工死亡的，其个人账户的余额可以作为遗产由遗属继承，单位缴纳的基本养老保险费并入统筹基金，作为社会互济资金，遗属不能主张继承权。但是，为了体现参保人员对统筹基金的贡献，本法规定，其遗属可以领取丧葬补助金和抚恤金，作为参保人员死亡的丧葬补助费用和遗属抚恤费用。遗属的范围一般包括死者的配偶、子女、依靠死者生前供养的父母，以及依靠死者生活的其他亲属。

病残津贴是基本养老保险基金对未达到法定退休年龄时因病或者非因工致残完全丧失劳动能力的参保人员的经济补偿。参保人员未达到法定退休年龄，不能享受退休待遇，如果完全丧失劳动能力，不能工作，生活就失去了经济来源，只能依靠其他家庭成员，如果参保人员同时是家庭的主要经济来源，整个家庭就会陷入困境。因此，参保人员参加了基本养老保险，缴纳了保险费，对养老保险基金作出了贡献，在其失去生活来源时，养老保险基金应当承担一定的责任。

第十八条 【基本养老金调整机制】

国家建立基本养老金正常调整机制。根据职工平均工资增长、物价上涨情况，适时提高基本养老保险待遇水平。

实务问答 基本养老保险待遇水平的调整取决于哪些因素？

国家建立基本养老金正常调整机制。根据职工平均工资增长、物价上涨情况，适时提高基本养老保险待遇水平。

工资是劳动者参与社会财富分配的主要形式，职工平均工资增长情况反映了劳动者分配的社会财富增加水平。基本养老保险是养老责任的代际转移，建立基本养老保险的目的，就是让退休人员与在职职工一样能够参与社会财富分配，分享经济发展成果。因此，职工平均工资增长情况是调整基本养老金标准的重要指标。

物价上涨情况是调整基本养老金的另一个重要考虑因素，因为物价上涨尤其是居民生活消费品的价格上涨直接影响养老金的购买力，进而影响退休人员的生活水平。

第十九条　【基本养老保险关系转移接续制度】个人跨统筹地区就业的,其基本养老保险关系随本人转移,缴费年限累计计算。个人达到法定退休年龄时,基本养老金分段计算、统一支付。具体办法由国务院规定。

实务问答 基本养老金如何分段计算?

分段计算是指参保人员以本人各年度缴费工资、缴费年限和待遇取得地对应的各年度在岗职工平均工资计算其基本养老保险金。为了方便参保人员领取基本养老金,本法规定了统一支付的原则,就是无论参保人员在哪里退休,退休地社会保险经办机构都应当将各统筹地区的缴费年限和相应的养老保险待遇分段计算出来,将养老金统一支付给参保人员。

链接《人力资源社会保障部关于城镇企业职工基本养老保险关系转移接续若干问题的通知》

第二十条　【新型农村社会养老保险及其筹资方式】国家建立和完善新型农村社会养老保险制度。

新型农村社会养老保险实行个人缴费、集体补助和政府补贴相结合。

注释 新型农村社会养老保险是与20世纪90年代开展的以个人缴费为主、完全个人账户的农村社会养老保险相对而言的,是指在基本模式上实行社会统筹与个人账户相结合,在筹资方式上实行个人缴费、集体补助、政府补贴相结合的社会养老保险制度。

第二十一条　【新型农村社会养老保险待遇】新型农村社会养老保险待遇由基础养老金和个人账户养老金组成。

参加新型农村社会养老保险的农村居民,符合国家规定条件的,按月领取新型农村社会养老保险待遇。

第二十二条　【城镇居民社会养老保险】国家建立和完善城镇居民社会养老保险制度。

省、自治区、直辖市人民政府根据实际情况,可以将城镇居民社会养老保险和新型农村社会养老保险合并实施。

注释 根据《国务院关于建立统一的城乡居民基本养老保险制度的意见》,依据《社会保险法》有关规定,在总结新型农村社会养老保险(以下简称新农保)和城镇居民社会养老保险(以下简称城居保)试点经验的基础上,国务院决定,将新农保和城居保两项制度合并实施,在全国范围内建立统一的城乡居民基本养老保险(以下简称城乡居民养老保险)制度。

城乡居民养老保险基金由个人缴费、集体补助、政府补贴构成。城乡居民养老保险待遇由基础养老金和个人账户养老金构成,支付终身。参加城乡居民养老保险的个人,年满60周岁、累计缴费满15年,且未领取国家规定的基本养老保障待遇的,可以按月领取城乡居民养老保险待遇。参加城乡居民养老保险的人员,在缴费期间户籍迁移,需要跨地区转移城乡居民养老保险关系的,可在迁入地申请转移养老保险关系,一次性转移个人账户全部储存额,并按迁入地规定继续参保缴费,缴费年限累计计算;已经按规定领取城乡居民养老保险待遇的,无论户籍是否迁移,其养老保险关系不转移。

链接《国务院关于建立统一的城乡居民基本养老保险制度的意见》

第三章　基本医疗保险

第二十三条　【职工基本医疗保险覆盖范围和缴费】职工应当参加职工基本医疗保险,由用人单位和职工按照国家规定共同缴纳基本医疗保险费。

无雇工的个体工商户、未在用人单位参加职工基本医疗保险的非全日制从业人员以及其他灵活就业人员可以参加职工基本医疗保险,由个人按照国家规定缴纳基本医疗保险费。

实务问答 灵活就业人员如何参加职工基本医疗保险?

灵活就业人员参加职工基本医疗保险实行自愿原则。原劳动和社会保障部办公厅于2003年出台的《关于城镇灵活就业人员参加基本医疗保险的指导意见》中指出,灵活就业人员参加基本医疗保险要坚持权利和义务相对应、缴费水平与待遇水平相挂钩的原则。在参保政策和管理办法上既要与城镇职工基本医疗保险制度相衔接,又要适应灵活就业人员的特点。已与用人单位建立明确劳动关系的灵活就业人员,要按照用人单位参加基本医疗保险的方法缴费参保。其他灵活就业人员,要以个人身份缴费参保。灵活就业人员参加基本医疗保险的缴费率原则上按照当地的缴费率确定。从统筹基金起步的地区,可参照当地基本医疗保险建立统筹基金的缴费水平确定。缴费基数可参照当地上一年职工年平均工资核定。灵活就业人员缴纳的医疗保险费纳入统筹地区基本医疗保险基金统一管理。

链接 《国务院关于建立城镇职工基本医疗保险制度的决定》;《国务院办公厅关于全面推进生育保险和职工基本医疗保险合并实施的意见》;《劳动和社会保障部关于城镇灵活就业人员参加基本医疗保险的指导意见》

第二十四条 【新型农村合作医疗制度】国家建立和完善新型农村合作医疗制度。

新型农村合作医疗的管理办法,由国务院规定。

第二十五条 【城镇居民基本医疗保险制度】国家建立和完善城镇居民基本医疗保险制度。

城镇居民基本医疗保险实行个人缴费和政府补贴相结合。

享受最低生活保障的人、丧失劳动能力的残疾人、低收入家庭六十周岁以上的老年人和未成年人等所需个人缴费部分,由政府给予补贴。

第二十六条 【医疗保险待遇标准】职工基本医疗保险、新型农村合作医疗和城镇居民基本医疗保险的待遇标准按照国家规定执行。

第二十七条 【退休时享受基本医疗保险待遇】参加职工基本医疗保险的个人,达到法定退休年龄时累计缴费达到国家规定年限的,退休后不再缴纳基本医疗保险费,按照国家规定享受基本医疗保险待遇;未达到国家规定年限的,可以缴费至国家规定年限。

第二十八条 【基本医疗保险基金支付制度】符合基本医疗保险药品目录、诊疗项目、医疗服务设施标准以及急诊、抢救的医疗费用,按照国家规定从基本医疗保险基金中支付。

第二十九条 【基本医疗保险费用结算制度】参保人员医疗费用中应当由基本医疗保险基金支付的部分,由社会保险经办机构与医疗机构、药品经营单位直接结算。

社会保险行政部门和卫生行政部门应当建立异地就医医疗费用结算制度,方便参保人员享受基本医疗保险待遇。

注释 跨省异地就医直接结算

根据《国家医保局、财政部关于进一步做好基本医疗保险跨省异地就医直接结算工作的通知》,

跨省异地就医是指基本医疗保险参保人员在参保关系所在省、自治区、直辖市(以下统称省)以外的定点医药机构发生的就医、购药行为。跨省异地就医直接结算是指参保人员跨省异地就医时只需支付按规定由个人负担的医疗费用,其他费用由就医地经办机构与跨省联网定点医药机构按医疗保障服务协议(以下简称医保服务协议)约定审核后支付。

参加基本医疗保险的下列人员,可以申请办理跨省异地就医直接结算:1. 跨省异地长期居住人员,包括异地安置退休人员、异地长期居住人员、常驻异地工作人员等长期在参保省外工作、居住、生活的人员。2. 跨省临时外出就医人员,包括异地转诊就医人员,因工作、旅游等原因异地急诊抢救人员以及其他跨省临时外出就医人员。

链接 《基本医疗保险跨省异地就医直接结算经办规程》

第三十条 【不纳入基本医疗保险基金支付范围的医疗费用】下列医疗费用不纳入基本医疗保险基金支付范围:

(一)应当从工伤保险基金中支付的;

(二)应当由第三人负担的;

(三)应当由公共卫生负担的;

(四)在境外就医的。

医疗费用依法应当由第三人负担,第三人不支付或者无法确定第三人的,由基本医疗保险基金先行支付。基本医疗保险基金先行支付后,有权向第三人追偿。

注释 这主要是指由于第三人侵权,导致参保人员的人身受到伤害而产生的医疗费用。如参保人员被第三人打伤而入院治疗,由此产生的医疗费用,按照我国《民法典》等的规定,应由侵权人负担,基本医疗保险基金不予支付。如果此种情况下,侵权人(第三人)不支付该参保人员的医疗费,或者因侵权人逃逸等无法确定侵权人是谁的,为了保证受害的参保人员能够获得及时的医疗救治,本条规定由基本医疗保险基金先行支付该参保人员的医疗费用。基本医疗保险基金先行支付后,医疗保险经办机构从受害的参保人员那里取得代位追偿权,有权向第三人即侵权人,就其应当支付的医疗费用进行追偿。注意:一是这里规定的"第三人"既包括自然人,也包括法人或者其他组织。二是这里规定的"第三人不支付"既包括第三人有能力支付而拒不支付的情形,也包括第三人没有能力或者暂时没有能力而不能支付或者不能立即支付的情形。

第三十一条　【服务协议】社会保险经办机构根据管理服务的需要,可以与医疗机构、药品经营单位签订服务协议,规范医疗服务行为。

医疗机构应当为参保人员提供合理、必要的医疗服务。

注释 根据《零售药店医疗保障定点管理暂行办法》,取得药品经营许可证,并同时符合以下条件的零售药店均可申请医疗保障定点:1. 在注册地址正式经营至少 3 个月;2. 至少有 1 名取得执业药师资格证书或具有药学、临床药学、中药学专业技术资格证书的药师,且注册地在该零售药店所在地,药师须签订 1 年以上劳动合同且在合同期内;3. 至少有 2 名熟悉医疗保障法律法规和相关制度规定的专(兼)职医保管理人员负责管理医保费用,并签订 1 年以上劳动合同且在合同期内;4. 按药品经营质量管理规范要求,开展药品分类分区管理,并对所售药品设立明确的医保用药标识;5. 具有符合医保协议管理要求的医保药品管理制度、财务管理制度、医保人员管理制度、统计信息管理制度和医保费用结算制度;6. 具备符合医保协议管理要求的信息系统技术和接口标准,实现与医保信息系统有效对接,为参保人员提供直接联网结算,建立医保药品等基础数据库,按规定使用国家统一医保编码;7. 符合法律法规和省级及以上医疗保障行政部门规定的其他条件。

链接《零售药店医疗保障定点管理暂行办法》

第三十二条　【基本医疗保险关系转移接续制度】个人跨统筹地区就业的,其基本医疗保险关系随本人转移,缴费年限累计计算。

注释 参保人员或用人单位提交基本医疗保险关系转移申请,可通过全国统一的医保信息平台直接提交申请,也可通过线下方式在转入地或转出地经办机构窗口申请。

转移接续申请实行统一的校验规则前置,在申请时转入地和转出地校验是否符合转移接续条件,若不符合条件则不予受理转移接续申请并及时告知申请人原因;符合条件则予以受理。

转出地的校验规则主要为是否已中止参保,转入地的校验规则主要为是否已按规定参加转入地基本医保。校验规则涉及事项应逐步实现网上办理、一站式联办。

链接《国家医保局办公室、财政部办公厅关于印发〈基本医疗保险关系转移接续暂行办法〉的通知》

第四章　工伤保险

第三十三条　【参保范围和缴费】职工应当参加工伤保险,由用人单位缴纳工伤保险费,职工不缴纳工伤保险费。

实务问答 哪些人可以参加工伤保险?

中华人民共和国境内的企业、事业单位、社会团体、民办非企业单位、基金会、律师事务所、会计师事务所等组织和有雇工的个体工商户应当依照《工伤保险条例》规定参加工伤保险,为本单位全部职工或者雇工缴纳工伤保险费。

中华人民共和国境内的企业、事业单位、社会团体、民办非企业单位、基金会、律师事务所、会计师事务所等组织的职工和个体工商户的雇工,均有依照《工伤保险条例》的规定享受工伤保险待遇的权利。

链接《工伤保险条例》第 2 条、第 10 条

案例 1. 安某重、兰某姣诉深圳市水某远洋渔业有限公司工伤保险待遇纠纷案(《最高人民法院公报》2017 年第 12 期)

裁判规则:用人单位为职工购买商业性人身意外伤害保险的,不因此免除其为职工购买工伤保险的法定义务。职工获得用人单位为其购买的人身意外伤害保险赔付后,仍然有权向用人单位主张工伤保险待遇。

2. 刘某丽诉广东省英某市人民政府行政复议案(最高人民法院指导性案例 191 号)

裁判规则:建筑施工企业违反法律、法规规定将自己承包的工程交由自然人实际施工,该自然人因工伤亡,社会保险行政部门参照《最高人民法院关于审理工伤保险行政案件若干问题的规定》第 3 条第 1 款有关规定认定建筑施工企业为承担工伤保险责任单位的,人民法院应予支持。

第三十四条　【工伤保险费率】国家根据不同行业的工伤风险程度确定行业的差别费率,并根据使用工伤保险基金、工伤发生率等情况在每个行业内确定费率档次。行业差别费率和行业内费率档次由国务院社会保险行政部门制定,报国务院批准后公布施行。

社会保险经办机构根据用人单位使用工伤保

险基金、工伤发生率和所属行业费率档次等情况，确定用人单位缴费费率。

注释 按照《国民经济行业分类》（GB/T 4754—2017）对行业的划分，根据不同行业的工伤风险程度，由低到高，依次将行业工伤风险类别划分为一类至八类。不同工伤风险类别的行业执行不同的工伤保险行业基准费率。各行业工伤风险类别对应的全国工伤保险行业基准费率为，一类至八类分别控制在该行业用人单位职工工资总额的0.2%、0.4%、0.7%、0.9%、1.1%、1.3%、1.6%、1.9%左右。

链接《人力资源社会保障部、财政部关于调整工伤保险费率政策的通知》

第三十五条 【工伤保险费缴费基数和费率】用人单位应当按照本单位职工工资总额，根据社会保险经办机构确定的费率缴纳工伤保险费。

注释 缴费基数和缴费费率是工伤保险制度的核心内容，是计算用人单位缴纳工伤保险费数额的依据，缴费基数与缴费费率之积，即为用人单位应当缴纳的工伤保险费数额。

实务问答 如何确定本单位职工工资总额？

根据《关于工资总额组成的规定》，工资总额是指各单位在一定时期内直接支付给本单位全部职工的劳动报酬总额。工资总额的计算应以直接支付给职工的全部劳动报酬为根据。

第三十六条 【享受工伤保险待遇的条件】职工因工作原因受到事故伤害或者患职业病，且经工伤认定的，享受工伤保险待遇；其中，经劳动能力鉴定丧失劳动能力的，享受伤残待遇。

工伤认定和劳动能力鉴定应当简捷、方便。

注释 本条是关于职工享受工伤保险待遇的规定。工伤保险待遇是工伤保险制度的重要内容，其目的是保障工伤职工的就医和生活。工伤保险待遇的高低，项目的多少，直接关系着工伤职工的利益。

实务问答 如何进行工伤认定申请？

《工伤认定办法》第4条规定："职工发生事故伤害或者按照职业病防治法规定被诊断、鉴定为职业病，所在单位应当自事故伤害发生之日或者被诊断、鉴定为职业病之日起30日内，向统筹地区社会保险行政部门提出工伤认定申请。遇有特殊情况，经报社会保险行政部门同意，申请时限可以适当延长。按照前款规定应当向省级社会保险

行政部门提出工伤认定申请的，根据属地原则应当向用人单位所在地设区的市级社会保险行政部门提出。"

《工伤认定办法》第8条规定："社会保险行政部门收到工伤认定申请后，应当在15日内对申请人提交的材料进行审核，材料完整的，作出受理或者不予受理的决定；材料不完整的，应当以书面形式一次性告知申请人需要补正的全部材料。社会保险行政部门收到申请人提交的全部补正材料后，应当在15日内作出受理或者不予受理的决定。社会保险行政部门决定受理的，应当出具《工伤认定申请受理决定书》；决定不予受理的，应当出具《工伤认定申请不予受理决定书》。"

链接《工伤保险条例》第三章、第四章；《工伤认定办法》；《职业病防治法》；《工伤职工劳动能力鉴定管理办法》；《职业病分类和目录》

案例 1. 吴江市佳某纺织有限公司诉周某坤工伤保险待遇纠纷案（《最高人民法院公报》2021年第5期）

裁判规则：劳动者因第三人侵权造成人身损害并构成工伤的，在停工留薪期间，原工资福利待遇不变，由所在单位按月支付。用人单位以侵权人已向劳动者赔偿误工费为由，主张无需支付停工留薪期间工资的，人民法院不予支持。

2. 邓某龙诉某市社会保险基金管理局工伤保险待遇决定案（《最高人民法院公报》2019年第11期）

裁判规则：国务院《工伤保险条例》第33条第2款和《广东省工伤保险条例》第26条第1款规定的停工留薪期最长期限不能超过24个月，应是指工伤职工治疗时单次享受的停工留薪期最长不能超过24个月，而非指累计最长不能超过24个月。职工工伤复发，经确认需治疗的，可重新享受《工伤保险条例》规定的停工留薪期待遇。

第三十七条 【不认定为工伤的情形】职工因下列情形之一导致本人在工作中伤亡的，不认定为工伤：

（一）故意犯罪；

（二）醉酒或者吸毒；

（三）自残或者自杀；

（四）法律、行政法规规定的其他情形。

实务问答 1. 认定为工伤的情形？

根据《工伤保险条例》，职工有下列情形之一的，应当认定为工伤：1. 在工作时间和工作场所

内,因工作原因受到事故伤害的;2. 工作时间前后在工作场所内,从事与工作有关的预备性或者收尾性工作受到事故伤害的;3. 在工作时间和工作场所内,因履行工作职责受到暴力等意外伤害的;4. 患职业病的;5. 因工外出期间,由于工作原因受到伤害或者发生事故下落不明的;6. 在上下班途中,受到非本人主要责任的交通事故或者城市轨道交通、客运轮渡、火车事故伤害的;7. 法律、行政法规规定应当认定为工伤的其他情形。

2. 视同工伤的情形?

职工有下列情形之一的,视同工伤:1. 在工作时间和工作岗位,突发疾病死亡或者在 48 小时之内经抢救无效死亡的;2. 在抢险救灾等维护国家利益、公共利益活动中受到伤害的;3. 职工原在军队服役,因战、因公负伤致残,已取得革命伤残军人证,到用人单位后旧伤复发的。

第三十八条 【**工伤保险基金负担的工伤保险待遇**】因工伤发生的下列费用,按照国家规定从工伤保险基金中支付:

(一)治疗工伤的医疗费用和康复费用;

(二)住院伙食补助费;

(三)到统筹地区以外就医的交通食宿费;

(四)安装配置伤残辅助器具所需费用;

(五)生活不能自理的,经劳动能力鉴定委员会确认的生活护理费;

(六)一次性伤残补助金和一至四级伤残职工按月领取的伤残津贴;

(七)终止或者解除劳动合同时,应当享受的一次性医疗补助金;

(八)因工死亡的,其遗属领取的丧葬补助金、供养亲属抚恤金和因工死亡补助金;

(九)劳动能力鉴定费。

注释 由工伤保险基金负担的工伤保险待遇大体分为四类,即工伤医疗康复类待遇、辅助器具配置待遇、伤残待遇、死亡待遇。

链接《工伤保险条例》第 30—40 条;《因工死亡职工供养亲属范围规定》

第三十九条 【**用人单位负担的工伤保险待遇**】因工伤发生的下列费用,按照国家规定由用人单位支付:

(一)治疗工伤期间的工资福利;

(二)五级、六级伤残职工按月领取的伤残津贴;

(三)终止或者解除劳动合同时,应当享受的一次性伤残就业补助金。

注释 治疗工伤期间的工资福利,即职工享受停工留薪待遇。根据《工伤保险条例》的规定,职工因工作遭受事故伤害或者患职业病需要暂停工作接受工伤医疗的,在停工留薪期内,原工资福利待遇不变,由所在单位按月支付。

职工因工致残被鉴定为五级、六级伤残的,经工伤职工本人提出,该职工可以与用人单位解除或者终止劳动关系,由用人单位支付一次性伤残就业补助金;职工因工致残被鉴定为七级至十级伤残的,劳动合同期满终止,或者职工本人提出解除劳动合同的,由用人单位支付一次性伤残就业补助金。

第四十条 【**伤残津贴和基本养老保险待遇的衔接**】工伤职工符合领取基本养老金条件的,停发伤残津贴,享受基本养老保险待遇。基本养老保险待遇低于伤残津贴的,从工伤保险基金中补足差额。

第四十一条 【**未参保单位职工发生工伤时的待遇**】职工所在用人单位未依法缴纳工伤保险费,发生工伤事故的,由用人单位支付工伤保险待遇。用人单位不支付的,从工伤保险基金中先行支付。

从工伤保险基金中先行支付的工伤保险待遇应当由用人单位偿还。用人单位不偿还的,社会保险经办机构可以依照本法第六十三条的规定追偿。

注释 本条在明确用人单位不缴纳工伤保险费应承担工伤保险待遇责任的同时,对用人单位不支付或者无力支付职工工伤待遇的,规定由工伤保险基金先行支付,保证工伤职工能够及时得到医疗救治,享受工伤保险待遇。

实务问答 用人单位应当参加而未参加工伤保险的应该如何处理?

根据《工伤保险条例》第 62 条的规定,用人单位应当参加工伤保险而未参加的,由社会保险行政部门责令限期参加,补缴应当缴纳的工伤保险费,并自欠缴之日起,按日加收万分之五的滞纳金;逾期仍不缴纳的,处欠缴数额 1 倍以上 3 倍以下的罚款。应当参加工伤保险而未参加工伤保险的用人单位职工发生工伤的,由该用人单位按照本条例规定的工伤保险待遇项目和标准支付费用。用人单位参加工伤保险并补缴应当缴纳的工伤保险费、滞纳金后,由工伤保险基金和用人单位依照本条例的规定支付新发生的费用。

案例 北京某德清洁服务有限公司上海分公司诉上海市某宁区人力资源和社会保障局工伤认定案(《最高人民法院公报》2020 年第 1 期)

裁判规则:职工应当参加工伤保险,缴纳工伤保险费是用人单位的法定义务,不能由职工和用人单位协商排除用人单位的法定缴纳义务。认定工伤并不以用人单位是否缴纳工伤保险费为前提。用人单位未依法缴纳工伤保险费的,职工在被认定为工伤后可以依法请求用人单位承担相应的工伤保险待遇。

第四十二条 【民事侵权责任和工伤保险责任竞合】由于第三人的原因造成工伤,第三人不支付工伤医疗费用或者无法确定第三人的,由工伤保险基金先行支付。工伤保险基金先行支付后,有权向第三人追偿。

注释 由于第三人侵权导致职工工伤的,同时违反了《民法典》和《社会保险法》,根据两个法律的规定,职工可以向侵权的第三人要求民事侵权赔偿,也可以向工伤保险基金要求享受工伤保险待遇,出现民事侵权责任和工伤保险责任的竞合。

《社会保险法》对这一问题仅规定由于第三人的原因造成工伤的,应当由第三人承担医疗费用,第三人不支付工伤医疗费用或者无法确定第三人的,由工伤保险基金先行支付。工伤保险基金先行支付后,有权向第三人追偿。其中,"第三人不支付"既包括拒不支付的情形,也包括不能支付的情形。

第四十三条 【停止享受工伤保险待遇的情形】工伤职工有下列情形之一的,停止享受工伤保险待遇:

(一)丧失享受待遇条件的;

(二)拒不接受劳动能力鉴定的;

(三)拒绝治疗的。

第五章 失业保险

第四十四条 【参保范围和失业保险费负担】职工应当参加失业保险,由用人单位和职工按照国家规定共同缴纳失业保险费。

注释 失业保险是指国家通过立法强制缴费建立基金,对因失业而暂时中断生活来源的劳动者提供物质帮助的制度。目前,根据《失业保险条例》第 6 条规定,城镇企业事业单位按照本单位工资总额的 2% 缴纳失业保险费。城镇企业事业单位职工按照本人工资的 1% 缴纳失业保险费。

链接《失业保险条例》第 6 条

第四十五条 【领取失业保险金的条件】失业人员符合下列条件的,从失业保险基金中领取失业保险金:

(一)失业前用人单位和本人已经缴纳失业保险费满一年的;

(二)非因本人意愿中断就业的;

(三)已经进行失业登记,并有求职要求的。

注释 失业保险基金

根据《失业保险条例》,失业保险基金由下列各项构成:1. 城镇企业事业单位、城镇企业事业单位职工缴纳的失业保险费;2. 失业保险基金的利息;3. 财政补贴;4. 依法纳入失业保障基金的其他资金。

失业保险基金的支出

根据《失业保险条例》,失业保险基金用于下列支出:1. 失业保险金;2. 领取失业保险金期间的医疗补助金;3. 领取失业保险金期间死亡的失业人员的丧葬补助金和其供养的配偶、直系亲属的抚恤金;4. 领取失业保险金期间接受职业培训、职业介绍的补贴,补贴的办法和标准由省、自治区、直辖市人民政府规定;5. 国务院规定或者批准的与失业保险有关的其他费用。

非因本人意愿中断就业

根据《失业保险金申领发放办法》,非因本人意愿中断就业的是指下列人员:1. 终止劳动合同的;2. 被用人单位解除劳动合同的;3. 被用人单位开除、除名和辞退的;4. 根据《中华人民共和国劳动法》第三十二条第二、三项与用人单位解除劳动合同的;5. 法律、行政法规另有规定的。

链接《失业保险条例》;《失业保险金申领发放办法》

第四十六条 【领取失业保险金的期限】失业人员失业前用人单位和本人累计缴费满一年不足五年的,领取失业保险金的期限最长为十二个月;累计缴费满五年不足十年的,领取失业保险金的期限最长为十八个月;累计缴费十年以上的,领取失业保险金的期限最长为二十四个月。重新就业后,再次失业的,缴费时间重新计算,领取失业保险金的期限与前次失业应当领取而尚未领取的失业保险金的期限合并计算,最长不超过二十四个月。

注释 失业保险金是社会保险经办机构按规定支付给符合条件的失业人员的基本生活费用,是最主要的失业保险待遇,领取失业保险金是参加失业保险的职工的权利。

根据失业人员失业前用人单位和本人累计缴费期限,本条规定了三档领取失业保险金的期限,分别为12个月、18个月和24个月。这三档期限为最长期限,不是实际领取期限,实际领取期限根据失业人员的重新就业情况确定,可以少于或等于最长期限。例如,本条规定累计缴费满一年不足五年的,领取失业保险金的期限最长为12个月,如果在6个月内重新就业,就只能领6个月。不能理解为累计缴费时间满1年不足5年的失业人员不论其是否存在重新就业等情况,都能领取12个月的失业保险金。

链接《失业保险条例》第17条

第四十七条 【失业保险金标准】 失业保险金的标准,由省、自治区、直辖市人民政府确定,不得低于城市居民最低生活保障标准。

注释《失业保险条例》规定:"失业保险金的标准,按照低于当地最低工资标准、高于城市居民最低生活保障标准的水平,由省、自治区、直辖市人民政府确定。"确定失业保险金具体标准,要统筹考虑失业人员及其家庭基本生活需要和失业保险基金运行安全,坚持"保生活"和"促就业"相统一,既要保障失业人员基本生活需要,又要防止待遇水平过高影响其就业积极性。

第四十八条 【享受基本医疗保险待遇】 失业人员在领取失业保险金期间,参加职工基本医疗保险,享受基本医疗保险待遇。

失业人员应当缴纳的基本医疗保险费从失业保险基金中支付,个人不缴纳基本医疗保险费。

第四十九条 【在领取失业保险金期间死亡时的待遇】 失业人员在领取失业保险金期间死亡的,参照当地对在职职工死亡的规定,向其遗属发给一次性丧葬补助金和抚恤金。所需资金从失业保险基金中支付。

个人死亡同时符合领取基本养老保险丧葬补助金、工伤保险丧葬补助金和失业保险丧葬补助金条件的,其遗属只能选择领取其中的一项。

注释 关于丧葬补助金待遇竞合的处理。除了失业保险规定了丧葬补助金外,基本养老保险、工伤保险也规定了丧葬补助金:即本法第17条和第38条。在此情况下,就可能发生失业人员死亡同时符合领取基本养老保险丧葬补助金和失业保险丧葬补助金,或者同时符合领取工伤保险丧葬补助金和失业保险丧葬补助金,或者同时符合领取基本养老保险丧葬补助金、工伤保险丧葬补助金、失业保险丧葬补助金三种情形。如果死亡失业人员的遗属同时符合领取多个险种的丧葬补助金的条件,根据本条规定,可以通过比较,自主选择一项社会保险基金的丧葬补助金。

第五十条 【领取失业保险金的程序】 用人单位应当及时为失业人员出具终止或者解除劳动关系的证明,并将失业人员的名单自终止或者解除劳动关系之日起十五日内告知社会保险经办机构。

失业人员应当持本单位为其出具的终止或者解除劳动关系的证明,及时到指定的公共就业服务机构办理失业登记。

失业人员凭失业登记证明和个人身份证明,到社会保险经办机构办理领取失业保险金的手续。失业保险金领取期限自办理失业登记之日起计算。

注释 失业保险金申领

失业人员失业前所在单位,应将失业人员的名单自终止或者解除劳动合同之日起7日内报受理其失业保险业务的经办机构备案,并按要求提供终止或解除劳动合同证明等有关材料。

失业人员应在终止或者解除劳动合同之日起60日内到受理其单位失业保险业务的经办机构申领失业保险金。

失业人员申领失业保险金应填写《失业保险金申领表》,并出示下列证明材料:1. 本人身份证明;2. 所在单位出具的终止或者解除劳动合同的证明;3. 失业登记;4. 省级劳动保障行政部门规定的其他材料。

失业人员领取失业保险金,应由本人按月到经办机构领取,同时应向经办机构如实说明求职和接受职业指导、职业培训情况。

链接《失业保险条例》;《失业保险金申领发放办法》

第五十一条 【停止领取失业保险待遇的情形】 失业人员在领取失业保险金期间有下列情形

之一的,停止领取失业保险金,并同时停止享受其他失业保险待遇:

(一)重新就业的;

(二)应征服兵役的;

(三)移居境外的;

(四)享受基本养老保险待遇的;

(五)无正当理由,拒不接受当地人民政府指定部门或者机构介绍的适当工作或者提供的培训的。

注释 重新就业。职工失业享受失业保险待遇的一个重要条件就是要有求职要求而找不到工作。失业期间,通过加强学习、接受就业培训、接受业服务机构的职业介绍等,失业人员大多会重新就业。对个人而言,重新就业后,其身份便转变为从业人员,不再属于失业保险的保障范围,不能再继续享受失业保险待遇。

应征服兵役。在我国,公民不分民族、种族、职业、家庭出身、宗教信仰和教育程度,都有服兵役义务。失业人员在享受失业保险待遇期间,符合条件的,可以应征服兵役,根据有关军事法律、法规、条令享受服役和生活保障。

移居境外。随着全球化时代的到来和国际交往日益密切,我国公民移居其他国家的数量逐年增多。失业人员移居境外,表明其在国内没有就业意愿,不符合领取失业保险待遇条件,而且其在国外是否就业不好证明。

享受基本养老保险待遇。根据本法规定,基本养老保险实行累计缴费,失业人员失业前参加基本养老保险并按规定缴费的,在其享受失业保险待遇期间,基本养老保险关系暂时中断,其缴费年限和个人账户可以存续,待重新就业后,应当接续基本养老保险关系。失业人员达到退休年龄时缴费满15年可以从享受失业保险直接过渡到享受基本养老保险,按其缴费年限享受养老保险待遇,基本生活由基本养老保险金予以保障,在这种情况下,应当停止其享受失业保险待遇。

无正当理由,拒不接受当地人民政府指定部门或者机构介绍的适当工作或者提供的培训。建立失业保险制度的目的是保障失业人员的基本生活,促进失业人员再就业。在保障失业人员基本生活的同时,政府和社会还应根据失业人员自身特点、求职意愿和市场需求,为其提供就业服务、创造就业条件。在这种情况下,失业人员应主动接受政府和社会提供的就业岗位和培训,尽快实现再就业。这不仅可以从根本上解决失业人员的基本生活问题,也可以减轻失业保险基金的支出。为了鼓励失业人员尽快实现再就业,对无正当理由,拒不接受当地人民政府指定部门或者机构介绍的适当工作或者提供的培训的,停止其享受失业保险待遇。另外,把握此项规定,关键要明确什么情况属于无正当理由。一般来讲,无正当理由拒绝介绍的工作应为与失业人员的年龄、身体状况、受教育程度、工作经历、工作能力及求职意愿基本相符的工作。

链接 《失业保险条例》第 15 条

第五十二条 【失业保险关系的转移接续】职工跨统筹地区就业的,其失业保险关系随本人转移,缴费年限累计计算。

注释 失业保险关系转迁

对失业人员失业前所在单位与本人户籍不在同一统筹地区的,其失业保险金的发放和其他失业保险待遇的提供由两地劳动保障行政部门进行协商,明确具体办法。协商未能取得一致的,由上一级劳动保障行政部门确定。

失业人员失业保险关系跨省、自治区、直辖市转迁的,失业保险费用应随失业保险关系相应划转。需划转的失业保险费用包括失业保险金、医疗补助金和职业培训、职业介绍补贴。其中,医疗补助金和职业培训、职业介绍补贴按失业人员应享受的失业保险金总额的一半计算。

失业人员失业保险关系在省、自治区范围内跨统筹地区转迁,失业保险费用的处理由省级劳动保障行政部门规定。

失业人员跨统筹地区转移的,凭失业保险关系迁出地经办机构出具的证明材料到迁入地经办机构领取失业保险金。

链接 《失业保险条例》;《失业保险金申领发放办法》

第六章 生育保险

第五十三条 【参保范围和缴费】职工应当参加生育保险,由用人单位按照国家规定缴纳生育保险费,职工不缴纳生育保险费。

注释 国家统一规范并制定完善生育保险生育津贴支付政策,强化生育保险对参保女职工生育医疗费用、生育津贴待遇等保障作用,保障生育保险基金安全。有条件的地方可探索参加职工基本医疗保险的灵活就业人员同步参加生育保险。未就业妇女通过参加城乡居民基本医疗保险享受生育医疗待遇。为领取失业保险金人员缴纳职工基本医疗保险费（含生育保险费），保障其生育权益，所需资金从失业保险基金列支。指导地方综合考虑医保（含生育保险）基金可承受能力、相关技术规范性等因素，逐步将适宜的分娩镇痛和辅助生殖技术项目按程序纳入基金支付范围。

链接《关于进一步完善和落实积极生育支持措施的指导意见》

第五十四条 【生育保险待遇】用人单位已经缴纳生育保险费的，其职工享受生育保险待遇；职工未就业配偶按照国家规定享受生育医疗费用待遇。所需资金从生育保险基金中支付。

生育保险待遇包括生育医疗费用和生育津贴。

第五十五条 【生育医疗费的项目】生育医疗费用包括下列各项：

（一）生育的医疗费用；

（二）计划生育的医疗费用；

（三）法律、法规规定的其他项目费用。

第五十六条 【享受生育津贴的情形】职工有下列情形之一的，可以按照国家规定享受生育津贴：

（一）女职工生育享受产假；

（二）享受计划生育手术休假；

（三）法律、法规规定的其他情形。

生育津贴按照职工所在用人单位上年度职工月平均工资计发。

第七章 社会保险费征缴

第五十七条 【用人单位社会保险登记】用人单位应当自成立之日起三十日内凭营业执照、登记证书或者单位印章，向当地社会保险经办机构申请办理社会保险登记。社会保险经办机构应当自收到申请之日起十五日内予以审核，发给社会保险登记证件。

用人单位的社会保险登记事项发生变更或者用人单位依法终止的，应当自变更或者终止之日起三十日内，到社会保险经办机构办理变更或者注销社会保险登记。

市场监督管理部门、民政部门和机构编制管理机关应当及时向社会保险经办机构通报用人单位的成立、终止情况，公安机关应当及时向社会保险经办机构通报个人的出生、死亡以及户口登记、迁移、注销等情况。

第五十八条 【个人社会保险登记】用人单位应当自用工之日起三十日内为其职工向社会保险经办机构申请办理社会保险登记。未办理社会保险登记的，由社会保险经办机构核定其应当缴纳的社会保险费。

自愿参加社会保险的无雇工的个体工商户、未在用人单位参加社会保险的非全日制从业人员以及其他灵活就业人员，应当向社会保险经办机构申请办理社会保险登记。

国家建立全国统一的个人社会保障号码。个人社会保障号码为公民身份号码。

第五十九条 【社会保险费征收】县级以上人民政府加强社会保险费的征收工作。

社会保险费实行统一征收，实施步骤和具体办法由国务院规定。

第六十条 【社会保险费的缴纳】用人单位应当自行申报、按时足额缴纳社会保险费，非因不可抗力等法定事由不得缓缴、减免。职工应当缴纳的社会保险费由用人单位代扣代缴，用人单位应当按月将缴纳社会保险费的明细情况告知本人。

无雇工的个体工商户、未在用人单位参加社会保险的非全日制从业人员以及其他灵活就业人员，可以直接向社会保险费征收机构缴纳社会保险费。

第六十一条 【社会保险费征收机构的义务】社会保险费征收机构应当依法按时足额征收社会保险费，并将缴费情况定期告知用人单位和个人。

注释 社会保险费征缴

基本养老保险费的征缴范围：国有企业、城镇集体企业、外商投资企业、城镇私营企业和其他城镇企业及其职工，实行企业化管理的事业单位及其职工。

基本医疗保险费的征缴范围：国有企业、城镇集体企业、外商投资企业、城镇私营企业和其他城镇企业及其职工，国家机关及其工作人员，事业单位及其职工，民办非企业单位及其职工，社会团体及其专职人员。

失业保险费的征缴范围：国有企业、城镇集体企业、外商投资企业、城镇私营企业和其他城镇企业及其职工，事业单位及其职工。

省、自治区、直辖市人民政府根据当地实际情

况,可以规定将城镇个体工商户纳入基本养老保险、基本医疗保险的范围,并可以规定将社会团体及其专职人员、民办非企业单位及其职工以及有雇工的城镇个体工商户及其雇工纳入失业保险的范围。

链接《社会保险费征缴暂行条例》

第六十二条 【用人单位未按规定申报应缴数额】用人单位未按规定申报应当缴纳的社会保险费数额的,按照该单位上月缴费额的百分之一百一十确定应当缴纳数额;缴费单位补办申报手续后,由社会保险费征收机构按照规定结算。

注释 缴费单位必须按月向社会保险经办机构申报应缴纳的社会保险费数额,经社会保险经办机构核定后,在规定的期限内缴纳社会保险费。缴费单位不按规定申报应缴纳的社会保险费数额的,由社会保险经办机构暂按该单位上月缴费数额的110%确定应缴数额;没有上月缴费数额的,由社会保险经办机构暂按该单位的经营状况、职工人数等有关情况确定应缴数额。缴费单位补办申报手续并按核定数额缴纳社会保险费后,由社会保险经办机构按照规定结算。

链接《社会保险费征缴暂行条例》

第六十三条 【用人单位未按时足额缴费】用人单位未按时足额缴纳社会保险费的,由社会保险费征收机构责令其限期缴纳或者补足。

用人单位逾期仍未缴纳或者补足社会保险费的,社会保险费征收机构可以向银行和其他金融机构查询其存款账户;并可以申请县级以上有关行政部门作出划拨社会保险费的决定,书面通知其开户银行或者其他金融机构划拨社会保险费。用人单位账户余额少于应当缴纳的社会保险费的,社会保险费征收机构可以要求该用人单位提供担保,签订延期缴费协议。

用人单位未足额缴纳社会保险费且未提供担保的,社会保险费征收机构可以申请人民法院扣押、查封、拍卖其价值相当于应当缴纳社会保险费的财产,以拍卖所得抵缴社会保险费。

注释 缴费单位未按规定缴纳和代扣代缴社会保险费的,由劳动保障行政部门或者税务机关责令限期缴纳;逾期仍不缴纳的,除补缴欠缴数额外,从欠缴之日起,按日加收2‰的滞纳金。滞纳金并入社会保险基金。

缴费单位逾期拒不缴纳社会保险费、滞纳金

的,由劳动保障行政部门或者税务机关申请人民法院依法强制征缴。

链接《社会保险费征缴暂行条例》

第八章 社会保险基金

第六十四条 【社会保险基金类别、管理原则和统筹层次】社会保险基金包括基本养老保险基金、基本医疗保险基金、工伤保险基金、失业保险基金和生育保险基金。除基本医疗保险基金与生育保险基金合并建账及核算外,其他各项社会保险基金按照社会保险险种分别建账,分账核算。社会保险基金执行国家统一的会计制度。

社会保险基金专款专用,任何组织和个人不得侵占或者挪用。

基本养老保险基金逐步实行全国统筹,其他社会保险基金逐步实行省级统筹,具体时间、步骤由国务院规定。

注释 社会保险基金是由社会保险机构代参保人员管理,并最终由参保人员享用的公共基金,不属于社会保险机构所有。社会保险机构对该项基金设立专户管理,专款专用,专项用于保障企业退休职工、失业人员的基本生活需要,属专项资金,不得挪作他用。因此,各地人民法院在审理和执行民事、经济纠纷案件时,不得查封、冻结或扣划社会保险基金;不得用社会保险基金偿还社会保险机构及其原下属企业的债务。

实务问答 社会保险基金是否可以认定为"特定款物"?

《最高人民检察院关于贪污养老、医疗等社会保险基金能否适用〈最高人民法院最高人民检察院关于办理贪污贿赂刑事案件适用法律若干问题的解释〉第一条第二款第一项规定的批复》规定:养老、医疗、工伤、失业、生育等社会保险基金可以认定为《最高人民法院、最高人民检察院关于办理贪污贿赂刑事案件适用法律若干问题的解释》第一条第二款第一项规定的"特定款物"。根据刑法和有关司法解释规定,贪污罪和挪用公款罪中的"特定款物"的范围有所不同,实践中应注意区分,依法适用。

链接《会计法》;《社会保险费征缴暂行条例》;《最高人民法院关于在审理和执行民事、经济纠纷案件时不得查封、冻结和划拨社会保险基金的通知》

第六十五条　【社会保险基金的收支平衡和政府补贴责任】社会保险基金通过预算实现收支平衡。

县级以上人民政府在社会保险基金出现支付不足时,给予补贴。

第六十六条　【社会保险基金按照统筹层次设立预算】社会保险基金按照统筹层次设立预算。除基本医疗保险基金与生育保险基金预算合并编制外,其他社会保险基金预算按照社会保险项目分别编制。

注释　社会保险基金预算是对社会保险缴款、一般公共预算安排和其他方式筹集的资金,专项用于社会保险的收支预算。社会保险基金预算应当按照统筹层次和社会保险项目分别编制,做到收支平衡。

社会保险基金预算应当在精算平衡的基础上实现可持续运行,一般公共预算可以根据需要和财力适当安排资金补充社会保险基金预算。社会保险基金预算收入包括各项社会保险费收入、利息收入、投资收益、一般公共预算补助收入、集体补助收入、转移收入、上级补助收入、下级上解收入和其他收入。社会保险基金预算支出包括各项社会保险待遇支出、转移支出、补助下级支出、上解上级支出和其他支出。社会保险基金预算由社会保险费征收机构和社会保险经办机构具体执行,并按照规定向本级政府财政部门和社会保险行政部门报告执行情况。

链接《预算法》;《预算法实施条例》

第六十七条　【社会保险基金预算制定程序】社会保险基金预算、决算草案的编制、审核和批准,依照法律和国务院规定执行。

第六十八条　【社会保险基金财政专户】社会保险基金存入财政专户,具体管理办法由国务院规定。

第六十九条　【社会保险基金的保值增值】社会保险基金在保证安全的前提下,按照国务院规定投资运营实现保值增值。

社会保险基金不得违规投资运营,不得用于平衡其他政府预算,不得用于兴建、改建办公场所和支付人员经费、运行费用、管理费用,或者违反法律、行政法规规定挪作其他用途。

注释　挪用失业保险基金和下岗职工基本生活保障资金属于挪用救济款物。挪用失业保险基金和下岗职工基本生活保障资金,情节严重,致使国家和人民群众利益遭受重大损害的,对直接责任人员,应当依照《刑法》第273条的规定,以挪用特定款物罪追究刑事责任;国家工作人员利用职务上的便利,挪用失业保险基金和下岗职工基本生活保障资金归个人使用,构成犯罪的,应当依照《刑法》第384条的规定,以挪用公款罪追究刑事责任。

第七十条　【社会保险基金信息公开】社会保险经办机构应当定期向社会公布参加社会保险情况以及社会保险基金的收入、支出、结余和收益情况。

注释　社会保险经办机构应当建立缴费记录,其中基本养老保险、基本医疗保险并应当按照规定记录个人账户。社会保险经办机构负责保存缴费记录,并保证其完整、安全。社会保险经办机构应当至少每年向缴费个人发送一次基本养老保险、基本医疗保险个人账户通知单。

缴费单位、缴费个人有权按照规定查询缴费记录。

缴费单位应当每年向本单位职工公布本单位全年社会保险费缴纳情况,接受职工监督。社会保险经办机构应当定期向社会公告社会保险费征收情况,接受社会监督。

链接《社会保险费征缴暂行条例》

第七十一条　【全国社会保障基金】国家设立全国社会保障基金,由中央财政预算拨款以及国务院批准的其他方式筹集的资金构成,用于社会保障支出的补充、调剂。全国社会保障基金由全国社会保障基金管理运营机构负责管理运营,在保证安全的前提下实现保值增值。

全国社会保障基金应当定期向社会公布收支、管理和投资运营的情况。国务院财政部门、社会保险行政部门、审计机关对全国社会保障基金的收支、管理和投资运营情况实施监督。

注释　全国社会保障基金的运营

全国社会保障基金由中央财政预算拨款、国有资本划转、基金投资收益和以国务院批准的其他方式筹集的资金构成。全国社会保障基金理事会负责全国社会保障基金的管理运营。全国社会保障基金理事会应当审慎、稳健管理运营全国社会保障基金,按照国务院批准的比例在境内外市场投资运营全国社会保障基金。全国社会保障基金理事会投资运营全国社会保障基金,应当坚持安全性、收益性和长期性原则,在国务院批准的固定收益类、股票类和未上市股权类等资产种类及其比例幅度内合理配置资产。

全国社会保障基金的监督

国务院财政部门、国务院社会保险行政部门按照各自职责对全国社会保障基金的收支、管理和投资运营情况实施监督;发现存在问题的,应当依法处理;不属于本部门职责范围的,应当依法移送国务院外汇管理部门、国务院证券监督管理机构、国务院银行业监督管理机构等有关部门处理。

国务院外汇管理部门、国务院证券监督管理机构、国务院银行业监督管理机构按照各自职责对投资管理人投资、托管人保管全国社会保障基金情况实施监督;发现违法违规行为的,应当依法处理,并及时通知国务院财政部门、国务院社会保险行政部门。

对全国社会保障基金境外投资管理人、托管人的监督,由国务院证券监督管理机构、国务院银行业监督管理机构按照与投资管理人、托管人所在国家或者地区有关监督管理机构签署的合作文件的规定执行。

审计署应当对全国社会保障基金每年至少进行一次审计。审计结果应当向社会公布。

全国社会保障基金理事会应当通过公开招标的方式选聘会计师事务所,对全国社会保障基金进行审计。

全国社会保障基金理事会应当通过其官方网站、全国范围内发行的报纸每年向社会公布全国社会保障基金的收支、管理和投资运营情况,接受社会监督。

链接《全国社会保障基金条例》

第九章　社会保险经办

第七十二条　【社会保险经办机构的设置及经费保障】统筹地区设立社会保险经办机构。社会保险经办机构根据工作需要,经所在地的社会保险行政部门和机构编制管理机关批准,可以在本统筹地区设立分支机构和服务网点。

社会保险经办机构的人员经费和经办社会保险发生的基本运行费用、管理费用,由同级财政按照国家规定予以保障。

第七十三条　【管理制度和支付社会保险待遇职责】社会保险经办机构应当建立健全业务、财务、安全和风险管理制度。

社会保险经办机构应当按时足额支付社会保险待遇。

第七十四条　【获取社会保险数据、建档、权益记录等服务】社会保险经办机构通过业务经办、统计、调查获取社会保险工作所需的数据,有关单位和个人应当及时、如实提供。

社会保险经办机构应当及时为用人单位建立档案,完整、准确地记录参加社会保险的人员、缴费等社会保险数据,妥善保管登记、申报的原始凭证和支付结算的会计凭证。

社会保险经办机构应当及时、完整、准确地记录参加社会保险的个人缴费和用人单位为其缴费,以及享受社会保险待遇等个人权益记录,定期将个人权益记录单免费寄送本人。

用人单位和个人可以免费向社会保险经办机构查询、核对其缴费和享受社会保险待遇记录,要求社会保险经办机构提供社会保险咨询等相关服务。

第七十五条　【社会保险信息系统的建设】全国社会保险信息系统按照国家统一规划,由县级以上人民政府按照分级负责的原则共同建设。

第十章　社会保险监督

第七十六条　【人大监督】各级人民代表大会常务委员会听取和审议本级人民政府对社会保险基金的收支、管理、投资运营以及监督检查情况的专项工作报告,组织对本法实施情况的执法检查等,依法行使监督职权。

第七十七条　【行政部门监督】县级以上人民政府社会保险行政部门应当加强对用人单位和个人遵守社会保险法律、法规情况的监督检查。

社会保险行政部门实施监督检查时,被检查的用人单位和个人应当如实提供与社会保险有关的资料,不得拒绝检查或者谎报、瞒报。

第七十八条　【财政监督、审计监督】财政部门、审计机关按照各自职责,对社会保险基金的收支、管理和投资运营情况实施监督。

第七十九条　【社会保险行政部门对基金的监督】社会保险行政部门对社会保险基金的收支、管理和投资运营情况进行监督检查,发现存在问题的,应当提出整改建议,依法作出处理决定或者向有关行政部门提出处理建议。社会保险基金检查结果应当定期向社会公布。

社会保险行政部门对社会保险基金实施监督检查,有权采取下列措施:

(一)查阅、记录、复制与社会保险基金收支、管理和投资运营相关的资料,对可能被转移、隐匿或者灭失的资料予以封存;

(二)询问与调查事项有关的单位和个人,要求其对与调查事项有关的问题作出说明、提供有关证明材料;

(三)对隐匿、转移、侵占、挪用社会保险基金的行为予以制止并责令改正。

注释 人力资源社会保障行政部门依法履行的社会保险基金行政监督职责

根据《社会保险基金行政监督办法》,人力资源社会保障行政部门依法履行下列社会保险基金行政监督职责:1. 检查社会保险基金收支、管理情况;2. 受理有关社会保险基金违法违规行为的举报;3. 依法查处社会保险基金违法违规问题;4. 宣传社会保险基金监督法律、法规、规章和政策;5. 法律、法规规定的其他事项。

人力资源社会保障行政部门对社会保险经办机构实施的监督

根据《社会保险基金行政监督办法》,人力资源社会保障行政部门对社会保险经办机构的下列事项实施监督:1. 执行社会保险基金收支、管理的有关法律、法规、规章和政策的情况;2. 社会保险基金预算执行及决算情况;3. 社会保险基金收入户、支出户等银行账户开立、使用和管理情况;4. 社会保险待遇审核和基金支付情况;5. 社会保险服务协议订立、变更、履行、解除或者终止情况;6. 社会保险基金收支、管理内部控制情况;7. 法律、法规规定的其他事项。

人力资源社会保障行政部门对社会保险服务机构实施的监督

根据《社会保险基金行政监督办法》,人力资源社会保障行政部门对社会保险服务机构的下列事项实施监督:1. 遵守社会保险相关法律、法规、规章和政策的情况;2. 社会保险基金管理使用情况;3. 社会保险基金管理使用内部控制情况;4. 社会保险服务协议履行情况;5. 法律、法规规定的其他事项。

人力资源社会保障行政部门对与社会保险基金收支、管理直接相关单位实施的监督

根据《社会保险基金行政监督办法》,人力资源社会保障行政部门对与社会保险基金收支、管理直接相关单位的下列事项实施监督:1. 提前退休审批情况;2. 工伤认定(职业伤害确认)情况;3. 劳动能力鉴定情况;4. 法律、法规规定的其他事项。

链接《社会保险基金行政监督办法》

第八十条　【社会保险监督委员会】统筹地区人民政府成立由用人单位代表、参保人员代表,以及工会代表、专家等组成的社会保险监督委员会,掌握、分析社会保险基金的收支、管理和投资运营情况,对社会保险工作提出咨询意见和建议,实施社会监督。

社会保险经办机构应当定期向社会保险监督委员会汇报社会保险基金的收支、管理和投资运营情况。社会保险监督委员会可以聘请会计师事务所对社会保险基金的收支、管理和投资运营情况进行年度审计和专项审计。审计结果应当向社会公开。

社会保险监督委员会发现社会保险基金收支、管理和投资运营中存在问题的,有权提出改正建议;对社会保险经办机构及其工作人员的违法行为,有权向有关部门提出依法处理建议。

第八十一条　【为用人单位和个人信息保密】社会保险行政部门和其他有关行政部门、社会保险经办机构、社会保险费征收机构及其工作人员,应当依法为用人单位和个人的信息保密,不得以任何形式泄露。

注释 本条是关于为用人单位和个人信息保密的规定。随着信息技术的发展,信息交流的速度和方式发生了巨大的变化,但随之而来的是,非法泄露、收集、利用、公开个人信息的案件也频频出现,如何保护个人信息不被泄露越来越得到社会的普遍关注。社会保险行政部门和其他有关行政部门、社会保险经办机构、社会保险费征收机构及其工作人员在办理社会保险登记、社会保险费征收和社会保险监督过程中,掌握了用人单位和参保人员的大量信息。如用人单位的职工总数、工资总额、个人工资、个人的身份证号码、家庭住址等情况。这些信息涉及用人单位的商业机密和个人隐私,如果泄露,不仅可能会给用人单位、个人带

来很多困扰,甚至可能被不法分子利用,使其合法权益受到侵害。

第八十二条 【违法行为的举报、投诉】任何组织或者个人有权对违反社会保险法律、法规的行为进行举报、投诉。

社会保险行政部门、卫生行政部门、社会保险经办机构、社会保险费征收机构和财政部门、审计机关对属于本部门、本机构职责范围内的举报、投诉,应当依法处理;对不属于本部门、本机构职责范围的,应当书面通知并移交有权处理的部门、机构处理。有权处理的部门、机构应当及时处理,不得推诿。

注释 社会保险基金监督举报

根据《社会保险基金监督举报工作管理办法》的规定,社会保险基金监督举报,是指任何组织或者个人向人力资源社会保障行政部门反映机构、单位、个人涉嫌欺诈骗取、套取或者挪用贪占社会保险基金情形的行为。依照本办法,举报涉嫌欺诈骗取、套取或者挪用贪占社会保险基金情形的任何组织或者个人是举报人;被举报的机构、单位、个人是被举报人。

参保单位、个人、中介机构涉嫌有下列情形之一的,任何组织或者个人可以依照本办法举报:1. 以提供虚假证明材料等手段虚构社会保险参保条件、违规补缴的;2. 伪造、变造有关证件、档案、材料,骗取社会保险基金的;3. 组织或者协助他人伪造、变造档案、材料等手段骗取参保补缴、提前退休资格或者违规申领社会保险待遇的;4. 个人丧失社会保险待遇享受资格后,本人或者相关受益人不按规定履行告知义务、隐瞒事实违规享受社会保险待遇的;5. 其他欺诈骗取、套取或者挪用贪占社会保险基金的情形。

社会保险服务机构及其工作人员涉嫌有下列情形之一的,任何组织或者个人可以依照本办法举报:1. 工伤保险协议医疗机构、工伤康复协议机构、工伤保险辅助器具配置协议机构、工伤预防项目实施单位、职业伤害保障委托承办机构及其工作人员以伪造、变造或者提供虚假证明材料及相关报销票据、冒名顶替等手段骗取或者协助、配合他人骗取社会保险基金的;2. 享受失业保险培训补贴的培训机构及其工作人员以伪造、变造、提供虚假培训记录等手段骗取或者协助、配合他人骗取社会保险基金的;3. 其他欺诈骗取、套取或者挪

用贪占社会保险基金的情形。

社会保险经办机构及其工作人员涉嫌有下列情形之一的,任何组织或者个人可以依照本办法举报:1. 隐匿、转移、侵占、挪用、截留社会保险基金的;2. 违规审核、审批社会保险申报材料,违规办理参保、补缴、关系转移、待遇核定、待遇资格认证等,违规发放社会保险待遇的;3. 伪造或者篡改缴费记录、享受社会保险待遇记录等社会保险数据、个人权益记录的;4. 其他欺诈骗取、套取或者挪用贪占社会保险基金的情形。

与社会保险基金收支、管理直接相关单位及其工作人员涉嫌有下列情形之一的,任何组织或者个人可以依照本办法举报:1. 人力资源社会保障行政部门及其工作人员违规出具行政执法文书、违规进行工伤认定、违规办理提前退休,侵害社会保险基金的;2. 劳动能力鉴定委员会及其工作人员违规进行劳动能力鉴定,侵害社会保险基金的;3. 劳动人事争议仲裁机构及其工作人员违规出具仲裁文书,侵害社会保险基金的;4. 信息化综合管理机构及其工作人员伪造或者篡改缴费记录、享受社会保险待遇记录等社会保险数据、个人权益记录的;5. 其他欺诈骗取、套取或者挪用贪占社会保险基金的情形。

链接《社会保险基金监督举报工作管理办法》

第八十三条 【社会保险权利救济途径】用人单位或者个人认为社会保险费征收机构的行为侵害自己合法权益的,可以依法申请行政复议或者提起行政诉讼。

用人单位或者个人对社会保险经办机构不依法办理社会保险登记、核定社会保险费、支付社会保险待遇、办理社会保险转移接续手续或者侵害其他社会保险权益的行为,可以依法申请行政复议或者提起行政诉讼。

个人与所在用人单位发生社会保险争议的,可以依法申请调解、仲裁,提起诉讼。用人单位侵害个人社会保险权益的,个人也可以要求社会保险行政部门或者社会保险费征收机构依法处理。

实务问答 1. 公民、法人或者其他组织可以就社会保险经办机构的哪些行为申请行政复议?

根据《社会保险行政争议处理办法》,有下列情形之一的,公民、法人或者其他组织可以申请行政复议:1. 认为经办机构未依法为其办理社会保险登记、变更或者注销手续的;2. 认为经办机构未

按规定审核社会保险缴费基数的;3. 认为经办机构未按规定记录社会保险费缴费情况或者拒绝其查询缴费记录的;4. 认为经办机构违法收取费用或者违法要求履行义务的;5. 对经办机构核定其社会保险待遇标准有异议的;6. 认为经办机构不依法支付其社会保险待遇或者对经办机构停止其享受社会保险待遇有异议的;7. 认为经办机构未依法为其调整社会保险待遇的;8. 认为经办机构未依法为其办理社会保险关系转移或者接续手续的;9. 认为经办机构的其他具体行政行为侵犯其合法权益的。属于前款第2、5、6、7项情形之一的,公民、法人或者其他组织可以直接向劳动保障行政部门申请行政复议,也可以先向作出该具体行政行为的经办机构申请复查,对复查决定不服,再向劳动保障行政部门申请行政复议。

2. 个人与所在用人单位发生社会保险争议的,如何救济?

依照《劳动争议调解仲裁法》的规定,用人单位与劳动者因社会保险发生争议,当事人不愿协商、协商不成或者达成和解协议后不履行的,可以向调解组织申请调解;不愿调解、调解不成或者达成调解协议后不履行的,可以向劳动争议仲裁委员会申请仲裁;对仲裁裁决不服的,可以向人民法院提起诉讼。劳动争议申请仲裁的时效期间为一年。仲裁时效期间从当事人知道或者应当知道其权利被侵害之日起计算。

案例 王某德诉某山市人力资源和社会保障局工伤认定案(最高人民法院指导案例69号)

裁判规则:当事人认为行政机关作出的程序性行政行为侵犯其人身权、财产权等合法权益,对其权利义务产生明显的实际影响,且无法通过提起针对相关的实体性行政行为的诉讼获得救济,而对该程序性行政行为提起行政诉讼的,人民法院应当依法受理。

第十一章　法律责任

第八十四条　【不办理社会保险登记的法律责任】用人单位不办理社会保险登记的,由社会保险行政部门责令限期改正;逾期不改正的,对用人单位处应缴社会保险费数额一倍以上三倍以下的罚款,对其直接负责的主管人员和其他直接责任人员处五百元以上三千元以下的罚款。

第八十五条　【拒不出具终止或者解除劳动关系证明的处理】用人单位拒不出具终止或者解除劳动关系证明的,依照《中华人民共和国劳动合同法》的规定处理。

注释 根据《劳动合同法》的规定,用人单位应当在解除或者终止劳动合同时出具解除或者终止劳动合同的证明,并在十五日内为劳动者办理档案和社会保险关系转移手续。用人单位违反本法规定未向劳动者出具解除或者终止劳动合同的书面证明,由劳动行政部门责令改正;给劳动者造成损害的,应当承担赔偿责任。

第八十六条　【未按时足额缴费的责任】用人单位未按时足额缴纳社会保险费的,由社会保险费征收机构责令限期缴纳或者补足,并自欠缴之日起,按日加收万分之五的滞纳金;逾期仍不缴纳的,由有关行政部门处欠缴数额一倍以上三倍以下的罚款。

第八十七条　【骗取社保基金支出的责任】社会保险经办机构以及医疗机构、药品经营单位等社会保险服务机构以欺诈、伪造证明材料或者其他手段骗取社会保险基金支出的,由社会保险行政部门责令退回骗取的社会保险金,处骗取金额二倍以上五倍以下的罚款;属于社会保险服务机构的,解除服务协议;直接负责的主管人员和其他直接责任人员有执业资格的,依法吊销其执业资格。

注释 医疗保障基金飞行检查,是指国家和省级医疗保障行政部门组织实施的,对定点医药机构、医保经办机构、承办医保业务的其他机构等被检查对象不预先告知的现场监督检查。有下列情形之一的,医疗保障行政部门可以启动飞行检查:1. 年度工作计划安排的;2. 举报线索反映医疗保障基金可能存在重大安全风险的;3. 医疗保障智能监控或者大数据筛查提示医疗保障基金可能存在重大安全风险的;4. 新闻媒体曝光,造成重大社会影响的;5. 其他需要开展飞行检查的情形。

链接《医疗保障基金使用监督管理条例》;《医疗保障基金飞行检查管理暂行办法》

案例 王某某贪污案——医疗保险局工作人员利用职务便利,采取虚报冒领等手段,套现国家医保资金(最高人民法院发布7起依法惩处医保骗保犯罪典型案例)

裁判规则:本案是医保局工作人员利用职务便利,贪污医疗保障基金的典型案例。本案被告人王某某身为某州市医疗保险局工作人员，在医保局窗口工作期间，利用负责医保基金复核报销、付款确认等职务便利，将他人已经报销的住院医疗费重新报销或虚构他人医疗费用予以报销，套取国家医疗保障基金，并将赃款用于非法活动，情节特别严重，依法以贪污罪定罪处罚。本案的判处，警示从事医疗保障基金相关工作的国家工作人员依法履行职责，审慎行使权力，维护医疗保障基金安全。

第八十八条　【骗取社会保险待遇的责任】以欺诈、伪造证明材料或者其他手段骗取社会保险待遇的，由社会保险行政部门责令退回骗取的社会保险金，处骗取金额二倍以上五倍以下的罚款。

注释《全国人民代表大会常务委员会关于〈中华人民共和国刑法〉第二百六十六条的解释》，以欺诈、伪造证明材料或者其他手段骗取养老、医疗、工伤、失业、生育等社会保险金或者其他社会保障待遇的，属于刑法第266条规定的诈骗公私财物的行为。

链接《工伤保险条例》第60条；《失业保险条例》第28条；《医疗保障基金使用监督管理条例》第40条

第八十九条　【经办机构及其工作人员违法行为责任】社会保险经办机构及其工作人员有下列行为之一的，由社会保险行政部门责令改正；给社会保险基金、用人单位或者个人造成损失的，依法承担赔偿责任；对直接负责的主管人员和其他直接责任人员依法给予处分：

（一）未履行社会保险法定职责的；

（二）未将社会保险基金存入财政专户的；

（三）克扣或者拒不按时支付社会保险待遇的；

（四）丢失或者篡改缴费记录、享受社会保险待遇记录等社会保险数据、个人权益记录的；

（五）有违反社会保险法律、法规的其他行为的。

实务问答 社会保险经办机构及其工作人员实施违法行为应负哪些法律责任？

本条规定的法律责任，具体包括以下三个方面：

1. 由社会保险行政部门责令改正。即未按照规定履行社会保险法定职责的，要求其履行法定职责；未按照规定将社会保险基金存入财政专户的，要求其存入财政专户；克扣或者拒不按时支付

社会保险待遇的，要求其按时足额发放；丢失或者篡改缴费记录、享受社会保险待遇记录等社会保险数据、个人权益记录的，要求其恢复缴费记录原样或通过其他方式查明缴费记录，搞清享受社会保险待遇的数据等。

2. 社会保险经办机构及其工作人员因上述违法行为给社会保险基金、用人单位或者个人造成损失的，依法承担赔偿责任。

3. 对直接负责的主管人员和其他直接责任人员依法给予处分。社会保险经办机构工作人员属于参照公务员法管理的工作人员，参照公务员法的规定给予处罚，行政机关公务员处分的种类为：①警告；②记过；③记大过；④降级；⑤撤职；⑥开除。除此之外，本法第94条规定，违反本法规定，构成犯罪的，依法追究刑事责任。因此，如果社会保险经办机构及其工作人员触犯了刑法，将依法追究刑事责任，其刑事责任可能涉及的罪名包括滥用职权罪、玩忽职守罪、受贿罪等。

第九十条　【擅自更改缴费基数、费率的责任】社会保险费征收机构擅自更改社会保险费缴费基数、费率，导致少收或者多收社会保险费的，由有关行政部门责令其追缴应当缴纳的社会保险费或者退还不应当缴纳的社会保险费；对直接负责的主管人员和其他直接责任人员依法给予处分。

第九十一条　【隐匿、转移、侵占、挪用社会保险基金等的责任】违反本法规定，隐匿、转移、侵占、挪用社会保险基金或者违规投资运营的，由社会保险行政部门、财政部门、审计机关责令追回；有违法所得的，没收违法所得；对直接负责的主管人员和其他直接责任人员依法给予处分。

第九十二条　【泄露用人单位和个人信息的行政责任】社会保险行政部门和其他有关行政部门、社会保险经办机构、社会保险费征收机构及其工作人员泄露用人单位和个人信息的，对直接负责的主管人员和其他直接责任人员依法给予处分；给用人单位或者个人造成损失的，应当承担赔偿责任。

第九十三条　【国家工作人员的相关责任】国家工作人员在社会保险管理、监督工作中滥用职权、玩忽职守、徇私舞弊的，依法给予处分。

第九十四条　【相关刑事责任】违反本法规定，构成犯罪的，依法追究刑事责任。

第十二章　附　则

第九十五条　【进城务工农村居民参加社会保险】进城务工的农村居民依照本法规定参加社会保险。

第九十六条　【被征地农民的社会保险】征收农村集体所有的土地,应当足额安排被征地农民的社会保险费,按照国务院规定将被征地农民纳入相应的社会保险制度。

注释　根据《民法典》第 243 条第 1 款、第 2 款的规定,为了公共利益的需要,依照法律规定的权限和程序可以征收集体所有的土地和组织、个人的房屋以及其他不动产。征收集体所有的土地,应当依法及时足额支付土地补偿费、安置补助费以及农村村民住宅、其他地上附着物和青苗等的补偿费用,并安排被征地农民的社会保障费用,保障被征地农民的生活,维护被征地农民的合法权益。

链接　《民法典》第 243 条

第九十七条　【外国人参加我国社会保险】外国人在中国境内就业的,参照本法规定参加社会保险。

第九十八条　【施行日期】本法自 2011 年 7 月 1 日起施行。

全国社会保障基金条例

- 2016 年 2 月 3 日国务院第 122 次常务会议通过
- 2016 年 3 月 10 日中华人民共和国国务院令第 667 号公布
- 自 2016 年 5 月 1 日起施行

第一章　总　则

第一条　为了规范全国社会保障基金的管理运营,加强对全国社会保障基金的监督,在保证安全的前提下实现保值增值,根据《中华人民共和国社会保险法》,制定本条例。

第二条　国家设立全国社会保障基金。

全国社会保障基金由中央财政预算拨款、国有资本划转、基金投资收益和以国务院批准的其他方式筹集的资金构成。

第三条　全国社会保障基金是国家社会保障储备基金,用于人口老龄化高峰时期的养老保险等社会保障支出的补充、调剂。

第四条　国家根据人口老龄化趋势和经济社会发展状况,确定和调整全国社会保障基金规模。

全国社会保障基金的筹集和使用方案,由国务院确定。

第五条　国务院财政部门、国务院社会保险行政部门负责拟订全国社会保障基金的管理运营办法,报国务院批准后施行。

全国社会保障基金理事会负责全国社会保障基金的管理运营。

第二章　全国社会保障基金的管理运营

第六条　全国社会保障基金理事会应当审慎、稳健管理运营全国社会保障基金,按照国务院批准的比例在境内外市场投资运营全国社会保障基金。

全国社会保障基金理事会投资运营全国社会保障基金,应当坚持安全性、收益性和长期性原则,在国务院批准的固定收益类、股票类和未上市股权类等资产种类及其比例幅度内合理配置资产。

第七条　全国社会保障基金理事会制定全国社会保障基金的资产配置计划、确定重大投资项目,应当进行风险评估,并集体讨论决定。

全国社会保障基金理事会应当制定风险管理和内部控制办法,在管理运营的各个环节对风险进行识别、衡量、评估、监测和应对,有效防范和控制风险。风险管理和内部控制办法应当报国务院财政部门、国务院社会保险行政部门备案。

全国社会保障基金理事会应当依法制定会计核算办法,并报国务院财政部门审核批准。

第八条　全国社会保障基金理事会应当定期向国务院财政部门、国务院社会保险行政部门报告全国社会保障基金管理运营情况,提交财务会计报告。

第九条　全国社会保障基金理事会可以将全国社会保障基金委托投资或者以国务院批准的其他方式投资。

第十条　全国社会保障基金理事会将全国社会保障基金委托投资的,应当选择符合法定条件的专业投资管理机构、专业托管机构分别担任全国社会保障基金投资管理人、托管人。

全国社会保障基金理事会应当按照公开、公

社会保障篇

平、公正的原则选聘投资管理人、托管人,发布选聘信息、组织专家评审、集体讨论决定并公布选聘结果。

全国社会保障基金理事会应当制定投资管理人、托管人选聘办法,并报国务院财政部门、国务院社会保险行政部门备案。

第十一条 全国社会保障基金理事会应当与聘任的投资管理人、托管人分别签订委托投资合同、托管合同,并报国务院财政部门、国务院社会保险行政部门、国务院外汇管理部门、国务院证券监督管理机构、国务院银行业监督管理机构备案。

第十二条 全国社会保障基金理事会应当制定投资管理人、托管人考评办法,根据考评办法对投资管理人投资、托管人保管全国社会保障基金的情况进行考评。考评结果作为是否继续聘任的依据。

第十三条 全国社会保障基金投资管理人履行下列职责:

(一)运用全国社会保障基金进行投资;

(二)按照规定提取全国社会保障基金投资管理风险准备金;

(三)向全国社会保障基金理事会报告投资情况;

(四)法律、行政法规和国务院有关部门规章规定的其他职责。

第十四条 全国社会保障基金托管人履行下列职责:

(一)安全保管全国社会保障基金财产;

(二)按照托管合同的约定,根据全国社会保障基金投资管理人的投资指令,及时办理清算、交割事宜;

(三)按照规定和托管合同的约定,监督全国社会保障基金投资管理人的投资;

(四)执行全国社会保障基金理事会的指令,并报告托管情况;

(五)法律、行政法规和国务院有关部门规章规定的其他职责。

第十五条 全国社会保障基金财产应当独立于全国社会保障基金理事会、投资管理人、托管人的固有财产,独立于投资管理人投资和托管人保管的其他财产。

第十六条 全国社会保障基金投资管理人、托管人不得有下列行为:

(一)将全国社会保障基金财产混同于其他财产投资、保管;

(二)泄露因职务便利获取的全国社会保障基金未公开的信息,利用该信息从事或者明示、暗示他人从事相关交易活动;

(三)法律、行政法规和国务院有关部门规章禁止的其他行为。

第十七条 全国社会保障基金按照国家规定享受税收优惠。

第三章 全国社会保障基金的监督

第十八条 国家建立健全全国社会保障基金监督制度。

任何单位和个人不得侵占、挪用或者违规投资运营全国社会保障基金。

第十九条 国务院财政部门、国务院社会保险行政部门按照各自职责对全国社会保障基金的收支、管理和投资运营情况实施监督;发现存在问题的,应当依法处理;不属于本部门职责范围内的,应当依法移送国务院外汇管理部门、国务院证券监督管理机构、国务院银行业监督管理机构等有关部门处理。

第二十条 国务院外汇管理部门、国务院证券监督管理机构、国务院银行业监督管理机构按照各自职责对投资管理人投资、托管人保管全国社会保障基金情况实施监督;发现违法违规行为的,应当依法处理,并及时通知国务院财政部门、国务院社会保险行政部门。

第二十一条 对全国社会保障基金境外投资管理人、托管人的监督,由国务院证券监督管理机构、国务院银行业监督管理机构按照与投资管理人、托管人所在国家或者地区有关监督管理机构签署的合作文件的规定执行。

第二十二条 审计署应当对全国社会保障基金每年至少进行一次审计。审计结果应当向社会公布。

第二十三条 全国社会保障基金理事会应当通过公开招标的方式选聘会计师事务所,对全国社会保障基金进行审计。

第二十四条 全国社会保障基金理事会应当通过其官方网站、全国范围内发行的报纸每年向社会公布全国社会保障基金的收支、管理和投资运营情况,接受社会监督。

第四章　法律责任

第二十五条　全国社会保障基金境内投资管理人、托管人违反本条例第十六条、第十八条第二款规定的，由国务院证券监督管理机构、国务院银行业监督管理机构责令改正，没收违法所得，并处违法所得 1 倍以上 5 倍以下罚款；没有违法所得或者违法所得不足 100 万元的，并处 10 万元以上 100 万元以下罚款；对直接负责的主管人员和其他直接责任人员给予警告，暂停或者撤销有关从业资格，并处 3 万元以上 30 万元以下罚款；构成犯罪的，依法追究刑事责任。

第二十六条　全国社会保障基金理事会违反本条例规定的，由国务院财政部门、国务院社会保险行政部门责令改正；对直接负责的主管人员和其他直接责任人员依法给予处分；构成犯罪的，依法追究刑事责任。

第二十七条　国家工作人员在全国社会保障基金管理运营、监督工作中滥用职权、玩忽职守、徇私舞弊的，依法给予处分；构成犯罪的，依法追究刑事责任。

第二十八条　违反本条例规定，给全国社会保障基金造成损失的，依法承担赔偿责任。

第五章　附　则

第二十九条　经国务院批准，全国社会保障基金理事会可以接受省级人民政府的委托管理运营社会保险基金；受托管理运营社会保险基金，按照国务院有关社会保险基金投资管理的规定执行。

第三十条　本条例自 2016 年 5 月 1 日起施行。

社会保险费征缴暂行条例

- 1999 年 1 月 22 日中华人民共和国国务院令第 259 号发布
- 根据 2019 年 3 月 24 日《国务院关于修改部分行政法规的决定》修订

第一章　总　则

第一条　为了加强和规范社会保险费征缴工作，保障社会保险金的发放，制定本条例。

第二条　基本养老保险费、基本医疗保险费、失业保险费（以下统称社会保险费）的征收、缴纳，适用本条例。

本条例所称缴费单位、缴费个人，是指依照有关法律、行政法规和国务院的规定，应当缴纳社会保险费的单位和个人。

第三条　基本养老保险费的征缴范围：国有企业、城镇集体企业、外商投资企业、城镇私营企业和其他城镇企业及其职工，实行企业化管理的事业单位及其职工。

基本医疗保险费的征缴范围：国有企业、城镇集体企业、外商投资企业、城镇私营企业和其他城镇企业及其职工，国家机关及其工作人员，事业单位及其职工，民办非企业单位及其职工，社会团体及其专职人员。

失业保险费的征缴范围：国有企业、城镇集体企业、外商投资企业、城镇私营企业和其他城镇企业及其职工，事业单位及其职工。

省、自治区、直辖市人民政府根据当地实际情况，可以规定将城镇个体工商户纳入基本养老保险、基本医疗保险的范围，并可以规定将社会团体及其专职人员、民办非企业单位及其职工以及有雇工的城镇个体工商户及其雇工纳入失业保险的范围。

社会保险费的费基、费率依照有关法律、行政法规和国务院的规定执行。

第四条　缴费单位、缴费个人应当按时足额缴纳社会保险费。

征缴的社会保险费纳入社会保险基金，专款专用，任何单位和个人不得挪用。

第五条　国务院劳动保障行政部门负责全国的社会保险费征缴管理和监督检查工作。县级以上地方各级人民政府劳动保障行政部门负责本行政区域内的社会保险费征缴管理和监督检查工作。

第六条　社会保险费实行三项社会保险费集中、统一征收。社会保险费的征收机构由省、自治区、直辖市人民政府规定，可以由税务机关征收，也可以由劳动保障行政部门按照国务院规定设立的社会保险经办机构（以下简称社会保险经办机构）征收。

第二章　征缴管理

第七条　缴费单位必须向当地社会保险经办机构办理社会保险登记，参加社会保险。

登记事项包括:单位名称、住所、经营地点、单位类型、法定代表人或者负责人、开户银行账号以及国务院劳动保障行政部门规定的其他事项。

第八条 企业在办理登记注册时,同步办理社会保险登记。

前款规定以外的缴费单位应当自成立之日起30日内,向当地社会保险经办机构申请办理社会保险登记。

第九条 缴费单位的社会保险登记事项发生变更或者缴费单位依法终止的,应当自变更或者终止之日起30日内,到社会保险经办机构办理变更或者注销社会保险登记手续。

第十条 缴费单位必须按月向社会保险经办机构申报应缴纳的社会保险费数额,经社会保险经办机构核定后,在规定的期限内缴纳社会保险费。

缴费单位不按规定申报应缴纳的社会保险费数额的,由社会保险经办机构暂按该单位上月缴费数额的110%确定应缴数额;没有上月缴费数额的,由社会保险经办机构暂按该单位的经营状况、职工人数等有关情况确定应缴数额。缴费单位补办申报手续并按核定数额缴纳社会保险费后,由社会保险经办机构按照规定结算。

第十一条 省、自治区、直辖市人民政府规定由税务机关征收社会保险费的,社会保险经办机构应当及时向税务机关提供缴费单位社会保险登记、变更登记、注销登记以及缴费申报的情况。

第十二条 缴费单位和缴费个人应当以货币形式全额缴纳社会保险费。

缴费个人应当缴纳的社会保险费,由所在单位从其本人工资中代扣代缴。

社会保险费不得减免。

第十三条 缴费单位未按规定缴纳和代扣代缴社会保险费的,由劳动保障行政部门或者税务机关责令限期缴纳;逾期仍不缴纳的,除补缴欠缴数额外,从欠缴之日起,按日加收2‰的滞纳金。滞纳金并入社会保险基金。

第十四条 征收的社会保险费存入财政部门在国有商业银行开设的社会保障基金财政专户。

社会保险基金按照不同险种的统筹范围,分别建立基本养老保险基金、基本医疗保险基金、失业保险基金。各项社会保险基金分别单独核算。

社会保险基金不计征税、费。

第十五条 省、自治区、直辖市人民政府规定由税务机关征收社会保险费的,税务机关应当及时向社会保险经办机构提供缴费单位和缴费个人的缴费情况;社会保险经办机构应当将有关情况汇总,报劳动保障行政部门。

第十六条 社会保险经办机构应当建立缴费记录,其中基本养老保险、基本医疗保险并应当按照规定记录个人账户。社会保险经办机构负责保存缴费记录,并保证其完整、安全。社会保险经办机构应当至少每年向缴费个人发送一次基本养老保险、基本医疗保险个人账户通知单。

缴费单位、缴费个人有权按照规定查询缴费记录。

第三章 监督检查

第十七条 缴费单位应当每年向本单位职工公布本单位全年社会保险费缴纳情况,接受职工监督。

社会保险经办机构应当定期向社会公告社会保险费征收情况,接受社会监督。

第十八条 按照省、自治区、直辖市人民政府关于社会保险费征缴机构的规定,劳动保障行政部门或者税务机关依法对单位缴费情况进行检查时,被检查的单位应当提供与缴纳社会保险费有关的用人情况、工资表、财务报表等资料,如实反映情况,不得拒绝检查,不得谎报、瞒报。劳动保障行政部门或者税务机关可以记录、录音、录像、照相和复制有关资料;但是,应当为缴费单位保密。

劳动保障行政部门、税务机关的工作人员在行使前款所列职权时,应当出示执行公务证件。

第十九条 劳动保障行政部门或者税务机关调查社会保险费征缴违法案件时,有关部门、单位应当给予支持、协助。

第二十条 社会保险经办机构受劳动保障行政部门的委托,可以进行与社会保险费征缴有关的检查、调查工作。

第二十一条 任何组织和个人对有关社会保险费征缴的违法行为,有权举报。劳动保障行政部门或者税务机关对举报应当及时调查,按照规定处理,并为举报人保密。

第二十二条 社会保险基金实行收支两条线管理,由财政部门依法进行监督。

审计部门依法对社会保险基金的收支情况进行监督。

第四章　罚　则

第二十三条　缴费单位未按照规定办理社会保险登记、变更登记或者注销登记，或者未按照规定申报应缴纳的社会保险费数额的，由劳动保障行政部门责令限期改正；情节严重的，对直接负责的主管人员和其他直接责任人员可以处 1000 元以上 5000 元以下的罚款；情节特别严重的，对直接负责的主管人员和其他直接责任人员可以处 5000 元以上 1 万元以下的罚款。

第二十四条　缴费单位违反有关财务、会计、统计的法律、行政法规和国家有关规定，伪造、变造、故意毁灭有关账册、材料，或者不设账册，致使社会保险费缴费基数无法确定的，除依照有关法律、行政法规的规定给予行政处罚、纪律处分、刑事处罚外，依照本条例第十条的规定征缴；迟延缴纳的，由劳动保障行政部门或者税务机关依照本条例第十三条的规定决定加收滞纳金，并对直接负责的主管人员和其他直接责任人员处 5000 元以上 2 万元以下的罚款。

第二十五条　缴费单位和缴费个人对劳动保障行政部门或者税务机关的处罚决定不服的，可以依法申请复议；对复议决定不服的，可以依法提起诉讼。

第二十六条　缴费单位逾期拒不缴纳社会保险费、滞纳金的，由劳动保障行政部门或者税务机关申请人民法院依法强制征缴。

第二十七条　劳动保障行政部门、社会保险经办机构或者税务机关的工作人员滥用职权、徇私舞弊、玩忽职守，致使社会保险费流失的，由劳动保障行政部门或者税务机关追回流失的社会保险费；构成犯罪的，依法追究刑事责任；尚不构成犯罪的，依法给予行政处分。

第二十八条　任何单位、个人挪用社会保险基金的，追回被挪用的社会保险基金；有违法所得的，没收违法所得，并入社会保险基金；构成犯罪的，依法追究刑事责任；尚不构成犯罪的，对直接负责的主管人员和其他直接责任人员依法给予行政处分。

第五章　附　则

第二十九条　省、自治区、直辖市人民政府根据本地实际情况，可以决定本条例适用于本行政区域内工伤保险费和生育保险费的征收、缴纳。

第三十条　税务机关、社会保险经办机构征收社会保险费，不得从社会保险基金中提取任何费用，所需经费列入预算，由财政拨付。

第三十一条　本条例自发布之日起施行。

社会保险经办条例

·2023 年 7 月 21 日国务院第 11 次常务会议通过
·2023 年 8 月 16 日中华人民共和国国务院令第 765 号公布
·自 2023 年 12 月 1 日起施行

第一章　总　则

第一条　为了规范社会保险经办，优化社会保险服务，保障社会保险基金安全，维护用人单位和个人的合法权益，促进社会公平，根据《中华人民共和国社会保险法》，制定本条例。

第二条　经办基本养老保险、基本医疗保险、工伤保险、失业保险、生育保险等国家规定的社会保险，适用本条例。

第三条　社会保险经办工作坚持中国共产党的领导，坚持以人民为中心，遵循合法、便民、及时、公开、安全的原则。

第四条　国务院人力资源社会保障行政部门主管全国基本养老保险、工伤保险、失业保险等社会保险经办工作。国务院医疗保障行政部门主管全国基本医疗保险、生育保险等社会保险经办工作。

县级以上地方人民政府人力资源社会保障行政部门按照统筹层次主管基本养老保险、工伤保险、失业保险等社会保险经办工作。县级以上地方人民政府医疗保障行政部门按照统筹层次主管基本医疗保险、生育保险等社会保险经办工作。

第五条　国务院人力资源社会保障行政部门、医疗保障行政部门以及其他有关部门按照各自职责，密切配合、相互协作，共同做好社会保险经办工作。

县级以上地方人民政府应当加强对本行政区域社会保险经办工作的领导，加强社会保险经办能力建设，为社会保险经办工作提供保障。

第二章　社会保险登记和关系转移

第六条　用人单位在登记管理机关办理登记

时同步办理社会保险登记。

个人申请办理社会保险登记,以公民身份号码作为社会保障号码,取得社会保障卡和医保电子凭证。社会保险经办机构应当自收到申请之日起 10 个工作日内办理完毕。

第七条 社会保障卡是个人参加基本养老保险、基本医疗保险、工伤保险、失业保险、生育保险等社会保险和享受各项社会保险待遇的凭证,包括实体社会保障卡和电子社会保障卡。

医保电子凭证是个人参加基本医疗保险、生育保险等社会保险和享受基本医疗保险、生育保险等社会保险待遇的凭证。

第八条 登记管理机关应当将用人单位设立、变更、注销登记的信息与社会保险经办机构共享,公安、民政、卫生健康、司法行政等部门应当将个人的出生、死亡以及户口登记、迁移、注销等信息与社会保险经办机构共享。

第九条 用人单位的性质、银行账户、用工等参保信息发生变化,以及个人参保信息发生变化的,用人单位和个人应当及时告知社会保险经办机构。社会保险经办机构应当对用人单位和个人提供的参保信息与共享信息进行比对核实。

第十条 用人单位和个人申请变更、注销社会保险登记,社会保险经办机构应当自收到申请之日起 10 个工作日内办理完毕。用人单位注销社会保险登记的,应当先结清欠缴的社会保险费、滞纳金、罚款。

第十一条 社会保险经办机构应当及时、完整、准确记录下列信息:

(一)社会保险登记情况;

(二)社会保险费缴纳情况;

(三)社会保险待遇享受情况;

(四)个人账户情况;

(五)与社会保险经办相关的其他情况。

第十二条 参加职工基本养老保险的个人跨统筹地区就业,其职工基本养老保险关系随同转移。

参加职工基本养老保险的个人在机关事业单位与企业等不同性质用人单位之间流动就业,其职工基本养老保险关系随同转移。

参加城乡居民基本养老保险且未享受待遇的个人跨统筹地区迁移户籍,其城乡居民基本养老保险关系可以随同转移。

第十三条 参加职工基本医疗保险的个人跨统筹地区就业,其职工基本医疗保险关系随同转移。

参加城乡居民基本医疗保险的个人跨统筹地区迁移户籍或者变动经常居住地,其城乡居民基本医疗保险关系可以按照规定随同转移。

职工基本医疗保险与城乡居民基本医疗保险之间的关系转移,按照规定执行。

第十四条 参加失业保险的个人跨统筹地区就业,其失业保险关系随同转移。

第十五条 参加工伤保险、生育保险的个人跨统筹地区就业,在新就业地参加工伤保险、生育保险。

第十六条 用人单位和个人办理社会保险关系转移接续手续的,社会保险经办机构应当在规定时限内办理完毕,并将结果告知用人单位和个人,或者提供办理情况查询服务。

第十七条 军事机关和社会保险经办机构,按照各自职责办理军人保险与社会保险关系转移接续手续。

社会保险经办机构应当为军人保险与社会保险关系转移接续手续办理优先提供服务。

第三章 社会保险待遇核定和支付

第十八条 用人单位和个人应当按照国家规定,向社会保险经办机构提出领取基本养老金的申请。社会保险经办机构应当自收到申请之日起 20 个工作日内办理完毕。

第十九条 参加职工基本养老保险的个人死亡或者失业人员在领取失业保险金期间死亡,其遗属可以依法向社会保险经办机构申领丧葬补助金和抚恤金。社会保险经办机构应当及时核实有关情况,按照规定核定并发放丧葬补助金和抚恤金。

第二十条 个人医疗费用、生育医疗费用中应当由基本医疗保险(含生育保险)基金支付的部分,由社会保险经办机构审核后与医疗机构、药品经营单位直接结算。

因特殊情况个人申请手工报销,应当向社会保险经办机构提供医疗机构、药品经营单位的收费票据、费用清单、诊断证明、病历资料。社会保险经办机构应当对收费票据、费用清单、诊断证明、病历资料进行审核,并自收到申请之日起 30 个工作日内办理完毕。

参加生育保险的个人申领生育津贴,应当向社会保险经办机构提供病历资料。社会保险经办机构应当对病历资料进行审核,并自收到申请之日内办理完毕。

第二十一条　工伤职工及其用人单位依法申请劳动能力鉴定、辅助器具配置确认、停工留薪期延长确认、工伤旧伤复发确认，应当向社会保险经办机构提供诊断证明、病历资料。

第二十二条　个人治疗工伤的医疗费用、康复费用、安装配置辅助器具费用中应当由工伤保险基金支付的部分，由社会保险经办机构审核后与医疗机构、辅助器具配置机构直接结算。

因特殊情况用人单位或者个人申请手工报销，应当向社会保险经办机构提供医疗机构、辅助器具配置机构的收费票据、费用清单、诊断证明、病历资料。社会保险经办机构应当对收费票据、费用清单、诊断证明、病历资料进行审核，并自收到申请之日起 20 个工作日内办理完毕。

第二十三条　人力资源社会保障行政部门、医疗保障行政部门应当按照各自职责建立健全异地就医医疗费用结算制度。社会保险经办机构应当做好异地就医医疗费用结算工作。

第二十四条　个人申领失业保险金，社会保险经办机构应当自收到申请之日起 10 个工作日内办理完毕。

个人在领取失业保险金期间，社会保险经办机构应当从失业保险基金中支付其应当缴纳的基本医疗保险（含生育保险）费。

个人申领职业培训等补贴，应当提供职业资格证书或者职业技能等级证书。社会保险经办机构应当对职业资格证书或者职业技能等级证书进行审核，并自收到申请之日起 10 个工作日内办理完毕。

第二十五条　个人出现国家规定的停止享受社会保险待遇的情形，用人单位、待遇享受人员或者其亲属应当自相关情形发生之日起 20 个工作日内告知社会保险经办机构。社会保险经办机构核实后应当停止发放相应的社会保险待遇。

第二十六条　社会保险经办机构应当通过信息比对、自助认证等方式，核验社会保险待遇享受资格。通过信息比对、自助认证等方式无法确认社会保险待遇享受资格的，社会保险经办机构可以委托用人单位或者第三方机构进行核实。

对涉嫌丧失社会保险待遇享受资格后继续享受待遇的，社会保险经办机构应当调查核实。经调查确认不符合社会保险待遇享受资格的，停止发放待遇。

第四章　社会保险经办服务和管理

第二十七条　社会保险经办机构应当依托社会保险公共服务平台、医疗保障信息平台等实现跨部门、跨统筹地区社会保险经办。

第二十八条　社会保险经办机构应当推动社会保险经办事项与相关政务服务事项协同办理。社会保险经办窗口应当进驻政务服务中心，为用人单位和个人提供一站式服务。

人力资源社会保障行政部门、医疗保障行政部门应当强化社会保险经办服务能力，实现省、市、县、乡镇（街道）、村（社区）全覆盖。

第二十九条　用人单位和个人办理社会保险事务，可以通过政府网站、移动终端、自助终端等服务渠道办理，也可以到社会保险经办窗口现场办理。

第三十条　社会保险经办机构应当加强无障碍环境建设，提供无障碍信息交流，完善无障碍服务设施设备，采用授权代办、上门服务等方式，为老年人、残疾人等特殊群体提供便利。

第三十一条　用人单位和个人办理社会保险事务，社会保险经办机构要求其提供身份证件以外的其他证明材料的，应当有法律、法规和国务院决定依据。

第三十二条　社会保险经办机构免费向用人单位和个人提供查询核对社会保险缴费和享受社会保险待遇记录、社会保险咨询等相关服务。

第三十三条　社会保险经办机构应当根据经办工作需要，与符合条件的机构协商签订服务协议，规范社会保险服务行为。人力资源社会保障行政部门、医疗保障行政部门应当加强对服务协议订立、履行等情况的监督。

第三十四条　医疗保障行政部门所属的社会保险经办机构应当改进基金支付和结算服务，加强服务协议管理，建立健全集体协商谈判机制。

第三十五条　社会保险经办机构应当妥善保管社会保险经办信息，确保信息完整、准确和安全。

第三十六条　社会保险经办机构应当建立健全业务、财务、安全和风险管理等内部控制制度。

社会保险经办机构应当定期对内部控制制度的制定、执行情况进行检查、评估，对发现的问题进行整改。

第三十七条　社会保险经办机构应当明确岗位权责，对重点业务、高风险业务分级审核。

第三十八条　社会保险经办机构应当加强信息系统应用管理，健全信息核验机制，记录业务经办过程。

第三十九条　社会保险经办机构具体编制下

一年度社会保险基金预算草案,报本级人力资源社会保障行政部门、医疗保障行政部门审核汇总。社会保险基金收入预算草案由社会保险经办机构会同社会保险费征收机构具体编制。

第四十条 社会保险经办机构设立社会保险基金支出户,用于接受财政专户拨入基金、支付基金支出款项、上解上级经办机构基金、下拨下级经办机构基金等。

第四十一条 社会保险经办机构应当按照国家统一的会计制度对社会保险基金进行会计核算、对账。

第四十二条 社会保险经办机构应当核查下列事项:

(一)社会保险登记和待遇享受等情况;

(二)社会保险服务机构履行服务协议、执行费用结算项目和标准情况;

(三)法律、法规规定的其他事项。

第四十三条 社会保险经办机构发现社会保险服务机构违反服务协议的,可以督促其履行服务协议,按照服务协议约定暂停或者不予拨付费用、追回违规费用、中止相关责任人员或者所在部门涉及社会保险基金使用的社会保险服务,直至解除服务协议;社会保险服务机构及其相关责任人员有权进行陈述、申辩。

第四十四条 社会保险经办机构发现用人单位、个人、社会保险服务机构违反社会保险法律、法规、规章的,应当责令改正。对拒不改正或者依法应当由人力资源社会保障行政部门、医疗保障行政部门处理的,及时移交人力资源社会保障行政部门、医疗保障行政部门处理。

第四十五条 国务院人力资源社会保障行政部门、医疗保障行政部门会同有关部门建立社会保险信用管理制度,明确社会保险领域严重失信主体名单认定标准。

社会保险经办机构应当如实记录用人单位、个人和社会保险服务机构及其工作人员违反社会保险法律、法规行为等失信行为。

第四十六条 个人多享受社会保险待遇的,由社会保险经办机构责令退回;难以一次性退回的,可以签订还款协议分期退回,也可以从其后续享受的社会保险待遇或者个人账户余额中抵扣。

第五章 社会保险经办监督

第四十七条 人力资源社会保障行政部门、

医疗保障行政部门按照各自职责对社会保险经办机构下列事项进行监督检查:

(一)社会保险法律、法规、规章执行情况;

(二)社会保险登记、待遇支付等经办情况;

(三)社会保险基金管理情况;

(四)与社会保险服务机构签订服务协议和服务协议履行情况;

(五)法律、法规规定的其他事项。

财政部门、审计机关按照各自职责,依法对社会保险经办机构的相关工作实施监督。

第四十八条 人力资源社会保障行政部门、医疗保障行政部门应当按照各自职责加强对社会保险服务机构、用人单位和个人遵守社会保险法律、法规、规章情况的监督检查。社会保险服务机构、用人单位和个人应当配合,如实提供与社会保险有关的资料,不得拒绝检查或者谎报、瞒报。

人力资源社会保障行政部门、医疗保障行政部门发现社会保险服务机构、用人单位违反社会保险法律、法规、规章的,应当按照各自职责提出处理意见,督促整改,并可以约谈相关负责人。

第四十九条 人力资源社会保障行政部门、医疗保障行政部门、社会保险经办机构及其工作人员依法保护用人单位和个人的信息,不得以任何形式泄露。

第五十条 人力资源社会保障行政部门、医疗保障行政部门应当畅通监督渠道,鼓励和支持社会各方面对社会保险经办进行监督。

社会保险经办机构应当定期向社会公布参加社会保险情况以及社会保险基金的收入、支出、结余和收益情况,听取用人单位和个人的意见建议,接受社会监督。

工会、企业代表组织应当及时反映用人单位和个人对社会保险经办的意见建议。

第五十一条 任何组织和个人有权对违反社会保险法律、法规、规章的行为进行举报、投诉。

人力资源社会保障行政部门、医疗保障行政部门对收到的有关社会保险的举报、投诉,应当依法进行处理。

第五十二条 用人单位和个人认为社会保险经办机构在社会保险经办工作中侵害其社会保险权益的,可以依法申请行政复议或者提起行政诉讼。

第六章 法律责任

第五十三条 社会保险经办机构及其工作人

员有下列行为之一的,由人力资源社会保障行政部门、医疗保障行政部门按照各自职责责令改正;给社会保险基金、用人单位或者个人造成损失的,依法承担赔偿责任;对负有责任的领导人员和直接责任人员依法给予处分:

(一)未履行社会保险法定职责的;

(二)违反规定要求提供证明材料的;

(三)克扣或者拒不按时支付社会保险待遇的;

(四)丢失或者篡改缴费记录、享受社会保险待遇记录等社会保险数据、个人权益记录的;

(五)违反社会保险经办内部控制制度的。

第五十四条 人力资源社会保障行政部门、医疗保障行政部门、社会保险经办机构及其工作人员泄露用人单位和个人信息的,对负有责任的领导人员和直接责任人员依法给予处分;给用人单位或者个人造成损失的,依法承担赔偿责任。

第五十五条 以欺诈、伪造证明材料或者其他手段骗取社会保险基金支出的,由人力资源社会保障行政部门、医疗保障行政部门按照各自职责责令退回,处骗取金额2倍以上5倍以下的罚款;属于定点医药机构的,责令其暂停相关责任部门6个月以上1年以下涉及社会保险基金使用的社会保险服务,直至由社会保险经办机构解除服务协议;属于其他社会保险服务机构的,由社会保险经办机构解除服务协议。对负有责任的领导人员和直接责任人员,有执业资格的,由有关主管部门依法吊销其执业资格。

第五十六条 隐匿、转移、侵占、挪用社会保险基金或者违规投资运营的,由人力资源社会保障行政部门、医疗保障行政部门、财政部门、审计机关按照各自职责责令追回;有违法所得的,没收违法所得;对负有责任的领导人员和直接责任人员依法给予处分。

第五十七条 社会保险服务机构拒绝人力资源社会保障行政部门、医疗保障行政部门监督检查或者谎报、瞒报有关情况的,由人力资源社会保障行政部门、医疗保障行政部门按照各自职责责令改正,并可以约谈有关负责人;拒不改正的,处1万元以上5万元以下的罚款。

第五十八条 公职人员在社会保险经办工作中滥用职权、玩忽职守、徇私舞弊的,依法给予处分。

第五十九条 违反本条例规定,构成违反治安管理行为的,依法给予治安管理处罚;构成犯罪的,依法追究刑事责任。

第七章 附 则

第六十条 本条例所称社会保险经办机构,是指人力资源社会保障行政部门所属的经办基本养老保险、工伤保险、失业保险等社会保险的机构和医疗保障行政部门所属的经办基本医疗保险、生育保险等社会保险的机构。

第六十一条 本条例所称社会保险服务机构,是指与社会保险经办机构签订服务协议,提供社会保险服务的医疗机构、药品经营单位、辅助器具配置机构、失业保险委托培训机构等机构。

第六十二条 社会保障卡加载金融功能,有条件的地方可以扩大社会保障卡的应用范围,提升民生服务效能。医保电子凭证可以根据需要,加载相关服务功能。

第六十三条 本条例自2023年12月1日起施行。

社会保险基金行政监督办法

· 2022年2月9日人力资源社会保障部令第48号公布
· 自2022年3月18日起施行

第一章 总 则

第一条 为了保障社会保险基金安全,规范和加强社会保险基金行政监督,根据《中华人民共和国社会保险法》和有关法律法规,制定本办法。

第二条 本办法所称社会保险基金行政监督,是指人力资源社会保障行政部门对基本养老保险基金、工伤保险基金、失业保险基金等人力资源社会保障部门管理的社会保险基金收支、管理情况进行的监督。

第三条 社会保险基金行政监督应当遵循合法、客观、公正、效率的原则。

第四条 人力资源社会保障部主管全国社会保险基金行政监督工作。县级以上地方各级人力资源社会保障行政部门负责本行政区域内的社会保险基金行政监督工作。

人力资源社会保障行政部门对下级人力资源社会保障部门管辖范围内的重大监督事项,可以直接进行监督。

第五条 人力资源社会保障行政部门应当加强社会保险基金行政监督队伍建设,保证工作所需经费,保障监督工作独立性。

第六条 社会保险基金行政监督工作人员应当忠于职守、清正廉洁、秉公执法、保守秘密。

社会保险基金行政监督工作人员依法履行监督职责受法律保护,失职追责、尽职免责。

社会保险基金行政监督工作人员应当具备与履行职责相适应的专业能力,依规取得行政执法证件,并定期参加培训。

第七条 人力资源社会保障行政部门负责社会保险基金监督的机构具体实施社会保险基金行政监督工作。人力资源社会保障部门负责社会保险政策、经办、信息化综合管理等机构,依据职责协同做好社会保险基金行政监督工作。

第八条 人力资源社会保障行政部门应当加强与公安、民政、司法行政、财政、卫生健康、人民银行、审计、税务、医疗保障等部门的协同配合,加强信息共享、分析,加大协同查处力度,共同维护社会保险基金安全。

第九条 人力资源社会保障行政部门应当畅通社会监督渠道,鼓励和支持社会各方参与社会保险基金监督。

任何组织或者个人有权对涉及社会保险基金的违法违规行为进行举报。

第二章 监督职责

第十条 人力资源社会保障行政部门依法履行下列社会保险基金行政监督职责:

(一)检查社会保险基金收支、管理情况;

(二)受理有关社会保险基金违法违规行为的举报;

(三)依法查处社会保险基金违法违规问题;

(四)宣传社会保险基金监督法律、法规、规章和政策;

(五)法律、法规规定的其他事项。

第十一条 人力资源社会保障行政部门对社会保险经办机构的下列事项实施监督:

(一)执行社会保险基金收支、管理的有关法律、法规、规章和政策的情况;

(二)社会保险基金预算执行及决算情况;

(三)社会保险基金收入户、支出户等银行账户开立、使用和管理情况;

(四)社会保险待遇审核和基金支付情况;

(五)社会保险服务协议订立、变更、履行、解除或者终止情况;

(六)社会保险基金收支、管理内部控制情况;

(七)法律、法规规定的其他事项。

第十二条 人力资源社会保障行政部门对社会保险服务机构的下列事项实施监督:

(一)遵守社会保险相关法律、法规、规章和政策的情况;

(二)社会保险基金管理使用情况;

(三)社会保险基金管理使用内部控制情况;

(四)社会保险服务协议履行情况;

(五)法律、法规规定的其他事项。

第十三条 人力资源社会保障行政部门对与社会保险基金收支、管理直接相关单位的下列事项实施监督:

(一)提前退休审批情况;

(二)工伤认定(职业伤害确认)情况;

(三)劳动能力鉴定情况;

(四)法律、法规规定的其他事项。

第三章 监督权限

第十四条 人力资源社会保障行政部门有权要求被监督单位提供与监督事项有关的资料,包括但不限于与社会保险基金收支、管理相关的文件、财务资料、业务资料、审计报告、会议纪要等。

被监督单位应当全面、完整提供实施监督所需资料,说明情况,并对所提供资料真实性、完整性作出书面承诺。

第十五条 人力资源社会保障行政部门有权查阅、记录、复制被监督单位与社会保险基金有关的会计凭证、会计账簿、财务会计报告、业务档案,以及其他与社会保险基金收支、管理有关的数据、资料,有权查询被监督单位社会保险信息系统的用户管理、权限控制、数据管理等情况。

第十六条 人力资源社会保障行政部门有权询问与监督事项有关的单位和个人,要求其对与监督事项有关的问题作出说明、提供有关佐证。

第十七条 人力资源社会保障行政部门应当充分利用信息化技术手段查找问题,加强社会保险基金监管信息系统应用。

第十八条 信息化综合管理机构应当根据监督工作需要,向社会保险基金行政监督工作人员开放社会保险经办系统等信息系统的查询权限,提供有关信息数据。

第十九条 人力资源社会保障行政部门有权对隐匿、伪造、变造或者故意销毁会计凭证、会计账簿、财务会计报告以及其他与社会保险基金收支、管理有关资料的行为予以制止并责令改正;有权对可能被转移、隐匿或者灭失的资料予以封存。

第二十条　人力资源社会保障行政部门有权对隐匿、转移、侵占、挪用社会保险基金的行为予以制止并责令改正。

第四章　监督实施

第二十一条　社会保险基金行政监督的检查方式包括现场检查和非现场检查。人力资源社会保障行政部门应当制定年度检查计划,明确检查范围和重点。

被监督单位应当配合人力资源社会保障行政部门的工作,并提供必要的工作条件。

第二十二条　人力资源社会保障行政部门实施现场检查,依照下列程序进行:

(一)根据年度检查计划和工作需要确定检查项目及检查内容,制定检查方案,并在实施检查3个工作日前通知被监督单位;提前通知可能影响检查结果的,可以现场下达检查通知;

(二)检查被监督单位社会保险基金相关凭证账簿,查阅与监督事项有关的文件、资料、档案、数据,向被监督单位和有关个人调查取证,听取被监督单位有关社会保险基金收支、管理使用情况的汇报;

(三)根据检查结果,形成检查报告,并送被监督单位征求意见。被监督单位如有异议,应当在接到检查报告10个工作日内提出书面意见。逾期未提出书面意见的,视同无异议。

第二十三条　人力资源社会保障行政部门实施非现场检查,依照下列程序进行:

(一)根据检查计划及工作需要,确定非现场检查目的及检查内容,通知被监督单位按照规定的范围、格式及时限报送数据、资料;或者从信息系统提取社会保险基金管理使用相关数据;

(二)审核被监督单位报送和提取的数据、资料,数据、资料不符合要求的,被监督单位应当补报或者重新报送;

(三)比对分析数据、资料,对发现的疑点问题要求被监督单位核查说明;对存在的重大问题,实施现场核实;评估社会保险基金收支、管理状况及存在的问题,形成检查报告。

对报送和提取的数据、资料,人力资源社会保障行政部门应当做好存储和使用管理,保证数据安全。

第二十四条　人力资源社会保障行政部门对监督发现的问题,采取以下处理措施:

(一)对社会保险基金收支、管理存在问题的,依法提出整改意见,采取约谈、函询、通报等手段督促整改;

(二)对依法应当由有关主管机关处理的,向有关主管机关提出处理建议。

人力资源社会保障行政部门有权对被监督单位的整改情况进行检查。

第二十五条　人力资源社会保障行政部门对通过社会保险基金行政监督检查发现、上级部门交办、举报、媒体曝光、社会保险经办机构移送等渠道获取的违法违规线索,应当查处,进行调查并依法作出行政处理、处罚决定。

人力资源社会保障行政部门作出行政处理、处罚决定前,应当听取当事人陈述、申辩;作出行政处理、处罚决定,应当告知当事人依法享有申请行政复议或者提起行政诉讼的权利。

第二十六条　社会保险基金行政监督的检查和查处应当由两名及以上工作人员共同进行,出示行政执法证件。

社会保险基金行政监督工作人员不得利用职务便利牟取不正当利益,不得从事影响客观履行基金监督职责的工作。

社会保险基金行政监督工作人员与被监督单位、个人或者事项存在利害关系的,应当回避。

第二十七条　人力资源社会保障行政部门可以聘请会计师事务所等第三方机构对社会保险基金的收支、管理情况进行审计,聘请专业人员协助开展检查。

被聘请机构和人员不得复制涉及参保个人的明细数据,不得未经授权复制统计数据和财务数据,不得将工作中获取、知悉的被监督单位资料或者相关信息用于社会保险基金监督管理以外的其他用途,不得泄露相关个人信息和商业秘密。

第二十八条　人力资源社会保障行政部门应当建立社会保险基金要情报告制度。

地方人力资源社会保障行政部门应当依规、按时、完整、准确向上级人力资源社会保障行政部门报告社会保险基金要情。

社会保险经办机构应当及时向本级人力资源社会保障行政部门报告社会保险基金要情。

本办法所称社会保险基金要情是指贪污挪用、欺诈骗取等侵害社会保险基金的情况。

第五章　法律责任

第二十九条　社会保险经办机构及其工作人员有下列行为之一的，由人力资源社会保障行政部门责令改正；对直接负责的主管人员和其他直接责任人员依法给予处分；法律法规另有规定的，从其规定：

（一）未履行社会保险法定职责的；

（二）未将社会保险基金存入财政专户的；

（三）克扣或者拒不按时支付社会保险待遇的；

（四）丢失或者篡改缴费记录、享受社会保险待遇记录等社会保险数据、个人权益记录的；

（五）违反社会保险经办内部控制制度的；

（六）其他违反社会保险法律、法规的行为。

第三十条　社会保险经办机构及其工作人员隐匿、转移、侵占、挪用社会保险基金的，按照《中华人民共和国社会保险法》第九十一条的规定处理。

第三十一条　社会保险服务机构有下列行为之一，以欺诈、伪造证明材料或者其他手段骗取社会保险基金支出的，按照《中华人民共和国社会保险法》第八十七条的规定处理：

（一）工伤保险协议医疗机构、工伤康复协议机构、工伤保险辅助器具配置协议机构、工伤预防项目实施单位等通过提供虚假证明材料及相关报销票据等手段，骗取工伤保险基金支出的；

（二）培训机构通过提供虚假培训材料等手段，骗取失业保险培训补贴的；

（三）其他以欺诈、伪造证明材料等手段骗取社会保险基金支出的行为。

第三十二条　用人单位、个人有下列行为之一，以欺诈、伪造证明材料或者其他手段骗取社会保险待遇的，按照《中华人民共和国社会保险法》第八十八条的规定处理：

（一）通过虚构个人信息、劳动关系，使用伪造、变造或者盗用他人可用于证明身份的证件，提供虚假证明材料等手段虚构社会保险参保条件、违规补缴，骗取社会保险待遇的；

（二）通过虚假待遇资格认证等方式，骗取社会保险待遇的；

（三）通过伪造或者变造个人档案、劳动能力鉴定结论等手段违规办理退休，违规增加视同缴费年限，骗取基本养老保险待遇的；

（四）通过谎报工伤事故、伪造或者变造证明材料等进行工伤认定或者劳动能力鉴定，或者提供虚假工伤认定结论、劳动能力鉴定结论，骗取工伤保险待遇的；

（五）通过伪造或者变造就医资料、票据等，或者冒用工伤人员身份就医、配置辅助器具，骗取工伤保险待遇的；

（六）其他以欺诈、伪造证明材料等手段骗取社会保险待遇的。

第三十三条　人力资源社会保障行政部门工作人员弄虚作假将不符合条件的人员认定为工伤职工或者批准提前退休，给社会保险基金造成损失的，依法给予处分。

从事劳动能力鉴定的组织或者个人提供虚假鉴定意见、诊断证明，给社会保险基金造成损失的，按照《工伤保险条例》第六十一条的规定处理。

第三十四条　被监督单位有下列行为之一的，由人力资源社会保障行政部门责令改正；拒不改正的，可以通报批评，给予警告；依法对直接负责的主管人员和其他责任人员给予处分：

（一）拒绝、阻挠社会保险基金行政监督工作人员进行监督的；

（二）拒绝、拖延提供与监督事项有关资料的；

（三）隐匿、伪造、变造或者故意销毁会计凭证、会计账簿、财务会计报告以及其他与社会保险基金收支、管理有关资料的。

第三十五条　报复陷害社会保险基金行政监督工作人员的，依法给予处分。

第三十六条　人力资源社会保障行政部门、社会保险经办机构违反本办法第二十八条的规定，对发现的社会保险基金要情隐瞒不报、谎报或者拖延不报的，按照有关规定追究相关人员责任。

第三十七条　人力资源社会保障行政部门负责人、社会保险基金行政监督工作人员违反本办法规定或者有其他滥用职权、徇私舞弊、玩忽职守行为的，依法给予处分。

第三十八条　人力资源社会保障行政部门、社会保险经办机构、会计师事务所等被聘请的第三方机构及其工作人员泄露、篡改、毁损、非法向他人提供个人信息、商业秘密的，对直接负责的主管人员和其他直接责任人员依法给予处分；违反其他法律、行政法规的，由有关主管部门依法处理。

第三十九条　违反本办法规定，构成违反治安管理行为的，依法给予治安管理处罚；构成犯罪的，依法追究刑事责任。

第六章　附　则

第四十条　本办法所称的社会保险服务机构,包括工伤保险协议医疗机构、工伤康复协议机构、工伤保险辅助器具配置协议机构、工伤预防项目实施单位、享受失业保险培训补贴的培训机构、承办社会保险经办业务的商业保险机构等。

对乡镇(街道)事务所(中心、站)等承担社会保险经办服务工作的机构的监督,参照对社会保险经办机构监督相关规定执行。

第四十一条　基本养老保险基金委托投资运营监管另行规定。

第四十二条　本办法自 2022 年 3 月 18 日起施行。原劳动和社会保障部《社会保险基金行政监督办法》(劳动和社会保障部令第 12 号)同时废止。

社会保险领域严重失信人名单管理暂行办法

· 2019 年 10 月 28 日
· 人社部规〔2019〕2 号

第一条　为推进社会保险领域信用体系建设,保障社会保险基金安全运行,切实维护用人单位和参保人员合法权益,根据《国务院关于建立完善守信联合激励和失信联合惩戒制度加快推进社会诚信建设的指导意见》(国发〔2016〕33 号)和《国务院办公厅关于加快推进社会信用体系建设构建以信用为基础的新型监管机制的指导意见》(国办发〔2019〕35 号)等有关规定,制定本办法。

第二条　基本养老保险、失业保险和工伤保险(以下简称社会保险)领域有严重失信行为的用人单位、社会保险服务机构及其有关人员、参保及待遇领取人员等严重失信人名单管理工作,适用本办法。

第三条　人力资源社会保障部负责指导监督全国社会保险严重失信人名单管理工作。

县级以上地方人力资源社会保障部门根据职责负责本辖区内社会保险严重失信人名单的具体实施管理工作。

第四条　社会保险严重失信人名单实行"谁认定、谁负责",遵循依法依规、公平公正、客观真实、动态管理的原则。

第五条　用人单位、社会保险服务机构及其有关人员、参保及待遇领取人员等,有下列情形之一的,县级以上地方人力资源社会保障部门将其列入社会保险严重失信人名单:

(一)用人单位不依法办理社会保险登记,经行政处罚后,仍不改正的;

(二)以欺诈、伪造证明材料或者其他手段违规参加社会保险,违规办理社会保险业务超过 20 人次或从中牟利超过 2 万元的;

(三)以欺诈、伪造证明材料或者其他手段骗取社会保险待遇或社会保险基金支出,数额超过 1 万元,或虽未达到 1 万元但经责令退回仍拒不退回的;

(四)社会保险待遇领取人丧失待遇领取资格后,本人或他人冒领、多领社会保险待遇超过 6 个月或者数额超过 1 万元,经责令退回仍拒不退回,或签订还款协议后未按时履约的;

(五)恶意将社会保险个人权益记录用于与社会保险经办机构约定以外用途,或者造成社会保险个人权益信息泄露的;

(六)社会保险服务机构不按服务协议提供服务,造成基金损失超过 10 万元的;

(七)用人单位及其法定代表人或第三人依法应偿还社会保险基金已先行支付的工伤保险待遇,有能力偿还而拒不偿还,超过 1 万元的;

(八)法律、法规、规章规定的其他情形。

第六条　社会保险经办机构按照国务院关于建立证明事项告知承诺制的有关规定,在办理社会保险事项时,以书面(含电子文本,下同)形式将法律法规中规定的证明义务、证明内容以及被列入严重失信人名单的风险提示等一次性告知当事人,当事人书面承诺已经符合告知的条件、标准、要求,愿意承担不实承诺法律责任的,社会保险经办机构不再索要有关证明而依据当事人承诺办理相关事项。

社会保险经办机构应通过各级在线政务服务平台、数据共享交换平台、信用信息共享平台、政府部门内部核查和部门间行政协助等方式对当事人承诺内容予以核查。当事人违背承诺,存在本办法第五条规定情形的,列入社会保险严重失信人名单。

第七条 人力资源社会保障部门拟将当事人列入严重失信人名单的，应当事先书面告知当事人拟列入的事实、理由、依据、惩戒措施、期限等，以及其享有陈述申辩的权利。经复核，当事人的申辩理由不成立或逾期未提出申辩的，应当作出列入决定，并通知当事人。列入决定应当写明：

（一）当事人基本信息，包括法人和其他组织名称及其统一社会信用代码，法定代表人或单位负责人姓名及其身份号码，相关责任人姓名及其身份号码；

（二）列入事实、理由、依据、期限、惩戒措施、作出列入决定的人力资源社会保障部门名称、联系方式；

（三）当事人权利救济途径和救济期限等；

（四）整改方式和期限、信用修复方式等名单退出方式告知等。

第八条 人力资源社会保障部门应当自作出列入决定之日起 7 个工作日内，在人力资源社会保障门户网站、"信用中国"等相关媒介上公示社会保险严重失信人名单信息。

第九条 人力资源社会保障部门应当自作出列入决定之日起 7 个工作日内，上传社会保险严重失信人名单信息至人力资源社会保障信用信息平台和全国信用信息共享平台，由相关部门依据《关于对社会保险领域严重失信企业及其有关人员实施联合惩戒的合作备忘录》（发改财经〔2018〕1704 号）规定实施联合惩戒。

第十条 因发生第五条第（一）项、第（四）项、第（六）项、第（七）项规定情形被纳入社会保险严重失信人名单的，联合惩戒期限为 1 年，期满自动移出社会保险严重失信人名单。

因发生第五条第（二）项、第（三）项、第（五）项、第（八）项规定情形或再次发生第五条规定情形被纳入社会保险严重失信人名单的，联合惩戒期限为 3 年，期满自动移出社会保险严重失信人名单。

第十一条 人力资源社会保障部门按照国务院有关部门关于失信行为限期整改制度的规定，对首次因发生第五条第（一）项、第（四）项、第（六）项、第（七）项规定情形被纳入社会保险严重失信人名单的失信主体，可结合实际以适当方式督促其在 3 个月内整改。失信主体整改到位后，可提请人力资源社会保障部门确认，人力资源社

会保障部门应在 30 个工作日内核查确认，将其提前移出社会保险严重失信人名单。

第十二条 未按时整改的失信主体，可以按照国务院有关部门关于信用修复的规定，主动纠正失信行为、消除不良影响，向人力资源社会保障部门申请信用修复，并提供已经履行义务和书面信用承诺等相关资料。人力资源社会保障部门在收到修复申请 60 个工作日内核查确认后，将其提前移出社会保险严重失信人名单。

第十三条 失信主体被移出社会保险严重失信人名单的，相关部门联合惩戒措施即行终止。

第十四条 人力资源社会保障部门将失信主体移出社会保险严重失信人名单的，应当通过人力资源社会保障门户网站、"信用中国"等相关媒介予以公示。

第十五条 当事人对被列入社会保险严重失信人名单不服的，可依法提起行政复议或行政诉讼。

第十六条 人力资源社会保障部门工作人员在实施社会保险严重失信人名单管理过程中，滥用职权、玩忽职守、徇私舞弊的，依法予以处理。

第十七条 本办法自印发之日起施行。

社会保险基金先行支付暂行办法

· 2011 年 6 月 29 日人力资源和社会保障部令第 15 号公布

· 根据 2018 年 12 月 14 日《人力资源社会保障部关于修改部分规章的决定》修订

第一条 为了维护公民的社会保险合法权益，规范社会保险基金先行支付管理，根据《中华人民共和国社会保险法》（以下简称社会保险法）和《工伤保险条例》，制定本办法。

第二条 参加基本医疗保险的职工或者居民（以下简称个人）由于第三人的侵权行为造成伤病的，其医疗费用应当由第三人按照确定的责任大小依法承担。超过第三人责任部分的医疗费用，由基本医疗保险基金按照国家规定支付。

前款规定中应当由第三人支付的医疗费用，第三人不支付或者无法确定第三人的，在医疗费用结算时，个人可以向参保地社会保险经办机构

书面申请基本医疗保险基金先行支付,并告知造成其伤病的原因和第三人不支付医疗费用或者无法确定第三人的情况。

第三条　社会保险经办机构接到个人根据第二条规定提出的申请后,经审核确定其参加基本医疗保险的,应当按照统筹地区基本医疗保险基金支付的规定先行支付相应部分的医疗费用。

第四条　个人由于第三人的侵权行为造成伤病被认定为工伤,第三人不支付工伤医疗费用或者无法确定第三人的,个人或者其近亲属可以向社会保险经办机构书面申请工伤保险基金先行支付,并告知第三人不支付或者无法确定第三人的情况。

第五条　社会保险经办机构接到个人根据第四条规定提出的申请后,应当审查个人获得基本医疗保险基金先行支付和其所在单位缴纳工伤保险费等情况,并按照下列情形分别处理:

(一)对于个人所在用人单位已经依法缴纳工伤保险费,且在认定工伤之前基本医疗保险基金有先行支付的,社会保险经办机构应当按照工伤保险有关规定,用工伤保险基金先行支付超出基本医疗保险基金先行支付部分的医疗费用,并向基本医疗保险基金退还先行支付的费用;

(二)对于个人所在用人单位已经依法缴纳工伤保险费,在认定工伤之前基本医疗保险基金无先行支付的,社会保险经办机构应当用工伤保险基金先行支付工伤医疗费用;

(三)对于个人所在用人单位未依法缴纳工伤保险费,且在认定工伤之前基本医疗保险基金有先行支付的,社会保险经办机构应当在3个工作日内向用人单位发出书面催告通知,要求用人单位在5个工作日内依法支付超出基本医疗保险基金先行支付部分的医疗费用,并向基本医疗保险基金偿还先行支付的医疗费用。用人单位在规定时间内不支付其余部分医疗费用的,社会保险经办机构应当用工伤保险基金先行支付;

(四)对于个人所在用人单位未依法缴纳工伤保险费,在认定工伤之前基本医疗保险基金无先行支付的,社会保险经办机构应当在3个工作日内向用人单位发出书面催告通知,要求用人单位在5个工作日内依法支付全部工伤医疗费用;用人单位在规定时间内不支付的,社会保险经办机构应当用工伤保险基金先行支付。

第六条　职工所在用人单位未依法缴纳工伤保险费,发生工伤事故的,用人单位应当采取措施及时救治,并按照规定的工伤保险待遇项目和标准支付费用。

职工被认定为工伤后,有下列情形之一的,职工或者其近亲属可以持工伤认定决定书和有关材料向社会保险经办机构书面申请先行支付工伤保险待遇:

(一)用人单位被依法吊销营业执照或者撤销登记、备案的;

(二)用人单位拒绝支付全部或者部分费用的;

(三)依法经仲裁、诉讼后仍不能获得工伤保险待遇,法院出具中止执行文书的;

(四)职工认为用人单位不支付的其他情形。

第七条　社会保险经办机构收到职工或者其近亲属根据第六条规定提出的申请后,应当在3个工作日内向用人单位发出书面催告通知,要求其在5个工作日内予以核实并依法支付工伤保险待遇,告知其如在规定期限内不按时足额支付的,工伤保险基金在按照规定先行支付后,取得要求其偿还的权利。

第八条　用人单位未按照第七条规定按时足额支付的,社会保险经办机构应当按照社会保险法和《工伤保险条例》的规定,先行支付工伤保险待遇项目中应当由工伤保险基金支付的项目。

第九条　个人或者其近亲属提出先行支付医疗费用、工伤医疗费用或者工伤保险待遇申请,社会保险经办机构经审核不符合先行支付条件的,应当在收到申请后5个工作日内作出不予先行支付的决定,并书面通知申请人。

第十条　个人申请先行支付医疗费用、工伤医疗费用或者工伤保险待遇的,应当提交所有医疗诊断、鉴定等费用的原始票据等证据。社会保险经办机构应当保留所有原始票据等证据,要求申请人在先行支付凭据上签字确认,凭原始票据等证据先行支付医疗费用、工伤医疗费用或者工伤保险待遇。

个人因向第三人或者用人单位请求赔偿需要医疗费用、工伤医疗费用或者工伤保险待遇的原始票据等证据的,可以向社会保险经办机构索取复印件,并将第三人或者用人单位赔偿情况及时告知社会保险经办机构。

社会保障篇

第十一条 个人已经从第三人或者用人单位处获得医疗费用、工伤医疗费用或者工伤保险待遇的,应当主动将先行支付金额中应当由第三人承担的部分或者工伤保险基金先行支付的工伤保险待遇退还给基本医疗保险基金或者工伤保险基金,社会保险经办机构不再向第三人或者用人单位追偿。

个人拒不退还的,社会保险经办机构可以从以后支付的相关待遇中扣减其应当退还的数额,或者向人民法院提起诉讼。

第十二条 社会保险经办机构按照本办法第三条规定先行支付医疗费用或者按照第五条第一项、第二项规定先行支付工伤医疗费用后,有关部门确定了第三人责任的,应当要求第三人按照确定的责任大小依法偿还先行支付数额中的相应部分。第三人逾期不偿还的,社会保险经办机构应当依法向人民法院提起诉讼。

第十三条 社会保险经办机构按照本办法第五条第三项、第四项和第六条、第七条、第八条的规定先行支付工伤保险待遇后,应当责令用人单位在 10 日内偿还。

用人单位逾期不偿还的,社会保险经办机构可以按照社会保险法第六十三条的规定,向银行和其他金融机构查询其存款账户,申请县级以上社会保险行政部门作出划拨抵偿还款项的决定,并书面通知用人单位开户银行或者其他金融机构划拨其应当偿还的数额。

用人单位账户余额少于应当偿还数额的,社会保险经办机构可以要求其提供担保,签订延期还款协议。

用人单位未按时足额偿还且未提供担保的,社会保险经办机构可以申请人民法院扣押、查封、拍卖其价值相当于应当偿还数额的财产,以拍卖所得偿还所欠数额。

第十四条 社会保险经办机构向用人单位追偿工伤保险待遇发生的合理费用以及用人单位逾期偿还部分的利息损失等,应当由用人单位承担。

第十五条 用人单位不支付依法应当由其支付的工伤保险待遇项目的,职工可以依法申请仲裁、提起诉讼。

第十六条 个人隐瞒已经从第三人或者用人单位处获得医疗费用、工伤医疗费用或者工伤保险待遇,向社会保险经办机构申请并获得社会保险基金先行支付的,按照社会保险法第八十八条的规定处理。

第十七条 用人单位对社会保险经办机构作出先行支付的追偿决定不服或者对社会保险行政部门作出的划拨决定不服的,可以依法申请行政复议或者提起行政诉讼。

个人或者其近亲属对社会保险经办机构作出不予先行支付的决定不服或者对先行支付的数额不服的,可以依法申请行政复议或者提起行政诉讼。

第十八条 本办法自 2011 年 7 月 1 日起施行。

社会保险欺诈案件管理办法

· 2016 年 4 月 28 日
· 人社厅发〔2016〕61 号

第一章 总 则

第一条 为加强社会保险欺诈案件管理,规范执法办案行为,提高案件查办质量和效率,促进公正廉洁执法,根据《社会保险法》、《行政处罚法》和《行政执法机关移送涉嫌犯罪案件的规定》等法律法规以及《人力资源社会保障部 公安部关于加强社会保险欺诈案件查处和移送工作的通知》,结合工作实际,制定本办法。

第二条 社会保险行政部门应当建立规范、有效的社会保险欺诈案件管理制度,加强案件科学化、规范化、全程化、信息化管理。

第三条 社会保险行政部门对社会保险欺诈案件的管理活动适用本办法。

第四条 社会保险行政部门的基金监督机构具体负责社会保险欺诈案件归口管理工作。

上级社会保险行政部门应当加强对下级社会保险行政部门社会保险欺诈案件查办和案件管理工作的指导和监督。

第五条 社会保险行政部门应当制定统一、规范的社会保险欺诈案件执法办案流程和法律文书格式,实现执法办案活动程序化、标准化管理。

第六条 社会保险行政部门应当建立健全社会保险欺诈案件管理信息系统,实现执法办案活动信息化管理。

第七条　社会保险行政部门根据社会保险欺诈案件查办和管理工作需要,可以聘请专业人员和机构参与案件查办或者案件管理工作,提供专业咨询和技术支持。

第二章　记录管理和流程监控

第八条　社会保险行政部门应当建立社会保险欺诈案件管理台账,对社会保险欺诈案件进行统一登记、集中管理,对案件立案、调查、决定、执行、移送、结案、归档等执法办案全过程进行跟踪记录、监控和管理。

第九条　社会保险行政部门应当及时、准确地登记和记录案件全要素信息。

案件登记和记录内容包括:案件名称、编号、来源、立案时间、涉案对象和险种等案件基本信息情况,案件调查和检查、决定、执行、移送、结案和立卷归档情况,案件办理各环节法律文书签发和送达情况,办案人员情况以及其他需要登记和记录的案件信息。

第十条　社会保险行政部门应当建立案件流程监控制度,对案件查办时限、程序和文书办理进行跟踪监控和督促。

第十一条　社会保险行政部门应当根据案件查办期限要求,合理设定执法办案各环节的控制时限,加强案件查办时限监控。

第十二条　社会保险行政部门应当根据案件查办程序规定,设定执法办案程序流转的顺序控制,上一环节未完成不得进行下一环节。

第十三条　社会保险行政部门应当根据案件查办文书使用管理规定,设定文书办理程序和格式控制,规范文书办理和使用行为。

第三章　立案和查处管理

第十四条　社会保险行政部门立案查处社会保险欺诈案件,应当遵循依法行政、严格执法的原则,坚持有案必查、违法必究,做到事实清楚、证据确凿、程序合法、法律法规规章适用准确适当、法律文书使用规范。

第十五条　社会保险欺诈案件由违法行为发生地社会保险行政部门管辖。

社会保险行政部门对社会保险欺诈案件管辖发生争议的,应当按照主要违法行为发生地或者社会保险基金主要受损地管辖原则协商解决。协商不成的,报请共同的上一级社会保险行政部门指定管辖。

第十六条　社会保险行政部门应当健全立案管理制度,对发现的社会保险欺诈违法违规行为,符合立案条件,属于本部门管辖的,应当按照规定及时立案查处。

第十七条　社会保险行政部门对于查处的重大社会保险欺诈案件,应当在立案后10个工作日内向上一级社会保险行政部门报告。

立案报告内容应当包括案件名称、编号、来源、立案时间、涉案对象、险种等案件基本信息情况以及基本案情等。

第十八条　社会保险行政部门立案查处社会保险欺诈案件,应当指定案件承办人。

指定的案件承办人应当具备执法办案资格条件,并符合回避规定。

第十九条　案件承办人应当严格按照规定的程序、方法、措施和时限,开展案件调查或者检查,收集、调取、封存和保存证据,制作和使用文书,提交案件调查或者检查报告。

第二十条　社会保险行政部门应当对案件调查或者检查结果进行审查,并根据违法行为的事实、性质、情节以及社会危害程度等不同情况,作出给予或者不予行政处理、处罚的决定。

社会保险行政部门在作出行政处罚决定前,应当按照规定履行事先告知程序,保障当事人依法行使陈述、申辩权以及要求听证的权利。

第二十一条　社会保险行政部门作出行政处理、处罚决定的,应当制作行政处理、处罚决定书,并按照规定期限和程序送达当事人。

社会保险行政部门应当定期查询行政处理、处罚决定执行情况,对于当事人逾期并经催告后仍不执行的,应当依法强制执行或者申请人民法院强制执行。

第二十二条　社会保险行政部门及其执法办案人员应当严格执行罚款决定和收缴分离制度,除依法可以当场收缴的罚款外,不得自行收缴罚款。

第二十三条　对于符合案件办结情形的社会保险欺诈案件,社会保险行政部门应当及时结案。

符合下列情形的,可以认定为案件办结:

(一)作出行政处理处罚决定并执行完毕的;

(二)作出不予行政处理、处罚决定的;

（三）涉嫌构成犯罪，依法移送司法机关并被立案的；

（四）法律法规规定的其他案件办结情形。

第二十四条　社会保险行政部门跨区域调查案件的，相关地区社会保险行政部门应当积极配合、协助调查。

第二十五条　社会保险行政部门应当健全部门行政执法协作机制，加强与审计、财政、价格、卫生计生、工商、税务、药品监管和金融监管等行政部门的协调配合，形成监督合力。

第四章　案件移送管理

第二十六条　社会保险行政部门应当健全社会保险欺诈案件移送制度，按照规定及时向公安机关移送涉嫌社会保险欺诈犯罪案件，不得以行政处罚代替案件移送。

社会保险行政部门在查处社会保险欺诈案件过程中，发现国家工作人员涉嫌违纪、犯罪线索的，应当根据案件的性质，向纪检监察机关或者人民检察院移送。

第二十七条　社会保险行政部门移送涉嫌社会保险欺诈犯罪案件，应当组成专案组，核实案情提出移送书面报告，报本部门负责人审批，作出批准或者不批准移送的决定。

作出批准移送决定的，应当制作涉嫌犯罪案件移送书，并附涉嫌社会保险欺诈犯罪案件调查报告、涉案的有关书证、物证及其他有关涉嫌犯罪的材料，在规定时间内向公安机关移送，并抄送同级人民检察院。在移送案件时已经作出行政处罚决定的，应当将行政处罚决定书一并抄送。

作出不批准移送决定的，应当将不批准的理由记录在案。

第二十八条　社会保险行政部门对于案情重大、复杂疑难，性质难以确定的案件，可以就刑事案件立案追诉标准、证据固定和保全等问题，咨询公安机关、人民检察院。

第二十九条　对于公安机关决定立案的社会保险欺诈案件，社会保险行政部门应当在接到立案通知书后及时将涉案物品以及与案件有关的其他材料移交公安机关，并办理交接手续。

第三十条　对于已移送公安机关的社会保险欺诈案件，社会保险行政部门应当定期向公安机关查询案件办理进展情况。

第三十一条　公安机关在查处社会保险欺诈案件过程中，需要社会保险行政部门协助查证、提供有关社会保险信息数据和证据材料或者就政策性、专业性问题进行咨询的，社会保险行政部门应当予以协助配合。

第三十二条　对于公安机关决定不予立案或者立案后撤销的案件，社会保险行政部门应当按照规定接收公安机关退回或者移送的案卷材料，并依法作出处理。

社会保险行政部门对于公安机关作出的不予立案决定有异议的，可以向作出决定的公安机关申请复议，也可以建议人民检察院进行立案监督。

第三十三条　社会保险行政部门应当与公安机关建立联席会议、案情通报、案件会商等工作机制，确保基金监督行政执法与刑事司法工作衔接顺畅，坚决克服有案不移、有案难移、以罚代刑现象。

第三十四条　社会保险行政部门应当与公安机关定期或者不定期召开联席会议，互通社会保险欺诈案件查处以及行政执法与刑事司法衔接工作情况，分析社会保险欺诈形势和任务，协调解决工作中存在的问题，研究提出加强预防和查处的措施。

第三十五条　社会保险行政部门应当按照规定与公安、检察机关实现基金监督行政执法与刑事司法信息的共享，实现社会保险欺诈案件移送等执法、司法信息互联互通。

第五章　重大案件督办

第三十六条　社会保险行政部门应当建立重大社会保险欺诈案件督办制度，加强辖区内重大社会保险欺诈案件查处工作的协调、指导和监督。

重大案件督办是指上级社会保险行政部门对下级社会保险行政部门查办重大案件的调查、违法行为的认定、法律法规的适用、办案程序、处罚及移送等环节实施协调、指导和监督。

第三十七条　上级社会保险行政部门可以根据案件性质、涉案金额、复杂程度、查处难度以及社会影响等情况，对辖区内发生的重大社会保险欺诈案件进行督办。

对跨越多个地区，案情特别复杂，本级社会保险行政部门查处确有困难的，可以报请上级社会保险行政部门进行督办。

第三十八条　案件涉及其他行政部门的,社会保险行政部门可以协调相关行政部门实施联合督办。

第三十九条　社会保险行政部门(以下简称督办单位)确定需要督办的案件后,应当向承办案件的下级社会保险行政部门(以下简称承办单位)发出重大案件督办函,同时抄报上级社会保险行政部门。

第四十条　承办单位收到督办单位重大案件督办函后,应当及时立案查处,并在立案后 10 个工作日内将立案情况报告督办单位。

第四十一条　承办单位应当每 30 个工作日向督办单位报告一次案件查处进展情况;重大案件督办函有确定报告时限的,按照确定报告时限报告。案件查处有重大进展的,应当及时报告。

第四十二条　督办单位应当对承办单位督办案件查处工作进行指导、协调和督促。

对于承办单位未按要求立案查处督办案件和报告案件查处进展情况的,督办单位应当及时询问情况,进行催办。

第四十三条　督办单位催办可以采取电话催办、发函催办、约谈催办的方式,必要时也可以采取现场督导催办方式。

第四十四条　对因督办案件情况发生变化,不需要继续督办的,督办单位可以撤销督办,并向承办单位发出重大案件撤销督办函。

第四十五条　承办单位应当在督办案件办结后,及时向督办单位报告结果。

办结报告内容应当包括案件名称、编号、来源、涉案对象和险种等基本信息情况、主要违法事实情况、案件调查或检查情况、行政处理处罚决定和执行情况以及案件移送情况等。

第六章　案件立卷归档

第四十六条　社会保险行政部门应当健全社会保险欺诈案件立卷归档管理制度,规范案卷管理行为。

第四十七条　社会保险欺诈案件办结后,社会保险行政部门应当及时收集、整理案件相关材料,进行立卷归档。

第四十八条　社会保险欺诈案件应当分别立卷,统一编号,一案一卷,做到目录清晰、资料齐全、分类规范、装订整齐、归档及时。

案卷可以立为正卷和副卷。正卷主要列入各类证据材料、法律文书等可以对外公开的材料;副卷主要列入案件讨论记录、法定秘密材料等不宜对外公开的材料。

第四十九条　装订成册的案卷应当由案卷封面、卷内文件材料目录、卷内文件材料、卷内文件材料备考表和封底组成。

第五十条　卷内文件材料应当按照以下规则组合排列:

(一)行政决定文书及其送达回证排列在最前面,其他文书材料按照工作流程顺序排列;

(二)证据材料按照所反映的问题特征分类,每类证据主证材料排列在前,旁证材料排列在后;

(三)其他文件材料按照取得或者形成的时间顺序,并结合重要程度进行排列。

第五十一条　社会保险行政部门应当按照国家规定确定案卷保管期限和保管案卷。

第五十二条　社会保险行政部门建立案件电子档案的,电子档案应当与纸质档案内容一致。

第七章　案件质量评查

第五十三条　社会保险行政部门应当健全社会保险欺诈案件质量评查制度,组织、实施、指导和监督本区域内社会保险欺诈案件质量评查工作,加强案件质量管理。

第五十四条　案件质量评查应当从证据采信、事实认定、法律适用、程序规范、文书使用和制作等方面进行,通过审阅案卷、实地调研等方式,对执法办案形成的案卷进行检查、评议,发现、解决案件质量问题,提高执法办案质量。

评查内容主要包括:

(一)执法办案主体是否合法,执法办案人员是否具有资格;

(二)当事人认定是否准确;

(三)认定事实是否清楚,证据是否充分、确凿;

(四)适用法律、法规和规章是否准确、适当;

(五)程序是否合法、规范;

(六)文书使用是否符合法定要求,记录内容是否清楚,格式是否规范;

(七)文书送达是否符合法定形式与要求;

(八)行政处理、处罚决定和执行是否符合法定形式与要求;

（九）文书和材料的立卷归档是否规范。

第五十五条 社会保险行政部门应当定期或者不定期开展案件质量评查。

案件质量评查可以采取集中评查、交叉评查、网上评查方式，采用重点抽查或者随机抽查方法。

第五十六条 社会保险行政部门应当合理确定案件质量评查标准，划分评查档次。

第五十七条 社会保险行政部门开展案件质量评查，应当成立评查小组。

评查小组开展评查工作，应当实行一案一查一评，根据评查标准进行检查评议，形成评查结果。

第五十八条 评查工作结束后，社会保险行政部门应当将评查结果通报下级社会保险行政部门。

第八章 案件分析和报告

第五十九条 社会保险行政部门应当建立社会保险欺诈案件分析制度，定期对案件总体情况进行分析，对典型案例进行剖析，开展业务交流研讨，提高执法办案质量和能力。

第六十条 社会保险行政部门应当建立社会保险欺诈案件专项报告制度，定期对案件查处和移送情况进行汇总，报送上一级社会保险行政部门。

省级社会保险行政部门应当于半年和年度结束后 20 日内上报社会保险欺诈案件查处和移送情况报告，并附社会保险欺诈案件查处和移送情况表（见附表），与社会保险基金要情统计表同时报送（一式三份）。

专项报告内容主要包括：社会保险欺诈案件查处和移送情况及分析、重大案件和上级督办案件查处情况、案件查处和移送制度机制建设和执行情况以及案件管理工作情况。

第六十一条 社会保险行政部门应当建立社会保险欺诈案件情况通报制度，定期或者不定期通报本辖区内社会保险欺诈案件发生和查处情况。

通报社会保险欺诈案件情况，可以在本系统通报，也可以根据工作需要向社会公开通报。

对于重大社会保险欺诈案件可以进行专题通报。

第六十二条 社会保险行政部门应当健全社会保险欺诈案例指导制度，定期或者不定期收集、整理、印发社会保险欺诈典型案例，指导辖区内案件查处工作。

第六十三条 社会保险行政部门应当健全社会保险欺诈案件信息公开制度，依法公开已办结案件相关信息，接受社会监督。

第六十四条 社会保险行政部门查处社会保险欺诈案件，作出行政处罚决定的，应当在作出决定后 7 个工作日内，在社会保险行政部门门户网站进行公示。

第六十五条 社会保险行政部门应当完善单位和个人社会保险欺诈违法信息记录和使用机制，将欺诈违法信息纳入单位和个人诚信记录，加强失信惩戒，促进社会保险诚信建设。

第九章 监督检查

第六十六条 上级社会保险行政部门应当定期或者不定期对下级社会保险行政部门社会保险欺诈案件查处和移送情况以及案件管理情况进行监督检查，加强行政层级执法监督。

第六十七条 社会保险行政部门应当健全执法办案责任制，明确执法办案职责，加强对执法办案活动的监督和问责。

第十章 附 则

第六十八条 本办法自发布之日起施行。

第六十九条 本办法由人力资源社会保障部负责解释。

社会保险个人权益记录管理办法

· 2011 年 6 月 29 日人力资源和社会保障部令第 14 号公布
· 自 2011 年 7 月 1 日起施行

第一章 总 则

第一条 为了维护参保人员的合法权益，规范社会保险个人权益记录管理，根据《中华人民共和国社会保险法》等相关法律法规的规定，制定本办法。

第二条 本办法所称社会保险个人权益记录，是指以纸质材料和电子数据等载体记录的反映参保人员及其用人单位履行社会保险义务、享

受社会保险权益状况的信息,包括下列内容:

(一)参保人员及其用人单位社会保险登记信息;

(二)参保人员及其用人单位缴纳社会保险费、获得相关补贴的信息;

(三)参保人员享受社会保险待遇资格及领取待遇的信息;

(四)参保人员缴费年限和个人账户信息;

(五)其他反映社会保险个人权益的信息。

第三条　社会保险经办机构负责社会保险个人权益记录管理,提供与社会保险个人权益记录相关的服务。

人力资源社会保障信息化综合管理机构(以下简称信息机构)对社会保险个人权益记录提供技术支持和安全保障服务。

人力资源社会保障行政部门对社会保险个人权益记录管理实施监督。

第四条　社会保险个人权益记录遵循及时、完整、准确、安全、保密原则,任何单位和个人不得用于商业交易或者营利活动,也不得违法向他人泄露。

第二章　采集和审核

第五条　社会保险经办机构通过业务经办、统计、调查等方式获取参保人员相关社会保险个人权益信息,同时,应当与社会保险费征收机构、工商、民政、公安、机构编制等部门通报的情况进行核对。

与社会保险经办机构签订服务协议的医疗机构、药品经营单位、工伤康复机构、辅助器具安装配置机构、相关金融机构等(以下简称社会保险服务机构)和参保人员及其用人单位应当及时、准确提供社会保险个人权益信息,社会保险经办机构应当按照规定程序进行核查。

第六条　社会保险经办机构应当依据业务经办原始资料及时采集社会保险个人权益信息。

通过互联网经办社会保险业务采集社会保险个人权益信息的,应当采取相应的安全措施。

社会保险经办机构应当在经办前台完成社会保险个人权益信息采集工作,不得在后台数据库直接录入、修改数据。

社会保险个人权益记录中缴费数额、待遇标准、个人账户储存额、缴费年限等待遇计发的数据,应当根据事先设定的业务规则,通过社会保险信息系统对原始采集数据进行计算处理后生成。

第七条　社会保险经办机构应当建立社会保险个人权益信息采集的初审、审核、复核、审批制度,明确岗位职责,并在社会保险信息系统中进行岗位权限设置。

第三章　保管和维护

第八条　社会保险经办机构和信息机构应当配备社会保险个人权益记录保管的场所和设施设备,建立并完善人力资源社会保障业务专网。

第九条　社会保险个人权益数据保管应当符合以下要求:

(一)建立完善的社会保险个人权益数据存储管理办法;

(二)定期对社会保险个人权益数据的保管、可读取、备份记录状况等进行测试,发现问题及时处理;

(三)社会保险个人权益数据应当定期备份,备份介质异地存放;

(四)保管的软硬件环境、存储载体等发生变化时,应当及时对社会保险个人权益数据进行迁移、转换,并保留原有数据备查。

第十条　参保人员流动就业办理社会保险关系转移时,新参保地社会保险经办机构应当及时做好社会保险个人权益记录的接收和管理工作;原参保地社会保险经办机构在将社会保险个人权益记录转出后,应当按照规定保留原有记录备查。

第十一条　社会保险经办机构应当安排专门工作人员对社会保险个人权益数据进行管理和日常维护,检查记录的完整性、合规性,并按照规定程序修正和补充。

社会保险经办机构不得委托其他单位或者个人单独负责社会保险个人权益数据维护工作。其他单位或者个人协助维护的,社会保险经办机构应当与其签订保密协议。

第十二条　社会保险经办机构应当建立社会保险个人权益记录维护日志,对社会保险个人权益数据维护的时间、内容、维护原因、处理方法和责任人等进行登记。

第十三条　社会保险个人权益信息的采集、保管和维护等环节涉及的书面材料应当存档备查。

第四章 查询和使用

第十四条 社会保险经办机构应当向参保人员及其用人单位开放社会保险个人权益记录查询程序,界定可供查询的内容,通过社会保险经办机构网点、自助终端或者电话、网站等方式提供查询服务。

第十五条 社会保险经办机构网点应当设立专门窗口向参保人员及其用人单位提供免费查询服务。

参保人员向社会保险经办机构查询本人社会保险个人权益记录的,需持本人有效身份证件;参保人员委托他人向社会保险经办机构查询本人社会保险个人权益记录的,被委托人需持书面委托材料和本人有效身份证件。需要书面查询结果或者出具本人参保缴费、待遇享受等书面证明的,社会保险经办机构应当按照规定提供。

参保用人单位凭有效证明文件可以向社会保险经办机构免费查询本单位缴费情况,以及职工在本单位工作期间涉及本办法第二条第一项、第二项相关内容。

第十六条 参保人员或者用人单位对社会保险个人权益记录存在异议时,可以向社会保险经办机构提出书面核查申请,并提供相关证明材料。社会保险经办机构应当进行复核,确实存在错误的,应当改正。

第十七条 人力资源社会保障行政部门、信息机构基于宏观管理、决策以及信息系统开发等目的,需要使用社会保险个人权益记录的,社会保险经办机构应当依据业务需求规定范围提供。非因依法履行工作职责需要的,所提供的内容不得包含可以直接识别个人身份的信息。

第十八条 有关行政部门、司法机关等因履行工作职责,依法需要查询社会保险个人权益记录的,社会保险经办机构依法按照规定的查询对象和记录项目提供查询。

第十九条 其他申请查询社会保险个人权益记录的单位,应当向社会保险经办机构提出书面申请。申请应当包括下列内容:

(一)申请单位的有效证明文件、单位名称、联系方式;

(二)查询目的和法律依据;

(三)查询的内容。

第二十条 社会保险经办机构收到依前条规定提出的查询申请后,应当进行审核,并按照下列情形分别作出处理:

(一)对依法应当予以提供的,按照规定程序提供;

(二)对无法律依据的,应当向申请人作出说明。

第二十一条 社会保险经办机构应当对除参保人员本人及其用人单位以外的其他单位查询社会保险个人权益记录的情况进行登记。

第二十二条 社会保险经办机构不得向任何单位和个人提供数据库全库交换或者提供超出规定查询范围的信息。

第五章 保密和安全管理

第二十三条 建立社会保险个人权益记录保密制度。人力资源社会保障行政部门、社会保险经办机构、信息机构、社会保险服务机构、信息技术服务商及其工作人员对在工作中获知的社会保险个人权益记录承担保密责任,不得违法向他人泄露。

第二十四条 依据本办法第十八条规定查询社会保险个人权益记录的有关行政部门和司法机关,不得将获取的社会保险个人权益记录用作约定之外的其他用途,也不得违法向他人泄露。

第二十五条 信息机构和社会保险经办机构应当建立健全社会保险信息系统安全防护体系和安全管理制度,加强应急预案管理和灾难恢复演练,确保社会保险个人权益数据安全。

第二十六条 信息机构应当按照社会保险经办机构的要求,建立社会保险个人权益数据库用户管理制度,明确系统管理员、数据库管理员、业务经办用户和信息查询用户的职责,实行用户身份认证和权限控制。

系统管理员、数据库管理员不得兼职业务经办用户或者信息查询用户。

第六章 法律责任

第二十七条 人力资源社会保障行政部门及其他有关行政部门、司法机关违反保密义务的,应当依法承担法律责任。

第二十八条 社会保险经办机构、信息机构及其工作人员有下列行为之一的,由人力资源社会保障行政部门责令改正;对直接负责的主管人员和其他直接责任人员依法给予处分;给社会保险基金、用人单位或者个人造成损失的,依法承担赔偿责任;构成违反治安管理行为的,由公安机关依法予以处罚;构成犯罪的,依法追究刑事责任:

(一)未及时、完整、准确记载社会保险个人权益信息的;

(二)系统管理员、数据库管理员兼职业务经办用户或者信息查询用户的;

(三)与用人单位或者个人恶意串通,伪造、篡改社会保险个人权益记录或者提供虚假社会保险个人权益信息的;

(四)丢失、破坏、违反规定销毁社会保险个人权益记录的;

(五)擅自提供、复制、公布、出售或者变相交易社会保险个人权益记录的;

(六)违反安全管理规定,将社会保险个人权益数据委托其他单位或个人单独管理和维护的。

第二十九条 社会保险服务机构、信息技术服务商以及按照本办法第十九条规定获取个人权益记录的单位及其工作人员,将社会保险个人权益记录用于与社会保险经办机构约定以外用途,或者造成社会保险个人权益信息泄露的,依法对直接负责的主管人员和其他直接责任人员给予处分;给社会保险基金、用人单位或者个人造成损失的,依法承担赔偿责任;构成违反治安管理行为的,由公安机关依法予以处罚;构成犯罪的,依法追究刑事责任。

第三十条 任何组织和个人非法提供、复制、公布、出售或者变相交易社会保险个人权益记录,有违法所得的,由人力资源社会保障行政部门没收违法所得;属于社会保险服务机构、信息技术服务商的,可由社会保险经办机构与其解除服务协议;依法对直接负责的主管人员和其他直接责任人员给予处分;给社会保险基金、用人单位或者个人造成损失的,依法承担赔偿责任;构成违反治安管理行为的,由公安机关依法予以处罚;构成犯罪的,依法追究刑事责任。

第七章 附 则

第三十一条 社会保险个人权益记录管理涉及会计等材料,国家对其有特别规定的,从其规定。

法律、行政法规规定有关业务接受其他监管部门监督管理的,依照其规定执行。

第三十二条 本办法自2011年7月1日起施行。

实施《中华人民共和国社会保险法》若干规定

· 2011年6月29日人力资源和社会保障部令第13号公布
· 自2011年7月1日起施行

为了实施《中华人民共和国社会保险法》(以下简称社会保险法),制定本规定。

第一章 关于基本养老保险

第一条 社会保险法第十五条规定的统筹养老金,按照国务院规定的基础养老金计发办法计发。

第二条 参加职工基本养老保险的个人达到法定退休年龄时,累计缴费不足十五年的,可以延长缴费至满十五年。社会保险法实施前参保、延长缴费五年后仍不足十五年的,可以一次性缴费至满十五年。

第三条 参加职工基本养老保险的个人达到法定退休年龄后,累计缴费不足十五年(含依照第二条规定延长缴费)的,可以申请转入户籍所在地新型农村社会养老保险或者城镇居民社会养老保险,享受相应的养老保险待遇。

参加职工基本养老保险的个人达到法定退休年龄后,累计缴费不足十五年(含依照第二条规定延长缴费),且未转入新型农村社会养老保险或者城镇居民社会养老保险的,个人可以书面申请终止职工基本养老保险关系。社会保险经办机构收到申请后,应当书面告知其转入新型农村社会养老保险或者城镇居民社会养老保险的权利以及终止职工基本养老保险关系的后果,经本人书面确认后,终止其职工基本养老保险关系,并将个人账户储存额一次性支付给本人。

第四条 参加职工基本养老保险的个人跨省流动就业,达到法定退休年龄时累计缴费不足十五年的,按照《国务院办公厅关于转发人力资源社会保障部财政部城镇企业职工基本养老保险关系转移接续暂行办法的通知》(国办发〔2009〕66号)有关待遇领取地的规定确定继续缴费地后,按照本规定第二条办理。

第五条 参加职工基本养老保险的个人跨省流动就业,符合按月领取基本养老金条件时,基本养老金分段计算、统一支付的具体办法,按照《国务院办公厅关于转发人力资源社会保障部财政部城镇企业职工基本养老保险关系转移接续暂行办法的通知》(国办发〔2009〕66号)执行。

第六条 职工基本养老保险个人账户不得提前支取。个人在达到法定的领取基本养老金条件前离境定居的,其个人账户予以保留,达到法定领取条件时,按照国家规定享受相应的养老保险待遇。其中,丧失中华人民共和国国籍的,可以在其离境时或者离境后书面申请终止职工基本养老保险关系。社会保险经办机构收到申请后,应当书面告知其保留个人账户的权利以及终止职工基本养老保险关系的后果,经本人书面确认后,终止其职工基本养老保险关系,并将个人账户储存额一次性支付给本人。

参加职工基本养老保险的个人死亡后,其个人账户中的余额可以全部依法继承。

第二章 关于基本医疗保险

第七条 社会保险法第二十七条规定的退休人员享受基本医疗保险待遇的缴费年限按照各地规定执行。

参加职工基本医疗保险的个人,基本医疗保险关系转移接续时,基本医疗保险缴费年限累计计算。

第八条 参保人员在协议医疗机构发生的医疗费用,符合基本医疗保险药品目录、诊疗项目、医疗服务设施标准的,按照国家规定从基本医疗保险基金中支付。

参保人员确需急诊、抢救的,可以在非协议医疗机构就医;因抢救必须使用的药品可以适当放宽范围。参保人员急诊、抢救的医疗服务具体管理办法由统筹地区根据当地实际情况制定。

第三章 关于工伤保险

第九条 职工(包括非全日制从业人员)在两个或者两个以上用人单位同时就业的,各用人单位应当分别为职工缴纳工伤保险费。职工发生工伤,由职工受到伤害时工作的单位依法承担工伤保险责任。

第十条 社会保险法第三十七条第二项中的醉酒标准,按照《车辆驾驶人员血液、呼气酒精含量阈值与检验》(GB19522—2004)执行。公安机关交通管理部门、医疗机构等有关单位依法出具的检测结论、诊断证明等材料,可以作为认定醉酒的依据。

第十一条 社会保险法第三十八条第八项中的因工死亡补助金是指《工伤保险条例》第三十九条的一次性工亡补助金,标准为工伤发生时上一年度全国城镇居民人均可支配收入的20倍。

上一年度全国城镇居民人均可支配收入以国家统计局公布的数据为准。

第十二条 社会保险法第三十九条第一项治疗工伤期间的工资福利,按照《工伤保险条例》第三十三条有关职工在停工留薪期内应当享受的工资福利和护理等待遇的规定执行。

第四章 关于失业保险

第十三条 失业人员符合社会保险法第四十五条规定条件的,可以申请领取失业保险金并享受其他失业保险待遇。其中,非因本人意愿中断就业包括下列情形:

(一)依照劳动合同法第四十四条第一项、第四项、第五项规定终止劳动合同的;

(二)由用人单位依照劳动合同法第三十九条、第四十条、第四十一条规定解除劳动合同的;

(三)用人单位依照劳动合同法第三十六条规定向劳动者提出解除劳动合同并与劳动者协商一致解除劳动合同的;

(四)由用人单位提出解除聘用合同或者被用人单位辞退、除名、开除的;

(五)劳动者本人依照劳动合同法第三十八条规定解除劳动合同的;

(六)法律、法规、规章规定的其他情形。

第十四条 失业人员领取失业保险金后重新就业的,再次失业时,缴费时间重新计算。失业人员因当期不符合失业保险金领取条件的,原有缴费时间予以保留,重新就业并参保的,缴费时间累计计算。

第十五条 失业人员在领取失业保险金期

间,应当积极求职,接受职业介绍和职业培训。失业人员接受职业介绍、职业培训的补贴由失业保险基金按照规定支付。

第五章　关于基金管理和经办服务

第十六条　社会保险基金预算、决算草案的编制、审核和批准,依照《国务院关于试行社会保险基金预算的意见》(国发〔2010〕2号)的规定执行。

第十七条　社会保险经办机构应当每年至少一次将参保人员个人权益记录单通过邮寄方式寄送本人。同时,社会保险经办机构可以通过手机短信或者电子邮件等方式向参保人员发送个人权益记录。

第十八条　社会保险行政部门、社会保险经办机构及其工作人员应当依法为用人单位和个人的信息保密,不得违法向他人泄露下列信息:

(一)涉及用人单位商业秘密或者公开后可能损害用人单位合法利益的信息;

(二)涉及个人权益的信息。

第六章　关于法律责任

第十九条　用人单位在终止或者解除劳动合同时拒不向职工出具终止或者解除劳动关系证明,导致职工无法享受社会保险待遇的,用人单位应当依法承担赔偿责任。

第二十条　职工应当缴纳的社会保险费由用人单位代扣代缴。用人单位未依法代扣代缴的,由社会保险费征收机构责令用人单位限期代缴,并自欠缴之日起向用人单位按日加收万分之五的滞纳金。用人单位不得要求职工承担滞纳金。

第二十一条　用人单位因不可抗力造成生产经营出现严重困难的,经省级人民政府社会保险行政部门批准后,可以暂缓缴纳一定期限的社会保险费,期限一般不超过一年。暂缓缴费期间,免收滞纳金。到期后,用人单位应当缴纳相应的社会保险费。

第二十二条　用人单位按照社会保险法第六十三条的规定,提供担保并与社会保险费征收机构签订缓缴协议的,免收缓缴期间的滞纳金。

第二十三条　用人单位按本规定第二十一条、第二十二条缓缴社会保险费期间,不影响其职工依法享受社会保险待遇。

第二十四条　用人单位未按月将缴纳社会保险费的明细情况告知职工本人的,由社会保险行政部门责令改正;逾期不改的,按照《劳动保障监察条例》第三十条的规定处理。

第二十五条　医疗机构、药品经营单位等社会保险服务机构以欺诈、伪造证明材料或者其他手段骗取社会保险基金支出的,由社会保险行政部门责令退回骗取的社会保险金,处骗取金额二倍以上五倍以下的罚款。对与社会保险经办机构签订服务协议的医疗机构、药品经营单位,由社会保险经办机构按照协议追究责任,情节严重的,可以解除与其签订的服务协议。对有执业资格的直接负责的主管人员和其他直接责任人员,由社会保险行政部门建议授予其执业资格的有关主管部门依法吊销其执业资格。

第二十六条　社会保险经办机构、社会保险费征收机构、社会保险基金投资运营机构、开设社会保险基金专户的机构和专户管理银行及其工作人员有下列违法情形的,由社会保险行政部门按照社会保险法第九十一条的规定查处:

(一)将应征和已征的社会保险基金,采取隐藏、非法放置等手段,未按规定征缴、入账的;

(二)违规将社会保险基金转入社会保险基金专户以外的账户的;

(三)侵吞社会保险基金的;

(四)将各项社会保险基金互相挤占或者其他社会保障基金挤占社会保险基金的;

(五)将社会保险基金用于平衡财政预算,兴建、改建办公场所和支付人员经费、运行费用、管理费用的;

(六)违反国家规定的投资运营政策的。

第七章　其　他

第二十七条　职工与所在用人单位发生社会保险争议的,可以依照《中华人民共和国劳动争议调解仲裁法》、《劳动人事争议仲裁办案规则》的规定,申请调解、仲裁,提起诉讼。

职工认为用人单位有未按时足额为其缴纳社会保险费等侵害其社会保险权益行为的,也可以要求社会保险行政部门或者社会保险费征收机构依法处理。社会保险行政部门或者社会保险费征收机构应当按照社会保险法和《劳动保障监察条例》等相关规定处理。在处理过程中,用人单位对

社会保障篇

双方的劳动关系提出异议的,社会保险行政部门应当依法查明相关事实后继续处理。

第二十八条 在社会保险经办机构征收社会保险费的地区,社会保险行政部门应当依法履行社会保险法第六十三条所规定的有关行政部门的职责。

第二十九条 2011 年 7 月 1 日后对用人单位未按时足额缴纳社会保险费的处理,按照社会保险法和本规定执行;对 2011 年 7 月 1 日前发生的用人单位未按时足额缴纳社会保险费的行为,按照国家和地方人民政府的有关规定执行。

第三十条 本规定自 2011 年 7 月 1 日起施行。

社会保险行政争议处理办法

· 2001 年 5 月 27 日劳动和社会保障部令第 13 号发布
· 自发布之日起施行

第一条 为妥善处理社会保险行政争议,维护公民、法人和其他组织的合法权益,保障和监督社会保险经办机构(以下简称经办机构)依法行使职权,根据劳动法、行政复议法及有关法律、行政法规,制定本办法。

第二条 本办法所称的社会保险行政争议,是指经办机构在依照法律、法规及有关规定经办社会保险事务过程中,与公民、法人或者其他组织之间发生的争议。

本办法所称的经办机构,是指法律、法规授权的劳动保障行政部门所属的专门办理养老保险、医疗保险、失业保险、工伤保险、生育保险等社会保险事务的工作机构。

第三条 公民、法人或者其他组织认为经办机构的具体行政行为侵犯其合法权益,向经办机构或者劳动保障行政部门申请社会保险行政争议处理,经办机构或者劳动保障行政部门处理社会保险行政争议适用本办法。

第四条 经办机构和劳动保障行政部门的法制工作机构或者负责法制工作的机构为本单位的社会保险行政争议处理机构(以下简称保险争议处理机构),具体负责社会保险行政争议的处理工作。

第五条 经办机构和劳动保障行政部门分别采用复查和行政复议的方式处理社会保险行政争议。

第六条 有下列情形之一的,公民、法人或者其他组织可以申请行政复议:

(一)认为经办机构未依法为其办理社会保险登记、变更或者注销手续的;

(二)认为经办机构未按规定审核社会保险缴费基数的;

(三)认为经办机构未按规定记录社会保险费缴费情况或者拒绝其查询缴费记录的;

(四)认为经办机构违法收取费用或者违法要求履行义务的;

(五)对经办机构核定其社会保险待遇标准有异议的;

(六)认为经办机构不依法支付其社会保险待遇或者对经办机构停止其享受社会保险待遇有异议的;

(七)认为经办机构未依法为其调整社会保险待遇的;

(八)认为经办机构未依法为其办理社会保险关系转移或者接续手续的;

(九)认为经办机构的其他具体行政行为侵犯其合法权益的。

属于前款第(二)、(五)、(六)、(七)项情形之一的,公民、法人或者其他组织可以直接向劳动保障行政部门申请行政复议,也可以先向作出该具体行政行为的经办机构申请复查,对复查决定不服,再向劳动保障行政部门申请行政复议。

第七条 公民、法人或者其他组织认为经办机构的具体行政行为所依据的除法律、法规、规章和国务院文件以外的其他规范性文件不合法,在对具体行政行为申请行政复议时,可以向劳动保障行政部门一并提出对该规范性文件的审查申请。

第八条 公民、法人或者其他组织对经办机构作出的具体行政行为不服,可以向直接管理该经办机构的劳动保障行政部门申请行政复议。

第九条 申请人认为经办机构的具体行政行为侵犯其合法权益的,可以自知道该具体行政行为之日起 60 日内向经办机构申请复查或者向劳动保障行政部门申请行政复议。

申请人与经办机构之间发生的属于人民法院

受案范围的行政案件,申请人也可以依法直接向人民法院提起行政诉讼。

第十条　经办机构作出具体行政行为时,未告知申请人有权申请行政复议或者行政复议申请期限的,行政复议申请期限从申请人知道行政复议权或者行政复议申请期限之日起计算,但最长不得超过二年。

因不可抗力或者其他正当理由耽误法定申请期限的,申请期限自障碍消除之日起继续计算。

第十一条　申请人向经办机构申请复查或者向劳动保障行政部门申请行政复议,一般应当以书面形式提出,也可以口头提出。口头提出的,接到申请的保险争议处理机构应当当场记录申请人的基本情况、请求事项、主要事实和理由、申请时间等事项,并由申请人签字或者盖章。

劳动保障行政部门的其他工作机构接到以书面形式提出的行政复议申请的,应当立即转送本部门的保险争议处理机构。

第十二条　申请人向作出该具体行政行为的经办机构申请复查的,该经办机构应指定其内部专门机构负责处理,并应当自接到复查申请之日起 20 日内作出维持或者改变该具体行政行为的复查决定。决定改变的,应当重新作出新的具体行政行为。

经办机构作出的复查决定应当采用书面形式。

第十三条　申请人对经办机构的复查决定不服,或者经办机构逾期未作出复查决定的,申请人可以向直接管理该经办机构的劳动保障行政部门申请行政复议。

申请人在经办机构复查该具体行政行为期间,向劳动保障行政部门申请行政复议的,经办机构的复查程序终止。

第十四条　经办机构复查期间,行政复议的申请期限中止,复查期限不计入行政复议申请期限。

第十五条　劳动保障行政部门的保险争议处理机构接到行政复议申请后,应当注明收到日期,并在 5 个工作日内进行审查,由劳动保障行政部门按照下列情况分别作出决定:

(一)对符合法定受理条件,但不属于本行政机关受理范围的,应当告知申请人向有关机关提出;

(二)对不符合法定受理条件的,应当作出不予受理决定,并制作行政复议不予受理决定书,送达申请人。该决定书中应当说明不予受理的理由。

除前款规定外,行政复议申请自劳动保障行政部门的保险争议处理机构收到之日起即为受理,并制作行政复议受理通知书,送达申请人和被申请人。该通知中应当告知受理日期。

本条规定的期限,从劳动保障行政部门的保险争议处理机构收到行政复议申请之日起计算;因行政复议申请书的主要内容欠缺致使劳动保障行政部门难以作出决定而要求申请人补正有关材料的,从保险争议处理机构收到补正材料之日起计算。

第十六条　经办机构作出具体行政行为时,没有制作或者没有送达行政文书,申请人不服提起行政复议的,只要能证明具体行政行为存在,劳动保障行政部门应当依法受理。

第十七条　申请人认为劳动保障行政部门无正当理由不受理其行政复议申请的,可以向上级劳动保障行政部门申诉,上级劳动保障行政部门在审查后,作出以下处理决定:

(一)申请人提出的行政复议申请符合法定受理条件的,应当责令下级劳动保障行政部门予以受理;其中申请人不服的具体行政行为是依据劳动保障法律、法规、部门规章、本级以上人民政府制定的规章或者本行政机关制定的规范性文件作出的,或者上级劳动保障行政部门认为有必要直接受理的,可以直接受理;

(二)上级劳动保障行政部门认为下级劳动保障行政部门不予受理行为确属有正当理由,应当将审查结论告知申请人。

第十八条　劳动保障行政部门的保险争议处理机构对已受理的社会保险行政争议案件,应当自收到申请之日起 7 个工作日内,将申请书副本或者申请笔录复印件和行政复议受理通知书送达被申请人。

第十九条　被申请人应当自接到行政复议申请书副本或者申请笔录复印件之日起 10 日内,提交答辩书,并提交作出该具体行政行为的证据、所依据的法律规范及其他有关材料。

被申请人不提供或者无正当理由逾期提供的,视为该具体行政行为没有证据、依据。

第二十条　申请人可以依法查阅被申请人提

出的书面答辩、作出具体行政行为的证据、依据和其他有关材料。

第二十一条 劳动保障行政部门处理社会保险行政争议案件，原则上采用书面审查方式。必要时，可以向有关单位和个人调查了解情况，听取申请人、被申请人和有关人员的意见，并制作笔录。

第二十二条 劳动保障行政部门处理社会保险行政争议案件，以法律、法规、规章和依法制定的其他规范性文件为依据。

第二十三条 劳动保障行政部门在依法向有关部门请示行政复议过程中所遇到的问题应当如何处理期间，行政复议中止。

第二十四条 劳动保障行政部门在审查申请人一并提出的作出具体行政行为所依据的有关规定的合法性时，应当根据具体情况，分别作出以下处理：

（一）该规定是由本行政机关制定的，应当在30日内对该规定依法作出处理结论；

（二）该规定是由本行政机关以外的劳动保障行政部门制定的，应当在7个工作日内将有关材料直接移送制定该规定的劳动保障行政部门，请其在60日内依法作出处理结论，并将处理结论告知移送的劳动保障行政部门。

（三）该规定是由政府及其他工作部门制定的，应当在7个工作日内按照法定程序转送有权处理的国家机关依法处理。

审查该规定期间，行政复议中止，劳动保障行政部门应将有关中止情况通知申请人和被申请人。

第二十五条 行政复议中止的情形结束后，劳动保障行政部门应当继续对该具体行政行为进行审查，并将恢复行政复议审查的时间通知申请人和被申请人。

第二十六条 申请人向劳动保障行政部门提出行政复议申请后，在劳动保障行政部门作出处理决定之前，撤回行政复议申请的，经说明理由，劳动保障行政部门可以终止审理，并将有关情况记录在案。

第二十七条 劳动保障行政部门行政复议期间，被申请人变更或者撤销原具体行政行为的，应当书面告知劳动保障行政部门和申请人。劳动保障行政部门可以终止对原具体行政行为的审查，并书面告知申请人和被申请人。

申请人对被申请人变更或者重新作出的具体行政行为不服，向劳动保障行政部门提出行政复议申请的，劳动保障行政部门应当受理。

第二十八条 劳动保障行政部门的保险争议处理机构应当对其组织审理的社会保险行政争议案件提出处理建议，经本行政机关负责人审查同意或者重大案件经本行政机关集体讨论决定后，由本行政机关依法作出行政复议决定。

第二十九条 劳动保障行政部门作出行政复议决定，应当制作行政复议决定书。行政复议决定书应当载明下列事项：

（一）申请人的姓名、性别、年龄、工作单位、住址（法人或者其他组织的名称、地址、法定代表人的姓名、职务）；

（二）被申请人的名称、地址、法定代表人的姓名、职务；

（三）申请人的复议请求和理由；

（四）被申请人的答辩意见；

（五）劳动保障行政部门认定的事实、理由，适用的法律、法规、规章和依法制定的其他规范性文件；

（六）复议结论；

（七）申请人不服复议决定向人民法院起诉的期限；

（八）作出复议决定的年、月、日。

行政复议决定书应当加盖本行政机关的印章。

第三十条 经办机构和劳动保障行政部门应当依照民事诉讼法有关送达的规定，将复查决定和行政复议文书送达申请人和被申请人。

第三十一条 申请人对劳动保障行政部门作出的行政复议决定不服的，可以依法向人民法院提起行政诉讼。

第三十二条 经办机构必须执行生效的行政复议决定书。拒不执行或者故意拖延不执行的，由直接主管该经办机构的劳动保障行政部门责令其限期履行，并按照人事管理权限对直接负责的主管人员给予行政处分，或者建议经办机构对有关人员给予行政处分。

第三十三条 经办机构或者劳动保障行政部门审查社会保险行政争议案件，不得向申请人收取任何费用。

行政复议活动所需经费，由本单位的行政经费予以保障。

第三十四条 本办法自发布之日起施行。

（二）养老保险

国务院办公厅关于推动个人养老金发展的意见

· 2022 年 4 月 8 日
· 国办发〔2022〕7 号

各省、自治区、直辖市人民政府，国务院各部委、各直属机构：

为推进多层次、多支柱养老保险体系建设，促进养老保险制度可持续发展，满足人民群众日益增长的多样化养老保险需要，根据《中华人民共和国社会保险法》《中华人民共和国银行业监督管理法》《中华人民共和国保险法》《中华人民共和国证券投资基金法》等法律法规，经党中央、国务院同意，现就推动个人养老金发展提出以下意见：

一、总体要求

以习近平新时代中国特色社会主义思想为指导，全面贯彻党的十九大和十九届历次全会精神，认真落实党中央、国务院决策部署，坚持以人民为中心的发展思想，完整、准确、全面贯彻新发展理念，加快构建新发展格局，推动发展适合中国国情、政府政策支持、个人自愿参加、市场化运营的个人养老金，与基本养老保险、企业（职业）年金相衔接，实现养老保险补充功能，协调发展其他个人商业养老金融业务，健全多层次、多支柱养老保险体系。

推动个人养老金发展坚持政府引导、市场运作、有序发展的原则。注重发挥政府引导作用，在多层次、多支柱养老保险体系中统筹布局个人养老金；充分发挥市场作用，营造公开公平公正的竞争环境，调动各方面积极性；严格监督管理，切实防范风险，促进个人养老金健康有序发展。

二、参加范围

在中国境内参加城镇职工基本养老保险或者城乡居民基本养老保险的劳动者，可以参加个人养老金制度。

三、制度模式

个人养老金实行个人账户制度，缴费完全由参加人个人承担，实行完全积累。参加人通过个人养老金信息管理服务平台（以下简称信息平台），建立个人养老金账户。个人养老金账户是参加个人养老金制度、享受税收优惠政策的基础。

参加人可以用缴纳的个人养老金在符合规定的金融机构或者其依法合规委托的销售渠道（以下统称金融产品销售机构）购买金融产品，并承担相应的风险。参加人应当指定或者开立一个本人唯一的个人养老金资金账户，用于个人养老金缴费、归集收益、支付和缴纳个人所得税。个人养老金资金账户可以由参加人在符合规定的商业银行指定或者开立，也可以通过其他符合规定的金融产品销售机构指定。个人养老金资金账户实行封闭运行，其权益归参加人所有，除另有规定外不得提前支取。

参加人变更个人养老金资金账户开户银行时，应当经信息平台核验后，将原个人养老金资金账户内的资金转移至新的个人养老金资金账户并注销原资金账户。

四、缴费水平

参加人每年缴纳个人养老金的上限为 12000 元。人力资源社会保障部、财政部根据经济社会发展水平和多层次、多支柱养老保险体系发展情况等因素适时调整缴费上限。

五、税收政策

国家制定税收优惠政策，鼓励符合条件的人员参加个人养老金制度并依规领取个人养老金。

六、个人养老金投资

个人养老金资金账户资金用于购买符合规定的银行理财、储蓄存款、商业养老保险、公募基金等运作安全、成熟稳定、标的规范、侧重长期保值的满足不同投资者偏好的金融产品，参加人可自主选择。参与个人养老金运行的金融机构和金融产品由相关金融监管部门确定，并通过信息平台和金融行业平台向社会发布。

七、个人养老金领取

参加人达到领取基本养老金年龄、完全丧失劳动能力、出国（境）定居，或者具有其他符合国家规定的情形，经信息平台核验领取条件后，可以按月、分次或者一次性领取个人养老金，领取方式一经确定不得更改。领取时，应将个人养老金由个人养老金资金账户转入本人社会保障卡银行账户。

参加人死亡后，其个人养老金资金账户中的资产可以继承。

八、信息平台

信息平台由人力资源社会保障部组织建设，与符合规定的商业银行以及相关金融行业平台对接，归集相关信息，与财政、税务等部门共享相关信息，为参加人提供个人养老金账户管理、缴费管理、信息查询等服务，支持参加人享受税收优惠政策，为个人养老金运行提供信息核验和综合监管支撑，为相关金融监管部门、参与个人养老金运行的金融机构提供相关信息服务。不断提升信息平台的规范化、信息化、专业化管理水平，运用"互联网+"创新服务方式，为参加人提供方便快捷的服务。

九、运营和监管

人力资源社会保障部、财政部对个人养老金发展进行宏观指导，根据职责对个人养老金的账户设置、缴费上限、待遇领取、税收优惠等制定具体政策并进行运行监管，定期向社会披露相关信息。税务部门依法对个人养老金实施税收征管。相关金融监管部门根据各自职责，依法依规对参与个人养老金运行金融机构的经营活动进行监管，督促相关金融机构优化产品和服务，做好产品风险提示，对产品的风险性进行监管，加强对投资者的教育。

各参与部门要建立和完善投诉机制，积极发挥社会监督作用，及时发现解决个人养老金运行中出现的问题。

十、组织领导

推动个人养老金发展是健全多层次、多支柱养老保险体系，增强人民群众获得感、幸福感、安全感的重要举措，直接关系广大参加人的切身利益。各地区要加强领导、周密部署、广泛宣传，稳妥有序推动有关工作落地实施。各相关部门要按照职责分工制定落实本意见的具体政策措施，同向发力、密切协同，指导地方和有关金融机构切实做好相关工作。人力资源社会保障部、财政部要加强指导和协调，结合实际分步实施，选择部分城市先试行1年，再逐步推开，及时研究解决工作中遇到的问题，确保本意见顺利实施。

国务院关于机关事业单位工作人员养老保险制度改革的决定

- 2015 年 1 月 3 日
- 国发〔2015〕2 号

各省、自治区、直辖市人民政府，国务院各部委、各直属机构：

按照党的十八大和十八届三中、四中全会精神，根据《中华人民共和国社会保险法》等相关规定，为统筹城乡社会保障体系建设，建立更加公平、可持续的养老保险制度，国务院决定改革机关事业单位工作人员养老保险制度。

一、改革的目标和基本原则。以邓小平理论、"三个代表"重要思想、科学发展观为指导，深入贯彻党的十八大、十八届三中、四中全会精神和党中央、国务院决策部署，坚持全覆盖、保基本、多层次、可持续方针，以增强公平性、适应流动性、保证可持续性为重点，改革现行机关事业单位工作人员退休保障制度，逐步建立独立于机关事业单位之外、资金来源多渠道、保障方式多层次、管理服务社会化的养老保险体系。改革应遵循以下基本原则：

（一）公平与效率相结合。既体现国民收入再分配更加注重公平的要求，又体现工作人员之间贡献大小差别，建立待遇与缴费挂钩机制，多缴多得、长缴多得，提高单位和职工参保缴费的积极性。

（二）权利与义务相对应。机关事业单位工作人员要按照国家规定切实履行缴费义务，享受相应的养老保险待遇，形成责任共担、统筹互济的养老保险筹资和分配机制。

（三）保障水平与经济发展水平相适应。立足社会主义初级阶段基本国情，合理确定基本养老保险筹资和待遇水平，切实保障退休人员基本生活，促进基本养老保险制度可持续发展。

（四）改革前与改革后待遇水平相衔接。立足增量改革，实现平稳过渡。对改革前已退休人员，保持现有待遇并参加今后的待遇调整；对改革后参加工作的人员，通过建立新机制，实现待遇的合理衔接；对改革前参加工作、改革后退休的人员，通过实行过渡性措施,保持待遇水平不降低。

(五)解决突出矛盾与保证可持续发展相促进。统筹规划、合理安排、量力而行,准确把握改革的节奏和力度,先行解决目前城镇职工基本养老保险制度不统一的突出矛盾,再结合养老保险顶层设计,坚持精算平衡,逐步完善相关制度和政策。

二、改革的范围。本决定适用于按照公务员法管理的单位、参照公务员法管理的机关(单位)、事业单位及其编制内的工作人员。

三、实行社会统筹与个人账户相结合的基本养老保险制度。基本养老保险费由单位和个人共同负担。单位缴纳基本养老保险费(以下简称单位缴费)的比例为本单位工资总额的20%,个人缴纳基本养老保险费(以下简称个人缴费)的比例为本人缴费工资的8%,由单位代扣。按本人缴费工资8%的数额建立基本养老保险个人账户,全部由个人缴费形成。个人工资超过当地上年度在岗职工平均工资300%以上的部分,不计入个人缴费工资基数;低于当地上年度在岗职工平均工资60%的,按当地在岗职工平均工资的60%计算个人缴费工资基数。

个人账户储存额只用于工作人员养老,不得提前支取,每年按照国家统一公布的记账利率计算利息,免征利息税。参保人员死亡的,个人账户余额可以依法继承。

四、改革基本养老金计发办法。本决定实施后参加工作、个人缴费年限累计满15年的人员,退休后按月发给基本养老金。基本养老金由基础养老金和个人账户养老金组成。退休时的基础养老金月标准以当地上年度在岗职工月平均工资和本人指数化月平均缴费工资的平均值为基数,缴费每满1年发给1%。个人账户养老金月标准为个人账户储存额除以计发月数,计发月数根据本人退休时城镇人口平均预期寿命、本人退休年龄、利息等因素确定(详见附件)。

本决定实施前参加工作、实施后退休且缴费年限(含视同缴费年限,下同)累计满15年的人员,按照合理衔接、平稳过渡的原则,在发给基础养老金和个人账户养老金的基础上,再依据视同缴费年限长短发给过渡性养老金。具体办法由人力资源社会保障部会同有关部门制定并指导实施。

本决定实施后达到退休年龄但个人缴费年限累计不满15年的人员,其基本养老保险关系处理和基本养老金计发比照《实施〈中华人民共和国社会保险法〉若干规定》(人力资源社会保障部令第13号)执行。

本决定实施前已经退休的人员,继续按照国家规定的原待遇标准发放基本养老金,同时执行基本养老金调整办法。

机关事业单位离休人员仍按照国家统一规定发给离休费,并调整相关待遇。

五、建立基本养老金正常调整机制。根据职工工资增长和物价变动等情况,统筹安排机关事业单位和企业退休人员的基本养老金调整,逐步建立兼顾各类人员的养老保险待遇正常调整机制,分享经济社会发展成果,保障退休人员基本生活。

六、加强基金管理和监督。建立健全基本养老保险基金省级统筹;暂不具备条件的,可先实行省级基金调剂制度,明确各级人民政府征收、管理和支付的责任。机关事业单位基本养老保险基金单独建账,与企业职工基本养老保险基金分别管理使用。基金实行严格的预算管理,纳入社会保障基金财政专户,实行收支两条线管理,专款专用。依法加强基金监管,确保基金安全。

七、做好养老保险关系转移接续工作。参保人员在同一统筹范围内的机关事业单位之间流动,只转移养老保险关系,不转移基金。参保人员跨统筹范围流动或在机关事业单位与企业之间流动,在转移养老保险关系的同时,基本养老保险个人账户储存额随同转移,并以本人改革后各年度实际缴费工资为基数,按12%的总和转移基金,参保缴费不足1年的,按实际缴费月数计算转移基金。转移后基本养老保险缴费年限(含视同缴费年限)、个人账户储存额累计计算。

八、建立职业年金制度。机关事业单位在参加基本养老保险的基础上,应当为其工作人员建立职业年金。单位按本单位工资总额的8%缴费,个人按本人缴费工资的4%缴费。工作人员退休后,按月领取职业年金待遇。职业年金的具体办法由人力资源社会保障部、财政部制定。

九、建立健全确保养老金发放的筹资机制。机关事业单位及其工作人员应按规定及时足额缴纳养老保险费。各级社会保险征缴机构应切实加强基金征缴,做到应收尽收。各级政府应积极调整和优化财政支出结构,加大社会保障资金投入,确保基本养老金按时足额发放,同时为建立职业年金制度提供相应的经费保障,确保机关事业单位养老保险制度改革平稳推进。

十、逐步实行社会化管理服务。提高机关事业单位社会保险社会化管理服务水平,普遍发放全国统一的社会保障卡,实行基本养老金社会化发放。加强街道、社区人力资源社会保障工作平台建设,加快老年服务设施和服务网络建设,为退休人员提供方便快捷的服务。

十一、提高社会保险经办管理水平。各地要根据机关事业单位工作人员养老保险制度改革的实际需要,加强社会保险经办机构能力建设,适当充实工作人员,提供必要的经费和服务设施。人力资源社会保障部负责在京中央国家机关及所属事业单位基本养老保险的管理工作,同时集中受托管理其职业年金基金。中央国家机关所属京外单位的基本养老保险实行属地化管理。社会保险经办机构应做好机关事业单位养老保险参保登记、缴费申报、关系转移、待遇核定和支付等工作。要按照国家统一制定的业务经办流程和信息管理系统建设要求,建立健全管理制度,由省级统一集中管理数据资源,实现规范化、信息化和专业化管理,不断提高工作效率和服务质量。

十二、加强组织领导。改革机关事业单位工作人员养老保险制度,直接关系广大机关事业单位工作人员的切身利益,是一项涉及面广、政策性强的工作。各地区、各部门要充分认识改革工作的重大意义,切实加强领导,精心组织实施,向机关事业单位工作人员和社会各界准确解读改革的目标和政策,正确引导舆论,确保此项改革顺利进行。各地区、各部门要按照本决定制定具体的实施意见和办法,报人力资源社会保障部、财政部备案后实施。人力资源社会保障部要会同有关部门制定贯彻本决定的实施意见,加强对改革工作的协调和指导,及时研究解决改革中遇到的问题,确保本决定的贯彻实施。

本决定自 2014 年 10 月 1 日起实施,已有规定与本决定不一致的,按照本决定执行。

附件:个人账户养老金计发月数表(略)

国务院关于建立统一的城乡居民基本养老保险制度的意见

· 2014 年 2 月 21 日
· 国发〔2014〕8 号

各省、自治区、直辖市人民政府,国务院各部委、各直属机构:

按照党的十八大精神和十八届三中全会关于整合城乡居民基本养老保险制度的要求,依据《中华人民共和国社会保险法》有关规定,在总结新型农村社会养老保险(以下简称新农保)和城镇居民社会养老保险(以下简称城居保)试点经验的基础上,国务院决定,将新农保和城居保两项制度合并实施,在全国范围内建立统一的城乡居民基本养老保险(以下简称城乡居民养老保险)制度。现提出以下意见:

一、指导思想

高举中国特色社会主义伟大旗帜,以邓小平理论、“三个代表”重要思想、科学发展观为指导,贯彻落实党中央和国务院的各项决策部署,按照全覆盖、保基本、有弹性、可持续的方针,以增强公平性、适应流动性、保证可持续性为重点,全面推进和不断完善覆盖全体城乡居民的基本养老保险制度,充分发挥社会保险对保障人民基本生活、调节社会收入分配、促进城乡经济社会协调发展的重要作用。

二、任务目标

坚持和完善社会统筹与个人账户相结合的制度模式,巩固和拓宽个人缴费、集体补助、政府补贴相结合的资金筹集渠道,完善基础养老金和个人账户养老金相结合的待遇支付政策,强化长缴多得、多缴多得等制度的激励机制,建立基础养老金正常调整机制,健全服务网络,提高管理水平,为参保居民提供方便快捷的服务。“十二五”末,在全国基本实现新农保和城居保制度合并实施,并与职工基本养老保险制度相衔接。2020 年前,全面建成公平、统一、规范的城乡居民养老保险制度,与社会救助、社会福利等其他社会保障政策相配套,充分发挥家庭养老等传统保障方式的积极作用,更好保障参保城乡居民的老年基本生活。

三、参保范围

年满16周岁(不含在校学生),非国家机关和事业单位工作人员及不属于职工基本养老保险制度覆盖范围的城乡居民,可以在户籍地参加城乡居民养老保险。

四、基金筹集

城乡居民养老保险基金由个人缴费、集体补助、政府补贴构成。

(一)个人缴费。

参加城乡居民养老保险的人员应当按规定缴纳养老保险费。缴费标准目前设为每年100元、200元、300元、400元、500元、600元、700元、800元、900元、1000元、1500元、2000元12个档次,省(区、市)人民政府可以根据实际情况增设缴费档次,最高缴费档次标准原则上不超过当地灵活就业人员参加职工基本养老保险的年缴费额,并报人力资源社会保障部备案。人力资源社会保障部会同财政部依据城乡居民收入增长等情况适时调整缴费档次标准。参保人自主选择档次缴费,多缴多得。

(二)集体补助。

有条件的村集体经济组织应当对参保人缴费给予补助,补助标准由村民委员会召开村民会议民主确定,鼓励有条件的社区将集体补助纳入社区公益事业资金筹集范围。鼓励其他社会经济组织、公益慈善组织、个人为参保人缴费提供资助。补助、资助金额不超过当地设定的最高缴费档次标准。

(三)政府补贴。

政府对符合领取城乡居民养老保险待遇条件的参保人全额支付基础养老金,其中,中央财政对中西部地区按中央确定的基础养老金标准给予全额补助,对东部地区给予50%的补助。

地方人民政府应当对参保人缴费给予补贴,对选择最低档次标准缴费的,补贴标准不低于每人每年30元;对选择较高档次标准缴费的,适当增加补贴金额;对选择500元及以上档次标准缴费的,补贴标准不低于每人每年60元,具体标准和办法由省(区、市)人民政府确定。对重度残疾人等缴费困难群体,地方人民政府为其代缴部分或全部最低标准的养老保险费。

五、建立个人账户

国家为每个参保人员建立终身记录的养老保险个人账户,个人缴费、地方人民政府对参保人的缴费补贴、集体补助及其他社会经济组织、公益慈善组织、个人对参保人的缴费资助,全部记入个人账户。个人账户储存额按国家规定计息。

六、养老保险待遇及调整

城乡居民养老保险待遇由基础养老金和个人账户养老金构成,支付终身。

(一)基础养老金。中央确定基础养老金最低标准,建立基础养老金最低标准正常调整机制,根据经济发展和物价变动等情况,适时调整全国基础养老金最低标准。地方人民政府可以根据实际情况适当提高基础养老金标准;对长期缴费的,可适当加发基础养老金,提高和加发部分的资金由地方人民政府支出,具体办法由省(区、市)人民政府规定,并报人力资源社会保障部备案。

(二)个人账户养老金。个人账户养老金的月计发标准,目前为个人账户全部储存额除以139(与现行职工基本养老保险个人账户养老金计发系数相同)。参保人死亡,个人账户资金余额可以依法继承。

七、养老保险待遇领取条件

参加城乡居民养老保险的个人,年满60周岁、累计缴费满15年,且未领取国家规定的基本养老保障待遇的,可以按月领取城乡居民养老保险待遇。

新农保或城居保制度实施时已年满60周岁,在本意见印发之日前未领取国家规定的基本养老保障待遇的,不用缴费,自本意见实施之月起,可以按月领取城乡居民养老保险基础养老金;距规定领取年龄不足15年的,应逐年缴费,也允许补缴,累计缴费不超过15年;距规定领取年龄超过15年的,应按年缴费,累计缴费不少于15年。

城乡居民养老保险待遇领取人员死亡的,从次月起停止支付其养老金。有条件的地方人民政府可以结合本地实际探索建立丧葬补助金制度。社会保险经办机构应每年对城乡居民养老保险待遇领取人员进行核对;村(居)民委员会要协助社会保险经办机构开展工作,在行政村(社区)范围内对参保人待遇领取资格进行公示,并与职工基本养老保险待遇等领取记录进行比对,确保不重、不漏、不错。

八、转移接续与制度衔接

参加城乡居民养老保险的人员,在缴费期间户籍迁移、需要跨地区转移城乡居民养老保险关系的,可在迁入地申请转移养老保险关系,一次性转移个人账户全部储存额,并按迁入地规定继续参保缴费,缴费年限累计计算;已经按规定领取城乡居民养老保险待遇的,无论户籍是否迁移,其养老保险关系不转移。

城乡居民养老保险制度与职工基本养老保险、优抚安置、城乡居民最低生活保障、农村五保供养等社会保障制度以及农村部分计划生育家庭奖励扶助制度的衔接,按有关规定执行。

九、基金管理和运营

将新农保基金和城居保基金合并为城乡居民养老保险基金,完善城乡居民养老保险基金财务会计制度和各项业务管理规章制度。城乡居民养老保险基金纳入社会保障基金财政专户,实行收支两条线管理,单独记账、独立核算,任何地区、部门、单位和个人均不得挤占挪用、虚报冒领。各地要在整合城乡居民养老保险制度的基础上,逐步推进城乡居民养老保险基金省级管理。

城乡居民养老保险基金按照国家统一规定投资运营,实现保值增值。

十、基金监督

各级人力资源社会保障部门要会同有关部门认真履行监管职责,建立健全内控制度和基金稽核监督制度,对基金的筹集、上解、划拨、发放、存储、管理等进行监控和检查,并按规定披露信息,接受社会监督。财政部门、审计部门按各自职责,对基金的收支、管理和投资运营情况实施监督。对虚报冒领、挤占挪用、贪污浪费等违纪违法行为,有关部门按国家有关法律法规严肃处理。要积极探索有村(居)民代表参加的社会监督的有效方式,做到基金公开透明,制度在阳光下运行。

十一、经办管理服务与信息化建设

省(区、市)人民政府要切实加强城乡居民养老保险经办能力建设,结合本地实际,科学整合现有公共服务资源和社会保险经办管理资源,充实加强基层经办力量,做到精确管理、便捷服务。要注重运用现代管理方式和政府购买服务方式,降低行政成本,提高工作效率。要加强城乡居民养老保险工作人员专业培训,不断提高公共服务水平。社会保险经办机构要认真记录参保人缴费和领取待遇情况,建立参保档案,按规定妥善保存。地方人民政府要为经办机构提供必要的工作场地、设施设备、经费保障。城乡居民养老保险工作经费纳入同级财政预算,不得从城乡居民养老保

险基金中开支。基层财政确有困难的地区,省市级财政可给予适当补助。

各地要在现有新农保和城居保业务管理系统基础上,整合形成省级集中的城乡居民养老保险信息管理系统,纳入"金保工程"建设,并与其他公民信息管理系统实现信息资源共享;要将信息网络向基层延伸,实现省、市、县、乡镇(街道)、社区实时联网,有条件的地区可延伸到行政村;要大力推行全国统一的社会保障卡,方便参保人持卡缴费、领取待遇和查询本人参保信息。

十二、加强组织领导和政策宣传

地方各级人民政府要充分认识建立城乡居民养老保险制度的重要性,将其列入当地经济社会发展规划和年度目标管理考核体系,切实加强组织领导;要优化财政支出结构,加大财政投入,为城乡居民养老保险制度建设提供必要的财力保障。各级人力资源社会保障部门要切实履行主管部门职责,会同有关部门做好城乡居民养老保险工作的统筹规划和政策制定、统一管理、综合协调、监督检查等工作。

各地区和有关部门要认真做好城乡居民养老保险政策宣传工作,全面准确地宣传解读政策,正确把握舆论导向,注重运用通俗易懂的语言和群众易于接受的方式,深入基层开展宣传活动,引导城乡居民踊跃参保、持续缴费、增加积累,保障参保人的合法权益。

各省(区、市)人民政府要根据本意见,结合本地区实际情况,制定具体实施办法,并报人力资源社会保障部备案。

本意见自印发之日起实施,已有规定与本意见不一致的,按本意见执行。

城镇企业职工基本养老保险关系转移接续暂行办法

· 2009 年 12 月 28 日
· 国办发〔2009〕66 号

第一条 为切实保障参加城镇企业职工基本养老保险人员(以下简称参保人员)的合法权益,促进人力资源合理配置和有序流动,保证参保人员跨省、自治区、直辖市(以下简称跨省)流动并在

城镇就业时基本养老保险关系的顺畅转移接续，制定本办法。

第二条　本办法适用于参加城镇企业职工基本养老保险的所有人员，包括农民工。已经按国家规定领取基本养老保险待遇的人员，不再转移基本养老保险关系。

第三条　参保人员跨省流动就业的，由原参保所在地社会保险经办机构（以下简称社保经办机构）开具参保缴费凭证，其基本养老保险关系应随同转移到新参保地。参保人员达到基本养老保险待遇领取条件的，其在各地的参保缴费年限合并计算，个人账户储存额（含本息，下同）累计计算；未达到待遇领取年龄前，不得终止基本养老保险关系并办理退保手续；其中出国定居和到香港、澳门、台湾地区定居的，按国家有关规定执行。

第四条　参保人员跨省流动就业转移基本养老保险关系时，按下列方法计算转移资金：

（一）个人账户储存额：1998 年 1 月 1 日之前按个人缴费累计本息计算转移，1998 年 1 月 1 日后按计入个人账户的全部储存额计算转移。

（二）统筹基金（单位缴费）：以本人 1998 年 1 月 1 日后各年度实际缴费工资为基数，按 12% 的总和转移，参保缴费不足 1 年的，按实际缴费月数计算转移。

第五条　参保人员跨省流动就业，其基本养老保险关系转移接续按下列规定办理：

（一）参保人员返回户籍所在地（指省、自治区、直辖市，下同）就业参保的，户籍所在地的相关社保经办机构应为其及时办理转移接续手续。

（二）参保人员未返回户籍所在地就业参保的，由新参保地的社保经办机构为其及时办理转移接续手续。但对男性年满 50 周岁和女性年满 40 周岁的，应在原参保地继续保留基本养老保险关系，同时在新参保地建立临时基本养老保险缴费账户，记录单位和个人全部缴费。参保人员再次跨省流动就业或在新参保地达到待遇领取条件时，将临时基本养老保险缴费账户中的全部缴费本息，转移归集到原参保地或待遇领取地。

（三）参保人员经县级以上党委组织部门、人力资源社会保障行政部门批准调动，且与调入单位建立劳动关系并缴纳基本养老保险费的，不受以上年龄规定限制，应在调入地及时办理基本养老保险关系转移接续手续。

第六条　跨省流动就业的参保人员达到待遇领取条件时，按下列规定确定其待遇领取地：

（一）基本养老保险关系在户籍所在地的，由户籍所在地负责办理待遇领取手续，享受基本养老保险待遇。

（二）基本养老保险关系不在户籍所在地，而在其基本养老保险关系所在地累计缴费年限满 10 年的，在该地办理待遇领取手续，享受当地基本养老保险待遇。

（三）基本养老保险关系不在户籍所在地，且在其基本养老保险关系所在地累计缴费年限不满 10 年的，将其基本养老保险关系转回上一个缴费年限满 10 年的原参保地办理待遇领取手续，享受基本养老保险待遇。

（四）基本养老保险关系不在户籍所在地，且在每个参保地的累计缴费年限均不满 10 年的，将其基本养老保险关系及相应资金归集到户籍所在地，由户籍所在地按规定办理待遇领取手续，享受基本养老保险待遇。

第七条　参保人员转移接续基本养老保险关系后，符合待遇领取条件的，按照《国务院关于完善企业职工基本养老保险制度的决定》（国发〔2005〕38 号）的规定，以本人各年度缴费工资、缴费年限和待遇领取地对应的各年度在岗职工平均工资计算其基本养老金。

第八条　参保人员跨省流动就业的，按下列程序办理基本养老保险关系转移接续手续：

（一）参保人员在新就业地按规定建立基本养老保险关系和缴费后，由用人单位或参保人员向新参保地社保经办机构提出基本养老保险关系转移接续的书面申请。

（二）新参保地社保经办机构在 15 个工作日内，审核转移接续申请，对符合本办法规定条件的，向参保人员原基本养老保险关系所在地的社保经办机构发出同意接收函，并提供相关信息；对不符合转移接续条件的，向申请单位或参保人员作出书面说明。

（三）原基本养老保险关系所在地社保经办机构在接到同意接收函的 15 个工作日内，办理好转移接续的各项手续。

（四）新参保地社保经办机构在收到参保人员原基本养老保险关系所在地社保经办机构转移的基本养老保险关系和资金后，应在 15 个工作日内办结有关手续,并将确认情况及时通知用人单位或参保人员。

第九条 农民工中断就业或返乡没有继续缴费的,由原参保地社保经办机构保留其基本养老保险关系,保存其全部参保缴费记录及个人账户,个人账户储存额继续按规定计息。农民工返回城镇就业并继续参保缴费的,无论其回到原参保地就业还是到其他城镇就业,均按前述规定累计计算其缴费年限,合并计算其个人账户储存额,符合待遇领取条件的,与城镇职工同样享受基本养老保险待遇;农民工不再返回城镇就业的,其在城镇参保缴费记录及个人账户全部有效,并根据农民工的实际情况,或在其达到规定领取条件时享受城镇职工基本养老保险待遇,或转入新型农村社会养老保险。

农民工在城镇参加企业职工基本养老保险与在农村参加新型农村社会养老保险的衔接政策,另行研究制定。

第十条 建立全国县级以上社保经办机构联系方式信息库,并向社会公布,方便参保人员查询参保缴费情况,办理基本养老保险关系转移接续手续。加快建立全国统一的基本养老保险参保缴费信息查询服务系统,发行全国通用的社会保障卡,为参保人员查询参保缴费信息提供便捷有效的技术服务。

第十一条 各地已制定的跨省基本养老保险关系转移接续相关政策与本办法规定不符的,以本办法规定为准。在省、自治区、直辖市内的基本养老保险关系转移接续办法,由各省级人民政府参照本办法制定,并报人力资源社会保障部备案。

第十二条 本办法所称缴费年限,除另有特殊规定外,均包括视同缴费年限。

第十三条 本办法从 2010 年 1 月 1 日起施行。

个人养老金实施办法

·2022 年 10 月 26 日
·人社部发〔2022〕70 号

第一章　总　则

第一条 为贯彻落实《国务院办公厅关于推动个人养老金发展的意见》(国办发〔2022〕7 号),加强个人养老金业务管理,规范个人养老金运作流程,制定本实施办法。

第二条 个人养老金是指政府政策支持、个人自愿参加、市场化运营、实现养老保险补充功能的制度。个人养老金实行个人账户制,缴费完全由参加人个人承担,自主选择购买符合规定的储蓄存款、理财产品、商业养老保险、公募基金等金融产品(以下统称个人养老金产品),实行完全积累,按照国家有关规定享受税收优惠政策。

第三条 本实施办法适用于个人养老金的参加人、人力资源社会保障部组织建设的个人养老金信息管理服务平台(以下简称信息平台)、金融行业平台、参与金融机构和相关政府部门等。

个人养老金的参加人应当是在中国境内参加城镇职工基本养老保险或者城乡居民基本养老保险的劳动者。金融行业平台为金融监管部门组织建设的业务信息平台。参与金融机构包括经中国银行保险监督管理委员会确定开办个人养老金资金账户业务的商业银行(以下简称商业银行),以及经金融监管部门确定的个人养老金产品发行机构和销售机构。

第四条 信息平台对接商业银行和金融行业平台,以及相关政府部门,为个人养老金实施、参与部门职责内监管和政府宏观指导提供支持。

信息平台通过国家社会保险公共服务平台、全国人力资源和社会保障政务服务平台、电子社保卡、掌上 12333APP 等全国统一线上服务入口或者商业银行等渠道,为参加人提供个人养老金服务,支持参加人开立个人养老金账户,查询个人养老金资金账户缴费额度、个人资产信息和个人养老金产品等信息,根据参加人需要提供涉税凭证。

第五条 各参与部门根据职责,对个人养老金的实施情况、参与金融机构和个人养老金产品等进行监管。各地区要加强领导、周密部署、广泛宣传,稳妥有序推动个人养老金发展。

第二章　参加流程

第六条 参加人参加个人养老金,应当通过全国统一线上服务入口或者商业银行渠道,在信息平台开立个人养老金账户;其他个人养老金产品销售机构可以通过商业银行渠道,协助参加人在信息平台在线开立个人养老金账户。

个人养老金账户用于登记和管理个人身份信息,并与基本养老保险关系关联,记录个人养老金缴费、投资、领取、抵扣和缴纳个人所得税等信息,是参加人参加个人养老金、享受税收优惠政策的基础。

第七条　参加人可以选择一家商业银行开立或者指定本人唯一的个人养老金资金账户,也可以通过其他符合规定的个人养老金产品销售机构指定。

个人养老金资金账户作为特殊专用资金账户,参照个人人民币银行结算账户项下Ⅱ类户进行管理。个人养老金资金账户与个人养老金账户绑定,为参加人提供资金缴存、缴费额度登记、个人养老金产品投资、个人养老金支付、个人所得税税款支付、资金与相关权益信息查询等服务。

第八条　参加人每年缴纳个人养老金额度上限为12000元,参加人每年缴费不得超过该缴费额度上限。人力资源社会保障部、财政部根据经济社会发展水平、多层次养老保险体系发展情况等因素适时调整缴费额度上限。

第九条　参加人可以按月、分次或者按年度缴费,缴费额度按自然年度累计,次年重新计算。

第十条　参加人自主决定个人养老金资金账户的投资计划,包括个人养老金产品的投资品种、投资金额等。

第十一条　参加人可以在不同商业银行之间变更其个人养老金资金账户。参加人办理个人养老金资金账户变更时,应向原商业银行提出,经信息平台确认后,在新商业银行开立新的个人养老金资金账户。

参加人在个人养老金资金账户变更后,信息平台向原商业银行提供新的个人养老金资金账户及开户行信息,向新商业银行提供参加人当年剩余缴费额度信息。参与金融机构按照参加人的要求和相关业务规则,为参加人办理原账户内资金划转及所持有个人养老金产品转移等手续。

第十二条　个人养老金资金账户封闭运行,参加人达到以下任一条件的,可以按月、分次或者一次性领取个人养老金。

(一)达到领取基本养老金年龄;

(二)完全丧失劳动能力;

(三)出国(境)定居;

(四)国家规定的其他情形。

第十三条　参加人已领取基本养老金的,可以向商业银行提出领取个人养老金。商业银行受理后,应通过信息平台核验参加人的领取资格,获取参加人本人社会保障卡银行账户,按照参加人选定的领取方式,完成个人所得税代扣后,将资金划转至参加人本人社会保障卡银行账户。

参加人符合完全丧失劳动能力、出国(境)定居或者国家规定的其他情形等领取个人养老金条件的,可以凭劳动能力鉴定结论书、出国(境)定居证明等向商业银行提出。商业银行审核并报送信息平台核验备案后,为参加人办理领取手续。

第十四条　鼓励参加人长期领取个人养老金。

参加人按月领取时,可以按照基本养老保险确定的计发月数逐月领取,也可以按照自己选定的领取月数逐月领取,领完为止;或者按照自己确定的固定额度逐月领取,领完为止。

参加人选取分次领取的,应选定领取期限,明确领取次数及方式,领完为止。

第十五条　参加人身故的,其个人养老金资金账户内的资产可以继承。

参加人出国(境)定居、身故等原因社会保障卡被注销的,商业银行将参加人个人养老金资金账户内的资金转至其本人或者继承人指定的资金账户。

第十六条　参加人完成个人养老金资金账户内资金(资产)转移,或者账户内的资金(资产)领取完毕的,商业银行注销该资金账户。

第三章　信息报送和管理

第十七条　信息平台对个人养老金账户及业务数据实施统一集中管理,与基本养老保险信息、社会保障卡信息关联,支持制度实施监控、决策支持等。

第十八条　商业银行应及时将个人养老金资金账户相关信息报送至信息平台。具体包括:

(一)个人基本信息。包括个人身份信息、个人养老金资金账户信息等;

(二)相关产品投资信息。包括产品交易信息、资产信息;

(三)资金信息。包括缴费信息、资金划转信息、相关资产转移信息、领取信息、缴纳个人所得税信息、资金余额信息等。

第十九条　商业银行根据业务流程和信息的

时效性需要,按照实时核验、定时批量两类时效与信息平台进行交互,其中:

(一)商业银行在办理个人养老金资金账户开立、变更、注销和资金领取等业务时,实时核验参加人基本养老保险参保状态、个人养老金账户和资金账户唯一性,并报送有关信息;

(二)商业银行在办理完个人养老金资金账户开立、缴费、资金领取,以及提供与个人养老金产品交易相关的资金划转等服务后,定时批量报送相关信息。

第二十条 金融行业平台应及时将以下数据报送至信息平台。

(一)个人养老金产品发行机构、销售机构的基本信息;

(二)个人养老金产品的基本信息;

(三)参加人投资相关个人养老金产品的交易信息、资产信息数据等。

第二十一条 信息平台应当及时向商业银行和金融行业平台提供技术规范,确保对接顺畅。

推进信息平台与相关部门共享信息,为规范制度实施、实施业务监管、优化服务体验提供支持。

第四章 个人养老金资金账户管理

第二十二条 商业银行应完成与信息平台、金融行业平台的系统对接,经验收合格后办理个人养老金业务。

第二十三条 商业银行可以通过本机构柜面或者电子渠道,为参加人开立个人养老金资金账户。

商业银行为参加人开立个人养老金资金账户,应当通过信息平台完成个人养老金账户核验。

商业银行也可以核对参加人提供的由社会保险经办机构出具的基本养老保险参保证明或者个人权益记录单等相关材料,报经信息平台开立个人养老金账户后,为参加人开立个人养老金资金账户,并与个人养老金账户绑定。

第二十四条 参加人开立个人养老金资金账户时,应当按照金融监管部门要求向商业银行提供有效身份证件等材料。

商业银行为参加人开立个人养老金资金账户,应当严格遵守相关规定。

第二十五条 个人养老金资金账户应支持参加人通过商业银行结算账户、非银行支付机构、现金等途径缴费。商业银行应为参加人、个人养老金产品销售机构等提供与个人养老金产品交易相关的资金划转服务。

第二十六条 商业银行应实时登记个人养老金资金账户的缴费额度,对于超出当年缴费额度上限的,应予以提示,并不予受理。

第二十七条 商业银行应根据相关个人养老金产品交易结果,记录参加人交易产品信息。

第二十八条 商业银行应为参加人个人养老金资金账户提供变更服务,并协助做好新旧账户衔接和旧账户注销。原商业银行、新商业银行应通过信息平台完成账户核验、账户变更、资产转移、信息报送等工作。

第二十九条 商业银行应当区别处理转移资金,转移资金中的本年度缴费额度累计计算。

第三十条 个人养老金资金账户当日发生缴存业务的,商业银行不应为其办理账户变更手续。办理资金账户变更业务期间,原个人养老金资金账户不允许办理缴存、投资以及支取等业务。

第三十一条 商业银行开展个人养老金资金账户业务,应当公平对待符合规定的个人养老金产品发行机构和销售机构。

第三十二条 商业银行应保存个人养老金资金账户全部信息自账户注销日起至少十五年。

第五章 个人养老金机构与产品管理

第三十三条 个人养老金产品及其发行、销售机构由相关金融监管部门确定。个人养老金产品及其发行机构信息应当在信息平台和金融行业平台同日发布。

第三十四条 个人养老金产品应当具备运作安全、成熟稳定、标的规范、侧重长期保值等基本特征。

第三十五条 商业银行、个人养老金产品发行机构和销售机构应根据有关规定,建立健全业务管理制度,包括但不限于个人养老金资金账户服务、产品管理、销售管理、合作机构管理、信息披露等。商业银行发现个人养老金实施中存在违规行为、相关风险或者其他问题的,应及时向监管部门报告并依规采取措施。

第三十六条 个人养老金产品交易所涉及的资金往来,除另有规定外必须从个人养老金资金账户发起,并返回个人养老金资金账户。

第三十七条　个人养老金产品发行、销售机构应为参加人提供便利的购买、赎回等服务，在符合监管规则及产品合同的前提下，支持参加人进行产品转换。

第三十八条　个人养老金资金账户内未进行投资的资金按照商业银行与个人约定的存款利率及计息方式计算利息。

第三十九条　个人养老金产品销售机构要以"销售适当性"为原则，依法了解参加人的风险偏好、风险认知能力和风险承受能力，做好风险提示，不得主动向参加人推介超出其风险承受能力的个人养老金产品。

第六章　信息披露

第四十条　人力资源社会保障部、财政部汇总并披露个人养老金实施情况，包括但不限于参加人数、资金积累和领取、个人养老金产品的投资运作数据等情况。

第四十一条　信息披露应当以保护参加人利益为根本出发点，保证所披露信息的真实性、准确性、完整性，不得有虚假记载、误导性陈述和重大遗漏。

第七章　监督管理

第四十二条　人力资源社会保障部、财政部根据职责对个人养老金的账户设置、缴费额度、领取条件、税收优惠等制定具体政策并进行运行监管。税务部门依法对个人养老金实施税收征管。

第四十三条　人力资源社会保障部对信息平台的日常运行履行监管职责，规范信息平台与商业银行、金融行业平台、有关政府部门之间的信息交互流程。

第四十四条　人力资源社会保障部、财政部、税务部门在履行日常监管职责时，可依法采取以下措施：

（一）查询、记录、复制与被调查事项有关的个人养老金业务的各类合同等业务资料；

（二）询问与调查事项有关的机构和个人，要求其对有关问题做出说明、提供有关证明材料；

（三）其他法律法规和国家规定的措施。

第四十五条　中国银行保险监督管理委员会、中国证券监督管理委员会根据职责，分别制定配套政策，明确参与金融机构的名单、业务流程、个人养老金产品条件、监管信息报送等要求，规范

银行保险机构个人养老金业务和个人养老金投资公募基金业务，对参与金融机构发行、销售个人养老金产品等经营活动依法履行监管职责，督促参与金融机构优化产品和服务，做好产品风险提示，加强投资者教育。

参与金融机构违反本实施办法的，中国银行保险监督管理委员会、中国证券监督管理委员会依法依规采取措施。

第四十六条　中国银行保险监督管理委员会、中国证券监督管理委员会对金融行业平台有关个人养老金业务的日常运营履行监管职责。

第四十七条　各参与部门要加强沟通，通过线上线下等多种途径，及时了解社会各方面对个人养老金的意见建议，处理个人养老金实施过程中的咨询投诉。

第四十八条　各参与机构应当积极配合检查，如实提供有关资料，不得拒绝、阻挠或者逃避检查，不得谎报、隐匿或者销毁相关证据材料。

第四十九条　参与机构违反本实施办法规定或者相关法律法规的，人力资源社会保障部、财政部、税务部门按照职责依法依规采取措施。

第八章　附　则

第五十条　中国银行保险监督管理委员会、人力资源社会保障部会同相关部门做好个人税收递延型商业养老保险试点与个人养老金的衔接。

第五十一条　本实施办法自印发之日起施行。

第五十二条　人力资源社会保障部、财政部、国家税务总局、中国银行保险监督管理委员会、中国证券监督管理委员会根据职责负责本实施办法的解释。

企业年金办法

· 2017 年 12 月 18 日人力资源和社会保障部、财政部令第 36 号公布

· 自 2018 年 2 月 1 日起施行

第一章　总　则

第一条　为建立多层次的养老保险制度，推动企业年金发展，更好地保障职工退休后的生活，

根据《中华人民共和国劳动法》、《中华人民共和国劳动合同法》、《中华人民共和国社会保险法》、《中华人民共和国信托法》和国务院有关规定,制定本办法。

第二条 本办法所称企业年金,是指企业及其职工在依法参加基本养老保险的基础上,自主建立的补充养老保险制度。国家鼓励企业建立企业年金。建立企业年金,应当按照本办法执行。

第三条 企业年金所需费用由企业和职工个人共同缴纳。企业年金基金实行完全积累,为每个参加企业年金的职工建立个人账户,按照国家有关规定投资运营。企业年金基金投资运营收益并入企业年金基金。

第四条 企业年金有关税收和财务管理,按照国家有关规定执行。

第五条 企业和职工建立企业年金,应当确定企业年金受托人,由企业代表委托人与受托人签订受托管理合同。受托人可以是符合国家规定的法人受托机构,也可以是企业按照国家有关规定成立的企业年金理事会。

第二章 企业年金方案的订立、变更和终止

第六条 企业和职工建立企业年金,应当依法参加基本养老保险并履行缴费义务,企业具有相应的经济负担能力。

第七条 建立企业年金,企业应当与职工一方通过集体协商确定,并制定企业年金方案。企业年金方案应当提交职工代表大会或者全体职工讨论通过。

第八条 企业年金方案应当包括以下内容:

(一)参加人员;

(二)资金筹集与分配的比例和办法;

(三)账户管理;

(四)权益归属;

(五)基金管理;

(六)待遇计发和支付方式;

(七)方案的变更和终止;

(八)组织管理和监督方式;

(九)双方约定的其他事项。

企业年金方案适用于企业试用期满的职工。

第九条 企业应当将企业年金方案报送所在地县级以上人民政府人力资源社会保障行政部门。

中央所属企业的企业年金方案报送人力资源社会保障部。

跨省企业的企业年金方案报送其总部所在地省级人民政府人力资源社会保障行政部门。

省内跨地区企业的企业年金方案报送其总部所在地设区的市级以上人民政府人力资源社会保障行政部门。

第十条 人力资源社会保障行政部门自收到企业年金方案文本之日起15日内未提出异议的,企业年金方案即行生效。

第十一条 企业与职工一方可以根据本企业情况,按照国家政策规定,经协商一致,变更企业年金方案。变更后的企业年金方案应当经职工代表大会或者全体职工讨论通过,并重新报送人力资源社会保障行政部门。

第十二条 有下列情形之一的,企业年金方案终止:

(一)企业因依法解散、被依法撤销或者被依法宣告破产等原因,致使企业年金方案无法履行的;

(二)因不可抗力等原因致使企业年金方案无法履行的;

(三)企业年金方案约定的其他终止条件出现的。

第十三条 企业应当在企业年金方案变更或者终止后10日内报告人力资源社会保障行政部门,并通知受托人。企业应当在企业年金方案终止后,按国家有关规定对企业年金基金进行清算,并按照本办法第四章相关规定处理。

第三章 企业年金基金筹集

第十四条 企业年金基金由下列各项组成:

(一)企业缴费;

(二)职工个人缴费;

(三)企业年金基金投资运营收益。

第十五条 企业缴费每年不超过本企业职工工资总额的8%。企业和职工个人缴费合计不超过本企业职工工资总额的12%。具体所需费用,由企业和职工一方协商确定。

职工个人缴费由企业从职工个人工资中代扣代缴。

第十六条 实行企业年金后,企业如遇到经营亏损、重组并购等当期不能继续缴费的情况,经与职工一方协商,可以中止缴费。不能继续缴费

的情况消失后,企业和职工恢复缴费,并可以根据本企业实际情况,按照中止缴费时的企业年金方案予以补缴。补缴的年限和金额不得超过实际中止缴费的年限和金额。

第四章　账户管理

第十七条　企业缴费应当按照企业年金方案确定的比例和办法计入职工企业年金个人账户,职工个人缴费计入本人企业年金个人账户。

第十八条　企业应当合理确定本单位当期缴费计入职工企业年金个人账户的最高额与平均额的差距。企业当期缴费计入职工企业年金个人账户的最高额与平均额不得超过5倍。

第十九条　职工企业年金个人账户中个人缴费及其投资收益自始归属于职工个人。

职工企业年金个人账户中企业缴费及其投资收益,企业可以与职工一方约定其自始归属于职工个人,也可以约定随着职工在本企业工作年限的增加逐步归属于职工个人,完全归属于职工个人的期限最长不超过8年。

第二十条　有下列情形之一的,职工企业年金个人账户中企业缴费及其投资收益完全归属于职工个人:

(一)职工达到法定退休年龄、完全丧失劳动能力或者死亡的;

(二)有本办法第十二条规定的企业年金方案终止情形之一的;

(三)非因职工过错企业解除劳动合同的,或者因企业违反法律规定职工解除劳动合同的;

(四)劳动合同期满,由于企业原因不再续订劳动合同的;

(五)企业年金方案约定的其他情形。

第二十一条　企业年金暂时未分配至职工企业年金个人账户的企业缴费及其投资收益,以及职工企业年金个人账户中未归属于职工个人的企业缴费及其投资收益,计入企业年金企业账户。

企业年金企业账户中的企业缴费及其投资收益应当按照企业年金方案确定的比例和办法计入职工企业年金个人账户。

第二十二条　职工变动工作单位时,新就业单位已经建立企业年金或者职业年金的,原企业年金个人账户权益应当随同转入新就业单位企业年金或者职业年金。

职工新就业单位没有建立企业年金或者职业年金的,或者职工升学、参军、失业期间,原企业年金个人账户可以暂时由原管理机构继续管理,也可以由法人受托机构发起的集合计划设置的保留账户暂时管理;原受托人是企业年金理事会的,由企业与职工协商选择法人受托机构管理。

第二十三条　企业年金方案终止后,职工原企业年金个人账户由法人受托机构发起的集合计划设置的保留账户暂时管理;原受托人是企业年金理事会的,由企业与职工一方协商选择法人受托机构管理。

第五章　企业年金待遇

第二十四条　符合下列条件之一的,可以领取企业年金:

(一)职工在达到国家规定的退休年龄或者完全丧失劳动能力时,可以从本人企业年金个人账户中按月、分次或者一次性领取企业年金,也可以将本人企业年金个人账户资金全部或者部分购买商业养老保险产品,依据保险合同领取待遇并享受相应的继承权;

(二)出国(境)定居人员的企业年金个人账户资金,可以根据本人要求一次性支付给本人;

(三)职工或者退休人员死亡后,其企业年金个人账户余额可以继承。

第二十五条　未达到上述企业年金领取条件之一的,不得从企业年金个人账户中提前提取资金。

第六章　管理监督

第二十六条　企业成立企业年金理事会作为受托人的,企业年金理事会应当由企业和职工代表组成,也可以聘请企业以外的专业人员参加,其中职工代表应不少于三分之一。

企业年金理事会除管理本企业的企业年金事务之外,不得从事其他任何形式的营业性活动。

第二十七条　受托人应当委托具有企业年金管理资格的账户管理人、投资管理人和托管人,负责企业年金基金的账户管理、投资运营和托管。

第二十八条　企业年金基金应当与委托人、受托人、账户管理人、投资管理人、托管人和其他为企业年金基金管理提供服务的自然人、法人或者其他组织的自有资产或者其他资产分开管理,不得挪作其他用途。

企业年金基金管理应当执行国家有关规定。

第二十九条　县级以上人民政府人力资源社会保障行政部门负责对本办法的执行情况进行监督检查。对违反本办法的,由人力资源社会保障行政部门予以警告,责令改正。

第三十条　因订立或者履行企业年金方案发生争议的,按照国家有关集体合同的规定执行。

因履行企业年金基金管理合同发生争议的,当事人可以依法申请仲裁或者提起诉讼。

第七章　附　则

第三十一条　参加企业职工基本养老保险的其他用人单位及其职工建立补充养老保险的,参照本办法执行。

第三十二条　本办法自 2018 年 2 月 1 日起施行。原劳动和社会保障部 2004 年 1 月 6 日发布的《企业年金试行办法》同时废止。

本办法施行之日已经生效的企业年金方案,与本办法规定不一致的,应当在本办法施行之日起 1 年内变更。

职业年金基金管理暂行办法

· 2016 年 9 月 28 日
· 人社部发〔2016〕92 号

第一章　总　则

第一条　为规范职业年金基金管理,维护各方当事人的合法权益,根据信托法、合同法、证券投资基金法、《国务院关于机关事业单位工作人员养老保险制度改革的决定》(国发〔2015〕2 号)、《国务院办公厅关于印发机关事业单位职业年金办法的通知》(国办发〔2015〕18 号)等法律及有关规定,制定本办法。

第二条　本办法所称职业年金基金,是指依法建立的职业年金计划筹集的资金及其投资运营收益形成的机关事业单位补充养老保险基金。职业年金基金的委托管理、账户管理、受托管理、托管、投资管理以及监督管理适用本办法。

第三条　本办法所称受益人是指参加职业年金计划的机关事业单位工作人员。委托人是指参加职业年金计划的机关事业单位及其工作人员。代理人是指代理委托人集中行使委托职责并负责职业年金基金账户管理业务的中央国家机关养老保险管理中心及省级社会保险经办机构。受托人是指受托管理职业年金基金财产的法人受托机构,托管人是指接受受托人委托保管职业年金基金财产的商业银行,投资管理人是指接受受托人委托投资管理职业年金基金财产的专业机构。

职业年金基金受托、托管和投资管理机构在具有相应企业年金基金管理资格的机构中选择。

第四条　职业年金基金采取集中委托投资运营的方式管理,其中,中央在京国家机关及所属事业单位职业年金基金由中央国家机关养老保险管理中心集中行使委托职责,各地机关事业单位职业年金基金由省级社会保险经办机构集中行使委托职责。代理人可以建立一个或多个职业年金计划,按计划估值和计算收益率,建立多个职业年金计划的,也可以实行统一收益率。一个职业年金计划应当只有一个受托人、一个托管人,可以根据资产规模大小选择适量的投资管理人。职业年金计划的基金财产,可以由投资管理人设立投资组合或由受托人直接投资养老金产品进行投资管理。

第五条　职业年金计划的代理人代理委托人与受托人签订职业年金计划受托管理合同,受托人与托管人、投资管理人分别签订职业年金计划委托管理合同。职业年金计划受托和委托管理合同由受托人报人力资源社会保障部或者省、自治区、直辖市人力资源社会保障行政部门备案,人力资源社会保障行政部门于收到符合规定的备案材料之日起 15 个工作日内,出具职业年金计划确认函,给予职业年金计划登记号。职业年金计划名称、登记号及投资组合代码,按规定编制。

第六条　成立中央及省级职业年金基金管理机构评选委员会(以下简称评选委员会),负责通过招标形式选择、更换受托人。评选委员会人数为七人、九人或十一人,由人力资源社会保障部门、财政部门等方面人员组成,基金规模较大的机关事业单位和地区可派代表参加。评选委员会办公室设在中央国家机关养老保险管理中心及省级社会保险经办机构,承担相关事务工作。

评选委员会成员名单报人力资源社会保障部、财政部备案。

第七条 同一职业年金计划中,受托人与托管人、托管人与投资管理人不得为同一机构;受托人与托管人、托管人与投资管理人、投资管理人与其他投资管理人的高级管理人员和职业年金从业人员,不得相互兼任。

受托人兼任投资管理人时,应当建立风险控制制度,确保业务管理之间的独立性;设立独立的受托业务和投资业务部门,办公区域、运营管理流程和业务制度应当严格分离;直接负责的高级管理人员、受托业务和投资业务部门的从业人员不得相互兼任。同一职业年金计划中,受托人对待各投资管理人应当执行统一的标准和流程,体现公开、公平、公正原则。

第八条 职业年金基金财产独立于机关事业单位、各级社会保险经办机构、受托人、托管人、投资管理人和其他为职业年金基金管理提供服务的自然人、法人或者其他组织的固有财产及其管理的其他财产。

职业年金基金财产的管理、运用或者其他情形取得的财产和收益,应当归入基金财产。

第九条 机关事业单位、各级社会保险经办机构、受托人、托管人、投资管理人和其他为职业年金基金管理提供服务的法人或者其他组织,因机构调整、依法解散、被依法撤销或者被依法宣告破产等原因进行终止清算的,职业年金基金财产不属于其清算财产。

第十条 职业年金基金财产的债权,不得与机关事业单位、各级社会保险经办机构、受托人、托管人、投资管理人和其他为职业年金基金管理提供服务的自然人、法人或者其他组织固有财产的债务相互抵销。不同职业年金计划基金财产的债权债务,不得相互抵销。非因职业年金基金财产本身承担的债务,不得对基金财产强制执行。

第十一条 人力资源社会保障行政部门、财政部门对职业年金基金管理情况进行监管。

第二章 管理职责

第十二条 建立职业年金的机关事业单位应当履行下列职责:

(一)向管理其基本养老保险的社会保险经办机构申报职业年金缴费。

(二)机关事业单位职业年金缴费按期划入管理其基本养老保险的社会保险经办机构按有关规定设立的职业年金基金归集账户,省以下社会保险经办机构职业年金基金归集账户资金及时归集至省级社会保险经办机构职业年金基金归集账户,确保资金完整、安全和独立。职业年金基金归集账户设立和管理办法另行制定。

(三)根据有关规定,在本单位工作人员出现退休、出国(境)定居、死亡等情况时,向管理其基本养老保险的社会保险经办机构提出待遇支付申请,并协助发放职业年金待遇;在本单位工作人员变动工作单位时,向管理其基本养老保险的社会保险经办机构提出账户转移申请,并协助办理职业年金账户转移;在本单位工作人员出现上述情况或其他有关情况时,向同级财政提出拨付资金记实申请。

第十三条 代理人应当履行下列职责:

(一)代理委托人与受托人签订职业年金计划受托管理合同。

(二)设立独立的职业年金基金归集账户,归集职业年金缴费,账实匹配一致后按照职业年金计划受托管理合同约定及时将职业年金基金归集账户资金划入职业年金基金受托财产托管账户,确保资金完整、安全和独立。

(三)负责对归集账户进行会计核算。

(四)负责职业年金基金账户管理,记录单位和个人缴费以及基金投资收益等账户财产变化情况。

(五)计算职业年金待遇,办理账户转移等相关事宜。

(六)定期向受托人提供职业年金基金账户管理相关信息,向机关事业单位披露职业年金管理信息,向受益人提供个人账户信息查询服务。

(七)定期向有关监管部门提交职业年金计划管理报告和职业年金基金账户管理报告,发生重大事件时及时向建立职业年金的机关事业单位和有关监管部门报告。

(八)监督职业年金计划管理情况,建立职业年金计划风险控制机制。

(九)按照国家规定保存职业年金基金委托管理、账户管理等业务活动记录、账册、报表和其他相关资料。

(十)国家规定和合同约定的其他职责。

第十四条 代理人不得有下列行为:

(一)将职业年金基金财产混同于其他财产。

（二）侵占、挪用职业年金基金财产。

（三）利用所管理的职业年金基金财产为机关事业单位、受益人、代理人、受托人、托管人、投资管理人，以及归集账户开户银行和其他自然人、法人或者其他组织谋取不正当利益。

（四）国家规定和合同约定禁止的其他行为。

第十五条 受托人应当履行下列职责：

（一）选择、监督、更换职业年金计划托管人和投资管理人。

（二）与托管人和投资管理人签订职业年金计划委托管理合同。

（三）制定职业年金基金战略资产配置策略，提出大类资产投资比例和风险控制要求。

（四）基金财产到达受托财产托管账户25个工作日内划入投资资产托管账户。向投资管理人分配职业年金基金财产，也可根据职业年金计划受托管理合同约定将基金财产投资于一个或者多个养老金产品。

（五）及时与托管人核对受托财产托管账户的会计核算信息和职业年金基金资产净值等数据。

（六）根据代理人的通知，向托管人发出职业年金收账指令、待遇支付指令及其他相关信息。

（七）建立职业年金计划投资风险控制及定期考核评估制度，严格控制投资风险。

（八）接受代理人查询，定期向代理人提交基金资产净值等数据信息以及职业年金计划受托管理报告。

（九）定期向有关监管部门提交职业年金基金受托管理报告，发生重大事件时及时向代理人和有关监管部门报告。

（十）根据合同约定监督职业年金基金管理情况。

（十一）按照国家规定保存职业年金基金受托管理业务活动记录、账册、报表和其他相关资料。

（十二）国家规定和合同约定的其他职责。

第十六条 受托人不得有下列行为：

（一）将职业年金基金财产混同于其固有财产或者他人财产。

（二）不公平对待职业年金基金财产与其管理的其他财产。

（三）不公平对待其管理的不同职业年金基金财产。

（四）不公平对待各投资管理人。

（五）侵占、挪用职业年金基金财产。

（六）利用所管理的职业年金基金财产为机关事业单位、受益人、代理人、受托人、托管人、投资管理人，或者其他自然人、法人以及其他组织谋取不正当利益。

（七）国家规定和合同约定禁止的其他行为。

第十七条 托管人应当履行下列职责：

（一）安全保管职业年金基金财产。

（二）以职业年金基金名义开设基金财产的资金账户和证券账户等。

（三）对所托管的不同职业年金基金财产分别设置账户，确保基金财产的完整和独立。

（四）根据受托人指令，向投资管理人划拨职业年金基金财产，或者将职业年金基金财产划拨给一个或者多个养老金产品。

（五）及时办理清算、交割事宜。

（六）负责职业年金计划和各投资组合的基金会计核算和估值，复核、审查和确认基金资产净值，并按期向受托人提交基金资产净值、基金估值等必要的信息。

（七）根据受托人指令，向受益人发放职业年金待遇。

（八）定期与受托人、投资管理人核对有关数据。

（九）按照规定监督投资管理人的投资运作，并定期向受托人报告投资监督情况。

（十）定期向受托人提交职业年金计划托管报告，定期向有关监管部门提交职业年金基金托管报告，发生重大事件时及时受托人和有关监管部门报告。

（十一）按照国家规定保存职业年金基金托管业务活动记录、账册、报表和其他相关资料。

（十二）国家规定和合同约定的其他职责。

第十八条 托管人发现投资管理人依据交易程序尚未成立的投资指令违反法律、行政法规、其他有关规定或者合同约定的，应当拒绝执行，立即通知投资管理人，并及时向受托人和有关监管部门报告。

托管人发现投资管理人依据交易程序已经成立的投资指令违反法律、行政法规、其他有关规定或者合同约定的，应当立即通知投资管理人，并及时向受托人和有关监管部门报告。

第十九条 托管人不得有下列行为：

（一）将托管的职业年金基金财产与其固有财产混合管理。

（二）将托管的职业年金基金财产与托管的其他财产混合管理。

（三）将托管的不同职业年金计划、不同职业年金投资组合的职业年金基金财产混合管理。

（四）侵占、挪用托管的职业年金基金财产。

（五）利用所管理的职业年金基金财产为机关事业单位、受益人、代理人、受托人、托管人、投资管理人，或者其他自然人、法人以及其他组织谋取不正当利益。

（六）国家规定和合同约定禁止的其他行为。

第二十条　投资管理人应当履行下列职责：

（一）对职业年金基金财产进行投资。

（二）及时与托管人核对投资管理的职业年金基金会计核算和估值数据。

（三）建立职业年金基金投资管理风险准备金。

（四）建立投资组合风险控制及定期评估制度，严格控制组合投资风险。

（五）定期向受托人提交职业年金计划投资组合管理报告，定期向有关监管部门提交职业年金基金投资管理报告，发生重大事件时及时向受托人和有关监管部门报告。

（六）按照国家规定保存职业年金基金投资管理业务活动记录、账册、报表和其他相关资料。

（七）国家规定和合同约定的其他职责。

第二十一条　有下列情形之一的，投资管理人应当及时向受托人报告：

（一）职业年金基金单位净值大幅度波动的。

（二）可能使职业年金基金财产受到重大影响的有关事项。

（三）国家规定和合同约定的其他情形。

第二十二条　投资管理人不得有下列行为：

（一）将职业年金基金财产混同于其固有财产或者他人财产。

（二）不公平对待职业年金基金财产与其管理的其他财产。

（三）不公平对待其管理的不同职业年金基金财产。

（四）侵占、挪用职业年金基金财产。

（五）承诺、变相承诺保本或者保证收益。

（六）利用所管理的职业年金基金财产为机关事业单位、受益人、代理人、受托人、托管人、投资管理人，或者其他自然人、法人以及其他组织谋取不正当利益。

（七）国家规定和合同约定禁止的其他行为。

第二十三条　有下列情形之一的，受托人、托管人或者投资管理人职责终止：

（一）严重违反职业年金计划受托或委托管理合同。

（二）利用职业年金基金财产为其谋取不正当利益，或者为他人谋取不正当利益。

（三）依法解散、被依法撤销、被依法宣告破产或者被依法接管。

（四）被依法取消企业年金基金管理资格。

（五）代理人有证据认为更换受托人符合受益人利益，并经评选委员会批准。

（六）受托人有证据认为更换托管人或者投资管理人符合受益人利益。

（七）有关监管部门有充分理由和依据认为更换受托人、托管人或者投资管理人符合受益人利益。

（八）国家规定和合同约定的其他情形。

受托人职责终止的，评选委员会应当及时选定新的受托人；托管人或者投资管理人职责终止的，受托人应当及时选定新的托管人或者投资管理人。原受托人、托管人、投资管理人应当妥善保管职业年金基金相关资料，并在受托人、托管人或者投资管理人变更生效之日起35个工作日内办理完毕业务移交手续，新受托人、托管人、投资管理人应当及时接收并履行相应职责。

第三章　基金投资

第二十四条　职业年金基金投资管理应当遵循谨慎、分散风险的原则，充分考虑职业年金基金财产的安全性、收益性和流动性，实行专业化管理。

第二十五条　职业年金基金财产限于境内投资，投资范围包括：银行存款，中央银行票据；国债，债券回购，信用等级在投资级以上的金融债、企业（公司）债、可转换债（含分离交易可转换债）、短期融资券和中期票据；商业银行理财产品，信托产品，基础设施债权投资计划，特定资产管理计划；证券投资基金，股票，股指期货，养老金产品等金融产品。

其中，投资商业银行理财产品、信托产品、基础设施债权投资计划、特定资产管理计划、股指期货及养老金产品，在国家有关部门另行规定之前，按照《关于扩大企业年金基金投资范围的通知》（人社部发〔2013〕23 号）、《关于企业年金养老金产品有关问题的通知》（人社部发〔2013〕24 号）等有关规定执行。

第二十六条 每个投资组合的职业年金基金财产应当由一个投资管理人管理，职业年金基金财产以投资组合为单位按照公允价值计算应当符合下列规定：

（一）投资银行活期存款、中央银行票据、一年期以内（含一年）的银行定期存款、债券回购、货币市场基金、货币型养老金产品的比例，合计不得低于投资组合委托投资资产净值的 5%。清算备付金、证券清算款以及一级市场证券申购资金视为流动性资产。

（二）投资一年期以上的银行定期存款、协议存款、国债、金融债、企业（公司）债、可转换债（含分离交易可转换债）、短期融资券、中期票据、商业银行理财产品、信托产品、基础设施债权投资计划、特定资产管理计划、债券基金、固定收益型养老金产品、混合型养老金产品的比例，合计不得高于投资组合委托投资资产净值的 135%。债券正回购的资金余额在每个交易日均不得高于投资组合基金资产净值的 40%。

（三）投资股票、股票基金、混合基金、股票型养老金产品的比例，合计不得高于投资组合委托投资资产净值的 30%。职业年金基金不得直接投资于权证，但因投资股票、分离交易可转换债等投资品种而衍生获得的权证，应当在权证上市交易之日起 10 个交易日内卖出。

（四）投资商业银行理财产品、信托产品、基础设施债权投资计划、特定资产管理计划，以及商业银行理财产品型、信托产品型、基础设施债权投资计划型、特定资产管理计划型养老金产品的比例，合计不得高于投资组合委托投资资产净值的 30%。其中，投资信托产品以及信托产品型养老金产品的比例，合计不得高于投资组合委托投资资产净值的 10%。

投资商业银行理财产品、信托产品、基础设施债权投资计划、特定资产管理计划或商业银行理财产品型、信托产品型、基础设施债权投资计划型、特定资产管理计划型养老金产品的专门投资

组合，可以不受此 30% 和 10% 规定的限制。专门投资组合应当有 80% 以上的非现金资产投资于投资方向确定的内容。

第二十七条 单个投资组合的职业年金基金财产，按照公允价值计算应当符合下列规定：

（一）投资一家企业所发行的股票，单期发行的同一品种短期融资券、中期票据、金融债、企业（公司）债、可转换债（含分离交易可转换债），单只证券投资基金，分别不得超过上述证券发行量、该基金份额的 5%，其中基金产品份额数以最近一次公告或者发行人正式说明为准，也不得超过该投资组合委托投资资产净值的 10%。

（二）投资单期商业银行理财产品、信托产品、基础设施债权投资计划或者特定资产管理计划，分别不得超过该期商业银行理财产品、信托产品、基础设施债权投资计划或者特定资产管理计划资产管理规模的 20%。投资商业银行理财产品、信托产品、基础设施债权投资计划或者特定资产管理计划的专门投资组合，可以不受此规定的限制。

第二十八条 单个计划的职业年金基金财产按照公允价值计算应当符合下列规定：

（一）投资股票型养老金产品的比例，不得高于职业年金基金资产净值的 30%。

（二）投资商业银行理财产品、信托产品、基础设施债权投资计划、特定资产管理计划和商业银行理财产品型、信托产品型、基础设施债权投资计划型、特定资产管理计划型养老金产品的专门投资组合，以及商业银行理财产品型、信托产品型、基础设施债权投资计划型、特定资产管理计划型养老金产品的比例，合计不得高于职业年金基金资产净值的 30%。其中，投资信托产品、信托产品型养老金产品的专门投资组合，以及信托型养老金产品的比例，合计不得高于职业年金基金资产净值的 10%。

第二十九条 投资管理人管理的职业年金基金财产投资于自己管理的金融产品须经受托人同意。

第三十条 因证券市场波动、上市公司合并、基金规模变动等投资管理人之外的因素致使职业年金基金投资不符合本办法第二十六条、第二十七条、第二十八条规定的比例或者合同约定的投资比例的，投资管理人应当在可上市交易之日起 10 个交易日内调整完毕。

第三十一条　根据金融市场变化和投资运作情况,有关监管部门适时对投资范围和比例进行调整。

第三十二条　除股指期货交易外,职业年金基金证券交易以现货和国家规定的其他方式进行。

职业年金基金不得用于向他人贷款和提供担保。

投资管理人不得从事使职业年金基金财产承担无限责任的投资。

第四章　收益分配及费用

第三十三条　代理人应当采用份额计量方式进行账户管理,根据职业年金基金单位净值,按月足额记入受益人职业年金账户。

第三十四条　受托人年度提取的管理费不高于受托管理职业年金基金资产净值的 0.2%;托管人年度提取的管理费不高于托管职业年金基金资产净值的 0.2%;投资管理人年度提取的管理费综合考虑投资收益等情况确定,不高于投资管理职业年金基金资产净值的 1.2%。

根据职业年金基金管理情况,有关监管部门适时对管理费进行调整。

第三十五条　投资管理人从当期收取的管理费中,提取 20% 作为职业年金基金投资管理风险准备金,专项用于弥补合同到期时所管理投资组合的职业年金基金当期委托投资资产的投资亏损。余额达到投资管理人所管理投资组合基金资产净值的 10% 时可以不再提取。

当合同到期时,如所管理投资组合的职业年金基金资产净值低于当期委托投资资产,投资管理人应当用风险准备金弥补该时点的当期委托投资资产亏损,直至该投资组合风险准备金弥补完毕;如所管理投资组合的职业年金基金当期委托投资资产没有发生投资亏损或者风险准备金弥补后有剩余,风险准备金划归投资管理人所有。

职业年金基金投资管理风险准备金应当存放于投资管理人在托管人处开立的专用存款账户。托管人不得对风险准备金账户收取费用。风险准备金由投资管理人进行管理,可以投资于银行存款、国债等高流动性、低风险金融产品。风险准备金产生的投资收益,归入风险准备金。

第五章　计划管理及信息披露

第三十六条　发生下列情形之一的,职业年金计划变更:

(一)职业年金计划受托人、托管人或者投资管理人变更。

(二)职业年金计划受托或委托管理合同主要内容变更。

(三)国家规定的其他情形。

发生前款规定情形时,受托人应当将相关职业年金计划受托或委托管理合同重新报人力资源社会保障行政部门备案。

职业年金计划变更,原计划登记号不变。

第三十七条　职业年金计划终止时,代理人与受托人应当共同组织清算组对职业年金基金财产进行清算。清算费用可从职业年金基金财产中列支。

清算组由代理人、受托人、托管人、投资管理人以及由代理人与受托人共同聘请的会计师事务所、律师事务所等组成。

清算组应当自计划终止后 3 个月内完成清算工作,并向有关监管部门提交经会计师事务所审计以及律师事务所出具法律意见书的清算报告。

代理人与受托人、托管人、投资管理人应当继续履行管理职责至职业年金计划财产移交完成。

人力资源社会保障行政部门在接到清算报告后,应当注销该职业年金计划。

第三十八条　发生下列情形之一的,代理人与受托人应当共同聘请具有证券期货相关业务资格的会计师事务所对职业年金计划进行审计。审计费用可从职业年金基金财产中列支。

(一)职业年金计划连续运作满三个会计年度。

(二)职业年金计划受托人、托管人或者投资管理人职责终止。

(三)国家规定的其他情形。

代理人、受托人、托管人、投资管理人应当配合会计师事务所对职业年金计划进行审计。受托人应当自上述情况发生之日起的 50 个工作日内向有关监管部门提交审计报告。

第三十九条　代理人应当在年度结束后 45 个工作日内,向机关事业单位披露职业年金管理信息,向受益人提供职业年金个人账户权益信息。

代理人应当在季度结束后 35 个工作日内、年度结束后 45 个工作日内,向本级监管部门提交职业年金计划管理报告。

代理人应当在季度结束后 15 个工作日内、年度结束后 25 个工作日内,向有关监管部门提交职业年金基金账户管理报告。

第四十条 受托人应当在季度结束后 25 个工作日内、年度结束后 35 个工作日内,向代理人提交职业年金计划受托管理报告。

受托人应当在季度结束后 15 个工作日内、年度结束后 25 个工作日内,向有关监管部门提交职业年金基金受托管理报告。

第四十一条 托管人应当在季度结束后 15 个工作日内、年度结束后 25 个工作日内,向受托人提交职业年金计划托管报告。

托管人应当在季度结束后 15 个工作日内、年度结束后 25 个工作日内,向有关监管部门提交职业年金基金托管报告。

第四十二条 投资管理人应当在季度结束后 15 个工作日内、年度结束后 25 个工作日内,向受托人提交经托管人确认财务管理数据的职业年金计划投资组合管理报告。

投资管理人应当在季度结束后 15 个工作日内、年度结束后 25 个工作日内,向有关监管部门提交职业年金基金投资管理报告。

第四十三条 受托人、托管人和投资管理人发生下列情形之一的,应当及时向代理人和有关监管部门报告;托管人和投资管理人应当同时抄报受托人。

(一)减资、合并、分立、依法解散、被依法撤销、决定申请破产或者被申请破产的。

(二)涉及重大诉讼或者仲裁的。

(三)董事长、总经理或直接负责职业年金业务的高级管理人员发生变动的。

(四)国家规定的其他情形。

第四十四条 代理人、受托人、托管人和投资管理人应当按照规定报告职业年金基金管理情况,并对所报告内容的真实性、准确性、完整性负责。

第六章 监督检查

第四十五条 有关监管部门依法履行监督管理职责,可以采取以下措施:

(一)查询、记录、复制与被调查事项有关的职业年金计划受托和委托管理合同、财务会计报告等资料。

(二)询问与被调查事项有关的单位和个人,要求其对有关问题做出说明、提供有关证明材料。

(三)国家规定的其他措施。

机关事业单位、各级社会保险经办机构、受托人、托管人、投资管理人,以及归集账户开户银行和其他为职业年金基金管理提供服务的自然人、法人或者其他组织,应当积极配合检查,如实提供有关资料,不得拒绝、阻挠或者逃避检查,不得谎报、隐匿或者销毁相关材料。

第四十六条 有关监管部门依法进行调查或者检查时,应当至少由两人共同进行,出示证件,并承担下列义务:

(一)依法履行职责,秉公执法,不得利用职务之便谋取私利。

(二)保守在调查或者检查时知悉的商业秘密。

(三)为举报人保密。

第四十七条 各级社会保险经办机构、受托人、托管人、投资管理人以及归集账户开户银行违反本办法规定的,由有关监管部门责令改正。

第四十八条 受托人、托管人、投资管理人发生违法违规行为可能影响职业年金基金财产安全的,或者经责令改正而不改正的,由人力资源社会保障部暂停其接收新的职业年金基金管理业务。各级社会保险经办机构、受托人、托管人、投资管理人以及归集账户开户银行发生违法违规行为给职业年金基金财产或者受益人利益造成损害的,依法承担赔偿责任,其中各级社会保险经办机构的赔偿责任由同级财政承担;构成犯罪的,依法追究刑事责任。

第四十九条 有关监管部门将受托人、托管人、投资管理人以及归集账户开户银行违法违规行为、处理结果以及改正情况予以记录,同时抄送业务主管部门。

第五十条 各省、自治区、直辖市人力资源社会保障行政部门、财政部门对本地区职业年金基金管理情况进行监督,发现违法违规问题报人力资源社会保障部、财政部。

第五十一条 会计师事务所和律师事务所提供职业年金中介服务应当严格遵守法律法规和相关职业准则、行业规范。

第七章　附　则

第五十二条　本办法由人力资源社会保障部、财政部解释。

第五十三条　本办法自印发之日起施行。

企业年金基金管理办法

· 2011 年 2 月 12 日人力资源社会保障部、银监会、证监会、保监会令第 11 号公布
· 根据 2015 年 4 月 30 日《人力资源社会保障部关于修改部分规章的决定》修订

第一章　总　则

第一条　为维护企业年金各方当事人的合法权益,规范企业年金基金管理,根据劳动法、信托法、合同法、证券投资基金法等法律和国务院有关规定,制定本办法。

第二条　企业年金基金的受托管理、账户管理、托管、投资管理以及监督管理适用本办法。

本办法所称企业年金基金,是指根据依法制定的企业年金计划筹集的资金及其投资运营收益形成的企业补充养老保险基金。

第三条　建立企业年金计划的企业及其职工作为委托人,与企业年金理事会或者法人受托机构(以下简称受托人)签订受托管理合同。

受托人与企业年金基金账户管理机构(以下简称账户管理人)、企业年金基金托管机构(以下简称托管人)和企业年金基金投资管理机构(以下简称投资管理人)分别签订委托管理合同。

第四条　受托人应当将受托管理合同和委托管理合同报人力资源社会保障行政部门备案。

第五条　一个企业年金计划应当仅有一个受托人、一个账户管理人和一个托管人,可以根据资产规模大小选择适量的投资管理人。

第六条　同一企业年金计划中,受托人与托管人、托管人与投资管理人不得为同一人;建立企业年金计划的企业成立企业年金理事会作为受托人的,该企业与托管人不得为同一人;受托人与托管人、托管人与投资管理人、投资管理人与其他投资管理人的总经理和企业年金从业人员,不得相互兼任。

同一企业年金计划中,法人受托机构具备账户管理或者投资管理业务资格的,可以兼任账户管理人或者投资管理人。

第七条　法人受托机构兼任投资管理人时,应当建立风险控制制度,确保各项业务管理之间的独立性;设立独立的受托业务和投资业务部门,办公区域、运营管理流程和业务制度应当严格分离;直接负责的高级管理人员、受托业务和投资业务部门的工作人员不得相互兼任。

同一企业年金计划中,法人受托机构对待各投资管理人应当执行统一的标准和流程,体现公开、公平、公正原则。

第八条　企业年金基金缴费必须归集到受托财产托管账户,并在 45 日内划入投资资产托管账户。企业年金基金财产独立于委托人、受托人、账户管理人、托管人、投资管理人和其他为企业年金基金管理提供服务的自然人、法人或者其他组织的固有财产及其管理的其他财产。

企业年金基金财产的管理、运用或者其他情形取得的财产和收益,应当归入基金财产。

第九条　委托人、受托人、账户管理人、托管人、投资管理人和其他为企业年金基金管理提供服务的自然人、法人或者其他组织,因依法解散、被依法撤销或者被依法宣告破产等原因进行终止清算的,企业年金基金财产不属于其清算财产。

第十条　企业年金基金财产的债权,不得与委托人、受托人、账户管理人、托管人、投资管理人和其他为企业年金基金管理提供服务的自然人、法人或者其他组织固有财产的债务相互抵销。不同企业年金计划的企业年金基金的债权债务,不得相互抵销。

第十一条　非因企业年金基金财产本身承担的债务,不得对基金财产强制执行。

第十二条　受托人、账户管理人、托管人、投资管理人和其他为企业年金基金管理提供服务的自然人、法人或者其他组织必须恪尽职守,履行诚实、信用、谨慎、勤勉的义务。

第十三条　人力资源社会保障部负责制定企业年金基金管理的有关政策。人力资源社会保障行政部门对企业年金基金管理进行监管。

第二章　受托人

第十四条　本办法所称受托人,是指受托管

理企业年金基金的符合国家规定的养老金管理公司等法人受托机构(以下简称法人受托机构)或者企业年金理事会。

第十五条 建立企业年金计划的企业,应当通过职工大会或者职工代表大会讨论确定,选择法人受托机构作为受托人,或者成立企业年金理事会作为受托人。

第十六条 企业年金理事会由企业代表和职工代表等人员组成,也可以聘请企业以外的专业人员参加,其中职工代表不少于三分之一。理事会应当配备一定数量的专职工作人员。

第十七条 企业年金理事会中的职工代表和企业以外的专业人员由职工大会、职工代表大会或者其他形式民主选举产生。企业代表由企业方聘任。

理事任期由企业年金理事会章程规定,但每届任期不得超过三年。理事任期届满,连选可以连任。

第十八条 企业年金理事会理事应当具备下列条件:

(一)具有完全民事行为能力;

(二)诚实守信,无犯罪记录;

(三)具有从事法律、金融、会计、社会保障或者其他履行企业年金理事会理事职责所必需的专业知识;

(四)具有决策能力;

(五)无个人所负数额较大的债务到期未清偿情形。

第十九条 企业年金理事会依法独立管理本企业的企业年金基金事务,不受企业方的干预,不得从事任何形式的营业性活动,不得从企业年金基金财产中提取管理费用。

第二十条 企业年金理事会会议,应当由理事本人出席;理事因故不能出席,可以书面委托其他理事代为出席,委托书中应当载明授权范围。

理事会作出决议,应当经全体理事三分之二以上通过。理事会应当对会议所议事项的决定形成会议记录,出席会议的理事应当在会议记录上签名。

第二十一条 理事应当对企业年金理事会的决议承担责任。理事会的决议违反法律、行政法规、本办法规定或者理事会章程,致使企业年金基金财产遭受损失的,理事应当承担赔偿责任。但

经证明在表决时曾表明异议并记载于会议记录的,该理事可以免除责任。

企业年金理事会对外签订合同,应当由全体理事签字。

第二十二条 法人受托机构应当具备下列条件:

(一)经国家金融监管部门批准,在中国境内注册的独立法人;

(二)具有完善的法人治理结构;

(三)取得企业年金基金从业资格的专职人员达到规定人数;

(四)具有符合要求的营业场所、安全防范设施和与企业年金基金受托管理业务有关的其他设施;

(五)具有完善的内部稽核监控制度和风险控制制度;

(六)近3年没有重大违法违规行为;

(七)国家规定的其他条件。

第二十三条 受托人应当履行下列职责:

(一)选择、监督、更换账户管理人、托管人、投资管理人;

(二)制定企业年金基金战略资产配置策略;

(三)根据合同对企业年金基金管理进行监督;

(四)根据合同收取企业和职工缴费,向受益人支付企业年金待遇,并在合同中约定具体的履行方式;

(五)接受委托人查询,定期向委托人提交企业年金基金管理和财务会计报告。发生重大事件时,及时向委托人和有关监管部门报告;定期向有关监管部门提交开展企业年金基金受托管理业务情况的报告;

(六)按照国家规定保存与企业年金基金管理有关的记录自合同终止之日起至少15年;

(七)国家规定和合同约定的其他职责。

第二十四条 本办法所称受益人,是指参加企业年金计划并享有受益权的企业职工。

第二十五条 有下列情形之一的,法人受托机构职责终止:

(一)违反与委托人合同约定的;

(二)利用企业年金基金财产为其谋取利益,或者为他人谋取不正当利益的;

(三)依法解散、被依法撤销、被依法宣告破产

或者被依法接管的；

（四）被依法取消企业年金基金受托管理业务资格的；

（五）委托人有证据认为更换受托人符合受益人利益的；

（六）有关监管部门有充分理由和依据认为更换受托人符合受益人利益的；

（七）国家规定和合同约定的其他情形。

企业年金理事会有前款第（二）项规定情形的，企业年金理事会职责终止，由委托人选择法人受托机构担任受托人。企业年金理事会有第（一）、（三）至（七）项规定情形之一的，应当按照国家规定重新组成，或者由委托人选择法人受托机构担任受托人。

第二十六条　受托人职责终止的，委托人应当在45日内委任新的受托人。

受托人职责终止的，应当妥善保管企业年金基金受托管理资料，在45日内办理完毕受托管理业务移交手续，新受托人应当接收并行使相应职责。

第三章　账户管理人

第二十七条　本办法所称账户管理人，是指接受受托人委托管理企业年金基金账户的专业机构。

第二十八条　账户管理人应当具备下列条件：

（一）经国家有关部门批准，在中国境内注册的独立法人；

（二）具有完善的法人治理结构；

（三）取得企业年金基金从业资格的专职人员达到规定人数；

（四）具有相应的企业年金基金账户信息管理系统；

（五）具有符合要求的营业场所、安全防范设施和与企业年金基金账户管理业务有关的其他设施；

（六）具有完善的内部稽核监控制度和风险控制制度；

（七）近3年没有重大违法违规行为；

（八）国家规定的其他条件。

第二十九条　账户管理人应当履行下列职责：

（一）建立企业年金基金企业账户和个人账户；

（二）记录企业、职工缴费以及企业年金基金投资收益；

（三）定期与托管人核对缴费数据以及企业年金基金账户财产变化状况，及时将核对结果提交受托人；

（四）计算企业年金待遇；

（五）向企业和受益人提供企业年金基金企业账户和个人账户信息查询服务；向受益人提供年度权益报告；

（六）定期向受托人提交账户管理数据等信息以及企业年金基金账户管理报告；定期向有关监管部门提交开展企业年金基金账户管理业务情况的报告；

（七）按照国家规定保存企业年金基金账户管理档案自合同终止之日起至少15年；

（八）国家规定和合同约定的其他职责。

第三十条　有下列情形之一的，账户管理人职责终止：

（一）违反与受托人合同约定的；

（二）利用企业年金基金财产为其谋取利益，或者为他人谋取不正当利益的；

（三）依法解散、被依法撤销、被依法宣告破产或者被依法接管的；

（四）被依法取消企业年金基金账户管理业务资格的；

（五）受托人有证据认为更换账户管理人符合受益人利益的；

（六）有关监管部门有充分理由和依据认为更换账户管理人符合受益人利益的；

（七）国家规定和合同约定的其他情形。

第三十一条　账户管理人职责终止的，受托人应当在45日内确定新的账户管理人。

账户管理人职责终止的，应当妥善保管企业年金基金账户管理资料，在45日内办理完毕账户管理业务移交手续，新账户管理人应当接收并行使相应职责。

第四章　托管人

第三十二条　本办法所称托管人，是指接受受托人委托保管企业年金基金财产的商业银行。

第三十三条　托管人应当具备下列条件：

（一）经国家金融监管部门批准，在中国境内注册的独立法人；

（二）具有完善的法人治理结构；

（三）设有专门的资产托管部门；

（四）取得企业年金基金从业资格的专职人员达到规定人数；

（五）具有保管企业年金基金财产的条件；

（六）具有安全高效的清算、交割系统；

（七）具有符合要求的营业场所、安全防范设施和与企业年金基金托管业务有关的其他设施；

（八）具有完善的内部稽核监控制度和风险控制制度；

（九）近3年没有重大违法违规行为；

（十）国家规定的其他条件。

第三十四条 托管人应当履行下列职责：

（一）安全保管企业年金基金财产；

（二）以企业年金基金名义开设基金财产的资金账户和证券账户等；

（三）对所托管的不同企业年金基金财产分别设置账户，确保基金财产的完整和独立；

（四）根据受托人指令，向投资管理人分配企业年金基金财产；

（五）及时办理清算、交割事宜；

（六）负责企业年金基金会计核算和估值，复核、审查和确认投资管理人计算的基金财产净值；

（七）根据受托人指令，向受益人发放企业年金待遇；

（八）定期与账户管理人、投资管理人核对有关数据；

（九）按照规定监督投资管理人的投资运作，并定期向受托人报告投资监督情况；

（十）定期向受托人提交企业年金基金托管和财务会计报告；定期向有关监管部门提交开展企业年金基金托管业务情况的报告；

（十一）按照国家规定保存企业年金基金托管业务活动记录、账册、报表和其他相关资料自合同终止之日起至少15年；

（十二）国家规定和合同约定的其他职责。

第三十五条 托管人发现投资管理人依据交易程序尚未成立的投资指令违反法律、行政法规、其他有关规定或者合同约定的，应当拒绝执行，立即通知投资管理人，并及时向受托人和有关监管部门报告。

托管人发现投资管理人依据交易程序已经成立的投资指令违反法律、行政法规、其他有关规定或者合同约定的，应当立即通知投资管理人，并及时向受托人和有关监管部门报告。

第三十六条 有下列情形之一的，托管人职责终止：

（一）违反与受托人合同约定的；

（二）利用企业年金基金财产为其谋取利益，或者为他人谋取不正当利益的；

（三）依法解散、被依法撤销、被依法宣告破产或者被依法接管的；

（四）被依法取消企业年金基金托管业务资格的；

（五）受托人有证据认为更换托管人符合受益人利益的；

（六）有关监管部门有充分理由和依据认为更换托管人符合受益人利益的；

（七）国家规定和合同约定的其他情形。

第三十七条 托管人职责终止的，受托人应当在45日内确定新的托管人。

托管人职责终止的，应当妥善保管企业年金基金托管资料，在45日内办理完毕托管业务移交手续，新托管人应当接收并行使相应职责。

第三十八条 禁止托管人有下列行为：

（一）托管的企业年金基金财产与其固有财产混合管理；

（二）托管的企业年金基金财产与托管的其他财产混合管理；

（三）托管的不同企业年金计划、不同企业年金投资组合的企业年金基金财产混合管理；

（四）侵占、挪用托管的企业年金基金财产；

（五）国家规定和合同约定禁止的其他行为。

第五章 投资管理人

第三十九条 本办法所称投资管理人，是指接受受托人委托投资管理企业年金基金财产的专业机构。

第四十条 投资管理人应当具备下列条件：

（一）经国家金融监管部门批准，在中国境内注册，具有受托投资管理、基金管理或者资产管理资格的独立法人；

（二）具有完善的法人治理结构；

（三）取得企业年金基金从业资格的专职人员

达到规定人数；

（四）具有符合要求的营业场所、安全防范设施和与企业年金基金投资管理业务有关的其他设施；

（五）具有完善的内部稽核监控制度和风险控制制度；

（六）近3年没有重大违法违规行为；

（七）国家规定的其他条件。

第四十一条 投资管理人应当履行下列职责：

（一）对企业年金基金财产进行投资；

（二）及时与托管人核对企业年金基金会计核算和估值结果；

（三）建立企业年金基金投资管理风险准备金；

（四）定期向受托人提交企业年金基金投资管理报告；定期向有关监管部门提交开展企业年金基金投资管理业务情况的报告；

（五）根据国家规定保存企业年金基金财产会计凭证、会计账簿、年度财务会计报告和投资记录自合同终止之日起至少15年；

（六）国家规定和合同约定的其他职责。

第四十二条 有下列情形之一的，投资管理人应当及时向受托人报告：

（一）企业年金基金单位净值大幅度波动的；

（二）可能使企业年金基金财产受到重大影响的有关事项；

（三）国家规定和合同约定的其他情形。

第四十三条 有下列情形之一的，投资管理人职责终止：

（一）违反与受托人合同约定的；

（二）利用企业年金基金财产为其谋取利益，或者为他人谋取不正当利益的；

（三）依法解散、被依法撤销、被依法宣告破产或者被依法接管的；

（四）被依法取消企业年金基金投资管理业务资格的；

（五）受托人有证据认为更换投资管理人符合受益人利益的；

（六）有关监管部门有充分理由和依据认为更换投资管理人符合受益人利益的；

（七）国家规定和合同约定的其他情形。

第四十四条 投资管理人职责终止的，受托人应当在45日内确定新的投资管理人。

投资管理人职责终止的，应当妥善保管企业年金基金投资管理资料，在45日内办理完毕投资管理业务移交手续，新投资管理人应当接收并行使相应职责。

第四十五条 禁止投资管理人有下列行为：

（一）将其固有财产或者他人财产混同于企业年金基金财产；

（二）不公平对待企业年金基金财产与其管理的其他财产；

（三）不公平对待其管理的不同企业年金基金财产；

（四）侵占、挪用企业年金基金财产；

（五）承诺、变相承诺保本或者保证收益；

（六）利用所管理的其他资产为企业年金计划委托人、受益人或者相关管理人谋取不正当利益；

（七）国家规定和合同约定禁止的其他行为。

第六章 基金投资

第四十六条 企业年金基金投资管理应当遵循谨慎、分散风险的原则，充分考虑企业年金基金财产的安全性、收益性和流动性，实行专业化管理。

第四十七条 企业年金基金财产限于境内投资，投资范围包括银行存款、国债、中央银行票据、债券回购、万能保险产品、投资连结保险产品、证券投资基金、股票，以及信用等级在投资级以上的金融债、企业（公司）债、可转换债（含分离交易可转换债）、短期融资券和中期票据等金融产品。

第四十八条 每个投资组合的企业年金基金财产应当由一个投资管理人管理，企业年金基金财产以投资组合为单位按照公允价值计算应当符合下列规定：

（一）投资银行活期存款、中央银行票据、债券回购等流动性产品以及货币市场基金的比例，不得低于投资组合企业年金基金财产净值的5%；清算备付金、证券清算款以及一级市场证券申购资金视为流动性资产；投资债券正回购的比例不得高于投资组合企业年金基金财产净值的40%。

（二）投资银行定期存款、协议存款、国债、金融债、企业（公司）债、短期融资券、中期票据、万能保险产品等固定收益类产品以及可转换债（含分离交易可转换债）、债券基金、投资连结保险产品

（股票投资比例不高于 30%）的比例,不得高于投资组合企业年金基金财产净值的 95%。

（三）投资股票等权益类产品以及股票基金、混合基金、投资连结保险产品（股票投资比例高于或者等于 30%）的比例,不得高于投资组合企业年金基金财产净值的 30%。其中,企业年金基金不得直接投资于权证,但因投资股票、分离交易可转换债等投资品种而衍生获得的权证,应当在权证上市交易之日起 10 个交易日内卖出。

第四十九条　根据金融市场变化和投资运作情况,人力资源社会保障部会同中国银监会、中国证监会和中国保监会,适时对投资范围和比例进行调整。

第五十条　单个投资组合的企业年金基金财产,投资于一家企业所发行的股票,单期发行的同一品种短期融资券、中期票据、金融债、企业（公司）债、可转换债（含分离交易可转换债）,单只证券投资基金,单个万能保险产品或者投资连结保险产品,分别不得超过该企业上述证券发行量、该基金份额或者该保险产品资产管理规模的 5%;按照公允价值计算,也不得超过该投资组合企业年金基金财产净值的 10%。

单个投资组合的企业年金基金财产,投资于经备案的符合第四十八条投资比例规定的单只养老金产品,不得超过该投资组合企业年金基金财产净值的 30%,不受上述 10% 规定的限制。

第五十一条　投资管理人管理的企业年金基金财产投资于自己管理的金融产品须经受托人同意。

第五十二条　因证券市场波动、上市公司合并、基金规模变动等投资管理人之外的因素致使企业年金基金投资不符合本办法第四十八条、第五十条规定的比例或者合同约定的投资比例的,投资管理人应当在可上市交易之日起 10 个交易日内调整完毕。

第五十三条　企业年金基金证券交易以现货和国务院规定的其他方式进行,不得用于向他人贷款和提供担保。

投资管理人不得从事使企业年金基金财产承担无限责任的投资。

第七章　收益分配及费用

第五十四条　账户管理人应当采用份额计量方式进行账户管理,根据企业年金基金单位净值,按周或者按日足额记入企业年金基金企业账户和个人账户。

第五十五条　受托人年度提取的管理费不高于受托管理企业年金基金财产净值的 0.2%。

第五十六条　账户管理人的管理费按照每户每月不超过 5 元人民币的限额,由建立企业年金计划的企业另行缴纳。

保留账户和退休人员账户的账户管理费可以按照合同约定由受益人自行承担,从受益人个人账户中扣除。

第五十七条　托管人年度提取的管理费不高于托管企业年金基金财产净值的 0.2%。

第五十八条　投资管理人年度提取的管理费不高于投资管理企业年金基金财产净值的 1.2%。

第五十九条　根据企业年金基金管理情况,人力资源社会保障部会同中国银监会、中国证监会和中国保监会,适时对有关管理费进行调整。

第六十条　投资管理人从当期收取的管理费中,提取 20% 作为企业年金基金投资管理风险准备金,专项用于弥补合同终止时所管理投资组合的企业年金基金当期委托投资资产的投资亏损。

第六十一条　当合同终止时,如所管理投资组合的企业年金基金财产净值低于当期委托投资资产的,投资管理人应当用风险准备金弥补该时点的当期委托投资资产亏损,直至该投资组合风险准备金弥补完毕;如所管理投资组合的企业年金基金当期委托投资资产没有发生投资亏损或者风险准备金弥补后有剩余的,风险准备金划归投资管理人所有。

第六十二条　企业年金基金投资管理风险准备金应当存放于投资管理人在托管人处开立的专用存款账户,余额达到投资管理人所管理投资组合基金财产净值的 10% 时可以不再提取。托管人不得对投资管理风险准备金账户收取费用。

第六十三条　风险准备金由投资管理人进行管理,可以投资于银行存款、国债等高流动性、低风险金融产品。风险准备金产生的投资收益,应当纳入风险准备金管理。

第八章　计划管理和信息披露

第六十四条　企业年金单一计划指受托人将单个委托人交付的企业年金基金,单独进行受托管理的企业年金计划。

企业年金集合计划指同一受托人将多个委托人交付的企业年金基金,集中进行受托管理的企业年金计划。

第六十五条　法人受托机构设立集合计划,应当制定集合计划受托管理合同,为每个集合计划确定账户管理人、托管人各一名,投资管理人至少三名;并分别与其签订委托管理合同。

集合计划受托人应当将制定的集合计划受托管理合同、签订的委托管理合同以及该集合计划的投资组合说明书报人力资源社会保障部备案。

第六十六条　一个企业年金方案的委托人只能建立一个企业年金单一计划或者参加一个企业年金集合计划。委托人加入集合计划满3年后,方可根据受托管理合同规定选择退出集合计划。

第六十七条　发生下列情形之一的,企业年金单一计划变更:

(一)企业年金计划受托人、账户管理人、托管人或者投资管理人变更;

(二)企业年金基金管理合同主要内容变更;

(三)企业年金计划名称变更;

(四)国家规定的其他情形。

发生前款规定情形时,受托人应当将相关企业年金基金管理合同重新报人力资源社会保障行政部门备案。

第六十八条　企业年金单一计划终止时,受托人应当组织清算组对企业年金基金财产进行清算。清算费用从企业年金基金财产中扣除。

清算组由企业代表、职工代表、受托人、账户管理人、托管人、投资管理人以及由受托人聘请的会计师事务所、律师事务所等组成。

清算组应当自清算工作完成后3个月内,向人力资源社会保障行政部门和受益人提交经会计师事务所审计以及律师事务所出具法律意见书的清算报告。

人力资源社会保障行政部门应当注销该企业年金计划。

第六十九条　受益人工作单位发生变化,新工作单位已经建立企业年金计划的,其企业年金个人账户权益应当转入新工作单位的企业年金计划管理。新工作单位没有建立企业年金计划的,其企业年金个人账户权益可以在原法人受托机构发起的集合计划设置的保留账户统一管理;原受托人是企业年金理事会的,由企业与职工协商选择法人受托机构管理。

第七十条　企业年金单一计划终止时,受益人企业年金个人账户权益应当转入原法人受托机构发起的集合计划设置的保留账户统一管理;原受托人是企业年金理事会的,由企业与职工协商选择法人受托机构管理。

第七十一条　发生以下情形之一的,受托人应当聘请会计师事务所对企业年金计划进行审计。审计费用从企业年金基金财产中扣除。

(一)企业年金计划连续运作满三个会计年度时;

(二)企业年金计划管理人职责终止时;

(三)国家规定的其他情形。

账户管理人、托管人、投资管理人应当自上述情况发生之日起配合会计师事务所对企业年金计划进行审计。受托人应当自上述情况发生之日起的50日内向委托人以及人力资源社会保障行政部门提交审计报告。

第七十二条　受托人应当在每季度结束后30日内向委托人提交企业年金基金管理季度报告;并应当在年度结束后60日内向委托人提交企业年金基金管理和财务会计年度报告。

第七十三条　账户管理人应当在每季度结束后15日内向受托人提交企业年金基金账户管理季度报告;并应当在年度结束后45日内向受托人提交企业年金基金账户管理年度报告。

第七十四条　托管人应当在每季度结束后15日内向受托人提交企业年金基金托管和财务会计季度报告;并应当在年度结束后45日内向受托人提交企业年金基金托管和财务会计年度报告。

第七十五条　投资管理人应当在每季度结束后15日内向受托人提交经托管人确认财务管理数据的企业年金基金投资组合季度报告;并应当在年度结束后45日内向受托人提交经托管人确认财务管理数据的企业年金基金投资管理年度报告。

第七十六条　法人受托机构、账户管理人、托管人和投资管理人发生下列情形之一的,应当及时向人力资源社会保障部报告;账户管理人、托管人和投资管理人应当同时抄报受托人。

(一)减资、合并、分立、依法解散、被依法撤销、决定申请破产或者被申请破产的;

(二)涉及重大诉讼或者仲裁的;

（三）董事长、总经理、直接负责企业年金业务的高级管理人员发生变动的；

（四）国家规定的其他情形。

第七十七条 受托人、账户管理人、托管人和投资管理人应当按照规定报告企业年金基金管理情况，并对所报告内容的真实性、完整性负责。

第九章 监督检查

第七十八条 法人受托机构、账户管理人、托管人、投资管理人开展企业年金基金管理相关业务，应当向人力资源社会保障部提出申请。法人受托机构、账户管理人、投资管理人向人力资源社会保障部提出申请前应当先经其业务监管部门同意，托管人向人力资源社会保障部提出申请前应当先向其业务监管部门备案。

第七十九条 人力资源社会保障部收到法人受托机构、账户管理人、托管人、投资管理人的申请后，应当组织专家评审委员会，按照规定进行审慎评审。经评审符合条件的，由人力资源社会保障部会同有关部门确认公告；经评审不符合条件的，应当书面通知申请人。

专家评审委员会由有关部门代表和社会专业人士组成。每次参加评审的专家应当从专家评审委员会中随机抽取产生。

第八十条 受托人、账户管理人、托管人、投资管理人开展企业年金基金管理相关业务，应当接受人力资源社会保障行政部门的监管。

法人受托机构、账户管理人、托管人和投资管理人的业务监管部门按照各自职责对其经营活动进行监督。

第八十一条 人力资源社会保障部依法履行监督管理职责，可以采取以下措施：

（一）查询、记录、复制与被调查事项有关的企业年金基金管理合同、财务会计报告等资料；

（二）询问与调查事项有关的单位和个人，要求其对有关问题做出说明、提供有关证明材料；

（三）国家规定的其他措施。

委托人、受托人、账户管理人、托管人、投资管理人和其他为企业年金基金管理提供服务的自然人、法人或者其他组织，应当积极配合检查，如实提供有关资料，不得拒绝、阻挠或者逃避检查，不得谎报、隐匿或者销毁相关证据材料。

第八十二条 人力资源社会保障部依法进行调查或者检查时，应当至少由两人共同进行，并出示证件，承担下列义务：

（一）依法履行职责，秉公执法，不得利用职务之便谋取私利；

（二）保守在调查或者检查时知悉的商业秘密；

（三）为举报人员保密。

第八十三条 法人受托机构、中央企业集团公司成立的企业年金理事会、账户管理人、托管人、投资管理人违反本办法规定或者企业年金基金管理费、信息披露相关规定的，由人力资源社会保障部责令改正。其他企业（包括中央企业子公司）成立的企业年金理事会，违反本办法规定或者企业年金基金管理费、信息披露相关规定的，由管理合同备案所在地的省、自治区、直辖市或者计划单列市人力资源社会保障行政部门责令改正。

第八十四条 受托人、账户管理人、托管人、投资管理人发生违法违规行为可能影响企业年金基金财产安全的，或者经责令改正而不改正的，由人力资源社会保障部暂停其接收新的企业年金基金管理业务。给企业年金基金财产或者受益人利益造成损害的，依法承担赔偿责任；构成犯罪的，依法追究刑事责任。

第八十五条 人力资源社会保障部将法人受托机构、账户管理人、托管人、投资管理人违法行为、处理结果以及改正情况予以记录，同时抄送业务监管部门。在企业年金基金管理资格有效期内，有三次以上违法记录或者一次以上经责令改正而不改正的，在其资格到期之后5年内，不再受理其开展企业年金基金管理业务的申请。

第八十六条 会计师事务所和律师事务所提供企业年金中介服务应当严格遵守相关职业准则和行业规范。

第十章 附 则

第八十七条 企业年金基金管理，国务院另有规定的，从其规定。

第八十八条 本办法自2011年5月1日起施行。劳动和社会保障部、中国银行业监督管理委员会、中国证券监督管理委员会、中国保险监督管理委员会于2004年2月23日发布的《企业年金基金管理试行办法》（劳动保障部令第23号）同时废止。

企业年金基金管理机构资格认定暂行办法

· 2004 年 12 月 31 日劳动和社会保障部令第 24 号公布
· 根据 2015 年 4 月 30 日《人力资源社会保障部关于修改部分规章的决定》修正

第一条 为规范企业年金基金管理机构资格认定工作,根据《中华人民共和国行政许可法》、《国务院对确需保留的行政审批项目设定行政许可的决定》和国家有关规定,制定本办法。

第二条 本办法所称企业年金基金管理机构,是指从事企业年金基金管理业务的法人受托机构、账户管理人、托管人和投资管理人等补充养老保险经办机构。

第三条 从事企业年金基金管理业务的机构,必须根据本办法规定的程序,取得相应的企业年金基金管理资格。

劳动保障部负责企业年金基金管理机构资格认定。

第四条 申请企业年金基金管理资格的机构(以下简称申请人)应当按照本办法附件规定的内容与格式,向劳动保障部提出书面申请。

第五条 法人受托机构应当具备下列条件:

(一)经国家金融监管部门批准,在中国境内注册;

(二)具有完善的法人治理结构;

(三)取得企业年金基金从业资格的专职人员达到规定人数;

(四)具有符合要求的营业场所、安全防范设施和与企业年金基金受托管理业务有关的其他设施;

(五)具有完善的内部稽核监控制度和风险控制制度;

(六)近 3 年没有重大违法违规行为;

(七)国家规定的其他条件。

第六条 账户管理人应当具备下列条件:

(一)经国家有关部门批准,在中国境内注册的独立法人;

(二)具有完善的法人治理结构;

(三)取得企业年金基金从业资格的专职人员达到规定人数;

(四)具有相应的企业年金基金账户管理信息系统;

(五)具有符合要求的营业场所、安全防范设施和与企业年金基金账户管理业务有关的其他设施;

(六)具有完善的内部稽核监控制度和风险控制制度;

(七)国家规定的其他条件。

本条第(四)项规定的企业年金基金账户管理信息系统规范,由劳动保障部另行制定。

第七条 托管人应当具备下列条件:

(一)经国家金融监管部门批准,在中国境内注册的独立法人;

(二)净资产不少于 50 亿元人民币;

(三)取得企业年金基金从业资格的专职人员达到规定人数;

(四)具有保管企业年金基金财产的条件;

(五)具有安全高效的清算、交割系统;

(六)具有符合要求的营业场所、安全防范设施和与企业年金基金托管业务有关的其他设施;

(七)具有完善的内部稽核监控制度和风险控制制度;

(八)国家规定的其他条件。

商业银行担任托管人,应当设有专门的基金托管部门。

第八条 投资管理人应当具备下列条件:

(一)经国家金融监管部门批准,在中国境内注册,具有受托投资管理、基金管理或者资产管理资格的独立法人;

(二)具有完善的法人治理结构;

(三)取得企业年金基金从业资格的专职人员达到规定人数;

(四)具有符合要求的营业场所、安全防范设施和与企业年金基金投资管理业务有关的其他设施;

(五)具有完善的内部稽核监控制度和风险控制制度;

(六)近 3 年没有重大违法违规行为;

(七)国家规定的其他条件。

第九条 劳动保障部对申请人提出的申请,应当根据下列情况分别作出处理:

（一）申请材料存在可以当场更正错误的，应当允许申请人当场更正；

（二）申请材料不齐全或者不符合法定形式的，应当场或者在 5 个工作日内一次告知申请人需要补正的全部内容。逾期不告知的，自收到申请材料之日起即为受理；

（三）申请材料齐全、符合法定形式，或者申请人按照要求提交全部补正申请材料的，劳动保障部应当受理申请人申请。

劳动保障部受理或者不受理申请人申请，应当出具加盖劳动保障部专用印章和注明日期的书面凭证。

正在接受司法机关或者有关监管机关立案调查的机构，在被调查期间，劳动保障部不受理其申请。

第十条 劳动保障部受理申请人申请后，应当组建专家评审委员会对申请材料进行评审。评审委员会专家按照专业范围从专家库中随机抽取产生。专家库由有关部门代表和社会专业人士组成。

专家评审委员会对申请人申请材料按照分期分类的原则进行评审，所需时间由劳动保障部书面告知申请人。

第十一条 劳动保障部认为必要时应当指派 2 名以上工作人员，根据申请人申请材料对申请人进行现场检查。

第十二条 劳动保障部根据专家评审委员会评审结果及现场检查情况，会商中国银监会、中国证监会、中国保监会后，认定企业年金基金管理机构资格，并于认定之日起 10 个工作日内，向申请人颁发《企业年金基金管理资格证书》。证书制式由劳动保障部统一印制。

对于未取得企业年金基金管理资格的申请人，由劳动保障部书面通知，说明理由并告知申请人享有依法申请行政复议或者提起行政诉讼的权利。

第十三条 劳动保障部会同中国银监会、中国证监会、中国保监会，在全国性报刊上公告取得企业年金基金管理资格的机构。

第十四条 企业年金基金管理机构的资格证书有效期为 3 年，期限届满前 3 个月应当向劳动保障部提出延续申请。

第十五条 有下列情形之一的，劳动保障部应当办理企业年金基金管理机构资格的注销手续：

（一）企业年金基金管理机构资格有效期届满未延续的；

（二）企业年金基金管理机构依法解散、被依法撤销、被依法宣告破产或者被依法接管的；

（三）企业年金基金管理机构资格被依法撤销的；

（四）国家规定的应当注销企业年金基金管理机构资格的其他情形。

劳动保障部办理企业年金基金管理机构资格的注销手续后，会同中国银监会、中国证监会、中国保监会，在全国性报刊上公告。

第十六条 申请人隐瞒有关情况或者提供虚假材料的，劳动保障部不予受理或者不予认定企业年金基金管理机构资格，并给予警告；申请人 1 年内不得再次申请企业年金基金管理机构资格。

第十七条 申请人采用贿赂、欺诈等不正当手段取得企业年金基金管理机构资格的，劳动保障部会商中国银监会、中国证监会、中国保监会后取消其资格；申请人 3 年内不得再次申请企业年金基金管理机构资格；构成犯罪的，移交司法机关依法追究刑事责任。

第十八条 劳动保障部建立健全企业年金基金监管制度，定期或者不定期对有关机构企业年金基金管理运营情况进行监督检查。

第十九条 本办法自 2005 年 3 月 1 日起施行。

附件：企业年金基金管理机构资格申请材料内容与格式（略）

基本养老保险基金投资管理办法

· 2015 年 8 月 17 日
· 国发〔2015〕48 号

第一章 总 则

第一条 为了规范基本养老保险基金投资管理行为，保护基金委托人及相关当事人的合法权益，根据社会保险法、劳动法、证券投资基金法、信托法、合同法等法律法规和国务院有关规定，制定本办法。

第二条 本办法所称基本养老保险基金（以下简称养老基金），包括企业职工、机关事业单位工作人员和城乡居民养老基金。

第三条 各省、自治区、直辖市养老基金结余额,可按照本办法规定,预留一定支付费用后,确定具体投资额度,委托给国务院授权的机构进行投资运营。委托投资的资金额度、划出和划回等事项,要向人力资源社会保障部、财政部报告。

第四条 养老基金投资应当坚持市场化、多元化、专业化的原则,确保资产安全,实现保值增值。

第五条 养老基金投资委托人(以下简称委托人)与养老基金投资受托机构(以下简称受托机构)签订委托投资合同,受托机构与养老基金托管机构(以下简称托管机构)签订托管合同、与养老基金投资管理机构(以下简称投资管理机构)签订投资管理合同。

委托人、受托机构、托管机构、投资管理机构的权利义务,依照本办法在养老基金委托投资合同、托管合同和投资管理合同中约定。

第六条 养老基金资产独立于委托人、受托机构、托管机构、投资管理机构的固有财产及其管理的其他财产。委托人、受托机构、托管机构、投资管理机构不得将养老基金资产归入其固有财产。

第七条 委托人、受托机构、托管机构、投资管理机构因养老基金资产的管理、运营或者其他情形取得的财产和收益归入养老基金资产,权益归养老基金所有。

第八条 受托机构、托管机构、投资管理机构和其他为养老基金投资管理提供服务的法人或者其他组织因依法解散、被依法撤销或者被依法宣告破产等原因进行清算的,基金资产不属于其清算财产。

第九条 养老基金资产的债权,不得与委托人、受托机构、托管机构、投资管理机构和其他为养老基金投资管理提供服务的自然人、法人或者其他组织固有财产的债务相互抵销;养老基金不同投资组合基金资产的债权债务,不得相互抵销。

第十条 养老基金资产的债务由基金资产本身承担。非因养老基金资产本身承担的债务,不得对基金资产强制执行。

第十一条 养老基金投资按照国家规定享受税收优惠。具体办法由财政部会同有关部门另行制定。

第十二条 国家对养老基金投资实行严格监管。养老基金投资应当严格遵守相关法律法规,严禁从事内幕交易、利用未公开信息交易、操纵市场等违法行为,严禁通过关联交易等损害养老基金及他人利益、获取不正当利益。任何组织和个人不得贪污、侵占、挪用投资运营的养老基金。

第二章 委托人

第十三条 省、自治区、直辖市人民政府作为养老基金委托投资的委托人,可指定省级社会保险行政部门、财政部门承办具体事务。

第十四条 委托人应当履行下列职责:

(一)制定养老基金归集办法,将投资运营的养老基金归集到省级社会保障基金财政专户。

(二)与受托机构签订养老基金委托投资合同。

(三)向受托机构划拨委托投资资金;向受托机构下达划回委托投资资金的指令,接收划回的投资资金。

(四)根据受托机构提交的养老基金收益率,进行养老基金的记账、结算和收益分配。

(五)定期汇总养老基金投资管理情况,并以适当方式向社会公布。

(六)国家规定和合同约定的其他职责。

第三章 受托机构

第十五条 本办法所称受托机构,是指国家设立、国务院授权的养老基金管理机构。

第十六条 受托机构应当履行下列职责:

(一)建立健全养老基金受托投资内部管理制度、风险管理制度和绩效评估办法。

(二)选择、监督、更换托管机构、投资管理机构。

(三)制定养老基金投资运营策略并组织实施。

(四)根据委托投资合同接收委托人划拨的委托投资资金;根据委托人通知划出委托投资资金。

(五)接受委托人查询,定期向委托人提交养老基金管理和财务会计报告;发生重大事件时,及时向委托人和有关监管部门报告;定期向国务院有关主管部门提交开展养老基金受托管理业务情况的报告;定期向社会公布养老基金投资情况。

(六)根据托管合同、投资管理合同对养老基金托管、投资情况进行监督。

（七）按照国家规定保存养老基金受托业务活动记录、账册、报表和其他相关资料。

（八）国家规定和合同约定的其他职责。

第十七条 受托机构应当将养老基金单独管理、集中运营、独立核算，可对部分养老基金资产进行直接投资，其他养老基金资产委托其他专业机构投资。

同一个养老基金投资组合，托管机构与投资管理机构不得为同一机构。

第十八条 申请养老基金托管业务、投资管理业务的机构，需向受托机构提交申请。受托机构成立专家评审委员会，参照公开招标的原则对具备条件的养老基金托管业务、投资管理业务申请人进行评审。评审办法及评审结果报国务院有关主管部门备案。

建立健全受托机构、托管机构和投资管理机构竞争机制，不断优化治理结构，提升养老基金投资运营水平。

第十九条 受托机构及其董事（理事）、监事、管理人员和其他从业人员不得有下列行为：

（一）违反与委托人合同约定。

（二）利用养老基金资产或者职务之便谋取不正当利益。

（三）侵占、挪用受托管理的养老基金资产。

（四）泄露因职务便利获取的未公开信息，或者利用该信息从事或明示、暗示他人进行相关的交易活动。

（五）法律、行政法规和国务院有关主管部门规定禁止的其他行为。

第四章　托管机构

第二十条 本办法所称托管机构，是指接受养老基金受托机构委托，具有全国社会保障基金、企业年金基金托管经验，或者具有良好的基金托管业绩和社会信誉，负责安全保管养老基金资产的商业银行。

第二十一条 托管机构应当履行下列职责：

（一）安全保管养老基金资产。

（二）以养老基金名义开设基金资产的资金账户、证券账户和期货账户等。

（三）及时办理清算、交割事宜。

（四）负责养老基金会计核算和估值，复核、审查和确认投资管理机构计算的基金资产净值。

（五）按照规定监督投资管理机构的投资活动，并定期向受托机构报告监督情况。

（六）定期向受托机构提交养老基金托管和财务会计报告；定期向国务院有关主管部门提交开展养老基金托管业务情况的报告。

（七）按照国家规定保存养老基金托管业务活动记录、账册、报表和其他相关资料。

（八）国家规定和合同约定的其他职责。

第二十二条 托管机构发现投资管理机构依据交易程序尚未成立的投资指令违反法律、行政法规、其他有关规定或者合同约定的，应当拒绝执行，立即通知投资管理机构，并及时向受托机构和国务院有关主管部门报告。

托管机构发现投资管理机构依据交易程序已经成立的投资指令违反法律、行政法规、其他有关规定或者合同约定的，应当立即通知投资管理机构，并及时向受托机构和国务院有关主管部门报告。

第二十三条 有下列情形之一的，托管机构职责终止：

（一）违反与受托机构合同约定，情节严重的。

（二）利用养老基金资产为其谋取不正当利益，或为他人谋取不正当利益的。

（三）依法解散、被依法撤销、被依法宣告破产或者被依法接管的。

（四）受托机构有充分理由认为托管机构应当被终止职责的。

（五）国务院有关主管部门有充分理由和依据认为托管机构应当被终止职责的。

（六）国务院有关主管部门规定和合同约定的其他情形。

第二十四条 托管机构职责终止的，应当妥善保管养老基金托管业务资料，在45日内办理基金托管业务移交手续，新的托管机构应当接收并行使相应职责。

第二十五条 托管机构及其董事、监事、管理人员和其他从业人员不得有下列行为：

（一）将托管的养老基金资产与其固有财产混合管理。

（二）将托管的养老基金资产与托管的其他财产混合管理。

（三）将托管的不同养老基金资产混合管理。

（四）侵占、挪用托管的养老基金资产。

（五）利用养老基金资产或者职务之便为他人谋取不正当利益。

（六）泄露因职务便利获取的未公开信息，或者利用该信息从事或明示、暗示他人进行相关的交易活动。

（七）法律、行政法规和国务院有关主管部门规定禁止的其他行为。

第五章　投资管理机构

第二十六条　本办法所称投资管理机构，是指接受受托机构委托，具有全国社会保障基金、企业年金基金投资管理经验，或者具有良好的资产管理业绩、财务状况和社会信誉，负责养老基金资产投资运营的专业机构。

第二十七条　投资管理机构应当建立良好的内部治理结构，明确股东会、董事会、监事会和高级管理人员的职责权限，确保独立投资运营；应当健全资产配置、风险管理和绩效评估等制度。

投资管理机构及其股东、董事、监事、管理人员和其他从业人员不得从事损害养老基金资产和受托机构利益的证券交易及其他活动；在行使权利或者履行职责时，应当遵循回避原则。

第二十八条　投资管理机构应当履行下列职责：

（一）按照投资管理合同，管理养老基金投资组合和项目。

（二）对所管理的不同养老基金资产分别管理、分别记账。

（三）及时与托管机构核对养老基金会计核算和估值结果。

（四）进行养老基金会计核算，编制养老基金财务会计报告。

（五）按照国家规定保存养老基金投资业务活动记录、账册、报表和其他相关资料。

（六）国家规定和合同约定的其他职责。

第二十九条　投资管理机构从当期收取的管理费中，提取 20% 作为风险准备金，专项用于弥补委托投资资产出现的投资损失。

第三十条　有下列情形之一的，投资管理机构应当及时向受托机构和国务院有关主管部门报告：

（一）养老基金资产市场价值大幅度波动。

（二）有可能使养老基金资产的价值受到重大影响的其他事项。

（三）国务院有关主管部门规定或者合同约定的其他报告事项。

第三十一条　有下列情形之一的，投资管理机构职责终止：

（一）违反与受托机构合同约定，情节严重的。

（二）利用养老基金资产为其谋取不正当利益，或者为他人谋取不正当利益的。

（三）依法解散、被依法撤销、被依法宣告破产或者被依法接管的。

（四）受托机构有充分理由认为投资管理机构应当被终止职责的。

（五）国务院有关主管部门有充分理由和依据认为投资管理机构应当被终止职责的。

（六）国务院有关主管部门规定和合同约定的其他情形。

第三十二条　投资管理机构职责终止的，应当妥善保管养老基金投资运营业务资料，在 45 日内办理基金投资运营业务移交手续，新的投资管理机构应当接收并行使相应职责。

第三十三条　投资管理机构及其董事、监事、管理人员和其他从业人员不得有下列行为：

（一）将其固有财产或者他人财产混同于养老基金资产从事证券投资。

（二）不公平对待养老基金资产与其管理的其他财产。

（三）不公平对待其管理的不同养老基金资产。

（四）利用养老基金资产或者职务之便为他人谋取不正当利益。

（五）向受托机构违规承诺收益或者承担损失。

（六）侵占、挪用养老基金资产。

（七）泄露因职务便利获取的未公开信息，或者利用该信息从事或明示、暗示他人进行相关的交易活动。

（八）从事可能使养老基金资产承担无限责任的投资。

（九）法律、行政法规和国务院有关主管部门规定禁止的其他行为。

第六章　养老基金投资

第三十四条　养老基金限于境内投资。投资范围包括:银行存款、中央银行票据、同业存单;国债、政策性、开发性银行债券、信用等级在投资级以上的金融债、企业(公司)债、地方政府债券、可转换债(含分离交易可转换债)、短期融资券、中期票据、资产支持证券、债券回购;养老金产品、上市流通的证券投资基金、股票、股权、股指期货、国债期货。

第三十五条 国家重大工程和重大项目建设,养老基金可以通过适当方式参与投资。

第三十六条 国有重点企业改制、上市,养老基金可以进行股权投资。范围限定为中央企业及其一级子公司,以及地方具有核心竞争力的行业龙头企业,包括省级财政部门、国有资产管理部门出资的国有或国有控股企业。

第三十七条 养老基金投资比例,按照公允价值计算应当符合下列规定:

(一)投资银行活期存款,一年期以内(含一年)的定期存款,中央银行票据,剩余期限在一年期以内(含一年)的国债、债券回购,货币型养老金产品,货币市场基金的比例,合计不得低于养老基金资产净值的5%。清算备付金、证券清算款以及一级市场证券申购资金视为流动性资产。

(二)投资一年期以上的银行定期存款、协议存款、同业存单,剩余期限在一年期以上的国债,政策性、开发性银行债券,金融债、企业(公司)债、地方政府债券,可转换债(含分离交易可转换债)、短期融资券、中期票据、资产支持证券,固定收益型养老金产品,混合型养老金产品,债券基金的比例,合计不得高于养老基金资产净值的135%。其中,债券正回购的资金余额在每个交易日均不得高于养老基金资产净值的40%。

(三)投资股票、股票基金、混合基金、股票型养老金产品的比例,合计不得高于养老基金资产净值的30%。

养老基金不得用于向他人贷款和提供担保,不得直接投资于权证,但因投资股票、分离交易可转换债等投资品种而衍生获得的权证,应当在权证上市交易之日起10个交易日内卖出。

(四)投资国家重大项目和重点企业股权的比例,合计不得高于养老基金资产净值的20%。

由于市场涨跌、资金划拨等原因出现被动投资比例超标的,养老基金投资比例调整应当在合同规定的交易日内完成。

第三十八条 养老基金资产参与股指期货、国债期货交易,只能以套期保值为目的,并按照中国金融期货交易所套期保值管理的有关规定执行;在任何交易日日终,所持有的卖出股指期货、国债期货合约价值,不得超过其对冲标的的账面价值。

第三十九条 根据金融市场变化和投资运营情况,国务院有关主管部门适时报请国务院对养老基金投资范围和比例进行调整。

第七章 估值和费用

第四十条 受托机构根据《企业会计准则第22号——金融工具确认和计量》、《证券投资基金会计核算业务指引》等规定,对养老基金进行会计核算和估值。

当月发生的委托投资资金划入、划出和投资收益分配,以上月末的估值结果作为核算依据。

第四十一条 托管机构提取的托管费年费率不高于托管养老基金资产净值的0.05%。

第四十二条 投资管理机构提取的投资管理费年费率不高于投资管理养老基金资产净值的0.5%。

受托机构应当在投资管理合同中规定投资管理机构的业绩基准,制定绩效考核办法。

第四十三条 根据养老基金管理情况,国务院有关主管部门适时对托管费、投资管理费率进行调整。

第四十四条 受托机构按照养老基金年度净收益的1%提取风险准备金,专项用于弥补养老基金投资发生的亏损。余额达到养老基金资产净值5%时可不再提取。

风险准备金与本金一起投资运营,单独记账,归委托人所有。

第八章 报告制度

第四十五条 受托机构、托管机构、投资管理机构应当按照本办法的规定报告养老基金投资运营的情况,保证报告内容没有虚假记载、误导性陈述或者重大遗漏,并对报告内容的真实性、完整性负责。

第四十六条 受托机构要按下列要求进行信息披露和报告有关事项:

(一)每年一次向社会公布养老基金资产、收益等财务状况。

（二）向委托人和国务院有关主管部门每季度提交养老基金财务会计报告、投资资产、收益等情况报告。

（三）向委托人和国务院有关主管部门、经济综合部门报送养老基金资产年度审计报告。

（四）养老基金发生重大事件的，应立即报告委托人和国务院有关主管部门，并编制临时报告书，经核准后予以公告。

第四十七条　托管机构应当按照托管合同和受托机构的要求，向受托机构提交养老基金托管月度报告、季度报告和年度报告；如发生特殊情况，还应当提供临时报告或者进行重大信息披露。托管机构应当对投资管理机构编制报告的有关内容进行复核，并根据需要出具复核意见。

第四十八条　投资管理机构应当按照投资管理合同及受托机构的要求，向受托机构提交养老基金投资运营月度报告、季度报告和年度报告；如发生特殊情况，还应当提供临时报告或者进行重大信息披露。

第四十九条　托管机构、投资管理机构应当向国务院有关主管部门提交养老基金季度报告和年度报告。

第五十条　有下列情形之一的，托管机构、投资管理机构应当及时向受托机构和国务院有关主管部门报告：

（一）减资、合并、分立、依法解散、被依法撤销、决定申请破产或者被申请破产的。

（二）涉及重大诉讼或者仲裁的。

（三）董事长、总经理及其他高级管理人员发生变动的。

（四）托管合同、投资管理合同规定的其他报告事项。

第五十一条　受托机构应当将委托管理合同、托管合同、投资管理合同报国务院有关主管部门备案。

第九章　监督检查

第五十二条　人力资源社会保障部、财政部依法对受托机构、托管机构、投资管理机构及相关主体开展养老基金投资管理业务情况实施监管，加强投资风险防范。

人民银行、银监会、证监会、保监会按照各自职责，对托管机构、投资管理机构的经营活动进行监督。

相关部门在监督过程中应加强沟通与信息共享。

第五十三条　人力资源社会保障部、财政部开展调查或者检查应当由两人以上进行，并出示有效证件，承担下列义务：

（一）依法履行职责，秉公执法，不得利用职务之便谋取私利。

（二）保守在调查或者检查时知悉的商业秘密。

（三）为举报人保密。

第五十四条　受托机构、托管机构、投资管理机构和其他为养老基金投资管理提供服务的自然人、法人或者其他组织应当积极配合监督检查，如实提供有关文件和资料，不得拒绝、阻挠或者逃避检查，不得谎报、隐匿或者销毁相关证据材料。

第五十五条　受托机构、托管机构、投资管理机构管理运营养老基金资产，其他自然人、法人或者组织为养老基金投资运营提供服务，应当严格遵守相关职业准则和行业规范，履行诚实信用、谨慎勤勉的义务。

第五十六条　养老基金投资管理从业人员应当遵守法律、行政法规和相关规章制度，恪守职业道德和行为规范。

第五十七条　养老基金投资运营情况应当通过报刊、网站等媒体定期向社会公布，保障公众知情权，接受社会监督。

任何组织和个人有权对违法违规行为进行举报、投诉，有关主管部门应当认真调查处理。

第十章　法律责任

第五十八条　受托机构及其董事（理事）、监事、管理人员和其他从业人员有本办法第十九条所列行为之一的，责令改正，给予警告，有违法所得的，没收违法所得。对直接负责的主管人员和其他直接责任人员给予相应处分，由所在机构暂停或者撤销其养老基金投资管理职务。

第五十九条　托管机构、投资管理机构及其董事、监事、管理人员和其他从业人员有本办法第二十五条和第三十三条所列行为之一的，责令改正，给予警告，并可暂停其接收新的养老基金托管或者投资管理业务。有违法所得的，没收违法所得,处以托管机构、投资管理机构违法所得 1 倍以上 5 倍以下管理费扣减;没有违法所得的,处以托管机构、投资管理机构 50 万元以下管理费扣减,情节严重的,可处以 50 万元以上、100 万元以下管理费扣减。对直接负责的主管人员和其他直接责任人员给予警告,由所在机构暂停或者撤销其养老基金投资管理职务。

第六十条 投资管理机构违反本办法第三十七条和第三十八条规定,超出投资范围或者违反投资比例规定进行投资的,责令改正,给予警告,并可暂停其接收新的养老基金投资管理业务,同时处以 50 万元以下管理费扣减。对直接负责的主管人员和其他直接责任人员给予警告,由所在机构暂停或者撤销其养老基金投资管理职务。

第六十一条 托管机构、投资管理机构未能按照规定提供报告或者提供报告有虚假记载、误导性陈述、重大遗漏的,责令限期改正;逾期不改正,给予警告,并处以 10 万元以下管理费扣减。

第六十二条 托管机构、投资管理机构违反本办法其他有关规定的,责令限期改正。逾期不改正的,给予警告,并可暂停其接收新的养老基金托管或者投资管理业务。

第六十三条 托管机构、投资管理机构受到 3 次以上警告的,由受托机构终止其养老基金托管或者投资管理职责,3 年内不得再次申请。

第六十四条 受托机构、托管机构、投资管理机构及其董事(理事)、监事、管理和从业人员侵占、挪用养老基金资产取得的财产和收益,归入基金资产。

第六十五条 托管机构、投资管理机构违反本办法规定,给养老基金资产或者委托人造成损失的,应当分别对各自的行为依法承担赔偿责任;因共同行为给养老基金资产或者委托人造成损失的,应当承担连带赔偿责任;除依法给予处罚外,由受托机构终止其养老基金托管或者投资管理职责,5 年内不得再次申请。

第六十六条 会计师事务所等服务机构出具的文件有虚假记载、误导性陈述或者重大遗漏的,责令限期改正,没收业务收入,并依法处以业务收入 1 倍以上 5 倍以下的罚款;对直接负责的主管人员和其他直接责任人员给予警告。

第六十七条 国家工作人员在养老基金投资管理、监督工作中滥用职权、玩忽职守、徇私舞弊的,依法追究责任。

第六十八条 本办法规定的处罚,由人力资源社会保障部、财政部或者人民银行、银监会、证监会、保监会按照各自职责作出决定。对违反本办法规定的同一行为,不得给予两次以上的处罚。

第六十九条 对违反本办法规定进行养老基金投资运营的相关单位和责任人,记入信用记录并纳入全国统一信用信息共享交换平台。

第七十条 违反本办法规定,情节严重,构成犯罪的,依法追究刑事责任。

第十一章 附 则

第七十一条 本办法由人力资源社会保障部、财政部会同有关部门负责组织实施。

第七十二条 本办法自印发之日起施行。

城乡养老保险制度衔接暂行办法

- 2014 年 2 月 24 日
- 人社部发〔2014〕17 号

第一条 为了解决城乡养老保险制度衔接问题,维护参保人员的养老保险权益,依据《中华人民共和国社会保险法》和《实施〈中华人民共和国社会保险法〉若干规定》(人力资源和社会保障部令第 13 号)的规定,制定本办法。

第二条 本办法适用于参加城镇职工基本养老保险(以下简称城镇职工养老保险)、城乡居民基本养老保险(以下简称城乡居民养老保险)两种制度需要办理衔接手续的人员。已经按照国家规定领取养老保险待遇的人员,不再办理城乡养老保险制度衔接手续。

第三条 参加城镇职工养老保险和城乡居民养老保险人员,达到城镇职工养老保险法定退休年龄后,城镇职工养老保险缴费年限满 15 年(含延长缴费至 15 年)的,可以申请从城乡居民养老保险转入城镇职工养老保险,按照城镇职工养老保险办法计发相应待遇;城镇职工养老保险缴费年限不足 15 年的,可以申请从城镇职工养老保险转入城乡居民养老保险,待达到城乡居民养老保险规定的领取条件时,按照城乡居民养老保险办法计发相应待遇。

第四条 参保人员需办理城镇职工养老保险和城乡居民养老保险制度衔接手续的,先按城镇职工养老保险有关规定确定待遇领取地,并将城镇职工养老保险的养老保险关系归集至待遇领取地,再办理制度衔接手续。

参保人员申请办理制度衔接手续时,从城乡居民养老保险转入城镇职工养老保险的,在城镇职工养老保险待遇领取地提出申请办理;从城镇职工养老保险转入城乡居民养老保险的,在转入城乡居民养老保险待遇领取地提出申请办理。

第五条 参保人员从城乡居民养老保险转入城镇职工养老保险的,城乡居民养老保险个人账户全部储存额并入城镇职工养老保险个人账户,城乡居民养老保险缴费年限不合并计算或折算为城镇职工养老保险缴费年限。

第六条 参保人员从城镇职工养老保险转入城乡居民养老保险的,城镇职工养老保险个人账户全部储存额并入城乡居民养老保险个人账户,参加城镇职工养老保险的缴费年限合并计算为城乡居民养老保险的缴费年限。

第七条 参保人员若在同一年度内同时参加城镇职工养老保险和城乡居民养老保险的,其重复缴费时段(按月计算,下同)只计算城镇职工养老保险缴费年限,并将城乡居民养老保险重复缴费时段相应个人缴费和集体补助退还本人。

第八条 参保人员不得同时领取城镇职工养老保险和城乡居民养老保险待遇。对于同时领取城镇职工养老保险和城乡居民养老保险待遇的,终止并解除城乡居民养老保险关系,除政府补贴外的个人账户余额退还本人,已领取的城乡居民养老保险基础养老金应予以退还;本人不予退还的,由社会保险经办机构负责从城乡居民养老保险个人账户余额或者城镇职工养老保险基本养老金中抵扣。

第九条 参保人员办理城乡养老保险制度衔接手续时,按下列程序办理:

(一)由参保人员本人向待遇领取地社会保险经办机构提出养老保险制度衔接的书面申请。

(二)待遇领取地社会保险经办机构受理并审核参保人员书面申请,对符合本办法规定条件的,在 15 个工作日内,向参保人员原城镇职工养老保险、城乡居民养老保险关系所在地社会保险经办机构发出联系函,并提供相关信息;对不符合本办

法规定条件的,向申请人作出说明。

(三)参保人员原城镇职工养老保险、城乡居民养老保险关系所在地社会保险经办机构在接到联系函的 15 个工作日内,完成制度衔接的参保缴费信息传递和基金划转手续。

(四)待遇领取地社会保险经办机构收到参保人员原城镇职工养老保险、城乡居民养老保险关系所在地社会保险经办机构转移的资金后,应在 15 个工作日内办结有关手续,并将情况及时通知申请人。

第十条 健全完善全国县级以上社会保险经办机构联系方式信息库,并向社会公布,方便参保人员办理城乡养老保险制度衔接手续。建立全国统一的基本养老保险参保缴费信息查询服务系统,进一步完善全国社会保险关系转移系统,加快普及全国通用的社会保障卡,为参保人员查询参保缴费信息、办理城乡养老保险制度衔接提供便捷有效的技术服务。

第十一条 本办法从 2014 年 7 月 1 日起施行。各地已出台政策与本办法不符的,以本办法规定为准。

城乡养老保险制度衔接经办规程(试行)

· 2014 年 2 月 24 日
· 人社厅发〔2014〕25 号

第一条 为统一和规范城乡养老保险制度衔接业务经办程序,根据《城乡养老保险制度衔接暂行办法》,制定本规程。

第二条 本规程适用于参加城镇职工基本养老保险(以下简称城镇职工养老保险)、城乡居民基本养老保险(以下简称城乡居民养老保险)两种制度的人员办理跨制度衔接养老保险关系。

第三条 县级以上社会保险经办机构(以下简称社保机构)负责城乡养老保险制度衔接业务经办。

第四条 参保人员达到城镇职工养老保险法定退休年龄,如有分别参加城镇职工养老保险、城乡居民养老保险情形,在申请领取养老保险待遇前,向待遇领取地社保机构申请办理城乡养老保

险制度衔接手续。

（一）城镇职工养老保险缴费年限满15年（含延长缴费至15年）的，应向城镇职工养老保险待遇领取地社保机构申请办理从城乡居民养老保险转入城镇职工养老保险。

（二）城镇职工养老保险缴费年限不足15年或按规定延长缴费仍不足15年的，应向城乡居民养老保险待遇领取地社保机构申请办理从城镇职工养老保险转入城乡居民养老保险。

第五条 办理参保人员城镇职工养老保险和城乡居民养老保险制度衔接手续的，社保机构应首先按照《国务院办公厅关于转发人力资源社会保障部财政部城镇企业职工基本养老保险关系跨省转移接续暂行办法的通知》（国办发〔2009〕66号）等有关规定，确定城镇职工养老保险待遇领取地，由城镇职工养老保险待遇领取地（即城镇职工养老保险关系归集地）负责归集参保人员城镇职工养老保险关系，告知参保人员办理相关手续，并为其开具包含各参保地缴费年限的《城镇职工基本养老保险参保缴费凭证》（附件1，简称《参保缴费凭证》）。

第六条 参保人员办理城乡居民养老保险转入城镇职工养老保险，按以下程序办理相关手续：

（一）参保人员向城镇职工养老保险待遇领取地社保机构提出转入申请，填写《城乡养老保险制度衔接申请表》（附件2，以下简称《申请表》），出示社会保障卡或居民身份证并提交复印件。

参保人员户籍地与城镇职工养老保险待遇领取地为不同统筹地区的，可就近向户籍地负责城乡居民养老保险的社保机构提出申请，填写《申请表》，出示社会保障卡或居民身份证，并提交复印件。户籍地负责城乡居民养老保险的社保机构应及时将相关材料传送给其城镇职工养老保险待遇领取地社保机构。

（二）城镇职工养老保险待遇领取地社保机构受理并审核《申请表》及相关资料，对符合制度衔接办法规定条件的，应在15个工作日内，向参保人员城乡居民养老保险关系所在地社保机构发出《城乡养老保险制度衔接联系函》（附件3，以下简称《联系函》）。不符合制度衔接办法规定条件的，应向参保人员作出说明。

（三）城乡居民养老保险关系所在地社保机构在收到《联系函》之日起的15个工作日内办结以下手续：

1. 核对参保人员有关信息并生成《城乡居民基本养老保险信息表》（附件4），传送给城镇职工养老保险待遇领取地社保机构；

2. 办理基金划转手续；

3. 终止参保人员在本地的城乡居民养老保险关系。

（四）城镇职工养老保险待遇领取地社保机构在收到《城乡居民基本养老保险信息表》和转移基金后的15个工作日内办结以下手续：

1. 核对《城乡居民基本养老保险信息表》及转移基金额；

2. 录入参保人员城乡居民养老保险相关信息；

3. 确定重复缴费时段及金额，按规定将城乡居民养老保险重复缴费时段相应个人缴费和集体补助（含社会资助，下同）予以清退；

4. 合并记录参保人员个人账户；

5. 将办结情况告知参保人员。

第七条 参保人员办理城镇职工养老保险转入城乡居民养老保险，按以下程序办理相关手续：

（一）参保人员向城乡居民养老保险待遇领取地社保机构提出申请，填写《申请表》，出示社会保障卡或居民身份证并提交复印件，提供城镇职工养老保险关系归集地开具的《参保缴费凭证》。

（二）城乡居民养老保险待遇领取地社保机构受理并审核《申请表》及相关资料，对符合制度衔接办法规定条件的，应在15个工作日内，向城镇职工养老保险关系归集地社保机构发出《联系函》。对不符合制度衔接办法规定条件的，应向参保人员作出说明。

（三）城镇职工养老保险关系归集地社保机构收到《联系函》之日起的15个工作日内，办结以下手续：

1. 生成《城镇职工基本养老保险信息表》（附件5），传送给城乡居民养老保险待遇领取地社保机构；

2. 办理基金划转手续；

3. 终止参保人员在本地的城镇职工养老保险关系。

（四）城乡居民养老保险关系所在地社保机构在收到《城镇职工基本养老保险信息表》和转移基金后的15个工作日内办结以下手续：

1. 核对《城镇职工基本养老保险信息表》及转

移基金额；

2. 录入参保人员城镇职工养老保险相关信息；

3. 确定重复缴费时段及金额，按规定予以清退；

4. 合并记录参保人员个人账户；

5. 将办结情况告知参保人员。

第八条 参保人员存在同一年度内同时参加城镇职工养老保险和城乡居民养老保险情况的，由转入地社保机构清退城乡居民养老保险重复缴费时段相应的个人缴费和集体补助，按以下程序办理：

（一）进行信息比对，确定重复缴费时段。重复时段为城乡居民养老保险各年度与城镇职工养老保险重复缴费的月数。

（二）确定重复缴费清退金额，生成并打印《城乡养老保险重复缴费清退表》（附件6）。重复缴费清退金额计算方法：

年度重复缴费清退金额＝（年度个人缴费本金＋年度集体补助本金）/12×重复缴费月数；

清退总额＝各年度重复缴费清退金额之和。

（三）将重复缴费清退金额退还参保人员，并将有关情况通知本人。

第九条 参保人员同时领取城镇职工养老保险和城乡居民养老保险待遇的，由城乡居民养老保险待遇领取地社保机构负责终止其城乡居民养老保险关系，核定重复领取的城乡居民养老保险基础养老金金额，通知参保人员退还。参保人员退还后，将其城乡居民养老保险个人账户余额（扣除政府补贴，下同）退还本人。

参保人员不退还重复领取的城乡居民养老保险基础养老金的，城乡居民养老保险待遇领取地社保机构从其城乡居民养老保险个人账户余额中抵扣，抵扣后的个人账户余额退还本人。

参保人员个人账户余额不足抵扣的，城乡居民养老保险待遇领取地社保机构向其领取城镇职工养老保险待遇的社保机构发送《重复领取养老保险待遇协助抵扣通知单》（附件7），通知其协助抵扣。

参保人员城镇职工养老保险待遇领取地社保机构完成抵扣后，应将协助抵扣款项全额划转至城乡居民养老保险待遇地社保机构指定银行账户，同时传送《重复领取养老保险待遇协助抵扣回执》（见附件7）。

第十条 负责城镇职工养老保险、城乡居民养老保险的社保机构办理参保人员城乡养老保险制度衔接手续后，应将参保人员有关信息予以保留和备份。

第十一条 人力资源和社会保障部建立健全完善全国县级以上社保机构联系方式信息库，并向社会公布相关信息。同时，进一步完善全国社会保险关系转移信息系统，各地社保机构应积极应用该系统开展城乡养老保险制度衔接业务。建立全国统一的基本养老保险参保缴费查询服务系统，加快普及全国通用的社会保障卡，为参保人员查询参保缴费信息、办理制度衔接提供便捷、高效的服务。

第十二条 本规程从 2014 年 7 月 1 日起施行。

第十三条 本规程由人力资源社会保障部负责解释。

附件：略

人力资源社会保障部关于城镇企业职工基本养老保险关系转移接续若干问题的通知

·2016 年 11 月 28 日

·人社部规〔2016〕5 号

各省、自治区、直辖市及新疆生产建设兵团人力资源社会保障厅（局）：

国务院办公厅转发的人力资源社会保障部、财政部《城镇企业职工基本养老保险关系转移接续暂行办法》（国办发〔2009〕66 号，以下简称《暂行办法》）实施以来，跨省流动就业人员的养老保险关系转移接续工作总体运行平稳，较好地保障了参保人员的养老保险权益。但在实施过程中，也出现了一些新情况和新问题，导致部分参保人员养老保险关系转移接续存在困难。为进一步做好城镇企业职工养老保险关系转移接续工作，现就有关问题通知如下：

一、关于视同缴费年限计算地问题。参保人员待遇领取地按照《暂行办法》第六条和第十二条执行，即，基本养老保险关系在户籍所在地的，由户籍所在地负责办理待遇领取手续；基本养老保险关系不在户籍所在地,而在其基本养老保险关系所在地累计缴费年限满 10 年的,在该地办理待遇领取手续;基本养老保险关系不在户籍所在地,且在其基本养老保险关系所在地累计缴费年限不满 10 年的,将其基本养老保险关系转回上一个缴费年限满 10 年的原参保地办理待遇领取手续;基本养老保险关系不在户籍所在地,且在每个参保地的累计缴费年限均不满 10 年的,将其基本养老保险关系及相应资金归集到户籍所在地,由户籍所在地按规定办理待遇领取手续。缴费年限,除另有特殊规定外,均包括视同缴费年限。

一地(以省、自治区、直辖市为单位)的累计缴费年限包括在本地的实际缴费年限和计算在本地的视同缴费年限。其中,曾经在机关事业单位和企业工作的视同缴费年限,计算为当时工作地的视同缴费年限;在多地有视同缴费年限的,分别计算为各地的视同缴费年限。

二、关于缴费信息历史遗留问题的处理。由于各地政策或建立个人账户时间不一致等客观原因,参保人员在跨省转移接续养老保险关系时,转出地无法按月提供 1998 年 1 月 1 日之前缴费信息或者提供的 1998 年 1 月 1 日之前缴费信息无法在转入地计发待遇的,转入地应根据转出地提供的缴费时间记录,结合档案记载将相应年度计为视同缴费年限。

三、关于临时基本养老保险缴费账户的管理。参保人员在建立临时基本养老保险缴费账户地按照社会保险法规定,缴纳建立临时基本养老保险缴费账户前应缴未缴的养老保险费的,其临时基本养老保险缴费账户性质不予改变,转移接续养老保险关系时按照临时基本养老保险缴费账户的规定全额转移。

参保人员在建立临时基本养老保险缴费账户期间再次跨省流动就业的,封存原临时基本养老保险缴费账户,待达到待遇领取条件时,由待遇领取地社会保险经办机构统一归集原临时养老保险关系。

四、关于一次性缴纳养老保险费的转移。跨省流动就业人员转移接续养老保险关系时,对于符合国家规定一次性缴纳养老保险费超过 3 年(含)的,转出地应向转入地提供人民法院、审计部门、实施劳动保障监察的行政部门或劳动争议仲裁委员会出具的具有法律效力证明一次性缴费期间存在劳动关系的相应文书。

五、关于重复领取基本养老金的处理。《暂行办法》实施之后重复领取基本养老金的参保人员,由本人与社会保险经办机构协商确定保留其中一个养老保险关系并继续领取待遇,其他的养老保险关系应予以清理,个人账户剩余部分一次性退还本人。

六、关于退役军人养老保险关系转移接续。军人退役基本养老保险关系转移至安置地后,安置地应为其办理登记手续并接续养老保险关系,退役养老保险补助年限计算为安置地的实际参保缴费年限。

退役军人跨省流动就业的,其在 1998 年 1 月 1 日至 2005 年 12 月 31 日间的退役养老保险补助,转出地应按 11% 计算转移资金,并相应调整个人账户记录,所需资金从统筹基金中列支。

七、关于城镇企业成建制跨省转移养老保险关系的处理。城镇企业成建制跨省转移,按照《暂行办法》的规定转移接续养老保险关系。在省级政府主导下的规模以上企业成建制转移,可根据两省协商,妥善转移接续养老保险关系。

八、关于户籍所在地社会保险经办机构归集责任。跨省流动就业人员未在户籍地参保,但按国家规定达到待遇领取条件时待遇领取地为户籍地的,户籍地社会保险经办机构应为参保人员办理登记手续并办理养老保险关系转移接续手续,将各地的养老保险关系归集至户籍地,并核发相应的养老保险待遇。

九、本通知从印发之日起执行。人力资源社会保障部《关于贯彻落实国务院办公厅转发城镇企业职工基本养老保险关系转移接续暂行办法的通知》(人社部发〔2009〕187 号)、《关于印发城镇企业职工基本养老保险关系转移接续若干具体问题意见的通知》(人社部发〔2010〕70 号)、《人力资源社会保障部办公厅关于职工基本养老保险关系转移接续有关问题的函》(人社厅函〔2013〕250 号)与本通知不一致的,以本通知为准。参保人员已经按照原有规定办理退休手续的,不再予以调整。

人力资源社会保障部办公厅关于职工基本养老保险关系转移接续有关问题的补充通知

· 2019 年 9 月 29 日
· 人社厅发〔2019〕94 号

各省、自治区、直辖市及新疆生产建设兵团人力资源社会保障厅（局）：

为加强人社系统行风建设，提升服务水平，更好保障流动就业人员养老保险权益及基金安全，现就进一步做好职工基本养老保险关系转移接续工作有关问题补充通知如下：

一、参保人员跨省转移接续基本养老保险关系时，对在《人力资源社会保障部关于城镇企业职工基本养老保险关系转移接续若干问题的通知》（人社部规〔2016〕5 号，简称部规 5 号）实施之前发生的超过 3 年（含 3 年）的一次性缴纳养老保险费，转出地社会保险经办机构（简称转出地）应当向转入地社会保险经办机构（简称转入地）提供书面承诺书（格式附后）。

二、参保人员跨省转移接续基本养老保险关系时，对在部规 5 号实施之后发生的超过 3 年（含 3 年）的一次性缴纳养老保险费，由转出地按照部规 5 号有关规定向转入地提供相关法律文书。相关法律文书是由人民法院、审计部门、实施劳动监察的行政部门或劳动人事争议仲裁委员会等部门在履行各自法定职责过程中形成且产生于一次性缴纳养老保险费之前，不得通过事后补办的方式开具。转出地和转入地应当根据各自职责审核相关材料的规范性和完整性，核对参保人员缴费及转移信息。

三、因地方自行出台一次性缴纳养老保险费政策或因无法提供有关材料造成无法转移的缴费年限和资金，转出地应自收到转入地联系函 10 个工作日内书面告知参保人员，并配合一次性缴纳养老保险费发生地（简称补缴发生地）妥善解决后续问题。对其余符合国家转移接续规定的养老保险缴费年限和资金，应做到应转尽转。

四、参保人员与用人单位劳动关系存续期间，因用人单位经批准暂缓缴纳社会保险费，导致出现一次性缴纳养老保险费的，在参保人员跨省转移接续养老保险关系时，转出地应向转入地提供缓缴协议、补缴欠费凭证等相关材料。转入地核实确认后应予办理。

五、社会保险费征收机构依据社会保险法等有关规定，受理参保人员投诉、举报，依法查处用人单位未按时足额缴纳养老保险费并责令补缴导致一次性缴纳养老保险费超过 3 年（含 3 年）的，在参保人员跨省转移接续基本养老保险关系时，由转出地负责提供社会保险费征收机构责令补缴时出具的相关文书，转入地核实确认后应予办理。

六、退役士兵根据《中共中央办公厅国务院办公厅印发〈关于解决部分退役士兵社会保险问题的意见〉的通知》的规定补缴养老保险费的，在跨省转移接续基本养老保险关系时，由转出地负责提供办理补缴养老保险费时退役军人事务部门出具的补缴认定等材料，转入地核实确认后应予办理，同时做好退役士兵人员标识。

七、参保人员重复领取职工基本养老保险待遇（包括企业职工基本养老保险待遇和机关事业单位工作人员基本养老保险待遇，下同）的，由社会保险经办机构与本人协商确定保留其中一个基本养老保险关系并继续领取待遇，其他的养老保险关系应予以清理，个人账户剩余部分一次性退还给本人，重复领取的基本养老保险待遇应予退还。本人不予退还的，从其被清理的养老保险个人账户余额中抵扣。养老保险个人账户余额不足以抵扣重复领取的基本养老保险待遇的，从继续发放的基本养老金中按照一定比例逐月进行抵扣，直至重复领取的基本养老保险待遇全部退还。《国务院办公厅关于转发人力资源社会保障部财政部城镇企业职工基本养老保险关系转移接续暂行办法的通知》（国办发〔2009〕66 号）实施之前已经重复领取待遇的，仍按照《人力资源社会保障部关于贯彻落实国务院办公厅转发城镇企业职工基本养老保险关系转移接续暂行办法的通知》（人社部发〔2009〕187 号）有关规定执行。

参保人员重复领取职工基本养老保险待遇和城乡居民基本养老保险待遇的，社会保险经办机构应终止并解除其城乡居民基本养老保险关系，除政府补贴外的个人账户余额退还本人。重复领取的城乡居民基本养老保险基础养老金应予退还；本人不予退还的，由社会保险经办机构从其城乡居民基本养老保险个人账户余额或者其继续领取的职工基本养老保险待遇中抵扣。

八、各级社会保险经办机构要统一使用全国社会保险关系转移系统办理养老保险关系转移接续业务、传递相关表单和文书,减少无谓证明材料。要提高线上经办业务能力,充分利用互联网、12333 电话、手机 APP 等为参保人员提供快速便捷服务,努力实现"最多跑一次"。

各级人力资源社会保障部门养老保险跨层级、跨业务涉及的相关数据和材料要努力实现互联互通,对可实现信息共享的,不得要求参保单位或参保人员重复提供。跨省转移接续基本养老保险关系时一次性缴纳养老保险费需向转入地提供的书面承诺书、相关法律文书等,不得要求参保人员个人提供,原则上由转出地负责。其中,转出地与补缴发生地不一致的,由补缴发生地社会保险经办机构经由转出地提供。

九、各级社会保险经办机构要完善经办规定,规范经办流程,严格内部控制,确保依法依规转移接续参保人员养老保险关系。各省级社会保险经办机构应当认真核查转移接续业务中存在的一次性缴纳养老保险费情况,按季度利用大数据进行比对。发现疑似异常数据和业务的,应当进行核实和处理,并形成核实情况报告报部社保中心;未发现异常数据和业务的,作零报告。发现疑似转移接续造假案例的,应当在 10 个工作日内向上报部社保中心进行核实。部社保中心按季度对养老保险关系转移接续业务进行抽查。

十、要加强对跨省转移接续基本养老保险关系业务的监管,严肃查处欺诈骗保、失职渎职等行为,防控基金风险。对地方违规出台一次性缴纳养老保险费政策的,按照国家有关规定严肃处理。对社会保险经办机构工作人员违规操作、提供不实书面承诺书、参与伪造相关法律文书等材料的,由人力资源社会保障行政部门责令改正,对直接负责的主管人员和其他责任人员依法依规给予处分。发现参保单位或参保人员通过伪造相关文书材料等方式办理养老保险参保缴费、转移接续基本养老保险关系的,由人力资源社会保障行政部门责令清退相应时间段养老保险关系,构成骗取养老保险待遇的,按照社会保险法等有关规定处理。

附件:一次性缴纳养老保险费书面承诺书(格式)(略)

(三)医疗保险

医疗保障基金使用监督管理条例

·2020 年 12 月 9 日国务院第 117 次常务会议通过
·2021 年 1 月 15 日中华人民共和国国务院令第 735 号公布
·自 2021 年 5 月 1 日起施行

第一章 总 则

第一条 为了加强医疗保障基金使用监督管理,保障基金安全,促进基金有效使用,维护公民医疗保障合法权益,根据《中华人民共和国社会保险法》和其他有关法律规定,制定本条例。

第二条 本条例适用于中华人民共和国境内基本医疗保险(含生育保险)基金、医疗救助基金等医疗保障基金使用及其监督管理。

第三条 医疗保障基金使用坚持以人民健康为中心,保障水平与经济社会发展水平相适应,遵循合法、安全、公开、便民的原则。

第四条 医疗保障基金使用监督管理实行政府监管、社会监督、行业自律和个人守信相结合。

第五条 县级以上人民政府应当加强对医疗保障基金使用监督管理工作的领导,建立健全医疗保障基金使用监督管理机制和基金监督管理执法体制,加强医疗保障基金使用监督管理能力建设,为医疗保障基金使用监督管理工作提供保障。

第六条 国务院医疗保障行政部门主管全国的医疗保障基金使用监督管理工作。国务院其他有关部门在各自职责范围内负责有关的医疗保障基金使用监督管理工作。

县级以上地方人民政府医疗保障行政部门负责本行政区域的医疗保障基金使用监督管理工作。县级以上地方人民政府其他有关部门在各自职责范围内负责有关的医疗保障基金使用监督管理工作。

第七条 国家鼓励和支持新闻媒体开展医疗保障法律、法规和医疗保障知识的公益宣传,并对医疗保障基金使用行为进行舆论监督。有关医疗保障的宣传报道应当真实、公正。

县级以上人民政府及其医疗保障等行政部门应当通过书面征求意见、召开座谈会等方式，听取人大代表、政协委员、参保人员代表等对医疗保障基金使用的意见，畅通社会监督渠道，鼓励和支持社会各方面参与对医疗保障基金使用的监督。

医疗机构、药品经营单位（以下统称医药机构）等单位和医药卫生行业协会应当加强行业自律，规范医药服务行为，促进行业规范和自我约束，引导依法、合理使用医疗保障基金。

第二章　基金使用

第八条　医疗保障基金使用应当符合国家规定的支付范围。

医疗保障基金支付范围由国务院医疗保障行政部门依法组织制定。省、自治区、直辖市人民政府按照国家规定的权限和程序，补充制定本行政区域内医疗保障基金支付的具体项目和标准，并报国务院医疗保障行政部门备案。

第九条　国家建立健全全国统一的医疗保障经办管理体系，提供标准化、规范化的医疗保障经办服务，实现省、市、县、乡镇（街道）、村（社区）全覆盖。

第十条　医疗保障经办机构应当建立健全业务、财务、安全和风险管理制度，做好服务协议管理、费用监控、基金拨付、待遇审核及支付等工作，并定期向社会公开医疗保障基金的收入、支出、结余等情况，接受社会监督。

第十一条　医疗保障经办机构应当与定点医药机构建立集体谈判协商机制，合理确定定点医药机构的医疗保障基金预算金额和拨付时限，并根据保障公众健康需求和管理服务的需要，与定点医药机构协商签订服务协议，规范医药服务行为，明确违反服务协议的行为及其责任。

医疗保障经办机构应当及时向社会公布签订服务协议的定点医药机构名单。

医疗保障行政部门应当加强对服务协议订立、履行等情况的监督。

第十二条　医疗保障经办机构应当按照服务协议的约定，及时结算和拨付医疗保障基金。

定点医药机构应当按照规定提供医药服务，提高服务质量，合理使用医疗保障基金，维护公民健康权益。

第十三条　定点医药机构违反服务协议的，医疗保障经办机构可以督促其履行服务协议，按照服务协议约定暂停或者不予拨付费用、追回违规费用、中止相关责任人员或者所在部门涉及医疗保障基金使用的医药服务，直至解除服务协议；定点医药机构及其相关责任人员有权进行陈述、申辩。

医疗保障经办机构违反服务协议的，定点医药机构有权要求纠正或者提请医疗保障行政部门协调处理、督促整改，也可以依法申请行政复议或者提起行政诉讼。

第十四条　定点医药机构应当建立医疗保障基金使用内部管理制度，由专门机构或者人员负责医疗保障基金使用管理工作，建立健全考核评价体系。

定点医药机构应当组织开展医疗保障基金相关制度、政策的培训，定期检查本单位医疗保障基金使用情况，及时纠正医疗保障基金使用不规范的行为。

第十五条　定点医药机构及其工作人员应当执行实名就医和购药管理规定，核验参保人员医疗保障凭证，按照诊疗规范提供合理、必要的医药服务，向参保人员如实出具费用单据和相关资料，不得分解住院、挂床住院，不得违反诊疗规范过度诊疗、过度检查、分解处方、超量开药、重复开药，不得重复收费、超标准收费、分解项目收费，不得串换药品、医用耗材、诊疗项目和服务设施，不得诱导、协助他人冒名或者虚假就医、购药。

定点医药机构应当确保医疗保障基金支付的费用符合规定的支付范围；除急诊、抢救等特殊情形外，提供医疗保障基金支付范围以外的医药服务的，应当经参保人员或者其近亲属、监护人同意。

第十六条　定点医药机构应当按照规定保管财务账目、会计凭证、处方、病历、治疗检查记录、费用明细、药品和医用耗材出入库记录等资料，及时通过医疗保障信息系统全面准确传送医疗保障基金使用有关数据，向医疗保障行政部门报告医疗保障基金使用监督管理所需信息，向社会公开医药费用、费用结构等信息，接受社会监督。

第十七条　参保人员应当持本人医疗保障凭证就医、购药，并主动出示接受查验。参保人员有权要求定点医药机构如实出具费用单据和相关资料。

参保人员应当妥善保管本人医疗保障凭证,防止他人冒名使用。因特殊原因需要委托他人代为购药的,应当提供委托人和受托人的身份证明。

参保人员应当按照规定享受医疗保障待遇,不得重复享受。

参保人员有权要求医疗保障经办机构提供医疗保障咨询服务,对医疗保障基金的使用提出改进建议。

第十八条 在医疗保障基金使用过程中,医疗保障等行政部门、医疗保障经办机构、定点医药机构及其工作人员不得收受贿赂或者取得其他非法收入。

第十九条 参保人员不得利用其享受医疗保障待遇的机会转卖药品,接受返还现金、实物或者获得其他非法利益。

定点医药机构不得为参保人员利用其享受医疗保障待遇的机会转卖药品,接受返还现金、实物或者获得其他非法利益提供便利。

第二十条 医疗保障经办机构、定点医药机构等单位及其工作人员和参保人员等人员不得通过伪造、变造、隐匿、涂改、销毁医学文书、医学证明、会计凭证、电子信息等有关资料,或者虚构医药服务项目等方式,骗取医疗保障基金。

第二十一条 医疗保障基金专款专用,任何组织和个人不得侵占或者挪用。

第三章 监督管理

第二十二条 医疗保障、卫生健康、中医药、市场监督管理、财政、审计、公安等部门应当分工协作、相互配合,建立沟通协调、案件移送等机制,共同做好医疗保障基金使用监督管理工作。

医疗保障行政部门应当加强对纳入医疗保障基金支付范围的医疗服务行为和医疗费用的监督,规范医疗保障经办业务,依法查处违法使用医疗保障基金的行为。

第二十三条 国务院医疗保障行政部门负责制定服务协议管理办法,规范、简化、优化医药机构定点申请、专业评估、协商谈判程序,制作并定期修订服务协议范本。

国务院医疗保障行政部门制定服务协议管理办法,应当听取有关部门、医药机构、行业协会、社会公众、专家等方面意见。

第二十四条 医疗保障行政部门应当加强与有关部门的信息交换和共享,创新监督管理方式,推广使用信息技术,建立全国统一、高效、兼容、便捷、安全的医疗保障信息系统,实施大数据实时动态智能监控,并加强共享数据使用全过程管理,确保共享数据安全。

第二十五条 医疗保障行政部门应当根据医疗保障基金风险评估、举报投诉线索、医疗保障数据监控等因素,确定检查重点,组织开展专项检查。

第二十六条 医疗保障行政部门可以会同卫生健康、中医药、市场监督管理、财政、公安等部门开展联合检查。

对跨区域的医疗保障基金使用行为,由共同的上一级医疗保障行政部门指定的医疗保障行政部门检查。

第二十七条 医疗保障行政部门实施监督检查,可以采取下列措施:

(一)进入现场检查;

(二)询问有关人员;

(三)要求被检查对象提供与检查事项相关的文件资料,并作出解释和说明;

(四)采取记录、录音、录像、照相或者复制等方式收集有关情况和资料;

(五)对可能被转移、隐匿或者灭失的资料等予以封存;

(六)聘请符合条件的会计师事务所等第三方机构和专业人员协助开展检查;

(七)法律、法规规定的其他措施。

第二十八条 医疗保障行政部门可以依法委托符合法定条件的组织开展医疗保障行政执法工作。

第二十九条 开展医疗保障基金使用监督检查,监督检查人员不得少于2人,并且应当出示执法证件。

医疗保障行政部门进行监督检查时,被检查对象应当予以配合,如实提供相关资料和信息,不得拒绝、阻碍检查或者谎报、瞒报。

第三十条 定点医药机构涉嫌骗取医疗保障基金支出的,在调查期间,医疗保障行政部门可以采取增加监督检查频次、加强费用监控等措施,防止损失扩大。定点医药机构拒不配合调查的,经医疗保障行政部门主要负责人批准,医疗保障行政部门可以要求医疗保障经办机构暂停医疗保障基金结算。经调查,属于骗取医疗保障基金支出的,依照本条例第四十条的规定处理;不属于骗取医疗保障基金支出的,按照规定结算。

参保人员涉嫌骗取医疗保障基金支出且拒不配合调查的,医疗保障行政部门可以要求医疗保障经办机构暂停医疗费用联网结算。暂停联网结算期间发生的医疗费用,由参保人员全额垫付。经调查,属于骗取医疗保障基金支出的,依照本条例第四十一条的规定处理;不属于骗取医疗保障基金支出的,按照规定结算。

第三十一条 医疗保障行政部门对违反本条例的行为作出行政处罚或者行政处理决定前,应当听取当事人的陈述、申辩;作出行政处罚或者行政处理决定,应当告知当事人依法享有申请行政复议或者提起行政诉讼的权利。

第三十二条 医疗保障等行政部门、医疗保障经办机构、会计师事务所等机构及其工作人员,不得将工作中获取、知悉的被调查对象资料或者相关信息用于医疗保障基金使用监督管理以外的其他目的,不得泄露、篡改、毁损、非法向他人提供当事人的个人信息和商业秘密。

第三十三条 国务院医疗保障行政部门应当建立定点医药机构、人员等信用管理制度,根据信用评价等级分级分类监督管理,将日常监督检查结果、行政处罚结果等情况纳入全国信用信息共享平台和其他相关信息公示系统,按照国家有关规定实施惩戒。

第三十四条 医疗保障行政部门应当定期向社会公布医疗保障基金使用监督检查结果,加大对医疗保障基金使用违法案件的曝光力度,接受社会监督。

第三十五条 任何组织和个人有权对侵害医疗保障基金的违法违规行为进行举报、投诉。

医疗保障行政部门应当畅通举报投诉渠道,依法及时处理有关举报投诉,并对举报人的信息保密。对查证属实的举报,按照国家有关规定给予举报人奖励。

第四章 法律责任

第三十六条 医疗保障经办机构有下列情形之一的,由医疗保障行政部门责令改正,对直接负责的主管人员和其他直接责任人员依法给予处分:

(一)未建立健全业务、财务、安全和风险管理制度;

(二)未履行服务协议管理、费用监控、基金拨付、待遇审核及支付等职责;

(三)未定期向社会公开医疗保障基金的收入、支出、结余等情况。

第三十七条 医疗保障经办机构通过伪造、变造、隐匿、涂改、销毁医学文书、医学证明、会计凭证、电子信息等有关资料或者虚构医药服务项目等方式,骗取医疗保障基金支出的,由医疗保障行政部门责令退回,处骗取金额2倍以上5倍以下的罚款,对直接负责的主管人员和其他直接责任人员依法给予处分。

第三十八条 定点医药机构有下列情形之一的,由医疗保障行政部门责令改正,并可以约谈有关负责人;造成医疗保障基金损失的,责令退回,处造成损失金额1倍以上2倍以下的罚款;拒不改正或者造成严重后果的,责令定点医药机构暂停相关责任部门6个月以上1年以下涉及医疗保障基金使用的医药服务;违反其他法律、行政法规的,由有关主管部门依法处理:

(一)分解住院、挂床住院;

(二)违反诊疗规范过度诊疗、过度检查、分解处方、超量开药、重复开药或者提供其他不必要的医药服务;

(三)重复收费、超标准收费、分解项目收费;

(四)串换药品、医用耗材、诊疗项目和服务设施;

(五)为参保人员利用其享受医疗保障待遇的机会转卖药品,接受返还现金、实物或者获得其他非法利益提供便利;

(六)将不属于医疗保障基金支付范围的医药费用纳入医疗保障基金结算;

(七)造成医疗保障基金损失的其他违法行为。

第三十九条 定点医药机构有下列情形之一的,由医疗保障行政部门责令改正,并可以约谈有关负责人;拒不改正的,处1万元以上5万元以下的罚款;违反其他法律、行政法规的,由有关主管部门依法处理:

(一)未建立医疗保障基金使用内部管理制度,或者没有专门机构或者人员负责医疗保障基金使用管理工作;

(二)未按照规定保管财务账目、会计凭证、处

方、病历、治疗检查记录、费用明细、药品和医用耗材出入库记录等资料;

(三)未按照规定通过医疗保障信息系统传送医疗保障基金使用有关数据;

(四)未按照规定向医疗保障行政部门报告医疗保障基金使用监督管理所需信息;

(五)未按照规定向社会公开医药费用、费用结构等信息;

(六)除急诊、抢救等特殊情形外,未经参保人员或者其近亲属、监护人同意提供医疗保障基金支付范围以外的医药服务;

(七)拒绝医疗保障等行政部门监督检查或者提供虚假情况。

第四十条 定点医药机构通过下列方式骗取医疗保障基金支出的,由医疗保障行政部门责令退回,处骗取金额 2 倍以上 5 倍以下的罚款;责令定点医药机构暂停相关责任部门 6 个月以上 1 年以下涉及医疗保障基金使用的医药服务,直至由医疗保障经办机构解除服务协议;有执业资格的,由有关主管部门依法吊销执业资格:

(一)诱导、协助他人冒名或者虚假就医、购药,提供虚假证明材料,或者串通他人虚开费用单据;

(二)伪造、变造、隐匿、涂改、销毁医学文书、医学证明、会计凭证、电子信息等有关资料;

(三)虚构医药服务项目;

(四)其他骗取医疗保障基金支出的行为。

定点医药机构以骗取医疗保障基金为目的,实施了本条例第三十八条规定行为之一,造成医疗保障基金损失的,按照本条规定处理。

第四十一条 个人有下列情形之一的,由医疗保障行政部门责令改正;造成医疗保障基金损失的,责令退回;属于参保人员的,暂停其医疗费用联网结算 3 个月至 12 个月:

(一)将本人的医疗保障凭证交由他人冒名使用;

(二)重复享受医疗保障待遇;

(三)利用享受医疗保障待遇的机会转卖药品,接受返还现金、实物或者获得其他非法利益。

个人以骗取医疗保障基金为目的,实施了前款规定行为之一,造成医疗保障基金损失的;或者使用他人医疗保障凭证冒名就医、购药的;或者通过伪造、变造、隐匿、涂改、销毁医学文书、医学证明、会计凭证、电子信息等有关资料或者虚构医药

服务项目等方式,骗取医疗保障基金支出的,除依照前款规定处理外,还应当由医疗保障行政部门处骗取金额 2 倍以上 5 倍以下的罚款。

第四十二条 医疗保障等行政部门、医疗保障经办机构、定点医药机构及其工作人员收受贿赂或者取得其他非法收入的,没收违法所得,对有关责任人员依法给予处分;违反其他法律、行政法规的,由有关主管部门依法处理。

第四十三条 定点医药机构违反本条例规定,造成医疗保障基金重大损失或者其他严重不良社会影响的,其法定代表人或者主要负责人 5 年内禁止从事定点医药机构管理活动,由有关部门依法给予处分。

第四十四条 违反本条例规定,侵占、挪用医疗保障基金的,由医疗保障等行政部门责令追回;有违法所得的,没收违法所得;对直接负责的主管人员和其他直接责任人员依法给予处分。

第四十五条 退回的基金退回原医疗保障基金财政专户;罚款、没收的违法所得依法上缴国库。

第四十六条 医疗保障等行政部门、医疗保障经办机构、会计师事务所等机构及其工作人员,泄露、篡改、毁损、非法向他人提供个人信息、商业秘密的,对直接负责的主管人员和其他直接责任人员依法给予处分;违反其他法律、行政法规的,由有关主管部门依法处理。

第四十七条 医疗保障等行政部门工作人员在医疗保障基金使用监督管理工作中滥用职权、玩忽职守、徇私舞弊的,依法给予处分。

第四十八条 违反本条例规定,构成违反治安管理行为的,依法给予治安管理处罚;构成犯罪的,依法追究刑事责任。

违反本条例规定,给有关单位或者个人造成损失的,依法承担赔偿责任。

第五章 附 则

第四十九条 职工大额医疗费用补助、公务员医疗补助等医疗保障资金使用的监督管理,参照本条例执行。

居民大病保险资金的使用按照国家有关规定执行,医疗保障行政部门应当加强监督。

第五十条 本条例自 2021 年 5 月 1 日起施行。

国家医保局、财政部关于建立医疗保障待遇清单制度的意见

· 2021 年 1 月 19 日
· 医保发〔2021〕5 号

各省、自治区、直辖市及新疆生产建设兵团医保局、财政厅(局):

基本医疗保障是新形势下推进健康中国建设,落实人民健康优先发展战略的制度基础。为贯彻以人民为中心的发展思想,不断提高依法行政水平和保障绩效,公平适度保障人民群众基本医疗保障权益,现就建立医疗保障待遇清单制度提出以下意见:

一、总体要求

(一)指导思想。以习近平新时代中国特色社会主义思想为指导,全面贯彻党的十九大和十九届二中、三中、四中、五中全会精神,坚持党对医保事业的集中统一领导,紧紧围绕健康中国建设总体战略布局,牢牢抓住医保改革重要窗口期,以全面建成权责清晰、保障适度、可持续的多层次医疗保障体系为目标,适应建设中国特色医疗保障制度需要,确定基本保障内涵,厘清待遇支付边界,明确政策调整权限,规范决策制定流程,逐步建立健全医疗保障待遇清单制度。

(二)基本原则。坚持基本保障、公平享有。从基本国情出发,遵循客观规律,尽力而为、量力而行,切实维护人民群众基本医疗保障需求。坚持稳健持续、责任均衡。守住政府责任边界,科学确定筹资待遇水平和各方负担比例,实现医保制度可持续发展。坚持责任分担、多元保障。坚持权利和义务对等,完善风险分担机制,鼓励发展多层次医疗保障体系。坚持依法依规、科学决策。统筹制度政策安排,明确决策层级和权限,既规范决策,又鼓励探索,推进医疗保障制度管理法治化、规范化、标准化。

二、规范管理

(一)依法设立基本制度。国务院医疗保障行政部门会同有关部门,依据国家法律法规和党中央、国务院决策部署,拟订基本制度的相关法律法规、制定相关政策并组织实施。地方不得自行设立超出基本制度框架范围的其他医疗保障制度。

(二)严格决策权限。国务院医疗保障行政部门会同有关部门统一拟定、调整和发布医疗保障基本政策。各省、自治区、直辖市及新疆生产建设兵团(以下统称省)可在国家规定范围内制定具体筹资及待遇等政策并根据国家有关要求动态调整。各统筹地区按照有关规定制订实施细则,并负责组织落实。

三、待遇清单

医疗保障待遇清单包含基本制度、基本政策,以及医保基金支付的项目和标准、不予支付的范围,根据党中央、国务院决策部署动态调整,适时发布。

(一)基本制度。依据《社会保险法》及《社会救助暂行办法》等国家法律法规和党中央、国务院决策部署要求设立的,保障群众基本医疗需求的制度安排,包括基本医疗保险、补充医疗保险和医疗救助。各地在基本制度框架之外不得新设制度,地方现有的其他形式制度安排要逐步清理过渡到基本制度框架中。基本医疗保险覆盖城乡全体就业和非就业人口,公平普惠保障人民群众基本医疗需求。补充医疗保险保障参保群众基本医疗保险之外个人负担的符合社会保险相关规定的医疗费用。医疗救助帮助困难群众获得基本医疗保险服务并减轻其医疗费用负担。

(二)基本政策。确保基本制度规范运行的遵循和依据。主要包括参保政策、筹资政策、待遇支付政策等。参保政策主要包括参保人群范围、资助参保政策等。筹资政策主要包括筹资渠道、缴费基数、基准费率(标准)等。待遇支付政策包括基本医疗保险、纳入清单管理的补充医疗保险和医疗救助待遇支付政策。其中基本医疗保险待遇支付政策分为住院、普通门诊、门诊慢特病支付政策,主要包括政策范围内医疗费用的起付标准、支付比例和最高支付限额等基准待遇标准。

国家在基本医疗保障制度基础上,统一制定特殊人群保障政策。地方不得根据职业、年龄、身份等自行新出台特殊待遇政策。

(三)基金支付范围。包括以准入法和排除法确定的药品医用耗材目录和医疗服务项目支付范围。国家统一制定国家基本医疗保险药品目录,各地严格按照国家基本医疗保险药品目录执行,除国家有明确规定外,不得自行制定目录或用变通的方法增加目录内药品。国家建立完善医用耗

材、医疗服务项目医保准入、管理政策,明确确定医用耗材医保支付范围的程序、规则等。地方按照国家规定政策执行。

(四)基金不予支付的范围。国家法律法规和党中央、国务院规定基本医疗保险和补充医疗保险不予支付的,或已有其他保障制度、经费渠道安排解决的医疗服务和项目。

四、组织实施

(一)自觉提高站位,统筹推进相关工作。各地要深入贯彻落实党中央、国务院决策部署,深刻认识建立医疗保障待遇清单制度的重要意义,夯实主体责任,健全工作机制,扎实贯彻落实,逐步实现政策纵向统一、待遇横向均衡,确保各统筹地区基金运行安全和医疗保障制度可持续发展。要加强政策解读,引导预期,确保政策平稳过渡,维护社会和谐稳定。

(二)做好衔接过渡,妥善处理有关政策。按照杜绝增量、规范存量的要求,各地原则上不得再出台超出清单授权范围的政策。对以往出台的与清单不相符的政策措施,由政策出台部门具体牵头,原则上3年内完成清理规范,同国家政策衔接。加快全国统一的医保信息平台实施应用,做到信息系统与待遇清单制度相适应,在信息系统上同步完成清理规范,对超出清单授权范围的,信息系统不予支持。建立健全适应清单制度运行需要的中央对省级和省级对统筹地区的追责问责机制、奖励惩处办法等,对执行不坚决、不彻底、不到位的,督促纠正,追责问责。

(三)加强沟通协调,建立重大决策请示报告制度。要建立健全重大决策、重大问题、重要事项请示报告制度。对经济社会发展过程中的新情况、新问题,以及符合中央改革方向、地方须因地制宜探索的新机制、新办法,在按程序请示报告后,鼓励各省探索。为应对突发性重大情况等确有必要突破国家清单限定的,要及时向国务院医疗保障行政部门和财政部门报告。国家规定的民族药纳入医保药品目录等特殊政策措施,以及基本医保省级统筹等重大政策调整,要在向国务院医疗保障行政部门和财政部门报告后,按规定推进并备案。

意见自印发之日起执行。凡与本意见规定不符的,按照本意见执行。

附件:国家医疗保障待遇清单(2020年版)

附件:

国家医疗保障待遇清单(2020年版)

一、基本制度

(一)基本医疗保险制度

1.职工基本医疗保险(以下简称"职工医保"):为职工提供基本医疗保障的制度安排。

2.城乡居民基本医疗保险(以下简称"居民医保"):为未参加职工医保或其他医疗保障制度的全体城乡居民提供基本医疗保障的制度安排。

(二)补充医疗保险制度

1.城乡居民大病保险(以下简称"大病保险"):对居民医保参保患者发生的符合规定的高额医疗费用给予进一步保障。

2.职工大额医疗费用补助(含部分省份的职工大病保险):对参保职工发生的符合规定的高额医疗费用给予进一步保障。

3.公务员医疗补助参照清单管理。企业事业单位自行筹资建立的补充医疗保险等暂不纳入清单管理。

(三)医疗救助制度

1.对救助对象参加居民医保的个人缴费部分给予资助。

2.对救助对象经基本医疗保险、补充医疗保险支付后,个人及其家庭难以承受的符合规定的自付医疗费用给予救助。

二、基本政策框架

(一)基本参保政策

1.参保范围。

1.1职工医保:覆盖所有用人单位职工,无雇工的个体工商户、未在用人单位参加职工医保的非全日制从业人员以及其他灵活就业人员可以参加职工医保。

1.2居民医保:覆盖除职工医保应参保人员或按规定享有其他保障的人员以外的全体城乡居民。

2.医疗救助资助参保人员范围。

2.1全额补贴人员范围:特困人员。

2.2定额补贴人员范围:低保对象、返贫致贫人口等困难群众。

定额资助标准由各省级人民政府根据实际确定。

（二）基本筹资政策

1. 筹资渠道。

1.1 职工医保：职工由用人单位和职工按照国家规定共同缴纳基本医疗保险费。无雇工的个体工商户、未在用人单位参加职工医保的非全日制从业人员以及其他灵活就业人员由个人按照国家规定缴纳基本医疗保险费。

1.2 居民医保：个人缴费和政府补助相结合。

1.3 医疗救助：通过各级财政补助、彩票公益金、社会捐助等多渠道。

随着制度健全完善，逐步提高基本医疗保险统筹层次。促进医疗救助统筹层次与基本医疗保险统筹层次相协调。

2. 缴费基数。职工医保用人单位缴费基数为职工工资总额，个人缴费基数为本人工资收入。逐步规范缴费基数。

3. 筹资基本标准。

3.1 职工医保的单位缴费率：职工工资总额的6%左右。

3.2 职工缴费率：本人工资收入的2%。

3.3 居民医保筹资标准：国家制定最低标准，各省按照不低于国家标准的要求确定本省标准。

（三）基本待遇支付政策

各地因地制宜，在国家规定范围内制定住院和门诊起付标准、支付比例和最高支付限额。不得自行制定个人或家庭账户政策。逐步规范缴费年限政策。

1. 住院待遇支付政策。

1.1 起付标准：职工医保的起付标准原则上不高于统筹地区年职工平均工资的10%，具体标准由各地根据本地实际情况确定。不同级别医疗机构适当拉开差距。大病保险起付标准原则上不高于统筹地区居民上年度人均可支配收入的50%。低保对象、特困人员原则上全面取消救助门槛，暂不具备条件的地区，对其设定的年度起付标准不得高于统筹区上年居民人均可支配收入的5%，并逐步探索取消起付标准，低收入家庭成员按10%左右确定，因病致贫家庭重病患者按25%左右确定。

1.2 支付比例：对于起付标准以上、最高支付限额以下的政策范围内的费用，基本医保总体支付比例75%左右，职工医保和城乡居民医保保持合理差距，不同级别医疗机构适当拉开差距。大

病保险支付比例不低于60%。医疗救助对低保对象、特困人员可按不低于70%比例给予救助，其他救助对象救助水平原则上略低于低保对象，具体比例由各统筹地区根据实际确定。

1.3 基金最高支付限额：职工医保叠加职工大额医疗费用补助、居民医保叠加大病保险的最高支付限额原则上达到当地职工年平均工资和居民人均可支配收入的6倍左右。医疗救助年度最高限额根据经济社会发展、人民健康需求、基金支撑能力合理设定。

2. 门诊待遇支付政策。

2.1 普通门诊：对于起付标准以上、最高支付限额以下的政策范围内的费用，居民医保门诊统筹支付比例不低于50%。

2.2 门诊慢特病：把高血压、糖尿病等门诊用药纳入医保报销。恶性肿瘤门诊放化疗、尿毒症透析、器官移植术后抗排异治疗、重性精神病人药物维持治疗、糖尿病胰岛素治疗、肺结核、日间手术等，可参照住院管理和支付。对罹患慢性病需要长期服药或者患重特大疾病需要长期门诊治疗，导致自负费用较高的符合救助条件的对象给予门诊救助。门诊年度救助限额由县级以上人民政府根据当地救助对象需求和救助资金筹集情况研究确定。

3. 倾斜政策。

3.1 大病保险：对低保对象、特困人员和返贫致贫人口，大病保险起付标准降低50%，支付比例提高5个百分点，并取消最高支付限额。

3.2 医疗救助：对低保对象、特困人员等符合条件的救助对象按规定给予救助。对规范转诊且在省域内就医的救助对象，经三重制度保障后政策范围内个人负担仍然较重的，给予倾斜救助，具体救助比例由统筹地区根据实际确定。

三、基金支付的范围

基本医疗保险按照规定的药品、医用耗材和医疗服务项目支付范围支付。补充医疗保险、医疗救助参照政策范围内费用范围执行。

四、其他不予支付的范围

1. 应当从工伤保险基金中支付的。

2. 应当由第三人负担的。

3. 应当由公共卫生负担的。

4. 在境外就医的。

5. 体育健身、养生保健消费、健康体检。

6.国家规定的基本医疗保险基金不予支付的其他费用。遇对经济社会发展有重大影响的,经法定程序,可做临时调整。

关于做好进城落户农民参加基本医疗保险和关系转移接续工作的办法

· 2015 年 8 月 27 日
· 人社部发〔2015〕80 号

健全进城落户农民参加基本医疗保险和关系转移接续政策,是落实中央全面深化改革任务的重要举措,有利于推动和统筹城乡发展,促进社会正义和谐;有利于全面提升城镇化质量,促进城镇化健康发展;有利于深入健全全民医保,促进基本医疗保障公平可及。为进一步做好进城落户农民参加基本医疗保险和流动就业人员等基本医疗保险关系转移接续工作,切实维护各类参保人员合法权益,依据《中华人民共和国社会保险法》和基本医疗保险制度有关规定,制定本办法。

一、做好进城落户农民参保工作

进城落户农民是指按照户籍管理制度规定,已将户口由农村迁入城镇的农业转移人口。各级人力资源社会保障部门要积极配合和支持相关部门,做好农业转移人口落户工作,把进城落户农民纳入城镇基本医疗保险制度体系,在农村参加的基本医疗保险规范接入城镇基本医疗保险,确保基本医保待遇连续享受。

进城落户农民根据自身实际参加相应的城镇基本医疗保险。在城镇单位就业并有稳定劳动关系的,按规定随所在单位参加职工基本医疗保险(以下简称职工医保);以非全日制、临时性工作等灵活形式就业的,可以灵活就业人员身份按规定参加就业地职工医保,也可以选择参加户籍所在地城镇(城乡)居民基本医疗保险(以下简称居民医保)。其他进城落户农民可按规定在落户地参加居民医保,执行当地统一政策。对参加居民医保的进城落户农民按规定给予参保补助,个人按规定缴费。

已参加新型农村合作医疗(以下简称新农合)或居民医保的进城落户农民,实现就业并参加职工医保的,不再享受原参保地新农合或居民医保待遇。要进一步完善相关政策衔接措施,引导进城落户农民及时参保,同时避免重复参保。

二、规范医保关系转移接续手续

进城落户农民和流动就业人员等参加转入地基本医疗保险后,转入地社会(医疗)保险经办机构应依据参保人申请,通知转出地经办机构办理医保关系转移手续,确保管理服务顺畅衔接,避免待遇重复享受。

转出地社会(医疗)保险或新农合经办机构应在参保人办理中止参保(合)手续时为其开具参保(合)凭证。参保(合)凭证是参保人员的重要权益记录,由参保人妥善保管,用于转入地受理医保关系转移申请时,核实参保人身份和转出地社会(医疗)保险经办机构记录的相关信息。

三、妥善处理医保关系转移接续中的有关权益

进城落户农民和流动就业人员等办理基本医疗保险关系转移接续前后,基本医疗保险参保缴费中断不超过 3 个月且补缴中断期间医疗保险费的,不受待遇享受等待期限制,按参保地规定继续参保缴费并享受相应的待遇。

进城落户农民在农村参加新农合等基本医疗保险的参保缴费和权益享受信息等连续记入新参保地业务档案,保证参保记录的完整性和连续性。流动就业人员参加职工医保的缴费年限各地互认,参保人在转出地职工医保记录的缴费年限累计计入转入地职工医保缴费年限记录。

参保人转移基本医疗保险关系时,建立个人账户的,个人账户随本人基本医疗保险关系一同转移。个人账户资金原则上通过经办机构进行划转。

四、做好医保关系转移接续管理服务工作

进一步规范医保关系转移接续业务经办程序。逐步统一各类人员参加基本医疗保险的标识。积极探索推行网上经办、自助服务、手机查询等经办服务模式,引导和帮助用人单位和个人依规主动更新参保信息。加强经办服务管理平台建设,完善和推广社会保险(医疗保险)关系转移接续信息系统,推进标准化建设和数据信息跨地区、跨部门共享,确保跨地区、跨制度参保信息互认和顺畅传递。

社会(医疗)保险经办机构和新农合经办机构

要加强沟通协作,进一步做好基本医疗保险关系转移接续管理服务工作。

五、落实组织实施工作

各地人力资源社会保障部门要结合本地区实际,以进城落户农民为重点,做好参保和关系转移接续工作,细化完善政策措施,优化管理服务流程。卫生计生部门要做好进城落户农民医保关系转移接续经办服务工作。财政部门要继续做好居民医保和新农合财政补助工作,确保资金及时足额到位。发展改革部门要积极支持配合相关部门,将进城落户农民在农村参加的社会保险规范接入城镇社保体系,支持社保经办平台建设。各相关部门加强统筹协调,做好政策衔接,确保基本医疗保险参保人跨制度、跨地区流动时能够连续参保。

本办法从 2016 年 1 月 1 日起执行。《流动就业人员基本医疗保障关系转移接续暂行办法》(人社部发〔2009〕191 号)与本办法不符的,按本办法执行。

附件:基本医疗保障参保(合)凭证样式(略)

(四)工伤保险

1. 综　合

工伤保险条例

·2003 年 4 月 27 日中华人民共和国国务院令第 375 号公布
·根据 2010 年 12 月 20 日《国务院关于修改〈工伤保险条例〉的决定》修订

理解与适用

工伤保险是社会保险的一个组成部分,是指劳动者由于工作原因,在工作过程中遭受意外伤害,或因接触粉尘、放射线、有毒有害物质等职业危害因素引起职业病后,由国家或社会给负伤、致残者以及死亡者生前供养亲属提供必要的物质帮助的一项社会保险制度。

我国现在关于工伤的基本法律依据包括《社会保险法》和《工伤保险条例》,而后者是工伤保险方面的专门法律规定。

一、《工伤保险条例》的核心内容

1. 适用范围。依据《工伤保险条例》第 2 条规定,中华人民共和国境内的企业、事业单位、社会团体、民办非企业单位、基金会、律师事务所、会计师事务所等组织和有雇工的个体工商户(以下称用人单位)应当依照本条例规定参加工伤保险,为本单位全部职工或者雇工(以下称职工)缴纳工伤保险费。用人单位职工均有依照本条例的规定享受工伤保险待遇的权利。因此,用人单位不得以本单位是私营企业、职工人数少、经济效益不好或出现工伤的职工不是正式职工等理由而拒绝为其职工参加工伤保险。

2. 工伤范围的界定。发生工伤事故,劳动者取得工伤保险待遇及其他工伤赔偿的关键,就在于国家有权机关作出工伤认定结论。《工伤保险条例》第 14、15、16 条原则界定了工伤的范围。职工有下列情形之一的,应当认定为工伤:(一)在工作时间和工作场所内,因工作原因受到事故伤害的;(二)工作时间前后在工作场所内,从事与工作有关的预备性或者收尾性工作受到事故伤害的;(三)在工作时间和工作场所内,因履行工作职责受到暴力等意外伤害的;(四)患职业病的;(五)因工外出期间,由于工作原因受到伤害或者发生事故下落不明的;(六)在上下班途中,受到非本人主要责任的交通事故或者城市轨道交通、客运轮渡、火车事故伤害的;(七)法律、行政法规规定应当认定为工伤的其他情形。

职工有下列情形之一的,视同工伤:(一)在工作时间和工作岗位,突发疾病死亡或者在 48 小时之内经抢救无效死亡的;(二)在抢险救灾等维护国家利益、公共利益活动中受到伤害的;(三)职工原在军队服役,因战、因公负伤致残,已取得革命伤残军人证,到用人单位后旧伤复发的。

职工符合《工伤保险条例》第14条、第15条的规定,但是有下列情形之一的,不得认定为工伤或者视同工伤:(一)故意犯罪的;(二)醉酒或者吸毒的;(三)自残或者自杀的。

3. 工伤保险待遇。工伤保险待遇是对因工发生暂时或永久人身健康或生命损害的职工的一种补救和补偿,其作用是使伤残者的医疗、生活有保障,使工亡者遗属的基本生活得到保障。工伤保险待遇包括:工伤医疗待遇、伤残待遇和死亡待遇。

二、《工伤保险条例》的主要相关规定

《工伤认定办法》就工伤认定的具体程序作出了规定。《因工死亡职工供养亲属范围规定》明确规定了因工死亡职工供养亲属的范围、享受抚恤金的条件、停止享受抚恤金的情形。在处理工伤时,对于职工工伤与职业病致残程度的鉴定非常重要,在这一方面,从2015年1月1日起施行的《劳动能力鉴定　职工工伤与职业病致残等级》是现行鉴定标准。自2002年5月1日开始施行的《职业病防治法》对于职业病诊断与职业病病人保障进行了规定。

第一章　总　则

第一条　【立法目的】为了保障因工作遭受事故伤害或者患职业病的职工获得医疗救治和经济补偿,促进工伤预防和职业康复,分散用人单位的工伤风险,制定本条例。

注释 注意区别工伤保险与人身意外伤害保险。总体而言,工伤保险属于社会保险中的一种,而人身意外伤害保险属于商业保险的范畴。因此,工伤保险与人身意外伤害保险的关系,实质上是社会保险与商业保险的关系,二者在适用范围、基本原则、筹资办法、待遇水平等多方面均有不同。对于大多数用人单位而言,参加社会保险是法定义务,而是否参加商业保险,则由各单位自行决定。

我国《建筑法》中还特别规定:建筑施工企业应当依法为职工参加工伤保险缴纳工伤保险费。鼓励企业为从事危险作业的职工办理意外伤害保险,支付保险费。一个用人单位,如果既参加了工伤保险又购买了人身意外伤害保险,那么,其职工发生工伤后,除了按照本条例规定享受相应的工伤保险待遇以外,还可以根据与商业保险公司的保险合同约定,享受相应的商业保险待遇。

第二条　【适用范围】中华人民共和国境内的企业、事业单位、社会团体、民办非企业单位、基金会、律师事务所、会计师事务所等组织和有雇工的个体工商户(以下称用人单位)应当依照本条例规定参加工伤保险,为本单位全部职工或者雇工(以下称职工)缴纳工伤保险费。

中华人民共和国境内的企业、事业单位、社会团体、民办非企业单位、基金会、律师事务所、会计师事务所等组织的职工和个体工商户的雇工,均有依照本条例的规定享受工伤保险待遇的权利。

注释 1.“企业”。企业包括在中国境内的所有形式的企业,按照所有制划分,有国有企业、集体所有制企业、私营企业、外资企业;按照所在地域划分,有城镇企业、乡镇企业、境外企业;按照企业的组织结构划分,有公司、合伙、个人独资企业等。在这里,有两点需要说明:一是工伤保险制度在国家之间不能互免。目前,通过多边或者双边协定,一些国家可以对养老保险、失业保险等问题进行互免,但工伤保险却不能互免,而是需要参加营业地所在国的工伤保险。这就意味着,来中国投资的外国企业需要参加中国的工伤保险,而到国外承包工程或者投资设厂的中国企业则需要参加当地的工伤保险。二是在用人单位实行承包经营时,工伤保险责任应当由职工劳动关系所在单位承担。

2.“事业单位”。事业单位是指依照《事业单位登记管理暂行条例》的有关规定在机构编制管理机关登记为事业单位,且没有改为由工商行政管理部门登记为企业的事业单位。但是,事业单位中具有公共事务管理职能的组织,由于这些单位一般都有行政执法的职能,工作人员参照公务员法管理,在许多方面与公务员没有区别,因此,这类事业单位在工伤保险方面仍参照公务员的做法,不适用本条例,而由人力资源和社会保障部会同财政部制定具体办法;参照公务员法管理之外的事业单位,主要包括基础科研、教育、文化、卫生、广播电视等领域的单位,本条例明确规定这些单位的工作人员应当纳入工伤保险的适用范围。

3."社会团体"。社会团体是指依照《社会团体登记管理条例》的规定在民政部门登记为社会团体，中国公民自愿组成，为了实现会员共同意愿，按照章程开展活动的非营利性社会组织。社会团体的名称类别主要有协会、学会、联合会、研究会、基金会、联谊会、促进会、商会等。社会团体的情况与事业单位基本类似。参照公务员法管理的社会团体及其工作人员实行与国家机关及其工作人员一样的工伤保险制度，具体办法由人力资源和社会保障部会同财政部规定，这部分社会团体包括两类：一是参加中国人民政治协商会议的8个人民团体；二是由国务院机构编制管理机关核定、并经国务院批准的团体；不参照公务员法管理的社会团体，则直接适用本条例。

4."民办非企业单位"。民办非企业单位是一个较新的法律主体概念，是指依照《民办非企业单位登记管理暂行条例》的规定在民政部门登记为民办非企业单位，由企业事业单位、社会团体和其他社会力量以及公民个人利用非国有资产举办的，从事非营利性社会服务活动的社会组织，如民办学校、民办医院等。从《民办非企业单位登记管理暂行条例》的定义可以看出，民办非企业单位具有以下几个特征：一是由企业事业单位、社会团体和其他社会力量以及公民个人举办，而不由政府或者政府部门举办。二是民办非企业单位利用非国有资产举办，这是民办非企业单位与事业单位的一个重要区别。三是民办非企业单位提供的服务非营利，这是与企业的重要区别。民办非企业单位的盈余与清算后的剩余财产只能用于社会公益事业，不得在成员中分配。四是民办非企业单位的社会服务领域很广，而且还在扩大。目前，民办非企业单位主要分布在教育、科研、文化、卫生、体育、新闻出版、交通、信息咨询、知识产权、法律服务、社会福利事业、经济监督等领域。

5."律师事务所"。根据《律师法》的规定，设立律师事务所应当具备四个基本条件：一是有自己的名称、住所和章程；二是有符合律师法规定的律师；三是设立人应当是具有一定的执业经历，且三年内未受过停止执业处罚的律师；四是有符合国务院司法行政部门规定数额的资产。律师事务所主要分为合伙、个人以及国家出资设立的律师事务所三类。

6."会计师事务所"。根据《注册会计师法》的规定，会计师事务所是依法设立并承办注册会计师业务的机构。会计师事务所主要分为两类：一类是由注册会计师设立的合伙单位；二是负有限责任的法人。

7."基金会"。根据《基金会管理条例》，基金会是指利用自然人、法人或者其他组织捐赠的财产，以从事公益事业为目的的非营利性法人。基金会分为面向公众募捐的基金会和不得面向公众募捐的基金会。

8."个体工商户"。根据《促进个体工商户发展条例》的规定，有经营能力的公民，在中华人民共和国境内从事工商业经营的，依法登记为个体工商户。

链接《社会保险法》第33条；《劳动和社会保障部关于农民工参加工伤保险有关问题的通知》

第三条 【保费征缴】工伤保险费的征缴按照《社会保险费征缴暂行条例》关于基本养老保险费、基本医疗保险费、失业保险费的征缴规定执行。

注释用人单位应当按时缴纳工伤保险费。职工个人不缴纳工伤保险费。参加工伤保险虽然一部分是为了职工能够及时得到医疗救助和经济补偿，但主要还是为了化解用人单位工伤风险而设计的一种制度。

关于行业差别费率，根据2015年《人力资源社会保障部、财政部关于调整工伤保险费率政策的通知》，按照《国民经济行业分类》对行业的划分，不同工伤风险类别的行业执行不同的工伤保险行业基准费率。各行业工伤风险类别对应的全国工伤保险行业基准费率为，一类至八类分别控制在该行业用人单位职工工资总额的0.2%、0.4%、0.7%、0.9%、1.1%、1.3%、1.6%、1.9%左右。

链接《社会保险法》第33条；《社会保险费征缴暂行条例》

第四条 【用人单位责任】用人单位应当将参加工伤保险的有关情况在本单位内公示。

用人单位和职工应当遵守有关安全生产和职业病防治的法律法规，执行安全卫生规程和标准，预防工伤事故发生，避免和减少职业病危害。

职工发生工伤时，用人单位应当采取措施使工伤职工得到及时救治。

注释 生产经营单位与从业人员订立的劳动合同，应当载明有关保障从业人员劳动安全、防止职业危害的事项，以及依法为从业人员办理工伤社会保险的事项。

生产经营单位不得以任何形式与从业人员订立协议，免除或者减轻其对从业人员因生产安全事故伤亡依法应承担的责任。

链接《安全生产法》第五章［生产安全事故的应急救援与调查处理］；《职业病防治法》第三章［劳动过程中的防护与管理］

第五条 【主管部门与经办机构】国务院社会保险行政部门负责全国的工伤保险工作。

县级以上地方各级人民政府社会保险行政部门负责本行政区域内的工伤保险工作。

社会保险行政部门按照国务院有关规定设立的社会保险经办机构（以下称经办机构）具体承办工伤保险事务。

注释《最高人民法院行政审判庭关于劳动行政部门在工伤认定程序中是否具有劳动关系确认权请示的答复》（2009年7月20日〔2009〕行他字第12号）中明确，根据《劳动法》第9条和《工伤保险条例》第5条、第18条的规定，劳动行政部门在工伤认定程序中，具有认定受到伤害的职工与企业之间是否存在劳动关系的职权。

链接《工伤保险经办规程》

第六条 【工伤保险政策、标准的制定】社会保险行政部门等部门制定工伤保险的政策、标准，应当征求工会组织、用人单位代表的意见。

第二章 工伤保险基金

第七条 【工伤保险基金构成】工伤保险基金由用人单位缴纳的工伤保险费、工伤保险基金的利息和依法纳入工伤保险基金的其他资金构成。

注释 工伤保险基金主要有以下特点：一是强制性。工伤保险费是国家以法律规定的形式，向规定范围内的用人单位征收的一种社会保险费。具有缴费义务的单位必须按照法律的规定履行缴费义务，否则就是一种违法行为，用人单位要按照法律的规定承担相应的法律责任。二是共济性。用人单位按规定缴纳工伤保险费后，不管该单位是否发生工伤，发生多大程度和范围的工伤，都应按照法律的规定由工伤保险基金支付相应的工伤保险待遇。缴费单位不能因为没有发生工伤，未使

用工伤保险基金，而要求返还已缴纳的工伤保险费。社会保险经办机构也不应因单位发生的工伤多、支付的基金数额大，而要求该单位追加缴纳工伤保险费，只能在确定用人单位下一轮费率时适当考虑其工伤保险基金支付情况。三是专用性。国家根据社会保险事业的需要，事先规定工伤保险费的缴费对象、缴费基数和费率的基本原则。在征收时，不因缴费义务人的具体情况而随意调整。在工伤保险基金的使用上，实行专款专用，任何人不得挪用。

链接《最高人民法院关于在审理和执行民事、经济纠纷案件时不得查封、冻结和扣划社会保险基金的通知》

第八条 【工伤保险费】工伤保险费根据以支定收、收支平衡的原则，确定费率。

国家根据不同行业的工伤风险程度确定行业的差别费率，并根据工伤保险费使用、工伤发生率等情况在每个行业内确定若干费率档次。行业差别费率及行业内费率档次由国务院社会保险行政部门制定，报国务院批准后公布施行。

统筹地区经办机构根据用人单位工伤保险费使用、工伤发生率等情况，适用所属行业内相应的费率档次确定单位缴费费率。

注释 工伤保险费费率的确定应把握以下几点：

1. 以支定收，收支平衡，即是以一个周期内的工伤保险基金的支付额度为标准，确定征缴保险费的额度，使工伤保险基金在一个周期内的收与支保持平衡。

2. 关于用人单位具体缴费费率的确定。单位的缴费费率由统筹地区的经办机构根据该单位的工伤保险费使用、工伤发生率等情况，套用所在行业中的相应档次确定。这种具有竞争性的费率，使工伤发生多的单位缴纳的工伤保险费多，工伤发生少的单位则缴费少，以达到促进安全生产的目的。

链接《社会保险法》第34条

第九条 【行业差别费率及档次调整】国务院社会保险行政部门应当定期了解全国各统筹地区工伤保险基金收支情况，及时提出调整行业差别费率及行业内费率档次的方案，报国务院批准后公布施行。

第十条 【缴费主体、缴费基数与费率】用人单位应当按时缴纳工伤保险费。职工个人不缴纳

工伤保险费。

用人单位缴纳工伤保险费的数额为本单位职工工资总额乘以单位缴费费率之积。

对难以按照工资总额缴纳工伤保险费的行业,其缴纳工伤保险费的具体方式,由国务院社会保险行政部门规定。

注释 **工资总额**

"本单位职工工资总额",是指单位在一定时期内直接支付给本单位全部职工的劳动报酬总额,包括计时工资、计件工资、奖金、津贴和补贴、加班加点工资以及特殊情况下支付的工资。

职工在多个单位就业的工伤保险

职工在两个或两个以上用人单位同时就业的,各用人单位应当分别为职工缴纳工伤保险费。职工发生工伤,由职工受到伤害时其工作的单位依法承担工伤保险责任。(《劳动和社会保障部关于实施〈工伤保险条例〉若干问题的意见》一)

《最高人民法院关于审理工伤保险行政案件若干问题的规定》第 3 条第 1 款第 1 项也规定社会保险行政部门认定下列单位为承担工伤保险责任单位的,人民法院应予支持:职工与两个或两个以上单位建立劳动关系,工伤事故发生时,职工为之工作的单位为承担工伤保险责任的单位。

案例 1. 北京国玉大酒店有限公司诉北京市朝阳区劳动和社会保障局工伤认定行政纠纷案(《中华人民共和国最高人民法院公报》2008 年第 9 期)

裁判规则:根据《劳动和社会保障部关于实施〈工伤保险条例〉若干问题的意见》一规定,下岗、待岗职工又到其他单位工作的,该单位也应当为职工缴纳工伤保险费;职工在该单位工作时发生工伤的,该单位应依法承担工伤保险责任。

2. 某电器有限公司与黄某劳动争议纠纷上诉案(广东省佛山市中级人民法院民事判决书〔2008〕佛中法民一终字第 393 号)

裁判规则:缴纳工伤保险费是用人单位的法定义务,其应按本单位职工的实际工资申报,不得瞒报工资总额或者职工人数。

第十一条 【统筹层次、特殊行业异地统筹】工伤保险基金逐步实行省级统筹。

跨地区、生产流动性较大的行业,可以采取相对集中的方式异地参加统筹地区的工伤保险。具体办法由国务院社会保险行政部门会同有关行业的主管部门制定。

注释 铁路、远洋运输、石油、煤炭等行业,一般都跨地区,生产流动性较大。对于这些行业,可以采取相对灵活的方式,集中参加层次相对高的工伤保险社会统筹的管理。同时,由于这些行业之间的差异较大,因此,本条规定具体办法由国务院社会保险行政部门会同有关行业的主管部门制定。

第十二条 【工伤保险基金和用途】工伤保险基金存入社会保障基金财政专户,用于本条例规定的工伤保险待遇,劳动能力鉴定,工伤预防的宣传、培训等费用,以及法律、法规规定的用于工伤保险的其他费用的支付。

工伤预防费用的提取比例、使用和管理的具体办法,由国务院社会保险行政部门会同国务院财政、卫生行政、安全生产监督管理等部门规定。

任何单位或者个人不得将工伤保险基金用于投资运营、兴建或者改建办公场所、发放奖金,或者挪作其他用途。

注释 注意工伤保险基金的使用。由工伤保险基金支付的各项待遇应按本条例相关规定支付,不得采取将长期待遇改为一次性支付的办法。

工伤保险待遇

工伤保险待遇主要包括医疗康复待遇、伤残待遇和死亡待遇。医疗康复待遇包括诊疗费、药费、住院费用,以及在规定的治疗期内的工资待遇。

劳动能力鉴定费

劳动能力鉴定费是指劳动能力鉴定委员会支付给参加劳动能力鉴定的医疗卫生专家的费用。如果劳动能力鉴定是由劳动能力鉴定委员会委托具备资格的医疗机构协助进行的,劳动能力鉴定费也包括支付给相关医疗机构的诊断费用。

工伤预防费

工伤预防费主要用于工伤事故和职业病预防的宣传、教育与培训;安全生产奖励;对高危行业参保企业作业环境的检测和对从事职业危害作业的职工(主要是农民工)进行职业健康检查的补助;对用人单位工伤风险程度的评估等。

法律、法规规定的用于工伤保险的其他费用

本条例虽明确列举了工伤保险基金的具体支出项目,但其不可能穷尽所有应该由基金支出的项目。为了给基金合法支出留有一定空间,同时,为了避免滥用基金情况的发生,本条例规定,只有全国人大及其常委会制定的法律、国务院制定的行政法规和省级人大制定的地方性法规才能规定工伤保险基金的支出项目。

第十三条 【工伤保险储备金】工伤保险基金应当留有一定比例的储备金,用于统筹地区重大事故的工伤保险待遇支付;储备金不足支付的,由统筹地区的人民政府垫付。储备金占基金总额的具体比例和储备金的使用办法,由省、自治区、直辖市人民政府规定。

第三章 工伤认定

第十四条 【应当认定工伤的情形】职工有下列情形之一的,应当认定为工伤:

(一)在工作时间和工作场所内,因工作原因受到事故伤害的;

(二)工作时间前后在工作场所内,从事与工作有关的预备性或者收尾性工作受到事故伤害的;

(三)在工作时间和工作场所内,因履行工作职责受到暴力等意外伤害的;

(四)患职业病的;

(五)因工外出期间,由于工作原因受到伤害或者发生事故下落不明的;

(六)在上下班途中,受到非本人主要责任的交通事故或者城市轨道交通、客运轮渡、火车事故伤害的;

(七)法律、行政法规规定应当认定为工伤的其他情形。

注释 工作时间

"工作时间",是指法律规定的或者单位要求职工工作的时间。我国法律规定,劳动者每日工作时间不超过 8 小时,平均每周工作时间不超过44 小时。据此,单位规定上下班的具体时间;实行不定时工作制的单位,单位确定的工作时间,为职工的工作时间。

《最高人民法院行政审判庭关于职工外出学习休息期间受到他人伤害应否认定为工伤问题的答复》(2007 年 9 月 7 日〔2007〕行他字第 9 号)明确,职工受单位指派外出学习期间,在学习单位安排的休息场所休息时受到他人伤害的,应当认定为工伤。

工作场所

"工作场所",是指职工日常工作所在的场所,以及领导临时指派其所从事工作的场所。

根据《最高人民法院关于审理工伤保险行政案件若干问题的规定》第 4 条规定,在工作时间内,职工来往于多个与其工作职责相关的工作场所之间的合理区域因工受到伤害的,社会保险行政部门认定为工伤的,人民法院应予支持。

预备性工作

"预备性工作",是指工作前的一段合理时间内,从事与工作有关的准备工作,诸如运输、备料、准备工具等。

收尾性工作

"收尾性工作",是指工作后的一段合理时间内,从事与工作有关的收尾工作,诸如清理、安全贮存、收拾工具和衣物等。

因履行工作职责受到暴力等意外伤害的

"因履行工作职责受到暴力等意外伤害的",有两层含义:一是指职工因履行工作职责,使某些人的不合理的或违法的目的没有达到,这些人出于报复而对该职工进行的暴力人身伤害;二是指在工作时间和工作场所内,职工因履行工作职责受到的意外伤害,诸如地震、厂区失火、车间房屋倒塌以及由于单位其他设施不安全而造成的伤害等。《劳动和社会保障部办公厅关于对〈工伤保险条例〉有关条款释义的函》(劳社厅函〔2006〕497 号)中指出,"因履行工作职责受到暴力等意外伤害"中的因履行工作职责受到暴力伤害是指受到的暴力伤害与履行工作职责有因果关系。

职业病

职业病是指劳动者在职业活动中,因接触粉尘、放射性物质和其他有毒、有害因素而引起的疾病。对"职业病"的理解,应注意:这里的"职业病"是本条例覆盖范围内的用人单位的劳动者所患的职业病;这里的"职业病"必须是本条例覆盖范围内的用人单位的职工在职业活动中导致的疾病。职业病的范围是由国家主管部门明文规定的。

因工外出期间,由于工作原因受到伤害或者下落不明的

"因工外出",是指职工不在本单位的工作范围内,由于工作需要被领导指派到本单位以外工作,或者为了更好地完成工作,自己到本单位以外从事与本职工作有关的工作。这里的"外出"包括两层含义:一是指到本单位以外,但是还在本地范围内;二是指不仅离开了本单位,并且到外地去了。而对于"因工外出期间"的认定,应当考虑职

工外出是否属于用人单位指派的因工作外出,遭受的事故伤害是否因工作原因所致。

"由于工作原因受到伤害",是指由于工作原因直接或间接造成的伤害,包括事故伤害、暴力伤害和其他形式的伤害。这里的"事故",包括安全事故、意外事故以及自然灾害等各种形式的事故。

《最高人民法院关于审理工伤保险行政案件若干问题的规定》第5条规定:"社会保险行政部门认定下列情形为'因工外出期间'的,人民法院应予支持:(一)职工受用人单位指派或者因工作需要在工作场所以外从事与工作职责有关的活动期间;(二)职工受用人单位指派外出学习或者开会期间;(三)职工因工作需要的其他外出活动期间。职工因工外出期间从事与工作或者受用人单位指派外出学习、开会无关的个人活动受到伤害,社会保险行政部门不认定为工伤的,人民法院应予支持。"

上下班途中受到非本人主要责任的事故伤害

"上下班途中",是指合理的上下班时间和合理的上下班路途。《人力资源社会保障部关于执行〈工伤保险条例〉若干问题的意见(二)》第6条规定:"职工以上下班为目的、在合理时间内往返于工作单位和居住地之间的合理路线,视为上下班途中。"《最高人民法院关于审理工伤保险行政案件若干问题的规定》第6条规定:"对社会保险行政部门认定下列情形为'上下班途中'的,人民法院应予支持:(一)在合理时间内往返于工作地与住所地、经常居住地、单位宿舍的合理路线的上下班途中;(二)在合理时间内往返于工作地与配偶、父母、子女居住地的合理路线的上下班途中;(三)从事属于日常工作生活所需要的活动,且在合理时间和合理路线的上下班途中;(四)在合理时间内其他合理路线的上下班途中。"

"非本人主要责任"事故,包括非本人主要责任的交通事故和非本人主要责任的城市轨道交通、客运轮渡和火车事故。其中,"交通事故"是指《道路交通安全法》第119条规定的车辆在道路上因过错或者意外造成的人身伤亡或者财产损失的事件。"车辆"是指机动车和非机动车;"道路"是指公路、城市道路和虽在单位管辖范围但允许社会机动车通行的地方,包括广场、公共停车场等用于公众通行的场所。

对于"非本人主要责任"的认定,应当以有关机关(如公安机关交通管理、交通运输等部门)出具的法律文书或者人民法院的生效裁决为依据。

案例 1. 孙立兴诉天津园区劳动局工伤认定行政纠纷案(《中华人民共和国最高人民法院公报》2006年第5期)

裁判规则: 对法律规定中的"工作场所""因工作原因"应作全面、正确的理解。"工作场所",是指职工从事职业活动的场所,在有多个工作场所的情形下,还包括职工来往于多个工作场所之间的必经区域;"因工作原因",是指职工受伤与从事本职工作之间存在因果关系,即职工系因从事本职工作而受伤。

2. 王长淮诉江苏省盱眙县劳动和社会保障局工伤行政确认案(《中华人民共和国最高人民法院公报》2011年第9期)

裁判规则: 根据《工伤保险条例》第14条的规定,职工在工作时间和工作场所内,因工作原因受到事故伤害的,应当认定为工伤。这里的"工作场所",是指职工从事工作的场所,例如职工所在的车间,而不是指职工本人具体的工作岗位。职工"串岗"发生安全事故导致伤害的,只要是在工作时间和工作场所内、因工作原因而发生的,即符合上述工伤认定条件,"串岗"与否不影响其工伤认定。

3. 何培祥诉江苏省新沂市劳动和社会保障局工伤认定行政案(《最高人民法院发布的四起工伤保险行政纠纷典型案例》2014年8月21日)

裁判规则: 上下班途中的"合理时间"与"合理路线",是两种相互联系的认定属于上下班途中受机动车事故伤害情形的必不可少的时空概念,不应割裂开来。结合本案,何培祥在上午听课及中午就餐结束后返校的途中骑摩托车摔伤,其返校上班目的明确,应认定为合理时间。

4. 北京某家居有限公司不服北京市某区劳动和社会保障局劳动保障行政确认案(北京市第二中级人民法院行政判决书〔2007〕二中行终字第443号)

裁判规则: 员工上夜班时因工作原因造成的伤害,即使员工违反了公司的制度规定,也不能作为员工不应认定为工伤的正当理由。而且,对于是否应认定为工伤,我国的工伤保险实行的是无过错责任原则,只要符合《工伤保险条例》第14

条、第 15 条规定的应当认定为工伤或视同工伤的情形,同时不属于《工伤保险条例》第 16 条的排除性条款规定,就应当认定为工伤或视同工伤。

链接 《劳动和社会保障部关于实施〈工伤保险条例〉若干问题的意见》二[对第(六)项的解释];《人力资源社会保障部关于执行〈工伤保险条例〉若干问题的意见》一、二[对第(五)项、第(六)项的解释];《职业病防治法》第 43—55 条[职业病诊断];《职业病分类和目录》;《劳动法》第 36—45 条[工作时间和休息休假];《人力资源和社会保障部办公厅关于工伤保险有关规定处理意见的函》

第十五条 【视同工伤的情形及其保险待遇】
职工有下列情形之一的,视同工伤:

(一)在工作时间和工作岗位,突发疾病死亡或者在 48 小时之内经抢救无效死亡的;

(二)在抢险救灾等维护国家利益、公共利益活动中受到伤害的;

(三)职工原在军队服役,因战、因公负伤致残,已取得革命伤残军人证,到用人单位后旧伤复发的。

职工有前款第(一)项、第(二)项情形的,按照本条例的有关规定享受工伤保险待遇;职工有前款第(三)项情形的,按照本条例的有关规定享受除一次性伤残补助金以外的工伤保险待遇。

注释 在工作时间、工作岗位突发疾病

"突发疾病",是指上班期间突然发生任何种类的疾病,一般多为心脏病、脑出血、心肌梗塞等突发性疾病。职工在工作时间和工作岗位突发疾病当场死亡的,以及职工在工作时间和工作岗位突发疾病后没有当时死亡,但在 48 小时之内经抢救无效死亡的,应当视同工伤。

符合本项情形的,职工所在用人单位原则上应自职工死亡之日起 5 个工作日内向用人单位所在统筹地区社会保险行政部门报告。

在维护国家利益、公共利益活动中受到伤害的

"维护国家利益",是指为了减少或者避免国家利益遭受损失,职工挺身而出。"维护公共利益",是指为了减少或避免公共利益遭受损失,职工挺身而出。本条列举了抢险救灾这种情形,是为了帮助大家更好地理解和掌握哪种情形属于

维护国家利益和维护公共利益,但凡是与抢险救灾性质类似的行为,都应当认定为属于维护国家利益和维护公共利益的行为。需强调的是,在这种情形下,没有工作时间、工作地点、工作原因等要素要求。例如,某单位职工在过铁路道口时,看到在道口附近有个小孩正牵着一头牛过铁路,这时,前方恰好有一辆满载旅客的列车驶来,该职工赶紧过去将牛牵走并将小孩推出铁道。列车安全地通过了,可该职工却回来不及跑开,被列车撞成重伤。该职工的这种行为,就应属于维护国家利益和公共利益的行为。

职工原在军队服役,因战、因公负伤致残,已取得革命伤残军人证,到用人单位后旧伤复发的

"因战致残"是指:(1)对敌作战致残;(2)因执行任务,或者被俘、被捕后不屈致残;(3)为抢救和保护国家财产、人民生命财产或者执行反恐怖任务和处置突发事件致残;(4)因执行军事演习、战备航行飞行、空降和导弹发射训练、试航试飞任务以及参加武器装备科研实验致残;(5)在执行外交任务或者国家派遣的对外援助、维持国际和平任务中致残等。

"因公致残"是指:(1)在执行任务中或者在上下班途中,由于意外事件致残;(2)被认定为因战、因公致残后因旧伤复发;(3)因患职业病致残;(4)在执行任务中或者在工作岗位上因病致残,或者因医疗事故致残等。[1]

"旧伤复发",是指职工在军队服役期间,因战、因公负伤致残,并取得了革命伤残军人证,到用人单位后其在军队服役期间因战、因公负伤的伤害部位(伤口)发生变化,需要进行治疗或相关救治的情形。

案例 1. 徐某与某劳动和社会保障局等非工伤认定结论纠纷上诉案(北京市第一中级人民法院行政判决决书[2008]一中行终字第 103 号)

裁判规则: 职工在工作时间和工作岗位,突发疾病死亡,以及职工在工作时间和工作岗位,突发疾病在 48 小时之内经抢救无效死亡,可以视同工伤,即按照有关规定享受工伤保险待遇。但若职工在家中突发疾病被送往医院,且时间是在公休日,经医院当场抢救无效死亡,不符合视同工伤的前提条件。在此情况下,不应认定为工伤。

---

① 本部分参照《军人抚恤优待条例》相关烈士、因公牺牲认定标准总结,供参考。

2. 束某某诉某市人力资源和社会保障局工伤认定纠纷案（江苏省扬州市中级人民法院行政判决书〔2013〕扬行终字第 0058 号）

裁判规则：在工作时间和工作岗位，突发疾病死亡或者在 48 小时之内经抢救无效死亡的，视同工伤。其中，"突发疾病"包括各类病病。职工如在上班期间已经出现病症，下班后不久病情加重，在 48 小时内经抢救无效死亡的，应视同工伤。疾病的发生、加重往往有一个由轻到重的发展过程，对于职工而言，对于疾病缺乏认知能力，带病完成工作不能成为拒绝认定工伤的理由。同时，基于《工伤保险条例》的立法本意，应以最大限度保护劳动者的权益。因此，职工在上班期间出现病症，下班后在 48 小时内经抢救无效死亡的，应当视同工伤。

链接 《劳动和社会保障部关于实施〈工伤保险条例〉若干问题的意见》三〔对第（一）项的解释〕

第十六条　【不属于工伤的情形】职工符合本条例第十四条、第十五条的规定，但是有下列情形之一的，不得认定为工伤或者视同工伤：

（一）故意犯罪的；

（二）醉酒或者吸毒的；

（三）自残或者自杀的。

注释 故意犯罪

本条只将因故意犯罪导致事故伤害的规定为不认定为工伤的情形。我国《刑法》第 14 条规定，明知自己的行为会发生危害社会的结果，并且希望或者放任这种结果发生，因而构成犯罪的，是故意犯罪。对"故意犯罪"的认定，应当以司法机关的生效法律文书或者结论性意见为依据。

醉酒或吸毒

对"醉酒或者吸毒"的认定，应当以有关机关出具的法律文书或者人民法院的生效裁决为依据。无法获得上述证据的，可以结合相关证据认定。

"醉酒"，是指职工饮用含有酒精的饮料达到醉酒的状态，在酒精作用期间从事工作受到事故伤害。职工在工作时因醉酒导致行为失控而对自己造成的伤害，不认定为工伤。对于醉酒，应当依据行为人体内酒精含量的检测结果作出认定，如发现行为人体内酒精含量达到或者超过一定标准，就应当认定为醉酒。对于醉酒标准，可以参照《车辆驾驶人员血液、呼气酒精含量阈值与检验》的规定，即血液中的酒精含量大于或者等于 80mg/100mL。

关于吸毒。根据《禁毒法》的规定，毒品，是指鸦片、海洛因、甲基苯丙胺（冰毒）、吗啡、大麻、可卡因，以及国家规定管制的其他能够使人形成瘾癖的麻醉药品和精神药品。

自残或自杀

"自残"是指通过各种手段和方法伤害自己的身体，并造成伤害结果的行为。"自杀"是指通过各种手段和方法自己结束自己生命的行为。

案例 罗某与某市劳动和社会保障局工伤认定纠纷案（广东省佛山市中级人民法院行政判决书〔2005〕佛中法行终字第 255 号）

裁判规则：劳动者在工作中受伤，用人单位主张是劳动者自残导致，应当举证证明。用人单位没有充分证据证明劳动者自残受伤，也不存在其他不得认定为工伤的理由，应当认定为工伤。

链接 《社会保险法》第 37 条；《人力资源社会保障部关于执行〈工伤保险条例〉若干问题的意见》三、四

第十七条　【申请工伤认定的主体、时限及受理部门】职工发生事故伤害或者按照职业病防治法规定被诊断、鉴定为职业病，所在单位应当自事故伤害发生之日或者被诊断、鉴定为职业病之日起 30 日内，向统筹地区社会保险行政部门提出工伤认定申请。遇有特殊情况，经报社会保险行政部门同意，申请时限可以适当延长。

用人单位未按前款规定提出工伤认定申请的，工伤职工或者其近亲属、工会组织在事故伤害发生之日或者被诊断、鉴定为职业病之日起 1 年内，可以直接向用人单位所在地统筹地区社会保险行政部门提出工伤认定申请。

按照本条第一款规定应当由省级社会保险行政部门进行工伤认定的事项，根据属地原则由用人单位所在地的设区的市级社会保险行政部门办理。

用人单位未在本条第一款规定的时限内提交工伤认定申请，在此期间发生符合本条例规定的工伤待遇等有关费用由该用人单位负担。

注释 工伤认定申请的主体

工伤认定的申请主体有两类：一是工伤职工所在单位，二是工伤职工或者其近亲属，以及工伤职工所在单位的工会组织及符合我国工会法规定的各级工会组织。注意有权申请工伤认定的亲属限于近亲属，如配偶、父母、成年子女等，才可以成为工伤认定申请的主体。

申请工伤认定的时限

因申请主体的不同,工伤认定的申请时限也不同:

(1)对用人单位而言,申请时限一般为在事故伤害发生之日或者确诊为职业病之日起30日内;特殊情况的,经社会保险行政部门批准,可以适当延长。用人单位逾期未提出认定申请的,在此期间发生的工伤待遇等有关费用由该用人单位负担。

(2)对个人而言,工伤认定的申请时限为事故伤害发生之日起或者被确诊为职业病之日起的1年内。

曾经从事接触职业病危害作业、当时没有发现罹患职业病、离开工作岗位后被诊断或鉴定为职业病的符合下列条件的人员,可以自诊断、鉴定为职业病之日起1年内申请工伤认定,社会保险行政部门应当受理:

(1)办理退休手续后,未再从事接触职业病危害作业的退休人员;

(2)劳动或聘用合同期满后或者本人提出而解除劳动或聘用合同后,未再从事接触职业病危害作业的人员。

《人力资源社会保障部关于执行〈工伤保险条例〉若干问题的意见(二)》八规定:"有下列情形之一的,被延误的时间不计算在工伤认定申请时限内。(一)受不可抗力影响的;(二)职工由于被国家机关依法采取强制措施等人身自由受到限制不能申请工伤认定的;(三)申请人正式提交了工伤认定申请,但因社会保险机构未登记或者材料遗失等原因造成申请超时限的;(四)当事人就确认劳动关系申请劳动仲裁或提起民事诉讼的;(五)其他符合法律法规规定的情形。"《最高人民法院关于审理工伤保险行政案件若干问题的规定》第7条规定:"由于不属于职工或者其近亲属自身原因超过工伤认定申请期限的,被耽误的时间不计算在工伤认定申请期限内。有下列情形之一耽误申请时间的,应当认定为不属于职工或者其近亲属自身原因:(一)不可抗力;(二)人身自由受到限制;(三)属于用人单位原因;(四)社会保险行政部门登记制度不完善;(五)当事人对是否存在劳动关系申请仲裁、提起民事诉讼。"

案例 1. 杨庆峰诉无锡市劳动和社会保障局工伤认定行政纠纷案(《中华人民共和国最高人民法院公报》2008年第1期)

裁判规则:根据《工伤保险条例》第17条第2款的规定,工伤认定申请时效应当从事故伤害发生之日起算。这里的"事故伤害发生之日"应当包括工伤事故导致的伤害结果实际发生之日。工伤事故发生时伤害结果尚未实际发生,工伤职工在伤害结果实际发生后一年内提出工伤认定申请的,不属于超过工伤认定申请时效的情形。

2. 邹政贤诉广东省佛山市禅城区劳动和社会保障局工伤认定行政案(《最高人民法院发布的四起工伤保险行政纠纷典型案例》2014年8月21日)

裁判规则:由于不属于职工或者其近亲属自身原因超过工伤认定申请期限的,被耽误的时间不计算在工伤认定申请期限内。

链接《工伤认定办法》第4—5条[工伤认定申请时限];《职业病防治法》第43—55条[职业病诊断];《劳动和社会保障部关于实施〈工伤保险条例〉若干问题的意见》四—六[工伤认定程序]

第十八条 【申请材料】提出工伤认定申请应当提交下列材料:

(一)工伤认定申请表;

(二)与用人单位存在劳动关系(包括事实劳动关系)的证明材料;

(三)医疗诊断证明或者职业病诊断证明书(或者职业病诊断鉴定书)。

工伤认定申请表应当包括事故发生的时间、地点、原因以及职工伤害程度等基本情况。

工伤认定申请人提供材料不完整的,社会保险行政部门应当一次性书面告知工伤认定申请人需要补正的全部材料。申请人按照书面告知要求补正材料后,社会保险行政部门应当受理。

注释 与用人单位存在劳动关系的证明材料

劳动合同是证明用人单位与职工之间存在劳动关系的有力凭证,是主要的证明材料。对于现实中部分不与职工签订劳动合同的用人单位,可以把其他有关的材料作为实际用工已形成劳动关系的证明材料,如工资报酬的领取证明、同事的书面证明等。

医疗诊断证明

出具普通事故伤害的医疗证明,没有严格的法定程序,为了保证所提供的医疗诊断证明的真实性,社会保险行政部门可以根据需要对事故伤害进行调查核实。此外,医师在出具有关工伤的医疗证明文件时必须签名,并对证明的真实性承担法律责任。

案例 舒某某诉某市劳动和社会保障局不受理工伤认定案(青海省西宁市城北区人民法院行政判决书[2006]北行初字第15号)

裁判规则:(1)工伤认定申请人需要提供与用人单位存在劳动关系的证明和医疗诊断证明。(2)工伤认定申请人提供资料不完整的,劳动保障行政部门应当当场或者在15个工作日内以书面形式一次性告知工伤认定申请人需要补正的全部材料。

第十九条 【事故调查及举证责任】社会保险行政部门受理工伤认定申请后,根据审核需要可以对事故伤害进行调查核实,用人单位、职工、工会组织、医疗机构以及有关部门应予以协助。职业病诊断和诊断争议的鉴定,依照职业病防治法的有关规定执行。对依法取得职业病诊断证明书或者职业病诊断鉴定书的,社会保险行政部门不再进行调查核实。

职工或者其近亲属认为是工伤,用人单位不认为是工伤的,由用人单位承担举证责任。

注释 注意职工与单位对工伤认定存在争议时,适用举证责任倒置原则,由用人单位承担举证责任。用人单位拒不举证的,社会保险行政部门可以根据受伤害职工提供的证据依法作出工伤认定结论。

链接《工伤认定办法》第9—15条[工伤事故调查、取证]

第二十条 【工伤认定的时限、回避】社会保险行政部门应当自受理工伤认定申请之日起60日内作出工伤认定的决定,并书面通知申请工伤认定的职工或者其近亲属和该职工所在单位。

社会保险行政部门对受理的事实清楚、权利义务明确的工伤认定申请,应当在15日内作出工伤认定的决定。

作出工伤认定决定需要以司法机关或者有关行政主管部门的结论为依据的,在司法机关或者有关行政主管部门尚未作出结论期间,作出工伤认定决定的时限中止。

社会保险行政部门工作人员与工伤认定申请人有利害关系的,应当回避。

注释 工伤认定时限的中止

针对实践中存在的一些工伤认定决定需要等待司法机关或者有关行政主管部门作出结论的情况,本条例专门作了中止规定。比如,社会保险行政部门受理工伤认定申请后,发现劳动关系存在争议且无法确认的,应告知当事人可以向劳动人事争议仲裁委员会申请仲裁。在此期间,作出工伤认定决定的时限中止,并书面通知申请工伤认定的当事人。劳动关系依法确认后,当事人应将有关法律文书送交受理工伤认定申请的社会保险行政部门,该部门自收到生效法律文书之日起恢复工伤认定程序。又如,受到事故伤害的职工正在接受法院的审理,是否认定其故意犯罪,在这期间应当中止工伤认定,如果法院认定为不是故意犯罪或者无罪,就需要重新启动工伤认定程序。再如,上下班途中发生的交通事故,是不是职工本人的主要责任,应等待交通管理机关的认定,同样应当中止工伤认定,如果结果是本人应当负主要责任,则不能认定为工伤,反之则应当认定为工伤。

工伤认定的回避

社会保险行政部门的工作人员,包括部门领导、一般工作人员,无论是否与工伤认定工作直接相关,凡与工伤认定申请人有亲戚等可能影响公正作出工伤认定的利害关系的,都需回避。

案例 王明德诉乐山市人力资源和社会保障局工伤认定案(《最高人民法院关于发布第十四批指导性案例的通知》法[2016]311号)

裁判规则:(1)《中止通知》属于工伤认定程序中的程序性行政行为,如果该行为不涉及终局性问题,对相对人的权利义务没有实质影响的,属于不成熟的行政行为,不具有可诉性,相对人提起行政诉讼的,不属于人民法院受案范围。但如果该程序性行政行为具有终局性,对相对人权利义务产生实质影响,并且无法通过提起针对相关的实体性行政行为的诉讼获得救济的,则属于可诉行政行为,相对人提起行政诉讼的,属于人民法院行政诉讼受案范围。

(2)《工伤保险条例》第20条第3款规定,作出工伤认定决定需要以司法机关或者有关行政主管部门的结论为依据的,在司法机关或者有关行政主管部门尚未作出结论期间,作出工伤认定决定的时限中止。也就是说,第三人申请工伤认定时,并不存在《工伤保险条例》第20条第3款所规定的依法可以作出中止决定的情形。

链接《人力资源社会保障部关于执行〈工伤保险条例〉若干问题的意见》五[劳动关系存在争议,工

伤认定中止];《工伤认定办法》第16—22条［工伤认定决定］

第四章　劳动能力鉴定

第二十一条　【鉴定的条件】职工发生工伤，经治疗伤情相对稳定后存在残疾、影响劳动能力的，应当进行劳动能力鉴定。

注释 根据本条的规定，职工进行劳动能力鉴定的条件有三个：

（1）应该在经过治疗，伤情处于相对稳定状态后进行。

（2）工伤职工必须存在残疾，主要表现在身体上的残疾。例如，身体的某一器官造成损伤，或者造成肢体残疾等。

（3）工伤职工的残疾须对工作、生活产生了直接的影响，伤残程度已经影响到职工本人的劳动能力。例如，职工伤后，由于身体造成的伤残不能从事工伤前的工作，只能从事劳动强度相对较弱、岗位工资与奖金可能相对较少的工作，有的甚至不得不退出生产、工作岗位，不能像正常职工那样获取工资报酬，而只能依靠领取工伤保险待遇维持基本生活。

第二十二条　【劳动能力鉴定等级】劳动能力鉴定是指劳动功能障碍程度和生活自理障碍程度的等级鉴定。

劳动功能障碍分为十个伤残等级，最重的为一级，最轻的为十级。

生活自理障碍分为三个等级：生活完全不能自理、生活大部分不能自理和生活部分不能自理。

劳动能力鉴定标准由国务院社会保险行政部门会同国务院卫生行政部门等部门制定。

注释 劳动能力鉴定标准

劳动能力鉴定是指劳动能力鉴定机构对劳动者在职业活动中因工负伤或患职业病后，根据国务院社会保险行政部门会同国务院卫生行政部门等制定的标准，在评定伤残等级时通过医学检查对劳动功能障碍程度（伤残程度）和生活自理障碍程度作出的判定结论。我国现行的劳动能力鉴定标准为2015年1月1日实施的《劳动能力鉴定　职工工伤与职业病致残等级》（GB/T16180—2014）。

职工因工多处受伤，伤残等级如何评定？

根据《劳动能力鉴定　职工工伤与职业病致残等级》的规定，工伤职工身体多处伤残的，劳动能力鉴定委员会在鉴定的时候，对于同一器官或系统多处损伤，或一个以上器官不同部位同时受到损伤者，应先对单项伤残程度进行鉴定。如果几项伤残等级不同，以重者定级；如果两项及以上等级相同，最多晋升一级。

链接《劳动能力鉴定　职工工伤与职业病致残等级》（GB/T16180—2014）

第二十三条　【申请鉴定的主体、受理机构、申请材料】劳动能力鉴定由用人单位、工伤职工或者其近亲属向设区的市级劳动能力鉴定委员会提出申请，并提供工伤认定决定和职工工伤医疗的有关资料。

注释 劳动能力鉴定的申请主体

（1）用人单位，即工伤职工所在单位。职工发生事故伤害后，为职工申请工伤认定、劳动能力鉴定，是单位的法定责任。

（2）工伤职工，即因工受到事故伤害被认定为工伤的职工。

（3）职工的近亲属。一般包括：配偶、子女、父母、兄弟姐妹、祖父母、外祖父母。

劳动能力鉴定的受理机构

我国的劳动能力鉴定机构为劳动能力鉴定委员会。劳动能力鉴定委员会分为设区的市级劳动能力鉴定委员会和省、自治区、直辖市劳动能力鉴定委员会两级，由设区的市级劳动能力鉴定委员会受理劳动能力的初次鉴定申请。

劳动能力鉴定委员会履行下列职责：

（1）选聘医疗卫生专家，组建医疗卫生专家库，对专家进行培训和管理；

（2）组织劳动能力鉴定；

（3）根据专家组的鉴定意见作出劳动能力鉴定结论；

（4）建立完整的鉴定数据库，保管鉴定工作档案50年；

（5）法律、法规、规章规定的其他职责。

第二十四条　【鉴定委员会人员构成、专家库】省、自治区、直辖市劳动能力鉴定委员会和设区的市级劳动能力鉴定委员会分别由省、自治区、直辖市和设区的市级社会保险行政部门、卫生行政部门、工会组织、经办机构代表以及用人单位代表组成。

劳动能力鉴定委员会建立医疗卫生专家库。

列入专家库的医疗卫生专业技术人员应当具备下列条件：

（一）具有医疗卫生高级专业技术职务任职资格；

（二）掌握劳动能力鉴定的相关知识；

（三）具有良好的职业品德。

注释　劳动能力鉴定委员会医疗卫生专家库由医疗卫生方面的专家组成。必须经过专家的综合会诊、签署鉴定意见后，劳动能力鉴定委员会才能对工伤职工的劳动能力作出劳动能力鉴定结论。

第二十五条　【鉴定步骤、时限】设区的市级劳动能力鉴定委员会收到劳动能力鉴定申请后，应当从其建立的医疗卫生专家库中随机抽取3名或者5名相关专家组成专家组，由专家组提出鉴定意见。设区的市级劳动能力鉴定委员会根据专家组的鉴定意见作出工伤职工劳动能力鉴定结论；必要时，可以委托具备资格的医疗机构协助进行有关的诊断。

设区的市级劳动能力鉴定委员会应当自收到劳动能力鉴定申请之日起60日内作出劳动能力鉴定结论，必要时，作出劳动能力鉴定结论的期限可以延长30日。劳动能力鉴定结论应当及时送达申请鉴定的单位和个人。

注释　设区的市级劳动能力鉴定委员会进行劳动能力鉴定，分为以下几个步骤：

（1）组成专家组。专家组由从医疗卫生专家库中随机抽取的3名或者5名相关专家组成。"随机抽取"，是指按照自由组合的原则从专家库中抽取专家，防止申请人或者与劳动能力鉴定有利害关系的人提前与医疗专家沟通，影响劳动能力鉴定结论的公正性。

（2）提出鉴定意见。专家组根据医疗专业知识和劳动能力的评残标准作出医疗鉴定。专家组的鉴定意见是劳动能力鉴定委员会作出劳动能力鉴定结论的依据。

（3）作出劳动能力鉴定结论。劳动能力鉴定委员会根据专家组的鉴定意见，确定伤残职工的劳动功能障碍程度和生活护理依赖程度，作出劳动能力鉴定结论。

第二十六条　【再次鉴定】申请鉴定的单位或者个人对设区的市级劳动能力鉴定委员会作出的鉴定结论不服的，可以在收到该鉴定结论之日起15日内向省、自治区、直辖市劳动能力鉴定委员会提出再次鉴定申请。省、自治区、直辖市劳动能力鉴定委员会作出的劳动能力鉴定结论为最终结论。

注释　再次鉴定的申请时限

再次鉴定的申请时限为收到鉴定结论之日起15日内，也就是说，如果申请人在15日内没有提出再次鉴定申请，设区的市级劳动能力鉴定委员会作出的劳动能力鉴定结论就具有法律效力。对于已经具有法律效力的鉴定结论，当事人不能提出再次鉴定的申请。这时如果申请人仍向上一级劳动能力鉴定委员会提出申请的，上一级劳动能力鉴定委员会可以以超过时效为由不予受理。

再次鉴定申请的受理机构

受理再次鉴定申请的机构为省、自治区、直辖市劳动能力鉴定委员会。省、自治区、直辖市劳动能力鉴定委员会作出的劳动能力鉴定结论为劳动能力鉴定委员会鉴定程序中的最终结论。

职工对伤残等级结论不服，能否提起行政诉讼？

《人力资源社会保障行政复议办法》第8条规定，公民、法人或者其他组织对劳动能力鉴定委员会的行为，不能申请行政复议。这就是说，对于劳动能力鉴定等级不服的，公民、法人提出行政诉讼没有法律依据。

从劳动能力鉴定委员会组织和工作性质来看，伤残鉴定不是行政行为。因为，伤残等级鉴定工作是根据国家评残标准进行的，劳动能力鉴定委员会是当地政府协调劳动、卫生和工会等部门互相配合、支持这项事业的虚设机构，劳动能力鉴定办公室的工作是具体组织落实。伤残等级和护理依赖程度的鉴定是医学专家组根据工伤职工的伤情作出的技术性结论，它在很大程度上属于技术性和事业性的工作，不是行政行为。

工伤职工对伤残等级结论不服，正确的做法应该是通过由下而上的复查程序，以保障鉴定工作的公正合理。另外，也可以在工伤劳动争议诉讼中借助司法鉴定程序。

链接　《人力资源社会保障行政复议办法》第8条[不能行政复议事项]

第二十七条　【鉴定工作原则、回避制度】劳动能力鉴定工作应当客观、公正。劳动能力鉴定委员会组成人员或者参加鉴定的专家与当事人有利害关系的，应当回避。

注释 本条的"回避",主要是指为确保劳动能力鉴定工作的客观、公正,经当事人申请,对与当事人或申请人有利害关系的劳动能力鉴定委员会成员或者参加鉴定的医疗专家,要求其回避,不得参与劳动能力鉴定工作。这里的"利害关系",是指劳动能力鉴定委员会成员或者参加鉴定的医疗专家,与当事人有亲属关系、同学、同事关系,或其他诸如财产利益等关系。

第二十八条 【复查鉴定】自劳动能力鉴定结论作出之日起 1 年后,工伤职工或者其近亲属、所在单位或者经办机构认为伤残情况发生变化的,可以申请劳动能力复查鉴定。

注释 劳动能力复查鉴定

劳动能力复查鉴定,是指已经劳动能力鉴定委员会鉴定过的工伤职工,在鉴定结论作出一段时期后,工伤职工或者其近亲属、所在单位或者经办机构认为残情发生变化,向劳动能力鉴定委员会提出申请,劳动能力鉴定委员会依据国家标准对其进行的复查鉴定。

劳动能力复查鉴定的申请时间

劳动能力复查鉴定的申请时间,为劳动能力鉴定结论作出之日起 1 年后。

劳动能力复查鉴定的申请人

有权提出劳动能力复查鉴定的申请人包括:工伤职工或者其近亲属;工伤职工所在单位;经办机构。

案例 某机械厂与杨某劳动争议纠纷上诉案(成都市中级人民法院民事判决书〔2010〕成民终字第318 号)

裁判规则:劳动能力鉴定结论作出后,没有证据能够证明当事人在规定时间内向劳动能力鉴定委员会申请了再次鉴定,而且自结论作出之日也未满 1 年,法院可对重新鉴定申请不予准许。

第二十九条 【再次鉴定和复查鉴定的时限】劳动能力鉴定委员会依照本条例第二十六条和第二十八条的规定进行再次鉴定和复查鉴定的期限,依照本条例第二十五条第二款的规定执行。

注释 本条明确了再次鉴定和复查鉴定的时限,规定劳动能力再次鉴定和复查鉴定的时限按照初次鉴定的时限执行。即在一般情况下,劳动能力再次鉴定和复查鉴定结论应该在收到劳动能力再次鉴定和复查鉴定申请之日起 60 日内作出。只有在工伤职工的病情复杂,或者遇到当事人不能预见、不能避免并不能克服的不可抗力等情况时,劳动能力再次鉴定和复查鉴定期限才可以适当延长,但延长期不能超过 30 日。

第五章 工伤保险待遇

第三十条 【工伤职工的治疗】职工因工作遭受事故伤害或者患职业病进行治疗,享受工伤医疗待遇。

职工治疗工伤应当在签订服务协议的医疗机构就医,情况紧急时可以先到就近的医疗机构急救。

治疗工伤所需费用符合工伤保险诊疗项目目录、工伤保险药品目录、工伤保险住院服务标准的,从工伤保险基金支付。工伤保险诊疗项目目录、工伤保险药品目录、工伤保险住院服务标准,由国务院社会保险行政部门会同国务院卫生行政部门、食品药品监督管理部门等部门规定。

职工住院治疗工伤的伙食补助费,以及经医疗机构出具证明,报经办机构同意,工伤职工到统筹地区以外就医所需的交通、食宿费用从工伤保险基金支付,基金支付的具体标准由统筹地区人民政府规定。

工伤职工治疗非工伤引发的疾病,不享受工伤医疗待遇,按照基本医疗保险办法处理。

工伤职工到签订服务协议的医疗机构进行工伤康复的费用,符合规定的,从工伤保险基金支付。

注释 工伤医疗待遇

工伤医疗待遇包括:(1)治疗工伤所需的挂号费、医疗费、药费、住院费等费用符合工伤保险诊疗项目目录、工伤保险药品目录、工伤保险住院服务标准的,从工伤保险基金中支付;(2)工伤职工治疗工伤需要住院的,职工住院治疗工伤的伙食补助费,以及经医疗机构出具证明,报经办机构同意,工伤职工到统筹地区以外就医所需的交通、食宿费用从工伤保险基金支付,基金支付的具体标准由统筹地区人民政府规定;(3)工伤职工需要停止工作接受治疗的,享受停工留薪期待遇,停工留薪期满后,需要继续治疗的,继续享受(1)、(2)项工伤医疗待遇。

工伤医疗机构

工伤职工因工负伤或者患职业病进行治疗(包括康复性治疗)应当前往签订服务协议的医疗

机构就医,情况紧急时可以先到就近的医疗机构急救;工伤职工确需跨统筹地区就医的,须由医疗机构出具证明,并经经办机构同意。工伤职工跨统筹地区就医所发生费用,可先由工伤职工或所在单位垫付,经社会保险经办机构复核后,按本统筹地区有关规定结算。

工作中受到精神伤害,能否要求工伤赔偿?

工作中受到的精神伤害不能要求工伤赔偿。按照我国现行法律法规的规定,工伤是指在工作过程中所受的肢体伤害,劳动者只有在工作过程中发生身体上的伤害时才能要求工伤赔偿,而对于如劳动者人格尊严和名誉等受到损害的,不能认定为工伤。同时对于劳动者因身体上的伤害而导致的精神上的伤害,也仅就该身体伤害作工伤赔偿而不能将该身体伤害引起的精神伤害作为工伤进行赔偿。在这种情况下,对于所遭受的精神损害,劳动者只能通过其他途径向侵权人要求承担损害赔偿责任。

链接《工伤保险经办规程》第41—45条[工伤医疗管理]

第三十一条 【复议和诉讼期间不停止支付医疗费用】社会保险行政部门作出认定为工伤的决定后发生行政复议、行政诉讼的,行政复议和行政诉讼期间不停止支付工伤职工治疗工伤的医疗费用。

第三十二条 【配置辅助器具】工伤职工因日常生活或者就业需要,经劳动能力鉴定委员会确认,可以安装假肢、矫形器、假眼、假牙和配置轮椅等辅助器具,所需费用按照国家规定的标准从工伤保险基金支付。

注释 工伤职工配置辅助器具应当经劳动能力鉴定委员会确认,其所需费用才能从工伤保险基金中支付。结合本条例第47条规定,社会保险经办机构对辅助器具配置机构以签订服务协议的方式进行管理,引入竞争机制,促使辅助器具配置机构提高服务质量。工伤职工如需配置辅助器具,应到与社会保险经办机构签订服务协议的机构,按照国家规定的有关标准配置辅助器具,对于辅助器具配置机构提供的一些不合理的配置应当拒绝,对违反有关标准配置辅助器具的费用,工伤保险基金不予支付。

链接《工伤保险经办规程》第50—52条[辅助器具配置管理]

第三十三条 【工伤治疗期间待遇】职工因工作遭受事故伤害或者患职业病需要暂停工作接受工伤医疗的,在停工留薪期内,原工资福利待遇不变,由所在单位按月支付。

停工留薪期一般不超过12个月。伤情严重或者情况特殊,经设区的市级劳动能力鉴定委员会确认,可以适当延长,但延长不得超过12个月。工伤职工评定伤残等级后,停发原待遇,按照本章的有关规定享受伤残待遇。工伤职工在停工留薪期满后仍需治疗的,继续享受工伤医疗待遇。

生活不能自理的工伤职工在停工留薪期需要护理的,由所在单位负责。

注释 停工留薪期

停工留薪期,是指职工因工负伤或者患职业病停止工作接受治疗并享受有关待遇的期限。停工留薪期的时间,由已签订服务协议的治疗工伤的医疗机构提出意见,经劳动能力鉴定委员会确认并通知有关单位和工伤职工。

停工留薪期的待遇

职工在停工留薪期内,除享受工伤医疗待遇外,原工资福利待遇不变,由所在单位发给,生活不能自理需要护理的,由所在单位负责护理。这里所称的原待遇是指职工在受伤或被确诊患职业病前,原用人单位发给职工的按照出勤对待的全部工资和福利待遇。工伤职工评定伤残等级后,停发原待遇,按照本条例第35条至第37条的规定,享受伤残待遇。

案例 某鞋业有限公司与孙某工伤事故损害赔偿纠纷上诉案(广东省广州市中级人民法院民事判决书[2009]穗中法民一终字第2338、2339号)

裁判规则:根据《工伤保险条例》的规定,停工留薪期工资应由用人单位按该职工原工资待遇标准支付。

第三十四条 【生活护理费】工伤职工已经评定伤残等级并经劳动能力鉴定委员会确认需要生活护理的,从工伤保险基金按月支付生活护理费。

生活护理费按照生活完全不能自理、生活大部分不能自理或者生活部分不能自理3个不同等级支付,其标准分别为统筹地区上年度职工月平均工资的50%、40%或者30%。

注释 适用本条时注意,生活护理费的计算基数为统筹地区上年度职工月平均工资,而不是伤残职工本人的工资。

生活自理程度可通过《劳动能力鉴定 职工工伤与职业病致残等级》中规定的生活自理障碍来确定。生活自理障碍指工伤致残者因生活不能自理,需依赖他人护理。生活自理范围主要包括五项:(1)进食;(2)翻身;(3)大、小便;(4)穿衣、洗漱;(5)自主行动。生活自理障碍程度分三级:(1)完全生活自理障碍,指生活完全不能自理,前述五项均需护理;(2)大部分生活自理障碍,指生活大部分不能自理,前述五项中三项或四项需要护理;(3)部分生活自理障碍,指生活部分不能自理,前述五项中一项或两项需要护理。

链接《劳动能力鉴定 职工工伤与职业病致残等级》4.1.5[生活自理障碍]

第三十五条 【一级至四级工伤待遇】职工因工致残被鉴定为一级至四级伤残的,保留劳动关系,退出工作岗位,享受以下待遇:

(一)从工伤保险基金按伤残等级支付一次性伤残补助金,标准为:一级伤残为 27 个月的本人工资,二级伤残为 25 个月的本人工资,三级伤残为 23 个月的本人工资,四级伤残为 21 个月的本人工资;

(二)从工伤保险基金按月支付伤残津贴,标准为:一级伤残为本人工资的 90%,二级伤残为本人工资的 85%,三级伤残为本人工资的 80%,四级伤残为本人工资的 75%。伤残津贴实际金额低于当地最低工资标准的,由工伤保险基金补足差额;

(三)工伤职工达到退休年龄并办理退休手续后,停发伤残津贴,按照国家有关规定享受基本养老保险待遇。基本养老保险待遇低于伤残津贴的,由工伤保险基金补足差额。

职工因工致残被鉴定为一级至四级伤残的,由用人单位和职工个人以伤残津贴为基数,缴纳基本医疗保险费。

注释 一级至四级伤残职工的伤残待遇

职工因工致残被鉴定为一级至四级伤残的,本条对该部分职工规定了两项待遇,即支付一次性伤残补助金和按月支付伤残津贴。

《人力资源社会保障部关于执行〈工伤保险条例〉若干问题的意见(二)》一规定:"一级至四级工伤职工死亡,其近亲属同时符合领取工伤保险丧葬补助金、供养亲属抚恤金待遇和职工基本养老保险丧葬补助金、抚恤金待遇条件的,由其近亲

属选择领取工伤保险或职工基本养老保险其中一种。"

伤残津贴和基本养老保险的关系

基本养老保险,是指法定范围内的人员,按照规定缴纳基本养老保险费达到一定的年限,到达法定退休年龄,按规定办理退休手续后,享受养老金的一种社会保险制度。

伤残职工办理退休手续后停发伤残津贴,享受基本养老保险。同时,为了保障工伤职工的待遇不因退休而受损失,工伤职工退休后享受的基本养老保险待遇低于伤残津贴的,由工伤保险基金补足差额。

伤残职工的医疗保险

职工因工致残被鉴定为一级至四级伤残的,除非这些职工死亡、已经办理退休手续或者存在《劳动合同法》第 39 条规定的法定情形,否则用人单位应当与其保留劳动关系,并由用人单位和职工个人以伤残津贴为基数缴纳基本医疗保险费。

工伤致残与劳动合同期满

在本单位患职业病或者因工负伤并被确认丧失或者部分丧失劳动能力的劳动者的劳动合同的终止,要按照国家有关工伤保险的规定执行。也即依据本条,一级至四级伤残职工即便劳动合同期满,用人单位也必须与其保留劳动关系。

链接《劳动能力鉴定 职工工伤与职业病致残等级》5.1~5.4[一级至四级]

第三十六条 【五级至六级工伤待遇】职工因工致残被鉴定为五级、六级伤残的,享受以下待遇:

(一)从工伤保险基金按伤残等级支付一次性伤残补助金,标准为:五级伤残为 18 个月的本人工资,六级伤残为 16 个月的本人工资;

(二)保留与用人单位的劳动关系,由用人单位安排适当工作。难以安排工作的,由用人单位按月发给伤残津贴,标准为:五级伤残为本人工资的 70%,六级伤残为本人工资的 60%,并由用人单位按照规定为其缴纳应缴纳的各项社会保险费。伤残津贴实际金额低于当地最低工资标准的,由用人单位补足差额。

经工伤职工本人提出,该职工可以与用人单位解除或者终止劳动关系,由工伤保险基金支付一次性工伤医疗补助金,由用人单位支付一次性伤残就业补助金。一次性工伤医疗补助金和一次

性伤残就业补助金的具体标准由省、自治区、直辖市人民政府规定。

注释 适用本条时注意与第35条、第37条的对比理解。除了在支付金额上的差别外，着重注意，职工因工伤被鉴定为五级至六级伤残的，用人单位应当与其保留劳动关系，安排适当的工作。难以安排工作的，由用人单位支付伤残津贴。同时，工伤职工本人终止或者解除劳动关系的权利不受限制，经工伤职工本人提出，可以与用人单位解除或者终止劳动关系，但是用人单位应当向职工支付一次性伤残就业补助金。

职工在同一用人单位连续工作期间多次发生工伤的，符合本条及第37条规定领取相关待遇时，按照其在同一用人单位发生工伤的最高伤残级别，计发一次性伤残就业补助金和一次性工伤医疗补助金。

链接 《劳动能力鉴定　职工工伤与职业病致残等级》5.5、5.6［五级、六级］

第三十七条 【七级至十级工伤待遇】职工因工致残被鉴定为七级至十级伤残的，享受以下待遇：

（一）从工伤保险基金按伤残等级支付一次性伤残补助金，标准为：七级伤残为13个月的本人工资，八级伤残为11个月的本人工资，九级伤残为9个月的本人工资，十级伤残为7个月的本人工资；

（二）劳动、聘用合同期满终止，或者职工本人提出解除劳动、聘用合同的，由工伤保险基金支付一次性工伤医疗补助金，由用人单位支付一次性伤残就业补助金。一次性工伤医疗补助金和一次性伤残就业补助金的具体标准由省、自治区、直辖市人民政府规定。

注释 适用本条时注意与第35条、第36条比较理解。对于这部分工伤职工，在劳动合同期满前，除非工伤职工具有《劳动合同法》第39条规定的情形，否则用人单位不得单方与其解除劳动关系，应当与其继续履行原劳动合同，或者视客观情况依法与其变更劳动合同的部分内容，并按照劳动合同的规定支付相应的工资报酬。劳动合同期满或者工伤职工本人提出解除的，用人单位应当向其支付一次性伤残就业补助金。注意，七级至十级伤残职工不享受伤残津贴，以及事业单位与工作人员签订的通常为聘用合同。

案例 1.　**候宏军诉上海隆茂建筑装潢有限公司劳动合同纠纷案**（《中华人民共和国最高人民法院公报》2015年第11期）

　　裁判规则：一次性伤残就业补助金是在终止或解除劳动合同时，工伤职工应当享受的由用人单位支付的费用。在用人单位解除劳动合同的情形下，用人单位仍有义务向工伤职工支付一次性伤残就业补助金。

2.　**佛山市某家具实业有限公司与陈某工伤事故损害赔偿纠纷上诉案**（广东省佛山市中级人民法院民事判决书〔2005〕佛中法民一终字第769号）

　　裁判规则：职工因工伤被鉴定为九级伤残，要享受用人单位支付的一次性工伤医疗补助金和伤残就业补助金，其条件是劳动合同期满终止或者因职工本人提出解除劳动合同而结束劳动关系。九级伤残的职工与所在单位劳动关系延续期间，不得要求所在单位支付一次性工伤医疗补助金和伤残就业补助金。

链接 《劳动能力鉴定　职工工伤与职业病致残等级》5.7—5.10［七级至十级］

第三十八条 【旧伤复发待遇】工伤职工工伤复发，确认需要治疗的，享受本条例第三十条、第三十二条和第三十三条规定的工伤待遇。

注释 工伤职工工伤复发

　　工伤职工工伤复发，是指职工因工伤事故或患职业病，经过医疗机构采取必要的诊断治疗，包括病情检查、确诊、药物治疗、手术治疗等医疗措施，确定工伤职工病情痊愈，可以终结医疗，终止停工留薪期，经过劳动能力鉴定委员会确定伤残等级或者正处于劳动能力鉴定过程中，工伤职工原有病情不同程度地重新发作。

　　工伤职工工伤复发的待遇

　　工伤职工工伤复发，确认需要治疗的，可以按照第30条的规定享受工伤医疗待遇；需要暂停工作接受工伤医疗的，可以按照第33条的规定享受停工留薪期待遇；需要配置辅助器具的，可以按照第32条的规定配置，所需费用按照国家规定标准从工伤保险基金支付。

链接 《劳动和社会保障部关于实施〈工伤保险条例〉若干问题的意见》七［旧伤复发的认定］

第三十九条 【工亡待遇】职工因工死亡，其近亲属按照下列规定从工伤保险基金领取丧葬补助金、供养亲属抚恤金和一次性工亡补助金：

（一）丧葬补助金为6个月的统筹地区上年度职工月平均工资；

（二）供养亲属抚恤金按照职工本人工资的一定比例发给由因工死亡职工生前提供主要生活来源、无劳动能力的亲属。标准为：配偶每月40%，其他亲属每人每月30%，孤寡老人或者孤儿每人每月在上述标准的基础上增加10%。核定的各供养亲属的抚恤金之和不应高于因工死亡职工生前的工资。供养亲属的具体范围由国务院社会保险行政部门规定；

（三）一次性工亡补助金标准为上一年度全国城镇居民人均可支配收入的20倍。

伤残职工在停工留薪期内因工伤导致死亡的，其近亲属享受本条第一款规定的待遇。

一级至四级伤残职工在停工留薪期满后死亡的，其近亲属可以享受本条第一款第（一）项、第（二）项规定的待遇。

注释 职工因工死亡

职工因工死亡，主要是指职工因工伤事故、职业中毒直接导致的死亡，经抢救治疗无效后的死亡，以及在停工留薪期内治疗中的死亡。

职工因工死亡的待遇

（1）丧葬补助金。注意，丧葬补助金权利主体为工亡职工的近亲属。

（2）供养亲属抚恤金。注意，该项是按照工亡职工本人生前工资的一定比例计发，但是在初次核定时，各供养亲属的抚恤金之和不得高于工亡职工本人的工资。在以后调整供养亲属抚恤金时，不受此限制。

因工死亡职工供养亲属，是指该职工的配偶、子女、父母、祖父母、外祖父母、孙子女、外孙子女、兄弟姐妹。子女，包括婚生子女、非婚生子女、养子女和有抚养关系的继子女，其中，婚生子女、非婚生子女包括遗腹子女；父母，包括生父母、养父母和有抚养关系的继父母；兄弟姐妹，包括同父母的兄弟姐妹、同父异母或者同母异父的兄弟姐妹、养兄弟姐妹、有抚养关系的继兄弟姐妹。

上述人员，依靠因工死亡职工生前提供主要生活来源，并有下列情形之一的，可按规定申请供养亲属抚恤金：（一）完全丧失劳动能力的；（二）工亡职工配偶男年满60周岁、女年满55周岁的；（三）工亡职工父母男年满60周岁、女年满55周岁的；（四）工亡职工子女未满18周岁的；（五）工

亡职工父母均已死亡，其祖父、外祖父年满60周岁，祖母、外祖母年满55周岁的；（六）工亡职工子女已经死亡或完全丧失劳动能力，其孙子女、外孙子女未满18周岁的；（七）工亡职工父母均已死亡或完全丧失劳动能力，其兄弟姐妹未满18周岁的。

（3）一次性工亡补助金。当因工死亡的职工有数个近亲属时，一次性工亡补助金应当按照权利义务相对应的原则进行分配。对于在工亡职工生前尽了较多照顾义务的近亲属，如长期与工亡职工共同生活的人，应当予以照顾。

工伤保险待遇，免征个人所得税

对工伤职工及其近亲属按照《工伤保险条例》规定取得的工伤保险待遇，免征个人所得税。工伤保险待遇，包括一次性伤残补助金、伤残津贴、一次性工伤医疗补助金、一次性伤残就业补助金、工伤医疗待遇、住院伙食补助费、外地就医交通食宿费用、工伤康复费用、辅助器具费用、生活护理费等，以及职工因工死亡，其近亲属按照《工伤保险条例》规定取得的丧葬补助金、供养亲属抚恤金和一次性工亡补助金等。

链接 《劳动和社会保障部关于实施〈工伤保险条例〉若干问题的意见》八［抚恤金待遇资格核定］；《因工死亡职工供养亲属范围规定》；《财政部、国家税务总局关于工伤职工取得的工伤保险待遇有关个人所得税政策的通知》

第四十条　【工伤待遇调整】伤残津贴、供养亲属抚恤金、生活护理费由统筹地区社会保险行政部门根据职工平均工资和生活费用变化等情况适时调整。调整办法由省、自治区、直辖市人民政府规定。

注释 伤残津贴、供养亲属抚恤金、生活护理费都非一次性待遇，而是长期或者持续一定时期的待遇。为了保证这些待遇水平不因物价上涨等因素而降低，让工伤职工和工亡职工的遗属享受社会经济发展的成果，有必要适时进行调整。

工伤保险实行属地管理，是一项地域性较强的工作。加上职工工资增长、生活费提高、物价指数变化等不是定期的，各地调整的时间不宜固定，本条授权由省、自治区、直辖市人民政府规定调整办法，包括调整的依据、幅度、频率、程序等。

第四十一条　【职工抢险救灾、因工外出下落不明时的处理】职工因工外出期间发生事故或者在抢险救灾中下落不明的，从事故发生当月起3

个月内照发工资,从第 4 个月起停发工资,由工伤保险基金向其供养亲属按月支付供养亲属抚恤金。生活有困难的,可以预支一次性工亡补助金的 50%。职工被人民法院宣告死亡的,按照本条例第三十九条职工因工死亡的规定处理。

注释 下落不明

下落不明,是指自然人离开最后居住地后没有音讯的状况。应当注意的是,虽然我国有自然人下落不明满 2 年,利害关系人可以向人民法院申请宣告其失踪的法律规定,但职工因工外出期间发生事故或者在抢险救灾中下落不明后其供养亲属享受相关待遇并不以是否经过宣告失踪为程序要件,而是从事故发生、职工音讯消失当月起即按规定发放有关待遇。

宣告死亡

宣告死亡,是指自然人因意外事件下落不明满 2 年或下落不明满 4 年,其配偶、父母、子女等利害关系人可以向人民法院申请宣告其死亡的一种法律制度。宣告死亡与自然死亡具有同等的法律效力,具体到工伤保险领域,从职工被宣告死亡之日起,该职工的近亲属、供养亲属便可以按照本条例第 39 条的规定领取丧葬补助金、供养亲属抚恤金和一次性工亡补助金。

当被宣告死亡的职工重新出现或者确知其没有死亡,经本人或者利害关系人申请,人民法院应当撤销宣告死亡。按照《民法典》和有关法律的规定,职工被撤销宣告死亡后,与其有关的利害关系能恢复的应恢复到原来的状态。

链接《民法典》第 40—53 条[宣告失踪和宣告死亡]

第四十二条 【停止支付工伤保险待遇的情形】工伤职工有下列情形之一的,停止享受工伤保险待遇:

(一)丧失享受待遇条件的;

(二)拒不接受劳动能力鉴定的;

(三)拒绝治疗的。

注释 停止支付工伤保险待遇的,在停止支付待遇的情形消失后,自下月起恢复工伤保险待遇,停止支付的工伤保险待遇不予补发。

根据本条规定,停止支付工伤保险待遇主要有以下情形:

丧失享受待遇条件

如果工伤职工在享受工伤保险待遇期间情况发生变化,不再具备享受工伤保险待遇的条件,如劳动能力得以完全恢复而无须工伤保险制度提供保障时,就应当停发工伤保险待遇。此外,工亡职工的亲属,在某些情形下,也将丧失享受有关待遇的条件,如享受抚恤金的工亡职工的子女达到了一定的年龄或就业后,丧失享受遗属抚恤待遇的条件;亲属死亡的,丧失享受遗属抚恤待遇的条件等。

拒不接受劳动能力鉴定

劳动能力鉴定结论是确定不同程度的补偿、合理调换工作岗位和恢复工作等的科学依据。如果工伤职工没有正当理由,拒不接受劳动能力鉴定,一方面工伤保险待遇无法确定,另一方面也表明这些工伤职工并不愿意接受工伤保险制度提供的帮助,鉴于此,就不应再享受工伤保险待遇。

拒绝治疗

提供医疗救治,帮助工伤职工恢复劳动能力、重返社会,是工伤保险制度的重要目的之一,因而职工遭受工伤事故或患职业病后,有享受工伤医疗待遇的权利,也有积极配合医疗救治的义务。如果无正当理由拒绝治疗,就有悖于本条例关于促进职业康复的宗旨。

第四十三条 【用人单位分立合并等情况下的责任】用人单位分立、合并、转让的,承继单位应当承担原用人单位的工伤保险责任;原用人单位已经参加工伤保险的,承继单位应当到当地经办机构办理工伤保险变更登记。

用人单位实行承包经营的,工伤保险责任由职工劳动关系所在单位承担。

职工被借调期间受到工伤事故伤害的,由原用人单位承担工伤保险责任,但原用人单位与借调单位可以约定补偿办法。

企业破产的,在破产清算时依法拨付应当由单位支付的工伤保险待遇费用。

注释 单位分立、合并

用人单位的分立,是指一个单位分成两个或两个以上单位;合并是指两个或两个以上的单位联合组成一个单位或一个单位兼并另一个或一个以上单位。

单位承包经营下的工伤保险责任

承包经营,是在坚持企业所有制不变的基础上,按照所有权与经营权相分离的原则,以承包经营合同形式,确定所有者与企业的责权利关系,促使企业做到自主经营、自负盈亏的经营管理制度。在本企业内部职工承包的情况下，职工的劳动关系在本企业是清楚的，对职工的工伤保险责任应由本企业来承担；在外部承包的情况下，职工的劳动关系有可能不在本企业而在中标的经营集团或企业法人，那么，对职工的工伤保险责任就由中标的经营集团或企业法人承担。

具备用工主体资格的承包单位违反法律、法规规定，将承包业务转包、分包给不具备用工主体资格的组织或者自然人，该组织或者自然人招用的劳动者从事承包业务时因工伤亡的，由该具备用工主体资格的承包单位承担用人单位依法应承担的工伤保险责任。

职工借调情形下的工伤保险责任

职工被借调，由原用人单位承担工伤保险责任，但原用人单位可以在借调前或事后与借入单位就相应补偿达成协议，当原用人单位承担被借调职工的工伤保险责任后，可以按照协议要求借入单位给予补偿。

企业破产

破产，是指企业法人不能清偿到期债务，在法定情形下依照《企业破产法》和其他相关的法律规定宣告其破产，将其所有的财产按法定清偿顺序公平地偿还给所有债权人的一种法律制度。这里的"破产企业"，包括已参加工伤保险和未参加工伤保险的破产企业。

破产财产在优先清偿破产费用和共益债务后，依照下列顺序清偿：(1)破产人所欠职工的工资和医疗、伤残补助、抚恤费用，所欠的应当划入职工个人账户的基本养老保险、基本医疗保险费用，以及法律、行政法规规定应当支付给职工的补偿金；(2)破产人欠缴的除前述以外的社会保险费用和破产人所欠税款；(3)普通破产债权。

破产财产不足以清偿同一顺序的清偿要求的，按照比例分配。

案例 张成兵与上海市松江区人力资源和社会保障局工伤认定行政上诉案(《最高人民法院发布的四起工伤保险行政纠纷典型案例》2014 年 8 月 21 日)

裁判规则： 用工单位违反法律、法规规定将承包业务转包或者发包给不具备用工主体资格的组织或者自然人，该组织或者自然人聘用的职工因工伤亡的，用工单位为承担工伤保险责任的单位。

第四十四条 【派遣出境期间的工伤保险关系】 职工被派遣出境工作，依据前往国家或者地区的法律应当参加当地工伤保险的，参加当地工伤保险，其国内工伤保险关系中止；不能参加当地工伤保险的，其国内工伤保险关系不中止。

注释 国际上工伤保险现没有互免协议。一些国家法律规定，前往该国工作或在该国停留期间，必须依据该国的法律参加工伤保险或购买意外伤害保险。国内的工伤保险与境外的工伤保险，在保障的性质和作用方面大体相同，但在保险项目、保险额度、支付方式上存在差异。从保障与管理的角度出发，本条规定，职工被派遣出境工作，依据前往国家或者地区的法律应当参加当地工伤保险的，参加当地工伤保险，其国内工伤保险关系中止，待回国后工伤保险关系接续；对于在境外不能参加工伤保险的，其国内工伤保险关系不中止，继续按照国内工伤保险法律规定执行，包括工伤保险费的缴纳、工伤认定与评残、待遇的发放等。

第四十五条 【再次发生工伤的待遇】 职工再次发生工伤，根据规定应当享受伤残津贴的，按照新认定的伤残等级享受伤残津贴待遇。

注释 工伤职工再次发生工伤

工伤职工再次发生工伤，与工伤职工工伤复发不同，它是指工伤职工遭受两次或两次以上的工伤事故或患职业病，在前次工伤事故造成的病情经治疗并经劳动能力鉴定确定伤残等级后，再次遭受工伤事故或患职业病，后者可能产生新病情，也可能加剧工伤职工的原病情。

工伤职工再次发生工伤的待遇

再次发生工伤的职工在治疗后，需经劳动能力鉴定委员会重新评定伤残等级。如果被重新确定等级，根据规定应当享受伤残待遇的，就要按照新认定的伤残等级享受相应的伤残津贴待遇。

第六章 监督管理

第四十六条 【经办机构职责范围】 经办机构具体承办工伤保险事务，履行下列职责：

(一)根据省、自治区、直辖市人民政府规定，征收工伤保险费；

(二)核查用人单位的工资总额和职工人数，办理工伤保险登记，并负责保存用人单位缴费和职工享受工伤保险待遇情况的记录；

(三)进行工伤保险的调查、统计；

（四）按照规定管理工伤保险基金的支出；

（五）按照规定核定工伤保险待遇；

（六）为工伤职工或者其近亲属免费提供咨询服务。

第四十七条　【服务协议】经办机构与医疗机构、辅助器具配置机构在平等协商的基础上签订服务协议，并公布签订服务协议的医疗机构、辅助器具配置机构的名单。具体办法由国务院社会保险行政部门分别会同国务院卫生行政部门、民政部门等部门制定。

注释 这里的"服务协议"，是指社会保险经办机构与医疗机构、辅助器具配置机构就有关工伤患者就诊、用药、辅助器具管理、费用给付、争议处理办法等事项，经过平等协商所达成的权利义务协议。

链接《工伤保险经办规程》第38—40条［协议管理］

第四十八条　【工伤保险费用的核查、结算】经办机构按照协议和国家有关目录、标准对工伤职工医疗费用、康复费用、辅助器具费用的使用情况进行核查，并按时足额结算费用。

第四十九条　【公布基金收支情况、费率调整建议】经办机构应当定期公布工伤保险基金的收支情况，及时向社会保险行政部门提出调整费率的建议。

第五十条　【听取社会意见】社会保险行政部门、经办机构应当定期听取工伤职工、医疗机构、辅助器具配置机构以及社会各界对改进工伤保险工作的意见。

第五十一条　【对工伤保险基金的监督】社会保险行政部门依法对工伤保险费的征缴和工伤保险基金的支付情况进行监督检查。

财政部门和审计机关依法对工伤保险基金的收支、管理情况进行监督。

第五十二条　【群众监督】任何组织和个人对有关工伤保险的违法行为，有权举报。社会保险行政部门对举报应当及时调查，按照规定处理，并为举报人保密。

第五十三条　【工会监督】工会组织依法维护工伤职工的合法权益，对用人单位的工伤保险工作实行监督。

注释 工会是职工自愿结合的工人阶级的群众组织。按照我国《工会法》第27条的规定，职工因工

伤亡事故和其他严重危害职工健康问题的调查处理，必须有工会参加。工会应当向有关部门提出处理意见，并有权要求追究直接负责的主管人员和有关责任人员的责任。对工会提出的意见，应当及时研究，给予答复。

第五十四条　【工伤待遇争议处理】职工与用人单位发生工伤待遇方面的争议，按照处理劳动争议的有关规定处理。

注释 劳动争议

劳动争议，是指用人单位与职工之间因劳动权利和劳动义务所发生的争议。劳动争议的主体是劳动关系双方当事人，即一方是用人单位，另一方是与用人单位建立劳动关系的劳动者。劳动争议所指的对象是当事人一方对另一方的行为是否符合法律法规以及劳动合同、集体合同的规定而提出异议。

职工与用人单位之间发生的工伤待遇方面的争议

职工与用人单位之间发生的工伤待遇方面的争议，是指因用人单位是否按照本条例规定的待遇项目和标准，向职工发放工伤待遇而发生的争议。如已参加工伤保险的用人单位或应按照规定参加工伤保险而未参加工伤保险的用人单位，没有按照规定向工伤职工提供待遇，工伤职工提出异议而产生的争议；或者工伤职工与用人单位就应该执行本条例规定的哪项待遇和标准产生的争议，都属于本条所规定的争议。职工与用人单位之间发生的工伤待遇方面的争议在性质上属于劳动争议。

职工与用人单位发生工伤待遇方面争议的解决途径

根据《劳动法》及《劳动争议调解仲裁法》有关劳动争议处理的规定，职工与用人单位发生工伤待遇方面的争议后，双方可以协商解决；不愿协商或者协商不成的，可以向调解组织申请调解；调解不成的或达成调解协议后不履行的，可以向劳动争议仲裁委员会申请仲裁，当事人也可以直接向劳动争议仲裁委员会申请仲裁；对仲裁裁决不服的，可以向人民法院起诉。

注意：（1）当事人双方自行协商不是处理劳动争议的必经程序，双方当事人可以自愿进行协商，但是任何一方或者他人都不能强迫进行协商。

（2）调解也并非解决劳动争议的必经途径，当

事人可以不向调解组织申请调解而直接申请劳动争议仲裁。调解组织进行的调解是群众性调解，完全依靠争议当事人双方的自觉、自愿达成协议，双方达成的协议也要靠当事人的自我约束来履行，不能强制执行。当事人反悔的，可以向劳动争议仲裁委员会申请仲裁解决。

（3）劳动争议仲裁委员会的裁决在现阶段是当事人向人民法院提起诉讼解决劳动争议前的一个必经程序（申请支付令的特殊情形除外），其生效裁决具有国家强制力。职工与用人单位发生工伤待遇方面的争议后，提出仲裁要求的一方，应当自知道或者应当知道其权利被侵害之日起一年内向劳动争议仲裁委员会提出书面申请。仲裁裁决一般应在收到仲裁申请的 45 日内作出，复杂的不超过 60 日。当事人对发生法律效力的仲裁裁决无异议的，必须履行。一方当事人无异议又逾期不履行的，另一方当事人可以申请人民法院强制执行。

（4）诉讼是解决劳动争议的最终途径，一裁终局除外。职工或用人单位对仲裁裁决不服的，自收到裁决书之日起 15 日内可以向人民法院提起诉讼，人民法院应当受理，审理并作出裁判。人民法院的审理包括一审、二审程序，最终的生效判决标志着这一劳动争议案件的最终解决。

链接 《劳动争议调解仲裁法》

第五十五条 【其他工伤保险争议处理】有下列情形之一的，有关单位或者个人可以依法申请行政复议，也可以依法向人民法院提起行政诉讼：

（一）申请工伤认定的职工或者其近亲属、该职工所在单位对工伤认定申请不予受理的决定不服的；

（二）申请工伤认定的职工或者其近亲属、该职工所在单位对工伤认定结论不服的；

（三）用人单位对经办机构确定的单位缴费率不服的；

（四）签订服务协议的医疗机构、辅助器具配置机构认为经办机构未履行有关协议或者规定的；

（五）工伤职工或者其近亲属对经办机构核定的工伤保险待遇有异议的。

注释 行政复议

行政复议，是指依照《行政复议法》的规定，公民、法人或者其他组织认为行政机关的行政行为侵

犯其合法权益，向行政复议机关提出行政复议申请，行政机关受理后作出行政复议决定的法律制度。

行政诉讼

行政诉讼，是指依照《行政诉讼法》的规定，公民、法人或者其他组织认为行政机关和行政机关工作人员的行政行为侵犯其合法权益，向人民法院起诉，人民法院对被诉行为进行审查并依法裁决的法律制度。行政行为，包括法律、法规、规章授权的组织作出的行政行为。

工伤行政复议和行政诉讼的主体及期限

申请工伤认定并对认定结论不服的职工或者其近亲属、该职工所在单位；对缴费费率不服的单位；认为经办机构未履行服务协议或者规定的医疗机构、辅助器具配置机构；对经办机构核定的工伤保险待遇有异议的工伤职工或者其近亲属，都可以作为行政复议的申请人和行政诉讼的原告。作出有关决定或者核定的社会保险行政部门或者社会保险经办机构，则成为行政复议的被申请人和行政诉讼的被告。

根据《行政复议法》第 11 条的规定，公民、法人或者其他组织对行政机关作出的不予受理工伤认定申请的决定或者工伤认定结论不服的，可以申请行政复议。根据《行政诉讼法》第 18 条的规定，行政案件由最初作出行政行为的行政机关所在地人民法院管辖。经复议的案件，也可以由复议机关所在地人民法院管辖。

根据《行政复议法》第 20 条的规定，公民、法人或者其他组织认为行政行为侵犯其合法权益的，可以自知道或者应当知道该行政行为之日起 60 日内提出行政复议申请；但是法律规定的申请期限超过 60 日的除外。因不可抗力或者其他正当理由耽误法定申请期限的，申请期限自障碍消除之日起继续计算。申请人申请行政复议，可以书面申请；书面申请有困难的，也可以口头申请。

根据《行政诉讼法》第 45 条的规定，公民、法人或者其他组织不服复议决定的，可以在收到复议决定书之日起 15 日内向人民法院提起诉讼。复议机关逾期不作决定的，申请人可以在复议期满之日起 15 日内向人民法院提起诉讼。法律另有规定的除外。

注意，本条规定的行政复议不是行政诉讼的前置条件。有关单位和个人就有了两种不同的选

择,一种选择是申请行政复议,对复议决定不服的,可以再向人民法院提起行政诉讼;另一种选择是直接向人民法院提起行政诉讼。

链接《行政复议法》;《行政诉讼法》

第七章 法律责任

第五十六条 【挪用工伤保险基金的责任】单位或者个人违反本条例第十二条规定挪用工伤保险基金,构成犯罪的,依法追究刑事责任;尚不构成犯罪的,依法给予处分或者纪律处分。被挪用的基金由社会保险行政部门追回,并入工伤保险基金;没收的违法所得依法上缴国库。

第五十七条 【社会保险行政部门工作人员违法违纪责任】社会保险行政部门工作人员有下列情形之一的,依法给予处分;情节严重,构成犯罪的,依法追究刑事责任:

(一)无正当理由不受理工伤认定申请,或者弄虚作假将不符合工伤条件的人员认定为工伤职工的;

(二)未妥善保管申请工伤认定的证据材料,致使有关证据灭失的;

(三)收受当事人财物的。

第五十八条 【经办机构违规的责任】经办机构有下列行为之一的,由社会保险行政部门责令改正,对直接负责的主管人员和其他责任人员依法给予纪律处分;情节严重,构成犯罪的,依法追究刑事责任;造成当事人经济损失的,由经办机构依法承担赔偿责任:

(一)未按规定保存用人单位缴费和职工享受工伤保险待遇情况记录的;

(二)不按规定核定工伤保险待遇的;

(三)收受当事人财物的。

第五十九条 【医疗机构、辅助器具配置机构、经办机构间的关系】医疗机构、辅助器具配置机构不按服务协议提供服务的,经办机构可以解除服务协议。

经办机构不按时足额结算费用的,由社会保险行政部门责令改正;医疗机构、辅助器具配置机构可以解除服务协议。

注释 注意经办机构与医疗机构等签订的服务协议既具有行政合同的特征,在一些方面也具有民事合同的特征,如:(1)经办机构与医疗机构签订服务协议不需要事先经过行政机关的审批,而是

通过市场机制,双方在平等协商的基础上签订;(2)经办机构要公布签订服务协议的医疗机构的名单,这样规定是为了保证医疗服务市场的公平竞争;(3)双方权利义务关系对等。医疗机构等不按服务协议提供服务的,经办机构可以解除服务协议;经办机构不按时足额结算费用的,由社会保险行政部门责令改正,医疗机构等也可以解除服务协议;(4)根据本条例第55条第4项的规定,签订服务协议的医疗机构、辅助器具配置机构认为经办机构未履行有关协议或者规定的,可依法申请行政复议,或提起行政诉讼。

第六十条 【对骗取工伤保险待遇的处罚】用人单位、工伤职工或者其近亲属骗取工伤保险待遇,医疗机构、辅助器具配置机构骗取工伤保险基金支出的,由社会保险行政部门责令退还,处骗取金额2倍以上5倍以下的罚款;情节严重,构成犯罪的,依法追究刑事责任。

第六十一条 【鉴定组织与个人违规的责任】从事劳动能力鉴定的组织或者个人有下列情形之一的,由社会保险行政部门责令改正,处2000元以上1万元以下的罚款;情节严重,构成犯罪的,依法追究刑事责任:

(一)提供虚假鉴定意见的;

(二)提供虚假诊断证明的;

(三)收受当事人财物的。

第六十二条 【未按规定参保的情形】用人单位依照本条例规定应当参加工伤保险而未参加的,由社会保险行政部门责令限期参加,补缴应当缴纳的工伤保险费,并自欠缴之日起,按日加收万分之五的滞纳金;逾期仍不缴纳的,处欠缴数额1倍以上3倍以下的罚款。

依照本条例规定应当参加工伤保险而未参加工伤保险的用人单位职工发生工伤的,由该用人单位按照本条例规定的工伤保险待遇项目和标准支付费用。

用人单位参加工伤保险并补缴应当缴纳的工伤保险费、滞纳金后,由工伤保险基金和用人单位依照本条例的规定支付新发生的费用。

注释 本条第3款规定中的"新发生的费用",是指用人单位职工参加工伤保险前发生工伤的,在参加工伤保险后新发生的费用。

《人力资源社会保障部关于执行〈工伤保险条例〉若干问题的意见(二)》三规定:"《工伤保险条

例》第六十二条规定的'新发生的费用',是指用人单位参加工伤保险前发生工伤的职工,在参加工伤保险后新发生的费用。其中由工伤保险基金支付的费用,按不同情况予以处理:(一)因工受伤的,支付参保后新发生的工伤医疗费、工伤康复费、住院伙食补助费、统筹地区以外就医交通食宿费、辅助器具配置费、生活护理费、一级至四级伤残职工伤残津贴,以及参保后解除劳动合同时的一次性工伤医疗补助金;(二)因工死亡的,支付参保后新发生的符合条件的供养亲属抚恤金。"

案例 邹汉英诉孙立根、刘珍工伤事故损害赔偿纠纷案(《中华人民共和国最高人民法院公报》2010年第3期)

　　裁判规则:用人单位应当按照规定参加工伤保险,为职工缴纳工伤保险费,未参加工伤保险期间用人单位职工发生工伤的,由该用人单位按照本条例规定的工伤保险待遇项目和标准支付费用。

　　第六十三条 【用人单位不协助调查的责任】用人单位违反本条例第十九条的规定,拒不协助社会保险行政部门对事故进行调查核实的,由社会保险行政部门责令改正,处2000元以上2万元以下的罚款。

第八章 附　则

　　第六十四条 【相关名词解释】本条例所称工资总额,是指用人单位直接支付给本单位全部职工的劳动报酬总额。

　　本条例所称本人工资,是指工伤职工因工作遭受事故伤害或者患职业病前12个月平均月缴费工资。本人工资高于统筹地区职工平均工资300%的,按照统筹地区职工平均工资的300%计算;本人工资低于统筹地区职工平均工资60%的,按照统筹地区职工平均工资的60%计算。

注释 工资总额

　　本条例所称的工资总额,是指用人单位直接支付给本单位全部职工的劳动报酬总额。需要强调两点:一是支付的对象是全部职工,包括农民工、临时工等各种用工形式、各种用工期限的所有劳动者,而不限于单位职工花名册上的在册职工;二是工资的构成是劳动报酬总额,包括工资、津贴、奖金等多项收入,而不限于岗位工资或者是基本工资。但是,劳动者的以下收入不属于工资范围:(1)单位支付给劳动者个人的社会保险福利费用,

如丧葬抚恤费、生活困难补助费、计划生育补贴等;(2)劳动保护方面的费用,如用人单位支付给劳动者的工作服、解毒剂、清凉饮料费用等;(3)按规定未列入工资总额的各种劳动报酬及其他劳动收入,如根据国家规定发放的创造发明奖、国家星火奖、自然科学奖、科学进步奖、合理化建议和技术改进奖、中华技能大奖,以及稿费、讲课费、翻译费等。

　　本人工资中的缴费工资低于实际本人工资怎么办?

　　用人单位应按本单位职工工资总额乘以单位缴费费率之积缴纳工伤保险费。如果单位依法缴纳工伤保险费,那么职工的缴费工资应该与其实际工资一致。在计算保险待遇时所谓的缴费工资与实际工资应该是一致的。但是由于有些企业为了少缴保险费,在缴纳保险费时没有如实申报其工资总额。

　　如果职工在享受工伤待遇时对此不服,可以先按缴费工资申请工伤待遇,因此得到的待遇与按实际工资应得的工伤待遇的差额部分,可要求由企业承担,此权利可通过劳动仲裁、诉讼的程序实现。

链接《劳动法》第五章[工资]

　　第六十五条 【公务员等的工伤保险】公务员和参照公务员法管理的事业单位、社会团体的工作人员因工作遭受事故伤害或者患职业病的,由所在单位支付费用。具体办法由国务院社会保险行政部门会同国务院财政部门规定。

　　第六十六条 【非法经营单位工伤一次性赔偿及争议处理】无营业执照或者未经依法登记、备案的单位以及被依法吊销营业执照或者撤销登记、备案的单位的职工受到事故伤害或者患职业病的,由该单位向伤残职工或者死亡职工的近亲属给予一次性赔偿,赔偿标准不得低于本条例规定的工伤保险待遇;用人单位不得使用童工,用人单位使用童工造成童工伤残、死亡的,由该单位向童工或者童工的近亲属给予一次性赔偿,赔偿标准不得低于本条例规定的工伤保险待遇。具体办法由国务院社会保险行政部门规定。

　　前款规定的伤残职工或者死亡职工的近亲属就赔偿数额与单位发生争议的,以及前款规定的童工或者童工的近亲属就赔偿数额与单位发生争议的,按照处理劳动争议的有关规定处理。

注释 一次性赔偿金支付标准

　　一次性赔偿金按以下标准支付:一级伤残的

为赔偿基数的 16 倍,二级伤残的为赔偿基数的 14 倍,三级伤残的为赔偿基数的 12 倍,四级伤残的为赔偿基数的 10 倍,五级伤残的为赔偿基数的 8 倍,六级伤残的为赔偿基数的 6 倍,七级伤残的为赔偿基数的 4 倍,八级伤残的为赔偿基数的 3 倍,九级伤残的为赔偿基数的 2 倍,十级伤残的为赔偿基数的 1 倍。

赔偿基数,是指单位所在工伤保险统筹地区上一年度职工年平均工资。

受到事故伤害或患职业病造成死亡的,按照上一年度全国城镇居民人均可支配收入的 20 倍支付一次性赔偿金。

童工

童工是指未满 16 周岁的未成年人。国家机关、社会团体、企业事业单位、民办非企业单位或者个体工商户均不得招用童工。允许招用未满 16 周岁的未成年人的单位主要是文艺、体育和特种工艺单位。

链接 《非法用工单位伤亡人员一次性赔偿办法》;《劳动法》第 15 条[使用童工的禁止]

第六十七条 【实施日期及过渡事项】本条例自 2004 年 1 月 1 日起施行。本条例施行前已受到事故伤害或者患职业病的职工尚未完成工伤认定的,按照本条例的规定执行。

案例 铃王公司诉无锡市劳动局工伤认定决定行政纠纷案(《中华人民共和国最高人民法院公报》2007 年第 1 期)

裁判规则: 在《工伤保险条例》施行前作出的工伤认定被人民法院判决撤销后,又在《工伤保险条例》施行后重新启动的工伤认定程序,应当执行《工伤保险条例》的规定。

工伤保险辅助器具配置管理办法

· 2016 年 2 月 16 日人力资源和社会保障部、民政部、国家卫生和计划生育委员会令第 27 号公布
· 根据 2018 年 12 月 14 日《人力资源社会保障部关于修改部分规章的决定》修订

第一章 总 则

第一条 为了规范工伤保险辅助器具配置管理,维护工伤职工的合法权益,根据《工伤保险条例》,制定本办法。

第二条 工伤职工因日常生活或者就业需要,经劳动能力鉴定委员会确认,配置假肢、矫形器、假眼、假牙和轮椅等辅助器具的,适用本办法。

第三条 人力资源社会保障行政部门负责工伤保险辅助器具配置的监督管理工作。民政、卫生计生等行政部门在各自职责范围内负责工伤保险辅助器具配置的有关监督管理工作。

社会保险经办机构(以下称经办机构)负责对申请承担工伤保险辅助器具配置服务的辅助器具装配机构和医疗机构(以下称工伤保险辅助器具配置机构)进行协议管理,并按照规定核付配置费用。

第四条 设区的市级(含直辖市的市辖区、县)劳动能力鉴定委员会(以下称劳动能力鉴定委员会)负责工伤保险辅助器具配置的确认工作。

第五条 省、自治区、直辖市人力资源社会保障行政部门负责制定工伤保险辅助器具配置机构评估确定办法。

经办机构按照评估确定办法,与工伤保险辅助器具配置机构签订服务协议,并向社会公布签订服务协议的工伤保险辅助器具配置机构(以下称协议机构)名单。

第六条 人力资源社会保障部根据社会经济发展水平、工伤职工日常生活和就业需要等,组织制定国家工伤保险辅助器具配置目录,确定配置项目、适用范围、最低使用年限等内容,并适时调整。

省、自治区、直辖市人力资源社会保障行政部门可以结合本地区实际,在国家目录确定的配置项目基础上,制定省级工伤保险辅助器具配置目录,适当增加辅助器具配置项目,并确定本地区辅助器具配置最高支付限额等具体标准。

第二章 确认与配置程序

第七条 工伤职工认为需要配置辅助器具的,可以向劳动能力鉴定委员会提出辅助器具配置确认申请,并提交下列材料:

(一)《工伤认定决定书》原件,或者其他确认工伤的文件;

(二)居民身份证或者社会保障卡等有效身份证明原件;

(三)有效的诊断证明、按照医疗机构病历管

理有关规定复印或者复制的检查、检验报告等完整病历材料。

工伤职工本人因身体等原因无法提出申请的,可由其近亲属或者用人单位代为申请。

第八条　劳动能力鉴定委员会收到辅助器具配置确认申请后,应当及时审核;材料不完整的,应当自收到申请之日起 5 个工作日内一次性书面告知申请人需要补正的全部材料;材料完整的,应当在收到申请之日起 60 日内作出确认结论。伤情复杂、涉及医疗卫生专业较多的,作出确认结论的期限可以延长 30 日。

第九条　劳动能力鉴定委员会专家库应当配备辅助器具配置专家,从事辅助器具配置确认工作。

劳动能力鉴定委员会应当根据配置确认申请材料,从专家库中随机抽取 3 名或者 5 名专家组成专家组,对工伤职工本人进行现场配置确认。专家组中至少包括 1 名辅助器具配置专家、2 名与工伤职工伤情相关的专家。

第十条　专家组根据工伤职工伤情,依据工伤保险辅助器具配置目录有关规定,提出是否予以配置的确认意见。专家意见不一致时,按照少数服从多数的原则确定专家组的意见。

劳动能力鉴定委员会根据专家组确认意见作出配置辅助器具确认结论。其中,确认予以配置的,应当载明确认配置的理由、依据和辅助器具名称等信息;确认不予配置的,应当说明不予配置的理由。

第十一条　劳动能力鉴定委员会应当自作出确认结论之日起 20 日内将确认结论送达工伤职工及其用人单位,并抄送经办机构。

第十二条　工伤职工收到予以配置的确认结论后,及时向经办机构进行登记,经办机构向工伤职工出具配置费用核付通知单,并告知下列事项:

(一)工伤职工应当到协议机构进行配置;

(二)确认配置的辅助器具最高支付限额和最低使用年限;

(三)工伤职工配置辅助器具超目录或者超出限额部分的费用,工伤保险基金不予支付。

第十三条　工伤职工可以持配置费用核付通知单,选择协议机构配置辅助器具。

协议机构应当根据与经办机构签订的服务协议,为工伤职工提供配置服务,并如实记录工伤职工信息、配置器具产品信息、最高支付限额、最低使用年限以及实际配置费用等配置服务事项。

前款规定的配置服务记录经工伤职工签字后,分别由工伤职工和协议机构留存。

第十四条　协议机构或者工伤职工与经办机构结算配置费用时,应当出具配置服务记录。经办机构核查后,应当按照工伤保险辅助器具配置目录有关规定及时支付费用。

第十五条　工伤职工配置辅助器具的费用包括安装、维修、训练等费用,按照规定由工伤保险基金支付。

经经办机构同意,工伤职工到统筹地区以外的协议机构配置辅助器具发生的交通、食宿费用,可以按照统筹地区人力资源社会保障行政部门的规定,由工伤保险基金支付。

第十六条　辅助器具达到规定的最低使用年限的,工伤职工可以按照统筹地区人力资源社会保障行政部门的规定申请更换。

工伤职工因伤情发生变化,需要更换主要部件或者配置新的辅助器具的,经向劳动能力鉴定委员会重新提出确认申请并经确认后,由工伤保险基金支付配置费用。

第三章　管理与监督

第十七条　辅助器具配置专家应当具备下列条件之一:

(一)具有医疗卫生中高级专业技术职务任职资格;

(二)具有假肢师或者矫形器师职业资格;

(三)从事辅助器具配置专业技术工作 5 年以上。

辅助器具配置专家应当具有良好的职业品德。

第十八条　工伤保险辅助器具配置机构的具体条件,由省、自治区、直辖市人力资源社会保障行政部门会同民政、卫生计生行政部门规定。

第十九条　经办机构与工伤保险辅助器具配置机构签订的服务协议,应当包括下列内容:

(一)经办机构与协议机构名称、法定代表人或者主要负责人等基本信息;

(二)服务协议期限;

(三)配置服务内容;

(四)配置费用结算;

(五)配置管理要求;

（六）违约责任及争议处理；

（七）法律、法规规定应当纳入服务协议的其他事项。

第二十条　配置的辅助器具应当符合相关国家标准或者行业标准。统一规格的产品或者材料等辅助器具在装配前应当由国家授权的产品质量检测机构出具质量检测报告，标注生产厂家、产品品牌、型号、材料、功能、出品日期、使用期和保修期等事项。

第二十一条　协议机构应当建立工伤职工配置服务档案，并至少保存至服务期限结束之日起两年。经办机构可以对配置服务档案进行抽查，并作为结算配置费用的依据之一。

第二十二条　经办机构应当建立辅助器具配置工作回访制度，对辅助器具装配的质量和服务进行跟踪检查，并将检查结果作为对协议机构的评价依据。

第二十三条　工伤保险辅助器具配置机构违反国家规定的辅助器具配置管理服务标准，侵害工伤职工合法权益的，由民政、卫生计生行政部门在各自监管职责范围内依法处理。

第二十四条　有下列情形之一的，经办机构不予支付配置费用：

（一）未经劳动能力鉴定委员会确认，自行配置辅助器具的；

（二）在非协议机构配置辅助器具的；

（三）配置辅助器具超目录或者超出限额部分的；

（四）违反规定更换辅助器具的。

第二十五条　工伤职工或者其近亲属认为经办机构未依法支付辅助器具配置费用，或者协议机构认为经办机构未履行有关协议的，可以依法申请行政复议或者提起行政诉讼。

第四章　法律责任

第二十六条　经办机构在协议机构管理和核付配置费用过程中收受当事人财物的，由人力资源社会保障行政部门责令改正，对直接负责的主管人员和其他直接责任人员依法给予处分；情节严重，构成犯罪的，依法追究刑事责任。

第二十七条　从事工伤保险辅助器具配置确认工作的组织或者个人有下列情形之一的，由人力资源社会保障行政部门责令改正，处 2000 元以

上 1 万元以下的罚款；情节严重，构成犯罪的，依法追究刑事责任：

（一）提供虚假确认意见的；

（二）提供虚假诊断证明或者病历的；

（三）收受当事人财物的。

第二十八条　协议机构不按照服务协议提供服务的，经办机构可以解除服务协议，并按照服务协议追究相应责任。

经办机构不按时足额结算配置费用的，由人力资源社会保障行政部门责令改正；协议机构可以解除服务协议。

第二十九条　用人单位、工伤职工或者其近亲属骗取工伤保险待遇，辅助器具装配机构、医疗机构骗取工伤保险基金支出的，按照《工伤保险条例》第六十条的规定，由人力资源社会保障行政部门责令退还，处骗取金额 2 倍以上 5 倍以下的罚款；情节严重，构成犯罪的，依法追究刑事责任。

第五章　附　则

第三十条　用人单位未依法参加工伤保险，工伤职工需要配置辅助器具的，按照本办法的相关规定执行，并由用人单位支付配置费用。

第三十一条　本办法自 2016 年 4 月 1 日起施行。

工伤预防费使用管理暂行办法

· 2017 年 8 月 17 日
· 人社部规〔2017〕13 号

第一条　为更好地保障职工的生命安全和健康，促进用人单位做好工伤预防工作，降低工伤事故伤害和职业病的发生率，规范工伤预防费的使用和管理，根据社会保险法、《工伤保险条例》及相关规定，制定本办法。

第二条　本办法所称工伤预防费是指统筹地区工伤保险基金中依法用于开展工伤预防工作的费用。

第三条　工伤预防费使用管理工作由统筹地区人力资源社会保障行政部门会同财政、卫生计生、安全监管行政部门按照各自职责做好相关工作。

第四条　工伤预防费用于下列项目的支出：

（一）工伤事故和职业病预防宣传；

（二）工伤事故和职业病预防培训。

第五条　在保证工伤保险待遇支付能力和储备金留存的前提下，工伤预防费的使用原则上不得超过统筹地区上年度工伤保险基金征缴收入的3%。因工伤预防工作需要，经省级人力资源社会保障部门和财政部门同意，可以适当提高工伤预防费的使用比例。

第六条　工伤预防费使用实行预算管理。统筹地区社会保险经办机构按照上年度预算执行情况，根据工伤预防工作需要，将工伤预防费列入下一年度工伤保险基金支出预算。具体预算编制按照预算法和社会保险基金预算有关规定执行。

第七条　统筹地区人力资源社会保障部门应会同财政、卫生计生、安全监管部门以及本辖区内负有安全生产监督管理职责的部门，根据工伤事故伤害、职业病高发的行业、企业、工种、岗位等情况，统筹确定工伤预防的重点领域，并通过适当方式告知社会。

第八条　统筹地区行业协会和大中型企业等社会组织根据本地区确定的工伤预防重点领域，于每年工伤保险基金预算编制前提出下一年拟开展的工伤预防项目，编制项目实施方案和绩效目标，向统筹地区的人力资源社会保障行政部门申报。

第九条　统筹地区人力资源社会保障部门会同财政、卫生计生、安全监管等部门，根据项目申报情况，结合本地区工伤预防重点领域和工伤保险等工作重点，以及下一年工伤预防费预算编制情况，统筹考虑工伤预防项目的轻重缓急，于每年10月底前确定纳入下一年度的工伤预防项目并向社会公开。

列入计划的工伤预防项目实施周期最长不超过2年。

第十条　纳入年度计划的工伤预防实施项目，原则上由提出项目的行业协会和大中型企业等社会组织负责组织实施。

行业协会和大中型企业等社会组织根据项目实际情况，可直接实施或委托第三方机构实施。直接实施的，应当与社会保险经办机构签订服务协议。委托第三方机构实施的，应当参照政府采购法和招投标法规定的程序，选择具备相应条件

的社会、经济组织以及医疗卫生机构提供工伤预防服务，并与其签订服务合同，明确双方的权利义务。服务协议、服务合同应报统筹地区人力资源社会保障部门备案。

面向社会和中小微企业的工伤预防项目，可由人力资源社会保障、卫生计生、安全监管部门参照政府采购法等相关规定，从具备相应条件的社会、经济组织以及医疗卫生机构中选择提供工伤预防服务的机构，推动组织项目实施。

参照政府采购法实施的工伤预防项目，其费用低于采购限额标准的，可协议确定服务机构。具体办法由人力资源社会保障部门会同有关部门确定。

第十一条　提供工伤预防服务的机构应遵守社会保险法、《工伤保险条例》以及相关法律法规的规定，并具备以下基本条件：

（一）具备相应条件，且从事相关宣传、培训业务二年以上并具有良好市场信誉；

（二）具备相应的实施工伤预防项目的专业人员；

（三）有相应的硬件设施和技术手段；

（四）依法应具备的其他条件。

第十二条　对确定实施的工伤预防项目，统筹地区社会保险经办机构可以根据服务协议或者服务合同的约定，向具体实施工伤预防项目的组织支付30%—70%预付款。

项目实施过程中，提出项目的单位应及时跟踪项目实施进展情况，保证项目有效进行。

对于行业协会和大中型企业等社会组织直接实施的项目，由人力资源社会保障部门组织第三方中介机构或聘请相关专家对项目实施情况和绩效目标实现情况进行评估验收，形成评估验收报告；对于委托第三方机构实施的，由提出项目的单位或部门通过适当方式组织评估验收，评估验收报告报人力资源社会保障部门备案。评估验收报告作为开展下一年度项目重要依据。

评估验收合格后，由社会保险经办机构支付余款。具体程序按社会保险基金财务制度、工伤保险业务经办管理等规定执行。

第十三条　社会保险经办机构要定期向社会公布工伤预防项目实施情况和工伤预防费用使用情况，接受参保单位和社会各界的监督。

第十四条　工伤预防费按本办法规定使用，

违反本办法规定使用的,对相关责任人参照社会保险法、《工伤保险条例》等法律法规的规定处理。

第十五条　工伤预防服务机构提供的服务不符合法律和合同规定、服务质量不高的,三年内不得从事工伤预防项目。

工伤预防服务机构存在欺诈、骗取工伤保险基金行为的,按照有关法律法规等规定进行处理。

第十六条　统筹地区人力资源社会保障、卫生计生、安全监管等部门应分别对工作场所工伤发生情况、职业病报告情况和安全事故情况进行分析,定期相互通报基本情况。

第十七条　各省、自治区、直辖市人力资源社会保障行政部门可以结合本地区实际,会同财政、卫生计生和安全监管等行政部门制定具体实施办法。

第十八条　企业规模的划分标准按照工业和信息化部、国家统计局、国家发展改革委、财政部《关于印发中小企业划型标准规定的通知》(工信部联企业〔2011〕300号)执行。

第十九条　本办法自2017年9月1日起施行。

人力资源社会保障部关于执行《工伤保险条例》若干问题的意见(二)

· 2016年3月28日

· 人社部发〔2016〕29号

各省、自治区、直辖市及新疆生产建设兵团人力资源社会保障厅(局):

为更好地贯彻执行新修订的《工伤保险条例》,提高依法行政能力和水平,妥善解决实际工作中的问题,保障职工和用人单位合法权益,现提出如下意见:

一、一级至四级工伤职工死亡,其近亲属同时符合领取工伤保险丧葬补助金、供养亲属抚恤金待遇和职工基本养老保险丧葬补助金、抚恤金待遇条件的,由其近亲属选择领取工伤保险或职工基本养老保险其中一种。

二、达到或超过法定退休年龄,但未办理退休手续或者未依法享受城镇职工基本养老保险待遇,继续在原用人单位工作期间受到事故伤害或患职业病的,用人单位依法承担工伤保险责任。

用人单位招用已经达到、超过法定退休年龄或已经领取城镇职工基本养老保险待遇的人员,在用工期间因工作原因受到事故伤害或患职业病的,如招用单位已按项目参保等方式为其缴纳工伤保险费的,应适用《工伤保险条例》。

三、《工伤保险条例》第六十二条规定的"新发生的费用",是指用人单位参加工伤保险前发生工伤的职工,在参加工伤保险后新发生的费用。其中由工伤保险基金支付的费用,按不同情况予以处理:

(一)因工受伤的,支付参保后新发生的工伤医疗费、工伤康复费、住院伙食补助费、统筹地区以外就医交通食宿费、辅助器具配置费、生活护理费、一级至四级伤残职工伤残津贴,以及参保后解除劳动合同时的一次性工伤医疗补助金;

(二)因工死亡的,支付参保后新发生的符合条件的供养亲属抚恤金。

四、职工在参加用人单位组织或者受用人单位指派参加其他单位组织的活动中受到事故伤害的,应当视为工作原因,但参加与工作无关的活动除外。

五、职工因工作原因外出,有固定的住所、有明确的作息时间,工伤认定时按照在驻地当地正常工作的情形处理。

六、职工以上下班为目的、在合理时间内往返于工作单位和居住地之间的合理路线,视为上下班途中。

七、用人单位注册地与生产经营地不在同一统筹地区的,原则上应在注册地为职工参加工伤保险;未在注册地参加工伤保险的职工,可由用人单位在生产经营地为其参加工伤保险。

劳务派遣单位跨地区派遣劳动者,应根据《劳务派遣暂行规定》参加工伤保险。建筑施工企业按项目参保的,应在施工项目所在地参加工伤保险。

职工受到事故伤害或者患职业病后,在参保地进行工伤认定、劳动能力鉴定,并按照参保地的规定依法享受工伤保险待遇;未参加工伤保险的职工,应当在生产经营地进行工伤认定、劳动能力鉴定,并按照生产经营地的规定依法由用人单位支付工伤保险待遇。

八、有下列情形之一的,被延误的时间不计算在工伤认定申请时限内。

（一）受不可抗力影响的；

（二）职工由于被国家机关依法采取强制措施等人身自由受到限制不能申请工伤认定的；

（三）申请人正式提交了工伤认定申请，但因社会保险机构未登记或者材料遗失等原因造成申请超时限的；

（四）当事人就确认劳动关系申请劳动仲裁或提起民事诉讼的；

（五）其他符合法律法规规定的情形。

九、《工伤保险条例》第六十七条规定的"尚未完成工伤认定的"，是指在《工伤保险条例》施行前遭受事故伤害或被诊断鉴定为职业病，且在工伤认定申请法定时限内（从《工伤保险条例》施行之日起算）提出工伤认定申请，尚未做出工伤认定的情形。

十、因工伤认定申请人或者用人单位隐瞒有关情况或者提供虚假材料，导致工伤认定决定错误的，社会保险行政部门发现后，应当及时予以更正。

本意见自发文之日起执行，此前有关规定与本意见不一致的，按本意见执行。执行中有重大问题，请及时报告我部。

人力资源和社会保障部关于执行《工伤保险条例》若干问题的意见

· 2013 年 4 月 25 日
· 人社部发〔2013〕34 号

各省、自治区、直辖市及新疆生产建设兵团人力资源社会保障厅（局）：

《国务院关于修改〈工伤保险条例〉的决定》（国务院令第 586 号）已经于 2011 年 1 月 1 日实施。为贯彻执行新修订的《工伤保险条例》，妥善解决实际工作中的问题，更好地保障职工和用人单位的合法权益，现提出如下意见。

一、《工伤保险条例》（以下简称《条例》）第十四条第（五）项规定的"因工外出期间"的认定，应当考虑职工外出是否属于用人单位指派的因工外出，遭受的事故伤害是否因工作原因所致。

二、《条例》第十四条第（六）项规定的"非本

人主要责任"的认定，应当以有关机关出具的法律文书或者人民法院的生效裁决为依据。

三、《条例》第十六条第（一）项"故意犯罪"的认定，应当以司法机关的生效法律文书或者结论性意见为依据。

四、《条例》第十六条第（二）项"醉酒或者吸毒"的认定，应当以有关机关出具的法律文书或者人民法院的生效裁决为依据。无法获得上述证据的，可以结合相关证据认定。

五、社会保险行政部门受理工伤认定申请后，发现劳动关系存在争议且无法确认的，应告知当事人可以向劳动人事争议仲裁委员会申请仲裁。在此期间，作出工伤认定决定的时限中止，并书面通知申请工伤认定的当事人。劳动关系依法确认后，当事人应将有关法律文书送交受理工伤认定申请的社会保险行政部门，该部门自收到生效法律文书之日起恢复工伤认定程序。

六、符合《条例》第十五条第（一）项情形的，职工所在用人单位原则上应自职工死亡之日起 5 个工作日内向用人单位所在统筹地区社会保险行政部门报告。

七、具备用工主体资格的承包单位违反法律、法规规定，将承包业务转包、分包给不具备用工主体资格的组织或者自然人，该组织或者自然人招用的劳动者从事承包业务时因工伤亡的，由该具备用工主体资格的承包单位承担用人单位依法应承担的工伤保险责任。

八、曾经从事接触职业病危害作业、当时没有发现罹患职业病、离开工作岗位后被诊断或鉴定为职业病的符合下列条件的人员，可以自诊断、鉴定为职业病之日起一年内申请工伤认定，社会保险行政部门应当受理：

（一）办理退休手续后，未再从事接触职业病危害作业的退休人员；

（二）劳动或聘用合同期满后或者本人提出而解除劳动或聘用合同后，未再从事接触职业病危害作业的人员。

经工伤认定和劳动能力鉴定，前款第（一）项人员符合领取一次性伤残补助金条件的，按就高原则以本人退休前 12 个月平均月缴费工资或者确诊职业病前 12 个月的月平均养老金为基数计发。前款第（二）项人员被鉴定为一级至十级伤残，按《条例》规定应以本人工资作为基数享受相关待遇

的,按本人终止或者解除劳动、聘用合同前 12 个月平均月缴费工资计发。

九、按照本意见第八条规定被认定为工伤的职业病人员,职业病诊断证明书(或职业病诊断鉴定书)中明确的用人单位,在该职工从业期间依法为其缴纳工伤保险费的,按《条例》的规定,分别由工伤保险基金和用人单位支付工伤保险待遇;未依法为该职工缴纳工伤保险费的,由用人单位按照《条例》规定的相关项目和标准支付待遇。

十、职工在同一用人单位连续工作期间多次发生工伤的,符合《条例》第三十六、第三十七条规定领取相关待遇时,按照其在同一用人单位发生工伤的最高伤残级别,计发一次性伤残就业补助金和一次性工伤医疗补助金。

十一、依据《条例》第四十二条的规定停止支付工伤保险待遇的,在停止支付待遇的情形消失后,自下月起恢复工伤保险待遇,停止支付的工伤保险待遇不予补发。

十二、《条例》第六十二条第三款规定的"新发生的费用",是指用人单位职工参加工伤保险前发生工伤的,在参加工伤保险后新发生的费用。

十三、由工伤保险基金支付的各项待遇应按《条例》相关规定支付,不得采取将长期待遇改为一次性支付的办法。

十四、核定工伤职工工伤保险待遇时,若上一年度相关数据尚未公布,可暂按前一年度的全国城镇居民人均可支配收入、统筹地区职工月平均工资核定和计发,待相关数据公布后再重新核定,社会保险经办机构或者用人单位予以补发差额部分。

本意见自发文之日起执行,此前有关规定与本意见不一致的,按本意见执行。执行中有重大问题,请及时报告我部。

工伤认定办法

· 2010 年 12 月 31 日人力资源和社会保障部令第 8 号公布
· 自 2011 年 1 月 1 日起施行

第一条 为规范工伤认定程序,依法进行工伤认定,维护当事人的合法权益,根据《工伤保险条例》的有关规定,制定本办法。

第二条 社会保险行政部门进行工伤认定按照本办法执行。

第三条 工伤认定应当客观公正、简捷方便,认定程序应当向社会公开。

第四条 职工发生事故伤害或者按照职业病防治法规定被诊断、鉴定为职业病,所在单位应当自事故伤害发生之日或者被诊断、鉴定为职业病之日起 30 日内,向统筹地区社会保险行政部门提出工伤认定申请。遇有特殊情况,经报社会保险行政部门同意,申请时限可以适当延长。

按照前款规定应当向省级社会保险行政部门提出工伤认定申请的,根据属地原则应当向用人单位所在地设区的市级社会保险行政部门提出。

第五条 用人单位未在规定的时限内提出工伤认定申请的,受伤害职工或者其近亲属、工会组织在事故伤害发生之日或者被诊断、鉴定为职业病之日起 1 年内,可以直接按照本办法第四条规定提出工伤认定申请。

第六条 提出工伤认定申请应当填写《工伤认定申请表》,并提交下列材料:

(一)劳动、聘用合同文本复印件或者与用人单位存在劳动关系(包括事实劳动关系)、人事关系的其他证明材料;

(二)医疗机构出具的受伤后诊断证明书或者职业病诊断证明书(或者职业病诊断鉴定书)。

第七条 工伤认定申请人提交的申请材料符合要求,属于社会保险行政部门管辖范围且在受理时限内的,社会保险行政部门应当受理。

第八条 社会保险行政部门收到工伤认定申请后,应当在 15 日内对申请人提交的材料进行审核,材料完整的,作出受理或者不予受理的决定;材料不完整的,应当以书面形式一次性告知申请人需要补正的全部材料。社会保险行政部门收到申请人提交的全部补正材料后,应当在 15 日内作出受理或者不予受理的决定。

社会保险行政部门决定受理的,应当出具《工伤认定申请受理决定书》;决定不予受理的,应当出具《工伤认定申请不予受理决定书》。

第九条 社会保险行政部门受理工伤认定申请后,可以根据需要对申请人提供的证据进行调查核实。

第十条 社会保险行政部门进行调查核实,

应当由两名以上工作人员共同进行,并出示执行公务的证件。

第十一条 社会保险行政部门工作人员在工伤认定中,可以进行以下调查核实工作:

(一)根据工作需要,进入有关单位和事故现场;

(二)依法查阅与工伤认定有关的资料,询问有关人员并作出调查笔录;

(三)记录、录音、录像和复制与工伤认定有关的资料。调查核实工作的证据收集参照行政诉讼证据收集的有关规定执行。

第十二条 社会保险行政部门工作人员进行调查核实时,有关单位和个人应当予以协助。用人单位、工会组织、医疗机构以及有关部门应当负责安排相关人员配合工作,据实提供情况和证明材料。

第十三条 社会保险行政部门在进行工伤认定时,对申请人提供的符合国家有关规定的职业病诊断证明书或者职业病诊断鉴定书,不再进行调查核实。职业病诊断证明书或者职业病诊断鉴定书不符合国家规定的要求和格式的,社会保险行政部门可以要求出具证据部门重新提供。

第十四条 社会保险行政部门受理工伤认定申请后,可以根据工作需要,委托其他统筹地区的社会保险行政部门或者相关部门进行调查核实。

第十五条 社会保险行政部门工作人员进行调查核实时,应当履行下列义务:

(一)保守有关单位商业秘密以及个人隐私;

(二)为提供情况的有关人员保密。

第十六条 社会保险行政部门工作人员与工伤认定申请人有利害关系的,应当回避。

第十七条 职工或者其近亲属认为是工伤,用人单位不认为是工伤的,由该用人单位承担举证责任。用人单位拒不举证的,社会保险行政部门可以根据受伤害职工提供的证据或者调查取得的证据,依法作出工伤认定决定。

第十八条 社会保险行政部门应当自受理工伤认定申请之日起60日内作出工伤认定决定,出具《认定工伤决定书》或者《不予认定工伤决定书》。

第十九条 《认定工伤决定书》应当载明下列事项:

(一)用人单位全称;

(二)职工的姓名、性别、年龄、职业、身份证号码;

(三)受伤害部位、事故时间和诊断时间或职业病名称、受伤害经过和核实情况、医疗救治的基本情况和诊断结论;

(四)认定工伤或者视同工伤的依据;

(五)不服认定决定申请行政复议或者提起行政诉讼的部门和时限;

(六)作出认定工伤或者视同工伤决定的时间。

《不予认定工伤决定书》应当载明下列事项:

(一)用人单位全称;

(二)职工的姓名、性别、年龄、职业、身份证号码;

(三)不予认定工伤或者不视同工伤的依据;

(四)不服认定决定申请行政复议或者提起行政诉讼的部门和时限;

(五)作出不予认定工伤或者不视同工伤决定的时间。

《认定工伤决定书》和《不予认定工伤决定书》应当加盖社会保险行政部门工伤认定专用印章。

第二十条 社会保险行政部门受理工伤认定申请后,作出工伤认定决定需要以司法机关或者有关行政主管部门的结论为依据的,在司法机关或者有关行政主管部门尚未作出结论期间,作出工伤认定决定的时限中止,并书面通知申请人。

第二十一条 社会保险行政部门对于事实清楚、权利义务明确的工伤认定申请,应当自受理工伤认定申请之日起15日内作出工伤认定决定。

第二十二条 社会保险行政部门应当自工伤认定决定作出之日起20日内,将《认定工伤决定书》或者《不予认定工伤决定书》送达受伤害职工(或者其近亲属)和用人单位,并抄送社会保险经办机构。

《认定工伤决定书》和《不予认定工伤决定书》的送达参照民事法律有关送达的规定执行。

第二十三条 职工或者其近亲属、用人单位对不予受理决定不服或者对工伤认定决定不服的,可以依法申请行政复议或者提起行政诉讼。

第二十四条 工伤认定结束后,社会保险行政部门应当将工伤认定的有关资料保存50年。

第二十五条 用人单位拒不协助社会保险行政部门对事故伤害进行调查核实的,由社会保险行政部门责令改正,处 2000 元以上 2 万元以下的罚款。

第二十六条　本办法中的《工伤认定申请表》《工伤认定申请受理决定书》《工伤认定申请不予受理决定书》《认定工伤决定书》《不予认定工伤决定书》的样式由国务院社会保险行政部门统一制定。

第二十七条　本办法自 2011 年 1 月 1 日起施行。劳动和社会保障部 2003 年 9 月 23 日颁布的《工伤认定办法》同时废止。

部分行业企业工伤保险费缴纳办法

· 2010 年 12 月 31 日人力资源和社会保障部令第 10 号公布
· 自 2011 年 1 月 1 日起施行

第一条　根据《工伤保险条例》第十条第三款的授权,制定本办法。

第二条　本办法所称的部分行业企业是指建筑、服务、矿山等行业中难以直接按照工资总额计算缴纳工伤保险费的建筑施工企业、小型服务企业、小型矿山企业等。

前款所称小型服务企业、小型矿山企业的划分标准可以参照《中小企业标准暂行规定》(国经贸中小企〔2003〕143 号)执行。

第三条　建筑施工企业可以实行以建筑施工项目为单位,按照项目工程总造价的一定比例,计算缴纳工伤保险费。

第四条　商贸、餐饮、住宿、美容美发、洗浴以及文体娱乐等小型服务业企业以及有雇工的个体工商户,可以按照营业面积的大小核定应参保人数,按照所在统筹地区上一年度职工月平均工资的一定比例和相应的费率,计算缴纳工伤保险费;也可以按照营业额的一定比例计算缴纳工伤保险费。

第五条　小型矿山企业可以按照总产量、吨矿工资含量和相应的费率计算缴纳工伤保险费。

第六条　本办法中所列部分行业企业工伤保险费缴纳的具体计算办法,由省级社会保险行政部门根据本地区实际情况确定。

第七条　本办法自 2011 年 1 月 1 日起施行。

最高人民法院关于审理工伤保险行政案件若干问题的规定

· 2014 年 4 月 21 日最高人民法院审判委员会第 1613 次会议通过
· 2014 年 6 月 18 日最高人民法院公告公布
· 自 2014 年 9 月 1 日起施行
· 法释〔2014〕9 号

为正确审理工伤保险行政案件,根据《中华人民共和国社会保险法》《中华人民共和国劳动法》《中华人民共和国行政诉讼法》《工伤保险条例》及其他有关法律、行政法规规定,结合行政审判实际,制定本规定。

第一条　人民法院审理工伤认定行政案件,在认定是否存在《工伤保险条例》第十四条第(六)项“本人主要责任”、第十六条第(二)项“醉酒或者吸毒”和第十六条第(三)项“自残或者自杀”等情形时,应当以有权机构出具的事故责任认定书、结论性意见和人民法院生效裁判等法律文书为依据,但有相反证据足以推翻事故责任认定书和结论性意见的除外。

前述法律文书不存在或者内容不明确,社会保险行政部门就前款事实作出认定的,人民法院应当结合其提供的相关证据依法进行审查。

《工伤保险条例》第十六条第(一)项“故意犯罪”的认定,应当以刑事侦查机关、检察机关和审判机关的生效法律文书或者结论性意见为依据。

第二条　人民法院受理工伤认定行政案件后,发现原告或者第三人在提起行政诉讼前已经就是否存在劳动关系申请劳动仲裁或者提起民事诉讼的,应当中止行政案件的审理。

第三条　社会保险行政部门认定下列单位为承担工伤保险责任单位的,人民法院应予支持:

(一)职工与两个或两个以上单位建立劳动关系,工伤事故发生时,职工为之工作的单位为承担工伤保险责任的单位;

(二)劳务派遣单位派遣的职工在用工单位工作期间因工伤亡的,派遣单位为承担工伤保险责任的单位;

(三)单位指派到其他单位工作的职工因工伤

亡的,指派单位为承担工伤保险责任的单位;

(四)用工单位违反法律、法规规定将承包业务转包给不具备用工主体资格的组织或者自然人,该组织或者自然人聘用的职工从事承包业务时因工伤亡的,用工单位为承担工伤保险责任的单位;

(五)个人挂靠其他单位对外经营,其聘用的人员因工伤亡的,被挂靠单位为承担工伤保险责任的单位。

前款第(四)、(五)项明确的承担工伤保险责任的单位承担赔偿责任或者社会保险经办机构从工伤保险基金支付工伤保险待遇后,有权向相关组织、单位和个人追偿。

第四条 社会保险行政部门认定下列情形为工伤的,人民法院应予支持:

(一)职工在工作时间和工作场所内受到伤害,用人单位或者社会保险行政部门没有证据证明是非工作原因导致的;

(二)职工参加用人单位组织或者受用人单位指派参加其他单位组织的活动受到伤害的;

(三)在工作时间内,职工来往于多个与其工作职责相关的工作场所之间的合理区域因工受到伤害的;

(四)其他与履行工作职责相关,在工作时间及合理区域内受到伤害的。

第五条 社会保险行政部门认定下列情形为"因工外出期间"的,人民法院应予支持:

(一)职工受用人单位指派或者因工作需要在工作场所以外从事与工作职责有关的活动期间;

(二)职工受用人单位指派外出学习或者开会期间;

(三)职工因工作需要的其他外出活动期间。

职工因工外出期间从事与工作或者受用人单位指派外出学习、开会无关的个人活动受到伤害,社会保险行政部门不认定为工伤,人民法院应予支持。

第六条 对社会保险行政部门认定下列情形为"上下班途中"的,人民法院应予支持:

(一)在合理时间内往返于工作地与住所地、经常居住地、单位宿舍的合理路线的上下班途中;

(二)在合理时间内往返于工作地与配偶、父母、子女居住地的合理路线的上下班途中;

(三)从事属于日常工作生活所需的活动,且在合理时间和合理路线的上下班途中;

(四)在合理时间内其他合理路线的上下班途中。

第七条 由于不属于职工或者其近亲属自身原因超过工伤认定申请期限的,被耽误的时间不计算在工伤认定申请期限内。

有下列情形之一耽误申请时间的,应当认定为不属于职工或者其近亲属自身原因:

(一)不可抗力;

(二)人身自由受到限制;

(三)属于用人单位原因;

(四)社会保险行政部门登记制度不完善;

(五)当事人对是否存在劳动关系申请仲裁、提起民事诉讼。

第八条 职工因第三人的原因受到伤害,社会保险行政部门以职工或者其近亲属已经对第三人提起民事诉讼或者获得民事赔偿为由,作出不予受理工伤认定申请或者不予认定工伤决定的,人民法院不予支持。

职工因第三人的原因受到伤害,社会保险行政部门已经作出工伤认定,职工或者其近亲属未对第三人提起民事诉讼或者尚未获得民事赔偿,起诉要求社会保险经办机构支付工伤保险待遇的,人民法院应予支持。

职工因第三人的原因导致工伤,社会保险经办机构以职工或者其近亲属已经对第三人提起民事诉讼为由,拒绝支付工伤保险待遇的,人民法院不予支持,但第三人已经支付的医疗费用除外。

第九条 因工伤认定申请人或者用人单位隐瞒有关情况或者提供虚假材料,导致工伤认定错误的,社会保险行政部门可以在诉讼中依法予以更正。

工伤认定依法更正后,原告不申请撤诉,社会保险行政部门在作出原工伤认定时有过错的,人民法院应当判决确认违法;社会保险行政部门无过错的,人民法院可以驳回原告诉讼请求。

第十条 最高人民法院以前颁布的司法解释与本规定不一致的,以本规定为准。

2. 职业病鉴定、劳动能力鉴定

职业病诊断与鉴定管理办法

· 2021 年 1 月 4 日国家卫生健康委员会令第 6 号公布
· 自公布之日起施行

第一章　总　则

第一条　为了规范职业病诊断与鉴定工作，加强职业病诊断与鉴定管理，根据《中华人民共和国职业病防治法》（以下简称《职业病防治法》），制定本办法。

第二条　职业病诊断与鉴定工作应当按照《职业病防治法》、本办法的有关规定及《职业病分类和目录》、国家职业病诊断标准进行，遵循科学、公正、及时、便捷的原则。

第三条　国家卫生健康委负责全国范围内职业病诊断与鉴定的监督管理工作，县级以上地方卫生健康主管部门依据职责负责本行政区域内职业病诊断与鉴定的监督管理工作。

省、自治区、直辖市卫生健康主管部门（以下简称省级卫生健康主管部门）应当结合本行政区域职业病防治工作实际和医疗卫生服务体系规划，充分利用现有医疗卫生资源，实现职业病诊断机构区域覆盖。

第四条　各地要加强职业病诊断机构能力建设，提供必要的保障条件，配备相关的人员、设备和工作经费，以满足职业病诊断工作的需要。

第五条　各地要加强职业病诊断与鉴定信息化建设，建立健全劳动者接触职业病危害、开展职业健康检查、进行职业病诊断与鉴定等全过程的信息化系统，不断提高职业病诊断与鉴定信息报告的准确性、及时性和有效性。

第六条　用人单位应当依法履行职业病诊断、鉴定的相关义务：

（一）及时安排职业病病人、疑似职业病病人进行诊治；

（二）如实提供职业病诊断、鉴定所需的资料；

（三）承担职业病诊断、鉴定的费用和疑似职业病病人在诊断、医学观察期间的费用；

（四）报告职业病和疑似职业病；

（五）《职业病防治法》规定的其他相关义务。

第二章　诊断机构

第七条　医疗卫生机构开展职业病诊断工作，应当在开展之日起十五个工作日内向省级卫生健康主管部门备案。

省级卫生健康主管部门应当自收到完整备案材料之日起十五个工作日内向社会公布备案的医疗卫生机构名单、地址、诊断项目（即《职业病分类和目录》中的职业病类别和病种）等相关信息。

第八条　医疗卫生机构开展职业病诊断工作应当具备下列条件：

（一）持有《医疗机构执业许可证》；

（二）具有相应的诊疗科目及与备案开展的诊断项目相适应的职业病诊断医师及相关医疗卫生技术人员；

（三）具有与备案开展的诊断项目相适应的场所和仪器、设备；

（四）具有健全的职业病诊断质量管理制度。

第九条　医疗卫生机构进行职业病诊断备案时，应当提交以下证明其符合本办法第八条规定条件的有关资料：

（一）《医疗机构执业许可证》原件、副本及复印件；

（二）职业病诊断医师资格等相关资料；

（三）相关的仪器设备清单；

（四）负责职业病信息报告人员名单；

（五）职业病诊断质量管理制度等相关资料。

第十条　职业病诊断机构对备案信息的真实性、准确性、合法性负责。

当备案信息发生变化时，应当自信息发生变化之日起十个工作日内向省级卫生健康主管部门提交变更信息。

第十一条　设区的市没有医疗卫生机构备案开展职业病诊断的，省级卫生健康主管部门应当根据职业病诊断工作的需要，指定符合本办法第八条规定条件的医疗卫生机构承担职业病诊断工作。

第十二条　职业病诊断机构的职责是：

（一）在备案的诊断项目范围内开展职业病诊断；

（二）及时向所在地卫生健康主管部门报告职

业病；

（三）按照卫生健康主管部门要求报告职业病诊断工作情况；

（四）承担《职业病防治法》中规定的其他职责。

第十三条　职业病诊断机构依法独立行使诊断权，并对其作出的职业病诊断结论负责。

第十四条　职业病诊断机构应当建立和健全职业病诊断管理制度，加强职业病诊断医师等有关医疗卫生人员技术培训和政策、法律培训，并采取措施改善职业病诊断工作条件，提高职业病诊断服务质量和水平。

第十五条　职业病诊断机构应当公开职业病诊断程序和诊断项目范围，方便劳动者进行职业病诊断。

职业病诊断机构及其相关工作人员应当尊重、关心、爱护劳动者，保护劳动者的隐私。

第十六条　从事职业病诊断的医师应当具备下列条件，并取得省级卫生健康主管部门颁发的职业病诊断资格证书：

（一）具有医师执业证书；

（二）具有中级以上卫生专业技术职务任职资格；

（三）熟悉职业病防治法律法规和职业病诊断标准；

（四）从事职业病诊断、鉴定相关工作三年以上；

（五）按规定参加职业病诊断医师相应专业的培训，并考核合格。

省级卫生健康主管部门应当依据本办法的规定和国家卫生健康委制定的职业病诊断医师培训大纲，制定本行政区域职业病诊断医师培训考核办法并组织实施。

第十七条　职业病诊断医师应当依法在职业病诊断机构备案的诊断项目范围内从事职业病诊断工作，不得从事超出其职业病诊断资格范围的职业病诊断工作；职业病诊断医师应当按照有关规定参加职业卫生、放射卫生、职业医学等领域的继续医学教育。

第十八条　省级卫生健康主管部门应当加强本行政区域内职业病诊断机构的质量控制管理工作，组织开展职业病诊断机构质量控制评估。

职业病诊断质量控制规范和医疗卫生机构职业病报告规范另行制定。

第三章　诊　断

第十九条　劳动者可以在用人单位所在地、本人户籍所在地或者经常居住地的职业病诊断机构进行职业病诊断。

第二十条　职业病诊断应当按照《职业病防治法》、本办法的有关规定及《职业病分类和目录》、国家职业病诊断标准，依据劳动者的职业史、职业病危害接触史和工作场所职业病危害因素情况、临床表现以及辅助检查结果等，进行综合分析。材料齐全的情况下，职业病诊断机构应当在收齐材料之日起三十日内作出诊断结论。

没有证据否定职业病危害因素与病人临床表现之间的必然联系的，应当诊断为职业病。

第二十一条　职业病诊断需要以下资料：

（一）劳动者职业史和职业病危害接触史（包括在岗时间、工种、岗位、接触的职业病危害因素名称等）；

（二）劳动者职业健康检查结果；

（三）工作场所职业病危害因素检测结果；

（四）职业性放射性疾病诊断还需要个人剂量监测档案等资料。

第二十二条　劳动者依法要求进行职业病诊断的，职业病诊断机构不得拒绝劳动者进行职业病诊断的要求，并告知劳动者职业病诊断的程序和所需材料。劳动者应当填写《职业病诊断就诊登记表》，并提供本人掌握的职业病诊断有关资料。

第二十三条　职业病诊断机构进行职业病诊断时，应当书面通知劳动者所在的用人单位提供本办法第二十一条规定的职业病诊断资料，用人单位应当在接到通知后的十日内如实提供。

第二十四条　用人单位未在规定时间内提供职业病诊断所需要资料的，职业病诊断机构可以依法提请卫生健康主管部门督促用人单位提供。

第二十五条　劳动者对用人单位提供的工作场所职业病危害因素检测结果等资料有异议，或者因劳动者的用人单位解散、破产，无用人单位提供上述资料的，职业病诊断机构应当依法提请用人单位所在地卫生健康主管部门进行调查。

卫生健康主管部门应当自接到申请之日起三十日内对存在异议的资料或者工作场所职业病危害因素情况作出判定。

职业病诊断机构在卫生健康主管部门作出调

查结论或者判定前应当中止职业病诊断。

第二十六条　职业病诊断机构需要了解工作场所职业病危害因素情况时,可以对工作场所进行现场调查,也可以依法提请卫生健康主管部门组织现场调查。卫生健康主管部门应当在接到申请之日起三十日内完成现场调查。

第二十七条　在确认劳动者职业史、职业病危害接触史时,当事人对劳动关系、工种、工作岗位或者在岗时间有争议的,职业病诊断机构应当告知当事人依法向用人单位所在地的劳动人事争议仲裁委员会申请仲裁。

第二十八条　经卫生健康主管部门督促,用人单位仍不提供工作场所职业病危害因素检测结果、职业健康监护档案等资料或者提供资料不全的,职业病诊断机构应当结合劳动者的临床表现、辅助检查结果和劳动者的职业史、职业病危害接触史,并参考劳动者自述或工友旁证资料、卫生健康等有关部门提供的日常监督检查信息等,作出职业病诊断结论。对于作出无职业病诊断结论的病人,可依据病人的临床表现以及辅助检查结果,作出疾病的诊断,提出相关医学意见或者建议。

第二十九条　职业病诊断机构可以根据诊断需要,聘请其他单位职业病诊断医师参加诊断。必要时,可以邀请相关专业专家提供咨询意见。

第三十条　职业病诊断机构作出职业病诊断结论后,应当出具职业病诊断证明书。职业病诊断证明书应当由参与诊断的取得职业病诊断资格的执业医师签署。

职业病诊断机构应当对职业病诊断医师签署的职业病诊断证明书进行审核,确认诊断的依据与结论符合有关法律法规、标准的要求,并在职业病诊断证明书上盖章。

职业病诊断证明书的书写应当符合相关标准的要求。

职业病诊断证明书一式五份,劳动者一份,用人单位所在地县级卫生健康主管部门一份,用人单位两份,诊断机构存档一份。

职业病诊断证明书应当于出具之日起十五日内由职业病诊断机构送达劳动者、用人单位及用人单位所在地县级卫生健康主管部门。

第三十一条　职业病诊断机构应当建立职业病诊断档案并永久保存,档案应当包括:

(一)职业病诊断证明书;

(二)职业病诊断记录;

(三)用人单位、劳动者和相关部门、机构提交的有关资料;

(四)临床检查与实验室检验等资料。

职业病诊断机构拟不再开展职业病诊断工作的,应当在拟停止开展职业病诊断工作的十五个工作日之前告知省级卫生健康主管部门和所在地县级卫生健康主管部门,妥善处理职业病诊断档案。

第三十二条　职业病诊断机构发现职业病病人或者疑似职业病病人时,应当及时向所在地县级卫生健康主管部门报告。职业病诊断机构应当在作出职业病诊断之日起十五日内通过职业病及健康危害因素监测信息系统进行信息报告,并确保报告信息的完整、真实和准确。

确诊为职业病的,职业病诊断机构可以根据需要,向卫生健康主管部门、用人单位提出专业建议;告知职业病病人依法享有的职业健康权益。

第三十三条　未承担职业病诊断工作的医疗卫生机构,在诊疗活动中发现劳动者的健康损害可能与其所从事的职业有关时,应及时告知劳动者到职业病诊断机构进行职业病诊断。

第四章　鉴　定

第三十四条　当事人对职业病诊断机构作出的职业病诊断有异议的,可以在接到职业病诊断证明书之日起三十日内,向作出诊断的职业病诊断机构所在地设区的市级卫生健康主管部门申请鉴定。

职业病诊断争议由设区的市级以上地方卫生健康主管部门根据当事人的申请组织职业病诊断鉴定委员会进行鉴定。

第三十五条　职业病鉴定实行两级鉴定制,设区的市级职业病诊断鉴定委员会负责职业病诊断争议的首次鉴定。

当事人对设区的市级职业病鉴定结论不服的,可以在接到诊断鉴定书之日起十五日内,向原鉴定组织所在地省级卫生健康主管部门申请再鉴定,省级鉴定为最终鉴定。

第三十六条　设区的市级以上地方卫生健康主管部门可以指定办事机构,具体承担职业病诊断鉴定的组织和日常性工作。职业病鉴定办事机构的职责是:

(一)接受当事人申请;

（二）组织当事人或者接受当事人委托抽取职业病诊断鉴定专家；

（三）组织职业病诊断鉴定会议，负责会议记录、职业病诊断鉴定相关文书的收发及其他事务性工作；

（四）建立并管理职业病诊断鉴定档案；

（五）报告职业病诊断鉴定相关信息；

（六）承担卫生健康主管部门委托的有关职业病诊断鉴定的工作。

职业病诊断机构不能作为职业病鉴定办事机构。

第三十七条　设区的市级以上地方卫生健康主管部门应当向社会公布本行政区域内依法承担职业病诊断鉴定工作的办事机构的名称、工作时间、地点、联系人、联系电话和鉴定工作程序。

第三十八条　省级卫生健康主管部门应当设立职业病诊断鉴定专家库（以下简称专家库），并根据实际工作需要及时调整其成员。专家库可以按照专业类别进行分组。

第三十九条　专家库应当以取得职业病诊断资格的不同专业类别的医师为主要成员，吸收临床相关学科、职业卫生、放射卫生、法律等相关专业的专家组成。专家应当具备下列条件：

（一）具有良好的业务素质和职业道德；

（二）具有相关专业的高级专业技术职务任职资格；

（三）熟悉职业病防治法律法规和职业病诊断标准；

（四）身体健康，能够胜任职业病诊断鉴定工作。

第四十条　参加职业病诊断鉴定的专家，应当由当事人或者由其委托的职业病鉴定办事机构从专家库中按照专业类别以随机抽取的方式确定。抽取的专家组成职业病诊断鉴定委员会（以下简称鉴定委员会）。

经当事人同意，职业病鉴定办事机构可以根据鉴定需要聘请本省、自治区、直辖市以外的相关专业专家作为鉴定委员会成员，并有表决权。

第四十一条　鉴定委员会人数为五人以上单数，其中相关专业职业病诊断医师应当为本次鉴定专家人数的半数以上。疑难病例应当增加鉴定委员会人数，充分听取意见。鉴定委员会设主任委员一名，由鉴定委员会成员推举产生。

职业病诊断鉴定会议由鉴定委员会主任委员主持。

第四十二条　参加职业病诊断鉴定的专家有下列情形之一的，应当回避：

（一）是职业病诊断鉴定当事人或者当事人近亲属的；

（二）已参加当事人职业病诊断或者首次鉴定的；

（三）与职业病诊断鉴定当事人有利害关系的；

（四）与职业病诊断鉴定当事人有其他关系，可能影响鉴定公正的。

第四十三条　当事人申请职业病诊断鉴定时，应当提供以下资料：

（一）职业病诊断鉴定申请书；

（二）职业病诊断证明书；

（三）申请省级鉴定的还应当提交市级职业病诊断鉴定书。

第四十四条　职业病鉴定办事机构应当自收到申请资料之日起五个工作日内完成资料审核，对资料齐全的发给受理通知书；资料不全的，应当当场或者在五个工作日内一次性告知当事人补充。资料补充齐全的，应当受理申请并组织鉴定。

职业病鉴定办事机构收到当事人鉴定申请之后，根据需要可以向原职业病诊断机构或者组织首次鉴定的办事机构调阅有关的诊断、鉴定资料。原职业病诊断机构或者组织首次鉴定的办事机构应当在接到通知之日起十日内提交。

职业病鉴定办事机构应当在受理鉴定申请之日起四十日内组织鉴定、形成鉴定结论，并出具职业病诊断鉴定书。

第四十五条　根据职业病诊断鉴定工作需要，职业病鉴定办事机构可以向有关单位调取与职业病诊断、鉴定有关的资料，有关单位应当如实、及时提供。

鉴定委员会应当听取当事人的陈述和申辩，必要时可以组织进行医学检查，医学检查应当在三十日内完成。

需要了解被鉴定人的工作场所职业病危害因素情况时，职业病鉴定办事机构根据鉴定委员会的意见可以组织对工作场所进行现场调查，或者依法提请卫生健康主管部门组织现场调查。现场调查应当在三十日内完成。

医学检查和现场调查时间不计算在职业病鉴定规定的期限内。

职业病诊断鉴定应当遵循客观、公正的原则，鉴定委员会进行职业病诊断鉴定时，可以邀请有关单位人员旁听职业病诊断鉴定会议。所有参与职业病诊断鉴定的人员应当依法保护当事人的个人隐私、商业秘密。

第四十六条　鉴定委员会应当认真审阅鉴定资料，依照有关规定和职业病诊断标准，经充分合议后，根据专业知识独立进行鉴定。在事实清楚的基础上，进行综合分析，作出鉴定结论，并制作职业病诊断鉴定书。

鉴定结论应当经鉴定委员会半数以上成员通过。

第四十七条　职业病诊断鉴定书应当包括以下内容：

（一）劳动者、用人单位的基本信息及鉴定事由；

（二）鉴定结论及其依据，鉴定为职业病的，应当注明职业病名称、程度（期别）；

（三）鉴定时间。

诊断鉴定书加盖职业病鉴定委员会印章。

首次鉴定的职业病诊断鉴定书一式五份，劳动者、用人单位、用人单位所在地市级卫生健康主管部门、原诊断机构各一份，职业病鉴定办事机构存档一份；省级鉴定的职业病诊断鉴定书一式六份，劳动者、用人单位、用人单位所在地省级卫生健康主管部门、原诊断机构、首次职业病鉴定办事机构各一份，省级职业病鉴定办事机构存档一份。

职业病诊断鉴定书的格式由国家卫生健康委员会统一规定。

第四十八条　职业病鉴定办事机构出具职业病诊断鉴定书后，应当于出具之日起十日内送达当事人，并在出具职业病诊断鉴定书后的十日内将职业病诊断鉴定书等有关信息告知原职业病诊断机构或者首次职业病鉴定办事机构，并通过职业病及健康危害因素监测信息系统报告职业病鉴定相关信息。

第四十九条　职业病鉴定结论与职业病诊断结论或者首次职业病鉴定结论不一致的，职业病鉴定办事机构应当在出具职业病诊断鉴定书后十日内向相关卫生健康主管部门报告。

第五十条　职业病鉴定办事机构应当如实记录职业病诊断鉴定过程，内容应当包括：

（一）鉴定委员会的专家组成；

（二）鉴定时间；

（三）鉴定所用资料；

（四）鉴定专家的发言及其鉴定意见；

（五）表决情况；

（六）经鉴定专家签字的鉴定结论。

有当事人陈述和申辩的，应当如实记录。

鉴定结束后，鉴定记录应当随同职业病鉴定书一并由职业病鉴定办事机构存档，永久保存。

第五章　监督管理

第五十一条　县级以上地方卫生健康主管部门应当定期对职业病诊断机构进行监督检查，检查内容包括：

（一）法律法规、标准的执行情况；

（二）规章制度建立情况；

（三）备案的职业病诊断信息真实性情况；

（四）按照备案的诊断项目开展职业病诊断工作情况；

（五）开展职业病诊断质量控制、参加质量控制评估及整改情况；

（六）人员、岗位职责落实和培训情况；

（七）职业病报告情况。

第五十二条　设区的市级以上地方卫生健康主管部门应当加强对职业病鉴定办事机构的监督管理，对职业病鉴定工作程序、制度落实情况及职业病报告等相关工作情况进行监督检查。

第五十三条　县级以上地方卫生健康主管部门监督检查时，有权查阅或者复制有关资料，职业病诊断机构应当予以配合。

第六章　法律责任

第五十四条　医疗卫生机构未按照规定备案开展职业病诊断的，由县级以上地方卫生健康主管部门责令改正，给予警告，可以并处三万元以下罚款。

第五十五条　职业病诊断机构有下列行为之一的，其作出的职业病诊断无效，由县级以上地方卫生健康主管部门按照《职业病防治法》的第八十条的规定进行处理：

（一）超出诊疗项目登记范围从事职业病诊断的；

（二）不按照《职业病防治法》规定履行法定职责的；

（三）出具虚假证明文件的。

第五十六条 职业病诊断机构未按照规定报告职业病、疑似职业病的，由县级以上地方卫生健康主管部门按照《职业病防治法》第七十四条的规定进行处理。

第五十七条 职业病诊断机构违反本办法规定，有下列情形之一的，由县级以上地方卫生健康主管部门责令限期改正；逾期不改的，给予警告，并可以根据情节轻重处以三万元以下罚款：

（一）未建立职业病诊断管理制度的；

（二）未按照规定向劳动者公开职业病诊断程序的；

（三）泄露劳动者涉及个人隐私的有关信息、资料的；

（四）未按照规定参加质量控制评估，或者质量控制评估不合格且未按要求整改的；

（五）拒不配合卫生健康主管部门监督检查的。

第五十八条 职业病诊断鉴定委员会组成人员收受职业病诊断争议当事人的财物或者其他好处的，由省级卫生健康主管部门按照《职业病防治法》第八十一条的规定进行处理。

第五十九条 县级以上地方卫生健康主管部门及其工作人员未依法履行职责，按照《职业病防治法》第八十三条第二款规定进行处理。

第六十条 用人单位有下列行为之一的，由县级以上地方卫生健康主管部门按照《职业病防治法》第七十二条规定进行处理：

（一）未按照规定安排职业病病人、疑似职业病病人进行诊治的；

（二）拒不提供职业病诊断、鉴定所需资料的；

（三）未按照规定承担职业病诊断、鉴定费用。

第六十一条 用人单位未按照规定报告职业病、疑似职业病的，由县级以上地方卫生健康主管部门按照《职业病防治法》第七十四条规定进行处理。

第七章 附 则

第六十二条 本办法所称"证据"，包括疾病的证据、接触职业病危害因素的证据，以及用于判定疾病与接触职业病危害因素之间因果关系的证据。

第六十三条 本办法自公布之日起施行。原卫生部2013年2月19日公布的《职业病诊断与鉴定管理办法》同时废止。

职业病分类和目录

· 2013 年 12 月 23 日
· 国卫疾控发〔2013〕48 号

一、职业性尘肺病及其他呼吸系统疾病

（一）尘肺病

1. 矽肺

2. 煤工尘肺

3. 石墨尘肺

4. 碳黑尘肺

5. 石棉肺

6. 滑石尘肺

7. 水泥尘肺

8. 云母尘肺

9. 陶工尘肺

10. 铝尘肺

11. 电焊工尘肺

12. 铸工尘肺

13. 根据《尘肺病诊断标准》和《尘肺病理诊断标准》可以诊断的其他尘肺病

（二）其他呼吸系统疾病

1. 过敏性肺炎

2. 棉尘病

3. 哮喘

4. 金属及其化合物粉尘肺沉着病（锡、铁、锑、钡及其化合物等）

5. 刺激性化学物所致慢性阻塞性肺疾病

6. 硬金属肺病

二、职业性皮肤病

1. 接触性皮炎

2. 光接触性皮炎

3. 电光性皮炎

4. 黑变病

5. 痤疮

6. 溃疡

7. 化学性皮肤灼伤

8. 白斑

9. 根据《职业性皮肤病的诊断总则》可以诊断的其他职业性皮肤病

三、职业性眼病

1. 化学性眼部灼伤
2. 电光性眼炎
3. 白内障(含放射性白内障、三硝基甲苯白内障)

四、职业性耳鼻喉口腔疾病

1. 噪声聋
2. 铬鼻病
3. 牙酸蚀病
4. 爆震聋

五、职业性化学中毒

1. 铅及其化合物中毒(不包括四乙基铅)
2. 汞及其化合物中毒
3. 锰及其化合物中毒
4. 镉及其化合物中毒
5. 铍病
6. 铊及其化合物中毒
7. 钡及其化合物中毒
8. 钒及其化合物中毒
9. 磷及其化合物中毒
10. 砷及其化合物中毒
11. 铀及其化合物中毒
12. 砷化氢中毒
13. 氯气中毒
14. 二氧化硫中毒
15. 光气中毒
16. 氨中毒
17. 偏二甲基肼中毒
18. 氮氧化合物中毒
19. 一氧化碳中毒
20. 二硫化碳中毒
21. 硫化氢中毒
22. 磷化氢、磷化锌、磷化铝中毒
23. 氟及其无机化合物中毒
24. 氰及腈类化合物中毒
25. 四乙基铅中毒
26. 有机锡中毒
27. 羰基镍中毒
28. 苯中毒
29. 甲苯中毒
30. 二甲苯中毒
31. 正己烷中毒
32. 汽油中毒
33. 一甲胺中毒
34. 有机氟聚合物单体及其热裂解物中毒
35. 二氯乙烷中毒
36. 四氯化碳中毒
37. 氯乙烯中毒
38. 三氯乙烯中毒
39. 氯丙烯中毒
40. 氯丁二烯中毒
41. 苯的氨基及硝基化合物(不包括三硝基甲苯)中毒
42. 三硝基甲苯中毒
43. 甲醇中毒
44. 酚中毒
45. 五氯酚(钠)中毒
46. 甲醛中毒
47. 硫酸二甲酯中毒
48. 丙烯酰胺中毒
49. 二甲基甲酰胺中毒
50. 有机磷中毒
51. 氨基甲酸酯类中毒
52. 杀虫脒中毒
53. 溴甲烷中毒
54. 拟除虫菊酯类中毒
55. 铟及其化合物中毒
56. 溴丙烷中毒
57. 碘甲烷中毒
58. 氯乙酸中毒
59. 环氧乙烷中毒
60. 上述条目未提及的与职业有害因素接触之间存在直接因果联系的其他化学中毒

六、物理因素所致职业病

1. 中暑
2. 减压病
3. 高原病
4. 航空病
5. 手臂振动病
6. 激光所致眼(角膜、晶状体、视网膜)损伤
7. 冻伤

七、职业性放射性疾病

1. 外照射急性放射病
2. 外照射亚急性放射病

3. 外照射慢性放射病

4. 内照射放射病

5. 放射性皮肤疾病

6. 放射性肿瘤(含矿工高氡暴露所致肺癌)

7. 放射性骨损伤

8. 放射性甲状腺疾病

9. 放射性性腺疾病

10. 放射复合伤

11. 根据《职业性放射性疾病诊断标准(总则)》可以诊断的其他放射性损伤

八、职业性传染病

1. 炭疽

2. 森林脑炎

3. 布鲁氏菌病

4. 艾滋病(限于医疗卫生人员及人民警察)

5. 莱姆病

九、职业性肿瘤

1. 石棉所致肺癌、间皮瘤

2. 联苯胺所致膀胱癌

3. 苯所致白血病

4. 氯甲醚、双氯甲醚所致肺癌

5. 砷及其化合物所致肺癌、皮肤癌

6. 氯乙烯所致肝血管肉瘤

7. 焦炉逸散物所致肺癌

8. 六价铬化合物所致肺癌

9. 毛沸石所致肺癌、胸膜间皮瘤

10. 煤焦油、煤焦油沥青、石油沥青所致皮肤癌

11. β-萘胺所致膀胱癌

十、其他职业病

1. 金属烟热

2. 滑囊炎(限于井下工人)

3. 股静脉血栓综合征、股动脉闭塞症或淋巴管闭塞症(限于刮研作业人员)

用人单位职业病危害因素
定期检测管理规范

· 2015 年 2 月 28 日

· 安监总厅安健〔2015〕16 号

第一条 为了加强和规范用人单位职业病危害因素定期检测工作,及时有效地预防、控制和消除职业病危害,保护劳动者职业健康权益,依据《中华人民共和国职业病防治法》(以下简称《职业病防治法》)和《工作场所职业卫生监督管理规定》(国家安全监管总局令第 47 号),制定本规范。

第二条 产生职业病危害的用人单位对其工作场所进行职业病危害因素定期检测及其管理,适用本规范。

第三条 职业病危害因素定期检测是指用人单位定期委托具备资质的职业卫生技术服务机构对其产生职业病危害的工作场所进行的检测。

本规范所指职业病危害因素是指《职业病危害因素分类目录》中所列危害因素以及国家职业卫生标准中有职业接触限值及检测方法的危害因素。

第四条 用人单位应当建立职业病危害因素定期检测制度,每年至少委托具备资质的职业卫生技术服务机构对其存在职业病危害因素的工作场所进行一次全面检测。法律法规另有规定的,按其规定执行。

第五条 用人单位应当将职业病危害因素定期检测工作纳入年度职业病防治计划和实施方案,明确责任部门或责任人,所需检测费用纳入年度经费预算予以保障。

第六条 用人单位应当建立职业病危害因素定期检测档案,并纳入其职业卫生档案体系。

第七条 用人单位在与职业卫生技术服务机构签订定期检测合同前,应当对职业卫生技术服务机构的资质、计量认证范围等事项进行核对,并将相关资质证书复印存档。

定期检测范围应当包含用人单位产生职业病危害的全部工作场所,用人单位不得要求职业卫生技术服务机构仅对部分职业病危害因素或部分工作场所进行指定检测。

第八条 用人单位与职业卫生技术服务机构签订委托协议后,应将其生产工艺流程、产生职业病危害的原辅材料和设备、职业病防护设施、劳动工作制度等与检测有关的情况告知职业卫生技术服务机构。

用人单位应当在确保正常生产的状况下,配合职业卫生技术服务机构做好采样前的现场调查和工作日写实工作,并由陪同人员在技术服务机构现场记录表上签字确认。

第九条 职业卫生技术服务机构对用人单位

工作场所进行现场调查后,结合用人单位提供的相关材料,制定现场采样和检测计划,用人单位主要负责人按照国家有关采样规范确认无误后,应当在现场采样和检测计划上签字。

第十条　职业卫生技术服务机构在进行现场采样检测时,用人单位应当保证生产过程处于正常状态,不得故意减少生产负荷或停产、停机。用人单位因故需要停产、停机或减负运行的,应当及时通知技术服务机构变更现场采样和检测计划。

用人单位应当对技术服务机构现场采样检测过程进行拍照或摄像留证。

第十一条　采样检测结束时,用人单位陪同人员应当对现场采样检测记录进行确认并签字。

第十二条　用人单位与职业卫生技术服务机构应当互相监督,保证采样检测符合以下要求:

(一)采用定点采样时,选择空气中有害物质浓度最高、劳动者接触时间最长的工作地点采样;采用个体采样时,选择接触有害物质浓度最高和接触时间最长的劳动者采样;

(二)空气中有害物质浓度随季节发生变化的工作场所,选择空气中有害物质浓度最高的时节为重点采样时段;同时风速、风向、温度、湿度等气象条件应满足采样要求;

(三)在工作周内,应当将有害物质浓度最高的工作日选择为重点采样日;在工作日内,应当将有害物质浓度最高的时段选择为重点采样时段;

(四)高温测量时,对于常年从事接触高温作业的,测量夏季最热月份湿球黑球温度;不定期接触高温作业的,测量工期内最热月份湿球黑球温度;从事室外作业的,测量夏季最热月份晴天有太阳辐射时湿球黑球温度。

第十三条　用人单位在委托职业卫生技术服务机构进行定期检测过程中不得有下列行为:

(一)委托不具备相应资质的职业卫生技术服务机构检测;

(二)隐瞒生产所使用的原辅材料成分及用量、生产工艺与布局等有关情况;

(三)要求职业卫生技术服务机构在异常气象条件、减少生产负荷、开工时间不足等不能反映真实结果的状态下进行采样检测;

(四)要求职业卫生技术服务机构更改采样检测数据;

(五)要求职业卫生技术服务机构对指定地点或指定职业病危害因素进行采样检测;

(六)以拒付少付检测费用等不正当手段干扰职业卫生技术服务机构正常采样检测工作;

(七)妨碍正常采样检测工作,影响检测结果真实性的其他行为。

第十四条　用人单位应当要求职业卫生技术服务机构及时提供定期检测报告,定期检测报告经用人单位主要负责人审阅签字后归档。

在收到定期检测报告后一个月之内,用人单位应当将定期检测结果向所在地安全生产监督管理部门报告。

第十五条　定期检测结果中职业病危害因素浓度或强度超过职业接触限值的,职业卫生技术服务机构应提出相应整改建议。用人单位应结合本单位的实际情况,制定切实有效的整改方案,立即进行整改。整改落实情况应有明确的记录并存入职业卫生档案备查。

第十六条　用人单位应当及时在工作场所公告栏向劳动者公布定期检测结果和相应的防护措施。

第十七条　安全生产监管部门应当加强对用人单位职业病危害因素定期检测工作的监督检查。发现用人单位违反本规范的,依据《职业病防治法》《工作场所职业卫生监督管理规定》等法律法规及规章的规定予以处罚。

第十八条　本规范未规定的其他有关事项,依照《职业病防治法》和其他有关法律法规规章及职业卫生标准的规定执行。

工伤职工劳动能力鉴定管理办法

·2014 年 2 月 20 日人力资源和社会保障部、国家卫生和计划生育委员会令第 21 号公布
·根据 2018 年 12 月 14 日《人力资源社会保障部关于修改部分规章的决定》修订

第一章　总　则

第一条　为了加强劳动能力鉴定管理,规范劳动能力鉴定程序,根据《中华人民共和国社会保险法》《中华人民共和国职业病防治法》和《工伤保险条例》,制定本办法。

社会保障篇

第二条 劳动能力鉴定委员会依据《劳动能力鉴定 职工工伤与职业病致残等级》国家标准,对工伤职工劳动功能障碍程度和生活自理障碍程度组织进行技术性等级鉴定,适用本办法。

第三条 省、自治区、直辖市劳动能力鉴定委员会和设区的市级(含直辖市的市辖区、县,下同)劳动能力鉴定委员会分别由省、自治区、直辖市和设区的市级人力资源社会保障行政部门、卫生计生行政部门、工会组织、用人单位代表以及社会保险经办机构代表组成。

承担劳动能力鉴定委员会日常工作的机构,其设置方式由各地根据实际情况决定。

第四条 劳动能力鉴定委员会履行下列职责:

(一)选聘医疗卫生专家,组建医疗卫生专家库,对专家进行培训和管理;

(二)组织劳动能力鉴定;

(三)根据专家组的鉴定意见作出劳动能力鉴定结论;

(四)建立完整的鉴定数据库,保管鉴定工作档案50年;

(五)法律、法规、规章规定的其他职责。

第五条 设区的市级劳动能力鉴定委员会负责本辖区内的劳动能力初次鉴定、复查鉴定。

省、自治区、直辖市劳动能力鉴定委员会负责对初次鉴定或者复查鉴定结论不服提出的再次鉴定。

第六条 劳动能力鉴定相关政策、工作制度和业务流程应当向社会公开。

第二章 鉴定程序

第七条 职工发生工伤,经治疗伤情相对稳定后存在残疾、影响劳动能力的,或者停工留薪期满(含劳动能力鉴定委员会确认的延长期限),工伤职工或者其用人单位应当及时向设区的市级劳动能力鉴定委员会提出劳动能力鉴定申请。

第八条 申请劳动能力鉴定应当填写劳动能力鉴定申请表,并提交下列材料:

(一)有效的诊断证明、按照医疗机构病历管理有关规定复印或者复制的检查、检验报告等完整病历材料;

(二)工伤职工的居民身份证或者社会保障卡等其他有效身份证明原件。

第九条 劳动能力鉴定委员会收到劳动能力鉴定申请后,应当及时对申请人提交的材料进行审核;申请人提供材料不完整的,劳动能力鉴定委员会应当自收到劳动能力鉴定申请之日起5个工作日内一次性书面告知申请人需要补正的全部材料。

申请人提供材料完整的,劳动能力鉴定委员会应当及时组织鉴定,并在收到劳动能力鉴定申请之日起60日内作出劳动能力鉴定结论。伤情复杂、涉及医疗卫生专业较多的,作出劳动能力鉴定结论的期限可以延长30日。

第十条 劳动能力鉴定委员会应当视伤情程度等从医疗卫生专家库中随机抽取3名或者5名与工伤职工伤情相关科别的专家组成专家组进行鉴定。

第十一条 劳动能力鉴定委员会应当提前通知工伤职工进行鉴定的时间、地点以及应当携带的材料。工伤职工应当按照通知的时间、地点参加现场鉴定。对行动不便的工伤职工,劳动能力鉴定委员会可以组织专家上门进行劳动能力鉴定。组织劳动能力鉴定的工作人员应当对工伤职工的身份进行核实。

工伤职工因故不能按时参加鉴定的,经劳动能力鉴定委员会同意,可以调整现场鉴定的时间,作出劳动能力鉴定结论的期限相应顺延。

第十二条 因鉴定工作需要,专家组提出应当进行有关检查和诊断的,劳动能力鉴定委员会可以委托具备资格的医疗机构协助进行有关的检查和诊断。

第十三条 专家组根据工伤职工伤情,结合医疗诊断情况,依据《劳动能力鉴定 职工工伤与职业病致残等级》国家标准提出鉴定意见。参加鉴定的专家都应当签署意见并签名。

专家意见不一致时,按照少数服从多数的原则确定专家组的鉴定意见。

第十四条 劳动能力鉴定委员会根据专家组的鉴定意见作出劳动能力鉴定结论。劳动能力鉴定结论书应当载明下列事项:

(一)工伤职工及其用人单位的基本信息;

(二)伤情介绍,包括伤残部位、器官功能障碍程度、诊断情况等;

(三)作出鉴定的依据;

(四)鉴定结论。

第十五条　劳动能力鉴定委员会应当自作出鉴定结论之日起 20 日内将劳动能力鉴定结论及时送达工伤职工及其用人单位，并抄送社会保险经办机构。

第十六条　工伤职工或者其用人单位对初次鉴定结论不服的，可以在收到该鉴定结论之日起 15 日内向省、自治区、直辖市劳动能力鉴定委员会申请再次鉴定。

申请再次鉴定，应当提供劳动能力鉴定申请表，以及工伤职工的居民身份证或者社会保障卡等有效身份证明原件。

省、自治区、直辖市劳动能力鉴定委员会作出的劳动能力鉴定结论为最终结论。

第十七条　自劳动能力鉴定结论作出之日起 1 年后，工伤职工、用人单位或者社会保险经办机构认为伤残情况发生变化的，可以向设区的市级劳动能力鉴定委员会申请劳动能力复查鉴定。

对复查鉴定结论不服的，可以按照本办法第十六条规定申请再次鉴定。

第十八条　工伤职工本人因身体等原因无法提出劳动能力初次鉴定、复查鉴定、再次鉴定申请的，可由其近亲属代为提出。

第十九条　再次鉴定和复查鉴定的程序、期限等按照本办法第九条至第十五条的规定执行。

第三章　监督管理

第二十条　劳动能力鉴定委员会应当每 3 年对专家库进行一次调整和补充，实行动态管理。确有需要的，可以根据实际情况适时调整。

第二十一条　劳动能力鉴定委员会选聘医疗卫生专家，聘期一般为 3 年，可以连续聘任。

聘任的专家应当具备下列条件：

（一）具有医疗卫生高级专业技术职务任职资格；

（二）掌握劳动能力鉴定的相关知识；

（三）具有良好的职业品德。

第二十二条　参加劳动能力鉴定的专家应当按照规定的时间、地点进行现场鉴定，严格执行劳动能力鉴定政策和标准，客观、公正地提出鉴定意见。

第二十三条　用人单位、工伤职工或者其近亲属应当如实提供鉴定需要的材料，遵守劳动能力鉴定相关规定，按照要求配合劳动能力鉴定工作。

工伤职工有下列情形之一的，当次鉴定终止：

（一）无正当理由不参加现场鉴定的；

（二）拒不参加劳动能力鉴定委员会安排的检查和诊断的。

第二十四条　医疗机构及其医务人员应当如实出具与劳动能力鉴定有关的各项诊断证明和病历材料。

第二十五条　劳动能力鉴定委员会组成人员、劳动能力鉴定工作人员以及参加鉴定的专家与当事人有利害关系的，应当回避。

第二十六条　任何组织或者个人有权对劳动能力鉴定中的违法行为进行举报、投诉。

第四章　法律责任

第二十七条　劳动能力鉴定委员会和承担劳动能力鉴定委员会日常工作的机构及其工作人员在从事或者组织劳动能力鉴定时，有下列行为之一的，由人力资源社会保障行政部门或者有关部门责令改正，对直接负责的主管人员和其他直接责任人员依法给予相应处分；构成犯罪的，依法追究刑事责任：

（一）未及时审核并书面告知申请人需要补正的全部材料的；

（二）未在规定期限内作出劳动能力鉴定结论的；

（三）未按照规定及时送达劳动能力鉴定结论的；

（四）未按照规定随机抽取相关科别专家进行鉴定的；

（五）擅自篡改劳动能力鉴定委员会作出的鉴定结论的；

（六）利用职务之便非法收受当事人财物的；

（七）有违反法律法规和本办法的其他行为的。

第二十八条　从事劳动能力鉴定的专家有下列行为之一的，劳动能力鉴定委员会应当予以解聘；情节严重的，由卫生计生行政部门依法处理：

（一）提供虚假鉴定意见的；

（二）利用职务之便非法收受当事人财物的；

（三）无正当理由不履行职责的；

（四）有违反法律法规和本办法的其他行为的。

第二十九条　参与工伤救治、检查、诊断等活动的医疗机构及其医务人员有下列情形之一的，由卫生计生行政部门依法处理：

（一）提供与病情不符的虚假诊断证明的；

（二）篡改、伪造、隐匿、销毁病历材料的；

（三）无正当理由不履行职责的。

第三十条 以欺诈、伪造证明材料或者其他手段骗取鉴定结论、领取工伤保险待遇的，按照《中华人民共和国社会保险法》第八十八条的规定，由人力资源社会保障行政部门责令退回骗取的社会保险金，处骗取金额2倍以上5倍以下的罚款。

第五章 附 则

第三十一条 未参加工伤保险的公务员和参照公务员法管理的事业单位、社会团体工作人员因工（公）致残的劳动能力鉴定，参照本办法执行。

第三十二条 本办法中的劳动能力鉴定申请表、初次（复查）鉴定结论书、再次鉴定结论书、劳动能力鉴定材料收讫补正告知书等文书基本样式由人力资源社会保障部制定。

第三十三条 本办法自2014年4月1日起施行。

附件：1.劳动能力鉴定申请表（略）

2.初次（复查）鉴定结论书（略）

3.再次鉴定结论书（略）

4.劳动能力鉴定材料收讫补正告知书（略）

3. 工伤待遇

非法用工单位伤亡人员
一次性赔偿办法

· 2010年12月31日人力资源和社会保障部令第9号公布

· 自2011年1月1日起施行

第一条 根据《工伤保险条例》第六十六条第一款的授权，制定本办法。

第二条 本办法所称非法用工单位伤亡人员，是指无营业执照或者未经依法登记、备案的单位以及被依法吊销营业执照或者撤销登记、备案的单位受到事故伤害或者患职业病的职工，或者用人单位使用童工造成的伤残、死亡童工。

前款所列单位必须按照本办法的规定向伤残职工或者死亡职工的近亲属、伤残童工或者死亡童工的近亲属给予一次性赔偿。

第三条 一次性赔偿包括受到事故伤害或者患职业病的职工或童工在治疗期间的费用和一次性赔偿金。一次性赔偿金数额应当在受到事故伤害或者患职业病的职工或童工死亡或者经劳动能力鉴定后确定。

劳动能力鉴定按照属地原则由单位所在地设区的市级劳动能力鉴定委员会办理。劳动能力鉴定费用由伤亡职工或童工所在单位支付。

第四条 职工或童工受到事故伤害或者患职业病，在劳动能力鉴定之前进行治疗期间的生活费按照统筹地区上年度职工月平均工资标准确定，医疗费、护理费、住院期间的伙食补助费以及所需的交通费等费用按照《工伤保险条例》规定的标准和范围确定，并全部由伤残职工或童工所在单位支付。

第五条 一次性赔偿金按照以下标准支付：

一级伤残的为赔偿基数的16倍，二级伤残的为赔偿基数的14倍，三级伤残的为赔偿基数的12倍，四级伤残的为赔偿基数的10倍，五级伤残的为赔偿基数的8倍，六级伤残的为赔偿基数的6倍，七级伤残的为赔偿基数的4倍，八级伤残的为赔偿基数的3倍，九级伤残的为赔偿基数的2倍，十级伤残的为赔偿基数的1倍。

前款所称赔偿基数，是指单位所在工伤保险统筹地区上年度职工年平均工资。

第六条 受到事故伤害或者患职业病造成死亡的，按照上一年度全国城镇居民人均可支配收入的20倍支付一次性赔偿金，并按照上一年度全国城镇居民人均可支配收入的10倍一次性支付丧葬补助等其他赔偿金。

第七条 单位拒不支付一次性赔偿的，伤残职工或者死亡职工的近亲属、伤残童工或者死亡童工的近亲属可以向人力资源和社会保障行政部门举报。经查证属实的，人力资源和社会保障行政部门应当责令该单位限期改正。

第八条 伤残职工或者死亡职工的近亲属、伤残童工或者死亡童工的近亲属就赔偿数额与单位发生争议的，按照劳动争议处理的有关规定处理。

第九条 本办法自2011年1月1日起施行。劳动和社会保障部2003年9月23日颁布的《非法用工单位伤亡人员一次性赔偿办法》同时废止。

因工死亡职工供养亲属范围规定

- 2003 年 9 月 23 日劳动和社会保障部令第 18 号公布
- 自 2004 年 1 月 1 日起施行

第一条　为明确因工死亡职工供养亲属范围，根据《工伤保险条例》第三十七条第一款第二项的授权，制定本规定。

第二条　本规定所称因工死亡职工供养亲属，是指该职工的配偶、子女、父母、祖父母、外祖父母、孙子女、外孙子女、兄弟姐妹。

本规定所称子女，包括婚生子女、非婚生子女、养子女和有抚养关系的继子女，其中，婚生子女、非婚生子女包括遗腹子女；

本规定所称父母，包括生父母、养父母和有抚养关系的继父母；

本规定所称兄弟姐妹，包括同父母的兄弟姐妹、同父异母或者同母异父的兄弟姐妹、养兄弟姐妹、有抚养关系的继兄弟姐妹。

第三条　上条规定的人员，依靠因工死亡职工生前提供主要生活来源，并有下列情形之一的，可按规定申请供养亲属抚恤金：

（一）完全丧失劳动能力的；

（二）工亡职工配偶男年满 60 周岁、女年满 55 周岁的；

（三）工亡职工父母男年满 60 周岁、女年满 55 周岁的；

（四）工亡职工子女未满 18 周岁的；

（五）工亡职工父母均已死亡，其祖父、外祖父年满 60 周岁，祖母、外祖母年满 55 周岁的；

（六）工亡职工子女已经死亡或完全丧失劳动能力，其孙子女、外孙子女未满 18 周岁的；

（七）工亡职工父母均已死亡或完全丧失劳动能力，其兄弟姐妹未满 18 周岁的。

第四条　领取抚恤金人员有下列情形之一的，停止享受抚恤金待遇：

（一）年满 18 周岁且未完全丧失劳动能力的；

（二）就业或参军的；

（三）工亡职工配偶再婚的；

（四）被他人或组织收养的；

（五）死亡的。

第五条　领取抚恤金的人员，在被判刑收监执行期间，停止享受抚恤金待遇。刑满释放仍符合领取抚恤金资格的，按规定的标准享受抚恤金。

第六条　因工死亡职工供养亲属享受抚恤金待遇的资格，由统筹地区社会保险经办机构核定。

因工死亡职工供养亲属的劳动能力鉴定，由因工死亡职工生前单位所在地设区的市级劳动能力鉴定委员会负责。

第七条　本办法自 2004 年 1 月 1 日起施行。

（五）失业保险

失业保险条例

- 1998 年 12 月 26 日国务院第 11 次常务会议通过
- 1999 年 1 月 22 日中华人民共和国国务院令第 258 号发布
- 自发布之日起施行

第一章　总　则

第一条　【立法目的】为了保障失业人员失业期间的基本生活，促进其再就业，制定本条例。

第二条　【适用范围】城镇企业事业单位、城镇企业事业单位职工依照本条例的规定，缴纳失业保险费。

城镇企业事业单位失业人员依照本条例的规定，享受失业保险待遇。

本条所称城镇企业，是指国有企业、城镇集体企业、外商投资企业、城镇私营企业以及其他城镇企业。

第三条　【主管部门】国务院劳动保障行政部门主管全国的失业保险工作。县级以上地方各级人民政府劳动保障行政部门主管本行政区域内的失业保险工作。劳动保障行政部门按照国务院规定设立的经办失业保险业务的社会保险经办机构依照本条例的规定，具体承办失业保险工作。

第四条　【失业保险费征缴】失业保险费按照国家有关规定征缴。

第二章 失业保险基金

第五条 【失业保险基金构成】失业保险基金由下列各项构成：

（一）城镇企业事业单位、城镇企业事业单位职工缴纳的失业保险费；

（二）失业保险基金的利息；

（三）财政补贴；

（四）依法纳入失业保险基金的其他资金。

第六条 【缴费主体】城镇企业事业单位按照本单位工资总额的2%缴纳失业保险费。城镇企业事业单位职工按本人工资的1%缴纳失业保险费。城镇企业事业单位招用的农民合同制工人本人不缴纳失业保险费。

第七条 【统筹层次】失业保险基金在直辖市和设区的市实行全市统筹；其他地区的统筹层次由省、自治区人民政府规定。

第八条 【失业保险调剂金】省、自治区可以建立失业保险调剂金。

失业保险调剂金以统筹地区依法应当征收的失业保险费为基数，按照省、自治区人民政府规定的比例筹集。

统筹地区的失业保险基金不敷使用时，由失业保险调剂金调剂、地方财政补贴。

失业保险调剂金的筹集、调剂使用以及地方财政补贴的具体办法，由省、自治区人民政府规定。

第九条 【费率调整】省、自治区、直辖市人民政府根据本行政区域失业人员数量和失业保险基金数额，报经国务院批准，可以适当调整本行政区域失业保险费的费率。

第十条 【支出项目】失业保险基金用于下列支出：

（一）失业保险金；

（二）领取失业保险金期间的医疗补助金；

（三）领取失业保险金期间死亡的失业人员的丧葬补助金和其供养的配偶、直系亲属的抚恤金；

（四）领取失业保险金期间接受职业培训、职业介绍的补贴，补贴的办法和标准由省、自治区、直辖市人民政府规定；

（五）国务院规定或者批准的与失业保险有关的其他费用。

第十一条 【收支管理】失业保险基金必须存入财政部门在国有商业银行开设的社会保障基金财政专户，实行收支两条线管理，由财政部门依法进行监督。

存入银行和按照国家规定购买国债的失业保险基金，分别按照城乡居民同期存款利率和国债利息计息。失业保险基金的利息并入失业保险基金。

失业保险基金专款专用，不得挪作他用，不得用于平衡财政收支。

第十二条 【预算、决算】失业保险基金收支的预算、决算，由统筹地区社会保险经办机构编制，经同级劳动保障行政部门复核、同级财政部门审核，报同级人民政府审批。

第十三条 【财会制度】失业保险基金的财务制度和会计制度按照国家有关规定执行。

第三章 失业保险待遇

第十四条 【失业保险金领取条件】具备下列条件的失业人员，可以领取失业保险金：

（一）按照规定参加失业保险，所在单位和本人已按照规定履行缴费义务满1年的；

（二）非因本人意愿中断就业的；

（三）已办理失业登记，并有求职要求的。

失业人员在领取失业保险金期间，按照规定同时享受其他失业保险待遇。

第十五条 【停止领取失业保险金】失业人员在领取失业保险金期间有下列情形之一的，停止领取失业保险金，并同时停止享受其他失业保险待遇：

（一）重新就业的；

（二）应征服兵役的；

（三）移居境外的；

（四）享受基本养老保险待遇的；

（五）被判刑收监执行或者被劳动教养的；

（六）无正当理由，拒不接受当地人民政府指定的部门或者机构介绍的工作的；

（七）有法律、行政法规规定的其他情形的。

第十六条 【失业证明】城镇企业事业单位应当及时为失业人员出具终止或者解除劳动关系的证明，告知其按照规定享受失业保险待遇的权利，并将失业人员的名单自终止或者解除劳动关系之日起7日内报社会保险经办机构备案。

城镇企业事业单位职工失业后，应当持本单位为其出具的终止或者解除劳动关系的证明，及时到指定的社会保险经办机构办理失业登记。失业保险金自办理失业登记之日起计算。

失业保险金由社会保险经办机构按月发放。社会保险经办机构为失业人员开具领取失业保险金的单证，失业人员凭单证到指定银行领取失业保险金。

第十七条 【领取期限】失业人员失业前所在单位和本人按照规定累计缴费时间满1年不足5年的，领取失业保险金的期限最长为12个月；累计缴费时间满5年不足10年的，领取失业保险金的期限最长为18个月；累计缴费时间10年以上的，领取失业保险金的期限最长为24个月。重新就业后，再次失业的，缴费时间重新计算，领取失业保险金的期限可以与前次失业应领取而尚未领取的失业保险金的期限合并计算，但是最长不得超过24个月。

第十八条 【失业保险金标准】失业保险金的标准，按照低于当地最低工资标准、高于城市居民最低生活保障标准的水平，由省、自治区、直辖市人民政府确定。

第十九条 【医疗补助金】失业人员在领取失业保险金期间患病就医的，可以按照规定向社会保险经办机构申请领取医疗补助金。医疗补助金的标准由省、自治区、直辖市人民政府规定。

第二十条 【丧葬补助金与抚恤金】失业人员在领取失业保险金期间死亡的，参照当地对在职职工的规定，对其家属一次性发给丧葬补助金和抚恤金。

第二十一条 【一次性生活补助】单位招用的农民合同制工人连续工作满1年，本单位并已缴纳失业保险费，劳动合同期满未续订或者提前解除劳动合同的，由社会保险经办机构根据其工作时间长短，对其支付一次性生活补助。补助的办法和标准由省、自治区、直辖市人民政府规定。

第二十二条 【失业保险关系转迁】城镇企业事业单位成建制跨统筹地区转移，失业人员跨统筹地区流动的，失业保险关系随之转迁。

第二十三条 【城市居民最低生活保障待遇】失业人员符合城市居民最低生活保障条件的，按照规定享受城市居民最低生活保障待遇。

第四章 管理和监督

第二十四条 【劳动保障部门职责】劳动保障行政部门管理失业保险工作，履行下列职责：

（一）贯彻实施失业保险法律、法规；

（二）指导社会保险经办机构的工作；

（三）对失业保险费的征收和失业保险待遇的支付进行监督检查。

第二十五条 【社保经办机构职责】社会保险经办机构具体承办失业保险工作，履行下列职责：

（一）负责失业人员的登记、调查、统计；

（二）按照规定负责失业保险基金的管理；

（三）按照规定核定失业保险待遇，开具失业人员在指定银行领取失业保险金和其他补助金的单证；

（四）拨付失业人员职业培训、职业介绍补贴费用；

（五）为失业人员提供免费咨询服务；

（六）国家规定由其履行的其他职责。

第二十六条 【收支监督】财政部门和审计部门依法对失业保险基金的收支、管理情况进行监督。

第二十七条 【经费拨付】社会保险经办机构所需经费列入预算，由财政拨付。

第五章 罚 则

第二十八条 【骗取失业待遇的处理】不符合享受失业保险待遇条件，骗取失业保险金和其他失业保险待遇的，由社会保险经办机构责令退还；情节严重的，由劳动保障行政部门处骗取金额1倍以上3倍以下的罚款。

第二十九条 【开具单证违规责任】社会保险经办机构工作人员违反规定向失业人员开具领取失业保险金或者享受其他失业保险待遇单证，致使失业保险基金损失的，由劳动保障行政部门责令追回；情节严重的，依法给予行政处分。

第三十条 【失职责任】劳动保障行政部门和社会保险经办机构的工作人员滥用职权、徇私舞弊、玩忽职守，造成失业保险基金损失的，由劳动保障行政部门追回损失的失业保险基金；构成犯罪的，依法追究刑事责任；尚不构成犯罪的，依法给予行政处分。

第三十一条 【挪用责任】任何单位、个人挪用失业保险基金的，追回挪用的失业保险基金；有违法所得的，没收违法所得，并入失业保险基金；构成犯罪的，依法追究刑事责任；尚不构成犯罪的，对直接负责的主管人员和其他直接责任人员依法给予行政处分。

第六章 附 则

第三十二条 【社会团体等组织的适用】省、自治区、直辖市人民政府根据当地实际情况，可以决定本条例适用于本行政区域内的社会团体及其专职人员、民办非企业单位及其职工、有雇工的城镇个体工商户及其雇工。

第三十三条 【施行日期】本条例自发布之日起施行。1993 年 4 月 12 日国务院发布的《国有企业职工待业保险规定》同时废止。

失业保险金申领发放办法

· 2000 年 10 月 26 日劳动和社会保障部令第 8 号公布

· 根据 2018 年 12 月 14 日《人力资源社会保障部关于修改部分规章的决定》第一次修订

· 根据 2019 年 12 月 9 日《人力资源社会保障部关于修改部分规章的决定》第二次修订

第一章 总 则

第一条 为保证失业人员及时获得失业保险金及其他失业保险待遇，根据《失业保险条例》（以下简称《条例》），制定本办法。

第二条 参加失业保险的城镇企业事业单位职工以及按照省级人民政府规定参加失业保险的其他单位人员失业后（以下统称失业人员），申请领取失业保险金、享受其他失业保险待遇适用本办法；按照规定应参加而尚未参加失业保险的不适用本办法。

第三条 劳动保障行政部门设立的经办失业保险业务的社会保险经办机构（以下简称经办机构）按照本办法规定受理失业人员领取失业保险金的申请，审核确认领取资格，核定领取失业保险金、享受其他失业保险待遇的期限及标准，负责发放失业保险金并提供其他失业保险待遇。

第二章 失业保险金申领

第四条 失业人员符合《条例》第十四条规定条件的，可以申请领取失业保险金，享受其他失业保险待遇。其中，非因本人意愿中断就业的是指下列人员：

（一）终止劳动合同的；

（二）被用人单位解除劳动合同的；

（三）被用人单位开除、除名和辞退的；

（四）根据《中华人民共和国劳动法》第三十二条第二、三项与用人单位解除劳动合同的；

（五）法律、行政法规另有规定的。

第五条 失业人员失业前所在单位，应将失业人员的名单自终止或者解除劳动合同之日起 7 日内报受理其失业保险业务的经办机构备案，并按要求提供终止或解除劳动合同证明等有关材料。

第六条 失业人员应在终止或者解除劳动合同之日起 60 日内到受理其单位失业保险业务的经办机构申领失业保险金。

第七条 失业人员申领失业保险金应填写《失业保险金申领表》，并出示下列证明材料：

（一）本人身份证明；

（二）所在单位出具的终止或者解除劳动合同的证明；

（三）失业登记；

（四）省级劳动保障行政部门规定的其他材料。

第八条 失业人员领取失业保险金，应由本人按月到经办机构领取，同时应向经办机构如实说明求职和接受职业指导、职业培训情况。

第九条 失业人员在领取失业保险金期间患病就医的，可以按照规定向经办机构申请领取医疗补助金。

第十条 失业人员在领取失业保险金期间死亡的，其家属可持失业人员死亡证明、领取人身份证明、与失业人员的关系证明，按规定向经办机构领取一次性丧葬补助金和其供养配偶、直系亲属的抚恤金。失业人员当月尚未领取的失业保险金可由其家属一并领取。

第十一条 失业人员在领取失业保险金期间，应积极求职，接受职业指导和职业培训。失业人员在领取失业保险金期间求职时，可以按规定享受就业服务减免费用等优惠政策。

第十二条 失业人员在领取失业保险金期间或期满后，符合享受当地城市居民最低生活保障条件的，可以按照规定申请享受城市居民最低生活保障待遇。

第十三条 失业人员在领取失业保险金期间，发生《条例》第十五条规定情形之一的，不得继续领取失业保险金和享受其他失业保险待遇。

第三章　失业保险金发放

第十四条　经办机构自受理失业人员领取失业保险金申请之日起 10 日内，对申领者的资格进行审核认定，并将结果及有关事项告知本人。经审核合格者，从其办理失业登记之日起计发失业保险金。

第十五条　经办机构根据失业人员累计缴费时间核定其领取失业保险金的期限。失业人员累计缴费时间按照下列原则确定：

（一）实行个人缴纳失业保险费前，按国家规定计算的工龄视同缴费时间，与《条例》发布后缴纳失业保险费的时间合并计算。

（二）失业人员在领取失业保险金期间重新就业后再次失业的，缴费时间重新计算，其领取失业保险金的期限可以与前次失业应领取而尚未领取的失业保险金的期限合并计算，但是最长不得超过 24 个月。失业人员在领取失业保险金期间重新就业后不满一年再次失业的，可以继续申领其前次失业应领取而尚未领取的失业保险金。

第十六条　失业保险金以及医疗补助金、丧葬补助金、抚恤金、职业培训和职业介绍补贴等失业保险待遇的标准按照各省、自治区、直辖市人民政府的有关规定执行。

第十七条　失业保险金应按月发放，由经办机构开具单证，失业人员凭单证到指定银行领取。

第十八条　对领取失业保险金期限即将届满的失业人员，经办机构应提前一个月告知本人。

失业人员在领取失业保险金期间，发生《条例》第十五条规定情形之一的，经办机构有权即行停止其失业保险金发放，并同时停止其享受其他失业保险待遇。

第十九条　经办机构应当通过准备书面资料、开设服务窗口、设立咨询电话等方式，为失业人员、用人单位和社会公众提供咨询服务。

第二十条　经办机构应按规定负责失业保险金申领、发放的统计工作。

第四章　失业保险关系转迁

第二十一条　对失业人员失业前所在单位与本人户籍不在同一统筹地区的，其失业保险金的发放和其他失业保险待遇的提供由两地劳动保障行政部门进行协商，明确具体办法。协商未能取得一致的，由上一级劳动保障行政部门确定。

第二十二条　失业人员失业保险关系跨省、自治区、直辖市转迁的，失业保险费用应随失业保险关系相应划转。需划转的失业保险费用包括失业保险金、医疗补助金和职业培训、职业介绍补贴。其中，医疗补助金和职业培训、职业介绍补贴按失业人员应享受的失业保险金总额的一半计算。

第二十三条　失业人员失业保险关系在省、自治区范围内跨统筹地区转迁，失业保险费用的处理由省级劳动保障行政部门规定。

第二十四条　失业人员跨统筹地区转移的，凭失业保险关系迁出地经办机构出具的证明材料到迁入地经办机构领取失业保险金。

第五章　附　则

第二十五条　经办机构发现不符合条件，或以涂改、伪造有关材料等非法手段骗取失业保险金和其他失业保险待遇的，应责令其退还；对情节严重的，经办机构可以提请劳动保障行政部门对其进行处罚。

第二十六条　经办机构工作人员违反本办法规定的，由经办机构或主管该经办机构的劳动保障行政部门责令其改正；情节严重的，依法给予行政处分；给失业人员造成损失的，依法赔偿。

第二十七条　失业人员因享受失业保险待遇与经办机构发生争议的，可以向主管该经办机构的劳动保障行政部门申请行政复议。

第二十八条　符合《条例》规定的劳动合同期满未续订或者提前解除劳动合同的农民合同制工人申领一次性生活补助，按各省、自治区、直辖市办法执行。

第二十九条　《失业保险金申领表》的样式，由劳动和社会保障部统一制定。

第三十条　本办法自二○○一年一月一日起施行。

附件：（略）

社会保障篇

图书在版编目（CIP）数据

中华人民共和国劳动和社会保障注释法典／中国法制出版社编 . —北京：中国法制出版社，2023.9
（注释法典）
ISBN 978-7-5216-3422-8

Ⅰ . ①中… Ⅱ . ①中… Ⅲ . ①劳动法-注释-中国②社会保障法-注释-中国 Ⅳ . ①D922.509

中国国家版本馆 CIP 数据核字（2023）第 067894 号

责任编辑：卜范杰　　　　　　　　　　　　　　　　　封面设计：周黎明

中华人民共和国劳动和社会保障注释法典
ZHONGHUA RENMIN GONGHEGUO LAODONG HE SHEHUI BAOZHANG ZHUSHI FADIAN

经销/新华书店
印刷/三河市紫恒印装有限公司
开本/710 毫米×1000 毫米　16 开　　　　　　　　　印张/ 31.75　字数/ 845 千
版次/2023 年 9 月第 1 版　　　　　　　　　　　　　2023 年 9 月第 1 次印刷

中国法制出版社出版
书号 ISBN 978-7-5216-3422-8　　　　　　　　　　　定价：80.00 元

北京市西城区西便门西里甲 16 号西便门办公区
邮政编码：100053　　　　　　　　　　　　　　　　传真：010-63141600
网址：http：//www. zgfzs. com　　　　　　　　　编辑部电话：010-63141673
市场营销部电话：010-63141612　　　　　　　　　　印务部电话：010-63141606

（如有印装质量问题，请与本社印务部联系。）